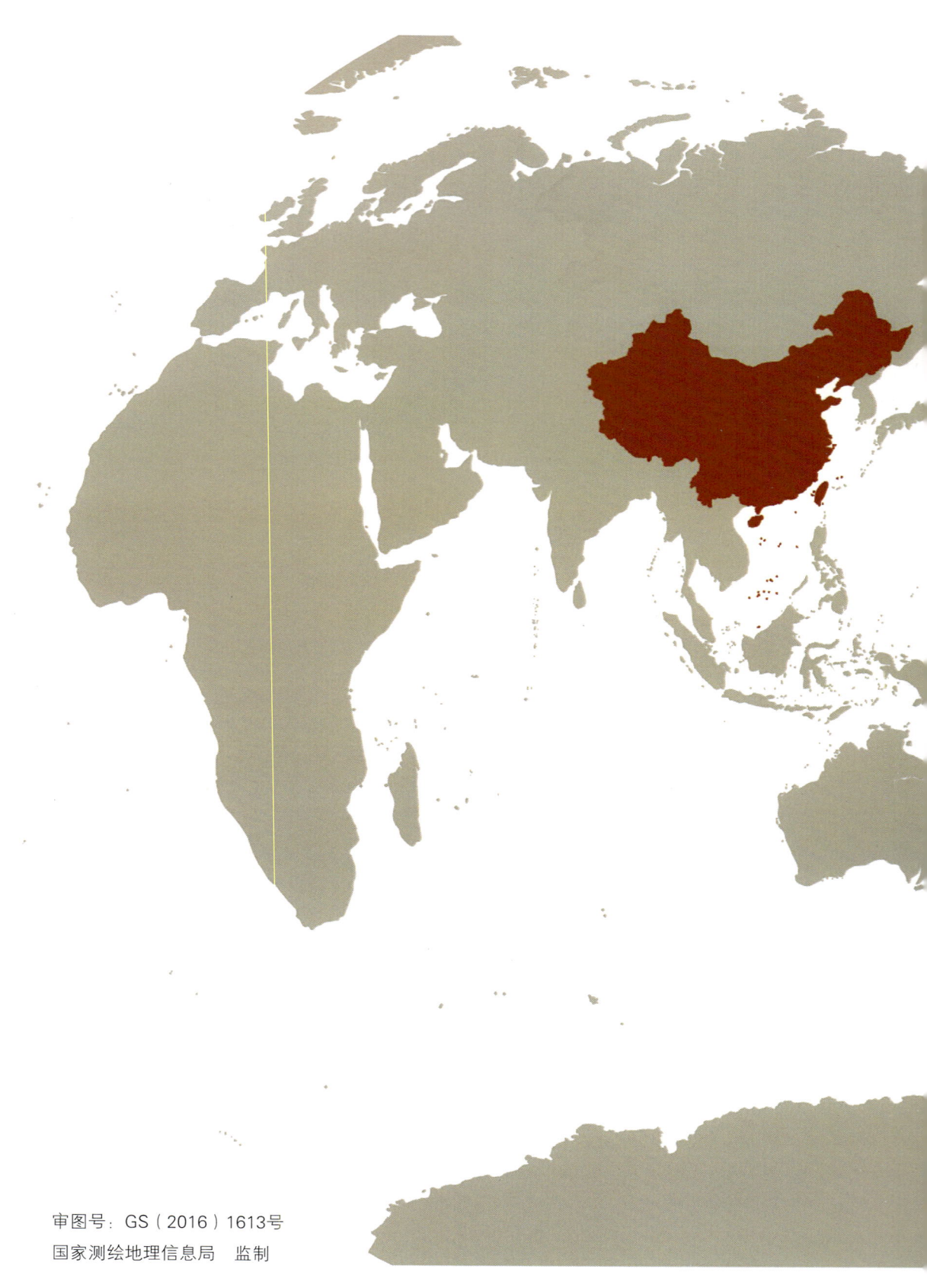

审图号：GS（2016）1613号

国家测绘地理信息局　监制

中国海洋大学教材建设基金资助

渔业法学通论

The General Theory of
Fisheries Law

上　册
Volume I

华敬炘　著

中国海洋大学出版社

·青岛·

图书在版编目（CIP）数据

渔业法学通论/华敬炘著.—青岛：中国海洋大学
出版社，2017.7（2021.7重印）

ISBN 978-7-5670-1448-0

Ⅰ.①渔…　Ⅱ.①华…　Ⅲ.①渔业法－法学－中国
Ⅳ.①D922.651

中国版本图书馆CIP数据核字（2017）第138003号

渔业法学通论（上册）

出版发行	中国海洋大学出版社
社　　址	青岛市香港东路23号　　邮政编码　266071
网　　址	http://www.ouc-press.com
出 版 人	杨立敏
责任编辑	施薇
电　　话	0532-85901040
电子信箱	whs0532@126.com
印　　制	北京虎彩文化传播有限公司
版　　次	2017年10月第1版
印　　次	2021年 7 月第2次印刷
成品尺寸	185 mm × 260 mm
印　　张	65.125
总 字 数	1500千
印　　数	1001—1200
总 定 价	198.00元（上下册）
订购电话	0532-82032573（传真）

发现印装质量问题，请致电010-84720900，由印刷厂负责调换。

前 言

可持续渔业、可持续水产养殖对于粮食安全和营养至关重要,对于为千百万人民提供生计也至关重要。

——联合国:《我们希望的未来》

包括水产养殖在内的渔业是全世界当代人和后代人的食物、就业、娱乐、贸易和经济福利的 1 个重要来源,因此应当以负责任的方式开展。

——联合国粮食及农业组织:《负责任渔业行为守则》

中国是 1 个渔业大国和海洋大国。改革开放以来,包括现代渔业生产、现代水产品加工和现代水产品流通等 3 大渔业体系,及水产养殖业、增殖渔业、捕捞业、加工业和休闲渔业等 5 大产业体系,设施装备、科技创新、资源环保、渔业安全和渔政管理等 5 大支撑体系在内的具有中国特色的现代渔业,全面快速发展,结构不断优化,水产品产量大幅增长,渔民收入显著增加,已成为现代农业和海洋经济的重要组成部分。

中国现在是世界第一渔业生产大国、水产品贸易大国和主要远洋渔业国家。中国渔业对全球的粮食安全、营养、消除贫困及水生生态安全保护作出了重大贡献,并有力地促进了全国经济社会的可持续发展及实现中华民族伟大复兴的中国梦的历史进程。

中国渔业的成功发展主要得益于中国政府实行"依法治渔"的方略及养护和管理水生生物资源、保护渔业水域生态环境的得力举措。中国自 1971 年和 1973 年相继恢复在联合国和联合国粮食及农业组织的合法席位以来,积极参与了全球渔业管理和发展战略及国际水生生物资源养护和管理措施的制定,并从中国的实际出发,逐步推进渔业科学立法、民主立法,基本建立了以宪法为根据,《渔业法》为主体,渔业行政法规、地方性法规、规章和标准及相关法律、法规中适用于渔业的规定为补充,并与中国缔结或者参加的与渔业有关的国际条约及自愿遵守的国际渔业文书相协调的中国特色社会主义渔业法律体系,对于依法保护、增殖、开发和合理利用渔业资源,保护渔业水域生态环境,规范渔业生产经营行为,保障水产品安全有效供给,保障渔业生产经营者的合法权益,维护国家

渔业权益和海洋权益,促进渔业可持续发展发挥了重要的引导和保障作用。

本书力图在阐明《联合国海洋法公约》构建的现代国际海洋渔业法律框架的基础上,全面地论述联合国和联合国粮食及农业组织为有效执行《公约》有关渔业的规定,实现可持续渔业,提出的新理念、新方法,制定的一系列负责任养护、管理和开发渔业的原则和标准,并在阐明中国渔业立法的历史发展及党和国家促进渔业持续健康发展的战略、方针和政策的基础上,系统地论述中国渔业法的基本原则和基本制度及实施的各项具体原则、规则、制度和标准的背景和要义,以及适用和解释中可能出现的理论和实践问题,借以深化对全面"依法治渔"重要性的的认识,并为完整准确地理解现代国际、国内渔业法的形成发展和精神实质提供条件。

本书分为 3 编,共 30 章,对渔业法学的基本问题、国际渔业法学及中国渔业法学的各个主要方面作了系统论述。

第一编"渔业法学总论"。以探讨现代渔业的概念及其在可持续发展中的作用,特别是水产食品在全球粮食安全和营养方面的作用为基础,论述了渔业法的基本宗旨、国际渔业法和国内渔业法的特征、渔业法形成和发展的历程,以及渔业法的基本原则和基本制度,指明了联合国在世界渔业特别是世界海洋渔业管理和发展中的核心地位,联合国粮食及农业组织作为唯一主管世界渔业的政府间组织在全球渔业事务中的国际领导地位,以及区域渔业管理组织在养护和管理跨界鱼类种群和高度洄游种群鱼类及公海渔业管理中的关键性作用。

第二编"国际渔业法学"。以实现可持续渔业为主线、负责任地养护水生生态系统及养护和管理水生生物资源为主体,论述了《联合国海洋法公约》确立的海洋生物资源养护和管理的法律框架内的现代国际渔业法的各个领域的主要规范,以及联合国大会、可持续发展世界首脑会议和联合国粮食及农业组织对这些规范的新发展,包括有拘束力的和自愿遵守的渔业行为原则和国际标准,对渔船、渔业管理、捕捞作业、深海渔业、水产养殖的发展、捕捞后处置和贸易及国际渔业争端的和平解决的规范及其制定和实施作了系统、具体的论述,并从中着重指明了各国在各相关领域可行使的权利及应承担的国际义务。

第三编"中国渔业法学"。以探寻中华人民共和国建立之后特别是 1986 年《渔业法》颁布实施以来中国渔业法制建设历程以及具有中国特色社会主义渔业法律体系的形成和发展为起点,以《渔业法》为纲,论述了中国渔业法的概念、现阶段中国渔业发展的基本方针和基本原则、渔业水域规划制度和渔业权制度,渔业行政管理体制和执法体系,在此基础上,论述了养殖业、捕捞业、渔业资源保护和渔业生态保护的各项法律制度,并对《渔业法》涉及很少或未曾顾及,而散见于部门规章和其他规范性文件中有关渔业权、增殖渔业和休闲渔业以及渔业船舶、船员和渔港、水产品加工业、水产品流通业、渔业保险和渔业补贴、渔业行政执法和渔业侵权赔偿等诸多领域的规定,进行了系统整合和详细论述。

本书通过以上三编,突出强调了贯串于现代渔业法中的以下 6 个基本观点:

1. 实现可持续渔业是现代渔业法的主要目标。渔业在全球粮食安全特别是保证水产食品的可用、可享、使用及稳定性方面具有重要作用,对于为千百万渔民及其家庭提供生计也至关重要。因此,渔业的发展必须是可持续的,既要满足当代人对鱼和渔产品及相关服务不断增长的需求，又不损害后代人满足其对渔业的需要。这需要从渔业资源利用的经济层面、水生生物资源和水生生态系统养护的环境层面以及对渔民、渔业社区和其他利益攸关方产生影响的社会层面等三个层面，在全球、区域、国家和地方各级采取行动，通过整合可持续发展的三个层面创新管理工具，推动实现渔业可持续发展的目标，使得渔业有能力满足经济社会发展和人口增加对鱼和渔产品及相关服务不断增长的需求。

2. 长期养护和可持续利用水生生物资源是现代渔业法的第一要务。《联合国海洋法公约》确立的海洋生物资源养护和可持续利用的国际法规则受到过度捕捞、非法、不报告和无管制捕捞活动、破坏性捕捞做法、不可持续的水产养殖做法及渔业水域生态环境污染和破坏、外来物种、气候变化等消极因素的压力和挑战，过度开发和资源衰退现象十分普遍，严重损害了渔业可持续发展的基础条件。为改变这种情况，必须把长期养护和可持续利用水生生物资源摆在渔业立法的首位，采取保护和恢复水生生物资源及保护和改善水生生态环境双重举措，包括降低世界渔船队的捕捞能力，打击非法、不报告和无管制的捕捞，取消助长过度捕捞和捕捞能力过剩的补贴，停止公海开放捕鱼的做法，加强渔业管理能力和机构，保护和恢复渔业生态系统的健康、生产力和复原力，养护水生生物多样性，使其能供今世后代可持续利用等措施。同时，鉴于现阶段捕捞渔业处于十字路口，全球海洋生物资源中大约四分之一尚有一些增加捕获量的潜力，而水产养殖则是增长最快的动物性食品生产领域，与所有其他畜牧生产系统相比，水产养殖在蛋白质转化方面效率更高，可以低投入实现高产出。因此，各国应把水产养殖视为一个具有战略重要性的领域，通过优先扩大水产养殖来满足人们对鱼类日益增加的需求，并从而减少对经常被过度捕捞的野生鱼群的依赖，以利于水生生物资源的养护和恢复。

3. 以负责任的方式开展渔业行为是现代渔业法的基本准则。从事渔业捕捞和水产养殖生产、水产品加工和流通，必须对资源、环境和社会负责任，走资源节约、环境友好的道路，在生产供应链各环节减少浪费，将对环境的影响降低到最低限度，为消费者提供多样化、安全的鱼和渔产品，并为渔业员工、社区、农村发展和国家谋利益。从事渔业管理不能头痛医头、脚痛医脚，应将水产食品纳入全球、区域和国家粮食安全政策的主流，将水域空间视为一个整体，采用综合、多学科和跨部门方法，统筹各部门对水域的合理利用，并应将生态系统方法和预防性做法纳入渔业管理，建立有效的渔业监测、控制、监视和执法机制，综合采用多种管理工具，确保负责任渔业行为的原则和标准得到遵守。

4. "以权利为基础的管理"是现代渔业法的主要模式。渔民基本少地、无地、无其他生计来源，属社会弱势群体，祖祖辈辈靠江、河、湖、海安身立命。用养殖证和捕捞许可证等法律文书确定他们长期稳定使用国家管辖渔业水域从事水产养殖和捕捞水生生物资源的权利，是对渔民生存和发展的基本人权的有力保障，这最有利于促进渔民的就业和福祉，增强渔民发展渔业生产的信心和决心，提高渔民参与渔业管理的积极性及支持和遵守国际国内渔业管理法规的自觉性。为有效实施"以权利为基础的管理"模式，中国建立了渔业水域规划保护制度，《渔业法》和《物权法》建立了渔业权登记和保护制度，前者为渔民长期稳定使用渔业水域提供了物质保证，后者为渔民长期稳定使用渔业水域提供了权利保证，二者结合，既保证了渔民有水域可使用，又保证了渔民使用水域的权利不受侵犯。

5. 将贸易措施引入渔业管理是现代渔业法的创新性举措。水产品流通是实现渔业价值的决定性环节。通过这个环节向市场供应的鱼和渔产品经过第三方认证取得生态标签或认证证书的，即证明该产品来自合法捕捞或可持续管理对生态无冲击或影响小的生产环境，使消费者在知情的情况下选择符合资源节约、环境友好要求的产品，其目的在于给予用负责任方法获得的鱼和渔产品以优先市场准入权，也就是透过市场机制，借助消费者的购买力促进水生生物资源的长期养护和可持续利用。非法、不报告、无管制捕捞的产品，得不到认证生态标签。一些国家、区域渔业管理组织或其他政府间组织实施的"渔获登记制度"使不通过主管部门"合法捕捞"认证的鱼和渔产品无法进入市场。打击非法、不报告和无管制捕捞的一个根本性手段是在经济上使从事非法捕捞活动的渔民和相关人员不能从非法活动中获益。为此，应禁止从事非法、不报告、无管制捕捞的渔船所捕捞的渔获进行贸易或输入各国领土，这已成为公认的国际法规则。将贸易措施引入渔业管理，对打击非法、不报告、无管制捕捞的港口国措施及其他措施形成了重要补充。

6. 软性法律构成现代渔业法的重要组成部分。软性法律（软法）是指在严格意义上不具有法律拘束力，但又具有一定法律效果的规范性文件。联合国大会关于实现可持续渔业的决议、世界首脑峰会关于环境与可持续发展的宣言、议程和行动计划中涉及或适用于国家渔业管理职权的规定，联合国粮食及农业组织关于负责任渔业行为的守则、国际行动计划和技术准则提出了国家养护、管理和开发渔业的原则和国际标准，这些虽是自愿遵守的，但对各国具有指导和引领作用。在中国，国务院关于养护水生生物资源和促进渔业持续健康发展的文件，在指明一定时期中国渔业发展和管理的主要任务和政策措施的同时，规定了地方各级人民政府进行渔业管理的权力与责任，为各级地方人民政府领导和管理渔业工作提供了基本遵循。国务院渔业行政主管部门为依法履行渔业渔政管理职责，所发布的除规章以外涉及渔业生产经营者渔业行为的权利和义务的文件，对渔业生产经营者具有普遍约束力，是中国渔业软法的主要形态。渔业软法和渔业硬法一样，应当遵守法定的权限和程序来制定，但它具有制定程序简便、成本低、针对性、及时性和可操作性强等特点，可有效发挥补充和细化渔业硬法的作用，成为现代渔业法的另一种形态及渔业法律体系的重要组成部分。因此，我们在认识和理解渔业法时，有必要深化对渔业软法的整理和研究，而不应忽视它的存在。

这6条也是现代渔业法不同于传统渔业法的基本特征。深入研究这些基本特征包括中国渔业法在内的现代渔业法的历史发展、管理理念和硬法和软法性质的各项管理原则、规则、制度及标准的形成、发展、作用以及问题，对于发展渔业法学，完善中国特色社会主义渔业法律体系，提高实施国际、国内渔业法规的自觉性和责任心，促进中国渔业在法治轨道上持续健康发展具有意义。

为装订方便，本书分上下两册出版。第一、第二编为上册，第三编及全书附录缩略语（英文）中英文对照表为下册。

华敬炘

2016 年 12 月

目 次

（上册）

第一编 渔业法学总论

第二编　国际渔业法学

图表索引

Contents

(Volume I)

PART ONE   THEORY OF FISHERIES LAW

PART TWO　INTERNATIONAL FISHERIES LAW

第一编

渔业法学总论

Theory of Fisheries Law

第一章 渔 业

渔业是利用水生生物资源的生活机能,通过捕捞和人工培育以取得水产品的物质生产部门。在联合国系统、在中国,渔业是农业的组成部分。

水生生物资源,是指水域中天然蕴藏和在一定经济、技术条件下具有经济开发利用价值的生物资源,主要有鱼类、甲壳动物类、软体动物类及水生植物类等,又称渔业资源。

渔业是具有悠久发展历史的传统产业。渔业,按水域可分为海洋渔业和淡水渔业;按水界可分为沿岸渔业、近海渔业、远海渔业、远洋渔业和内陆水域渔业;按生产方式可分为捕捞渔业和水产养殖业。由于水产品鲜活、易腐的特性,其保鲜加工及运输销售必须与生产紧密衔接,因此,这两个方面也是渔业的组成部分。当今,渔业又是新兴的开发性事业,增殖渔业、休闲渔业、深海渔业、极地渔业、海洋遗传资源开采、水产品精细加工、水产品电子商务和冷链运输等都是现代渔业发展的新领域。

现代渔业是富有活力的社会生态系统,一般包括现代渔业生产、现代水产品加工和现代水产品流通等 3 大体系,捕捞渔业、水产养殖业、增殖渔业、休闲渔业和水产品加工业等 5 大产业体系及设施装备、科技创新、资源环保、渔业安全和渔政管理等 5 大支撑体系。

现代渔业是综合性社会事业,是全世界当代人和后代人的食物、就业、娱乐、贸易和经济福利的 1 个重要来源,在全球粮食安全和营养方面发挥着重要作用,在经济、社会、环境和文化等方面,对促进各国特别是发展中国家的可持续发展亦具有重要的作用。因此,应当以负责任的方式从事渔业行为,以期有效地养护和管理水生生物资源、水生生物多样性和水生生态系统,实现渔业的可持续发展。

联合国秘书长曾就"渔业及其对可持续发展的贡献"和"海产食品在全球粮食安全方面的作用"向联合国大会作过详细报告,吁请各国充分认识渔业的重要性,并将其纳入可持续发展和粮食安全政策的主流。正确认识现代渔业的重要性也是准确、完整地理解现代渔业法和实行全面依法治渔方略的基础和根据。

第一节　渔业的概念

一、"渔业"用语含义的界定及解说

（一）"渔业"用语含义的界定

1. 联合国粮农组织①《权属负责任治理自愿准则》的界定

"渔业：内陆及海洋渔业资源以及相关的增殖、养殖及捕捞活动。"[1]

2. 联合国粮农组织《渔业术语表》的界定

"渔业：渔获鱼类②的行为，涉及捕捞野生鱼类，或进行鱼类的水产养殖。"[2]

3. 联合国粮农组织《渔业管理技术准则》的界定

"渔业：所有与特定渔业资源相关渔捞行为的组合，例如鳕渔业或虾渔业，也可以涵盖针对特定资源的单一形态渔业，例如海滨围网渔业或拖网渔业。"[3]

4. 联合国粮农组织《捕捞渔业数据常规收集指南》的界定

"渔业：（1）对给定资源的所有捕捞活动的总和（或范围）（例如，鳕渔业或对虾渔业）。它可能只涉及单一类形或形式的捕鱼方式（例如，大拉网渔业或拖网渔业）。渔业可以是手工的，或/和工业化的，商业性的、自食性的、娱乐性的，渔业活动可以是全年性或季节性的。（2）捕捞1个或多个鱼类种群③的活动，渔业可以根据养护和管理目的分类，并且以地域、科学、技术、娱乐、社会或经济特征和/或捕捞方法加以区分。"[4]

5.《中国大百科全书》的界定

"渔业：利用水域以取得具有经济价值的鱼类或其他水生动植物的生产部门，又称水产业。包括采捕水生动植物资源的水产捕捞业和养殖水生动植物的水产养殖业两个部分。在社会生产发展过程中，渔业的内容发生过几次大变化，渔业的含义相应地发生了变化。人类早先的渔业，仅限于天然捕捞。后来人们学会了人工饲养鱼类技术，渔业就增加了水产养殖的内容。随着水产加工的发展，又把水产加工包括在渔业中，称为广义的渔业。"[5]199

"水产业：以水域为依托，利用水生动植物机体本身的生命力和繁殖生长的生物资源，通过采集、捕捞与水产养殖、增殖获得水产品的产业，即通常所说的渔业。广义的水

---

① 粮农组织全称联合国粮食及农业组织，英文缩写FAO。

② 此处"鱼类"为1集合名词，包括鱼、甲壳类、软体动物和其他水生经济动植物，但不包括海洋哺乳动物。海洋哺乳动物是指终生或部分时间生活在海洋的哺乳纲脊椎动物，包括鲸和海獭、儒艮、海牛、海狮、海象、海豹、海狗、海豚等。

③ 鱼类种群是指同1种鱼类内具有相同繁殖习性、产卵场所、生态习性和一定结构形态的区域性集合群。鱼类种群反映该群生物有机体的密度、年龄和性别比率，是进行水生生物资源调查评估及勘探和开发、养护和管理的生物学单元。

产业还包括为渔业生产产前、产中、产后服务的多种基础设施,如渔港、码头和船舶、网具、渔业仪器设备等的建造、供应,水产品的保鲜、储藏、加工、运销和综合利用,以及水产科研、教育、推广、管理等服务体系的建设。"[6]

6.《辞海》的界定

"水产业即'渔业'。以栖息、繁殖在海洋和内陆水域中的水产经济动植物为开发对象,进行合理采捕、人工养殖和增殖以及加工利用的综合性生产事业。广义的还包括渔业船舶修造、渔用仪器仪表制造和鱼饲料加工等。是国民经济的1个组成部分。随着海洋和内陆水域渔业资源开发规模的扩大,已成为人类动物性蛋白质食物的重要来源之一。还为化工、医药等工业提供原料,为畜牧业提供饲料。"[7]2110

"渔业:国际上主要指采捕海洋和内陆水域中自然生长的经济动物及其渔获物加工的生产事业。20 世纪 90 年代以来才将人工养殖包括在内。"[7]2787

7.《大美百科全书》的界定

"渔业:系指在远洋、近海和内陆水域中采捕或养殖水生动植物,供人类、动物食用或加工之用,借以牟利的 1 种行业。至于游渔业则是以捕钓鱼类及甲壳类为乐的 1 种休闲性娱乐业。由于世界可耕地几乎已开发殆尽,加上人口不断增加,使海洋渔业愈显重要。"[8]

8.《大不列颠百科全书》的界定

"渔业:捕捞鱼类、贝壳类及海兽的商业性生产事业。包括用传统捕鱼法的小型家庭作业直到以大型船只及最先进技术装备起来的大公司作业。小规模渔业通常只在当地港口附近的水域作业。但能在船上加工渔获物的加工船(还可随同有若干艘较小的渔船),常驶往千里之外作业。在世界食物构成中,鱼类占 1% 弱。各种风险阻碍了它的大幅度增长。天气、环境问题(如污染)、无法预计的产量与易于变质的渔获物,以及渔具和其生产设备的高昂成本,这一切,都影响了渔业的扩大。世界海洋渔获量中,鲱科鱼类(沙丁鱼、鳀、油鲱)约占 25%,鳕科鱼类(黑线鳕、无须鳕、青鳕、海鲈)约占 15%,金枪鱼、鲣鱼和鲭鱼三者约占 10%,余者包括鲑鱼、鲽鱼、鳎鱼、贝介类及其他淡水鱼类。"[9]

9.《中文大辞典》的界定

"渔业:凡以营利为目的而为水产动植物之采捕或养殖之业曰渔业,可分 3 种。

(1)由私人或私人团体经营者,为私营渔业。

(2)由公共团体经营者,为公营渔业。

(3)由国家直接经营者,为国营渔业。"[10]1533

"水产:谓生息或存在于水中之产物,如鳞介之属是。关于水产物之采捕、制造、养殖等事业曰水产业。"[10]848

10.《日汉大辞典》的界定

"渔业:捕捞、采集、养殖水产动植物的事业。"[11]555

"水产业:有关水产动植物的采取、捕获、养殖、加工等的行业。大致可分为渔业和水产加工业。"[11]1114

(二)对"渔业"用语含义界定的解说

1."渔业"用语的含义是发展的

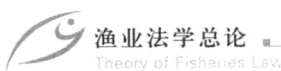
随着渔业生产力的发展,"渔业"用语的内涵和外延不断发展变化。

2. 对"渔业"用语的含义没有规范的界定

国际上对"渔业"用语的含义没有公认的、统一的界定。通常在狭义上,按照传统,渔业是指捕捞渔业,甚至可按捕捞对象或捕捞方式单指××渔业。在广义上,在现代,渔业是指捕捞渔业、水产养殖业、增殖渔业、休闲渔业及捕捞后处置和贸易等在内的综合性社会事业。

国际文书中使用"渔业"用语,在不同文件或同1文件的不同部分其含义可能不同。有的指包括水产养殖在内的渔业,有的仅指捕捞渔业。

3. 国际文件不使用"水产业"用语。

在中国和日本学界常把广义上的"渔业"和"水产业"两个用语通用,但在联合国(UN)和联合国粮农组织文件中不使用"水产业"用语。在国际文件中,"水产"2字通常只用于"水产养殖"(Aquaculture)和"水产品"(Aquatic Products)2用语中,但也有的不称"水产品",而以"鱼和渔产品"(Fish and Fishery Products)或"鱼品"(Fish products)替代。

4. 捕捞渔业就其目的和生产力规模主要分为商业渔业和手工渔业。

商业渔业是指以获取利润为目的使用工业化手段得到渔获物,并通过贸易方式将其投入市场的经济活动。手工渔业是指渔民、渔户以维持生计为目的开展的传统渔业生产活动。资金和能源使用量相对较少,渔船(如有)较小,捕捞航程较短,靠近岸边,产品主要供当地消费。实际上,其定义在各国不尽相同,例如,从贫穷发展中国家的拣拾或独木舟,到发达国家的拖网、围网渔船或长度超过20米的延绳钓渔船。手工渔业可分为生存渔业或商业渔业,后者供当地消费或出口。手工渔业有时被称为小型渔业。[①]

二、 渔业的基本特征

渔业作为物质生产部门是以水域为依托,利用水生生物资源机体本身生物量的增长,通过捕捞、人工养殖以取得水产品的,具有以下两个基本特征:

1. 渔业属于农业,其生产又具有工业的某些属性

渔业,在联合国系统、在中国,按照国民经济部门的划分规定属于农业。实际上,捕捞业和养殖业具有工业的属性,但又区别于一般的工业。这是因为,捕捞业和采掘工业一样,都是采集自然资源,但和采矿业又有所不同,捕捞业的生产对象有再生能力,会游动,流动性大,隐蔽性强,其资源量易随自然环境条件的改变而变化,难以准确地估算,不仅要求捕捞渔船跟踪追捕,使用机械、仪器,还要求捕捞作业人员具有组织纪律性,遵守操作规程和协同配合。养殖业的生产领域是水体,养殖对象是在水中繁育生长,苗种培育、养殖的方式方法多呈工厂化,与种植业、饲养业皆大有不同。为适应捕捞业和养殖业的某些工业属性,应以组织化、标准化和制度化的思维和方式组织和管理渔业生产活动。

2. 渔业生产大多是商品性生产

渔业生产除少量自食性和娱乐性的以外,都是商业性的,水产品主要供应市场。为

---

① 联合国粮农组织渔业术语表:www.fao.org/fi/glossary/default.asp

适应市场对水产品多样化、水产食品便利、营养、安全的需求,并谋求渔业利润的最大化,必须扩展水产品的生产链和供应链,发展水产品加工业和水产品流通业,并建立和完善产品标识及可追溯体系。

在保障水产品有效供给,增强市场竞争力的同时,保证产品质量安全,对社会和公众负责,并接受社会监督,承担社会责任。

三、 渔业的整体概念

(一)渔业是以渔业生产为主体的产业体系

渔业是以海洋和内陆水域中的经济动植物资源为开发利用对象,通过捕捞、水产养殖、增殖和加工获得水产品和开展休闲服务,并以渔业基础建设、渔业工业、与渔业生产直接相关的产前、产中、产后服务以及渔业科研、教育、管理为支撑的综合性产业体系。

(二)渔业是富有活力的社会生态系统

渔业包括渔业生产、水产品加工和水产品流通等 3 大体系,捕捞渔业、水产养殖业、增殖渔业、休闲渔业和加工业等 5 大产业体系及设施装备、科技创新、资源环保、渔业安全和渔政管理等 5 大支撑体系,它们相互配套、融为一体,是具有食品保障、原料供给、就业增收、生态保护、观光休闲、文化传承等多种功能的、富有活力的社会生态系统[1]。

(三)渔业是国民经济的组成部分

渔业是全世界的食物、就业、娱乐、贸易和经济福利的一个重要来源,在粮食安全、营养、经济、社会、环境和文化方面,在世界各国的可持续发展中具有重要作用,是国民经济不可或缺的组成部分。

(四)渔业是国家现代化进程的 1 个方面

为提升渔业的经济、社会和环境效益,推进渔业现代化、发展现代渔业是必然选择。现代渔业具有 3 层含义:一是现时代的渔业;二是除传统渔业外还包括增殖渔业、休闲渔业、深海渔业、水产品精细加工和水产品电子商务等新兴产业形态的渔业;三是现代化的渔业。后者是指以可持续和绿色的发展理念为指导、运用现代物质条件装备、建立现代产业体系和机械化、信息化的生产经营方式、由有文化、懂技术、会经营的渔民操作,并有完备的渔业法律法规体系、健全的监督管理体制机制引导和保障的新型渔业。建设现代渔业的过程,是用现代科学技术改造传统渔业、推进渔业科技创新、培养新型渔民、不断发展渔业生产力的过程,是转变渔业发展方式、实行生态优先、由数量增长型向质量效益型转变、促进渔业又好又快发展的过程。包括中国在内的发展中国家正经历实现现代化的进程。鉴于渔业在国民经济中的重要地位,推进渔业现代化建设应成为此进程的一个方面,并纳入各级政府相关方案和政策的主流。

---

[1] 所谓生态系统,它是 1 个功能单位,包含大量植物、动物(包括人类)、微生物和环境的非生物成分和其相互影响。

第二节　渔业的业态

一、捕捞渔业

（一）捕捞渔业的概念

捕捞渔业是指捕捞海洋和内陆水域中经济动植物的生产事业，包括海洋捕捞渔业和内陆水域捕捞渔业两部分。

（二）捕捞渔业的发展

捕捞渔业起源于内陆水域。早在种植农作物或饲养牲畜之前，人们就开始在池塘、溪流、江河、湿地和沿海潟湖从事捕捞活动。最原始的方法是徒手抓鱼，接着是用石器、木棒砍鱼，以后逐渐使用竹刀、鱼叉、鱼钩、鱼笱[1]等简单工具。随着水上运载工具——筏与船的应用和发展，捕捞活动逐渐走向大型湖泊和海洋的开阔水域。[12]173考古资料表明，早在旧石器时代，欧洲就有骨鱼叉，中国也已经使用了木制和骨制的鱼叉、鱼钩。

公元前10世纪中国已有铜制的钓钩。2 000多年前的《易经·系辞下》中就有"作结绳而为罔罟，以佃以渔"和"刳木为舟，剡木为楫"的记载，说明中国早已有了渔网和独木舟式的渔船。夏商周时期完善了罔罟捕鱼技术。[5]196,198《管子·禁藏篇》载："渔人之入海，海深万仞，就彼逆流，乘危百里，宿夜不出者，利在水也。"[13]9《庄子》载："投竿东海，旦旦而钓"。《竹书纪年》载：夏帝芒"东狩于海，获大鱼"。[14]9秦汉时期出现了简单的捕鱼机械，渔船较多。唐宋造船业发展，促进了渔业的发展。唐代陆龟蒙的《渔具诗序》详细描述了当时的渔具、渔法。宋代的《并舟举网图》显示出渔民已能运用两舟并一以提高捕捞作业的稳性。到了明代，不仅有"20人同舟顿网于海"的大型渔船，而且还使用了下网船、牵风船、紧钓船、罾船、蛤船等多种类型的渔船。宋代邵雍和明代末年的屈大均对钓竿渔具和标枪捕鲸等渔具、渔法作过详细描述。[5]196,198到了清代，海洋捕捞业进一步发展，拖、围、流、钓、定置张网等作业均较完善，捕捞海域陆续扩展到近海渔场，有的远到外海，广东渔民还开发利用了东沙、西沙、南沙、中沙等海域的渔业资源。[13]14[5]196

在北欧，公元8世纪时已在海上大量捕捞和运输鲱鱼，当时那里有上万艘捕鲱渔船。14世纪中期出现了长30米的三桅底层延绳钓和流刺网渔船。19世纪初出现了底层桁杆拖网渔船。自古以来，渔船以浆、橹、帆为动力，19世纪中期以后开始以蒸汽机为动力，在欧洲和美洲先后出现了蒸汽机拖网和围网渔船。在20世纪初，又开始以柴油机为动力，促进了海洋捕捞渔业的迅速发展。[5]196[6]

捕鱼活动，早期只是渔民获得维持其生命必需的生活资料的手段，在社会生产力达到一定水平后，便逐渐发展成为捕捞海洋和内陆水域中经济动植物的生产事业。在几千年中，渔业只表现为海洋捕捞渔业和内陆水域捕捞渔业。几个世纪前，海洋捕捞渔业产

---

① 鱼笱是竹编的笼子，口小，鱼进去后出不来。

量超越内陆水域捕捞渔业产量,在全球范围成为鱼和渔产品的主要来源。[12]173

（三）世界和中国捕捞渔业产量的变化

在很长时期,海洋捕捞渔业主要还是1种手工业,1950年世界捕捞产量只有1 670万吨,随着现代渔业技术和渔船队迅速发展,到1958年世界海洋捕捞产量就增加到3 000万吨,到1971年又比1958年翻了1番,达到了6 000万吨。[15]20世纪70年代早期联合国粮农组织估计,全球海洋捕捞渔业的潜力约为1亿吨,其中可能只能获得8 000万吨[16],实际上,1996年曾扩张到8 640万吨的高峰,但此后产量显现总体下降趋势。

1950～2012年世界海洋和内陆水域捕捞渔业产量变化情况,见图1-1(a,b)。

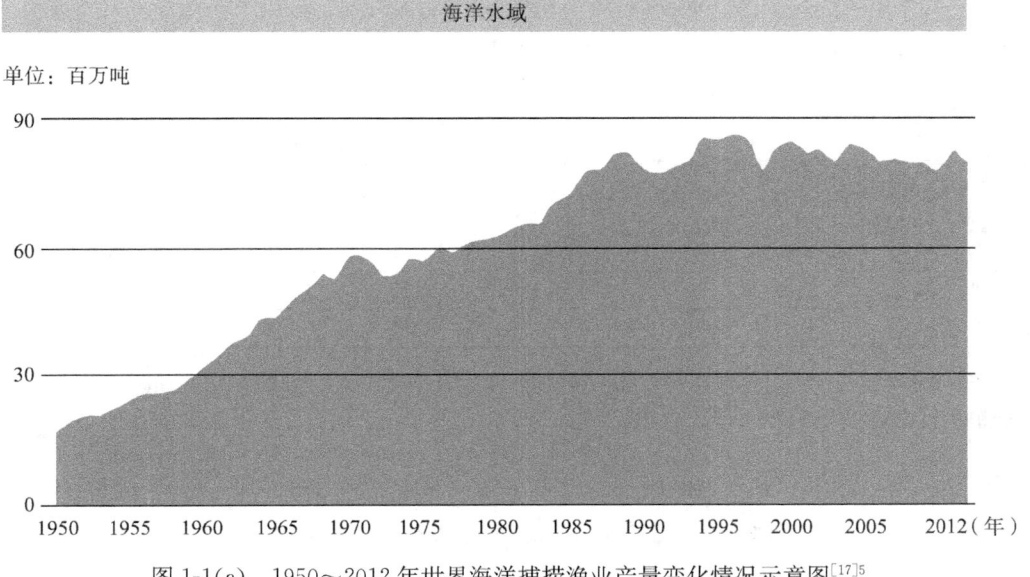

图 1-1(a)　1950～2012 年世界海洋捕捞渔业产量变化情况示意图[17]5

图 1-1(b)　1950～2012 年世界内陆水域捕捞渔业产量变化情况示意图[17]5

1990～2014 年世界海洋捕捞和内陆水域捕捞渔业产量变化情况,见表 1-1。

表 1-1 1990～2014 年世界捕捞渔业产量变化情况一览表

单位:百万吨

产　量 ＼ 年　份	1990	1995	1996	1997	1998	1999	2000
海洋捕捞	79.3	85.6	86.4	86.4	79.3	84.7	86.0
内陆捕捞	6.6	7.4	7.6	7.7	8.1	8.5	8.7
捕捞合计	85.9	93.0	94.0	94.1	87.4	93.2	94.7
产　量 ＼ 年　份	2001	2002	2003	2004	2005	2006	2007
海洋捕捞	84.2	84.5	81.5	85.7	84.5	80.2	80.7
内陆捕捞	8.7	8.7	9.0	8.9	9.7	10.1	10.1
捕捞合计	92.9	93.2	90.5	94.6	94.2	90.3	90.8
产　量 ＼ 年　份	2008	2009	2010	2011	2012	2013	2014
海洋捕捞	79.9	79.7	77.9	82.6	79.7	80.9	81.5
内陆捕捞	10.3	10.5	11.3	11.1	11.6	11.7	11.9
捕捞合计	90.2	90.2	89.2	93.7	91.3	92.6	93.4

资料来源:联合国粮农组织渔业和水产养殖部.世界渔业和水产养殖状况[M].1998,2004,2008;联合国粮农组织.世界渔业和水产养殖状况[M].2014,2016①②。

1950～2014 年中国海洋捕捞渔业和内陆水域捕捞渔业产量变化情况,见表 1-2。

表 1-2 1950～2014 年中国捕捞渔业产量变化情况一览表

单位:万吨

产　量 ＼ 年　份	1950	1955	1960	1965	1970	1975	1980
海洋捕捞	60.56	171.95	194.12	211.99	232.78	340.55	312.21
内陆捕捞	40.26	59.71	73.54	50.14	35.39	34.36	37.24
捕捞合计	100.82	231.66	267.66	262.13	268.17	374.91	349.45
产　量 ＼ 年　份	1985	1990	1995	2000	2005	2010	2014
海洋捕捞	386.86	611.49	1 139.75	1 477.45	1 453.29	1 315.23	1 485.57
内陆捕捞	52.26	85.64	151.02	223.32	255.10	228.94	229.54
捕捞合计	439.12	697.13	1 290.77	1 700.77	1 708.39	1 544.17	1 713.11

资料来源:农业部渔业局.中国渔业五十年大事记及中国渔业统计年鉴[M].其中计入了水生植物产量。

---

① 世界捕捞渔业产量统计不包括海洋哺乳动物、爬行动物、水生植物和藻类及秘鲁鳀鱼的产量。

② 不同年份的《世界渔业和水产养殖状况》对同一年世界捕捞产量给出的数据可能并不一致,表中数据一般以后来年份的《世界渔业和水产养殖状况》给出的数字为准。

捕捞渔业是野生水生生物资源型产业,是多样化、高品质鱼和渔产品的主要来源。30 年来,海洋捕捞的高产量是在全球捕捞能力过剩、捕捞作业强度与渔业资源的繁殖能力不一致的情形下实现的,其新的增长点主要在于深海渔业和极地渔业的进一步开发。对比以上两表看出,中国海洋捕捞产量占世界海洋捕捞产量的比例,1990 年不足 8%,2000 年上升到 17%,2014 年达到 18.2%。坚持实施"生态优先、控制近海、拓展外海、发展远洋"的生产方针,有望维持或超过这一水平。

二、 水产养殖业

(一)水产养殖业的概念

水产养殖业是指利用各种水域以各种方式进行水生经济动植物养殖和种植的生产事业。水产养殖包括海水养殖和内陆水域养殖两部分。前者是利用海水以各种方式进行海洋水生经济动植物养殖的生产方式,以饲养、繁殖鱼类、虾蟹类、贝类和栽培海藻为主。后者则是利用地表水进行水生经济动植物养殖的生产方式,以饲养、繁殖鱼类、虾蟹类、鳖等和栽培水生植物为主。

(二)水产养殖业的发展

在捕捞渔业发展到一定阶段后,人们陆续在内陆水域和沿海从事养鱼活动。历史记录表明,中国早在公元前 1 100 年就已在池塘养鲤鱼。[18]《诗经·大雅》的"灵台篇"说:"王在灵沼,於牣鱼跃。"[19]《陶朱公养鱼经》记述了春秋末范蠡(约公元前 536～前 448)养鲤鱼的理论和经验。[13]10 在东汉末年三国时期已有稻田养鱼的记载,出土的东汉墓陶器上就绘有稻田养鱼的图纹。[13]268 在唐代因皇族姓李,李鲤同音,捕鲤必须放生,卖鲤受罚,定为法律,致使养鲤业受到极大摧残,但也促成了青、草、鲢、鳙和鲮鱼的混养,使淡水养鱼业跨进了 1 个新的发展阶段。在宋代有关青、草、鲢、鳙的养殖技术更为丰富了,从鱼苗一直到商品鱼的饲养过程中,如鱼池的建造、放养密度、搭配比例、分苗、转塘、饲料、施肥等都积累了丰富的经验。在明代,大量进行挖塘筑基,作基塘式养鱼。[13]10,13 在海上,在宋代,浙江、福建、广东等地沿海就出现了插竹投石养蛎及泥蚶和蛏子养殖;在明代或明之前开始养鲻鱼、鲈鱼和梭鱼;到清代,海水贝类养殖和遮目鱼养殖已成为普遍的养殖活动。[14]228~234

除中国之外,埃及中古王国时期(公元前 2052～前 1786)庙宇壁画中就有描述饲养鱼类的。牡蛎的养殖至少在罗马时代就有。日本和东南亚的一些国家水产养殖活动也有着长久传统。

但许多世纪以来水产养殖的产量一直有限,1950 年全球水产养殖产量不足 100 万吨(不包括水生植物)。自 1980 年起水产养殖业迅猛发展,在捕捞渔业产量出现相对停滞后,水产养殖业一直是促进食用水产供应量大幅增长的主要驱动力。2008 年世界水产养殖物种超过 360 个,其中高价值并进行全球贸易的物种约 25 种。[12]97 2010 年约有 190 个国家和地区围养 600 种水生生物。[20]3 2014 年世界水产养殖的鱼和植物总产量(活体重量)达 1.011 亿吨,养殖的物种和物种组达到 580 种,其中包括 362 种鱼类、104 种软体动物、62 种甲壳类、6 种蛙类和爬行动物、9 种水生无脊椎动物和 37 种水生植物(长心卡帕

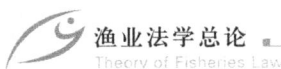

藻、麒麟菜、海带、江蓠、裙带菜、紫菜、马尾藻、螺旋藻和其他水生植物）。[21]22

（三）世界和中国水产养殖产量的变化

1950～2014 年世界捕捞渔业和水产养殖业产量的变化情况，见图 1-2。

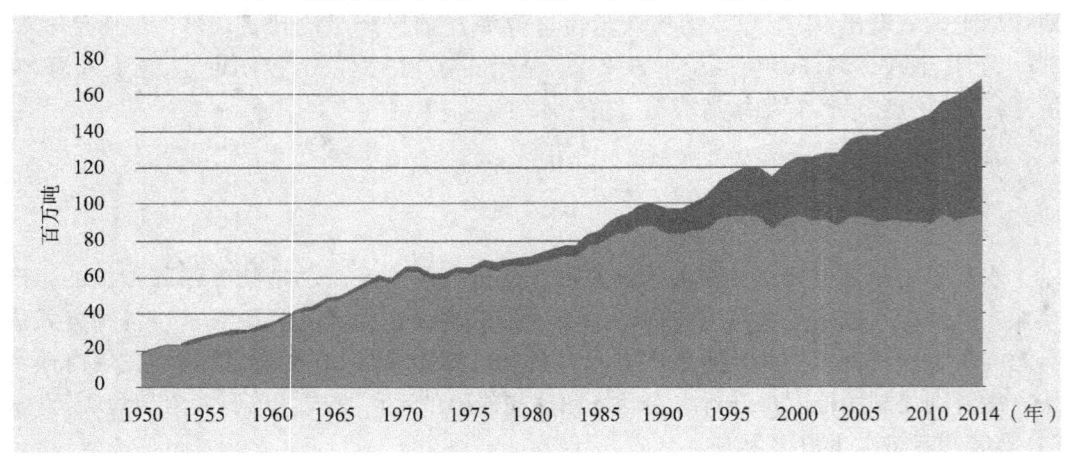

注：图中底层为世界捕捞渔业产量，上层为世界水产养殖产量

图 1-2　1950～2014 年世界捕捞渔业和水产养殖业产量变化情况示意图[21]3

1990～2014 年世界水产养殖业产量的变化情况，见表 1-3。

表 1-3　1990～2014 年世界水产养殖业产量变化情况一览表

单位：百万吨

年份\产量	1990	1995	1996	1997	1998	1999	2000
海水养殖	5.0	10.4	10.8	11.1	12.0	13.3	14.2
淡水养殖	8.2	13.9	15.6	17.1	18.5	20.2	21.3
养殖合计	13.2	24.3	26.4	28.2	30.5	33.5	35.5

年份\产量	2001	2002	2003	2004	2005	2006	2007
海水养殖	15.2	16.4	17.2	18.1	18.9	20.1	20.0
淡水养殖	22.5	24.0	25.5	27.8	29.6	31.6	29.9
养殖合计	37.7	40.4	42.7	45.9	48.5	51.7	49.9

年份\产量	2008	2009	2010	2011	2012	2013	2014
海水养殖	20.5	21.4	22.3	23.3	24.7	25.5	26.7
淡水养殖	32.4	34.3	36.8	38.7	41.9	44.8	47.1
养殖合计	52.9	55.7	59.1	62.0	66.6	70.3	73.8

资料来源：联合国粮农组织渔业和水产养殖部.世界渔业和水产养殖状况[M].1998,2004,2008;联合国粮农组织.世界渔业和水产养殖状况[M].2014,2016。

1990～2014 年世界水产养殖业产量占渔业总产量的比例变化情况,见表 1-4。

表 1-4　1990～2014 年世界水产养殖业产量占渔业总产量的比例变化情况一览表

单位:万吨

产量＼年份	1990	1995	1996	1997	1998	1999	2000
养殖产量	13.2	24.3	26.4	28.2	30.5	33.5	35.5
渔业总产量	99.1	117.3	120.4	122.3	117.9	126.7	130.2
养殖产量/渔业总产量(%)	13.3	20.1	21.9	23.1	25.9	26.4	27.3
产量＼年份	2001	2002	2003	2004	2005	2006	2007
养殖产量	37.7	40.4	42.7	45.9	48.5	51.7	49.9
渔业总产量	130.4	133.6	133.2	140.5	142.7	142.0	140.7
养殖产量/渔业总产量(%)	29.9	30.2	32.1	32.7	34.0	36.4	35.5
产量＼年份	2008	2009	2010	2011	2012	2013	2014
养殖产量	52.9	55.7	59.1	62.0	66.6	70.3	73.8
渔业总产量	143.1	145.9	148.3	155.7	157.9	162.9	167.2
养殖产量/渔业总产量(%)	37.0	38.2	39.9	39.8	42.2	43.2	44.1

1950～2014 年中国水产养殖业产量的变化情况,见表 1-5。

表 1-5　1950～2014 年中国水产养殖业产量变化情况一览表

单位:万吨

产量＼年份	1950	1955	1960	1965	1970	1975	1980
海洋养殖	—	18.71	21.16	18.25	32.13	48.77	77.75
内陆养殖	—	31.91	49.96	51.45	58.20	75.27	90.15
养殖合计	—	50.62	71.12	69.70	80.33	124.04	167.90
产量＼年份	1985	1990	1995	2000	2005	2010	2014
海洋养殖	124.65	284.22	721.51	1061.29	1384.78	1482.30	1812.65
内陆养殖	237.92	445.91	940.76	1516.94	2008.47	2346.53	2935.76
养殖合计	362.57	730.13	1662.27	2578.23	3393.25	3828.83	4748.41

资料来源:农业部渔业局.中国渔业五十年大事记及中国渔业统计年鉴[M].其中计入了水生植物产量。

上列 3 表表明,水产养殖业现已成为世界和中国渔业中最富有活力和充满生机的重要部门。2014 年世界水产养殖鱼类产量占全球捕捞和水产养殖鱼类总产量的比例

超过了44％。如果将水生植物产量计入全球渔业产量的话,水产养殖的产量在2013年已超过捕捞渔业产量。如果只考虑食物供应方面,水产养殖在2014年也超过了捕捞渔业。

中国自1985年确立了"养捕结合、以养为主"的渔业生产方针之后,水产养殖业得到持续快速的发展,到1988年中国就已成为世界上第一个水产养殖产量超过捕捞渔业产量的国家,在渔业总产量中水产养殖产量与捕捞渔业产量的比例当年为52∶48,1998年发展为56∶44,2008年发展为70∶30,2014年又发展为73∶27。中国一直是主要水产养殖生产国,在世界水产养殖产量中的份额在过去20多年中始终保持在60％以上。

水产养殖业是栽培型产业,水产苗种是开展养殖生产的基础条件。它包括苗种生产和优良品种的选育、培育。中国从20世纪50年代后期起就在全国开展了家鱼和河蟹人工繁殖的科学攻关,相继获得突破。1980年又组织了对虾工厂化育苗技术攻关,仅用3年时间就解决了亲虾培育、育苗用水处理、水质环境控制和幼体饵料培养等技术关键,建立了具有中国特点的对虾工厂化育苗方法。随后贻贝、扇贝、海参、鲍鱼、牡蛎、梭鱼、黑鲷、河鲀、牙鲆等大批名优新特水产品的人工育苗采苗技术也相继达到了生产应用水平。充足的水产苗种除供应养殖生产,有力地推动了水产养殖的健康发展之外,还为增殖放流、发展增殖渔业奠定了坚实丰厚的物质基础。

值得注意的是,水产养殖的可持续性正受到诸多因素的挑战,除资源、技术外,应特别防范污染、外来物种和气候变化,包括水体变暖、海平面上升、海洋酸化、气候变化和极端天气事件等对水产养殖业产生的一系列负面影响。

(四)联合国粮农组织对"水产养殖"的定义

联合国粮农组织将水产养殖定义为:"水产养殖系指水生生物的养殖,包括鱼类、软体动物、甲壳类动物和水生植物。养殖意味着饲养过程中某种形式的干预,以促进生产,如定期放养、饲喂、防止捕食动物侵扰等。养殖还意味着个人或团体拥有培育的种群。"[22]或"包括鱼类、软体类、甲壳类动物及水生植物等水生生物的养殖。养殖意味着在生产过程中进行某种旨在提高产量的干预行为,如定期放养、投饵、保护其免受天敌侵害等。养殖还意味着个体或公司对养殖种群的所有权(联合国粮农组织,1997年)"[23],或"在内陆和沿海开展的水生生物的养殖,包括为了提高产量对培育过程的干预以及对养殖生物群体的个人或共同所有权"①。

三、增殖渔业

(一)增殖渔业的概念

渔业捕捞原是1项发掘天然渔业资源的生产事业,它的兴衰依赖于天然水生生物资源的繁衍生息程度。这种资源要想兴旺发达、永盛不衰、永续利用,除加强其繁殖保护外,还应积极在有条件的水域进行增殖,发展增殖渔业。

---

① 联合国粮农组织水产养殖术语表:www.fao.org/fl/glossary/aquaculture/

增殖渔业是指根据水产生物的特性,采用人工放流、移植驯化、营建增殖工程设施,恢复和提高水生生物资源的数量和质量的技术措施支持的渔业。简言之,增殖渔业是捕捞增殖水生生物资源的产业。

增殖渔业的普遍形式是将在养殖孵化场生产的生活史早期的苗种,放流到自然水域里去索饵、生长发育,待其成熟后再加以捕捞。这样,渔业产量可能不依靠自然补充,而是依靠孵化场培育的个体。采取这种养—放—捕方法既可有目的地逐步改变一定水域的种群结构,促使优质种群成为优势种群,使该水域的生产力更多地向人们所需要的捕捞对象转化,还可充分利用水域的天然饵料,节省人工饵料。

增殖渔业的另1种形式是将某野生种群移入一定的水域,使其适应新的环境,自然定居繁殖,形成新的有捕捞价值的种群,补充本地水域的经济物种。

（二）增殖渔业的发展

世界上最早进行人工孵化放流的国家是法国,它于1842年成功地将人工授精孵化的鳟幼鱼投入河川之中。[24]1886年莱茵河沿岸国家为应对莱茵河上建设堰坝、产卵生境丧失和水污染引起的鲑鱼资源衰退,成立"鲑鱼国际保护委员会",制订国际放流计划,进行了鲑鱼鱼苗和鱼种的密集放流,仅在德国,每年就放流几百万尾。[12]184在20世纪30年代末或40年代初,里海的鲟鱼由于过度捕捞,年产量从十几万吨下降到几万吨。20世纪40年代苏联就在伏尔加河建设了许多鲟鱼养殖场,把鲟鱼从鱼卵培养到两岁左右,然后放到河里,让它们游到里海去;采取了这个养—放—捕措施以后,里海的鲟鱼渔业到20世纪50~60年代,不但恢复了原来的最高年产量,而且还有一定的发展。[25]592-593

据联合国粮农组织的监测,20世纪70年代以来,在不断增加的捕捞能力和环境因素的联合作用下,全球海洋鱼类种群状况处于不断恶化的趋势,1974～2013年的变化情况见表1-6和图1-3。

表1-6　1974～2013年世界鱼类种群开发状况变化情况一览表

（%）

时　间	1974	2000	2008	2011	2013
低度捕捞或适度捕捞	40	25	15	9.9	10.5
完全捕捞	50	47	53	61.3	58.1
过度捕捞	10	18	28	28.8	31.4
严重衰退		10	3		
恢复期			1		

资料来源:联合国粮农组织渔业和水产养殖部.世界渔业和水产养殖状况[M].2002,2010;联合国粮农组织.世界渔业和水产养殖状况[M].2014,2016。

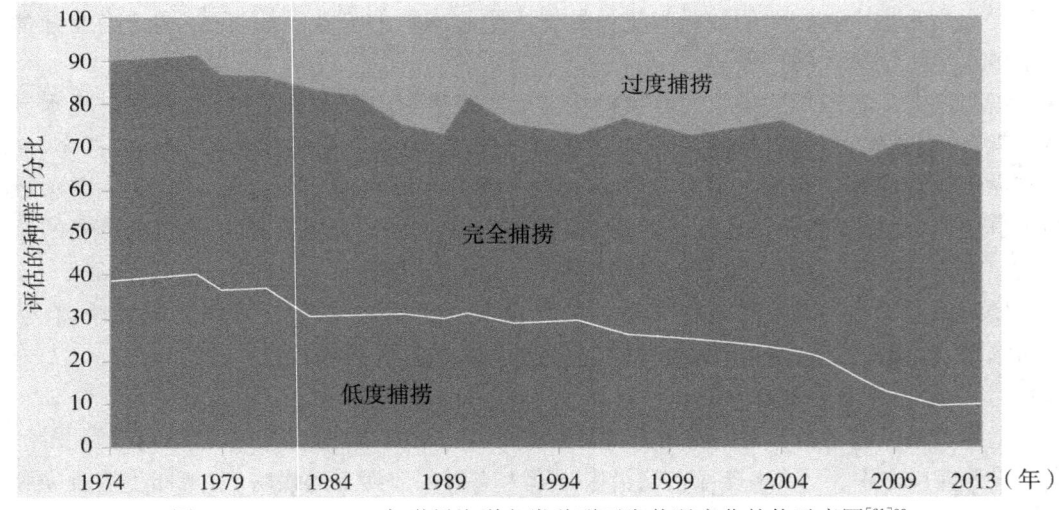

图 1-3　1974～2013 年世界海洋鱼类种群开发状况变化趋势示意图[21]39

上表和图中所称低度捕捞(开发)或适度捕捞,是指处于这种状况的鱼类种群尚有增产潜力,是今后海洋产量增加的主要来源,但应当在增加捕捞能力①之前建立有效和审慎的管理计划,以防止这些种群和其他种群的过度捕捞。所称完全捕捞,是指处于这种状况的鱼类种群,其产量已经达到或非常接近其最大可持续界限,没有进一步扩大产量的空间,必须采用有效的管理来支撑其最大可持续产量。所称过度捕捞,是指处于这种状况的鱼类种群的捕捞量已超过其资源量②,除非采取补救的管理行动以减少过度捕捞,这些鱼类种群资源将进一步下降,产量也将下降得越来越大,从这些种群获得产量增加是没有前景的。已经严重衰退或正处于恢复期的鱼类种群,本质上属于过度捕捞之列,即使管理措施到位使这些资源能够恢复到其下降前的水平,其生产力也远不会恢复到原有或应有的水平。恢复通常意味着剧烈和长期降低捕捞压力和/或通过其他管理措施以除去导致对资源过度开发和衰退的条件。

为补充过度开发或衰退鱼类种群的资源量,恢复和提高渔业资源的数量和质量,近几十年来,在世界范围内逐渐兴起了增殖渔业。

(三)人工鱼礁

在水域中营建人工鱼礁及对自然种群的繁殖保护等也是发展增殖渔业的重要措施。人工鱼礁是指为改善水域生态环境,诱集鱼类栖息或繁殖,在水中设置的固定设施。人工鱼礁的历史源远流长。我国古籍中就有利用水域中构筑物集鱼聚捕的记载。例如,《尔雅》(约公元前 200 年初辑):"投树枝、垒石块于海中诱集鱼类,然后聚尔捕之"。[26]《淮南子·说林》(约公元前 150 年成书):"罧者扣舟。"高诱注:"罧者,以柴积水中以取鱼。

---

①　捕捞能力是指 1 段期间内(如 1 年或 1 个渔季),由 1 艘船或 1 个船队在特定资源条件于其最大效能之下所能捕捞的渔获物的数量。

②　资源量是指在某 1 时间内栖息于某 1 水域的特定种群的数量或重量。

扣,击也。鱼闻扣舟声,藏柴下,壅而取之。"[27]1661在明代嘉靖年间(1522～1566)现广西北海一带渔民就利用设置在海中的竹篱来诱集鱼群,进行捕捞作业。这些竹篱通常用20根大毛竹插入海底,并在间隙中投入许多石块、竹枝和树枝等。实际上这就是早期原始形式的"人工鱼礁"。[26]

美国和日本是近代开发和利用人工鱼礁较早的国家。日本受濑户内海沉船有集鱼作用的启发,1795年开始向沿海投放石块、树木等天然材料建造原始人工鱼礁。1932年日本政府把发展人工鱼礁作为振兴沿海经济的1项政策,第二次世界大战后把大批废船沉入近海作为人工鱼礁。1975年日本颁布《沿岸渔场整修开发法》,将人工鱼礁的建设以法律的形式固定下来。1860年美国佛罗里达州沿海爆发洪水,许多大树被冲倒入海。不久后,渔民们发现这些树木附着了许多生物,诱集到大量鱼类。于是他们纷纷用木料搭成框架,装上石块沉入海底,几周后就观察到明显的集鱼效果,于是人工鱼礁便在美国流传开来。20世纪的20～30年代,以废旧的轮胎、车辆、船舰等投放海底而形成的人工鱼礁相继在美、日出现。1954年专门设计制作的钢筋混凝土鱼礁问世,1958年大型组合式鱼礁投入使用。近20多年来,敷设人工鱼礁的做法,在世界许多国家得到了广泛应用。[27]目前,日本、韩国、挪威、美国、英国、加拿大、俄罗斯、瑞典等国均把增殖渔业作为振兴渔业经济的战略对策,投入大量资金,建设人工鱼礁,开展人工育苗放流,恢复渔场基础生产力,取得了显著成效。

(四)中国发展增殖渔业的历史

在中国,20世纪50年代早期朱树屏率先倡导"进行人工放流走牧业化道路",并进行鱼虾标志放流的增殖试验。[28]从20世纪50年代中期起,各地在一些江河进行人工放流增殖、增产,效果明显。1956年在乌苏里江建立了第一个大麻哈鱼放流试验站,放流增殖大麻哈鱼。1978年曾呈奎等提出采取养—放方法是保证优质鱼类稳产高产比较行之有效的方法,并建议在全国沿海地区设立若干鱼虾养殖试验场站,其任务是培养出适当大小的小鱼虾或鱼虾苗,然后放流入海,使受欢迎的鱼虾资源得到持续的发展。[25]597,599

1979年《水产资源繁殖保护条例》规定:"各地应当因地制宜采取各种措施,如改良水域条件、人工投放苗种、投放鱼巢、灌江纳苗、营救幼鱼、移植驯化、消除敌害、引种栽植等,增殖水产资源。"1983年国家决定在渤海和一些条件较好的港湾进行增殖渔业试点,并指出:"改造渔场环境,人工放流鱼苗,增殖近海资源,是发展海洋渔业的一项战略措施"。[29]

1985年中共中央、国务院要求:"应采取人工放流苗种、建造鱼礁等措施改造渔场环境,增殖资源"。[30]1986年《渔业法》将增殖渔业资源作为立法目的之一,并做出相应规定。经过几十年的实践,中国增殖渔业的增殖技术日臻成熟,沿海和内陆水域放流品种、数量和范围及人工鱼礁建设规模不断扩大,既取得了巨大的渔业经济效益,又对渔业资源和渔业生态环境的保护和恢复产生了积极作用。

(五)联合国粮农组织对"增殖渔业"的定义

联合国粮农组织将增殖渔业定义为:"增殖渔业是指依靠目的在于补充一种或几种水生生物或维持其补充量,将一种渔业的若干成分的总产量或产量提高到超出自然过程

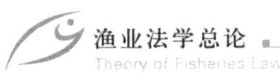

可维持水平的活动来支持的渔业。增殖渔业可能有必要放养①来自水产养殖设施的材料,移植野生鱼和改变生境。"[31]

联合国粮农组织有时将增殖渔业称为"以养殖为基础的渔业",并将其定义为:"采用水产养殖设施内培育的材料进行放养的捕捞渔业。"或进一步将其定义为:"旨在补充或持续补充一个或更多水生物种的活动和旨在将总产量或渔业若干部分的产量提高到超过自然过程所实现的可持续水平的活动。在此意义上,以养殖为基础的渔业包括下列形式的增殖措施:引进②新品种③;在天然和人工水体中放养;施肥;包括栖息地改良和水体改造在内的环境工程;改变品种构成,包括去除不良品种,或为若干品种营造人工动物区系;引进种的转基因④。"[22]

四、休闲渔业

(一)休闲渔业的概念

休闲渔业是合理利用与优化配置渔业设备、条件、自然资源及渔民社区人文资源,集休闲娱乐、运动健身、度假观光、渔业生产于一体的具有时代特征的新型渔业。

休闲渔业是在经济比较发达的国家和地区,人们既有物质和时间条件又有借"为乐趣捕鱼"活动消遣、调剂身心的需求,同时,在全球压缩捕捞能力的过程中传统渔业需为调整结构、发展多种经营将1部分渔业设备、条件和资源转产,从而为开展休闲渔业提供了可能的形势下产生和发展起来的。

发展休闲渔业在满足人们日益提高的精神文化需求的同时,对发展渔业生产力,优化渔业社区产业结构,提高渔业的社会、生态和经济效益具有重要作用。

(二)休闲捕鱼

休闲渔业主要是休闲捕鱼。联合国粮农组织将休闲捕鱼定义为:"休闲捕鱼是捕捞不构成满足营养需求主要资源的水生动物个体,一般不出售或出口、也不进入国内市场或黑市。"[32]2休闲捕鱼的主要目标是享受捕捞过程经历的快乐,而不是盈利、提供食物或进行科学研究,而且不涉及销售、交换或把渔获物的全部或部分用于贸易。

休闲捕鱼以钓鱼为主。钓鱼是人类最早的1种捕鱼方法,起初像狩猎一样是为了获得食物,以后逐渐演变成为1种娱乐活动。公元前2000年的埃及洞穴壁画显示人用竿、线和网捕鱼的情景。约公元前4世纪的中国文献记载如何用丝线、用针制成的钩、竹竿米饭作饵料钓鱼。古希腊、亚述、罗马、犹太等国书籍均有关于钓鱼的记载。今日人们常把钓鱼称作运动,以区别于商业钓鱼。尽管城镇兴起,各种污染源在增加,钓鱼仍为人们主要的消遣之一,并在许多国家里成为人们最喜欢参加的一项运动。1939年成立了国际

---

① 放养是指反复将鱼投放到某种生态系统,而在该系统中,除了其外来种群之外,已经存在该品种的一个种群。见 ftp://ftp.fao.org/docrep/fao/011/w4493c/w4493c.pdf

② 引进是指人们有意或无意输入和释放到其自然范围以外的某种环境中的品种或亚种。见 ftp://ftp.fao.org/docrep/fao/011/w4493c/w4493c.pdf

③ 品种经经多代人工选择育成的具有遗传稳定,并有别于原种或同种内其他群体之优良经济性状及其他表型性状的水生动、植物。

④ 转基因是指通过遗传工程手段得到的在基因组中整合了外源基因的动植物。

钓鱼协会,负责组织调节、监督国际钓鱼比赛。[9]

休闲捕鱼除钓鱼外也包括以捕捞为取向的集鱼,陷捕,鱼叉、射鱼以及用网捕捞水生生物。休闲捕鱼现在是工业化国家淡水环境中野生鱼类种群最主要的利用方式。高效捕鱼设备供应增加(包括航行装置、探鱼器和改良的船舶)和沿岸区域持续城市化使沿海和海洋休闲渔业持续扩大。

休闲捕鱼在多数发达国家是发达产业,在其他地区正快速发展。休闲捕鱼涉及大量个体,在从业人数、产量、社会及经济相关性方面,是相当大的产业。据估算,在发达国家大约10%的人口从事休闲捕鱼,在美国和欧洲,近年来分别有至少6 000万和2 500万休闲垂钓者;在欧洲有800万到1 000万人在咸水水域从事休闲捕鱼。全世界从事休闲捕鱼的人数或许超过1.4亿。2003年从事海洋休闲捕捞的人数估计有5 800万。2004年从事休闲捕鱼的渔民总计年度捕捞量预计为470亿尾鱼,约当年占世界捕捞量的12%。2009年估计中亚人口约10%从事休闲渔业。[20]122联合国环境规划署(UNEP)为估计海洋休闲渔业项目的价值,提出3项经济社会指标,即:参与程度;直接消费;就业人数。估计2003年全世界有6 000万人参加垂钓,消费总额约400亿美元,提供了超过95万个工作岗位,超过1 300万人有观看鲸鱼的经历,消费达16亿美元,提供了18 000个就业岗位。[33]

除休闲捕鱼外,休闲渔业具有运动、体验、食鱼、游览和文化教育等多种形态。

（三）休闲渔业的规范

休闲渔业也可能对全职工作的渔民生计、生态环境和水生生物多样性产生负面影响。为规范休闲渔业,欧洲内陆渔业和水产养殖咨询委员会(EIFAAC)2008年制定了《休闲渔业行为守则》,联合国粮农组织2011年8月召开了制定负责任休闲渔业技术准则的专家会,[20]125 2012年颁布了"负责任渔业技术准则"第13号《休闲渔业》技术准则。该技术准则是全球范围的,包括所有环境(海洋、沿岸和内陆)所有类型的休闲渔业。

五、 捕捞后处置和贸易

（一）捕捞后处置

除自给性捕鱼、为交换货物(易货贸易)捕鱼和休闲捕鱼外,绝大部分鱼和渔产品用于销售。因此,渔获物需要进行捕捞后处置,包括保鲜、加工、运输和贮存。

鱼品具有易腐和市场需求多样化的特点,需要进行多种形式的保鲜、加工,这是捕捞后处置最重要的环节,其目的是为了:有利保存;便于流通;增加附加值;方便利用;综合利用;节约资源。鱼品保鲜是指使用物理或化学方法抑制或延缓鲜鱼品的腐败和变质,以保持其良好鲜度、品质和营养。鱼品加工是指使用加工机械从事以鱼品为原料的食品以及各种供工、农、医药业使用的各种产品的生产。显然,负责任地利用鱼品,使市场既有鲜活鱼虾,又有方便使用的各种类型的加工品,并使各种加工废弃物得到综合利用,提高渔业经济效益,对于保障渔业生产经营者的利益和鱼品消费者安全和健康,对于渔业的健康发展及促进环境保护都具有重要意义。

（二）鱼和渔产品贸易

鱼和渔产品贸易是将鱼和渔产品转化为商品供给国内、国际市场和消费者利用的过

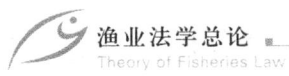

程,也是在渔业生产者和鱼和渔产品利用者、鱼和渔产品出口国和进口国之间分配利益的过程。鱼和渔产品供应量增加会拉低当地鱼和渔产品市场价格,供应量减少则会抬升当地鱼和渔产品市场价格。鱼和渔产品出口可以创汇并推动初级产业和第三产业就业、增加收入,社会可能会从出口贸易中获益。但鱼和渔产品出口也可能减少国内消费的鱼和渔产品供应量。进口鱼和渔产品有可能增加国内食品供应,从而使物价维持在较低水平。鱼和渔产品价格降低,给消费者带来好处的同时也降低了渔业生产经营者的收入,给他们带来了伤害。如果进口鱼和渔产品是为了再加工和再出口,就能创造就业,对妇女有特殊的重要性。许多国家既是鱼和渔产品的出口国也是进口国。实际上,在鱼和渔产品出口具有一定重要性的低收入缺粮国(LIFDC),也同样进口大量鱼和渔产品。如非洲,尽管也有所出口,但从贸易量而言,非洲是净进口方。在许多情况下,它们将出口价格更高的鱼和渔产品带来的收益用以进口价格便宜但同样有营养甚至营养价值更高的鱼和渔产品,借鱼和渔产品的国际贸易来实现地方层面的粮食安全。

鱼和渔产品贸易是渔业的1个关键部分。渔业在经济社会中应有作用的发挥,在很大程度上,有赖于零售商与消费者之间的鱼和渔产品的最终销售。其中鱼和渔产品向1个方向流动,而货币则向另1个方向流动。如果没有这最后的交易,最终的鱼和渔产品不能有效并可持续地销售、分销和向消费者出售,则此前的捕捞、养殖、加工、保存等都将失去意义;渔业的其他方面,如渔船、渔具制造、运输设备、包装、制冷等行业均不能持续,渔业可能处于停止运作的危险境地。

鉴于鱼和渔产品贸易的重要性,中国早在1985年就把"调整购销政策"作为"放宽政策、加速发展水产业"的10大政策之一。[30]联合国粮农组织提出了"负责任鱼和渔产品贸易"的概念,并设立了专司鱼和渔产品国际贸易的组织。

因此,可以说,在渔业系统中,捕捞后处置包括鱼品利用及鱼和渔产品贸易,和捕捞、养殖、增殖等渔业生产具有同等重要的地位。

第三节 渔业在可持续发展中的作用

一、促进粮食安全

(一)粮食安全的概念

粮食是人类生存和发展的基础条件。粮食安全关系人的生命、健康和福祉。保障粮食安全是关系治国安邦和世界和平的头等大事。1996年《世界粮食首脑会议行动计划》指出:"粮食安全系指所有人在任何时候都能通过物质和经济手段获得充足、安全和富有营养的食物,满足其保持积极健康的生活膳食需要和饮食爱好。"[34]2009年世界粮食安全委员会(CFS)的文件《全球粮食安全和营养中战略框架》在此定义获取食物的手段上增加了"社会"1词,改为"通过物质、社会和经济手段",并指出:"粮食安全的四大要素是可供量、获取、利用和稳定。"并强调"营养问题是粮食安全概念和世界安全委员会工作不可分割的一部分。"[35]

20世纪90年代中期出现"营养安全"的用语,2012年年初联合国粮农组织将"营养安全"定义为:"所有人在任何时候都能消费在品种、多样性、营养素含量和安全性等方面数量和质量充足的食物,满足其积极和健康生活所需的膳食需要和饮食爱好,并同时具备卫生清洁的环境、适宜的保健、教育和护理。"自2012年以来,世界粮食安全委员会推动正式使用"粮食与营养安全"概念,并将其定义为:"所有人在任何时候都能通过物质、社会和经济手段获得食物,且食物的数量和质量足以满足其膳食需要和饮食爱好,并辅之以适当的卫生、保健服务和护理环境,使之过上健康和积极的生活。"不过这个概念尚未得到世界粮食安全委员会部分成员的认可。[36]

粮食原是指供食用的谷物、豆类和薯类。按照《世界粮食首脑会议行动计划》中"在实现粮食安全方面,农民、渔民、林农以及其他粮食生产者和供应者具有极为重要的作用"的提法[34],在广义上,供食用的畜产品、水产品和林产品亦属粮食范畴。

（二）渔业对粮食安全的贡献

五十多年来,食用水产品的全球供应量增速超过世界人口增速,1961～2014年年均增速为3.2%,比人口增速高1倍,从而提高了人均占有量。世界人均食用水产品供应量从20世纪60年代的9.9千克（活重当量）[20]3增加到2007年的17.6千克,到2014年进一步增加到20.1千克（估计数）。2007～2014年世界水产品使用量,详见表1-7。

表1-7　2007～2014年世界水产品使用量一览表

时　间	2007	2008	2009	2010	2011	2012	2013	2014
供人食用（百万吨）	117.3	120.9	123.8	128.1	130.8	136.9	141.5	146.3
非食用（百万吨）	23.4	22.2	22.0	20.0	24.7	20.9	21.4	20.9
人口（10亿）	6.7	6.8	6.8	6.9	7.0	7.1	7.2	7.3
人均食用水产品供应量（千克）	17.6	17.9	18.1	18.5	18.6	19.3	19.7	20.1

注:使用量中不包括水生植物。

资料来源:联合国粮农组织.世界渔业和水产养殖状况[M].2014,2016。

水产品消费量的大幅增长为全世界人民供了更加多样化、营养更丰富的食物,从而提高了人民的膳食质量。

渔业生产具有"不与人争粮、不与粮争地"的特点和饲料转化率高、比较效益高的优势。捕捞业是直接利用天然的渔业资源,水产养殖业与其他畜禽养殖业相比,饲料转化率高,同样的产出对粮食的消耗少。由此可见,发展渔业为粮食生产和粮食供给扩展了空间,有助于从根本上缓解和改善世界粮食不安全状况。

渔业生产对喜好水产品的国家（例如,冰岛、日本[①]和一些发展中小岛国）、低收入缺

————————————

① 日本和冰岛来自鱼类的平均能量供应人均水平高达每天180千卡,但许多国家只有每天20～30千卡。

粮国及依靠小规模、个体或自给性捕鱼和养鱼维持生计的群体的粮食安全至关重要。有一些国家(东欧国家和土耳其等),许多爱好垂钓的人,通常下班后及在周末去钓鱼,以帮助家庭满足食物安全的需要。在农业生态条件不佳的社区,当非渔业的农业生产或生计面临威胁时,渔业甚至可以起到粮食"安全阀"的重要作用。

(三)水产食品是人类营养的一个主要来源

水产食品在人类营养中起着重要作用,尤其是1个重要的蛋白质和必需微营养素的来源。150克的鱼类可以为1个成年人提供50%~60%的每日蛋白质需求。水产食品占全球人口动物蛋白质摄入量的大约17%,占所有蛋白质总摄入量的6.7%,占31亿多人口日均动物蛋白摄入量的近20%。非洲和亚洲一些地方的人民在摄入动物蛋白质方面对鱼类的依赖程度甚至更大,在一些小岛屿发展中国家,鱼类的占比可高达40%或更多。根据1项估计,所罗门群岛的农村居民摄入的动物蛋白质有94%来自鱼和渔产品。特别重要的是,在低收入粮食短缺国家,人们消费的动物蛋白质几乎有1/4来自海产食品。

水产食品除了能提供包含所有必需氨基酸的易消化、高质量的蛋白质外,还含有必需脂肪(如长链欧米伽-3脂肪酸)、各类维生素(D、A和B)以及矿物质(包括碘、硒、锌、铁、钙、磷、钾),经常食用水产食品有益于预防心血管疾病,缓解炎症,增强大脑健康,并通过替代其他食物,起到逆转肥胖的作用。特别是"在人类生命的关键阶段(怀孕、哺乳、童年)尤其重要",这些营养素能促进胎儿和婴儿脑部和神经系统发育,并可能有助于降低早产的风险。正因为水产食品具备宝贵的营养价值,即便是食用少量的水产品,也能显著加强很多低收入缺粮国和最不发达国家主要以植物为主的膳食结构的营养效果,在改善不均衡膳食方面发挥重要作用。

不同类型的水产食品会有不同的营养价值。例如,有人提出,"养殖的大型淡水鱼含有微营养素和赖氨酸的情况不如来自海洋和内陆捕捞渔业的小型鱼种",特别是某些类型的养殖鱼种的二十碳五烯酸(EPA)和二十二碳六烯酸(DHA)含量可能比较低。然而,可以在养殖期间对很多影响鱼类质量和营养价值的因素进行监测和控制。其他类型的海产食品也是重要的蛋白质和微营养素来源。例如,一些类型的海藻含有蛋白质、食用纤维、维生素、矿物质和氨基酸。[37]

(四)渔业对粮食安全的其他促进作用

1. 促进食物多渠道供应和消费

渔业除提供全体居民以足量、安全的水产品食物外,在其他食物供应短缺时以水产品补充食物的供应和消费,保证食物供应的连续性或以渔业为收入来源,创造购买粮食所需的收入。尽管一些穆斯林和犹太传统限制食用某些水生贝类动物和无鳞鱼,但是,鱼类一般不受与其他动物产品有关系的禁忌或宗教限制。鱼类还可以为那些不食用热血动物肉类的人接受。在许多不发达国家,鱼类也是1种购买得起的动物蛋白质来源,不仅比较便宜,同时也是地方传统食谱喜爱的1部分。当地生产的水产品一般比牛肉、猪肉、羊肉等其他动物蛋白来源便宜。[38]

2. 改善人们的食物结构

水产食品是 1 种高蛋白、低脂肪、口味鲜美、营养丰富的健康食物。增加水产食品的供应和消费,可使食物变得美味可口,增加对其他类食物的消费,对整个摄入的食物和营养物起到改善作用。这不仅适应了人们对高质量、无污染、口感好食物的需求,对于从深层次上促进粮食安全和粮食质量,进一步改善人民食物结构,促进饮食多样化,提高生活水平,增强人民身体素质也具有积极作用。

粮食安全和营养既是实现可持续发展的 1 项需要,也是可持续发展的 1 个目标。粮食安全和营养与整个可持续发展议程的许多其他组成部分(如消除饥饿、营养不良和贫困等)之间有着很强的相互依存关系。随着全球人口的增加和耕地的减少,世界范围内粮食供应紧张及动物性蛋白质及其他营养素供应不足的状况将长期存在,粮食安全和营养仍将成为 1 个紧迫的全球挑战。水产食品作为 1 个主要的食物和营养来源,必须进一步发挥其对世界粮食安全和营养方面的重要作用。

二、 推动经济发展

(一)水产品的多种用途

水产品除食用外,在国民经济中具有多种用途。非食用水产品及其加工废弃物大部分用于制作鱼粉和鱼油。鱼粉主要用作家畜(猪、鸡、牛等)、水产动物(鱼、虾、蟹、鳖)和皮毛动物(狐、貂等)养殖的饲料。鱼油主要用作鱼、虾养殖饲料的配料,也用以鞣制皮革、制造肥皂和精密仪表润滑油。鱼皮可提取白明胶,制作黏合剂和皮革。鱼皮、鳍和其他加工废弃物可提取胶原蛋白。鱼鳞可用作制鱼鳞胶。鱼内脏可用于制作宠物饲料和鱼饲料。从对虾和蟹壳提取的甲壳素和壳聚糖可用于水处理、化妆品、食品和饮料、农用化学品和医药品。从甲壳类废物中可提取胡萝卜素和虾青素用于制药。鲨鱼软骨被用于制作多种药品,制成粉、膏和胶囊,鲨鱼的卵巢、脑、皮和胃也可用于制药。鲨鱼牙、扇贝和贻贝壳可用作工艺品、首饰和纽扣。贻贝壳可用作生产工业用碳酸钙。牡蛎壳可用作建筑材料和生产生石灰。石花菜和江蓠可提取琼胶,海带可提取碘和甘露醇。其他藻类除用于食用(传统上在日本、韩国和中国)外,也用于化妆品和肥料,及用以工业加工提炼为增稠剂,例如海藻酸盐、琼脂和卡拉胶或一般以干粉类型用于动物饲料的添加剂。从沙蚕提取的沙蚕毒素可用来造无公害农药。鱼的废物和海藻可用作生产生物燃料。

非食用的另 1 部分被用作鱼虾等水产动物养殖的鲜饵料。2008 年中国仅养殖 23 万吨高价值鳜鱼 1 项,就消耗了 100 万吨养殖的低值小鲤科鱼,作为活饵料。[12]25

中国是世界上最早利用海洋生物制药的国家。《黄帝内经》就有以乌鱼骨作丸,饮以鲍鱼汁治疗血枯的记载。《神农本草经》《本草纲目》《本草纲目拾遗》等经典医学文献收载的来源于海洋的中药已达百余种。[39]现已发现可供制药的海藻 50 多种,无脊椎动物近300 种,脊椎动物近百种。[40]海龙、海马可用来造滋补强壮药,海蛇可用来提取蛇毒造溶血栓药,鳖血可用来造快速诊断脑膜炎、肝硬化的试剂,海带、海藻可用来造抗甲状腺肿药,甲壳类废物可提取类胡萝卜素和虾青素,鲨鱼软骨素可治关节炎,鱼胶原蛋白具有养

颜美容功效。

（二）渔业对经济发展的推动作用

渔业通过部门内相互作用（例如，捕鱼业与渔网编织和修补或捕鱼业与水产养殖业之间在鱼食供应方面的相互作用）及部门间相互作用（例如，林业与渔业在造船木材供应方面或农业与水产养殖业在饲料供应方面的相互作用）可带来可观的间接倍增效应。渔业生产的发展会带动渔船修造业、渔机与渔船用品制造业、制冷业、食品加工业、饵料业、渔药业、仓储物流业、电信业等相关产业的发展。此外，为渔业建造的基础设施（支线道路、卸鱼场、避风港、蓄水池）还会带动旅游业或农业等其他部门及社区经济活动的进一步发展。

三、保障渔民生计

（一）渔业是世界数亿人口的生计来源

渔业是世界上数亿人口收入的关键来源和生计。渔业提供的就业机会在过去30年大大增加，自1980年起年平均增长率为3.6％。[13]26 联合国粮农组织渔业统计协调工作组将渔民分为全职、兼职两种。全职渔民是指从渔业获得收入至少是其生计的90％，或消耗在渔业上的工作时间至少为90％。兼职渔民是指从渔业获得收入至少是其生计的30％，但低于90％，或消耗在渔业上的工作时间至少为30％，但低于90％。而从渔业获得收入低于其生计的30％，或消耗在渔业上的工作时间低于30％的，则被称为偶尔的渔民。[41] 1990～2014年几个年份全球从事渔业初级生产的全职和兼职渔民数量及各区域分布比例，见表1-8。

表1-8　1990～2014年全球渔民数量及各区域渔民数所占比例一览表

渔民单位：千人

	1990	1995	2000	2005	2010	2011	2012	2013	2014
渔民总数及各区域渔民数所占百分比（％）									
全球	30 948	36 223	46 846	51 418	57 667	57 514	58 272	56 780	56 632
非洲	6.2	6.6	8.9	8.6	8.7	9.1	10.1	10.6	10.0
亚洲	86.5	86.4	84.6	85.4	85.6	85.1	84.2	83.9	84.3
欧洲	2.1	1.5	1.7	1.4	1.1	1.1	1.1	0.5	0.7
拉美和加勒比	3.8	4.2	3.8	3.7	3.8	3.9	3.9	4.3	4.3
北美洲	1.2	1.0	0.7	0.6	0.6	0.6	0.6	0.6	0.6
大洋洲	0.2	0.3	0.3	0.2	0.2	0.2	0.2	0.1	0.1
水产养殖渔民数及其各区域所占百分比（％）									
全球	3 877	8 049	12 632	15 115	18 512	19 015	18 861	18 818	18 753
非洲	0.05	0.8	0.7	0.9	1.25	1.4	1.6	1.5	1.5
亚洲	97.3	96.4	96.7	96.8	96.8	96.6	96.4	96.2	96.2

续表

	1990	1995	2000	2005	2010	2011	2012	2013	2014
水产养殖渔民数及其各区域所占百分比(%)									
欧洲	0.8	0.7	0.8	0.6	0.55	0.5	0.5	0.4	0.4
拉美和加勒比	1.8	1.9	1.7	1.6	1.3	1.4	1.4	1.9	1.9
北美洲	—	0.07	0.05	0.1	0.05	0.05	0.05	0.05	0.05
大洋洲	0.05	0.05	0.05	0.03	0.03	0.03	0.03	0.03	0.03
养殖渔民数占渔民总数的百分比(%)									
		12.5	22.2	27.0	29.4	32.1	33.1	32.4	33.1	33.1

资料来源:世界渔业和水产养殖状况[M].2012表7,2014表10和2016表10。

除捕捞渔民和养殖渔民外,渔业和水产养殖领域提供了大量辅助活动的工作岗位,例如加工、包装、销售和分销、制造水产品加工设备、制作网和网具、制冰和供应、船舶建造和维修,以及其他人从事与渔业领域有关的研发和行政管理工作。

据联合国粮农组织估计,直接从事渔业捕捞和水产养殖生产的1个人产生3～4个第二产业的相关工作,平均1个工作养活着3个家属或家庭成员。[20]46依此计算,1990～2014年几个年份依靠渔业为生的人口及其占当年世界人口的百分比,见表1-9。

表1-9　1990～2014年全球依靠渔业为生的人口及其占世界人口的百分比一览表

	1990	1995	2000	2005	2010	2011	2012	2013	2014
依靠渔业为生的人口(亿)	3.7～4.6	4.3～5.4	5.6～7.0	6.2～7.7	6.9～8.7	6.9～8.6	7.0～8.7	6.8～9.1	6.8～9.1
占世界人口的百分比(%)	7.0～8.7	7.6～9.5	9.3～11.6	9.5～11.9	10.0～12.5	9.9～12.3	9.9～12.3	9.5～12.6	9.3～12.4

（二）渔民主要分布在发展中国家

捕捞渔民和养殖渔民绝大部分在发展中国家。欧洲、北美和日本等发达国家为资本密集型经济体,渔业捕捞和水产养殖从业人员的特征是年龄大,且逐年减少。主要原因是这1职业对年轻一代的吸引力正在减小。对许多年轻人来说,在渔船上工作的工资和生活质量与岸上的产业相比没有优越性。到2008年约为130万人。但在科技进步支撑下,渔业生产率高,年人均捕捞加水产养殖产量欧洲近24吨,北美洲18吨多,大洋洲23吨多。可以说,这些国家渔民中相对不多的人以渔业为生,大多数人则是通过为乐趣捕鱼、养鱼而取得收入。因此,这些国家不得不雇用来自发展中国家的渔民替代当地渔民。

资料显示,发展中国家渔业生产率不高,亚洲年人均捕捞加水产养殖产量2.4吨,仅为欧洲的1/10,北美的1/7.5,大洋洲的1/9.6。[13]7因此,渔业通常不能为发展中国家单

个渔民带来巨大财富。

妇女在渔业领域特别是捕捞后处置活动中发挥了重要作用。妇女在渔业从业人口中所占比例接近一半,在内陆渔业中超过一半。各国文化背景不同,妇女在渔业中的地位也不同。有的国家妇女上渔船是禁忌,但她们可拥有自己的渔船并雇用男人作为船员。多数国家的情况是男子捕鱼、养鱼,妇女从事渔获物的加工和销售,也有的国家妇女捕鱼、养鱼,男子进行渔获物的销售和分销。妇女参与渔业生产,既解决了自身就业,又为多数渔民家庭维持生计、增产增收提供了条件。

在发展中国家还有数以百万计的农村居民,特别是在亚洲和非洲,他们从事季节性捕鱼或零星的养鱼活动,在主业之外开拓收入来源、脱贫致富的途径。这些人属于偶尔的渔民。但在官方统计中一般不算"渔民"。

（三）中国是世界上渔民最多的国家

中国是一个捕捞渔民和养殖渔民最多的国家,近20多年来,中国捕捞渔民数呈减少趋势,养殖渔民数在不断增加,总体上占世界渔民总数的1/3～1/4,详见表1-10。

表1-10　1990～2014年中国渔民数及其占全球渔民总数的百分比一览表

单位:千人

	1990	1995	2000	2005	2010	2011	2012	2013	2014
渔民总数	11 173	11 429	12 936	12 903	13 992	14 585	14 441	14 282	14 161
捕捞渔民	9 432	8 759	9 213	8 389	9 013		9 226	9 090	9 036
养殖渔民	1 741	2 669	3 722	4 514	4 979		5 214	5 192	5 124
中国渔民占全球渔民总数的百分比（%）	36.1	31.6	27.7	25.1	24.3	25.4	24.8	25.2	25.0

四、提供文化服务

（一）渔业的文化功能

渔业除创造物质财富外,还具有满足文化需要、丰富人们精神生活的积极作用。渔业的文化功能主要有:

（1）游钓;

（2）渔光欣赏;

（3）渔港文化景观游览;

（4）渔民社区风情观赏;

（5）渔业民俗体验;

（6）渔民信仰祭祀认知;

（7）渔业、渔民和鱼的特定节日展示;

（8）鱼饮食文化鉴赏。

自古以来,观鱼、钓鱼就是一项陶冶情操、有益于身心健康的高雅文体活动,也是1

种休闲方式,广受人们喜爱。随着社会经济发展、国民收入和闲暇时间的增加,人们不满足于在固定地点单纯赏鱼、垂钓,越来越喜欢把集旅游、垂钓、观光和娱乐为一体的游钓作为休闲活动的方式。

为适应这种需要,20 世纪 60 年代加勒比海地区率先兴起了休闲渔业,以后逐步扩展到欧洲和亚太地区,在美国、加拿大、欧洲和日本及其他社会经济和渔业发达的国家和地区得到快速发展。

渔业的文化功能除提供人们休闲、游览服务及娱乐外,还可为诗人、文学艺术家、摄影家和画家及社会历史学家进行美学创作和社会研究提供源泉和灵感。

（二）中国发展休闲渔业的状况

现今,中国估计有钓鱼爱好者 9000 万人。20 世纪 90 年代以来,从沿海到内陆各地不断探索、发展休闲渔业。各地渔业、环境、人力等资源条件及优势不同,休闲渔业的具体形态也不同。有的水产养殖场所,以现有设施为基础,完善交通、生活设施和钓鱼技术服务设施,放养适合垂钓的优质鱼类品种,建立游钓园区;有的渔村、渔区,在适宜海钓的海岛、海域,建造游钓鱼礁,增殖适合海钓的优质鱼类品种,配备游钓船艇及钓鱼技术服务人员,使之成为服务设施齐全的海钓基地;有的渔港,将渔船码头改造为游艇码头,渔人码头（钓鱼平台）,设立活鱼、鲜鱼和水产加工品市场,海鲜美食广场,海钓俱乐部,打造休闲渔业中心;有的渔村,建造具渔船展馆、渔家生活历史展馆,开放鱼类观赏、海洋牧场和养殖场景观光、传统捕捞观赏或组织游客坐渔船、拉渔网、喂鱼、赶海或住渔家、尝海鲜、体验渔村生活,领略渔乡风情;有的渔区建造海洋馆、潜水船艇,进行海底观鱼,开办潜水俱乐部,教练潜水和水下叉鱼、采捕海珍品。

还有的地区举办渔民节、开渔节、国际钓鱼节,以渔业为龙头,组织旅游商贸活动。在中国,休闲渔业方兴未艾,一些地方还出台地方法规或规章促进休闲渔业的健康发展。

五、 繁荣渔业贸易

（一）渔业国际贸易的主要方式

1. 鱼和渔产品的国际贸易

最近几十年,在经济全球化和贸易自由化、便利化日趋加剧的大环境下,随着渔业产量的增加及高需求的驱动,鱼和渔产品的国际贸易显著扩大。据联合国粮农组织的统计,2014 年有 200 多个国家和地区参与了鱼和渔产品的出口和进口。在世界渔业总产量中的出口份额从 1976 年的 25% 增至 2014 年的 36%（活体等重）。贸易量从 1976 年到 2014 年增长超过 245%。出口值从 1976 年 80 亿美元增加到 2014 年 1 480 亿美元,名义年增速 8.0% 以及不变价增速 4.6%。[21]51 当前鱼和渔产品国际贸易的基本特征表现为地理参与的广泛性及物种和产品类型的多样性,使鱼和渔产品成为世界食品贸易中贸易程度最高和最大宗商品之一。

2. 与渔业相关活动的服务贸易

各国渔业发展的经济技术水平不同,有关国家之间需要在渔业管理的专门知识、捕捞和加工、制定政策和船舶监测、使用港口和相关服务、修船和雇用船员及培训、渔船租

赁、建造基础设施、制定渔业标准、以及研究、种群评估和数据分析、信用评级、法律服务、商贸物流等与渔业有关的重要活动领域提供劳务服务。发达国常常需要雇用捕捞和加工人员，一些发展中国家尤其是最不发达国家和发展中小岛屿国家为增强渔业发展的知识、技术和能力，则需要广泛的劳务服务。但是此类服务贸易，尚未纳入联合国粮农组织的记录范围，我们无法获得它产生的价值和有关信息。

（二）渔业国际贸易的作用

国际贸易在渔业和水产养殖业中发挥着重要作用，能创造就业机会，供应食物，促进创收，推动经济增长与发展以及粮食与营养安全。联合国粮农组织将渔业国际贸易的主要作用概括为：就业的创造者、食物的供应者、收入的产生者、经济增长和发展以及粮食和营养安全的贡献者。[21]51

渔业国际贸易对各类经济体和各国来说，其主要作用则不尽相同。欧盟、美国和日本由于其国内渔业产量停滞，不得不高度依靠渔业进口品以满足国内消费。2014年，它们的进口占世界鱼和渔产品进口量的59％和进口值的63％。这种情况为发展中国家的鱼和渔产品提供了进入发达国家市场的机遇。发达国家约50％的鱼和渔产品进口来自发展中国家，占发展中国家鱼和渔产品出口的75％。发展中国家1976年的出口量仅占世界贸易总量的37％，但到2014年其出口值所占比例已升至54％，出口量（活重）所占比例已升至60％。鱼和渔产品贸易除在创造收入和就业机会、保障粮食安全和营养方面发挥着重要作用外还成为很多发展中国家的重要创汇来源。发展中国家的鱼和渔产品出口创汇净值（出口减去进口）1990年为102亿美元，2000年为183亿美元，2010年为277亿美元，[24]70 2012年为353亿美元，[17]51 2014年达到420亿美元，高于其他大宗农产品（如肉类、烟草、大米和糖）加在一起的总值。[21]7

低收入缺粮国1990年净出口收益20亿美元，2010年净出口收益47亿美元，[20]70 2012年净出口收益达62亿美元。[17]51 它们出口鱼和渔产品主要为了获得外汇，以购买粮食。

在发展中国家中，中国、泰国、越南等国是主要出口国家。它们也从发达国家或其他发展中国家进口鱼和渔产品，除供为当地消费外，主要为水产品加工业进口原料进行加工出口。

还有许多国家及大量海岛、沿海、沿河和内陆区域，渔业出口对经济发展至关重要，甚至于构成为它们的经济命脉。例如，冰岛国民经济以渔业为主，鱼和渔产品出口长期占其商品出口总值的一半以上。佛得角、法罗群岛、格陵兰、马尔代夫、塞舌尔和瓦努阿图等国家和地区2014年鱼和渔产品的贸易也占其商品贸易总值的40％多。

（三）中国既是渔业出口大国又是渔业进口大国

中国是主要的渔业生产大国，也是主要的渔业贸易大国。中国鱼和渔产品出口和进口逐年增长，自2002年起成为世界最大出口国，自2011年起成为世界第三大进口国。

1998～2008年鱼和渔产品出口值年平均增长率14.3％，2008年出口值占世界鱼和渔产品出口值的近10％，约101亿美元。同期间进口值年平均增长率17.9％，2008年进口值占世界鱼和渔产品进口值的4.8％，约51亿美元。[12]49—52 2010年出口值占世界鱼和渔产品出口值的12％强，约133亿美元，进口值占世界鱼和渔业产品进口值的5.5％，约

61.6 亿美元。[20]71 2004～2014 年中国鱼和渔产品出口值和进口值年平均增长率分别为 12.2％和 10.5％,2014 年分别达到 209.8 亿美元和 85 亿美元。[21]53

中国进口鱼和渔产品,主要是加工商从南美、北美和欧洲等区域进口原料,用于再加工和再出口或为其他国家加工外包。同时,为适应对饮食多样化和高品质日益增长的国内需求,中国也进口一些本国没有的鱼种和不出产的渔产品。

六、 扩展消贫渠道

(一)部分渔民面临着消除贫困的挑战

贫困是个复杂的、多维概念和动态过程,其特点是收入低、健康状况差、文化水平低、营养不足、居住和生活条件差等①。消除贫困是当今世界面临的最重大的全球性挑战,是可持续发展尤其是发展中国家可持续发展必不可少的条件。

世界上从事捕捞业的渔民及渔业劳动者有 90％以上从事小规模生产,其中约半数为女性。小规模渔业生产者为全世界数 10 亿人提供宝贵的动物蛋白质来源,并且往往是沿海、湖泊及江河流域地方经济的支撑力量。尽管他们有着如此重要的作用,但很多小规模渔业社区仍处于边缘化状态。

许多渔民没有或只有少量土地,缺乏替代性就业来源,祖祖辈辈都是以渔为生。然而,由于缺少资金和适当技术,设施能力薄弱,抵御恶劣天气和自然灾害能力差,水上作业人命财产安全风险大,在生物资源或空间资源利用上易受工业化、城镇化发展、大型商业捕捞活动或其他行业的竞争性排斥以及人口增长流动、污染及环境退化等的影响,在收益上易受市场价格波动和市场准入变化不定的的影响,再加上,往往生活在偏远地区,进入市场和获得卫生、教育和其他公共社会服务的途径有限,并经常被排除在社会发展和政治进程之外,使他们的生存和发展具有极大的脆弱性和易受害性,沦为弱势群体。其中不少渔民及其家属成为世界上最贫穷、处境最不利的阶层的一部分。他们和世界上仍然处于"凄苦可怜和毫无尊严的极端贫穷状况"的众多人口一样,迫切要求摆脱贫困状况,过上尊严和福利的生活。

(二)渔业对消除贫困具有重要作用

推进全球经济和社会的可持续发展,实现分阶段消除贫困的目标,是世界首脑在《21世纪议程》《联合国千年宣言》等联合国文书中共同做出的政治承诺,也是各国应当履行的国际责任。在消除贫困的进程中,渔业具有两方面的重要作用。其一,通过发展渔业生产和生产性服务业及其相关行业,扩大劳务需求,为非渔贫困人口提供就业机会,使其获得稳定的收入来源;其二,在对渔业社区和小型渔业状况调查评估的基础上,将贫苦渔民纳入国家脱贫战略,并针对贫苦渔民的致贫根源,制定和实施扶助政策和计划,使其改善生产条件,开拓增产门路,增加实际收入。1984 年联合国粮农组织《世界渔业管理和发

---

① 贫困是指在一定的时间、空间和社会发展阶段的条件下,人们缺少维持基本生存需求所必需消费的物品和服务的最低费用。《联合国千年宣言》和 2002 年《可持续发展世界首脑会议实施计划》规定,每人每天收入不低于 1 美元。2015 年可持续发展世界首脑会议通过的《2030 年可持续发展议程》规定:"到 2030 年时,在全世界所有人口中消除极端贫穷,极端贫穷目前是指每人每日生活费不到 1.25 美元。"

展战略》曾指出："渔业的发展会促进人口中最贫困阶层社会经济条件的改善。"[42]14 该文件并为帮助他们发展渔业生产、摆脱贫困制定了指导方针和包括给予水域土地使用权、给予教育、培训、技术和财政援助和信贷方便等在内的多项措施。[42]22-23

七、保障生态安全

渔业生态安全是指水生生物资源赖以生存和发展的水域环境及水生生态系统持续处于不受威胁或破坏的状态。保障渔业生态安全是实现渔业可持续发展的本质要求，是渔业行为的应有作用。按照公认的国际法原则，水生生物资源的使用权利包括了以负责任的方式使用水生生物资源的义务。为履行此项义务，各国和水生生物资源的使用者必须科学规划渔业发展，合理开发利用渔业资源，保护渔业生态环境，以实现渔业生态的健康安全和水生生物资源的长期养护和可持续利用。

八、维护海洋权益

海洋权益是指主权国家根据国际法和国内法在海洋中享有的不容侵犯的各种权利和利益的统称。海洋权益的重要部分是海洋渔业权益。它表现为沿海国家对其管辖海域的生物资源享有所有权，对影响其管辖海域生态安全的活动或行为具有专属管辖权。任何国家或个人未经沿海国批准，不得进入其管辖海域从事捕捞和渔业调查活动。获准进入从事捕捞或渔业调查活动的外国组织和个人，必须遵守沿海国的法律和规章，否则，沿海国有权给予惩处。本国渔船在国家管辖海域内进行捕捞作业是对国家主权、主权权利和管辖权的宣示和维护。渔船和渔民处于维护国家海洋权益的前沿，是维护国家海洋权益的重要力量。特别是在国际海洋权益斗争日益激烈的形势下，海洋渔业对于捍卫国家海洋权益和渔业权益在政治和军事上具有重要作用。

参考文献

［1］联合国粮农组织. 国家粮食安全范围内土地、渔业及森林权属负责任治理自愿准则附件 1 术语表［S/OL］. (2012-02-23:2)［2012-02-01］

http://www. fao. org/fileadmin/user_upload/nr/land_tenure/pdf/Annex_1_chi__Glossary_Chinese. pdf

［2］FAO Fisheries Glossary • Fishery Defintion［S/OL］. (2011).［2012-02-06］.

http://www. fao. org/fi/glossary/default. asp

［3］FAO Technical Guidelines for Responsible Fisheries. No. 4. fisheries management.［S/OL］. (1997:71).［2012-02-12］.

ftp://ftp. fao. org/docrep/fao/003/w4230e/w4230e00. pdf

［4］联合国粮农组织. 捕捞渔业数据常规收集指南［S/OL］. (1998-05-30:107).［2012-02-10］.

ftp://ftp. fao. org/docrep/fao/009/x2465c/x2465c00. pdf

［5］中国大百科全书(第二版第 27 卷)［M］. 北京:中国大百科全书出版社,2009.

［6］中国大百科全书(第二版第 20 卷)［M］. 北京:中国大百科全书出版社,2009:533.

［7］夏征农，陈志立.辞海(第六版彩图本)［M］.上海：上海辞书出版社，2009.

［8］外文出版社，光复书局大美百科全书编辑部.大美百科全书(第11卷)［M］.北京：外文出版社，1994：57.

［9］大不列颠百科全书(国际中文版第6卷)［M］.北京：中国大百科全书出版社，1999：316.

［10］中文大辞典编辑部.中文大辞典(普及本)［M］.台北：中国文化大学出版部，1990.

［11］日本讲谈社.日汉大辞典［M］.上海译文出版社，译.上海：上海译文出版社，2002.

［12］联合国粮农组织渔业和水产养殖部.2010年世界渔业和水产养殖状况［R/OL］.(2010).［2012-02-20］.

http://www.fao.org/docrep/013/i1820c/i1820c.pdf

［13］《当代中国的水产业》编辑部.当代中国的水产业［M］.北京：当代中国出版社，1991.

［14］张震东，杨金森.中国海洋渔业简史［M］.北京：海洋出版社，1983.

［15］联合国新闻部.《联合国海洋法公约》评介［M］.高之国，译.北京：海洋出版社，1986：26.

［16］联合国粮农组织渔业部.2004年世界渔业和水产养殖状况［R/OL］.(2004：33).［2012-02-18］.

http://www.fao.org/docrep/007/y5600c/Y5600C03.htm

［17］联合国粮农组织.2014年世界渔业和水产养殖状况［R/OL］.(2014).［2014-08-10］.

http://www.fao.org/3/a-i3720e.pdf

［18］Nathanael Hishamunda，Rohana Subasinghe.中国水产养殖的发展：公共部门政策的作用［R/OL］.(2003：3).［2012-02-25］.

ftp://ftp.fao.org/docrep/fao/006/y4762c/y4762c01.pdf

［19］周振甫.诗经译注［M］.北京：中华书局，2002：388.

［20］联合国粮农组织渔业和水产养殖部.2012年世界渔业和水产养殖状况［R/OL］.(2012).［2012-03-15］.

http://www.fao.org/docrep/016/i2727c/i2727c.zip

［21］联合国粮农组织.2016年世界渔业和水产养殖状况：为全面实现粮食和营养安全作贡献［R/OL］.(2016-07).［2016-08-15］.

http://www.fao.org/3/a-i5555c.pdf

［22］联合国粮农组织渔业和水产养殖部.水产养殖的发展［S/OL］.(2009：6).［2012-03-20］.

ftp://ftp.fao.org/docrep/fao/011/w4493c/w4493c.pdf

［23］联合国粮农组织.负责任渔业技术准则第5号增补5水产养殖的发展5.利用野生鱼类作为水产养殖饲料［S/OL］.(2012).［2012-02-10］.

http://www.fao.org/docrep/015/i1917c/i1917c00.pdf

［24］李继龙，王国伟等.国外渔业资源增殖放流状况及其对我国的启示［J］.中国渔业经济，2009，27(3)：113.

［25］现代科学技术简介编辑组.现代科学技术简介［M］.北京：科学出版社，1978.

［26］孙满昌.海洋渔业技术学［M］.北京：中国农业出版社，2005：350.

［27］夏征农，陈志立.辞海(第六版缩印本)［M］.上海：上海辞书出版社，2010.

［28］真实历史的回归—文献纪录片《朱树屏》解说词第八集［Z/OL］.(2010-06-19).［2012-03-25］.

http://club.qingdaonews.com/showAnnounce_2_4623659_1_0.ht.

［29］国务院法制局.中华人民共和国现行法规汇编(农林卷)［G］.北京：人民出版社，1987：135.

［30］中共中央、国务院关于放宽政策、加速发展水产业的指示［J］.中国水产，1985(4)：3.

［31］联合国粮农组织.内陆捕捞渔业鱼和渔产品生态标签准则［S/OL］.(2007:5).［2012-03-25］.

http://www.fao.org/docrep/014/ba0001c/ba0001c00.pdf

［32］FAO Technical Guidelines for Responsible Fisheries 13. Recreational Fisheries［S/OL］.(2012:paga.1.3).［2013-06-05］.

http://www.fao.org/docrep/016/i2708e/i2708e00.pdf

［33］联合国规划环境署.迈向绿色经济:实现可持续发展和消除贫困的各种途径［R/OL］.(2011-11-02:86-87).［2012-03-28］.

http://www.unep.org/pdf/GER_Chinese/Green_Economy_Full_report_ch.pdf

［34］世界粮食首脑会议行动计划［S/OL］.(1996-11-17:第1、3段).［2012-03-29］.

http://www.fao.org/docrep/003/w3613c/w3613c00.htm

［35］世界粮食安全委员会.全球粮食安全和营养中战略框架［R/OL］.(2009:7).［2013-09-29］.

http://www.docin.com/p-831520208.html

［36］中华人民共和国驻联合国粮农机构代表处.世界粮食安全委员会推动正式使用"粮食与营养安全"概念［R/OL］.(2013-03-26).［2013-09-29］.

http://www.cnafun.moa.gov.cn/zt/lsyspaq/201303/t20130326_3414267.html 中华中

［37］联合国文件第A/69/71号.秘书长的报告海洋和海洋法［R/OL］.(2014-03-21:5-6).［2014-05-20］.

http://daccess-ods.un.org/access.nsf/Get?Open&DS=A/69/71&Lang=C

［38］联合国粮农组织.负责任渔业技术准则7.负责任鱼品利用［S/OL］.(2000:第15～17段).［2012-03-30］.

ftp://ftp.fao.org/docrep/fao/005/w9634c/w9634c00.pdf

［39］国家海洋局,中国海洋学会.中国海洋开发战略研究论文集［G］.内部资料,1985:125.

［40］中国自然保护纲要编委会.中国自然保护纲要［M］.北京:中国环境科学出版社,1987:67.

［41］CWP. Handbook of Fishery Statistical Standards Section K:FISHERS［G/OL］(1999).［2012-03-13］.

www.fao.org/fishery/cwp/handbook/k/en

［42］联合国粮农组织.世界渔业管理和发展会议的报告［R/OL］.(1984-06-27-07-06).［2012-03-30］.

http://ftp.fao.org:21/docrep/fao/012/ak192c/ak192c.pdf

第二章　渔业法基础

渔业法是规范渔业行为的法律,按其制定主体、调整对象和效力范围的不同,分为两个部门:国际渔业法和国内渔业法。

渔业在全球范围内,具有维护人类粮食安全、营养及世界海洋和内陆水域生态安全的使命,在促进国家经济和社会可持续发展中具有重要地位和作用。各国都将渔业管理作为国家的1项职能,把制定和实施渔业法视为国家管理渔业的重要手段。制定和实施渔业法既是将国家渔业发展战略和渔业管理政策定型化、法制化的途径,又是把渔业发展战略、管理对策和措施付诸实践,实现渔业可持续发展的重要保障。国际社会和国际渔业管理组织亦力求通过制定和实施全球性、区域性或分区域性的国际条约、协定,为各国提供必须共同遵守的负责任渔业行为的原则、标准或程序,借以解决全球性或地区性的渔业管理和发展问题。

内陆渔业和多数水产养殖活动位于国家主权管辖范围之内,规范这些渔业活动主要是各个国家的责任,依靠国内法来实现。而海洋捕捞渔业与这种情况有所不同。公海实行捕鱼自由。在国家管辖海域内,由于一些鱼类种群具有洄游的特性,有可能向他国管辖海域迁移甚至跨越大洋,从而使其相应的具有有关国家或地区共同开发利用的共享性;某些水产养殖活动亦具有跨境特征,这就要求用全球性、区域性或分区域性的渔业法律文书来协调各国对跨境鱼类种群、跨界鱼类种群、高度洄游鱼类种群和公海鱼类资源的养护和管理及对跨境水产养殖活动的管理。因此,从事这些鱼类种群的渔业捕捞活动和边界水域水产养殖活动的国家制定和实施的国内渔业法律和规章,应当考虑到一般接受的国际原则、标准、程序和惯例的限制和要求。

在渔业法律体系中,除依靠强制力保证其实施的国际渔业条约、协定和国家渔业法律、规章、标准等渔业硬法外,还应包括依靠非强制手段保证其实施的国际和国内的渔业行为守则、计划、准则和决定、命令、通知、规约等渔业软法。硬法和软法是渔业法的两种表现形式,但硬法居于主导地位。

第一节 渔业法的概念

一、定义

渔业法,简言之,是规范渔业行为的法律。

渔业行为是指水生生物资源的开发利用、养护和管理及与之直接相关的其他行为。主要包括:

(1) 鱼和渔产品的捕获、搬运、加工、储存和销售行为;

(2) 保持鱼和渔产品的营养价值、质量和安全的行为;

(3) 水生生物资源的养护及渔业水域生态环境的保护和污染防治行为;

(4) 渔业科学研究和技术开发、创新、推广行为;

(5) 渔业装备制造和基础设施建设行为;

(6) 对渔业实施规划指导、监督管理、协调服务的行为。

渔业行为的主体包括以下 4 类:

(1) 主权国家;

(2) 捕鱼实体,即从事捕鱼活动不具有主权地位的地区,如中国台湾省;

(3) 分区域、区域和全球性政府间或非政府组织;

(4) 开发利用、养护和管理水生生物资源以及与渔业管理和发展有关的所有人员,如渔业人员以及从事鱼和渔产品加工及销售的人员,以及使用与渔业有关的水生环境的其他人员。

规范渔业行为的法主要是指对渔业行为主体有法律拘束力的原则、规则、制度、标准等法律规范的总称或总和、总体。所谓总称,是指对各种不同称谓的法律规范总括起来的名称。总和是指在数量或内容上把全部法律规范加起来。总体是指把各个法律规范合成整体。不论谓之总称或总和或总体,都表明渔业行为具有多样性和复杂性,不是依靠某一特定的法律规范就可治理的,需要有具有不同功能、居于不同效力层次、不同名称的法律规范构成完备的渔业法律体系,使渔业行为主体事事有法可依、有章可循。

规范渔业行为的法还应包括渔业行为主体自愿接受和遵守的原则、规则、制度和标准等,由于它们对渔业行为主体不具法律拘束力,故被视为渔业软法。

二、宗旨

(一) 实现渔业可持续发展

实现渔业可持续发展是渔业法的直接目标。渔业是全世界的 1 项重要活动,对于粮食安全和营养至关重要,对于为千百万人民提供生计也至关重要,对于当代人是如此,对于后代人也是如此,因此,必须得到持续发展。这就要求在渔业发展过程中,不能以浪费资源、破坏环境和牺牲子孙后代利益为代价,而要充分考虑资源、环境的承载能力,合理开发利用自然资源,保护生态环境,实现经济、社会、环境全面协调可持续发展,并统筹兼顾当前发展和未来发展的需要,既积极实现当前发展的目标,又要为子孙后代留下充足的发展条件和发展空间,保证一代接一代地永续发展。

渔业的可持续发展是全球可持续发展的组成部分。联合国可持续发展峰会通过的《21世纪议程》、《可持续发展问题世界首脑会议实施计划》(约翰内斯堡实施计划)、《我们希望的未来》和《变革我们的世界:2030年可持续发展议程》等文件一再要求采用统筹兼顾的方式,从经济、社会和环境3个方面实现渔业可持续发展。这就要求:渔业的产量和质量能适应日益增长的世界人口在保证粮食安全和营养方面对水产品的需要,使渔业经济得以持续健康发展;渔民和直接相关人员的就业和收入能保障他们及其家庭人口的生计和福祉获得可靠的来源,使渔业社区建设和公共服务不断进步;渔业生产和供应链能符合资源节约和环境友好、不影响水生生态系统健康的要求,使渔业生态安全得到维护。

渔业的可持续发展事关今世后代粮食安全和营养及人类的长远发展,国家经济、社会和环境目标的实现,以及从事渔业及相关生产经营活动的千百万人及其家庭的生计和财富以及子孙后代的福祉,具有全局性、根本性和紧迫性、长期性。

现阶段,全球性渔业的可持续发展面临着过度捕捞、非法、不报告和无管制捕捞(IUU)、破坏性捕捞做法、不可持续的水产养殖做法及渔业水域生态环境污染和破坏等因素的压力和挑战。有效、高效和及时地解决这些问题,需要渔业生产经营者、地方、国家、区域和全球等各个层面的共同努力。

(二)确保水生生物资源的长期养护和可持续利用

水生生物资源是渔业可持续发展的物质基础。渔业法的全部法律规范的出发点和落脚点就在于:预防、减少和消除阻碍实现可持续渔业的各种消极因素,确保水生生物资源的长期养护和可持续利用,确保世界和各国渔业发展的可持续性。所谓"长期养护",是指对人类利用水生生物资源实施的管理,确保它能够以可持续方式为当代提供最大的惠益,同时保持其潜力以满足后代的需要和愿望;因此,养护行为是积极的,涵盖自然环境的保存、维护、可持续利用、恢复和增强;对水生生物资源应在合理开发利用过程中持续进行保护,使它的自然再生机制能一直正常地起作用,不致因为人们的开发利用而遭到瓦解。所谓"可持续利用"则是指所采取的方式和利用程度不应当导致水生生物多样性的长期减退,从而保存其满足当代和后代需求的潜力;亦即应以目前最佳的科学证据为基础,努力确保水生生物资源长期持续保持有助于最佳利用的数量,并为当代和后代人保持这些资源的供应量。实现水生生物资源的长期养护和可持续利用,归根到底,取决于采取有效、高效和及时地解决影响渔业可持续性的生态系统退化问题,恢复和保持健康、具有生产力和复原力的水生生态系统。

(三)以负责任的方式实施渔业行为

以负责任的方式实施渔业行为是渔业可持续发展的内在要求。为确保渔业对于粮食安全和营养以及为千百万人民提供生计的至关重要作用得以充分、持续的发挥,各类渔业行为主体,特别是第四类,应当以对资源、环境、社会和自身负责任的方式实施渔业行为。此类主体的行为分为渔业生产经营行为和渔业监督管理行为两类,前者是指渔业生产经营者从事水生生物资源的捕捞、养殖、增殖及鱼和渔产品的加工、销售、贮存和运输等的行为,后者是指国家渔业管理机关组织协调与监督管理渔业工作的行为。这些行为主体,处于基层,拥有广大的人群,他们的渔业行为直接关乎渔业资源、环境和渔业社区的发展,要求他们以负责任的方式实施渔业行为,渔业生产经营者就应以保持产品的营养价值、质量和安全、减少浪费、将对环境的不利影响减至最低限度、以及保证人命财产安全的方式开展渔业生产经营活动,使自身行为符合有关国际法和国家法律法规确定的负责任养护、管理和开发利用水生生物资源的原则和标准,尤其要摒弃那些会影响水生生态系统的健康、生产力和复原力,从而影响资源开采和粮食安全的可持续性的毁灭性的捕鱼做法和不可持续的水产养殖做法。国家渔业管理机关则应按照法定职责,依法行政,依法规范渔业生产经营行为,包括根据法律制定渔业发展政策、规划、计划和标准,建立渔业监测、监视、控制和实施机制,监督、检查渔业生产经营者执行渔业法律法规和标准,特别要防止、减少、消除过度捕捞和捕捞能力过剩,打击非法、不报告、无管制捕捞,依法惩处渔业违法行为。

（四）保障水产品安全有效供给

确保水产品的有效供应和质量安全既是可持续渔业的1项标志,也是可持续渔业的一个目标。实现这个目标是国民经济发展和人口增长、生活改善的需要,也是提高农民的收入和生活水平的需要,体现了渔业以人为本、惠及人民的本质,以及渔业对于粮食安全和营养并为千百万人民提供生计及经济文化利益来源的重要价值的实现。

水产品的安全供应是指供应的水产品质量必须符合保障人体健康和人身、财产安全的要求。水产品在人类营养中起着重要作用,尤其是1个重要的蛋白质和必需微营养素的来源。水产品安全会对水产品的可用性和成本的稳定产生影响。鱼类易于腐烂,需要及时收获和采购,高效率的运输以及先进的储存、加工和包装设施,以利于营销。水产品安全还会影响它的营养价值。如果生产、运输、储存或加工的办法不当,就可使某些类型的水产品易于变质、腐烂。诸如环境污染和生态系统病态这样的环境因素也会影响水产品的营养价值,尤其是通过污染造成影响。食品安全、环境法规、有效的质量管理和消费者宣传可以在尽量降低食用不安全水产品所引起的风险方面发挥重要作用。

水产品的有效供应包括3层含义:供应量充足;品种多样化;供应渠道畅通。尽管近年来捕捞渔业的产量相对稳定,2007～2012年,来自海洋捕捞渔业的鱼类产量大约每年为8 000万吨,但根据世界银行的研究,鱼类产量有潜力在2010年至2030年期间增加23.6%,主要来自水产养殖增加的产出。[1]9根据预测,水产养殖系统将在今后的鱼类供应中占主要地位,可以满足对水产品日益增加的需求。为适应有效供应的需要,在发展渔业生产的同时,必须相应地发展水产品加工业和流通业。

确保水产食品的安全有效供应的标准主要是可有、可享、使用和稳定4项。"可有"是指保持足够数量的水产食品,"可享"是指每个人应该能够经常获得充足数量的水产食品,"使用"是指水产食品必须安全、具备营养价值,"稳定"是指水产食品的供应应该能够抵御价格的激升或暂时的短缺。[1]5符合这4项标准,就达到了粮食安全的4个支柱的要求。

（五）保护渔业生产者和消费者及各国的合法权益

渔业生产者是指从事捕捞、养殖、增殖和加工生产活动的单位和个人。他们是渔业生产力的首要的、能动的要素，是促进渔业可持续发展的人力资源和决定性因素。只有通过渔业生产者的劳动，才能将渔业资源转化为社会需要的鱼和渔产品。鱼和渔产品消费者是指为生活或生产需要购买、使用鱼和渔产品或接受渔业文化、体育、娱乐服务的团体和个人。渔业生产决定鱼和渔产品消费；而鱼和渔产品消费又反过来影响渔业生产，可促进或阻碍渔业生产的发展。

渔业生产者依法享有长期稳定的使用渔业水域和水生生物资源的权利，占有和自行处置自己生产的鱼和渔产品的权利，接受教育、培训、技术和信息服务、财政补贴或金融扶持的权利，渔业生产受到侵权损害时请求侵权赔偿的权利，以及区域使用权[①]变更或终止时请求资源利用补偿的权利等权利和相关利益。渔业消费者则依法享有知悉其购买、使用的鱼和渔产品或者接受的服务的真实情况的权利，不受商业欺诈获得安全、卫生和纯正鱼和渔产品的权利，因购买、使用鱼和渔产品或者接受服务受到人身、财产损害时依法获得赔偿的权利。

保护渔业生产着和消费者的合法权益有两层含义：

（1）保障他们的法定权利的行使；

（2）他们的合法权益受到侵害、造成经济损失的，可依法请求民事赔偿；造成财产重大损失或人身伤亡的，可提起刑事诉讼，追究加害者的刑事责任。

这些制度设计的目的，在于保障渔业生产者的就业和收入，增强其信心、勇气和智慧，调动其积极性和创造性，在国家法规允许的范围内放手发展渔业生产，这既可为国家、为社会作贡献，实现人生价值，又可为自身增收、致富，过上好日子。对消费者来说，则在于保障人身、财产安全，体现社会正义，维护社会经济秩序，并借以增强他们对水产消费的积极性及维护渔业生态安全的责任感。

各国的渔业权益主要是指在现代海洋法律秩序下，各主权国家公平而有效地利用海洋生物资源的权利和利益，当本国合法的海洋渔业权益受到侵害时，有权运用国际海洋争端解决机制，维护本国的权益。

（六）建立和维护渔业法律秩序

渔业法律秩序是实现可持续渔业的保障。它是由渔业法建立和维护的，以渔业行为主体的权利和义务为基本内容的，具有确定性和强制力的1种社会秩序。它是以法律的形式存在的负责任渔业行为规则，为渔业行为提供依循的界限，可使渔业生产经营者获得安全稳定的从业环境，使国家渔业管理机关的权力充分畅通地行使。没有必要的法律秩序，渔业处于混乱状态，渔业就没有基本的发展条件，甚至渔民的生命财产安全都得不到保障。为建立渔业法律秩序，渔业法应当从实际出发，科学合理规定渔业生产经营者

---

① 区域使用权是指在特定地点分配给个人或团体的水产养殖权或一般基于长期传统（尽管不是必要的）分配给个人或团体的捕捞权的渔业管理方式。

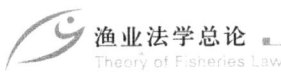

及相关人员和组织的权利与义务、国家渔业管理机关的权力与责任。而且要维护渔业法制的统一和尊严,使法律规定之间相互协调、彼此衔接,对同1事项国内法与国际法规应互不抵触,并应顾及使用与渔业有关的水环境的利益攸关方的权益,预防和避免渔业资源用户间以及这些用户与其他水环境用户之间发生冲突。为维护渔业法律秩序,国家渔业管理机关要建立渔业监测、监视、控制和实施机制,严厉制裁破坏秩序的违法行为,并提供有效的途径,促进渔业行为冲突和渔业争端的解决,从而恢复和维持渔业生产经营的有序状态。为维护国际渔业法律秩序,发生渔业争端的当事各国,应按照《联合国宪章》的有关条款以和平方法解决它们之间有关涉渔公约的解释或适用的任何争端。

三、适用

(一)渔业法在内陆水域的适用

内陆水域是指在国家陆地领土内的河流、湖泊、运河、水库等淡水水域和"咸水湖"。2010年全球内陆水域面积为367.67万平方千米,占全球陆地表面积的2.73%。[2]

内陆水域在法律上是和国家的陆地相等的,它们完全置于1国领土主权之下。国家对它们具有像陆地一样的排他管辖权。因此,在内陆水域从事捕捞、养殖和增殖及相关活动必须遵守国内渔业法。如果河流为界河、多国河流或国际河流①,湖泊为多国湖泊或国际湖泊②,则在这些河流和湖泊的跨界水域从事捕捞、养殖和增殖及相关活动还必须遵守国家缔结或参加的相关国际条约、协定。

(二)渔业法在海洋的适用

1.海洋的自然地理特征

海洋是指地球上广阔连续的咸水水域。面积约3.62亿平方千米,占地球表面积约70.8%;平均深度3 800米,最大深度11 034米;体积约13.7亿立方千米。[3]海洋的主体部分称为洋,濒临陆地的边缘附属部分称为海,全球有5个大洋和54个海。洋的深度一般大于2 000~3 000米,水温和盐度比较稳定,具有独特的潮汐系统和强大的海流系统,其面积为海洋总面积的89%;海的深度一般小于2 000~3 000米,温水和盐度变化较大,没有独立的潮汐和海流系统,其面积为海洋总面积的11%。

2.海洋区域的法律划分

海洋在国际法上被划分为不同的区域。传统海洋法将海洋划分为内水、领海和公海3种海域。长期以来,人类的海洋活动主要是水面船舶航行和捕鱼。随着科学技术的进步,社会生产力的发展,人类对海洋的自然现象、经济社会价值和开发潜力的认识不断深化,人类海洋活动的广度和深度不断扩展。人类对海洋的利用,从水面逐渐发展到整个海洋空间。为适应海洋形势的发展,《联合国海洋法公约》所体现的当代国际海洋法将海洋划分为内水,领海,毗连区,专属经济区,大陆架,用于国际航行的海峡,群岛水域,公海和国际海底区域等9种海域。除用于国际航行的海峡和群岛水域外,其他海域相互的空

---

① 多国河流是指流经两个以上国家的河流,其终点为海洋的称为国际河流。
② 多国湖泊是指有几个沿岸国的湖泊,若与入海河流相通则称为国际湖泊。

间关系,如图 2-1 所示:

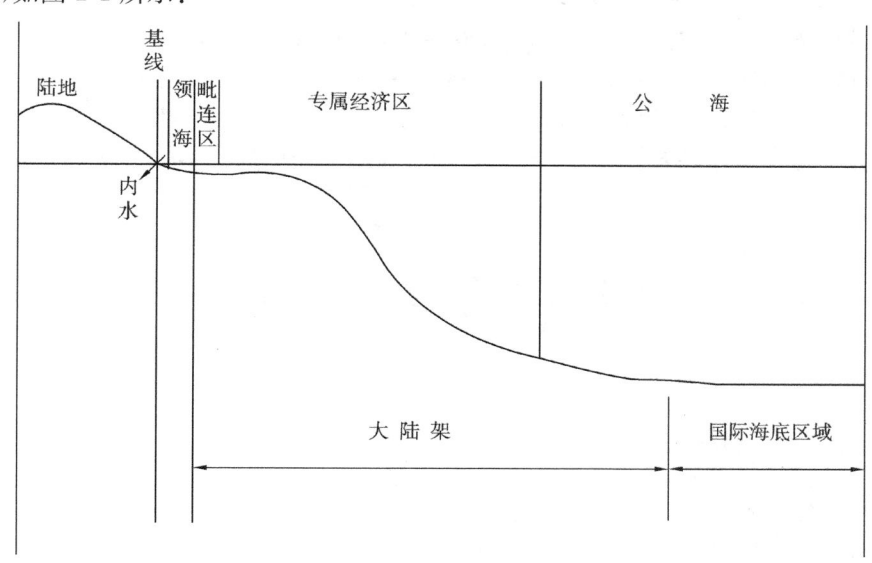

图 2-1　海洋区域法律划分示意图

3. 海洋区域的法律地位

不同的海洋区域在国际法上具有不同的地位,即国家在不同的海域的权利和义务不同。依照国际公认的"陆地统治海洋"原则,内水、领海、毗连区、用于国际航行的海峡、群岛水域、专属经济区和大陆架源自沿海国①对陆地的主权。其中内水、领海、用于国际航行的海峡和群岛水域,属于沿海国领土的组成部分,沿海国对其享有主权和领土管辖权,但国际法对沿海国在这些海域中的主权和管辖权的行使,所设立的限制条件则有所不同。毗连区、专属经济区和大陆架,不属于沿海国的领土,沿海国对其不享有主权,但在毗连区中享有一些特殊权利,在专属经济区内和大陆架上享有对自然资源的主权权利及相关活动的管辖权。不同的海域具有不同的渔业管理原则、规则和制度。各国在同 1 海域中进行捕鱼的权利和义务有所不同。公海不是任何国家的领土,对所有国家开放,不论其为沿海国或内陆国②,但各国在公海上对船舶、人和物在一定的限度内可以合法地行使不同性质和形式的管辖权。国际海底区域是人类的共同继承财产,由国际组织代表全人类加以管理。

4. 国家管辖海域范围内的海域和国家管辖范围以外的海域

按照海洋区域在国际法上地位的规定,全球海洋被概括地区分为国家管辖范围内的海域和国家管辖范围以外的海域两个部分。前者面积约占海洋面积的 35%;后者面积约占海洋面积的 65%。目前,国家管辖范围内的海域的渔业捕捞量约占世界海洋渔业捕捞量的 95%,公海的渔业捕捞量约占世界海洋渔业捕捞量的 5%。[4]

———————————

① 沿海国是指其陆地领土的 1 部分或全部邻接海洋的国家。

② 内陆国是指没有海岸的国家。

5. 渔业法对不同海域和不同鱼类种群的适用

在国家管辖范围内的海域从事捕捞、养殖和增殖及相关活动必须遵守国内渔业法。在国家管辖范围以外的海域从事捕捞共享鱼类种群[①]及相关活动还必须遵守国际渔业法。在专属经济区和公海的邻接区域内捕捞跨界鱼类种群[②]或在专属经济区捕捞跨境鱼类种群[③]及高度洄游鱼类种群[④]还必须遵守国家缔结或参加的相关国际条约、协定。

第二节　渔业法的部门

一、 国际渔业法

（一）国际渔业法的概念

1. 国际渔业法的定义

国际渔业法是调整国家之间有关水生生物资源开发、利用、养护和管理的各种关系的原则、规则和制度的总称。

2. 国际渔业法的适用范围

国际渔业法适用于国家管辖范围以外的海域、专属经济区、国际河流和国际湖泊之中水生生物资源的开发、利用、养护和管理。

3. 国际渔业法的基本特征

国际渔业法作为国际法的组成部分，具有以下国际法的一般特征：

（1）它的主体主要是国家。国际渔业法调整的国际关系称为国际渔业法律关系，其主体——国际渔业法律关系的参加者及国际渔业法所赋予的权利义务的享有者和承担者"主要是国家"。除国家之外，类似国家的政治实体和由国家组成的国际组织，在一定条件下和一定范围内也是国际渔业法的主体。它决定了国际渔业法是平等者之间的法。

（2）它的制定者主要是国家。国际渔业法的原则、规则和制度是由国家之间或国家和其他国际渔业法主体之间在平等的基础上以协议的方式即以缔结条约的方式制定的；国际渔业法中属于国际习惯的原则、规则和制度，是由各国在国际实践中反复使用并公认为法律而确立的。所以，国际渔业法是平等主体之间的法。

（3）它的效力及于整个国际社会。国际渔业法对所有国家，不论为沿海国或内陆国都具有法律拘束力，对其他国际渔业法主体也普遍适用。

（4）它的强制实施主要依靠国家本身或通过国家的行动。当1国违反国际渔业法侵害别国的渔业权益时，受害国可以采取某种相适应的行动制止加害国的侵权行为，迫使

---

① 共享鱼类种群是指只出现在公海区域的鱼类种群。

② 跨界鱼类种群是指出现在专属经济区内而又出现在专属经济区外的邻接区域内的鱼类种群。

③ 跨境鱼类种群是指出现在两个或两个以上沿海国专属经济区的鱼类种群。

④ 高度洄游鱼类种群是指《联合国海洋法公约》附件一列出的17类高度洄游鱼类。

其遵守国际渔业法。受害国可以采取抗议、警告、要求赔偿损失、断绝外交关系等单独行动,也可以通过国际组织实施有组织的集体制裁。

(二)国际渔业法的渊源

1. 国际渔业法的渊源的含义

国际渔业法的渊源是指国际渔业法的原则、规则和制度等法律规范所由形成的方式。《联合国海洋法公约》第七十四条和第八十三条提出了"国际法院规约第三十八条所指国际法"的概念。1945年《国际法院规约》第三十八条规定:"一、法院对于陈诉各项争端,应以国际法裁判之,裁判时应适用:(子)不论普通或特别国际协约,确立当事国明白承认之条规者。(丑)国际习惯,作为通例之证明而经接受为法律者。(寅)一般法律原则为文明各国所承认者。(卯)在第五十九条规定之下,司法判例及各国权威最高之公法家学说,作为确定法律原则之补助资料者。二、前项规定不妨碍法院经当事国同意本'公允及善良'原则裁判案件之权。"[5]

一般认为,这条规定是国际法渊源的权威宣示,指明了国际条约、国际习惯和一般法律原则是国际法渊源,而司法判例和公法家学说是辅助性的国际法渊源。[6]这些也正是国际渔业法的渊源。

2. 国际渔业法渊源组成部分的含义

(1)国际条约是国家之间的明示协议,它有双边条约与多边条约、造法性条约与契约性条约之分。凡有效的条约对其当事国有拘束力,必须由各该国善意履行。一般认为,凡世界上包括主要国家在内的绝大多数国家参加的造法性条约,具有普遍法律效力,是国际法的渊源。

(2)国际习惯是国家之间的默示协议,它是各国重复类似的行为而具有法律拘束力的结果,由两个因素构成:一是各国的重复类似行为;二是被各国确认具有法律拘束力。国际习惯是"不成文法",但可从国家和国际实践的有关资料中查找到。

(3)一般法律原则是指各国法律体系中所共有的原则,是独立于国际条约和国际习惯之外产生国际法的原则和规则的特殊形式,当国际条约和国际习惯缺乏适用的原则和规则,出现"法律不明"或"法律遗漏"时,则以一般法律原则作为补充。

(4)司法判例主要是指国际法院和国际仲裁法庭所做的判例,它虽然不直接表现为国际法,但有助于国际法的原则、规则和制度的确立和发展。

(5)公法家学说主要是指权威国际法学家的著作,它们概括和阐明了国际法的原则、规则和制度,对国际法的形成和发展起了重大促进作用。因此,公法家学说和司法判例可以作为确定国际法的原则、规则和制度的补助资料。

国际渔业法原是国际法中相对古老的1个部门,其传统的原则、规则和制度大都经历了长期的逐渐形成的过程,国际习惯是它最原始、最重要的渊源。第二次世界大战后,由于信息传递方便,国际交往频繁,渔业权益和国家利益关系紧密,1方面一些扩大渔业管辖权的主张一经提出,许多国家便相继采取类似行动,在较短时间内即得到普遍承认而趋于形成为国际习惯;另1方面国际社会为克服国际习惯具体内容的不确定性和查找认证的困难,又致力于采用多边条约的形式将不成文的国际习惯法典化,并补充其不足。

因此,在当代国际渔业法中,成文法占据了主导地位,但这并不能使国际习惯丧失效力。因为任何国际条约都不可能是世界上所有国家都参加,在缔约国和非缔约国之间仍应适用国际习惯。

二、 国内渔业法

（一）国内渔业法的概念

1. 国内渔业法的定义

国内渔业法是调整水生生物资源开发、利用、养护和管理的社会关系的法律规范的总称。

2. 国内渔业法的适用范围

按照国际海洋法,沿海国拥有管辖海域,内陆国没有管辖海域。但内陆国不仅和沿海国一样享有行使公海捕鱼自由,有权由其国民在公海上捕鱼,并负有为其国民采取养护公海生物资源措施的义务,还应有权参与开发沿海国专属经济区生物资源的剩余部分。因此,沿海国和内陆国渔业法的适用范围有所不同。沿海国渔业法适用于国家领域和国家管辖的其他海域中水生生物资源的开发、利用、养护和管理及其管辖和控制下的公海捕鱼活动。内陆国渔业法适用于国家领域中水生生物资源的开发、利用、养护和管理及其管辖和控制下的公海捕鱼活动。沿海国或内陆国有其国民到他国管辖海域从事捕捞作业的,有关国家的渔业法亦应适用于这些捕捞活动。

3. 国内渔业法的基本特征

国内渔业法是国内法的组成部分,具有以下基本特征：

（1）它的主体主要是公民、法人、其他组织及国家机关。国内渔业法的目的在于调整国内部涉渔的各种社会关系,外国人、外国的组织和国际组织也可能成为其主体。

（2）它的制定者是拥有立法权或被授权的国家机关。这些国家机关制定、修改、废止渔业法,应当依照法定的权限和程序进行。

（3）它的效力只及于内陆水域、国家管辖的海域及在国家管辖、控制下在公海和他国管辖海域内进行的捕鱼活动。

（4）它的实施主要依靠国家强制力。为保证渔业法的实施,国家的行政机关、司法机关依照法律规定,对违反渔业法的行为人可给予行政制裁、民事制裁、刑事制裁。为维护国家渔业权益,必要时,渔政船、经正式授权的其他公务船和军舰可依法对违法的外国渔船行使国家强制权。

（二）国内渔业法的渊源

国内渔业法渊源同一般国内法渊源一样,主要是指国内法律规范创立的方式,表现为何种法律文件的形式。历史上不同类型法律体系及同1类型法律体系在不同国家,其国内法渊源有所不同。属大陆法系的各国,以成文法为主要渊源,原则上不承认判例作为渊源；属海洋法系的各国,传统上以判例为主,现今虽然宪法、法律作为重要渊源,但判例和习惯法仍占有重要地位。在中国,法的主要渊源是各种成文法,其中宪法和法律居于主导地位。国家认可的习惯属于次要的渊源,判例和法理不作为渊源。判例是属于适用法律产生的法律文件,只对法院审理同 1 类案件具有参考价值。法理是指形成 1 国全部法律或某 1 部门法律的基本精神和学说,对于国内法律制定和适用具有重要意义,但没有法定的效力。

三、 国际渔业法和国内渔业法的关系

（一）中国学者承认的理论

国际渔业法和国内渔业法的关系,属于一般国际法与国内法的关系问题的范畴。关于国际法和国内法的关系,在理论上有不同学派、多种论点,在国家实践上也是复杂的。

1981 年版《国际法》教科书指出:"国际法和国内法是法律的两个体系",但是"这两个法律体系彼此之间有着密切的关系——互相渗透和互相补充。在原则上,国家在制定国内法时要考虑到国际法的要求,而在参与制定国际法时要考虑到国内法的立场。"[7] 1995 年版《国际法》教科书又对这种渗透、补充关系作了进一步阐述:"国内法的制定者是国家,而国际法也是由国家共同参与制订的,两者之间有着密切的关系。这种关系可以从两个方面来看:（一）从国际法方面来看:1. 国际法如果只有原则的规定,就往往要求国内法有具体的规定;2. 国内法的规定不能改变国际法的现有原则、规定和制度,而另一方面,国际法也不能任意干预国家在其主权范围内（或称国家国内管辖事项）制定的国内法:（二）从国内法方面来看:1. 国际法在国内是有法律效力的;2. 为了在国内实施国际法原则、规则和制度,国际法可以被视为国内法的一部分,或者在国内法上作出明文的规定。"[8]29-30

王铁崖对此阐述还作了如下补充:"如果国内法与国际法相冲突,公认的原则是,国家应负责其违反国际法的责任。在这一点上,而仅仅在这一点上,可以说,国际法是优于国内法的。"[9]192 在中国,对于国际渔业法和国内渔业法的关系,在理论上,亦可依上述论述理解。

（二）中国关于国际法和国内法的关系的实践

中国宪法没有关于国际法在国内适用的明文规定。对于国际习惯,王铁崖指出:"关于国际习惯法在国内的效力问题,在中国法律制度中是不确定的,没有任何法律对于这个问题做出明确的规定。一般说来,中华人民共和国遵守国际法或按照国际法解决国际问题,而国际法包括国际习惯法,这是没有问题的。"[9]210-211 国际惯例与国际习惯法不同。国际惯例的效力"低于条约,也低于法律;它是'可以适用'的,而不是'必须适用'的,也就是说,没有严格的拘束力;只有适用,才有法律拘束力。"[9]211 至于条约的效力问题,《海洋环境保护法》规定:"中华人民共和国缔结或者参加的与海洋环境保护有关的国际条约同本法有不同规定的,适用国际条约的规定;但是,中华人民共和国声明保留的条款除外。"《野生动物保护法》《海商法》《海事诉讼特别程序法》和《涉外海洋科学研究管理规定》等都采用和《海洋环境保护法》同样的模式作了规定。

这些规定表明,在所指领域,中华人民共和国缔结或者参加的国际条约在国内具有直接的效力,而它们的规定如果与国内法律不同则应优先适用,但中华人民共和国声明保留的条款除外。《渔业法》第八条规定:"外国人、外国渔业船舶进入中华人民共和国管

辖水域,从事渔业生产或者渔业资源调查活动,必须经国务院有关主管部门批准,并遵守本法和中华人民共和国其他有关法律、法规的规定;同中华人民共和国订有条约、协定的,按照条约、协定办理。"《关于〈中华人民共和国渔业法(草案)〉的说明》对于"本法涉及国际和国内有关规定的问题",作了这样的说明:"渔业法不仅对我国的一切单位和个人具有拘束力,而且涉及外国渔船的捕捞问题,因此,在起草过程中,注意了与有关国际公约和惯例相协调;同时也与中日渔业协定、中朝水丰水库资源保护协定相衔接。"[10]由此可见,《渔业法》第八条并不是国内法与国际法冲突处理的一般原则。

第三节　渔业法的软法

一、软法的概念

（一）软法是客观存在的法律现象

软法(soft law)是自中世纪以来久已客观存在的法律现象。英国国际法学者麦克奈尔(Mcnair,Lord Arnold Duncan,1885～1973)率先考察了这 1 现象,并于 1930 年创立了"软法"的理念。[11-12]在沉寂了几十年之后,随着全球环境问题日益突出和经济全球化进程的加快,从 20 世纪 70 年代起,软法在这些领域得到了广泛应用,引起了法学界对国际法领域中的软法现象的关注和探讨,并逐渐将软法研究引入国内法领域。

（二）软法的定义

什么是"软法"? 软法是相对硬法(hard law)而言的。国际条约、国际习惯和国家法(法律、规章等)都是硬法,而对于"软法"用语的含义曾有多种多样的界定,为诸多学者频繁引用的则是美国国际法学者斯奈德(Francis Snyder,1942～　)1994 年所作的界定:"软法是原则上没有法律拘束力但有实际效力的行为规则。"[13]王铁崖 1995 年就国际环境保护领域的软法亦曾作过这样的定义:"软法是指在严格意义上不具有法律拘束力、但又具有一定法律效果的国际文件。国际组织和国际会议的决议、决定、宣言、建议和标准等绝大多数都属于这一范畴。"[8]456

（三）软法的基本要素

纵观软法的各种定义,软法具有以下 3 个基本要素:

1. 软法是人们的行为规则

软法具有外在拘束力,要求人们按规则行事。

2. 软法没有法律拘束力

软法不依靠外在强制力保证其实施,而是由人们的承诺、诚信、舆论或纪律保障其实施。

3. 软法具有实际效力

软法的实际效力源于它一般是制定软法的共同体内所有成员自愿达成的契约、协议，每个成员通常都会自愿遵守。[14]29

二、软法的特征

（一）软法的制定主体具有多元性

国际法的制定或形成主体是国家，国家法的制定主体是具有立法权的国家机关。国际软法的制定主体是全球性和区域性国际组织，如联合国（UN）、联合国的机关、联合国的专门机构、政府间组织、区域性国际组织等超国家的共同体及非政府组织。国内软法的制定主体除国家机关外，主要是政治组织、社会团体、行业组织、中介机构、高等学校、村民委员会、社区管理委员会等次国家的共同体。基于软法多由一定人类共同体制定的情况，国内有学者将软法定义为："软法是一定人类共同体制定或认可的规范共同体组织和共同体成员行为的规则"。指出："软法是由特定的共同体制定并在特定的共同体范围内实施的，如果超越这个范围，软法就不具有效力。"[14]35

（二）软法的制定过程是准立法过程

国际社会是分权社会，国际条约或国际习惯都是国家意志的协议，其制定或形成均须经"国际立法"过程，特别是条约的缔结和生效，必须经过一定的程序，1969年《维也纳条约法公约》对此作了专门规定。国内社会是集权社会，具有立法权的国家机关必须依照法定的权限和程序进行国家法的制定、修改和废止。软法制定的程序较为简易，但亦须遵循正当的法律程序，保障规制对象的广泛和直接参与。国际组织的软法文件需经会员国反复磋商并多数表决通过才得以形成。国内软法文件的制定则需行政机关与社会组织乃至公民个体在同等的地位上进行沟通和协商，在民主化和科学化的基础上，形成共同遵守的规则。因此，这种制定软法的过程，可称为准立法过程。

（三）软法的拘束力是柔性的

国际法主要是国家之间的法律，它的实施主要依靠国家本身或通过国家的强制行动。国家法体现国家意志、由国家制定或认可、依靠国家的公权力保证其实施，行为人违反了国家法就有可能受到直接的不利后果或被起诉到法院。因此，硬法的拘束力是刚性的。软法一般不规定罚则，通常不具有像硬法那样的否定性法律后果。国际软法的实施主要依靠各国的自愿。国内软法的实施则更多地依靠自律、激励性的规定和社会影响力的共同作用。虽然软法背后没有国家机关的强制力量作保障，违反了软法通常不能起诉到法院或受到其他形式的国家强制，但软法并非没有拘束力，而是与硬法相比，其拘束力是柔性的，凭借制度、舆论导向、文化传统和道德规范等保障实施，依靠人们内心的自律和外在社会舆论的监督等发挥作用。因此，将这种拘束力统称为软拘束力。[15]

（四）软法的载体形态不拘一格

国际条约法的载体形态（名称），一般有条约、公约、协定、盟约、规约、议定书、宣言、换文等，什么样的国际协议用什么名称，在国际法上并没有确定的原则。根据协议内容的重要程度和当事国的数目，在某种程度上分别使用。国家法的载体形态一般有宪法、法、条例、规定、规则、细则、办法等之分，而且它们的位阶性很明显，以宪法为基准形成1个效力递减的位阶体系，每一层级的规范都不得与上位阶的规范相抵触。软法的载体形

态没有规范可循,常用的有决议、宣言、计划、守则、准则、指南等。不同名称的国际软法文件并不意味其效力的不同。国内软法的效力层级也通常不那么明晰,软法自身并不界定效力层级。

（五）软法不能与硬法相抵触

软法和硬法是法的两种表现形式,但在二者的之间,硬法居于主导地位。软法不能抵触硬法,也不能违反硬法。国际软法必须有利于构建正常的国际法律秩序,坚持国际法的基本原则,符合既存的国际法的原则、规则和制度。国内软法要合乎宪法并在一般的情况下不能与硬法相冲突。如果允许软法在没有硬法授权的情况下,可以做出与硬法不一致和相冲突的规定,国家法制的统一就会被破坏。但由于软法制定主体的多元性和制定主体的利益驱动,其各自制定的软法有可能违反国家法制统一的原则,制造出各种非法之法、非正义之法,导致国家法制的混乱。因此,国家不仅应以硬法规范软法的制定主体及权限范围、软法的立法原则和制定程序,还必须建立对软法的完善的监督机制。[14]36

三、软法的作用

（一）以软法代替硬法

在硬法阙如或者制定硬法的条件不成熟时,软法通常就先行一步,将软法作为硬法的先行法。例如,由于陆地污染源分布范围广,污染物种类繁多,且这种污染控制对各国国民经济和社会发展有着重要的直接影响,多数中小发展中国家不赞成过早缔结控制陆源污染海洋公约,以保护其社会经济的正常发展。[15]在此形势下,联合国环境规划署便于1985年组织组织专家工作组制定了《保护海洋环境免受陆源污染的蒙特利尔准则》,后又于1995年在华盛顿特区召开政府间会议通过了《保护海洋环境免受陆上活动影响的全球行动纲领》。各国就运用这些准则和纲领防治陆源污染,并在实践中通过各国反复协商不断调整和完善其内容,日后一旦条件成熟,这些软法的规定就会成为制定此项硬法的重要渊源。

（二）以软法发展硬法

软法通过的程序较为简易,可以在各国就有拘束力的法律规范达成共识之前,迅速地反映国际社会或有关国家对某一领域或问题的关注和愿望。[8]456例如,《世界人权宣言》、《关于天然资源之永久主权宣言》、《人类环境宣言》、《世界自然宪章》、《里约环境与发展宣言》、《约翰内斯堡可持续发展宣言》和联合国可持续发展大会的《我们希望的未来》等,反映了国际社会对人权、资源、环境、发展等全球重大问题所普遍持有的政治和道德态度,可为各国提供处理相关问题的基本遵循,并可为这些领域的国际法的进一步发展确立目标和纲领。有些软法原则,经由各国的国家实践,可以转化为具有法律拘束力的习惯法规范,或者被采纳到正式的国际条约中,对缔约国产生法律拘束力。[8]456

例如,《人类环境宣言》提出的"依照联合国宪章和国际法原则,各国具有按照其环境政策开发其资源的主权权利,同时亦负有责任,确保保证在他管辖或控制范围内的活动,不致对其他国家的环境或国家管辖范围以外地区的环境造成损害"的原则,在《生物多样性公约》等多个公约中被全文援引。《里约环境与发展宣言》提出的预防性原则亦在《联合国鱼类种群协定》中，被转变为硬法原则。《经济、社会与文化权利国际公约》和《公民权利与政治权利国际公约》则都是从《世界人权宣言》中派生的。

（三）以软法补充硬法

在现代国际关系和社会关系高度复杂、变动的态势下，硬法覆盖的广度和深度都是有限的，软法能够对硬法做出有益的补充。特别是在硬法的条文原则抽象的情况下，软法可以通过更细密的规则使硬法相关规定具体化，从而使硬法得以更顺畅、灵活地运作。例如，防止过度开发危害海洋生物资源是《联合国海洋法公约》赋予缔约国的责任，为落实这项国际法原则，联合国粮农组织制定发布了《捕捞能力管理国际行动计划》和《关于预防、制止和消除非法、未报告和无管制捕捞的国际行动计划》等软法。

（四）以软法填补硬法留出的空白

现代社会关系和事物的多样性、复杂性、变动性对法律需求的急剧增长，但硬法因立法成本过高，且出于其稳定性的需要，又不能频繁地予以修改、补充，导致硬法的供给经常严重不足，跟不上社会发展的脚步，难以解决社会中不断出现的新问题。相反，软法则具有内容的灵活性和制定、修改程序的简便性，这就为解决或缓和硬法的遭遇的困境，运用软法来克服硬法适应社会生活迟缓、僵硬的弊端，提高法对社会发展变化的适应性提供了机遇。为此，对于硬法中需要时常顺应实际状况做出调整的部分，立法者可以有意地将其留给软法做出规定，从而保持硬法的稳定性。例如，依照《中华人民共和国行政许可法》关于行业组织或者中介机构能够自律管理的事项可以不设行政许可的规定，原由硬法规制的渔业船舶设计单位、修造单位资格认定，现改交软法规范。

（五）以软法弥补硬法的缺陷

在中国，早就有民间法的概念。国家法在社会自治的能动性作用发挥方面有所不足，而民间法则可在国家法允许的前提下，利用习惯转化的规范或社会自治基础上形成的规范，调整人们的行为和社会关系，以弥补国家法在不尽适应社会治理方面的缺陷。[16]民间法即属于软法。特别在现代，进行社会治理，在坚持发挥政府主导作用的同时，应鼓励和支持社会各方面参与，实现政府治理和社会自我调节、居民自治良性互动。这就要求立法权力逐步向社会转移，发展民间自治规则。[11]32

事实上，众多国家都是由软法与硬法共同发挥着调节社会的功能，而不再是单独依靠硬法。软硬兼施、刚柔并济的混合法机制，正是调整当今复杂的社会关系所必需的，它抛弃了以往的命令、强制模式和单线思维方式，更加注重协商与民主、对话与互动。这种转变赋予了法律以生机和活力，法律不再是死的文本，而是活的行为规则。软法和硬法混合适用、充分互动，既能够充分发挥二者的优势，又能够弥补二者的缺陷，各展其长、各得其所，协同发挥治理功效。[17]

四、渔业软法的主要形态

（一）国际渔业软法的主要形态

国际渔业软法是指规定国家渔业管理的权利与义务、具有实际效力的国际文件，主

要有以下 6 类形态：

（1）联合国大会关于"实现可持续渔业"的决议和关于"海洋和海洋法"的决议中涉及国家渔业管理的部分；

（2）联合国秘书长向联合国大会作的关于"实现可持续渔业"和"海洋和海洋法"的报告中涉及国家渔业管理的部分；

（3）世界环境与可持续发展首脑会议的宣言、计划、议程中涉及国家渔业管理的部分；

（4）联合国主持的多边外交大会的宣言、声明等文件中涉及国家渔业管理的部分；

（5）联合国粮农组织（FAO）及其渔业委员会（COFI）关于渔业可持续发展守则、国际行动计划和技术准则中涉及国家渔业管理的部分；

（6）联合国环境规划署（UNEP）、国际海事组织（IMO）、国际劳工组织（ILO）、经济与合作组织（OECD）、世界贸易组织（WTO）和亚太经济合作组织（APEC）等政府间组织制定的有关渔业、渔民、渔船和水生生物生态环境的计划、指南和准则等文件中涉及国家渔业管理的部分。

国际组织制定的渔业软法只对其成员具有实际效力。联合国大会不具有立法权力，其关于渔业和涉及渔业的决议不是法律上有拘束力的，是建议性的，但是，它们并不是没有法律意义的，如果持续拒绝依从联合国大会的建议行事，不仅投票赞成该建议的国家，甚至对弃权的国家都可以构成一个"禁止反言"，[18] 即可以构成对联合国组织的忠诚义务的违反。[19]

（二）国内渔业软法的主要形态

国内渔业软法是指规定国家机关渔业管理的权力与责任及公民、法人和其他社会组织从事渔业行为的权利和义务、具有实际效力的国内文件，主要有以下 4 类形态：

（1）国家机关关于渔业管理和渔业行为的决定、命令、通知、通告等行政规范；

（2）渔民协会及渔业生产、加工、流通等行业组织的自律规范；

（3）渔业社区的自治规范；

（4）渔业研发、设计、第三方物流、融资、保险、信息技术、节能环保、检验检测、认证、电子商务和品牌建设等生产性服务行业组织的服务规范。

参考文献

[1] 联合国大会文件第 A/69/71 号.海产食品在全球粮食安全方面的作用[R/OL]. (2014-03-21). [2015-03-28].

http://www. un. org/en/ga/search/view_doc. asp? symbol＝％20A/69/71

[2] 国家基础地理信息中心网. 2010 年全球陆表水域空间分布与数据分析（一）》[R/OL]. (2013-06-04). [201-08-18].

http://www. ngcc. cn/article/whyd/dxjb/201306/20130600002345. shtml

[3] 夏征农,陈志立. 辞海（第六版缩印本）[M]. 上海：上海辞书出版社,2010:692.

[4] 联合国可持续发展《21 世纪议程》[S/OL]. (2009-10-01:17.44,17.70 段). [2012-05-18].

http://www.un.org/chinese/events/wssd/chap17.htm[01/10/2009 14.26.01]

[5] 王铁崖,田如萱.国际法资料选编[G].北京:法律出版社,1982:985-986.

[6] 余民才,程晓霞.国际法教学参考书[M].北京:中国人民大学出版社,2002:25.

[7] 王铁崖,魏敏.国际法[M].北京:法律出版社,1981:44.

[8] 王铁崖.国际法[M].北京:法律出版社,1995.

[9] 王铁崖.国际法引论[M].北京:北京大学出版社,1998.

[10] 国家环境保护局海洋处.海洋环境保护法规汇编[G].北京:中国环境科学出版社,1991:196.

[11] Arnold. McNair,The Functions and Differing Legal Character of Treaties(1930)[J]. 11 British Yearbook of International Law,p. 100.

[12] Hartmut Hillgenberg,A Fresh Look at Soft Law(1999)[J]. 10(3)European Journal of International Law,p. 499.

[13] Snyder,Soft Law and Institutional Practice in the European Community[J]. in S. Martin (ed.),The Construction of Europe,Kluwer Academic Publishers,1994,p. 198.

[14] 姜明安.软法的兴起与软法之治[J].中国法学,2006(2).

[15] 罗豪才.公域之治中的软法[R].(2005-12-08).[2014-05-10].
http://www.aisixiang.com/data/9149.html

[16] 国家环境保护总局政策法规司.中国缔结和签署的国际环境条约集[G].北京:学苑出版社,1999:406.

[17] 中国社会科学院法学研究所.法律辞典[M].北京:法律出版社,2003:585.

[18] 〔英〕詹宁斯,瓦茨.奥本海国际法(第一卷第一分册)[M].北京:中国大百科全书出版社,1995:75.

[19] 〔奥〕阿·菲德罗斯等.国际法(下册)[M].北京:商务印书馆,1981:616.

第三章　渔业法的形成和发展

渔业起源于内陆水域，渔业法亦萌芽于内陆渔业。内陆渔业法基本属于国内法，而海洋渔业法既有国内法又有国际法。国际渔业法的形成和发展，主要涉及海洋渔业法的历史演变。自古以来，海洋主要用于航行和捕鱼两个领域，所以，1部海洋法的发展史就是海洋渔业法的发展史。可以说，中世纪后期形成领水捕鱼规则，大约200年后确立了公海捕鱼自由原则，标志着海洋渔业法的形成。

随着海洋知识的增长及机动渔船和拖网渔业的发展，海洋生物资源取之不尽、用之不竭的神话渐渐失去光彩。从19世纪中期出现保护渔业资源的动向后，各国重视程度日增。在第二次世界大战之后，随着发展中国家崛起，世界人口膨胀及经济的恢复和发展，极大地激发了对于海洋生物资源的需求，在沿海国加快扩大海洋管辖权步伐的同时，这种动向更加显著。人们认识到，海洋生物资源虽然是可再生的，但并非是无限的；如果想要使海洋生物资源对不断增长的世界人口的营养、经济和社会利益持久地做出贡献，需要对海洋生物资源进行适当的养护和管理。

1982年《联合国海洋法公约》全面编纂和发展了国际海洋渔业法，构筑了当代国际海洋渔业法律框架。针对世界海洋渔业面临捕捞能力过剩，非法、不报告、无管制捕捞盛行及渔业资源浪费严重的严峻形势，联合国及其联合国粮农组织提出了可持续渔业和负责任渔业的概念，并制定了包括《联合国鱼类种群协定》在内的3项渔业协定及《负责任渔业行为守则》和与之配套的一系列负责任渔业技术准则，极大地充实和发展了《联合国海洋法公约》有关水生生物资源养护和管理的规范，为各国实现渔业资源和渔业生态环境的长期养护和可持续利用提供了有力的国际法保障。

第一节　渔业法的形成

一、 中世纪后期形成领水捕鱼规则

（一）中世纪前半叶及以前海上实行自由捕鱼

在古代和中世纪（476～1640）前半叶，罗马法学家主张海洋是"公有财产"或"共有共用"，人类可以自由使用。这时，海洋被认为是自由的，各国都可由其国民在海上自由捕鱼，并可利用他国海岸、海湾修船和补给。

（二）中世纪后半叶对海洋渔业的封建割据

到中世纪后半叶，随着封建制度的建立，君主对土地的拥有权逐渐向海洋方向延伸。早在 9 世纪，拜占庭帝国便提出了对海洋渔业实行管辖权的主张。[1]在 10 世纪以后，英国主张对狭海（英吉利海峡、加来海峡和爱尔兰海）、北海及自北角至菲尼斯特雷角的大西洋的主权。[2]22-23在地中海，威尼斯主张对亚得里亚海的主权，热那亚主张对利古里亚海的主权，比萨和托斯卡纳主张对第勒尼安海的主权。在北欧，丹麦和瑞典对波罗的海的主权，挪威主张对其至冰岛中间线之内的海域及其渔民活动到的其他海域的主权。葡萄牙主张对全部印度洋及摩洛哥以南的大西洋的主权，而西班牙则主张对太平洋和墨西哥湾的主权。这种对海洋的封建割据局面持续了几百年。[3]153

主张海洋主权的表现之一，就是控制甚至禁止外国人的航行和捕鱼。1381 年后丹麦主张向外国国民颁发在北大西洋和斯卡格拉克海峡捕鱼的执照。1432 年挪威禁止外国人在其沿岸水域中捕鱼，迫使英国同它签订了关于英国臣民在这些水域中捕鱼的条约。1598 年当时控制着冰岛的丹麦宣布冰岛周围 2 里格①宽的 1 带海域富饶的鳕鱼渔场，专供丹麦渔民使用。[2]231604 年英国国王詹姆斯一世（1567～1625）下令对从马恩岛至安格尔西岛 27 个地岬之间的直线所包围的不列颠群岛周围水域行使捕鱼的管辖权，1609 年又宣布对外国渔船征税，推行从苏格兰东部沿海排斥荷兰渔船捕捞鲱鱼的政策，引发了荷兰对英国海上渔业管辖权的争端，1610 年两国达成协议规定荷兰渔船不进入英国海岸大炮射程②所及海域内捕鱼。1618 年按照丹麦的要求英国国王下令禁止苏格兰渔民进入法罗群岛的视线范围内海域捕鱼。[4]29詹姆斯一世则强迫要求外国人在北海捕鱼必须取得英国的执照；当 1636 年荷兰人企图不取得执照而捕鱼时，他们就被攻击，并且被迫付出 3 万镑，作为赦免的代价。[3]153-154此前，英国 1351 年与卡斯蒂利亚（西班牙）、1353 年与葡萄牙、1403 年与法国分别缔结了关于在海岸外一定范围内捕鱼的条约，1326 年俄罗斯与挪威签订的结束两国在北冰洋地区敌对行为的诺夫哥罗德和约中也含有关于俄国

---

① 里格（league），长度单位，在丹麦合四海里，在英国和美国合 3 英里或 3 海里。

② 大炮射程是指在海岸上架设的大炮的最远射程。

人、挪威人、瑞典人和芬兰人捕鱼的条款。[2]23

（三）中世纪后期形成领水捕鱼规则

意大利的真提利斯(1552～1608)在1613年出版的《西班牙辩护论》中提出了领水的概念。[4]27领水意味着沿海国主权所扩及到的不再是整个海洋,而仅是海洋邻接海岸的部分。领水概念的出现,标志着海洋解放过程的开始,要求君主们放弃对大片海洋的权利主张,在渔业上就是将其注意力主要放在邻接的那1部分海洋中为自己保有排他性的捕鱼权上。同年,英国的威·廉韦尔伍德(? ～1622)发表《海上法概论》,主张邻接海岸的海域必须由沿海国管理,包括航行权和捕鱼权。他说:"一个国家的居民有在他们的沿岸进行捕鱼的原始的和排他的权利。这一部分海洋必须属于沿岸国的主要理由之一是,如果任何人都可以自由捕鱼,这些鱼类会有绝灭之虞。"[5]111

这样,可以说,到中世纪后期,"沿海国可将领水内的渔业保留给本国人民"已经成为国际习惯法的一部分。

二、 19世纪初期确立公海捕鱼自由原则

（一）格劳秀斯主张海洋捕鱼自由

荷兰的格劳秀斯(1583～1645),1608年发表《海洋自由论》①,指出:"第一,那些不能被占有,或从未被占有的东西,不能变为任何人的财产,因为所有的财产源自占有。第二,那些由自然构成、虽为某个人服务但仍足以为其他所有的人共用的东西,不论是今天还是将来,均应永久地保持它由自然初创时的状态。""空气因为两个原因属于这一类物品。第一,它不可以被占有;第二,其共同使用是注定为所有人的。基于同样理由,海洋②为所有人共有,因为它是那样的无边无际,以至于它不可能变为任何人的占有物,因为无论我们是从航行还是从渔业的角度来考虑,它都适应于为所有人共同使用。"[6]30-31并指出:"适用于航行自由的那些原则也同样适用于渔业自由,也即捕鱼对所有的人是自由的、开放的。"[6]32"如某人意图禁止别人在海上捕鱼,他肯定难逃贪婪成性的指责。"[6]38

格老秀斯的海洋自由理论符合自由资本主义对打破海洋封建割据的需要,反映了新兴资产阶级的意向,虽然遭到了反对,却是无法阻挡的。但海洋自由的实现,经过了曲折的历程。英国1640年完成资产阶级革命,1651年颁布新《航海条例》,旨在打击荷兰海上渔业和对外贸易,针对当时荷兰既在英国领水捕鱼又在英国市场销售牟利的情况,规定:

---

①《海洋自由论》原为格劳秀斯1604～1605用拉丁文所写《捕获法》1书的第十二章,他1608年对该章加以些许修改,匿名以"论海洋自由或荷兰参与东印度贸易的权利"为题发表。1868年格劳秀斯署名的《捕获法》面世,《海洋自由论》的匿名秘密始得披露。有的学者将《海洋自由论》,译为《论海洋自由》。

② 格劳秀斯特别指明,他"在此讨论的是外海,是大洋,是在古代就被描述成浩瀚无边、水天相连、万物之母的辽阔海域……是虽环绕于地球,为人类之家,潮起潮落,生生不息,但又不能被占领和包围的大洋","与该海洋中的海湾或海峡无关,甚至与海岸上可见其宽度的那部分海域无关"。格劳秀斯1625年发表的《战争与和平法》中写道:"对于海的一部分的统治权的取得似乎也和对其他东西一样,可以是属于一个人的,也可以是属于一块土地的;如果一个人有一支舰队,能够控制住这一部分海面,那么这一部分海面就是属于一个人的;如果在这一部分海面航行的人能被在岸上的人所强迫,就像他们在岸上一样,那么这一部分海面就是属于一块土地的。"这都表明格劳秀斯主张的海洋自由,并不适用于邻接海岸并可由沿海国有效统治的那部分海域。

咸鱼、鱼油和鲸骨只能由英国船只输入,且上述鱼品也只能由英国船只从英国领土上运出。荷兰对此断然拒绝。为争夺商业利益和海上霸权,英国与荷兰于 1652～1654、1665～1667 和 1672～1674 年进行了 3 次战争,1674 年签订《西敏条约》,迫使荷兰割让殖民地并承认《航海条例》。

(二)宾刻舒克主张把海洋划分为领水和公海

荷兰的宾刻舒克(1673～1743),1702 年发表《海洋主权论》,主张沿海国可经由占有而取得与其海岸相邻接的海域的所有权,并称此种海域为领水带;大炮射程所及之地,即为领水带的范围①。在大炮射程之外的海域,各国无法实施占有而取得,即不在国家控制权之下,此片海域应保有公海的地位。[7]进入 18 世纪后,欧洲著名的国际法学家也都主张把海洋区分为处于沿海国控制之下的领水和不属于任何国家主权的公海,并采取了支持公海自由包括公海捕鱼自由的立场。

(三)在英国不再反对海洋自由原则后,以俄国放弃领水之外的捕鱼专属权为标志,公海捕鱼自由成为公认的国际法准则

1789 年法国爆发大革命,从立宪会议到拿破仑都打海洋自由牌。[2]24 当时,法国海军旗帜上就载有“海上自由,各国平权”的口号。[8]1795 年法国起草《万国公法宣言》,申明公海不得为任何 1 国所有。1805 年英国打败法国、西班牙联合舰队最终确立了“第一海上强国”的地位。当年英国海军条例还包含有这样的命令:“任何英王陛下的船舶,如果在英王陛下的海洋(英王陛下的海洋达到菲尼斯特雷角)内遇见任何外国船舶,该外国船舶应降下顶帆并收起它们的旗帜,以表示承认英王陛下对这些海洋的主权;如果任何船舶拒绝这样作,所有海军将官和司令官就应尽他们的最大力量,强迫他们这样作,而不应使英王陛下的荣誉受到损害。”[9]97 但不久,英国就不声不响地放弃了这种主张。[3]155 这表明英国政府不再反对公海自由原则。丹麦原来不准别国渔民进入格陵兰沿海 60 海里内捕鱼,这时也放弃了这种要求。[5]61 1821 年沙皇亚历山大一世发布敕法,规定从白令海峡到北纬 54°、从亚洲海岸到阿拉斯加海岸 100 意大利里的海域内,俄国具有特殊权利,禁止外国船舶进入捕鱼,并有权对违反禁令的渔船处以没收。英国和美国提出抗议,迫使俄国于 1824 年和 1825 年,分别与美国和英国订立专约,放弃了它的主张。[3]155-156 英国和俄国 1825 年 2 月 28 日在圣彼得堡签订的条约第一条规定:“双方同意,缔约双方的人民在通称为太平洋的那个大洋的任何部分,无论是在航行,或在捕鱼,或在尚未被占领的任何海岸登陆以便和土著贸易,均不受扰乱和侵犯。”美国和俄国 1824 年 4 月 17 日的条约亦有大致类似的条款。[5]61

至此可以说,海洋被划分为领水和公海及公海捕鱼自由原则,在理论上和实践上,被公认为国际法准则。[10]这标志着以“沿海国可将领水内的渔业保留给本国人民,而作为公海自由原则的效果,公海上的渔业应对所有国家开放”为核心的传统渔业法的形成。

---

① 关于领水的宽度,在历史上有过许多理论。早期有 2 日航程(60～100 海里)、视力所及的地平线距离(14～20 海里)等,17 世纪初有所谓“有效统治理论”,进入 18 世纪出现了所谓“大炮射程学说”,到 18 世纪后期又出现了所谓“3 海里规则”。在实践上国家的主张也各不相同,1745 年丹麦、挪威确定领水宽度为 4 海里。瑞典、芬兰、冰岛等国也相继确定领水宽度为 4 海里。1760 年西班牙宣布其领水宽度为 6 海里。1793 年美国主张领水宽度为 3 海里。

（四）"领水以外即公海"制度下海洋渔业法的基本特点

在19世纪20年代中期形成的国际海洋渔业法具有以下4个基本特点：

（1）虽然水产养殖活动早已存在，但其利益远未重要到需要用法律规范的程度，因此，渔业法规范的对象只限于海洋渔业捕捞。

（2）由于内陆国①在国际法上不具有出入海洋的权利，因此，海洋渔业法只适用于沿海国家。

（3）丰富的海洋生物资源长久以来被认为是大自然所赠予人类的取之不尽、用之不竭的礼物，因此，渔业法规范的核心内容主要是国家的入渔权。但人们早就认识到使用渔具和渔法的不当也会导致沿岸渔业资源衰退，有必要对沿岸捕鱼活动加以规定。例如，英国先后于1278、1376、1487、1558、1605、1714、1791、1843、1868年颁布法令，保护沿岸海域的仔鱼②、幼鱼③。格劳秀斯在《海洋自由论》中也曾指出过：在内海④可以禁止捕鱼，原因是鱼类可能会枯竭。[6]45

（4）作为公海捕鱼自由的例外，1811年英国颁布《殖民法》，对包括锡兰（现称斯里兰卡）在内的殖民地领水以外的海底定居种生物⑤资源（主要是珍珠）提出权利主张，不准外国渔民采捕。1839年英法两国政府签订的《确定和控制大不列颠和法国沿岸牡蛎渔业和其他渔业专属权范围公约》规定法国圣马洛湾内离格朗维尔海岸3海里外的牡蛎由法国渔民独占使用。[4]120-121此外，波斯湾的珍珠、澳大利亚的珊瑚、爱尔兰的牡蛎、突尼斯的海绵采捕权，也一直为沿岸国独享。

第二节　渔业法的发展

一、近代渔业法的发展

（一）维持公海捕鱼秩序的公约

为了维持公海捕鱼秩序，避免无序竞争，1882年5月6日英国、比利时、丹麦、法国、德国和荷兰等北海六国在海牙签订了《北海渔业管理公约》。瑞典和挪威虽参加了会议，但没有在《公约》上签字，因为它们不接受该《公约》所载关于北海的定义和领水以3海里

---

① 1921年《巴塞罗那宣言》确认无海岸国家有权在公海上行驶悬挂其旗帜的船舶之后，内陆国才取得行使公海捕鱼自由权利的地位。

② 仔鱼是指从受精卵孵出至奇鳍鳍条基本形成时的鱼类早期发育个体。

③ 幼鱼是指具有与成鱼相同的形态特征，但性腺尚未发育成熟的鱼类个体。而所谓"成鱼"则是指性腺已经成熟，可以繁衍后代的鱼类个体。

④ 格劳秀斯所称的"内海"是指与大洋、外海相对的海域，包括海湾、海峡及其他从海岸上可见其宽度的那部分海域。

⑤ 定居种生物是指终年栖息于繁殖海底区域，不因环境变化而移动或不作大范围移动的生物，如牡蛎、珍珠、珊瑚、海绵等。

为界的规定。《公约》的目的在于管理 3 海里领水以外的北海渔场的警卫。它规定：

（1）渔船的登记，以字母、名字和号码辨认渔船，各船船长须携带本国证件；

（2）渔船的抛锚、撒网、防止妨碍已撒网具和渔具的捞救等事项，以预防冲突的发生；

（3）缔约国本国海军所属船只得监察各渔场，并有权临检或搜索渔船，以查明其有无违反公约中"关于渔场警务"的规定，并得将违反公约条款的渔船押赴其船旗国的港口，交给主管当局。

但关于确定国籍的文件、船只和渔具的标记、编号及船上违禁器具的条款的执行，则由渔船船旗国的军舰来监督，不过各军舰舰长"应将他国渔船破坏上述条款的事件互相知照"。[11] 这个《公约》主要是为了防止和处理北海上捕鱼自由竞争引发的渔场纠纷问题，并不涉及公海生物资源的养护和管理的事项。

在北海上一些酒船专以烈性酒供给渔民，成为渔民间发生扰乱和冲突的重要原因之一。为了禁止向北海渔船上的人卖酒，上述 6 国 1887 年 11 月 16 日签订了 1 个《关于禁止在北海渔民中贩酒的公约》。法国未批准这个《公约》。《公约》规定缔约国应对在北海公海上售卖食物的船舶进行登记，加以管理。其海上的监察工作，按照 1882 年公约中所载的同样条件交给缔约国的军舰，授予互相临检和搜索的权利。1925 年 8 月 19 日在赫尔辛基签订了禁止在波罗的海贩酒的公约，所有波罗的海国家都予以批准。[5]280

为了管理法罗群岛和冰岛周围领水外的渔业，1901 年 6 月 24 日英国和丹麦签订伦敦专约，其规定大部分与 1882 年《北海渔业管理公约》完全相同。它的 1 个附加条款规定，任何国家由其国民在法罗群岛和冰岛周围海域捕鱼者，均可加入该专约。[9]127

（二）北大西洋海岸捕鱼仲裁案

早在 1580 年就有 300 多艘欧洲渔船前往加拿大、纽芬兰和拉布拉多沿岸海域捕鱼，与北美渔船不断发生渔场纠纷。英法之间为争夺北美殖民地及其捕鱼权，先后爆发四次战争。1689～1697 年威廉王之战形成的《赖斯韦克和约》规定，法国拥有从佩诺布斯科特河向北到拉布拉多河之间的大西洋沿岸的捕鱼权，而纽芬兰以东归英国，这样一来，新英格兰①的渔船活动空间便大为缩小。1702～1713 年安妮王之战签订的《乌德勒支和约》使英国和新英格兰独占大部分渔场，并在其他地区也取得和法国相同的捕鱼权。1740～1748 年乔治王之战产生的《艾克斯拉沙佩勒和约》规定，英国以获取印度的马德拉斯韦为交换条件，将上次战争获得的阿拉底亚、纽芬兰和哈德孙湾地区归还给法国，使新英格兰的渔业一落千丈。1754～1763 年的法印（印第安人）之战，即第四次英法之战缔结的《巴黎和约》迫使法国退出北美，丧失了纽芬兰南部沿岸的捕鱼特权，使整个西北大西洋沿岸的捕鱼权由英属北美各省所共享。[12]

1775 年英属北美各省爆发推翻英国殖民统治争取独立的战争，1776 年美国宣告独立，1783 年英美签订《巴黎和约》。规定英国承认美国的独立及美国人继续在纽芬兰滩、圣劳伦斯湾及通常捕鱼的其他海域享有不受干涉的捕鱼权；他们还可以自由地在英国渔民从事捕捞的纽芬兰沿海和英属其他北美沿岸、海湾和河口湾中捕鱼，但除非征得当地

---

① 新英格兰原是英国在北美最早殖民的地区之一，其范围为现今美国最东北部的 6 个州的区域。

居民同意,不得在沿岸晒鱼、腌鱼、熏鱼。

新英格兰渔民利用《巴黎和约》被许可的许多特权,在加拿大沿岸占领了许多有利的捕鱼据点,引起英国的不满并对美实行贸易封锁,引起美国的反感,特别是美国有意兼并加拿大,1812 年美国便发起对英国作战。英国宣布废除《巴黎和约》并命加拿大政府拒绝美国渔船进入。美国则宣布《巴黎和约》所有的渔业条款不容废除。1815~1818 年英国海军下令扣押在英国水域捕鱼的美国渔船,许多美国渔船在芬迪湾被扣押。1818 年两国签订《伦敦条约》,规定美国在纽芬兰、拉布拉多和马达兰群岛沿岸拥有捕鱼权,并给予美国渔船享有和英国渔船一样的权利:从雷角到拉美群岛的纽芬兰的南岸,从雷角到基罗朋岛的纽芬兰西及北沿岸,马达兰群岛的海岸,拉布拉多沿岸的海湾、港口、河湾以及无垠的北方都可自由捕鱼,还给予美国渔船在纽芬兰南自由干燥和保藏水产品的权利,但除了避难、修船和补给物资之外,禁止出入英国的其他海湾和港口。英国私下保证不干预美国在 3 海里以外的捕鱼。但由于双方对协议内容有不同的解释,致使争吵、扣船和权利要求又持续了 36 年之久。英国既想限制美国在加拿大纽芬兰沿岸及海湾捕鱼,又想把自己的渔获物免税输入美国市场。1854 年两国签订互惠条约,规定除甲壳类之外,美国渔民和英国渔民一样,可在加拿大新伯伦瑞克、新斯科细亚、爱德华岛及邻近岛屿的沿岸、海湾、港口、河湾"自由"捕鱼,并准许美国渔船在上述海岸及马达兰群岛靠岸,进行晒网和以干晒方法保藏水产品。作为交换条件,美国可免税进口加拿大的鱼品。此后几经反复,1885 年以后,美国与加拿大和纽芬兰之间的纷争迭起,美国渔船再度被扣,形势又趋于紧张。1887 年美国国会授权总统,于必要时对加拿大实行贸易禁运,禁止加拿大货物进入美国港口。英美两国于 1909 年 1 月 27 日签订仲裁协定,把争端提交给常设仲裁法院①(PCA)裁决。[13]167-168

仲裁庭在 1910 年 9 月 7 日做出如下裁决:

(1)英国根据领土主权,有权对在条约议定的水域内从事捕鱼活动的美国渔民制定规则,不必取得美国的同意,但这些规则须由专家组成的委员会通过,避免美国渔船受到不公平的差别待遇。

(2)美国国民行使条约所规定的权利时可受雇为渔船上的水手;非美国国民受雇时不能享受条约规定的权利,只能享受雇主转移给他的权利。美国人的船舶入港时,如条件方便,须向海关报告,但行使捕鱼权利时不用办理纯属商业性的申报手续或缴纳当地渔民不用缴纳的费用。

(3)除条约规定的海岸外,美国渔民不得在离岸 3 海里的海湾捕鱼;在条约规定的海岸,美国渔民得自由在海湾、港湾和海港捕鱼。

---

① 常设仲裁法院是根据 1899 年第一次海牙和会通过的《关于和平解决国际争端的公约》,于 1990 年成立,位于荷兰海牙的国际仲裁机构。该法院并非真正意义上的常设法院,它只是 1 份由成员国提出的仲裁员名单。如果成员国将其争端诉诸仲裁,便可在名单中选定仲裁员,再由选定的仲裁员推选首席仲裁员组成仲裁庭。该法院的日常行政活动主要由国际事务局负责,预决算和年度报告等问题由成员国驻荷兰使节组成的行政理事会和外交理事会负责。《公约》规定,每 1 成员国最多可选定 4 名公认精通国际法问题,享有最高道德荣誉,且愿担任仲裁职务的人,作为该法院的仲裁员,列入仲裁员名单,并由事务局通报各成员国。中国是最早的成员国之一。

（4）出于好意及人道考虑,允许美国渔民进入非条约规定的海岸的海湾进行维修和避风,不附加别的要求,但此种权利不得滥用。[14]38-44英美之间超过 1 个世纪的捕鱼权纷争,就此得到解决。

（三）北太平洋海豹渔业仲裁案

1786 年,1 个名叫普里比洛夫的俄国人在阿拉斯加外白令海中间发现 1 群岛屿,年年有数以百万计的海豹来这里逗留。在沙皇特许下,俄国和美国联合对海豹进行开发和保护。1867 年美国用 720 万美元从俄国购得阿拉斯加领土之后,于 1869 年颁布法令,宣布对普里比洛夫群岛实行保护,把海豹猎捕量限制在 86 000 只,次年进一步限制在 23 000 只。为了制止远洋猎捕海豹,1881 年又宣布封锁白令海,并主张对这里的海豹拥有财产权。[13]169-170对此,英国认为这违反了公海自由原则,拒绝承认这 1 要求。1886 年美国在距离普里比洛夫群岛 70 海里、75 海里和 115 海里的白令海上拿捕了捕捉海豹的 3 艘英国船只,并押送阿拉斯加港,交当地法院审判。英国认为渔船作业的地方已经超出了美国的领水,美国地方法院对此无管辖权。但美国法院坚持说,白令海原是俄国的领水,俄国对该海域享有的占有权和管辖权,得到了世界上各海洋大国的承认或默认。随着阿拉斯加被让渡给美国,俄国的权利已经原封不动地移交给了美国,并以海豹有洄游性及美国为了保护海豹进行了投资为理由,对英国渔船的船长和大副判处 30 天的监禁并处以罚金。英国政府提出了抗议,并要求美国给予赔偿。之后,美国总统下令释放了 3 艘英国渔船和所有的被捕人员。但是 1887 年,美国又扣留了 7 艘英国捕猎海豹的渔船。为了解决这一争端,两国政府进行了 2 年多的谈判和交涉,双方都不接受对方的观点。1890 年 6 月英国政府提议将争端提交仲裁,1890 年 12 月美国表示同意,到 1892 年 2 月两国签订仲裁协定,同意将 5 个争议问题提交由 7 人组成的仲裁委员会仲裁。1893 年仲裁法庭做出裁决,认为美国对其 3 海里领水以外的白令海的海豹业没有任何保护权和财产权。为了保护白令海的海豹资源,仲裁法庭指示英美两个当事国制定保护海豹渔业的规则,即在普里比洛夫群岛周围 60 海里的海域内禁止猎捕海豹,在 60 海里以外猎捕海豹应规定捕获期。

美国和加拿大的海豹渔业除在仲裁协定适用的白令海东部海域外还将北太平洋靠近俄罗斯 1 侧的海域作为他们猎捕海豹的另 1 场所。而俄罗斯则要在其领水之外行使对海豹渔业的管辖权。从 1891 年开始,俄罗斯以违反其有关海豹渔业的规章为由,扣留了多艘捕猎海豹的美国渔船。美国认为在公海上的这些扣留行为是非法的,要求俄国对其扣船行为所带来的损失进行赔偿,但俄国政府不承认是非法的,虽同意给予一定的赔偿,但不能满足美国所提出的赔偿金额。1900 年 9 月俄国与美国同意将此争端提交荷兰阿塞尔(T. M. C. Asser,1838～1913)法官仲裁。仲裁法官于 1902 年裁定:在俄国扣留美国渔船时,俄美两国并未签订关于俄国对捕猎海豹的管辖权可延伸到其领水范围之外区域的,因此,俄国政府的扣留行为违反国际法,应对被扣的美国渔船进行赔偿。

1893 年和 1902 年的两次仲裁既维护了公海捕鱼自由原则,又赋予了仲裁当事国制定和实施保护海豹资源的规则的责任。但英美两国根据仲裁裁决制定的保护海豹的规则并不能约束日本、俄国的猎豹活动,证明没有什么太大效果。为有效保护海豹,扩展仲裁法庭的裁决效力,1909年1月美国政府致函英国、俄国和日本,建议制定1项完全禁止在海面猎捕海豹的国际协定。据此,美、英、俄、日四国召开的华盛顿会议,于1911年7月7日缔结了《北太平洋海豹保护公约》。该《公约》自1911年12月15日起有效期15年,其后继续有效,直至以书面通知作废后12个月为止。《公约》禁止在北纬30°以北太平洋的广阔海面上杀死、捕拿或追逐海豹;捕获海豹仅得由沿海国在陆上进行。《公约》还规定,缔约国的军舰,对于彼此的船舶,怀疑其违反公约规定时,予以临检。但对违反规定的船舶,仍交其本国审判与惩罚。《公约》实施以后,成效甚著。1910年估计海豹数为13万头,到1939年增至200万头。1940年10月23日本通知终止《公约》,理由是:由于海豹以鱼为食,实行《公约》的结果海豹繁殖,使日本渔业受到了损害。《公约》于1941年12月15日终止其效力。[15] [9]126

（四）公海生物资源保护条约

1930年5月9日,美国和加拿大缔结了保护北太平洋和白令海比目鱼渔业公约（1937年1月29日修正）。该公约规定:

（1）禁止美加两国的国民于11月1日至次年2月15日期间在美国（包括阿拉斯加）及加拿大领水内和西海岸外的公海上捕捞比目鱼。

（2）双方官员都有权拿捕和扣留违反规定捕鱼的双方国民和船舶,并将其交付其本国当局追诉。[9]126

1923年3月2日,美加两国签订《保护北太平洋（含白令海）鳙鲽种群条约》（1924年10月生效）。这个种群从1888年起为美国渔民捕捞,后加拿大加入,1914~1916年调查表明鳙鲽渔场生产力正在下降,单位捕获量日益减少。据此,该《条约》规定:

（1）从每年11月16日到次年2月15日为禁渔期。

（2）成立一个4人组成的国际渔业委员会,监督禁渔期的执行,开展鳙鲽渔业的科学调查,但无其他管理权。

1928年该委员会发表报告,指出鳙鲽渔业资源正在下降,虽然包括新型渔船在内的捕捞力量不断增加,但总的渔获量却不断下降,建议两国给它更多管理权限,以便采取减少渔获量的措施,1930年两国以换文的形式对条约进行了修改（1931年5月14日生效,为期5年）,授权该委员会将渔场划分为若干区域;设定禁渔区,延长禁渔期;规定渔具的尺寸和禁止的渔具、渔法;确定各个区域每年鳙鲽鱼的总捕获量;颁发许可证;禁捕鳙鲽幼鱼;收集各种统计资料;判断鳙鲽渔业的现状和趋势。1937年再次修改（同年7月28日生效）,进一步强化了该委员会的管理职能,并规定5年有效期满之后继续有效,除非任何一方通知废除条约。[13]171

此外,属于保护公海生物资源条约的,还有1925年美国和墨西哥关于墨西哥湾的渔业条约,1932年保全斯卡格拉克湾比目鱼公约,1937年保全斯卡格拉克湾比目鱼和鲽鱼公约,1937年北大西洋捕鱼公约,1937年关于渔网眼和鱼类大小限制的公约等众多关于捕鱼和生物资源养护的双边或多边公约等。

（五）美加弗雷泽河红鲑鱼繁殖保护条约

1930年5月26日,美国和加拿大签订《保护、保全和繁殖弗雷泽河红鲑鱼（大马哈鱼)条约》。这种红鲑鱼在 1891 年以前只有加拿大 1 国开发,后来美国也利用。由于过度捕捞,加上河流堵塞和矿山及工业污染,使得其资源大大衰退。美国华盛顿州和加拿大不列颠哥伦比亚省都曾单独管理过这种渔业,但效果不大,从 1892 年起美加两国就开始讨论养护和管理弗雷泽河红鲑鱼的条约,由于各方利益博弈,条约文本几经变动,整整花了 45 年时间两国才于 1937 年批准了这项《条约》。该《条约》规定:

(1)条约不但适用于两国的领水,也适用于管辖范围以外的某些水域。

(2)成立一个 6 人组成的"国际太平洋大马哈鱼委员会",既有调查权,又有管理权。[13]172-173

根据上列两条约成立的鳙鲽鱼委员会和鲑鱼委员会,对资源养护都拥有管理权,在国际渔业发展史上对区域渔业管理组织的建立运作及水生生物资源国际养护和管理措施的制定和实施起了示范作用。

（六）管理捕鲸公约

1931 年 9 月 24 日,26 个国家签订了《管理捕鲸公约》。该《公约》规定从事捕鲸的船舶必须取得执照,禁止捕杀纯种须鲸与幼鲸,或正在哺乳的鲸鱼。捕鲸业 895 年始于巴斯克人在比斯开湾沿岸投鱼叉刺鲸,到 16 世纪下半叶,英国、荷兰、丹麦、西班牙、法国、德国、挪威都参加捕鲸,1660 年美国组织了第一个捕鲸队,1897 年日本实行远洋渔业奖励法后开始大洋捕鲸。19 世纪末 20 世纪初国际捕鲸业先后采用挪威的 3 项技术发明:

(1)1877 年挪威用捕鲸炮发射壳式标枪,速度快,命中率高,从而把捕鲸活动扩大到更快、更强悍的鲸类;

(2)1903 年挪威造出浮动加工船,捕鲸船把鲸鱼躯体拖到加工船前,取出内脏,加以切割,然后 1 块 1 块地用吊车提到船上;

(3)1924 年挪威又在浮动加工船上装设尾滑道,在海上可把整条鲸鱼拖上船,进行加工处理,极大地提高了捕鲸工业的效率,使鲸鱼资源面临衰退甚至灭绝的极大威胁。[16]

为了保护鲸类资源,美国、加拿大、英国和挪威都采取了一些行动。挪威于 1929 年和 1930 年通过国内立法对某些鲸鱼的捕获量做出规定,禁止捕杀哺乳期的母鲸、仔鲸和尺寸不足的鲸鱼,并与国际海洋考察理事会(IECS)①合作在奥斯陆建立了国际捕鲸统计局。1931 年《管理捕鲸公约》就是参照挪威的法令制定的,它适用于世界各大洋和所有缔约国的国民,到 1935 年生效时,尚有俄国、日本、智利、阿根廷没有批准《公约》。1937 年 6 月 8 日包括美国在内的 9 个国家签订了管理捕鲸的伦敦协定,1938 年 6 月 24 日又签订伦敦议定书,对协定作了修订。这两个文件规定禁止捕杀某些鲸鱼种类,其他种类则依体长限制捕杀,并规定除每年 12 月 8 日至次年 3 月 7 日外,不得在南纬 40°以南捕鲸,除太平洋以北的若干区域外,亦不得在北冰洋捕鲸。这些规定比以往前进了一步,但日本、俄国和智利没有在协定上签字,仍不足以保证这种巨型海洋哺乳动物的养护。[14]3174-175

1944 年 2 月 7 日和 1945 年 11 月 26 日又两度签订伦敦议定书,分别规定在 1945 年

---

① 国际海洋考察理事会(IECS),1902 年在丹麦的哥本哈根成立,基本上是个促进和协调北大西洋地区(包括波罗的海和北海)科学渔业调查的组织。

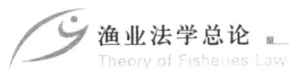
和1946年的捕鲸季节内,捕鲸总额各为16 000蓝鲸单位。

(七)沿海国扩大沿岸渔业管辖权

领水制度为沿海国的渔业利益提供了一定的保障,但狭窄的领水并不符合一些沿海国开发、利用、养护和管理沿岸渔业资源的需要。伴随对公海捕鱼诸多限制性规则的出现,有些国家便将其渔业管辖权扩展到邻接其领水在领水之外一定范围的公海区域,把外国渔船排除在原来实行捕鱼自由的这个区域之外。所采取的措施主要有以下几种:

1.扩大领水范围

由于当时对于领水宽度没有什么国际法上的限制,1909年俄国出于渔业和其他利益的考虑,将其领水宽度由3海里扩大到12海里,一度遭到传统海洋大国的强烈反对。尽管如此,乌拉圭、哥伦比亚、伊朗、古巴、希腊和意大利亦把原来3至4海里的领水扩大到6海里,墨西哥扩大到9海里,危地马拉和委内瑞拉扩大到12海里。

2.将较大的海湾划为"历史性"海湾

在1910年北大西洋海岸渔业仲裁案中,仲裁庭裁定海岸属于1国的海湾的湾口宽度不超过10海里的,连接湾口两端的封闭线为领海基线,该基线以内的海湾水域为内水。仲裁员阿根廷前外长德拉哥(Luis Maria Drago)对这个裁定持有异议。他认为湾口较宽的海湾,由于具有"特殊情况,如地理形状、远古惯例、特别是自己的要求,便有理由提出这种要求"的情况,可作为"历史性"海湾,也属于沿岸国的内水。[3]121从而,在国际法上提出了1个"历史性"海湾的概念,在渔业法上随之引申出1个"外国不得进入'历史性'海湾捕鱼"的规则。

依据这个规则,世界上共有20多个国家宣布了60多处"历史性"海湾。有的"历史性"海湾的湾口宽度相当大,如挪威的瓦兰格尔峡湾为32海里,澳大利亚的沙克湾为46海里,加拿大的哈德逊湾为50海里,苏联的大彼得湾为110海里,利比亚的锡尔特湾为275海里。一些较大或很大的海湾,依照历史性权利被沿岸国主张为内水时,都在国际间引起了争议。所谓"历史性海湾",并不限于海岸属于1国的海湾,也包括河口湾和多国海湾。阿根廷和乌拉圭之间的拉普拉塔河口为阿根廷的巴拉那河和乌拉圭河的河口湾,外侧湾口宽度为113海里,面积为10 200平方海里,在1973年划定前,其水域被视为未经划定的内水,受阿根廷和乌拉圭共同使用制度的支配,1973年两国签订条约划定了各国的专属管辖权区域和共同使用的海域。[3]120-121萨尔瓦多、洪都拉斯和尼加拉瓜3国陆地环抱的丰塞卡湾,其湾口宽度为19.5海里。该海湾在1832年以前就被主张为历史性海湾。1917年3月19日中美洲法院关于丰塞卡湾地位的判决又确认,丰塞卡湾是"1个具有闭海特征的历史性海湾",因为"萨尔瓦多、洪都拉斯和尼加拉瓜3个沿岸国……被承认为除作为每1国的专属财产的沿岸领海外是(该湾水域)的共同所有者"。[3]121-122

3.为渔业目的设立毗连区

1736年英国的《游弋法》开创了沿海国在邻接其领水的公海上设立毗连区的先例。后来许多国家采取了这种做法,为了不同的目的定出专门管制区,保护渔业也是目的之一。阿根廷1869年规定3海里领水,同年定出10海里宽的渔业区,使渔业管制权行使于领水之外7海里宽的海域。1928年国际法研究院制定的《毗连区原则》,主张沿海国可以为渔业在毗连区内行使管制权,管制范围为 9 海里。1930 年国际联盟主持召开的国际法编纂会议曾就毗连区问题进行讨论。管制渔业也是设立毗连区的功能之一。但受到英美等渔业大国的反对,这次会议未能对此达成一致。

二、现代渔业法的发展

（一）美国在公海上设立专属渔区和渔业养护区

第二次世界大战一结束,美国总统杜鲁门便于 1945 年 9 月 28 日发表了《美国关于部分沿岸公海区域渔业政策的第 2667 号总统公告》。该公告以迫切需要保护毗连美国海岸的渔业资源、避免毁灭性开发为理由,宣布在毗连美国海岸的公海中,渔业活动已有或可能形成相当规模的海域设立养护区:在只有美国人从事渔业活动的海域,由美国设立保护区,受美国的管理和控制;在有其他国家的人也捕鱼的海域,则通过有关国家之间的协定设立保护区。该公告同时承认其他国家在尊重美国人权利的条件下也有权采取同样的政策,并宣布这种保护区的海域作为公海的性质以及公海自由和无阻碍的航行权利不受任何影响。[17] 该公告未指明所设保护区的外部界限。此前,1938 年美国参议院针对日本渔船大量捕捞美国近海鲑鱼通过 1 项法案,将美国的鲑鱼渔业管辖权扩展到阿拉斯加海域 100 英寻(约 183 米)水深范围。由此推想,该区域可扩展到离岸 200 海里。

（二）英挪渔业案

从 19 世纪 30 年代末起,一些沿海国在有关管辖海域的国内立法、双边或多边条约中,多采用沿岸低潮线作为领水①基线,并逐渐形成国际惯例。沿岸低潮线,除海湾、河口等特殊地形外,是 1 条循着海岸的曲线。但是,1935 年挪威国王颁布敕令,规定在北极圈内的挪威沿海采用直线法划定基线。这样的基线是 1 条连接在海岸和最外缘的岛、礁上选定的 48 个基点的多个直线线段组成的折线。并把直线基线以外四海里的海域划为领海,其效果是扩大了内水,将公海的 1 部分划为领海或内水,挪威并声明作为专属渔区,禁止外国渔船进入捕鱼。英国和挪威在第一次世界大战后,经常为挪威沿岸的渔业发生争端。英国认为挪威这种测算领海范围的方法违反国际法,不仅使用了直基线而且直线过长,最长的一段达 44 海里,短的也有 15～25 海里,如此,则广大公海可自由捕鱼的水域为挪威所独占,侵害了英国的渔业利益。英国经再三交涉未果,由此引发了历史上著名的英挪渔业案。英挪两国均曾声明接受国际法院的强制管辖。英国乃于 1949 年 9 月 28 日向国际法院起诉。国际法院于 1951 年 12 月 18 日做出判决。

法院承认测算领海宽度,各国实践采用的是沿岸低潮线。但认为挪威北部海岸异常曲折,如果试图循着海岸的所有曲折划领海的界限是有明显困难的,而且沿海岛屿、岩礁星罗棋布已与大陆构成 1 个整体,在这种情况下,领海的界限可以循着海岸的一般方向,而不一定循着海岸的所有曲折。

因此,法院判称:1935 年挪威国王敕令规定采用连接岛屿外缘基点的直线法划定领

---

① 1930 年在海牙召开的国际法编纂会议认为"领水"用语不准确,决定将其改为"领海"。此后,在国际法上通常将"内水＋领海"统称为领水。

海基线是符合国际法的。这个判决对正常规则的修改,虽然是根据挪威的"地理现实"所决定的 1 种解决办法,但它所体现的基本原则,即如果 1 国的海岸极为曲折或紧接海岸有一系列的岛屿,该国得采用直线法划定基线,则具有普遍的重要意义。[14]276-277 在后来的 20 年间至少有 60 个国家在其全部或部分海岸采用了这种基线划法。

(三)海洋法四公约编纂和发展了渔业国际习惯法

1958 年联合国第一次海洋法会议,通过的四个公约改变了对海洋区域的传统划分(领海以外即公海),设立了领海、毗连区、大陆架和公海 4 种海域。其中《领海及毗连区公约》肯定了沿海国对领海内渔业享有专属权利,排除了在毗连区内的渔业管制权,《大陆架公约》肯定了沿海国对捕捉大陆架上的定居种生物资源享有主权权利。《公海公约》确认了不论沿海国或内陆国都有权行使公海捕鱼自由。《捕鱼和养护公海生物资源公约》则对公海捕鱼自由的行使加以限制,使它受条约义务、沿海国利益和资源养护需要的约束。该《公约》指出了某些公海区域的生物资源面临着过度捕捞的危险,规定各国有义务为其国民采取,或与其他国家合作采取养护公海生物资源的措施,但只是对采取养护公海生物资源措施的制定权利作了分配,未涉及措施的具体内容。该《公约》明确了沿海国"对维持与其领海邻接的公海区域的生物资源的生产能力具有特殊利益"。这是对传统渔业法有意义的发展。

(四)发展中国家捍卫 200 海里渔业权

发展中国家只有国内渔船队,不可能到发达国家近海捕鱼,而发达国家特别是苏联、美国和日本凭借它们的远洋渔船队及资金和技术优势,不断地跨越大洋闯入渔业资源十分丰富的发展中国家沿岸渔场大肆捕鱼,严重损害了这些国家的资源、环境和经济利益。

为了捍卫国家主权,维护海洋权益、渔业权益和生态安全,发展中国家在杜鲁门公告发布后,纷纷单独或联合采取捍卫 200 海里海洋权、渔业权的行动或宣告主张。概括起来主要有:

(1)将国家主权扩展到距离本国海岸 200 海里的"海洋区域";

(2)将领海宽度扩大到 200 海里;

(3)建立 200 海里"国家捕鱼区";

(4)建立 200 海里"承袭海";

(5)建立 200 海里的渔区;

(6)在 12 海里领海以外设立"经济区"(其界限至少要包括大陆架);

(7)建立 200 海里"专属经济区",到 1973 年,这一主张成为"七十七国集团"①的共同主张;

(8)中国支持"专属经济区"的概念,在向联合国海底委员会提交的《关于国家管辖范围内海域的工作文件》中,全面阐述了自己的主张,即:"沿海国可以根据本国的地理、地质条件,自然资源状况和民族经济发展的需要,在邻接其领海外合理地划定一个专属经

---

① 七十七国集团是指 77 个发展中国家和地区 1964 年 6 月 15 日在第一届联合国贸易和发展会议上,为谋求建立新的、公正的国际经济秩序发表《七十七国联合宣言》,并以一致立场与发达国家进行国际贸易和发展问题谈判的国际组织。

济区；经济区的外部界限最大不得超过从领海基线量起 200 海里；经济区内一切自然资源，包括整个水域、海床及其底层的生物、非生物资源，均属该沿海国所有；沿海国为了保护、利用、勘探和开发上述资源，在其经济区内行使专属管辖权；一切国家的船舶和飞机在经济区内的水面和上空的正常航行和飞越，应不受妨碍。在经济区海床敷设电缆和管道，其路线应经沿海国同意。"[18]。

在 20 世纪 70 年代后期，包括苏联、美国、日本在内的 16 个发达国家也以不同形式宣告建立 200 海里海洋管辖区域。

1969 年联合国粮农组织的 1 项调查查①表明，绝大多数沿海国家宣布的渔业管理范围在 12 海里以内。在所调查的 103 个国家中，只有 15 个国家宣布的管理范围超过 12 海里，8 个国家（都在拉丁美洲）宣布了 200 海里的管辖范围。在 11 年后，情况发生了急剧变化。截止 1980 年 4 月，在 136 个国家中，有 99 个国家宣布了 12 海里以上的渔业管辖区，84 个国家宣布了 200 海里的管辖范围，其中，有 13 个国家宣布为 200 海里领海，22 个国家宣布为 200 海里渔区，47 个国家宣布为 200 海里专属经济区，另有 1 个国家宣布为 200 海里"近海水域"，1 个国家宣布为在 200 海里范围内行使"对海洋的主权和管辖权"。[19]

通过扩大管辖权，沿海国家有机会更多地利用 200 海里内的生物资源，以使这些资源在实现国家经济、社会和营养目标中发挥更大的作用。各国实践形成的结果是，使得"专属经济区成为一般国际法的一部分"。正如国际法院在 1985 年宣称的："专属经济区的制度……经各国的实践表明已经成为习惯法的一部分。"[3]206

（五）冰岛—英国的鳕鱼战争及国际法院对冰岛—英德渔业争端案的判决

1. 第一次鳕鱼战争

冰岛的国民经济以渔业为主，鱼和渔产品占出口总值的一半以上，有鳕鱼、鳕鱼肝油、鲑鱼、鲐鱼等。1948 年以来，冰岛的政策是对其大陆架上覆水域的渔业资源主张管辖权，其目的是对冰岛赖以生存的渔业资源进行保护和排他性的开发。1952 年在其海岸周围建立了 4 海里的专属渔区。1958 年又把渔区延伸到 12 海里，并规定 1958 年 8 月 30 日为外国渔船离开这 1 区域的最后期限。英国和联邦德国一向在这 1 区域捕鱼，它们反对冰岛的做法。英国的拖网渔船到期并不离开。英国皇家海军还派遣了 37 艘舰艇、约 7 000 名士兵为它们护渔。冰岛炮舰开炮驱逐英国渔船，爆发了历史上颇为有名的鳕鱼战争。但两国均未大动干戈。后来通过互换照会，达成了两个协定，即 1961 年 3 月 11 日的《冰岛—联合王国协定》和 1961 年 7 月 19 日的《冰岛—联邦德国协定》，争端终于得到解决：以给英国和联邦德国 3 年逐步撤出的期限为条件，英国和联邦德国不再反对冰岛 12 海里的渔区，同时冰岛宣布将继续实行进一步扩大渔区的政策，但它同意："一旦由于这种扩大而发生争端时，得在任何一方的请求下将问题提交国际法院。"

2. 第二次鳕鱼战争

1971 年 7 月 14 日冰岛发表 1 项政策声明，要求终止这两项协定，并宣布从 1972 年 9

---

① 《领海的范围和状况、专属渔区、渔业保护区和大陆架》，联合国粮农组织法律丛书第 8 号，1969 年，罗马。

月1日起将它的专属渔区扩大到50海里。英德两国反对这个措施,英国跟冰岛再次爆发鳕鱼战争。在为期1年的冲突中,冰岛舰艇和渔船用割断渔网、炮轰船只的方法驱逐英国渔船,使69艘英国渔船严重受损。英国则派遣7艘主力战舰对冰岛进行恫吓。冰岛对此毫不让步,扬言要与英国断交。北大西洋公约组织(NATO)①意识到冲突的严重性,于是对英国施压,英国再次让步。

英国和联邦德国分别于1972年4月4日和6月5日向国际法院提出申请书,把争端提交国际法院。但冰岛在给国际法院的信中认为1961年协定因情势变迁已不再有效,并声明它不接受国际法院的管辖。英德两国请求国际法院根据《国际法院规约》第五十三条进行审理。冰岛于1972年7月14日颁布规章,将专属渔区扩大到50海里,并禁止所有外国在该区域内从事捕鱼活动。双方谋求临时解决的谈判失败后,英德两国请求国际法院根据国际法院规约第四十一条命令采取临时保全措施。国际法院1972年8月17日发布两个命令,指示冰岛不得强迫英德两国渔船遵守其渔业规章,而英德两国则应限制它们在该渔区内的年捕鱼量,英国限至17万吨,联邦德国限至11.9万吨。英德两国同意国际法院提出的捕鱼限额,但冰岛不接受,并对英德两国渔船强制执行其规章。

因此,渔场事件频发,卷入事件的有英国军舰、冰岛巡逻艇、联邦德国护渔船等,即所谓第二次"鳕鱼战争"。后来,在1973年11月13日冰岛和英国达成了1项临时协议,规定英国在2年内还可以在50海里专属渔区内捕鱼,每年的捕鱼量减少到13万吨。但冰岛和联邦德国之间没有取得临时解决办法,所以,联邦德国渔船仍处于冰岛的强制措施的威胁之下。国际法院于1973年2月2日分别对英国诉冰岛和联邦德国诉冰岛两案做出了两个内容相同的判决,肯定了它的管辖权,于1974年7月25日对两案的实质内容做出如下判决:

(1)冰岛不得以其规章反对英德两国而不顾及两国在该区域内的传统捕鱼权利;冰岛无权单方面把英德两国渔船排除在50海里的渔区以外。

(2)双方有义务进行善意的谈判,以商定合理安排渔业资源,应考虑到:

① 冰岛有权取得其本国人特别依赖沿海渔业以维持生活和经济发展的优惠部分;

② 英国、联邦德国以及习惯于在该区域内开发渔业资源的其他国家的既有权利。

国际法院还认为,在1960年第二次联合国海洋法会议关于渔区的协商取得接近于达成协议的基础上并通过后来的国家实践,沿海国建立12海里专属渔区的权利和特别依赖其沿海渔业的沿海国有在邻接水域捕鱼的优先权利这两个概念,已发展成为国际习惯法的原则。这后1个概念意味着,在尊重开发同1渔业的其他有关国家既有利益的情况下,沿海国可享有在12海里区域以外的邻接海域捕鱼的优先权利。

3. 第三次鳕鱼战争

冰岛对国际法院1974年的判决既不承认也不遵守。冰岛鉴于1974年鳕鱼捕捞量大幅下降,为保护日渐枯竭的鳕鱼资源,于1975年10月15日宣布将禁渔区扩大到200

---

① 北大西洋公约组织成立于1949年4月,是美国与西欧、北美主要发达国家为实现防卫协作而建立的一个国际军事集团组织。

海里。英国和联邦德国的渔船不顾冰岛的禁令,继续闯入禁渔区捕捞,冰岛即派军舰前去驱逐。联邦德国未派军队为其渔民护渔,但英国皇家海军还是坚持为渔船护渔。冰岛军舰不畏英国船坚炮利,照样冲上去驱渔船、割渔网。在对峙中,1 艘英国巡防舰被冰岛的"雷神"号碰撞,数艘渔船也被抓到冰岛首都雷克雅未克。英国于 1976 年 2 月 19 日宣布和冰岛断交。经过法国、意大利、美国的调停和欧共体的干预,冰岛与联邦德国和英国先后在 1975 年 11 月 28 日和 1976 年 6 月 1 日签约渔业协定,德英两国渔船获准在一定期限内和极有限的限额内在该区域捕鱼。[14]368-372

（六）"托雷·卡尼翁"号污染事故

1967 年 3 月 18 日挂利比里亚旗的美国油轮"托雷·卡尼翁"号装载 11.6 万吨原油在英吉利海峡锡利群岛附近的七石岩处的公海水域触礁,溢出的原油严重污染了英国康沃尔半岛 100 多海里海岸的旅游胜地和沿岸渔业水域。英国随即采取撒放消油剂等紧急措施以减轻和控制溢油污染。在挽救无效的情况下,英国政府决定炸毁该油轮、把油烧掉。船主和船旗国都没有表示反对。从 3 月 28 日至 3 月 30 日,英国海军和空军的飞机对该油轮的船体进行了轰炸,并企图以炸弹使油膜着火,但成效不大,约有 8 万吨原油进入海洋,油膜还蔓延到法国布列塔尼海岸及其沿岸水域,使当地的牡蛎养殖场和海水浴场受到严重污染。这起重大海洋污染事故对海洋生态环境构成严重危害,仅受污染死亡的海鸟就有 25 000 只,使英法两国蒙受了巨大的经济损失,震惊了国际社会。这件事的后果对世界渔业产生了以下 3 方面的积极作用:

（1）增强了各国防治海洋污染、保护渔业生态环境的意识;

（2）由此产生的《国际油污损害民事公约》和《设立国际油污损害赔偿基金公约》使渔业资源和渔业生产一旦遭受油污损害可获得足够的赔偿和补偿;

（3）由此产生的《关于干预公海油污事故公约》赋予沿海国为避免海难造成捕鱼或有关利益(比如,水产养殖)遭受重大有害后果的污染或污染威胁,可在其领海范围以外,采取和执行相应措施的权利。

（七）国际捕鲸管制公约

1946 年 12 月 2 日签订的《国际捕鲸管制公约》及其《附件》,合并了 1931 年《管理捕鲸公约》及其后续协定和议定书的内容。《公约》规定设立国际捕鲸委员会,由各缔约国政府各派 1 名委员组成。该委员会于 1948 年成立。其任务是鼓励、建议或在必要时组织有关鲸和捕鲸的研究和调查;收集和分析有关鲸类资源的现状和趋势,以及关于捕鲸活动对其影响等方面的统计资料;研究、审查和推广有关维持和增加鲸类资源数量的方法的资料。《公约》规定禁止捕杀克鲸或脊美鲸、幼鲸或乳鲸,或伴随幼鲸和乳鲸的母鲸。禁止在规定的区域或时间内使用捕鲸母船或其所属的捕鲸船捕获或加工处理须鲸类、座头鲸、抹香鲸和明克鲸。该委员会得依据关于鲸类资源的保护和利用规则修改附件中的如下规定:受保护的和不受保护的鲸的种类;解禁期和禁渔期;解禁水域和禁渔水域(包括保护区的指定);各种鲸的准捕大小的限制;捕鲸的时期、方法和强度(包括 1 个渔期内鲸的最大产量);所使用渔具、仪器和设备的类型和规格说明书;测定方法;捕鲸报告及其他统计方面和生物学方面的记录。

但缔约国政府有权对此提出异议,修改后的规定不适用于坚持异议的国家。《公约》规定缔约国政府对本国国民为科学研究的目的对鲸进行捕获、击杀和加工处理,可按该政府认为适当的限制数量,发给特别许可证。不按国家分配捕获头数,在容许捕获的总头数内各国凭自己的实力同时开始捕获,一俟达到容许的总头数,各国便同时停止捕获。这就是所谓"自由竞争、自由经营"办法。

1956 年修订的《国际捕鲸管制公约》规定国际捕鲸委员会应鼓励有关捕鲸和鲸鱼原种的研究和调查,搜集和分析统计资料,并对这些资料加以评价和分发,制定有关养护和利用鲸鱼原种的规章。《公约》还规定,缔约国应采取执行这些规章的措施,并将任何违反规章的情况,向委员会提出报告。

1962 年 6 月 6 日,5 个在南冰洋捕鲸的国家缔结了《在南冰洋限制远洋捕鲸的协定》,随后它们又建立了国际监视员制度。自 1969 年以来,日本、美国和苏联 3 个在北太平洋捕鲸的国家自行规定每年捕获各种鲸鱼的头数和各国捕获的头数。1970 年 12 月 16 日它们签订了《在北太平洋限制远洋捕鲸的协定》,也实施了国际监视员制度。1946 年公约及其附件和协定,虽然经过多次修改,商业捕鲸早被禁止,但日本仍借"科研"名义肆意滥捕鲸类,遭到国际社会的反对。

(八)区域性渔业公约

为养护和管理一定区域或其某种鱼类资源,形成了众多区域性渔业公约。其中主要有:1940 年美国和加拿大《五大湖渔业协定》,1945 年《东北大西洋渔业公约》,1946 年东北大西洋《渔网目控制和鱼体规格限制公约》,1949 年《西北大西洋渔业协定》《设立地中海渔业总委员会的协定》和《设立美洲国家间热带金枪鱼委员会的协定》,1952 年《北太平洋公海渔业国际公约》,1957 年《西北大西洋海豹猎捕及保护协定》,1959 年《黑海捕鱼公约》和《东北大西洋渔业公约》,1966 年《养护大西洋金枪鱼国际公约》,1967 年《大西洋鲔鱼保护国际公约》,1969 年《东南大西洋生物资源保全协定》,1973 年《波罗的海及附近地带渔业及生物资源保全协定》,1978 年《关于未来在西北大西洋渔业方面进行多边合作公约》,1980 年《关于未来在东北大西洋渔业方面进行多边合作公约》,1980 年《养护南极生物资源公约》,1982 年《养护北大西洋鲑鱼公约》,1991 年《大西洋沿岸非洲国家区域性渔业合作公约》,1992 年《北太平洋溯河性种群养护公约》,1994 年《中白令海峡狭鳕资源养护和管理公约》和《建立维多利亚湖渔业组织的公约》,2000 年《中西部太平洋高度洄游鱼类种群养护和管理公约公约》,2001 年《东南大西洋渔业资源养护和管理公约》,2009 年《南太平洋公海渔业资源养护和管理公约》,2011 年《北太平洋公海渔业资源养护和管理公约》等。这些公约或协定主要包括两方面的规定:

(1)实行捕捞限额、品种保护、禁渔期、禁渔区、可捕捞标准、禁用或限用的渔具、网眼尺寸以及捕捞执照(捕捞许可证)等养护和管理措施;

(2)建立区域渔业组织或其他安排,并以此形式和途径落实养护和管理措施,确保鱼类资源的养护和利用,以及产量的公正分配。

(九)《联合国海洋法公约》构筑当代国际渔业法总体框架

第三次联合国海洋法会议历时近 9 年通过的 1982 年《联合国海洋法公约》(1994 年

11 月 16 日生效），为海洋渔业活动提供了总体的法律框架，1 方面，人们需要通过利用海洋及其生物资源实现经济和社会发展，另 1 方面，人们又需要保护和保全海洋环境以及养护和管理其生物资源；《公约》在两者之间确立了微妙的平衡。

该《公约》广泛地吸收了传统渔业法中的一些原则、规则和制度，提出了许多渔业法的新概念，编纂和发展了专属经济区和公海捕鱼和生物资源养护的管理制度，规定了应用地区方法和种群方法养护和管理专属经济区和公海的生物资源，确立了防止污染、保护海洋生物的生存环境及维护海洋渔业生态安全的原则和标准，为沿海国行使领海渔业专属权及专属经济区内的生物资源和大陆架上的定居种生物资源的主权权利，以及有限制地行使公海捕鱼自由的权利，为内陆国行使参与开发专属经济区生物资源并有限制地行使公海捕鱼自由的权利，为沿海国和内陆国维护海洋渔业权益提供了法律保障。

《公约》为世界各国规定了养护和管理海洋生物资源、保护和保全渔业生态安全的目标、任务和措施及相应的权利和义务，是当代国际社会必须共同遵守的"渔业宪章"，在国际渔业法的历史上具有里程碑意义。

（十）与《联合国海洋法公约》配套的国际渔业协定

在 20 世纪 80 年代末和 90 年代初，全球环境继续恶化，生物多样性继续丧失，过度捕捞依然严重，鱼类持续耗竭，非法、不报告、无管制捕捞盛行。在这种形势下，继 1987 年世界环境与发展委员会提出可持续发展的概念之后，1988 年联合国粮农组织提出了渔业可持续发展的概念，1991 年又提出了负责任渔业的概念。

在这些渔业发展战略和管理思想的指导下，1993 年联合国粮农组织制定了《促进公海渔船遵守国际养护和管理措施的协定》（简称《公海捕鱼遵守协定》，HSFCA 或《遵守措施协定》，CA），1995 年联合国制定了《执行 1982 年 12 月 10 日〈联合国海洋法公约〉有关养护和管理跨界鱼类种群和高度洄游鱼类种群的规定的协定》（简称《联合国鱼类种群协定》，UNSFA），2009 年联合国粮农组织又制定了《关于港口国预防、制止和消除非法、不报告、无管制捕鱼的措施协定》（简称《港口国措施协定》，PSMA）。

这些协定是对《联合国海洋法公约》关于养护和管理海洋生物资源的原则规定的具体化和重大发展，是国际渔业法的又 1 次飞跃。它们不但规定只有属于某个区域渔业管理组织的成员或安排的参与方的国家，或同意适用这种组织或安排所订立的养护和管理措施的国家，才可以捕捞适用这些措施的渔业资源，从而宣告了"公海捕鱼自由"时代的结束和海洋生物资源养护时代的开启，还突破了"在公海上捕鱼的船舶只受船旗国专属管辖"的传统国际法规则的限制，建立了船旗国负有首要责任与非船旗国（包括港口国）行使登临和检查权相结合的管辖机制。

（十一）联合国和联合国粮农组织制定的国际渔业软法

为探讨和明确负责任渔业的概念，联合国粮农组织与墨西哥政府合作于 1992 年 5 月在坎昆召开负责任捕捞的国际会议通过的《坎昆宣言》指明了实施负责任渔业的基本原则、对策和措施，并建议联合国粮农组织制定相应的守则，受到 1992 年 6 月联合国环境与发展会议的关注和支持。

联合国环境与发展会议回顾和检讨了国际海洋渔业的发展及存在的问题，其所制定

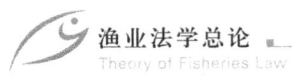

的《21世纪议程》第17章,全面分析了《联合国海洋法公约》签订后全球的海洋渔业形势,规划了以负责任的方式实现渔业可持续发展的行动计划,是指导全球海洋渔业管理和发展的纲领性文件。

1995年联合国粮农组织制定了《负责任渔业行为守则》(CODE),为负责任地养护、管理和开发所有渔业,实现可持续渔业和水产养殖提供了原则和标准。此后,为有效实施该《守则》,联合国粮农组织又制定了包括国际行动计划、行动战略、国际标准和负责任渔业技术准则在内的几十项国际渔业文书。

2002年《可持续发展世界首脑会议实施计划》和2012年联合国可持续发展大会的成果文件《我们希望的未来》都为实现可持续渔业做出部署,并要求所有国家执行《负责任渔业行为守则》以及联合国粮食及农业组织的国际行动计划及技术准则。

(十二)促进国际渔业法的不断发展

渔业的可持续发展是1个长期过程,新情况、新问题会不断出现。目前,对于外海养殖(公海部分)和国家管辖范围以外区域生物多样性养护和可持续利用等问题的国际法空白或漏洞有待弥补。联合国大会正试图就后者制定1个协定,并将其定位为执行《联合国海洋法公约》相关规定的第三个协定①。联合国粮农组织鉴于国家管辖区以外区域,包括专属经济区以外的公海和海床的生态系统,已受到海运、污染、深海采矿、捕捞等的影响,正在考虑制定"国家管辖区以外区域的可持续渔业管理和生物多样性养护全球计划"。近年,联合国粮农组织又提出"蓝色增长"、"均衡增长"的概念,旨在通过综合并可持续的方式进行渔业和水产养殖生产,以推动实现粮食安全和减贫目标。[20]联合国秘书长2014年向联合国大会提交的主题为"海产食品在全球粮食安全方面的作用"的"海洋和海洋法"报告,着重指出了海产食品当前在全球粮食安全方面发挥的作用和这1作用受到的压力及应采取的举措,这必将促进渔业法的不断发展。[21]

参考文献

[1] 巴里·布赞. 海底政治[M]. 时富鑫译. 北京:三联书店,1981:9.

[2] 苏联科学院国家和法研究所海洋法研究室. 现代国际海洋法[M]. 吴云琪,刘楠来,王可菊等,译. 天津:天津人民出版社,1981.

[3] 詹宁斯,瓦茨. 奥本海国际法(第一卷第二分册)[M]. 王铁崖,李适时,汤宗舜等,译. 北京:中国大百科全书出版社,1998.

[4] J.R.V.普雷斯科特. 海洋政治地理[M]. 王铁崖,邵津,译. 北京:商务印书馆,1978.

[5] 希金斯,哥伦伯斯. 海上国家法[M]. 王强生等,译. 北京:法律出版社,1957.

[6] 格劳秀斯. 论海洋自由[M]. 马忠法译. 上海:上海人民出版社,2005.

[7] 黄异. 海洋秩序与国际法[M]. 台北:学林文化事业有限公司,2000:167-173.

---

① 1994年7月28日通过的《执行1982年10月12日〈联合国海洋法公约〉第十一部分的协定》是执行《联合国海洋法公约》的第一个协定。1995年8月4日通过的《执行1982年10月12日〈联合国海洋法公约〉有关养护和管理跨界鱼类种群和高度洄游鱼类种群的规定的协定》是执行《联合国海洋法公约》的第二个协定。

［8］刘泽荣. 领海法概论［M］. 北京：世界知识出版社，1965：15.

［9］劳特派特. 奥本海国际法（上卷第二分册）［M］. 石蒂，陈健，译. 北京：商务印书馆，1972.

［10］周鲠生. 国际法（下册）［M］. 北京：商务印书馆，1976：467.

［11］雷崧生. 海洋法［M］. 台北：台湾中华书局，1964：39.

［12］外文出版社，光复书局大美百科全书编辑部. 大美百科全书（第11卷）［M］. 北京：外文出版社，1994：60.

［13］杰拉尔德·丁·曼贡. 美国海洋政策［M］. 张继先译. 北京：海洋出版社，1982.

［14］陈致中. 国际法案例选［G］. 北京：法律出版社，1986.

［15］王铁崖. 中华法学大辞典（国际法卷）［M］. 北京：中国检察出版社，1996：21.

［16］沈汉祥，李善勋等. 远洋渔业［M］. 北京：海洋出版社，1987：510-512.

［17］英国开放大学. 海洋法［M］. 北京：海洋出版社，1985：61-62.

［18］北京大学法律系国际法教研室. 海洋法资料汇编［G］. 北京：人民出版社，1974：74-76.

［19］联合国粮农组织. 沿海国家有关外国捕捞的法律规定［S］. 罗马：1981：2-3.

［20］联合国粮农组织. 2014世界渔业和水产养殖状况［R/OL］.（2014：8）.［2014-08-10］.
http://www.fao.org/3/a-i3720e.pdf

［21］联合国大会文件第69/71号.秘书长海洋和海洋法的报告"海产食品在全球粮食安全方面的作用"［R/OL］.（2014-03-21）.［2014-08-28］.

http://daccess-dds-ny.un.org/doc/UNDOC/GEN/N14/272/54/PDF/N1427254.pdf? OpenElement

第四章　渔业法的基本原则和基本制度

渔业法的基本原则和基本制度,是渔业法的精髓和灵魂。

渔业法的基本原则应包括渔业资源开发主权原则、可持续渔业原则、负责任渔业原则、绿色渔业原则、生态系统方法原则、预防性做法原则、可靠科学证据原则和国际合作共赢原则等8项。

渔业法的基本制度应包括渔业许可制度、渔业资源和渔业生态保护制度、渔业发展规划制度和渔业综合管理制度等4项。

渔业法的基本原则是国际社会取得共识的实现可持续渔业的基本理念、指导方针和发展战略在法律上的体现,是贯串于整个渔业法、具有普遍意义和指导性的规范,是渔业法所规定或体现的从总体上为各国、渔业管理部门、渔业生产经营者及其他利益攸关方提供负责任渔业行为的基本准则。

渔业法的基本制度是在总体的某个部分或某个方面为它们提供负责任渔业的行为准则。

渔业法的基本原则一般是原则性要求,它的实现需要相应的实施性较强的基本制度相配合;而渔业法的基本制度的产生又都有相应的基本原则作依据。

渔业法的基本原则和基本制度是制定具有可操作性的管理措施的依据。

第一节　渔业法的基本原则

一、渔业资源开发主权原则

（一）各国享有开发其自然资源的主权权利

1962 年联合国大会通过的《关于天然资源之永久主权宣言》宣布："各民族及各国族行使其对天然财富与资源之永久主权"，"各国必须根据主权平等原则，互相尊重，以促进各民族及各国族自由有利行使其对天然资源之主权。"[1]21-22 1974 年联合国大会通过的《建立新的国际经济秩序宣言》宣布："每 1 个国家对自己的自然资源和一切经济活动拥有充分的永久主权。为了保卫这些资源，每 1 个国家都有权采取适合于自己情况的手段，对本国资源及其开发实行有效控制"。[1]770 同年，联合国大会通过的《各国经济权利和义务宪章》规定："每个国家对其全部财富、自然资源和经济活动享有充分的永久主权，包括拥有权、使用权和处置权在内，并得自由行使此项主权。"[1]797

（二）行使开发自然资源的主权权利应承担保护人类环境的义务

国家对其自然资源主权权利的行使与环境保护密不可分。各个国家应根据其环境保护目标和优先顺序开发利用其自然资源。因此，《联合国人类环境宣言》申明："按照联合国宪章和国际法原则，各国有按自己的环境政策开发自己资源的主权"。[2]131 这就是说，根据一般国际法，虽然各国拥有根据自己的环境政策开发其自然资源的主权权利，但这种权利的行使应符合保护人类环境的义务。正如《联合国海洋法公约》第一九三条和一九四条所规定的："各国有依据其环境政策和按照其保护和保全海洋环境的职责开发其自然资源的主权权利。""各国应采取一切必要措施，确保在其管辖或控制下的活动的进行不致使其他国家及其环境遭受污染的损害，并确保在其管辖或控制范围内的事件或活动所造成的污染不致扩大到其按照本公约行使主权权利的区域之外。"

（三）渔业资源开发主权原则的基本内容

《联合国海洋法公约》构建的海洋渔业秩序，是在妥为顾及所有国家主权的情形下实现的。依照上述规定，各国对其管辖区域范围内的渔业资源享有主权权利，拥有确定它们开发、利用和保护渔业资源的政策的自主权。有权根据本国的经济、社会和环境条件确定其渔业发展的目标、模式和管理措施；有权把领水内的渔业资源专门保留给本国国民；沿海国家有权对其专属经济区内的生物资源进行勘探、开发、养护和管理及决定可捕量，未经准许其他国家不得进入其专属经济区内捕捞。

《公海公约》和《联合国海洋法公约》都规定，任何国家不得将公海的任何部分置于自己的主权之下。但在两《公约》和有关国际法规则所规定的条件下，所有国家均有权行使公海捕鱼自由，有权由其国民在公海上捕鱼，除在国际条约明文规定的情形外可对在公海上的本国渔船实行专属管辖。1 国若侵害他国的这种权利和管辖权，则应被视为对该

国主权的侵犯。

二、可持续渔业原则

（一）可持续渔业概念的提出

1980 年世界自然保护联盟（IUCN）、联合国环境规划署和野生动物基金会（WWF）共同发表的《世界自然保护大纲》首次提出可持续发展的概念，指出："为了保证自然资源的可持续开发利用必须考虑到社会和生态因素，以及经济因素；考虑到生物与非生物资源的基础，考虑到长期计划与短期计划的利弊。"[3] 1987 年世界环境与发展委员会（WCED）的报告《我们共同的未来》将"可持续发展"引入经济与社会领域，并做出如下定义："可持续发展是既满足当代人的需要，又不对后代人满足其需要的能力构成危害的发展。它包括两个重要的概念：'需要'的概念，尤其是世界上贫困人民的基本需要，应将此放在特别优先的地位来考虑；'限制'的概念，技术状况和社会组织对环境满足眼前和将来需要的能力施加的限制。"[4] 1988 年联合国粮农组织理事会确定了粮农部门可持续发展的定义："可持续发展是以 1 种确保达到和继续满足今世和后代人类需要的方式来管理和养护自然资源基础，以及指导技术和体制的改革。这样的发展养护土地、水、植物和遗传资源，不致使环境退化，是技术上适当、经济上可行和社会上可接受的"。[5] 可持续发展一般分为 4 个主要方面：经济、社会、环境和体制。要应用这 1 概念，必须将经济、社会、环境问题纳入各级决策和政策制定工作。可持续发展作为以人为本的概念，必须包括进步（提高生活质量）、公正、耐久、稳定等项目标。

1989 年 11 月联合国粮农组织第二十五届大会通过"3/89 有关持续发展的活动"的决议，强调要更多地注意农业发展的环境问题，保护环境和提高农村贫困人民的生活水平是互不可缺的两个目标；强调在发展中国家消灭贫困时要合理利用自然资源。为了执行这个决议，联合国粮农组织会同荷兰政府召开国际农业与环境会议讨论并重申了上述农业可持续发展的定义，并在这次会议上通过的《关于可持续农业和农村发展的丹波宣言和行动计划》中规定了可持续农业的战略目标、要求和内容。[6] 联合国粮农组织对可持续农业的定义，涵盖了可持续渔业的定义。

（二）可持续渔业原则提出的依据

1.《联合国海洋法公约》提出了可持续渔业发展的基本要求

《公约》规定各国应养护和管理海洋生物资源，最适度利用生物资源，确保生物资源的维持不受过度开发的危害，在顾及沿海渔民社区的经济需要、发展中国家的特殊要求及各种有关的环境和经济因素的限制下，使捕捞鱼种的数量维持在或恢复到能够生产最高持续产量的水平，并确保对海洋生物资源的公平而有效的利用，保护和保全稀有或脆弱的生态系统，以及衰竭、受威胁或有灭绝危险的物种和其他形式的海洋生物的生存环境。

2.《公约》规定的执行受到诸多因素的压力和挑战

所指因素主要有：

（1）过度捕捞——在某些海区捕捞生产中，捕捞强度①超过渔业资源的再生能力，导

---

① 捕捞强度是指在单位时间、单位面积水域内投入捕捞作业的标准捕捞努力量。

致资源衰退或枯竭。最近的研究表明,由于过度捕捞,每年海洋渔业潜在和实际的净经济效益差额为 500 亿美元,相当于全球海产食品贸易价值的一半以上。因此,目前全球海洋捕捞渔业是业绩不佳的全球资产。[7]14

(2) 非法、不报告和无管制捕捞——未经批准且不受管辖和控制的捕捞活动。据联合国粮农组织估计,当今全球非法、不报告、无管制捕捞的年捕捞量高达 2 600 万吨,相当于世界捕捞年产量的 15％以上,价值高达 230 亿美元。[8]这会给世界鱼类种群、海洋野生生物和生境带来无法持续承受的压力,严重破坏可持续渔业管理和海洋生物多样性养护的努力,及对已经枯竭的鱼类种群的恢复工作。还会破坏劳工标准,扭曲市场,导致当地渔业崩溃,削弱地方渔业经济,使当地社区无法获得有保障的食物供应,威胁渔民和渔业的其他利益攸关方的生计。

(3) 破坏性的捕捞做法——使用炸鱼、毒鱼及其他类似具有破坏性的捕捞方法、使用无选择性的、有害环境和效益低的渔具和技术,酷鱼滥捕,竭泽而渔,任意丢弃遗弃物和合成材料网具,这会极大地影响生态系统中 1 个或多个关键组成部分提供基本生态系统功能的能力。

(4) 不可持续的水产养殖做法——设置养殖场所毁坏生境,确定养殖密度不科学,投饵施肥不合理,使用药物不正确,引进物种不论证,养殖污染防治不规范等都属于不可持续的水产养殖方法。这样的水产养殖活动可给当地的生物物理环境造成负面影响,从而影响捕捞渔业等与水产养殖业竞争自然资源的利益攸关方的粮食安全。

(5) 生境改变和破坏——由于不可持续的沿海地区发展、不可持续的旅游等因素,使得主要的海洋生态系统和生境退化或消失,许多海洋生物失去了繁殖、养育和觅食场所。

(6) 污染——各种来源的污染物及放射性和水下噪音可能对海洋生态系统造成持久影响。包括海洋中形成缺氧区,有害藻类大量繁殖频繁爆发,威胁渔业的生产率,甚至使鱼类和海洋哺乳动物大批死亡,造成海洋生物体内毒素累积,对海洋生物资源和人类健康产生不利影响,并可能对海产食品国际贸易造成负面影响。

(7) 外来物种——外来物种可能具有侵入性,超过当地的海洋物种,导致生物多样性丧失,从而影响当地海洋生态、复杂的食物链、粮食安全和人类健康。

(8) 气候变化和海洋酸化——大气层和海洋变暖,海平面正在上升,温室气体浓度增加,海洋吸收了大约 30％的人为二氧化碳排放,造成海洋酸化。[7]19这可能改变海洋物种的分布、生产率、生物流程和食物链,对渔业和粮食安全构成重大挑战。

(三) 可持续渔业原则的含义

可持续渔业亦可称之为渔业可持续发展,其基本含义可概括为:

1. 人民是可持续渔业的中心

满足人民对渔业的基本需要及向人民提供实现美好生活愿望的机会,应是渔业发展的主要目标。基本需要——粮食、衣服、住房、就业得到满足,尤其是贫困人民的基本需要能得到满足。在此基础上,渔业还应为人民提高生活水平和生活质量提供机会——为人民提供多样化的、优质的水产品和渔业文化娱乐服务,为渔业生产经营者创造增收致富、获得平等的公共服务和福利保障的途径。

2. 发展是可持续渔业的要务

满足人民对渔业的日益增长的物质文化需要,要靠发展渔业生产。伴随人口增长、经济发展和社会进步需要越来越多的水产品,也要靠发展渔业生产。而且,渔业发展与资源环境压力之间的矛盾也只能在发展渔业生产过程中求得解决。这意味着,渔业工作应坚持以发展生产为中心,不断解放和发展渔业生产力,努力实现渔业增长,但应优先考虑贫困人民的基本需要。因此,可持续渔业要求:社会从两方面满足人民需要,一是提高渔业生产潜力,二是确保每人都有平等参与渔业生产的机会。

3. 资源和环境是可持续渔业的基础条件

各国和水生生物资源使用者应当有效地养护和管理水生生物资源,养护水生生态系统,确保水生生物资源的长期养护和可持续利用,确保水生生态系统的健康、生产力和复原力。由于水生生物资源的再生能力和水生生态系统的自我调节能力都是有限度的,渔业发展不能脱离资源和环境的承受能力。在现阶段,"各国应当防止过度捕捞和捕鱼能力过剩,执行管理措施,以确保捕捞作业强度与渔业资源的繁殖能力及其可持续利用相一致。各国应当尽可能酌情采取措施来恢复资源。"(6.3)[1]

4. 协调和绿色是可持续渔业的内在要求

发展和人口、资源、环境相互依赖、彼此作用,是矛盾的统一体。人口增长要求渔业发展,会给资源、环境增加压力;渔业发展了会给资源和环境的保护提供经济技术条件。但如果压力超过了资源和环境的承受能力,渔业资源的再生能力及渔业生态系统的结构和功能就会遭受危害。因此,渔业发展必须与渔业资源和生态环境保护相协调,坚持走生产发展、资源节约、环境友好、生态文明的道路,不断增强渔业发展的可持续性,实现环境不退化、经济上可行、社会可接受的目标。

5. 技术和组织是可持续渔业的实施保障

实现可持续渔业,需要运用技术进步和依法管理两个手段。落后的装备、理念和方法,不符合建设现代渔业产业体系和支撑体系的要求。现代科技在合理利用资源、寻求不损害环境的方法、提高生产效率、促进渔业发展等方面具有重大作用,但技术进步也可能使过度捕捞加速,导致兼捕、毁灭性捕捞和生态系统退化。显然,单纯依靠技术进步不行,必须同时创新渔业管理体制机制,发挥政府对渔业发展的指导、协调和监督管理作用。

从根本上说,发展就是经济和社会循序渐进的变革,可持续渔业应有包容性,只要坚持以人为本,惠及所有人,让所有人参与其中,通过人民、政府、民间社会、私营部门的广泛联盟,由各方携手努力,就能得以实现。

三、 负责任渔业原则

(一)负责任渔业概念的提出

负责任渔业是实现可持续渔业的基本保证和必然要求,是贯串于《联合国海洋法公

---

① (6.3)表示引自《负责任渔业行为守则》第 6.3 条款,下同。

约》有关养护和管理海洋生物资源的各项规定的主线和精髓。将这些规定集中为 1 点，就是各国行使勘探和开发海洋生物资源的权利的同时，应承担养护和管理海洋生物资源的义务。

到 20 世纪 80 年代后期人们发现，在国际社会对鱼和渔产品需求不断增长的形势下，世界上的许多地区受局部利益的驱动，对《联合国海洋法公约》有关养护和管理海洋生物资源的各项规定执行不力，出现了比较普遍的不负责任渔业行为的现象，例如，无管制的捕鱼、资本过多、渔船规模过大、渔船更改船旗国来避免管制、渔具选择性不足、外国渔船未经许可的进入、个体捕鱼与大规模捕鱼或捕鱼与其他类型的活动之间的竞争不断加剧以及渔业生态系统不断退化等。究其原因，主要是一些国家或地区缺乏有效执行《联合国海洋法公约》有关养护和管理海洋生物资源的规定的政治意愿。而《联合国海洋法公约》有关养护和管理海洋生物资源的规定比较原则在适用和解释上易生歧义，也是一个原因。

在这种形势下，1991 年 3 月联合国粮农组织渔业委员会第十九届会议认识到有必要明确负责任渔业的概念。1992 年 5 月在墨西哥坎昆举行的国际负责任捕捞会议通过的《坎昆宣言》进一步确立负责任渔业的观念，指出"这个观念包括以无害环境的方式持久地利用渔业资源；使用无害生态系统、资源或其质量的捕捞和水产养殖方法；通过达到必要的卫生标准的加工过程增加这些产品的价值；使用商业性方法使消费者能够得到优质产品。"[9]

（二）《负责任渔业行为守则》的作用

《负责任渔业行为守则》为各国确保在符合环境要求的情况下以负责任的方式可持续开发水生生物资源提供了 1 个必要的框架。虽然它是指导性的，但因它与《联合国海洋法公约》《公海捕鱼遵守协定》和《联合国鱼类种群协定》等法律性文件保持一致，可视为它从有效养护、管理和开发水生生物资源及充分保护生态系统和生物多样性的角度，规定了负责任渔业行为的各项原则和国际标准。

四、绿色渔业原则

（一）绿色渔业理念的提出

联合国环境规划署鉴于海洋渔业对全球经济的贡献、影响和潜在利益以及过度开发、污染和温度上升等因素威胁着全球大约 63％的渔业资源，2011 年提出绿色渔业的理念，并指出实现绿色渔业的 4 项指标，即：

（1）认识到海洋能提供的生物资源是有限的；

（2）为当代和后代的利益考虑，认为通过 1 段时间来恢复过度捕捞和枯竭的渔业资源，并使其最大程度地实现可持续，这是非常必要的；

（3）海洋动物的重要栖息地需要得到保护和保存；

（4）需要有组织地进行捕捞以及其他与渔业资源有关的活动，以减少温室气体的排放。[10]

（二）绿色渔业的标志和实现途径

绿色，在现代社会发展中代表着低耗、高效、环境优良和生态安全，是可持续发展的

必要条件和人民对美好生活追求的重要体现。绿色渔业的重要标志是：

（1）保持渔业水域清洁，水质符合规定标准；

（2）维持健康、具有生产力和复原力的渔业生态系统；

（3）可持续地管理渔业和水产养殖业；

（4）保证水产食品可有、可享、使用、安全和稳定；

（5）保证渔业活动不对环境产生不利影响。

实现绿色渔业的目标，必须坚持上述 4 项指标指明的途径，尤其必须坚持走资源节约、环境友好、清洁生产、生态良好的道路。其要点包括：

（1）摈弃不可持续的水产品资源开采做法；

（2）采用综合生态系统方法和具有经济可行性的方式发展渔业和水产养殖；

（3）在收获、加工、运输和最终消费过程中最大限度减少浪费做法；

（4）解决渔业生态环境受到的污染压力和其他刺激因素；

（5）发挥水产养殖和小型渔业在全球粮食安全和营养方面的作用。

（三）坚持绿色渔业原则的行为标准

《负责任渔业行为守则》虽未使用"绿色渔业"的用语，但其下列规定实际为坚持绿色渔业原则提供了以下行为标准：

（1）切实可行地发展和应用具有选择性、无害环境的渔具的捕鱼方法，以便保持生物多样性，保护种群结构、水生生态系统和鱼的质量。各国和水生生态系统的使用者应当尽量减少浪费和对目标鱼类和非鱼类物种的捕获量以及对与之相关或从属物种的影响。（6.6）

（2）鱼和渔产品的捕获、搬运、加工和销售方式应当保持产品的营养价值、质量和安全，减少浪费，将对环境的不利影响减至最低限度。（6.7）

（3）海洋和淡水生态系统中所有重要的鱼类生境都应当尽可能加以保护和恢复，例如湿地、红树林、石礁、咸水湖、育苗区和产卵区。应当做出专门努力来保护这些生境不受破坏、退化和污染以及威胁渔业资源的健康和生存能力的人类活动造成的其他重要影响。（6.8）

（4）研究和使用有选择性的、无害环境和效益高的渔具和技术，把污染、浪费、遗弃物、遗弃渔具所致的资源损耗量、非目标种的捕获、对与之相关或从属物种的影响减至最低限度。（7.2.1 和 7.2.2）

（5）为最佳利用能源，各国应当制定可促使在渔业部门的捕捞或捕捞后活动中更有效地利用能源的标准和准则。（8.6.1）

（6）为保护水生环境，渔船应当通过适当的食品供给方法尽量减少可能的船载垃圾，并配备适当装备，处理船只在正常使用内产生的垃圾和其他污染物，确保各种排放物不超过 MARPOL 73/78 所规定的数量。（8.7）

（7）为保护大气层，各国应当采用包括减少废气排放中的危险物质的规定在内的有关标准和准则。渔船应当配有减少排放破坏臭氧层的物质的装备。逐步取消在渔船的冷却系统中使用氯氟烃和例如氯氢氟的过渡性物质，并遵守处理氯氢烃、氯氢氟和聚四

氟乙烯的国际准则。(8.8)

(8) 各国应当确保水产养殖产品的食用安全,通过捕前和捕捞期间、现场加工、产品贮运期间的特别管理来保持产品质量和增加产品价值。(9.4.7)

(9) 各国应当采取适当的措施来确保消费者享受安全、卫生和纯正的鱼和渔产品的权利。(11.1.1)

(10) 各国应当通过合作、促进发展和转让技术来确保加工、运输和储存方法无害于环境,并鼓励参与鱼品加工、分发和销售的有关方面:

① 减少捕获后损失和浪费;

② 在与负责任的渔业管理方法一致的范围内改进兼捕渔获物的利用;

③ 以无害环境的方式利用资源,特别是水资源和能源(尤其是木材)(11.1.7 和 11.1.8)

五、 生态系统方法原则

(一)渔业生态系统方法的提出

《联合国海洋法公约》基于保护生态系统的理念,为提高海洋生物资源的管理水平提供了 1 个新的框架。到 20 世纪 80 年代末期,海洋渔业大量新情况、新问题的出现,使人们普遍认识到,维持或改进生态系统条件及其生产力是维持或提高渔业生产质量和价值的关键;渔业管理的关键目标应是可持续利用整个生态系统,而不仅仅是目标物种。[①] 1991 年联合国粮农组织渔业委员会第十九届会议提出,需要立即采取考虑到养护与环境、社会、经济问题的渔业管理新方法。2001 年联合国粮农组织《关于海洋生态系统负责任渔业的雷克雅未克宣言》要求联合国粮农组织制定"在渔业管理中纳入生态系统考虑的实践规范准则"。2002 年《可持续发展世界首脑会议行动计划》提出:"制定和促进多种方法和工具的应用,包括生态系统方法,消除破坏性的捕鱼做法……以及在主要产业中对海洋和沿海区进行整合。"[2]24 2003 年联合国粮农组织颁布《渔业生态系统方法技术准则》正式将这种"平衡和整体的方法"定名为"渔业生态系统方法"(EAF),并建议采用下列定义:"渔业的生态系统方法努力通过考虑有关生态系统中生物、非生物和人类要素及其相互间关系的知识和不确定性,在具有生态意义的范围内对渔业采取综合办法,以平衡各种社会目标。"[11]

2013 年联合国大会第 68/71 号决议确认,"需要在渔业养护和管理工作中进一步采用生态系统方法,更普遍而言,必须在人类海洋活动的管理中采用生态系统方法,为此注意到《关于海洋生态系统负责任渔业的雷克雅未克宣言》、联合国粮食及农业组织围绕有关在渔业管理中采用生态系统方法的准则开展的工作、这一做法对执行《协定》和《守则》相关规定的重要性。"[12]

(二)生态系统方法的管理学含义

保护生态系统是可持续发展的基本条件。生态系统方法是可持续发展的主干。从管理学角度看,"生态系统方法"一般是指根据"对维持生态系统结构和功能所需的生态

---

① 目标物种是指在某个渔业中渔民主要针对的那些物种,即渔业中定向捕捞努力的客体。

相互作用和过程的最佳理解"进行管理。它是指1种以科学为基础养护和管理自然资源的全面方式。配上预防性做法,生态系统方法一直是过去20多年养护和管理水生生物资源中最重要的概念之一。

（三）渔业生态系统方法的宗旨、原则和流程

渔业生态系统方法的宗旨是以契合社会多方面需求和期望的方式,在不损及未来世世代代从水生生态系统提供的整体产品和服务中收益的可能性的基础上,对渔业进行规划、开发和管理。[13]6

实施渔业生态系统方法是人类的1项追求。渔业生态系统方法是生态系统管理与渔业管理这两个重要模式相结合产生的。生态系统管理侧重生态系统各生物物理要素的养护,而渔业管理则主要针对以可持续的方式收获某种资源满足社会和经济需求。渔业生态系统方法以可持续发展的理念为依托,以对生态系统健康与人类福祉之间的相互依存关系的认识为基础。[13]3

渔业生态系统方法的目的是改进渔业管理的实施并增强渔业管理的生态相关性,从而推动渔业可持续发展的实现。因此,渔业生态系统方法应遵循下列原则:

（1）治理应确保人类和生态系统的福祉和平等。

（2）渔业的管理应最大限度地降低渔业对生态系统的影响。

（3）某一渔业活动所针对和捕捞的渔业资源与依赖这些资源并与这些资源相关的物种之间的生态关系应得以维持。

（4）管理措施应与渔业资源的整体分布相适应,即渔业资源存在的整个区域,必要时应包括跨区管辖和管理计划。

（5）由于有关生态系统的知识不完备,因此应采用预防性方法。[13]7

实施渔业生态系统方法的路径千差万别,在对主要利益攸关方[①]和有待解决的各种问题的背景信息的汇总环节完成后,渔业生态系统方法的基本流程应包括:

（1）确定有待进行管理的问题和制定渔业生态系统方法政策;

（2）制定渔业生态系统方法管理计划和有关目标;

（3）渔业生态系统方法的实施;

（4）渔业生态系统方法的监测和评价。[13]12

六、 预防性做法原则

（一）预防性做法在环境和资源领域的应用和发展

1987年《第二届保护北海国际会议宣言》率先在海洋环境领域提及预防性概念,宣称:"为使北海免于受到大多数有害物质的损害,在得知完整且清楚的科学证据之前,预

---

① 利益攸关方是指参与生物资源利用和生态系统管理、在生物资源利用和生态系统管理中存在利害关系或受到生物资源利用和生态系统管理的影响的个人、群体、组织或协会,包括受到政策或管理决策影响的群体、关心政策或管理决策的群体、依赖生物资源为生的群体、对有关区域或资源主张权利的群体、从事对某区域或资源具有影响的活动的群体(如石油公司、航运和旅游部门等)以及对该区域或资源具有特殊利害关系的方面(如休闲潜水人员、科研群体、环保人士等)。

防性作为有其必要。"[14]

1992 年《里约环境与发展宣言》将"运用预先防范措施"作为保护环境的 1 项基本原则,宣告:"为了保护环境,各国按照本国的能力,广泛运用预先防范措施。遇有严重或不可逆转损害威胁时,不得以缺乏科学充分确定证据为理由,推迟采取符合成本效益的措施防止环境恶化。"《21 世纪议程》第 17 章规定:"采取预先防备方针,以避免海洋环境退化,并减少长期危险或对其产生的不可逆转的有害影响"。1992 年《联合国气候变化框架公约》《生物多样性公约》及 1992 年《东北大西洋海洋环境保护公约》、1992 年《欧盟条约》和 1993 年《黑海宣言》都有关于预防性做法的规定。

国际实践表明,到 20 世纪 90 年代初期,"预防性做法"作为一项原则已经成为国际习惯法的一部分。[14]

（二）预防性做法在渔业管理中的适用

在渔业中采用预防性做法①缘于渔业结构的改变具有恢复缓慢、难以控制、了解不易的特性,且易受变动的环境和人类价值的影响。考虑到渔业体系的不确定性（对渔业自然生态的状态和过程不完全了解）以及在知识不甚完备的条件下,对渔业的养护和管理需要采取谨慎的前瞻性做法。

在渔业管理中必须应对的 1 个基础性因素是现实存在的不确定性。需要面对的现实是,可预测性缺乏,而且对渔业中不确定性无处不在的认识不足,且这种不确定性可能永远难以彻底消除,因此,有必要采取预防原则。预防性做法被公认为是在决策过程中包容不确定性的 1 项重要基础,宁可"谨小慎微"。

"各国、分区域和区域渔业管理组织应当利用目前最佳的科学依据,普遍采取养护、管理和利用水生生物资源的谨慎的方法。不应当把缺乏足够的科研资料作为推迟采取或不采取措施来养护目标物种、与之相联系的物种或对其依赖的物种以及非目标物种及其环境的理由。"(6.5)"各国应当把预防措施普遍应用于水生生物资源的养护、管理和利用,以保护资源和水生环境。不应当把缺乏足够的科学资料作为推迟采取或不采取养护和管理措施的理由。"(7.5.1)"在实施预防措施时,各国应当特别考虑到资源的数量和生产率的不肯定性、衡量标准、与这种标准有关的资源状况、捕捞死亡率和分布、捕捞作业,包括丢弃物对非目标品种、与其相联系或对其依赖的品种的影响以及环境和社会经济状况。"(7.5.2)"对于新的或探索性渔业,各国应当尽快采取谨慎的养护和管理措施,其中特别包括捕捞量和努力量的极限。这类措施应保持到获得足够的资料来评价渔业对资源的长期持续性的影响,在这一评价的基础上能够执行养护和管理措施为止。"(7.5.4)

（三）预防性做法的目的和要求

在渔业中适用预防性做法,其实质是在给定条件下限制捕捞,将其渔获量降到低于根据公认标准确定的每 1 鱼类种群 1 段时间可能的渔获量水平,其目的在于以严格的养护和管理措施,防止捕捞过度,确保每 1 鱼类种群的维持不受过度开发的危害,以保护海

---

① 预防性做法是指应将预防方针普遍应用于水生生物资源的养护、利用和管理,以养护资源和水生环境。包括在知识不完全的情况下需要采取行动时应采用审慎方法;在存在造成严重的不可逆转的威胁或社会、经济后果时,不应以缺乏完整的科学确定性为理由,推迟采取或不采取经济可行的养护和管理措施。

洋生物资源、保全海洋环境和维护海洋生态安全。

按照联合国粮农组织的技术准则,在渔业中适用预防性做法特别要求:

(1)考量未来世代的需求,避免任 1 不可逆转的改变;

(2)事先确认出可避免或纠正不好结果的方法;

(3)任 1 必要的纠正手段需被立即展开,并能迅速地(不超过 20 至 30 年)达到目标;

(4)在不确定使用资源会产生什么冲击时,应将优先权给予养护资源的生产能力;

(5)当资源的生产能力高度不确定时,应进一步限制捕捞能力的增加,使捕捞能力与预估的渔业资源的生产能力维持平衡;

(6)所有渔业活动都应有事先的管理授权,并应接受定期的评估;

(7)建立渔业管理的法律和体制框架,及实施以上各项的制度化管理包括监测、提供证据的机制;

(8)预防性做法贯穿于渔业管理全过程,在管理的各种不同阶段,从规划到实施、执法与监测、再到重新评估,都应有明确的预防性措施。[15]

七、 可靠科学证据原则

(一)可靠科学证据原则的提出

获得有关渔业的可靠科学证据是制定渔业管理和发展政策、拟制渔业管理工作计划、规定水生生物资源养护和管理措施及决定其他重大事项,保证决策正确的科学依据和必要条件。

《联合国海洋法公约》规定,制定专属经济区和公海生物资源的养护措施要以"最可靠的科学证据"为根据。《联合国鱼类种群协定》规定,确保制定跨界鱼类种群和高度洄游鱼类种群养护和管理措施"所根据的是可得到的最佳科学证据"。《负责任渔业行为守则》规定,渔业的养护和管理决定应当以目前最佳的科学依据为基础,并考虑到对资源及其生境的传统了解以及有关的环境、经济和社会因素。(6.4)各国和当地、国家、分区域或区域的养护和管理措施应当以目前最佳的科学依据为基础。(7.1.1)各国应当认识到负责任的渔业需要有可靠的科学依据来协助渔业管理人员和其他有关方面进行决策。(12.1)

(二)可靠科学证据的含义

《联合国海洋法公约》没有说明什么是"最可靠的科学证据"。联合国第四十四届大会通过的第 225 号决议指出,这是指"在统计上站得住的科学数据和分析"[16]。

联合国粮农组织的说法是,为了满足《联合国海洋法公约》中关于"可得到的最可靠的科学证据"的规定,资料必须是符合科学规律的(即以客观、可核实和有条理的方式取得和提出的),而且必须是有关各方"可得到的"。就跨界鱼类和高度洄游鱼类资源来说,这必须具备有效的国际科学合作,而且必须消除不报和误报的情况。[17]

科学证据一般是指在自然科学领域用以证明某 1 事实或结论的根据。证据应同时具有客观性、关联性和合法性的特征。在渔业领域,为获得这样的证据必须广泛收集与所要证明的事实或结论有关的信息,包括利益攸关各方的相关信息,并反复比较、鉴别和论证。这些信息包括数据、资料和知识 3 种形式。

数据是指有助于推导出结论的事实集合，如捕捞量和渔捞努力量的统计数据。资料是指用作结论参考或依据的材料，如有关养护鱼类种群的资料。实际上，在国际渔业文书中，数据与资料没有严格界限，如关于渔船的技术和社会事项，在《公海捕鱼遵守协定》中视为资料，而在《联合国鱼类种群协定》中则被视为数据。知识是指对事物的认识和了解，如《世界渔业管理和发展战略报告》所指出的，制定管理决策应当依据关于渔业的生物学、环境、经济和社会诸方面的最可靠的资料和研究。

虽然渔业资源是可以再生的，但是它们受到过度开发、枯竭和环境因素影响的制约。因此其管理应建立在了解这种资源的数量、其分布情况、年补充量的变化及鱼种之间的相互作用的基础之上。开始时，这种了解可能只是大致的了解，但是随着开发工作的加强，应作进一步的调查研究，以便做出更加精确的估计。[18]19

（三）可靠科学证据原则的执行

1.《联合国海洋法公约》的规定

为养护专属经济区和公海生物资源，各国在适当情形下，应通过各主管国际组织，不论是分区域、区域或全球性的，并在所有有关国家参加下，经常提供和交换可获得的科学情报、捕捞量和渔捞努力量统计，以及其他有关养护鱼的种群的资料。

2.《联合国鱼类种群协定》的规定

各国应及时收集和共用完整而准确的捕鱼活动数据，包括附件一列出的船只位置、目标种和非目标种的捕捞量和渔捞努力量，以及国家和国际研究方案所提供的资料。其中的附件一为《收集和分享数据的标准规定》。

3.《公海捕鱼遵守协定》的规定

每一缔约方应向联合国粮农组织提供所建立的渔船档案中的各渔船的有关资料。

4.《负责任渔业行为守则》的规定

（1）各国应当重视开展研究和资料收集工作，以便在科学技术方面增进对渔业的了解，其中包括渔业与生态系统的相互影响。（6.4）

（2）在考虑采取养护和管理措施时应当考虑到现有的最佳科学证据来评价渔业资源的现状和这些措施可能对资源产生的影响。（7.4.1）

（3）各国应当确保在渔业各个方面进行有关的研究，包括生物学、生态学、技术、环境科学、经济学、社会学、水产养殖和营养科学方面的研究。（12.1）

（4）各国应当确保对研究产生的资料进行分析，在酌情遵守保密性的情况下公布分析结果，及时和以易于理解的方式分发这些结果，以便提供最佳的科学证据来促进渔业养护、管理和发展。在没有适当的科学资料时，应当尽快开始适当的研究。（12.3）

（5）各国应当收集为评估渔业和生态系统状况所需的可靠和精确的数据，包括有关兼捕、遗弃物和废弃物的数据。这些数据应在适当的时候，以适当程度的综合，酌情提供给有关的国家和分区域、区域和全球渔业机构。（12.4）

5.《国际行动计划》的规定

《关于预防、制止和消除非法、不报告和无管制捕捞的国际行动计划》规定各船旗国

应当保持有权悬挂其旗帜的渔船的记录,包括《公海捕鱼遵守协定》第六条第一款和二款规定的所有信息。

八、 国际合作共赢原则

(一)渔业管理和发展国际合作的必要性

渔业是世界经济范围内的1个高度适应、由市场推动和国际化的部门。各国都不可能单靠自身力量管理和发展渔业,必须走国际合作共赢的道路,其必要性在于:

(1)水生生态系统的整体性决定了1国在跨境水域的渔业活动可能影响岸线相向或相邻国家水域生态系统的健康;

(2)水生生物的洄游性可能导致某些鱼类种群由国家管辖资源转变为跨境资源或共享资源;

(3)沿海国若无能力捕捞其专属经济区生物资源的全部可捕量时应准许其他国家捕捞可捕量的剩余部分;

(4)在公海区域内存在多国开发相同的生物资源,或在同1区域内开发不同的生物资源的情形;

(5)在海岸相向或相邻国家间专属经济区界限未划定的情形下,有关各国应尽可能对专属经济区内的捕鱼作临时安排;

(6)在一些发展中国家没有能力行使国际法赋予的开发、利用、养护和管理生物资源的权利的情形下,各国有责任考虑他们的特殊情况和需要,向他们提供援助;

(7)渔业与环境紧密相连,具有复杂性和区域特点,进行渔业管理和发展需要专门知识、科学证据及有效的措施、原则和国际标准,这不是个别国家能提供的;

(8)各国的渔业管理和发展不平衡,渔业传统和饮食文化不同,存在互相沟通和取长补短的需要与可能。

凡此种种表明,需要通过双边或多边途径和形式合作处理的渔业事项,不是个别的,而具有普遍性。

(二)渔业国际合作的性质和领域

渔业管理和发展方面的国际合作大体分为国际商务性质的经济技术合作和国际法义务性质的国际合作两类。

商务性质合作的主体具有多元性,包括国家(地区)政府、国际组织、企业或个人,合作领域主要在开发渔业资源,增加就业机会,改善基础设施,增加收入,赚取外汇,举办渔业管理和发展专门知识、技术的研究、培训、开发项目,开办渔业联合企业,进行鱼和渔产品国际贸易等方面。这种合作可在发展中国家和发达国家之间或发展中国家本身之间进行,总的目标应是,根据各国的情况,使参加合作的一切有关方面都做出恰当的贡献。

国际法义务性质合作的主体是主权国家,合作领域主要在水生生物资源的养护和管理、渔业水域生态环境的保护和保全方面。对海洋渔业来说,《联合国海洋法公约》有下列规定:

(1)捕捞跨界鱼类种群的国家"应直接或通过适当的分区域或区域组织,设法就必要

措施达成协议……协调并确保这些种群的养护和发展"。(第六十三条)

(2)捕捞高度洄游鱼类种群的国家"应直接或通过适当国际组织进行合作,以期确保……这种鱼种的养护和促进最适度利用这种鱼种的目标"。(第六十四条)

(3)"各国应互相合作以养护和管理公海区域内的生物资源"。(第一一八条)

(4)各国为制订保护和保全海洋环境的国际规则、标准、办法和程序,为制订国内防治海洋污染规章订立科学准,为促进防治海洋污染研究及交换有关情报和资料"应直接或通过主管国际进行合作"。(第一九七、二〇〇、二〇一条)

国际渔业经济技术合作的合作方之间是平等互利的伙伴关系,遵循互惠原则。需要在各级采取行动,通过广泛采用预防性办法和生态系统方法,确保长期可持续地利用和管理渔业资源。

国际法义务性质的渔业合作应按照尊重主权和管辖权的原则,并在互利的基础上进行,总的目标应是制定养护和管理水生生物资源的措施,并做出相应的组织安排和执行机制,以促进各国负责任地开展渔业,实现全球渔业共同发展。

(三)国际法义务性质的渔业合作的主要形式

按照《联合国海洋法公约》、《联合国鱼类种群协定》等有关文书的规定,通过有关分区域或区域渔业管理组织或安排,是沿海国和公海捕鱼国开展合作有效养护和管理跨界鱼类种群和高度洄游鱼类种群的主要形式。

在公海捕捞跨界鱼类种群和高度洄游鱼类种群的国家及相关沿海国为履行合作义务,应在分区域或区域渔业管理组织或安排有权限制定养护和管理此类种群的措施的情况下,加入这些组织或参加这些安排,或同意采用这些组织或安排规定的养护和管理措施,或以其他方式确保不会批准任何悬挂本国旗帜的船舶捕捞有关区域渔业管理组织和安排所针对的渔业资源或这些组织或安排制定的养护和管理措施所适用的渔业资源。

相关沿海国和在公海捕捞跨界鱼类种群或高度洄游鱼类种群的国家,在没有分区域或区域渔业管理组织或安排来制定养护和管理此类种群的措施的情况下,应合作成立这样的组织或做出其他适当安排来养护和管理这些种群,并参加该组织或安排的工作。

(四)《负责任渔业行为守则》关于国际合作的规定

鉴于许多水生生态系统的跨界性质,各国应当酌情鼓励开展双边和多边研究合作。(6.4)对于跨境鱼类种群、跨界鱼类种群、高度洄游鱼类种群和公海鱼类种群,有关国家,在跨界和高度洄游鱼类种群方面包括有关沿海国家,应当合作以确保有效地养护和管理资源。应当酌情通过建立一个双边、分区域或区域渔业组织和安排来作到这一点。(7.1.3)分区域或区域渔业管理组织和安排应当包括资源在其管辖范围内的国家的代表以及对国家管辖范围外的渔业或资源拥有实际利益的国家的代表。在分区域或区域渔业管理组织和安排已经存在并负责制定养护和管理措施的情况下,这些国家应当通过成为这些组织的一名成员或这类安排的参加者并积极参加其工作来进行合作。(7.1.4)各国以及适当时分区域和区域渔业管理组织和安排应当促进和推动在有关渔业的所有事项上开展国际合作和协调,其中包括收集和交流信息、渔业研究、管理和发展。(7.3.4)

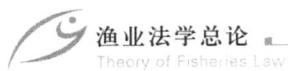

第二节　渔业法的基本制度

一、渔业许可制度

（一）渔业的特殊性

渔业以海洋和内陆水域为生产场所，以水生生物资源为劳动对象，是食物生产部门之一，具有很大的特殊性。主要表现在：

（1）海洋和内陆水域拥有多种资源和多方面功能，渔业活动与其他用途可能发生竞争性利用的矛盾；

（2）渔业捕捞的对象具有公共财富、移动洄游、自律更新等3个根本特征，是公有公用、可更新、有限的水生经济动物资源。如果实行开放式捕捞，随着生产力和科学技术的发展，可能遭受竞争开发或无序、无度利用的危害，一旦捕捞能力超过资源再生能力，势必出现"公共财产的悲剧"；

（3）海洋及国际河流和国际湖泊在地理上属开放性水域，存在外国渔船擅自进入本国管辖范围采捕水生生物资源的可能；

（4）渔业生产易受水文、气象和其他环境条件的影响，风险较大，人命财产安全也常受到威胁；

（5）鱼和渔产品主要供人类食用，其质量、卫生状况，直接关系到消费者的身体健康和生命安全。

（二）渔业许可的基本内涵

鉴于渔业的特殊性，各国都将其作为"许可产业"进行管理。从事捕捞、养殖、增殖、加工、运销等渔业企业和生产者，必须事先向国家指定的主管机构办理许可申请手续，经批准并获得许可证后，才能按许可证规定的范围和条件从事生产或经营；而且，在许可证有效期限内，非经主管机关许可，也不得停止渔业生产或经营，以维护渔业生产经营秩序，确保渔业的可持续和健康地发展。特别是，为确保渔业资源的长期养护和可持续利用，防止非法捕捞，必须将捕捞业置于法律和行政体制的管辖和控制之下，进入和退出渔场及捕捞的投入、产出和相关行为，必须依法获得国家渔业行政管理部门的许可，并依照规定以负责任的方式从事渔业捕捞活动。

（三）在公海上捕鱼亦实行许可证制度

在公海上捕鱼，原本不实行许可证制度，只需经船旗国批准。为了预防、制止和消除非法、不报告、无管制捕鱼，《公海捕鱼遵守协定》和《联合国鱼类种群协定》都规定，在公海上捕鱼的船只必须持有船旗国核发的捕捞许可证（批准书或执照），并随船携带，以备经正式授权人员要求检查时出示。

二、　渔业资源和渔业生态保护制度

（一）保护渔业资源和渔业生态的目标

养护海洋生物资源及保护海洋生物的生存环境是《联合国海洋法公约》赋予各国的义务。在《负责任渔业行为守则》中将此义务的适用范围扩展为水生生物资源和水生生态系统，并提出了以下两个直接目标：

（1）渔业管理部门应当结合粮食安全、减轻贫困和可持续发展，为了当代人和后代人促进保持渔业资源的质量、多样性和足够数量的供应量。管理措施不应局限于养护目标物种。而且还应该养护属于相同的生态系统、某个目标物种的从属或相关物种。（6.2）

（2）在必要的情况下，海洋和淡水生态系统中所有重要的鱼类生境都应当尽可能加以保护和恢复，例如湿地、红树林、石礁、咸水湖、育苗区和产卵区。应当做出专门努力来保护这些生境不受破坏、退化和污染以及威胁渔业资源的健康和生存能力的人类活动造成的其他重要影响。（6.8）在此基础上，实现《公约》和《守则》规定的目标：使捕捞的鱼种的数量保持在或恢复到能够生产最高持续产量的水平，并使与捕捞的鱼种有关联或相依赖的鱼的数量和繁殖不会受到严重威胁的水平。

（二）保护渔业资源和渔业生态的主要举措

针对目前捕捞强度居高不下、渔业资源严重衰退、捕捞生产效益下降、渔民收入增长缓慢的严峻形势，为有效保护渔业资源，主要应采取负责任捕捞管理、重点渔业资源保护和渔业资源增殖等 3 项措施，包括通过强化捕捞配额制度、捕捞许可证制度等各项资源保护管理制度，规范捕捞行为，维护作业秩序，保障渔业安全；通过减船和转产转业等措施，压缩捕捞能力，促进渔业产业结构调整，妥善解决捕捞渔民生产生活问题；通过建立禁渔区和禁渔期制度、水产种质资源保护区等措施，对重要渔业资源实行重点保护；通过综合运用各种增殖手段，积极主动恢复渔业资源，改变渔业生产方式，提高资源利用效率，为渔民致富创造新的途径和空间。

为保护和改善渔业生态环境，还应采取防治水域污染与生态灾害、发展生态渔业建设，推广生态渔业生产方式，实行生态补偿，强化水域生态保护管理，并应采取生物、工程和技术措施，对已遭到破坏的水域生态进行修复和重建，防止、减少和控制渔业活动和其他人类活动和自然生态灾害对水域生态造成的破坏和损害。

三、　渔业发展规划制度

（一）渔业发展规划的实质和功能

渔业发展规划是制定主体对一定时期内渔业的发展目标、主要任务和实施保障措施较全面的统筹安排，是基于科学的较长期的渔业管理计划，是对渔业发展状况进行调查、评估、预测和决策的产物。

渔业发展规划分为全球性的和国家的两种。《21 世纪议程》第 17 章方案领域 C 和D，实际是 1992 年联合国环境与发展会议制定的公海和国家管辖范围内的渔业发展规划，反映了关于海洋渔业发展合作的全球共识和最高级别的政治承诺，对各国制定渔业

发展规划具有重要的指导作用。《21世纪议程》第17章等世界可持续发展峰会的成果文件要求各国制定全国渔业"科学的管理计划",作为各级政府、各部门制定年度渔业工作计划、进行渔业管理的基本依据。

国家渔业发展规划是国家经济发展规划和粮食安全规划不可分割的部分,应考虑到渔业的一切方面,不仅包括渔业生产、销售、服务和物资供应等,还包括发展基础设施、技术和人力资源、科学技术及渔业生态保护和修复等,应符合国家经济和社会发展及维护国家渔业权益和生态安全的需要,并应与相关的资源、环境规划、区划相协调。

（二）国家渔业发展规划的编制原则和基本内容

渔业发展目标应与社会目标和营养目标相一致。确定这个目标时,应考虑可资利用的生物资源、现有技术、市场需要、社会和经济条件;考虑陆地和海洋影响生境、水质、渔业生产力、食品质量和安全的非渔业活动的影响;考虑渔业与生态系统其他方面之间存在复杂的相互关系,包括渔业对生态系统的影响及生态系统对渔业的影响;考虑生物资源不同种群和品种之间的相互作用,例如捕食者与被捕食者之间的关系;考虑利益相关者的价值观、需求、期望和当前生计状况等人文因素;还要考虑捕捞渔业与水产养殖、工业化渔业与小型渔业的关系,采取"平衡和整体的办法"确定食物生产、赚取外汇、产生收入、就业机会、保护资源等管理目标及其优先次序。

渔业管理的首要目标是保持渔业资源的长期持续利用。为此,应当根据现有的最佳科学依据特别采取适当的措施,把资源量保持在或恢复到视有关的环境和经济因素而定的能够达到最高可持续产量的数量,并应当把长期的管理目标转化为管理行动,制定为渔业管理计划或其他管理方案。

在进行渔业发展规划和渔业管理计划时,应充分考虑对水产养殖、内陆渔业、小型渔业、休闲渔业的支持。发展中国家应提高国家渔业发展和渔业管理的自力更生能力。

实施渔业发展和管理目标,还应加强法律制度和组织体制建设,强化实施有效的渔业监测、控制和监督措施及执行机制。

四、 渔业综合管理制度

（一）渔业综合管理的概念

综合管理原本是"对某一特定区域的多种（相互竞争的）用途的一种管理方法或机制。这些用途包括各行各业,例如渔业、水产养殖业、林业、石油和天然气、采矿业、农业、船运和旅游业等。这涉及对多利益攸关方的管理以及对人与生态系统其他组成部分之间和各级政府之间的互动关系的管理"。[13]83渔业的综合管理则是将"综合管理"的一般概念运用于渔业上,这是渔业生态系统方法的必然要求。因为鱼和渔产品的供应链包括生产、加工和流通等多个环节,渔业的可持续发展涉及经济、社会和环境3个层面,而且渔业管理工具,包括环境影响评估、基于保护区的管理工具（包括海洋保护区和海洋空间规划）、陆海互动管理、流域规划和管理、渔具限制、促进清洁生产和无害环境技术以及防治污染等多个方面。这决定了管理和发展渔业必须采用综合、多学科和跨部门方法,开展跨部门合作与协调,即必须将渔业水域视为1个整体,采用统筹管理和生态系统办法,在联合国秘书长的报告[7]27中,这被称为综合管理。

渔业综合管理有以下 3 个层面的含义:

(1)处理渔业问题,应从维护渔业生态系统和供应链健康着眼,在采取措施时,着重权衡对渔业生态系统的生产力和复原力及水产品的有效安全供给全局的影响;

(2)在组织安排上,应从统筹协调各部门权利和责任关系,充分调动各方面积极性着眼,转变传统部门集中管理的方式,建立以渔业管理部门为主导与相关职能部门各司其职相结合的协调机制,并确保渔业管理部门和相关职能部门具有有效履行渔业管理职能的能力,以便更好地发挥政府干预渔业的整体作用;

(3)建立和完善公众参与机制,保证管理决策和执行过程具有透明度,发挥公众特别是渔民的主体作用。

(二)渔业综合管理的几种形式

1. 共同管理

共同管理是指政府与资源使用者共享权力的 1 种管理进程,在信息和决策方面向各方赋予特定的权利和责任。(联合国粮农组织渔业术语 www.fao.org/fi/glossary/default.asp)参加共同管理安排是基于相对优势和共同利益。政府通常保留总的决策权。也称为"合作管理"或"伙伴关系"。

为实行共同管理,"在国家管辖的范围内,各国应当努力确定国内在渔业资源的利用和管理方面拥有合法利益的有关方面,并建立与它们磋商的安排以争取它们在实现负责任渔业中进行合作。"(7.1.2)有关具体规定有:

(1)"各国应当在国家法规允许的范围内,确保决策过程的透明度和及时解决紧迫的问题。各国应当按照适宜的程序,在制定有关渔业管理、发展、国际贷款和援助的法律和政策的决策过程中,为与实业界、渔业工人、环境组织和其他有关组织进行磋商和让其实际参加决策创造条件。"(6.13)

(2)"各国应当确保渔民和鱼类养殖者参与政策制定和执行过程。"(6.16)

(3)各国在制定和执行渔业管理和发展计划时,行政管理人员、科学家和从事渔业生产和销售的人之间需要进行密切的磋商和合作。[18]15

实行共同管理的目的有两个:(1)建立和健全民主的、科学的决策和执行程序,以便于充分调查研究,广泛听取各方面意见,保证决策正确,执行有效;(2)增进对负责任渔业的认识,使渔民和鱼类养殖者了解养护和管理他们所依赖的渔业资源对他们的极端重要性,了解养护和管理的法律、政策和措施的依据和目的,以便于他们实施,并在执行过程中得到更多的支持。

2. 以社区为基础的管理

以社区为基础的管理是指国家将沿海地区渔业管理责任下放到基层行政管理部门,并主要由沿海渔民社区成员管理当地水生生物资源的渔业管理形式。

为实行以社区为基础的管理,"各国应当确保,采用适当的政策、法律和机构框架来实现资源的可持续和综合利用,同时考虑沿海生态系统的脆弱性及其自然资源的有限性和沿海社区的需要。"(10.1.1)有关具体规定有:

（1）"各国应当促进提高公众对保护和管理沿海资源和使有关的人员参与管理过程的必要性的认识。"（10.2.1）

（2）"因为沿海区有多种用途，各国应当确保，在决策过程中与渔业部门和渔业社区的代表进行磋商，并使其参加与沿海区管理规划和发展有关的其他活动。"（10.1.2）

（3）"各国应当酌情建立机构和法律制度，以决定沿海资源的可能用途和管理对沿海资源的获取，同时在符合可持续发展的条件下考虑沿海渔业村社的权利及其习惯做法。"（10.1.3）

（4）"各国应当促进采用可避免渔业资源用户间以及这些用户与其他沿海区用户之间发生冲突的渔业方法。"（10.1.4）

（5）"各国应当促进在适当的行政管理级别建立各种程序和机制，以处理渔业部门内部及渔业资源用户与沿海区其他用户之间产生的冲突。"（10.1.5）

沿海渔民社区是指以渔民和渔业活动聚集为特征的沿海地方管理单位。土著及地方社区通常拥有对海洋生物多样性及资源的养护和可持续利用具有全球性重要意义的传统知识、创新和做法。《联合国海洋法公约》规定养护国家管辖海域内的生物资源的措施的目的之一为"沿海渔业社区的经济需要"。因此，吸纳沿海社区及资源使用者参与规划和管理，是为使有关的决策过程具有透明度，并使当地渔业社区的传统方法、需要和利益及社区资源权和社区自主权得到尊重和承认。

3. 以权利为基础的管理

以权利为基础的管理是指由渔业资源使用权控制渔业准入的一种渔业管理制度。《负责任渔业行为守则》规定：各国"应当适当保护渔民和渔业工人，尤其是从事自给、小型和手工作业的渔民和渔业工人，享有安全和公正生计的权利，以及在适当时优先进入其国家管辖水域内的传统渔场和获得资源的权利"。（6.18）"各国应当酌情建立机构和法律制度，以决定沿海资源的可能用途和管理对沿海资源的获取，同时在符合可持续发展的条件下考虑沿海渔业村社的权利及其习惯做法。"（10.1.3）这两条规定不仅提及了渔业内部的使用权，也涉及了整体沿海资源的使用权。

渔业内部的使用权包括渔业捕捞权和水产养殖权。渔民和社区依照国家法律规定取得捕捞权和养殖权，可确保他们享有界定明确且得到保障的渔业资源的使用权。对社区而言，这种使用权又称为集体使用权或区域使用权。使用权还包括着管理权。

使用权和管理权是平行的权利形式，两者都在渔业管理中发挥着关键作用；前者是指参与渔业本身的权利，而后者是指是指参与渔业管理的权利，参与从磋商到决策的全过程的权利。实际上，国家授予使用权的过程正是政府与使用权人互动、共享管理责任的过程。在此过程中，规定使用权行使的限制条件，如规定可捕鱼种、渔区、方式、捕捞量的限额或养殖区的地点、范围、养殖品种和方式等。

实行以权利为基础的管理，有利于公平而有效地利用渔业资源，对收益进行更为平等的分配，且可为自给、小型渔业的渔民和渔业工人及社区享有的安全和公正生计的权利最终得到法律保障。从而可极大地调动广大渔民参与渔业和渔业管理的积极性，充分地发挥他们在渔业管理中的主体作用。

（三）公众参与是实现综合管理的重要方面

公众特别是渔民及使用与渔业有关的水环境的利益攸关人员享有对国家和地方政府制定和实施渔业管理和发展政策、法律和规章、标准和程序的知情权、参与权和监督权，这是基本人权的1个必不可少的层面。

行使这3项权利是公众参与国家渔业综合管理的基本形式。为支持公众行使这3项权利，各国应当在国家法规允许的范围内，公开渔业管理和发展信息、完善公众参与管理的程序，为公众参与和监督渔业管理提供便利。各国及其渔业管理部门应当通过征求意见、问卷调查，组织召开座谈会、专家论证会、听证会等方式征求公众对渔业管理相关事项或者活动的意见和建议，确保决策过程的透明度。应当在国家法规允许的范围内，支持和鼓励公众对渔业管理事务进行舆论监督和社会监督，对渔业违法行为和渔业行政管理部门不依法履行职责的行为进行举报和控告。

通过行使知情权、参与权和监督权参与国家渔业综合管理既是公众的权利，也是公众应尽的义务。公众特别是渔民及使用与渔业有关的水环境的利益攸关人员是渔业管理的主体，有效完善的渔业综合管理应建立在公众广泛支持、参与和监督的基础上。

参考文献

［1］王铁崖，田如萱. 国际法资料选编［G］. 北京：法律出版社，1982.

［2］国家环境保护总局国际合作司. 联合国环境与可持续发展系列大会重要文件选编［G］. 北京：中国环境科学出版社，2004.

［3］IUCN，UNEP，WWF. WORLD CONSERVATION STRATEGY［R/OL］.（1980：1）.［2012-10-10］.

http://portals. iucn. org/library/efiles/edocs/WCS-004. pdf

［4］联合国大会文件第42/427号. 世界环境与发展委员会. 我们共同的未来［R/OL］.（1987-08-04）.［2012-10-10］.

http://documents-dds-ny. un. org/doc/UNDOC/GEN/N87/184/66/PDF/N8718466. pdf？OpenElement

［5］联合国大会文件第60/63号. 秘书长的报告海洋和海洋法［R/OL］.（2005-03-04：42）.［2012-10-12］.

http://www. un. org/en/ga/search/view_doc. asp？symbol＝％20A/60/63

［6］全国农业资源区划办公室. 可持续农业与农村发展研究和建设［M］. 北京：中国农业科技出版社，1996：19.

［7］联合国大会文件第69/71号. 海产食品在全球粮食安全方面的作用［R/OL］.（2014-03-21）.［2015-03-28］.

http://www. un. org/en/ga/search/view_doc. asp？symbol＝％20A/69/71

［8］联合国新闻中心. 批准《港口国措施协定》帕劳推动全球制止非法捕鱼公约尽早生效［S/OL］.（2015-12-01）.［2016-08-15］.

http://www. un. org/chinese/News/story. asp？NewsID＝25222

［9］联合国粮农组织.《负责任渔业行为守则》附件一.《守则》渊源和制定的背景情况［R/OL］.（1995-10-31）.［2012-10-12］.

http://www.cndwf.com/bencandy.php? fid＝9&id＝59

［10］联合国规划环境署.迈向绿色经济:实现可持续发展和消除贫困的各种途径［R/OL］.（2011-11-02:80）.［2012-03-28］.

http://www.unep.org/pdf/GER_Chinese/Green_Economy_Full_report_ch.pdf

［11］FAO Fisheries Department. FAO Technical Guidelines for Responsible Fisheries. No. 4,Suppl. 2 The ecosystem approach to fisheries. ［S/OL］.（2003:14）.［2012-07-13］.

ftp://ftp.fao.org/docrep/fao/005/y4470e/y4470e00.pdf

［12］联合国大会决议第 68/71 号［S/OL］.（2013-12-09:5）.［2014-06-13］.

http://www.un.org/en/ga/search/view_doc.asp? symbol＝A/RES/68/71

［13］联合国粮农组织负责任渔业技术准则 4.增补 2 补篇 2.渔业管理 2 渔业生态系统方法 2.2 渔业生态系统方法的人文因素［S/OL］.（2010）［2012-10-13］.

http://www.fao.org/docrep/013/i1146c/i1146c.pdf

［14］胡念祖,王冠雄.一九九五年联合国履行协定中"相容性"及"预防性作为"条款法理及实务之研究［D/OL］.（1999-07-31:5）.［2012-07-15］.

http://ir.lis.nsysu.edu.tw:8080/handle/987654321/39178

［15］FAO Technical Guidelines for Responsible Fisheries. No. 4. Fisheries management［S/OL］.（1997:26）.［2012-07-20］.

ftp://ftp.fao.org/docrep/fao/003/w4230e/w4230e00.pdf

［16］联合国大会决议第 44/225 号.大型远洋流网捕鱼及其对海洋生物资源的影响［S/OL］.（1989-12-22）.［2013-04-20］.

http://daccess-dds-ny.un.org/doc/RESOLUTION/GEN/NR0/547/43/IMG/NR054743.pdf? OpenElement

［17］联合国大会文件第 CONF.164/INF/8 号.联合国粮农组织.关于跨界鱼类和高度洄游鱼类的渔业预防性措施［S/OL］（1994-03-26:27）.［2013-05-19］.

http://documents.un.org/lexicon_symbol.asp? DocSymbol＝A/CONF.164/INF/8

［18］联合国粮农组织.世界渔业管理和发展会议报告［R/OL］.（1984-07-06）.［2013-05-06］.

http://ftp.fao.org:21/docrep/fao/012/ak192c/ak192c.pdf

第五章 联合国对渔业的管理

联合国大会在世界渔业管理和发展中处于核心地位。《联合国宪章》规定联合国大会具有发动研究并提出建议,促进政治、经济、社会等方面的国际合作,鼓励国际法的发展与编纂等职权。

据此,联合国在世界渔业管理和发展中的主要作用在于:主持召开联合国海洋法会议制定《联合国海洋法公约》,构建全球公平而有效的养护和管理海洋生物资源,实现可持续渔业的法律框架;主持制定《联合国鱼类种群协定》,为养护和管理主要海洋鱼类提供国际规则和标准;通过联合国有关环境与发展的首脑会议颁布世界渔业管理和发展的行动纲领;审议各国、分区域、区域渔业管理组织、主管国际组织和有关方面提出的渔业问题,发布相关决议,为海洋渔业建立法律秩序、促进渔业国际协调与合作指明方向;鼓励、支持主管国际组织制定具有拘束力或自愿性的国际渔业文书,以帮助各国和分区域、区域渔业管理组织贯彻落实《公约》《协定》及其他文书的有关规定;指导和协调联合国粮农组织及有关国际组织的渔业工作,发挥它们在渔业管理和发展中的积极作用。

联合国大会关于渔业可持续发展的决议及在其鼓励、支持下制定的自愿性国际渔业文书,是现代渔业软法的重要组成部分,虽不具有严格的法律拘束力,但具有显著的实际法律效果。

第一节　联合国管理渔业的职能

一、发展与编纂国际渔业法

（一）第一次联合国海洋法会议及四公约

联合国大会作为有权主持建立海洋渔业法律制度并对世界渔业管理和发展战略及实现可持续渔业问题进行审查的全球机构,在制定海洋生物资源的国际养护和管理措施,确保其长期养护和可持续利用,解决渔业在可持续发展中的作用等有关问题的过程中,起着核心作用。[1]17

联合国创建初期,为指导国际法委员会拟定海洋法草案,联合国大会相继通过1949年12月6日第374(4)号决议(领海制度)、1953年12月7日第798(8)号决议(公海制度)、1954年12月14日第899(8)号决议(关于大陆架之条款草案)、1954年12月14日第900(9)号决议(海上生物资源养护国际技术会议),并以1957年2月21日第1105(11)号决议,决定1958年3月初召开审查海洋法之国际全权代表会议。在此次会议制定的1958年海洋法四公约中,除《捕鱼和养护公海生物资源公约》外,《公海公约》含有"捕鱼自由"的规定,《大陆架公约》含有"定居种生物"的规定。

（二）第二次联合国海洋法会议

1958年2月10日联合国大会第1307(13)号决议决定于1960年3月或4月召开第二次联合国海洋法会议,以便再度审议领海宽度和捕鱼界限问题。此次会议虽如期召开,但无果而终。

（三）第三次联合国海洋法会议及《联合国海洋法公约》

1971年12月21日联合国大会第2881(26)号决议决定准备召开海洋法会议。第三次联合国海洋法会议于1973年12月开幕后,1974年12月17日第3334(29)号、1975年12月12日第3383(30)号、1976年12月10日第31/63号、1977年12月20日第32/194号、1978年11月10日第33/17号、1979年11月9日第34/20号、1980年12月10日第35/116号、1981年12月9日第36/79号和1982年12月3日第37/66号等9个名为"第三次联合国海洋法会议"的联合国大会决议,指导会议的进展。此次会议通过的1982年《联合国海洋法公约》建立了专属经济区的渔业制度,发展了公海渔业制度,构筑了海洋生物资源养护和管理的法律框架,堪称当代海洋渔业的宪章。

（四）1995年《联合国鱼类种群协定》

1992年12月24日联合国大会第47/192号决议决定于1993年7月由联合国主持召开跨界鱼类和高度洄游鱼类政府间会议。其后,1993年12月21日第48/194号决议和1994年12月18日第49/121号决议,都以"联合国跨界鱼类和高度洄游鱼类会议"为题,对会议进程进行部署。该会议通过的《联合国鱼类种群协定》落实并发展了《联合国海洋法公约》第六十三条第二款和第六十四条的规定,突出了渔业生态系统方法和预防性做法及区域渔业管理组织在渔业管理中的地位和作用,进一步完善了现代海洋渔业制度。

二、发布涉渔决议

(一)年度综合性决议

在 1982 年《联合国海洋法公约》通过后,1983 年 12 月 14 日联合国大会第 38/59 号决议①以"第三次联合国海洋法会议"为名发布,1984 年 12 月 13 日第 39/73 号、1985 年 12 月 10 日第 40/63 号、1986 年 11 月 5 日第 41/34 号、1987 年 11 月 18 日第 42/20 号、1988 年 11 月 1 日第 43/18 号、1989 年 11 月 20 日第 44/26 号、1990 年 12 月 14 日第 45/145 号、1991 年 12 月 2 日第 46/78 号、1992 年 12 月 11 日第 47/65 号、1993 年 12 月 9 日第 48/28 号和 1994 年 12 月 6 日第 49/28 号等连续 11 个决议皆以"海洋法"为名发布。其中,1988 年以前的决议,旨在维护《公约》的统一性,吁请有关国家签署、批准,并安排有关机构的组建事宜。

从 1989 年起,决议开始关注"对海洋生物资源的养护和管理产生不良影响的捕鱼法和习惯的使用,包括旨在规避规章和管制的捕鱼法和习惯"、提示"各国有责任使其国民采取或同其他国家合作使其国民采取养护公海生物资源的措施"、呼吁"各国和国际社会其他成员加强合作,并采取措施以期充分实施《公约》中有关养护和管理海洋生物资源的各项规定,包括防止使用可能对海洋生物资源的养护和管理产生不利影响的捕鱼方法和习惯,特别是遵守对它们适用的旨在切实执行监测和执行的双边和区域措施。"

《联合国海洋法公约》1994 年 11 月 16 日生效后,同年 12 月 6 日联合国大会第 49/28 号决议强调每年审议和审查与海洋法有关的整体发展情况的重要性;并决定,作为有权进行这种审查的全球机构,大会"每年审查和评价《公约》的执行情况以及其他有关海洋事务和海洋法的发展。"[2]第12段由此,奠定了联合国大会年度审查并发布年度决议的机制。1995 年 12 月 5 日第 50/23 号、1996 年 12 月 9 日第 51/34 号两个决议仍沿用"海洋法"名称。后 1 个决议重申其应对《公约》执行情况和与海洋事务及海洋法有关的其他事态发展进行年度审查和评价。[3]第13段

其后的 1997 年 11 月 26 日第 52/26 号、1998 年 11 月 24 日第 53/32 号、1999 年 11 月 24 日第 54/31 号、2000 年 10 月 30 日第 55/7 号、2001 年 11 月 28 日第 56/12 号、2002 年 12 月 12 日第 57/141 号、2003 年 12 月 23 日第 58/240 号、2004 年 11 月 17 日第 59/24 号、2005 年 11 月 29 日第 60/30 号、2006 年 12 月 20 日第 61/222 号、2007 年 12 月 22 日第 62/215 号、2008 年 12 月 5 日第 63/111 号、2009 年 12 月 4 日第 64/71 号、2010 年 12 月 7 日第 65/37 号、2011 年 12 月 24 日第 66/231 号、2012 年 12 月 11 日第 67/78 号、2013 年 12 月 9 日第 68/70 号等决议更名为"海洋和海洋法",更突显了年度审查决议的全面性和综合性。其中,海洋环境和海洋资源及海洋生物多样性两部分都涉及渔业和海

---

① 在联合国大会文件中,联合国大会决议的文号需冠以 A/RES/字样,例如:A/RES/38/59。

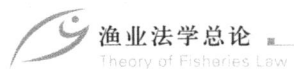
洋生物资源养护和管理。

（二）渔业专门决议

联合国大会对《联合国海洋法公约》执行情况和其他海洋事务进行年度审议的另 1 结果表现为对渔业做出的专门决议。计有：

（1）1989 年 12 月 22 日第 44/225 号和 1991 年 12 月 20 日第 46/215 号关于"大型远洋流网捕鱼及其对世界海洋生物资源的影响"的决议。

（2）1994 年 12 月 19 日第 49/116 号关于"在国家管辖区内未经许可的捕鱼及其对大洋大海海洋生物资源的影响"及第 49/118 号关于"副渔获物和丢弃物及其对可持续利用世界海洋生物资源的影响"的决议。

（3）1995 年 12 月 5 日第 50/25 号、1998 年 11 月 24 日第 53/33 号、2000 年 10 月 30 日第 55/8 号和 2002 年 12 月 12 日第 57/142 号，关于"大型中上层流网捕鱼、在国家管辖区和公海内未经许可捕鱼、副渔获物和丢弃物及其他发展"的决议。

（4）1999 年 11 月 24 日第 54/32 号、2001 年 11 月 28 日第 56/13 号和 2002 年 12 月 12 日第 57/143 号关于"执行 1982 年 12 月 10 日联合国海洋法公约有关养护和管理跨界鱼类种群和高度洄游鱼类种群的规定的协定"的决议。

（5）2003 年 11 月 24 日第 58/14 号、2004 年 11 月 17 日第 59/25 号、2006 年 12 月 8 日第 61/105 号、2007 年 12 月 18 日第 62/177 号、2008 年 12 月 5 日第 63/112 号、2009 年 12 月 4 日第 64/72 号、2010 年 12 月 7 日第 65/38 号、2011 年 12 月 6 日第 66/68 号、2012 年 12 月 11 日第 67/79 号、2013 年 12 月 9 日第 68/71 号、2014 年 12 月 9 日第 69/109 号等决议更名为"通过 1995 年《执行 1982 年 12 月 10 日〈联合国海洋法公约〉有关养护和管理跨界鱼类考虑种群和高度洄游鱼类种群的规定的协定》和相关文书等途径实现可持续渔业"，其主要内容包括序言及实现可持续渔业、实施 1995 年《执行 1982 年 12 月 10 日〈联合国海洋法公约〉有关养护和管理跨界鱼类种群和高度洄游鱼类种群的规定的协定》、相关的渔业文书、非法、未报告和无管制的捕捞活动、监测、控制和监视以及遵守和强制执行、捕捞能力过剩、大型中上层流网捕鱼、副渔获物和弃鱼、次区域和区域合作、海洋生态系统中的负责任渔业、能力建设、联合国系统内的合作与海洋事务及海洋法司的活动等部分。

（三）渔业专题决议

事实上，联合国大会通过决议处理渔业专门议题，比全面性处理海洋及渔业议题，有较为悠久但更为曲折的历史。早在 1968 年就有当年 12 月 17 日第 2413（23）号关于"海洋生物资源之开发与保存"的决议（其中，有"念及海洋生物资源为人类最重要粮食资源之一，极为重要。深知由于渔业技术之迅速进展，此等资源有过度开发及趋于枯竭的严重危险"的表述。）还有 1984 年 12 月 18 日第 39/225 号关于"世界渔业管理和发展会议"的决议；1990 年 12 月 21 日第 45/184 号关于"非洲渔业合作"的决议。

三、审查秘书长向大会作的涉渔报告

（一）秘书长的报告：海洋法

1982 年《联合国海洋法公约》生效后，联合国大会 1994 年 12 月 6 日第 49/28 号决议责成联合国秘书长"每年编写一份关于海洋法方面的发展的全面报告,同时要考虑到有关科学和技术的发展,供大会审议。这项报告也可作为向《公约》全体缔约国、国际海底管理局和主管国际组织提出报告的基础,而且这也是《公约》要求秘书长提供的。"[2]第15(a)段其中的后 1 项要求是因为《公约》第三一九条第二款(a)项曾规定:秘书长"将因本公约产生的一般性问题向所有缔约国、管理局和主管国际组织提出报告"。据此,秘书长从 1994 年起,每年都向大会提出名为"海洋法"的报告。

计有:1994 年 11 月 16 日第 49/631 号①、1994 年 12 月 5 日第 49/631Corr. 1 号、1995 年 11 月 1 日第 50/713 号、1996 年 2 月 6 日第 50/713Corr. 1 号、1996 年 11 月日第 51/645 号、1997 年 1 月 3 日第 51/645Corr. 1 号和 1997 年 2 月 20 日第 51/645Corr. 2 号。此种报告包含有《联合国鱼类种群协定》的制定和执行情况及海洋生物资源的养护和管理、区域渔业管理组织和安排等涉渔内容。

（二）秘书长的报告:海洋和海洋法

1996 年 12 月 9 日第 51/34 号联合国大会决议"重申其决定对公约执行情况和与海洋事务及海洋法有关的其他事发展进行年度审查和评价";并责成秘书长就大会决议的执行情况,包括与海洋法和海洋事务有关的其他事态发展和问题,向大会提出关于海洋和海洋法的年度全面报告。[3]第16段

据此,秘书长提出的"海洋和海洋法"的报告,为:1997 年 10 月 20 日第 52/487 号、1997 年 12 月 29 日第 52/487Corr. 1 号、1998 年 10 月 5 日第 53/456 号、1999 年 9 月 30 日第 54/429 号、2000 年 3 月 20 日第 55/61 号、2001 年 4 月 9 日第 56/58 号、2001 年 10 月 5 日第 56/58/Add. 1 号、2002 年 3 月 7 日第 57/57 号、2002 年 10 月 8 日第 57/57/Add. 1 号、2003 年 3 月 3 日第 A/58/65 号、2003 年 8 月 29 日第 A/58/65/Add. 1 号、2004 年 3 月 4 日第 59/62 号、2004 年 8 月 18 日第 59/62/Add. 1 号、2005 年 3 月 4 日第 60/63 号、2005 年 7 月 15 日第 60/63/Add. 1 号(海洋生物多样性保护和可持续利用)、2005 年 8 月 15 日第 60/63/Add. 2 号、2006 年 3 月 9 日第 61/63 号、2006 年 10 月 17 日第 61/63/Add. 1 号、2007 年 3 月 12 日第 62/66 号、2007 年 8 月 31 日第 62/66/Add. 1 号、2007 年 9 月 10 日第 62/66/Add. 2 号、2008 年 3 月 13 日第 63/63 号、2008 年 8 月 29 日第 63/63/Add. 1 号、2009 年 3 月 13 日第 64/66 号、2009 年 11 月 25 日第 64/66/Add. 1 号、2009 年 10 月 19 日第 64/66/Add. 2 号、2010 年 3 月 29 日第 A/65/69 号、2010 年 4 月 30 日第 65/69/Add. 1 号、2010 年 8 月 31 日第 65/69/Add. 2 号、2011 年 3 月 22 日第 66/70 号、2011 年 4 月 11 日第 66/70/Add. 1 号和 2011 年 8 月 29 日第 66/70/Add. 2 号。[4]

这类年度报告涵盖了所有有关海洋法公约及其他有关事项之最新发展,其内容除导言外基本包括海洋法公约以及其执行的协定的现状、根据海洋法公约设立的机构、海洋空间、具有特殊地理特性的国家、航运业和航行安全、船旗国的执行、港口国的管制、海上犯罪、海洋生物资源的养护和管理、海洋渔业、海洋和沿海的生物多样性、沿海生态系统、

① 在联合国大会文件中,联合国秘书长在大会的报告文号需冠以 A/字样,例如:A/49/631。

海洋环境的保护和保全、海洋保护区/特别敏感海区、气候变化、水下文化遗产、海洋科学和技术、能力建设和信息传播、发展中国家需要、纠纷解决和国际合作与协调等方面。可以看出,秘书长提出关于海洋和海洋法的年度报告具有广泛性和全面性以及文献资料价值。

(三)秘书长的报告:渔业问题

在"海洋法"及"海洋和海洋法"项目下,秘书长针对渔业问题的报告有:

(1)1993年10月7日第48/479号:执行联合国环境与发展会议的决定和建议:可持续利用和养护公海海洋生物资源;联合国跨界鱼类和高度洄游鱼类会议。

(2)1994年10月5日第49/469号:环境与可持续发展:大型远洋流网捕鱼及其对世界海洋生物资源的影响。

(3)1995年10月12日第50/549号:环境与可持续发展:可持续利用和养护公海海洋生物资源;在国家管辖区内未经许可捕鱼及其对世界大洋大海海洋生物资源的影响。

(4)1995年10月12日第50/550号:环境与可持续发展:可持续利用和养护公海海洋生物资源;联合国跨界鱼类种群和高度洄游鱼类种群会议;副渔获物和抛弃物及其对可持续利用世界海洋生物资源的影响。

(5)1995年10月12日第50/552号:环境与可持续发展:可持续利用和养护公海海洋生物资源;副渔获物和丢弃物及其对可持续利用世界海洋生物资源的影响。

(6)1995年10月12日第50/553号:环境与可持续发展:可持续利用和养护公海海洋生物资源;大型中上层流网捕鱼及其对世界大洋大海海洋生物资源的影响。

(7)1996年10月4日第51/383号:《执行1982年12月10日〈联合国海洋法公约〉有关养护和管理跨界鱼类种群和高度洄游鱼类种群的规定的协定》。

(8)1996年9月25日第51/404号:大型中上层流网捕鱼及其对世界大洋大海海洋生物资源的影响;在国家管辖区内未经许可捕鱼及其对世界大洋大海海洋生物资源的影响;副渔获物和丢弃物及其对世界海洋生物资源的影响。

(9)1997年10月31日第52/555号:《执行1982年12月10日〈联合国海洋法公约〉有关养护和管理跨界鱼类种群和高度洄游鱼类种群的规定的协定》。

(10)1997年10月31日第52/557号:大型中上层流网捕鱼;在国家管辖区内未经许可捕鱼以及副渔获物和丢弃物。

(11)1998年10月8日第53/473号:大型中上层流网捕鱼;在国家管辖区内和公海上未经许可捕鱼;副渔获物和抛弃物及其他发展。

(12)1999年10月15日第54/461号:《执行1982年12月10日〈联合国海洋法公约〉有关养护和管理跨界鱼类种群和高度洄游鱼类种群的规定的协定》:最新的发展和现状。

(13)2000年9月18日第55/386号:大型中上层流网捕鱼;在国家管辖区内和公海上未经许可捕鱼;副渔获物和抛弃物及其他发展。

(14)2001年9月13日第56/357号:《执行1982年12月10日〈联合国海洋法公约〉有关养护和管理跨界鱼类种群和高度洄游鱼类种群的规定的协定》。

（15）2002 年 10 月 9 日第 57/459 号：大型中上层流网捕鱼；在国家管辖区内和公海上未经许可捕鱼/非法、未报告和无管制的捕捞渔业；副渔获物和抛弃物及其他发展。

（16）2003 年 8 月 5 日第 58/215 号：《执行 1982 年 12 月 10 日〈联合国海洋法公约〉有关养护和管理跨界鱼类种群和高度洄游鱼类种群的规定的协定》（《联合国鱼类种群协定》）的现况和执行情况及其对整个联合国系统的相关或拟议文书的影响，特别提及《联合国种群鱼类协定》关于发展中国家需要的第七部分执行情况。

（17）2004 年 8 月 26 日第 59/298 号：通过《执行 1982 年 12 月 10 日〈联合国海洋法公约〉有关养护和管理跨界鱼类种群和高度洄游鱼类种群的规定的协定》和相关文书等途径实现可持续渔业。

（18）2005 年 8 月 2 日第 60/189 号：通过《执行 1982 年 12 月 10 日〈联合国海洋法公约〉有关养护和管理跨界鱼类种群和高度洄游鱼类种群的规定的协定》和相关文书等途径实现可持续渔业。

（19）2006 年 8 月 14 日第 61/154 号：捕捞活动对脆弱海洋生态系统造成的影响：各国以及区域渔业管理组织和安排为执行关于可持续渔业的第 59/25 号决议第 66 至 69 段，就捕捞鱼对脆弱海洋生态系统造成的影响采取的行动。

（20）2007 年 8 月 15 日第 62/260 号：通过《执行 1982 年 12 月 10 日〈联合国海洋法公约〉有关养护和管理跨界鱼类种群和高度洄游鱼类种群的规定的协定》和相关文书等途径实现可持续渔业。

（21）2008 年 8 月 14 日第 63/128 号：通过 1995 年《执行 1982 年 12 月 10 日〈联合国海洋法公约〉有关养护和管理跨界鱼类种群和高度洄游鱼类种群的规定的协定》和相关文书等途径实现可持续渔业。

（22）2009 年 8 月 17 日第 64/305 号：各国以及区域渔业管理组织和安排为执行大会关于通过 1995 年《执行 1982 年 12 月 10 日〈联合国海洋法公约〉有关养护和管理跨界鱼类种群和高度洄游鱼类种群的规定的协定》和相关文书等途径实现可持续渔业的第 61/105 号决议第 83 至 90 段所采取的行动。

（23）2011 年 8 月 15 日第 66/307 号：各国以及区域渔业管理组织和安排根据关于可持续渔业问题中的底层捕捞对脆弱海洋生态系统和深海鱼类种群长期可持续性造成的影响问题的大会第 61/105 号决议第 80 段和 83 至 87 段以及大会第 64/72 号决议第 113 至 117 段和第 119 至 127 段的规定采取的行动。

（24）2012 年 8 月 17 日第 67/315 号：通过 1995 年《执行 1982 年 12 月 10 日〈联合国海洋法公约〉有关养护和管理跨界鱼类种群和高度洄游鱼类种群的规定的协定》和相关文书等途径实现可持续渔业。

（25）2014 年 3 月 21 日第 69/71 号：海产食品在全球粮食安全方面的作用。

联合国秘书长向联合国大会提交的关于渔业的报告和有关报告的涉渔部分，主要是回应联合国大会决议交办的事项，分析评估全球渔业形势，为联合国大会新的涉渔决议、决策提供依据，并为各国制定渔业管理和发展战略、对策和措施提供指导。

四、主导制定世界可持续渔业文书

（一）《21 世纪议程》第 17 章方案领域 C 和 D

根据 1989 年 12 月 22 日联合国大会第 44/228 号决议，1992 年在里约热内卢举行的联合国环境与发展会议制定的联合国可持续发展《21 世纪议程》第 17 章"保护大洋和各种海洋，包括封闭和半封闭海以及沿海区，并保护、合理利用和开发其生物资源"的方案领域 C 和 D，反映了世界首脑对可持续利用和养护海洋生物资源的全球共识和最高级别的政治承诺。[5] 每 1 方案领域包括行动依据、目标、活动和实施手段 4 个方面。

方案领域 C. 可持续利用和养护公海的海洋生物资源

行动依据

17.44. 过去十年里，公海渔业大大地扩展了，目前占世界捕捞量的 5％。《联合国海洋法公约》关于公海中的海洋生物资源的条款阐明了各国在养护和利用这些生物资源方面的权利与义务。

17.45. 不过，公海渔业的管理，包括有效养护措施的采行、监测和执行，在许多区域里是不足够的，其中一些资源被过分地利用了。出现的问题包括无管制的捕鱼、资本过多、渔船规模太大、渔船更改船旗国来避免管制、没有充分地选择捕鱼器具、不可靠的数据库和国家之间缺乏充分的合作。有国民和船只在公海上捕鱼的国家的行动，以及在双边、分区域、区域和全球范围内的合作是至为重要的，对高度洄游种群和跨界鱼种尤其重要。这种行动和合作应该致力于解决捕鱼惯例的不足以及在生物知识、渔业统计和改进数据处理系统方面的不足。还应该强调多种群的管理，和其他考虑到各种群之间关系，特别是针对耗竭种群的管理方法，但也要查明利用不足或未被利用的种群的潜力。

目标

17.46. 各国承诺养护和可持续利用公海上的海洋生物资源。为此目的必需：

（a）开发和增加海洋生物资源的潜力，以便满足人类营养的需要以及实现社会、经济和发展的目标；

（b）考虑到各种群之间的关系，维持和恢复海洋种群水平，使之能够在有关环境和经济要素的限制下获得最大的持续产量；

（c）促进选定捕鱼器具和捕鱼方法的开发和使用，目的在于把目标种群捕获量的浪费减到最少，以及把附带捕获的非目标种群量减到最少；

（d）确保对捕鱼活动进行有效的监测和管理；

（e）保护和恢复濒临绝种的海洋种群；

（f）保存生境和其他生态上敏感的地区；

（g）促进关于公海的海洋生物资源的科学研究。

17.47. 上文第 17.46 段中任何内容都不限制国家或国际组织酌情较该段所规定者更严格禁止、限制或规定公海上海洋哺乳动物的权利或职责。各国应提供合作，以期养护海洋哺乳动物；在鲸类动物方面尤应通过有关的国际组织来进行养护、管理和研究。

17.48. 发展中国家实现上述目标的能力取决于它们掌握的技能，包括财政、科技手段。应该同它们进行充分的财政、科学和技术合作,以便支持它们采取行动来实现这些目标。

该方案对实现上述目标,各国应开展的活动及应采取的实施手段见 17.49～17.63 段及 17.64～17.69 段。

方案领域 D. 可持续利用和养护国家管辖范围内的海洋生物资源

行动依据

17.70.　海洋渔业每年生产大约 8 000 万至 9 000 万吨的渔类和贝类,其中 95% 来自国家管辖范围内的水域。过去 40 年来产量增加了将近 5 倍。《联合国海洋法公约》关于专属经济区及国家管辖下的其他地区海洋生物资源的条款规定了各国在养护和利用这些海洋生物资源的权利和义务。

17.71.　海洋生物资源在许多国家内是重要的蛋白质来源,而使用这种资源对当地社区和土著人民往往具有重大的意义。这种资源为千百万人提供食物和生计,如能持续耐久使用,还可以提高潜力以应付营养和社会方面的需求,特别是在发展中国家内。要发挥这种潜力就必须增进对海洋生物资源藏量的了解和鉴定,特别是对未充分利用及未加利用的资源的了解,必须使用新的技术、改良装卸和加工设施以避免浪费并提高质量,以及培训技术人员以有效管理和养护专属经济区及国家管辖范围内其他地区的生物资源。同时必须强调多物种管理和其他方法以顾及各物种之间的关系。

17.72.　渔业在许多国家管辖范围内地区内面临的问题日益增多,包括当地捕鱼过度、外国渔船未经许可的进入、生态系统退化、投资过多、渔船队规模过大、捕获量评价过低、渔具选择性不足、数据库不可靠、个体捕鱼和大规模捕鱼之间及捕鱼和其他类型的活动之间的竞争不断加剧等。

17.73.　问题不止于渔业。珊瑚礁及其他沿海生态环境,例如,红树林和港湾,是地球生态系统中最多种多样、最一体化和最有生产力的生态系统。它们往往具有重要的生态功能,提供海岸保护,也是食物、能源、旅游和经济发展的重要资源。在世界上的许多地区,这样的海洋和沿海系统都因各种人为和自然原因而受到压力或威胁。

目标

17.74.　沿海国,特别是发展中国家和经济主要依靠利用其专属经济区海洋生物资源的国家,应从可持续利用其专属经济区及国家管辖范围内,其他地区的海洋生物资源充分获得社会和经济利益。

17.75.　各国致力于养护和可持续利用国家管辖范围内的海洋生物资源。为此目的:

(a) 发展和加强海洋生物资源以满足人类营养需求并实现各项社会、经济和发展目标;

(b) 在拟订和管理方案时顾及当地社区、小规模个体渔业及土著人民的传统知识和利益;

(c) 根据有关的环境和经济因素,在可以生产尽可能多的可持续捕获量的情况下保持和恢复海洋物种种群,并要考虑到各物种之间的关系;

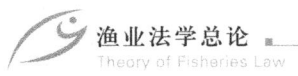
（d）促进发展和使用可选择渔具和捕捞办法，以尽量减少浪费目标物种的捕获量并减少意外捕获的非目标物种的数量；

（e）保护和恢复濒临灭绝的海洋物种；

（f）保存稀少或脆弱生态系统和生境以及生态敏感地区。

17.76. 上文第17.75段中任何内容都不限制沿海国家或国际组织酌情较该段所规定者更严格禁止、限制或规定公海上海洋哺乳动物的权利或职责。各国应提供合作，以期养护海洋哺乳动物；就鲸类动物而言尤应通过有关的国际组织来进行养护、管理和研究。

17.77. 发展中国家实现上述目标的能力取决于它们的技能，包括它们所掌握的财政、科学和技术手段。应提供充分的财政、科学和技术合作以支助它们为落实这些目标而采取的行动。

该方案对实现上述目标，各国应开展的活动及应采取的实施手段见17.78—17.91段及17.92—17.96段。[5]

（二）《可持续发展世界首脑会议实施计划》第31段

根据2000年12月20日联合国大会第55/199号决议，2002年在约翰内斯堡召开的可持续发展世界首脑会议（WSSD）制定的《可持续发展世界首脑会议实施计划》第31段规定，为实现可持续渔业，应在各级采取以下行动：

"（1）维持种群数量或使之恢复到可以生产最佳可持续产出的水平，以期为枯竭的种群紧急实现这些目标，而且在尽可能的情况下不晚于2015年实现这种目标；

"（2）批准或加入并有效履行有关的联合国渔业协定或安排，并酌情执行有关区域渔业协定或安排，特别注意到《执行1982年2月10日〈联合国海洋法公约〉有关养护和管理跨界鱼类种群和高度洄游鱼类种群的规定的协定》以及1993年《促进渔船在公海上遵守国际养护和管理措施的协定》；

"（3）执行1995年《负责任渔业行为守则》，并注意该守则第五条以及联合国粮农组织有关国际行动计划和技术准则所述发展中国家的特殊需要；

"（4）紧急制定并实施国家行动计划，并酌情实施区域行动计划，推动联合国粮农组织的国际行动计划的执行，特别是《关于到2005年管理捕捞能力的国际行动计划》和《关于到2004年预防、阻止和消除非法、不报告和无管制的捕捞活动的国际行动计划》。建立有效监测、报告和执行手段以及采取控制渔船包括由船旗国进行的控制机制，以进一步实行预防、阻止和消除非法、未报告和无管制的捕捞活动的国际行动计划；

"（5）鼓励有关区域渔业管理组织和安排，在审议分配跨界鱼类种群和高度洄游鱼类种群的渔业资源问题时，充分考虑到沿海发展中国家的权利、义务和利益，顾及《联合国海洋法公约》的规定以及在公海和专属经济区内《执行1982年12月10日〈联合国海洋法公约〉有关养护和管理跨界鱼类种群和高度洄游鱼类种群的规定的协定》；

"（6）消除导致非法、不报告和无管制的捕捞和能力过剩的各种补贴，完成世界贸易组织所致力的澄清和改善渔业补贴纪律的工作，并考虑到这一行业对发展中国家的重要性；

"(7)加强捐助者的协作以及国际金融机构、双边机构与其他有关利益相关者之间的伙伴关系,使发展中国家,尤其是最不发达国家和小岛屿发展中国家,以及经济转型国家发展本国、本区域和次区域在促进渔业基础设施及其综合管理和可持续利用方面的能力;

"(8)考虑到水产养殖对粮食安全和经济发展越来越重要,支持水产养殖,包括小规模水产养殖的可持续发展。"[6]

(三)《我们希望的未来》第168～176段

根据2009年12月24日联合国大会第64/236号决议,2012年在里约热内卢举行的联合国可持续发展大会通过并经联合国大会第66/288号决议认可的成果文件《我们希望的未来》,就今后一定时期世界渔业的可持续发展做出以下政治承诺:

"168.　我们承诺加紧努力实现《约翰内斯堡实施计划》中商定的2015年目标,作为一项紧迫任务,维持或恢复种群产生最大可持续产量的水平。在这方面,我们还承诺紧急采取必要措施,维持或恢复所有种群至少能够产生最大可持续产量的水平,以期在这些种群生物特点所决定的最短可行时间内实现这些目标。为此,我们承诺紧急制定和实施基于科学的管理计划,包括根据种群状况减少或中止捕鱼和捕捞活动。我们也承诺加强对副渔获物、丢弃物和渔业对生态系统的其他不利影响的管理,包括消除毁灭性捕捞法。我们还承诺通过有效利用影响评估等途径,加强对脆弱的海洋生态系统的保护,使其免遭各种重大不利影响。采取此类行动时,包括通过主管组织采取行动时,应当遵守国际法、适用的国际文书、大会相关决议和联合国粮食及农业组织准则。

"169.　我们敦促1995年《执行1982年12月10日〈联合国海洋法公约〉有关养护和管理跨界鱼类种群和高度洄游鱼类种群的规定的协定》的缔约国充分执行这一《协定》,并依照《协定》第七部分的规定,充分承认发展中国家的特殊需要。此外,我们呼吁所有国家执行《负责任渔业行为守则》以及联合国粮食及农业组织的国际行动计划和技术准则。

"170.　我们确认,非法、不报告和无管制的捕捞活动剥夺了许多国家的重要天然资源,对于这些国家的可持续发展仍是一种持久威胁。我们再次承诺在《约翰内斯堡执行计划》推动下消除非法、不报告和无管制的捕捞活动,并防止和打击这些作法,包括采取以下措施:根据联合国粮食及农业组织《预防、阻止和消除非法、不报告和无管制的捕捞活动国际行动计划》制定和实施国家和区域行动计划;由沿海国、船旗国、港口国、租船国和获益船东及支持或从事非法、不报告和无管制捕捞的其他人的国籍国依照国际法采取有效和协调一致的措施,查明从事这种捕捞活动的船只并剥夺行为人从中获取的利益;与发展中国家合作,有系统地确定需求,开展建设能力,包括为监测、控制、监督、合规和执法系统提供支持。

"171.　我们呼吁已签署联合国粮食及农业组织《预防、阻止和消除非法、不报告和无管制的捕捞活动港口国措施协定》的国家加快批准程序,以期使该《协议》早日生效。

"172.　我们认识到,区域渔业管理组织在渔业管理方面需要透明度和问责制。我们认识到已独立开展执行情况审查的区域渔业管理组织做出的努力,呼吁所有区域渔业

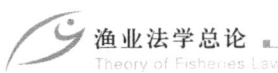

管理组织定期进行这种审查,并将结果公诸于众。我们鼓励各方执行这类审查的建议,并建议随着时间的推移视需要使这些审查更加全面。

"173. 我们重申我们在《约翰内斯堡实施计划》中的承诺,考虑到渔业对发展中国家的重要性,力求消除助长非法、不报告和无管制捕捞及产能过剩的各种补贴。我们再次承诺完成关于渔业补贴问题的多边规章,使世界贸易组织的《多哈发展议程》和《香港部长宣言》所定任务能够发挥效力,加强对渔业补贴的纪律约束,包括禁止助长产能过剩和过度捕捞的某些形式渔业补贴,同时考虑到渔业对发展优先事项、减少贫穷、维持生计和粮食安全等问题的重要性,承认给予发展中国家和最不发达国家有效的适当特殊差别待遇应是世界贸易组织渔业补贴谈判中一个不可或缺的组成部分。我们鼓励各国通过世界贸易组织进一步提高现有渔业补贴方案的透明度和报告力度。鉴于渔业资源的状况,在不妨碍关于渔业补贴的多哈任务和香港部长级任务或完成这些谈判的必要性的情况下,我们鼓励各国消除助长产能过剩和过度捕捞的各种补贴,避免出台新的这类补贴,也不延长或强化现有补贴。

"174. 我们敦促各方到2014年确定战略并将其纳入主流,通过改善发展中国家鱼类产品的市场准入等途径,进一步协助发展中国家,尤其是最不发达国家和小岛屿发展中国家,发展其本国能力,以养护和可持续管理可持续渔业并实现其利益。

"175. 小规模个体自给渔民、妇女渔工、土著人民及其社区需要有机会从事渔业活动,市场准入十分重要,在发展中国家,特别是在小岛屿发展中国家,尤其如此。我们承诺注意这一点。

"176. 我们还认识到珊瑚礁对经济、社会和环境的重大贡献,对岛屿和其他沿海国家而言尤其如此。我们也认识到,珊瑚礁和红树林极其容易遭受气候变化、海洋酸化、过度捕捞、毁灭性捕捞法、污染等影响。我们支持国际合作养护珊瑚礁和红树林生态系统,实现其社会、经济和环境惠益,促进技术协作和信息自愿共享。"[7]

（四）《变革我们的世界:2030年可持续发展议程》第14.4～14.7段

2015年9月25日联合国大会第70/1号决议通过的"关于通过2015年后发展议程的联合国首脑会议"的成果文件:《变革我们的世界:2030年可持续发展议程》第14.4～14.7段制定了新的全球渔业可持续发展目标:

"14.4 到2020年,有效规范捕捞活动,终止过度捕捞、非法、不报告和无管制的捕捞活动以及破坏性捕捞作法,执行科学的管理计划,以便在尽可能短的时间内使鱼群量至少恢复到其生态特征允许的能产生最高可持续产量的水平。

......

"14.6 到2020年,禁止某些助长过剩产能和过度捕捞的渔业补贴,取消助长非法、不报告和无管制捕捞的补贴,避免出台新的这类补贴,同时承认给予发展中国家和最不发达国家合理、有效的特殊和差别待遇应是世界贸易组织渔业补贴谈判的一个不可或缺的组成部分。

"14.7 到2030年,增加小岛屿发展中国家和最不发达国家通过可持续利用海洋资源获得的经济收益,包括可持续地管理渔业、水产养殖业和旅游业。"[8]

五、 推动制定公海深海渔业管理标准

从 2002 年起,联合国大会在其第 57/141 号、第 58/14 号、第 58/240 号、第 59/24 号、第 59/25 号、第 60/30 号、第 61/105 号等关于"海洋和海洋法"或"实现可持续渔业"的决议中,针对公海深海渔业,确认深海生态系统及其所包含的生物多样性的高度重要性和巨大价值,要求紧急审议如何在科学基础上,对海隆、冷水珊瑚礁和某些其他水下地貌的海洋生物多样性所面对的危险加以综合管理和改进管理工作;各国立即各自并通过区域渔业管理组织和安排,按照审慎方法和生态系统方法采取行动,以可持续的方式管理鱼类种群和保护包括海底山脉、热液喷口和冷水珊瑚在内的脆弱海洋生态系统,使它们不受毁灭性捕捞法的损害,并呼吁:

(1) 进行环境影响评估;

(2) 封闭或执行其他措施以避免底层渔业对脆弱海洋生态系统造成重大不利影响;

(3) 通过后续规则以避免在进入脆弱海洋生态系统的区域时仍继续作业;

(4) 通过措施养护深海鱼类种群,不论是目标鱼种或非目标鱼种的可持续性,并且让已经遭到过度捕捞的鱼类种群恢复。

联合国大会的这些决议,为各国和区域渔业管理组织和安排加强公海深海渔业管理指明了大方向和基本对策、措施,特别是第 61/105 号决议第 89 段要求联合国粮农组织"召开一次从事这类捕捞活动的国家之间的会议;制定有关标准和准则供各国和区域渔业管理组织或安排用于查明脆弱海洋生态系统和捕捞活动对这些生态系统的影响;制定深海渔业管理标准,如制定一项国际行动计划"。[9] 联合国粮农组织根据这个决议的规定,于 2008 年制定了《公海深海渔业管理国际准则》,以帮助各国和各区域渔业管理组织和安排贯彻落实联合国大会决议有关深海渔业管理的各项规定。

第二节　联合国涉渔海洋协商进程

一、 设立

1999 年 11 月 24 日联合国大会第 54/33 号决议,决定在符合《联合国海洋法公约》所定的法律框架和《21 世纪议程》第 17 章的目标的前提下,展开不限参加者名额的非正式协商进程为便利联合国大会每年能够通过审议秘书长关于海洋和海洋法的报告,通过提出可由其审议的具体问题,有效地、建设性地审查海洋事务的发展情况,特别着重指出政府间和机构间二级应当加强协调与合作的领域。

该决议对非正式协商进程范围内会议的组织安排及职责履行作了如下规定:

(1) 会议向联合国所有会员国、各专门机构成员国、公约的所有缔约方、根据大会有关决议长期获邀请以观察员身份参加大会工作的实体以及主管海洋事务的政府间组织

开放；

（2）每年举行为期1周的会议，2000年的会议于5月30日至6月2日举行；

（3）会议将审议秘书长关于海洋和海洋法的报告，并适当考虑大会通过的任何特别决议或决定、相关的秘书长特别报告以及可持续发展委员会（CSD）的任何有关建议；

（4）在确定应当加强协调与合作的领域时，会议应考虑到世界各不同区域具有的不同特点和需要，不应在不同法律文书之间寻求法律或司法上的协调；

（5）会议由大会主席在同各会员国协商，并在考虑到需要有发达国家和发展中国家的代表这1点后任命的两名共同主席负责协调；

（6）共同主席应同各代表团协商，根据大会议事规则和惯例拟定1套最有利于协商进程的工作的讨论方式；

（7）根据大会议事规则和惯例，这种非正式协商进程的方式应确保《21世纪议程》中确定的主要群组的代表有机会提供投入，尤其是通过讨论小组的安排；

（8）会议可以建议供大会讨论的事项，适当时可以包括与"海洋和海洋法"议程项目下的大会决议有关的事项。

该决议强调发展中国家，包括最不发达国家和小岛屿发展中国家参与协商进程的重要性，并鼓励各国和各国际组织支持这方面的努力。[10]

在2000年举行的不限参加者名额非正式协商进程第一次会议上，根据共同主席的建议，以协商一致方式通过将该协商进程称之为"联合国海洋和海洋法非正式协商进程"（简称"海洋协商进程"）。[11]7

二、目的和任务目标

《联合国海洋法公约》确定了平衡、健全和全面的海洋法律秩序，是国家、区域和全球在海洋部门开展行动的框架。该公约有点象1部宪法。宪法并不是法律的终结，在许多方面它是法律的开始，因为还需要实体法来处理影响海洋的实质性问题。[11]22《21世纪议程》第17章是一个实施《联合国海洋法公约》处理影响海洋的实质性问题的行动方案。为落实《联合国海洋法公约》和《21世纪议程》第17章确定的目标，负责监测《21世纪议程》执行情况的可持续发展委员会的第7/1号决定，认为必须在政府间和机构间两级采取更综合一体的办法来处理海洋事务中原有的和新出现的所有法律、经济、社会和环境问题。强调大会是提供必要协调以确保在政府间和机构间两级对海洋问题的各个方面采取综合性解决办法的适当机构；为达此目的，大会需要更多的时间来审议和讨论秘书长关于海洋和海洋法的报告，以准备全体会议关于这个项目的辩论。

因此，可持续委员会建议联合国大会设立这个海洋协商进程，其主要目的是建议特定的问题供大会审议。第五十四届联合国大会接受了这1建议，并为海洋协商进程规定了3个互相关联的任务目标：

（1）在符合《联合国海洋法公约》所定的法律框架和《21世纪议程》第17章的目标的前提下展开对海洋事务发展的研究；

（2）在所有有关的海洋问题的整体发展的背景上确定应由大会审议的特定问题；

（3）在确定这种问题时特别强调在政府间和机构间两级应当加强协调与合作的领域。

三、基本运作

海洋协商进程每年会议的主题限定为少数几个集中讨论的问题，其来源：一是根据联合国大会决议的规定；二是由海洋协商进程的秘书班子（由联合国秘书处法律事务厅海洋事务与海洋法司代行）根据上一次会议提出的供考虑可能列入今后会议议程中的问题中向共同主席提出选定意见。秘书长关于海洋与海洋法的报告需在海洋协商进程开会之前2个月发布，以便会议审议。海洋协商进程以协商一致通过的结果应该采取议定结论的形式提供大会审议。会议结束后，共同主席向联合国大会提出工作报告，内容包括以下3个部分：

A部分——向大会建议的问题和提议的内容；

B部分——共同主席的讨论摘要；

C部分——可列入未来会议议程予以审议的问题。

该报告作为联合国大会文件发给联合国各成员。

四、渔业问题的审议

海洋协商进程具有广泛性、包容性的特征，渔业发展和渔业法制建设是其关注的协调与合作的重要领域之一。2000年举行的第一次会议集中讨论了两个主题，其中1个就是负责任的捕捞以及非法、不报告和无管制的捕捞。在后来的海洋协商进程会议中，对扩展区域渔业管理组织的职权、负责任、透明和开放的区域渔业管理组织或安排的管制制度、生态系统方法和风险预防方法在渔业管理中的应用、国家管辖范围以外的脆弱的海洋生态系统保护、国家管辖范围以外区域海洋遗传资源保护和利用、渔民海上安全、渔业资源养护、管理和可持续利用方面的能力建设、海洋可再生能源开发对沿海社区和渔民利益的影响及解决办法、海洋酸化对海洋生物、捕鱼业和海产养殖的影响以及海产食品在全球粮食安全方面的作用等诸多涉渔问题进行了审议，并向大会提出了相应的建议。

2005年6月，举行的海洋协商进程第六次会议，更建议大会在"海洋和海洋法"议程项目下全面审议多项渔业问题，其内容列于审议报告的第3～13段，即：

"3. 商业渔业和个体渔业为许多国家的经济发展、粮食安全以及人民的文化和社会福祉做出了重大的贡献。2004年12月，印度洋发生重大海啸灾难，渔业对发展中国家许多地方社区的重要性举世瞩目。

"4. 渔业对可持续发展的贡献有赖于生态系统保持良好的机能和生产状态。但是，2004年联合国粮食及农业组织关于世界渔业和水产养殖状况的报告证实20世纪90年代末就已经出现的一种趋势，即渔民的生计以及商业渔获量和进行捕捞的水生态系统的可持续能力日益受到关注。虽然这是一般的趋势，但是必须看到，在渔业资源状况、各国和区域安排的渔业管理以及进行有效和适应性管理的能力方面存在着很大

的差距。

"5. 在许多情况下,传统的渔业管理方法应该加以改进。各方普遍认为并逐渐承认,利用当今最佳科技、采取基于生态系统的综合渔业和海洋管理办法,是保持渔业生产力和渔业继续促进可持续发展的关键所在。

"6. 建议大会:

(1) 回顾其以往关于海洋和海洋法以及可持续渔业问题的各项决议;

(2) 关切地注意到解决影响世界各地国家管辖范围内外许多渔场的问题的紧迫性日益增强;

(3) 欢迎并鼓励联合国粮农组织及其渔业委员会开展的工作,特别是最近为促进切实执行确保负责任捕鱼的各项文书而做出的呼吁;

(4) 还欢迎 2005 年 5 月 1 日至 5 日在加拿大圣约翰举行的公海渔业管理和联合国鱼类种群协定会议——把承诺付诸行动的成果,特别是会议发表的《部长宣言》,以及目前就非法、不报告和无管制捕捞开展的工作;

(5) 欣见《执行 1982 年 12 月 10 日联合国海洋法公约有关养护和管理跨界鱼类种群和高度洄游鱼类种群的规定的协定》缔约国举行第四轮非正式协商;鼓励按照《协定》第三十六条的规定广泛参加定于 2006 年 5 月举行的审查会议及其筹备进程;鼓励有能力的国家在审查会议前成为《协定》缔约国;

(6) 鼓励各国酌情承认《协定》一般原则同样适用于公海离散鱼类种群;

(7) 敦促各国取消助长非法、不报告和无管制捕捞和捕捞能力过剩的补贴,完成世界贸易组织关于明确和加强渔业补贴纪律措施的工作,同时考虑到渔业部门对发展中国家的重要性;

(8) 敦促各国消除违反世界贸易组织义务设置的障碍,同时考虑到渔产品贸易对发展中国家的特殊重要性。

"7. 注意到次区域和区域渔业管理组织和安排可发挥重要和不断变化的作用,确保有效和可持续渔业以及海洋养护和管理,建议大会:

(1) 吁请在这些组织和安排管辖区内捕鱼的所有国家和《联合国海洋法公约》(《公约》)和《协定》第一条第二款(b)项所指的实体,加入这些组织和安排,或同意适用其养护和管理措施;

(2) 欢迎并敦促区域渔业管理组织和安排做出努力,以:

① 填补职责空白,把生态系统和生物多样性因素、以最佳科技资讯为依据的审慎方法纳入工作范围;

② 制定分配标准;

③ 加强与区域渔业组织、区域海洋安排和其他有关组织的整合、协调与合作。

(3) 鼓励各国参加区域渔业管理组织和安排,以启动这些组织和安排的审查进程,欢迎联合国粮农组织参与制定一般的客观标准,为审查提供指导。

"8. 渔业,包括个体渔业和小规模渔业,对减少贫穷、粮食安全和经济增长贡献卓著。对于小规模渔业,建议大会:

（1）欢迎联合国粮农组织为小规模渔业建立扶持性环境的各项战略和措施提供指导，包括制定行为守则和关于加强小规模渔业对减少贫穷和粮食安全的贡献的准则，对财政措施、技术转让和能力建设做出了充分的规定；鼓励开展研究，为沿海社区提供可能的替代性生计；

（2）敦促各国和有关的国际和国家组织，根据对小规模渔业资源进行适当养护和管理的责任，允许小规模渔业利益有关者参与制定相关的政策和渔业管理战略；

（3）鼓励各国、国际金融机构和有关政府间渔业组织和机构，根据环境可持续能力加强发展中国家，特别是小岛屿发展中国家小规模渔业及其他渔业的能力建设，增加技术援助。

"9. 船旗国责任未能得到有效的实施和执行，继续严重损害着全面海洋管理的效力，并严重阻碍着负责任渔业对可持续发展的贡献，建议大会：

（1）注意到目前国际海事组织与其他主管国际组织合作，按照大会第 58/14 号和第 58/240 号决议的邀请，研究、审查和明确在船旗国对悬挂本国国旗的船舶行使有效监督义务方面"真正联系"的作用；

（2）回顾 2005 年 3 月 12 日举行的联合国粮农组织渔业部长会议发表的《非法、不报告和无管制捕捞问题宣言》，其中呼吁国际社会采取行动消除悬挂方便旗的船舶的非法、未报告和无管制捕捞，规定船旗国与悬挂该国国旗的船舶之间必须有真正联系；

（3）鼓励有关国际组织开展工作，制定船旗国履行渔船责任的指导方针；

（4）强调各国有义务按照《公约》和《协定》的规定，在公海渔业资源养护措施方面履行船旗国的责任；

（5）鼓励各国在国家和区域两级适用联合国粮农组织的《港口国示范办法》，通过区域渔业管理组织促进其实施，并考虑通过一项具有法律拘束力文书的可能性；

（6）吁请各国根据本国法律推动为区域渔业管理组织和安排管辖区内的渔船建立肯定清单和否定清单，协助查明对养护和管理措施的遵守情况，鼓励各方改进协调，分享和使用这一资讯；

（7）请各国和有关国际机构与世界贸易组织和联合国粮农组织协商，制定更有效的鱼类和渔业产品跟踪措施，使进口国能够分辨违反根据国际法商定的国际养护和管理措施捕捞的鱼类和渔产品，同时承认必须让以符合这种国际措施方式捕捞的鱼类和渔产品有效进入市场；

（8）吁请船旗国确保悬挂本国国旗的船舶不参加从事非法、不报告和无管制捕捞渔船捕捞的鱼类的转运；吁请各国根据国际法单独或通过区域渔业管理组织制定更有效的执行和遵守措施，以防止并制止这种转运；

（9）鼓励国际劳工组织开展工作，特别是有关渔业部门工作条件的公约和建议方面的工作；

（10）欢迎经修订的《渔民和渔船安全守则》获得通过，鼓励切实适用《守则》，敦促各国成为《1993 年渔船安全托雷莫利诺斯公约议定书》缔约方。

"10. 非法、不报告和无管制捕捞继续对负责任渔业促进可持续发展造成严重的破

坏。建议大会:

(1) 欢迎并支持 2005 年 3 月 12 日联合国粮农组织渔业部长会议通过的《非法、不报告和无管制捕捞问题罗马宣言》以及 2005 年"公海渔业管理和联合国鱼类种群协定会议:把承诺付诸行动"通过的《部长宣言》;

(2) 敦促各国单独或通过有关区域渔业管理组织和安排,建立渔船强制监测、监督和监视系统,包括分享有关渔业执法事项的资讯,考虑把现有的自愿监测、监督和监视网络转变成一个具有专项资源并能够协助渔业执法机构工作的国际单位;

(3) 鼓励并支持在联合国粮农组织内部建立全球渔船(包括冷藏运输船和供应船)的综合记录,并在按照国家法律遵守保密要求的情况下把受益所有人的现有资料纳入记录,确保船旗国规定在公海作业的所有大型渔船应在 2008 年 12 月前安装渔船监测系统,或在船旗国或任何有关区域渔业管理组织决定的更早日期前安装;

(4) 敦促各国和有关组织扩大利用否定船只清单,查明非法、不报告和无管制鱼获物产品,并视可能为此建立跟踪和核查机制;

(5) 鼓励制定区域指导方针,使各国能够对悬挂其国旗的船舶和国民的违规行为制定严厉的制裁,以有效促使遵守法规,制止进一步的违规行为,并剥夺违规者从非法活动获得的利益;

(6) 鼓励各国按照《预防、阻止和消除非法、不报告和无管制的捕捞活动国际行动计划》,执行商定的多边贸易措施。

"11. 建议大会:

(1) 重申高度重视其第 59/25 号决议第 66～71 段,敦促加速执行决议的这些内容;

(2) 欢迎在执行第 59/25 号决议第 68 段和第 69 段方面取得的进展,该决议呼吁扩大现有区域渔业管理组织的职权范围,或建立新的区域渔业管理组织,以管辖目前没有这种组织或安排的公海地区;

(3) 请区域渔业管理组织和安排在现有的职权范围内,紧急执行空管制措施,保护脆弱的海洋生态环境;

(4) 请各国、区域渔业管理组织和安排作好准备,按照大会第 59/25 号决议第 66 段至第 69 段的规定,在大会 2006 年审查进展时就采取的行动提出报告,并考虑进一步提出行动建议;

(5) 鼓励促进为渔业目的建立的海洋保护区制定目标和管理标准,欢迎联合国粮农组织拟按照《公约》制定海洋保护区设计、执行和测试的技术准则,敦促联合国粮农组织与有关国际组织,包括《生物多样性公约》进行密切协作与合作;

(6) 呼吁各国采取紧急行动加快合作,在有意对海洋生物资源进行养护和管理的区域内,为脆弱海洋生态系统建立临时重点保护机制;

(7) 请各国、区域渔业管理组织和安排采取紧急行动,执行联合国粮农组织《关于在捕鱼作业中减少海龟死亡的指导方针》中提出的各项措施,以制止各种海龟数量的减少;

(8) 承认认证和生态标签方案的作用,但这种机制应遵守世界贸易组织的规定和联合国粮农组织通过的准则。

"12. 建议大会：

（1）要求更加及时和全面地报告渔获量和捕捞努力量的数据，包括关于专属经济区内外跨界鱼类和公海离散鱼类种群，以及副渔获物和弃鱼的数据；

（2）鼓励各国单独或通过区域渔业管理组织和安排以及区域海洋方案做出努力，确保可以将渔业和其他生态系统数据综合纳入全球对地观测系统，以在生态系统一级进行协调；

（3）鼓励通过执行《改善捕捞渔业状况和趋势资讯的战略》等方法，提高纳入和加强生态系统因素的养护和管理措施的科学性，并在通过这种措施时更多地依靠科学咨询意见；

（4）请进一步研究和审议海洋噪音对海洋生物资源的影响；

（5）赞扬联合国教育、科学及文化组织（教科文组织）政府间海洋学委员会海洋法问题专家咨询组按照《公约》的规定，与秘书处法律事务厅海洋事务和海洋法司合作，就海洋科学研究的法律方面和海洋技术转让开展的工作，鼓励专家咨询组继续开展这项工作。

"13. 市场准入限制和能力制约因素，继续严重地妨碍着许多发展中国家，特别是最不发达国家、小岛屿发展中国家和非洲沿海国家可以从渔业及其对可持续发展的贡献中获得的惠益。

建议大会：

（1）鼓励国际社会增加发展中国家，特别是最不发达国家、小岛屿发展中国家和非洲沿海国家的可持续发展机会，鼓励这些国家扩大参加远洋捕鱼国在其专属经济区开展的渔业活动，以从本国渔业资源中获得更大的经济效益，并加强在区域渔业管理中的作用；

（2）请远洋捕鱼国在公平和可持续的基础上通过谈判与发展中沿海国家订立市场准入协定和安排，包括加大对渔获物在发展中沿海国管辖范围内加工的关注力度，协助这些国家从开发渔业资源中受益；

（3）鼓励增加对发展中国家的援助，协助其设计、制定和执行有关鱼类养护和可持续管理的协定、文书和工具，包括利用下列现有资金和基金加强科研能力：根据《协定》第七部分设立的援助基金、双边援助、区域渔业管理组织和安排援助资金、联合国粮农组织《捕鱼守则方案》、世界银行全球渔业方案和全球环境基金。"[12]

海洋协商进程就渔业问题向大会提出建议，促进大会就发展和实施国际渔业法规、原则和标准，实现可持续渔业做出决议，对发展和完善海洋生物资源国际养护和管理措施，健全渔业法制发挥了重要作用。

第三节　联合国涉渔特设工作组

一、设立和任务

（一）特设工作组的设立

联合国涉渔特设工作组是指联合国"研究国家管辖范围以外区域海洋生物多样性的

养护和可持续利用问题的不限成员名额非正式特设工作组"。

在国家管辖范围以外区域的海底蕴藏着独特的生态系统、生物群体和海洋遗传资源。海洋遗传资源与鱼类不同,它不是作为食物来源而采集,而是因为其含有的信息可以复制和利用。海洋遗传资源丰富多样,大量存在于海底生物中,对人类具有宝贵价值,可以提供各种惠益、物品和服务。而且确信关于海洋遗传资源的研究对于增进对海洋生态系统的科学认识、潜在利用和应用,加强对海洋生态系统的管理十分重要。这是制定《联合国海洋法公约》时没有认识到的。

随着人们对国家管辖范围以外区域的生物多样性的认识日益加深及对人类活动对这种生物多样性构成威胁的日益关注,2004 年联合国大会第 59/24 号决议第 73 段决定设立不限成员名额非正式特设工作组,研究国家管辖范围以外区域海洋生物多样性的养护和可持续利用有关的问题。[13]

（二）特设工作组的任务

按照联合国大会第 59/24 号决议第 73 段的规定,研究与国家管辖范围以外区域的海洋生物多样性的养护和可持续利用有关的问题不限成员名额非正式特设工作组的任务是:

（1）回顾联合国和其他相关国际组织过去和现在就国家管辖范围以外区域的海洋生物多样性的养护和可持续利用问题进行的活动;

（2）审查这些问题的科学、技术、经济、法律、环境、社会经济及其他方面;

（3）查明关键问题,对其进行更详尽的背景研究将有助于各国审议这些问题;

（4）酌情指出可用于促进国际合作和协调,养护和可持续利用国家管辖范围以外的海洋生物多样性的办法和方法。

二、性质

联合国涉渔特设工作组是唯一以鼓励所有利益攸关方进行公开讨论的方式处理国家管辖范围以外区域海洋生物多样性各方面问题的国际论坛,其使命是使各国和有关利益攸关方能够广泛参与,并就这些问题进行全面、跨学科和跨部门的讨论,向联合国大会提出报告和建议,为联合国大会就国家管辖范围以外区域海洋生物多样性特别是海洋遗传资源的养护和可持续利用问题,以及可持续深海渔业的决策提供必要的科学支撑。

三、组织安排和运作程序

（一）特设工作组的组织安排

按照联合国大会有关决议的规定,联合国涉渔特设工作组的组织安排包括:

（1）按照大会第 59/24 号决议第 73 段所设涉渔特设工作组的会议应对联合国所有会员国和《联合国海洋法公约》全体缔约方开放,并根据联合国的惯例邀请其他方面作为观察员出席,其中包括全球和区域政府间组织、联合国系统的组织和机构以及非政府组织;

（2）鼓励各国让相关专家参加其出席不限成员名额非正式特设工作组会议的代表团;

（3）由联合国大会主席与会员国协商，在考虑到发达国家和发展中国家均应有代表的情况下任命各次会议的两位共同主席协调工作组会议；

（4）联合国法律事务厅海洋事务和海洋法司负责为工作组会议提供工作支助。

（二）特设工作组的运作程序

按照大会有关决议的规定，联合国涉渔特设工作组的会议在联合国总部举行，其运作程序为：

（1）由联合国大会决议规定涉渔特设工作组的开会日期及任务；

（2）由联合国大会主席与会员国协商，任命工作组两位共同主席；

（3）秘书长在提交联合国大会的"海洋和海洋法"报告中应汇报工作组将要研究的问题，以便协助工作组两位共同主席与所有相关国际组织协商拟订其议程；

（4）工作组两位共同主席根据大会议事规则和惯例确定会议议程项目和讨论方式，并可酌情以非公开的方式举行；

（5）根据工作组的讨论，共同主席在与共同主席之友协商后，编制向大会的建议草案，经工作组审议后，并以协商一致的方法予以通过；

（6）秘书长将工作组共同主席的会议结果报告，作为其向联合国大会提交的"海洋和海洋法"报告的增编或附件，分发给联合国所有会员国。

四、会议成果

（一）第一次会议

联合国大会第 59/24 号决议第 74 段指令秘书长在提交大会第 60 届会议的"海洋和海洋法"报告中汇报其第 73 段提及的问题，以便协助不限成员名额非正式特设工作组与所有相关国际组织协商拟订其议程。并规定在报告提交后 6 个月内在纽约举行工作组会议。2005 年 7 月 15 日秘书长关于"海洋和海洋法"的报告（A/60/63/Add. 1）提出了关于养护和可持续利用国家管辖范围以外的海洋生物多样性的科学、技术、经济、法律、环境、社会经济和其他方面的资料，包括更为详尽的背景研究可有助于会员国审议的重要问题，并酌情提出了推动该领域国际合作与协作的可能备选方案和做法。报告还提供资料，说明联合国和其他有关国际组织过去和现在在养护和可持续利用国家管辖范围以外的海洋生物多样性方面进行的活动。

根据大会第 60/30 号决议，工作组于 2006 年 12 月 13 日至 17 日举行首次会议，按照第 59/24 号决议第 73 段规定的 4 项任务，广泛讨论了与养护和可持续利用国家管辖范围以外的海洋生物多样性相关的议题，其中涉及：国家管辖范围以外区域的海洋生物多样性的法律制度；渔业活动、特别是底部拖网捕鱼对深海生物多样性的影响；公海保护区；国家管辖范围以外的深海基因资源；海洋科学研究；发展中国家的能力建设与有效参与；国际协调与合作等。各代表团重申，《联合国海洋法公约》为在海洋中的所有活动提供了 1 个法律框架，任何与国家管辖范围以外区域的海洋生物多样性的养护和可持续利用有关的行动，都应与该法律框架保持一致。并认识到，国家管辖范围以外区域的海洋生物多样性的养护和可持续利用问题，需要在海洋管理的预防性做法和生态系统方法的基础

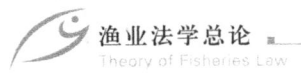
上,以综合方式加以处理。

会议共同主席汇总的工作组讨论摘要及其向工作组提出的趋势摘要,载于联合国大会文件第 A/61/65 号,其中列举了未来需要进一步研究的问题清单。[14]

（二）第二次会议

根据大会第 61/222 号决议第 91 段和第 62/215 号决议第 105 段,工作组于 2008 年 4 月 28 日至 5 月 2 日举行第二次会议,以审议:

（1）人类活动对国家管辖范围以外区域海洋生物多样性的环境影响;

（2）国家之间以及相关政府间组织和机构之间为养护和管理国家管辖范围以外区域海洋生物多样性而开展的协调与合作;

（3）划区管理工具的作用;

（4）国家管辖范围以外区域的遗传资源;

（5）是否存在治理或监管差距,如果存在这种差距应如何加以解决。

会议收到了汇报上述问题的支持性文件:秘书长根据大会第 61/222 号决议第 91 段要求编写的"海洋和海洋法"的报告（A/62/66/Add.2）。工作组在开始审议之前,听取了"将深海生物多样性与国际管理需要挂钩"及"公海底栖生物地理区"和"国家管辖范围以外区域生物地理分类的相关性"等科学介绍。

会议期间,与会者确认需要特别关注不可持续的捕鱼活动,包括过度捕捞、捕捞能力过大、副渔获物、破坏性捕捞方法以及非法、不报告和无管制的捕捞;不参加或不遵守全球和区域渔业文书;陆地活动和海上活动的污染;引进外来扩散性物种;海洋噪音的影响;海洋科学研究,包括对海洋遗传资源的研究;勘探和开发非生物资源;铺设管道等人类活动对国家管辖范围以外区域的海洋生物多样性的影响。强调国际合作与协调对应对养护和可持续利用国家管辖范围以外区域的海洋生物多样性方面的挑战至关重要。包括海洋保护区在内的管理工具在实行生态系统方法和预防性做法管理人类海洋活动以及综合全面应对海洋生态系统面临的威胁方面可发挥重要作用。普遍认识到,海洋遗传资源为人类提供了重要的生态系统产品和服务。因此,确保在国家管辖范围以外区域养护和可持续利用海洋生物多样性必不可少。为减少或消除在国际法律框架中存在的执行差距,提出了处理国家管辖范围以外区域海洋生物多样性的养护和可持续利用问题的一些短期、中期和长期提议。

会议共同主席以联合声明的形式,总结了会议期间就第 61/222 号决议第 91 段所列问题提出的主要问题、观点和提议,以及共同主席基于其对讨论情况的评估所提的一些结论意见。主要是根据这些讨论,建议大会不妨考虑将下列问题交由该工作组处理:

（1）更加有效地实施和执行与国家管辖范围以外区域海洋生物多样性的养护和可持续利用有关的现有文书;

（2）加强各级以及跨部门的合作和协调,包括加强发展中国家能力建设方面的合作;

（3）建立和执行有效的环境影响评估,以此作为改进海洋管理的 1 项工具;

（4）按照《联合国海洋法公约》拟定和使用基于区域的管理工具,包括指定、管理、监测和执行等;

（5）处理国家管辖范围以外区域海洋遗传资源的养护和可持续利用问题的实际措施，但不妨碍正在进行的有关国家管辖范围以外区域海洋遗传资源的相关法律制度的讨论；

（6）继续和加强有关国家管辖范围以外区域海洋生物多样性的海洋科学研究。[15]

（三）第三次会议

根据大会第 63/111 号决议第 127 段及第 64/71 号决议第 146 段，工作组于 2010 年 2 月 1 日至 5 日举行第三次会议，在其任务规定范围内进一步审议海洋保护区和环境影响评估流程等问题。秘书长向大会第 64 届会议提交的报告（A/64/66/Add. 2），载有自秘书长关于这个问题的上 1 次报告（A/62/66/Add. 2）以后各有关组织开展的活动、包括与科学、技术、经济、法律、环境和社会经济有关的各方面活动的资料。其中还提供资料说明可以促进国际合作与协调的选择办法和步骤，并查明就哪些关键问题进行更详细的背景研究，用以协助工作组在同所有相关国际机构协商后拟订其议程，并将有助于各国审议这些问题。

工作组在其讨论的基础上，就以下议程项目向大会提出了诸多建议：加强信息基础、能力建设和技术转让、执行方面的合作和协调、综合海洋管理和生态系统方法的合作与协调、环境影响评估、基于区域的管理工具，特别是海洋保护区、海洋遗传资源。在工作组的请求下，共同主席编制了在不同议程项目下的审议中提及的或提出的重要问题、想法和提议的讨论摘要。

讨论摘要指出，在海洋遗传资源适用的相关法律制度方面存在意见分歧。一些代表团认为国家管辖范围以外区域的海洋遗传资源应适用《联合国海洋法公约》第十一部分。一些代表团强调第十一部分只涉及矿产资源，海洋遗传资源应由第七部分中的公海制度来规范。一些代表团呼吁加强本工作组的作用，包括通过具体规定，对获取国家管辖范围以外区域的海洋遗传资源和勘查进行规范。有代表团认为，应在《生物多样性公约》框架内制定 1 项新的文书。其他代表团重申，《联合国海洋法公约》对国家管辖范围以外区域的海洋遗传资源进行了适当的规范，从而无需建立新的国际法律制度。还有 1 项建议认为，联合国应紧急启动 1 项谈判进程，以便查明与国家管辖范围以外区域海洋生物多样性有关的法律方面的问题，包括建立负责资源管理和养护的体制结构。[16]

（四）第四次会议

根据大会第 65/37A 号决议第 163 段，工作组于 2011 年 5 月 31 日至 6 月 3 日举行第四次会议，审查国家管辖范围以外区域海洋生物多样性的养护和可持续利用的科学、技术、经济、法律、环境、社会经济和其他方面，包括联合国和其他相关国际组织的活动，特别是依照《联合国海洋法公约》，进一步审议国家管辖范围以外区域海洋遗传资源的相关法律制度，同时考虑到各国关于《公约》第七部分和第十一部分的观点；海洋保护区问题；环境影响评估进程。

可供工作组使用的辅助文件有秘书长的"海洋和海洋法"的报告（A/66/70）。该报告按照大会第 65/37A 号决议第 167 段的要求，根据从各国和国际主管组织索取的资料，列入有关对国家管辖以外区域已有规划的活动所作的环境影响评估资料，包括能力建设需求,还列有有关组织在秘书长提交报告(A/64/66/Add.2)后开展的活动的资料,包括国家管辖范围以外区域海洋生物多样性的养护和可持续利用涉及的科学、技术、经济、法律、环境和社会经济问题的资料,及说明促进国际合作与协调可采用哪些方案和做法的资料,并说明进行更详细的背景研究有助于各国审议的重大事项和问题。

工作组如期完成了第65/37A号决议中要求的向大会提出建议的任务。建议是:

(1)大会发起1个进程,确保国家管辖范围以外区域海洋生物多样性的养护和可持续利用法律框架有效处理这些问题,具体方式是查明差距和确定前进道路,包括执行现有文书,以及可能根据《联合国海洋法公约》拟订1项多边协定;

(2)这1进程涉及国家管辖范围以外区域海洋生物多样性特别是海洋遗传资源的养护和可持续利用,包括分享惠益问题,还涉及划区管理工具等措施,包括海洋保护区、环境影响评估、能力建设和转让海洋技术;

(3)这1进程将:

① 在现有工作组展开;

② 采取闭会期间讲习班的形式,旨在增进对各个议题的了解,阐明关键问题,为工作组的工作提供投入;

(4)审查并酌情修订工作组任务规定,以执行这些建议所涉任务;

(5)请秘书长于2012年召开工作组会议,就工作组审查的所有问题取得进展,并向联合国大会第六十七届会议提出建议。

共同主席的讨论摘要中,编写了关于审议中提及或提出的重要议题、想法和提议,包括关于国家管辖范围以外区域海洋遗传资源、海洋保护区、环境影响评估流程、能力建设和海洋技术转让等议程项目的各种见解。其中,关于国家管辖范围以外区域海洋遗传资源的法律地位问题,一些代表团强调区域内遗传资源是人类共同继承财产,适用公正和公平分享惠益,其他代表团则指出,人类共同继承财产原则仅适用于"区域"矿产资源,"区域"生物资源应由《公约》第七部分中的公海制度规范;然而,目前在公海上实行的"先到先得"办法具有反作用,破坏可持续性。一些代表团注意到,没有授权1个国际机构对获取国家管辖范围以外区域海洋遗传资源进行规范。在此方面,应探讨多种办法制订规范框架。[17]

(五)第五次会议

根据大会第66/231号第167段和168段,工作组于2012年5月7日至11日举行第五次会议,任务是启动工作组上次会议建议大会发起的进程。

工作组在其讨论的基础上,以协商一致方式通过了第66/231号决议第168段要求的向大会提出建议的任务。建议大会第六十七届会议:

(1)欢迎工作组在大会第66/231号决议启动的进程中召开的第一次会议,确保国家管辖范围以外区域海洋生物多样性的养护和可持续利用法律框架有效处理这些问题,具体方式是查明差距和确定前进道路,包括执行现有文书,以及可能根据《联合国海洋法公约》拟订1项多边协定,并注意到该次会议就共同主席的讨论摘要所提问题各方面所交换的意见,工作组决定,将在2013年闭会期间讲习班上就其中一些方面展开进一步探讨；

（2）为增进对各个议题的了解，阐明关键问题，为工作组的工作提供投入，请秘书长在现有资源范围内，在工作组举行关于这些主题的下次会议之前，按照工作组商定并附于这些建议之后的职权范围所载方式，召开两次闭会期间讲习班；

（3）请工作组在下次会议上，继续审议其任务规定的所有问题，同时考虑到工作组 2012 年会议的讨论情况以及闭会期间讲习班对工作组工作的投入，并向大会第六十八届会议提出建议，以期在履行第 66/231 号决议第 167 段规定的任务方面取得进展，并考虑到本建议（1）段；

（4）请秘书长于 2013 年下半年提供全套会议服务，召开工作组会议，以向大会第六十八届会议提出建议，并请秘书长尽一切努力，在现有资源范围内满足全套会议服务的需求；

（5）请秘书长通过专用捐款，利用现有的信托基金，促进来自发展中国家、特别是最不发达国家、小岛屿发展中国家和内陆发展中国家的小组成员和代表参与闭会期间讲习班，并邀请会员国、国际金融机构、捐助机构、政府间组织、非政府组织以及自然人和法人向这些信托基金做出财政捐助，并向闭会期间讲习班做出其他捐助。

工作组共同主席应工作组的请求，编写了关于审议中提及或提出的重要议题、想法和提议的讨论摘要。其中指出，有人认为有必要了解"海洋遗传资源"这 1 术语的范围，以及这 1 术语是仅仅包含来自海床和底土的海洋遗传资源，还是也包含来自水体的海洋遗传资源。"国家管辖范围以外区域"这 1 表述指两个海洋区域，即公海和"区域"，两者的性质和法律制度不同。海洋活动的管理和海洋资源的利用取决于进行活动或发现资源所在的海区。一些代表团强调，国家管辖范围以外区域海洋生物多样性的养护和可持续利用是在《联合国海洋法公约》下制定实施协议的总体目标。这 1 协议应涵盖多个组成部分，如海洋遗传资源，包括分享惠益问题、区域管理工具等措施，其中包括海洋保护区和环境影响评估、能力建设和海洋技术转让。《联合国海洋法公约》框架下的执行协议通过建立 1 个全面的法律、体制和治理框架，同时保持发达国家与发展中国家之间的利益平衡，可以填补现已查明的差距。许多代表团提出，工作组可向大会第六十七届会议建议，应尽早启动有关谈判，从而根据《联合国海洋法公约》达成 1 项执行协定，以解决国家管辖范围以外区域海洋生物多样性的养护和可持续利用问题。这些代表团还认为，应调整工作组的任务，以便启动谈判，达成该执行协定。相反，也有与会者表示，根据《联合国海洋法公约》拟订 1 项执行协定还为时过早，应在闭会期间讲习班中对该事项所有相关方面进行审查后，再解决这 1 问题。[18]

（六）第六次会议

根据大会第 67/78 号决议第 184 段，工作组于 2013 年 8 月 19 日至 23 日举行第六次会议。此前，2012 年 6 月参加联合国可持续发展大会的各国首脑们在成果文件《我们希望的未来》第 162 段指出，我们认识到国家管辖范围以外区域海洋生物多样性的养护和可持续利用的重要性。我们注意到大会主持的不限成员名额非正式特设工作组为研究国家管辖范围以外区域海洋生物多样性养护和可持续利用有关问题正在开展的工作。

在该不限成员名额非正式特设工作组工作的基础上,我们承诺在大会第六十七届会议结束之前抓紧处理国家管辖范围以外区域海洋生物多样性的养护和可持续利用问题,包括就根据《海洋法公约》的规定拟订 1 份国际文书的问题做出决定。[7]

根据大会第 67/78 号决议第 184 段举行的这次会议,是根据大会第 66/231 号决议启动的进程中召开的工作组第二次会议,其任务是向大会第六十八届会议提出建议,以期在履行第 66/231 号决议第 167 段规定的任务方面取得进展,同时考虑到《我们希望的未来》第 162 段。

在非正式协商后,工作组全体会议以协商一致方式通过了向大会第六十八届会议的以下 5 项建议:

(1) 欢迎根据大会第 67/78 号决议第 182 段的规定于 2013 年 5 月 2 日和 3 日及 6 日和 7 日举行闭会期间讲习班,这次讲习班提供了宝贵的科学和技术方面的专门信息,为工作组的工作提供了投入;

(2) 重申各国在"我们希望的未来"中做出的承诺,即在工作组工作的基础上,在大会第六十九届会议结束之前抓紧处理国家管辖范围以外区域海洋生物多样性的养护和可持续利用问题,包括就根据《联合国海洋法公约》的规定拟订 1 份国际文书的问题做出决定,并且在工作组范围内建立 1 个准备采取这 1 行动的进程;

(3) 在这方面,为就大会第六十九届会议将要做出的决定做好准备,要求工作组在第 66/231 号决议规定的任务范围内并根据第 67/78 号决议的规定,就根据《联合国海洋法公约》新制订国际文书的规模、范围和可行性向大会提出建议;

(4) 为此,决定工作组将举行三次会议,每次为期 4 天,而且大会可能决定根据需要在现有资源范围内举行更多会议;

(5) 为了向工作组的审议提供资料,决定要求工作组共同主席邀请各会员国就根据《联合国海洋法公约》新制订国际文书的规模、范围和可行性提出意见,以便不迟于第一次工作组会议举行前 3 个星期把各国的意见汇总为 1 份非正式工作文件,予以分发;这份非正式工作文件将在之后的会议之前经过更新后分发。

根据工作组的要求,共同主席编写了讨论摘要,以说明在审议期间提到或提出的主要议题、想法和建议。其中提到许多代表团特别指出,工作组是 1 个很好的交换意见和分享经验的论坛,工作组的工作展现了对国家管辖范围以外区域海洋生物多样性的养护和可持续利用这一共同目标做出的承诺。工作组还有助于增进关于相关问题的知识和了解,提出可行的途径和解决方案。各国在 2012 年联合国可持续发展大会上做出的"在工作组工作的基础上,在大会第六十九届会议结束之前抓紧处理国家管辖范围以外区域海洋生物多样性的养护和可持续利用问题,包括就根据《联合国海洋法公约》的规定拟订 1 份国际文书的问题做出决定"的承诺为工作组确立了进一步推进和及时完成审议工作的明确政治任务。在讨论中,一些代表团对海洋遗传资源是否为人类共同继承财产的 1 部分持有不同意见。[19]

(七) 第七次会议

根据大会第 68/70 号决议第 198、199 段和第 200 段,工作组于 2014 年 4 月 1 日至 4

日举行第七次会议。此次会议是第 68/70 号决议决定工作组为大会第六十九届会议将要做出的决定作好准备工作,即根据《联合国海洋法公约》的规定拟订一份国际文书的范围、要素和可行性向大会提出建议将举行 3 次会议的第一次会议。

在审议中,各代表团就大会第 66/231 号决议确定的工作组任务规定,即处理国家管辖范围以外区域海洋生物多样性的养护和可持续利用,特别是作为 1 个整体一并处理海洋遗传资源的养护和可持续利用,包括:惠益分享问题;采取划区管理工具等措施,包括划定海洋保护区;环境影响评估;能力建设;海洋技术转让,以及就这些事项根据《联合国海洋法公约》拟订 1 项一揽子的国际文书,包括《联合国海洋法公约》项下国际文书的范围、要素和可行性发表了意见和建议。应工作组的要求,共同主席就在审议期间提到或提出的主要议题、想法和建议编写了简要讨论摘要,作为会议成果报告大会。其中指出关于公海渔业是否应包含在管辖范围内,代表们表达了不同意见。一些代表团指出,捕捞活动已经通过《联合国海洋法公约》和《联合国鱼类种群协定》得到处理,该协定提供了 1 个全球法律框架,推动在区域一级采取措施,包括划区管理等养护措施。

在这方面,他们指出,渔业方面的差距是执行差距而不是法律空白,因此不应列入国际文书的管辖范围。他们进一步指出,缺乏执行现有文书的政治意愿问题不可能通过制订 1 项新国际文书而得到解决。一些代表团还表示,包括多数主要的捕鱼国在内,很多国家都是《联合国鱼类种群协定》的缔约方。但其他代表团认为,公海渔业方面存在法律或监管漏洞,原因之一是《联合国鱼类种群协定》缺乏普遍参与,致使一些捕捞活动不受管制,并且,从现有的区域渔业管理组织和安排在鱼种和地域覆盖方面的局限性来看,也存在法律或监管漏洞。还有一些代表团指出,区域渔业管理组织和安排采取的是部门性办法,没有考虑到其职权范围内具体种群之外更广泛的生物多样性问题。尽管对于根据《联合国海洋法公约》的规定拟订 1 份国际文书的范围、要素和可行性问题存在大量不同意见,但显示出大多数国家有向前推进的政治意愿。[20]

（八）第八次会议

根据大会第 68/70 号决议第 198、199 段和第 200 段,工作组于 2014 年 6 月 16 日至 19 日举行第八次会议。这也是为大会第六十九届会议将要做出的决定作准备工作的第二次会议。

在审议中,各代表团在上次会议的基础上就根据《联合国海洋法公约》拟定的 1 项一揽子国际文书的范围、要素,包括总体目标和出发点、国际文书的法律框架、与其他文书的关系、属人管辖权范围、属地管辖权范围和属事管辖权范围以及依照《联合国海洋法公约》拟定 1 项国际文书的可行性等问题进一步交换意见、提出建议。

应工作组的要求,共同主席编写了关于审议期间提及或提出的重要议题、想法和提议的简要讨论摘要。摘要表明鉴于《联合国海洋法公约》下已有两项执行协定,在其下制定另 1 项执行协定在政治、法律和技术上都是可行的。多数国家已展现出决定开始关于 1 项国际文书谈判的政治意愿。大多数代表团期望工作组定于 2015 年 1 月 20 日至 23 日举行的第三次会议,能就大会第 68/70 号决议第 198 段的要求达成共识,敲定向六十九届会议提交的关于根据《公约》的规定拟订 1 份处理国家管辖范围以外区域海洋生物

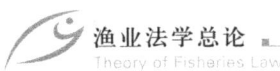

多样性的养护和可持续利用的国际文书的规模、范围和可行性的建议文本,以使工作组能够完成其授权任务。[21]

（九）第九次会议

2014 年 12 月 29 日联合国大会第 69/245 号决议第 214 段重申:大会在第 68/70 号决议中请不限成员名额非正式特设工作组在第 66/231 号决议规定的任务范围内并根据第 67/78 号决议的规定,为大会第六十九届会议将要就根据《公约》的规定拟订 1 份国际文书做出的决定作好筹备工作,在将于 2015 年 1 月 20 日至 23 日举行的工作组会议上,就根据《公约》的规定拟订 1 份国际文书的规模、范围和可行性向大会提出建议。[22]

根据大会第 68/70 号决议第 199 段和第 200 段和上述第 214 段,工作组于 2015 年 1 月 20 日至 23 日举行第九次会议。这也是为大会第六十九届会议将要做出的决定作准备工作的第三次会议。工作组审议并通过了向大会六十九届会议提出的关于根据《公约》的规定拟订 1 份处理国家管辖范围以外区域海洋生物多样性的养护和可持续利用的国际文书的规模、范围和可行性的建议草案,完成了第 69/245 号决议第 214 段中要求的向大会提出建议的任务。[23]

2015 年 6 月 19 日联合国大会第 69/292 号决议,肯定了工作组就根据《公约》的规定拟订 1 份国际文书的规模、范围和可行性的建议取得的进展,及为大会第六十九届会议要就根据《公约》的规定拟订 1 份国际文书做出决定所作的筹备工作,决定设立 1 个所有联合国会员国、专门机构成员和《公约》缔约方均可参加,并按照联合国惯例邀请其他方面作为观察员参加的筹备委员会,用 3 年时间拟订 1 份具有法律约束力的国际文书的案文草案要点,然后由联合国主持召开政府间会议,审议筹备委员会有关案文要点的建议,拟订具有法律约束力的国际文书的案文,并最终根据《联合国海洋法公约》的规定就国家管辖范围以外区域海洋生物多样性的养护和可持续利用问题制定 1 份具有法律约束力的国际文书。又决定通过谈判处理 2011 年商定的一揽子事项所含的专题,即国家管辖范围以外区域海洋生物多样性的养护和可持续利用,特别是作为 1 个整体的全部海洋遗传资源的养护和可持续利用,包括惠益分享问题,以及包括海洋保护区在内的划区管理工具、环境影响评估和能力建设及海洋技术转让等措施。[24]预计这项国际文书将以执行 1982 年 12 月 10 日《联合国海洋法公约》有关规定的第三个协定的形式出现。

参考文献

[1] 联合国大会文件第 61/65 号.研究国家管辖范围以外区域海洋生物多样性的养护和可持续利用问题的不限成员名额非正式特设工作组的报告[R/OL]. (2006-03-20). [2012-09-24].

http://www.un.org/zh/documents/view_doc.asp? symbol＝％20A/61/65

[2] 联合国大会决议第 49/28 号.海洋法[S/OL]. (1994-12-06). [2012-09-24].

http://www.un.org/chinese/aboutun/prinorgs/ga/49/a49r28.pdf

[3] 联合国大会决议第 51/34 号.海洋法[S/OL]. (1996-12-09:14). [2012-09-24].

http://www.un.org/chinese/aboutun/prinorgs/ga/51/a51r034.htm

[4] Oceans and the Law of the Sea in the General Assembly of the United Nations Reports of the

Secretary-General[G/OL].(2011-11-16).[2012-09-30].

http://www.un.org/Depts/los/general_assembly/general_assembly_reports.htm

［5］联合国可持续发展《21世纪议程》[S/OL].(2009-10-01:第17.44-17.96段).[2012-09-30].

http://www.un.org/chinese/events/wssd/chap17.htm

［6］Plan of lmplementation of the world Summit on Sustainable Development [S/OL].(2002-09-04:Para.31).[2012-10-21].

http://www.un.org/esa/sustdev/documents/WSSD_POI_PD/English/WSSD_PlanImpl.pdf

［7］联合国大会决议第66/288号.我们希望的未来[S/OL].(2012-07-27).[2012-10-22].

http://www.un.org/zh/documents/view_doc.asp? symbol＝A/RES/66/288

［8］联合国大会文件第A/RES/70/1号.变革我们的世界:2030年可持续发展议程[S/OL].(2015-10-21:14.6).[2015-11-01].

http://www.un.org/zh/documents/view_doc.asp? symbol＝A/RES/70/1

［9］联合国大会决议第61/105号.通过1995年《执行1982年12月10日〈联合国海洋法 公约〉有关养护和管理跨界鱼类种群和高度洄游鱼类种 群的规定的协定》和相关文书等途径实现可持续渔业[S/OL].(2006-12-08).[2012-10-22].

http://www.un.org/zh/documents/view_doc.asp? symbol＝A/RES/61/105

［10］联合国大会决议第54/33号. 可持续发展委员会对"海洋"这一部门主题进行审查的结果：国际协调与合作[S/OL].(1999-11-24:2-3).[2012-10-25].

http://www.un.org/zh/documents/view_doc.asp? symbol＝A/RES/54/33

［11］联合国大会文件第55/274号.联合国海洋和海洋法不限参加者名额非正式协商进程第一次会议工作报告[R/OL].(2000-07-31).[2012-10-28].

http://www.un.org/zh/documents/view_doc.asp? symbol＝A/55/274

［12］联合国大会文件第60/99号.联合国海洋和海洋法问题不限成员名额非正式协商进程第六次会议的工作报告[R/OL].(2005-07-07).[2012-10-29].

http://www.un.org/zh/documents/view_doc.asp? symbol＝A/60/99

［13］联合国大会决议第59/24号.海洋和海洋法[S/OL]. (2005-02-04).[2012-11-02].

http://www.un.org/zh/documents/view_doc.asp? symbol＝A/RES/59/24

［14］联合国大会文件第61/65号.2006年3月9日研究国家管辖范围以外区域海洋生物多样性的养护和可持续利用问题的不限成员名额非正式特设工作组共同主席给大会主席的送文函[R/OL].(2006-03-20).[2012-11-02].

http://www.un.org/zh/documents/view_doc.asp? symbol＝A/61/65

［15］联合国大会文件第63/79号.2008年5月15日研究国家管辖范围以外区域海洋生物多样性的养护和可持续利用有关问题的不限成员名额非正式特设工作组共同主席给大会主席的信[R/OL].(2008-05-16).[2012-11-03].

http://www.un.org/zh/documents/view_doc.asp? symbol＝A/63/79

［16］联合国大会文件第65/68号.2010年3月16日不限成员名额非正式特设工作组共同主席给大会主席的信[R/OL].(2010-03-17).[2012-11-04].

http://www.un.org/zh/documents/view_doc.asp? symbol＝％20A/65/68

［17］联合国大会文件第66/119号.2011年6月30日不限成员名额非正式特设工作组共同主席给大会主席的信[R/OL].(2011-06-30).[2012-11-05].

http://www.un.org/zh/documents/view_doc.asp? symbol＝A/66/119

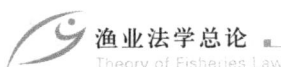
[18] 联合国大会文件第 67/95 号. 2012 年 6 月 8 日不限成员名额非正式特设工作组共同主席给大会主席的信[R/OL]. (2012-06-13). [2012-11-06].

http://www.un.org/zh/documents/view_doc.asp? symbol=A/67/95

[19] 联合国大会文件第 68/399 号. 2013 年 9 月 23 日不限成员名额非正式特设工作组共同主席给大会主席的信[R/OL]. (2013-09-23). [2013-11-22].

http://www.un.org/zh/documents/view_doc.asp? symbol=A/68/399

[20] 联合国大会文件第 69/82 号. 2014 年 5 月 5 日不限成员名额非正式特设工作组共同主席给大会主席的信[R/OL]. (2014-05-05). [2014-08-02].

http://www.un.org/zh/documents/view_doc.asp? symbol=A/69/82

[21] 联合国大会文件第 69/177 号. 2014 年 7 月 25 日不限成员名额非正式特设工作组共同主席给大会主席的信[R/OL]. (2014-07-23). [2014-08-02].

http://www.un.org/zh/documents/view_doc.asp? symbol=A/69/177

[22] 联合国大会第 69/245 号决议. 海洋和海洋法[S/OL]. (2014-12-29). [2016-08-02].

http://www.un.org/en/ga/search/view_doc.asp? symbol=A/RES/69/245

[23] 联合国大会文件第 69/780 号. 2015 年 2 月 13 日不限成员名额非正式特设工作组共同主席给大会主席的信[R/OL]. (2015-02-13). [2016-08-02].

http://documents-dds-ny.un.org/doc/UNDOC/GEN/N15/041/81/PDF/N1504181.pdf? OpenElement

[24] 联合国大会第 69/292 号决议. 根据《联合国海洋法公约》的规定就国家管辖范围以 外区域海洋生物多样性的养护和可持续利用问题拟订一份具有法律约束力的国际文书[S/OL]. (2015-06-19:32-33). [2016-08-02].

http://www.un.org/en/ga/search/view_doc.asp? symbol=A/RES/69/292

第六章　国际渔业组织

　　为实现渔业可持续发展,各国应在分区域、区域或全球范围进行合作,以制定和实施国际养护和管理海洋生物资源的措施、保证渔船安全的国际规则和标准,建立渔船活动的监测、监视和控制机制,收集和交换渔业信息资料,促进渔业研究和科学技术的发展等。

　　国际渔业组织是进行国际渔业合作的组织保障。在联合国系统内,联合国粮农组织作为唯一主管世界渔业的政府间组织,在全球渔业事务中处于国际领导地位,承担着通过制定国际公约、协定和《负责任渔业行为守则》及有关国际行动计划、战略、标准和技术准则,建立并指导区域渔业组织的活动,推行旨在可持续和负责任地发展内陆和海洋渔业及水产养殖业的政策和战略,加强全球渔业和水产养殖的治理,提高联合国粮农组织成员的管理和技术能力,改进鱼和渔产品的生产和分配效率,改善渔业人口的生活状况,维护渔业生态安全,促进粮食安全和消除贫困的历史任务。

　　联合国粮农组织设有渔业委员会及渔业和水产养殖部具体处理全球性渔业事务,并设有渔业统计协调工作组和渔业研究咨询委员会为其提供渔业科学技术支撑。

　　除联合国粮农组织外,有关国家根据《联合国海洋法公约》、《粮食及农业组织章程》和双边或多边条约建立的分区域或区域渔业组织,对加强各国在养护和管理水生生物资源方面的合作亦具有重要作用。

第一节　联合国粮农组织

一、设立和性质

联合国粮农组织的前身为 1905 年在罗马设立的作为国际行政联盟[①]的国际农业协会。第二次世界大战后期，根据美国总统罗斯福（Franklin D·Roosevelt，1882～1945）的倡议，1943 年 5 月 18 日至 6 月 3 日在美国温泉城举行了有 45 个国家参加的同盟国粮食和农业会议，决定建立 1 个粮食及农业方面的永久性国际组织，为此成立了筹委会，拟订章程。1945 年 10 月 16 日至 11 月 1 日在加拿大魁北克召开联合国粮农组织第一届大会，通过《粮食及农业组织章程》。联合国粮农组织是讨论和处理全球粮食及农业问题的政府间组织，按照它和联合国之间关系的协定，1946 年 12 月 14 日被纳入联合国体系，成为联合国的 1 个常设专门机构，定名为"联合国粮食及农业组织"，总部设在意大利罗马。但联合国粮农组织不构成联合国的附属组织，它的活动与决议不需要联合国批准。

二、宗旨和职能

（一）联合国粮农组织的宗旨

按照《粮食及农业组织章程》（以下简称《章程》）序言的规定，联合国粮农组织的宗旨是：

（1）提高接受本章程的国家各自管辖下的人民的营养水平和生活标准；

（2）确保提高所有粮农产品的生产和分配效率；

（3）改善农村人口的状况；

（4）从而促进世界经济的发展并保证人类免于饥饿。[1]3

联合国粮农组织基于上述宗旨，确立了以下 3 个主要目标：

（1）消除饥饿、粮食不安全和营养不良；

（2）消除贫困，为所有人推动经济和社会进步；

（3）为了当代和子孙后代的福祉，可持续地管理和利用自然资源，包括土地、水、空气、气候和遗传资源。

（二）联合国粮农组织的职能

按照《章程》第一条的规定，所用"农业"1 词及其衍生词包括渔业、海洋产品、林业和初级林产品。联合国粮农组织的主要职能是：

---

① 国际行政联盟是指若干国家的政府或行政部门通过多边条约在某 1 行政事务领域建立的国际机构。目的在于提供常设国际性机关，按照组织条约规定，协调、推动和管理各成员国活动，联合采取必要的国际行动及执行标准统一化，协调政策，开展经济、技术协作。

（1）收集、分析、阐明和传播关于营养、粮食和农业的情况；

（2）在下列方面促进采取国家和国际的行动，并在适当时提出建议：

① 进行与营养、粮食和农业有关的科学、技术、社会和经济方面的研究；

② 改进与营养、粮食和农业有关的教育和行政工作，在公众中传播营养和农业方面的科学和实践知识；

③ 保护自然资源，采用农业生产的改良方法；

④ 改进粮农产品的加工、销售和分配；

⑤ 采纳由国家和国际提供足够的农业信贷的政策；

⑥ 采纳关于农业商品安排的国际政策。

（3）提供各国政府可能请求的技术援助；

（4）与有关政府合作，组织所需要的考察团帮助它们履行因接受本章程和联合国粮食及农业会议的建议而产生的义务；

（5）总的来说，采取一切必要的和适当的行动以实行序言中所陈述的本组织的宗旨。[1]3-4

三、成员和准成员资格

按照《章程》第二条的规定，在附件Ⅰ①所列举的国家中，凡按照第二十一条②的规定接受本章程者，均为本组织的创始成员国。如某1国家已提出加入本组织的申请并在正式文件中宣布接受在其被接纳时有效的本章程的义务，大会在本组织过半数成员国出席的情况下，可以所投票的2/3多数决定接纳该国为本组织的新成员。如符合本条有关规定的标准的任何区域经济一体化组织已经提出加入本组织的申请并在正式文件中宣布接受在其被接纳时有效的本章程的义务，大会在本组织过半数成员国出席的情况下，可以所投票的2/3多数决定接纳该区域经济一体化组织为本组织的1个成员。

该条还规定，大会在本组织过半数成员国出席的情况下，可以所投票的2/3多数决定接纳不负责处理其国际关系的任何领地或领地集团为本组织的准成员，但需由为其国际关系负责的成员国或当局代表该领地或领地集团提出申请，并在提交的正式文件中声明它代表提出申请的准成员接受在其被接纳时有效的本章程的义务。准成员的权利及义务的性质和范围，均在本章程有关条款和本组织的规则及条例中予以规定。[1]4-5

联合国粮农组织现有194个成员国、1个成员组织——欧盟和2个准成员（法罗群岛、托克劳）。中国是联合国粮农组织创始成员国，于1945年10月16日签署《章程》，中

---

① 附件Ⅰ可以享有创始成员资格的国家，列举了包括中国在内的45个国家。

② 第二十一条　章程的生效

1. 附件Ⅰ所列各国均可接受本章程。

2. 每个政府应向联合国粮食及农业临时委员会递交接受书，该委员会应就此通知附件Ⅰ所列各国的政府。也可以通过1个外交代表通知临时委员会接受本章程；在这种情况下，随后必须尽快地将接受书递交该委员会。

3. 临时委员会在收到20份接受本章程的通知时，应安排那些已通知接受章程的国家所正式授权的外交代表在1份文本上签署本章程。在附件Ⅰ所列的国家中不少于20个国家的代表签署了本章程之后，本章程立即生效。

4. 在本章程生效之后收到接受本章程的通知时，该项接受则在临时委员会或本组织收到通知时生效。

华人民共和国于 1973 年 4 月 1 日恢复参加该组织的活动。

四、领导机构

(一)领导机构定义

根据大会第三十六届会议决定,联合国粮农组织的领导机构为直接或通过其上级机构间接地,在各自的授权范围内,对以下方面做出贡献的机构:

(1)制定本组织的总体政策和管理框架;

(2)编制《战略框架》、《中期计划》及《工作计划和预算》;

(3)实行或促进对本组织行政工作的监督。

领导机构由大会、理事会、计划委员会、财政委员会、章程及法律事务委员会、各技术委员会(即商品问题委员会、渔业委员会、林业委员会和农业委员会)等及各区域会议(即非洲、亚洲及太平洋、欧洲、拉丁美洲及加勒比以及近东区域会议)构成。[1]129

(二)大会

1. 大会为最高权力机关

按照《章程》第三条的规定,大会由每个成员国和准成员各派 1 名代表参加。准成员有权参加大会的讨论,但不得任职,亦无权投票。大会每 2 年召开例会 1 次。在规定的情况下可以召开特别会议。大会一切决定均应以过半数票通过。每个成员国只有 1 票。拖欠会费的成员国,如其拖欠数额等于或超过此前 1 年应缴的会费额,应无大会投票权。

2. 大会的职能

按照《章程》第四条的规定,大会具有以下职能:

(1)决定本组织的政策和批准预算,并行使本章程所授予它的其他权力。

(2)通过本组织的总规则和财务条例。

(3)可根据所投票的 2/3 多数做出关于粮食和农业问题的建议,供成员国和准成员考虑以便采取国家行动予以实施。

(4)可就涉及本组织宗旨的任何事项向任何国际组织提出建议。

(5)可以审议由理事会、大会或理事会下属的任何委员会或这种委员会下设的任何附属组织所做出的任何决定。

(6)应按照大会做出的决定设立区域会议。区域会议的地位、职能和报告程序应由大会通过的规则予以规定。[1]5-6

3. 大会职能依照《联合国粮农组织总规则》(以下简称《总规则》)的规定行使。

(三)理事会

1. 理事会为大会的执行机构

按照《章程》第五条的规定,大会选出 49 个成员国组成本组织的理事会。每个理事国只应有 1 名代表,并只有 1 票。各理事国可以为其代表指派副代表、准代表和顾问。理事会可以确定副代表、准代表和顾问参加其议事活动的条件,但除由 1 名副代表、准代表或顾问代替其代表出席的情况外,任何这种参加者均无权投票。任何代表只能代表 1 个理事国。理事国的任期和其他任职条件应按大会制订的规则予以规定。

2. 理事会独立主席

大会应另行任命 1 名独立的理事会主席。在为理事会独立主席职务提名候选人时，成员国应考虑主席应具有的素质，尤其包括能够客观，对政治、社会和文化差异敏感，在与本组织的工作相关的领域有适当的经历。理事会独立主席需要在罗马出席理事会的一切会议，预计通常每年至少应在罗马居住 6~8 个月。[1]135

3. 理事会的权力和职能

理事会享有大会委托给它的权力。理事会的一切决议均应经所投票的过半数通过。为了履行其职能，理事会应由以下各委员会给予协助：

（1）计划委员会、财政委员会，以及章程及法律事务委员会，这些委员会应向理事会报告；

（2）商品问题委员会、渔业委员会、林业委员会及农业委员会，这些委员会应就计划和预算事项向理事会报告。[1]6-7

按照《总规则》的规定，理事会成员国由大会选举产生，任期 3 年，成员国可重新当选。理事会独立主席任期应为 2 年，可以连任 2 年，其后不得再行连任。理事会在大会两届例会期间至少举行 4 次会议。理事会主席无投票权。

理事会在两届大会之间，作为大会的执行机构，代表大会，并就不需要提交大会的事项做出决定。理事会特别应履行下述职能：

（1）世界粮食和农业的形势及有关事项；

（2）本组织当前和未来的活动，包括中期计划及工作计划和预算；

（3）本组织的行政事务及财务管理；

（4）有关章程的事项；

（5）一般事项。

理事会遵循大会做出的任何决定和本组织与其他组织达成的任何协定，可以安排与联合国、联合国的任何专门组织及其认为适当的其他国际组织进行磋商，并安排它们参加理事会的讨论，但无投票权。[1]36-43

中华人民共和国从 1973 年召开的联合国粮农组织第十七届大会起一直是该组织理事会的成员。

（四）总干事

1. 总干事是联合国粮农组织的执行官员

按照《章程》第七条的规定，联合国粮农组织设总干事 1 名，由大会任命，任期 4 年，仅可连任 1 次，为期 4 年。

2. 总干事的权力和职能

总干事在大会和理事会总的监督下，应有充分的权力和权威指导本组织的工作，并向大会和理事会负责。

总干事或经总干事指定的代表，应参加大会和理事会的一切会议，但无权投票，并应就大会和理事会审议的问题拟出采取适当行动的建议供大会和理事会考虑。[1]8

按照《总规则》的规定，总干事的职能主要是：

（1）总干事应以联合国粮农组织的执行官员的身份为大会和理事会服务，执行它们的决议，并在处理本组织的一切事务中代表本组织。

（2）根据本规则和财务条例，并在总干事就一切涉及政策问题的事项视情况向理事会或大会进行报告的前提下，总干事尤其应该：

① 负责本组织的内部行政管理和工作人员的任命及纪律；

② 召开大会和理事会的会议；

③ 每年出版 1 份综述世界粮食和农业情况的详细报告，并发送给各成员国和准成员；

④ 向大会每届例会提出本组织的工作报告；

⑤ 履行本规则所规定的有关公约和协定的责任；

⑥ 接受参加本组织的申请等。

（3）总干事负有处理本组织与其他国际组织的关系，并与政府间商品机构和联合国各机构进行联络的责任。

（4）总干事可以设立专家小组、委员会或工作组；可以召集各委员会、工作组、或专家小组成员的会议，经大会或理事会授权，或在他确信需要采取紧急行动时自己主动召开一般性、区域性、技术性或其他会议，或成员国及准成员的工作组会议或磋商会。[1]63-66

五、制定公约和协定的权限和程序

（一）公约和协定的批准权限

按照《章程》第十四条的规定，大会和理事会都有公约和协定的批准权，但其权限不同。

1. 大会的权限

大会根据所投票的 2/3 多数并按照大会所采纳的规则，可以批准关于粮食和农业问题的公约和协定并将其提交成员国。

2. 理事会的权限

理事会按照大会所采纳的规则，经其成员至少 2/3 的多数投票赞同，可以批准并提交成员国下列公约和协定：

（1）为协定规定地区的成员国所特别关心的，并仅为在该地区实施而拟定的，有关粮食和农业问题的协定；

（2）为执行大会或理事会批准且已生效的任何公约或协定所拟定的补充公约或补充协定。

（二）公约和协定的制定程序

《章程》第十四条对制定公约和协定以及补充公约和补充协定的程序的作了以下原则性规定：

（1）应由总干事代表 1 个由成员国组成的技术会议，提交给大会或理事会，但该技术会议应曾协助草拟该公约或协定，并建议将其提交有关成员国接受；

（2）大会应制订规则，规定应按何种程序，以便在大会或理事会审议拟议中的公约、

协定、补充公约和补充协定之前,与各国政府进行适当的磋商并作好充分的技术准备;

(3) 大会或理事会批准的任何公约、协定、补充公约和补充协定,就以其有效语文的两份文本,由大会主席或理事会主席以及总干事加以签署。其中 1 份由本组织档案室保存。一旦公约、协定、补充公约和补充协定由于按本条规定采取的行动而生效时,另 1 份应提交联合国秘书长登记。此外,总干事签署这些公约、协定、补充公约和补充协定的文本,并送交本组织每个成员国和那些可能参加《公约》、协定、补充公约和补充协定的非本组织成员国或区域经济一体化组织各 1 份。就准成员而言,应将公约、协定、补充公约和补充协定提交为其国际关系负责的当局。[1]10-12

《总规则》对大会和理事会制定公约和协定以及补充公约和补充协定程序作了具体规定。

第二节　渔业委员会

一、设立

渔业委员会是 1965 年联合国粮农组织第十三届会议决定设立的,为全球研究渔业和水产养殖重大问题的政府间组织,隶属联合国粮农组织理事会,并向理事会报告工作。1966 年举行第一届会议,在 1967～1976 年每年召开 1 次会议,1977 年以来每 2 年召开 1 次会议。

二、组成

按照《总规则》第三十条的规定:

1. 联合国粮农组织全体成员国均可参加渔业委员会

渔业委员会由那些以书面形式通知总干事,表示愿意成为委员会成员并提出打算参加委员会工作的粮农组织成员国组成。

2. 上列规定所提及的通知,可随时提出,但不得迟于渔业委员会会议开幕日前 10 天

由此获得的成员资格应视为始终有效,除非该成员未出席本委员会连续的两届会议,或通知退出本委员会。在委员会每届会议开始时,总干事应散发载有委员会成员国名单的文件。

3. 委员会从其成员中选举自己的主席。[1]50

三、职能

按照《总规则》第三十条的规定,渔业委员会的职能主要是:

(1) 审议联合国粮农组织在渔业方面的工作计划及其执行情况;

(2) 对国际性的渔业问题定期进行总的研究,并对这些问题与可能的解决方法加以

评价,以便各国、联合国粮农组织及其他政府间组织采取一致行动;

(3)审议由理事会或总干事提交委员会的,或由委员会根据其议事规则应1个成员国的请求而列入议程的,有关渔业的特定事项,并做出适当的建议;

(4)研究是否根据章程第十四条为成员国准备并提出1项国际公约,以确保就渔业问题在世界范围内进行有效的国际合作和磋商;

(5)就委员会研究的事项,视情况向理事会提出报告,或向总干事提出咨询意见。[1]51

《章程》第三十条规定,总干事或他的代表应参加渔业委员会的一切会议。

渔业委员会通过的任何建议,凡影响本组织计划或财政者,均应向理事会报告,并附以理事会的有关附属委员会的意见。

渔业委员会的报告也应提交联合国粮农组织大会。

四、附属组织

（一）渔业委员会附属组织的设立和运作

根据《总规则》第三十条第十款的规定,在联合国粮农组织已经批准的预算具备必需经费的情况下,渔业委员会可以设立小组委员会、附属工作组或研究小组,并可以接纳未参加渔业委员会的成员国以及准成员为这些小组委员会、附属工作组或研究小组的成员。渔业委员会设立的这些小组委员会、附属工作组和研究小组的成员还包括不是本组织成员国或准成员而是联合国会员国、联合国任何专门组织或国际原子能组织成员国的国家。

渔业委员会在就建立附属组织采取任何涉及开支的决定之前,应得到总干事关于其行政及财政含义的报告。

渔业委员会应确定需向其报告工作的附属组织的职权范围。附属组织的报告应分送该附属组织的所有成员、本组织所有成员国和准成员、应邀参加附属组织会议的非成员国,以及有资格出席这些会议的有关国际组织,供它们参考。

渔业委员会现设有:

(1)鱼品贸易分委员会;

(2)水产养殖分委员会。

（二）鱼品贸易分委员会

渔业委员会第十六届会议(1985年)按照《总规则》第三十条第十款的规定设立鱼品贸易分委员会。鱼品贸易分委员会向联合国粮农组织所有成员国开放。非联合国粮农组织成员但为联合国或其任何专门组织或国际原子能组织成员的国家可由联合国粮农组织理事会接纳为分委员会成员。鱼品贸易分委员 1986年10月召开第一届会议。

渔业委员会规定鱼品贸易分委员会应为在鱼和渔产品国际贸易的技术和经济方面,包括生产和消费的有关方面的磋商提供论坛。其主要职责为:

(1)定期审查主要鱼和渔产品市场的形势及前景;

(2)根据特别研究,讨论鱼和渔产品贸易的具体问题及可能的解决方法;

(3)讨论促进国际鱼及渔产品贸易的适当措施并为加强发展中国家参与这1贸易,

包括与贸易有关的服务提出建议;

（4）与联合国粮农组织、世界卫生组织食品法典委员会一起为促进国际质量标准和协调统一质量管理及检验程序和法规提出建议;

（5）为经济上可行的鱼和渔产品开发进行磋商和提出建议,包括加工方法、产品升级以及发展中国家的最终产品生产。[2]

（三）水产养殖分委员会

渔业委员会第二十四届会议（2001年）按照《总规则》第三十条第十款的规定设立水产养殖分委员会。水产养殖分委员会向联合国粮农组织所有成员国开放。非联合国粮农组织成员但为联合国或其任何专门组织或国际原子能组织成员的国家可由联合国粮农组织理事会接纳为分委员会成员。水产养殖分委员会2002年4月18～22日召开第一届会议。

水产养殖分委员会应为有关水产养殖的磋商和讨论提供论坛,并就与水产养殖涉及的技术和政策事项以及联合国粮农组织在水产养殖主题领域将开展的工作向渔业委员会提供咨询。其主要职责为:

（1）确定并讨论全球水产养殖发展的主要问题和趋势;

（2）确定需要采取行动以增加水产养殖对粮食安全、经济发展和脱贫的可持续贡献的具有国际重要性的那些问题和趋势;

（3）为满足水产养殖发展需要提出国际行动建议,包括:

① 就制订、促进和实施所确定的行动计划的机制及预期各伙伴做出的贡献提供咨询;

② 就与其他有关团体和组织的联络提供咨询,以便酌情促进协调和批准政策和行动;

③ 就加强国际合作以帮助发展中国家实施《负责任渔业行为守则》提供咨询;

（4）就编写技术回顾和确定具有国际重要意义的问题和趋势提供咨询;

（5）处理其成员、渔业委员会或联合国粮农组织总干事提出的有关水产养殖的任何具体事项。[3]

第三节　渔业和水产养殖部

一、沿革

按照《章程》第六条和《总规则》第三十七条的规定,总干事可设立委员会或工作组,"以研究和报告与本组织宗旨有关的事项"。这些委员会或工作组由挑选出的成员和准成员组成,或由因具有特别技能而以私人资格被指派的个人组成。联合国粮农组织成立后,总干事办公室设立了渔业处,1966年升格为渔业部,2007年为适应渔业形势发展的

需要改名为渔业和水产养殖部。

二、宗旨和职能

（一）渔业和水产养殖部的宗旨

联合国粮农组织认识到如果能够以适当管理和有利环境的方式支持和发展渔业和水产养殖,该产业将能够有力推动发展中国家贫困和弱势社区的改善,促进实现若干千年发展目标[1],特别是那些与扶贫和粮食营养安全、环境保护和生物多样性相关的目标。

作为长期战略的1部分,联合国粮农组织渔业和水产养殖部的活动旨在:加强全球渔业和水产养殖的治理,提高联合国粮农组织成员的管理和技术能力,引导为改进水生生物资源的养护和利用形成共识,着力促进实现千年发展目标以及由可持续发展问题世界首脑会议和世界粮食首脑会议制定的目标,其远景在于建设1个让渔业和水产养殖资源的负责任和可持续利用对人类福祉、粮食安全和减贫做出显著贡献的世界。[4]

（二）渔业和水产养殖部的职能

渔业和水产养殖部在联合国粮农组织领导机构规定的任务范围内,推行旨在可持续和负责任地发展内陆和海洋渔业及水产养殖业的政策和战略。为此目的,负责提供论坛、信息、法律和政策框架、法规和准则、战略方案、科学咨询、培训材料等,具体职能主要是:

（1）收集、分析及传播部门的业务信息（捕捞量、产量、价值、价格、船队、养殖系统、就业）。

（2）编制方法,评估和监测野生资源状况并提供资源管理方面的咨询。

（3）对水产养殖的发展和管理进行监测并提出建议。

（4）提供渔业和水产养殖方面的社会经济分析并帮助制定发展管理政策和战略及组织。

（5）支持和协助区域渔业委员会网络并促进水产养殖网络。

（6）对技术开发、鱼品加工、食品安全和鱼品贸易进行监测和提供咨询。[4]

渔业和水产养殖部还具有渔业委员会秘书处的职能,负责协调并管理为渔业委员会各分委员会提供的秘书服务;协调并执行工作计划;负责与其他单位的联络;协调本部向联合国粮农组织法定组织（大会和理事会、联合国粮农组织区域会议和联合国粮农组织区域渔业组织）提供的投入并监测本部根据上述组织的决定和建议采取的后续行动;承担制定和实施捕捞渔业和水产养殖国际文书的主要责任,特别是《负责任渔业行为守则》及其相关文书和其他有关国际文书的实施,并制定补充准则和具体领域的国际行动计划;为制定区域和国家行动计划提供技术援助;对区域渔业组织提供支持;确保与捕捞渔业和水产养殖领域的国际政府间和非政府组织或民间社会组织的联络与协调。

---

① 2000年9月,在联合国千年首脑会议上,世界各国领导人签署《联合国千年宣言》,就消除贫穷、饥饿、疾病、文盲、环境恶化和对妇女的歧视等8个方面,商定了1套有时限（以1990年为基准,到2015年要完成）的目标和指标。这些目标和指标被置于全球议程的核心,统称为千年发展目标（MDGs）。

三、组织机构

渔业和水产养殖部隶属总干事办公室，由助理总干事具体领导和全面监督，在助理总干事办公室下设计划协调和渔业守则行动两个组与经济及政策和资源利用及养护两个司。[5]其组织机构如图 6-1。

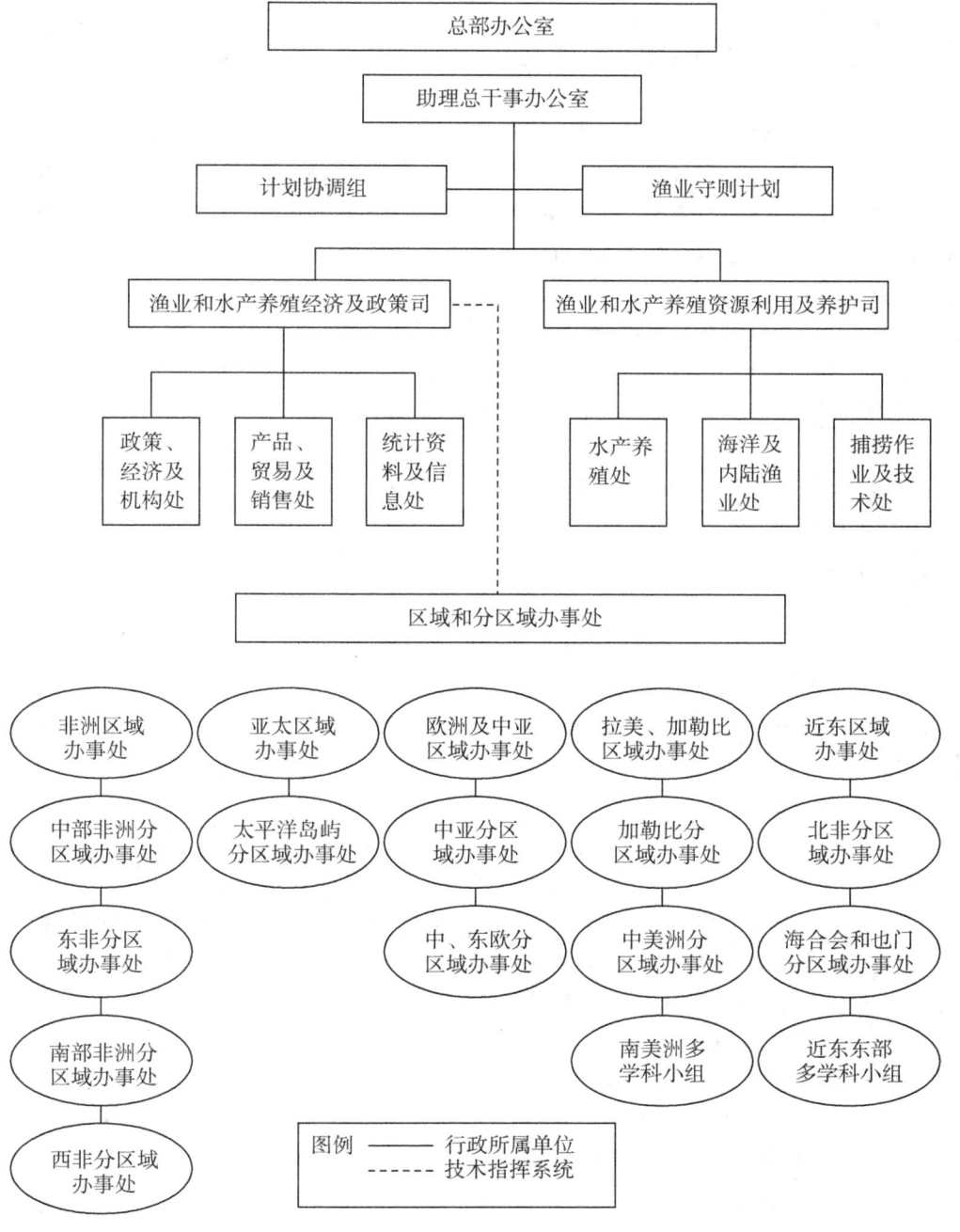

图 6-1 渔业和水产养殖部组织机构图

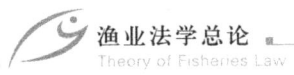

计划协调组　负责协助本部管理层准备技术和政策咨询建议,组织并协调规划和计划工作,参与部一级技术计划的实质性和量化分析。在必要时,为各方面提供部一级的行政支持。

渔业守则计划组　负责根据本部的战略和工作重点并与本部技术单位及联合国粮农组织其他相关司紧密协调,向本部各技术单位提供支持服务,并在以下方面发挥联络点的作用:与捐助方开展技术磋商;促进、确定和发展预算外融资机会;作为预算持有者掌管所有全球和区域间项目预算外资金的业务管理责任,以促进实施《负责任渔业行为守则》。

渔业和水产养殖政策及经济司　下设政策、经济及机构处、产品、贸易及销售处和统计资料及信息处,负责经济、社会、机构、治理、政策、管理、信息和统计、捕捞后处置和贸易等方面与捕捞渔业和水产养殖及其可持续发展相关的所有计划和活动,承担总体管理职责,包括本部职权范围内的规划、监督和确保工作计划和预算的实施。

渔业和水产养殖资源利用及养护司　下设水产养殖处、海洋及内陆渔业处和捕捞作业及技术处,负责与渔业和水产养殖相关的所有计划和活动,包括识别和评估世界海洋和内陆生态系统和水生生物资源,制定和实施管理方法与战略,向联合国粮农组织成员提供咨询、帮助和信息,确保与渔业及水产养殖相关国际政府间组织和非政府组织的合作及协调。[5]

联合国粮农组织设有 5 个区域办事处和 13 个分区域办事处。在各区域办事处和分区域办事处设立了渔业和水产养殖小组,并根据区域和分区域的需要派遣了渔业和水产养殖专家。[6]

四、活动目标

（一）促进全球、区域和国家各级负责任的渔业部门管理

重点实施《负责任渔业行为守则》、《公海捕鱼遵守协定》及国际行动计划,并将特别重点放在捕捞能力过剩问题和为加强分区域和区域渔业组织提供咨询方面,全面参与其他重要的国际渔业文书的实施。

（二）促进加强负责任渔业和水产养殖对世界粮食供应和粮食安全的贡献

根据关于渔业对粮食安全可持续贡献的京都国际会议,重点是减少渔业废物(特别是抛弃物),通过改善水产养殖资源的利用和与农业相结合、促进研究和环境的保护及恢复的方法,促进和支持水产养殖,包括联合国粮农组织粮食安全特别计划范围内的,特别是潜力最大或极为需要地区的水产养殖的发展。

（三）实施渔业和水产养殖实地计划

根据区域、分区域和国家各级特别是发展中国家的需要,在支持和促进渔业和水产养殖业负责任的和可持续的发展,特别是水生资源的养护和管理、鱼品的利用、销售和贸易以及渔业政策等方面选定项目,制订实地计划,并提供技术和紧急援助。

实施实地计划活动项目有两大供资来源:

（1）正常计划(来自成员国分摊会费的联合国粮农组织预算),其中包括技术合作计

划和粮食安全特别计划；

（2）由捐助者通过各种信托基金形式为项目提供的预算外资金：政府合作计划、单边信托基金、战略伙伴计划、紧急及恢复活动专项基金、联合国粮农组织粮食安全和食品安全信托基金等。

（四）全球渔业监测及战略分析

联合国粮农组织是唯一在其章程中正式授权从事全世界渔业和水产养殖数据和信息收集、汇编、分析和发布的政府间组织。将准确、相关和及时的数据以标准格式进行汇编，有利于监测、比较和分析状况和趋势，支持世界渔业和水产养殖部门的负责任发展，是资源可持续利用的关键。联合国粮农组织在该领域一直发挥着中心作用。

渔业和水产养殖部从建立起就向公众开放渔业统计数据库。数据都是联合国粮农组织成员国提供的，并在可能的情况下经其他渠道确认属实。分析是否可信，在此基础上提出的建议质量如何，都取决于数据本身的可信度和质量。因此，在准确、可靠和及时数据的收集、分析和利用方面，联合国粮农组织寻求继续支持和加强各国的能力。通过这样做，联合国粮农组织为支持水产养殖和渔业部门的管理和发展发挥了特殊作用。

渔业和水产养殖部优先重点是出版 2 年 1 册的《世界渔业和水产养殖状况》（SOFI-A）、1 年 1 卷的《联合国粮农组织年鉴·渔业和水产养殖统计》及开发数据库和信息分析运用现代信息系统，如光盘、地理信息系统、渔业数字图集等。[7]

《世界渔业和水产养殖状况》是联合国粮农组织有关渔业和水产养殖的旗舰出版物，1994 年首次发布，所包含的主要内容，涉及渔业和水产养殖业当前状况、近期趋势和未来前景，以促使各方全面、客观、从全球视角出发审视渔业和水产养殖部门，尤其是该部门的新问题。该出版物既是了解全球趋势和统计数据的 1 个关键来源，也是了解渔业相关话题和内容的知识源，它的 1 项主要作用是将全球统计数据和国家统计数据进行相互关联，可为决策和政策的制定提供支持。

《世界渔业和水产养殖状况》通常选择在渔业委员会开会之前完成和发布，以便渔业委员会有足够的时间审阅，并将审议该出版物指出的问题和所提建议作为会议的 1 个特定议程。

第四节　渔业统计协调工作组

一、沿革

联合国粮农组织认识到，就数据汇编的方法和工具在国际上达成普遍共识是十分重要的。因此，1959 年 9 月联合国粮农组织会同国际海洋勘探理事会（ICES）和西北大西洋渔业国际委员会（ICNAF）①发起召开北大西洋地区渔业统计专家会议，目的是确定北

---

① 西北大西洋渔业国际委员会（ICNAF）是西北大西洋渔业组织（NAFO）的前身。

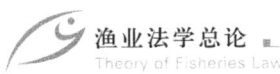
大西洋地区的渔业统计要求,制定渔业统计数据收集与校勘的标准概念、定义、分类和方法的建议,以协调国际组织的渔业统计数据收集工作。1959 年 12 月联合国粮农组织大会第十届会议,依照《章程》第六条第二款的规定,通过第 23/59 决议,设立"北大西洋地区渔业统计协调工作组",1960 年 5 月召开第一届会议。1968 年联合国粮农组织理事会第五十一届会议以第 1/51 号决议将其名称改为"大西洋渔业统计协调工作组"。1995 年 6 月理事会第一百零八届会议为协调区域渔业组织以及其他涉及渔业统计的政府间组织的渔业统计工作,决定将其名称改为"渔业统计协调工作组"(CWP),相应地将其工作范围由北大西洋渔业扩展到所有海洋和内陆水域渔业。[8]

二、组成

渔业统计协调工作组由涉及渔业统计的政府间组织提名的专家组成。参与渔业统计协调工作组的政府间组织目前有以下 19 个:[9]

南极海洋生物资源保护委员会(CCAMLR);
南部蓝鳍金枪鱼保护委员会(CCSBT);
联合国粮农组织(FAO);
地中海渔业总委员会(GFCM);
印度洋金枪鱼委员会(IOTC);
美洲热带金枪鱼委员会(IATTC);
养护大西洋金枪鱼国际委员会(ICCAT);
国际海洋勘探理事会(ICES);
国际捕鲸委员会(IWC);
北大西洋鲑鱼保护组织(NASCO);
东北大西洋渔业委员会(NEAFC);
亚洲及太平洋水产养殖中心网(NACA);
西北太平洋渔业组织(NAFO);
经济合作与发展组织(OCDE);
东南大西洋渔业组织(SEAFO);
太平洋共同体秘书处(SPC);
东南亚渔业发展中心(SEAFDEC);
欧洲共同体统计局(欧盟/欧统局委员会);
中西太平洋渔业委员会(WCPFC)。

三、职能

根据理事会的决议,渔业统计协调工作组的职责为:
(1)审查研究、决策和管理对渔业统计资料的需求;
(2)商定收集和整理渔业统计资料的标准概念、定义、分类和方法;
(3)为相应的政府间组织开展、协调和简化渔业统计活动提出建议。

渔业统计协调工作组每 2 年召开 1 次全体会议,如需要,在全体会议闭会期间可召开特设工作组会议。渔业和水产养殖部经济及政策司为渔业统计协调工作组的秘书处,负责处理该组的日常工作。

四、全球渔区的划分

为了便于统计世界渔获量,交换渔业资料,按纬度和经度将全球海洋划成 19 个渔区,其中将太平洋和大西洋分别划为西北部、东北部、中西部、中东部、东南部、西南部和南大洋等 7 个渔区;将印度洋划为西部、东部和印度洋南极区等 3 个渔区;将地中海和黑海划为 1 个渔区;将北冰洋也划为 1 个渔区。另外,在内陆水域设立了 7 个渔区。渔区分布如图 6-2 所示,渔区代码及面积见表 6-1。

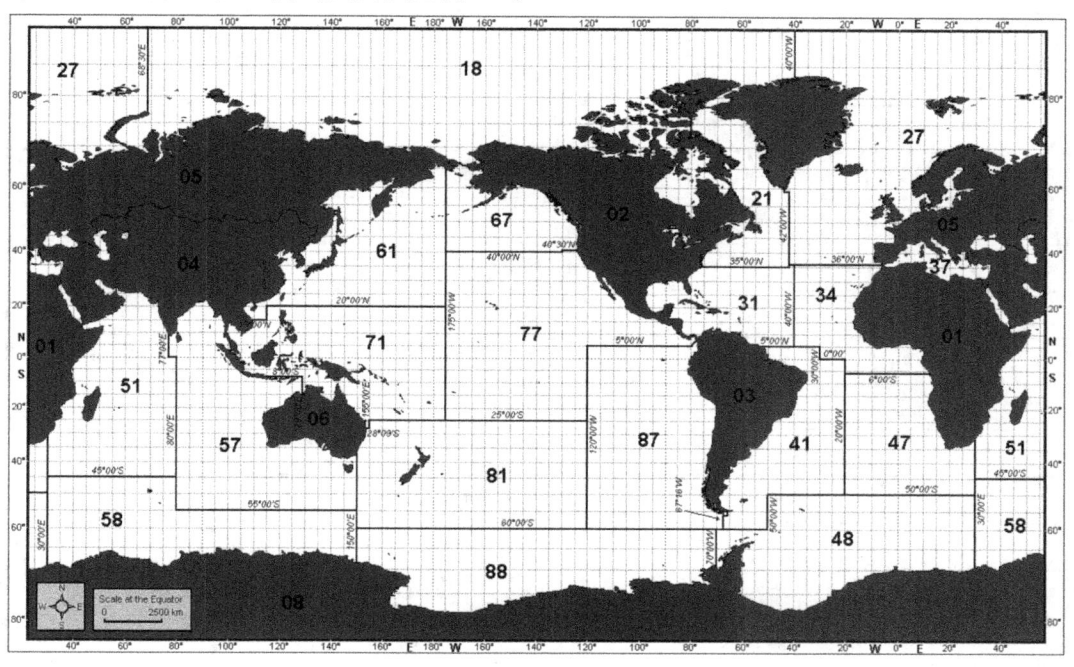

图 6-2　全球主要渔区划分示意图[10]

表 6-1　世界渔区代码及面积表[11]

代码	渔区	面积(km²)	%
内陆水域渔区			
01	非洲内陆水域	⋯⋯	⋯⋯
02	北美洲内陆水域	⋯⋯	⋯⋯
03	南美洲内陆水域	⋯⋯	⋯⋯
04	亚洲内陆水域	⋯⋯	⋯⋯
05	欧洲内陆水域	⋯⋯	⋯⋯

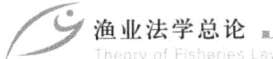
续表

代码	渔区	面积(km²)	%
06	大洋洲内陆水域	······	······
08	南极洲内陆水域	······	······
海洋渔区			
大西洋及其附近海区			
18	北极海	9 300 000	2.6
21	西北大西洋	6 300 000	1.7
27	东北大西洋	14 400 000	4.0
31	中西大西洋	14 500 000	4.0
34	中东大西洋	14 100 000	3.9
37	地中海和黑海	3 000 000	0.8
41	西南大西洋	17 500 000	4.8
47	东南大西洋	18 300 000	5.1
印度洋			
51	西印度洋	29 300 000	8.1
57	东印度洋	31 100 000	8.6
太平洋			
61	西北太平洋	21 500 000	6.0
67	东北太平洋	7 600 000	2.1
71	中西太平洋	133 300 000	9.2
77	中东太平洋	148 100 000	13.3
81	西南太平洋	27 700 000	7.7
87	东南太平洋	30 800 000	8.5
南大洋			
48	大西洋南极区	11 800 000	3.3
58	印度洋南极区	12 700 000	3.5
88	太平洋南极区	9 600 000	2.7
	海洋渔区(合计)	360 900 000	100

第五节 渔业研究咨询委员会

一、设立

联合国粮农组织负有"对国际性的渔业问题定期进行总的研究,并对这些问题与可能的解决方法加以评价,以便各国、联合国粮农组织及其他政府间组织采取一致行动"的责任。为协助其履行此项责任,总干事按照大会第十一届会议(1961年)的决定,设立了海洋资源研究咨询委员会。1993年理事会将其名称改为"渔业研究咨询委员会"(AC-FR)并修改了职责范围。1997年11月25~28日渔业研究咨询委员会在罗马召开首届会议,通过了章程和议事规则,宣告成立。[12]

二、组成

按照章程第二条的规定,委员会应由总干事任命的不超过13名渔业专家组成,委员应以个人身份任职。总干事挑选委员会委员应与联合国粮农组织成员、政府间组织和其他组织及与渔业有关的研究组织进行磋商,在考虑他们专业知识的基础上,同时应顾及各地区代表权的需要。

作为政府间海洋学委员会的咨询组织时,经联合国粮农组织与政府间海洋学委员会磋商以后,总干事可根据政府间海洋学主席团的建议,按照第15号决议任命1~2名补充成员。

委员会委员的任期为4年,并有资格再获委任。

在经批准预算的有关活动具备必需经费的情况下,委员会认为必要可以设立附属组织,以协助其完成任务。

国际组织参与委员会工作及委员会与这些组织之间的关系,应依照章程和联合国粮农组织总规则的有关规定处理,亦应服从大会通过的联合国粮农组织与国际组织合作的文件规定的原则和政策。所有这些关系由总干事具体处理。

三、宗旨和职能

按照章程第一条的规定,渔业研究咨询委员会的宗旨和职权范围为:就联合国粮农组织关于渔业研究所有方面的工作进行研究并向总干事提出咨询意见,包括海洋和内陆渔业资源养护及管理、通过强化野生资源和通过水产养殖提高鱼类生产力、改进将渔业资源转换为人类食品的手段,研究渔业社区的动态以及政府渔业政策的社会经济影响。特别注意海洋学研究的渔业方面和环境变化对渔业可持续性的影响。

经与联合国粮农组织总干事商定并按照联合国教科文组织政府间海洋学委员会
（IOC）[①]第二届会议通过的第 15 号决议（1962 年），渔业研究咨询委员会还作为该委员会
在海洋学渔业方面的咨询组织。

渔业研究咨询委员会应向总干事提交关于其活动和建议的报告，以便总干事在编制
向大会和理事会提交的工作计划草案、组织预算方案和其他文件时加以考虑。总干事应
提请大会关注、讨论通过理事会关于委员会的计划、财政和政策的任何建议，并确保这些
报告和建议的适当流通。

四、重点研究领域

经渔业研究咨询委员会商定并经总干事同意，该委员会一定时期内的重点研究领域
包括以下 8 个方面：
（1）鱼和渔产品贸易的经济方面；
（2）水产养殖的可持续性；
（3）内陆和小规模沿海渔业；
（4）渔业现状及发展趋势；
（5）全球化对渔业的影响；
（6）科技资源为基础的渔业管理政策、工具和组织；
（7）海洋渔业管理；
（8）对渔业生态系统的影响。

第六节　区域渔业组织

一、概念

区域渔业组织（RFO）是以养护和管理一定区域特定渔业资源种群、共同发展此种群
的渔业为目的，通过有关条约或协定建立的政府间常设组织。其组织形式为由缔约国参
加的委员会或秘书处。

实现可持续渔业是人类的共同愿望，需要在各级采取行动，在全球和区域、分区域各
级进行有效协调和合作。区域渔业组织是对区域水生生物资源养护和管理进行有效协
调和合作的组织保障，是研究、处理和解决区域性重要渔业议题之适当机制。

---

① 政府间海洋学委员会是联合国教科文组织下属的 1 个促进各国开展海洋科学调查研究和合作活动的国际性
政府间组织（IOC）。1960 年 11 月成立，中国为其成员国之一。

二、适用

（一）跨境鱼类种群

按照《联合国海洋法公约》第六十三条第一款的规定，捕捞出现在两个或两个以上沿海国专属经济区的鱼类种群的有关国家，应直接或通过分区域或区域组织就养护措施达成协议。

（二）跨界鱼类种群

按照《联合国海洋法公约》第六十三条第二款的规定，捕捞出现在专属经济区内而又出现在专属经济区外的邻接区域内的鱼类种群的有关国家，应直接或通过分区域或区域组织，就养护在邻接区域内的这些鱼类种群的措施达成协议。

（三）高度洄游鱼类种群

按照《联合国海洋法公约》第六十四条第一款的规定，在区域内捕捞高度洄游鱼类种群的有关国家，应直接或通过适当的国际组织进行合作。在没有这种组织存在的区域内，有关国家应设立这种组织。

（四）公海鱼类种群

按照《联合国海洋法公约》第一一八条的规定，各国应互相合作以养护和管理公海区域内的生物资源。凡其国民开发相同生物资源或在同1区域内开发不同生物资源的国家，应进行谈判，以期采取养护有关生物资源的必要措施。为此目的，这些国家应在适当情形下进行合作，以设立分区域或区域渔业组织。

（五）溯河产卵鱼类种群

按照《联合国海洋法公约》第六十六条的规定，溯河产卵鱼类种群的鱼源国和捕捞这种种群的其他国家，为了执行本条的各项规定，应做出安排，在适当情形下通过区域性组织做出安排。

（六）国际水道的鱼类种群

多国河流、多国湖泊及国际水道①中某些鱼类种群具有跨境特征。1997年《国际水道非航行使用法公约》第八条规定，"1. 水道国应在主权平等、领土完整、互利和善意的基础上进行合作，使国际水道得到最佳利用②和充分保护。2. 在确定这种合作的方式时，水道国如果认为有此必要，可以考虑设立联合机制或委员会，以便参照不同区域在现有的联合机制和委员会中进行合作所取得的经验，为在有关措施和程序方面的合作提供便利"。第二十条规定，"水道国应单独地和在适当情况下共同地保护和保全国际水道的生态系统"。

（七）特定区域的渔业和水产养殖

按照《联合国海洋法公约》第六十一条的规定，为确保专属经济区内生物资源不受过度开发的危害，沿海国应与分区域、区域或全球性的国际组织进行合作。

---

① 国际水道是指其组成部分位于不同国家的水道，包括国际河流和国际湖泊。

② 按照《国际水道非航行使用法公约》，此处所指利用是指为航行以外目的的使用，包括开发工程、灌溉、捕捞和水产养殖等。

《负责任渔业行为守则》规定,各国应当建立适当的机制,例如数据库和信息网络,来收集、分享和传播与其水产养殖活动有关的资料,以促进在国家、分区域、区域和全球各级合作规划水产养殖发展。(9.2.4)

三、 任务和分类

区域渔业组织,按其任务的不同,大体分为两类。一些区域渔业组织有管理的任务,它们采取的渔业养护和管理措施对其成员国具有拘束力,这些区域渔业组织被称为区域渔业管理组织(RFMO)。另一些区域渔业组织只承担咨询的任务,它们提供咨询意见,所提出的养护和管理措施,对于成员国没有拘束力,仅具有建议的性质;有的则需由缔约国自身决定对其的拘束力。目前,全球有 51 个区域渔业组织,其中 26 个为区域渔业管理组织。[13]

国家间渔业管理的区域合作,除"区域渔业管理组织"外,另有"区域渔业安排"(RFA)1 种形式。在《联合国鱼类种群协定》中,这种"安排"是指"两个或两个以上国家根据《联合国海洋法公约》和本协定制订的,目的在于除其他外在分区域或区域为 1 种或多种跨界鱼类种群或高度洄游鱼类种群制订养护和管理措施的合作机制"。它与区域渔业管理组织的区别在于,没有 1 个常设的委员会或秘书处,制订养护和管理措施的职能通常由缔约国大会或理事会行使。在《港口国措施协定》中,则将"安排"纳入"区域渔业管理组织",并将其定义为:"区域渔业管理组织"系指"有权制定养护和管理措施的政府间渔业组织或安排"。

区域渔业管理组织或安排是促进国际渔业管理和发展合作的重要机构或机制。这种机构或机制不是超国家的,它们可以采取的任何养护和管理措施只有在其成员允许的情况下才能有效实施。

四、职能

(一)交流信息

《联合国海洋法公约》第六十一条第五款和第一一九条第二款规定:"在适当情形下,应通过各主管国际组织,不论是分区域、区域或全球性的,并在所有有关国家(包括其国民获准在专属经济区捕鱼的国家)的参加下,经常提供和交换可获得的科学情报、渔获量和捕捞努力量①统计,以及其他有关养护鱼的种群的资料。"

《联合国鱼类种群协定》第十条第(e)和(f)项规定,分区域和区域渔业管理组织应"议定收集、汇报、核查和交换关于种群的渔业数据的各项标准","收集和传播准确而完整的统计数据,以确保获得最佳科学证据,同时酌情保守机密"。

(二)订立措施

《联合国海洋法公约》第六十一条第二款和第一一九条第一款规定,决定专属经济区

---

① 捕捞努力量是指在特定时期(一般为 1 年或 1 个汛期)内投入某渔业的捕捞作业单位的数量。

或公海生物资源可捕量①和制订其他养护和管理措施时,各国应"考虑到捕捞方式、种群的相互依存以及任何一般建议的国际最低标准,不论是分区域、区域或全球的"。

《联合国鱼类种群协定》第十条第(a)、(b)、(c)项规定,分区域和区域渔业管理组织应"议定和遵守养护和管理措施,以确保跨界鱼类种群和高度洄游鱼类种群的长期可持续能力","酌情议定各种参与权利,如可捕量的分配或捕捞努力量水平","制定和适用一切普通建议的关于负责任进行捕捞作业的最低国际标准"。

《负责任渔业行为守则》规定,各国和区域或分区域渔业管理组织,"应当根据现有的最佳科学证据,采取适当的措施,把资源量保持在或恢复到视有关的环境和经济因素以及发展中国家的特殊需要而定的能够达到最高可持续产量的数量。"(7.2.1)

据欧盟的调查,区域渔业组织所订立的养护和管理措施,通常包括:

(1)渔捞作业限制(总可捕量、船数、渔期及渔区);

(2)技术措施(如何进行渔捞活动的定义,核准之渔具,渔船及设备之技术层面的管制);

(3)管制措施(渔捞活动的监控及监测);

(4)打击非法、不报告、无管制捕鱼的措施。[14]

(三)促进研究

《联合国鱼类种群协定》第十条第(g)项规定,分区域和区域渔业管理组织应"促进和进行关于种群的科学评估和有关研究,并传播其结果"。

《负责任渔业行为守则》规定:"各国应酌情支持建立促进分区域一级和区域一级研究的机制,特别是采用统一的标准,并鼓励与其他区域分享研究成果",(12.16)"各国应当直接地或在有关的国际组织的支持下制定技术合作的研究计划,以增加对跨境种群的生物学、环境和状况的了解"。(12.17)

(四)进行援助

1984年《联合国粮农组织世界渔业管理和发展会议报告》指出,某些发展中国家不具备在没有外来技术援助和财政援助的情况下完成渔业管理和发展的条件。需要通过国际合作给予教育、培训、组织、财政等方面的援助,以提高其自力更生的能力。而区域渔业组织则是开展这种国际合作的良好体制。[15]

《负责任渔业行为守则》规定:"对发展中国家实施本《守则》的建议的能力应当给予应有的考虑。"(5.1)"为了实现本《守则》的目标和协助有效地实施本《守则》,各国、有关的政府间和非政府国际组织及金融组织应当充分考虑到发展中国家(尤其是最不发达国家和发展中岛屿小国)的特殊情况和需要。各国、有关的政府间和非政府组织及金融组织应当努力采取措施来解决发展中国家的需要,尤其是在经济和技术援助、技术转让、培训和科研合作方面和加强它们发展自己的渔业及参加公海渔业(包括进入这些渔业)的能力方面。"(5.2)

(五)开展宣传

《负责任渔业行为守则》规定:"各国和分区域或区域渔业管理组织和安排应当适当

① 可捕量是指根据管理目标,可供渔业捕捞的种群资源产量。

宣传保护和管理措施,确保有关措施实施的法规和其他法律条文得到有效的宣传。应当向资源使用者解释这些措施的依据和目的,以便于他们实施措施,从而在执行这些措施的过程中得到更多的支持。"(7.1.10)

（六）解决争端

《联合国鱼类种群协定》第十条第（k）项规定,分区域和区域渔业管理组织应"根据第八部分①和平解决争端"。

五、作用

（一）联合国环发大会前的情况

20世纪80年代以前,许多渔业区域组织的权限是研究和咨询,而不是决策和执法。1982年《联合国海洋法公约》赋予区域渔业组织比原先设想的更大作用,其基本职能是作为国际合作论坛,研究、分析、数据保存与交换的传播媒介,并就渔业管理提供咨询。此外,《公约》预见了区域渔业组织可能的新的行动,诸如:

（1）保护与捕捞种群相关的种群,使其免于灭绝;

（2）养护200海里以外区域的种群;

（3）向沿海国提供养护200海里内区域的种群的咨询;

（4）致力于强制性解决争端;

（5）向沿海国提供关于临近其专属经济区的公海海域渔业活动的所有相关信息;

（6）向沿海国提供履行适当通知其有关养护和管理法规的义务及关于其专属经济区外部界限信息的渠道;

（7）考虑针对海洋哺乳动物的比其他种群所要求的更为严格的规定。

但《公约》有关区域渔业组织的规定并不充分,主要是没有明确授以管理权限。

（二）联合国环发大会后的情况

1992年联合国环境与发展大会通过的《21世纪议程》第17章呼吁各国在国际组织——不论是分区域、区域或全球性组织——的适当支助下,采取有效的行动,恢复衰退的种群、防止进一步衰退及打击非法、不报告和无管制捕捞。这引起各国对广泛国际协议中区域渔业组织缺乏管理权限的问题的关注。普遍承认要有效地管理,需要明确区域渔业组织的权限范围,以完全符合国际法的方式来管理其公约区域内的渔业资源。《联合国鱼类种群协定》、《公海捕鱼遵守协定》和《负责任渔业行为守则》都强调了需要通过区域渔业组织来加强渔业治理。此后建立的区域渔业组织和原有区域渔业组织朝着具有渔业管理职能的机构转变,对渔业治理发挥了重要作用,主要包括:

（1）促进确立国家的研究和管理能力;

（2）改进和强化数据收集、处理和传播;

（3）处理新问题,诸如非法、不报告和无管制捕捞,船队能力管理,支付补贴的影响以及减少兼捕和遗弃物;

---

① 《联合国鱼类种群协定》第八部分是关于"和平解决争端"的规定。

（4）通过有关减少捕捞努力量、网具使用、最小捕捞规格、网目限制等管理措施和决议；

（5）通过登临、检查和执法的规则和程序；

（6）采取措施实施最新的国际文书。[16]

六、 设立

（一）联合国粮农组织框架内的区域渔业组织

《章程》第六条第一款规定，大会或理事会可以设立区域委员会，凡全部或部分领土位于1个或1个以上区域的一切成员国和准成员均可参加；区域委员会在制订和执行政策方面向联合国粮农组织提供意见并协调政策的执行。大会或理事会还可以会同其他政府间组织设立联合区域委员会，本组织和这些有关组织的成员国和准成员，只要其全部或部分领土位于该区域，则均可参加。第六条第二款规定，大会、理事会或总干事经大会或理事会授权，可以设立委员会和工作组，以研究和报告与本组织宗旨有关的事项。这些委员会和工作组由挑选出的成员和准成员组成。

《章程》第十四条规定，理事会按照大会所采纳的规则，经其成员至少2/3的多数投票赞同，可以批准为地区的成员国所特别关心的，并仅为在该地区实施而拟定的有关粮食和农业问题的协定。根据这个规定，联合国粮农组织可通过制定协定的途径建立区域渔业组织。

1948年联合国粮农组织根据《章程》建立了第一个区域渔业组织——印度洋—太平洋渔业委员会，1993年调整了它的管辖范围，改名为亚洲及太平洋渔业委员会（APFIC）。

截止2014年6月，在联合国粮农组织法律框架下，根据《章程》第六条或第十四条的规定，共建立了11个区域渔业机构。其中：

根据《章程》第六条建立的渔业和水产养殖法定机构包括：

拉丁美洲及加勒比内陆渔业和水产养殖委员会（COPESCAALC）；

非洲内陆渔业和水产养殖委员会（CIFAA）；

欧洲内陆渔业和水产养殖咨询委员会（EIFAAC）；

中东部大西洋渔业委员会（CECAF）；

西南印度洋渔业委员会（SWIOFC）；

中西部大西洋渔业委员会（WECAFC）。

根据《章程》第十四条建立的渔业和水产养殖法定机构包括：

亚太地区渔业委员会（APFIC）；

中亚及高加索区域渔业和水产养殖委员会（CACFish）；

地中海总渔业委员会（GFCM）；

印度洋金枪鱼委员会（IOTC）；

区域渔业委员会（RECOFI）。

第六条法定渔业机构具有咨询权，但不具有监管权。第十四条法定渔业机构由国家间通过签订国际条约确立，国家可包括非联合国粮农组织成员国。这些机构除具有广泛

咨询权外,还具有监管权,如可采取对其成员具有法律拘束力的养护和管理措施。此类区域渔业机构被称为区域渔业管理组织。根据《章程》第十四条建立的区域渔业管理组织在管理上与联合国粮农组织相联系并具有一定职能自主权。

（二）以总干事为公约保存人的区域渔业组织

设立区域渔业组织所依据的公约规定以联合国粮农组织总干事为《公约》的保存人①,这样的区域渔业组织有:

大西洋沿岸非洲国家间渔业合作部长级会议(COMHAFAT);

养护大西洋金枪鱼国际委员会(ICCAT);

维多利亚湖渔业组织(LVFO);

亚洲—太平洋水产养殖中心网络(NACA);

东南大西洋渔业组织(SEAFO);

南印度洋渔业协定机制(SIOFA)。

（三）联合国粮农组织框架外的区域渔业组织

这种类型的区域渔业组织是有关国家为养护和利用一定区域的渔业资源,按照有关国际法,通过签订双边或多边条约而建立的,在组织上与联合国粮农组织无隶属关系。但根据《章程》和《总规则》,可与联合国粮农组织建立密切合作的关系,并可应邀参加联合国粮农组织的大会、理事会会议和渔业委员会会议。现有的区域渔业组织,除以上两种类型的之外,都属于联合国粮农组织框架外的区域渔业组织。

七、分布

全球区域渔业组织的地理分布如下图:

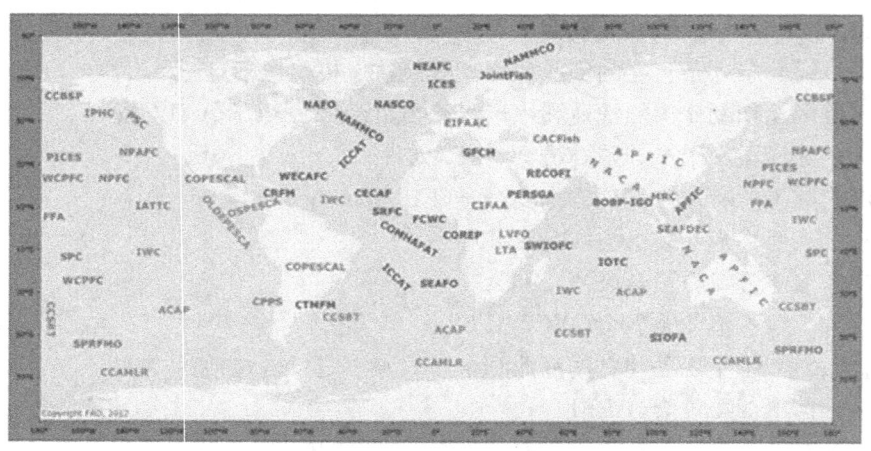

图 6-3　全球区域渔业组织地理分布示意图[17]

---

① 按照《维也纳条约法公约》的规定,条约保存人的职务主要为:保管条约约文的正本,接受条约签署的文书,将条约批准、加入文书的交存及条约的生效、修正案建议、退出通知等事项通知缔约国政府,向联合国秘书处登记条约等。

全球和跨洋:ACAP　CCAMLR　CCSBT　IWC　OLDEPESCA　OSPESCA
太平洋:APFIC　CCBSP　CPPS　FFA　IATTC　IPHC NPAFC　NPFC
　　　　PICES　PSC　SEAFDEC　SPC　SPRFMO　WCPFC
地中海、黑海及邻接水域:GFCM
大西洋:CECAF　COMHAFAT　COREP　CRFM　CTMFM　FCWC　ICCAT
　　　　ICES　JointFish　NAFO　NAMMCO　NASCO　NEAFC　SEAFO
　　　　SRFC　WECAFC
印度洋:BOBP-IGO　IOTC　PERSGA　RECOFI　SIOFA　SWIOFC
内陆:APFIC　CACFish　CIFAA　COPESCAALC　EIFAAC　LTA LVFO NA-
　　　CA　MRC

八、现有区域渔业组织一览

现有区域渔业组织的名称、区域范围和性质,见表6-2。

表 6-2　现有区域渔业组织一览表[18-19]

地区	区域渔业组织名称	区域范围(所在渔区)	组织类型
全球和跨大洋			
	ACAP—保护信天翁和海燕协定	87,77 和 81 各一部份	咨询
	CCAMLR—南极海洋生物资源养护委员会	48,58,88	管理
	CCSBT—南方蓝鳍金枪鱼养护委员会	41,47,51,57 和 81 各一部份	管理
	IWC—国际捕鲸委员会	各海洋渔区	管理
	ODLEPESCA—拉丁美洲渔业发展组织	02,31,77 和 87 各一部份	咨询
	OSPESCA—中美洲渔业和水产养殖组织	77 部分	管理
太平洋			
	APFIC—亚洲及太平洋渔业委员会	04,06,57 部分,71 部分	咨询
	CCBSP—中白令海狭鳕资源养护和管理国际机制	61 部分,67 部分	管理
	CPPS—南太平洋常设委员会	87	咨询
	FFA—太平洋岛国论坛渔业局	71,81	咨询
	IATTC—美洲间热带金枪鱼委员会	77,87,67 部分,81 部分	管理
	IPHC—国际太平洋大比目鱼委员会	67	管理
	NPAFC—北太平洋溯河性鱼类委员会	61 大部,67 大部,77 部分	管理
	NPFC—北太平洋渔业委员会	61,67 和 77 各一部份	管理
	PICES—北太平洋海洋科学组织	61,67,71 小部,77 大部	咨询
	PSC—太平洋鲑鱼委员会	67 部分	管理

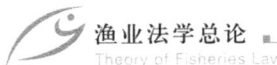
续表

地区	区域渔业组织名称	区域范围(所在渔区)	组织类型
	SEAFDEC—东南亚渔业发展中心	71 部分	咨询
	SPC—太平洋共同体秘书处	71,77 部分,61 小部	咨询
	SPRFMO—南太平洋区域渔业管理组织	77 部分,81,87	管理
	WCPFC—中西部太平洋渔业委员会	71,81,61 部分,67 部分,77 部分	管理
地中海,黑海及邻接水域			
	GFCM—地中海渔业总委员会	37	管理
印度洋			
	BOBP-IGO—孟加拉湾政府间渔业组织	57 小部	咨询
	IOTC—印度洋金枪鱼委员会	51,57	管理
	PERSGA—保护红海和亚丁湾环境区域组织	51	管理
	RECOFI—区域渔业委员会	51 部分	管理
	SIOFA—南印度洋渔业协定机制	51,57 大部	管理
	SWIOFC—西南印度洋渔业委员会	51 大部	咨询
大西洋			
	CECAF—中东部大西洋渔业委员会(西非)	34	咨询
	COMHAFAT--大西洋沿岸非洲国家间渔业合作部长级会议	34,47 部分	咨询
	COREP—几内亚湾区域渔业委员会	34 部分	咨询
	CRFM—加勒比区域渔业机制(部长理事会)	71 部分	咨询
	CTMFM—海事阵线联合技术委员会	41	管理
	FCWC—几内亚湾中西部渔业委员会	34 部分	咨询
	ICCAT—养护大西洋金枪鱼国际委员会	21,27,31,34,41,47 大部,48 小部	管理
	ICES—国际海洋考察理事会	27	咨询
	JointFish—挪威—俄罗斯渔业联合委员会	27	管理
	NAFO—西北大西洋渔业组织	21	管理
	NAMMCO—北大西洋海洋哺乳动物委员会	21,27	咨询
	NASCO—北大西洋鲑鱼养护组织	27,21 大部	管理
	NEAFC—东北大西洋渔业委员会	27	管理
	SEAFO—东南大西洋渔业组织	47	管理
	SRFC—分区域渔业委员会	34 部分	咨询
	WECAFC—中西部大西洋渔业委员会	31,41 部分	咨询

续表

地区	区域渔业组织名称	区域范围(所在渔区)	组织类型
内陆			
	APFIC—亚洲及太平洋渔业委员会	04,06,57部分,71部分	咨询
	CACFish—中亚及高加索地区渔业和水产养殖委员会	04部分,05小部	管理
	CIFAA—非洲内陆渔业和水产养殖委员会	01大部,51部分	咨询
	COPESCAALC—拉丁美洲内陆渔业委员会	02部分,03,31部分	咨询
	EIFAAC—欧洲内陆渔业和水产养殖咨询委员会	05部分,27小部	咨询
	LTA—坦噶尼喀湖管理局	01部分	管理
	LVFO—维多利亚湖渔业组织	01小部	管理
	MRC—湄公河委员会	71小部	咨询
	NACA—水产养殖中心在亚太的网络	04和06各一部份	咨询

此外,与渔业相关的其他区域性组织和网络还有:

拉丁美洲和加勒比地区渔业产品销售信息和咨询服务中心(LACMIASFC);

非洲政府间渔业产品销售信息和合作服务组织(INFOPECHE);

亚洲及太平洋区域政府间渔业产品市场营销信息和技术咨询服务组织(IN-FOFISH);

全球渔业资源监测系统(FIRMS);

环境基金科学专家组(GESAMP)等。

参考文献

[1] 联合国粮农组织基本文件(2013年版)[S/OL].(2013).[2013-08-12].
http://www.fao.org/docrep/meeting/022/K8024c.pdf

[2] 渔业委员会鱼品贸易分委员会[R/OL].(1986-10).[2012-11-12].
http://www.fao.org/fishery/about/cofi/trade/zh

[3] 渔业委员会水产养殖分委员会[R/OL].(2002-04-22).[2012-11-12].
http://www.fao.org/fishery/about/cofi/aquaculture/zh

[4] 渔业和水产养殖部的任务和远景[S/OL].(2007).[2012-11-20].
http://www.fao.org/fishery/about/zh.

[5] 联合国粮农组织.渔业和水产养殖部的组织结构[S/OL].(2010).[2012-12-01].
http://www.fao.org/fishery/about/organigram/zh

[6] 联合国粮农组织权力下放办事处网络结构及运作愿景附件[S/OL].(2011-02-23).[2012-11-30].

http://typo3. fao. org/fileadmin/user_upload/Iee/MA235c_CoC_Iee_. pdf

［7］联合国粮农组织. 渔业和水产养殖部的活动目标［S/OL］. (2007). ［2012-12-10］.

http://www. fao. org/fishery/about/programme/zh

［8］FAO Fisheries Circular No. 903. The Coordinating Working Party on Fishery Statistics：Its Origin，Role and Structure［S/OL］. (1995-11). ［2012-12-15］.

http://www. fao. org/docrep/003/W0036e/w0036e00. htm♯Contents

［9］渔业统计协调工作组［S/OL］. (1995-12). ［2012-12-15］.

http://www. fao. org/fishery/cwp/zh

［10］FAO Fisheries and Aquaculture Department. 2007 Capture production：by major fishing areas ［R/OL］. (2007). ［2012-12-20］.

ftp://ftp. fao. org/fi/stat/by_FishArea/Default. htm

［11］FAO Fisheries and Aquaculture Information and Statistics Service . FAO yearbook. Fishery and Aquaculture Statistics. 2008［R/OL］. (2011-08-20：72). ［2012-12-21］.

http://www. fao. org/docrep/013/i1890t/i1890t. pdf

［12］Report of the First Session of the Advisory Committee on Fisheries Research［R/OL］. (1997-11-28). ［2012-12-24］.

http://www. fao. org/DOCREP/006/W8194e/W8194e00. htm

［13］Search Fishery Governance Fact Sheets Regional Fishery Bodies (RFB)51 RFB fact sheets are available［R/OL］. (2014). ［2014-02-24］.

http://www. fao. org/fishery/rfb/search/en

［14］欧盟对区域性渔业管理组织之相关问答［J/OL］. 台湾国际渔业资讯（总 202），(2009-09) ［2012-12-25］.

http://www. ofdc. org. tw/

［15］联合国粮农组织. 世界渔业管理和发展会议的报告(1984-06-27—07-06)［R/OL］. (1984：17, 29). ［2012-12-26］.

http://ftp. fao. org：21/docrep/fao/012/ak192c/ak192c. pdf

［16］联合国粮农组织渔业部. 2004 年渔业和水产养殖状况［R/OL］. (2004：58-60). ［2012-12-26］.

ftp://ftp. fao. org/docrep/fao/007/y5600c/y5600c. zip

［17］FAO Fisheries & Aquaculture-Regional Fishery Bodies (RFB) ［R/OL］ . (2011). ［2012-12-26］.

http://www. fao. org/fishery/rfb/en

［18］Discussion Paper (Revised) Prepared by S. Singh-Renton，CRFM Secretariat for The Third Meeting of the Working Group on the Common Fisheries Regime. ［R/OL］ . (2005-04-08). ［2012-12-25］.

http://www. caricom-fisheries. com/website_content/publications/documents/RFMO_discussion_paper_revised_8_apr_05. pdf

［19］FAO Fisheries and Aquaculture Circular No. 1054 the Role of International Fishery Organizations and Other Bodies in the Conservation and Management of Living Aquatic Resources［R/OL］. (2010)［2012-12-28］.

http://www. fao. org/docrep/012/i1493e/i1493e. pdf

第二编

国际渔业法学

International Fisheries Law

第七章 渔 船

渔船是利用渔具捕捞鱼类和其他水生动物资源的工具,是渔业生产力的要素,也是国家行使捕鱼权的必要技术条件。对渔船进行有效的管理,是实现可持续渔业的需要。

内陆水域渔船的管理依国内法实施,而管理海洋渔船的国内法则须遵守一般接受的国际规章、标准、程序和惯例。其基本点有四:渔船必须具有合法地位;保证渔船的海上安全;防治渔船污染海洋环境;防止不法渔船捕鱼。为此,首先要求渔船应依照特定国家法定的船舶登记程序,进行登记,领取国籍证书,取得该特定国家的国籍及悬挂该国旗帜的权利。该国即为该渔船的船旗国,该国船舶登记机关所在港口即为该渔船的船籍港。其次要求船旗国承担采取为保证渔船海上安全和保护海洋环境必要措施的责任,对渔船的构造、装备、检验和发证、渔船船员的配备、培训和发证、渔船的信号、通信和避碰及渔船船员的劳动条件等事项实施监督、控制和监视。

按照国际法,国家和渔船之间必须有真正联系。这不仅要求接受船舶登记的登记国严把登记关,对不具备适航条件或惯常从事非法、不报告、无管制捕捞活动的渔船不予登记,而且要求船旗国切实负起船旗国的国际责任,将悬挂其旗帜的渔船处于其监控之下,并对这些渔船有效地行使行政、技术及社会事项上的管辖和控制,确保这些渔船出海航行、作业时持有有效的证书,具备法定的适航条件和劳动条件,并严格遵守信号、通信、避碰及救助等有关海上交通安全和保护海洋环境的国际规章和标准,特别是确不从事非法、不报告、无管制捕捞及其它任何损害国际养护和管理措施效力的活动。

本章还就渔船在外国港口和领海内的民事案件和刑事案件的管辖权及渔船在公海上发生碰撞或其他航行事故的调查和管辖权作了阐述。

第一节　渔船的定义、规格和分类

一、定义

（一）有关公约对"渔船"的定义

《联合国海洋法公约》使用了"渔船"用语，但未对其下定义。其他公约由于制定目的和适用范围的不同，对"渔船"定义的表述也不尽相同。例如：

《1959年渔民体格检查公约》定义："'渔船'一词系指在咸水水域从事海洋捕鱼，包括不论公有私有的任何性质的船舶。"此定义"不适用于在港口和港湾或河口湾捕鱼，或个人作为体育运动或消遣捕鱼。"

《1959年渔民协议条款公约》定义："'渔船'一词系指用于咸水海上捕鱼的所有已经注册或持有船证的公私船舶。"

《1966年渔民合格证书公约》定义："'渔船'一词系指用于咸水海上捕鱼、在本公约对其生效的地区注册的所有公私各类船只，但下列船只除外：

a. 登记吨位低于25吨的船只；

b. 用于捕鲸或类似作业的船只；

c. 用于体育或娱乐性质捕鱼的船只；

d. 用于探索或保护渔场的船只。"

《1966年渔民船员住宿公约》定义："'渔船'或'船舶'一词系指本公约所适用的一切船舶。""本公约适用于在批准本公约的地区注册，用于咸水海上捕鱼的一切机动公私海船，不论其属于何种类型。""本公约不适用于：

a. 通常用于捕鱼体育运动或供消遣性质的船舶；

b. 以帆为主要推动手段但备有发动机起辅助作用的船舶；

c. 用于捕鲸或类似作业的船舶；

d. 用于寻找或保护渔场的船舶。"

《1966年国际船舶载重线公约》定义："'渔船'是指用于捕捞鱼类、鲸鱼、海豹、海象或其他海洋生物的船只。"

《1974年国际海上人命安全公约》定义："'渔船'系指用于捕捞鱼类、鲸鱼、海豹、海象或其他海洋生物资源的船舶。"

《1977年托雷莫利诺斯国际渔船安全公约》定义："'渔船'或'船舶'系指用于商业性捕捞鱼类、鲸鱼、海豹、海象或其他海洋生物资源的船舶。"

《1978年海员培训、发证和值班标准国际公约》定义："'渔船'系指用于捕捞鱼类、鲸鱼、海豹、海象或其他海洋生物资源的船舶。"

1993年《促进公海渔船遵守国际养护和管理措施的协定》定义："'渔船'系指用于或

打算用于商业性开发海洋生物资源的任何船只,包括母船和直接从事这种捕捞活动的任何其他船只。"

1995 年《国际渔船船员培训、发证和值班标准公约》定义:"'渔船'或'船舶'系指商业性捕鱼或其他海洋生物资源所使用的任何船舶";"'海洋渔船'系指除仅在内陆水域中,或者遮蔽水域或者港章所适用的区域以内,或与此两者紧邻的水域中航行以外的渔船"。

《2007 年渔业工作公约》定义:"'渔船'或'船舶'系指用于或旨在用于商业性捕鱼、无论其所有制形式的任何性质的船舶或船只。"

按照现行国际法,鲸鱼、海豹、海象等海洋哺乳动物属于重点保护物种,除因科学研究、驯养繁殖、展览或者其他特殊情况需要捕捞外,禁止作为商业捕捞对象。综合上述,渔船一般是指用于捕捞鱼类和其他水生生物资源的专用船舶。其主体是在非遮蔽海域从事商业性捕捞活动的海洋渔船,包括携带小型渔船的母船,但不包括鱼和渔产品加工船、冷藏运输船和补给船。

(二)各国对"渔船"用语含义的界定

各国法律对"渔船"用语含义的界定,大体有 3 种情况:一些国家仅指捕捞船舶,而将涉及加工或其他作业的船舶排除在外;一些国家包括鱼类捕捞、加工、储存或运输之类的捕鱼作业的船舶;而另一些国家则将与渔业有关的船舶都包括在内。

中国法律用语中使用的"渔船"是指从事捕捞作业的船舶,是"渔业船舶"的 1 种。"渔业船舶"则是指从事渔业活动和为其服务的专用船舶的总称,按用途分为捕捞渔船和渔业辅助船两类。

二、规格

(一)渔船尺度

按照《1977 年托雷莫利诺斯国际渔船安全公约》的规定,渔船的尺度主要用船长、船深和宽度表示。

(1)船长,是指取由龙骨线起量至最小型深 85% 处水线总长的 96%,或是该水线上从艏柱到舵杆轴线之间的长度,取其大者。

(2)船深,是指在船中处,从龙骨线量至工作甲板船侧处横梁上缘的垂直距离。

(3)船宽,是指渔船的最大宽度,对金属壳板的船,其宽度是在船长中点处量到两舷的肋骨型线,对其他材料壳板的船,其宽度在船长中点处量到船体外表面。

依此定义的船深、船宽,又称型深、型宽。

(二)渔船吨位

按照《1969 年国际船舶吨位丈量公约》的规定,渔船的吨位应包括总吨位和净吨位两种。

(1)总吨位,是指船内封闭处所的总容积。总吨位表示渔船的大小,用作国家渔船吨位统计、计算海事赔偿费的基准和计算净吨位的依据。

(2)净吨位,是指从总吨位中减除不适于运载渔获物的处所的有效容积。净吨位是衡量渔船捕捞能力的 1 种基本数据。

（三）推进动力

按照《1995 年国际渔船船员培训、发证和值班标准公约》的规定，渔船的推进动力是指在船舶登记证书或其他官方文件上标明的以千瓦（kW）①计的船舶主推进机械的最大连续额定输出功率的总和。

（四）渔船航区

按照《1995 年国际渔船船员培训、发证和值班标准公约》的规定，渔船航区分为限定水域和无限水域两种。

（1）限定水域，是指《公约》缔约国主管机关所确定的该国的邻近水域。

（2）无限水域，是指限定水域以外的水域。

三、分类

渔船的类型有不同的分法。按作业水域分为海洋渔船和内陆水域渔船。按推进方式分为机动渔船和非机动渔船。按船体材质分为钢质渔船、木质渔船、玻璃钢渔船及其他材质渔船。按渔船总吨位分为≥100 总吨渔船、100～≥50 总吨渔船、50～≥10 总吨渔船和不足 10 总吨渔船。按船体长度分为≥24 米渔船、24～≥18 米渔船、18～≥12 米渔船和不足 12 米渔船。按使用渔具的不同分为拖网渔船、围网渔船、流网渔船、钓鱼船、叉击渔船及捕鲸船等。

渔船一般具有尺度较小、干舷不高、结构牢固、稳性、耐波性和适航性较强、推进功率相对较大等特点。现代化的渔船一般都配备比较齐全的渔捞机械及地理定位系统、雷达、声纳探测等设备。

第二节　渔船的船名、呼号和标识

一、船名

渔船应有而且只能有 1 个船名。渔船船名通常由船舶所有人提出，但不得与其他渔船同名。有的国家规定，渔船船名须经国家指定的主管机关核定。

二、呼号

船舶呼号是由国际电信联盟（ITU）②分配的用于识别船舶电台的字母或字母与数字的组合。配备电台的渔船无线电呼号（IRCS），由渔船所有人向船旗国指定的无线电主管

---

① 1 千瓦（kW）＝1.359 621 617 303 9 米制马力（马力）

② 前身是 1865 年成立的国际电报联盟，1934 年改现名，1947 年成为联合国专门组织。其宗旨是鼓励电信使用的国际合作，促进技术发展和协调各成员国和地区的电信政策。

机关申请,并由该主管机关在国际电信联盟分配给本国的移动电台呼号范围内指配。

国际电信联盟分配给中国的移动电台呼号范围为 BAAA～BZZZ。

三、标识

（一）国际渔业文书的规定

《联合国鱼类种群协定》第十八条第三款规定,船旗国应建立规章以规定根据《联合国粮食及农业组织渔船标志和识别标准规格》等国际公认的统一渔船标志系统,在渔船上作标记,以资识别。

《公海捕鱼遵守协定》第三条第六款规定:"每 1 缔约方均应确保所有有权悬挂其旗帜并已根据第五条登记的渔船均有适当标志,以便按照公认的标准如《联合国粮农组织渔船标志和识别标准规格》随时加以识别。"

《负责任渔业行为守则》规定:"准许在公海或非船旗国管辖的水域内进行捕捞的渔船均应按照统一的和国际上承认的船只标志制度（例如联合国粮农组织关于渔船标志和识别标准规定及准则）做出正确标志。"(8.2.3)

上列规定要求船旗国应通过国内立法,确保有权悬挂其旗帜并被准许在公海及别国管辖的水域或本国管辖的水域内进行捕捞的渔船,按国际公认的联合国粮农组织渔船标志制度的统一规定在该渔船上做出正确标记,以资识别。

（二）《联合国粮农组织渔船标志和识别标准规格》

1984 年《世界渔业管理和发展战略报告》提出:"各国在渔船的识别标志和标记方面应与主管的国际组织合作,采用标准的规格。"[1]1985 年 3 月加拿大政府与联合国粮农组织合作召开渔船标识专家会议,为标准规格的起草奠定了基础。渔业委员会第十六届会议对这次专家会议的报告进行了审议,在此基础上,1986 年 6 月联合国粮农组织在罗马召开了渔船识别技术磋商会。1989 年 4 月渔业委员会第十八届会议通过了《联合国粮农组织渔船标志和识别标准规格》,[2]联合国粮农组织总干事通知国际海事组织和国际电信联盟秘书长采用这个标准规格,以便渔业和海上安全管理。

《联合国粮农组织渔船标志和识别标准规格》的全文为:

1. 基本方法

1.1　渔船将用其国际电信联盟的无线电呼号（IRCS）进行标识。

1.2　尚未分配 IRCS 的渔船应用国际电信联盟为船旗国分配的符号进行标识,然后,再标识上由船旗国分配的许可证或登记证号作为认可。在这种情况下,应在国籍识别符号与识别渔船的许可证或登记证号之间放置 1 个连接号。

1.3　除了国家法规需要标识的渔船名称、识别标识和船籍港名称外,为了避免混淆,作为特定的标识方法,应当在船身或上层建筑上用字母和数字绘制成识别标识,各船都是独一无二的。

2. 标识的使用

2.1　标识应在下列位置明显地标出:

2.1.1　船身或驾驶台两侧。

2.1.2 甲板,倘有雨篷或其他遮盖物会遮到标识,此时雨篷或其他遮盖物上亦须标出。甲板上之标识,其第一个字母应从船尾处开始书写。

2.2 标识应尽可能高于船两侧的吃水线。应避免绘制在船首及船尾的尖端处。

2.3 标识

2.3.1 其位置应不被渔具(无论是收藏还是在使用中)所遮挡。

2.3.2 应远离排水管(孔)或向船外排水处,包括因捕获某类鱼种容易损坏或褪色的一些地方。

2.3.3 不可延伸至吃水线以下。

2.4 不要求无甲板的船艇在水平面上安放标识,但是,如果可能,应鼓励船主在船上钉块板,使得从空中可以清楚地看见板上的标识。

2.5 安装了风帆的渔船,除船身外,在风帆上也可涂上标识。

2.6 渔船携带的用于渔业生产的小船、快艇或轻舟均应涂上与母船相同的标识。

3. 技术规范

3.1 字母和数字标识应全部采用印刷体。

3.2 字母和数字的宽度应与高度(h)成比例。

3.3 字母和数字的高度(h)应按下列数据与渔船的大小成比例:

3.3.1 在船身、上层建筑和/或与表面斜置的标识:

渔船的长度	字母和数字的高度(h)不小于
25 米及以上	1.0 米
25～20 米	0.8 米
20～15 米	0.6 米
15～12 米	0.4 米
12～5 米	0.3 米
5 米以下	0.1 米

3.3.2 安放在甲板上的标识:对于长度为 5 米和 5 米以上的各类渔船高度均应不小于 0.3 米。

3.4 连接号(—)的长度应为字母和数字的高度的一半。

3.5 所有字母、数字和连字符笔划的宽度应为 h/6。

3.6 间距

3.6.1 字母与字母或数字之间的间距应不超过 h/4,也不小于 h/6。

3.6.2 带斜边的相邻两字母的间距应不超过 h/8,也不小于 h/10。

3.7 着色

3.7.1 标识应是黑底白字或白底黑字。

3.7.2 底色的周边与标识边缘的间距不应小于 h/6。

3.7.3 应全部使用优质船舶漆。

3.7.4 如果标识全部合乎标准规格的要求,准许使用反光或发热的材料。

3.7.5 要把标识和底色经常保持在良好状态下。

3.8　标识的注册

3.8.1　国际电信联盟保留 1 部包括船舶名称及其国籍的国际无线电呼号全球登记簿。

3.8.2　船旗国除了保留 1 份分配了无线电呼号的登记分册外,还可保留 1 本记录船舶的国籍标识符(国际电信联盟分配的),许可证或登记证号及船主详细资料的渔船记录。

第三节　全球渔船状况和管理目标

一、状况

据联合国粮农组织的不完全统计,近 20 年来全球渔船数量呈不断增加趋势,其基本状况,见表 7-1。

表 7-1　1995～2014 年全球渔船数量变化基本状况表

单位:万艘

年份	全球总数	甲板		动力		船长(米)	
		有甲板	无甲板	机动	非机动	≤12	≥24
1995	380	127	253	211	169	绝大多数	3.7
1998	410	130	280	228	182		
2002	410	130	280	228	182		2.4
2004	400	130	270	220	180		
2006				210			
2008	430			254	176		5.0
2010	436			269	167		
2012	472			269	203		6.4
2014	460			294	166		6.4

资料来源:联合国粮农组织渔业部. 世界渔业和水产养殖回顾(1998)和世界渔业和水产养殖状况[M]. 2002,2004;联合国粮农组织渔业和水产养殖部. 世界渔业和水产养殖状况[M]. 2006,2008,2010,2012 及联合国粮农组织. 世界渔业和水产养殖状况[M]. 2014,2016。

在上表所列全球渔船中,海洋渔船占 70%～75%,内陆渔船占 30%～25%,有甲板渔船和约 1/3 的无甲板船为机动渔船,约 2/3 的无甲板船为非机动渔船,它们通常是由帆和桨(橹)推进的不同类型的传统小船。约 90% 渔船的船长不足 12 米,船长超过 24

米、吨位大于100总吨的大型工业化渔船只占全球渔船的1％左右。这些年,亚洲、非洲、拉丁美洲和加勒比地区的渔船不断增加,北美、欧洲和大洋洲的渔船则越来越少。2014年亚洲的渔船总数最多,约占全球渔船总数的75％,随后是非洲(15％)、拉丁美洲及加勒比(6％)、北美(2％)、欧洲(2％)、大洋洲(0.2％)。[3]

二、管理目标

《21世纪议程》第17章指出,现阶段世界渔业存在着捕捞能力过剩、渔船规模过大、渔船改挂船旗躲避监管及非法、不报告和无管制捕捞增加,包括悬挂"方便旗"的渔船增加等诸多问题。这大大促成了过度捕捞、海洋渔业资源退化、食物生产潜力下降以及大量经济浪费。[4]

为了发挥海洋生物资源的"国际养护和管理措施"①的效力,维护海洋渔业安全生产秩序,保护和保全海洋渔业生态环境,实现可持续渔业,按照《联合国海洋法公约》、《联合国鱼类种群协定》、《公海捕鱼遵守协定》和《托雷莫利诺斯国际渔船安全公约》等公约以及粮农组织《负责任渔业行为守则》、《管理捕捞能力的国际行动计划》和《关于预防、制止和消除非法、不报告和无管制捕捞的国际行动计划》等国际文件的规定,各国应采取必要措施加强渔船管理,确保实现下列各项目标:

(1)使在其领土内登记的渔船的设计、构造、装备和适航条件符合一般接受的国际规则和标准。

(2)使在其领土内登记的渔船的人员配备、船员的资格、训练和劳动条件符合一般接受的国际规则和标准。

(3)对有权悬挂其旗帜的渔船有效地行使行政、技术和社会事项上的管辖和控制,和渔船之间保持真正联系。

(4)使有权悬挂其旗帜的渔船遵守关于海上生命安全、防止碰撞和维护无线电通信所适用的国际规章。

(5)防止、减少和控制有权悬挂其旗帜的渔船所进行的活动造成对海洋环境的污染损害。

(6)使有权悬挂其旗帜的渔船持有经主管机关批准的捕捞证书才可进行捕鱼,并使其捕捞作业量符合渔业资源的可持续利用。

(7)使有权悬挂其旗帜的渔船以负责任的方式捕鱼,不从事任何损害国际养护和管理措施效力的活动。

(8)全面实施国际法的有关规定,特别是《联合国海洋法公约》中所阐明的规定,以预防、制止和消除非法、不报告和无管制捕捞。

---

① "国际养护和管理措施"是指根据1982年《联合国海洋法公约》所载示的国际法有关规则制定和适用的养护及管理1种或多种海洋生物资源的措施。这种措施可以由分区域、区域或全球渔业组织视其成员国的权利和义务来采取或以条约来采取,也可以由两个或两个以上国家通过签订条约或协定来采取。

第四节 渔船国籍和旗帜

一、渔船国籍

(一)海洋渔船应有国籍并悬挂船旗国的旗帜

国际法要求任何海洋渔船都应具有国籍,并悬挂国籍所属国家的旗帜。国籍创立悬挂国旗的权利。渔船具有其有权悬挂的旗帜所属国的国籍。渔船悬挂的旗帜,对外宣示其拥有该旗帜所属国的国籍。渔船国籍的所属国家,即渔船悬挂其国旗并有权悬挂其国旗的国家,称为该渔船的船旗国。

(二)国籍的含义

渔船国籍是指 1 艘渔船属于某 1 特定国家的船舶的法律资格。渔船国籍是联系渔船和给予其国籍的国家之间的法律纽带。基于这种法律联系,渔船接受该国的法律管辖,有权悬挂该国的旗帜,享有和承担该国法律为本国渔船所规定的权利和义务。同时,这种法律联系也是国家对本国渔船实行外交保护的依据。

(三)国籍的作用

1. 国籍是区别渔船身份的依据

对某 1 特定国家而言,区别本国渔船和外国渔船的依据是渔船国籍。

本国渔船享有和承担国内法为本国船舶规定的包括不对外开放港口自由进出权、在内水、领海和国家管辖的其他海域内的航行权、捕鱼权等方面的权利和义务。

外国渔船进入沿海国管辖海域从事渔业活动,则须依条约、协定办理,或经该国主管机关批准,并遵守该国的法律和规章。不得进入不对外开放港口。只有根据条约、协定,才可以进出其他港口或享受其最惠国待遇或国民待遇。

在战争期间,渔船国籍还是表明该外国渔船属于敌对国或中立国的重要标志。渔船所悬挂的旗帜是该渔船的国籍的象征。原则上确认 1 艘渔船是否属于敌对国的渔船或中立国的渔船,要根据该渔船有权悬挂的旗帜来决定。

2. 国籍是船旗国管辖权的基础

渔船国籍指明渔船属于某 1 特定国家,基于这种法律联系,渔船属于该国国家管辖权所及的 1 个单位。国家管辖权是国家行使主权的具体表现。国家对渔船的管辖权包括立法管辖权、行政管辖权和司法管辖权。当渔船处于本国领域内时,国家对渔船的管辖权属于国家的属地管辖权。

船旗国管辖权是指在渔船离开船旗国领域之后国家对该渔船的管辖权。这种管辖权,不是对渔船所在海域的管辖权,而是对处于该海域内有权悬挂本国旗帜的渔船、船内人员及物体的管辖权。这种管辖权的内容,主要是船舶内部事务的行政管辖权、船舶民事管辖权和船舶上的刑事管辖权。例如,对公海上的渔船,船旗国有权制定法律和规章

对其行政、技术及社会事项行使管辖和控制；有权采取执行机制，进行监测、监视和管制；有权对有违法行为的渔船行使登临检查、搜查，必要时加以扣押、逮捕，并予以制裁。

船旗国管辖权是国家对本国籍船行使的权力，但这种权力的行使受到国际法规定的限制。

3. 国籍和旗帜是维护渔船合法地位的保障

为维护海洋的法律秩序，便利国际交通，促进海洋的和平用途，实现可持续渔业，必须保障渔船的合法地位不受侵犯。这就要靠实行渔船国籍旗制度和船旗国原则。其内容包括：

（1）渔船在公海上航行和捕鱼、无害通过领海及在他国专属经济区内航行应仅悬挂一国的旗帜；

（2）渔船在航程中或在停泊港内，除所有权确实转移或变更登记的情形外，不得更换其旗帜；

（3）航行于海上的渔船，不悬挂国旗，经登临检查又没有证明渔船国籍的证书，这种渔船为无国籍渔船。军舰和经授权并有清楚标志可以识别的政府公务船舶有权将无国籍渔船带到军舰或公务船舶所属国家的港口，予以惩罚；

（4）悬挂两国或两国以上旗帜航行或捕鱼并视方便而换用旗帜的渔船，可是视同无国籍的船舶，加以论处；

（5）军舰或公务船舶有权逮捕未经授权而悬挂其所属国家国旗的外国渔船，并带到港口，予以惩罚；

（6）军舰或公务船舶有权逮捕悬挂外国旗帜或拒不展示其旗帜而事实上却与军舰或公务船舶属同 1 国籍的渔船，交有关机关处理；

（7）除国际公约规定的例外情形外，在公海上渔船只服从其所挂国旗的国家的法律，不受船旗国以外任何国家的管辖；

（8）1 国若侵害他国渔船在公海上的航行自由和捕鱼自由，即被视为侵犯了船旗国的主权，应承担国家责任。

4. 国籍是船旗国提供外交保护的根据

渔船遇有在公海上的航行自由或捕鱼自由权受到侵害，或在外国领海中的无害通过权受到侵害，或通过外国专属经济区或渔区受到不当阻碍，或根据条约、协定应允许进入港口却遭非法拒绝而受到损害等属于违反国际法的行为的情形，虽受害渔船用尽当地救济手段，依然不能获得公正的对待，其船旗国有权对该渔船提供外交保护。外交保护的对象是渔船受到侵害造成的公私财产的重大损失或人身伤亡的严重后果或国家利益的损害。外交保护通常由外交机构或驻外外交代表实施。外交保护的措施通常有：向外国政府询问有关事实；要求解释；提出抗议；要求惩处侵害者；要求对本国渔船给予赔偿等。在个别情形下，国家有权将案件提交国际司法解决。如有关国家间缔结的条约订有仲裁条款，则外交保护只能以仲裁为解决手段。

无国籍船不利于海洋秩序，当其受到其他船舶干预时，得不到任何国家的保护。

二、国籍的给予

（一）给予国籍是国家的主权权利

现代国际法规定，每个国家，不论沿海国或内陆国，都有权给予渔船国籍，并对给予本国国籍的渔船行使管辖权。1 艘渔船只能有 1 个国籍。在这个前提下，1 国给予的国籍，应能得到其他国家的承认。国际法不承认、也不允许渔船有双重国籍或多重国籍。因此，不允许国家对具有他国国籍的渔船给予本国国籍。对属于本国国民所有，但已有他国国籍的渔船，国家也不得再给予本国国籍。

国际法不规定国家给予渔船国籍的具体条件，它只责成每个拥有船舶的国家必须用自己的国内法规定 1 艘船要悬挂它的旗帜在海上航行必备的条件。1905 年常设仲裁法院对英国与法国之间"马斯喀特帆船案"的裁决称："每个国家享有规定允许船只悬挂它的旗帜的条件的权利。"[5]202 1953 年美国高等法院对劳伦森诉拉森案的判决也指出："根据国际法，每个国家得自行决定条件，依此条件，将其国籍授予某一船舶"。[6] 1958 年《公海公约》第五条第一款则将这 1 习惯法规编纂为："每个国家应确定对船舶给予国籍、船舶在其领土内登记及船舶悬挂其国旗的权利的条件。"

（二）给予国籍的"真正联系"原则

各个国家社会制度、经济发展水平和海洋政策不同，从维护国家利益的角度出发制定的本国给予船舶国籍的条件也不同，有的国家使一些低标准船舶获得了国籍，给国际航运业和捕捞业的发展带来困扰。在 1949 年联合国国际法委员会启动编纂与发展海洋法条款工作之后，许多国家希望借此制定给予船舶国籍的国际标准。

1. 国际法委员会的草案

在 1951 年国际法委员会的会议上，特别报告员就给予船舶国籍的条件的标准提出以下案文：

"1. 船舶所有权的 50% 应属于下列情况：

（a）本国国民或在旗国领域内注册的法人。

（b）具有权利义务的合伙人的半数以上应是本国国民或在旗国领域内注册的法人共同经营的公司或合资公司。

（c）在旗国领域内有总公司的本国的股份公司。

2. 船长应该有船旗国的国籍。"[7]169

特别报告员根据国际法委员会的审议，对第一款作了一些改动并删除了第二款。

1955 年国际法院对"诺特波姆案"的判决称："国籍是一种法律上的纽带，其基础是相互依附的社会事实，是存在、利益和感情的真正联系，以及权利和义务的相互关系"。[8] 由此，一些国家和国际法学者主张应把此项判决所确定的"真正联系"原则应用于船舶国籍。同年国际法委员会通过《关于公海制度的暂行规定》，其中对于船舶国籍问题，做出如下规定：

"每个国家可以确定船舶在其领域内登记及悬挂其国旗的条件。但是，为了承认其国民性，该船舶必须符合以下条件之一：1. 该国的所有物；2. 所有权的半数以上应属于

下列情况:(a)该国公民或在该国领域内合法居住并且实际上属于该国国民。(b)具有权利义务的合伙人的半数以上应是该国国民或在该国合法居住实际上属于该国国民的合伙人。(c)根据该国法律设立的,并在该国设有登记事务所的股份公司。"

国际法委员会在关于这项条款的阐述中指出:"国家关于允许船舶悬挂其国旗可能有很多标准,但必须要有最低的标准。因为除单纯的登记关系外,只有在国家与船舶之间存在真正联系时,国家才能对悬挂本国国旗的船舶行使有效地管辖和控制。"[7]169-170

1956年荷兰和英国就此条款提出修改草案。前者规定:"为了使船舶的国民性能够得到其他国家的承认,国家与船舶之间必须存在一种真正的联系。"后者规定:"如果国家不能有效地对本国船舶行使管辖权和控制,国家就不能允许该船舶悬挂本国国旗,并且其他国家也不能承认该国对其给予其悬挂国旗的权利。"这两个提案的共同点是,取消了所有权的标准,引入了一般性原则。

1958年国际法委员会对上述提案进行了讨论,赞同删除有关所有权的规定,责成《海洋法公约草案》起草小组委员会依一般性格式化的原则重新起草有关船舶国籍的条款。该小组委员会采纳了荷兰提案,形成下列新的规定:

"每个国家应确定船舶在其领域内登记及悬挂本国国旗的条件。但是,为了使船舶的国籍能够得到其他国家的承认,国家与船舶之间必须存在真正的联系。"[7]170

国际法委员会在此基础上,在《海洋法公约草案》第二十九条列出以下两款规定:

"1. 每个国家应确定对船舶给予其国籍、船舶在其领土内登记及船舶悬挂本国国旗的权利的条件。船舶具有被授权悬挂其国旗的国家的国籍。但是,该船舶的国籍为了能够得到其他国家的承认,国家与船舶之间必须具有真正的联系。

2. 船舶悬挂国旗的权利由船旗国当局颁发的国籍证书予以证明。"[7]171

2. 第一次联合国海洋法会议的审议

在1958年第一次联合国海洋法会议上,与会国家的代表对草案第二十九条展开了广泛审议。意大利主张在"真正的联系"中加入"行使有效地管辖权和控制"。法国主张在意大利提案中再加上"行政上、技术上、社会事项上的"。美国等国的代表不赞成第一款第三项的"不承认原则",萨尔瓦多的代表认为"但是,该船舶的国籍为了能够得到其他国家的承认"1句违反了国家主权原则。[7]173-176经过逐项表决,最后形成了《公海公约》第五条的规定:

"1. 每个国家应确定对船舶给予国际、船舶在其领土内登记及船舶悬挂该国旗帜的权利的条件。船舶具有其有权悬挂的旗帜所属国家的国籍。国家和船舶之间必须有真正联系;特别是国家必须对悬挂其旗帜的船舶有效地行使行政、技术和社会事项上的管辖和控制。

2. 每个国家应向其给予悬挂该国旗帜权利的船舶颁发给予该权利的文件。"

3. 1982年《联合国海洋法公约》的规定

在第三次联合国海洋法会议上对《公海公约》第五条未进行过多审议,也没有制定更严格的"真正联系"标准的意图,只作了些技术性处理:

(1) 将第1款分号(;)之前的3句,作为《联合国海洋法公约》第九十一条"船舶的国籍"的第一款。

（2）将第 1 款分号（;）之后的 1 句改作《联合国海洋法公约》第九十四条"船旗国的义务"的第一款。

（3）将《公海公约》第十条加以细化、补充,作为《联合国海洋法公约》第九十四条的第二至第七款,以完整界定该条第一款的含义。

（三）"真正联系"原则的含义

《公海公约》第五条和《联合国海洋法公约》第九十一条,虽均未对"真正联系"原则进行定义,但从条文安排并结合起草过程分析,其含义是显而易见的,主要包括:

（1）国家依照国内法规定的条件行使给予船舶国籍的权利的同时,应承担在授籍后和该船舶存在真正联系,并根据真正联系原则对该船舶有效地行使行政、技术和社会事项上的管辖和控制的义务。

（2）国家完成给予船舶国籍的法定程序,国家即和该船舶建立起联系。只有在船舶国籍整个存续期间,国家和船舶之间一直保持着密切联系,才是有"真正联系"。是否存在真正联系的标准,应是国家能够按照国内法的规定对该船舶有效地行使行政、技术和社会事项上的管辖和控制。

（3）国家为对其给予国籍的船舶行使管辖和控制,应通过国内立法采取有效措施。这些措施应涵盖行政的、技术的和社会的事项;制定这些措施时必须遵守一般接受的国际规章、程序和惯例。而且,必须采取执行步骤将这些措施付诸实施。只有这样才算实现"真正联系"及达到"有效管辖和控制"的要求。

（4）保持"真正联系"和行使"有效管辖和控制"的目的,是为了保证授籍船舶的海上安全及维护其在公海上的合法地位。其前提条件有下列 4 个:

① 船旗国设有适当的海事主管机关并具备必要的海上巡逻和执法能力;

② 在外国港口,船旗国领事有能力对停靠该港的本国船舶行使必要的管辖和控制,给予必要的保护,并使其定期返回登记港;

③ 国家和船舶之间在船舶所有权和船舶人员配备等经济方面具有密切关系;

④ 确保对在该国登记的船舶的管理和经营负责人的身份能易于识别并使其承担责任,只有这样才不至于发生有些登记的船舶"永远没有机会到它们的登记港停泊"及逃避船旗国的管辖权的困难局面。

（5）国家在制定给予船舶国籍的条件的法律和规章时,不仅着眼国家利益,还须适当顾及国际社会的利益,力求在二者平衡的基础上,根据实行"真正联系"原则和行使"有效管辖和控制"的需要,来确定船舶登记的条件。

（6）《公海公约》和《联合国海洋法公约》关于国家和船舶之间必须有真正联系的规定的目的在于:在一定程度上限制国家确定给予船舶国籍的条件的自由,防止和减少国家滥用权利的现象,以维护健康的海洋法律秩序;确保国家更有效地履行船旗国管辖和控制船舶的义务。并不是规定其他国家可对船舶在船旗国登记的有效性提出质疑的标准。国际法不允许 1 个国家在发现证据显示 1 船旗国对某 1 船舶并无适当的管辖和管制时拒绝承认该船舶悬挂船旗国旗帜的权利。在这方面,《联合国海洋法公约》第九十四条第六

款规定:"1个国家如有明确理由相信对某1船舶未行使适当的管辖和管制,可将这项事实通知船旗国。船旗国接到通知后,应对这1事实进行调查,并于适当时采取任何必要行动,以补救这种情况。"

但是,由于《公海公约》和《联合国海洋法公约》既未明文界定"真正联系"的最低标准,对未履行行使"有效管辖和控制"义务的船旗国也没有规定具体的制裁措施,就使得"真正联系"原则的实际限制效力不大。2014年粮农组制定的《船旗国表现自愿准则》将对船旗国实施"真正联系"原则发挥积极作用。

三、渔船登记

（一）渔船登记项目

渔船登记是渔船取得登记国国籍的必要程序,也是确定渔船所有权和抵押权的1项行政手续。

渔船登记项目包括:

(1) 国籍登记;

(2) 所有权登记;

(3) 抵押权登记;

(4) 光船租赁登记;

(5) 变更登记;

(6) 注销登记。

其中,"光船租赁"是指渔船所有人向承租人提供不配备船员的渔船,在渔船租赁合同约定的一段期间内,由承租人完全占有并控制该渔船,包括有权任命船长和船员。

"登记国"是指接受渔船登记的国家。

（二）渔船国籍登记制度

《公海公约》和《联合国海洋法公约》都规定:"每个国家应确定对船舶给予国籍、船舶在其领土内登记及船舶悬挂该国旗帜的权利的条件。"各国给予渔船以本国国籍的条件,主要涉及渔船所有人的国籍或本国资本所占的比例;渔船船员特别是高级船员的国籍;渔船的建造地点;渔船所有人或经营人所在的场所。由于各国法律对于渔船国籍登记条件的规定有所不同,形成了不同的渔船国籍登记制度。这些制度有:

1. 封闭登记制度

这种制度规定,本国公民、本国公司所有且具备本国登记条件的渔船,有义务在本国登记,不允许在外国登记;也不接受外国人、外国公司所有的渔船的登记申请。日本、澳大利亚、新西兰、瑞典、比利时和葡萄牙等国现实行这种制度。

2. 近封闭登记制度

这种制度规定,本国公民、本国公司所有且具备本国登记条件的渔船,没有义务在本国登记。美国规定,所有权完全属于美国公民的特定的渔船可以向美国登记。英国1988年以前规定英国渔船有义务在本国登记,1988年以后规定英国的渔船所有人可以要求在别国登记。在法国、渔船在本国登记也不是义务。但这些国家不接受外国人、外国公司所有的渔船的登记申请。

3．开放登记制度

这种制度一般是指允许由外国船东和外国人控制的渔船在本国登记，并提供对外国船东较为方便和适宜的登记要求和条件的 1 种船舶登记制度。[9]这种制度具有以下基本特征：

（1）对渔船所有人和渔船船员或高级船员无国籍限制；

（2）对航行无限制；

（3）对登记渔船给予税务优惠；

（4）即使要求渔船所有人在当地设立公司作为船东，或规定仅本国公司所有的渔船方予以登记，但其公司法简单宽松，所设公司多为徒具形式的空壳公司；

（5）登记程序很简便，而且，在一定程度上还协助为船舶所有人的身份保密；

（6）往往没有国家海事主管机关，无能力或无意愿对登记渔船行使管辖和控制。

在这种制度下，外国渔船甚至在几小时内就能办妥登记手续，取得国籍和悬挂该国旗帜的权利。所以，这种旗帜被称为方便旗。

据国际运输工人联合会（ITF）①的调查，现今宣布实行开放登记即方便旗制度的国家或地区的有 32 个，它们是：安提瓜和巴布达，巴哈马，巴巴多斯，伯利兹，百慕大，玻利维亚，缅甸，柬埔寨，开曼群岛，科摩洛，塞浦路斯，赤道几内亚，法国（克尔格伦群岛登记制度），格鲁吉亚，德国（国际船舶登记制度），直布罗陀，洪都拉斯，牙买加，黎巴嫩，利比里亚，马耳他，马绍尔群岛，毛里求斯，蒙古，荷属安的列斯，朝鲜，巴拿马，圣多美和普林西比，斯里兰卡，圣文森特和格陵纳丁斯，汤加，瓦努阿图。[10]ITF 有时还把菲律宾、新加坡和中国香港视为开放登记的国家和地区。

4．第二船籍登记制度

这是指一些实行近封闭登记制度的国家，为防止本国船舶海外移籍，或吸引已在外国登记的本国人所有的船舶回归办理国籍登记，在原有传统的登记制度（第一船籍登记制度）之外，所建立的 1 种条件较为宽松的登记制度。在这种制度下，在基本维持船舶安全标准的情况下，船东可以规避第一船籍登记制度中船员配备、劳工地位等严格限制，劳动条件可以协商，税金可享受优惠。既有利于船东降低经营成本，也有利于登记国扩大本国船队。这种制度现有以下两种形式：

（1）本国离岸登记制度。这是指 1 国在其本土以外的属地设立境外船舶登记处，按照第二船籍登记条件进行船舶登记的制度。英国 1978 年在马恩岛实行了这种制度，法国 1987 年在克尔格伦群岛实行了这种制度，葡萄牙也在马德拉群岛实行了这种制度。

（2）国际船舶登记制度。这是指 1 国在其国内专为从事国际航行的船舶设立的，按照第二船籍登记条件进行船舶登记的制度。挪威 1987 年颁布了《国际船舶登记法》，丹麦、德国、卢森堡、瑞典、巴西也实行了国际船舶登记制度。意大利、日本、韩国、俄罗斯等

---

① 国际运输工人联合会成立于 1865 年，总部设在伦敦，其宗旨是维护国际运输工人的合法权益，重点活动之一在于监视、调查方便旗船船员的工资福利待遇和人身权利，经常迫使方便旗船东与其船员签订工作协议。

国也纷纷研究这种制度。

国际运输工人联合会已将法国和德国的第二船籍登记制度列入开放登记的名单中。

（三）渔船国籍登记程序

登记国须为悬挂其国旗的渔船设置登记簿，并规定办理渔船登记事务、保管渔船登记簿的国家主管机关。这种机关，在英国、法国、爱尔兰等国为税务所；德国、挪威、瑞典等国为地方法院；美国、菲律宾等国为海岸警备队；澳大利亚为运输部；日本为"海上保安厅"；中国为渔业渔政管理机构。

渔船所有人或光船承租人申请渔船国籍，应向其选择的渔船登记地（称为船籍港）的渔船登记机关提出渔船国籍登记申请，并依照登记国法律和规章的规定，交验足以证明其合法身份和有关渔船技术状况的文件和资料。受理登记申请的机关对经审查，按照该国法律和规章有权悬挂其旗帜的船舶，准予以所有人的名义在渔船登记簿上登记，或依照该国法律和规章规定，准予以光船承租人的名义在渔船登记簿上登记。

按照《公海捕鱼遵守协定》及有关国际公约的规定，渔船登记簿须特别载明下列资料：

（1）渔船名称、登记号码、船籍港；

（2）国际无线电呼号；

（3）船舶建造厂名称、建造地点和建造年份；

（4）渔船类型；

（5）渔船的主要技术性能数据（船长、型深、宽度、总吨位、主机功率）；

（6）捕捞方式类型；

（7）渔船所有人的姓名、地址、国籍；

（8）如渔船系国家法律和规章允许的光船租进的，应载明光船承租人的姓名、地址、国籍；

（9）如渔船经营人不是其所有人或光船承租人，应载明经营人的名称、地址、国籍；

（10）根据国家法律和规章或分区域、区域或全球性条约或协定，渔船不遵守规定的国际养护和管理措施的历史情况；

（11）船舶以前的登记注销或中止的日期；

（12）渔船的曾用船名、船旗和所有人历史情况；

（13）渔船登记时的照片。

渔船登记簿应按照登记国的法律和规章规定的方法进行保管，并应提供具有合法权益获取其中所载资料的人查阅。

渔船登记注册和渔船综合记录的维护是国家有效管理渔业的基柱。

依据国际习惯法，船旗国必须使有权悬挂其旗帜的渔船在船上携带渔船国籍证书。渔船悬挂的旗帜，是证明其国籍的外部标志。不过旗帜只是证明渔船国籍的证据之一；旗帜不能绝对证明渔船具有某1国籍，尚有赖于持有证明其是在登记国的船籍港经过正式登记、有权悬挂该国旗帜的有效法律文件。因此，《公海公约》和《联合国海洋法公约》都规定："每个国家应向其给予悬挂该国旗帜权利的船舶颁发给予该权利的文件"。在一般情况下,登记国须向从事无限水域航行和作业的渔船颁发渔船国籍证书;向在有限水域航行和作业的渔船颁发渔船登记证书。

（四）登记国的责任

联合国粮农组织《预防、制止和消除非法、不报告和无管制捕捞的国际行动计划》规定:"船旗国在登记一艘渔船之前应确保其能够履行保证该渔船不从事非法、不报告和无管制捕捞的责任。"(第35段)

为此:

1. 登记国应全面了解申请登记的渔船及与该船活动有关的以下信息,并作为是否为该渔船登记的决定基础:

（1）该船以前注册的所有国家,包括其他名称;或该船挂旗、名称和船主的完整历史（如有的话）;

（2）该船是否有违反国际养护和管理措施或任何沿海国法律和规章的非法、不报告和无管制捕捞的历史;

（3）该船特征,包括注册国、船旗国注册号、无线电呼号、所有电子设备（包括VMS）、网具系统和网具、加工能力和冷冻能力;

（4）注册的渔船的所有人及适当时其代理人的姓名;

（5）该船经营人特征（依法拥有和控制该船的人员,包括租借、转租、租赁、再租赁或其他方式的参与人,船长和渔捞长）;

（6）任何抵押和申请中止诉讼手续人的特征;

（7）开始注册以来的所有权历史;

（8）对租赁的船舶,在其他要求的信息外,租赁者姓名;

（9）如船主或经营人为非本国国民或非本国居民指定的授权代理;

（10）捕捞作业特征,包括:

① 准备捕捞的区域;

② 特定捕捞类型和方法;

③ 目标物种;

④ 渔获量。

2. 登记国应避免有违规历史的渔船悬挂其帜旗,除非:

（1）渔船的所有权已发生了变化并且新船主提供足够证据证明原先的船主或经营人已与该船无法律、利益和经济关系并不再控制该渔船;

（2）登记国在考虑到所有有关实际情况之后,肯定允许该渔船悬挂其旗帜,将不会导致非法、不报告和无管制捕捞。

3. 参与租船安排的所有国家,包括登记国和接受此类安排的其他国家,应在各自管辖范围内采取措施,确保所租渔船不从事非法、不报告和无管制捕捞。

4. 各登记国应当制止渔船为了不遵守国家、分区域、区域或全球一级通过的养护和管理措施的目的而改挂船旗。各登记国采取的行动和标准应当尽可能一致以免船主乘机改挂其他国家的旗帜。

5. 各国应当采取所有切实可行的措施,包括拒绝给予渔船捕捞权及悬挂该国旗帜的权利,来防止"频繁易旗",即渔船为了逃避国家、分区域、区域或全球一级通过的养护和管理措施或便于不遵守这种措施的目的而多次迅速变换旗帜的做法。

6. 虽然1艘渔船的登记工作和捕捞许可证发放工作是分开的,但是登记国应当考虑在进行这些工作时确保1个方面的工作适当考虑到另1个方面。登记国应当确保其船只登记与保存的渔船记录之间有适当联系。当不止1个机构执行这项工作时,国家应当确保负责的机构之间开展充分合作和共享信息。

四、方便旗渔船

(一)方便旗船的概念

方便旗船是指通过开放登记取得国籍并悬挂国籍所属国旗帜的船舶。方便旗的实质在于,船舶国籍与船舶所有人国籍相分离。方便旗的船旗国通过发放旗帜可以收取1笔登记费和税款,增加国家的财政收入,且无需为管辖和控制所登记的方便旗船进行投入。方便旗的船舶所有人则主要是为了规避本国法律和规章的要求。而依船旗国的规定办事就可以缴纳低廉的登记费和年费,可以享受低税甚至免税,可以随意雇佣廉价劳动力,可以降低船员的工作和生活条件标准,可以摆脱各种检验、培训和考试,总之可使经营成本大为降低。

(二)方便旗渔船

渔船悬挂他国旗帜捕鱼的现象很早就有。方便旗渔船主要是从20世纪后期,《联合国海洋法公约》生效后流行起来的。按照劳埃德船级社1999年、2001年、2003年和2005年的统计,在伯利兹、玻利维亚、柬埔寨、塞浦路斯、赤道几内亚、格鲁吉亚、洪都拉斯、马绍尔群岛、毛里求斯、荷属安的列斯群岛、巴拿马、圣文森特和格林纳达、塞拉利昂和瓦努阿图等14个开放登记国家和地区分别有占全球船长≥24米的渔船登记数目7.0%、6.7%、6.5%、6.5%的渔船领取了方便旗。另有5.6%、6.3%、7.5%、8.5%的渔船在一些尚未被世人所知的地方登记注册。[11]

(三)渔船悬挂方便旗的弊端

根据《联合国海洋法公约》船旗国和船渔之间必须有真正联系的规定,船旗国应对悬挂其旗帜的渔船有效地行使管辖和控制。而方便旗船旗国在渔船登记之后和渔船之间的联系往往含糊不清或者根本就不存在。这就使得方便旗渔船可以轻而易举地:

(1)逃避国际海洋捕捞公约和法规的约束,肆意从事非法、不报告和无管制的捕捞活动。

(2)逃避国际渔业工作公约和法规的约束,船主或经营人不惜侵犯船员的基本人权,用虐待手段强迫船员在恶劣条件下长时间狂捞滥捕,甚至大肆捕杀包括海龟、信天翁、鲨鱼等受保护的海洋动物。

(3)逃避国际渔船安全公约和法规的约束,以低标准的渔船的技术状况和船员配备维持经营,以致安全隐患重重,各种事故频发,对船员生命财产安全及海洋环境健康构成严重威胁和损害。

（4）隐藏方便旗船主或经营人的真实身份，可为一些不法之徒走私军火、私藏巨款、非法交易商品、贩卖人口及其他海上有组织犯罪活动或为海盗和恐怖组织提供掩护及作案手段。

（四）预防、制止和消除方便旗渔船

半个多世纪以来，国际上一直为抑制或消灭方便旗商船和方便旗渔船而努力。

为了弥补《联合国海洋法公约》的不足，确保或在可能情况下加强国家与悬挂其旗帜的船舶之间的真正联系，使船旗国根据真正联系原则对悬挂其旗帜的船舶有效地行使管辖和控制，并确保对在该国登记的船舶的管理和经营负责的人的身份能易于识别并使其承担责任；而所采取的那些使对船舶负责任的人的身份更易于识别并使其承担责任的措施，能够有助于打击海上欺诈行为，改善海上秩序，并借此逐步将开放登记制度转变为正常登记制度，1986 年 2 月 7 日联合国全权大会制定了《联合国船舶登记条件公约》。该《公约》从国家和船舶之间应有某种程度的经济联系的角度，规定了国家和船舶之间必须有的"真正联系"的最低限度的 3 项标准：

（1）登记国国民应以适当程度参与船舶所有权；

（2）登记国国民在高级船员和一般船员中应占有令人满意的比例；

（3）在登记国境内应设有登记船舶所属的公司或其主要经营组织，或由登记国国民作为该公司的代表或管理人。

《公约》还规定，登记国应设立 1 个具有一定权力的海事主管机关，并采取必要措施确保在其船舶登记簿上登记的船舶，其所有人或经营人的身份能充分识别，以便使其承担全部责任。《公约》的出台旨在预防、制止和消除方便旗船舶，但实际作用不大。

方便旗渔船的存在和流行是与负责任渔业捕捞不相容的。因此，联合国粮农组织呼吁"各国应劝阻其国民在不能履行船旗国责任的国家注册渔船"。

第五节　渔船安全

一、 船旗国的义务

渔船安全，是渔船有效发挥其功能的根本前提，保证海上人命财产安全的首要因素，保护渔业生态环境和促进渔业可持续发展的必要条件。但海洋捕捞被认为是世界上是最危险的职业之一，每年有 25 000 多人死亡。[12] 1996 年美国渔民的死亡率是诸如救火员、警察和侦探之类其他职业死亡率的 16 倍，是以开车为生人员的 8 倍。[13] 为此，国际法把"采取为保证海上安全所必要的措施"作为船旗国的 1 项义务，要求各国从行政、技术和社会事项上对渔船及其船长、高级船员和船员有效行使管辖权。

二、渔船的构造、装备、检验和证书

（一）渔船的构造和装备

按照《联合国海洋法公约》第九十四条的规定,渔船的"构造、装备和适航条件"是保证渔船海上安全基础性的措施。渔船的适航条件,是指渔船应具备的安全航行、安全作业的技术能力和条件。各国为确保渔船的适航条件制定渔船构造、装备和检验规则和标准时,必须遵守一般接受的国际规则和标准。这些规则和标准主要载于《1977 年托雷莫利诺斯国际渔船安全公约》及其 1993 年托雷莫利诺斯议定书、《1966 年国际船舶载重线公约》和《1969 年国际船舶吨位丈量公约》中。

1.《1977 年托雷莫利诺斯国际渔船安全公约》及其 1993 年托雷莫利诺斯议定书

国际海事组织①鉴于国际海上人命安全公约的要求几乎不包括渔船,制定了《1977年托雷莫利诺斯国际渔船安全公约》。《公约》由公约文本及附则《渔船构造和设备规则》组成,其宗旨在于,为渔船的构造和装备确定统一的原则和规则,以增进远洋渔船及其船员的安全。《1993 年托雷莫利诺斯议定书》充实和完善了 1977 年《渔船构造和设备规则》,对船长等于或大于 24 米的新造国际渔船的构造和设备标准,从以下 9 个方面作了周密规定:

（1）构造、水密完整性和设备;

（2）稳性和适航性;

（3）机电设备和定期无人值班处所;

（4）防火、探火、灭火及其部署;

（5）船员的保护;

（6）救生设备和装置;

（7）应急程序、集合与演习;

（8）无线电通信;

（9）航行设备和装置。

前几年联合国粮农组织、国际劳工组织和国际海事组织合作制定了《渔民和渔船安全准则》《小型渔船设计、建造和装备自愿准则》和《船长小于 12 米有甲板渔船和无甲板渔船安全建议》,为各国规范小型渔船的构造和装备,提供了基本参考标准。

_____

① 1948 年 3 月 6 日联合国海运会议通过了《政府间海事协商组织公约》,10 年之后生效,1959 年 1 月成立政府间海事协商组织,总部设在伦敦。该组织是联合国处理海洋事务特别是船舶事务的专门组织,由大会、理事会、海上安全委员会、法律委员会、海洋环境保护委员会、技术合作委员会、便利运输委员会和以秘书长为首的秘书处组成。大会由全体会员国的代表组成,每 2 年召开 1 次。理事会由大会选出的 16 个理事国组成,任期两年,连选可连任。海上安全委员会由 14 个委员国组成,由大会从与海上安全有重大关系的国家的政府中选出,其中至少有 8 名是最大的船舶所有国,任期 4 年,连选可连任。该组织的重要活动是制定旨在主要为船旗国规定目的是为了改善航行安全和加强防止来自船舶的海洋环境污染的各类技术措施,包括旨在预防和纠正行使船旗国管辖权的缺失的港口国监督措施的国际公约。1975 年政府间海事协商组织大会通过《公约》的修正案,规定自 1982 年 5 月 22 日将《公约》改名为《国际海事组织公约》,该组织改名为国际海事组织。《公约》经过 1979 年和 1993 年两次修正,理事会扩大到 32 个理事国,海上安全委员会向所有国家开放。海上安全委员会设有渔船安全分委会。

2.《1966 年国际船舶载重线公约》

该《公约》由公约文本及《载重线核定规则》、《地带、区域与季节期》和《证书》3 个附则组成,在 1971 年、1975 年、1979 年和 1983 年对其作了若干修正,1988 年又制定了它的议定书。《公约》根据保障海上人命和财产安全的需要,对国际航行船舶的载重限额制订统一的原则和规则,以防止船舶超载造成干舷过小对船舶安全造成影响和威胁。《公约》规定:"船舶两舷相应于该船所在的季节及其所在地带或区域的载重线,不论在船舶出海时,在航行中,或者在到达时,都不应被水浸没。"为此保证达到此项要求,《公约》的 3 个附则,对不同类型的船舶在不同航区、不同季节的载重线的核定、勘划标志和载重线证书的格式以及并对船舶的强度、结构、水密性和稳性等要求作了规定。按照《公约》的要求,需对长度等于和大于 24 米或 150 总吨及以上的国际航行作业的渔船及长度小于 24 米或 150 总吨以下的非国际航行作业的渔船的干舷核定条件和载重线标志方法分别进行规定。

3.《1969 年国际船舶吨位丈量公约》

该《公约》由公约文本及《测定船舶总吨位和净吨位规则》和《国际吨位证书》两个附则组成,其宗旨是为国际航行船舶的吨位丈量制订统一原则和规则。《公约》规定总吨位和净吨位的测定,应由主管机关[①]办理,但主管机关可以将这种测定工作委托它认可的人员或组织办理。不论采用何种方式,主管机关应对总吨位和净吨位的测定负完全责任。对按照《公约》测定总吨位和净吨位的每艘船舶,应由主管机关,或由主管机关正式授权的人员或组织发给国际吨位证书(1969)。不论属于哪一种情况,主管机关应对证书负完全责任。

按照《公约》,从事国际航行作业的渔船,需进行吨位丈量,并持有渔船吨位证书。渔船登记条件及一些有关船舶安全公约和船舶防污公约的适用都涉及渔船吨位。正确测定渔船吨位是保证渔船海上安全的必要措施之一。

(二) 渔船的检验和证书

按照《联合国海洋法公约》第九十四条的规定,为保证渔船的结构和装备具备符合一般接受的国际规则和标准规定的适航条件,船旗国有责任使"每艘船舶,在登记前及其后适当的间隔期间,受合格的船舶检验人的检查"。

1. 安全检验和安全证书

《1977 年托雷莫利诺斯国际渔船安全公约》的 1993 年托雷莫利诺斯议定书对渔船检验和证书有以下规定:

(1) 每艘渔船应接受下述规定的检验:

① 初次检验。在渔船投入营运之前或要求第一次签发证书之前进行,其检验内容应是对结构、稳性、机电、装置和材料,包括船体的外部和锅炉与设备的内部及外部的全面检验。该检验应保证装置、材料和构件尺寸、锅炉和其他受压容器及其附属设备、主机、辅机、电气设备、无线电设备防火结构、灭火系统及用品、救生设备和装置、船上的航行设

____
[①]《1969 年国际船舶吨位丈量公约》规定,"主管机关"是指船旗国的政府。

备、航海资料和其他设备完全符合要求;保证渔船所有部分和设备的工艺在所有方面均属合格,且该船配备的灯光、音响信号和遇险信号均满足现行《国际海上避碰规则》的要求;如配有运送引航员的装置,亦应予以检验,以保证其处于安全工作状态并符合现行《国际海上人命安全公约》的有关要求。

② 换证检验。在下述规定的间隔期内进行:

a. 对渔船结构,包括船体外部和机器,应每 4 年检验 1 次。

b. 对渔船其他设备,应每 2 年检验 1 次。

c. 对渔船无线电设备,应每 1 年检验 1 次。

③ 期间检验。除按上述换证检验外,还应按主管机关规定的间隔期对渔船结构和机器进行检验。

(2)对渔船的检查和检验应由主管机关的验船师进行,但主管机关可将检查和检验委托给为此目的而指定的验船师或由其认可的组织进行。

(3)对初次检验后符合规定要求的渔船,应由主管机关或由主管机关正式授权的任何人或组织签发《国际渔船安全证书》。该证书的有效期限不应超过 4 年。对换证检验或期间检验后符合规定要求的渔船,应由主管机关或由主管机关正式授权的任何人或组织在《国际渔船安全证书》上签注。

(4)在任何情况下,主管机关应充分保证渔船检查和检验的完整性和有效性,并应对签发的证书负全部责任。

(5)主管机关指定验船师或认可组织进行渔船检查和检验时,应赋予其下列权力:

① 要求对渔船进行修理;

② 应港口国当局要求进行检查和检验。

当指定的验船师或认可的组织断定渔船或其设备的状况与证书细节不全相符或其状况对渔船或船上人员存在危险而不宜出海时,验船师或组织应毫无疑义立即采取纠正措施并及时通知主管机关。如未采取纠正措施,则应撤回有关证书并立即通知主管机关。如渔船在另 1 当事国港口,也应立即通知该港口国的有关当局。当主管机关的官员、指定的验船师或经认可的组织通知港口国的有关当局后,有关港口国的政府应给这些官员、验船师或组织提供为履行本条规定的义务所必需的各种帮助。如适当,有关港口国政府应保证该船不得航行,直到其能继续出海或离港驶往适当的修船厂而不会对渔船或船上人员产生危险。

2. 载重线检验和载重线证书

《1966 年国际船舶载重线公约》对船舶检验和证书有以下规定:

(1)船舶应受下列的检验和检查:

① 船舶投入营运以前的检验。这种检验应包括对船舶结构和设备的全面检查,以保证各种布置、材料和构件尺寸完全符合本公约要求。

② 定期检验。定期检验的期限由主管机关决定,但不得超过 5 年。这种检验应保证船体结构、设备、布置、材料和构件尺寸完全符合本公约要求。

③ 证书签发日每周年前后 3 个月内的定期检查。这种检查应保证船体或上层建筑

没有发生可以影响确定载重线位置的计算的变化,并保证下列各种装置和设备保持有效状态:

  a. 开口防护装置;

  b. 栏杆设备;

  c. 排水舷口;

  d. 船员舱室出入口的设施。

  (2) 对船舶进行载重线检验、检查和勘划标志,应由主管机关①的官员办理,但主管机关可以委托为此目的而指定的验船师或者它所认可的组织办理。在任何 1 种情况下,该主管机关应充分保证检验、检查和勘划标志的完备和实效。

  (3) 对投入营运以前进行检验和勘划标志的船舶,应由主管机关或该主管机关正式授权的任何人员或组织签发《国际船舶载重线证书(1966)》。不论属于何种情况,主管机关应对证书负完全责任。该证书的有效期限应由主管机关规定,但自颁发之日起不得超过 5 年。

  (4) 对船舶进行的任何检验完成以后,凡经检验的船体结构、设备、材料或构件尺寸,非经主管机关许可,不得作变动。进行定期检查应于《国际船舶载重线证书(1966)》上签注。

  (5) 如果存在下列任何情况,主管机关应吊销《国际船舶载重线证书(1966)》:

  ① 船舶的船体或上层建筑已发生实质性的变动,以致有必要增大干舷;

  ② 定期检查所述装置和设备未能保持有效状态;

  ③ 证书上没有签注表明船舶已按照规定所进行的定期检查;

  ④ 船体结构强度降低到不安全的程度。

国际航行的渔船的载重线检验和发证应依以上规定执行。

  (三) 港口国监督

  1.《1977 年托雷莫利诺斯国际渔船安全公约》第四条的规定

对缔约国主管机关按本公约颁发的各种用途的证书,其他缔约国应予承认,并视为与该缔约国颁发的证书具有同等效力。

  持有按本公约所发证书的渔船,当停靠在其他缔约国港口时,应受该国政府授权的官员的监督。这种监督的目的,仅在查明船上是否备有有效的证书。除有明显的理由使人相信该船及其设备的情况与证书所载情况不符外,此项证书应被承认。

  在如果发生上述与证书不符的情况,或船上没有有效的证书,执行监督的官员应将认为必须由船旗国采取改正措施的一切情况,立即通知船旗国领事;若领事不在,应即通知船旗国外交代表,并将实情报知国际海事组织。执行监督的官员应采取措施,以保证该船在符合出海时对渔船和船员都无危险的条件前不得启航。

  2.《1966 年国际船舶载重线公约》第二十一条的规定

持有按本公约颁发证书的船舶,在其他缔约各国政府的港口时,应受各该国政府授

---

  ①《1966 年国际船舶载重线公约》规定,"主管机关"是指船旗国的政府。

权官员的监督。各缔约国政府应保证此项监督的执行尽可能地合理和切实可行,其目的在于核实船上备有根据本公约规定的有效证书。

如果船上备有有效的《国际船舶载重线证书(1966)》,这种监督应限于确定下列各事项:

(1) 船舶的载重量并未超过证书所允许的限度;

(2) 船舶载重线的位置与证书相符合;

(3) 船舶的船体、上层建筑及有关装置和设备没有实质性的变动,以致船舶显然不适合于在不危及人命安全的情况下出海。

如果根据上述第(3)项行使监督,则此项监督的执行范围,只限于必须保证船舶出海而不危及旅客或船员安全以前不得出航。

如果由于本条所规定的监督而发生任何种类的干涉时,实施监督的官员应立即将进行干涉的决定以及认为有必要进行干涉的一切情况,用书面通知船旗国的领事或外交代表。

3.《1969 年国际船舶吨位丈量公约》第十二条的规定

悬挂缔约国旗帜的船舶在其他缔约国港口时,应接受该国政府正式授权的官员检查。这种检查以核实下述目的为限:

(1) 该船是否备有有效的《国际吨位证书(1969)》;

(2) 该船的主要特征是否与证书中所载的数据相符。

在任何情况下,不得因施行这种检查而滞留船舶。

如果经检查发现船舶的主要特征与《国际吨位证书(1969)》所载不一致,从而导致增加总吨位或净吨位,则应及时通知该船的船旗国政府。

三、 船员的配备、培训和发证

(一)渔船船员的配备

配备定额的合格船员,是保证渔船安全的决定性条件。船员,在广义上,"是指包括船长在内的船上一切任职人员"。[14] 在狭义上,不包括船长,是指受船长指挥的渔船上所有任职人员。"'船长'系指指挥一艘渔船的人。"[15] 受船长指挥的船员又分为普通船员和高级船员。"'普通船员'系指除船长和高级船员以外的船员。"[16] "'高级船员'系指除船长以外的,根据国家法律或规章所指定,或在没有这种指定时根据集体协议或习惯做法指定的任一船员。"[15] 高级船员包括驾驶员、轮机员、轮机长、大管轮和无线电操作员。其中,驾驶员系指在无限水域或有限水域负责渔船航行值班的高级船员;轮机员系指负责渔船轮机值班的高级船员;轮机长系指负责机械推进装置、操纵和保养船舶的机械和电气设备的高级船员;大管轮系指级别仅次于轮机长,并在轮机长不能工作时由其负责渔船的机械推进装置、操纵及保养机械和电气设备。[15]《联合国海洋法公约》第九十四条将"船舶的人员配备"作为船旗国为保证海上安全应采取的必要措施之一,并规定:"每艘船舶都由具备适当资格、特别是具备航海术、航行、通信和海洋工程方面资格的船长和高级船员负责,而且船员的资格和人数与船舶种类、大小、机械和装备都是相称的。"

（二）渔船船员的培训和发证

《联合国海洋法公约》第九十四条将"船舶人员的训练"使船长和高级船员"具备航海术、航行、通信和海洋工程方面资格"作为船旗国为保证海上安全应采取的另 1 必要措施，并规定："船长和高级船员和在适当范围内的船员，充分熟悉并须遵守关于海上生命安全，防止碰撞，防止、减少和控制海洋污染和维持无线电通信所适用的国际规章。"为在渔业领域实施这些规定并为各国提供渔船船员培训、发证和值班的国际标准，国际海事组织制定了《1995 年国际渔船海员培训、发证和值班标准公约》和《2001 年渔船船员培训、发证和值班标准自愿性指导文件》。

《1995 年国际渔船海员培训、发证和值班标准公约》由 15 个条款和 1 个包含技术规则的附则组成，其主旨在于促进缔约国渔船船员素质的提高，有效地控制人为因素对海上事故的影响，以适应渔船配员的多国化和所有国家进行合作在全球范围内保障海上人命财产安全及防治海洋污染的需要。该《公约》规定："各缔约国承担义务实施本公约及其附则的各项规定"，"各缔约国承担义务颁布一切必要的法律、法令、命令和规则，并采取一切必要的其他措施，使本公约得以充分和完全实施，以便从海上人命和财产的安全，以及保护海洋环境的观点出发，保证海洋渔船船员是合格的并胜任其职责。""渔船船员应根据本公约附则的各项规定予以发证。"

《公约》附则详尽规定以下各项规则：对长度为 24 米及以上的渔船，在无限水域作业的船长、负责航行值班驾驶员，及在限定水域内作业的船长、负责航行值班驾驶员发证的强制性最低要求及最低知识要求；对主推进动力装置为 750 千瓦或以上渔船轮机长和大管轮发证的强制性最低要求及最低知识要求；对渔船上负责或履行无线电通讯人员发证的强制性最低要求，包括"全球海上遇险和安全系统"（GMDSS）[①]无线电人员发证的最低要求及最低附加知识和培训的要求；保证船长、驾驶员、轮机员和 GMDSS 无线电人员不断精通业务和掌握新知识的强制性最低要求，以及所有渔船船员在分配船上的任何职责之前，或已在渔船上工作的船员，及小型渔船的船员，都应接受的求生、防火、应急、急救、海洋污染的防止和海上意外事故的防止等基本安全的培训的内容。

该附则规定，渔船船员如在工作、年龄、健康状况、培训、资历和考试等必要条件符合这些规则才能予以签发证书。该证书许可其持有人担任该证书所指定的或国家法规所规定的职务。每 1 缔约国政府保证对其他缔约国按本公约签发的证书予以承认。

（三）港口国监督

《1995 年国际渔船海员培训、发证和值班标准公约》第八条规定，渔船在其他缔约国的港口时，应受该缔约国正式授权的官员的监督，以核实船上凡公约要求具有证书的所

[①] 全球海上遇险和安全系统（GMDSS）是国际海事组织建立的利用 INMARSAT（海事卫星通信系统）和 COS_PASSARSAT（极地轨道卫星搜救系统）、地面无线电通信系统（即海岸电台）以及海上安全信息播发系统提供全球性有效搜救和保证航行安全的通信系统。该系统具有遇险报警、搜救协调通信、救助现场通信、定位信号、海上安全信息的播发、常规的公众业务通信和驾驶台对驾驶台的通信等主要功能。该系统要求船上安装船舶自动识别系统（AIS），它使用由 9 位数字组成并在无线电线路上发送用以识别船舶电台的代码。代码的格式为：×1×2×3×4×5×6×7×8×9，其中：×1，为地区码，×2×3，为国家码，ITU 分配给中国的为 412、413、414，×4×5×6×7×8×9，为船台号码，是由国家船舶无线电主管机关分配。

有人员均持有证书或适当的特免证明①。发现船员未持有适当有效的证书或有效的特免证明,未按主管机关规定的要求安排航行或轮机的值班,或值班中无合格人员操作重要设备等可能危害人命、财产或环境的缺陷,应立即以书面通知该船船长和船旗国政府,以便采取措施。如未能纠正,执行监督的缔约国应采取适当措施,纠正缺陷,务使危险得以消除后,才准其开航。关于采取行动的实情,应立即报告国际海事组织秘书长和船旗国政府。但港口国在执行监督时,应尽量避免使船渔受到不适当的扣留或延误。如果渔船受到不适当的扣留或延误,则该船对此而引起的任何损失或损害,有权要求赔偿。

四、信号、通信和避碰

(一)《联合国海洋法公约》的规定

《联合国海洋法公约》第九十四条将"信号的使用、通信的维持和碰撞的防止"作为船旗国为保证海上安全应采取的必要的技术性措施,并要求船长和高级船员和在适当范围内的船员,充分熟悉并须遵守关于海上防止碰撞和维持无线电通信所适用的国际规章。

(二)国际信号规则

为了航行和作业的安全,船舶之间、船舶和港口之间需要经常保持通信联系。信号就为在危及船舶和人命安全的情况下,特别是当语言发生困难的时候,提供了通信方法和工具。在这件事上,英国起了带头作用。1857年它公布了世上第一个《商用信号谱》供所有国家船舶使用,1879年改为《国际谱》。1889年18个海洋国家在华盛顿举行海事协商会议对信号谱进行了修正。1900年英国出版《国际信号谱》,被各国普遍使用。1927年华盛顿国际无线电报会议讨论并建议采用英国拟定的用数国文字编写的新版信号谱,定于1934年实施。[5]234国际海事组织1965年第四次大会通过《国际信号规则》,于1969年生效,后经多次修订。该规则包括旗语通信、灯光通信、声号通信、无线电话通信、手语或手臂发送莫尔斯码通信等通信方式,适用于遇险、紧急、救生、伤亡、损坏、助航设备、航行、水文、船舶操纵、气象、天气、航线、通信、卫生、医疗、作业等各种情况,统一采用1个信号具有1个完整意义的原则,能保证各种通信简洁明了、可靠、有效。

《1977年托雷莫利诺斯国际渔船安全公约》的1993年托雷莫利诺斯议定书规定,长度为45米及以上的国际航行渔船,应备有《国际信号规则》及整套的信号旗和三角旗,以便使用《国际信号规则》进行通信;所有长度为7~50米非国际航行渔业船舶均须按规定配备基本号灯、作业号灯、备用号灯及闪光灯、号型与号旗和音响信号器具等信号设备。

(三)国际无线电规则

1896年无线电报的发明提供了1种有价值的方法,使船舶遭遇困难时可以得到救援。1903年国际电报联盟举办首届无线电报大会,研究有关无线电报通信的国际规则问题。1906年英、美等27国在柏林签订《国际无线电报公约》。由于商业的原因,一些国家的电报制度不同,使得悬挂不同旗帜的船舶之间无法以电报沟通。为了克服这个困难,

---

① 在特殊需要的情况下,主管机关如认为对人命、财产或环境不致构成危害时,可颁发特免证明,允许在某1指定渔船上工作的某1船员,在为期不超过6个月的指定期限内,担任其未持有适当证书的职位。

1912 年伦敦电报会议通过新的《无线电报公约》规定,船舶之间、船舶和岸台之间应交换电报,必须优先接收遭遇困难的求救电,并以同样的方式给予答复。这个会议还通过 1项决议,规定:"为了航行的一般利益,应对某些种类的船舶规定有携带无线电报设备的义务。"1914 年《海上人命安全公约》规定,运载 50 人以上的船舶应安装无线电报设备。1927 年华盛顿国际无线电报会议签订了《国际无线电报公约》,重申海上船只之间无论采取什么制度,必须通信,并且必须首先照顾不论来自何处的遇险的呼号的原则,并提出"无线电通信"的概念,为此做出定义:"用黑慈电波借无线电传递书写符号、信号、图片及各种声音。"[5]257-259 1932 年 70 多个国家的代表在马德里开会,决定将原有的有线和无线电报的公约合并成《国际电信公约》,它的 3 个附件包含 3 套行政规则:电报、电话和无线电规则。1939 年伦敦公约规定,所有航海客船及 1600 总吨级以上的船只必须安装无线电设备。1947 年国际电信联盟在美国大西洋城举行会议,调整组织,并与联合国签订协议成为联合国的专门组织。1982 年在内罗毕修订《国际电信公约》,使国际无线电规则成为国际电信联盟用来管制无线电通信,调整各国在无线电管理活动中的相互关系,规范其权利和义务的重要国际性法规。该规则的目的是,确保无线电通信系统之间无干扰的操作。随着无线电通信的需要和无线电技术的发展,经过几十次世界性无线电行政(通信)大会的修改和补充,它变得越来越详细和复杂。据统计,国际无线电规则除 78 条正文外还包含 45 个附录 116 个决议和 93 个建议。主要包括无线电业务定义,无线电频率划分,无线电频率通知,协调和登记程序,频率的规划,频率的技术特性及其使用的原则,干扰处理程序,及各种无线电台的操作和使用规定。

《1977 年托雷莫利诺斯国际渔船安全公约》的 1993 年托雷莫利诺斯议定书根据无线电规则,对长度为 45 米及以上的国际航行渔船和 12 米及以上的非国际航行渔船的"驾驶台对驾驶台的通信""数字选择呼叫(DSC)""直接印字电报(NBDP)""一般无线电通信""国际奈伏泰斯(NAVTEX)业务""寻位""海上安全信息"和"极轨道卫星业务"等需要的无线电设备的配置、安装、基本技术要求和性能标准及其使用要求作了详细规定。

(四)国际海上避碰规则

为避免海上航行船舶发生碰撞,需要有共同遵守的海上交通规则,通过设置的了望和信号设备使船舶及时得到其他船舶驶近的警告,并在彼此驶近时能按照避让责任的规定正确地行驶或采取避让行动。为此,1840 年英国率先提出了关于避免碰撞的 1 套规则。1862 年英国发布《防止海上碰撞条例》,获得法国支持,1864 年美国接受这个条例,在不到 10 年的时间内世界上有 30 多个海洋国家都承认它的拘束力。在此基础上,1889年美国邀请世界各国在华盛顿举行第一次国际海事协商会议讨论制定国际海上避碰规则,供各国采用。[5]232-233 该规则经 1910 年、1929 年、1948 年和 1960 年国际海事协商会议的四次修改。1972 年国际海事组织召开的伦敦会议通过了《1972 年国际海上避碰规则公约》及所附的《1972 年国际海上避碰规则》。1982 年国际海事组织发布《1972 年国际海上避碰规则若干条文的统一运用指南》。1981 年、1987 年、1989 年、1993 年、2001 年、2007 年对 1972 年规则作了多次修正。

该规则适用于在公海和连接于公海而可供海船航行的一切水域中的一切船舶,围绕避让责任、避让行动和避让信号,对驾驶和航行规则、号灯和号型、声响和灯光信号作了周密的规定。其中,多项规定涉及"从事捕鱼的船舶"①。诸如:从事捕鱼的船舶,不应妨碍任何其他在狭水道或航道以内航行的船舶通行,不应妨碍按通航分道行驶的任何船舶的通行;机动船和帆船在航时应给从事捕鱼的船舶让路;从事捕鱼的船舶在航时,应尽可能给失去控制的船舶或操纵能力受到限制的船舶让路;从事捕鱼的船舶,不论在航还是锚泊,只应显示本条②规定的号灯和号型。

《1995年国际渔船船员培训、发证和值班公约》要求长度24米以上在无限水域或有限水域作业的渔船船长和值班驾驶员都善于应用《1972年国际海上避碰规则》。

五、 海上救助

给予海上处于危险中的人员或船舶以救助,是保障海上人命财产安全的措施的必要补充。船舶在海上,不论是公海或领海,若遇到遇险或遭难的人员或船舶,只要对本船、船员和旅客不构成严重危险,船长都应给予救助。《1910年救助公约》第十一条规定:"对于在海上发现的遭遇生命危险的每一个人,即使是敌人,只要对其船舶、船员和旅客不致造成严重危险,每一船长都必须施救。船舶所有人对违反前款规定的事项,不承担责任。"《1910年统一船舶碰撞某些法律规定的国际公约》第八条规定:"碰撞发生后,相碰船舶的船长在不致对其船舶、船员和旅客造成严重危险的情况下,必须对另一船舶、船员和旅客施救。上述船长还必须尽可能将其船名、船籍港、出发港和目的港通知对方船舶。违反上述规定,并不当然地将责任加于船舶所有人。"这两项规定表明,船长对于海上遇难的人或与本船相碰的船舶及其船员和旅客负有救助的义务;这种救助以不危害本船、船员和旅客的安全为条件;违反上述救助义务,船长应承担法律责任。《公海公约》第十二条以上述两项规定为基础,把"救助的义务"作为每个国家的义务规定为:

"1. 每个国家应责成悬挂该国旗帜航行的船舶的船长,在不严重危及其船舶、船员或乘客的情况下:(a)救助在海上遇到的任何有生命危险的人;(b)如果得悉有遇难者需要救助的情形,在可以合理地期待其采取救助行动时,尽速前往拯救;(c)在碰撞后,对另一船舶、其船员和乘客给予救助,并在可能情况下,将自己船舶的名称、船籍港和将停泊的最近港口通知另一船舶。

"2. 每个沿海国应促进有关海上和上空安全的足敷应用和有效的搜寻和救助服务的建立、经营和维持,并应在情况需要时为此目的通过相互的区域性安排与邻国合作。"

《联合国海洋法公约》第九十八条以相同的文字重申了上述规定。海上救助,单靠依法律规定的义务救助是不够的,还必须鼓励自愿救助的参与。1910年救助公约统一了各国海上救助的法律和实践,对救助对象、救助形式、救助报酬、救助合同等作了明确规定,但不适用于军用船舶和专门用于公务的政府船舶,给《公约》的适用带来了不便。它的1976年议定书解决了这个问题,然而,仍不适应对油轮特别是超级油轮施救的需要。为

---

① "从事捕鱼的船舶"1词,指使用网具、绳钓、拖网或其他使其操纵性能受到限制的渔具捕鱼的任何船舶,但不包括使用曳绳钓或其他并不使其操纵性能受到限制的渔具捕鱼的船舶。

② 《1972年国际海上避碰规则》第二十六条。

此,国际海事组织经过近 10 年的努力,制定了《1989 年国际救助公约》。该《公约》充分考虑了油轮救助的特殊性和防止海洋污染的要求,更加明确了救助人和被救助人的权利和义务。国际海事组织此前还制定了《1979 年国际海上搜寻救助公约》。该《公约》和《1989年国际救助公约》已分别于 1985 年 6 月 22 日和 1996 年 7 月 14 日生效。

六、 国际安全管理规则

据国际海事组织的统计,船舶海损、机损、污染事故的产生,约 80% 是人为因素尤其是管理不善造成的,造成了大量的人命伤亡、财产损失和严重的环境破坏。为解决这个问题,从 1979 年起,国际海事组织通过了多项大会决议,制定了《船舶安全操作和防污染指南》,在此基础上形成了《国际船舶安全营运及防污染管理规则》(ISM,简称《国际安全管理规则》)作为 1993 年 A. 741(18)号决议的附件,并被纳入《1974 年国际海上人命安全公约》(SOLAS)的 1994 年修正案(简称 74/94 公约)的第Ⅸ章"船舶安全营运管理"之中,使之成为了强制性规定。

《规则》旨在提供船舶安全管理、安全营运和防止污染的国际标准,其目标是保证海上安全,防止人员伤亡,避免对环境,特别是对海洋环境造成损害以及对财产造成损失。

根据 SOLAS74/94 公约第Ⅸ章第四条及《国际安全管理规则》第十三条的规定:对于建立了安全管理体系,并经审查合格的船公司,由船旗国主管机构颁发《符合证明》(DOC);船公司所属船上应保存 DOC 副本备查。对已获得 DOC 并按安全管理体系运作的船舶,由船旗国主管机构签发《安全管理证书》(SMC)。500 总吨及以上船舶及其公司均应在规定日期前取得 SMC 和 DOC。港口国有关当局随时可以对船舶所持的 SMC 和 DOC 副本进行监督检查。

按照《规则》的定义:

"安全管理体系"系指能使船公司人员有效实施公司安全和环境保护方针的结构化和文件化的体系。

"符合证明"系指签发给符合本规则要求的船公司的文件。

"安全管理证书"系指签发给船舶,表明其公司和船上管理已按照认可的安全管理体系运作的文件。

《规则》规定:

1. "安全管理体系"的基本内容

(1) 符合强制性规定及规则;

(2) 对国际海事组织、主管机关、船级社和海运行业组织所建议的适用的规则、指南和标准予以考虑。

"安全管理体系"的功能要求每个船公司均应建立、实施并保持包括以下功能要求的安全管理体系:

(1) 安全和环境保护方针;

(2) 确保船舶的安全营运和环境保护符合国际和船旗国有关立法的须知和程序;

(3) 船、岸人员的权限和相互间的联系渠道;

（4）事故和不符合规定情况的报告程序；

（5）对紧急情况的准备和反应程序；

（6）内部审核和管理复查程序。

2．安全和环境保护方针

（1）船公司应当制定安全和环境保护方针，说明如何实现上述目标。

（2）公司应当保证船、岸各级机构均能执行和保持此方针。

3．公司的责任和权力

（1）如果负责船舶营运的实体不是船舶所有人，则船舶所有人必须向主管机关报告该实体的全称和详细情况。

（2）对涉及和影响安全和防止污染工作的管理、执行以及审核的所有人员，公司应当以文件形式明确规定其责任、权力及其相互关系。

（3）为使指定人员能够履行其职责，公司有责任确保提供足够的资源和岸基支持。

4．指定人员

为保证各船的安全营运，提供公司与船上之间的联系渠道，公司应当根据情况指定一名或数名能直接同最高管理层联系的岸上人员。指定人员的责任和权力应包括对各船的安全营运和防止污染方面进行监控，并确保按需要提供足够的资源和岸基支持。

5．船长的责任和权力

（1）船公司应当以文件形式明确规定船长的下列责任：

① 执行公司的安全和环境保护方针；

② 激励船员遵守该方针；

③ 以简明方式发布相应的命令和指令；

④ 核查具体要求的遵守情况；

⑥ 定期复查安全管理体系并向岸上管理部门报告其存在的缺陷。

（2）船公司应当在安全管理体系中确立船长的绝对权力和责任，以便做出关于安全和防止污染事务的决定并在必要时要求公司给予协助。

（3）船公司应当保证船长具有适当的指挥资格、完全熟悉公司的安全管理体系、得到必要的支持，以便可靠地履行其职责。

6．船公司的责任

保证根据本国和国际有关规定，为每艘船舶配备合格、持证并健康的船员。

《规则》包括 A 和 B 两部分。

A 部分"实施"，是为船舶安全管理、安全营运和防止污染规定国际标准的部分，其内容除上列定义、目标和规定外，还涉及人员培训、船上操作方案制定、应急准备、不符合规定情况、事故和险情的报告和分析、船舶和设备的维护等方面的要求。

B 部分"审核发证"，是关于《符合证明》和《安全管理证书》发放机关、程序和有效期限的规定。

《规则》的要求可适用于包括渔船在内的所有船舶。[17]

第六节　渔船工作条件

一、2007 年渔业工作公约

《联合国海洋法公约》第九十四条将"船员的劳动条件"作为船旗国为保证海上安全应采取的又 1 必要措施。国际劳工组织[①]认为,与其他职业相比,渔业是 1 种危险的职业。为保证渔民在渔船上享有体面的工作条件,该组织从 1959 年起陆续制定了渔民最低年龄公约、渔民体检公约、渔民协议条款公约和渔船船员住宿公约。为使这些国际文书惠及世界上人数更多的渔民,尤其是那些在小型渔船上工作的渔民,又制定了《2007 年渔业工作公约》。[18]《公约》适用于从事商业捕鱼作业的所有渔民和所有渔船,其宗旨是促进渔民获得体面的工作条件并保护和促进渔民在这方面的权利。

二、船东、船长和渔民的责任

1. 渔船船东对保证向船长提供为遵守本公约的义务所必要的资源和设备负有总体责任。

2. 船长负责船上渔民的安全和船舶的安全作业,包括但不局限于以下方面:

(1) 提供监督,从而保证渔民尽可能在最好的安全和卫生条件下从事工作;

(2) 用尊重安全和卫生的方式管理渔民,包括防止疲劳;

(3) 帮助船上职业安全和卫生意识培训;

(4) 保证遵守航行、值班安全及相关的优良水手操守标准。

3. 船长根据职业判断,对船舶的安全及安全航行、安全作业或船上渔民的安全所做出的必需的决定,不受渔船船东限制。

4. 渔民须遵守船长的合法指令及切实可行的安全和卫生措施。

三、船上工作的最低要求

(一)最低年龄

在渔船上工作的最低年龄应为 16 岁。凡其性质或工作环境可能损害未成年人的健

---

① 国际劳工组织(ILO)原是根据《凡尔赛和约》成立的关于劳工的国际组织,1946 年 12 月成为联合国的第一个专门组织。其章程原为《凡尔赛和约》的第 13 篇,经 1946 年和 1972 年两次修正。该组织的主要组织是国际劳工大会、理事会和国际劳工局。大会由参加大会的各国 2 名政府代表、1 名工人代表和 1 名雇主代表组成。理事会由 56 名理事组成,任期 3 年,其中政府代表 28 名、工人和雇主代表各 14 名。国际劳工局为国际劳工组织的常设秘书处,设在日内瓦,其首长为国际劳工局局长。该组织在船舶方面的目标是使在商船和渔船上工作的男子和妇女有权在自由、公正、安全和体现人类尊严的条件下获得体面的生产性工作。国际劳工组织主要负责这些国际文件的制定和监督船旗国的执行。

康、安全或道德的,最低年龄不应低于 18 岁。从 16 岁开始从事可能损害未成年人的活动,得由国家法律或法规准许,其条件应是相关未成年人的健康、安全和道德受到全面保护,相关未成年人已获得足够的具体指导或职业培训,并完成了出海前的安全基础培训。

禁止雇用未满 18 岁的渔民从事夜间工作。

（二）体检

未持有证明其适合从事其工作的有效健康证明书的渔民,不得在渔船上工作。健康证明书应由充分合格的执业医生签发。健康证明书有效期最长为 2 年,渔民不满 18 岁的,有效期最长为 1 年。

在长度为 24 米及以上的渔船,或通常在海上停留超过 3 天的渔船上的渔民的健康证明书须至少说明:

（1）渔民的听力和视力能满足渔民履行船上职责的要求;

（2）渔民并非正在遭受由于海上的工作而可能恶化,或使得渔民不适合从事此种工作,或危及船上其他人的安全或卫生的健康状况。

对于长度为 24 米以下的渔船,或通常在海上停留 3 天以下的渔船上工作的渔民,磋商①后,主管当局②考虑到渔民的安全和健康、船只的大小、医疗救援和疏散的可能性、航行持续时间、作业地点以及捕鱼作业的类别之后,可允许免于持有健康证明书。

四、工作条件

（一）配员和休息时间

各缔约国须通过法律、法规或其他措施要求悬挂其旗帜的渔船船东保证:

（1）其船舶具有安全航行和作业的员额充足且安全的配置,并在合格的船长掌控之下。

（2）给予渔民时间充足的固定休息期以保证安全与健康。

为此,各缔约国主管当局必须:

（1）对于长度为 24 米及以上的渔船,确定渔船安全航行的最低配员水平,具体规定所需渔民的人数和资格;

（2）对在海上停留超过 3 天的渔船,不论其大小,规定提供给渔民的最低休息时间:

① 在任何 24 小时内不得低于 10 小时;

② 在任何 7 天期内不得低于 77 小时。

（二）渔民工作协议

"渔民工作协议"系指雇用合同、协议条款或其他类似的安排,或其他管理渔民在船上的生活和工作条件的合同。

渔船船东的责任是保证每个渔民具有 1 份书面的、经渔民和渔船船东或渔船船东

---

① "磋商"系指主管当局与具有代表性的相关雇主和工人组织,以及特别是具有代表性的渔船船东和渔民组织,如其存在的话,进行的对话。

② "主管当局"系指就有关条款的主题事项有权发布和执行法规、法令或其他有法律效力的指令的部长、政府部门或其他当局。

（或者，如果渔民并非由渔船船东雇用，渔船船主则须持有合同或类似安排的证据）的授权代表签名的、按照本公约的要求制定船上体面劳动和生活条件的工作协议。

各缔约国须通过法律、法规或其他措施要求在悬挂其旗帜的渔船上工作的渔民获得渔民工作协议的保护。保证渔民在签订渔民工作协议前有机会就其条款进行审议或寻求咨询的程序。渔民工作协议须携带在船上并供渔民查阅，其副本须提供给渔民。

（三）船员名册

每条渔船应携带船员名册，副本应在船只离港前提交给岸上获得授权的人，

或在船只离港后立即通告到岸上。主管当局须决定这些信息须提交给谁，何时提交和出于何种目的。

（四）渔民的报酬支付

各缔约国须通过法律、法规或其他措施，规定保证领取工资报酬的渔民每月得到报酬或其他定期报酬支付。

各缔约国须要求向在渔船上工作的所有渔民提供将其收到的工资付款全部或部分，包括预支款，免费转给其家庭的手段。

（五）遣返

缔约国须保证在悬挂其旗帜并进入1个外国港口的渔船上工作的渔民，如果工作协议到期，或被渔民或渔船船东以正当理由终止，或渔民不再具备履行工作协议所要求的职责的能力，或在特定情况下不能指望其履行这些职责，应有权遣返。遣返费用须由渔船船东承担。

五、住宿和膳食

（一）住宿

各缔约国应通过法律、法规或其他措施，要求悬挂其旗帜的渔船上的住舱应有足够的空间和质量，并针对船上工作和渔民在船上的生活时段提供适当的装备，以维护住舱的卫生、安全、健康和生活舒适条件。

（二）膳食

各缔约国须通过法律、法规或其他措施，要求：

（1）在船上携带和提供的食品必须具有充足的营养价值并保质保量；

（2）数量充足和质量过关的饮用水；

（3）应由渔船船东免费向渔民提供食品和饮用水。

六、医疗、健康保护和社会保障

（一）医疗

各缔约国须通过法律、法规或其他措施，要求：

1. 渔船在考虑到船上渔民人数、作业地区和航行时间的情况下，为渔船作业携带适当的医疗设备和医药供给。

2. 渔船上至少有1名在急救和其他形式的医疗方面合格的或训练有素的渔民，并具

备必要的知识,能使用所配备的医疗设备和医药供给。

3. 考虑到作业地区和航行时间,渔船配备有与岸上能提供医疗指导的人员或组织进行联络的无线电或卫星通讯设备。

4. 一旦出现重伤或重病,渔民有权在岸上进行治疗并有权被及时送到岸上治疗。

各缔约国须通过法律、法规或其他措施,对长度为 24 米及以上的渔船,考虑到船上渔民人数、作业地区和航行时间,要求:

(1) 主管当局规定须在船上携带的医疗设备和医药供给;

(2) 由主管当局指定或认可的负责人,按照主管当局确定的间隔对船上携带的医疗设备和医药供给进行适当的维护和检查;

(3) 渔船上携带主管当局通过或认可的医疗指南,或《国际船舶医疗指南》的最新版本;

(4) 渔船可通过无线电或卫星通讯利用事先安排好的为海上船舶提供的医疗咨询服务系统,包括专家咨询,并应在任何时候都能获得;

(5) 渔船上携带可通过其获得医疗咨询意见的无线电或卫星通讯站的清单;

(6) 在尽可能与缔约国国家法律和实践相一致的情况下,渔民在船上或登陆到外国港口应得到免费医疗。

(二) 职业安全和卫生及事故预防

各缔约国须通过法律、法规或其他措施:

1. 预防渔船上的职业事故、职业病和与工作相关的风险,包括渔民的风险评估和管理、培训和船上指导;

2. 培训渔民掌握要使用的各种渔具及了解要从事的捕鱼作业;

3. 规定渔船船东、渔民和其他相关人员的义务,并适当考虑 18 岁以下渔民的安全和健康需求;

4. 对在悬挂其旗帜的渔船上发生的事故进行报告和调查;

5. 成立职业安全与卫生联合委员会或其他适宜组织;

6. 通常在海上停留 3 天以上的长度为 24 米及以上的渔船船东,应按照渔船的特定危害和风险,建立预防职业事故、工伤和职业病的船上程序。

7. 渔船船东须:

(1) 保证向船上渔民提供适当的个人防护衣和设备;

(2) 保证船上每位渔民接受主管当局认可的基础安全培训;

(3) 保证渔民在使用设备或参与相关作业之前,对设备和使用方法有足够且合理程度的了解、熟悉。

(三) 社会保障

各缔约国须保证,通常居住在其领土上的渔民,及其按国家法律规定的受抚养人,有权享受社会保障保护的待遇,条件不得低于那些适用于通常居住在其领土上的其他工人,包括雇员和自营就业人员。

各缔约国须根据国情,采取措施逐步实现对通常居住在其领土上的所有渔民的全面社会保障保护。

（四）因工患病、受伤或死亡情况下的保护

各缔约国须通过国家法律、法规及采取其他措施：

1. 通过渔船船东责任制、强制保险、工人补偿或其他方案的途径，为渔民因工患病、受伤或死亡提供保护。

2. 如出现由于职业事故或职业病而受伤，渔民应可获得适当的医疗以及符合国家法律和法规的相应补偿。

3. 保证悬挂其旗帜渔船的船东，当渔船在海上或停靠外国港口时，有责任向受雇、受聘或在船上工作的渔民提供健康保护和医疗。保证渔船船东有责任支付医疗费用，包括在外国治疗期间相关的物质帮助和支持，直至该渔民获得遣返。

4. 假如发生的伤害与船上工作无关，或者，疾病或体弱状况在受聘期间被隐瞒，或者，伤害或疾病是由于故意渎职所造成，国家法律、法规可允许免除渔船船东的责任。

七、《公约》的遵守与执行

（一）船旗国的责任

各缔约国须通过建立保证遵守本《公约》规定的 1 套体系来对悬挂其旗帜的渔船实施有效的管辖和控制，包括实施监察、报告、监督、控诉程序及适当的惩罚和纠正措施。

各缔约国须要求在海上停留 3 天以上的渔船，即长度为 24 米及以上，或通常航行在船旗国海岸线 200 海里以外，或是在其大陆架外缘的渔船携带 1 份由主管当局签发的、表明船舶已由主管当局或其代表进行过遵守本《公约》有关生活和工作条件的规定的检查的有效文件。该文件的有效期可能会与国际渔船安全证书的有效期相同，不得超过 5 年。各缔约国须对悬挂其旗帜的渔船上的渔民的生活和工作条件签发的相关文件负完全责任。

各缔约国收到申诉或掌握证据表明悬挂其旗帜的渔船不遵守本《公约》的要求，须采取必要的步骤对事件进行调查，并保证采取行动纠正发现的任何不妥之处。

（二）港口国的责任

渔船在 1 个缔约国港口靠岸，该缔约国收到由渔民、专业组织、协会、工会，或任何关心船舶的安全或关注船上渔民的安全或健康危害的人提出的申诉，或掌握证据表明该渔船不遵守本公约的要求，可准备 1 份提交给船旗国政府的报告，将副本提交给国际劳工局总干事，并可采取必要的措施纠正船上对安全或卫生明显有害的任何状况。在采取有关措施时，港口国须立即通知船旗国最近的代表，如有可能，须让该代表到场。港口国不应无理扣押或拖延渔船。

第七节　渔船的刑事和民事管辖权

一、港口内的刑事和民事管辖权

（一）港口国行使管辖权的理论及实践

港口内的管辖权是指港口国对其港口内的外国渔船的司法管辖权。依据领土主权原则和属地管辖原则，港口国对其港口内的外国渔船及渔船上发生的刑事案件和民事案件具有排他的管辖权。也有的国家在承认此项原则的同时，主张对于在外国港口内的本国渔船行使管辖权。[5]227同时，传统的国际法承认船旗国对处在外国领土界限内具有本国国籍的渔船有一定的管辖权。[19]这样港口国和船旗国之间有可能形成管辖权冲突。对此，一些国家间常通过签订渔业条约或者领事条约加以缓和。这类条约规定的一般效果是：给予船旗国的领事对有关渔船内部秩序事件的管辖权，及在他认为必要时由港口当局给予协助的权利，港口国则保留对影响港口公共秩序或者安宁的案件的管辖权。[20]49-50

港口国行使港口内的管辖权特别是刑事案件的管辖权的实践不尽相同。比较有代表性的有英国制度和法国制度，或者称"英国概念"和"法国概念"。英国对在本国港口内外国渔船上发生的犯罪案件，主张港口国的管辖权是绝对的，有排他性的，只有在特殊情况下，可以根据礼让放弃管辖权的行使；但对于本国渔船在外国港口内发生的犯罪案件，则又坚持国际礼让，主张案件应由船旗国管辖。美国、荷兰和智利、厄瓜多尔等拉丁美洲国家的主张基本上类似英国。因此，英美两国相互间也常为争夺管辖权发生争论。法国则强调此类案件一般应由船旗国管辖，但在其认为有必要时，也并不放弃本国的管辖权。比利时、巴西、意大利、希腊、墨西哥、挪威、葡萄牙等国基本上都遵循这1原则。[20]43-47[21]

1930年海牙国际法编纂会议的筹委会试图对港口内的管辖权进行编纂，并在所拟定的领水公约草案中列入了相关条款。但在这个会议上，美国和波兰认为这不属于领水的范围建议将有关条款删去，筹委会随之提出了将这个问题制成专门条款补充到1923年的《国际海港制度公约》之中，会议接受了这两项建议。第一次联合国海洋法会议依照海牙会议的前例，未将港口内的司法管辖问题列入《领海及毗连区公约》，《联合国海洋法公约》亦然。由于筹委会的建议迄今尚未付诸实施，所以，有关港口内的司法管辖问题自然也就无统一、完整的明文规则可循。

在理论上，《奥本海国际法》的观点比较有代表性："位于港口或者其他内水的外国私人船舶在刑事和民事事项上原则上是受当地法律的支配并且受当地法院的管辖的。然而，由于船舶都有国籍，船旗国也同时有管辖权，而且无论如何，所有关于船舶内部纪律事项在正常情况下都由船旗国管辖是适宜的。"[22]

（二）港口国行使管辖权的一般规则

港口内的管辖权应在维护领土主权、平等互利、有利于发展国际合作的条件下行使，以保护国家及本国国民的利益和人身安全为目的。综观各国的实践,其出发点可能有所差异,而在实际上达到的结果则基本是相同的。一般说来,如果船上的行为不涉及沿海国的利益或者根本没有超出该船只的范围,则港口国不行使管辖权,而由船旗国负责。具体地说:

1. 对于属于扰乱港口安宁、案情重大、港口国公民为受害者或者船旗国请求援助等情况的刑事案件,港口国一般都行使管辖权。

2. 对于属于外国渔船内部秩序和纪律事项,如争吵、斗殴等一般刑事案件,港口国一般不予干涉。

3. 对于外国渔船上发生的完全属于船舶内部管理、工资、劳动条件或者涉及个人的人身、财产权利等事项的一般民事案件,港口国通常都不行使管辖权。

4. 对于外国渔船上发生的涉及港口国公民利益的争执,或者争执发生在船上而争执的另一方是船只以外的人,或者争执的影响超出船只的范围等情况的民事案件,港口国一般都行使管辖权。

5. 对于外国渔船因发生交通事故、污染事故或者未向港口国主管机关或者有关组织交付应承担的费用等引起的民事案件,港口国都行使管辖权。

6. 港口当局对外国渔船或者船上的人进行司法处理时,除非有条约规定,没有事先通知船旗国领事的义务。但出于礼让和方便的考虑,港口当局通常都通知船旗国的领事。

二、领海内的刑事和民事管辖权

(一)在领海内行使管辖权的基本原则

沿海国在领海内对外国船舶的的管辖权的行使,原则上必须符合航行权利,不妨碍无害通过。这是 1930 年海牙国际法编纂会议以来,国际社会形成的共识。《领海及毗连区公约》对有关的基本原则进行了编纂,《联合国海洋法公约》第二十七条和第二十八条,几乎以相同的文字予以重申。这些规定既适用于商船也适用于渔船。

(二)外国渔船上的刑事管辖权

沿海国不应在仅通过领海而不驶入内水的外国渔船上采取任何步骤,以逮捕与该渔船驶进领海前所犯任何罪行有关的任何人或者进行与该罪行有关的调查。沿海国也不应在通过领海的外国渔船上行使刑事管辖权,以逮捕与在该渔船通过期间船上所犯任何罪行有关的任何人或者进行与该罪行有关的任何调查,但下列情形除外:

(1)罪行的后果及于沿海国;

(2)罪行属于扰乱当地安宁或者领海的良好秩序的性质;

(3)经船长或者船旗国外交代表或者领事官员请求地方当局予以协助;

(4)这些措施是取缔违法贩运麻醉药品或者精神调理物质所必要的。

上述规定不影响沿海国为在驶离内水后通过领海的外国渔船上进行逮捕或者调查的目的而采取其法律所授权的任何步骤的权利。也就是说,沿海国地方当局依照法律授权,得对外国渔船上在内水发生的任何罪行于该渔船离内水后通过领海时,逮捕与所犯

罪行有关的任何人或者进行与该罪行有关的任何调查。

在按照规定沿海国需要行使管辖权的情形下,地方当局在考虑是否逮捕或者如何逮捕时,应适当顾及航行的利益。

如经船长请求,沿海国在采取任何步骤前应通知船旗国的外交代表或者领事官员,并应便利外交代表或者领事官员和船上人员之间的接触。遇有紧急情况,发出此项通知可与采取措施同时进行。

（三）对外国渔船的民事管辖权

沿海国不应为对通过领海的外国渔船上某人行使民事管辖权的目的而停止其航行或者改变其航向。

沿海国不得为任何民事诉讼的目的而对渔船从事执行或者加以逮捕,但下列情形不在此限:

（1）涉及该渔船本身在通过沿海国水域的航行中或者为该航行的目的而承担的义务或者因而负担的责任,如因碰撞或者救助、引航或者拖带引起的义务或者责任;

（2）对在领海内停泊或者驶离内水后通过领海的外国渔船的任何民事诉讼。

外国渔船在领海内停泊,不属于行使无害通过权的范围,沿海国对其民事案件的管辖,自然不应受到限制。

外国渔船在内水发生由其承担的义务或者负担的责任,经诉讼程序,已达执行阶段,或者基于民事法律需要采取扣船等强制措施时,虽该渔船已驶离内水正在领海航行,沿海国亦可依法对其从事执行或者加以逮捕。

三、公海上渔船碰撞或其他航行事故的调查和管辖权

（一）海难或者航行事故的调查权

渔船在公海上航行,因自然灾害、其他突发性事件或者人为因素造成海难或者航行事故,引起另1国船舶、设施损失、人身伤亡或者环境损害的,船旗国或者受害国均可实施现场调查,以查明事故发生的原因,判明当事者的责任。《联合国海洋法公约》第九十四条第七款对进行这种调查的权利和程序作了如下规定:

"每个船旗国对于涉及悬挂该国旗帜的船舶在公海因海难或者航行事故对另一国国民造成死亡或者严重伤害,或者对另一国的船舶或者设施或者海洋环境造成严重损害的每一事件,都应由适当的合格人士一人或者数人或者在有这种人士在场的情况下进行调查。对于该另一国就任何这种海难或者航行事故进行的任何调查,船旗国有义务与该另一国合作。"

这一规定既适用于商船也适用于渔船。

（二）碰撞事项或其他航行事故的刑事管辖权

各国对在公海上不同国籍的船舶之间发生碰撞或者任何其他航行事故的刑事管辖权的主张并不一致。法国主张碰撞事故中有1方是法国船舶,法国就有管辖权。即使碰撞双方都是外国船舶,只要它们同意由法国管辖,法国也可行使管辖权。意大利主张即使碰撞双方都是外国船舶,只要离碰撞地点最近的港口是意大利港口或者受损害的船舶

因碰撞被迫停留在意大利的港口内,意大利就有管辖权。英国和美国主张即使碰撞双方都是外国船舶,只要在提起损害赔偿诉讼时,有过失的船舶是在其港口内,它们就有管辖权。[23]为了减少各国对于公海上船舶碰撞或者其他航行事故的刑事管辖权冲突,在布鲁塞尔举行的国际海事委员会外交会议于 1952 年 5 月 10 日签订了《统一船舶碰撞或者其他航行事故中刑事管辖权方面若干规定的国际公约》(简称《公约》)。《公约》规定:在海上船舶发生碰撞或者任何其他航行事故涉及船长或者任何其他为船舶服务的人员的刑事或者纪律责任时,刑事或者纪律诉讼,仅能向发生碰撞或者任何其他航行事故时船舶所悬挂旗帜国家的司法或者行政当局提出。在这种情况下,除船舶所悬挂旗帜国家外,任何当局都不得下令逮捕或者扣留船舶,即使作为 1 种调查手段,也不例外。但这并不妨碍其他国家对本国国民在悬挂另 1 国家旗帜船舶上的犯法行为提起控告。

　　国际法委员会认为《公约》的目的在于"保护在公海上发生冲突的船舶及其船员免于在外国法院提起刑事管辖权,因为这样的程序构成了对国际航行的不可忍受的干涉。"[24]因而,赞同并主张采用《公约》的统一规则。

　　《公海公约》第十一条接受国际委员会的主张,《联合国海洋法公约》第九十七条又完全接受了《公海公约》的规定。这些规定是:

　　"1. 遇有渔船在公海上发生碰撞或者任何其他航行事故,涉及船长或者任何其他为渔船服务的人员的刑事或纪律责任时,对此种人员的任何刑事诉讼或者纪律程序,仅可向船旗国或者此种人员所属国的司法或者行政当局提出。

　　"2. 在纪律事项上,只有发给船长证书或者驾驶资格证书或者执照的国家,才有权在经过适当的法律程序后宣告撤销该证书,即使证书持有人不是发给证书的国家的国民也不例外。

　　"3. 船旗国当局以外的任何当局,即使作为 1 种调查措施,也不应命令逮捕或者扣留渔船。"

　　(三)碰撞或其他航行事故的民事管辖权

　　对于在公海上船舶碰撞案件的民事管辖,各国的法律规定和实践很不一致。日本民事诉讼法典规定,可向碰撞后船舶最初到达地法院提起。荷兰海商法规定,可在被告住所地、船舶登记地或者船舶扣押地法院起诉,原告有权选择。挪威除与荷兰有相同的规定外,还规定如被告在挪威有财产,它的法院就有管辖权。瑞典规定,被告在瑞典境内居住地法院有管辖权,如起诉时船舶位于瑞典领水内,船舶所在地法院也有管辖权。法国规定,只要受害的 1 方是法国船舶,即使加害的 1 方是外国船舶,或者双方都是外国船舶而双方同意受法国管辖时,法国就有权管辖。意大利规定,即使碰撞双方都是外国船舶,只要距离碰撞地点最近的港口是在意大利,或者受害的船舶停留在意大利港口内,意大利就主张管辖权。英国主张,只要加害的船舶或其船东于诉讼提出时在英国领域内,英国就有管辖权。美国和英国一样,虽碰撞案件完全不涉及本国利益,只要船舶中有 1 船或者当事人中有 1 方在自己的管辖范围内时,美国就行使管辖。

　　为了减少各国对于船舶碰撞案件的管辖权冲突,国际海事委员会在 1937 年 5 月的巴黎会议上通过了 1 个《关于碰撞事件的民事管辖权公约》草案。以这 1 草案为基础,国际海事委员会外交会议于 1952 年 5 月 10 日签订了《关于船舶碰撞中民事管辖方面若干规定的公约》。根据这 1 公约,对于在公海上船舶碰撞的损害赔偿,原告可以选择被告设有经常居所或者营业所的国家的法院起诉,也可以选择被告船舶扣押地的法院或者如不提供保证即将予以扣押的地方的法院起诉。但是,上述规定并不影响双方将案件提交彼此同意选定的法院来审判或者将案件交付仲裁的权利。[20]96-99

参考文献

[1] 联合国粮农组织. 世界渔业管理和发展会议报告[R/OL]. (1984-07-06:21). [2013-07-10].
http://ftp. fao. org:21/docrep/fao/012/ak192c/ak192c. pdf

[2] FAO Technical Guidelines for Responsible Fisheries. No. 1. Fishing operations[S/OL]. (1996: Annex II). [2013-07-10].
ftp://ftp. fao. org/docrep/fao/003/W3591e/W3591e00. pdf

[3] 联合国粮农组织. 2016 年世界渔业和水产养殖状况:为全面实现粮食和营养安全作贡献[R/OL]. (2016-07:5). [2019-08-15].
http://www. fao. org/3/a-i5555c. pdf

[4] 联合国可持续发展《21 世纪议程》[S/OL]. (2009-10-01:第 18:17. 45 和 17. 72 段). [2013-03-15].
http://www. un. org/chinese/events/wssd/chap17. htm[01/10/2009 14. 26. 01]

[5] 希金斯,哥来伯斯. 海上国际法[M]. 王强生等,译. 北京:法律出版社,1957.

[6] 345 U. S. 571 - Lauritzen v. Larsen(NO. 226)[S/OL]. (2000). [2013-03-17].
http://openjurist. org/345/us/571

[7] 水上千之. 船舶国籍与方便旗船籍[M]. 全贤淑译. 大连:大连海事大学出版社,2000.

[8] 王铁崖. 中华法学大辞典(国际法卷)[M]. 北京:中国检察出版社,1996:442.

[9] 杨良宜. 船舶融资与抵押[M]. 大连:大连海事大学出版社,2003:24.

[10] 方便旗的定义及其所构成的问题[S/OL]. (2011). [2013-03-23].
http://www. itfseafarers. org/defining-focs. cfm/ViewIn/ZHO

[11] Australian Government Department of Agriculture, Fisheries and Forestry, International Transport Workers' Federation, WWF International. The Changing Nature of High Seas Fishing[R/OL]. (2005-10:14). [2013-03-20].
http://www. itfglobal. org/files/extranet/-1/1658/iiulowres. pdf

[12] 联合国粮农组织为雷克雅未克海洋生态系统负责任渔业会议准备的背景文件. 迈向以生态系统为基础的渔业管理[R/OL]. (2001-07:5). [2013-03-20].
ftp://ftp. fao. org/fi/document/reykjavik/confdoc4c. pdf

[13] 国际劳工大会 2004 年第 92 届会议报告五(1)渔业部门的工作条件. 关于渔业部门中的工作的一项综合标准[S/OL]. (2003 年第一版:89). [2013-03-25].
http://www. ilo. org/public/chinese/standards/relm/ilc/ilc92/pdf/rep-v-1. pdf

[14] 中华人们共和国海商法第三十一条.

[15] 1995 年国际渔船船员培训、证证和值班标准公约附则第一章规则 1.

[16] 1978 年海员培训、发证和值班标准国际公约附录第一章规则 1/1.

［17］国际海事组织.国际船舶安全营运和防止污染管理规则（2010 版）［S/OL］.（2010-07-01 实施）.［2013-03-28］.

http://www.nh-rescue.cn/ztzl/info_36_itemid_3563_lcid_21.html

［18］国际劳工组织.关于渔业部门工作的公约［S/OL］.（2007-05-30）.［2013-03-28］.

http://www.docin.com/p-9040955.html

［19］丘宏达.现代国际法［M］.台北：三民书局，1983：381-382.

［20］倪征.国际法中的司法管辖问题［M］.北京：世界知识出版社，1985.

［21］刘泽荣.领海法概论［M］.北京：世界知识出版社，1965：104-110.

［22］詹宁斯·瓦茨.奥本海国际法（第一卷第二分册）［M］.王铁崖，李适时，汤宗舜等，译.北京：中国大百科全书出版社，1998：37-38.

［23］劳特派特.奥本海国际法（上卷第二分册）［M］.石蒂，陈健，译.北京：商务印书馆，1972：111－112.

［24］伊恩·布朗利.国际公法原理［M］.曾令良，余敏友等，译.北京：法律出版社，2003：264.

第八章　国家捕鱼权

　　按照《联合国海洋法公约》的规定，海洋在法律上被划分为内水、领海、毗连区、专属经济区和公海，领海以外的海床、洋底及其底土被划分为大陆架和国际海底区域。在群岛国的情形下，在其领海与内水之间还有群岛水域。依国际习惯法，有的国家在其领海以外设置专属渔区。

　　不同的海洋区域具有不同的法律地位。其中毗连区和国际海底区域不具有捕鱼功能。

　　所谓国家捕鱼权，对沿海国而言，是指国家在内水、领海、专属经济区或专属渔区、大陆架和公海依照国际法享有的由其国民捕捞鱼类和其他海洋生物资源的权利，在群岛国的情形下，还包括在其群岛水域内捕捞鱼类和其他海洋生物资源的权利；对内陆国而言，是指国家享有的由其国民捕捞公海鱼类和其他海洋生物资源的权利及在公平的基础上参与开发沿海国专属经济区的生物资源的适当剩余部分的权利。

　　对于国家管辖范围以外海底区域的海洋生物资源特别是海洋遗传资源的定义、法律地位及其采捕权，《联合国海洋法公约》未曾具体涉及，将由联合国制定专门协定予以规范。

第一节　领水的捕鱼权

一、领水

（一）领水的定义

领水是国家的内水和领海的总称。

内水是指领海基线向陆 1 面的全部水域，包括内陆水和内海水。内陆水是指陆地领土内的水域，包括湖泊、河流、运河和水库；内海水是指领海基线向陆 1 面的海域，包括领湾、"历史性"海湾、内陆海和领峡及领海基线同海岸线之间的其他海域。在群岛国的情形下，内水是指在群岛水域内用封闭线划定的河口、海湾和港口水域。

领海是指国家陆地领土及其内水以外邻接的 1 带海域，在群岛国的情形下，是指群岛水域以外邻接的 1 带海域。

内陆国的领水只有其内陆水。

（二）领水的范围

领水的范围为领海的外部界限向陆 1 面的全部水域，包括海域部分的海床和底土。而领海的外部界限是 1 条其每 1 点同领海基线最近点的距离等于领海宽度的线。每 1 国家有权确定其领海的宽度，直至从按照国际法确定的领海基线量起不超过 12 海里的界限为止。

海床是指位于海底且在底土上面的沙、岩礁、淤泥或者其他物质的上部表层。底土则是指位于紧挨海床下面的所有天然存在的物质。

领水范围内的领湾、"历史性"海湾、内陆海和领峡的含义分别是指：

1. 领湾是指海岸属于 1 国、海湾天然入口两端的低潮标之间的距离不超过 24 海里、在这两个低潮标之间划出的 1 条封口线所包围的水域。

2. "历史性"海湾主要是指海岸属于 1 国，其湾口宽度虽然超过领湾的标准，但在历史上一向被认为是沿岸国内水的海湾。一般认为，"历史性"海湾应具备以下 3 项标准：

（1）主张的国家必须对对该区域行使权力；

（2）权力的行使必须是连续不断的；

（3）外国必须默认该权力的行使。[1]43

3. 内陆海是指其水域连同连接大洋或者其他海的海峡或者水道的海岸属于 1 国、且该海峡或者水道的宽度原则上不超过领海宽度两倍的海，如日本的濑户内海和俄罗斯的白海等，视为沿岸国的内水。如果该水域连同海峡的海岸属于两个或两个以上的国家，且海峡的宽度原则上不超过两岸领海宽度的海，如俄罗斯和乌克兰之间的亚速海，则为各沿岸国共有的内水。这样的内陆海，除国际协定另有规定外，原则上以其中心为界，分别属于各沿岸国所有和管辖。

4. 领峡是指两岸属于1国、宽度不超过领海宽度的两倍、不构成国际重要航道,且按照国际实践和有关国家的法律实行内水制度的海峡。领峡有两种类型:1种是1端连接公海或者专属经济区另1端连接内陆海的,如日本的下关海峡和前苏联的刻赤海峡;另1种是两端都是连接公海或者专属经济区的,如英国的怀特岛和苏格兰之间的苏仑海峡及安格尔西岛以及威尔士之间的麦奈海峡。

(三)领水的法律地位

领水及其海床和底土是沿海国领土的组成部分,与其陆地领土具有相同的法律地位:沿海国对领水享有领土主权,对领水及其资源拥有所有权,其他国家不得侵犯;对领水范围内的一切人、物和发生的事件有排他的管辖权,其他国家不得干涉。在领水中,内水与领海的区别只在于:船旗国没有为其船舶主张自行进出1个国家内水和港口的权利,通常,外国民用船舶包括渔船在内进出沿海国的内水和港口须经其主管当局同意。但是,船旗国则可以为其民用船舶包括渔船在内主张无害通过沿海国领海的权利,沿海国则负有不应妨碍这些外国船舶无害通过其领海的义务。

二、领水的捕鱼权

(一)领水内捕鱼的一般规则

领水内具有多种生态系统,生物资源丰富。合理开发利用领水内生物资源不仅有利于国家的经济发展,而且事关沿海渔民社区的生计。因此,传统的国际法承认,国家得享有领水捕鱼的专属权利。内水的生物资源专门保留给本国国民。沿海国也没有准许其他国家进入其领海捕鱼的义务。1882年《北海渔业管理公约》也规定:"每一国的渔民在本国海岸全线以及在附属的岛屿和浅滩沿岸最低落潮线3海里①距离内享有排他性的捕鱼权"。[2]112

(二)领海内捕鱼的国家实践

各国由于地理条件、历史传统和经济发展水平不同,在历史上,行使领海捕鱼权的具体实践不尽相同,大致分为3类:一是由本国国民独享排他性的捕鱼权,英国、法国、德国、西班牙等国属这一类;二是对本国国民给予优惠,但可依条约、协定允许外国人进入捕鱼,挪威、瑞典、意大利、泰国、俄罗斯等国属这一类;三是以互惠为条件允许他国国民进入捕鱼,葡萄牙、希腊等国属这1类。[2]111

(三)外国渔船无害通过领海的权利

按照国际习惯法,未获准在沿海国领海捕鱼的外国渔船为以下任1航行目的享有无害通过领海的权利:

(1)单纯地穿过领海,不与内水发生任何关系,而驶往专属经济区或公海或者另1国领海;

(2)通过领海而驶往内水进入港口;

(3)通过领海而驶往内水以外的泊船处或港口设施停靠;

---

① 1882年《北海渔业管理公约》的缔约各国都主张其领海为低潮线外3海里内的1带海域。

（4）驶出内水或者内水以外的泊船处或港口设施，通过领海而驶往专属经济区或公海或另1国领海。

按照《联合国海洋法公约》第十八、十九条的规定，外国渔船通过领海的航行应符合以下3项要求：

1. 继续不停

航行中不得停船或下锚，但遇有以下4种情形之一的例外：

（1）船舶的机器发生故障、入港前等候引航员上船等通常航行所附带发生的停船或下锚；

（2）由于台风、飓风、大雾或其他不可抗力所必要的停船或下锚；

（3）由于发生碰撞或其他海难事故所必要的停船或下锚；

（4）以救助遇险或遭难的人员、船舶或飞机为目的的停船或下锚。

2. 迅速进行

通过应以合理的路线和不低于经济航速的速度航行，除非发生上述可以停船或下锚的情形。

3. 通过必须无害

所谓无害，在原则上应是指外国船舶通过领海，不得损害沿海国的和平、良好秩序和安全。对外国渔船而言，通过领海时不得从事"任何捕鱼活动"或"违犯沿海国的渔业法律和规章"的行为。否则，就是有害的，可能受到沿海国的处罚。

对此有的国家作了具体规定。例如，缅甸规定，"外国捕鱼船应使渔具和设备保持在固定位置。该船必须以最短航程通过领海，不得停留和下锚，除有不可抗力的原因。"[3]52马来西亚规定，行使无害通过权的"外国渔船的船长应通过无线电向授权官员通报船名、船旗国、渔船所处方位、航线和目的地、渔船所载的鱼货种类及数量，以及渔船进入马来西亚渔业水域的情况。"[3]194斯里兰卡规定，"禁止在斯里兰卡渔业水域捕捞的外国渔船，当位于斯里兰卡水域时，应按下列规定装载渔具：（a）所有渔具应全部装于船内，应放置于甲板之下或移离捕捞时通常放置的地方，并放置于渔具不能很快被用来捕捞的地方；（b）所有网、网板和沉子都应脱离拖曳钢丝或钢索或固定支架；（c）甲板的所有渔具应固定于船舶上层建筑的某些部分。"[3]334

第二节　群岛水域的捕鱼权

一、群岛水域

（一）群岛水域的定义

按照《联合国海洋法公约》第四十六和四十七条的规定，群岛水域是指群岛国的主权及于的群岛基线所包围的水域。

"群岛国"是指全部由 1 个或者多个群岛构成的国家,并可包括其他岛屿。

"群岛"是指 1 群岛屿,包括若干岛屿的若干部分、相连的水域和其他自然地形,彼此密切相关,以致这些岛屿、水域和其他自然地形在本质上构成 1 个地理、经济和政治的实体,或者在历史上已被视为这种实体。其中所谓"其他自然地形",主要是指环礁、岸礁、海台、干礁、低潮高地等。

"群岛基线"是指连接群岛最外缘各岛和各干礁的最外缘各点的直线。这种群岛基线应包括该群岛主要的岛屿和 1 个区域。但对于这些点的选择必须符合以下两个条件:

(1)群岛基线每 1 段的长度不应超过 100 海里,但允许基线总段数的 3％的长度可超过 100 海里,最长不得超过 125 海里。

(2)群岛基线包围的区域内,水域面积和陆地面积的比例应在 1∶1 到 9∶1 之间。

如图 8-1 所示。

A——岛屿。

B——低潮高地上永久设施。

图 8-1　群岛国的群岛水域示意图

（二）群岛水域的法律地位

群岛水域同群岛国的内水和领海一样，是群岛国领土的组成部分，受群岛国主权的支配和管辖。群岛国对群岛水域的主权及于群岛水域的上空、海床和底土，以及其中所包含的资源。

截至 2001 年 4 月 9 日，安提瓜和巴布达、巴哈马、佛得角、科摩罗、斐济、印度尼西亚、基里巴斯、马尔代夫、马绍尔群岛、巴布亚新几内亚、菲律宾、圣文森特和格林纳丁斯、圣多美和普林西比、所罗门群岛、特里尼达和多巴哥、瓦努阿图和牙买加等 17 国提出了群岛国地位的要求。[4]

二、群岛水域的捕鱼权

群岛国对群岛水域的生物资源拥有主权，主要应由其国民开发利用，这对于国家的经济发展及沿海渔民的生计保障具有重要作用。但由于群岛水域的大部分原属公海区域，在历史上还有邻国或其他国家的渔民在此水域捕鱼，为顾及这些国家的利益，《联合国海洋法公约》第五十一条规定：

1. 群岛国应尊重与其他国家间的现有渔业协定。也就是说，不论现有渔业协定的规定与划定群岛水域的主张是否冲突，群岛国不得拒绝继续履行。但必要时，可与有关国家协商予以重新规定或者废除。

2. 群岛国应承认直接相邻国家在群岛水域范围内的某些区域内的传统捕鱼权利和其他合法活动。但直接相邻国家行使这种权利和进行这种活动的条款和条件，包括这种权利和活动的性质、范围和适用的区域，经任何有关国家要求，应由有关国家之间的双边协定予以规定。而这种权利不应转让给第三国或其国民，或与第三国或其国民分享。

第三节　大陆架的捕鱼权

一、大陆架

（一）大陆架的定义

在地理上，大陆架是指自海岸向海延伸到海底坡度有明显增加之处为止的比较平坦的海底区域。其范围，内侧起自低潮线，外缘止于海底坡度急剧增大处。其宽度各地不等，有的极为狭窄，有的可达 1 000 千米或更多。地势平缓，平均坡度 6′。

在法律上，按照《联合国海洋法公约》第七十六条的规定，"沿海国的大陆架包括其领海以外依其陆地领土的自然延伸，扩展到大陆边外缘的海底区域的海床和底土"。"大陆边包括沿海国陆块没入水中的延伸部分，由陆架、陆坡和陆基的海床和底土构成，它不包括深洋洋底及其洋脊，也不包括其底土。"所谓"深洋洋底"是指位于大陆边以外平均水深为 4 000～5 000 米的深洋底的表面及其洋脊。

（二）大陆架的范围

法律上的大陆架的内部界限为领海的外部界限，外部界限原则上为大陆边外缘，实际处于法律规定之处。确定外部界限的规则为：

1. 如果从测算领海宽度的基线量起到大陆边外缘的距离不到 200 海里，则扩展到 200 海里的距离。

2. 如果从测算领海宽度的基线量起到大陆边外缘的距离超过 200 海里，则在 200 海里以外划定大陆架外部界限，但不应超过 350 海里。

3. 如果从测算领海宽度的基线量起到大陆边外缘的距离超过 200 海里，则在 200 海里以外划定大陆架外部界限，但不应超过连接 2 500 米深度各点的 2 500 米等深线 100 海里。

（三）大陆架的法律地位

邻接陆地领土的海底区域同陆地之间在地形上具有连续性，在地质上同陆地保持着一致性，而且，构成大陆架重要物质基础的沉积物又主要来源于陆地。大陆架的地貌、地质、沉积物特性综合表明，大陆架是沿海国的陆地领土在海下的自然延伸。

国际习惯法承认"陆地统治海洋"原则，"陆地是一国可以对其领土扩展到海上行使权利的法律根源"[5]。国家对陆地拥有领土主权，而大陆架是陆地的附属物，国家理所当然地对大陆架也拥有权利。由于这种权利是建立在"自然延伸"的自然事实的基础上，所以对于沿海国而言，这种权利"是固有的，并且不以占领或者明示权利主张为条件。除明示授权外，这种权利是不能撤销的"[6]。

但为既满足沿海国对大陆架经济利益的要求，又基本不影响其他国家在大陆架上覆水域和水域上空的权利和自由，《大陆架公约》和《联合国海洋法公约》都只规定："沿海国为勘探大陆架和开发其自然资源的目的，对大陆架行使主权权利。"①由此可见，大陆架属于国家管辖的海域，但不属于沿海国领土的组成部分。

二、定居种生物资源

大陆架的海床和底土拥有丰富的生物和非生物自然资源。其中，生物资源是指定居种生物，包括两类：1 类是捕捞时在海床上或海床下不动的生物，如牡蛎、海绵、珊瑚、贻贝、扇贝、金蛤、海藻等；另 1 类是捕捞时其躯体非与海床或下层土壤相接触便不能动的生物，如珍珠贝、马蹄螺、鲍鱼、海参、海胆、寄居蟹等，它们有的在海床上或海床下的移动距离也不过数寸或者数尺。定居种生物不包括那些既能在近底的水层中游动又常沉降于底上活动的对虾类、鳞形类等游泳性底栖动物。

三、定居种采捕的国际习惯法规则

国际习惯法承认沿海国基于时效或者历史的权利，对其领海以外的海底区域的海床和底土的定居种生物享有专属采捕权。[7]这种渔场虽位于领海之外，但只要长期以来为

---

① "主权权利"是 1 种不同于完全主权而又高于一般管辖权，仅次于主权的占有性权利或者主权性质的权利。

沿海国占有并得到有关国家的默认,就将其与普通的公海渔业相区别,承认沿海国对其拥有排他的渔业权。一些著名的国际法学者对这种渔场的法律地位进行过深入研究,瑞士的法泰尔(Emerich de Vattel,1714～1767)说:"谁能怀疑巴林和锡兰的珍珠渔场可以成为所有权的合法标的物呢?"英国的威斯勒克(John Westlake,1828～1913)指出:"珍珠渔场的情况是很特殊的;珍珠是由潜水者从海底取到的,所以它是和当地的1种固定因素发生物资上的联系。当采珠是在国家保护之下进行的时候(像在英属锡兰岛或波斯湾的采珠就是由英国船只根据条约加以保护的),这可以视为对海床的占领。"[2]116英国的赫斯特·塞西尔(Hurst,Cecil,1870～1963)认为这种权利有效行使的条件是:沿海国必须对海床上的固着渔场久已行使有效地占领和管辖;必须不妨碍固着渔场上覆水域水面上的航行自由;必须不妨碍捕捞固着渔场上覆水域海水中的游动鱼类的权利。[2]277

在实践上,以珍珠、牡蛎和海绵为例,一些国家行使专属采捕权的大体情况是:

1. 珍珠

锡兰(今斯里兰卡)的马那尔湾和巴尔克湾盛产珍珠,珍珠渔场达领水外约18海里之处。锡兰历代土著的主权者及后来的葡萄牙的、荷兰的和英国殖民统治者一直对这些珍珠渔场行使排他的主权,不准外国渔民采捕。

1811年英国颁布《殖民法》,对锡兰和巴林珍珠渔场的要求扩展距离海岸12～20海里的地方,英国所根据的理由是长期惯例和无人争议的享有。1811年锡兰的1个条例,授权对于任何违反该条例在珠场附近被发现或停泊的外国船只加以拿捕和没收。1842年的1个条例规定,对未持有执照在锡兰沿海捕捞贝壳的船只予以没收。1843年的1个条例规定,对在达拉里尔和达尔曼那之间12海里以内捞取贝壳并携带渔网的人予以处罚。1890年的1个条例规定,禁止未持执照在曼那和奇尔劳之间捞取贝壳。[2]116并规定对从塔莱曼纳尔以西6海里的1点到泰拉维拉以西6海里和以南2海里的1点的连线所包围的马纳尔湾区域的珍珠资源加以保留,该线离锡兰西海岸最远为25海里。1925年锡兰当局把其专属采珠场的范围规定为从水深5米到180米的海域。[8]120-121

澳大利亚的西澳大利亚(州)和昆士兰(州)的北部海岸外及巴布亚新几内亚的周围拥有世界上最大的珍珠和贝壳的海床,也出产最好的凹螺和海参品种。昆士兰当地的法律曾规定,昆士兰沿岸的珍珠和海参的采捕是在它的领土管辖范围之内,而它的领土管辖范围有的地方伸及离岸100海里以上。后来澳大利亚和日本签订协定,允许日本采珠船队在澳大利亚从事采珠活动,同时规定:

(1)日本采珠船除非为躲避恶劣天气不得进入领水停泊;

(2)须按限定的采珠吨数及大小采捕;

(3)日本人应将采珠数量向澳方作详细报告。由于日本人违反协定规定义务的行为,1953年澳大利亚政府颁布《采珠法》宣布澳大利亚对毗连海岸200海里的大陆架的海床和底土属于澳大利亚的主权,同时澳大利亚总督发布公告,宣布对一切国家在这个地区内及新几内亚地方的采珠者执行发给执照和管理的办法。[2]278-279

此外,几个世纪以来从阿曼到卡塔尔之间波斯湾内领海之外的珍珠采捕权,也一直为沿海国独享。

1931 年和 1935 年巴拿马和委内瑞拉分别颁布法律,对领海以外的珍珠场主张管辖权。[9]221

中国合浦、遂溪两县北部湾沿海盛产马氏珠母贝,从秦代起就以珍珠进贡皇帝。公元 218 年晋武帝下诏,派兵守护珠池(产珠的海湾),严令庶民不得自行入海采珠,一应采珠事宜须由官府统一部署,依规采珠者须按规定交税。1484 年以后,明朝皇帝派出太监看守珠池,不准珠民和地方政府私自采捞。明朝历代皇帝都下达采珠令,1499 年 1 次采珠"获珠二万八千两"。1501 年皇帝钦定盗珠定罪法令,凡携带器械下海盗采珍珠者,一律定死罪。此外,在珠江口外东莞到香港一带沿海亦出产珍珠,自唐代就开始采捕。963年前后南汉后主,曾在此置兵 8 000 人,专以采珠为事。[10]

2. 牡蛎

1839 年英法之间签订协定(1843 年两国政府核准)规定,为防止在圣马洛湾内格朗维尔海域英法海岸间发生渔具互相碰撞事件,将泽西岛周围 3 海里内牡蛎捕捞权保留给英国人,将法国沿海某 1 条线之内的牡蛎捕捞权保留给法国人,并授权英法军舰得逮捕违反这些规定的船只,将它们带回港口,但对任何违反这些规定的情事,只有违规船只的船旗国主管法庭才有权判决。爱尔兰东南部韦克斯福德海岸外 5~10 海里范围内是很有价值的牡蛎场,1843 年英国决定英国臣民停止在爱尔兰沿海捕鱼。由于爱尔兰跟法国渔民经常发生纠纷,为保护爱尔兰牡蛎渔业,1868 年英国《海上渔业法》授权爱尔兰专员,对连接兰拜岛和卡恩索角的直线向海 20 海里之内的牡蛎捕捞实行管理。

3. 海绵

地中海、巴哈马附近及墨西哥湾从佛罗里达到西印度群岛等地区的海绵具有商业价值。1904 年突尼斯当局明确宣布对从领海外部界限到 50 米等深线之间的海绵采集享有排他的管辖权。[8]121 此前,1871 年英国国际法学者特威斯·特拉弗斯(Twiss,Travers,1809~1897)曾指出:"如果突尼斯省长能够证明他因时效而享有这种'收益'的话,那么,在原则上,对于他对海绵和水螅所附着的突尼斯沿海的浅滩的'收益'行使排他的权利,纵然这种浅滩距离海岸线超过了 3 海里,也是没有理由加以反对的。"[2]117 突尼斯政府为行使这种管辖权,多次制定条例管理在领水之外采捕海绵,规定突尼斯人和外国人分别应缴纳的税捐及执照发给事宜。[2]278 1914 年美国国会制定的一项法律,禁止美国公民在墨西哥湾或佛罗里达海峡"州的领海界限以外"采集尚未长到一定大小的海绵。1927 年佛罗里达州立法禁止在墨西哥湾或佛罗里达海峡该州的领海界限以内(离岸 9 海里)使用潜水器具采集海绵。[2]118

四、定居种的定义及其采捕权

(一)《大陆架公约》的规定

1945 年 9 月 28 日杜鲁门公告发布后,沿海国对大陆架自然资源的专属权利得到国际社会的承认,但 1951 年国际法委员会在其拟定的海洋法条款中,起初仍依国际习惯法将领海以外的定居渔业当作公海渔业的例外处理,规定:"一个国家对于和领海毗连已为该国国民所养护和经营的固着渔场可以从事管理。如果沿海国家在过去曾允许非本国国民参加捕鱼,则在今后它就没有权利排斥他们。但是这并影响该地区为公海的一般地位。固着渔场不得造成对航行的重大妨碍。"[2]277-278 后来国际法委员会承认大陆架自然资源除矿物资源外还包括定居种渔业资源,并提出了相应的条款。在 1958 年第一次联合国海洋法会议上,围绕国际法委员会关于定居种生物属于大陆架自然资源的观点,提出了各种提案,极端的立场是大陆架自然资源只应规定为矿物或不仅矿物还应规定定居种生物和海底鱼类,中间立场则是主张包括矿物和定居种生物,但不包括海底鱼类。会议最后决定接受后 1 主张,并对定居种生物的范围做出定义。至于定居种生物包括哪些种类,各国的观点不尽相同,无法列举。例如,甲壳类的松叶蟹,日本认为属普通的公海渔业资源,美国和苏联则认为应属大陆架的定居种生物。[11]602

第一次联合国海洋法会议对定居种生物的定义和法律地位问题审议的结果载于《大陆架公约》第二条,其第四款规定:"本公约各条款所指的自然资源包括海床和底土的矿物和其他非生物资源,以及属于定居种的生物,即在可捕捞阶段在海床上或海床下不能移动或其驱体须与海床或底土保持接触外才能移动的生物。"按照该条前三款的规定,沿海国享有勘探和开发大陆架定居种生物资源的主权权利,而且,这种权利是固有的,专属性的,即:这种权利并不取决于有效或象征的占领或任何明文公告;如果沿海国不勘探或开发大陆架定居种生物资源,任何人未经沿海国的明示同意,均不得进行这种活动,或对其提出权利主张。

尽管,关于定居种生物在国际法上具有确定的定义,但要区别这些生物并非易事。例如,1960 年日本和美国就为阿拉斯加以外海中的鲨鱼发生过争议,日本认为鲨鱼是公海资源,但美国却认为鲨鱼是定居种生物,属于大陆架的资源。[1]253 法国和巴西曾于 20 世纪 60 年代进行了 1 场"龙虾战"。争论的问题在于:龙虾是只能由当地渔民捕获的定居于巴西大陆架上的附属物,还是法国渔民可以合法捕捞的上覆水域中自由洄游的种群。[12]

(二)《联合国海洋法公约》的规定

《联合国海洋法公约》第七十七条全文援引了《大陆架公约》第二条。由于《联合国海洋法公约》第五部分规定,沿海国应准许其他国家,特别是内陆国和地理不利国参与开发其专属经济区的生物资源的适当剩余部分,其第六十八条专门规定:"本部分的规定不适用于第七十七条第四款所规定的定居种。"这表明,沿海国没有义务准许其他国家,特别是内陆国和地理不利国参与开发其大陆架的定居种生物资源。

第四节 渔区的捕鱼权

一、渔区

(一)渔区的概念

渔区是指沿海国以保护沿海渔业资源、防止或者制止其他国家的渔民不合理地开发和利用沿海渔业资源、促进本国海洋渔业生产和经济发展为目的,在领海以外并邻接领海设立的对渔业活动实行管理和控制的区域。

(二)渔区设立和存在的根据

渔区具有久远的历史。在1958年第一次联合国海洋法会议上,为寻求宽领海和窄领海两种主张的妥协,既满足主张宽领海的国家保护沿海渔业资源的要求,又适应主张窄领海的国家保持较多沿海水域的航行自由的需要,讨论了多个"领海＋渔区"的方案,包括美国和加拿大的"3海里＋9海里"、印度和墨西哥的"6海里＋6海里"、哥伦比亚的"12海里＋12海里"等,虽然均未获得通过,但也表明了多数国家认同在领海宽度不能得到适当解决的情况下,在领海以外的公海区域设立渔区,不失为1种可能为各方所接受的较好的办法。事实上,在远洋渔业和渔业技术不断发展的情况下,无论发展中国家或发达的海洋国家都面临着保护沿海渔业资源的日益巨大的压力,都有寻找扩展渔业管辖权适用范围的法律形式的需求。1960年第二次联合国海洋法会议的任务就是"重新考虑领海宽度问题和渔区范围问题"。提交全体会议最后表决的是美国和加拿大的联合提案,其要点为:

(1)1国可以自行确定其领海宽度,但最大限度不得超过6海里。

(2)1国可以划定从领海基线起到最大限度为12海里的邻接领海的渔区;在这1区域内1国对鱼类及其他海洋生物资源的开发,拥有与在领海内相同的权利。

(3)凡在1958年1月1日以前的5年中,在沿海国根据上述(2)划定的渔区外侧6海里范围内有过捕鱼活动的国家,从1960年10月31日起,可以继续在该地区捕鱼10年。[11]813这1提案仅以几票之差未获通过,也使得国际习惯法的渔区概念未获得条约法的编纂。

在1960年以后,在世界上引发了建立和扩大渔区的浪潮。从来不承认其他国家建立渔区的日本,在1965年也同韩国签订了1个协议,承认双方都有权建立12海里的渔区。到1973年年底,全世界共有31个国家宣布了渔区。其中,实行3海里领海的美国、澳大利亚、比利时、丹麦、荷兰、新西兰、爱尔兰、摩纳哥和瑞鲁,实行4海里领海的挪威和瑞典,实行6海里领海的意大利、西班牙、葡萄牙、马耳他、南非、多米尼加、突尼斯和象牙海岸,分别在领海以外建立了9海里、8海里、6海里的渔区,实行12海里领海的刚果、海地、摩洛哥、阿曼、塞内加尔、斯里兰卡和哥斯达黎加分别建立了从领海基线量起的宽度为15海里至200海里不等的渔区。[8]113到1981年年底,主张建立从领海基线量起宽度为200海里的渔区的国家发展到29个。[13]在《联合国海洋法公约》通过前后,一些过去建立了渔区的国家,纷纷以专属经济区取代渔区。如新西兰1977年的《领海和专属经济区法》以200海里的专属经济区,取代了1965年《领海和捕渔区法》建立的9海里的渔区。苏联1976年以《关于在邻接苏联海岸的渔区内养护生物资源和调整渔业的临时措施的法令》建立了200海里的渔区,1984年又以《关于苏联经济区法》宣布建立200海里(专属)经济区。美国1966年在海岸外建立了12海里的渔区,1976年以《渔业养护与管理法》主张对200海里海域的渔业专属管辖权,1983年3月1日又发表总统公告,宣布建立200海里专属经济区。

《联合国海洋公约》未涉及渔区,但依其序言所说,"本公约未予规定的事项,应继续以一般国际法的规则和原则为准据"。因此,即使在《公约》生效之后,渔区制度并未失去其存在的意义,仍是有效的海洋法制度。截至 2001 年 4 月 9 日还有阿尔及利亚、比利时、丹麦、芬兰、冈比亚、爱尔兰、马绍尔群岛、挪威、帕劳、巴布亚新几内亚、西班牙、突尼斯、英国等国在全国沿海或者局部沿海地区建有宽度不等的渔区。[5]

渔区的设立和存在有其充分的客观根据,这主要是:

(1) 沿海水域由于有来自所邻接的陆地区域营养物质的大量注入,得以成为鱼类繁殖和生长的良好场所,而且一些溯河产卵种群和降河产卵鱼种要在通海河流或者湖泊中度过其生命周期的 1 部分,沿海水域和所邻接的陆地区域的环境因素互相影响,构成了统一的渔业生态系统的整体。

(2) 沿海水域因地域和生境差异,形成了鱼类的多样性。除沿岸定居性的、小宗的渔业资源以外,多数鱼类为适应其生活史中产卵、索饵、越冬等不同阶段的需要,要作定期定向的集群洄游,但多数种群洄游区域一般不会达到距离海岸 200 海里以外的深海水域。所以,主要海洋渔场大多分布在离海岸有一定距离的水域之内。

(3) 沿海水域丰富的渔业资源,为沿海国发展海洋渔业生产提供了得天独厚的条件;而沿海国发展渔业生产又是它们发展经济、安排渔民生计、为市场供应水产品以满足其人民或者部分人民的营养需要的关系国计民生不可或缺的活动,对一些地理条件使其依赖开发沿海渔业资源的国家来说,保护、开发和合理利用沿海渔业资源,发展渔业生产,更是关系到国家全局和长远发展以及民族兴衰和社会安定的大事。

(4) 沿海渔场经常受到外来捕捞船队无节制的捕捞,使得渔业生态系统遭到破坏,渔业资源衰退甚至枯竭。纵然沿海国在领海享有专属捕鱼权和专属渔业管辖权,但由于领海宽度比较狭窄,不能满足沿海国有效管理和控制沿海渔业活动、抵御外来捕鱼力量的压力及切实维护国家生态安全和海洋渔业权益的需要。

(三) 渔区的法律地位

渔区从测算领海宽度的基线量起,其宽度最大不超过 200 海里。沿海国为勘探、开发、养护和管理渔业资源的目的,对渔区行使主权权利,有权制定和执行关于渔区的法律和规章,行使对于渔区内渔业资源和渔业生态环境的保护及渔业活动的管辖权。但这种管辖权只适用于渔区的水域,不包括渔区的上空及其海床和底土,也不妨碍其他国家行使航行自由。而且,这种管辖权并非沿海国的固有权利,除非沿海国宣布对渔区的主张,否则,在这部分水域仍实行捕鱼自由。因此,渔区不同于公海,也不同于领海,在渔区内,是处于领海和公海之间的第三类海域,属于国家管辖海域的组成部分。

(四) 渔区的种类

按照设立的目的和沿海国的管辖权内容的不同,渔区分为渔业养护区和专属渔区两种。

1. 渔业养护区

渔业养护区又称渔业保全区,是以保全沿海渔业资源、使海洋生物资源有可能保持适当持续产量的生产力为目的而设立的特定区域。这主要来源于 1945 年杜鲁门的《美国关于部分沿岸公海区域渔业政策的第二六六八号总统公告》。该公告指出,美国部分沿岸公海区域的渔业资源,"作为沿海居民的生计来源,以及作为国家的食品和工业的资源,有着特别重要的意义;新的方法和技术的向前发展,加剧了广阔海域捕鱼问题的紧张,某些情形下,产生渔业衰退的威胁;当务之急是保护沿海渔业资源免于毁灭性开发。"为此该公告宣布:由于保全和保护渔业资源的迫切需要,决定在毗连美国海岸的部分公海区域建立渔业养护区;在仅由美国国民从事捕鱼活动的区域,"渔业活动应受美国的管理和控制",在由美国国民和其他国家的国民共同从事捕鱼活动的区域,渔业活动应受美国和其他有关国家之间的协议的管理和控制。但此项管控措施不影响该地区的公海性质和有关航行自由的权利。[14]57-58

1958 年《捕鱼和养护公海生物资源公约》规定:"沿海国对邻接其领海的公海的任何区域内生物资源生产力的维持具有特殊利益"。"如一国国民在公海任何区域采捕任何一种或数种鱼类或其他海洋生物资源,而该区域内并无他国国民从事此种采捕,该国应于必要时在该区域为本国国民采行养护有关生物资源之措施";"如两国以上国民在公海任何一区或数区内采捕同一种或数种鱼类或其他海洋生物资源,此等国家经其中任何一国之请求,应举行谈判,为各该国国民协议规定养护有关生物资源之必要措施","任何一个沿海国,如果与其他有关国家的谈判在 6 个月之内不能达成协议,为维持海洋生物资源的生产力,可以单方面采取适宜的措施,以保护与本国领海邻接的公海水域的任何鱼种及其他海洋生物资源","但此种养护措施应以满足下列要求为条件:

(1) 参照目前对渔业的知识,有紧急适用养护措施的需要;

(2) 所采取的养护措施是以适当的科学结论为依据的;

(3) 这些措施在形式上和事实上对外国渔民均不歧视。"[15]240-242

虽然《公约》未使用"渔业养护区"的用语,实则为这种区域的建立提供了一定的法理依据和基本规范。适用这些措施的区域应是需要加以养护的生物资源集中的地区,所采取的养护措施包括在一定期间或全年内限制或禁止捕鱼或规定捕捞量,或限制渔具和可捕鱼种的大小等。

2. 专属渔区

专属渔区又称捕鱼区,是以禁止或限制外国渔民进入沿海捕鱼,或是为了对付第三国的强大的渔业活动和保护沿海渔业而设立的特定区域。

在通常情况下,沿海国设立的渔区多为专属渔区。专属渔区和渔业养护区可单独设立,也可一并设立。后 1 种情况,如爱尔兰 1964 年《海洋管辖法(修正)》规定:"国家专属渔业区应包括在一条其每一点与基线的最近点相距为 12 海里的线之内的全部海域……政府得以命令规定和采取其认为适宜于邻接专属渔业区(在本法内称为'渔业保全区')内任何鱼类或者其他海洋资源的保全措施。"[15]347

在专属渔区设立上,有的国家把领海包括在渔区之内,规定渔区的宽度从领海基线量起,或以领海基线为渔区的内部界限。如墨西哥 1966 年《关于国家专属捕鱼区的法律》规定:"墨西哥合众国确定其在从计算领海宽度的基线算起 12 海里(22 224 米)的区域内为捕鱼目的的专属管辖权。"[15]347澳大利亚 1967 年《渔业法》规定,"经宣布的捕鱼区"是指："邻接澳大利亚、以为了国际法的目的而规定澳大利亚领土界限所依据的基线为内部界限和以这些内部界限向海而其每一点与一条与基线的最近点相距为 12 海里的各线为外部界限的水域"。[15]341

有的国家把领海与渔区分开，明确规定渔区在领海以外，但在渔区宽度的计算上，又有从领海基线量起和从领海外部界限量起两种。如巴基斯坦 1966 年《关于在邻接领水的公海区域内捕鱼权的公告》规定："巴基斯坦应在邻接巴基斯坦领水、从海岸线算起距离为 12 海里的公海区域内有专属捕鱼权。"[15]350 美国 1966 年《设立领海外毗连渔区法》规定："捕鱼区以领海的外部界限为其内部界限，以划出的一条其每一点与内部界限的最近点相距九海里的线为其向海疆界。"[15]358

渔区的建立不尽是国家的单方面行动，从 1959 年英国与瑞典以处理瑞典渔船在费尔岛周围海域的捕鱼问题为开端，达成了 20 多项与渔区有关的双边或者多边协议。其中著名的有 1964 年《欧洲渔业公约》。《公约》规定，相互承认各自建立 12 海里渔区的权利。每 1 缔约国均有权在其海岸外 6 海里的海水带内行使专属捕鱼权，而在 6～12 海里的区域内，从 1953 年 1 月 1 日至 1962 年 12 月 31 日的 10 年期间，惯常在该区域内捕鱼的缔约方，有权继续进行捕鱼活动。沿海国在行使其管理外部 6 海里区域内捕鱼活动的权力时，对于缔约他方不得有形式上或者事实上的歧视。[9]113

有的国家将渔区视为毗连区。如吉布提 1979 年《第 52/AN/78 号法律》规定："在……毗连区……从事商业性渔业，应事先得到农业部的许可。"毛里塔尼亚 1966 年《关于管理领海毗连区渔业的决定》规定："无论任何国籍的船只，其船主欲进入毛里塔尼亚领海毗连区捕鱼，均须向毛里塔尼亚渔业主管部长申请捕捞许可证。"塞内加尔 1961 年《关于在塞内加尔领海及其毗连区内捕鱼的法律》规定："塞内加尔保留对毗连区的渔业管辖权。"[16]89,271,297

二、渔区的捕鱼权

外国渔民无须经沿海国许可即可进入渔业养护区捕鱼，但必须接受沿海国关于海洋生物资源的养护措施，服从沿海国的管理。

沿海国在专属渔区如同在领海一样，行使专属捕鱼权和渔业专属管辖权。沿海国在专属渔区内权力的行使可以有 4 种不同的形式：把外国渔民排除于某些区域之外；给予本国渔民以在某些季节里捕鱼的专属权利；给予本国渔民以捕捞某些鱼类的专属权利；给予本国渔民以可捕量的很大部分。在通常的情形下，沿海国只准许本国的渔民在专属渔区内进行捕鱼活动，而禁止其他国家的渔民进入专属渔区捕鱼。如冰岛 1972 年《冰岛岛外渔区规章》规定："在渔区内，外国船舶的一切捕鱼活动应……予以禁止。"[15]346 沿海国在专属渔区的专属捕鱼权并不排除基于所谓"历史性权利"或者平等互利原则，通过双边或者多边国际协议，给予缔约方的渔民进入其专属渔区的 1 部分或者全部区域捕鱼的权利。如西班牙 1967 年《关于为捕鱼目的扩大西班牙管辖水域为 12 海里的第二十号法律》[15]355 规定：在从基线算起 3 海里区域内，捕鱼活动将保留给西班牙国民，在任何情况下将一切外国国民排除在外；在 3 海里和 6 海里之间的区域内，捕鱼活动也将保留给西

班牙人,但不妨碍对那些其渔船在 1953 年 1 月 1 日至 1962 年 12 月 31 日期间惯常地活动于上述区域的国家的国民给予许可证。上述许可证及其期限应是同有关国家政府事先协议的事项;在 6 海里和 12 海里之间的区域内,捕鱼活动保留给西班牙国民,并经与一些国家政府取得协议后,在相互基础上,也给予这些其渔船曾在前款所指的期间内惯常地在该区域从事捕鱼的国家的国民,但他们不得超过惯常的捕鱼努力,而且不得在该区域内惯常出入的地方以外的地方从事捕鱼。

英国 1964 年《关于扩大渔区并修正 1883 年海洋渔业法内"海洋捕鱼"的定义的法律》规定,从基线算起 6 海里的区域为专属渔区,6 海里至 12 海里的区域为渔区的"外部地带";在"外部地带"内,外国渔船可在英国指定的区域,对指定的鱼种进行捕鱼活动。[15]356

密克罗西尼亚《渔业区管辖权》、马绍尔群岛 1978 年《海洋资源管理权法》和帕劳 1978 年《第 6—7—14 号公法》都规定,在毗连领海水域设立的 12 海里的专属渔区内的生物资源,行使同领海中同样的主权权利;在毗连专属渔区建立的同基线上最近点距离为 200 海里的扩大的渔区内的全部生物资源,具有专属管理、保管和调整的权力,除非具有政府当局颁发的许可证,外国渔船不得在扩大的渔区内进行捕捞。[16]375,387,498 沿海国在行使渔业养护区或者专属渔区的权利时,不妨碍其他国家行使航行自由、飞越自由、铺设海底电缆和管道的自由和建造人工岛屿和其他设施的自由。但在专属渔区内非经沿海国同意外国不得进行渔业资源调查等科学研究活动。

第五节　专属经济区的捕鱼权

一、专属经济区

(一)专属经济区的定义

按照《联合国海洋法公约》第五十五条的规定,专属经济区是位于领海以外并邻接领海的 1 个区域。第五十七条规定,专属经济区从测算领海宽度的基线量起不应超过 200 海里。

在群岛国的情形下,按照《联合国海洋法公约》第四十八条的规定,专属经济区的宽度应从群岛基线量起。

如果某 1 岛屿处于领海基线或群岛基线向海 1 面的海中,按照《联合国海洋法公约》第一二一条的规定,只要该岛屿是"四面环水并在高潮时高于水面的自然形成的陆地区域",且并非"不能维持人类居住或其自身的经济生活的岩礁①",则在该岛屿的领海之外

---

① 按照国际水道测量局 1993 年版《联合国海洋法公约(1982 年)技术问题手册》的解释,岩礁是指范围有限的固结岩石。

应有邻接领海的专属经济区。

（二）专属经济区的基本特征

1. 专属经济区实行特定法律制度

按照《联合国海洋法公约》第五十五、五十六和五十八条的规定，专属经济区受《联合国海洋法公约》第五部分规定的特定法律制度的限制，在这个制度下：

（1）沿海国在专属经济区内有以勘探、开发、养护和管理海床上覆水域和海床及其底土的自然资源（包括生物和非生物资源）为目的的主权权利，以及关于在该区域内从事经济性开发和勘探，如利用海水、海流和风力生产能等其他活动的主权权利。

（2）沿海国在专属经济区内得对下列事项行使管辖权：

a. 人工岛屿、设施和结构的建造和使用；

b. 海洋科学研究；

c. 海洋环境的保护和保全。

（3）其他国家在专属经济区内享有航行自由、飞越自由、铺设海底电缆和管道的自由以及《联合国海洋法公约》和其他国际法规则认为合法的、以其他形式利用海洋的自由和禁止贩运奴隶、制止海盗行为等权利。

（4）沿海国的权利和管辖权以及其他国家的权利和自由均受《联合国海洋法公约》有关规定的支配。例如，沿海国在专属经济区内根据《联合国海洋法公约》行使其权利和履行其义务时，应适当顾及其他国家的权利和义务，并应以符合《联合国海洋法公约》规定的方式行事。其他国家在专属经济区内根据《联合国海洋法公约》行使其权利和履行其义务时，应适当顾及沿海国的权利和义务，并遵守沿海国所制定的与《联合国海洋法公约》的规定不相抵触的法律和规章。

2. 专属经济区的空间范围包括水域的上部空间

专属经济区是不仅包括水域及其海床和底土，还包括水域上部空间的 1 个区域。虽然《联合国海洋法公约》并未明确规定专属经济区的空间范围包括水域的上部空间，但按照公认的"上空与地面法律地位一致"的国际法原则，专属经济区水域的上空，应与专属经济区的法律地位相一致。从《公约》关于沿海国对在专属经济区内从事利用风力生产能的活动具有主权权利，对人工岛屿、设施和结构的建造和使用具有管辖权，以及外国飞机在专属经济区内行使自由飞越的权利时应遵守沿海国制定的法律和规章等规定，也可以看出：沿海国在专属经济区内的权利和管辖权应及于专属经济区的上部空间。

3. 沿海国在专属经济区内的基本权能是对资源型经济活动实行专属管辖

专属经济区水域的营养物质和海底沉积物主要来自与其毗连的沿海国的陆地区域，这里蕴藏着丰富的生物和非生物资源，其石油储量占世界海洋石油储量的 87％；[12] 海水鱼种占全球海水鱼种的 80％，[17]48 捕捞量约占世界海洋捕捞量的 90％。这些自然资源同维持沿海国人民的正常生活，发展沿海国的经济息息相关。特别是在全球面临资源短缺、人口膨胀、环境恶化，人类社会越来越多地依赖海洋的时代背景下，使专属经济区的自然资源应成为沿海国自然资源的不可分割的 1 个重要组成部分，对沿海国经济和社会的可持续发展具有重大意义。

但在 20 世纪 60～70 年代,美国、苏联及几个西方国家凭借其技术和资金优势,肆意到其他沿海国家浅海区域捕捞鱼类和其他生物资源。据《大美百科全书》所载,美国的渔船遍及远洋,经常航行到几千海里以外的地方作业,在纽芬兰的大瀑捕鳕鱼,在中南美和加勒比海亚热带海区捕虾,在太平洋远至白令海捕鲑鱼、岩鱼、金枪鱼和蟹,沿美国中、南部太平洋沿岸向南航行捕捞黄鳍金枪鱼和鲣鱼,从夏威夷西进中太平洋捕捞金枪鱼。苏联从 1959 年就开始到美国海岸外捕鱼,约有 50 艘渔船在白令海捕鲆鲽和鲱鱼,1961 年开始在新英格兰外的乔治湾捕鱼,1962 年渔船艘数增至 8 倍之多,1962 年起又在阿拉斯加湾大肆捕捞鲈鲉,并迅速扩大渔场,1967 年在加州外海捕鱼,在此前后不断扩展其在中大西洋海湾的捕鱼区、延长捕鱼季并增加渔船数量。日本在第二次世界大战前就在美国外海捕鱼,主要作业渔区为白令海东部。战后日本返回北太平洋区捕鱼,到 20 世纪 60 年代末期,每年约有 700 艘渔船前往阿拉斯加外海大肆捕捞底栖鱼类、鳕场蟹、虾类和鲸鱼,380 艘渔船在西经 175°以西地方捕鲑鱼,从 1963 年起还试图进入美国外海的大西洋捕鱼。英国渔获物大量来源于远洋的巴伦支海、斯匹兹卑尔根、大熊岛、挪威和冰岛的外海、纽芬兰的大瀑及北海沿岸。挪威除沿岸海域外,渔区距本国相当遥远,包括北海、巴伦支海、斯匹兹卑尔根、大熊岛、冰岛及格陵兰等之外海。[18]58-60 实际上这些国家的渔船还深入非洲、波斯湾和南亚沿岸作业。它们每年的渔获量中,远洋渔业产量占其总渔获量的 70%～80%。从而使得有些发展中国家的海洋渔业产量逐年下降,造成一些地区的渔业资源衰竭,并对许多沿海国家,特别是亚洲、非洲和拉丁美洲各国的经济利益和国家主权构成了巨大的损害和严重的威胁。[15]25

为了消除这种不合理的现象,促进海洋资源的公平而有效地利用及世界经济新秩序的建立,《联合国海洋法公约》赋予沿海国对专属经济区内一切自然资源的勘探、开发、养护和管理及经济性开发和勘探、利用活动以主权权利,这意味着除沿海国家或经其许可外,任何人都不能勘探专属经济区或者开发其自然资源以及对它们进行养护和管理。

4. 专属经济区的海床和底土与大陆架 200 海里以内部分相重叠

《联合国海洋法公约》第五十六条第三款规定,本条所载的关于海床和底土的权利,应按照第六部分(即大陆架部分)的规定行使。然而,专属经济区和大陆架虽有联系,但沿海国对专属经济区和大陆架的权利依据根本不同:沿海国对大陆架的权利是根据大陆架存在的事实,不取决于占领或宣布;沿海国对专属经济区的权利是根据沿海国的明文公告,如果沿海国不宣布对专属经济区的权利主张,则这 1 区域仍是公海。

(三)专属经济区的法律地位

《联合国海洋法公约》的第四部分为"领海",第七部分为"公海",在这两部分之间,单独设置了第五部分"专属经济区",这样的结构安排,就从总体上赋予了专属经济区以与领海和公海不同的法律地位。

《联合国海洋法公约》第五十五条指明了专属经济区是在领海以外。第八十六条规定:"本部分(指公海部分)的规定适用于不包括在国家的专属经济区、领海或内水或群岛国的群岛水域内的全部海域。"可见,专属经济区也并非公海的组成部分。

《联合国海洋法公约》第五十六条关于"沿海国在专属经济区内的权利、管辖权和义务"及第五十八条关于"其他国家在专属经济区内的权利和义务"规定亦显示,专属经济区实行的法律制度既不同于领海的法律制度,也不同于公海的法律制度,而是特定的法律制度。

综观上述,沿海国对专属经济区并不拥有主权,这1区域不同于领海,不构成国家领土的组成部分。但沿海国在专属经济区内享有一定的主权权利和管辖权,使得这1区域成为国家管辖范围内的海域。

概括地说,专属经济区"既非公海,也非领海,而是自成1类的国家管辖区域"。

二、专属经济区的捕鱼权

(一)沿海国具有在专属经济区内捕鱼的专属权利

沿海国对其专属经济区内生物资源的勘探、开发、养护和管理享有主权权利。此项权利是专属性的,但沿海国不能任意行使。

按照《联合国海洋法公约》第六十一条和第六十二条的规定,沿海国行使此项权利时应:

(1)参照可得到的最可靠的科学证据,确定其专属经济区内生物资源的可捕量,并使其符合专属经济区内生物资源最适度利用的目的。这不仅是为了养护资源,也是为了有效地开发资源。这样的可捕量,应是指在使专属经济区内的生物资源量维持在或恢复到能够生产最高持续产量[①]的水平的条件下,水域中达到捕捞标准的经济动物的总允许捕捞量[②],包括单个鱼种的总可捕量和整个水域生物资源的总可捕量,但不包括存在于专属经济区海床及其底土的定居种生物资源的可捕量。

《联合国海洋法公约》没有直接说明何谓"生物资源最适度利用"。但从其对"最高持续产量"的限制性规定,即从"应在包括沿海渔民社区的经济需要和发展中国家的特殊要求在内的各种有关的环境和经济因素的限制下……并考虑到捕捞方式、种群的相互依存以及任何一般建议的国际最低标准,不论是分区域、区域或全球性的"中可看出,最适度利用的可捕量应达到视有关的环境和经济因素而定的"最高持续产量"。

(2)如实确定其捕捞专属经济区内生物资源的能力。这种能力应是指沿海国在当时生物资源条件下投入其专属经济区内从事捕捞生产的渔船数、渔具数、单位捕捞努力量(单位船只投入网具、技术、工艺和劳动力可预期的渔获量)及其可得到的总渔获量。

(3)沿海国在对其专属经济区内生物资源采取养护和管理措施和确定可捕量时,应遵守公约所规定的关于养护和管理专属经济区生物资源的条款。

(4)鉴于专属经济区内的生物资源中有的属于跨境鱼类种群或跨界鱼类种群,有的属于高度洄游鱼类种群,沿海国在对其专属经济区内生物资源采取养护和管理措施和确

[①] 最高持续产量是指在不损害种群本身生产能力的条件下,可以持续获得的最高年渔获量。

[②] 总允许捕捞量是指根据资源量水平所能承受的捕捞强度和渔获量而确定的总可捕量。

定可捕量时,在涉及这些种群的情形下,应同主管的国际组织进行合作;还应通过各主管国际组织和在所有有关国家,包括其国民获准在专属经济区捕鱼的国家参加下,经常提供和交换可获得的科学情报、渔获量和捕捞努力量统计,以及其他有关养护鱼类的种群的资料。

(5)在沿海国有能力捕捞全部可捕量的情形下,有权自行捕捞其专属经济区内的生物资源的可捕量。

(6)为保障沿海国行使其勘探、开发、养护和管理在专属经济区内的生物资源的主权权利,应按照《联合国海洋法公约》的规定制定养护和管理的法律和规章,并应将这种法律和规章妥为公布。

(二)沿海国应给予其他国家捕捞可捕量剩余部分的机会

《联合国海洋法公约》第六十二条规定,沿海国有义务促进专属经济区内生物资源的最适度利用,在其没有能力捕捞全部可捕量的情形下,应给予其他国家以捕捞的机会。否则,如果沿海国没有能力捕捞全部可捕量,又不准许其他国家来捕捞,因为鱼类会死亡,这会造成资源浪费,对人类并无益处。因此,该条对可捕量剩余部分的捕捞作了如下规定:

(1)沿海国在没有能力捕捞全部可捕量的情形下,应通过协定或者其他安排,并根据该条所指的条款、条件、法律和规章,准许其他国家捕捞可捕量的剩余部分。不过,应特别顾及内陆国、地理不利国和发展中国家的需要。

(2)沿海国在准许其他国家进入其专属经济区时,应考虑到所有有关因素。其中包括:

① 该区域的生物资源对有关沿海国的经济和其他国家利益的重要性;

② 内陆国和地理不利国的权利;

③ 沿海国所在的分区域或区域内的发展中国家捕捞 1 部分剩余量的要求;

④ 尽量减轻其国民惯常在专属经济区内捕鱼或曾对研究和测定种群作过大量工作的国家经济失调现象的需要。

(3)在专属经济区内捕鱼的其他国家的国民应遵守沿海国的法律和规章中所制订的养护措施和其他条款和条件。

(4)沿海国制定的有关其他国家进入其专属经济区捕捞的法律和规章,应符合本公约的规定,除其他外,可涉及下列各项:

① 发给渔民、渔船和捕捞装备以执照,包括交纳规费和其他形式的报酬,而就发展中的沿海国而言,这种报酬可包括有关渔业的资金、装备和技术方面的适当补偿;

② 决定可捕鱼种和确定渔获量的限额,不论是关于特定种群或多种种群或一定期间的单船渔获量,或关于特定期间内任何国家国民的渔获量;

③ 规定渔汛①和渔区②,可使用渔具的种类、大小和数量,以及渔船的种类、大小和

_____

① 渔汛是指鱼类和其他水生经济动物高度密集,适于集中捕捞的时期。
② 渔区是指为便于组织渔业生产和管理,按经纬度划分的捕捞作业区域。

数目；

④ 确定可捕鱼类和其他鱼种的年龄和大小；

⑤ 规定渔船应交的情报，包括渔获量和捕捞努力量统计和船只位置的报告；

⑥ 要求在沿海国授权和控制下进行特定渔业研究计划，并管理这种研究的进行，其中包括渔获物抽样、样品处理和相关科学资料的报告；

⑦ 由沿海国在这种船只上配置观察员或受训人员；

⑧ 这种船只在沿海国港口卸下渔获量的全部或任何部分；

⑨ 有关联合企业或其他合作安排的条款和条件；

⑩ 对人员训练和渔业技术转让的要求，包括提高沿海国从事渔业研究的能力。

《联合国海洋法公约》第七十三条对沿海国法律和规章的执行有如下规定：

"1. 沿海国行使其勘探、开发、养护和管理在专属经济区内的生物资源的主权权利时，可采取为确保其依照本公约制定的法律和规章得到遵守所必要的措施，包括登临、检查、逮捕和进行司法程序。

"2. 被逮捕的船只及其船员，在提出适当的保证书或其他担保后，应迅速获得释放。

"3. 沿海国对于在专属经济区内违犯渔业法律和规章的处罚，如有关国家无相反的协议，不得包括监禁，或任何其他方式的体罚。

"4. 在逮捕或扣留外国船只的情形下，沿海国应通过适当途径将其所采取的行动及随后所施加的任何处罚迅速通知船旗国。"

（三）内陆国和地理不利国有权参与开发适当剩余部分

1. 内陆国和地理不利国的定义和分布

内陆国，又称陆锁国，是指由他国陆地领土所环绕而无海岸的国家。亚洲的蒙古、老挝、不丹、尼泊尔、阿富汗、哈萨克斯坦、乌兹别克斯坦、土库曼斯坦、塔吉克斯坦、吉尔吉斯斯坦和亚美尼亚，非洲的马里、布基纳法索、尼日尔、中非、乍得、乌干达、布隆迪、卢旺达、赞比亚、马拉维、津巴布韦、博茨瓦纳、斯威士兰、莱索托和埃塞俄比亚，拉丁美洲的巴拉圭和玻利维亚，欧洲的白俄罗斯、匈牙利、捷克、斯洛伐克、摩尔多瓦、奥地利、瑞士、卢森堡、列支敦士登、圣马力诺、安道尔、马其顿、梵蒂冈及波斯尼亚和黑塞哥维那等国家都是内陆国。内陆国中的绝大多数为发展中国家。

地理不利国是指因本身地理条件的限制不能拥有相应面积的国家管辖海域和充分行使海洋权利的沿海国家，包括闭海或半闭海①的沿岸国以及不能主张有自己的专属经济区和大陆架的沿海国。[18]《联合国海洋法公约》第七十条第二款规定：为本部分的目的，"地理不利国"是指其地理条件使其依赖于开发同1分区域或区域的其他国家专属经济区内的生物资源，以供应足够的鱼类来满足其人民或部分人民的营养需要的沿海国，包括闭海或半闭海沿岸国在内，以及不能主张有自己的专属经济区和大陆架的沿海国。根据这个定义，亚洲的新加坡、伊拉克、科威特、巴林、卡塔尔、阿拉伯联合酋长国、约旦、叙

---

① 按照《联合国海洋法公约》第一二二条的规定，"闭海"是指两个或两个以上国家所环绕并由1个狭窄的出口连接到另1个海洋或海湾、海盆或海域。"半闭海"是指全部或主要由两个或两个以上沿海国的领海和专属经济区构成的海湾、海盆或海域。

利亚和土耳其,非洲的埃及、苏丹、阿尔及利亚、塞拉利昂、冈比亚、几内亚、多哥、贝宁、喀麦隆、刚果、刚果民主共和国和吉布提,欧洲的乌克兰、罗马尼亚、保加利亚、希腊、阿尔巴尼亚、比利时、荷兰、德国、丹麦、瑞典、波兰、立陶宛、拉脱维亚、爱沙尼亚和芬兰,北美洲的牙买加等国家都属于地理不利国。

2. 内陆国和地理不利国参与开发权利条款的形成过程

在200海里专属经济区制度确立后,地处闭海和半闭海及其他地理条件不利的沿海国在从该制度中所获无几。内陆国根本没有专属经济区。不仅如此,它们还要承担因专属经济区的建立导致公海捕鱼机会减少的损失。而且,内陆国和地理不利国中许多是最不发达国家,由此造成的渔获物的减少,不仅使其不能为其人民供应足够的鱼类,还有可能引起国家经济的失调。为减轻这种影响,国际社会试图通过建立内陆国和地理条件不利国的特别权利来补偿这种天然差别。例如,1972年6月30日《非洲国家海洋法问题区域讨论会总报告的结论》建议:"经济区内生物资源,应该开放给所有非洲内陆国和近内陆国开发,但以这些国家的愿意开发这些资源的企业必须由非洲资本和非洲人员控制。"[15]176 1973年2月9日《美洲国家组织美洲间法律委员关于海洋法的决议》建议:"沿岸国应准许本区域内非沿岸国在12海里界限到200海里界限的地带内开发生物资源,给予这些非沿岸国对第三国以及按照多边、区域或者双边协定所载标准的优惠权利。"[15]185 1973年5月24日《非洲统一组织关于海洋法问题的宣言》宣布:"为使该地区所有人民受到本地区资源的利益,非洲国家承认内陆国及其他地理处境不利的国家,在和沿海国国民平等的基础上,在非洲团结的基础上,根据可能建立的地区性或者双边性协议,有权参与开发相邻经济区内的生物资源。"[15]189 1973年9月9日《不结盟国家第四次会议关于海洋法的决议》强调:"必须为地理上处于不利位置的发展中国家,其中包括没有海岸线的国家在内,在……开发国家管辖区内的有生资源方面,制定一项优惠制度。"[15]195

在第三次联合国海洋法会议上,沿海国集团与内陆国和地理不利国集团围绕"内陆国和地理不利国家进入沿海国专属经济区内开发生物资源的权利"问题进行了反复协商,取得了1项解决办法,载于《联合国海洋法公约》第六十九条"内陆国的权利"、第七十条"地理不利国的权利"、第七十一条"第六十九条和第七十条的不适用"和第七十二条"权利转让的限制"中。

3.《联合国海洋法公约》关于内陆国和地理不利国参与开发权利条款的内容

第六十九和七十条对内陆国的权利和地理不利国的权利作了完全相同的规定,即:

(1)内陆国、地理不利国应有权在公平的基础上,参与开发同1分区域或区域的沿海国专属经济区的生物资源的适当剩余部分,同时考虑到所有有关国家的相关经济和地理情况。

(2)这种参与的条款和方式应由有关国家通过双边、分区域或区域协定加以制订,除其他外,考虑到下列各项:

① 避免对沿海国的渔民社区或渔业造成不利影响的需要;

② 内陆国按照本条规定,在现有的双边、分区域或区域协定下参与或有权参与开发

其他沿海国专属经济区的生物资源的程度;

③ 其他内陆国和地理不利国参与开发沿海国专属经济区的生物资源的程度,以及避免因此使任何 1 个沿海国或其 1 部分地区承受特别负担的需要;

④ 有关各国人民的营养需要。

(3) 当 1 个沿海国的捕捞能力接近能够捕捞其专属经济区内生物资源的可捕量的全部时,该沿海国与其他有关国家应在双边、分区域或区域的基础上,合作制订公平安排,在适当情形下并按照有关各方都满意的条款,容许同 1 分区域或区域的发展中内陆国和地理不利发展中国家参与开发该分区域或区域的沿海国专属经济区内的生物资源。

(4) 根据本条规定,发达的内陆国和地理不利发达国家应仅有权参与开发同 1 分区域或区域内发达沿海国专属经济区的生物资源,同时顾及沿海国在准许其他国家捕捞其专属经济区内生物资源时,在多大程度上已考虑到需要尽量减轻其国民惯常在该经济区捕鱼的国家的经济失调及渔民社区所受的不利影响。

(5) 上述各项规定不妨害在分区域或区域内议定的安排,沿海国在这种安排中可能给予同 1 分区域或区域的内陆国和地理不利国开发其专属经济区内生物资源的同等或者优惠权利。

4. 对经济上极为依赖渔业的沿海国的照顾

按照第七十一条规定,第六十九和七十条关于内陆国和地理不利国的权利的规定,不适用于经济上极为依赖于开发其专属经济区内生物资源的沿海国的情形。例如,冰岛就属于这种沿海国。该国现代繁荣主要依赖 1 种物品——鱼。渔业养活 10% 的人口,另有 10% 的人口靠与渔业有关的行业维持生计,90% 的出口货物是鱼和渔产品。[19]

5. 权利转让的限制

第七十二条规定,除有关国家另有协议外,第六十九和七十条所规定的开发生物资源的权利,不应以租借或发给执照或成立联合企业,或以具有这种转让效果的任何其他方式,直接或间接转让给第三国或其国民。但不排除有关国家为了便利行使第六十九和第七十条所规定的权利,从第三国或国际组织取得技术或财政援助,但以不发生所指权利转让效果为限。

在总体上看,《联合国海洋法公约》给予内陆国和地理不利国开发专属经济区生物资源的权利是有限的。只有在鱼类和其他生物资源可捕量有剩余的情况下,内陆国和地理不利国才能参与开发;这种开发不得损害沿海国本身的渔业和传统上在该专属经济区内作业的其他国家的渔业;这种开发还取决于沿海国已接纳了多少个捕捞其剩余可捕量的国家和多少个国家有类似的参与开发专属经济区的关系,而且这些权利的行使还将取决于有待缔结的地区性或双边协议。然而,通过承认这种权利,是向着实现邻国之间更加平等的国际分享和国际合作的理想迈进了一步。

第六节　公海的捕鱼权

一、公海

(一)公海的定义

公海是指国家管辖范围以外的全部海域及其上空,但不包括其水域覆盖的海底区域。

公海,原是指不构成国家主权管辖的全部海域。在公海概念产生后的很长时期内,国家主权管辖范围内的海域,只限于领海和内水。因此,1958年《公海公约》第一条把公海定义为:"'公海'一词是指不包括在一国领海或者内水内的全部海域。"依此定义,公海是指位于各国领海以外包括毗连区和大陆架上覆水域在内的全部海域。

《联合国海洋法公约》确认了专属经济区和群岛水域两类属于国家管辖的海域。根据第八十六条的规定,在当代海洋法中,公海是指"不包括在国家的专属经济区、领海或者内水或者群岛国的群岛水域内的全部海域。"

需要注意的是,专属经济区是任意选择的,有的沿海国并不主张建立专属经济区,而只提出200海里专属渔区的要求。专属渔区同样对公海制度构成了重要的限制,自然也不属于公海的1部分。

(二)公海的基本特征

1. 公海是世界海洋的主体

按照传统国际法,各国领海以外的海域都属于公海。依照《联合国海洋法公约》的规定,200海里专属经济区不属于公海,群岛国的群岛之间不再有公海水域,领海宽度统一规定为不超过12海里,使得公海的空间范围约缩小了40%。即使如此,公海区域仍拥有世界海洋面积的约64%。[15]80

2. 公海不包括其水域覆盖的海底区域

传统的国际法学家往往认为公海下面的海床和底土不是公海的附属物,而属于无主物。[1]190-191依照《联合国海洋法公约》的规定,公海水域覆盖的海底区域的大部分为国际海底区域,其余为沿海国大陆架超过200海里的部分,而大陆架和国际海底区域,分别实行与公海完全不同的法律制度。《公约》第七十八条和第一三五条,分别作了"沿海国对大陆架的权利不影响上覆水域或者水域上空的法律地位"和"本部分或者依其授予或者行使的任何权利,不应影响'区域'上覆水域的法律地位,或者这种水域上空的法律地位"的规定,从而指明了:公海只是指沿海国大陆架超过200海里部分和国际海底区域的上覆水域和水域之上的空气空间,不包括大陆架超过200海里部分和国际海底区域的海床和底土,但不排除因铺设海底电缆和管道及建造人工岛屿和其他设施而使用公海的海床和深洋洋底。

3. 公海几乎不出现于闭海或半闭海之中

按照《联合国海洋法公约》第一二二条的规定,"闭海"是指"两个或者两个以上国家所环绕并由 1 个狭窄的出口连接到另 1 个海或者洋的海湾、海盆或者海域";"半闭海"是指"全部或者主要由两个或者两个以上沿海国的领海和专属经济区构成的海湾、海盆或者海域"。在属于地理意义上的闭海或半闭海中,依据传统国际法,除沿岸国的领海之外,都属于公海水域。在 200 海里专属经济区制度确立后,亚丁湾、安达曼海、巴芬湾、波罗的海、俾斯麦海、黑海、加利福尼亚湾、加勒比海、苏拉威西海、黄海、东海、南海、日本海、地中海、北海、爱尔兰海、波斯湾、阿曼湾、红海、圣劳伦斯湾、所罗门海、苏禄海、帝汶海和阿拉弗拉海等闭海或半闭海中,都不存在公海水域,白令海、墨西哥湾、鄂霍茨克海等闭海或半闭海中,公海水域的面积也很有限。

4. 公海不受任何国家的支配和管辖

国家对领海、内水或群岛水域享有主权,对专属经济区和大陆架行使主权权利和管辖权,而公海却不与任何国家发生或存在主权、主权权利和管辖权或管制权的法律关系,所有国家在公海上的权利和义务,均受国际法一般原则和规则、制度的调整和制约。公海法律特征的基础就在于它对一切国家都是自由的海域。

（三）公海的法律地位

公海被视为人类的共同财产,不能隶属于任何国家。早在 1609 年格劳秀斯就在《海洋自由论》中就指出,由于海洋(注:指公海)绝不能侵占据有,没有 1 个国家可以拥有对海洋的主权。因此,公海是所有人都可以使用的。到 19 世纪初期,这已成为国际法的 1 项基本原则。正如《奥本海国际法》指出的,公海不属于并且也永远不能属于任何国家的主权,这是 1 个国际法规则。[20]并认为:"公海是所有国家共有的,任何国家不得声明将公海的任何部分置于其领土主权的支配之下。因此,公海不是任何国家的领土,任何国家通常就没有在公海的任何部分行使其立法、行政、管辖或者警察的权利。其次,因为公海永远不能属于任何国家的主权之下,任何国家就没有通过占领而取得公海的 1 部分的权利"。[1]159-160

《公海公约》以各国普遍承认的这一"国际法既定原则"为基础,其第二条将公海的法律地位规定为:"公海对所有国家开放,任何国家不得有效地声称将公海任何部分置于其主权之下。"

《联合国海洋法公约》第八十七、八十八和八十九条进一步完善了对公海的法律地位的规定:"公海对所有国家开放,不论其为沿海国或内陆国。""公海只用于和平目的";"任何国家不得有效地声称将公海的任何部分置于其主权之下"。

二、公海捕鱼自由

公海是自由的,公海自由的结果之一是,公海上的渔业对所有国家开放,不论其为沿海国或内陆国,都享有公海捕鱼自由。

按照《公海公约》和《联合国海洋法公约》的规定,公海捕鱼自由不是绝对的自由。这种自由应在《公约》和其他国际法规则所规定的条件下行使。

任何国家行使公海捕鱼自由时,须适当顾及其他国家行使公海航行自由、铺设海底电缆和管道的自由、建造人工岛屿和其他设施的自由、科学研究的自由以及与这些自由有关的海洋国际合法用途的利益,并适当顾及《联合国海洋法公约》所规定的同"国际海底区域"内活动有关的权利。

三、公海上捕鱼的权利

（一）《捕鱼和养护公海生物资源公约》的规定

《捕鱼和养护公海生物资源公约》第一条第一款规定:"所有国家均有权由其国民在公海上捕鱼,但受下列限制:

（1）条约上的义务;

（2）本公约所规定的沿海国的利益和权利;

（3）以下各条所载关于养护公海生物资源的规定。"

这里的"国民"1词,是指根据有关国家的法律具有该国国籍的各种大小渔船,而与其船员的国籍无关。换句话说,公海上的渔业对一切国家的渔船开放,各国渔船都可以在公海上自由捕鱼,但需遵守上述三重限制性规定。

（二）《联合国海洋法公约》的规定

《联合国海洋法公约》第一一六条规定:

"所有国家均有权由其国民在公海上捕鱼,但受下列限制:

（a）其条约义务;

（b）除其他外,第六十三条第二款和第六十四条至六十七条规定的沿海国的权利、义务和利益;

（c）本节各项规定。"

其中,（a）是指由其国民在公海上捕鱼的国家缔结或参加的养护公海生物资源的,不论是在分区域、区域或全球性的条约规定的义务。

（b）是指除《捕鱼和养护公海生物资源公约》所规定的沿海国的利益和权利外,在专属经济区制度得到确认的情况下,《联合国海洋法公约》所指各条规定,沿海国对一些既可能出现在公海也可能出现在专属经济区的跨界种群、高度洄游鱼种、海洋哺乳动物、溯河产卵种群和降河产卵种群具有权利、义务和利益,在公海捕捞这些种群必须接受相关养护和管理措施的限制。

（c）是指《联合国海洋法公约》第七部分"公海"第二节"公海生物资源的养护和管理"之第一一七、一一八、一一九和一二〇条的规则。

显然,上列规定在形式上仿效了《捕鱼和养护公海生物资源公约》第一条的三重限制的模式,在限制条件上相比起来要严格得多。

参考文献

［1］詹宁斯,瓦茨.奥本海国际法(第一卷第二分册)［M］.王铁崖,李适时,汤宗舜等,译.北京:中国

大百科全书出版社,1998.

〔2〕希金斯,哥伦伯斯.海上国际法[M].北京:法律出版社,1957.

〔3〕农业部渔政渔港监督管理局等.国外渔业法规选编(第一集)[G].北京:海洋出版社,1992.

〔4〕联合国大会文件第56/58号.秘书长的报告海洋和海洋法[R/OL].(2001-04-09:101-110).[2013-04-10].

http/www. un. Org/chinese/ga/56/doc/a56-58. pdf.

〔5〕弗里德曼.对北海大陆架案的评论[J].美国国际法杂志,1970,64(2):238.

〔6〕伊恩·布朗利.国际公法原理[M].曾令良,余敏友等,译.北京:法律出版社,2003:238.

〔7〕雷崧生.海洋法[M].台北:台湾中华书局,1964:60-61.

〔8〕J·R·V普雷斯科特.海洋政治地理[M].王铁崖,邵津,译.北京:商务印书馆,1978.

〔9〕刘楠来,周子亚,王可菊等.国际海洋法[M].北京:海洋出版社,1986:221.

〔10〕张震东,杨金森.中国海洋渔业简史[M].北京:海洋出版社,1983:222-225.

〔11〕日本国际法学会.国际法辞典[M].外交学院国际法教研室总校订.北京:世界知识出版社,1985.

〔12〕联合国新闻部.《联合国海洋公约》评介[M].高之国,译.北京:海洋出版社,1986:25.

〔13〕杰拉尔德·穆尔.沿海国家有关外国捕捞的法律规定[S].罗马:联合国粮农组织,1981:106-110.

〔14〕英国开放大学.海洋法[M].北京:海洋出版社,1985.

〔15〕北京大学法律系国际法教研室.海洋法资料汇编[G].北京:人民出版社,1974.

〔16〕农业部渔政渔港监督管理局等.国外渔业法规选编(第二集)[G].北京:海洋出版社,1992.

〔17〕大美百科全书(第11卷)[M].北京:外文出版社,光复书局,1994.

〔18〕中国社会科学院法学研究所.法律辞典[M].北京:法律出版社,2003:224.

〔19〕大美百科全书(第14卷)[M].北京:外文出版社,光复书局,1994:405.

〔20〕劳特派特.奥本海国际法(上卷第二分册)[M].石蒂,陈健,译.北京:商务印书馆,1972:101.

第九章 海洋生物资源的养护和管理

　　海洋生物资源是可持续海洋渔业的基本条件。海洋生物资源虽然是可再生的，但并非是无限的。过去几十年，过度捕捞、非法、不报告和无管制捕捞以及破坏性的捕捞做法，对海洋生态系统及海产食品在全球粮食安全中的可有、可享、使用和稳定造成了严重影响。如果想要使海洋生物资源对不断增长的世界人口的粮食安全、营养、经济和社会利益持久地作出贡献，必须对海洋生物资源进行有效地养护和管理。

　　《联合国海洋法公约》为当今世界海洋生物资源的养护和管理提供了1个法律框架。为执行《联合国海洋法公约》有关养护和管理海洋生物资源的规定并应对世界渔业形势的发展、变化，联合国制定了1992年《21世纪议程》第17章和1995年《联合国鱼类种群协定》，粮农组织制定了1993年《公海捕鱼遵守协定》、2009年《港口国措施协定》和1995年《负责任渔业行为守则》及其一系列"国际行动计划"等国际文书，细化和充实了《联合国海洋法公约》有关养护和管理海洋生物资源的规定。

　　这些规定的基本精神包括：以"捕捞权利也包括了以负责任的方式从事捕捞的义务"为原则；以"使捕捞的鱼种的数量维持在或恢复到能够生产最高持续产量的水平"和"促进生物资源最适度利用"为目的；以确保鱼类种群的"长期养护和可持续利用"为目标；以"防止或消除过剩的捕捞能力，确保捕捞的努力程度符合渔业资源的可持续利用"为主要手段；以"预防、制止和消除非法、不报告和无管制捕捞"为行动中心；决定养护和管理措施应以"可得到的最可靠的科学证据"为依据，并适用预防性做法和渔业生态系统方法，和各主管国际组织合作，顾及"国际最低标准"；实施和执行养护和管理措施，在国家管辖地区内由沿海国负责，在国家管辖地区以外由船旗国负主要责任，并根据国际法采用所有的管辖措施，包括港口国措施、沿海国措施、与市场相关的措施以及确保所有国家国民不从事任何损害国际养护和管理措施效力的活动的措施；养护和管理跨界鱼类种群和高度洄游鱼类种群则应通过国际合作机制进行；不参加某1区域渔业管理组织的国家无权进入该组织适用区域捕捞其措施适用的渔业资源；各国应在各自的权限能力范围内并按照国际法，建立有效的渔业监测、监视、控制和执法机制，以确保国际养护和管理措施得到遵守和实施。所有这些规定最终都是为了实现长期可持续的渔业。

第一节　海洋生物资源养护和管理的目标

一、捕捞对海洋生物资源的影响

（一）捕捞过度及其对鱼类种群的影响

长期以来一直认为海洋生物资源足以维持它的渔业。直到 19 世纪末人们还认为海洋生物资源是取之不尽的，捕捞只获取了其中微不足道的 1 部分，不会影响其资源量。从 19 世纪 90 年代起，捕捞工具和技术有了很大进步。随着捕捞强度的增加，海洋生物资源在产量和渔获物组成上呈现资源量下降的征象，这就使人们开始审视研究捕捞对海洋生物资源的影响。捕捞对生物资源的影响主要表现在资源的数量和种群结构两方面。

1942 年英国渔业资源学家 E・S・拉塞尔（Edward Stuard Russell，1887～1954）首先提出"捕捞过度"的概念，还阐明了捕捞对生物资源的影响是由于 1 年中该资源的捕捞产量和自然死亡量的总和大于资源的补充量和剩余群体的生长量的总和；每 1 种生物资源都有 1 个最适的捕捞限度，捕捞强度超过了这个限度，不但不能使产量增加，反而会导致产量减少；随着对某 1 种群的捕捞强度不断增加而出现的单位捕捞努力量渔获量和总渔获量均持续下降的现象就是"捕捞过度"。捕捞过度可能导致鱼类种群下降或消失。对处于生长期中的鱼类种群捕捞过度，种群的生长量会受影响；对成熟产卵前的鱼类种群捕捞过度，种群的补充量会受影响，可能使其数量呈灾难性的下降，面临灭绝的危险。[1]

（二）捕捞过度对渔业生态系统的影响

捕捞过度还对世界水生生物生境造成影响，有可能改变渔业生态系统的运作和状况，特别是脆弱的生态系统，以及与之有关的生物多样性。主要表现为：

（1）能够影响掠食鱼—被食鱼之间的关系，导致鱼类种群结构变化，在停止捕捞压力之后可能无法恢复到原始状况；

（2）能够影响成长慢、成熟晚的大型鱼类种群数量，改变鱼类种群数量和大小，导致出现由主要是小型个体生物体构成的动物群。在此情况下，许多生命史特点各异的鱼种可发生变化，而这种变化不依靠互动鱼类种群的任何变化；

（3）由于捕捞副渔获物或"鬼魅捕鱼"①，能够影响非目标鱼种（例如，鲸目动物、鸟类、爬行动物和属板鳃亚纲的鱼）的数量；

（4）能够减小生境复杂性，扰乱海底（水底）生态环境；

（5）能够导致对不同身体和生殖特点进行遗传选择，根除不同的地方种群；选择性捕

---

① "鬼魅捕鱼"又称"幽灵捕鱼"是指被丢弃的渔具可在海中留存若干年，往往会延续其最初设计的捕捞功能，使鱼类和其他海洋动物意外遭网片缠绕致死的现象。

捞(如更喜欢捕捞雄鱼或雌鱼,从而改变性别比率和(或)具体性别的鱼体大小频率)或消除晚成熟鱼类的渔业可造成鱼种灭绝的真正危险;

(6)此外,还可对海洋鱼类种群的遗传多样性产生巨大影响。[2]

二、养护和管理目标的模式

海洋生物资源养护和管理的终极目标是确保鱼类种群的长期养护和可持续利用,也即确保鱼类种群的长期可持续能力并促进最适度利用。为此,沿海国和各主管国际组织应根据"可得到的最可靠的科学证据"确定国家管辖地区和公海区域的管理目标,以防止或消除捕捞过度,并确保捕捞努力量不高于与渔业资源的可持续利用相称的水平。

管理目标的确定,通常基于渔获量和捕捞努力量统计数据运用数学模型来实现。

联合国粮农组织借鉴各国和有关区域渔业管理组织的经验,提出了多种目标模式,其中主要有以下5种:

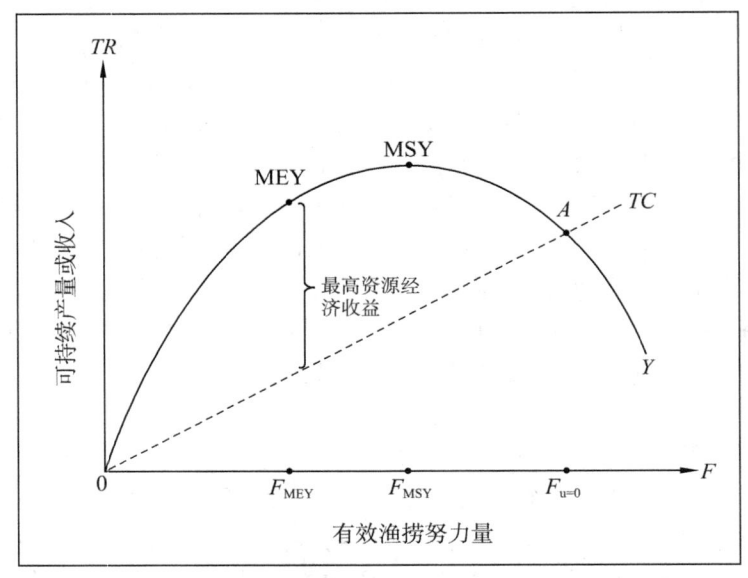

图 9-1　海洋生物资源养护和管理目标 MSY 和 MEY 示意图

1. 最高持续产量(MSY)

最高持续产量是指根据现有环境条件在不严重影响繁殖过程的情况下可以长期捕捞某 1 鱼类种群的理论上的最高产量平均数。如图 9-1,图中的直虚线(TC)是捕捞总成本线。捕捞总成本随捕捞努力量(F)变化,两者成线性关系,总成本与捕捞努力量成正比。随着捕捞努力量(F)的增大,产量(Y)呈抛物线变化。当捕捞努力量达到 F_{MSY} 时,可持续产量或总收入(TR)达到曲线上的最高点(MSY)。若捕捞努力量 F_{MSY} 继续增大,即出现捕捞过度现象,产量不增反减,且越来越低。这种目标模式可提供最高的产量(总收入)和最多的就业机会,但捕捞投入(总成本 TC)大,渔业经济效益也并非最佳。

2. 最高经济产量(MEY)

最高经济产量是指从可持续渔业考虑,可获得最大经济效益的产量。根据现有环境条件在按其社会机会成本对投入物进行评价的情况下开发1个种群的总收入(TR)与总成本(TC)之间理论上达到最大差异时的产量。在图9-1中,成本线与产值曲线对应点之间的差距为渔业经济效益值。两线交点A处效益等于0,其所对应的捕捞努力量$F_u＝0$称为经济无效捕捞努力量。由图可见,最高持续产量(MSY)的经济收益并非最大。成本线(TC)的平行线与产值曲线的切点对应的产量(MEY),就是捕捞努力量达到F_{MEY}时的产量,它低于最高持续产量(MSY)的总捕捞量,但捕捞的渔业经济效益最大。

3. $F_{0.1}$边际产量(MY)

边际产量是指每增加1个捕捞努力量单位所获得的产量增量。根据边际产量概念的假说,只要用捕捞努力量(F_{MSY})的2/3,就能获得MSY产量的绝大部分(可能高达80％至90％)。如图9-2所示,过原点0作产量曲线的切线,与横轴形成θ角,以横轴为基准作θ角的1/10分角线,此分角线与产量曲线的切点(MY)所对应的产量,就是$F_{0.1}$边际产量。通常捕捞努力量$F_{0.1}$比F_{MSY}降低10％,而捕捞产量MY只比MSY降低1％。可见采用捕捞努力量($F_{0.1}$)捕捞,不仅在经济上合算,又可减少鱼类种群捕捞过度的危险。

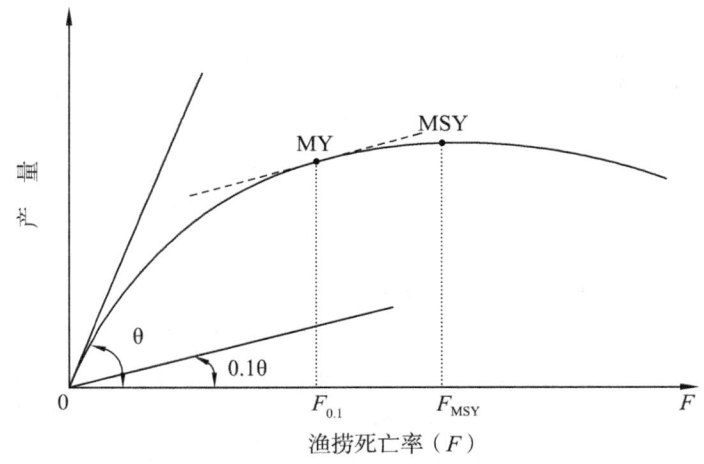

图9-2　海洋生物资源管理目标MY示意图

4. 最大社会产量(MSCY)

单从经济效益出发设定目标,其相应的捕捞努力量都小于F_{MSY},这势必减少就业机会,不利于渔民生计。在考虑经济收益的同时又顾及更多的劳动就业,就需要将社会因素引入目标之中,取得最大社会产量(MSCY)。显然,MSCY低于最高持续产量(MSY),但高于最大经济产量(MEY或MY)。发达国家渔业生产力较高,劳动力不愿投入海上捕捞生产作业,因此,它们一般不会采用这种目标模式。

5. 最适持续产量(OSY)

最适持续产量是指综合考虑经济、社会和生物上的价值,运用最优控制理论,使捕捞给定的鱼类种群持续获得能对社会发挥最大综合效益的产量。[3]

生物资源开发具有食物生产、赚取外汇、产生收入、就业机会和保护生态等可供选择的目标,各国的自然资源、物力、财力及其经济社会发展战略目标不同,世界上没有什么

单一的生物资源养护和管理目标模式。各国应根据其对可资利用的生物资源、现有技术、要供应的市场、社会和经济条件及其他有关因素的潜在影响所作估计等特定的情况和需要确定具体目标。生物资源开发的条件是经常变动的,因此,在某1个时期合适的目标,在另1个时期可能并不合适,必须不时地对现行目标是否可行进行评估。[4]

三、 海洋生物资源养护国际会议提出的目标

(一)海洋生物资源的基本特征

海洋生物资源具有一定限度的再生能力,捕捞强度应与其相适应,否则这种资源就不可持续。除此以外,在"领海以外即公海"的时代,公海生物资源还具有以下5个特征:

(1)它们处于国家管辖范围以外,为所有国家共有,属于"免费资源";

(2)沿海国对维持与其领海邻接的公海区域的生物资源的生产力具有特殊利益,享有开发优先权;

(3)沿海国是在其生命周期中与其陆地领土有联系的溯河、降河鱼类种群的"假定主人",[5]37对它们有主要利益;

(4)某些国家惯常在公海某1水域捕鱼,拥有传统捕鱼权利;

(5)某些沿海国在经济上极为依赖开发与其领海邻接的公海区域的生物资源。

这些特征就使得公海生物资源成为沿海捕鱼和远洋捕鱼、发展中国家和发达国家之间日趋复杂的根本不同的利益争夺的对象,公海渔业纠纷迭起,资源不断遭到开发。到20世纪50年代,加强公海生物资源养护和管理成为刻不容缓的事情,引起了国际社会的广泛关注。

(二)海洋生物资源养护问题国际技术会议提出的目标

1954年第九届联合国大会通过第900(9)号决议,责成秘书长于1955年4月18日召开海洋生物资源养护问题国际技术会议,要求联合国会员国及各专门机构会员国派代表及包括渔业资源养护和管理方面的专家参加会议,并邀请关切海洋生物资源养护问题的有关专门机构及政府间组织派观察员赴会,研究海洋生物资源的国际养护问题,为国际法委员会起草海洋法草案中渔业资源养护条款,提供适当的科学和技术上的建议。[6]该会议于1955年4月18日至5月10日在联合国粮农组织总部所在地(罗马)举行,45个国家的代表、6个国家的观察员及联合国粮农组织、联合国教科文组织的代表和10几个区域渔业组织的观察员出席了会议。该会议提出,海洋生物资源养护的直接目的是管理捕捞活动,以增加或至少以可取的形式保持平均持续产量。同时,在可能的情况下,应采取科学合理的积极措施提高生物资源量。海洋生物资源养护的主要目标则是为了获得食物和其他海洋产品的最大供应而获得最适持续产量(OSY)。在制订养护计划时,应考虑沿岸国对维持与其海岸邻接的公海区域生物资源的生产力具有特殊利益。该会议并认为,公海生物资源养护目标,只有通过国际合作的方式,最好是通过国家间达成的区域渔业协定,在研究和管理上进行国际合作才能实现。[7]

四、《捕鱼和养护公海生物资源公约》规定的目标

1958年《捕鱼和养护公海生物资源公约》序言指出,"本公约当事各国鉴于现代开发

海洋生物资源技术之发展,使人类益能供应世界繁殖人口之食物需要,但亦使若干资源有过度开发之虞,并鉴于养护公海生物资源所涉之问题,就其性质而论,显然必须由各关系国尽可能在国际合作基础上协力求得解决"。

基于这1理念,该《公约》第一条规定:"所有国家均有义务为本国国民采取,或与他国合作采取养护公海生物资源的必要措施。"第二条基本援引1955年海洋生物资源养护国际会议提出的目标,并将其规定为:"本公约所称'养护公海生物资源'1语系所有可使此项资源保持最适当而持久产量(注:即OSY),俾克取得食物及其他海产最大供应量之措施之总称。拟订养护方案应首求取得人类消费食物之供应。"

五、《联合国海洋法公约》规定的目标

(一)鱼类的种群不遵守专属经济区的界限

按照《联合国海洋法公约》第五十六条和第一一八条的规定,专属经济区内的生物资源的养护和管理由沿海国家负责,公海生物资源的养护和管理只能通过各国合作,共同执行才能有效。

由于"鱼类的种群并不遵守专属经济区的界限",[8]除定居性的、小宗的鱼类种群之外,一些重要的、洄游性鱼类种群则会出现在两个或两个以上国家的专属经济区内,或部分地出现在专属经济区内而又部分地出现在专属经济区外的邻接区域内。捕捞这些鱼类种群,不论在专属经济区内或是在专属经济区外的邻接区域内进行,势必影响沿海国对其专属经济区内这些鱼类种群的养护和利用。

因此,尽管沿海国有权就专属经济区内的这些鱼类种群制定和执行养护和管理的法律和规章,但在专属经济区国家之间或专属经济区国家和其国民在专属经济区外邻接的区域内捕捞这些鱼类种群的国家之间,仍应有合作和协调。这样,《联合国海洋法公约》不仅对公海生物资源的养护和管理作了规定,还对专属经济区生物资源的养护和管理作了规定。

(二)专属经济区生物资源的养护和管理目标

《联合国海洋法公约》第六十一条规定:"沿海国参照其可得到的最可靠的科学证据,应通过正当的养护和管理措施,确保专属经济区内生物资源的维持不受过度开发的危害。"

"这种措施的目的也应在包括沿海渔民社区的经济需要和发展中国家的特殊要求在内的各种有关的环境和经济因素的限制下,使捕捞的鱼种的数量维持在或恢复到能够生产最高持续产量(注:即MSY)的水平,并考虑到捕捞方式、种群的相互依存以及任何一般建议的国际最低标准,不论是分区、区域或全球性的。"

"沿海国在采取这种措施时,应考虑到与所捕捞鱼种有关联或依赖该鱼种而生存的鱼种所受的影响,以便使与所捕捞鱼种有关联或依赖该鱼种而生存的鱼种的数量维持在或恢复到其繁殖不会受严重威胁的水平以上。"

(三)公海生物资源的养护和管理目标

《联合国海洋法公约》第一一九条规定:各国应"采取措施,其目的在于根据有关国家

可得到的最可靠的科学证据，并在包括发展中国家的特殊要求在内的各种有关的环境和经济因素的限制下，使捕捞的鱼种的数量维持在或恢复到能够生产最高持续产量（注：即MSY）的水平，并考虑到捕捞方式、种群的相互依存以及任何一般建议的国际最低标准，不论是分区域、区域或全球性的；"

"考虑到与所捕捞鱼种有关联或依赖该鱼种而生存的鱼种所受的影响，以便使与所捕捞鱼种有关联或依赖该鱼种而生存的鱼种的数量维持在或恢复到其繁殖不会受严重威胁的水平以上。"

（四）《联合国海洋法公约》规定的养护和管理目标的特点

《联合国海洋法公约》对专属经济区和公海生物资源养护和管理目标的规定基本相同，都将"最高持续产量（MSY）"作为目标核心。

《联合国海洋法公约》规定的特点在于：

（1）在养护整个生态系统中实现海洋生物资源的养护和管理；

（2）不仅养护目标鱼种还着眼于养护与目标鱼种有关联或依赖该鱼种而生存的鱼种；

（3）对生物资源实行区别对待、分类养护和管理，对资源状况良好的采取"维持"措施，对已遭受过度开发的危害，致其资源量下降的则采取"恢复"措施；

（4）养护和管理措施，包括对"最高持续产量（MSY）"的确定，应以渔业统计的科学数据和分析为依据，顾及环境和经济因素，并符合国际最低标准。

六、《负责任渔业行为守则》规定的目标

《负责任渔业行为守则》规定："各国和区域或分区域渔业管理组织和安排认识到保持渔业资源的长期持续利用是养护和管理的首要目标，应当根据现有的最佳科学依据，除其他外，采取适当的措施，把资源量保持在或恢复到视有关的环境和经济因素以及发展中国家的特殊需要而定的能够达到最高可持续产量的数量。"（7.2.1）

以上规定在《联合国海洋法公约》关于采取养护措施目的的规定的基础上，将"保持渔业资源的长期持续利用"作为"养护和管理的首要目标"，而将MSY视为实现这1目标的基本措施。这是对《联合国海洋法公约》相关规定的新发展。

再则，《联合国海洋法公约》第一一八条虽提到了分区域或区域渔业组织的作用，但未明确赋予这种组织的管理职能。《负责任渔业行为守则》则不同，它规定区域渔业管理组织和安排职司养护和管理工作。因此，在该守则中，除"各国"外，并将"区域或分区域渔业管理组织和安排"作为养护和管理目标的制定和实施主体。

七、联合国环境与可持续发展系列峰会成果文件规定的目标

联合国环境与可持续发展系列峰会的成果文件《21世纪议程》、《可持续发展世界首脑会议实施计划》、《我们希望的未来》及《变革我们的世界：2030年可持续发展议程》规定：各国应效规范捕捞活动，开发和增加海洋生物资源的潜力，维持和恢复海洋种群水平，使之能够在有关环境和经济要素的限制下获得有最大的持续产量。

第二节　海洋生物资源养护的方法

一、地区方法

（一）《捕鱼和养护公海生物资源公约》的规定

《捕鱼与养护公海生物资源公约》第三至第八条对公海某 1 水域生物资源养护措施的制定权作了如下配置：

（1）如 1 国国民在公海某 1 水域捕捞一种或多种鱼类或其他海洋生物资源，而该水域内并无他国国民从事此种捕捞，该国应于必要时在该水域为本国国民采取养护有关生物资源的必要措施。

（2）如两国或两国以上国民在公海某 1 水域捕捞 1 种或多种鱼类或其他海洋生物资源，这些国家经其中任何 1 国之请求，应举行谈判，为各该国国民协议规定养护有关生物资源的必要措施。如有关国家在 12 个月内不能达成协议，任何 1 个当事国可援用《公约》规定的纠纷解决程序处理。

（3）上列（1）、（2）所称之措施采行后，如有其他国家国民到公海某 1 水域捕捞同 1 种或多种鱼类或其他海洋生物资源时，各该其他国家应至迟于前述措施通知联合国联合国粮农组织干事长之日后 7 个月内，对本国国民亦予适用，但此项措施在形式上或事实上均应无所歧视。如这些国家不同意采用这样的措施，并在 12 个月内不能达成协议，任何 1 个当事国可援用《公约》规定的纠纷解决程序处理。所采措施在特设委员会尚未裁决前，仍有拘束效力。

（4）沿海国对邻接其领海的公海的任何水域内生物资源生产力之保持，有特别利害关系。即使沿海国国民不在该水域捕鱼，亦有权以平等地位参与旨在养护该水域内公海生物资源的研究和管理制度。1 国国民在邻接 1 沿海国领海之公海任何区域从事捕鱼者，该国经沿海国请求，应举行谈判，协议规定养护该区域内公海生物资源之必要措施。其国民在邻接沿海国领海的公海的任何水域从事捕鱼的国家不得在该水域中强制实施与沿海国所采用的措施相抵触的措施，但可与沿海国进行谈判，以便采取双方同意的养护该水域内公海生物资源的必要措施。如有关国家在 12 个月内不能就养护措施达成协议，对养护措施未获协议任何 1 个当事国可援用《公约》规定的纠纷解决程序处理。

（5）对邻接其领海的公海的任何水域内生物资源生产力的维持具有特殊利益的沿海国，在与其他有关国家所进行的谈判 6 个月仍不能达成协议的情形下，该沿海国为维持海洋生物资源的生产力，得为邻接其领海的公海任何水域内任何鱼类或其他海洋生物资源，单方面采取适当的养护措施。沿海国所采措施，须符合下列条件，方对其他国家生效：

① 依据所有的渔业资源状况，有迫切采取养护措施的需要；

② 所采取的措施具有充分的科学根据；

③ 所采取的措施在形式上或事实上都没有歧视外国渔民的现象。

如对这些措施的效力发生争议，在未经依本公约有关规定解决以前，应继续有效。

（6）任何对不邻接其海岸的公海水域内养护公海生物资源具有利害关系的国家，即使其国民不在该水域捕鱼，亦得要求有国民在该水域捕鱼的国家，根据上列（1）和（2）的规定采取必要的养护措施，阐述采取这些措施的科学根据，并说明其特别利害关系所在。如在 12 个月内不能就养护措施达成协议，任何 1 个当事国可援用《公约》规定的纠纷解决程序处理。

（二）《联合国海洋法公约》的规定

《联合国海洋法公约》第一一八条规定："凡其国民开发相同生物资源，或者在同一区域内开发不同生物资源的国家，应进行谈判，以期采取养护有关生物资源的必要措施。为此目的，这些国家应在适当情形下进行合作，以设立分区域或者区域渔业组织。"

二、种群方法

（一）种群方法的含义

《联合国海洋法公约》与《捕鱼和养护公海生物资源公约》相比，采取地区方法和种群方法两种方法相结合的方式，对生物资源的实施养护和管理。所谓"种群方法"，就是从生态学的角度，遵循生态规律，区别不同种群，对生物资源进行开发利用和养护管理。

（二）跨境鱼类种群

跨境鱼类种群是指出现在两个或两个以上沿海国专属经济区内的鱼类种群。这种鱼类只在两个或两个以上沿海国的专属经济区内成长和生存，在其生命周期内从不洄游越过专属经济区的外部界限。

《联合国海洋法公约》第六十三条第一款规定："如果同一种群或有关联的鱼种的几个种群出现在两个或两个以上沿海国的专属经济区内，这些国家应直接或通过适当的分区域或区域组织，设法就必要措施达成协议，以便协调并确保这些种群的养护和发展。"

（三）跨界鱼类种群

跨界鱼类种群是指既出现在专属经济区内而又出现在专属经济区外的邻接的公海区域内的鱼类种群。这种鱼类大体分为以下 4 类：[9]

（1）基本上在 1 个或多个沿海国的专属经济区内成长和生存的鱼类，它们只在其生命周期的某些期间洄游进入专属经济区外的邻接区域内。

（2）基本上在专属经济区外的公海区域内成长和生存的鱼类，它们只在其生命周期的特定期间洄游进入 1 个或多个沿海国的专属经济区内。

（3）在闭海或半闭海内的鱼类，它们会在其生命周期的不同期间在 1 个或多个沿海国的专属经济区内成长和生存，也会洄游经过与这 1 个或多个沿海国的专属经济区相邻接并受其环绕的中部公海"飞地"。

（4）在完全被 1 个国家的陆地领土包围海域内的鱼类，它们会在其生命周期的不同期间在该沿海国专属经济区内成长和生存，也会洄游经过被该沿海国的管辖地区包围的公海区。[10]

跨界鱼类种群主要包括各种鳕、鲭、竹荚、鲈、鲱、鲽、狼鳚、沙丁、鲷、鱿鱼及枪乌贼、长额虾等 80～90 种。[11][12]

邻接公海的这个区域是 1 种或多种跨界鱼类生境的较小部分，其宽度从专属经济区的外部界限量起，不超过 70 海里。[13]

《联合国海洋法公约》第六十三条第二款规定："如果同一种群或有关联的鱼种的几个种群出现在专属经济区内而又出现在专属经济区外的邻接的区域内，沿海国和在邻接区域内捕捞这种种群的国家，应直接或通过适当的分区域或区域组织，设法就必要措施达成协议，以养护在邻接区域内的这些种群。"

（四）高度洄游鱼类种群

高度洄游鱼类种群是指《联合国海洋法公约》附件一所列的各种金枪鱼、鲣鱼、乌鲂鱼、枪鱼、旗鱼、箭鱼、竹刀鱼、鲯鳅、大洋性鲨鱼和鲸类等共 17 类 44 种鱼类。这些高度洄游鱼类的特征是：

（1）完全在海洋中生活；

（2）具有长距离洄游的习性；

（3）在两个或两个以上专属经济区和公海区域内跨界洄游；

（4）洄游的地理分布甚为广泛。

《联合国海洋法公约》在跨界鱼类种群之外，对高度洄游鱼类种群给予了特别关注，并规定了比跨界鱼类种群更为明确具体的养护和管理目标及措施。其必要性主要在于：

（1）高度洄游鱼类的产量大、经济价值高；

（2）在确立专属经济区制度的形势下，投入公海捕捞高度洄游鱼类的力量可能激增，使此等鱼类资源面临捕捞过度的威胁；

（3）一旦高度洄游鱼类资源被过度开发势必影响全球渔业的可持续发展；

（4）对大洋性鲨鱼和鲸类尤其需要加强养护和管理。

《联合国海洋法公约》第六十四条第一款规定："沿海国和其国民在区域内捕捞高度洄游鱼种的其他国家应直接或者通过适当国际组织进行合作，以期确保在专属经济区以内和以外的整个区域内的这种鱼种的养护和促进最适度利用这种鱼种的目标。在没有适当的国际组织存在的区域内，沿海国和其国民在区域内捕捞这些鱼种的其他国家，应合作设立这种组织并参加其工作。

（五）海洋哺乳动物

海洋哺乳动物又称海兽，共 120 多种。它们都是胎生哺乳，肺呼吸，恒体温，流线型且前肢特化为鳍状；多数 1 年 1 胎，1 胎 1 仔，有的 3 年 1 胎。分布在两极到接近赤道的世界各海洋中。其脂肪层厚且脂肪含量高，可供食用，提炼多种油脂化学工业用品，作润滑油，内脏可制药，皮可制革，经济社会价值巨大。[14]200 多年以来，海洋哺乳动物一直是海洋渔业捕捉的重要对象。虽早在 1911 年和 1931 年就缔结了《北太平洋海豹保护公约》和《管理捕鲸公约》，并成立了相应的管理机构，但北太平洋海豹的捕获量早已超过最大允许捕获量，抹香鲸几乎绝迹，蓝鲸的数量在 20 世纪 30 年代约有 8 万只，到 80 年代初已减少到几百只。[5]39 整个海洋哺乳动物面临着濒危的境地,现已成为1个需要密切关注的群体,必须加以特别地保护。

《联合国海洋法公约》第六十五条规定:关于专属经济区部分对于生物资源养护和管理的任何规定"并不限制沿海国的权利或者国际组织的职权,对捕捉海洋哺乳动物执行较本部分规定更为严格的禁止、限制或者管制。各国应进行合作,以期养护海洋哺乳动物,在有关鲸类动物方面,尤应通过适当的国际组织,致力于这种动物的养护、管理和研究。"第一二〇条规定:"第六十五条也适用于养护和管理公海的海洋哺乳动物。"

(六)溯河产卵鱼类种群

溯河产卵鱼类种群是指在海洋中生活成长,性成熟后上溯到江河中产卵,生殖后部分亲体回归海洋或者相继死亡的鱼类种群。其中,有些要经过定时的、距离长短不等的溯河产卵洄游,幼鱼则在当年或第二年入海,如远东大麻哈鱼、鲥鱼等;有的会远自数百海里以外的海域,回到特定的溪流、江河中,溯河到自己的诞生地产卵,如太平洋鲑鱼和大西洋鲑鱼属下的一些鱼种;有的平时生活在浅海区域或河口半咸水区域,至繁殖期上溯到江河干流中繁殖,如中华鲟、刀鲚、香鱼等;也有的生活在河口附近的浅海鱼类,生殖时只洄游到河口,如凤鲚等。

溯河鱼类种群产卵及其仔鱼、幼鱼发育阶段所在河流的所属国家,称为海洋中这种种群的鱼源国。

《联合国海洋法公约》第六十六条规定:

"1. 有溯河产卵种群源自其河流的国家对于这种种群应有主要利益和责任。

"2. 溯河产卵种群的鱼源国,应制订关于在其专属经济区外部界限向陆1面的一切水域中的捕捞和关于第3款(b)项中所规定的捕捞的适当管理措施,以确保这种种群的养护。鱼源国可与第3款和第4款所指的捕捞这些种群的其他国家协商后,确定源自其河流的种群的总可捕量。

"3.(a)捕捞溯河产卵种群的渔业活动,应只在专属经济区外部界限向陆1面的水域中进行,但这项规定引起鱼源国以外的国家的经济失调的情形除外。关于在专属经济区外部界限以外进行的这种捕捞,有关国家应保持协商,以期就这种捕捞的条款和条件达成协议,并适当顾及鱼源国对这些种群加以养护的要求和需要;

(b)鱼源国考虑到捕捞这些种群的其他国家的正常渔获量和作业方式,以及进行这种捕捞活动的所有地区,应进行合作以尽量减轻这种国家的经济失调;

(c)上列(b)项所指的国家,经与鱼源国协议后参加使溯河产卵种群再生的措施者,特别是分担作此用途的开支者,在捕捞源自鱼源国河流的种群方面,应得到鱼源国的特别考虑;

(d)鱼源国和其他有关国家应达成协议,以执行有关专属经济区以外的溯河产卵种群的法律和规章。

"4. 在溯河产卵种群洄游进入或者通过鱼源国以外国家的专属经济区外部界限向陆一面的水域的情形下,该国应在养护和管理这种种群方面同鱼源国进行合作。

"5. 溯河产卵种群的鱼源国和捕捞这些种群的其他国家,为了执行本条的各项规定,应做出安排,在适当情形下通过区域性组织做出安排。"

（七）降河产卵鱼类种群

降河产卵鱼类种群是指在淡水水域中生长,度过大部分生命周期,性成熟过程中由江河洄游到海洋中的产卵场繁殖的鱼类种群。其中,欧洲鳗鲡和美洲鳗鲡降海后不摄食,前者要跨越 5 000～6 000 千米的大西洋,后者也要洄游 1 000～2 000 千米,都到西大西洋的藻海产卵场,生殖后亲鱼全部死亡。两种鳗鲡幼鱼回到各自淡水水域的时间不同,前者需 3 年,后者只需 1 年。中国的鳗鲡和松江鲈亦属降河产卵鱼类。

《联合国海洋法公约》第六十七条规定:

"1. 降河产卵鱼种在其水域内度过大部分生命周期的沿海国,应有责任管理这些鱼种,并应确保洄游鱼类的出入。

"2. 捕捞降河产卵鱼种,应只在专属经济区外部界限向陆一面的水域中进行。在专属经济区内进行捕捞时,应受本条及本公约关于在专属经济区内的捕鱼的其他规定的限制。

"3. 在降河产卵鱼种不论幼鱼或者成鱼洄游通过另外一国的专属经济区的情形下,这种鱼的管理,包括捕捞,应由第 1 款所述的国家和有关的另外一国协议规定。这种协议应确保这些鱼种的合理管理,并考虑到第 1 款所述国家在维持这些鱼种方面所负的责任。"

第三节　联合国鱼类种群协定

一、背景

（一）世界渔业管理和发展战略

《联合国海洋法公约》第六十三条第二款和第六十四条为海洋生物资源包括跨界鱼类种群和高度洄游鱼类种群的养护和管理问题规定了总体法律制度。然而,其有关条款系原则性规定,缺少具有可操作性的具体规范。为避免因在其适用和解释上的歧义,导致国家间经常出现的渔业纠纷,特别是为预防、阻止和消除非法捕捞和捕捞能力过剩,确保海洋生物资源的长期养护和可持续利用,国际社会采取了诸多行动,寻求解决之道。

联合国粮农组织在《联合国海洋法公约》通过之后不久,于 1984 年 6 月 27 日至 7 月 6 日在罗马召开世界渔业管理和发展会议,148 个国家和 3 个解放运动组织的代表、70 个包括联合国在内的政府间组织和非政府间组织的代表或观察员参加了会议,通过了《世界渔业管理和发展战略》。该战略在深刻分析和全面评估《联合国海洋法公约》确立世界海洋生物资源开发新体制,全球海洋渔业面临的新形势、新挑战的基础上,制定了养护和管理跨界鱼类种群和高度洄游鱼类种群的诸多原则和指导方针。其中包括:

（1）在鱼群存在于两个或两个以上沿海国的专属经济区内,或既存在于专属经济区内又存在于专属经济区以外的邻接水域时,或是涉及高度洄游鱼种,或是在不同时期出现在不止 1 个国家管辖范围内的内陆水域鱼种时,可能遇到管理上的困难。各国应根据《联合国海洋法公约》尤其是其中有关区域渔业组织作用的条款开展合作,保证两个或两个以上沿海国家的专属经济区内的同 1 类或同几类相关鱼种的鱼群资源,或既存在于专属经济区范围内又存在于公海上的邻接水域的鱼类种群资源,得到保护、合理的管理和最适度的利用。

(2) 国家管辖权扩大到目前在利用的世界 95% 的海洋渔业资源,属于两个或两个以上国家管辖的水域中的资源有被过度利用的危险。在资源是在两个或两个以上国家管辖范围内的情况下,这些国家应开展或加强合作,协调管理体制,以使各国的管理规定不致互相矛盾。

(3) 区域渔业组织的设立,便利有效地积累并交流关于渔获量、上岸量、捕捞努力量以及关于鱼类资源的生物特征方面的综合而又详尽的资料,促进联合研究计划和科学家之间汇集、交流情况,及为能力不足的发展中国家安排和提供技术和资金援助,是促进渔业研究、管理和发展的很好手段。对存在于两个或两个以上沿海国的专属经济区内,或既存在于专属经济区内又存在于专属经济区以外以及邻接水域的渔业资源,或高度洄游鱼种,或在不同时期属于不止 1 国管辖的内陆水域鱼种的分配问题,可协助找出解决办法。

1984 年联合国大会通过第 39/225 号决议,核可世界渔业管理和发展会议通过的《世界渔业管理和发展战略》,对于此次会议从经济、社会和营养观点,为促进世界渔业资源的最适度利用,提高渔业对国家在食物自力更生和对粮食安全方面的贡献,增强发展中国家在渔业管理和发展方面的能力,以及发达国家和发展中国家之间及发展中国家彼此之间在渔业方面的国际合作制定的原则和指导方针表示满意。[15]

(二)国际负责任捕捞会议《坎昆宣言》

此后,各国际论坛一直关注关于重要鱼类资源的捕捞过度、生态系统的破坏、经济损失,及其威胁到渔业的长期可持续性,从而损害渔业对粮食供应的贡献问题。

1991 年 3 月联合国粮农组织渔业委员会举行第十九届会议讨论世界渔业的状况和前景,提出"负责任渔业观念",并建议联合国粮农组织制定《负责任渔业行为守则》。接着,联合国粮农组织在墨西哥政府的合作下,于 1992 年 5 月在坎昆召开国际负责任捕捞会议,66 个国家的 260 名代表出席,通过了《坎昆宣言》。该宣言分析了公海生物资源养护和管理的形势,指出:过去 10 年来公海渔业已有所扩张,但公海渔业的管理,包括有效养护措施的实行、监督及实施,在许多地区不足,且在某些地区资源也遭受过度利用,已引起某些国家严重关切其对渔业所带来之冲击;世界上许多渔业存在渔业能力过剩之严重问题;为避免过度开发渔业资源或丧失生物多样性,需要改善渔业方法及渔业管理;为渔业的可持续发展,渔业亟切需要在"负责任渔业观念"下的复杂和平衡的体系中发展。

该宣言进一步肯定了"负责任渔业的观念",并将其含义作了界定,在此基础上提出了以下 20 项实施负责任渔业的基本原则:

(1) 各国应采取有助于渔业资源之数量、质量、多样性及经济利用可持续的有效的渔业计划及管理准则,以确保今世及未来人类所需之渔产品的供应。

(2)各国应采取步骤改善管理体系,以作为实施负责任渔业之一要务,确认海洋生物资源持续利用之原则是健全渔业管理政策的根本,并在顾及个别渔业之特性下,把实施导引捕捞努力量之水平和渔业资源持续利用相适应的政策及措施,作为最重要的目标之一。

(3)各国应兼顾地理及气候特性,增添其在管辖海域及公海两者内之渔业资源的生物、丰度、分布及变动等科学知识。

(4)各国应促进并加强相关渔业资源养护及持续利用所必备之资料搜集。

(5)各国应在设计及引进新渔具及渔法时,考虑不同渔区的特性及其生物多样性,并顾及其对渔业持续性所造成的冲击之适当评估。

(6)各国应提倡研制和采用尽量减少目标鱼种渔获的浪费和尽量减少非目标鱼种副渔获物的选择性渔具及惯常渔捞方法。

(7)各国应进行有关渔业、养殖及其他活动,尤其是在沿海地区的活动,对海洋环境冲击的系统性评估工作。

(8)各国应采取必要之措施,以防止沿海湿地及其他重要鱼类栖息地,免于任何形式的退化。

(9)各国应采取措施确保尊重小规模个体及土著渔民之利益。

(10)各国应推行适当的体制,以保证于该国专属经济区及所管辖的其他区域内,实施负责任渔业。

(11)各国应依据《联合国海洋法公约》的有关规定,进行双边、区域性及多边的合作,以建立、加强和实行有效方式及体制,而确保实施公海负责任渔业。

(12)各国应在符合《联合国海洋法公约》有关条文的情形下,行使公海捕鱼自由时与国家间合作,以保证养护和合理管理生物资源的义务之间取得平衡。

(13)各国应采取符合国际法规定之有效行动,以阻止借更换旗帜而规避有关公海渔业活动所适用之养护及管理规定。

(14)各国应推广有关负责任渔业之教育计划及知识普及。

(15)各国承认环保政策为处理环境退化之所需,应防止因环保措施导致不必要之贸易限制。以环保为目的之贸易政策措施,不应构成国际贸易上1项独断、不正当差别待遇或变相限制的手段。应避免于进口国管辖范围外存有处理环保难题之片面行动。处理国际环保问题之环保措施,应尽可能以国际间共同意见为基础。为达到某些环保目的,可能需透过贸易配合措施,以使国内环保措施能够生效。若认为有必要以贸易措施执行环保政策时,应遵循某些原则及规定,其中包括:无差别待遇原则;所选用之贸易措施应是为达成该目的必要之最低贸易限制原则;确保所采用相关环保贸易措施透明化、及提供适当通知其国内相关规定之义务;若某发展中家努力迈向国际一致的环保目标时,必须考虑该等国家的特殊状况与发展需求。

(16)各国应为促进负责任渔业之目标,增进国际合作,以发展有效机制,致力于共同研究、信息交换、及相关技术和专门知识之转让。

(17)国际合作应包括提供发展中国家所要求之财务支持,藉由加强该等国家海洋研

究及渔业管理包括有关监督及执行之体系,以提升彼等行使其国家主权权利之能力。

(18)各国应促进国际合作,以防止有碍达成负责任渔业目标的非法渔业作业。

(19)透过与当前国际及区域性财政组织、联合机构以及其他合作渠道,负责任渔业之国际合作也应采较大财务支持方式,支持发展中国家所进行的投资。所支持之目标应系加强及增进符合负责任渔业的渔业活动,包括从捕捞和鱼类栽培到提高内外销产品附加价值的加工。

(20)前述各项原则之履行,应符合沿海国专属经济区及其所管辖其他区域内的主权权利、管辖权及义务。[16]

(三)《21 世纪议程》第 17 章方案领域 C

《坎昆宣言》被提交给 1992 年 6 月联合国在里约热内卢召开的地球问题首脑会议——联合国环境与发展会议。出席会议的领导人承认"国际社会没有适当地管理全球的鱼类资源。"[17]在他们通过的《21 世纪议程》第 17 章方案领域 C"可持续利用和养护公海海洋生物资源"中,分析了过去 10 年里公海渔业的发展形势、存在的问题及原因,确定了可持续利用和养护公海海洋生物资源的目标,指明了分区域、区域和全球各级应开展的各项活动,其中特别规定:

"尽快在联合国主持下召开一个政府间会议,要考虑到分区域、区域和全球各级的有关活动,以促进有效实施《联合国海洋法公约》关于跨界鱼类种群和高度洄游鱼类种群的规定。该会议除其他外,应借助联合国粮农组织进行的科学和技术研究来鉴定和评价与养护和管理这些鱼类种群有关的现有问题,考虑改善各国间渔业合作的手段,并制订适当的建议。该会议的工作和结果应充分符合《联合国海洋法公约》的各项规定,特别是沿海国及在公海捕鱼的国家的各种权利和义务。"[18]

二、制定

(一)联合国大会第 47/192 号决议

1992 年 12 月 22 日联合国大会通过第 47/192 号决议指出,顾及联合国环境与发展会议通过的《21 世纪议程》,特别是关于可持续利用和养护公海生物资源的第 17 章方案领域 C,世界渔业管理和发展会议通过的《渔业管理和发展战略》,国际负责任捕捞会议通过的《坎昆宣言》,以及最近对国际渔业的有关讨论,决定:

1. 按照在联合国环境与发展会议商定的任务规定,在 1993 年由联合国主持召开 1 个跨界鱼类种群和高度洄游鱼类种群政府间会议。

2. 按照在联合国环境与发展会议商定的任务规定,鱼类会议应考虑到在分区域、区域和全球各级举行的相关活动,以期有效实施《联合国海洋法公约》关于跨界鱼类种群和高度洄游鱼类种群的各项规定。鱼类会议除其他外,应借重联合国粮农组织的科技研究:

(1)列举和评价与养护和管理这些鱼类种群有关的现存问题;

(2)审议如何改善各国在渔业方面的合作;

(3)拟订适当的建议。

3. 重申鱼类会议的工作和结果均应符合《联合国海洋法公约》的各项规定,特别是关于沿海国和在公海捕鱼的国家的权利和义务方面的规定,又对于存在专属经济区内外的鱼类(跨界鱼类种群)和高度洄游鱼类种群,各国应全面实施《联合国海洋法公约》关于公海捕鱼的条款规定。

4. 邀请有关的专门机构和联合国系统的其他适当机关、组织和计划署以及各区域和分区域渔业组织,提出相关的科技研究报告。同时邀请来自发达国和发展中国家的有关非政府组织在其胜任能力和专门知识的范围内协助鱼类会议。[19]

(二)联合国鱼类会议的工作

根据联合国大会第 47/192 号、48/194 号[20]和 49/121 号[21]决议①的规定,联合国跨界鱼类种群和高度洄游鱼类种群会议在纽约联合国总部召开了历届会议:

第一届会议:1993 年 4 月 19 日至 23 日;

第二届会议:1993 年 7 月 12 日至 30 日;

第三届会议:1994 年 3 月 14 日至 31 日;

第四届会议:1994 年 8 月 15 日至 26 日;

第五届会议:1995 年 3 月 27 日至 4 月 12 日;

第六届会议:1995 年 7 月 24 日至 8 月 4 日。

138 个国家的代表及 16 个政府间组织、73 个非政府组织、6 个联合国专门机构等派代表作为观察员出席会议。

各届会议的任务及审议情况如下:

1. 第一届会议

为组织工作会议,选举会议主席、副主席,通过议事规则,成立全权证书委员会。

2. 第二届会议

以"主席编写的作为会议指南的议题和问题清单"为基础,开始审议下列各项实质性问题:为养护和管理跨界鱼类和高度洄游鱼类所要求的最低标准;渔业管理的预防性处理办法;解决公海渔业争端的程序;遵守和执行;通过合作予以制定的养护和管理措施的性质;国际合作的机制;区域渔业管理组织或安排;为同 1 鱼类制定的国家和国际养护措施之间的兼容一致;港口国的执法;分区域或区域协定或安排的非缔约国;发展中国家的特别需要。

在审议中,智利、哥伦比亚、厄瓜多尔、秘鲁及加拿大、阿根廷和挪威等沿岸国,主张对邻接其专属经济区之外的跨界或高度洄游鱼类资源具有主权权利或管辖权或要求承认沿岸国基于养护和管理的目的对邻接专属经济区外之海域具有特殊的利益;经由协议之签订,允许沿岸国检查并扣捕外籍渔船;倘若区域性渔业管理组织无法产生共识时,允许沿岸国适用与其国内同样标准的法律规定来规范此 1 跨界与高度洄游鱼类资源。日

---

① 联合国大会决议第 A/RES/48/194 号按照鱼类会议的建议,批准鱼类会议于 1994 年 3 月 14 日至 31 日、1994 年 8 月 15 日至 26 日再举行两届会议。联合国大会决议第 A/RES/49/121 号按照鱼类会议的建议,批准鱼类会议于 1995 年 3 月 27 日至 31 日、1995 年 7 月 24 日至 4 日再举行两届会议,促请鱼类会议于联合国大会第五十届会议之前完成工作。

本、韩国、波兰和中国等渔业国,主张对跨界与高度洄游鱼类资源采取一致的管理措施;区域性渔业组织之科学评估应优于沿岸国的措施;坚持船旗国责任原则,沿岸国无权扣捕在公海水域作业的外籍渔船;未来联合国所促成的跨界与高度洄游鱼类资源协议应只具建议性质,而无法律上之拘束力。美国、澳大利亚及新西兰等国则企图寻求令沿岸国扩权派与远洋渔业国均能接受的国际协议。俄罗斯及欧盟等各有不同之利益,例如俄国对白令海和鄂霍次克海问题甚为关切。[22]

主席将第二届会议的审议意见汇总形成了"未偏袒任何代表团立场"的《协商案文》,其内容包括:

(1) 合作建立的养护和管理措施的性质;

(2) 国际合作的机制;

(3) 区域渔业管理组织或安排;

(4) 船旗国的义务;

(5) 公海渔业养护和管理措施的遵守和强制执行问题;

(6) 港口国;

(7) 分区域或区域协定的非参加国;

(8) 争端的解决;

(9) 关于同 1 鱼类国家与国际养护措施的相容性和一贯性;

(10) 发展中国家的特别需要;

(11) 审查养护和管理措施的执行情况等 11 节及两个附件,即附件一关于养护和管理跨界鱼类和高度洄游鱼类数据要求最低标准,附件二关于仲裁。

本届会议要求联合国粮农组织编写两份资料性文件,1 份关于渔业管理的预防性处理办法,另 1 份关于最高可持续渔获量的概念。

本届会议之后,1993 年 12 月联合国粮农组织在美洲热带金枪鱼委员会的拉霍亚总部召开了 1 次特别协商会议,讨论区域渔业组织在公海捕鱼统计方面所起的作用。

3. 第三届会议

先用 1 个星期时间听取对主席编写的《协商案文》的一般性发言,然后逐节审议案文。主席认为经过非正式协商,拉近了对一些问题的距离,他所提出的《订正协商案文》反映了本届会议就所有实质性问题所取得的进展。该案文由序言、10 节和 3 个附件组成。10 节为:

(1) 目标;

(2) 适用;

(3) 一般原则;

(4) 国际合作;

(5) 公海渔业养护和管理措施的遵守和执法问题;

(6) 港口国;

(7) 分区域或区域组织或协定的非参加国;

(8) 争端的解决;

（9）发展中国家的特殊需要；

（10）审查养护和管理措施的执行情况。

3个附件为：养护和管理跨界鱼类和高度洄游鱼类数据要求最低标准；关于在管理跨界鱼类和高度洄游鱼类时适用预防性参考点的建议准则；仲裁。

本届会议设立两个不限成员名额的工作组分别审议联合国粮农组织应会议要求编写的关于预防性渔业管理做法[23]和关于管理参考点[3]的非正式文件，并分别提出了审议报告。

4. 第四届会议

会议主席在开幕词中指出，全球渔业自愿管制制度已经失败，问题部分在于国家间缺乏合作，各国都忽略了以下的事实：捕鱼权利是有条件的，伴随着这项权利的是为今世后代养护和管理这些资源的义务。开放渔业①已行不通。要确保会议取得成功，关键要素在于：

（1）它必须充分详细地制定养护和管理渔业资源的最低国际标准；

（2）它必须在专属经济区和毗连公海区域采取的养护和管理措施连贯一致，考虑到各种鱼类及支承的生态系统的生物统一性；

（3）它必须确保有遵守和强制执行这些措施的有效机制；

（4）它必须提供1个全球一定的在渔业养护和管理领域进行区域合作的框架，这个框架必须符合每1个区域当前的情况，如"海洋法公约"所设想的那样；

（5）它必须规定与"海洋法公约"一致的具有拘束力的强制争议解决争端机制，但同时又给予争端当事方必要的灵活性，使它们能够利用自己选择的机制。[24]

根据工作方案，会议听取各国代表就订正协商案文所作的一般性发言，随后逐节审议案文。审议的焦点在上列（2）、（3）两项。

会议期间对俄罗斯提出的"关于在一个沿岸国或多个沿岸国的专属经济区环绕的公海领域内进行捕捞的问题"和挪威提出的"关于与沿岸国专属经济区相邻的管理区域内的执法问题"两个项目，举行了非正式协商，但未能就这些问题做出任何结论。

会议主席根据审议和协商的结果对《订正协商案文》进行再订正。新的案文具有条约的形式，取名为《1982年10月12日〈联合国海洋法公约〉有关养护和管理跨界鱼类和高度洄游鱼类的规定的执行协定草案》。所以采取这种新形式，是因为会议形成1种普遍而基本的看法：如会议要实现有效地养护和管理有关鱼类的目标，会议的审议结果必须具有拘束力。该案文包括序言和一般规定；跨界鱼类和高度洄游鱼类的养护和管理；关于跨界鱼类和高度洄游鱼类的国际合作机制；船旗国的责任；遵守和执行；港口国的执行；发展中国家的需要；和平解决争端；非参加国；滥用权利；非本协定缔约国；执行情况

---

① "开放渔业"是指不受控制的、靠其经济性状自我调节的渔业。这种渔业开发开放性资源，靠经济利益调节捕捞努力量水平。当捕捞努力量小于经济无效捕捞努力量时，渔业总收入超过总支出，捕捞会给渔民带来经济利益，驱使捕捞努力量水平扩大；当捕捞努力量大于经济无效捕捞努力量时，渔业总收入不敷总支出，捕捞亏损，迫使捕捞努力量水平缩小。实际捕捞努力量水平总在经济无效捕捞努力量上下浮动，总是处于捕捞过度状态，势必使鱼类种群遭受过度开发的危害。

和审查会议报告;最后条款等 13 个部分以及收集和分享数据的最低标准、关于在养护和管理跨界鱼类和高度洄游鱼类时适用预防性参考点的建议准则和仲裁程序等 3 个附件。该案文解决了会议分歧的许多问题,是鱼类会议"工作的转折点"。[25]

5. 第五届会议

在开会之前,部分沿岸国和渔业国分别聚会,就上述案文交换意见,与此同时,联合国粮农组织新发表的《世界渔业和水产养殖状况》的报告强调必须在下列方面采取行动:[26]

(1)管制捕捞努力量和削减过度的捕捞能力;

(2)资源分配的决定;

(3)制订更有效的使用者权利,改善关于资源使用的决策;

(4)采取预防性的渔业养护和管理对策。

会议就上述案文进行一般性辩论后,着重对国家管辖地区和公海地区的养护和管理措施的相容问题;分区域或区域渔业组织或安排的新参加国;非船旗国在公海地区强制执行养护和管理措施;采用《联合国海洋法公约》的规定解决争端的可取性等事项进行审议和协商,在鱼类会议工作的所有领域都取得了可观的进展,所形成的"协定草案订正案文"全面兼顾,既考虑到沿岸国的利益也考虑到远洋捕鱼国的利益,为保证今世后代能可持续利用渔业资源,更考虑到了国际社会的集体利益。[27]

6. 第六届会议

在开会之前,会议主席就执法问题举行了非正式协商,会议对上述"协定草案订正案文"进行最后审议,解决了所有悬而未决的问题。

(三)联合国鱼类会议的结果

联合国鱼类会议于 1995 年 8 月 4 日未经表决一致通过了《执行 1982 年 10 月 12 日〈联合国海洋法公约〉有关养护和管理跨界鱼类和高度洄游鱼类的规定的协定》(简称《联合国鱼类种群协定》,UNSFA)及《联合国跨界鱼类和高度洄游鱼类会议最后文件》和两个决议。

该《协定》于 2001 年 12 月 11 日生效。

三、组成和基本特征

(一)组成

《协定》由序言、50 个条文和两个附件组成。条文分为以下 13 个部分:

第一部分　一般规定

第二部分　跨界鱼类种群和高度洄游鱼类种群的养护和管理

第三部分　关于跨界鱼类种群和高度洄游鱼类种群的国际合作机制

第四部分　非成员和非参与方

第五部分　船旗国的义务

第六部分　遵守和执法

第七部分　发展中国家的需要

第八部分　和平解决争端

第九部分　非本协定缔约方

第十部分　诚意和滥用权利

第十一部分　赔偿责任

第十二部分　审查会议

第十三部分　最后条款

两个附件是：

附件一　收集和分享数据的标准规定

附件二　在养护和管理跨界鱼类种群和高度洄游鱼类种群方面适用预防性参考点的准则

（二）基本特征

《协定》以 3 根支柱为基础。第一，为有效养护和管理海洋生物资源，避免渔业冲突，它规定了养护和管理跨界鱼类种群和高度洄游鱼类种群的原则和最低国际标准，以及这些种群的养护和管理，必须立足于审慎做法和最可靠的科学证据；第二，为确保以有效机制使捕捞者遵守和奉行跨界鱼类种群和高度洄游鱼类种群的养护和管理措施，不加破坏，它重申了船旗国负有首要责任，并规定船旗国以外其他国家采取行动的准则以及防止滥用权利的保障措施；第三，为促进海洋生物资源的和平使用，它规定了和平解决争端。

《协定》的 1 大基石是，为确保在国家管辖地区内和邻接的公海区域内养护和管理这些种群所采取的措施互相配合、协调一致，它规定这些措施应互不抵触。[28]

《协定》条文实事求是、切实可行，各项规定周详、明确、稳妥，严格遵守《联合国海洋法公约》所揭示的各项原则，解决了《联合国海洋法公约》实施过程中出现的问题，是 1 项影响深远的历史性国际渔业文书。

四、性质、目标和一般原则

（一）性质

《协定》是 1982 年《联合国海洋法公约》缔结以来养护和管理公海渔业方面最重要的多边法律约束性文书。《协定》中对各国规定一系列义务，以养护和管理跨界鱼类种群和高度洄游鱼类种群以及相关和从属种，并保护海洋生物多样性。《协定》虽然只提到两类种群，但其中一些条款，包括适用预防性措施和捕捞活动的生态系统方法等可适用于所有海洋捕捞渔业的养护和管理，而成为《联合国海洋法公约》有关条款（第六十一条第三款和第一一九条第一款（a）项）所述养护海洋生物资源的"普遍适用的国际最低标准。"

（二）目标

按照《协定》的序言和第二条的规定，《协定》的目标是通过有效执行《联合国海洋法公约》有关规定，谋求处理特别是联合国环境与发展会议通过的《21 世纪议程》第 17 章方案领域 C 所指出的各种问题，即对公海渔业的管理在许多方面存在不足及有些资源被过分利用的问题；注意到存在着渔业未受管制、投资过度、船队规模过大、船只改挂船旗以

规避管制、渔具选择性不够、数据库不可靠及各国间缺乏充分合作等问题，促进沿海国和在公海捕鱼的国家履行负责任地开展渔业的承诺，改善各国之间的合作，以确保跨界鱼类种群和高度洄游鱼类种群的长期养护和可持续利用。

（三）一般原则

为了养护和管理跨界鱼类种群和高度洄游鱼类种群，沿海国和在公海捕鱼的国家应根据《联合国海洋法公约》履行合作义务。

为此，《协定》第五条列出以下各项，既是沿海国和在公海捕鱼的国家为海洋生物资源，特别是公海渔业资源的养护和管理进行国际合作的主要领域，涉及养护和管理跨界鱼类种群和高度洄游鱼类种群的目的、保护对象、谋求处理的基本问题、主要措施及其实施保证机制，也是有关各国养护和管理跨界鱼类种群和高度洄游鱼类种群应遵循的一般原则：

（1）制定措施确保跨界鱼类种群和高度洄游鱼类种群的长期可持续能力并促进最适度利用的目的；

（2）确保这些措施所根据的是可得到的最佳科学证据，目的是在包括发展中国家的特别需要在内的各种有关环境和经济因素的限制下，使种群维持在或恢复到能够产生最高持续产量的水平，并考虑到捕鱼方式、种群的相互依存及任何普遍建议的分区域、区域或全球的国际最低标准；

（3）根据第六条适用预防性做法；

（4）评估捕鱼、其他人类活动及环境因素对目标种群和属于同 1 生态系统的物种或从属目标种群或与目标种群相关的物种的影响；

（5）必要时对属于同 1 生态系统的物种或从属目标种群或与目标种群相关的物种制定养护和管理措施，以保持或恢复这些物种的数量，使其高于物种的繁殖不会受到严重威胁的水平；

（6）采取措施，在切实可行的情况下，包括发展和使用有选择性的、对环境无害和成本效益高的渔具和捕鱼技术，以尽量减少污染、废弃物、遗弃渔具所致的资源损耗量、非目标种（包括鱼种和非鱼种）的捕获量及对相关或从属种特别是濒于灭绝物种的影响；

（7）保护海洋环境的生物多样性；

（8）采取措施防止或消除捕捞过度和捕鱼能力过大的问题，并确保捕捞努力量不高于与渔业资源的可持续利用相称的水平；

（9）考虑到个体渔民和自给性渔民的利益；

（10）及时收集和共用完整而准确的捕鱼活动数据，包括附件一列出的船只位置、目标种和非目标种的渔获量和捕捞努力量，以及国家和国际研究方案所提供的资料；

（11）促进并进行科学研究和发展适当技术以支助渔业养护和管理；

（12）进行有效的监测、管制和监督，以实施和执行养护和管理措施。

五、 预防性做法的适用

《联合国鱼类种群协定》不仅将"适用预防性做法"做为养护和管理跨界鱼类种群和

高度洄游鱼类种群应遵循的 1 项基本原则,并对其实施作了周详的规定,极大地发展和丰富了预防性概念的内涵。这是严格执行《联合国海洋法公约》有关养护和管理跨界鱼类种群和高度洄游鱼类种群规定的重要标志之一,也是《协定》突出的特点之一。

为此,《协定》第六条及附件二,对适用预防性做法作了以下规定:

(1)各国对跨界鱼类种群和高度洄游鱼类种群的养护、管理和开发,应广泛适用预防性做法,以保护海洋生物资源和保全海洋环境。

在下列情况下应特别注意适用预防性做法:

① 根据正常的渔业管理措施没有充分的允许捕捞的科学数据,但需开始捕捞新鱼种时;

② 对实行禁渔的鱼种重新开始捕捞时;

③ 要增加现捕捞量不够大的鱼种的渔获量,但没有该鱼种的充分科学数据时;

④ 因长期自然周期和捕鱼活动的共同影响,捕捞鱼类种群发生模型没有预计到的变化时;

⑤ 因采用不适用一定情况的模型、所用模型太大或缺少管制措施造成捕捞过度,需要使数量大为减少的鱼类种群休养生息时。

(2)各国在资料不明确、不可靠或不充足时应更为慎重。不得以科学资料不足为由而推迟或不采取养护和管理措施。

(3)各国应根据可获得的最可靠科学资料确定检验某 1 鱼类种群预防捕捞过度的参考点。

① 预防性参考点是通过议定的科学程序推算得出的估计数值,该数值代表资源和渔业的状况,可用为渔业管理的标准。

② 预防性参考点应包括极限参考点和指标参考点两种。以最高可持续产量(MSY)作为极限参考点,以便将某 1 鱼类种群的捕捞量限制于该种群可生产最高产量的安全生物限度内。以所选定的管理目标作为指标参考点,用以满足管理需要。

③ 预防性参考点应当针对具体种群制订,考虑到除其他外每 1 鱼类种群的繁殖能力、其恢复力、捕捞该鱼类种群的渔业的特点,以及其他死亡原因和不定因素的主要来源。

④ 如用以决定某预防性参考点的资料欠佳或缺乏,则应订立临时参考点。临时参考点可根据类似或比较普遍的鱼类种群模拟制订。在这种情况下,应对该渔业进行更密切的监测,以便在得到较可靠资料时修订临时参考点。

(4)各国的渔业管理战略应谋求维持或恢复被捕捞鱼类种群的数量,和在有必要时相关种或从属种的数量,使其水平符合原来议定的预防性参考点。这是保证适用预防性做法行之有效的极为重要的环节。

① 渔业管理战略应确保逾越限制参考点的危险非常低,确保指标参考点通常不被逾越。应利用这些参考点触发事先议定的养护和管理行动。

② 管理战略应包括接近预防性参考点时可以执行的措施,及在逾越参考点时应采取的行动。

③ 一旦根据最可靠的估计某 1 鱼类种群降至或有危险降至低于极限参考点,就必须做出响应,着手进行预先议定的减少捕捞努力量的管理。

④ 对过度捕捞的鱼类种群,应采取养护和管理行动,包括实行禁渔,以促进种群的恢复。

⑤ 对没有被过度捕捞的种群,渔业管理战略应确保渔捞死亡率不超过符合最高可持续产量的水平,并确保生物量不降至低于事先确定的限度。对被过度捕捞的种群,可利用产生最高可持续产量的生物量作为重建种群的目标。

六、养护和管理措施的互不抵触

养护和管理跨界鱼类种群和高度洄游鱼类种群的措施,包括沿海国根据《联合国海洋法公约》第六十一至第六十八条及第七十三条为其管辖地区制定和适用的措施及有关各国根据《联合国海洋法公约》第一一七至一一九条为在公海捕鱼订立和适用的措施。基于跨界鱼类种群和高度洄游鱼类种群的生物统一性,在国家管辖区域和公海内采取的措施,要相互匹配,互不抵触。这是实现上述目标、原则和制度的根本保证。为此,《协定》第七条规定:

(1) 在不妨害沿海国根据《联合国海洋法公约》享有的在国家管辖地区内勘查和开发、养护和管理海洋生物资源的主权权利,及所有国家根据《联合国海洋法公约》享有的可由其国民在公海上捕鱼的权利的情况下:

① 关于跨界鱼类种群,有关沿海国和本国国民在毗邻公海区内捕捞这些种群的国家应直接地或通过第三部分所规定的适当合作机制,设法议定毗邻公海区内养护这些种群的必要措施;

② 关于高度洄游鱼类种群,有关沿海国和本国国民在区域内捕捞这些种群的其他国家应直接地或通过第三部分所规定的适当合作机制进行合作,以期确保在整个区域,包括在国家管辖地区内外,养护这些种群并促进最适度利用这些种群的目标;

(2) 为公海订立的和为国家管辖地区制定的养护和管理措施应互不抵触,以确保整体养护和管理跨界鱼类种群和高度洄游鱼类种群。为此目的,沿海国和在公海捕鱼的国家有义务进行合作,以便就这些种群达成互不抵触的措施。在确定互不抵触的养护和管理措施时,各国应:

① 考虑到沿海国根据《联合国海洋法公约》第六十一条在国家管辖地区内为同 1 种群所制定和适用的养护和管理措施,并确保为这些种群订立的公海措施不削弱这些措施的效力;

② 考虑到有关沿海国和在公海捕鱼的国家以前根据《联合国海洋法公约》为同 1 种群订立和适用的议定公海措施;

③ 考虑到分区域或区域渔业管理组织或按排以前根据《联合国海洋法公约》为同 1 种群订立和适用的议定措施;

④ 考虑到种群的生物统一性和其他生物特征及鱼类的分布、渔业和有关区域的地理特征之间的关系,包括种群在国家管辖地区内出现和被捕捞的程度;

⑤ 考虑到沿海国和在公海捕鱼的国家各自对有关种群的依赖程度;

⑥ 确保这些措施不致对整体海洋生物资源造成有害影响。

(3) 各国在履行合作义务时,应尽力在 1 段合理时间内就互不抵触的养护和管理措施达成协议。

(4) 如未能在 1 段合理时间内达成协议,任何有关国家可援引第八部分规定的解决争端程序。

(5) 在就互不抵触的养护和管理措施达成协议以前,有关国家应本着谅解和合作精神,尽力做出实际的临时安排。如有关国家无法就这种安排达成协议,任何有关国家可根据第八部分规定的解决争端程序为取得临时措施提出争端。

(6) 按照第五款达成或规定的临时安排或措施应考虑到本部分各项规定,应妥为顾及所有有关国家的权利和义务,不应损害或妨碍就互不抵触的养护和管理措施达成最后协议,并不应妨害任何解决争端程序的最后结果。

(7) 沿海国应直接地或通过适当的分区域或区域渔业管理组织或安排,或以任何其他适当方式,定期向在分区域或区域内公海捕鱼的国家通报他们就其国家管辖地区内跨界鱼类种群和高度洄游鱼类种群制定的措施。

(8) 在公海捕鱼的国家应直接地或通过适当的分区域或区域渔业管理组织或安排,或以任何其他适当方式,定期向其他有关国家通报他们为管制悬挂本国旗帜,在公海捕捞这些种群的船只的活动而制定的措施。

七、 养护和管理的制度和措施

(一) 基本制度

根据《联合国海洋法公约》第六十三条第二款和第六十四条的规定,《协定》特别设计了以区域渔业管理组织或安排为载体的国际合作机制,作为养护和管理跨界鱼类种群和高度洄游鱼类种群的基本制度。

为此,《协定》第八条规定:

(1) 沿海国和在公海捕鱼的国家应根据《联合国海洋法公约》,直接地或通过适当的分区域或区域渔业管理组织或安排,就跨界鱼类种群和高度洄游鱼类种群进行合作,同时考虑到分区域或区域的具体特性,以确保这些种群的有效养护和管理。

(2) 各国应毫不迟延地本着诚意进行协商,特别是在有证据表明有关的跨界鱼类种群或高度洄游鱼类种群可能受到捕捞过度的威胁或受到 1 种新兴的捕鱼业捕捞时。为此目的,经任何有关国家的请求即可开始进行协商,以期订立适当安排,确保种群的养护和管理,在就这种安排达成协议以前,各国应遵守本协定各项规定,本着诚意行事,并妥为顾及其他国家的权利、利益和义务。

(3) 如某 1 分区域或区域渔业管理组织或安排有权就某些跨界鱼类种群或高度洄游鱼类种群订立养护和管理措施,在公海捕捞这些种群的国家和有关沿海国均应履行其合作义务,成为这种组织的成员或安排的参与方,或同意适用这种组织或安排所订立的养护和管理措施。对有关渔业真正感兴趣的国家可成为这种组织的成员或这种安排的参

与方。这种组织或安排的参加条件不应使这些国家无法成为成员或参加；也不应以歧视对有关渔业真正感兴趣的任何国家或1组国家的方式适用。

（4）只有属于这种组织的成员或安排的参与方的国家，或同意适用这种组织或安排所订立的养护和管理措施的国家，才可以捕捞适用这些措施的渔业资源。

（5）如没有分区域或区域渔业管理组织或安排就某种跨界鱼类种群或高度洄游鱼类种群订立养护和管理措施，有关沿海国和在分区域或区域公海捕捞此1种群的国家即应合作设立这种组织或达成其他适当安排，以确保此1种群的有效养护和管理，并应参加组织或安排的工作。

（6）任何国家如有意提议有权管理生物资源的政府间组织采取行动，且这种行动将重大影响某1分区域或区域渔业管理组织或按已订立的养护和管理措施，均应通过该组织或安排同其成员国或参与方协商。在切实可行的情况下，这种协商应在向该政府间组织提议之前举行。

本条规定标志着，公海开放渔业时代的结束，受控渔业时代的开始；不参加或不接受分区域或区域渔业管理组织或安排的国家，无权进入公海捕鱼。这是《协定》的1个突出特点。

为实施由分区域或区域渔业管理组织或安排养护和管理跨界鱼类种群或高度洄游鱼类种的制度，《协定》对分区域和区域渔业管理组织和安排的职能及设立或订立分区域或区域渔业管理组织或安排和决定1个分区域或区域渔业管理组织或安排的新成员或新参与方应遵循的原则和事项作了具体规定。

《协定》第十七条规定，不属于某个分区域或区域渔业管理组织的成员或某个分区域或区域渔业管理安排的参与方，且未另外表示同意适用该组织或安排订立的养护和管理措施的国家"并不免除根据《公约》和本协定对有关跨界鱼类种群和高度洄游鱼类种群的养护和管理给予合作的义务"。这种国家不得授权悬挂其旗帜的船只从事捕捞受该组织或安排所订立的养护和管理措施管制的跨界鱼类种群或高度洄游鱼类种群。这种要求非成员和非参与方应承担一定义务的做法突破了条约法的规则。这是《协定》又1个突出的特点。

（二）养护和管理措施遵守和执行的保障机制

为确保所制定的养护和管理公海鱼类种群的原则、规则和制度获得遵守和执行，必须要有完善的执法措施。

按照传统国际法规则，船旗国对悬挂本国旗帜在公海上捕鱼的船舶具有专属管辖权。制定这项原则时，人们认为海洋生物资源是无限的，而且当时的渔船不大远程作业。当今情况发生了巨大变化。公海渔业竞争剧烈。管制公海渔业必须超越船旗国是在所有情况下采取执法措施的唯一当局的概念。这是因为船旗国有可能离开要采取执法行动的地区太远，或是它根本不愿意采取这种执法行动，使得船旗国不一定在所有情况下都能采取必要的执法措施。

实际上，1国对在公海上悬挂其旗帜的船舶的专属管辖权不是不可改变的。《联合国海洋法公约》就有在"国际条约明文规定的例外情形"下，非船旗国得在公海采取行动以保障国际社会的利益的规定。在渔业领域,北大西洋渔业组织、《白令海"环形洞"狭鳕协定》《养护南极海洋生物资源公约》和南太平洋《纽埃条约》都有建立和实施非船旗国行使登临和检查权的规定。鉴于这种可能的情形,《协定》为保障分区域或区域养护和管理措施获得遵守和执行,建立了船旗国负有首要责任与非船旗国行使登临和检查权相结合的执法机制。这也是《协定》的1个突出特点。

为使船旗国仍有首要责任行使其管辖权,并确保非船旗国可能采取的恰当执法措施应是1种最后手段行动,并使船旗国的固有管辖权与非船旗国可能采取的执法行动之间的平衡,以有效发挥这种国际合作执法机制的整体效能,《协定》第十八和二十一条分别以"船旗国的义务"和"分区域或区域的执法合作"为题对船旗国和非船旗国执法的权限和程序作了周详规定。

(三)船旗国的义务

《协定》第十八条规定:

(1)本国渔船在公海捕鱼的国家应采取可能必要的措施,确保悬挂本国旗帜的船只遵守分区域和区域养护和管理措施,并确保这些船只不从事任何活动,破坏这些措施的效力。

(2)国家须能够对悬挂本国旗帜的船只切实执行根据《联合国海洋法公约》和本协定对这些船只负有的责任方可准其用于公海捕鱼。

(3)1国应对悬挂本国旗帜的船只采取的措施包括:

① 根据在分区域、区域或全球各级议定的任何适用程序,采用渔捞许可证、批准书或执照等办法在公海上管制这些船只;

② 建立规章以:

a. 在许可证、批准书或执照中适用足以履行船旗国一切分区域、区域或全球义务的规定和条件;

b. 禁止未经正式许可或批准捕鱼的船只在公海捕鱼,和禁止船只不按许可证、批准书或执照的规定和条件在公海捕鱼;

c. 规定在公海捕鱼的船只始终随船携带许可证、批准书或执照,并在经正式授权人员要求检查时出示;

d. 确保悬挂本国旗帜的船只不在其他国家管辖地区内未经许可擅行捕鱼。

③ 建立国家档案记录获准在公海捕鱼的渔船的资料,并根据直接有关的国家的要求提供利用档案所载资料的机会,考虑到船旗国关于公布这种资料的一切国内法律;

④ 规定根据《联合国粮食及农业组织渔船标志和识别标准规格》等国际公认的统一渔船和渔具标志系统,在渔船和渔具上作标记,以资识别;

⑤ 规定按照收集数据的分区域、区域和全球标准,记录和及时报告船只位置、目标种和非目标种捕获量、渔获努力量及其他有关渔业数据;

⑥ 规定通过观察员方案、检查计划、卸货报告、转运监督、上岸渔获的监测及市场统计等办法,核查目标种和非目标种的捕获量;

⑦ 监测、管制和监督这些船只、其捕鱼作业和有关活动;

⑧ 管制公海上的转运活动,以确保养护和管理措施的效力不受破坏;

⑨ 如已有生效的分区域、区域或全球措施,包括旨在尽量减少非目标种捕获量的措施。

(4) 如已有生效的分区域、区域或全球议定的监测、管制和监督办法,国家应确保对悬挂本国旗帜的船只所规定的措施符合该套办法。

《协定》第十九条还规定,船旗国对悬挂其旗帜的船只不论在何处发生涉嫌违反分区域和区域养护和管理措施的违法行为,均应立即对该船只全面进行调查和实际检查;如确定该船只在公海上严重违反了这些措施,应确保该船只不在公海从事捕鱼作业;如已对该船只涉嫌违法行为掌握足够证据,则应依法提起司法程序,给予足够严厉的制裁,对渔船船长和其他高级船员可予拒发、撤销或吊销证书的处分;并应将对该船只进行调查进展和结果向指控国和有关分区域或区域组织或安排报告,向与涉嫌违法行为有关或受其影响的国家通报。

(四) 分区域或区域的执法合作

《协定》第二十一条规定:

(1) 在分区域或区域渔业管理组织或安排所包括的任何公海区,作为这种组织的成员或安排的参与方的缔约国可通过经本国正式授权的检查员登临和检查悬挂本协定另 1 缔约国旗帜的渔船,以确保该组织或安排为养护和管理跨界鱼类种群和高度洄游鱼类种群所订立的措施获得遵守。

(2) 各国应通过分区域或区域渔业管理组织或安排制定登临和检查的程序。登临和检查以及其后任何执法行动应按照这种程序执行。

(3) 如任何组织或安排未在本协定通过后两年内订立这种程序,在订立这种程序以前,检查员进行的登临和检查,以及其后的任何执法行动,应按照第二十二条列举的基本程序执行。

(4) 在检查员采取行动以前,检查国应直接地或通过有关分区域或区域渔业管理组织或安排,将其发给经正式授权的检查员的身份证明式样通告船只在分区域或区域公海捕鱼的所有国家。用于登临和检查的船只应有清楚标志,识别其执行政府公务地位。

(5) 如在登临和检查后有明确理由相信船只曾从事任何违反养护和管理措施的行为,检查国应酌情搜集证据并应将涉嫌违法行为迅速通知船旗国。

(6) 船旗国应在收到上述通知的 3 个工作日内,或订立的程序所规定的其他时间内,对通知做出答复,并应:

① 毫不迟延地进行调查,如有充分证据,则对船只采取执法行动,在这种情况下船旗国应将调查结果和任何执法行动迅速通知检查国;

② 授权检查国进行调查。

(7) 如船旗国授权检查国调查涉嫌违法行为,检查国应毫不迟延地将调查结果通知船旗国。如有充分证据,船旗国应履行义务对船只采取执法行动。否则,船旗国可按照本协定规定的船旗国权利和义务,授权检查国执行船旗国对船只规定的执法行动①。

(8) 如在登临和检查后有明显理由相信船只曾犯下严重违法行为,且船旗国未按照上列(6)或(7)的规定做出答复或采取行动,则检查员可留在船上搜集证据并可要求船长协助作进一步调查,包括在适当时立即将船只驶往最近的适当港口,或按照上列(2)订立的程序所规定的其他港口。检查国应立即将船只驶往的港口地名通知船旗国。检查国和船旗国,及适当时包括港口国,应采取一切必要步骤确保船员的安好,而不论船员的国籍为何。

(9) 检查国应将任何进一步调查的结果通知船旗国和有关组织或有关安排的参与方。

(10) 检查国应规定其检查员遵守有关船只和船员的安全的国际规则和公认的惯例和程序,尽量减少对捕鱼活动的干预,并在切实可行的范围内避免采取不利地影响船上渔获质量的行动。检查国应确保登临和检查不以可能对任何渔船构成骚扰的方式进行。

(11) 为本条目的,严重违法行为是指:

① 未有船旗国颁发的有效许可证、批准书或执照进行捕鱼;

② 未按照有关分区域或区域渔业管理组织或安排的规定保持准确的渔获量数据和与渔获量有关的数据,或违反该组织或安排的渔获量报告规定,严重误报渔获量;

③ 在禁渔区,在禁渔期,或在未有有关分区域或区域渔业管理组织或安排订立的配额的情况下或在配额达到后捕鱼;

④ 指示直捕受暂停捕捞限制或禁捕的种群;

⑤ 使用违禁渔具;

⑥ 伪造或隐瞒渔船的标志、记号或登记;

⑦ 隐瞒、篡改或销毁有关调查的证据;

⑧ 多重违法行为,综合视之构成严重违反养护和管理措施的行为;

⑨ 有关分区域或区域渔业管理组织或安排订立的程序所可能规定的其他违法行为。

(12) 虽有本条其他规定,船旗国可随时就涉嫌违法行为采取行动履行执法义务。如船只在检查国的控制下,经船旗国的请求,检查国应释放船只,连同关于其调查进展和结果的全部资料交给船旗国。

(13) 本条不妨害船旗国按照本国法律采取任何措施,包括提起加以处罚的司法程序的权利。

(14) 本条比照适用于缔约国的登临和检查,如缔约国为某个分区域或区域渔业管理组织的成员或某个分区域或区域渔业管理安排的参与方,有明确理由相信悬挂另 1 缔约国旗帜的渔船在这个组织或安排所涉的公海区内从事任何违反有关养护和管理措施的活动,而且此渔船其后在同 1 捕鱼航次中进入检查国国家管辖地区内。

---

① 中国 1996 年 11 月 6 日签署该协定时,做出了《中华人民共和国政府关于〈执行 1982 年 12 月 10 日联合国海洋法公约有关跨界鱼类种群和高度洄游鱼类种群的规定的协定〉的有关规定的声明》,对该协定第二十一条第 7 款声明如下:中国政府认为,船旗国授权检查国采取执法行动涉及船旗国的主权和国内立法,经授权的执法行动,应限于船旗国决定所确定的行动方式与范围,检查国在这种情况下的执法行为,只能是船旗国授权决定的行为。

（15）船旗国以外的国家对从事违反分区域或区域养护和管理措施的活动的船只采取的行动，应同违法行为的严重程度相称。

（16）各国须对其根据本条采取行动所造成的破坏或损失负赔偿责任，如这些行动为非法的行动，或根据可得到的资料为超过执行本条规定所合理需要的行动。

《协定》第二十二条规定了检查员进行登临和检查的基本程序，各国制定的登临和检查程序，应符合这个基本程序：

（1）检查国应确保经其正式授权的检查员：

① 向船只船长出示授权证书，并提供有关的养护和管理措施的文本或根据这些措施在有关公海区生效的条例和规章；

② 在登临和检查时向船旗国发出通知；

③ 在进行登临和检查期间不干预船长与船旗国当局联络的能力；

④ 向船长和船旗国当局提供1份关于登临和检查的报告，在其中注明船长要求列入报告的任何异议或声明；

⑤ 在检查结束，未查获任何严重违法行为证据时迅速离船；

⑥ 避免使用武力，但为确保检查员安全和在检查员执行职务时受到阻碍而必须使用者除外，并应以必要程度为限。使用的武力不应超过根据情况为合理需要的程度①。

（2）经检查国正式授权的检查员有权检查船只、船只执照、渔具、设备、记录、设施、渔获和渔产品及任何必要的有关证件，以核查对有关养护和管理措施的遵守。

（3）船旗国应确保船只船长：

① 接受检查员并方便其迅速而安全的登临；

② 对按照这些程序进行的船只检查给予合作和协助；

③ 在检查员执行其职务时不加阻挠、恫吓或干预；

④ 允许检查员在登临和检查期间与船旗国和检查国当局联络；

⑤ 向检查员提供合理设施，包括酌情提供食宿；

⑥ 方便检查员安全下船。

（4）如船只船长拒绝接受按照本条和第二十一条进行的登临和检查，除根据有关海上安全的公认国际条例、程序和惯例而必须推迟登临和检查的情况外，船旗国应指令船只船长立即接受登临和检查，如船长不按指令行事，船旗国则应吊销船只的捕鱼许可并命令船只立即返回港口。本款所述情况发生时，船旗国应将其采取的行动通知检查国。

（五）港口国采取的措施

为了提高分区域、区域和全球养护和管理措施的效力，进一步健全和完善养护和管

① 中国1996年11月6日签署该协定时，做出了《中华人民共和国政府关于〈执行1982年12月10日联合国海洋法公约有关跨界鱼类种群和高度洄游鱼类种群的规定的协定〉的有关规定的声明》，对该协定第二十二条第（1）款第⑥项声明如下：中国政府对该项规定的理解是：只有当经核实被授权的检查人员的人身安全、以及他们的正当的检查行为受到被检查渔船上的船员或渔民所实施的暴力危害和阻挠时，检查人员方可对实施暴力行为的船员或渔民，采取为阻止该暴力行为所需的、适当的强制措施。需要强调的是，检查人员采取的武力行为，只能针对实施暴力行为的船员或渔民，绝对不能针对整个渔船或其他船员或渔民。

理措施遵守和执行的保障机制,《协定》第二十三条还要求港口国有效地执行这些措施,并对可采取的措施做出如下规定:

（1）港口国有权利和义务根据国际法采取措施,港口国采取这类措施时不得在形式上或事实上歧视任何国家的船只。

（2）港口国除其他外,可登临自愿在其港口或在其岸外码头的渔船检查证件、渔具和渔获。

（3）国家可制定规章,授权有关国家当局禁止渔获上岸和转运,如渔获经证实为在公海上以破坏分区域、区域或全球养护和管理措施效力的方式所捕捞者。

八、最可靠科学证据的获得

按照《联合国海洋法公约》第六十一和一一九条的规定,为得到"最可靠的科学证据",在适当情形下,各国应为"经常提供和交换可获得的科学情报、渔获量和捕捞努力量统计以及其他有关养护鱼的种群的资料"进行合作。

得到"最可靠的科学证据"是有效养护和管理跨界鱼类种群和高度洄游鱼类种群及其他海洋生物资源的基本条件。特别是以下各项的基础性、先导性工作:

（1）进行种群评估;

（2）确定管理目标;

（3）决定可捕量;

（4）决定捕捞能力;

（5）分区域或区域渔业管理组织或安排议定各种参与权利;

（6）制订预防性参考点;

（7）利用参考点触发事先议定的养护和管理行动;

（8）采取改进养护和管理渔业资源的决策行动;

（9）国际合作制定负责任捕鱼作业的最低国际标准;

（10）评估捕鱼活动对海洋环境的生物多样性的影响,并采取相应的保护措施。

鉴于得到"最可靠的科学证据"对于各国履行《联合国海洋法公约》和一般国际法规定的养护和管理海洋生物资源的义务,制定、实施和执行渔业管理和发展战略和政策,以及确保跨界鱼类种群和高度洄游鱼类种群的长期养护和可持续利用的决定性作用,《协定》将"及时收集和共用完整而准确的捕鱼活动数据"作为养护和管理跨界鱼类种群和高度洄游鱼类种群应遵循的1项基本原则,并在第十四条和附件一中对收集数据的范围、目的、原则和标准作了如下规定:

（1）各国应足够详细地收集跨界鱼类种群和高度洄游鱼类种群渔业方面的科学、技术和统计数据,包括这些种群的公海捕捞数据和国家管辖地区内的捕捞数据,并应酌情收集:

① 按长度、重量和性别列出的渔获组成;

② 有助于种群评估的其他生物资料,如关于年龄、生长、补充量,分布和种群特征的资料;

③ 其他有关研究,包括丰量调查、生物量调查、水声学调查、影响种群丰量的环境因

素的研究,及海洋地理学和生态学研究。

(2)各国应确保悬挂其旗帜的渔船提供基本渔业数据和船只数据和资料。

基本渔业数据包括:

① 按每种捕鱼方法的作业特性(如拖网按网次、延绳钓和围网按组、竿钓按鱼群、曳绳钓按作业天数)的船只捕鱼活动的数据;

② 渔业和船队按时间分列的捕获量和努力量统计数;

③ 按每1渔业的适当物种(包括目标种和非目标种)分类以数目、标称重量或数目与标称重量[①]分列的总捕获量;

④ 按每1渔业的适当物种分类,以数目或标称重量报告的统计数或估计数;

⑤ 适合每1种捕鱼方法的努力量统计数;

⑥ 捕鱼地点、捕鱼日期和时间及其他适当的捕鱼作业统计数。

船只数据和资料包括:

① 船只标志、船旗和登记港、国际无线电呼号;

② 船只类型;

③ 船只规格(如建造材料、建造日期、登记长度、总登记吨位、主机功率、船舱容量、渔获贮藏方法等);

④ 渔具的类别、规格和数量;

⑤ 船员人数。

(3)各国必须采取适当措施以核实一切数据,确保这种数据的准确性。核查方式有:

① 以船只监测系统核实位置;

② 以科学观察员方案监测捕获量、努力量、渔获组成(目标种和非目标种)和其他捕鱼业务的详细资料;

③ 船只航行、靠岸和转运报告;

④ 港口取样。

(4)各国应直接地或通过分区域或区域渔业管理组织或安排进行合作议定数据的技术要求及整理编汇的格式。

(5)各国应编汇有关渔业和其他辅助性科学数据,并以议定格式及时将数据提交有关分区域或区域渔业管理组织或安排,并与有关国家合作交换数据。

(6)各国科学家和来自有关分区域或区域渔业管理组织或安排的科学家应酌情分别或共同地分析数据。

(7)有关分区域或区域渔业管理组织或安排应编汇数据,并及时以议定格式根据组织或安排所订的规定和条件供所有有关国家使用。

(8)粮农业组织负责全球一级数据的收集和传播。

—————————

① 联合国粮农组织对标称重量的定义是:上岸渔获的活重等量。

第四节 公海捕鱼遵守协定

一、制定

（一）制定过程

鉴于一些区域渔业管理组织所制定的公海渔业养护和管理措施只限于本组织成员国遵守，缺乏对非成员国的管理办法。因此，这些组织的成员国的一些渔船便挂上方便旗作为避免遵守区域渔业管理组织或国家立法所通过的养护和管理措施以及避免公平贸易惯例的1种手段，这引起了国际社会的关注。

《坎昆宣言》呼吁各国采取符合国际法规定的有效行动，以阻止渔船借更换旗帜来规避有关公海渔业活动所适用的养护和管理规定。

《21世纪议程》第17章方案领域C指出，渔船更改船旗国来规避管制是造成一些公海生物资源被过度利用的原因之一，呼吁各国按照国际法采取有效行动，以威慑其国民不要借更换船舶旗帜，作为避免遵守适用的有关公海捕鱼活动的养护和管理规则的手段。

1992年9月，在联合国粮农组织召开的"公海渔业技术磋商会"上美国、日本和加拿大等国建议制定1个国际协定来处理阻止渔船改挂船旗损害公海养护和管理措施效力的问题，得到了许多国家的支持，并被会议所采纳。

根据1992年11月联合国粮农组织理事会的要求，1993年2月渔业委员会第二十届会议审议了联合国粮农组织秘书处编写的"关于公海渔船挂旗以促进遵守国际商定的养护和管理措施的协定"条文草案。通过渔业委员会成立的1个工作组、联合国粮农组织理事会1993年6月设立的1个技术委员会以及1993年7月与联合国会议同时进行的非正式协商会议，继续关于协定草案的谈判。结果，对于《促进公海渔船遵守国际养护和管理措施的协定》的案文达成了非正式协议。1993年9月将协定草案发交章程及法律事务委员会。1993年11月24日联合国粮农组织大会第二十七届会议以一致通过第15/93号决议的形式核可了《协定》。大会决议将《协定》的制定称作是公海渔业管理的1项重要成绩和里程碑。[29]

1994年11月联合国秘书长在"海洋法"项目下，就《协定》的主要内容，向联合国大会作了报告，指出：《协定》是针对渔船悬挂旗帜和重新悬挂旗帜以避免遵守国际上议定的养护和管理措施和公平贸易惯例的做法所引起的问题而拟订的；所根据的原则是，所有国家的国民都有权在公海捕鱼，和所有国家都有责任同其他国家合作，依照《联合国海洋法公约》中所订的国际法，采取必要的措施来养护和管理公海生物资源。《协定》首先设法加强船旗国的责任，规定每1缔约方都有基本的责任，并赋予港口国1项重要的职责。《协定》提供了交换有关渔船的资料的机制，还规定了关于争端解决的司法程序。[30]

（二）制定目的

根据《联合国海洋法公约》体现的国际法，所有国家都有义务对本国国民采取或与其他国家合作采取必要的措施以养护公海生物资源；每个国家都有责任对有权悬挂其旗帜的船只，包括渔船和从事渔获物转运的船只，进行有效的管辖和控制，包括采取符合国际法规定的有效行动，阻止其国民把改挂船旗作为躲避遵守适用于公海捕捞活动的国际养护和管理措施的1种手段。

《协定》旨在加强船旗国对有权悬挂其旗帜并在公海捕鱼的渔船的责任，以确保这些渔船遵守国际养护和管理措施，目的在于：通过规定船旗国对有权悬挂其旗帜并在公海上作业的渔船的责任，包括这种作业须由船旗国批准的责任，通过交换有关公海捕捞的情况增加信息透明度，加强与在公海捕鱼的其他国家、港口国及全球、区域或分区域渔业管理组织或安排的合作等两种途径和形式，阻止用改挂船旗的手段在公海上从事损害国际养护和管理措施效力的活动，以期国际养护和管理措施得到切实遵守，确保公海海洋生物资源的养护和可持续利用的目标得到实现。

《协定》由序言、9条正文和7条最后条款组成，于2003年4月24日生效。

二、主要规定

（一）船旗国的责任

按照《联合国海洋法公约》的规定，每个国家都负有对悬挂其旗帜在公海上捕鱼的船渔有效地行使管辖和控制，包括确保它们遵守国际养护和管理措施、不从事任何损害这些措施效力的活动的义务。但实际上，一些船旗国并未履行对有权悬挂其旗帜的渔船有效地行使管辖和控制的责任，这给一些渔船肆意用改挂船旗的手段规避国际养护和管理规定的管制以可乘之机。然而，现行国际法并不一般禁止"船舶换旗"，只允许各国劝阻其国民在"不能履行船旗国责任"的国家注册船舶。因此，要谋求根本处理渔船改挂船旗规避管制，促进公海渔船切实遵守国际养护和管理措施的问题，就必须把进一步明确规定并承担船旗国对有权悬挂其旗帜并在公海上作业的渔船的责任作为首要的途径和形式。

按照《联合国海洋法公约》的规定，船旗国和船舶之间必须有"真正联系"。对船旗国和渔船之间的关系而言，这种"真正联系"应集中表现为：船旗国必须具有对有权悬挂其旗帜并在公海上作业的渔船行使有效管辖和控制的能力，并将给予渔船悬挂该国旗帜的权利与授予渔船在公海上捕鱼的权利联系起来。

《协定》第三条基于这个理念规定，经船旗国批准渔船有权在公海捕鱼，但有关船旗国只有在其能够对渔船有效行使责任的情况下才能批准。捕捞权在渔船悬挂批准捕鱼国国旗的权利终止时同时终止。具体包括以下8项规定：

（1）每一缔约方均应采取必要的措施以确保有权悬挂其旗帜的渔船不从事任何损害国际养护和管理措施效力的活动。

（2）任何缔约方均不应允许有权悬挂其旗帜但未经其有关当局授权的任何渔船用于公海捕捞；经其授权在公海上进行捕捞的渔船应按照授权规定的条件进行捕捞。

（3）任何缔约方除非确信有权悬挂其旗帜的渔船与其之间的现有关系使该缔约方能够对该渔船有效地履行本协定所规定的职责，否则不应授权该渔船用于公海捕捞。

（4）由缔约1方授权用于公海捕捞的渔船如不再有权悬挂该方的旗帜，此种可在公海捕捞的授权应视为已被撤销。

（5）任何缔约方均不应授权任何以前在另1缔约方领土内注册但曾从事了损害国际养护和管理措施效力的活动的渔船用于公海捕捞，除非该缔约方确信：

① 另1缔约方中止此种渔船用于公海捕捞的授权的期限已满；

② 此种渔船在过去3年内未曾被另1缔约方撤销其用于公海捕捞的授权；

③ 渔船的所有权此后已有改变，新船主已提出充分证据表明前船主或经营者与该渔船不再有任何法律、受益或财务关系，也不再拥有该渔船的控制权；

④ 考虑到全部有关事实，包括捕捞权遭另1缔约方或另1国撤销的原委后，断定授权使用该船进行公海捕捞不会有损本协定的目标和宗旨。

（6）每1缔约方均应确保有权悬挂其旗帜并已登记入档的渔船按照联合国粮农组织规定的《渔船标志和识别标准规格》适当标志，以便随时识别。

（7）每1缔约方均应确保有权悬挂其旗帜的每1艘渔船向其提供有关其捕捞作业区域、渔获量和上岸量等情况的必要资料。

（8）每1缔约方均应通过国内立法对违反本协定的渔船采取强制措施，实行足够严厉的制裁，包括没收违法所得，拒绝授予、中止或吊销公海捕捞许可证等。

（二）渔船档案

为了有效地履行船旗国的上述责任，《协定》第四条要求缔约国保持有权悬挂其旗帜并经其批准在公海捕鱼的渔船记录，并采取必要措施，确保此类渔船有关细节全部都登记入档。这些细节涉及渔船主要资料、额外资料和档案的补充和删除情况。

1. 主要资料

（1）渔船名、登记号、原名（如知道）和登记港；

（2）原船旗（如有）；

（3）国际无线电呼号（如有）；

（4）船主或船主们的姓名和地址；

（5）建造地点和时间；

（6）船舶类型；

（7）长度。

2. 额外资料

（1）经营者的姓名和地址（如有）；

（2）捕捞方法类别；

（3）型深；

（4）船宽；

（5）登记总吨位；

（6）1个或若干主发动机的功率。

3. 档案的补充和删除情况

（1）档案的任何补充；

（2）档案的任何删除，其原因是：

① 渔船主或经营者自愿放弃或不再延长捕捞权；

② 根据第三条第八款撤销有关渔船的捕捞权；

③ 有关渔船已没有权利再悬挂其旗帜；

④ 有关渔船已报废、退役或失踪；

⑤ 任何其他原因。

（三）国际合作

船旗国对防止、减少和消除渔船从事损害国际养护和管理措施效力的活动负有首要责任，但尚需船旗国之外的各缔约方酌情合作。

为此，《协定》第五条规定：

1. 交流渔船活动资料

各缔约方应交流同渔船活动有关的资料。船旗国之外的1个缔约方如有据报告悬挂另1缔约国旗帜的某1渔船从事损害国际养护和管理措施活动的证据材料，应协助船旗国查明情况，从而履行第三条规定的义务。

2. 港口国的调查

如某1渔船自愿进入其船旗国之外的1个缔约方的港口，该缔约方如果有适当根据相信该渔船被用于进行损害国际养护和管理措施的效力的活动，应据此立即通知船旗国。各缔约方可做出安排，由港口国采取其认为必要的调查措施，以确定该渔船是否确实用于有违本协定条款的活动。

3. 缔结合作协定

必要时各缔约方应酌情在全球、区域、分区域或双边基础上缔结合作协定或做出互助安排，以便促进实现本协定的目标。

（四）信息交流

《联合国海洋法公约》第一一九条第二款规定，为养护公海生物资源，各国"在适当情形下，应通过各主管国际组织，不论是分区域、区域或全球性的，并在所有有关国家的参加下，经常提供和交换可获得的科学情报、渔获量和捕捞努力量统计，以及其他有关养护鱼的种群的资料。"

此项规定指明：

（1）所有在公海捕鱼的国家都具有提供和交换所获得的同公海生物资源养护有关的信息的义务；

（2）提供和交换这种信息的渠道为各主管国际组织；

（3）提供和交换的信息的内容包括可获得的同公海捕鱼活动有关的消息、报告，渔获量和捕捞努力量的统计数据，以及其他有关养护鱼的种群的资料。

此项规定表明，提供和交换信息对于本条第一款提到的"可得到的最可靠的科学证据"，完成维持或恢复到"最高持续产量"的目标，对于制定和实施符合国际法有关规则的国际养护和管理措施,并确保决策过程的透明度,都是1项必需的构成因素。

《协定》的主旨在于,促进公海渔船遵守国际养护和管理措施,不从事任何损害国际养护和管理措施效力的活动。因此,《协定》规定,各缔约方应交流同渔船活动有关的资料,通过联合国粮农组织交流的信息的内容被限定为:

（1）获得船旗国授权用于公海捕捞的渔船本身的档案资料;

（2）这种渔船进行的任何有损国际养护和管理措施效力的活动的情况;

（3）本协定的实施情况。

对此,《协定》第六条规定缔约国有义务向联合国粮农组织提供国家渔船记录中登记的悬挂其国旗的每艘渔船的所有资料。其详细规定为:

（1）每1缔约方均应随时向联合国粮农组织提供其渔船档案中所载的各渔船的各项主要资料。

（2）每1缔约方均应尽量向联合国粮农组织提供其渔船档案中所载的各渔船的各项额外资料。

（3）上述两款规定提供的资料如有任何变动,每1缔约方均应立即通报联合国粮农组织。

（4）联合国粮农组织应把根据上述第一、二款和第三款提供的资料定期分发给各缔约方。如任何1方或任何国际、区域或分区域渔业管理机构索取,联合国粮农组织应个别提供,但须遵守有关缔约方对分发资料所作的任何限制。

（5）每1缔约方应立即向联合国粮农组织通报其渔船档案的补充或删除情况,并具体说明该项删除原因适用的条款。

（6）《协定》第二条规定,本协定应适用所有用于或打算用于公海捕捞的船只;但如果缔约1方断定对有权悬挂其旗帜的、长度不足24米的渔船免予适用本协定的做法不会有损本协定的目标和宗旨,该缔约方可予以此种豁免。每1缔约方均应将其根据第二条准予的任何豁免所涉渔船的数量和类型以及此种渔船作业所在的地理区域通知联合国粮农组织。

（7）每1缔约方均应立即向联合国粮农组织通报悬挂其旗帜的渔船进行的任何有损国际养护和管理措施效力的活动的全部有关情况,包括所涉渔船的身份以及该缔约方对这类活动采取的措施。

（8）任何缔约1方凡有适当根据认为无权悬挂其旗帜的某1艘渔船从事了损害国际养护和管理措施效力的任何活动,均应提请有关船旗国予以注意,并可酌情提请联合国粮农组织予以注意。该缔约方应向船旗国提供全部证据,并可向联合国粮农组织提供此类证据的概要。在船旗国有机会对这1指控及提供的证据发表意见或根据具体情况提出反对意见之前,联合国粮农组织不应分发此种资料。

（9）每1缔约方如其否定第三条第五款第①、②项的规定或根据第三条第五款第④项授权的情况,均应向联合国粮农组织通报。通报应包括有助于识别渔船和船主或经营者的有关资料及其他任何与该缔约方做出决定有关的情况。

（10）联合国粮农组织应把根据上述第五至九款提供的资料立即分发给各缔约方,如

任何 1 方或国际、区域和分区域渔业管理机构索取,联合国粮农组织应个别提供,但须遵守有关缔约方对分发资料所作的任何限制。

（五）非缔约方

按照《联合国海洋法公约》的规定,各国都负有合作养护和管理公海生物资源的义务。当 1 个国家不是《公海捕鱼遵守协定》缔约方时,它仍然应当按照有关的国际法,通过实施《协定》规定的国际养护和管理措施来配合有关渔业资源的养护和管理。

为维护《公海捕鱼遵守协定》的统一性,充分发挥其效能,《协定》第八条规定:

（1）各缔约方应鼓励非本协定缔约方的任何国家接受本协定,并应鼓励任何非缔约方采用符合本协定条款的法律和条例。

（2）各缔约方应以符合本协定和国际法的方式合作以使有权悬挂非缔约方旗帜的渔船不从事损害国际保护和管理措施的效力的活动。

（3）各缔约方应直接或通过联合国粮农组织,相互交流有关悬挂非缔约方旗帜的渔船损害国际养护和管理措施效力的活动情况。

最后,关于争端的解决,该协定规定了司法程序,包括规定在征得争端各方同意后,将争端提交国际海洋法法庭。

第五节　负责任渔业行为守则

一、制定

（一）联合国环境与发展会议支持制定《守则》

1992 年 5 月国际负责任捕捞会议的《坎昆宣言》就 1991 年 3 月联合国粮农组织渔业委员会第十九届会议提出的负责任渔业观念及制定负责任渔业行为守则问题,提出了 20 项实施负责任渔业的基本原则。该宣言被提交给 1992 年 6 月在里约召开的联合国环境与发展会议,会议支持制定《负责任渔业行为守则》。[31]

（二）联合国粮农组织主持《守则》的制定工作

1992 年 9 月联合国粮农组织举行的"公海渔业技术磋商会"进一步建议制定 1 个守则来处理有关公海捕捞问题。1992 年 11 月联合国粮农组织理事会第一〇二届会议讨论了《守则》的制定问题,建议优先重视公海问题,并要求将制定《守则》的建议提交 1993 年将召开的渔业委员会会议。1993 年 3 月渔业委员会第二十届会议研究了《守则》的总原则、指导方针及制定工作时间框架。为了防止发生影响公海生物资源养护和管理措施的渔船改挂船旗问题,会议还要求联合国粮农组织"快速"准备针对这个问题的文件并作为《守则》的 1 个组成部分。

《守则》的拟定工作由联合国粮农组织与有关联合国机构和其他国际组织,包括非政府组织磋商和合作进行。按照联合国粮农组织领导机构的指示,拟定的《守则》草稿应与

1982 年的《联合国海洋法公约》所阐述的有关国际法规相一致，并考虑到 1992 年的《坎昆宣言》、1992 年的《里约宣言》、联合国环发会议《21 世纪议程》的条款、1992 年联合国粮农组织"公海渔业技术磋商会"的结论和建议、1984 年联合国粮农组织世界渔业管理和发展大会通过的战略以及其他有关文件，包括当时正在召开的联合国跨界鱼类种群和高度洄游鱼类种群会议的结果。该会议于 1995 年 8 月通过了《联合国鱼类种群协定》。

1993 年 11 月联合国粮农组织大会第二十七届会议通过了《公海捕鱼遵守协定》，同时要求加快制定《守则》的总原则，以便确定拟定专题条款的方针。

1994 年 2 月联合国粮农组织设立了 1 个由政府提名的专家组成的非正式工作组，在罗马召开会审议联合国粮农组织秘书处提出的《守则》总原则草稿。经修改的总原则草稿广泛地分发给了联合国粮农组织的所有成员和准成员以及政府间和非政府组织征求意见。秘书处在考虑所收到的意见的基础上，提出了《守则》草稿。经 1994 年 6 月的联合国粮农组织理事会第一〇六届会议同意，联合国粮农组织总干事于 1994 年 9 月 26 日至 10 月 5 日在罗马召开由联合国粮农组织所有成员、感兴趣的非成员、政府间和非政府组织的代表参加的技术磋商会议，对《守则》草稿进行审议和修改。1995 年 3 月秘书处向渔业委员会第二十一届会议提交了《守则》修正草案。[31] 渔业委员会认为《守则》是"可以支持《联合国海洋公约》及环境和发展会议执行的重要工具。"[32]

1995 年 3 月联合国粮农组织部长级渔业会议通过的《世界渔业罗马共识》敦促各国政府和国际组织为应对当前的渔业形势做出切实反应，于 1995 年 10 月向联合国粮农组织大会提交《守则》的最后文本。[33]

联合国粮农组织理事会第一〇八届会议决定设立 1 个开放性技术委员会进一步审议《守则》的修改稿。该委员会于 1995 年 6 月举行了第一次会议。代表各区域的成员国和观察员及一些政府间和非政府组织参加了会议，对该修改稿进行了深入研究。1995 年 8 月联合国鱼类种群会议通过《联合国鱼类种群协定》之后，该委员会就《守则》中涉及公海问题的一些条款的措辞，按照该协定中的有关提法进行了统一、敲定。该委员会又于 1995 年 9 月 25～29 日举行了第二次会议，各区域和有关组织普遍出席了会议，并最后完成了所有条款以及整个《守则》的起草工作。1995 年 10 月 31 日联合国粮农组织大会第二十八届会议以第 4/95 号决议的形式一致通过了《负责任渔业行为守则》，并呼吁各国、政府间或非政府组织以及所有参与渔业的部门进行合作以实现和实施《守则》的目标和原则；要求联合国粮农组织与成员国和感兴趣的有关组织合作，酌情制定技术准则以支持《守则》的实施。[31]

（三）联合国大会对《守则》给予肯定

联合国秘书长在 1994 年和 1995 年关于海洋法的报告(第 A/49/631 号和 A/50/713 号)中向联合国大会报告了《守则》的制定过程及其性质、适用范围、目的和重要意义。1995 年 12 月 5 日联合国大会的第 50/25 号决议申明："注意到联合国粮食及农业组织通过了《负责任捕鱼行为守则》，其中订明了负责任地养护、管理和开发渔业的原则和全球行为标准，包括在公海和在别国国家管辖区内捕鱼的指导原则"，"促请各国、有关国际组织、以及区域和分区域渔业管理组织和安排采取行动，按照国际法和有关的国际文书，包

括《负责任渔业行为守则》,通过政策,执行措施,收集和交换数据,发展各种技术,以减少副渔获物、丢弃物和捕捞后的损失"。[34]

二、组成

《守则》由序言、引言和12个条目组成。条目包括3个部分,前五条为5个介绍性条目:性质和范围;目标;与其他国际文件的关系;执行、监测和增补修订;发展中国家的特殊需要。第六条为总原则。第七至十二条是6个专题条目:渔业管理;捕捞作业;水产养殖的发展;把渔业纳入沿海区管理;捕捞后处置和贸易;渔业研究。

为有效实施《守则》的总原则和主要规定,在《守则》框架内,粮农组织制定了《捕捞能力管理国际行动计划》、《降低延绳钓渔业意外捕获海鸟国际行动计划》、《鲨鱼养护和管理国际行动计划》和《关于预防、制止和消除非法、不报告和无管制捕捞的国际行动计划》及《渔业管理技术准则》、《捕捞作业技术准则》、《捕捞渔业及物种引进的预防手段》、《鲨鱼养护和管理技术准则》、《关于捕捞作业中减少海龟死亡的准则》、《兼捕管理和减少丢弃物国际准则》、《负责任鱼品利用技术准则》等一系列技术准则。

三、宗旨

《守则》的引言对制定该守则的主要目的和基本精神作了如下表述:"包括水产养殖在内的渔业是全世界当代人和后代人的食物、就业、娱乐、贸易和经济福利的一个重要来源,因此应当以负责任的方式开展。本《守则》阐述了负责任行为的原则和国际标准,以期有效地养护、管理和开发水生生物资源,并对生态系统和生物多样性给以应有的注意。《守则》承认渔业在营养、经济、社会、环境和文化方面的重要作用以及与渔业有关的各方的利益。《守则》考虑到了资源的生物特征及其环境、消费者和其他使用者的利益。鼓励各国和从事渔业的所有人员应用和实施《守则》。"这段引言指明,为保证包括水产养殖在内的渔业对全世界当代人和后代人的重要作用,《守则》在平衡资源养护和资源使用者及消费者利益的基础上,为各国和从事渔业的所有人员提供负责任地养护、管理和开发水生生物资源的行为原则和国际标准。

四、性质和范围

《守则》第一条规定:

"1.1　本《守则》是自愿遵守的,但是《守则》是某些部分以有关的国际法规为基础,其中包括1982年12月10日《联合国海洋法公约》所反映的那些法规。《守则》还包括了通过缔约方之间的其他有拘束力的法律文件可能具有已经具有拘束力的某些条款,例如1993年的《促进公海渔船遵守国际养护和管理措施的协定》。按照联合国粮农组织大会第15/93号决议第三款,该协定是《守则》的一个组成部分。

"1.2　《守则》的范围是全球性的,针对联合国粮农组织的成员和非成员、捕鱼实体、分区域、区域和全球性政府或非政府组织以及与养护渔业资源或渔业管理和发展有关的所有人员。如渔业人员以及从事鱼和渔产品加工及销售的人员,以及使用与渔业有关的水生环境的其他人员。

"1.3 《守则》提供了适用于渔业养护、管理和开发所有渔业的原则和标准。它的范围还包括鱼和渔产品的捕捞、加工和贸易、捕捞作业、水产养殖、渔业研究和把渔业纳入沿海地区管理。

"1.4 在本《守则》中,'各国'一词在欧洲共同体权限范围内的事项上包括欧共体;'渔业'一词同时指捕捞渔业和水产养殖。"

五、 目标

《守则》第二条规定:

"《守则》的目标是:

(a) 按照有关的国际法规确定负责任捕捞和渔业活动的原则,同时要考虑与其有关的生物、技术、经济、社会、环境和商业方面的一切问题。

(b) 确定制定和执行负责任的渔业资源养护、渔业管理和发展的国家政策的原则和标准。

(c) 作为帮助各国制定或改进负责任渔业活动所需的法律和体制框架及制定和执行适宜措施的一份参考文件。

(d) 提供可以酌情用作制定和执行国际协定和其他有拘束力和自愿遵守的文件的指南。

(e) 帮助和促进在渔业资源养护、渔业管理和发展方面的技术、经济和其他合作。

(f) 促进渔业对粮食安全和粮食质量做出贡献,优先注意当地居民的营养需要。

(g) 促进对水生生物资源及其环境和沿海地区的保护。

(h) 按照有关的国际法规促进鱼和渔产品贸易,避免采用成为阻碍这类贸易的隐患的措施。

(i) 促进对渔业以及与之相联系的生态系统和有关的环境因素的研究。

(j) 为所有渔业部门人员确立行为标准。"

六、 水生生物资源养护和管理原则和国际标准

(一)水生生物资源养护和管理原则

《守则》第六条总原则的规定中,适用水生生物资源养护和管理的原则主要有以下12项:

(1)各国和水生生物资源使用者应当保护水生生态系统。捕捞权利也包括了以负责任的方式从事捕捞的义务,以便有效地养护和管理水生生物资源。(6.1)

(2)渔业管理部门应当结合粮食安全、减轻贫困和可持续发展,为了当代人和后代人促进保持渔业资源的质量、多样性和足够数量的供应量。管理措施不应局限于养护目标物种。而且还应该养护属于相同的生态系统、某个目标物种从属或相关物种。(6.2)

(3)各国应当防止过度捕捞和捕鱼能力过剩,执行管理措施,以确保捕捞作业强度与

渔业资源的繁殖能力及其可持续利用相一致。各国应当尽可能酌情采取措施来恢复资源。(6.3)

(4) 渔业的养护和管理决定应当以目前最佳的科学依据为基础,并考虑到对资源及其生境的传统了解以及有关的环境、经济和社会因素。各国应当重视开展研究和资料收集工作,以便在科学技术方面增进对渔业的了解,其中包括渔业与生态系统的相互影响。(6.4)

(5) 各国、分区域和区域渔业管理组织或安排应当利用目前最佳的科学依据,普遍采取养护、管理和利用水生生物资源的谨慎的方法。不应当把缺乏足够的科研资料作为推迟采取或不采取措施来养护目标物种、与之相关或从属物种以及非目标物种及其环境的理由。(6.5)

(6) 应当进一步在切实可行的范围内促进研究和使用有选择性的、无害环境和效益高的渔具和捕鱼方法。在已经存在适宜的选择性和无害环境的渔具和捕鱼方法的地方,在制订渔业养护和管理措施时应予以承认和重视。各国和水生生态系统的使用者应当尽量减少浪费和对目标鱼类和非鱼类物种的捕获量以及对与之相关或从属物种的影响。(6.6)

(7) 鱼和渔产品的捕获、搬运、加工和销售方式应当保持产品的营养价值、质量和安全,减少浪费,将对环境的不利影响减至最低限度。(6.7)

(8) 在必要的情况下,海洋和淡水生态系统中所有重要的鱼类生境都应当尽可能加以保护和恢复,例如沼泽地、红树林、石礁、潟湖、育苗区和产卵区。应当做出专门努力来保护这些生境不受破坏、退化和污染以及威胁渔业资源的健康和生存能力的人类活动造成的其他重要影响。(6.8)

(9) 各国应当确保其渔业利益,包括养护资源的必要性,在沿海地区综合利用中得到考虑并纳入沿海地区的管理、规划和发展工作。(6.9)

(10) 各国应当在各自的权限内并按照国际法,包括按照在分区域或区域渔业保护和管理组织或协定范围内的国际法,确保养护和管理措施得到遵循和实施,并为监测和控制渔船以及渔业辅助船只的活动酌情建立有效的机制。(6.10)

(11) 批准渔船和渔业辅助船只悬挂其旗帜的国家应当对这些船只进行有效的控制,以……确保这些船只的活动不破坏按照国际法和在国家、分区域、区域或全球各级采取的养护和管理措施的有效作用。(6.11)

(12) 各国应当在其各自权限范围内并按照国际法,在分区域、区域和全球各级通过渔业管理组织、其他国际协定或其他安排进行合作,促进养护和管理工作,确保在水生生物资源分布范围之内捕捞活动以负责任的方式进行,使这些资源得到有效的养护和保护,同时考虑到需要在国家管辖范围内外采取互不抵触的措施。"(6.12)

(二) 水生生物资源养护和管理国际标准

《守则》的专题条目中,为水生生物资源养护和管理规定了多项国际标准,其中主要有以下 12 项:

(1) 各国和从事渔业管理的所有人员应当通过有关的政策、法律和体制,采取措施以长期养护和持续利用渔业资源。当地、国家、分区域或区域的养护和管理措施应当以目前最佳的科学依据为基础,并努力确保渔业资源长期持续保持有助于最佳利用的数量,并为当代和后代人保持这些资源的供应量;任何短期考虑均不应危害这些目标。(7.1.1)

(2) 各国和区域或分区域渔业管理组织和安排认识到保持渔业资源的长期持续利用是养护和管理的首要目标,应当根据现有的最佳科学依据,除其他外,采取适当的措施,把资源量保持在或恢复到视有关的环境和经济因素以及发展中国家的特殊需要而定的能够达到最高可持续产量的数量。(7.2.1)

(3) 这些措施应当规定:

① 避免捕鱼能力过剩,资源的开发保持在经济上可行的限度内;

② 捕鱼业从事捕捞的经济条件有助于负责任的渔业;

③ 考虑到渔民的利益,其中包括从事自给性、小型和手工作业渔业的渔民的利益;

④ 养护海洋生境和生态系统,保护濒危物种;

⑤ 应让严重减少的资源得到恢复,或酌情积极地使之恢复;

⑥ 评价并酌情纠正人类活动对资源环境的不利影响;

⑦ 通过各种措施,其中包括在切实可行的情况下研究和使用有选择性的,无害环境和效益高的渔具和技术,把污染、浪费、遗弃物、遗弃渔具所致的资源损耗量、非目标种的捕获、对与之相关或从属物种的影响减到最低限度。(7.2.2)

(4) 各国应当采取措施防止或消除过剩的捕鱼能力,并确保捕鱼作业量与渔业资源的持续利用相符,以此作为保障保护和管理措施发挥作用的手段。(7.1.8)在捕鱼能力过剩时,应当建立机制把捕鱼能力降低到与渔业资源的持续利用相符合的水平,以使渔业在推动负责任渔业的经济条件下作业。(7.6.3)

(5) 各国应当调查所有现有渔具和捕鱼方法的情况,并采取措施逐步取消不符合负责任渔业的渔具和捕鱼方法,代之以比较能接受的其他方法。(7.6.4)

(6) 对于跨区鱼类种群、跨界鱼类种群、高度洄游鱼类种群和公海鱼类种群,有关家,在跨界和高度洄游鱼类种群方面包括有关沿海国家,应当合作以确保有效地养护和管理资源。应当酌情通过建立一个双边、分区域或区域渔业组织或安排来做到这一点。(7.1.3)为了在整个生命周期内养护和管理跨界鱼类种群、高度洄游鱼类种群和公海鱼类资源,按照有关国家的各自权限或通过分区域和区域渔业管理组织和安排的各自权限为这些资源确定的养护和管理措施应当协调一致。应当按照与有关国家的权利、责任和利益一致的方式来统一措施。(7.3.2)

(7) 各国应当把预防措施普遍应用于水生生物资源的养护、管理和利用,以保护资源和水生环境。(7.5.1)在实施预防措施时,各国应当特别考虑到资源的数量和生产率的不肯定性、衡量标准、与这种标准有关的资源状况、捕捞死亡率和分布、捕捞作业对非目标品种、与其相关或从属物种的影响以及环境和社会经济状况。(7.5.2)

(8) 各国和分区域或区域渔业管理组织和安排应当根据现有的最佳科学依据,特别确定:

① 特定目标种群参考点以及如果超过这些参考点需要采取的行动;

② 特定目标种群极限参考点以及如果超过这些参考点需要采取的行动;当接近极限时,应当采取措施防止超过。(7.5.3)

(9) 各国应当确保按照有关的国际标准和方法收集和保存关于渔获量和捕捞努力量的及时、全面、可靠的统计资料,其详细程度足以进行正确的统计分析。应当通过适当的方法定时更新和核实数据。各国应当以符合现行保密要求的方式汇集和传播这些数据。(7.4.4)

(10) 如果一次自然现象对水生生物资源的状况产生显著的不利影响,各国应当紧急采取保护和管理措施,使捕鱼作业不加剧这类不利影响。在捕鱼作业严重威胁这些资源的可持续性时,各国也应当紧急采取这类措施。紧急采取的措施应当是暂时性的,并以现有的最佳科学依据为基础。(7.5.5)

(11) 各国及分区域和区域渔业管理组织和安排应当在其各自的职责范围内,为枯竭的资源和受到枯竭威胁的资源采取有助于这些资源持续恢复的措施,并确保恢复受到捕鱼作业或其他人类活动不利影响的资源以及对这些资源的生存极为重要的生境。(7.6.10)

(12) 各国应当在各自的权限能力范围内,建立有效的渔业监测、监视、控制和实施机制,以确保渔业养护和管理措施以及分区域、区域组织或安排通过的措施得到遵循。(7.1.7)

第六节　《守则》框架内的国际行动计划

一、制定

（一）1999 年 3 项国际行动计划的制定

到 20 世纪 90 年代中后期,尽管渔业管理问题得到广泛承认,多项国际文书业已制定,但渔业管理仍未能保护资源不受过度开采,主要原因是一些船旗国缺乏调整渔业资源开采和捕捞权利的政治意愿,对渔船队缺少管制,持续的直接间接补贴,而渔业界也不愿意改革,继续使用破坏性的捕捞做法。这使得捕捞过度、捕捞能力过剩及副渔获物和丢弃物过多的问题仍很突出。世界渔业的主要问题之一,是由渔业捕捞能力过高所引起的世界大部分海洋中的过度捕捞。一般认为,如果捕捞船队的捕捞能力超过可供收获的资源,就是捕捞能力过高。[35] 如果不在国际一级和国家一级采取有效行动,过度捕捞问题将日益严重,很可能威胁到全球海洋生物资源的长期可持续性。而捕捞方法和渔具缺少选择性,以致经常附带捕捞到幼鱼或其他无商业价值的鱼,以及相当数量的无脊椎动物、海洋哺乳动物和海鸟,并丢弃非目标鱼种和目标鱼种中的小鱼,则是造成世界渔业资源减少的另一些原因。[36]

为执行《守则》有关"各国应当采取措施防止或消除过剩的捕鱼能力,并确保捕鱼作业量与渔业资源的持续利用相符"(7.1.8)的规定,1997 年 3 月渔业委员会第二十二届会议要求联合国粮农组织处理捕捞能力过剩问题。1998 年 4 月 15 至 18 日联合国粮农组织在美国拉霍亚举行捕捞能力管理技术工作组会议,拟订相应的国际行动计划草案。

为执行《守则》有关"通过各种措施……把……遗弃物……非目标中的捕获……减到最低限度"和"保护濒危物种"(7.2.2)的规定,渔业委员会第二十二届会议同时建议联合国粮农组织分别召开专家会议磋商鲨鱼的养护和管理及降低延绳钓渔业意外捕获海鸟事宜。对于鲨鱼,1994 年濒危野生动植物物种国际贸易公约成员国会议第 9.17 号决议,就曾要求联合国粮农组织收集鲨鱼的有关信息,拟订指导方针,并制订行动计划。至于海鸟,最常被捕获的种类,在南大洋为信天翁及海燕,在北大西洋为北方管鼻,而在北太平洋则为信天翁、鸥和管鼻。1980 年《南极海洋生物资源养护公约》就将海鸟列为养护对象,1992 年南极海洋生物资源养护委员会制定了降低延绳钓渔业意外捕获海鸟的减缓措施。此后,南方金枪鱼养护委员会成员国、日本和美国也相继采取了类似措施。根据这些情况,联合国粮农组织先后于 1998 年 3 月 25 至 27 日和 1998 年 4 月 23 至 27 日在东京举行了技术工作组会议起草关于降低延绳钓渔业意外捕获海鸟国际行动计划的草案和关于鲨鱼养护和管理国际行动计划的草案。1998 年 10 月 26 至 30 日联合国粮农组织在罗马召开"捕捞能力管理、鲨渔业及延绳钓渔业意外捕获海鸟磋商会议"。有 80 个联合国粮农组织成员国的代表和一些观察员出席的这次会议,审议并确定了关于减少延绳钓渔业中意外捕获海鸟的国际行动计划草案、关于鲨鱼养护和管理的国际行动计划草案和关于捕捞能力管理的国际准则草案。[37]

1999 年 1 月 25 至 29 日渔业委员会第二十三届会议认为关于捕捞能力管理的文件的标题应为"行动计划"而不是"准则",并对其中有关时间范围的限定作了修订,通过了《降低延绳钓渔业意外捕获海鸟国际行动计划》、《鲨鱼养护和管理国际行动计划》和《捕捞能力管理国际行动计划》,并认为这 3 项行动计划应提交联合国粮农组织理事会认可。[38]第32-38段1999 年 6 月 14~19 日联合国粮农组织理事会第一一六届会议认可了这 3 项国际行动计划。2000 年 10 月 30 日联合国大会第 55/7 号决议,对粮农组织渔业委员会通过这 3 项国际行动计划表示满意。[39]

(二)2001 年《关于预防、制止和消除非法、不报告和无管制捕捞的国际行动计划》的制定

除过度捕捞和副渔获物问题外,违反区域渔业管理组织或安排制定的养护和管理措施,在公海上进行的非法、不报告和无管制捕捞的日益增加成为影响世界渔业的最重大问题之一。未参加分区域或区域渔业管理组织或安排的国家所属的渔船经常进行非法、不报告和无管制的捕捞,认为自己没有义务遵守这些组织或安排实施的限制措施。以前曾在 1 个分区域或区域渔业管理组织或安排的成员国登记后来又在 1 个非成员国登记的渔船也进行非法、不报告和无管制的捕捞,以这种手段回避遵守国际养护和管理措施。这种捕捞行为可能对国际社会所采取的旨在控制捕捞能力过剩和捕捞过度的措施产生不利影响,包括很可能导致有关组织或安排的管理目标无法实现,损害短期和长期利益,并在极端情况下,导致渔场崩溃或严重影响恢复鱼群的努力。同样,在一些沿海国家,特别是发展中沿海国家管辖的地区,非法、不报告和无管制的捕捞也不断发生,这既侵犯了

这些国家依照《联合国海洋法公约》第五十六、六十一和六十二条享有的养护和管理海洋生物资源的主权权利,又损害了这些国家渔业资源的可持续发展和养护、经济和粮食安全。[40]32

非法、不报告、无管制捕捞问题是1个全球性重大威胁,主要表现在:

(1)非法、不报告、无管制捕捞不利于长期可持续渔业管理、高产、健康生态系统的维护以及世界上小规模、手工捕鱼作业社区社会经济条件的稳定。特别值得注意的是,造成发展中国家出现贫困和粮食不安全现象的原因往往是经济、社会边缘化以及非法、不报告、无管制捕捞所采用的各种不可持续的做法。

(2)非法、不报告、无管制捕捞当地渔场的渔业资源,使可供当地渔民合法捕捞的资源在数量和质量上均受影响,因此会对当地社区产生巨大危害。它可能会加剧某些地区的营养不良、粮食不安全问题,甚至加剧饥饿,也可能造成生计机会和收入流失,继而影响整个贸易链,甚至对贸易链以外的领域发展造成负面影响。

(3)非法、不报告、无管制捕捞的另1个常见负面影响就是基本无视工作条件、海上安全和劳动法。其中有时会存在工作条件不良、奴役现象、海盗行为和贩卖毒品、贩卖人口等犯罪行为。

(4)非法、不报告、无管制捕捞还经常使用破坏性渔具,对环境造成破坏,如破坏保护区、捕捞幼鱼和非目标物种并随后丢弃等。由于违反养护和管理措施,它会导致鱼类种群枯竭,破坏生态系统,带来严重影响,特别是给世界上一些高度依赖渔业获取食物、生计和收入的最贫困国家带来严重影响。特别要注意的是,非法、不报告、无管制捕捞行为还往往瞄准偏远地区缺乏有效监管措施的高价值物种。它在治理薄弱、可追溯性差、打击措施缺乏的情况下很容易泛滥。

(5)从事非法、不报告、无管制捕捞的非法作业者采用改变捕捞地点、渔船名称、船旗国和卸货港口等手段来应对执法行动,从而降低被发现、扣留和制裁的风险。[41]

此外,非法、不报告和无管制捕捞可能加剧丢弃物和副渔获物,包括在捕鱼作业中附带捕获的海鸟。例如,据报告,在《南极海洋生物资源养护公约》地区,1998年由这种捕捞杀死的海鸟就有50 000～89 000只。而且,由于从事非法、不报告和无管制捕捞的人不提供捕捞数据,有可能损害分区域或区域渔业管理组织或安排的成员收集的渔业数据及进行渔业评估的质量,也会对世界渔业资源的可持续发展和管理产生有害影响。[40]32

渔业委员会第二十三届会议注意到非法、不报告和无管制捕捞破坏以可持续的方式养护和管理鱼类种群的努力,影响了国家和区域努力实施旨在促进负责任渔业的管理措施,是阻碍实现长期可持续渔业的1个主要因素,打击非法、不报告和无管制渔捞是维护渔业生态系统、实现渔业可持续发展乃至改善粮食安全和营养状况、减轻饥饿和贫困的1项关键要求,因而建议联合国粮农组织采取其他措施解决预防、制止和消除非法、不报告和无管制捕捞的问题。[38]第72段

1999年3月10～11日粮农组织部长级渔业会议通过的《执行〈负责任渔业行为守则〉罗马宣言》中表明,粮农组织将"经由国家、联合国粮农组织、区域渔业管理组织和其他有关国际组织如国际海事组织的协调一致的努力,发展一项全球行动计划以效处理各

种形式的非法、不报告和无管制捕捞,包括悬挂方便旗的渔船问题。"[42]

1999 年 4 月 19 至 30 日可持续发展委员会第七届会议第 7/1 号决议,表示支持渔业部长会议通过的《罗马宣言》要求联合国粮农组织将制订有效处理非法、不报告和无管制捕捞问题的全球行动计划视为优先任务,并确信解决非法、不报告和无管制捕捞问题需要各国、联合国粮农组织、区域渔业管理组织和其他有关国际组织协同努力。[40]33

2000 年 5 月 15 至 19 日澳大利亚政府与联合国粮农组织合作,在悉尼组织了关于非法、不报告和无管制捕捞的专家磋商会,编写打击这种捕捞的国际行动计划的初稿。此后,联合国粮农组织于 2000 年 10 月 2 至 6 日和 2001 年 2 月 22 至 23 日在罗马举行两次关于非法、不报告和无管制捕捞的技术磋商会,对该初稿进行审议、修改。2001 年 2 月 26 日至 3 月 2 日联合国粮农组织渔业委员会在罗马举行的第二十四届会议通过了《关于预防、制止和消除非法、不报告和无管制捕捞的国际行动计划》(IPOA-IUU),随后由联合国粮农组织理事会批准。从而修补了现有国际文书在解决非法、不报告和无管制捕捞方面效果不佳的问题。这是打击非法、不报告和无管制捕捞斗争中的 1 个里程碑。

2001 年 11 月 28 日联合国大会第 56/12 号决议欢迎联合国粮农组织渔业委员会通过《关于预防、制止和消除非法、未报告和无管制捕捞的国际行动计划》,并敦促各国作为优先事项,采取一切必要步骤,包括通过有关的区域和分区域渔业管理组织和安排,予以有效执行。[43]

二、根据和性质

粮农组织的上述 4 项国际行动计划是根据《守则》第二条(d)款设定的框架制定的,是所有国家对实施《守则》的进一步承诺,属于自愿遵守的文件。

这 4 项国际行动计划不仅受到联合国大会的肯定,并为 2002 年约翰内斯堡可持续发展世界首脑会议所接受,《可持续发展世界首脑会议实施计划》第 31 段要求各国,为实现可持续渔业,应"紧急制定并实施国家行动计划,并酌情实施区域行动计划,推动联合国粮农组织的国际行动计划的执行"。这表明,《守则》和有关国际行动计划,已成为国际社会在加强和健全渔业管理系统方面商定的共同指南。各国和各分区域或区域渔业管理组织应根据国际法并在有关组织各自权限范围内应用这 4 个文件,将其作为执行《守则》,进行渔业养护及可持续管理的 1 部分。

三、捕捞能力管理国际行动计划

（一）基本精神

《捕捞能力管理国际行动计划》的目的是鼓励面临捕捞能力过剩,从而妨碍其实现渔业的长期可持续性的国家和区域渔业管理组织,先将在受影响渔场的捕鱼能力限制在目前水子上,然后再逐步削减这种能力,目标是要求各国和区域渔业组织最好在 2003 年,但至迟不晚于 2005 年,在世界范围内实现对捕捞能力的有效、公平和透明管理。

（二）组成和主要内容

《行动计划》由序言及性质和范围、目标和原则、紧急行动和促进实施的机制等 4 个

部分、48 段组成。其主要内容为:

1. 宗旨

各国应采取措施防止或消除过剩的捕捞能力,并应确保捕捞的努力程度符合渔业资源的可持续利用。

2. 目标

各国和各区域渔业组织最好在 2003 年前、最迟不超过 2005 年在全世界对捕捞能力进行有效、公平和透明的管理。

(1)面临能力过剩问题的国家和区域渔业组织首先应努力将用于受影响渔业的捕捞能力限制在现有水平,并逐步减少这种能力。

(2)在实现长期可持续性结果的区域,各国和各区域渔业组织仍需要注意避免能力的增长破坏长期可持续性目标。

3. 战略

(1)进行国家、区域和全球能力评估,加强监测捕捞能力的能力;

(2)制定和实施有效管理捕捞能力的国家计划,并对需要紧急措施的沿海渔业立即采取行动;

(3)加强区域渔业组织并改进区域和全球一级捕捞能力的管理机制;

(4)对需要紧急措施的主要跨界、高度洄游和公海渔业立即采取行动。

4. 原则

(1)三级参与:国家、区域渔业组织和联合国粮农组织合作实施《国际行动计划》。

(2)分阶段实施:2000 年年底前,对国家一级所有主要渔业的渔船捕捞能力进行初步评估;2001 年以前,系统确定需要采取紧急措施的国家的渔业和渔船;各国应在同 1 时限内进行合作,组织区域一级(在有关区域渔业组织内或酌情与其合作)和全球一级(与联合国粮农组织合作)对跨界、高度洄游和公海渔业的捕捞能力进行类似的初步评估,并确定需要采取紧急措施的区域或全球渔业及渔船;2002 年年底前,制定和公布国家捕捞能力管理计划,采取初步措施;并在 2005 年以前初步落实《国际行动计划》中规定的措施,以使捕捞能力与现有资源持续保持平衡。

(3)总体方针:捕捞能力管理应考虑影响国家和国际水域能力的所有因素。

(4)养护:捕捞能力管理旨在实现鱼类种群的养护和可持续利用,遵照预防方针保护海洋环境,尽量减少兼捕、浪费和遗弃,确保采用有选择性、无害于环境的捕捞方法,保护海洋环境生物多样性,保护生境,尤其是令人特别关切的生境。

(5)重点:管理已明确存在过度捕捞的捕捞能力。

(6)新技术:捕捞能力管理的设计应考虑在捕捞业的所有领域采用无害环境的新技术。

(7)流动性:捕捞能力管理应鼓励有效利用捕捞能力,抑制流动性对可持续性的消极影响,并充分考虑其他渔业的社会经济成效。

(8)透明度:《国际行动计划》应按照《守则》第 6.13 条以透明方式实施。

为实现捕捞能力管理的目标,围绕上述战略和原则的实施,特别是捕捞能力评估及监测、国家计划的拟定和实施、国际协定和国际合作、对需要采取紧急措施的主要国际渔业立即采取行动以及就与捕捞能力管理有关的问题向发展中国家提供财政、技术和其他援助等事项,该行动计划对各国应承担的 30 多项责任及应采取的措施做出了具体规定。

四、降低延绳钓渔业意外捕获海鸟国际行动计划

（一）基本精神

《降低延绳钓渔业意外捕获海鸟国际行动计划》的目标是减少任何地方发生的此类附带捕获情况。根据该计划,采用延绳捕鱼法的国家将对此种捕鱼法进行评估,以确定是否存在附带捕获海鸟的问题。如果存在这个问题,有关国家应通过 1 项在延绳捕鱼中减少附带捕获海鸟的国家行动计划,各国应不晚于 2001 年开始执行本国的国家行动计划,并且应定期,即至少每 4 年对执行情况进行 1 次评估,以确定具有成本效益的成功战略。此外,确定没有必要执行减少附带捕获海鸟国家行动计划的国家应定期审查自已的决定,尤其要考虑到本国渔业模式的变动情况。

（二）组成和主要内容

《行动计划》包括序言、计划的产生、性质和范围、目标、实施和粮农组织的作用等 6 个部分,共 24 段。其主要内容为:

1. 适用

适用于其水域由本国渔船或外国渔船从事延绳钓渔业的国家及在公海或他国专属经济区从事延绳钓渔业的国家。已知主要造成海鸟意外捕获的延绳钓渔业为:大洋特定海域的金枪鱼、剑旗鱼、旗鱼;南大洋的美露鳕;太平洋和大西洋的大比目鱼、黑鳕、太平洋鳕、格陵兰大比目鱼、鳕鱼、牙鳕和长身鳕。

2. 目标

在延绳钓渔业中减少意外捕获海鸟事件的发生及海鸟死亡率。

3. 执行

从事延绳钓渔业的国家应对其此项渔业进行评估,以决定是否有关于意外捕获海鸟问题的存在。若该问题存在,该国即应制定《降低延绳钓渔业意外捕获海鸟国家行动计划》。确定没有必要制定《海鸟国家行动计划》的各国,应定期审议该决定。若出现其现存的延绳钓渔业有所扩展或开发了新的延绳钓渔业的情况,即应评估,需要制定《海鸟国家行动计划》的,应在 2 年内制定出台。制定了《海鸟国家行动计划》的各国,应每 4 年审查一次该计划的执行情况。各国应每两年向联合国粮农组织报告 1 次其《海鸟国家行动计划》的执行情况。

4. 技术

《海鸟国家行动计划》是由 1 个国家为减少延绳钓渔业意外捕获海鸟所设计、执行并监测的计划,技术性强。粮农组织建立了与发展《海鸟国家行动计划》有关的专家库及技术协助机制,并提供了 1 个相应的指导纲要——《发展减少延绳钓渔业意外捕获海鸟国家行动计划技术注意事项》。从事延绳钓渔业并决定制定《海鸟国家行动计划》的国家,特别是发展中国家,可借助粮农组织的技术协助,进行评估、制定计划、规范技术措施(减

缓措施)。

5. 粮农组织的作用

粮农组织支持《海鸟国家行动计划》的发展和执行,并经由渔业委员会每 2 年报告 1 次《海鸟国际行动计划》执行的进展情况。

五、鲨鱼养护和管理国际行动计划

(一)基本精神

鲨鱼具有性晚熟而生物繁殖力低,自然死亡率低但后代少,往往近亲种群补充,过度捕捞后恢复时间较长,分布广泛等生理和生态特征。若干世纪以来,它们一直是重要的捕捞对象。近几十年由于现代技术加上可进入遥远的市场使得鲨鱼作业量和产量增加及捕捞水域扩大。

《鲨鱼养护和管理国际行动计划》旨在解决对鲨鱼捕获量增加及此种增加对世界海洋一些地区某些鲨鱼种群的不利影响的关注,更好地管理主捕鲨鱼的渔业和鲨鱼作为主要兼捕种类的某些捕捞业。《行动计划》要求各国,如果它们的渔船从事以鲨鱼为目标的定向渔业或者如果它们的渔船在非定向渔业中经常捕获鲨鱼,则必须在 2001 年之前通过养护和管理鲨鱼种群的国家行动计划。

(二)组成和主要内容

《行动计划》包括序言、性质和范围、指导原则、目标、实施和粮农组织的作用等 6 个部分,共 31 段。其主要内容为:

1. 适用

适用于本国或外国渔船在其水域从事鲨鱼捕捞的国家及有渔船在公海捕捞鲨鱼的国家。

2. 范围

鲨鱼行动计划包含专捕和兼捕渔获物。其中,"鲨鱼"包括鲨鱼、鳐科鱼和银鲛(软骨鱼纲)所有种类,鲨鱼捕获量包括主捕、兼捕、商业、休闲和其他形式捕捞的鲨鱼。

3. 目标

总体目标是确保鲨鱼的养护和管理及其长期可持续利用。

4. 指导原则

(1)参加。造成 1 种鲨鱼或鲨鱼种群捕捞死亡的国家应参加其管理;

(2)保持种群。养护和管理战略应通过采用预防性方法,将每 1 种群的鲨鱼的捕捞死亡率保持在可持续水平之内;

(3)营养及社会经济考虑。养护和管理目标和战略应认识到在一些低收入缺粮地区及国家,鲨鱼捕捞是 1 种传统的和重要的食物、就业和收入来源。这种捕捞应以可持续发展为基础来进行管理,以便对当地人们提供持续的食物、就业和收入来源。

5. 实施

有渔船进行针对性鲨鱼捕捞或在非针对性作业中经常捕捞鲨鱼的国家,应制定《国家鲨鱼行动计划》,以达到 10 个具体目的,覆盖种群养护、保护生物多样性、保护生境和可持续利用管理等 4 个方面及生态、经济、社会和治理等 4 个层面。并负责其实施和监测,至少每 4 年评估 1 次计划实施情况。决定不必实施鲨鱼行动计划的国家应定期审查这 1 决定。

各国应根据各自的权限和国际法通过分区域或区域渔业管理组织或安排进行合作制定分区域或区域鲨鱼行动计划,确保鲨鱼的有效养护和管理及鲨鱼种群的可持续性。

各国应报告其《国家鲨鱼行动计划》的评估、制定和实施进展情况,作为它们每两年向联合国粮农组织报告《负责任渔业行为守则》执行情况的 1 部分。

6. 粮农组织的作用

粮农组织支持各国实施《鲨鱼国际行动计划》,向各国提供专家名单和技术援助机制,支持《鲨鱼国家行动计划》的制定和实施,并通过渔业委员会每 2 年报告 1 次《鲨鱼国际行动计划》的实施进展情况。

六、关于预防、制止和消除非法、不报告和无管制捕捞的国际行动计划

（一）基本精神

《关于预防、制止和消除非法、不报告和无管制捕捞的国际行动计划》旨在综合处理非法、不报告和无管制捕捞的法律和经济方面的问题,它要求所有国家,特别是船旗国、沿海国和港口国在国家区域或全球各级采取措施打击非法捕鱼活动。总的来说,《行动计划》重申并化强了《公海捕鱼遵守协定》第三和第四条、《联合国鱼类种群协定》第十八和十九条以及《负责任渔业行为守则》第八条第二款规定的国家责任。

（二）组成和主要内容

《行动计划》由序言、性质和范围、目标和原则、实施措施、发展中国家的特殊需要、报告和粮农组织的作用等 7 个部分、93 段组成。其主要内容为:

1. 定义

《行动计划》清晰规定了"非法捕捞"、"未报告的捕捞"和"无管制的捕捞"的定义,确定并说明了非法、不报告和无管制捕捞的构成要素。这是《行动计划》的 1 个重要特点。在《行动计划》中:

（1）"非法捕捞"是指:

① 本国或外国渔船未经 1 国许可或违反其法律和规章在该国管辖的水域内进行的捕捞活动;

② 悬挂有关区域渔业管理组织成员国旗帜的渔船进行的、但违反该组织通过的而且该国家受其约束的养护和管理措施的,或违反适用的国际法有关规定的捕捞活动;

③ 违反国家法律或国际义务的捕捞活动,包括由有关区域渔业管理组织的合作国进行的捕捞活动。

（2）"不报告捕捞"是指:

① 违反国家法规未向国家有关当局报告或误报的捕捞活动;

② 在有关区域渔业管理组织管辖水域开展的违反该组织报告程序未予报告或误报的捕捞活动。

（3）"无管制捕捞"是指：

① 无国籍渔船或悬挂有关区域渔业管理组织非成员国旗帜的渔船，在该组织适用水域进行的，不符合或违反该组织的养护和管理措施的捕捞活动；

② 在无适用的养护或管理措施的水域或针对有关鱼类资源开展的、而其捕捞方式又不符合各国按照国际法应承担的海洋生物资源养护责任的捕捞活动。

依此定义，非法、不报告、无管制捕捞是 1 个广义概念，包括：

（1）违反国家、区域和国际法进行的捕捞及捕捞相关活动；

（2）不报、虚报或少报捕捞作业及渔获信息；

（3）使用"无国籍"船只进行的捕捞；

（4）非缔约方船只在区域渔业管理组织的公约区域内进行的捕捞；

（5）不受各国监管且不容易被监测并令其负责的捕捞活动。

2．目标

向所有国家提供采取行动的全面、有效和透明的措施，包括通过按照国际法建立的有关区域渔业管理组织，以预防、制止和消除非法、不报告和无管制捕捞。预防、制止和消除捕捞非法、不报告和无管制捕捞的措施，应综合处理所有影响非法、不报告和无管制捕捞的法律和经济方面问题，并确保以一体化方式运用这些措施。采用这种方法应与鱼类种群的养护和长期可持续利用及环境保护相一致。

3．原则

（1）参与及协调；

（2）分阶段实施；

（3）全面综合的方法；

（4）养护；

（5）透明度；

（6）无歧视。

4．实施预防、制止和消除非法、不报告和无管制捕捞的措施

非法、不报告和无管制捕捞之所以很普遍，主要是因为许多国家未能履行其国际法中关于船旗国管辖和控制的义务。在国家对悬挂其旗帜的渔船进行有效管辖和控制的地方，非法、不报告和无管制捕捞则大大减少。某些国家所以没有履行其船旗国义务，要么因为它们不能履行这种义务，要么因为它们不愿意履行这种义务。这种状况使国际社会有必要寻找传统办法之外的其他办法，通过并执行更加广泛的新措施来制止非法、不报告和无管制捕捞。当船旗国不履行其国际义务时，这些新措施可作为重要的补充性保护措施。

《行动计划》为预防、制止和消除非法、不报告和无管制捕捞而采取和适用的措施可概括为：基于船旗国的主要责任，并根据国际法采用所有的管辖措施，包括港口国措施、沿海国措施、与市场相关的措施以及确保国民不支持或不从事非法、不报告和无管制捕捞的措施。各国采用所有这些措施应予以合作，并确保以一体化方式运用这种措施体系。这是该行动计划的又 1 个重要特点。

（1）所有国家的责任

各国应全面和有效地实施其批准、接受或加入的所有有关国际渔业文书及《负责任渔业行为守则》及与其有关的国际行动计划。

各国应通过国内立法以有效的方式处理非法、不报告和无管制捕捞的所有方面，包括订立证据标准、取证办法及严厉的惩罚措施，确保受其管辖的渔船和国民不支持或不从事非法、不报告和无管制捕捞。

各国应不迟于本国际行动计划通过后 3 年内制定和实施国家行动计划，并应每 4 年审查 1 次这些计划的实施情况。

各国应从捕捞活动的开始、上岸点直到最终目的地全面和有效地监测、监视和控制捕捞活动。

各国应直接及通过有关区域渔业管理组织开展合作，以协调其在预防、制止和消除非法、不报告和无管制捕捞方面的活动。

各国应劝阻其国民在不能履行船旗国责任的国家注册渔船。

各国应按照其国内法尽可能避免对从事非法、不报告和无管制捕捞的公司、渔船或个人给予经济支持（包括补贴）。

（2）船旗国的责任

船旗国履行其国际法义务是实现可持续渔业和打击非法、不报告和无管制捕捞的 1 个必要因素。船旗国应确保有权悬挂其旗帜的渔船不从事或支持非法、不报告和无管制捕捞。而且，在登记 1 艘渔船之前应确保其能够履行保证该渔船不从事非法、不报告和无管制捕捞的责任。为有效履行这个责任，该国际行动计划在渔船登记、渔船记录、准许捕捞、捕捞许可证、渔船监测、渔船报告等方面，对船旗国的作为提出了详细的要求。总的来说，比《公海捕鱼遵守协定》第三、四条、《联合国鱼类种群协定》第十八、十九条及《负责任渔业行为守则》第 8.2 条款规定的船旗国责任更为具体，符合实际管理的需要。

（3）沿海国家措施

沿海国应按照国家立法确保在其专属经济区内开展捕捞活动的任何渔船均得到该国签发的有效捕捞授权，确保在沿海国水域内的海上转载或加工得到该沿海国的授权，以有助于预防、制止和消除非法、不报告和无管制捕捞的方式确定其入渔规定，并在专属经济区内有效监测、监视和控制捕捞活动。

（4）港口国措施

港口国除有权进行检查和要求自愿停靠在其港口或近岸码头的外国渔船提供资料之外，还有权在允许外国渔船和从事与捕捞有关活动的船舶进入港口之前，要求其提供进港理由、捕捞许可证副本、捕捞行程详情及船载渔获物数量，以便判明该船是否可能从事或支持非法、不报告和无管制捕捞。

港口国如有证据表明获准进入其港口的某 1 渔船从事了非法、不报告和无管制捕捞，该港口国应不准该渔船在其港口内卸鱼或转载，并应将此事通知该船的船旗国。

港口国应对获准进入其港口的渔船行使检查权，并应将收集的情况和资料转告船旗国，报告有关区域渔业管理组织。

港口国如有适当理由怀疑获准进入其港口的某 1 渔船曾在港口国管辖范围以外的水域从事或支持非法、不报告和无管制捕捞,应按照国际法采取行动,并应向该渔船的船旗国以及有关沿海国和区域渔业管理组织通报和报告。港口国经船旗国同意或应船旗国要求可采取其他行动。

《行动计划》除上列各项外,还就港口国在港口开放、外国渔船进港管制和对外国渔船行使检查权等事项的权利和义务作了规定,比《公海捕鱼遵守协定》第五条第二款、《联合国鱼类种群协定》第二十三条及《负责任渔业行为守则》第 8.3 条款对港口国责任的规定更加深远。这反映了国际社会日益认同港口国措施的价值。该计划要求港口国进行双边和多边合作并在有关区域渔业管理组织内部进行合作,以便为港口国控制渔船制订适当的措施。

(5)国际商定的与市场有关的措施

打击非法、不报告和无管制捕捞的 1 个根本手段是在经济上使渔民和其他人员不能从这些活动中获益。基于这种认识,该计划除法律的、行政的和经济的措施外,还规定采用国际商定的与市场有关的措施,要求所有国家根据国际法采取与多边贸易有关的措施,以防止在其领土上买卖或进口通过非法、不报告和无管制捕捞捕获的鱼。这是该计划的第三个重要特点。为此规定:

① 各国应按照国际法采取所有必要措施,防止有关区域渔业管理组织确定的曾从事非法、不报告和无管制捕捞的渔船所获得的渔获物进行贸易或输入其领土。

② 区域渔业管理组织对渔船的确定应按公平、透明和无歧视的方式以商定的程序进行。

③ 与贸易有关的措施应按照国际法,包括 WTO 所确定的原则、权利和义务采用和实施,符合国际商定的规则,并应当以公平、透明和无歧视的方式执行。

④ 与贸易有关的措施应仅在已证明预防、制止和消除非法、不报告和无管制捕捞的其他措施无效的特殊情形下,而且仅在与有关国家事先磋商之后才能使用。应避免采取与贸易有关的单方面措施。

⑤ 与贸易有关的措施,可包括采用多边文件、证明要求以及其他多边商定的适当措施,如进出口管制或禁令。

⑥ 各国应当合作,包括通过有关全球和区域渔业管理组织合作,以便采取预防、制止和消除非法、不报告和无管制捕捞特定鱼类资源或种类所必需的,适当的多边商定的与贸易有关的措施。

七、 港口国措施样本计划

(一)制定

《联合国鱼类种群协定》第二十三条规定:"港口国有权利和义务根据国际法采取措施,提高分区域、区域和全球养护和管理措施的效力。"在打击非法、不报告和无管制捕捞的行动中,港口国措施应是 1 个强有力的具有成本效益的手段。

为促进 2001 年《关于预防、制止和消除非法、不报告和无管制捕捞的国际行动计划》

的实施,2002 年 11 月 4 至 6 日粮农组织总干事在罗马召开了讨论有关打击非法、不报告和无管制捕捞的港口国措施的专家磋商会。专家磋商会按照《关于预防、制止和消除非法、不报告和无管制捕捞的国际行动计划》第 90 段的要求,与国际海事组织进行了合作。专家们对涉及渔船的港口国措施进行了详细的讨论,认为制定有关港口国措施的谅解备忘录是预防、制止和消除非法、不报告和无管制捕捞的众多有益方法之一;这种谅解备忘录可以作为加强负责任渔业管理的重要而有效的手段。

为此,专家磋商会建议粮农组织:

(1) 召开 1 个技术磋商会,以便解决关于打击非法、不报告和无管制捕捞的港口国措施的区域谅解备忘录中的一些原则和指导方针;

(2) 认真制定并实施有助于发展中国家开发人力资源和强化机构能力的援助计划,包括法律援助,从而促进全面而有效地实施港口国措施,以打击非法、不报告和无管制捕捞;

(3) 考虑建立 1 个与港口国措施有关的数据库。[44]

2003 年 2 月粮农组织渔业委员会第二十五届会议对上述专家磋商会的报告进行了审议。

2004 年 8 月 31 日至 9 月 2 日粮农组织总干事根据渔业委员会第二十五届会议的建议在罗马召开了审议打击非法、不报告和无管制捕捞港口国措施的技术磋商会。其目的在于处理与港口国在打击非法、不报告和无管制捕捞方面的作用有关的实质性问题并制定关于预防、制止和消除非法、不报告和无管制捕捞的港口国措施区域备忘录的原则和准则,重点是如何利用港口措施作为预防、制止和消除非法、不报告和无管制捕捞的 1 个有效手段,核心是审议 2002 年专家磋商会提出的《关于利用港口国措施打击非法、不报告和无管制捕捞的谅解备忘录草案》。技术磋商会根据渔业委员会的授权,将该文件标题"备忘录"改为"样本计划"。在讨论以后,技术磋商会通过了《关于打击非法、不报告和无管制捕捞港口国措施的样本计划》,支持拟议的促进发展中国家人力资源开发和机构强化从而促进全面和有效实施打击非法、不报告和无管制捕捞港口国措施的援助计划,并支持建立有关港口国措施的数据库。[45]2005 年联合国粮农组织渔业委员会第二十六届会议批准了《关于打击非法、不报告和无管制捕捞的港口国措施样本计划》。

(二) 目标、性质和组成

《样本计划》属于《守则》的框架之内,以实现《守则》和《关于预防、制止和消除非法、不报告和无管制捕捞的国际行动计划》有关促进采用港口国控制渔船的措施的规定的目标。

《样本计划》作为 1 份综合性自愿性文书,可为港口国针对外国渔船采取协调行动和措施提供 1 套最低标准,亦可成为国家措施以及一些区域渔业管理组织制定计划方案的基础。

《样本计划》由序言及一般、检查、行动、信息和其他等 5 个部分、25 段正文及下列 5 个附件组成:

附件 A　外国渔船须事先提供的信息

附件 B　港口国对外国渔船的检查程序

附件 C　港口国检查的结果

附件 D　港口国检查员的培训

附件 E　港口国检查的信息系统

第七节　港口国措施协定

一、制定

国际社会旗帜鲜明地欢迎《样本计划》，但也随即呼吁基于《关于预防、制止和消除非法、不报告和无管制捕捞的国际行动计划》和《样本计划》制定 1 份具有法律拘束力的国际文书。在联合国系统内外的众多论坛上都表达了这 1 意愿，包括联合国大会 2005 年和 2006 年通过的有关可持续渔业的决议①。[46] 其实早在 2004 年 8 月底 9 月初的技术磋商会上，一些国家就提出制定《样本计划》并不排除需要在今后制定 1 份关于港口国权利和义务的国际文书。[45]

2007 年 3 月在粮农组织渔业委员会第二十七届会议上，挪威建议根据《关于打击非法、不报告、无管制捕捞的港口国措施样本计划》和《关于预防、制止和消除非法、不报告、无管制捕捞的国际行动计划》，制定 1 个新的具有法律拘束力的文书，并告诉委员会，该国准备为粮农组织内制定过程的所需提供财政捐助。该项建议得到该会议的大力支持。渔业委员会认为急需制定一套港口国综合措施，并为此确定了时间表：在 2007 年下半年举行 1 次专家磋商会拟定 1 个协定草案；在 2008 年上半年举行 1 次技术磋商会确定该文书的文本；在 2009 年将该文书提交渔业委员会第二十八届会议。[47]10

2007 年 6 月粮农组织理事会第一三二届会议注意到非法、不报告和无管制捕捞仍然是一个令人严重关切的问题，并欢迎开始 1 个导致通过 1 项具有法律拘束力的国际协定，根据粮农组织关于打击非法、不报告和无管制捕捞的港口国措施的样板方案确定控制措施的过程之举措。[48]

2007 年 9 月粮农组织总干事在美国华盛顿特区召开了"关于起草具有法律拘束力的港口国措施文书的专家磋商会"，以 2007 年 7 月粮农组织秘书处提出的"港口国措施协定：初步工作草案"为的基础，制定了《关于预防、制止和消除非法、不报告和无管制捕捞的港口国措施的协定草案》，但由于时间紧张，专家磋商会未能对协定草案的序言、附则和附录进行审议。[49]

2008 年 6 月、2009 年 1 月、5 月和 8 月先后举行了 4 次"起草具有法律拘束力的港口

---

① 2005 年联合国文件第 A/60/L.23 号：承认有必要加强港口国的监督，以打击非法、不报告、无管制的捕捞活动，并酌情考虑能否拟订 1 项具有法律拘束力的文书。

2006 年联合国文件第 A/61/L.38 号：鼓励各国尽早在联合国粮食及农业组织内启动 1 项程序，在联合国粮农组织的《港口国打击非法、不报告和无管制的捕捞活动措施示范办法》和《预防、阻止和消除非法、不报告和无管制的捕捞活动国际行动计划》的基础上，就港口国措施的最低标准酌情制订 1 项具有法律拘束力的文书。

国预防、制止和消除非法、不报告和无管制捕捞措施文书的技术磋商会"会议，对专家磋商会提出的《关于预防、制止和消除非法、不报告和无管制捕捞的港口国措施的协定草案》进行审议。在此期间，2009 年 3 月渔业委员会第二十八届会议敦促及早签订这项具有法律拘束力的文书。2009 年 6 月粮农组织理事会第一三六届会议再次强调了打击非法、不报告和无管制捕捞，包括及早最终制定 1 份具有法律拘束力的港口国措施文书的重要性，并决定于 2009 年 8 月 28 日"起草具有法律拘束力的港口国预防、制止和消除非法、不报告和无管制捕捞措施文书的技术磋商会"最终完成该协定草案的制定工作。2009 年 9 月粮农组织章程及法律事务委员会第八十八届会议研究了该协定草案。2009 年 9、10 月份举行的粮农组织理事会第一三七届会议通过了该协定草案案文，并决定将其连同大会决议草案提交粮农组织大会审批。2009 年 11 月 22 日粮农组织大会通过第 12/2009 号决议，根据《章程》第十四条第一款批准粮农组织《关于预防、制止和消除非法、不报告和无管制捕捞的港口国措施协定》，决定同日开放供签署，开放签署期为 1 年，称赞《协定》是国际努力确保负责任和可持续渔业活动，尤其是国际努力预防、制止和消除非法、不报告和无管制捕捞活动中的 1 块里程碑。[50]

《协定》应在向粮农组织总干事交存第 25 份批准、接受、核准或加入文书之后 30 天生效。依此规定，《协定》已于 2016 年 6 月 5 日生效。

《协定》提出了约束性义务，针对希望进入他国港口的外国船只设定了检验标准。重要的是，赋予 1 个国家拒绝疑似参与非法捕捞的船只进入本国港口的权利，以防止非法捕捞产品进入当地和国际市场，从而对违规人员继续作业形成压制。这将成为国际社会打击非法、不报告、无管制捕捞行为的关键推动力以及长期以来在渔业和水产养殖部门中打击非法捕捞的 1 个转折点。

二、组成

《协定》由序言、37 个条文和 5 个附件组成。

条文分为以下 10 个部分：

第一部分　总则

第二部分　入港

第三部分　使用港口

第四部分　检验和后续行动

第五部分　船旗国的作用

第六部分　发展中国家的要求

第七部分　争端解决

第八部分　非缔约方

第九部分　监测、审查和评估

第十部分　最后条款

5 个附则是：

附件 A　要求进港渔船须预先提交的资料

附件 B　港口国检验程序

附件 C　检验结果报告

附件 D　港口国措施信息系统

附件 E　检验员培训准则

三、主要规定

（一）目标

《协定》旨在通过并实施有效的港口国措施来预防、制止并消除非法、不报告和无管制捕鱼活动，作为确保海洋生物资源获得长期养护和可持续利用的手段。其目的是使各缔约方在作为港口国的权能范围内，针对无权悬挂其旗帜的船只，广泛有效适用该协定。

（二）适用

《协定》适用于寻求进入港口国的港口或已在其港口内停泊无权悬挂港口国旗帜的船舶，及其在海上进行的非法、不报告和无管制捕捞活动，以及为支持此类捕捞所进行的与捕鱼相关的活动。

其中，所使用的下列术语的含义为：

"港口"包括用于卸货、转运、包装、加工、加油或物资补给的近岸码头和其他设施。

"船舶"是指用于、装备用于或意欲用于捕鱼或捕鱼相关活动的所有大小船只。

"捕鱼"是指搜寻、吸引、定位、捕获、取得或收获鱼品的活动，或从事可以合理预期对鱼类进行吸引、定位、捕获、取得或收获的任何活动。

"捕鱼相关活动"是指对捕鱼给予支持或作准备的所有作业，包括先前未在港口卸载的鱼品的卸货、包装、加工、转运或运输作业，以及提供人力、燃油、渔具和其他海上物资。

"鱼品"是指经加工或未经加工的所有海洋生物资源物种。

（三）措施

1. 港口的指定

各缔约方应指定并公布外国船舶可要求进入的港口，并应确保所指定和公布的每个港口具有按照本协定进行检查的充分能力。

2. 入港事先要求

各缔约方应在允许船舶入港前要求该船舶在充分提前的时间事先通报至少附录 A 所要求的信息，以使港口国有足够时间对这些信息进行查证。

3. 入港、准予或拒绝入港

（1）缔约方根据收到的信息确定申请入港的船舶没有从事非法、不报告和无管制捕捞或支持此类捕捞的捕鱼相关活动后，有权决定准予或拒绝该船舶进入其港口。如拒绝其入港，应将其决定告知该船舶的船旗国，并尽可能告知相关沿海国、区域渔业管理组织及其他国际组织。

（2）缔约方在船舶进入其港口之前有充分证据表明该船舶从事非法、不报告和无管制捕捞或支持此类捕捞的捕鱼相关活动，特别是被有关区域渔业管理组织列入"黑名单"

之中,应禁止该船舶入港。

（3）缔约方完全出于检查目的,可以允许从事非法、不报告和无管制捕捞或支持此类捕捞的捕鱼相关活动的船舶进入其港口,但应拒绝该船舶利用其港口对鱼品进行卸货、转运、包装和加工,和使用其他港口服务,特别包括加燃料和补给、维修和进坞。

4. 使用港口

缔约方对已进入其港口、具有下列情形之一的船舶,应拒绝该船舶利用其港口对鱼品进行卸货、转运、包装和加工,和使用其他港口服务,特别包括加燃料和补给、维修和进坞,如果:

（1）缔约方发现该船舶不具有船旗国所要求的有关从事捕捞或与捕鱼相关活动的有效适用授权;

（2）缔约方发现该船舶不具有沿海国所要求的有关在该国管辖水域从事捕捞或与捕鱼相关活动的有效适用授权;

（3）缔约方有证据证明在沿海国管辖水域内船上渔获物违反了该国的适用要求;

（4）船旗国没有应港口国所提要求在合理的时间内确认渔获物是按照有关区域渔业管理组织的适用要求而捕获的;

（5）缔约方有适当理由相信该船舶在相关时间内从事非法、不报告和无管制捕捞或支持此类捕捞的捕鱼相关活动。

5. 检验的水平和重点

缔约方应对在其港口的一定数量的船舶进行检验,检验船舶的数量应达到足以实现本协定目标的年度检验水平。最少应检验的船舶数量由缔约方通过区域渔业管理组织、联合国粮农组织的协议确定。

检验的重点船舶为:

（1）根据本协定曾被拒绝进港或使用港口的船舶;

（2）其他有关方、国家或区域渔业管理组织要求进行检验的有关船舶;

（3）有明确理由怀疑其曾从事非法、不报告或无管制捕捞或支持此类捕捞的捕鱼相关活动的其他船舶。

6. 检验的开展

各缔约方应确保其检验员按照附件 B"港口国检验程序"对在其港口的船舶以公正、透明、无歧视的方式开展检验。

7. 检验结果

各缔约方应要求检验员按照附件 C 填写检验结果的书面报告,由检验员和船长签字。船长应有机会对报告提出评论或反对意见,并酌情与船旗国有关当局联系。

8. 检验结果的传送

各缔约方应将每次检验的结果发送与受检船舶的船旗国,并酌情发送给:

（1）相关缔约方和其他国家;

（2）有关区域渔业管理组织;

（3）联合国粮农组织和其他有关国际组织。

9. 港口国检验后的行动

检验完成后,若有明确证据相信该船舶从事非法、不报告和无管制捕捞或支持此类捕捞的捕鱼相关活动,检验方应:

(1)将调查结果及时通知船旗国、相关的沿海国、区域渔业管理组织和其他国际组织及该船船长的国籍国;

(2)若尚未对该船舶采取措施,则应采取拒绝其利用港口对先前未曾卸载过的鱼品进行卸货、转载、包装或加工或使用其他港口服务,特别包括加燃料和补给、维修和进坞等活动。

（四）船旗国的作用

船旗国收到港口国检验报告,有明确理由相信有权悬挂其旗帜的船舶从事了非法、不报告、无管制捕捞或支持此类捕捞的捕鱼相关活动,应立即全面调查这1事项;一旦获得充足证据,应立即按照其法律法规采取执法行动,并将其处理情况向港口国和有关方面报告。

（五）《协定》的执行

为有效执行港口国措施,该《协定》规定各缔约方应:

(1)按照附件E"检验员培训准则"确保其检验员得到适当培训。

(2)按照附件D"港口国措施信息系统"建立计算机化通讯系统,尽可能进行直接电子信息交换。

(3)充分认可发展中国家缔约方,尤其是其中的最不发达国家和小岛屿发展中国家在执行港口国措施方面的特殊要求,向它们提供援助,以加强它们有效执行港口国措施的能力。

(4)在联合国粮农组织及其有关机构的框架下确保对本协定的执行情况进行定期和系统地监测和审查,并对实现本协定目标方面的进展进行评估。

第八节　船旗国表现自愿准则

一、不负责任的船旗国问题

船旗国肩负主要责任,在《联合国海洋法公约》、《联合国鱼类种群协定》和《公海捕鱼遵守协定》等国际法框架内对其渔船开展有效管辖和控制,确保履行相关法律以及养护和管理措施。但在过去十多年间,许多船旗国在履行国际义务方面表现欠佳,越来越成为国际社会的主要关切。这些国家要么没有能力要么缺乏意愿,无法或不想对其渔船行使有效管控,致使许多渔船在该船旗国管辖范围以外的水域,即公海或其他国家主权或管辖范围内的水域,从事非法、不报告和无管制捕鱼及相关活动。由于这种情况,对渔船进行管控这1重担就被不断转嫁给其他方面,包括沿海国家、港口国以及区域渔业管理组织或安排的成员国。这就意味着这些国家需要开发人力资源、履约手段和现代化机制，以采取所有必要行动应对这种情况带来的后果，特别要打击那些悬挂"不履约"旗的船只所进行的非法、不报告和无管制捕捞及相关活动。这些转嫁而来的负担费用高昂，对发展中国家带来重大影响。[51]

二、制定

在 2007 年 3 月召开的渔业委员会第二十七届会议上，若干成员提及不负责任的船旗国问题。许多成员建议有必要制定标准来评估船旗国表现，并确定对于不能达到船旗国表现标准的国家以及对于悬挂没有达到这种标准的国家旗帜渔船所采取的行动。会议提议作为解决不负责任船旗国问题的第一步，应召开 1 次专家磋商会议。[47]

2008 年 3 月 25 至 28 日，为给粮农组织专家磋商会进行准备，加拿大和冰岛政府在粮农组织支持下在温哥华主办了船旗国责任专家研讨会。

2009 年 3 月召开的渔业委员会第二十八届会议再次审议了船旗国表现问题并赞赏专家研讨会在制定船旗国表现标准方面的初步工作，决定于 2009 年 6 月举行 1 次专家磋商会，并在该次会议之后再举行 1 次技术磋商会。[52]

2009 年 6 月 23 至 26 日粮农组织总干事在罗马召开了船旗国表现专家磋商会议。该会议主要审议并拟定了船旗国表现评估标准（包括开展评价的两个进程：一是进行自我评价，二是进行国际或多边评价）、可能对悬挂未达此类标准的国家的旗帜的渔船采取的行动，以及向发展中国家提供援助以改善其作为船旗国的表现等 3 方面的框架草案。[53]

2011 年 1 月 31 日至 2 月 4 日召开的渔业委员会第二十九届会议重申船旗国履行其国际法义务是实现可持续渔业和打击非法、不报告和无管制捕捞的 1 个必要因素，赞同粮农组织为准备 2011 年 5 月召开船旗国表现技术磋商会所做出的安排。[54]2011 年 4 月召开的粮农组织理事会第一四一届会议对渔业委员会为召开技术磋商会表示支持。

2011 年 5 月 2 至 6 日粮农组织总干事在罗马主持召开了船旗国表现问题技术磋商会，其议题是审议船旗国表现评价标准草案，包括：

（1）船旗国表现标准草案；

（2）评价船旗国表现以及依据鼓励履约的国际法所可能采取的行动；

（3）协助发展中国家改善其作为船旗国的表现。

审议的主要成果表现为会议主席提出的"船旗国表现标准草案"文本。[55]2012 年 3 月 5 至 9 日技术磋商会复会，根据渔业委员会的授权商定本届会议的工作围绕下列内容进行：

（1）目的和原则；

（2）适用范围（地理、船舶）；

（3）表现评价标准；

（4）进行评价的程序；

（5）鼓励船旗国履约的措施和其他激励手段；

（6）与发展中国家合作以及对发展中国家予以援助以提高能力建设。

工作的主要成果被纳入会议主席提出的"船旗国表现标准草案"新文本。该文本就前期会议的案文中遗留问题的主要方面均取得了实质性进展,特别是有关地理适用范围以及船旗国与沿海国之间的合作方面。大多数表现评价标准获得通过,也商定了与发展中国家合作以及对发展中国家予以援助的相关内容。但草案中仍有一些内容,即:评价程序、鼓励船旗国遵约及制止违约、联合国粮农组织的作用以及有关授权条件以及监测、控制和监视的两份附件,留有方括号[],尚待进一步开展磋商。[56]

2012年7月9至13日召开的渔业委员会第三十届会议认为有关船旗国表现标准草案的谈判需要进一步取得进展,要求秘书处尽早召集技术磋商会后续会议,努力就该标准草案达成共识。[57]

2013年2月4至8日技术磋商会再次复会,对"船旗国表现标准草案"新文本进行审议,考虑到该文书为自愿性质,决定将其标题改为《船旗国表现自愿准则》,并通过了《船旗国表现自愿准则》。[58]渔业委员会秘书处审议了《准则》文本,为确保内部语言和法律一致性,对文本作了若干调整和编辑。2014年6月6至13日举行的渔业委员会第三十一届会议批准了《船旗国表现自愿准则》。[59]《准则》是对《港口国措施协定》的重要补充,为解决非法、不报告、无管制捕鱼以及船旗违规问题提供1个重要的有效的管理工具,有助于加强船旗国对自身职责的履行。

三、组成

《准则》范围广泛,包括目的和原则、适用范围、表现评价标准、船旗国与沿海国之间的合作、进行评价的程序、鼓励船旗国遵规及制止违规、为能力发展与发展中国家开展合作及对发展中国家予以援助、联合国粮农组织的作用等8部份,58段及两个附件,即:

附件一　授权条件

附件二　监测、控制和监督

四、内容

（一）目的和原则

1. 目的

《船旗国表现准则》为自愿性质,有些内容以国际法相关规则,包括《联合国海洋法公约》相关规则为基础。本《准则》的目的是,通过有效履行船旗国职责,预防、制止和消除非法、不报告、无管制捕鱼或支持此类捕鱼的相关捕捞活动,从而确保长期养护和可持续利用海洋生物资源和海洋生态系统。

2. 原则

船旗国在履行其有效船旗国职责时应当:

（1）根据有关船旗国职责的国际法行事；

（2）尊重国家主权和沿海国权利；

（3）预防、制止和消除非法、不报告、无管制捕鱼或支持此类捕鱼的相关捕捞活动；

（4）对悬挂其旗帜的船舶有效进行管辖和控制；

（5）采取措施确保受其管辖的人员，包括悬挂其旗帜的船主和经营者不支持或不从事非法、不报告、无管制捕鱼或支持此类捕鱼的相关捕捞活动；

（6）确保养护和可持续利用海洋生物资源；

（7）对悬挂其旗帜的违规船舶采取有效行动；

（8）履行国际法规定的合作义务；

（9）在相关国家机构之间交流信息及协调活动；

（10）按相关国际义务要求，与其他国家交流信息，在调查和司法程序中相互提供法律帮助；

（11）认识到发展中国家，特别是最不发达国家和发展中小岛国的特殊利益，开展合作以增强其作为船旗国的能力，包括通过能力发展。

（二）适用范围

1. 适用的地理范围

本《准则》适用于国家管辖范围之外海域捕鱼及与捕捞相关的活动。可能还适用于船旗国或沿海国家的国家管辖水域捕鱼及与捕捞相关的活动，但需经其同意并不违背第九段①、第三十九至四十三段②的精神。若船舶在 1 个非船旗国的国家管辖海域作业，《准则》的应用应受该沿海国家的主权管辖。

2. 适用的船舶

（1）本《准则》适用于用于、装备用于或设计用于捕鱼及《准则》中定义为以下作业的与捕捞相关活动的各类船舶：支持捕鱼或为捕鱼作准备的作业，包括上岸、包装、加工、转载或运输尚未在某个港口上岸的鱼品以及在海上提供人员、燃料、渔具和其他补给，不包括生计捕鱼。

（2）若沿海国准许其国民租用的船舶专门在本国管辖和所控制的水域从事捕鱼及与捕捞相关活动，该沿海国对此类船舶应采用与对悬挂其旗帜的船舶在该沿海国水域所采用的同样的措施。

（三）表现评价标准

1. 综述

（1）船旗国已将按国际法对其有拘束力的船旗国原则和规则纳入国内法、规定、政策和做法中。

（2）船旗国已采取必要措施以确保悬挂其旗帜的船舶不从事影响国际养护和管理措施效力的任何活动，或船旗国接受和实施相关区域渔业管理组织或安排所通过的养护和管理措施。

（3）船旗国有效地促进所参加的区域渔业管理组织或安排的运作（即船旗国履行其

---

① 所指第九段，即（一）综述的第四段。

② 所指第三十九至四十三段，为《准则》中有关"船旗国与沿海国之间的合作"的 5 段规定。

作为缔约方或合作的非缔约方的职责,包括关于捕鱼及与捕捞相关活动的报告要求以及确保其船舶遵规)。

(4)船旗国确保悬挂其旗帜的渔船不在其他国家管辖的水域进行未经许可的捕鱼及与捕捞相关活动。

(5)船旗国支持各船旗国之间就管理能力和捕捞努力量、渔获量限制和产量控制方面开展合作。

2. 渔业管理

(1)船旗国为渔业管理建立了机构、法律、技术基础或框架,如《负责任渔业行为守则》第七条所述,至少应包括:

① 1个政府部门或法定机构,或法令具有清晰宗旨监督1个部门或机构并为渔业管理政策效果负责;

② 由部门或机关颁布法规并确保监控和执法;

③ 对各部门进行内部协调,特别是渔业部门和船舶登记部门之间的协调;

④ 提供科学指导的基础设施。

(2)船旗国为实施养护和管理措施制定了法律、法规或其他安排,至少应包括:

① 相关国际文书中的适用原则、规定和标准,本《准则》第二段中的规定,以及区域渔业管理组织或安排的任何适用养护和管理措施;

② 1个国家框架,如国家计划或规划,旨在管理能力和捕捞努力量、渔获量限制和产量控制及打击非法、不报告、无管制捕鱼或支持此类捕鱼的与捕捞相关活动;

③ 有关转载法规。

(3)船旗国有效实施养护和管理措施,包括以下措施:

① 船旗国确保渔船船主、经营者和船员的义务都能被清楚了解及传达给他们;

② 船旗国向捕捞业提供指导以履行这些义务;

③ 船旗国对悬挂其旗帜的船舶的捕鱼及与捕捞相关活动进行有效管理,以确保养护和可持续利用海洋生物资源。

3. 信息、登记、记录

(1)船旗国遵照以下最低限度要求:

① 联合国粮农组织渔船标志和识别标准规范及准则,国际海事组织的相关要求;

② 关于船主和经营者信息与实际船主和经营者一致;

③ 关于船舶历史的信息与先前船旗和名称变化相符;

④ 船舶特点。

(2)船旗国与其他国家合作,交换关于船舶登记、注销登记或中止登记的信息,作为核查船舶登记、注销登记、中止登记的记录和相关历史的程序的1部分。

(3)船旗国采取登记程序,包括:

① 核查船舶历史;

② 船舶登记被拒绝的原因,尽可能包括是否列入非法、不报告、无管制捕鱼船舶名单或记录或在两个以上国家登记;

③ 注销登记的要求；

④ 变更通知和定期更新要求；

⑤ 在相关机构之间协调登记（如渔业，海洋商业）并与前船旗国协调以确定是否正经受调查或制裁而使该船换旗，即渔船为了逃避国家、区域或全球层面通过的养护和管理措施或规定或者便于不遵守这种措施或规定的目的而多次迅速变换船旗的做法。

（4）船旗国登记程序能使用并且透明。

（5）船旗国酌情对有违规历史的船舶不予登记，除非：

① 后来该渔船已易主，新船主提供足够证据证明原先的船主或经营者与该船已无法律、利益和经济关系并不再控制该渔船；或者

② 船旗国在考虑到所有相关实际情况后，确信让渔船挂旗将不会导致非法、不报告、无管制捕鱼或支持此类捕鱼的与捕捞相关活动；

（6）船旗国应协调进行船舶登记和发放从事捕鱼及与捕捞相关活动的授权书，以确保都能适当考虑对方，应当确保船舶登记工作与《准则》适用船舶记录之间有适当联系。当不止1个机构执行这项工作时，船旗国应当确保负责那些工作的机构之间开展充分合作和共享信息。

（7）船旗国拒绝登记已在另1国登记的船舶，但临时平行登记除外。

（8）船旗国将登记数据提供给政府内部相关用户。

（9）船旗国根据相关保密要求公开提供登记数据并使这些数据容易获得。

（10）船旗国采取所有切实可行措施，包括拒绝给予船舶悬挂该国旗帜的权利，以防止"频繁易旗"。

（11）船旗国在注销船舶的登记之前对违规实施制裁。

（12）船旗国对《准则》适用的悬挂其旗帜的船舶保持记录，关于授权在公海进行捕鱼及与捕捞相关活动的船舶包括《公海捕鱼遵守协定》第六条第一款和第二款规定的所有信息，也可特别包括：

① 以前的名称，如有而且知道的话；

② 在其名下登记该船舶的自然人或法人的姓名、地址和国籍；

③ 负责管理船舶经营活动的自然人或法人的姓名、街道地址、通讯地址和国籍；

④ 享有船舶受益所有权的自然人或法人的姓名、街道地址、通讯地址或国籍；

⑤ 该船舶的名称和所有权史及如果了解的话，按照国家法，该船舶违反国家、区域或全球一级通过的养护和管理措施或规定的历史；

⑥ 船舶的大小和酌情提供登记时或者后来任何船体改造结束时拍摄的显示船舶侧面的照片。

（13）船旗国需要根据相关分区域、区域和国际标准保持船舶的记录。

（14）船旗国定期更新国家船舶登记和记录。

（15）船旗国在登记前对船舶记录和相关历史有效地进行核查。

4. 授权

（1）船旗国建立授权捕鱼及与捕捞相关活动（如发放许可证）体系，以确保渔船无授

权不得作业,除非符合国际法和相关种群可持续性而另有授权,包括:

① 授权进行捕鱼及与捕捞相关活动的适当范围,包括海洋生态系统的保护条件;

② 对船舶的遵规历史和遵守相关措施的能力进行预先评估;

③ 在授权中提供最起码信息以便于确定负责人、水域和品种,包括:

(a) 准许进行捕鱼及与捕捞相关活动的船舶名称和自然人或法人姓名;

(b) 准许进行捕鱼及与捕捞相关活动的船舶的水域、范围和期限;

(c) 准捕品种、准许的渔具及适当时其他适用的管理措施;

(d) 有关授权的相关条件需要时可包括附件一所示 2001 年粮农组织《关于预防、制止和消除非法、不报告、无管制捕鱼国际行动计划》第 47 段中的条款。

(2) 船旗国有效实施准许捕鱼及与捕捞相关活动(如许可证)体系,包括只有在船旗国确信以下情况时才能进行捕鱼授权:

① 船舶有能力遵守捕鱼授权条件;

② 能够对船舶有效进行管辖和控制以确保适用的养护和管理措施得到遵守;

③ 能够对授权持有者有效实施执法管辖及权力。

5. 监测、控制、监督及执法

(1) 船旗国对悬挂其旗帜的船舶实施监管体系,至少包括:

① 控制船舶的法定权力(如拒绝航行、召回港口);

② 建立和保存最新船舶记录;

③ 监测工具,如船舶监测系统、航海日志或文件、观察员等;

④ 有强制性要求,有关渔业的数据,渔船必须及时记载或报告(如渔获量、努力量、兼捕和丢弃物、上岸量和转载);

⑤ 有检查体系,包括海上和港口。

(2) 船旗国实施执法体系,至少包括:

① 具有发现违规并采取执法行动的能力;

② 具有及时调查违规,包括认定违规者身份和违规性质的权威和能力;

③ 具有适当体系能获得、收集、保护证据并完整保存证据;

④ 有 1 个体系,能根据违规程度给予相应制裁并以足够严厉的制裁来有效保证遵规及抑制违规,并剥夺非法活动所得;

⑤ 进行合作和相互提供法律帮助,酌情包括与其他国家、国际组织和区域渔业管理组织/或安排在执法、根据提出的援助请求及时采取行动方面做出信息分享和报告安排;

⑥ 当悬挂该国船旗,并且该船舶涉及一系列违反分区域或区域适用于公海的相关养护和管理措施,要禁止该船舶在公海进行捕鱼及与捕捞相关活动,直至该船旗国关于违规的所有制裁都根据其法律执行。

(3) 船旗国全面有效地监测、控制和监督捕鱼及与捕捞相关活动,尽可能包括附件二所示的《非法、不报告、无管制捕鱼国际行动计划》第二十四段所述措施和行动。

(4) 船旗国酌情促进共同监测、控制、监督及执法。

(5) 船旗国对悬挂其旗帜、被确定参加非法、不报告、无管制捕鱼活动或支持此类捕鱼的与捕捞相关活动的船舶采取行动。

（6）若船旗国实施执法体系，努力收集和处理有关违规的证据，包括在国内法律允许的范围内向其他国家执法部门和相关区域渔业管理组织或安排提供涉嫌违规的证据。根据本国法律、规定、政策和做法及时调查违规并实施制裁。

（7）若船旗国实施执法体系，若船旗国的执法行动由区域渔业管理组织或安排采取，此类国家确保有适当、及时的机制来解决相关区域渔业管理组织或安排中关于这些行动方面的争端。

（8）船旗国进行有效和及时的制裁，包括以下各项：

① 根据违规程度给予相应制裁并以足够严厉的制裁有效保证遵规及阻止违规，并剥夺非法活动所得。

② 船旗国在国家司法和行政系统中促进对监测、控制、监督问题的了解和认识。

③ 船旗国具有司法和/或行政程序能及时有效地尽可能达到本《准则》要求。

④ 船旗国有能力确保制裁得以执行，包括在适当情况下阻止船舶进行非法、不报告、无管制捕鱼或支持此类捕鱼的与捕捞相关活动直至制裁到位。

⑤ 船旗国对其他国家或渔业管理组织或安排要求及时做出反应，对悬挂其旗帜的船舶采取措施。

《准则》关于船旗国与沿海国之间的合作、进行评价的程序、鼓励船旗国遵规及制止违规、为能力发展与发展中国家开展合作及对发展中国家予以援助及粮农组织的作用等5部分的具体规定载于第三十九至五十八段，不作细述。

第九节　海洋保护区

一、作用

海洋保护区（MPA）一般是指为实现具体养护目标而设计和管理的特定海洋区域，[60]55 或者说是以保护海洋自然环境、资源、生物多样性或人文特征为目的，依法对具有特殊生态、经济、社会或科学文化价值的保护对象所在的海域、岛屿、海岸、海湾、滨海湿地及入海河口划出一定面积予以特殊保护和管理的区域。

海洋包括大洋、各种海洋、岛屿和沿海地区天然的及经过人工改造的自然环境和自然资源多种多样，具有多方面的功能。对其中那些具有典型性、代表性的海洋生态系统，珍稀、濒危海洋生物的天然集中分布区，具有重要经济价值的海洋生物生存区域，重要渔业水域，具有重大科学文化价值的海洋自然历史遗迹和自然景观，以及虽已遭到破坏但经过整治可得到改善和恢复的具有重要经济、社会价值的海洋生态，应通过建立各种类型的海洋保护区的途径和形式，加以特殊保护。

海洋保护区是实施生态系统方法的各项原则和促进养护和可持续利用海洋和沿海

环境和资源的重要工具,也是 1 项预防措施。海洋保护区旨在减少人类活动对沿海和海洋生态系统和资源的压力,在特定地域内管理多种人类利用活动,使海洋生物多样性,包括生态系统、自然生境、物种和海洋遗传资源得到保护,使退化的资源得以自然恢复,对于在真正自然的状态下维持海洋生态系统的健康、生产力和复原力具有独特作用。

二、定义

（一）世界自然保护联盟的定义

1988 年世界自然保护联盟(IUCN)大会第 17. 38 号决议做出,经 1994 年保护联盟大会第 19. 46 号决议重申,并载入世界保护区委员会(WCPA)1999 年《海洋保护区指南》的定义是:海洋保护区是指"为保护部分或整个封闭环境而依据法律和其他有效手段保留的任何潮间或潮下地域,连同其上覆水体和相关动植物、历史和文化特征。"[61]第 19. 46 号决议将保护区定义为:保护区是指"特别为保护和维持生物多样性、自然资源和相关文化资源,依据法律和其他有效手段管理的陆地和(或)海洋区域。"[61]XVII

（二）联合国粮农组织的定义

1992 年《21 世纪议程》第 17 章将海洋保护区作为"可持续利用和养护公海生物资源"和"可持续利用和养护国家管辖范围内的海洋生物资源"的重要手段,分别要求"保存生境和其他生态上敏感的地区"(17.46(f))和"保存稀少或脆弱生态系统和生境以及其他生态上敏感的地区"(17.75(f))"。《负责任渔业行为守则》总原则之一,要求保护和恢复海洋和淡水生态系统中所有重要的鱼类生境。例如,石礁、育苗区和产卵区,并强调应当做出专门努力来保护这些生境不受破坏、退化、污染和威胁渔业资源的健康和生存能力的人类活动造成的其他重要影响(6.8)。《守则》进一步规定,各国应当采取适宜的措施来尽量减少费物、丢弃物、遗失或丢弃的渔具的捕获、非目标鱼类和非鱼类物种的捕获,尽量减轻对相关物种或依附物种的不利影响,尤其对濒危物种的不利影响。这类措施应用以保护幼鱼和产卵鱼,可以包括对某些渔业尤其是个体渔业规定禁渔期、禁渔区和保护区(7.6.9)。各国及区域渔业管理组织和安排应当在其各自的职责范围内,为枯竭和濒临枯竭的资源采取有助于这些种群持续恢复的措施,并确保恢复受到捕鱼作业或其他人类活动不利影响的鱼类资源以及对这些资源的生存极为重要的生境(7.6.10)。

基于这些规定,2003 年联合国粮农组织《负责任渔业技术准则》(第 4 号补编 2)将海洋保护区定义为:"依照法律或其他有效手段在领水、专属经济区范围内或公海上划定的受保护潮间或潮下地体,连同其上覆水域和有关的动植物、历史和文化特点。海洋保护区根据允许的利用程度,对重要的海洋生物多样性和资源;特定生境(如红树林或珊瑚)或鱼种、或亚种群(如产卵鱼或幼鱼)提供某种程度的保全和保护。海洋保护区的利用(为科学、教育、休闲、开采及包括捕鱼在内的其他目的)受到严格管制,也可以被禁止。"[62]

（三）《生物多样性公约》缔约方大会决定的定义

2000 年《生物多样性公约》缔约方大会第五次会议决定设立海洋和沿海保护区特设技术专家组,2004 年《生物多样性公约》缔约方大会第七次会议根据该专家组的建议,将

"海洋和沿海保护区"定义为："'海洋和沿海保护区'是指任何在海洋环境之内或与海洋环境毗邻，凭借法律或包括习俗在内的其他有效方式专门划出，以便使其海洋和沿海生物多样性受到比周围地区更高程度保护的具有明显界限的地区，包括覆盖该地区的水域和相关的植物、动物、历史和文化特征。""海洋环境内的地区，包括永久性的浅海水域，海湾，海峡，潟湖，港湾，河口，潮线下水底（海藻床，海草床，热带海洋草地），珊瑚礁，潮间带泥滩，沙滩或盐滩和湿地，海隆，深水珊瑚，深海火山口，远洋生境①。"[63]130

三、种类

（一）世界自然保护联盟对保护区的分类

世界自然保护联盟世界保护区委员会依据管理目标的不同将保护区划分为以下 6 种类型：

1. 严格自然保护区、荒野地

严格自然保护区主要用于科学研究和（或）环境监测，荒野地的管理和保护则旨在保全其自然条件。

2. 自然公园

主要保护生态系统的完整性，禁止有害开发或占用，并保护娱乐和旅游条件。

3. 自然遗址

主要保护特定自然特征。

4. 生境、物种管理区

主要保护生境和满足某些物种的需求。

5. 风景/海景保护地

主要保护陆地和海洋景观和娱乐的需求。

6. 资源管理保护区

管理是为了确保长期养护生物多样性，并为满足社区需要持续提供自然资源产品和服务。[61]XVIII

（二）现行海洋保护区的称谓形式

建立海洋保护区有两个主要的原因，即海洋自然保护和海洋渔业管理，海洋保护区可有许多管理目标，例如：

（1）确保鱼类种群和渔业的可持续发展；

（2）重建鱼类种群；

（3）海洋生物多样性养护和可持续利用；

（4）海景休闲和公共娱乐；

（5）环境监测和评价；

（6）科学研究；

（7）保护重要生态或地貌变迁过程；

---

① 生境即栖息地，是指生物个体、种群或群落所在的生态环境。

（8）保护文化、考古或古迹遗址；

（9）支持本地和传统海洋为基础的可持续的生活方式和社区；

（10）促进多个利益攸关方冲突的解决。

依据保护对象和管理目标的不同，在不同的国际文书中对于海洋保护区的具体称谓亦有所不同。其中主要有：

1. 生物多样性保护中的"自然保护区"和"特别保护区"

（1）保护区。1992年《生物多样性公约》第二条规定："'保护区'是指一个划定地理界限、为达到特定保护目标而指定或实行管制和管理的地区。"

（2）自然保护区。1971年《关于特别是作为水禽栖息地的国际重要公约》第四条第一款规定："缔约国应设置湿地自然保护区……以促进湿地和水禽的养护并应对其进行充分的监护。"

（3）特别保护区。1976年《保护地中海海洋环境和沿海区域公约》的1982年《关于地中海特别保护区的议定书》提出特别保护区的概念，1995年《关于地中海特别保护区和生物多样性的议定书》对"地中海重要的特别保护区"作了定义。1991年《关于环境保护的南极条约议定书》附件五《关于地区保护和管理》规定建立南极特别保护区和南极特别管理区。

2. 航运中的"特殊区域"和"特别敏感海域"

（1）特定区域。1982年《联合国海洋法公约》第二一一条第六款规定："如果沿海国有合理根据认为其专属经济区某一明确划定的特定区域，因与其海洋学和生态条件有关的公认技术理由，以及该区域的利用或其资源的保护及其在航运上的特殊性质，要求采取防止来自船只的污染的特别强制性措施"

（2）特殊区域。73/78年《国际防止船舶造成污染公约》附则Ⅰ、Ⅱ和Ⅴ第1条规定："'特殊区域'系指这样的一个海域，在该海域中，由于其海洋学的和生态学的情况以及其运输的特殊性质等方面公认的技术原因，需要采取防止油类（有毒液体或垃圾）造成海洋污染的特殊强制办法。"

（3）特别敏感海域。1991年《海事组织准则》称"特别敏感海域"。按照国际海事组织《特别敏感海域确定和指定准则》规定，"'特别敏感海域'是指这样的一个海域，在该海域中，由于生态学或社会经济或科学上的原因，容易遭受海上运输带来的环境损害，需要国际海事组织采取特别的措施予以保护。"1991年海事组织的《船舶航道安排总规定》则称"环境敏感海域"。实际上，这1称谓与特别敏感海域的含义没有任何不一致之处。

3. 渔业中的"禁渔区和禁渔期"、"禁捕区"和"保留区"

（1）禁渔水域。1946年《国际捕鲸管制公约》第五条第一款第三项规定：国际捕鲸委员会有权规定"禁渔水域（包括保护区的指定）"。

（2）禁捕地区。1980年《南极海洋生物资源养护公约》第九条第一款（七）规定：南极海洋生物资源养护委员会有权"为科学研究或养护目的确定捕捞和禁捕地区、区域或次区域，包括用于保护和科学研究的特别区域"。

（3）禁渔区。《负责任渔业行为守则》规定："各国应当采取……禁渔区以及某些渔业尤其是手工渔业的保留地等技术措施。这类措施应当酌情应用以保护幼鱼和产卵鱼。"
(7.6.9)

四、建立

（一）国家管辖范围内的海洋保护区的建立

1. 沿海国在其内水、领海和专属经济区内建立自然保护区、渔业养护区、幼鱼保护区、产卵鱼种保护区、禁渔区、海滨风景名胜区、水下遗产保护区等一般性海洋保护区,由国家法律规定行使海洋保护区监督管理权的机构按照法定的权限和程序建立。

2. 沿海国在其专属经济区内为保护某个地区或物种免受航运活动的影响,而建立《联合国海洋法公约》第二一一条第六款规定的特定区域,该沿海国必须征得主管国际组织,即国际海事组织的同意,利用该组织为此目的所制定的措施,例如,根据 1973～1978 年《国际防止船舶造成污染公约》设立 1 个特殊区域;或采取规定船舶航道的措施。此外,还可要求国际海事组织确定该地区为特别敏感区域。

3. 沿海国在其领海范围以内或以外建立涉及船舶排放污染物的要求或航道安排措施的特殊区域或特别敏感海域,必须考虑国际海事组织的建议。特殊区域或特别敏感海域可能包括几个国家的海洋区域,甚至整个闭海或半闭海,也可能包括公海地区,在这种情况下,可由两个或两个以上有着共同利益的沿海国向国际海事组织共同提出划定申请。

（二）国家管辖范围外的海洋保护区的建立

20 世纪 90 年代末,可持续发展委员会、世界自然保护联盟和世界野生动物基金会提出,应在国家管辖范围以外的海洋和海底区域建立海洋保护区,并认为建立这些保护区应在《联合国海洋法公约》的框架内进行,并应考虑到对其他海事活动的影响,例如,在热液喷口建立海洋保护区则需考虑对可能存在于同 1 地区的多金属硫化物的勘探、开采以及遗传资源探测的冲突利益。[64]粮农组织和《生物多样性公约》缔约方大会制订的海洋保护区的定义反映了这 1 主张,分别列入了"公海"和"海隆,深水珊瑚,深海火山口,远洋生境"。1995 年《关于地中海特别保护区和生物多样性的议定书》定义的"地中海重要的特别保护区"的部分或全部界限可能会超出有关国家的管辖水域,为公海海洋保护区建立法律框架,从而可养护外海和深海物种和生境。这是国际法中明文规定设立公海保护区的第 1 项具有拘束力的文书。

按照《联合国海洋法公约》第一九四条第五款的规定,在国家管辖范围以外的海洋和海底区域建立海洋保护区的目的,主要是:"保护和保全稀有或脆弱的生态系统,以及衰竭、受威胁或有灭绝危险的物种和其他形式的海洋生物的生存环境"。

国家管辖范围以外的海洋和海底区域属于人类的共同财产,任何国家无权单独在那里建立海洋保护区。但是依照《联合国海洋法公约》第一一八条"各国应互相合作以养护和管理公海区域内的生物资源。凡其国民开发相同生物资源,或在同 1 区域内开发不同生物资源的国家,应进行谈判,以期采取养护有关生物资源的必要措施。为此目的,这些国家应在适当情情形下进行合作,以设立分区域或区域渔业组织"的规定,以及联合国大会关于海洋生态系统负责任渔业的第 61/105 号决议第八十三段(c)，区域渔业管理组织采取措施："对于根据现有最佳科学资料，确知存在或有可能存在包括海底山脉、热液喷口和冷水珊瑚在内的脆弱海洋生态系统的地区，不对底鱼捕捞开放这些地区，并确保在建立养护和管理措施以防止对脆弱海洋生态系统产生重大不利影响之前，不进行这类活动"[65]15的要求，在公海或公海深海底建立海洋保护区应遵守以下原则。

（1）应根据国际法，包括《联合国海洋法公约》；

（2）应根据科学证据，不应损害各国合理使用自然资源的权利；

（3）应以科学为基础明确保护需求和保护措施，所采取的措施不应妨碍航行自由和海洋科学研究；

（4）海洋保护区不能单边地或由 1 个国家集团建立；

（5）建立海洋保护区，应与有关部门和利益攸关方协商并请他们参加，必须在受影响国家的利益与养护和管理之间求得平衡；

（6）建立海洋保护区应同时确立其供资和管理机制。

依据现有国际法规则，在国家管辖范围以外的海洋和海底区域建立海洋保护区，可循下列途径：

（1）区域性海洋环境或生物资源公约决定建立海洋保护区。

（2）两个或两个以上利益相关的国家在区域性海洋环境或生物资源公约的框架内通过谈判，达成建立海洋保护区的协议。

（3）区域渔业管理组织按照相关公约规定的职责权限决定建立海洋保护区。

（4）根据《生物生物多样性公约》建立海洋保护区。

五、作为渔业养护和管理的手段

（一）联合国大会文件第 58/65 号

2003 年秘书长向联合国大会提交的关于"海洋和海洋法"的第 58/65 号报告中，就海洋保护区的作用特别是在海洋生物资源的养护和管理方面的作用做了如下肯定性的阐述：

（1）海洋保护区是确保海洋和沿海综合管理制度效力的现有最佳战略，亦是旨在减少人类活动对沿海和海洋生态系统和生物资源的压力的工具。海洋保护区可以通过保护生境来协助养护生物多样性，为受威胁鱼种提供禁渔区从而提高生产力。海洋保护区还可用于进行长期环境监测研究，作为研究管理技巧的控制场地。

（2）沿海保护区在养护和可持续利用生物多样性两方面具有许多好处，包括保护生态系统的结构、运作和健康，可以修复过去的破坏，提高渔业产量，为地方社区和国家提供社会和经济利益。

（3）海洋保护区有潜力养护独特、鱼种或生物地理单位代表性特别丰富的整个生态系统，以协助维持生态系统的生产力，办法是通过设立"禁捕捞区"或禁捕区等"禁渔区"、繁殖区、幼鱼区等方式控制干扰生态过程或实际破坏环境的活动来保护重要的生态过程，促进受威胁海洋生物资源的补充。

（4）海洋保护区中,海洋养护区最多。受完全保护的海洋养护区禁止开采利用任何资源,或对生境进行任何破坏。其他海洋养护区禁止捕捞的保护程度不太全面,其形式诸如季节性休渔、禁止捕捞生殖期鱼类和限制捕捞量等。研究表明,养护区往往都可增加过度捕捞的鱼种的种群数目和大小。一般认为养护区可以通过以下 3 种方式提供保护,从而避免过度捕捞的严重后果:

① 保护具有商业或娱乐重要性的个别鱼种免于捕捞;

② 减少改变生物结构的捕鱼方法所造成的生态毁坏,维持海洋生态系统的结构;

③ 保护海洋生态系统免遭过度捕捞的危害,而过度捕捞则可能导致重要鱼种种群的灭绝,使生态系统失衡并改变其多样性和生产力。

（5）在珊瑚礁、热带海岸、河口湾、红树林和许多其他重要生境设立海洋养护区,在生物生境受到过度捕捞的严重干扰、当地鱼类种群依赖这些生境的情况下特别有效。若要保护重要生境,例如繁殖场或产卵群,小型养护区可以作为重要的养护工具,使地方渔业获益。

（6）要广泛地加强区域生态系统,就必须足够密地设立养护区,以便大大促进鱼种多样性和从区外予以补充。充分监测和强制执行对海洋保护区的效力也很重要。[60]55-56

（二）渔业委员会文件第 COFI/2005/8 号及其审议意见

1. 2005 年秘书处提交渔业委员会第二十六届会议审议的第 COFI/2005/8 号文件,对海洋保护区实例调查进行了总结,从总体上对海洋保护区与渔业的关系问题做出的判断

（1）海洋保护区 1 词用来指禁止开采活动(特别是捕鱼)的海洋保留地,或允许某些开采活动但为保护生境和生物多样性又具体限制开采活动的管理区,其主要目的是保护生物多样性。因此,需要认真考虑两类海洋保护区可对渔业资源和沿海社区各自造成的经济、社会、政治和伦理影响。

（2）研究认为,如果为渔业加以审慎和具体的设计,并与传统的管理措施,如减少捕捞能力、限制捕捞量、设立捕鱼权、改进选择性等相结合,海洋保护区原则上可以在以下各方面受益于渔业:

① 保护在海洋保护区生存时间较长的脆弱目标物种或偶然被捕获的濒危物种免遭灭绝;

② 保护关键资源生命周期的关键阶段,可以提高产卵生物量和繁殖;

③ 保护重要生境(如珊瑚礁、藻类或海草床)不因捕鱼而受到不可逆转的退化;

④ 提供 1 个缓冲区,防止不确定性,通过原地遗传保护加强种群抵御不利气候条件的能力,建立产卵生物量"储存库",改进苗种的存活,维持生态系统的功能;

⑤ 增加渔业生态系统的知识,提供未加触动的参照点;

⑥ 充当新型渔业初级发展阶段的预防手段;

⑦ 改善渔业的社会经济条件,维持生物多样性,提高生物量和产量,提供替代就业机会,如增加对旅游业的兴趣;

⑧ 优于或改善传统办法,传统办法如在种群集结产卵,集聚区首先成为正常目标情

况下,实行可允许总捕获量和配额;

⑨ 有效的海洋保护区可能比经常遭到违反的鱼体最低尺寸管理办法或禁止捕获怀卵雌鱼办法更加有效。

（3）相反,如果在设计时没有全面的科学认识,对渔业需求和现有管理措施注意不够,海洋保护区可能对渔业部门不起作用,甚至产生相反的效果。因为:

① 其总体影响受海洋保护区的结构、资源和渔业、幼体扩散形态、受影响渔民可利用的其他选择的限制;

② 其总体效果经常不为人们所知,虽然已经表明对海洋保护区本身的生物量和多样性具有积极影响,并对毗邻海洋保护区边界的地方产生外溢效应,但仍然不了解对离开海洋保护区各种距离的渔业的总体效果;

③ 可能使渔民远离传统的捕鱼地区,强迫他们到更遥远地方捕鱼,增加了作业成本,可能危及船员的生命,并可能使渔业活动集中于其他地区;

④ 可能扰乱传统安排和洄游种群的捕捞方式,影响公平和增加冲突源;

⑤ 可能扰乱沿海生计,包括陆地和海上职业之间的平衡,例如妇女有可能被剥夺传统加工和贸易活动;

⑥ 在应对毒饵或炸药等破坏性办法方面,没有提供真正优越于传统办法的途径。传统办法一般早已禁止,但在边远地区或极端贫困地区仍然难以消除。

（4）海洋保护区的总体影响,它们对解决渔业问题的贡献多大以及渔业社区的接受程度,主要取决于:海洋保护区的种类,海洋保护区的组织,总体保护程度和与鱼类种群总体分布的联系,海洋保护区与周围地区之间鱼类资源的分布,所涉及的渔业活动种类等。

（5）在许多情况下,海洋保护区作为渔业管理的补充措施,特别是在实行高度参与性和注重生态系统的渔业管理办法的背景下,潜力仍然很大,不容忽视。

（6）科学界一致认为,迫切需要对各种情况下的海洋保护区进行科学测试,以便发现潜力、缺陷和成功的条件。[66]

2. 渔业委员会审议 COFI/2005/8 号文件后,就"海洋保护区与渔业"问题取得的共识

（1）使用海洋保护区作为 1 种渔业管理手段应当以科学为依据,并得到有效的监测和实施以及 1 个适当的法律框架的支持。

（2）海洋保护区是一系列管理手段之一,与其他适当的措施如能力控制相结合将能产生效果。

（3）当需要阻止人们在公海海洋保护区内开展非渔业活动时,区域渔业管理组织将需要发展与其他相关政府间组织,尤其是环境方面的组织如生物多样性公约和其他组织如国际海事组织互动的手段。

（4）建议粮农组织制定关于设计、建立和试验海洋保护区的技术准则。制定准则时需要与一些国家、政府间组织和非政府组织联络,并从其经验中受益。

（5）认为粮农组织应当协助其成员在 2012 年之前实现可持续发展世界首脑会议的

相关目标,尤其是建立有代表性的海洋保护区网络。强调粮农组织应当与研究这项主题的其他政府间组织合作,尤其是与生物多样性公约和联合国大会合作。[67]

（三）联合国大会文件第 62/66/add.2 号

2007 年联合国秘书长向大会提交的关于"海洋和海洋法"的第 62/66 号报告的增编 2,明确指出:长期以来,为保护鱼类资源和其他宝贵物种而对特定区域实行的禁渔区和禁渔期及渔具限制一直被当作常规渔业管理方面的 1 个工具。根据《联合国海洋法公约》第六十二条第四款,沿岸国可在养护其专属经济区内的海洋生物资源方面采取各种措施,例如,规定渔汛和渔区。在公海,第一一九条要求各国在决定可捕量和制订其他养护措施时采取措施,使捕捞的鱼种的数量维持在或恢复到能够生产最高持续产量的水平,并考虑到与所捕捞鱼种有关联或依赖该鱼种而生存的鱼种所受的影响,以便使这种有关联或依赖的鱼种的数量维持在或恢复到其繁殖不会受严重威胁的水平以上。除其他外,可以通过使用划区管理工具实现上述目标。

1995 年《联合国鱼类种群协定》规定,对目标种群和属于同 1 生态系统或与目标种群相关或从属目标种群的物种,制定养护和管理措施;《协定》要求捕捞国通过发展和使用有选择的、对环境无害和成本效益高的渔具和技术,尽量减少污染、废弃物、遗弃渔具所致捕获量、非目标物种捕获量,以及捕捞对相关或从属物种、特别是濒于灭绝的物种的不利影响;《协定》进一步要求保护海洋环境的生物多样性(第五条)。各国必须广泛采取预防性做法,并制订数据收集和研究方案,以评估捕鱼对非目标和相关或从属物种及其环境的影响。各国还必须制订计划,确保养护这些物种和保护受到特别关切的生境(第六条)。2006 年 5 月在纽约举行的《协定》审查会议在其有关鱼类养护和管理的建议中强调:"建立禁渔区、海洋保护区和海洋保留区可以成为养护和管理某些令人特别关注的鱼类种群以及生境的有效手段。"会议建议各国各自并通过区域渔业管理组织和安排共同"按照现有的最佳科学信息、预防性做法和国际法,逐案制定管理工具,包括禁渔区、海洋保护区和海洋保留区及其执行标准,以期有效养护和管理跨界鱼类种群、高度洄游鱼类种群和公海离散鱼类种群,并保护生境、海洋生物多样性以及脆弱的海洋生态系统"。

该报告同时指出,就海洋保护区对渔业的作用而言,海洋保护区如果得到妥善落实,可以在其范围内提高生物密度、生物量、生物体的中位尺寸和物种多样性。在有些情况下,海洋保护区显然对保护区边界以外的渔业情况颇有助益,但海洋保护区在这方面的潜在作用需予以审慎评价,评价时应逐案与其他管理手段作比较,并考虑到追求的目标、相关局部生物和生态特征,以及渔业和以渔业为生的人们的特点和空间特征。[68]33-35

六、 技术准则

（一）技术准则的制定

2005 年渔业委员会第二十六届会议建议粮农组织制定关于设计、建立和试验海洋保护区的技术准则,包括公海海洋保护区的准则。委员会提请注意制定准则时需要与一些国家、政府间组织和非政府组织联络,并从其经验中受益。发展中国家的一些成员请粮农组织为发展海洋保护区系统提供技术援助。

2006 年 6 月 12 日至 14 日粮农组织举行了 1 次关于"海洋保护区和渔业管理:审查各种问题和考虑"的专家讨论会,旨在拟定海洋保护区技术准则草案大纲。与会专家一致认为:海洋保护区作为 1 种渔业管理手段,有助于实现渔业管理的养护和可持续性目标,同时也有助于生物多样性和生境的保护,而且通常有益于海洋保护区界限以外的资源养护及其可持续性,带来生态方面的其他好处和(或)社会好处;可对渔业管理单位的部分地域规定期限和三维地域范围;给予海洋保护区地界内的渔业资源更高程度的保护,其程度超过渔业管理单位地域内其他地方资源获得的保护;通过具有法律拘束力的机制和(或)其他有效方式建立;讨论会还认为粮农组织要制定的准则应提供技术指导,说明海洋保护区作为渔业管理的手段,与包括国家管辖范围以外的管理手段在内的其他手段相比之下存在的潜在优势和不利之处。公海海洋保护区可以着眼保护海隆和洋脊等处的深海资源及生物群落、海洋水层资源及生物群落或两者兼顾。区域渔管组织为了进行管理,规定使用或禁止某类渔具、限制某种深度的捕捞作业或采取审慎管理的试捕等,或为对特定海洋区域加以保护,不得在此类区域从事某类捕捞活动,应细分为较小的地域(渔业管理单位)。区域渔管组织可以采取的养护措施包括:禁渔区和禁渔期,此类禁渔可为临时性措施,例如,在进行进一步调查和收到科学建议以前实行,或以种群恢复为目的;也可以是长期措施,例如,以保护鱼的产卵场和(或)鱼生命周期的幼鱼阶段为目的。[68]35

2006 年 12 月联合国大会关于"实现可持续渔业"的第 61/105 号决议鼓励加快工作进度,制定关于为渔业目的建立的海洋保护区的目标和管理标准,在这方面,欢迎粮农组织拟议根据《联合国海洋法公约》制定技术导则,用以指导为渔业目的建立的海洋保护区的设计、落实和检验,并敦促在所有相关国际组织和机构之间进行协调与合作。[65]16

2007 年渔业委员会第二十七届会议重申海洋保护区在保存生物多样性和渔业管理方面的重要作用,强调海洋保护区的建立必须以现有科学和其他信息为基础,设计良好,实施得当,所有相关方面充分参与;海洋保护区是 1 种工具,应与其他适当的管理工具结合使用。建议粮农组织及早完成有关捕鱼的海洋保护区设计、实施和试验的技术准则。[47]12

2008 年至 2009 年粮农组织委托世界银行、国际渔工援助合作社(ICSF)等对世界各地海洋保护区进行了一系列案例研究,以总结海洋保护区建立和管理的经验教训,调查海洋保护区作为渔业管理手段的现实作用和潜力。在此基础上,进一步地修改完善了粮农组织的海洋保护区技术准则的做法。

2011 年粮农组织制成负责任渔业技术准则 4 的补编 4,命名为《渔业管理 4. 海洋保护区与渔业》。[69]

(二)技术准则的内容

世界自然保护联盟的海洋保护区准则把保护海洋生物多样性这个目的摆在首位,似乎并未充分考虑渔业的利益。粮农组织发布的海洋保护区准则则着眼于渔业管理与生物多样化保护之间的关连性,从渔业的角度审视海洋保护区,并把海洋保护区的划设作为以渔业生态系方法为依据的渔业管理手段的 1 种。

技术准则特别指出,从社会经济的观点来看,海洋保护区的妥善划设及实施将可能对环境及人类生活带来益处,但也可能在短期内对渔业来带来深刻的不利影响。最重要的是,划设海洋保护区时,必须考虑资源的可持续利用与生态系统保护之间的平衡。

技术准则由前言、背景、两部分正文和4个附件组成。

附件一　公海海洋保护区及其网络

附件二　维持鱼类种群需要多少海洋保护区

附件三　用于渔业管理和海洋保护区的模型

附件四　冲突管理

正文第一部分——什么是海洋保护区,海洋保护区作什么用? 包括从渔业的角度回答下列基本问题:什么是海洋保护区? 建立海洋保护区的首要原因是什么? 海洋保护区的风险是什么? 什么是海洋保护区网络? 为什么需要海洋保护区网络? 什么是渔业管理? 什么是渔业的生态系统办法(EAF)? 什么是预防性的方法? 在渔业管理中如何结合使用海洋保护区和其他空间的管理工具? 在什么情况下海洋保护区是有用的渔业管理工具? 什么是生物多样性保护? 如何能使用于渔业管理的海洋保护区与生物多样性的保护相关联? 还包括划设海洋保护区必须顾及的社会、经济等人文因素。

正文第二部分——海洋保护区的规划和实施。包括海洋保护区的法律、制度和政策框架(国际的,国家的,跨界和国际水域的);海洋保护区的规划过程;国家级或部门的海洋保护区的政策目标和发展目标;利益相关方参与海洋保护区的规划;确定海洋保护区需要优先解决的问题;海洋保护区管理计划;海洋保护区实施的行政安排;海洋保护区管理规则和法规的制定、遵守和执行;海洋保护区的信息、监控和管理以及海洋保护区的未来发展等。

技术准则在性质上和其他负责任渔业技术准则一样,是自愿遵守的。联合国粮农组织出台该准则意在提高各国对海洋保护区及其网络在渔业管理中重要作用的认识,推动渔业领域海洋保护区的合理划设和有效管理,进一步发挥海洋保护区作为海洋生物资源1项重要养护和管理措施的作用,促进渔业资源的长期养护和可持续利用。

七、网络

(一)海洋保护区网络的概念和功能

海洋保护区网络(MRN)是指由各种独立的海洋保护区组成的不同空间尺度和不同保护水平相互组合、协同动作的集合体,从而实现单个保护区无法达到的目标。

由于海洋环境及其生物资源的流动性和瞬变性,包括《生物多样性公约》在内的若干论坛都主张建立具有代表性的保护区网络,以此提供保护生态多样性的最佳形式。具有代表性的保护区网络指的是甄选和保护1国或1个区域中可能通过生态走廊彼此连接的重要生态系统类别。在这种情况下,如果纳入网络的保护区内有所有物种和生境类别,生物多样性就可得到充分保护。这些网络可由许多较小的、每个都受严格保护的地点组成,抑或由为数较少的大型多用途区域组成,其中涵盖完整海洋生态系统或该系统的很大1部分,内设若干严格保护区。每个大型区域内规定的用途和保护程度均不同。

因此,海洋保护区网络是可用来实施综合海洋管理和生态系统办法的工具之一。全球性网络能让各缔约方与其他各方协作建立起联系,交流想法和经验、开展科技合作、进行能力建设和采取相互支持国家和区域保护区体系的合作行动,所有这些都有助于保护区工作方案的落实。这1网络对于国家或区域体系没有权威或授权。

(二)海洋保护区网络的建立原则和目标

2002年《可持续发展世界首脑会议实施计划》第三十二(c)段规定,根据国际法和科学信息,建立海洋保护区,包括到2012年建立有代表性的保护区网络以及时间/区域封闭以便保护育苗场和周期性的鱼类……[6]

2004年《生物多样性公约》缔约方第七届大会第Ⅶ/5号决定指出,一致认为海洋和沿海保护区是保护可持续利用海洋和沿海生物多样性的至关重要的手段和做法之一,促请各缔约方,其他国家政府和有关组织积极提供财务、技术和其他支持,以建立1个全球海洋和沿海保护区网络系统。重申根据国际法和立足于科学信息建立海洋保护区,包括到2012年建立起具有代表性的网络,并定时/定点关闭海区来提供哺育地区和季节保护……[63]130-131

2004年和2005年联合国大会关于"海洋和海洋法"的第59/24和第60/30号决议一再重申各国必须继续努力制定多种办法和手段,促进以此养护和管理脆弱的海洋生态系统,包括依照国际法和根据现有的最佳科学资料,建立海洋保护区,以及至迟在2012年建立这种海洋保护区的代表网络。[70-71]

2012年联合国大会决议第66/288号《我们希望的未来》第一七七段宣布:我们重申包括海洋保护区在内的划区养护措施的重要性,这些措施必须符合国际法并以现有最佳科学信息为依据,作为保护生物多样性和可持续利用其组成部分的1种工具。我们注意到2010年10月18日至29日在日本名古屋举行的生物多样性公约缔约方会议第十次会议X/2号决定要求利用得到有效公平管理、具有生态代表性、联接良好的保护区系统和其他有效的划区养护措施,到2020年使10%的沿海和海洋区域,尤其是对生物多样性和生态系统服务特别重要的区域,都得到有效养护。[72-73]截至2013年9月,世界保护区数据库中记录了9 603个海洋保护区,其中有493个保护区在非洲,3 022个在北美洲、中美洲和南美洲,1 808个在亚洲,3 162个在欧洲,1 052个在大洋洲,[74]海洋保护区总面积约占全球沿海和海洋区域面积的3.41%。[75]2015年的《变革我们的世界:2030年可持续发展议程》重申目标是:到2020年,根据国内和国际法,并基于现有的最佳科学资料,保护至少10%的沿海和海洋区域。[76]

参考文献

[1] 中国大百科全书(第二版第2卷)[M].北京:中国大百科全书出版社,2009:595-596.

[2] 联合国大会文件第59/62/add.1号.秘书长的报告海洋和海洋法增编[R/OL].(2004-08-18:第296段).[2013-05-05].

http://www.un.org/zh/documents/view_doc.asp?symbol=A/59/62/add.1

[3] 联合国大会文件第CONF.164/INF/9号.联合国粮农组织.渔场管理的参考点:在跨界鱼类和

高度洄游鱼类资源方面的可能应用[S/OL].(1994-03-26).[2013-05-05].

http://documents.un.org/lexicon_symbol.asp?DocSymbol=A/CONF.164/INF/9

[4]联合国粮农组织.世界渔业管理和发展会议报告[R/OL].(1984-07-06;15).[2013-05-06].

http://ftp.fao.org:21/docrep/fao/012/ak192c/ak192c.pdf

[5]联合国新闻部.《联合国海洋法公约》评介[M].高之国,译.北京:海洋出版社,1986.

[6]联合国大会决议第九〇〇(九)号.海上生物资源养护问题国际技术会议[S/OL].(1954-12-14).[2013-05-07].

http://daccess-dds-ny-UN.org/doc/RRESOLUTION/GEN/…

[7]Report of the International Technical Conference on the Conservation of the Living Resources of the Sea[S/OL].(1955-05-10)[2013-05-07].

http://daccess-dds-ny.un.org/doc/UNDOC/GEN/NL5/502/04/PDF/NL550204.pdf?OpenElement

[8]詹宁斯,瓦茨.奥本海国际法(第一卷第二分册)[M].王铁崖,李适时等,译.北京:中国大百科全书出版社,1998:213.

[9]联合国大会文件第CONF.164/L.38号.俄罗斯对改善跨界鱼类的管理以便加以养护的概念的探讨[S/OL].(1994-03-02).[2013-05-10].

http://www.un.org/zh/documents/view_doc.asp?symbol=A/CONF.164/L.38

[10]联合国大会文件第CONF.164/L.47号.俄罗斯驻联合国常驻代表给会议主席的信[R/OL](1995-03-24).[2013-05-12].

http://www.un.org/zh/documents/view_doc.asp?symbol=A/CONF.164/L.47

[11]联合国大会文件第CONF.164/L.18号.Submitted by the delegation of the Russian Federation.Definition of straddling stocks of marine life and list of their main species[S/OL].(1993-07-20).[2013-05-12].

http://documents-dds-ny.un.org/doc/UNDOC/LTD/N93/407/10/pdf/N9340710.pdf?OpenElement

[12]联合国大会文件第CONF.164/L.46号.俄罗斯提出的跨界鱼类主要鱼种补充名单[S/OL].(1994-07-12).[2013-05-13].

http://www.un.org/zh/documents/view_doc.asp?symbol=A/CONF.164/L.46

[13]联合国大会文件第CONF.164/L.32/add.1号.俄罗斯提出的在协定中"毗邻区域"的定义[S/OL].(1994-07-12).[2013-05-15].

http://documents.un.org/lexicon_symbol.asp?DocSymbol=A/CONF.164/L.32/add.1

[14]叶笃正,曾呈奎,谢家泽,等.中国大百科全书(大气科学　海洋科学　水文科学)[M].北京:中国大百科全书出版社,1987:296-298.

[15]联合国大会决议第39/225号.世界渔业管理和发展会议[S/OL].(1984-12-28).[2013-05-15].

http://www.un.org/zh/documents/view_doc.asp?symbol=A/RES/39/225

[16]Declaration of the International Conference on Responsible Fishing Cancun,Mexico[S/OL].(1992-05-08).[2013-05-15].

http://legal.icsf.net/icsflegal/uploads/pdf/instruments/res0201.pdf

[17]联合国大会文件第CONF.164/21号.1994年8月15日会议主席在第四届会议开幕式上的发言[R/OL].(1994-08-17;第4段).[2013-05-15].

http://documents. un. org/lexicon_symbol. asp？DocSymbol＝A/CONF. 164/21

［18］联合国可持续发展《21世纪议程》［S/OL］.（2009-10-01；17. 44-17. 50段）.［2013-05-16］.

http://www. un. org/chinese/events/wssd/agenda21. htm［01/10/2009 14. 26. 01

［19］联合国大会决议第47/192号. 联合国跨界鱼类和高度洄游鱼类会［S/OL］（1993-01-29）.［2013-05-17］.

http://www. un. org/zh/documents/view_doc. asp？symbol＝A/RES/47/192

［20］联合国大会决议第48/194号. 联合国跨界鱼类和高度洄游鱼类会［S/OL］（1994-01-18）.［2013-05-18 ］.

http://www. un. org/zh/documents/view_doc. asp？symbol＝A/RES/48/194

［21］联合国大会决议第49/121号. 联合国跨界鱼类和高度洄游鱼类会［S/OL］（1994-12-19）.［2013-05-18］.

http://www. un. org/zh/documents/view_doc. asp？symbol＝A/RES/49/121

［22］Ronald Barston. United Nations Conference on straddling and highly migratory fish stocks（Marine Policy Volume 19, Issue 2, March 1995）［S/OL］.（1995-03）.［2013-05-18］

http://www. sciencedirect. com/science/article/pii/0308597X9500001M

［23］联合国大会文件第CONF. 164/INF/8号. 联合国粮农组织. 关于跨界鱼类和高度洄游鱼类的渔业预防性措施［R/OL］（1994-03-26）［2013-05-19］.

http://documents. un. org/lexicon_symbol. asp？DocSymbol＝A/CONF. 164/INF/8

［24］联合国大会文件第CONF. 164/2I号. 1994年8月15日会议主席在第四届会议开幕式上的发言［R/OL］.（1994-08-17；第5、8和9段）.［2013-05-19］.

http://documents. un. org/lexicon_symbol. asp？DocSymbol＝A/CONF. 164/21

［25］联合国大会文件第CONF. 164/24号. 1994年8月26日会议主席在第四届会议闭幕式上的发言［R/OL］.（1994-09-08）.［2013-05-19］.

http://un. org/lexicon_symbol. asp？DocSymbol＝A/CONF. 164/L. 24

［26］FAO. Fisheries Department. the State of World Fisheries and Aquaculture［R/OL］.（1995：12-16）.［2013-05-19］.

ftp://ftp. fao. org/docrep/fao/009/v5550e/v5550e. zip

［27］联合国大会文件第CONF. 164/28号. 1995年4月12日会议主席在第五届会议闭幕式上的发言［R/OL］.（1995-05-01）.［2013-05-19］.

http://documents. un. org/lexicon_symbol. asp？DocSymbol＝A/CONF. 164/L. 28

［28］联合国大会文件第CONF. 164/35号. 1995年8月4日会议主席萨特雅·南丹大使在《执行1982年12月10日〈联合国海洋法公约〉有关养护和管理跨界鱼类种群和高度洄游鱼类种群的规定的协定》通过后的发言［R/OL］.（1999-09-20）.［2013-05-20］.

http://documents. un. org/lexicon_symbol. asp？DocSymbol＝A/CONF. 164/L. 35

［29］联合国大会文件第48/527号. 秘书长的报告海洋法［R/OL］.（1993-11-10）.［2013-05-22］.

http://www. un. org/en/ga/search/view_doc. asp？symbol＝％20A/48/527

［30］联合国大会文件第49/631号. 秘书长的报告海洋法［R/OL］.（1994-11-16；40-41）.［2013-05-24］.

http://www. un. org/zh/documents/view_doc. asp？symbol＝A/49/631

［31］联合国粮农组织.《守则》渊源和制定的背景情况［R/OL］（1995-10-03）.［2012-10-10］.

http://www. cndwf. com/bencandy. php？fid＝9＆id＝59

［32］联合国大会文件第 50/713 号.秘书长的报告海洋法［R/OL］(1996-11-01：49).［2012-10-15］.

http：//www.un.org/en/ga/search/view_doc.asp? symbol＝A/50/713

［33］The Rome Consensus On World Fisheries adopted by the FAO Ministerial Conference on Fisheries［S/OL］.（1995-03-14-15).［2012-10-20］.

http：//www.fao.org/DOCREP/006/AC441e/AC441e00.htm

［34］联合国大会决议第 50/25 号.大型中上层流网捕鱼及其对世界大洋大海海洋生物资源的影响；在国家管辖区内未经许可捕鱼及其对世界大洋大海海洋生物资源的影响；副渔获物和抛弃物及其对可持续利用世界海洋生物资源的影响［S/OL］.（1996-01-04).［2012-10-25］.

http：//www.un.org/zh/documents/view_doc.asp? symbol＝A/RES/50/25

［35］联合国大会文件第 53/456 号.秘书长的报告海洋和海洋法［R/OL］.（1998-10-05：31).［2013-05 -28］.

http：//www.un.org/zh/documents/view_doc.asp? symbol＝A/53/456

［36］联合国大会文件第 52/487 号.秘书长的报告海洋和海洋法［R/OL］.（1997-10-20：28-29).［2013-05-28］.

http：//www.un.org/zh/documents/view_doc.asp? symbol＝A/52/487

［37］Report of the Consultation on the Management of Fishing Capacity，Shark Fisheries and Incidental Catch of Seabirds in Longline Fisheries［S/OL］.（1998-10-26-30).［2013-05-27］.

http：//www.fao.org/docrep/005/x1618t/x1618t00.htm

［38］联合国粮农组织文件第 CL 116/7 号.理事会第一一六届会议/渔业委员会第二十三届会议报告［R/OL］.（1999-01-25-29).［2013-05-27］.

http：//www.fao.org/docrep/meeting/X1647c.htm

［39］联合国大会决议第 55/7 号.海洋和海洋法［S/OL］.（2000-10-30).［2013-05-27］.

http：//www.un.org/zh/documents/view_doc.asp? symbol＝A/RES/55/7

［40］联合国大会文件第 54/429 号.秘书长的报告海洋和海洋法［R/OL］.（1999-09-30).［2013-05 -28］.

http：//www.un.org/zh/documents/view_doc.asp? symbol＝A/54/429

［41］联合国粮农组织渔业和水产养殖部.世界渔业和水产养殖状况 2014［R/OL］.（2014：130-131).［2014-08-10］.

http：//www.fao.org/3/a-i3720e.pdf

［42］联合国粮农组织渔业部长级会议.执行负责任渔业行为守则的罗马宣言［S/OL］.（1999-03-10－11：第ｊ段).［2013-05-28］.

http：//www.ofdc.org.tw/organization/01/fao/02C_fao02.pdf

［43］联合国大会决议第 56/12 号.海洋和海洋法［S/OL］.（2001-12-13：7).［2013-05-28］.

http：//www.un.org/zh/documents/view_doc.asp? symbol＝A/RES/56/12

［44］讨论有关打击非法、不报告和无管制捕捞的港口国措施的专家磋商会报告［R/OL］.（2002-11-4－6).［2013-05-30］.

http：//www.fao.org/DOCREP/005/Y8104C/Y8104C00.HTM

［45］联合国粮农组织渔业报告第 FIPL/R759(Ch)号.审查打击非法、不报告和不管制捕捞港口国措施的技术磋商会报告［R/OL］.（2004-08-3—09-02).［2013-05-30］.

ftp：//ftp.fao.org/docrep/fao/008/y5787c/y5787c00.pdf

［46］联合国粮农组织渔业及水产养殖报告第 FIEL/R914 号.关于起草具有法律拘束力的港口国

预防、制止和消除非法、不报告和不管制捕鱼措施文书的技术磋商会议报告[R/OL].(2009).[2013-05-31].

www. fao. org/docrep/012/i1122c/i1122c00. pdf

[47]联合国粮农组织渔业报告第 FIPL/R830 号.渔业委员会第二十七届会议报告[R/OL].(2007-03-05—09).[2013-05-31].

ftp://ftp. fao. org/docrep/fao/010/a1160c/a1160c00. pdf

[48]联合国粮农组织文件第 CL 132/REP 号.联合国粮农组织理事会第一三二届会议报告[R/OL].(2007-06-18-22).[2013-05-31].

ftp://ftp. fao. org/docrep/fao/meeting/012/j9797c. pdf

[49]联合国粮农组织渔业报告第 FIEL/R846 号.关于起草具有法律拘束力的港口国措施文书的专家磋商会报告[R/OL].(2007-09-4-8).[2013-05-31].

http://ftp. fao. org/docrep/fao/010/a1375c/a1375c00. pdf

[50]联合国粮农组织文件第 C2009/LIM/11-Rev. 1 号.关于港口国预防、制止和消除非法、不报告、无管制捕鱼的措施协定[S/OL].(2009-11-22).[2013-05-31].

ftp://ftp. fao. org/docrep/fao/meeting/018/k6339c01. pdf

[51]联合国粮农组织渔业和水产养殖部助理总干事·RNI M. MATHIESEN 讲话[R/0L].(2011-05-02).[2013-06-01].

ftp://ftp. fao. org/FI/DOCUMENT/tc-fsp/2011/inf3c. pdf

[52]联合国粮农组织渔业和水产养殖业报告第 FIEL/R902 号.渔业委员会第二十八届会议报告[R/OL].(2009-03-02—06:第 70 段).[2013-06-01].

www. fao. org/docrep/012/i1017c/i1017c. pdf

[53] FAO Fisheries and Aquaculture Report No. 918. Report of the Expert Consultation on Flag State Performance ,Rome [R/OL].(2009-06-23-26:APPENDIX F)[2013-06-01].

http://ftp. fao. org/docrep/fao/012/i1249e/i1249e00. pdf

[54]联合国粮农组织渔业及水产养殖报告第 FIPI/R973 (C)号 .渔业委员会第二十九届会议报告[R/OL].(2011-01-31～02-04:第 34 段).[2013-06-01].

www. fao. org/docrep/014/i2281c/i2281c00. pdf

[55]主席提交的船旗国表现技术磋商会第一届会议报告[R/OL].(2011-05-02-6).[2013-06-02].
ftp://ftp. fao. org/FI/DOCUMENT/tc-fsp/2011/Chairperson_report_c. pdf

[56]船旗国表现技术磋商会后续会议主席报告[R/OL].(2012-03-05-9).[2013-06-02].
ftp://ftp. fao. org/FI/DOCUMENT/tc-fsp/2012/Chairperson_report_9_March_2012_c. pdf

[57]联合国粮农组织渔业及水产养殖报告第 1012 号.渔业委员会第三十届会议报告[R/OL].(2012-07-09—13:第 55 段).[2013-06-01].

http://www. fao. org/docrep/017/i3105c/i3105c00. htm

[58]联合国粮农组织渔业及水产养殖报告第 1046 号.船旗国表现问题技术磋商会报告(2011 年 5 月 2-6 日、2012 年 3 月 5-9 日、2013 年 2 月 4-8 日)[R/OL].(2013:第 10-26 段,附录 F).[2013-06-02].

http://www. fao. org/docrep/018/i3369c/i3369c. pdf

[59]渔业委员会文件第 COFI/2014/4. 2 Rev. 1 号.渔业委员会第三十一届会议报告[R/OL].(2014-06-09-13 第 3、4 段,附录 II).[2014-08-10].

http://www. fao. org/cofi/24770-017fb5fe14a946be1d6a74e9f865aefb8. pdf

［60］联合国大会文件第 58/65 号.秘书长的报告海洋和海洋法［R/OL］.（2003-03-03）.［2012-01-05］.

http://daccess-dds-ny. un. org/doc/UNDOC/GEN/N03/266/67/PDF/N0326667. pdf? OpenElement

［61］World Commission on Protected Areas（WCPA）. Guidelines for Marine Protected Areas［S/OL］.（1999）［2013-06-05］.

file:///C:/Users/lenovo/Downloads/64732. pdf

［62］FAO Fisheries Department. The ecosystem approach to fisheries. FAO Technical Guidelines for Responsible Fisheries. No. 4,Suppl. 2. ［S/OL］.（2003;p. 108）.［2013-06-06］.

ftp://ftp. fao. org/docrep/fao/005/y4470e/y4470e00. pdf

［63］《生物多样性公约》缔约方大会文件第 UNEP/CBD/COP/7/21 号.《生物多样性公约》缔约方大会第七次会议通过的决定 VII/5 海洋和沿海生物多样性［S/OL］.（2004-02-09-20）.［2013-06-06］.

http://www. cbd. int/doc/meetings/cop/cop-07/official/cop-07-21-part2-zh. pdf

［64］联合国大会文件第 54/429 号.秘书长的报告海洋和海洋法［R/OL］.（1999-09-30;61）.［2013-06-08］.

http://www. un. org/zh/documents/view_doc. asp? symbol＝A/54/429

［65］联合国大会决议第 61/105 号.通过 1995 年《执行 1982 年 12 月 10 日〈联合国海洋法公约〉有关养护和管理跨界鱼类种群和高度洄游鱼类种群的规定的协定》和相关文书等途径实现可持续渔业［S/OL］.（2006-12-08）［2013-06-10］.

http://www. un. org/zh/documents/view_doc. asp? symbol＝A/RES/61/105

［66］渔业委员会文件第第 COFI/2005/8 号.海洋保护区与渔业［R/OL］. （2005-03-07－11）.［2013-06-15］.

ftp://ftp. fao. org/docrep/fao/meeting/009/j3697c. pdf

［67］联合国粮农组织渔业报告第 780 号.渔业委员会第二十六届会议报告［R/OL］.（2005-03-07-11;15-16）.［2013-06-15］.

ftp://ftp. fao. org/docrep/fao/008/a0008c/a0008c00. pdf

［68］联合国大会文件第 62/66/Add. 2 号.秘书长的报告海洋和海洋法增编［R/OL］.（2007-09-10;33-35）.［2013-06-15］.

http://www. un. org/zh/documents/view_doc. asp? symbol＝A/62/66/add. 2

［69］FAO. Fisheries management. 4. Marine protected areas and Fisheries. FAO Technical Guidelines for Responsible Fisheries. No. 4,Suppl. 4.［S/OL］.（2011）.［2013-06-15］.

http://www. fao. org/docrep/015/i2090e/i2090e. pdf

［70］联合国大会决议第 59/24 号. 海洋和海洋法［S/OL］.（2004-11-17;12）.［2013-08-15 ］.

http://daccess-dds-ny. un. org/doc/UNDOC/GEN/N04/477/63/PDF/N0447763. pdf? OpenElement

［71］联合国大会决议第 60/30 号.海洋和海洋法［S/OL］.（2005-11-29;12）.［2013-08-15］.

http://daccess-dds-ny. un. org/doc/UNDOC/GEN/N05/489/33/PDF/N0548933. pdf? OpenElement

［72］联合国大会决议第 66/288 号.我们希望的未来［S/OL］.（2012-07-27 ）.［2013-06-22］.

http://www. un. org/zh/documents/view_doc. asp? symbol＝A/RES/66/288

［73］《生物多样性公约》缔约方大会文件第 UNEP/CBD/COP/10/27 号.生物多样性公约缔约方大

会第十届会议报告[R/OL].(2010-10-18-29:101).[2013-06-22].

http://www.cbd.int/doc/meetings/cop/cop-10/official/cop-10-27-zh.pdf

[74] 联合国大会文件第 68/71/Add.1 号.秘书长的报告海洋和海洋法增编[R/OL].(2013-09-09:23).[2015-01-05].

http://www.un.org/zh/documents/view_doc.asp? symbol=A/68/71/Add.1

[75] IUCN and UNEP-WCMC. 2014 United NationsList of Protected Areas(p.12)[R/OL].[2015-01-05].protectedplanet.net

[76] 联合国大会决议第 A//70/1 号.变革我们的世界:2030 年可持续发展议程[S/OL].(2015-10-21:14.6).[2015-11-01].

http://www.un.org/zh/documents/view_doc.asp? symbol=A/RES/70/1

第十章　渔业管理

　　国家承担实现渔业可持续发展的主要管理责任。渔业管理应当有利于保持今世和后代实现粮食安全、减贫和可持续发展所需的充足渔业资源的质量、多样性和可用性。管理措施应确保除养护目标物种外,同时应确保养护与目标物种属于同1生态系统或与之相关联或相依赖的物种。渔业管理还应该考虑靠渔业为生的社区的经济、社会和文化需要以及发展中国家所必需的贸易收入的需要。

　　《负责任渔业行为守则》第六条对可持续渔业捕捞各国应遵循的总原则做出多项规定,并用第九条"渔业管理"和第十条"捕捞作业"两条对各国实施这些总原则具体规定了诸多标准,其中第九条侧重于宏观层面,第十条侧重于微观层面。

　　在第九条的技术准则中,联合国粮农组织将渔业管理定义为:"信息收集、分析、规划、磋商、决策、资源分配以及制定和实施用于管理渔业活动的法律或规章,并以公权力执行相关管理规定来规范渔业行为的综合过程,以确保资源的可持续利用和实现渔业管理目标。"这个提法被其他相关文件多次引用。按照其规定,为加强渔业管理,各国还应建立渔业管理法律体系和渔业行政管理系统及渔业监督管理体制,并加强渔业管理能力建设,制定和执行负责任的渔业管理政策,包括实行小型渔业优先政策、防止或消除过剩捕鱼能力的政策、把渔业纳入沿海区管理的政策等。

　　渔业管理部门则应根据有关的法律、规章和政策,以可靠科学证据为基础,综合考虑经济、社会和环境因素,实施以生态系统为基础的渔业管理方法和预防性做法,制定和实施渔业管理目标和渔业管理计划,建立渔业信息收集、编汇、分析和传播系统,区别资源状况采用不同的渔业管理措施,在确保渔业在粮食安全方面发挥至关重要作用的同时,预防、减少和控制渔业对脆弱水生生态系统造成重大不利影响,切实维护水生生态系统的健康和渔业的可持续性。

　　各国对预防、制止和消除本国渔船非法、不报告和无管制捕捞负有主要责任,应建立和实施有效的渔业监测、控制、监视系统和执法机制,实行渔船记录制度。

　　各国还应通过分区域、区域渔业管理组织或安排预防、制止和消除非法、不报告和无管制捕捞破坏国际养护和管理措施的效力。

第一节　渔业管理概要

一、重要性和必要性

渔业特指所有与特定渔业资源相关捕捞行为的组合。为发展渔业生产,实现可持续渔业,各国应领导和管理渔业建设和渔业管理工作。

渔业建设是指对渔业生产和渔业生态产生有利影响的一切建设活动,包括渔港规划和建设、渔船建造和维修、捕捞技术设备研制和生产、渔具制造、捕捞后处置设施建设、渔业生态保护和修复以及为渔业服务的海洋、气象和通信设施的研制和建设、渔业科学研究和技术创新等,这涉及国民经济的诸多方面。

渔业管理是指制定渔业管理和发展战略、政策、规划、计划,依照法律和规章对国家管辖或控制下的渔业活动及其他对水生生物资源有影响的活动实施指导、协调和监督管理的行政行为。

渔业建设和渔业管理是渔业工作的两个方面,二者之间既有区别,又有联系。渔业建设需要渔业管理的引导,渔业管理可促进渔业建设,渔业建设又可为渔业管理提供科学技术支撑。

渔业管理不是对渔业活动合理开发的1种制约,而是确保渔业健康、持续发展必不可少的基本手段。因此,渔业管理应是渔业发展进程的1个整体组成部分。

渔业管理对于发展渔业生产,实现可持续渔业的重要性怎么强调都不为过。渔业管理的必要性在于:

(1)渔业具有经济、社会及环境层面的重要性;

(2)近年来有极大比例的海洋经济性鱼类种群已处于被充分开发、过度开发、枯竭或亟须恢复的状态;

(3)渔业的技术进步,如先进的液压动力技术、更结实的渔具材料、电子导航辅助设施、海底测绘、探鱼、渔具利用和通信等方面的技术进步,提高了渔船队的效力和效率,使得渔民具有开发更多海洋生物资源的能力,从而有可能加强海产食品在粮食安全和营养方面的作用。但是,技术进步也可能使过度捕捞加速,导致兼捕、毁灭性捕捞和生态系统退化,使得过度开发问题更加严重;

(4)导致海洋生物资源面临危机的主要原因之一是许多国家未能善尽责任采取有效的渔业管理措施。渔民、渔业管理机构、专家学者,及其他需为环境破坏负起责任之人,都必须为目前全球渔业资源未能永续共同负起责任。

二、定义

国际上对渔业管理没有商定的统一定义。1997年粮农组织负责任渔业技术准则将渔业管理定义为："信息收集、分析、规划、磋商、决策、资源分配以及制定和实施用于管理渔业活动的法律或规章，并以公权力执行相关管理规定来规范渔业行为的综合过程，以确保资源的可持续利用和实现渔业管理目标。"[1]7

按照这个定义，粮农组织渔业技术文件第 424 号用下图标示渔业管理的流程。[2]

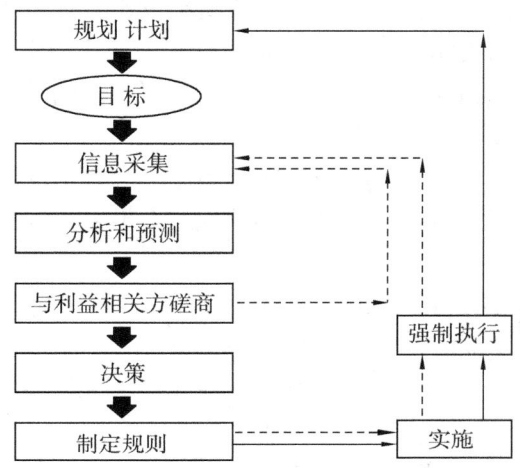

图 10-1　渔业管理工作流程示意图

三、法律和行政体制

（一）各国应建立渔业管理的法律和行政体制

《负责任渔业行为守则》规定："各国应当确保在地方和国家一级为渔业资源的养护和管理酌情建立一个有效的法律和行政体制。"（7.7.1）依此规定，各国应制定或改进负责任渔业活动所需的法律和体制框架及制定和执行适宜措施，使渔业活动得以负责任的方式开展，实现渔业的可持续发展。

（二）渔业管理的法律和组织框架

1. 渔业法律框架

按照《守则》的要求，各国立法部门（如国会）应制定国家层次的渔业法，作为渔业领域的母法，用以明确规范政府或其他渔业管理机构的功能、权力和责任，规定渔业管理计划的制定权限和程序，规定重要的管理制度和管理措施及有关渔业管理的执法权力。渔业法还应明确界定政府和各个渔业管理机构的管辖权，尽量避免管理单位间及不同政府层级间管辖权的重叠，并应建立必要的组织安排或程序，以降低可能的冲突及提供争端的解决方法。母法不应经常更改。

政府经立法授权可就渔业法的实施细节及需要经常修正的管理措施（如禁渔期等）制定次级法令规范，其名称通常称为办法、规则、命令、公告等。制定管理措施时，应考虑到执行这些措施的费用和从技术、社会和文化角度看确保其得到遵守的能力。

2．渔业组织框架

除国际性渔业管理机构之外，国内的渔业管理机构主要分为两大类：渔业管理部门和相关利益团体。前者是指经国家授权进行渔业管理工作、具有法律执行效力的实体，在国家体系内可能是中央政府的 1 个部或相关部会下属的 1 个司或处，在地方政府中可能是专职机构，也可能是专职人员；后者是指被国家或相关机关所承认且对一定范围的渔业资源具有合法利益的团体，如全国性或地方性的渔业或渔民协会。这是些群众性护渔管理组织，它们应当在政府渔业管理部门的指导下，依法开展护渔管理工作。

（三）渔业管理部门的功能、权限和能力

政府要对其管辖或控制范围内的渔业管理工作负总责。渔业管理部门作为政府的职能部门，其主要功能是制定和执行 1 套规则和程序，使渔业能在可持续模式下开展，并完成既定目标。

1．渔业管理部门应具有下列权限

（1）确认利益团体及监督管理目标的形成；

（2）与利益团体合作，将管理目标转化为管理计划并制定标准，为规范措施与决定提供依据，必要时并得被评估或调整；

（3）经监测、控制与执法，确保管理措施的执行；

（4）协助渔业数据和资料的收集与分析，以适应负责任渔业管理的需要；

（5）代表渔业界与对渔业有冲突的其他资源或地域使用者进行沟通或谈判。[1]23

2．渔业管理部门应有以下能力

（1）收集、核对、分析资源状况、渔获与卸鱼量特性及渔业特性等信息；

（2）收集、核对、评估渔业对经济、社会之重要性与冲击等信息；

（3）与渔业有关之利益团体联系讨论及共同决定；

（4）促进与渔业有关政策的制定；

（5）协调管理目标与管理措施的形成；

（6）定期评估目标与管理措施；

（7）执行渔业措施及监测、控制与巡逻；

（8）组织与渔业有关的生物、生态与环境科学及渔业技术包括渔具选择性、渔具对环境和生物的影响等方面的研究。[1]65

要完成上述任务应清楚定义渔业管理部门的权责范围，包括鱼种资源、渔业种类和地理区域，并需要适当的能力、设施与经费。

四、管理方法

（一）单一物种方法

传统上，实行的渔业管理，以"目标资源定向管理"的思路为基础，将目标物种的种群作为管理行动的主要关注对象，追求最大程度提高产量和经济效益。这种方法忽略了捕捞活动相关的外部因素，也未能考虑到人类其他活动和环境因素（如气候波动和变化）所造成的影响，实际是假设渔业和目标物种孤立于生态系统而存在。实践表明，这种方法存在明显的缺陷,首先,捕捞活动不仅影响目标种群,也影响生态系统的其他部分。例如,除了目标物种外,捕捞方式不具有选择性,不可避免地要捕捞其他物种。兼捕物种中有一些可能有价值而被留在船上,其他的则会被丢弃。兼捕物种中可能包括濒危或受到威胁的物种,例如鲨鱼、海鸟和海龟。再者,目标种群不仅仅受捕捞的影响,也受其他因素的影响,例如关键生境的丧失(沿岸带开发或污染),其他渔业导致的掠食者和被掠食者丰量变化,气候变化和海洋酸化等。显然,这种渔业管理系统会给管理决策带来许多内在不确定性,不利于实现渔业管理目标,需要加以补充改进。

(二)渔业生态系统方法

渔业的可持续性直接取决于水生生态系统的健康、生产力和复原力。水生生态系统是1个整体,渔业与生态系统之间存在复杂的相互关系,彼此可能造成影响。在生态系统中生物资源不同种群和品种之间也存在相互作用,如捕食者与被捕食者之间关系。基于这些科学认识,为确保生态系统及其资源的有效保护和可持续利用,应将生态系统考虑纳入渔业管理,采用生态系统方法管理渔业。这种方法要求渔业管理部门考虑生态、社会和经济可持续性以及各项驱动因素的全局。它是以传统渔业管理为基础,但将其范围加以扩大,同时还将社会和经济可持续性明确纳入考虑范围。其核心目标是从所有水生生态系统中可持续地获取最佳利益。

采用渔业生态系统方法(EAF)进行渔业决策和管理是1种动态的学科间过程,需要:

(1)增进对各物种的生物学、生态学和各物种之间主要联系的认识;

(2)了解捕捞渔业和渔业资源(包括社会经济方面)状况和趋势;

(3)认定和阐述各种生态系统及其边界,并为管理目的将每1生态系统视作1个单独的实体,制定它们的管理目标;

(4)管理措施不应局限于养护目标物种,还应该养护属于相同的生态系统、某个目标物种的从属或相关物种;

(5)支持渔业人员、利益攸关方、专家、环境组织参与渔业管理的决策过程。这种方法需要保持(或重建)生态系统、其生境和生物多样性,达到能够支持所有品种可持续获取最高产量的状况。在实现这1核心目标时,大多数主要传统渔业管理目标仍然不可避免:如改进渔业技术(不应停止);最高产量(适应不断增加食物的需求);最大就业(尤其在人口稠密和贫困地区);尽量减少冲突(在渔业内部,也在各部门之间)。

(三)基于生态系统的管理法

水生生态系统的健康、生产力和复原力,不仅取决于渔业,某些非渔业活动,例如农业、城市发展、矿产和石油开采、海运、交通和旅游业及水产养殖等都可能直接或间接地影响水生生态系统的状况,并可能在水生环境的利用上与渔业形成竞争。随着人口的快速增长、资源的不断减少以及沿海(沿岸)地区的发展,再加上治理薄弱,往往会导致生境退化,渔民社区的脆弱性和用户之间竞争加剧。一旦多个用户对资源和水域空间展开激烈竞争,就可能产生冲突,直至导致地区社会关系紧张,社会秩序动荡。为解决由于不同用户之间的互动引发的冲突,确保渔业不受非渔业活动的不当干扰及使用与渔业有关的水生生态系统的部门的协调发展,实现实施生态系统的可持续性问题,近些年粮农组织和联合国环境规划署等国际组织倡导采用基于生态系统的管理法(EBM),其关键在于将完善的渔业部门管理视为特定水域生态系统综合治理系统中的1个重要组成部分,在保持部门特性的同时整合各部门力量实行水域空间规划及沿海地区综合管理。为此,应当在国家整体发展政策的指导下,对水生环境资源的各种用途开展跨部门的利弊分析和成本/收益分析,在顾及沿海渔业社区的权利及其习惯做法的条件下,合理分配不同部门之间的水域使用权,平衡不同利益相关方的资源获取和利用水平,并制定统一的可持续目标,确保在实现各部门社会、经济发展目标的同时,也能实现与环境保护、生态系统和生物多样性保护相关的共同可持续性目标。《负责任渔业行为守则》第十条及1996年粮农组织负责任渔业技术准则第3号"把渔业纳入沿海地区管理"(www.fao.org/docrep/003/W3593E/W3593E00.htm),为各国指明了在沿海地区综合治理中实现渔业可持续发展应遵循的原则和国际标准。

基于生态系统的管理法是从传统渔业管理进化到跨部门综合方法,而良好的部门管理仍然是它的核心和支柱。为实现跨部门管理特别需要:

(1)确保在决策过程中,与渔业部门和渔业社区的代表进行磋商,并使其参与与沿海地区规划和发展有关的其他活动;

(2)采用包括环境影响评估、海洋保护区、水域空间规划、陆海互动管理、流域规划和管理等1套统筹和跨部门的管理工具;

(3)加强部门协调,使渔业管理部门和各有关部门根据法定职责履行对渔业活动实施综合管理的职能;

(4)建立程序和机制,以处理渔业部门内部及渔业资源用户与沿海地区其他用户之间产生的冲突。

第二节　渔业管理政策

一、概念

渔业管理政策是指国家或地区为实现一定历史时期渔业发展目标、任务而规定的渔业行为准则。各国应制定和执行负责任的渔业资源养护、渔业管理和发展的国家政策。(2.b)

渔业管理政策根据国民经济与社会发展的规划和路线,结合水生生物资源状况及渔业管理形势确定。

为保证政策的正确,在政策制定阶段,决策者应获得下列可靠信息:

(1)利益团体,其特点及其在渔业的利益;

(2)与渔业有关的经济因素,特别是不同的利益团体在渔业中的经济与社会依存关系;

（3）区域、国家或地方从渔业中所得的成本和利益的详细资料；

（4）渔业对不同利益团体提供就业所扮演的角色；

（5）对不同的利益团体或社区，其就业或收入的替代来源；

（6）资源利用或拥有的现况；

（7）目前正参与渔业决策的机构；

（8）该渔业的历史及不同的利益团体在该渔业中之历史性角色概要。[1]33

渔业管理政策的制定与发展通常是政府的责任，渔业管理部门会同其他有关部门负责政策草案的拟定。政策应定期(如每 5 年)修订。

二、 制定渔业管理政策应考虑的因素

全球许多国家在制定渔业政策时，所考量之问题各有不同，需要充分掌握本国的传统文化背景、基础建设、生态、地理环境，以及渔民个人权益与开发国家资源间平衡的问题。对 1 个国家来说，在制定渔业政策时，应充分考虑各种有关的经济、社会和环境因素，并正确处理以下各种关系。

1. 渔业和非渔业的关系

海洋和内陆水环境拥有多种功能和用途，包括各行各业，例如渔业、水产养殖业、林业、石油和天然气、采矿业、农业、航运和旅游业等。渔业与水产生物资源的最佳利用，对一国或地方经济相当重要。同样的，它们也经常与其他地理上邻近的社会与经济活动息息相关，或是与它们竞争使用共同的资源。此种总体政策与总体经济的环境，要求渔业活动应考量全国性的发展计划策略。因此，政策与计划决策，需充分考量资源使用可能造成的影响、花费、好处及替代方案等。"为了帮助沿海资源分配和使用做出决策，各国应当在考虑经济、社会和文化因素的情况下确定这些资源的价值，"(10.2.2)由于制定渔业管理目标牵涉到并且需要就渔业资源产生的利益的分配问题或者就资源利用权的分配问题做出政治决定，因此，在利用资源的不同集团之间一般需要做出妥协。"各国应当酌情建立机构和法律制度，以决定沿海资源的可能用途和管理对沿海资源的获取，同时在符合可持续发展的条件下考虑沿海渔业村社的权利及其习惯做法。"(10.1.3)"为了发挥有效的作用，渔业管理部门应当管理整个资源分布区内的资源总体，并应考虑过去商定、在该区域内建立和实施的管理措施、资源的所有捕捞情况、生物整体和其他生物特征。应当利用现有的最佳科学依据来特别确定资源的分布区和资源在生命周期中的洄游区域。"(7.3.1)

2. 渔业和水产养殖业的关系

渔业和水产养殖业同为鱼和渔产品的生产部门，但它们之间在海域或水域使用上也存在竞争关系。水产养殖业具有增加鱼和渔产品供应、扩大社会就业和吸纳压缩过剩捕捞渔民转产的功能，特别是在世界捕捞量与全球需求之间的矛盾日益突出的形势下，各国应当把包括以养殖为基础的渔业在内的水产养殖看作促进收入和饮食多样化的 1 个途径。"在这一过程中，各国应当确保以负责任的方式利用资源，把对环境和当地社区的不利影响减至最低限度。"(6.19)"各国应当确保，当地社区的生计及其进入渔场的机会

不会受到水产养殖发展的不利影响。"(9.1.4)

3. 小型渔业和商业渔业的关系

"各国应当认识到个体渔业和小型渔业对就业、收入和粮食安全做出的重要贡献,应当适当保护渔民和渔业工人,尤其是从事自给、小型和手工作业的渔民和渔业工人享有安全和公正生计的权利,以及在适当时优先进入其国家管辖水域内的传统渔场和获得资源的权利。"(6.18)"在决定渔业资源的利用、保护和管理时,应当酌情按照国家法规对高度依赖渔业资源为生的土著居民和当地渔业社区的传统方法、需要和利益予以应有的承认。"(7.6.6)渔业政策可能会明定在每1种渔业里,应优先由小型传统渔业或大型工业化渔业所利用,或其他安排。

4. 捕捞量与资源量的关系

"各国应当确保允许的捕鱼作业量与渔业资源状况相一致。"(7.6.1)"各国应当采取措施防止或消除过剩的捕鱼能力,并确保捕鱼作业量与渔业资源的持续利用相符,以此作为保障养护和管理措施发挥作用的手段。"(7.1.8)"各国应当按照公海国际法或国家管辖范围内的国家法律采取措施,确保未经批准的船只不得从事捕鱼。"(7.6.2)"在捕鱼能力过剩时,应当建立机制把捕鱼能力降低到与渔业资源的持续利用相符合的水平,以使渔业在推动负责任渔业的经济条件下作业。"(7.6.3)

5. 主捕与兼捕的关系

捕捞目标资源不可避免地捕捞到和目标资源属于同1生态系统的或与目标资源相关联或对其依赖的非目标品种。各国在确定目标资源捕捞量时,应考虑到与所捕捞鱼种有关联或依赖该鱼种而生存的鱼种所受的影响,并"应当采取适宜的措施来减少鱼类和非鱼类的非目标品种的捕获、对与之联系的或依赖的品种,尤其是濒危品种的消极影响。在适当的情况下,这类措施可以包括有关鱼的大小、网眼规格或渔具、丢弃物、某些渔业尤其是个体渔业的禁渔期和禁渔区等技术措施。这类措施应当酌情应用以保护幼鱼和产卵鱼。"(7.6.9)

6. 不同渔业方法的关系

"各国和渔业管理组织和安排应当对捕鱼作业加以管理,以避免使用不同船只、渔具和捕鱼方法的渔民之间发生冲突的危险。"(7.6.5)"各国应当促进采用可避免渔业资源用户间以及这些用户与其他沿海区用户之间发生冲突的渔业方法。"(10.1.4)"各国应当促进在适当的行政管理级别建立各种程序和机制,以处理渔业部门内部及渔业资源用户与沿海区其他用户之间产生的冲突。"(10.1.5)

7. 本国渔船与外国渔船的关系

准许外国渔船进入,应对其对本国渔业活动可能产生的影响应做出评估。有关的协定中应包括便利开展旨在保护本国作业、促进适宜的技术的转让和发展本国能力的合作的条款。外来捕鱼国应进行合作,通过适当的区域渔业组织向沿海国家提供有关过去和现在在在沿海国家专属经济区及邻近水域内的捕鱼活动的资料,包括有关上岸量和转运量的资料。在准许外国渔船进入的地方,船旗国本身应该采取措施,确保遵守入渔协定的条款和沿海国家的渔业法规。沿海国应考虑把这种内容的条款写入双边入渔协定。沿海国家规定的有关外国渔船队遵守管理措施的入渔条件的制定,应便于它们遵守,并以尽可能低的费用达到管理要求。

8. 渔业发展与生态保护的关系

由于一系列因素,其中包括不可持续的沿海地区发展、不可持续的旅游、不可持续的水产养殖和毁灭性捕捞做法等,加上各种来源的污染、气候变化、海洋酸化和外来物种,致使主要的渔业生境改变和破坏,鱼群的生产率持续降低,对渔业和水产养殖业的发展构成巨大压力和挑战。为实现渔业发展与生态保护的双赢,应当坚持保护优先,在发展中保护,在保护中发展,在渔业管理中,着重解决不负责任的渔业做法。

三、 实行小型渔业优先政策

(一)小型渔业对世界粮食安全和消除贫困的贡献巨大

近 10 年,全世界的捕捞渔船中,约 40% 为非机动船舶,在机动渔船中只有不足 2% 的长度超过 24 米,可以进行工业化捕捞。绝大部分的机动渔船为长度不足 12 米的小船。[3]30-31 非机动渔船和大多数机动渔船通常只能在近岸和内陆水域生产。而且,内陆水域在多数情况下不太适于机械化和工业化捕鱼。至于水产养殖,池塘养殖、滩涂和港湾养殖是淡水和咸水养殖最重要的方式。这就是说,不论捕捞或养殖大都属于小型渔业。小型渔业为人类提供了直接消费 50% 的鱼和渔产品,吸纳了 90% 的渔业人口,[4]56 为发展中国家许多不富足的沿海和农村社区传统渔民和乡村贫民提供了维持生计的机会,并通过加工销售、出口创汇、正常的经济效益、上游和下游活动的收入和就业倍增效应,为一部分人消除贫困提供了条件,在地方和国家经济中发挥着重要作用,对世界粮食安全和消除贫困做出了巨大贡献。

(二)小型渔业的基本特性

联合国粮农组织渔业研究咨询委员会、小型渔业工作组一致认为,为小型渔业这样充满活力和多样性的部门制定 1 个普遍使用的定义是欠妥的。最好是对各种类型小型渔业都具备的特性进行描述。因此,就小型渔业的下列特性达成了一致:小型渔业可以被泛泛地归纳为 1 个具有活力和不断发展的部门,应用劳动力密集型收获、处理和分销技术,利用海洋和内陆水生资源。小型渔业活动可能是全职、兼职或季节性的,通常关注于向地方和国内市场提供鱼类和渔产品,或是用于自身消费。然而,鉴于市场融合与全球化不断推进,出口导向型生产活动在过去的 20 年间不断增长。小型渔业的组织程度,从自营独立工作到非正式的小型企业,再到正式的企业,差异很大。因此,这 1 部门在国家、地区内部和之间都存在着极大差距。[4]58 小型水产养殖包括非商业性和社区层次的商业生产者。商业生产者积极参与市场。从市场上购买投入品(包括资金和劳动力),并在市场上出售生产的鱼类产品。对于这些个人,水产养殖是首要的经济活动。非商业生产者可能会购买投入品,主要是鱼苗和饲料,但是主要依靠家庭劳动力和在家门口销售产品。非商业水产养殖的另 1 个特点在于,它只不过是农业系统中各类企业形式中的 1 种,实现生产的多样化、改善资源利用,降低作物歉收或市场失灵的风险。[4]58-59 小型渔业在技术、文化、传统方面的多样性成为人类遗产的 1 部分。

（三）把小型渔业置于渔业发展的优先地位

早在 1984 年,粮农组织《世界渔业管理与发展战略》就肯定了"小型渔业和乡村渔业社区和养殖社区的特殊作用和需要",并强调为了减缓或克服小型渔业的易受害性和脆弱性对其可持续发展的制约和影响,提高渔民收入,改善渔民家庭生活境遇和渔业社区的社会经济条件,并使他们为粮食安全和消除贫困做出更大贡献,"应特别努力增加小型渔业的产量,特别努力把小型渔业置于渔业发展政策的优先地位"。[5]21-22《负责任渔业行为守则》总原则也特别强调了小型渔业对就业、收入和粮食安全做出的重要贡献,并指出从事小型渔业的渔民享有进入他们的传统渔场和获得资源的优先权。(6.18)

（四）保障小型渔业可持续发展

2003 年粮农组织制定了《提高小型渔业对粮食安全和消除贫困可持续贡献的战略》,2014 年粮农组织又制定了《粮食安全和扶贫背景下保障可持续小规模渔业自愿准则》。《准则》为《负责任渔业行为守则》的总原则(6.18)和相关规定提供支持和补充,涵盖海洋和内陆水域中的小规模渔业,但主要侧重捕捞渔业。为了支持全世界,特别是发展中国家千百万从事自给、小型和手工作业的渔民改善工作生活条件,维护其赖以生存的渔业资源的可持续利用,确保小型渔业充分发挥其在促进粮食安全、营养和消除贫困方面的重要作用,《准则》为各国制定和实施有关促进小型渔业发展、增加小型渔民收入和福祉的国家政策,提供了一系列重要工具,包括增进对小型渔业社区易受害性和贫困根源的认识;通过法律承认小型渔民的权利和利益,支持他们参与政策制定和管理决策过程,鼓励社区一级渔民组织的自律管理;为小型渔民提供教育,包括识字和技能培训;通过技术和财政援助,促进和改善小型渔业社区的公平发展和社会经济条件等。[6]

第三节　渔业管理措施和手段

一、管理目标

（一）渔业管理目标的概念

渔业管理目标与渔业发展目标有所不同。渔业发展目标是渔业发展计划的中心要素。各个国家有其具体条件,在一系列可供选择的渔业发展目标——食物生产、赚取外汇、产生收入、就业机会和保护资源等,可从中选择确定优先次序。渔业管理目标是指渔业管理的指导方针和指标。而指标则可用来协助渔业管理部门追踪目标的实现情况。

（二）国际渔业文书关于渔业管理目标的规定

1.《联合国海洋法公约》第六十一条和第一一九条规定,采取养护和管理专属经济区内生物资源和公海生物资源措施,应:

（1）使捕捞鱼种的数量维持在或恢复到能够生产最高持续产量的水平,并考虑到捕捞方式、种群的相互依存以及任何一般建议的国际最低标准,不论是分区域、区域或全球性的;

（2）考虑到与所捕捞鱼种有关联或依赖该鱼种而生存的鱼种所受的影响,以便使这些有关联或依赖的鱼种的数量维持在或恢复到其繁殖不会受严重威胁的水平以上。

2.《负责任渔业行为守则》规定,各国和区域或分区域渔业管理组织和安排认识到保持渔业资源的长期持续利用是养护和管理的首要目标,应当根据现有的最佳科学依据特别采取适当的措施,把资源量保持在或恢复到视有关的环境和经济因素以及发展中国家的特殊需要而定的能够达到最高可持续产量的数量。(7.2.1)

3.《可持续发展世界世界首脑会议实施计划》第三十一段规定,为实现可持续渔业,应维持种群数量或使之恢复到可以达到最佳可持续产出的水平,以期为枯竭的种群紧急实现这些目标。

4.《变革我们的世界:2030年可持续发展议程》第十四(4)段规定,到2020年,有效规范捕捞活动,终止过度捕捞、非法、不报告和无管制的捕捞活动以及破坏性捕捞做法,执行科学的管理计划,以便在尽可能短的时间内使鱼群量至少恢复到其生态特征允许的能产生最高可持续产量的水平。

二、管理计划

（一）渔业管理计划的概念

《负责任渔业行为守则》规定:"应当把长期的管理目标转化为管理行动,制订为渔业管理计划或管理方案。"(7.3.3)

渔业管理计划是渔业管理部门和合法利益攸关方之间就某1特定渔业或鱼类种群的1种正式或非正式安排。此种安排应在利益攸关方提供意见的情形下,充分考虑到渔业和物种之间的主要相互影响,由渔业管理部门制定,是在计划期内要实现的捕捞渔业生产发展及渔业资源养护的目标和所要采取的措施的具体体现。

制订和实施渔业管理计划的目的,是为了保证渔业管理纳入国民经济和社会发展计划,发挥计划的指导和宏观调控作用,强化渔业管理,促进渔业可持续发展。

（二）渔业管理计划的内容

渔业管理计划是实施渔业生态系统办法的重要手段。它应当包含以下内容:

1.背景

（1）社会和经济方面;

（2）捕捞活动、资源和生态系统描述;

（3）生态问题和挑战。

2.目标

（1）运行目标;

（2）参考点;

（3）渔业表现的衡量。

3.管理措施

在规定时间框架内满足所有目标的规范捕捞的议定措施描述(例如,任何网具限制详情、休渔区、休渔期、在海上天数或允许捕捞量以及规格限制)。

4. 决策规则

决定管理措施的规则(例如允许多大的努力量或特定年份总允许捕捞量的规模)。

5. 入渔权

描述渔业中采用的入渔权体系。

6. 管理评价

基于风险和种群评估,报告中包括生态系统状况、社会和经济特征以及种群状况(包括兼捕物种)。这些指标将显示过去管理的有效程度以及管理失败的领域或需要更加强调的领域。

7. 监测、控制和监视

渔业中使用 MCS 系统的详情。

8. 通讯

使利益攸关方及时了解渔业发展和管理活动的通讯战略和活动的计划。

9. 审查

渔业管理表现下次审查的详情。[7]37-38

(三)渔业管理计划的制定步骤

联合国粮农组织负责任渔业技术准则 4 号渔业管理的补编 2 号《实施渔业的生态系统办法》,根据一些国家编制渔业管理计划的实践经验,总结出制订渔业管理计划需遵循以下 6 个步骤:

(1)明确渔业管理计划的范围;

(2)汇集和分析背景信息;

(3)确立目标;

(4)为每 1 运行目标选择指标和参考点:

(5)制定规则;

(6)建立监测、评估和审查程序。[7]64-75

三、信息收集、编汇、分析和传播

渔业信息支撑着国家渔业政策的制定、渔业管理计划的确立以及管理进展的评价。"各国应当确保按照有关的国际标准和方法收集和保存关于渔获量和捕捞作业量的及时、全面、可靠的统计数据,其详细程度足以进行正确的统计分析。应当通过适当的方法定时更新和验证数据。各国应当以符合现行保密要求的方式编汇和传播这些数据。"(7.4.4)

"各国应当按照国际商定的格式编汇关于在分区域或区域渔业管理组织和安排范围内的鱼类资源的渔业数据和其他辅助科技资料,并及时地向有关的组织和安排提供。对于在几个国家的管辖范围内、尚无管理组织或安排的资源,有关国家应当商定一种汇集和交流这类数据的合作方法。"(7.4.6)"分区域或区域渔业管理组织和安排应当以符合现行保密要求的方式编汇资料,并以商定的格式、按照商定的程序及时提供给这些组织的所有成员和其他有关各方。"(7.4.7)

"在考虑采取养护和管理措施时,应当考虑到现有的最佳科学证据来评价渔业资源的现状和这些措施可能对资源产生的影响。"(7.4.1)"为了确保持续地管理渔业和能够实现社会和经济目标,应当通过数据收集、分析和研究来充分了解社会、经济和体制因素。"(7.4.5)

四、 区别资源状况采用不同的渔业管理措施

（一）新渔业或开发中渔业

新开发或开发中的渔业,其资源具有不确定性,按照预防性做法原则,应采取谨慎的养护和管理措施。主要包括:

（1）要在问题未出现以前,尽早控制渔业经营权。1 个开放式的渔业,就没有预防的功能;

（2）要立即对渔捞能力及总渔捞死亡率设定保守的上限(或标准水准)。这可以借助限制努力量或总容许捕捞量(TAC)来达到目标,但也要注意防范加工业的过度投资。该保守上限必须继续维持,直到资料的分析结果证实可以再增加捕捞努力量或渔捞死亡率为止。这项措施的目的,是为防止船队的渔捞能力和渔捕容量发展过速而超过了管理部门对目前捕捞努力量影响的理解;

（3）要加入管理上的弹性,以在必要时可以合理地将船队的某些船逐步淘汰。为了防止捕捞容量的再投资,可以暂时性地核发执照给经营其他渔业的渔船;

（4）为了资源及环境所受的风险,可以采行相对比较快、且执法容易的设立禁渔区的做法。禁渔区可以提供鱼类种群庇护所、保护栖息地,并提供作为与作业区的对照比较。

（5）在前述管理措施拟订阶段,就建立初步的预防式生物限制参考点(例如,产卵族群资源量少于初始资源量的 50%);

（6）鼓励以负责任的态度从事渔业,以确保有产能的种群或其他部份的生态系统能永久存续。

例如,鼓励业者在渔业经营上透过共同管理、社区管理或某种型式的渔业权拥有期制度等方式,建立自愿性的协议;

（7）鼓励发展不需长期补助且经济上可自给自足的渔业;

（8）在新渔业发展初期时,就制定资料收集及报告系统;

（9）立即开始有关资源和渔业的研究计划,包括渔船个体对管理规定的反应。在核发执照时,要求渔船详细报告基础生物资料和经济信息;

（10）善用任何试验机会,以建立该资源的相关信息。举例来说,可藉比较对亚生物族群的不同捕捞策略来达到目的。

（二）过度利用的渔业

上述大部分措施都可应用到已经过度利用的鱼类种群,但对这类种群仍需再采取一些特别的管理措施。这些包括:

（1）立即限制入渔权,并对捕捞能力及渔捞死亡率的再增加设定上限;

（2）制定在 1 特定时期内、可以合理地确定能重建种群的恢复计划,这将包括下列所述的几个项目;

（3）足够时间的降低渔捞死亡率，以使产卵族群资源得以重建；若可能，即使只有间接证据认为某特定措施有效，就应立即采取该项措施，进行短期的管理行动，例如，在某些情况下可以在某些海区完全禁渔；

（4）当某年出现好的年级群时，应优先利用这个年级群来重建种群资源，而非增加可容许捕捞量；

（5）降低捕捞容量，以避免再发生资源过度利用的现象；尽量从渔业中削减过多的捕捞能力，不要利用捕助或税金减免的方式来维持渔业，若必须，则应发展某种削减捕捞努力量的机制；

（6）另外1种替代做法是，准许渔船从已过度利用的渔业转移到另1渔业，只要这种重新分配的方式不会危及到渔船要转营的渔业；

（7）不要用人工增殖的方式来替代上述的预防式管理措施；

（8）在管理计划中，使用资源状态的评估，例如：产卵族群的资源量、空间分布、年龄结构、或补充量等来建立生物参考点，并用之以定义资源的恢复情形；

（9）对某些可能的种群，严密地监控它的生产力以及必要栖息地的总面积，以提供何时需采行管理行动的另1指标。

（三）已完全利用的渔业

这种渔业是资源已大量被捕捞利用，但尚未到达过度开发的阶段。管理机构必须特别地去注意那些代表资源渐被过度开发的征兆。虽然上述有些管理措施也可以应用在此，但还有一些额外应采用的措施，包括：

（1）保证有方法可以有效地使渔捞死亡率和捕捞能力维持在现有的水平；

（2）注意一些代表资源将要被过度利用的前兆，例如：产卵族群的年龄结构出现不寻常的转变，变成有大部份为年龄较小的鱼群、种群的空间分布范围变小或是渔获组成出现改变等；当这些警讯出现时，应根据预先订定的程序，开始调查行动以及采取以下所提到的临时管理措施；

（3）当预防或限制参考点快要达到时，应立即采取预先订定的管理措施，以确保情况不会失控（亦即：不应等违反限制参考点的情况即将发生时，才开始决定要怎么处理）；

（4）如果已经超过限制参考点时，应立即实施资源恢复计划，以恢复资源；而前述针对已被过度利用之种群的措施，应接着实施；

（5）为预防过度减低生物种群的生产能力，除非产卵族群有被强力地保护，否则应避免捕捞未成熟鱼。例如，当渔获物中的未成熟鱼比例超过某特定值时，就应关闭当地渔场，禁止任何捕捞。

（四）传统或个体户渔业

这种渔业是低技术需求但由大量的小船所从事的作业方式，通常对此渔业并没有中央的管理机构。同样地，上述的许多措施，都可以应用到这种渔业。

（1）维持关闭一些渔区禁止作业，以获得在上面"新渔业或开发中渔业"的第四点所述的益处，并且确保过量的渔捞努力不会在开放渔区发展；

（2）将某些决策，特别是有关渔场关闭和入渔权限制等项，授权由当地团体或合作社

来决定;

（3）确保来自渔业其他部分（例如产业团体）的捕捞压力,不致会耗竭该资源到必须采行严格矫正行动的地步;

（4）调查影响捕捞者行为的因素,以发展1套控制捕捞强度的方法。例如,改善某些个体渔户的收入,就可能降低对资源的压力。[8]

五、 减轻捕鱼活动对脆弱海洋生态系统的影响

（一）捕鱼活动对海洋生态系统的影响

1. 所有捕捞活动都会对海洋生态系统造成影响

这种影响一般分为以下4类,任何数量的影响都可能同时发生:

（1）减少生态系统内目标鱼种的生物量,即使是可持续收成也会产生这一后果;

（2）捕捞活动对非目标鱼种和副渔获物造成的影响;

（3）使用破坏性渔具,包括弃置装备和捕捞产生的其他海洋残块对生境造成的影响;

（4）通过食物链效应对其他物种产生的间接影响,包括深水掠食鱼所掠食物种的垂直迁移造成的能量转换。

2. 捕捞活动影响造成的主要"生态系统效应"

在上述影响下,捕捞活动可造成的"生态系统效应"主要有:

（1）对于掠食鱼—被食鱼关系造成的影响,使得海洋环境不能在捕捞活动终止之后恢复到原先的状况;

（2）改变了物种的数量和体量,使得动物个别机体变小,具有不同生活史特征的物种繁多;

（3）对于非目标物种造成影响;

（4）降低生境复杂性,干扰海底（底栖）海洋环境;

（5）由于对鱼类的大小或性别进行选择性的捕捞,除了灭种的实际危险之外,还对鱼类遗传造成影响。[9]

（二）确定脆弱海洋生态系统

"海洋和淡水生态系统中所有重要的鱼类生境都应当尽可能加以保护和恢复,例如沼泽地、红树林、珊瑚礁、潟湖、育苗区和产卵区。应当做出专门努力来保护这些生境不受破坏、退化、污染和威胁渔业资源的健康和生存能力的人类活动造成的其他重要影响。"（6.8）其中,红树林、珊瑚礁、育苗区和产卵区等都属于脆弱海洋生态系统,为做出专门努力来保护这些海洋生态系统,应确定他们所在的区域。

（三）减轻对脆弱海洋生态系统影响的措施

渔业管理者的1项主要任务就是在保持渔业作为1项可行的经济活动的同时,应采取措施减轻其对脆弱海洋生态系统的影响。

1. 各国应当采取的措施的目标

（1）避免捕鱼能力过剩,资源的开发保持在经济上可行的限度内;

（2）捕鱼业从事捕捞的经济条件有助于负责任的捕捞;

（3）考虑到渔民的利益，其中包括从事自给性、小型和手工作业渔业的渔民的利益；

（4）养护水生生境和生态系统，保护濒危品种；

（5）应让严重减少的资源得到恢复，或酌情积极地使之恢复；

（6）评价并酌情纠正人类活动对资源环境的不利影响；

（7）"通过各种措施，其中包括在切实可行的情况下研究和使用有选择性的、无害环境和效益高的渔具和技术，把污染、浪费、丢弃物、遗失和丢弃的渔具的捕获、鱼类和非鱼类非目标品种的捕获、对与之联系的或对其依赖的物种的影响减至最低限度；"（7.2.2）

（8）"各国应当评价环境因素对目标资源和属于同一生态系统的品种或与目标资源相联系或对其依赖的品种的影响，评价生态系统中各种群之间的关系。"（7.2.3）

2. 各国应当采取的主要管理措施

（1）"调查所有现有渔具和捕鱼方法的情况，并采取措施逐步取消不符合负责任渔业的渔具和捕鱼方法，代之以比较能接受的其他方法。在这一过程中，应当特别注意这类措施对渔民的影响，其中包括对其利用这1资源的能力的影响"；（7.6.4）

（2）"在评价各种不同的养护和管理措施时，应当考虑到它们的经济效益和社会影响"；（7.6.7）

（3）"经常研究养护和管理措施的效率和它们可能的相互作用。应当根据新的情况，酌情修改或取消这些措施"；（7.6.8）

（4）"采取适宜的措施来减少浪费、丢弃物、遗失或丢弃的渔具的捕获、鱼类和非鱼类的非目标品种的捕获、对与之相关联的或依赖的品种，尤其是濒危品种的消极影响。在适当的情况下，这类措施可以包括有关鱼的大小、网眼规格或渔具、丢弃物、某些渔业尤其是个体渔业的禁渔期和禁渔区等技术措施。这类措施应当酌情应用以保护幼鱼和产卵鱼。应当在切实可行的范围内促进研究和使用有选择性的、无害环境和效益高的渔具和捕鱼方法"；（7.6.9）

（5）"各国及分区域和区域渔业管理组织和安排应当在其各自的职责范围内，为枯竭的资源和受到枯竭威胁的资源采取有助于这些资源持续恢复的措施。它们应当全力确保恢复受到捕鱼作业或其他人类活动不利影响的资源以及对这些资源的生存极为重要的生境。"（7.6.10）

第四节　渔业监测、控制和监视

一、定义

1981年联合国粮农组织在罗马举行海洋捕捞监测、控制和监视系统专家咨询会，对监测、控制和监视（MCS）的用语作了如下定义：

（1）监测是指对捕捞努力量和渔获量持续测量的要求。

（2）控制是指开发资源必须遵守的法律规定，亦即管理条件。

（3）监视是指为确保遵守资源开发管理条件所进行的观察。[10]

二、 国际渔业文书的有关规定

1.《联合国海洋法公约》的规定

《公约》未使用渔业或渔船"监测、控制和监视"的用语，但第六十一条、第六十二条和第一一七条含有这方面的内容，例如，第六十二条第四款(e)"规定渔船应交的情报，包括渔获量和捕捞努力量统计和船只位置的报告"；(g)"由沿海国在这种船只上配置观察员"等。

2.《联合国鱼类种群协定》的规定

《协定》第五条(l)规定："进行有效的监测、管制和监督，以实施和执行养护和管理措施。"

3.《公海捕鱼遵守协定》的规定

《协定》序言指出："每个国家有责任对悬挂其旗帜的船只，包括渔船和从事渔获物转运的船只，进行有效的管辖和控制。"第三条第一款(a)规定："每一缔约方均应采取必要的措施以确保有权悬挂其旗帜的渔船不从事任何损害国际养护和管理措施效力的活动。"第三条第七款规定："每一缔约方均应确保，每一艘有权悬挂其旗帜的渔船向其提供渔船作业情况的资料，尤其应包括有关该渔船捕捞区域、渔获量和上岸量的资料，以便该缔约方按照本协定履行其义务。"

4.《负责任渔业行为守则》的规定

《守则》规定："各国应当在各自的权限内并按照国际法，包括按照在分区域或区域渔业养护和管理组织或协定范围内的国际法，确保养护和管理措施得到遵循和实施，并为监测和控制渔船以及渔业辅助船只的活动酌情建立有效的机制。"(6.10)"各国应当在各自的权限和能力范围内，建立有效的渔业监测、观察、控制和实施机制，以确保渔业养护和管理措施以及分区域、区域组织或安排通过的措施得到遵循。"(7.1.7)"各国应当按照其国家法律，执行有效的渔业监测、控制、调查和执法措施，其中酌情包括观察计划、检查计划和船只监测系统。分区域或区域渔业管理组织和安排应当按照这些组织或安排商定的程序，促进制定并酌情实施这类措施。"(7.7.3)"各国应当按照国际法，在分区域或区域渔业管理组织或安排的范畴内进行合作，以建立对在其国家管辖范围外水域的捕鱼作业和有关活动进行监测、控制、调查和执行有关措施的制度。"(8.1.4)

5. 粮农组织《关于预防、制止和消除非法、不报告和无管制捕捞的国际行动计划》的规定

《行动计划》第二十四段规定："各国应当全面和有效地监测、控制和监视捕捞活动，从此类活动的开始、上岸点直到最终目的地，包括：

（1）制定和实施允许进入水域和获得资源的计划，包括渔船许可证计划；

（2）保持所有许可在其管辖范围内进行捕捞的渔船及其目前的船主和操作者的记录；

（3）酌情按照国家、区域或国际标准建立船舶监测系统，包括要求受其管辖的渔船在船上装配船舶监测系统；

（4）酌情按照国家、区域或国际标准实施观察员计划，包括要求受其管辖的渔船有船上观察员；

（5）向所有从事监测、控制和监视活动的人员提供培训和教育；

（6）制定及执行监测、控制和监视活动并为此类活动提供资金，以便尽可能加强其预防、制止和消除非法、不报告和无管制捕捞的能力；

（7）提高业界对需要及合作参加监测、控制和监视活动以预防、制止和消除非法、不报告和无管制捕捞的了解和认识；

（8）在国家司法体系内促进对监测、控制和监视的了解和认识；

（9）建立并保持监测、控制和监视数据的获得、储存和传播系统，但要考虑适当的保密要求；

（10）确保有效实施符合国际法的国家的和适当时国际商定的登临机制，承认船长和检查官员的权利和义务，并注意到此类制度已经在某些国际协定，如1995年《联合国鱼类种群协定》中作了规定，并仅仅适用于这些协定的缔约方。"

三、联合国大会决议的有关规定

联合国大会从2006年第61/105号决议起，每年的"通过1995年《执行1982年12月10日〈联合国海洋法公约〉有关养护和管理跨界鱼类种群和高度洄游鱼类种群的规定的协定》和相关文书等途径实现可持续渔业"的决议的第五部分，都是"监测、控制和监视以及遵守和执行"（从第63/112号决议起将"执行"改为"强制执行"），其主要规定包括：

（1）各国各自并在本国所参加的区域渔业管理组织或安排内，根据国际法强化实施全面监测、控制和监视措施以及遵守和执行机制，并在没有这些措施和机制的情况下，制定这些措施和机制，以便提供1个适当框架，促进对商定的养护和管理措施的遵守情况，并敦促相关各国和区域渔业管理组织和安排在这些工作中加强协调；

（2）各国各自和通过相关区域渔业管理组织和安排，建立强制性船舶监测、控制和监视系统，所有在公海捕鱼的船舶尽快在可行时配备船舶监测系统，大型渔船至迟应于2008年12月配备船舶监测系统，并分享有关渔业执法事项的信息；

（3）各国各自和通过区域渔业管理组织和安排，根据本国法律和国际法，加强或开列在有关区域渔业管理组织和安排管辖区内捕鱼的船舶记录良好名单或记录不良名单，用以促进遵守养护和管理措施的情况，查出非法、未报告和无管制捕捞的鱼和渔产品；

（4）各国和相关国际机构依照国际法，考虑到发展中国家的特别需要及与发展中国家开展合作的形式，制定更有效的鱼和渔产品跟踪措施，使进口国能够查出违反依国际商定的国际养护和管理措施所捕捞的鱼和渔产品；

（5）各国各自并通过区域渔业管理组织和安排针对转运活动，特别是海上转运活动，制定和采取有效的监测、控制和监视措施，以便除其他外，根据国际法监测遵守情况，收集并核实渔业数据，防止和制止非法、未报告和无管制的捕捞活动；

（6）各国按照《非法、不报告和无管制捕捞问题 2005 年罗马宣言》的要求与区域经济一体化组织、国际海事组织，以及酌情与区域渔业管理组织和安排进行合作，在联合国粮农组织内建立渔船（包括冷藏运输船和供应船）全球综合记录，并在按照国家法律遵守保密要求的情况下，把现有的受益所有人资料纳入记录；

（7）联合国粮农组织应同国际海事组织合作，在顾及与发展中国家开展合作的形式的同时，考虑建立 1 个单一和永久的渔船和辅助船舶识别系统，协助监测、控制和监视工作，补充有关建立 1 个渔船全球综合记录的计划；

（8）各国根据国际法制订和合作开展监视和执行活动，以强化有关工作，确保养护和管理措施得到遵守，防止和制止非法、未报告和无管制的捕捞活动；

（9）各国依照国际法采取必要措施，防止以破坏根据国际法通过的适当养护和管理措施的方式捕捞的鱼类和渔业产品进入国际贸易；

（10）各国加入和积极参加现有的自愿性国际渔业活动监测、监督和监视网络，考虑到与发展中国家合作的形式，支持根据国际法将该网络转变为具有专项资源的国际机构，以进一步协助网络成员。

四、常规手段

1. 渔政巡逻船

在多数情况下，巡逻船只是用来将渔业检查人员送至捕鱼现场和渔船上以便执行检查。在有严重违法现象时，巡逻船可扣留船只并将该船押往港口。在个别情况下，巡逻船有可能需要诉诸武力以使违法渔船就范。由于这 1 原因，巡逻船在捕捞现场负有重要的执法职能。

2. 空中巡逻

在一定时间内，空中巡逻比巡逻船只需较少的工作人员而能覆盖更广大的面积。飞机在探查无照捕鱼船只或在禁止区域捕鱼船只时特别有效。由于飞机不能对渔船采取直接行动，通常需要巡逻船采取后续行动。

3. 观察员

观察员不具执法的权力，其职责是随船监测渔获量、努力量、渔获组成和捕捞作业的其他详细资料。由于观察员的费用和住宿通常由捕鱼船只的所有者负担，一般不会在小型捕鱼船上配置观察员。

4. 岸基跟踪和检查

这是 MCS 系统的重要组成部分，主要包括：

（1）雷达观测；

（2）蜂窝电话或高频无线电台跟踪；

（3）按航海日志和捕捞日志统计核查上岸量；

（4）检查渔船和渔具；

（5）卸鱼港取样；

（6）检验渔获物加工厂；

（7）鼓励渔民举报违法作业。

5. 港口国检查

五、渔船监测系统

（一）渔船监测系统的功能

在 20 世纪 80 年代末，借鉴国际海事卫星组织（INMARSAT）和国际海事组织建立 GMDSS 的经验，将全球定位系统和卫星通讯系统合并应用于渔船的监测、控制和监视领域，被称为船舶监测系统（VMS）。

渔船监测系统由船载卫星终端、卫星链路和卫星地面站、主管当局的渔船监控中心 3 部分组成。其最基本的功能是，船载卫星终端采集渔船的船位信息（包括渔船船名；渔船地理位置——纬度和经度；渔船在该位置的日期和时间），通过卫星空间链路和卫星地面站传给渔船监控中心；渔船监控中心存储、处理卫星传来的信息，并以图像方式显示渔船的实时位置，借以判断渔船是否跨越捕捞许可证限定的渔区，是否从事非法、不报告和无管制捕捞作业。除此之外，其功能还可包括向渔船监测中心直接传送捕捞许可证规定的渔船应交的渔获量和捕捞努力量统计的报告等其他情报。

随着 INMARSAT 全球区域网络（GAN）宽带服务于 2002 年 1 月的启动，渔船监测系统的功能必将获得更大的扩展。

（二）渔船监测系统的应用

渔船监测系统经过几年的试用，证明这 1 技术在跟踪捕鱼船只特别是远洋渔船方面具有覆盖广、全天候、可靠性高等特点；与 MCS 系列工具的配合使用能极大地提高 MCS 的整体效能；不失为进行渔船监测、控制和监视的 1 个经济有效的手段。到 20 世纪 90 年代中期，这一系统在国家、分区域和区域各级得到了系统的应用。有的规定远洋渔船纳入渔船监测系统是捕捞授权的必备条件。进入 21 世纪，建立渔船监测系统成为全球性渔业管理任务。2001 年《关于预防、制止和消除非法、不报告和无管制捕捞的国际行动计划》规定："酌情按照国家、区域或国际标准建立船舶监测系统，包括要求受其管辖的渔船在船上装配船舶监测系统。"

如上述，从 2006 年起，联合国大会有关决议进一步要求："各国各自和通过相关区域渔业管理组织和安排，建立强制性船舶监测、控制和监视系统，尤其要求所有在公海捕鱼的船舶尽快在可行时配备船舶监测系统，大型渔船至迟应于 2008 年 12 月配备船舶监测系统"。

六、创新监测、控制和监视技术

渔船监测、控制和监视体系在可持续渔业管理，尤其在国际社会打击非法、不报告、无管制捕捞的斗争中具有核心作用。为使监测、控制和监视活动更加便捷有效、更有针对性，应创新开发一些新技术，如卫星图像、手机应用软件或其他电子监测系统及互联网＋，实行信息交流和数据收集等，例如，为便于对捕捞授权进行评价，实行渔船登记和捕捞许可证数据库共享；为便于监测渔船移动轨迹，推行自动化识别系统和渔船监测系统；为便于渔船及时报告渔获量，要求船上使用电子日志；为便于全面监视捕捞活动，要求船上摄像监控；为便于加强鱼和渔产品的可追溯性，建立市场信息电子传输。

七、船旗国的责任

按照《船旗国表现自愿准则》的要求，为预防非法、不报告、无管制捕捞，各国应从捕捞活动的开始、卸货地直至最终目的地各环节，全面有效地开展监测、控制和监视。各国应采取的措施和行动，包括：

（1）制定和实施允许进入水域和获得资源的计划，包括渔船许可证计划；

（2）保留所有许可在其管辖范围内进行捕捞的渔船及其目前的船主和操作者的记录；

（3）酌情按照国家、区域或国际标准建立船舶监测系统，包括要求受其管辖的渔船在船上装配船舶监测系统；

（4）酌情按照国家、区域或国际标准实施观察员计划，包括要求受其管辖的渔船带随船观察员；

（5）向所有从事监测、控制和监视活动的人员提供培训和教育；

（6）规划并及执行监测、控制和监视活动并为此类活动提供资金，以便尽可能加强其预防、制止和消除非法、不报告、无管制捕鱼的能力；

（7）提高业界对需要及合作参加监测、控制和监视活动以加强预防、制止和消除非法、不报告、无管制捕鱼的了解和认识；

（8）促进国家司法系统内部对监测、控制和监视问题的了解和认识；

（9）建立并维护监测、控制和监视数据的获得、储存和传播系统，同时考虑适当的保密要求；

（10）确保有效实施符合国际法的国家、以及在适当情况下，国际商定的上船检查制度，承认船长和检查官员的权力和义务；同时注意到这种制度在一些国际协定中做出规定，如1995年《联合国鱼类种群协定》，则仅适用于这些协定的缔约方。

第五节　渔船《全球记录》

一、作用

2005年《关于打击非法、不报告和无管制捕鱼的罗马宣言》最早提出建立《渔船的全面综合记录》，其核心目标是提供渔船的更多信息，作为打击非法、不报告和无管制捕鱼的1组措施的1部分。[11]渔业部长们在要求编制全球记录时，建议不仅包括渔船，而且还包括冷藏运输船和补给船。他们认为如此扩大范围很重要，因为这些辅助船舶助长了非法、不报告、无管制捕捞活动，海上转运为船舶使非法渔获物合法化和掩盖其捕捞的非法

性提供机遇。[12]

长久以来,渔业领域总体上缺乏综合的以及可核实的信息,特别是关于渔船身份、船主、授权和活动的信息,使有效监测、控制和监督活动很难进行。事实上,缺乏单一的完整数据库或渔船记录无疑为从事非法、不报告和无管制捕鱼活动船舶逃避侦察提供了机会。

渔船《全球记录》(GLOBAL RECORD)是为了在全球层面提供渔船识别信息,增加透明度,使那些试图非法捕捞作业的人们更加困难,付出更大代价,是打击非法、不报告和无管制捕鱼的最新工具。

渔船《全球记录》的主要优势在于利用独有船舶识别码来确保每1船舶记录都独一无二,从而能够确切追踪某艘船舶史,就有关确定涉及非法活动的捕捞作业提供信息。它的另1个主要优势在于提高海上转载和补给燃料的透明度,因为其包括了有关冷藏运输船和补给船的信息。

尽管过去为打击非法、不报告和无管制捕鱼作了许多工作,但这种捕鱼仍然存在而且很复杂,在所有地区、以所有渔业类型从公海大规模渔业到沿岸小型渔业都有发生,在一些地方还相当猖獗,对鱼类种群健康造成严重威胁,对其他环境、经济和社会方面也造成一系列不利影响。究其原因,有关当局无法获得他国渔船的基本信息,有关所有权和捕捞授权的透明度不高,成为有助于非法作业得逞的主要条件。

非法、不报告和无管制捕鱼活动是国际、跨边界问题,不是任何1个国家的努力能够有效加以处理的,必须开展国际合作。打击非法、不报告和无管制捕鱼行为不是靠一两项措施可以奏效的,必须发挥《港口国措施协定》《船旗国表现自愿准则》和渔船《全球记录》产生的巨大合力。渔船《全球记录》作为实施《港口国措施协定》的主要工具,将帮助港口国根据该《协定》要求对悬挂外国船旗的船舶进行检查并采取后续行动。

二、 结构和实施战略的制定

2007年渔业委员会第二十七届会议建议召开专家磋商会进一步发展全球渔船综合记录的概念。[13]2008年5月24～28日粮农组织在罗马召开了编制渔船、冷藏运输船和供应船的全面全球记录专家磋商会。2009年渔业委员会第二十八届会议支持编制渔船《全球记录》,并建议召开技术磋商会。[14]粮农组织于2010年11月8～12日在罗马召开了关于确定编制和建立渔船、冷藏运输船和补给船记录的结构和战略的技术磋商会,对为编制和建立《渔船、冷藏运输船和补给船综合性全球记录》(简称《全球记录》)拟采用的结构和战略及相关建议进行了审议。[12]2012年渔业委员会第三十届会议强调了全球独有船舶识别码的必要性,视其为该全球记录用来鉴定和追踪船舶的1个关键组成部分,重申支持粮农组织分阶段持续编制渔船《全球记录》,使其经济有效及确保与其他现有举措协调,并建议第一步是将独有船舶识别码应用于总吨位超过100的船舶。[15]2014年渔业委员会第三十一届会议全面审议了渔船《全球记录》的进程,认为使用国际海事组织识别码作为渔船《全球记录》独有船舶识别码的先决条件已得到满足,鼓励有列入渔船《全球记录》第一阶段的渔船队的成员国确保符合条件的渔船获得国际海事组织识别码并向渔船《全球记录》提供相关数据，并呼吁建立金融机制支持渔船《全球记录》的长期编制、实施和保持，鼓励成员国通过提供预算外捐款支持这方面取得进展。[16]

三、结构

（一）渔船《全球记录》的范围

1. 船舶类型

按照《关于打击非法、不报告和无管制捕鱼的罗马宣言》的要求，在粮农组织内确立所有渔船的综合的全球记录，应包括冷藏运输船和补给船。非法、不报告和无管制捕鱼往往特别使用转运和在海上再补给，使得在船舶从事非法活动时难以追踪船舶及其产品的移动。在渔船《全球记录》中包括冷藏运输船和补给船将确保可获得从事捕鱼活动的所有船舶的信息，核实目前不可能核实的数据。

在《港口国措施协定》中为适应打击非法、不报告和无管制捕鱼的需要，对"捕鱼"、"船舶"和"与捕鱼相关的活动"等术语做出了周全的定义，全面理解这些定义，有利于明确渔船《全球记录》的覆盖范围。

2. 作业区域

在所有情况下，非法、不报告和无管制捕鱼的范围和影响不只限于公海，而是出现在国家管辖区内外。由于渔船《全球记录》作为打击非法、不报告和无管制捕鱼和改进透明度的主要手段，如果适用的运行领域受到限制，则可能失败。而且，为协助沿海国和港口国管理在其水域的合法和非法的外国船队，也需要综合的渔船信息平台。因此，全球记录应当适用所有合适的船舶，无论其作业区域。

3. 船舶规格

据联合国粮农组织估计，全球约有海洋渔船、冷藏运输船和补给船 400 万艘，可分为以下 4 个类别，如表 10-1 所示。

表 10-1　全球渔船分类数量表[13]28

单位：艘

船舶类别	船舶总吨位	船舶长度				合计
		≥24 米	≥18 米/<24 米	≥12 米/<18 米	<12 米	
1	≥100 总吨	126 400	32 000	1 600		160 000
2	≥50 总吨/<100 总吨	25 600	83 200	19 200		128 000
3	≥10 总吨/<50 总吨		62 400	274 000	53 200	389 600
4	<10 总吨			48 000	3 274 400	3 322 400
全球渔船、冷藏运输船和补给船合计						4 000 000

考虑到对船队能力、过度捕捞、非法捕鱼、生态可持续性以及沿海社区福祉的关切，各国不仅应保留大型工业化渔船和运输船的注册或记录，还应保留小型渔船的任何记

录。全球记录原则上应包括≥10 总吨,或≥12 米总长的所有船舶,无论功率大小,即包括 1、2、3 三个类别的所有船舶,总共 67.76 万艘船舶。[17]

（二）渔船《全球记录》的识别符（UVI）

许多国家和区域为国家和区域管理目的在船舶注册时都给定了一些类型的识别编号。该编号的效力仅限于国家和区域管辖范围内。一旦该船离开其管辖区域,注册号的效用消失,该船即可以自由变更其法律和物理特征,难以进行辨别和跟踪。而且,许多国家和区域的编号还遇到严重的重复问题,难以区分具有相同名称的船舶。为此,联合国粮农组织一直在努力寻求所有渔船都能获得 1 个可靠的唯一识别符（UVI）,无论船旗、所有人或船舶状况怎样变更,凭此编码即可准确地识别出该船只。许多渔船缺乏唯一识别编号,使得非法、不报告和无管制渔船经营者可以通过改船名或切换到不同的国际无线电呼号或在航行中改挂旗帜掩盖身份。在缺乏全球船舶注册以及没有强制使用统一编码计划时,非法经营者将继续轻易掩盖其船舶身份。因此,有效的渔船《全球记录》必须要有 UVI 编号系统。但是,建立全球 UVI 编号系统,不是要替代国家和区域的船舶编号系统,而应当是对它们的有益补充。

国际海事组织 1987 年第 A.600(15)号决议,为了"海上安全,污染防治和便利的海运欺诈的预防",决定从 1996 年 1 月 1 日起对从事国际航行的 100 总吨及以上的客船和 300 总吨及以上的货船强制实行船舶识别号码计划,分配给规定范围内的每条船 1 个永久编号。该决议指明 IHS-F 编号专用于此类船舶的识别,不适用于纯粹的捕鱼船舶。

国际海事组织船舶编号系统由美国信息咨询公司（IHS）的船舶查找服务（FairPlay）负责实施和维护。IHS-F 编号的特点是:

（1）编号为 7 位阿拉伯数字的组合;

（2）编号是唯一的,一旦发放,不再分配给另外的船舶;

（3）编号发放后,将载入 SOLAS 公约 I/12 规定的"船舶登记证"中,并要求永久在船上明显标记。[18]

据 IHS-F 的统计,截止 2009 年 11 月 30 日已有 130 个国家的渔船、水产品运输船、辅助船、加工船等共 23 436 艘取得了 IHS-F 发放的 IMO 编号。[19]107 南极海洋生物资源养护委员会、国际大西洋金枪鱼养护委员会、印度洋金枪鱼委员会、中西太平洋渔业委员会等多个区域渔业管理组织规定,有资格在其传统水域捕鱼的渔船必须有国际海事组织识别码。鉴于此,联合国粮农组织研究结论是,根据效益、兼容性（即与已包含许多渔船的商船队系统的兼容性）、技术上的考虑（即数据要求确保大多数国家登记信息作少量修改后即可达到该系统的完整性）,在渔船《全球记录》第一阶段即针对总吨位 100 以上船舶,国际海事组织船舶识别码计划最为适宜。[20]联合国粮农组织联合澳大利亚、加拿大、加纳等国家向国际海事组织提出第 A.600(15)号决议修正案,建议将渔船纳入 IMO 的 IHS-F 船舶识别编号系统,这 1 建议由国际海事组织大会于 2013 年 12 月作为第 A.1078 (28)号决议获得通过,允许 IMO 船舶识别号机制在 100 总吨及以上的渔船上非强制适用。[21]

（三）渔船《全球记录》的信息

《公海捕鱼遵守协定》的公渔海船授权记录（HSVAR）、《联合国鱼类种群协定》

（UNSFA）、《港口国措施协定》（PSMA）和《关于预防、制止和消除非法、不报告和无管制捕捞的国际行动计划》（IPOA－IUU）对船舶数据报告的要求，见表10-2。

表 10-2　现有国际渔业协定和国际行动计划要求报告的船舶数据一览表[17]30

船舶数据内容	HSVAR	UNSFA	PSMA	IPOA-IUU
船舶核心特征				
渔船全球记录 UVI 编号			＊	
船名	＊		＊	＊
以前名称	＊			＊
执照注册号	＊		＊	
船旗国	＊	＊	＊	
以前船旗	＊			
注册港	＊	＊		
国际无线电呼号（IRCS）	＊	＊	＊	
何地建造（国家、船厂）	＊			
何时建造（年份）	＊	＊		
船体材质		＊		
船舶类型	＊	＊	＊	
长度（单位、类型）		＊		＊
型深	＊		＊	＊
宽度	＊		＊	＊
草图			＊	＊
吨位（总吨、总注册吨位类型）	＊	＊		＊
发动机功率（千瓦、马力等）	＊	＊		
外部身份号		＊	＊	
RFMO 名称/身份号			＊	
存贮鱼的能力		＊		
存贮鱼的方式		＊		
捕鱼方式	＊	＊		
船舶联系信息			＊	
船舶照片				＊
船主/经营者详情				
船主姓名	＊		＊	＊
船主地址	＊			＊

续表

船舶数据内容	HSVAR	UNSFA	PSMA	IPOA - IUU
历史所有人姓名				*
经营者名称	*			*
经营者地址	*			*
船长姓名和国籍			*	
船员（数量和国籍）		*		
捕捞授权数据				
捕捞授权号			*	
发放捕捞授权的机构			*	
每项捕捞授权的有效期			*	
授权捕捞的物种			*	
授权捕捞的区域			*	
授权捕捞的网具			*	
转运数据				
转运授权号			*	
发放转运授权的机构			*	
每批次转运核实机构				
VMS 数据				
VMS 类型			*	
VMS 号码			*	
VMS 机构			*	
船舶守法数据				
违法历史				*

　　渔船《全球记录》是全球保存从事捕鱼或与捕捞相关活动的船舶的资料库,应包括与船舶有关的广泛信息数据,对于大于 100 总吨(24 米船长)的船舶,IHS-F 发放的 IMO 编号要求的基本信息,见表 10-3。

表 10-3　IHS-F 发放的 IMO 编号要求的基本数据表[13]34

序号	基本数据内容	序号	基本数据内容
1	注册船主	12	长度
2	船旗国	13	型深
3	船名	14	宽度
4	注册号（捕捞号）	15	总注册吨位

续表

序号	基本数据内容	序号	基本数据内容
5	以前船名	16	总吨
6	注册港	17	主机或发动机功率
7	船主地址	18	造船者
8	以前船旗(如有)	19	造船者国籍
9	国际无线电呼号	20	并行船旗(如适用)
10	何地何时建造	21	商业经营者(如适用:租赁者)
11	船舶类型		

船舶取得 IHS-F 发放的 IMO 编号后,在 5 年之内还必须提供的额外数据,见表10-4。

表 10-4　IHS-F 发放的 IMO 编号要求的额外数据表[17]34

序号	额外数据内容	序号	额外数据内容
1	母公司注册所有人	7	固定负载
2	船舶管理人	8	并行的船舶真实所有权注册详情
3	光船租赁	9	并行的船舶真实所有人详情
4	MMSI 号(海上移动通信业务标识)	10	录入船旗国注册的数据
5	船旗国识别号(官方号)	11	船舶注销注册日期(由前船旗国,如适用)
6	净吨位		

（四）渔船《全球记录》结构系统

该系统由岸基(基站)设施和船载 AIS 设备共同组成,配合全球定位系统(GPS)使用,是 1 种集网络技术、现代通讯技术、计算机技术、电子信息显示技术为 1 体的数字船舶自动识别系统(AIS)。船载 AIS 设备,能够连续自主的接收与发射 AIS 数据信息,可显示本船周围装有 AIS 设备的船舶的 AIS 数据信息,并能与其他船舶和岸台相互交换航行和船舶数据信息。AIS 数据信息包括产量数据、海事安全数据、MCS 数据等多种静态和动态数据,其核心数据是船舶身份信息和所有人的详情,这是渔船《全球记录》的中心。如图 10-2 所示,该项信息是渔船《全球记录》所有其他功能的中心,船舶唯一标识符则是这些功能的驱动器。

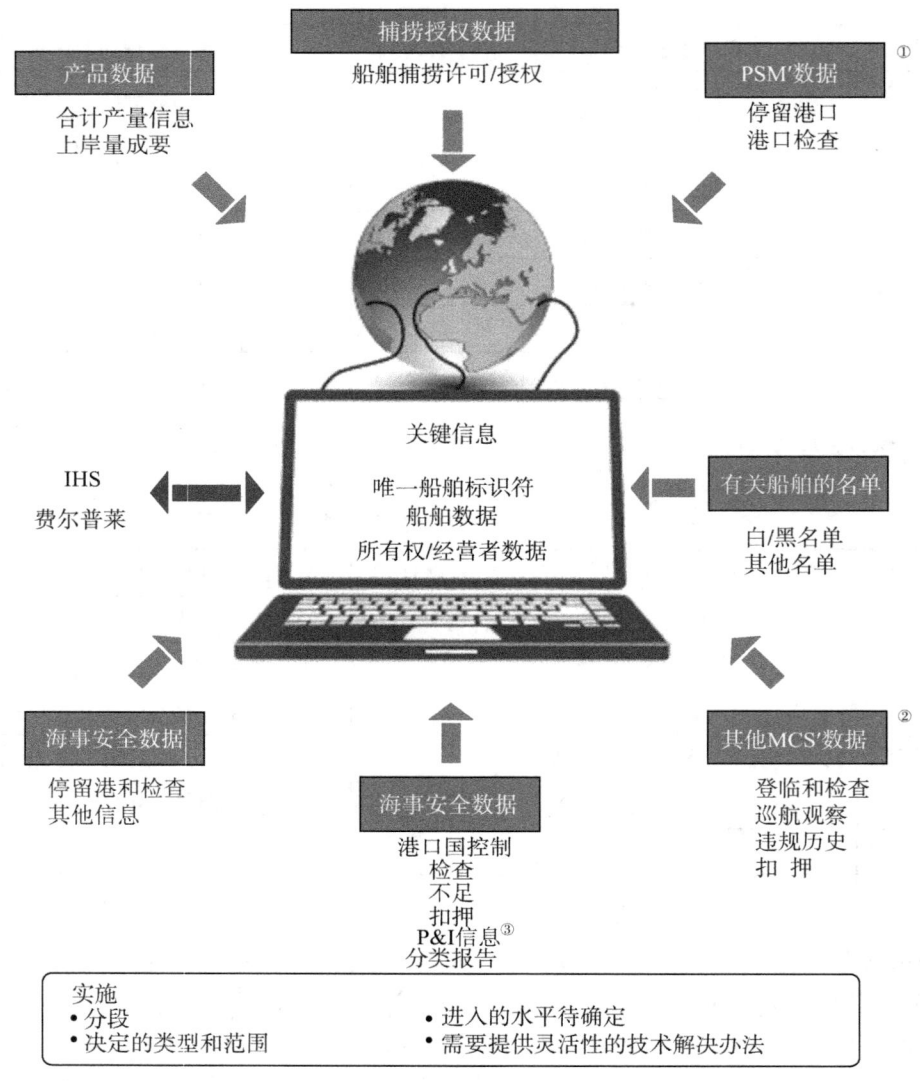

图 10-2　作为全球渔船综合记录一部分的数据模块示意图[19]106

四、实施战略

渔船《全球记录》在世界各地的实施是 1 项十分艰巨、复杂任务,需要大量的时间、精力和资源,需要采用一种比较现实的实施战略:预计用 8 年(2011 年 1 月～2019 年 1 月)时间,分为以下 3 个阶段:

1. 第一阶段(2011.7～2014.1)

≥100 总吨位,或≥100 总登记吨位,或≥24 米的所有渔船,包括在公海作业的许多船舶以及支持这些捕鱼活动的冷藏运输船和补给船,约有 85 600 艘,其中大约 13%(23 436 艘)已有 IHS-F(IMO)编号,而具有 IHS-F(IMO)编号的前 10 位船旗国,见表 10-5。

表 10-5　具有 IHS-F(IMO)编号的前 10 位船旗国一览表[19]107

船旗国名	IMO 编号船数	船旗国名	IMO 编号船数
欧盟(22 国)	3 879	秘鲁	714
美国	3 372	挪威	469
俄罗斯	1 465	中国	462
日本	1 234	菲律宾	444
韩国	1 136	摩洛哥	425
前 10 位国家的合计			13 600

为推进剩余大型渔船,即≥100 总吨的船舶得到 IHS-F(IMO)编号,实施第一阶段目标,对申请 IHS-F(IMO)编号的予以免费。

2. 第二阶段(2013.1～2016.1)

<100 总吨位,或<24 米但≥50 总吨位,或≥18 米的所有渔船,包括金枪鱼 RFMO 授权渔船清单中所有剩余的渔船,以及小于规格类别 2 的额外的在金枪鱼 RFMO 清单中的 6 000 艘渔船,总计约 171 000 艘。如果 IHS-F 被作为这一阶段 UVI 的提供者,还需要与其谈判并确立提供数据的合同。

3. 第三阶段(2014.7～2019.1)

<50 总吨位,或<18 米但≥10 总吨位,或≥12 米的所有渔船。这些船舶不可能经常在公海从事非法、未报告和无管制捕捞(IUU),但可能在当地和跨边界水域从事 IUU 活动,涉及的船数大约为 37.5 万艘,按欧洲(2014.7～2016.1)、大洋洲(2015.1～2016.7)、美洲(2015.7～2017.7)、亚洲(2016.1～2018.7)、非洲(2016.7～2019.1)的安排渐进实施。这 1 阶段是否由 IHS-F(IMO)提供 UVI,需要与 IHS-F 协商,如能达成协议,亦须将前两个阶段使用的 6 位数外加检查数的格式进行修改,加上 1 个数字或另外选择。如果这些问题不能解决,联合国粮农组织需要确立对小型渔船的简化版 UVI 计划。[17]48-51

港口国对到港的、应具有识别符(UVI)的外国渔船、冷藏运输船或补给船,可依其"船舶登记证"所载的 UVI 编号,取得其登记资料,并检验其实际状况是否与登记资料相符,如发现不相符合,则有权按照《港口国措施协定》的规定,进行处置。

参考文献

[1] FAO Technical Guidelines for Responsible Fisheries. No. 4. FisheriesManagement[S/OL]. (1997).[2013-06-20].

http://www. fao. org/3/a-w4230e. pdf

[2] FAO Fisheries Technical Paper. No. 424. Cochrane, K. L. (ed.). A fishery manager. sguide-

book. Managemen measures and their application[R/OL]. (2002:4). [2013-06-20].

http://www. fao. org/docrep/005/y3427e/y3427e00. htm

［3］联合国粮农组织渔业和水产养殖部. 2010 世界渔业和水产养殖状况[R/OL]. (2010). [2012-07-30].

http://www. fao. org/docrep/013/i1820c/i1820c. pdf

［4］联合国粮农组织. 信息与知识共享[S/OL]. (2010). [2012-08-05].

http://www. fao. org/docrep/012/i0587c/i0587c. pdf

［5］联合国粮农组织. 世界渔业管理和发展战略报告[R/OL]. (1984-07-06). [2012-08-06].

http://ftp. fao. org:21/docrep/fao/012/ak192c/ak192c. pdf

［6］联合国粮农组织. 粮食安全和消除贫困背景下保障可持续小规模渔业自愿准则[S/OL]. (2014-06-09-13). [2014-08-30].

http://www. fao. org/cofi/42013-0cc1170bf0b293972cef9d9586c9d8901. pdf

［7］联合国粮农组织渔业技术准则 4 号补充 2 号,渔业管理 2 号的渔业的生态系统办法[S/OL]. (2007). [2013-06-25].

ftp://ftp. fao. org/docrep/fao/010/a0191c

［8］FAO. Precautionary approach to capture fisheries and species introductions[S/OL]. (1995-06-13:para. 47-50). [2013-06-26].

ftp://ftp. fao. org/docrep/fao/003/W3592e/W3592e00. pdf

［9］联合国大会文件第 59/298 号. 秘书长的报告通过《执行 1982 年 12 月 10 日〈联合国海洋法公约〉有关养护和管理跨界鱼类种群和高度洄游鱼类种群的规定的协定》和相关文书等途径实现可持续渔业[S/OL]. (2004-08-26:19). [2013-06-25]

http://www. un. org/en/ga/search/view_doc. asp? symbol＝A/59/298

［10］FAO Fisheries Circular No. 976. The Costs of Monitoring,Control and Surveillance of Fisheries in Developing Countries[S/OL]. (2002:para. 1. 1). [2013-06-27].

http://www. fao. org/DOCREP/005/Y3780E/y3780e00. htm♯Contents

［11］联合国粮农组织部长级渔业会议关于非法、不报告和无管制捕鱼的 2005 年罗马宣言[S/OL]. (2005-03-12). [2013-06-27].

http://www. fao. org/docrep/meeting/009/J5030c. htm

［12］联合国粮农组织渔业和水产养殖报告第 956 号. 关于确定编制和建立全球渔船、冷藏运输船和补给船记录的结构和战略技术磋商会报告[R/OL]. (2010-11-08－12). [2013-06-27].

http://www. fao. org/docrep/013/i1938c/i1938c00. pdf

［13］联合国粮农组织渔业报告第 830 号. 渔业委员会第二十七届会议报告[R/OL]. (2007-03-09:10). [2013-06-28].

ftp://ftp. fao. org/docrep/fao/010/a1160c/a1160c00. pdf

［14］联合国粮农组织渔业和水产养殖业报告第 902 号. 渔业委员会第二十八届会议报告[R/OL]. (2009-03-06:9). [2013-06-28].

http://www. fao. org/docrep/012/i1017c/i1017c. pdf

［15］渔业委员会第三十届会议报告[R/OL]. (2012-07-09-13). [2013-06-29].

http://www. fao. org/docrep/meeting/027/me661C. pdf

［16］渔业委员会第三十一届会议报告《船旗国表现自愿准则》、2009 年联合国粮农组织《港口国措施协定》及打击非法、不报告、不管制捕鱼的其他文书[R/OL]. (2014-06-09-13). [2014-08-15].

http：//www. fao. org/3/a-mk052c. pdf

［17］联合国粮农组织文件第 TC-GR/2010/2 号. 为制定并实施全球渔船、冷藏运输船和补给船记录确立架构和战略备选方案的综合技术文件［R/OL］. (2010-11-08－12). ［2013-06-30］.

http：//www. fao. org/docrep/meeting/019/k8959c. pdf

［18］Circular letter No. 1886/Rev. 3. IMO identification number scheme IMO Ship Identification Number Scheme［S/OL］. ［2014-08-15］.

http：//www. imo. org/OurWork/Safety/Implementation/Pages/IMO-identification-number-scheme. aspx

［19］联合国粮农组织渔业和水产养殖部. 2010 年渔业和水产养殖状况［R/OL］. (2010). ［2014-08-15］.

http：//www. fao. org/docrep/013/i1820c/i1820c. pdf

［20］渔业委员会文件第 COFI/2014/Inf. 12/Rev. 1 号. 全球渔船、冷藏运输船和补给船记录(2014-06-09－13：3). ［2014-08-15］.

http：//www. fao. org/3/a-mk053c. pdf

［21］国际海事组织文件第 A. 1078(28)号 . IMO Ship Identification Number Scheme［S/OL］. (2013-12). ［2014-08-15］.

http：//www. moc. gov. cn/zizhan/zhishuJG/chuanjishe/IMOIAC/201312/P020131216293806045172. pdf

［22］渔业委员会文件第 COFI/2012/4 号. 渔委鱼品贸易分委员会第十三届会议的决定和建议［R/OL］. (2012-02-20－24：4). ［2016-08-15］.

http：//www. fao. org/docrep/meeting/027/md417c. pdf

［23］联合国大会决议第 68/71 号. 通过 1995 年《执行 1982 年 12 月 10 日〈联合国海洋 法公约〉有关养护和管理跨界鱼类种群和高度洄游鱼 类种群的规定的协定》和相关文书等途径实现可持续渔业［S/OL］(2013-12-09：13). ［2016-08-15］.

http：//www. un. org/zh/documents/view_doc. asp? symbol＝A/RES/68/71

第十一章　捕捞作业

　　捕捞作业主要是指从鱼遭遇渔具到渔获物上岸过程中的活动,这是渔业的中心环节。

　　为有效养护和管理渔业资源,预防、制止和消除非法、不报告和无管制捕捞,保证捕捞作业强度与渔业资源的繁殖能力相一致,各国应当确保有权悬挂其旗帜的渔船不论在其管辖的水域或另 1 国家管辖的水域或公海的捕捞作业都经其授权,取得捕捞权,持有捕捞许可证,并确保这些捕捞作业以负责任的方式进行。这就是:取得捕捞权的渔船必须按照捕捞许可证授权规定的条件进行捕捞作业;按照联合国粮农组织的规定对渔船和渔具进行标识;按照国际公约和国际准则加强渔船安全、渔民安全和操作安全管理,确保捕捞作业安全;采取使用具有选择性、无害环境和效益高的渔具和捕鱼方法、公海禁用大型流网、限制渔区和渔期、限制最小鱼体和成熟度等技术措施进行捕捞管理。

　　据联合国粮农组织估计,全球每年放弃、遗失或遗弃渔具可达数十万吨,渔货物丢弃量大约为 700 万吨,兼捕可能超过 2 000 万吨,对海洋渔业资源构成极大浪费,并严重威胁海洋生态系统的健康。

　　因此,各国必须确保有权悬挂其旗帜并获准在海上捕捞的渔船按照国际商定的原则和标准,减少渔具的放弃、遗失或遗弃,减少非目标鱼类和非鱼类物种的捕获量特别是海鸟、鲨鱼和海龟的意外兼捕;减少丢弃物和浪费;采用最佳技术管理船上存储的渔获物;在海上转载渔获物须按转载许可证规定的条件进行;不从事任何损害国家和国际养护和管理措施效力的活动;节约能源和减少污染;按照规定向主管部门报告渔船基本信息及渔获量和捕捞努力量的统计资料。

　　各国应当建立有效的渔业监测、控制、监视和实施机制,以确保国家为捕捞作业制定的养护和管理措施以及分区域、区域和全球的国际养护和管理措施得到遵守。

第一节 捕捞作业的概念、指标和目标

一、概念

(一)捕捞作业的定义

捕捞作业是指使用捕捞工具(渔具)及捕捞技术(渔法)捕获鱼类和其他水生经济生物的生产活动,通常包括探鱼、集鱼和捕鱼3个环节,是渔业活动最主要的组成部分。

"捕捞作业"在《港口国措施协定》中称为"捕鱼",并将该用语的含义界定为:"'捕鱼'是指搜寻、吸引、定位、捕获、取得或收获鱼品的活动,或从事可以合理预期对鱼类进行吸引、定位、捕获、取得或收获的任何活动。"

捕捞作业的场所处于海洋和内陆水域。不论水域面积还是水生生物多样性或生物生产量,海洋都比内陆水域大得多,所以捕捞作业主要是海洋捕捞作业。内陆水域水浅、范围有限,通常只适于小型渔业。机械化的工业捕捞方式通常都适用于海上。捕捞作业的主体在海洋。

联合国粮农组织将捕捞作业的概念限定为鱼遭遇渔具到渔获物上岸的过程,并用图表展示其流程及其相互关系,[1]104 如图 11-1 所示:

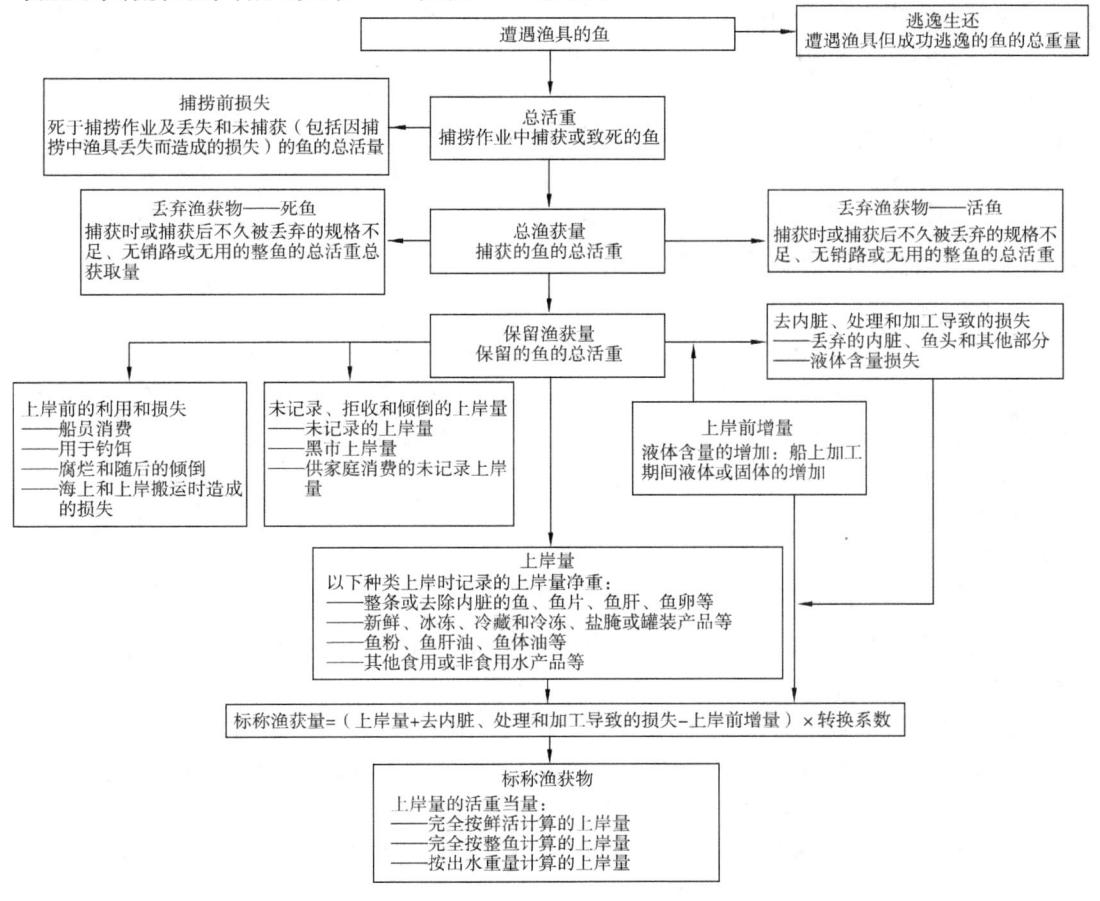

图 11-1 用图表展示的捕捞概念

（二）捕捞作业的分类

捕捞作业有多种分类方法,按其使用渔具、渔法的不同主要分为以下 5 个类型:

（1）拖网作业,利用拖曳袋形网具主要用于捕捞底层鱼类,也可捕捞中层鱼类,产量约占总捕捞量的 40%。

（2）围网作业,利用长带形的网具对鱼群进行包围并收紧网具底索和包围圈以捕捞中上层鱼类,产量约占总捕捞量的 25%。

（3）流网作业,利用结有浮子和沉子的长带形网具悬浮水中,网具和渔船随风流移动,待鱼类触网鱼鳃夹在网目内再起网取鱼。流网是刺网的 1 种,对捕捞对象的体长和体周有较强的选择性,渔获质量较好。

（4）钓鱼作业,将活饵或其他诱饵装在钓钩上,钩系绳上,进行手钓、延绳钓或曳绳钓捕鱼,适用于捕捞较为分散的鱼类。

（5）捕鲸作业,利用捕鲸炮发射捕鲸铦,命中后用捕鲸纲将鲸体拖曳到船上。

二、主要指标

（一）渔获量

渔获量是指一定时间内利用渔具捕获鱼类和其他水生生物(渔获物)的数量。渔获量由上岸量和丢弃量组成。上岸量是指渔船在码头卸下及在海上转载的渔获物总量。丢弃量是指捕获后被重新丢弃回生境的那部分渔获物的数量。一般情况下推断多数丢弃物不能存活。丢弃量的统计数由渔民或随船观察员提供,必要时可采用估计值。

联合国粮农组织规定,渔获量根据不同情况可以数目(尾数)或标称重量统计。联合国粮农组织对标称重量的定义是:"上岸渔获的活重等量"。上岸之前,经常对渔获物进行加工,或作去头、除内脏、切翅等减量处理,或加液体、固体等增量处理。

标称重量的计算公式为:

标称重量＝(上岸量＋去内脏、处理和加工导致的损失－上岸前增量)×转换系数

渔获量按捕捞水域的不同分为海洋渔获量和内陆渔获量,按捕鱼方法的不同分为拖网渔获量、围网渔获量、延绳钓渔获量等。也可按物种或渔业分类。此处,渔业是指捕捞区域加上渔具加上目标鱼种的组合。

渔船和船队除按每 1 渔业和物种分类以数目、重量统计外,还应按长度、重量、性别列出渔获物的组成。

（二）捕捞努力量

捕捞努力量是指捕捞所使用的时间和捕捞功率。捕捞功率是指由网具规格、船舶规格和马力确定的捕捞功率。

捕捞努力量也被定义为:在特定渔业、特定渔场和特定时间内的捕捞活动总量,常被表达所使用的特定网具的数量,例如每天拖网时数、每天下钩数或每天大拉网次数。

（三）渔获率

渔获率是指某 1 水域一定时间内的渔获量占同期捕捞对象资源总量的百分率。计算公式为:

$$渔获率 = \frac{渔获量}{捕捞对象资源总量} \times 100\%$$

其中,捕捞对象资源总量是指水域中具有开发价值的鱼类种群的总个体或总重量。包括未经开发的鱼类种群的原始资源量;已开发利用鱼类种群的现存资源量;某1时期内鱼类种群的资源量的平均值的平均资源量。

（四）总允许捕捞量

总允许捕捞量是指在指定时期（通常1年）从某1鱼类种群资源中允许捕捞的总量（TAC）。

（五）捕捞死亡率

捕捞死亡率是指某1水域一定时间内在捕捞种群整体生物量中经由渔业行为所被移除部分所占的百分比。计算公式为:

$$渔捞死亡率 = \frac{由渔业行为移出的量}{捕捞种群整体生物量} \times 100\%$$

三、管理目标

1992年联合国环境与发展会议和2002年可持续发展世界首脑会议确定了在可持续利用和养护国家管辖范围内和公海的海洋生物资源方面的各种挑战和相应行动。尽管各国和有关组织采取了行动,当今许多问题仍然存在,包括:非法、不报告和无管制的捕捞,过度捕捞,捕捞能力产能过剩,船旗国管制不足,过多的副渔获物和抛弃物过多,收集数据和报告不足,缺乏科学,监测、控制和监视不力,脆弱的海洋生态系统退化,以及需要技术转让和能力建设等。[2]

针对这些问题,为实现可持续渔业,《联合国鱼类种群协定》《公海捕鱼遵守协定》和《负责任渔业行为守则》等国际渔业文书要求所有国家应确保捕捞作业以负责任的方式进行。

《负责任渔业行为守则》第6.12条款,作为1项总原则就此进一步规定:"各国应当在其各自权限范围内并按照国际法,在分区域、区域和全球各级通过渔业管理组织、其他国际协定或其他安排进行合作,促进养护和管理工作,确保在水生生物资源分布范围之内捕捞活动以负责任的方式进行,使这些资源得到有效的保持和养护,同时考虑到需要在国家管辖范围内外采取协调措施。"

根据《联合国海洋法公约》及上列文书有关规定,负责任捕捞应实现以下目标:

（1）确保有效地养护和管理水生生态系统,把渔业资源量维持在或恢复到能够达到最佳可持续产出的水平,保持渔业资源的长期持续利用;

（2）确保在其管辖或控制下的捕捞作业都经其授权并确保这些作业按授权规定的条件进行;

（3）确保捕捞作业强度与渔业资源的繁殖能力相一致,在经济上可行的限度内开发利用渔业资源;酌情采取措施来恢复资源。

（4）确保使用有选择性的、无害环境和效益高的渔具和捕鱼方法,防止浪费资源,避免脆弱水生生态系统和重要生境遭受破坏;

（5）确保渔业资源的利用和管理方面利益相关方，特别是从事自给性、小型和手工作业渔业的渔民的合法权益；

（6）确保渔业设施、设备及捕捞活动能够有安全和良好的工作条件，并对从事捕捞作业的所有人员实行卫生和安全标准；

（7）确保捕捞作业管理，避免使用不同船只、渔具和捕鱼方法的渔民之间发生冲突的危险，维护渔场秩序；

（8）确保在地方和国家一级建立保护和管理渔业资源的有效的法律和行政体制及对捕捞作业实施有效的监测、控制、调查和执行的机制。

第二节　捕捞授权和捕捞权

一、开放式捕捞

天然水域是公共财富，它不属于任何个人或集团私有。在开放入渔的情形下，"公共水域"对希望捕捞的任何人处于开放状态，无需经授权，任何人都可以自由进入捕捞其中的生物资源，并且无权排斥他人利用。小至1个湖泊、河流，大至几个国家之间的海洋，都受这一特征所制约。国际渔业史上无数经验证明，渔业资源的这种特性本来是好事，但是也出现了坏处。既然是公共所有，那就各施所能，大家竞捕，不断加大捕捞投入，累积形成捕捞能力过剩。捕捞能力过剩有两个影响：经济效益差；生物捕捞过度。这可表现为渔季缩短，渔获物品质不良，捕捞成本增加，捕捞获利下降及其他负面的生态、经济和社会影响。长期之高成本又须由社会以渔业补贴、失业补助、转产安置等方式来承担，甚至不择手段互相抢夺渔场，从而引起无数纠纷和冲突，以致发生流血战斗，并且不到资源崩溃，无利可图，斗争不会停止。这种情形，被称为"公共财产的悲剧"。这就是说，公有渔业资源能够为人类提供大量财富，但资源的公有性如果得不到有效限制，而在这种资源本身，又潜藏着走向崩溃、毁灭的根子。

二、授权式捕捞

（一）捕捞授权的规定

开放式入渔应为目前全球高比例过度捕鱼及低获利或负获利的情形负责，不可为继。对捕捞作业以授权限制，实行"以权利为基础的管理"，已被公认为有效与负责任捕捞的必要方式，[3]52是所有国家和船旗国的1项责任。对此，国际渔业文书有明文规定，例如：

（1）《联合国海洋法公约》第六十二条第四款规定，在专属经济区内捕鱼的其他国家的国民，由沿海国发给执照，并应遵守沿海国所制定的条款和条件。

（2）《联合国鱼类种群协定》第十八条第三款规定：船旗国应"根据在分区域、区域或全球各级议定的任何适用程序,采用捕捞许可证、批准书或执照等办法在公海上管制这些(指悬挂本国旗帜的)船只。""禁止未经正式许可或批准捕鱼的船只在公海捕鱼,和禁止船只不按许可证、批准书或执照的规定和条件在公海捕鱼。""确保悬挂本国旗帜的船只不在其他国家管辖地区内未经许可擅自捕鱼。"

(3)《公海捕鱼遵守协定》第三条第二款规定:"任何缔约方均不应允许有悬挂其旗帜但未经其有关当局授权的任何渔船用于公海捕捞,经其授权在公海上进行捕捞的渔船应按照授权规定的条件进行捕捞。"

(4)联合国大会第49/116号决议:"呼吁各国按照其《联合国海洋法公约》所反映的国际法义务,负起责任,采取措施确保有权悬挂其旗帜的捕鱼船不在别国管辖区内捕鱼,除非经沿岸国或有关国家主管当局正式许可;此种经许可的捕鱼作业应按照许可证规定的条件进行。"

(5)《负责任渔业行为守则》规定:"各国应当按照公海国际法或国家管辖范围内的国家法律采取措施,确保未经批准的船只不得从事捕鱼。"(7.6.2)"各国应当确保在其管辖的水域内的捕捞作业都经其批准"。(8.1.1)"船旗国应当确保,任何有权悬挂其旗帜的渔船在公海或另1国家管辖的水域进行捕捞,均须持有登记证,并得到主管当局的捕捞批准书。"(8.2.2)

(6)联合国粮农组织《关于预防、制止和消除非法、不报告和无管制捕捞的国际行动计划》第44、45和51段规定:

"各国应采取措施,确保任何渔船除非得到授权,否则不得进行捕捞。在公海方面,各国应当以符合国际法,特别是1982年《联合国海洋法公约》第一一六条和第一一七条规定的权利和义务的方式,或在国家管辖水域方面,按照国家立法采取措施。"

"船旗国应确保有权悬挂其船旗但在其主权或管辖以外的水域中捕捞的每1艘渔船持有该船旗国发放的有效捕捞授权。沿海国家为渔船发放捕捞授权时,应确保如该渔船无船旗国发放的捕捞授权,不得在其水域内进行任何捕捞。"

沿海国应"确保在沿海国水域内开展捕捞活动的任何渔船均得到该国签发的有效捕捞授权"。

(二)捕捞授权的条件

实行授权捕捞有两层含义:授予被授权人在受管理的渔业中从事捕捞作业的权利;被授权人行使此项权利应承担遵守授权规定条件的义务,其目的是控制捕捞能力,控制总体捕捞死亡率或渔获率,以确保捕捞作业强度与渔业资源的繁殖能力及其可持续利用相一致。

用来控制捕捞死亡率的方式通常采用投入(努力量)控制和产出(产量)控制两种。对捕捞作业做出捕捞努力量或渔获量的限制,只是捕捞授权的基本条件,被授权人必须按照许可证、批准书或执照的规定和条件进行捕捞作业。

按照《船旗国表现自愿准则》的要求,为预防非法、不报告、无管制捕捞,负责任的船旗国授权捕捞应符合以下各项条件:

（1）渔船监测系统；

（2）渔获量报告条件，如：

① 各渔船渔获量和努力量时间序列统计资料；

② 适合各捕捞期的（主捕品种和非主捕品种）的总渔获量、标准重量或两者的数据（标准重量定义为渔获量的活重当量）；

③ 按适合各捕捞场的各品种数量或标称重量报告的抛弃物统计数据，必要时包括估算数；

④ 适合各捕捞方法的努力量统计数据；

⑤ 捕捞地点、日期和时间以及有关捕捞作业的其他统计资料；

（3）允许转载时，转载报告和其他条件；

（4）观察员观察范围；

（5）保存捕捞及相关渔捕日志；

（6）确保遵守边界及相关限制水域的导航设备；

（7）在有关海上安全、海洋环境保护及国家、区域和全球一级通过的养护和管理措施和规定方面，遵守适用的国际公约和国家法规；

（8）按国际公认标准，如《联合国粮农组织渔船标志和识别标准规范及准则》，来标志其渔船。渔船的渔具也应按国际公认的标准作类似标记；

（9）酌情遵守适用于船旗国的其他渔业安排；

（10）渔船尽可能标有国际公认的独一无二的识别号，从而无论渔船的登记和名称如何变动，均能对该渔船做出识别。

（三）捕捞授权的程序

1. 捕捞授权的申请和审批

船旗国应确保其渔船登记与捕捞授权之间的联系机制。决定做出给 1 艘渔船登记，就应准备为该渔船提供在其管辖水域或公海捕捞的授权，或是当该渔船受该船旗国控制时，1 个沿海国将为该渔船发放捕捞许可证。

渔船所有人或经营人在提出渔船登记申请的同时，应提出捕捞授权申请，并提交捕捞计划及有关捕捞作业人员、设备状况的资料。

船旗国在登记 1 艘渔船并予给捕捞授权之前须对申请材料进行核实、审查，确保其能够履行保证该渔船不从事非法、不报告和无管制捕捞的责任。

船旗国只在以下情况下发放捕捞授权：

（1）核实船舶在国家管辖区之外区域遵守捕捞授权条款的能力；

（2）确信能有效管辖和控制船舶确保遵守适用的养护和管理措施；

（3）确信授权持有者在执法管辖范围之内。

为此，船旗国应：

（1）避免曾有从事非法、不报告和无管制捕捞史的特定渔船悬挂其旗帜并向它发放在其水域内捕捞的许可，除非该渔船的所有权已发生了变化并且新船主提供足够证据证明原先的船主或经营者已与该船无法律、利益和经济关系并不再控制该渔船；或船旗国在考虑到所有有关实际情况之后,肯定允许该渔船挂旗将不会导致非法、不报告和无管制捕捞。

(2)拒绝给予为了逃避国家、区域或全球一级的养护和管理措施的目的而"频繁易旗"的渔船悬挂其旗帜的权利及捕捞权。

2. 渔船记录

船旗国应当保存有权悬挂其旗帜和批准可捕鱼的渔船的记录,并在该记录中载明该船只、船主和捕捞证书的详细情况。对于授权在公海捕捞的渔船,船旗国的渔船记录应当包括《公海捕鱼遵守协定》第六条第一款和第二款规定的所有信息,也可特别包括:

(1)以前的名称,如有而且知道;

(2)在其名下登记该渔船的自然人或法人的姓名、地址和国籍;

(3)负责管理渔船经营活动的自然人或法人的姓名、街道地址、通讯地址和国籍;

(4)因渔船所有权而得益的自然人或法人的姓名、街道地址、通讯地址或国籍;

(5)该渔船的名称和所有权史及如果了解的话,根据国家法律,该渔船违反国家、区域或全球一级通过的养护和管理措施或规定的历史;

(6)渔船的大小和酌情提供登记时或者后来任何船体改造结束时拍摄的显示渔船侧面的照片。

3. 捕捞授权的证明文书

船旗国应确保在有关渔船已列入渔船记录之后才为其签发许可证、执照、批准书等名称的具有法律效力的捕捞授权证明性文书。

《关于预防、制止和消除非法、不报告和无管制捕捞的国际行动计划》第四十六和四十七段规定,各国的许可证应至少包括但无须局限于以下内容。

(1)准予捕捞的渔船和适当时自然人或法人的姓名;

(2)准予捕捞的地区、范围和期限;

(3)准予捕捞的种类、准许的渔具及适当时其他适用的管理措施。

发放许可证的条件,必要时也可包括:

(1)渔船监测系统;

(2)渔获量报告条件,如:

① 各渔船渔获量和努力量统计时间序列;

② 适合各捕捞期的各种类(主捕种类和非主捕种类)的总渔获量、标称重量或者两者的数字(标称重量定义为渔获物的活体重量);

③ 按适合各种捕捞业的各种类数量或标称重量报告的抛弃物统计数,必要时包括估计数;

④ 适合各种捕捞方法的努力量统计数;

⑤ 捕捞地点、日期和时间以及有关捕捞作业的其他统计资料。

(3)允许转载时,转载报告和其他条件;

(4)观察员覆盖率;

(5)保留捕捞和有关日志;

（6）确保遵守边界和有关限制水域的导航设备；

（7）在有关海上安全、海洋环境保护及国家、区域及全球一级通过的养和管理措施或规定方面，遵守适用的国际公约和国家法规。

各国应就其发出的所有捕鱼许可证、批准书或执照保存1份记录并定期更新。

船旗国应确保被授权人按照授权捕捞的规定和条件进行作业。渔船应随船携带其捕捞证书。《联合国鱼类种群协定》第十八条第三款特别规定：船旗国应建立规章以"在公海捕鱼的船只始终随船携带许可证、批准书或执照，并在经正式授权人员要求检查时出示"。

三、捕捞权

（一）捕捞权的概念

经授权取得的在受管理的渔业中从事捕捞作业并享有所捕获的渔获物的所有权的权利，称为捕捞权，又称"入渔权"。在捕捞权制度中，国家保有国家管辖水域内的生物资源的所有权，社区、个人、公司或渔船须按授权规定的地点、时间和其他条件进行捕捞，并须向国家交纳一定数额的资源使用费。

国家管辖以外的区域，经济术语称"全球公域"，其生物资源为所有国家共有，市场将共有资源看作"免费资源"。由于市场参与者的首要目的是个人财富最大化，若不为此类资源设置市场使用限制必将造成资源无效利用和资源退化。为了促进某1鱼类种群的养护而不加捕捞的渔民，并得不到其他渔民不将这1种群捕完的保证。从经济角度看，处理这1问题的工具也只有包括分配捕捞权和采用管理规则，以监管此类资源的获取。

（二）捕捞权的性质

国家管辖区内外的生物资源都是"共享社会财产"。捕捞权属这种财产的使用权，渔获物为使用者的渔业财产。因此，捕捞权实质上是1种财产权，具有安全、时效、可执行性、专属性和可转让等基本特征。

（三）捕捞权的分配

1. 捕捞权的分配主体

（1）公海的捕捞权由区域渔业管理组织或安排分配给该组织的成员或安排的参与方。此项分配之决策应当包括某项渔业所有参与方，并需做到：

① 对所有成员和参与方有利；

② 所有成员和参与方感觉公平或衡平；

③ 反映历来渔业参与国和开发中国家及沿海国两者之立场。

（2）国家管辖区内捕捞权由国家法律规定的渔业管理部门分配。

2. 捕捞权的分配操作

捕捞权应以捕捞努力量或渔获量的配额为分配形式，以捕捞许可证为权属证书。渔业管理部门在分配国家得到的公海捕捞配额及国家管辖区内的总允许捕捞量权（TAC）的操作上需注意处理以下4个基本问题：[3]52-54

（1）被授权者特性。捕捞权可分配给社区、个人、公司或渔船。通常分配给社区是为提供就业机会或收入,或维持偏远地区人口或社会或政治目的,只是其效率可能不及私人企业。分配给个人或公司有可能产生较高的经济效益,但会丧失一些就业机会。分配给渔船可维持就业机会,但可能阻碍降低渔捞能力过剩的机会。

(2)原始分配方式。可以有多种方式决定捕捞权的使用者,如抽签、拍卖等。抽签无法确保负责任的和效率高的使用者取得捕捞权。拍卖则有可能对最有财势者有利。分配捕捞权也可基于渔业的历史表现,如负责任捕捞的记录,社会诚信的记录等。但在任何情况下,都应将现有渔民纳入捕捞权分配过程。《负责任渔业行为守则》特别强调:"各国认识到个体渔业和小型渔业对就业、收入和粮食安全做出的重要贡献,应当适当保护渔民和渔业工人,尤其是从事自给、小型和手工作业的渔民和渔业工人,享有安全和公正生计的权利,以及在适当时优先进入其国家管辖水域内的传统渔场和获得资源的权利。"(6.1.8)"在决定渔业资源的利用、养护和管理时,应当酌情按照国家法规对高度依赖渔业资源为生的土著居民和当地渔业社区的传统方法、需要和利益予以应有的承认。"(7.6.6)

(3)捕捞权的转让。当决定要限制开发权时,政府第一反应通常是采取捕捞权不可转让措施。不过在实践上这种方式会有一些问题产生。捕捞权利具有价值,在理论上,权利等于按现值计算的将来盈利额或资源生产纯利。现在一般认为政府及法律框架支撑的规划和基于市场的机制的组合对捕捞权的合理分配绝对必要。捕捞权允许转让,可使更多有效率的渔民从市场上取得更多的捕捞权,发挥捕捞作业的规模效应,也给新加入者提供机会,会促进渔业的发展,但应从政策上避免垄断的产生及对社区就业社会目标达成的冲击。

(4)捕捞权的期限。捕捞权期限短可能诱发使用者的短期行为,而若允许使用者可长期拥有捕捞权,甚至允许其后代继承,则可激励使用者的所有权观念产生负责任经营渔业和资源的感情,有利于捕捞作业的健康发展,但若原始分配不理想时,就难有改变的空间。

第三节　负责任捕捞作业

一、渔具的标识

(一)国际渔业文书的规定

《联合国鱼类种群协定》第十八条第三款规定:船旗国应建立规章以"规定根据《联合国粮食及农业组织渔船标志和识别标准规格》等国际公认的统一渔船和渔具标志系统,在渔船和渔具上作标记,以资识别。"

《负责任渔业行为守则》规定:"渔具应按照国家立法做出标志,以便可以识别渔具的所有者。渔具标志要求应当考虑到统一的和国际上承认的渔具标识制度。"(8.2.4)

上列规定要求船旗国应通过国内立法，确保有权悬挂其旗帜并被准许在海上进行捕捞的渔船，按照国际公认的联合国粮农组织关于渔具标识制度的统一规定在其渔具上做出正确标记，以资识别。

进行渔具标识的目的，是为了防止和消除由放弃、遗失或遗弃渔具①（ALDFG）造成"幽灵捕鱼"、危及濒危物种和底层生境及妨碍航行、捕鱼和其他正当的海洋活动，保护海洋生态环境，并使渔业管理部门能够对其管辖水域中渔具的使用方式和使用者实施监测。进行渔具标志还可被作为打击非法、不报告和无管制捕鱼活动的工具。

（二）粮农组织渔具标识制度规范

73/78《防止船舶污染国际公约》附件Ⅴ禁止在海上处置合成材料制作的渔具，但在采取了所有预防丢失的合理预防性办法后合成渔网意外丢失的情况除外。此外，要求400总吨和以上的船舶保留包括报告合成捕捞材料丢失情况的记录。为实施该附件Ⅴ的准则，要求渔业管理者利用渔具确认系统提供信息，例如船名、登记号和国籍，并鼓励政府考虑开发更有效的渔具识别技术。[4]4

1987年渔业委员会第十七届会议首次明确提出渔具标识的问题。1991年7月14—19日粮农组织在加拿大召开了的渔具标识专家磋商会，提出了包括《渔具标识制度规范》草案在内的《专家磋商会关于渔具标识的报告》（粮农组织渔业报告第485号），[5]及补充材料（渔业报告第485号增编）。[6]1993年渔业委员会第二十届会议建议在将有关内容纳入到《负责任渔业行为守则》之前先审议该草案。随后，1994年6月6～11日在加拿大召开了关于《守则》和捕捞生产的专家磋商会，确定了与《守则》第八条（捕捞作业）有关的可能解决办法：向国家管理实体报告所有的丢失的网具的数量和方位，业者和政府应当考虑进行努力和寻求办法找回明显的幽灵渔具。本次磋商提议涉及违法者的规则框架，建议应当酌情标识所有的渔具，按此方式确定网具主人。[4]4-5

1996年粮农组织制定的负责任渔业技术准则1号《捕捞作业技术准则》指出："国家立法应包含标志渔具和捕捞工具的规定，以便确定渔具的所有者。此种规定应具有统一性，并与国际公认的渔具标志系统相一致。渔网、渔线和其他放置海中的渔具及集鱼设施，以及漂浮在海面之上的渔网、渔线、集鱼设施应有标志，以表明其位置和范围。其细节载于：

a. 附件Ⅲ《渔具标识制度规范》；

b. 附件Ⅳ《识别渔具和渔具位置及灯号标准系统应用指南》。"

《渔具标识制度规范》的全文是：

1. 总则

1.1　除不可抗力或涉及船只或船员安全的情况下，根据国家的法律，任何人有意地向水中放弃或遗弃任何渔具都应被视为犯罪。

1.2　为了可以识别渔具的所有者，渔具应按照国家法律予以标识。渔具标识应按

---

① 放弃渔具是指故意不从海中取回渔具；遗失渔具是指在海上意外损失渔具；遗弃渔具是指故意将渔具放到海里。

照统一的和国际上公认的渔具标识制度。

1.3　渔具标识制度应适用于所有类型的渔具、捕捞器具和所有渔业。

1.4　渔具标识制度应提供：

a. 1个简单的，可行的，可实施的识别渔具所有者的方式；

b. 1个可以被普遍采用的制度；

c. 1个作为辅助渔业管理的机制。

2. 渔具标识制度

2.1　在国家立法中，应建立渔具标识制度。

2.2　渔具的标识应是渔业授权的1个条件。鉴于这种情况可能在细节和程度上对渔业有所不同，在一般情况下，对渔业有所授权，应要求注明以下信息：

a. 被授权捕鱼个人的姓名和地址及相关渔船的船名；

b. 渔具的种类；

c. 预期的使用区域；

d. 主要目标种类。

2.3　渔具标识制度的设计，应适当反映下列情形的特殊要求：

a. 渔船在公海区域；

b. 渔船在船旗国管辖范围以外的海域；

c. 沿海国家的渔船在本国管辖范围内的海域；

d. 与渔船不相关的渔具和捕捞器具的所有者。

2.4　用于显示第2.2段所载信息的实际方法或设备，以下简称"标记"，它应符合以下条件：

a. 简单；

b. 便宜；

c. 根据当地的可用资源，容易修理；

d. 容易阅读或辨认；

e. 能够保持连接；

f. 持久耐用；

g."标记"的设计，应使其不干扰渔具的使用性能和操作；在标签的情况下，可接受各种印刷或压花的数据。

2.5　"标记"应提供足以追溯到关于渔具所有者的名称、地址的信息，应符合联合国粮农组织渔业报告第485号（增编）描述的标记的类型和识别所有者的方式；应有1个在标记和记录的国家渔业授权之间的信息链。

2.6　渔具标识制度还应提供：

a. 渔具遗失、放弃或遗弃的报告；

b. 渔具被发现的报告；

c. 遗失或遗弃渔具的恢复；

d. 旧渔具和多余渔具的处理。

3. 标识制度的执行

3.1 渔具标识应是渔业授权的 1 个条件。

3.2 各国应单独或与其他国家合作,通过双边或区域、次区域渔业机构决定:

a. 采用 1 个制度;

b. 针对性的渔业;

c. 报告程序;

d. 数据存储,检索和信息交流;

e. 豁免。

3.3 所有者应仅将被指定给的标记或者代码应用于其拥有的所有渔具和捕捞器具。

3.4 如果可以证明被标记的渔具被 1 个以上的使用者或船只使用,主管机关可同意渔业公司、渔民组织或类似实体授权使用 1 个共同的标记。在这种情况下,标记的所有者应该记录渔具的位置。

3.5 在随母船的操作过程中,捕捞船携带的渔具可以使用母船的标记。

3.6 所有在公海上捕鱼的船只,应使用共同商定的渔具标识系统。由于渔船用其国际电信联盟的无线电呼号进行标识,所以将以国际电信联盟的无线电呼号作为渔具标识的基础,这将是适当的。对于那些尚未分配 IRCS 的渔船应用国际电信联盟为船旗国分配的符号进行标识,然后,再标识上由船旗国分配的许可证或登记证号作为认可。在这种情况下,应在国籍识别符号与识别渔船的许可证或登记证号之间放置 1 个连接号。采用这种方法的好处是可保留和交换所需的信息记录。

3.7 被授权在船旗国以外的水域捕捞的渔船,有关沿海国家应接受和同上文第 3.6 段所描述的公海中渔船一样的渔具的标识系统。

3.8 各国,区域和次区域管理渔业机构或安排应该确保渔具标识制度的管理和实施,确保渔业监测、控制和监视成为渔具制度标识不可分割的 1 部分。

3.9 在丢失或者遗弃渔具的时间中,所有者应向主管机关如实汇报。

3.10 所有者应竭尽全力找回丢失或遗弃的渔具。

3.11 凡是丢失或遗弃渔具,可能对航行构成危险的,所有者应立即警告附近人员或其他主管机关,告知渔具的细节和具体的位置。主管机关应使用最有效率的方法防止危险的发生。

3.12 主管机关可以对不遵守渔具标识制度的所有者视情形给予相应的惩罚:

a. 设置的渔具没有显示渔业授权条件所要求的标记;

b. 故意去除标记;

c. 使用其他所有者或者其他渔具的标记;

d. 提供虚假的渔具使用、丢失、遗弃或处理的信息。

4. 丢失和遗弃的渔具的恢复

4.1 主管机关应确保所有者有足够的设备可用于渔具的恢复。

4.2 在所有者恢复丢失和遗弃渔具失败的情况下,主管机关应做出适当的安排,使

其恢复,特别是如果渔具:

    a. 对海面上和海面下船只的航行构成危险;

    b. 缠绕珊瑚礁;

    c. 触撞产卵床;

    d. 妨碍捕鱼;

    e. 进行幽灵捕鱼。

    4.3   主管机关应该鼓励回收渔具的再利用。

    5. 丢失和遗弃的渔具的打捞

    5.1   国家有关救助的立法应该顾及在海上发现的渔具,无论其是否被标记,主管机关要在最短时间内负责打捞处理。

    5.2   所有者,不论本国的或外国的,应告知恢复的渔具(在适当的标记)任何安排或收集渔具的留置权。当船具被重新找到时应通知国内或国外的船具所有者,任何留滞费和处置费应由渔具所有者支付。

    5.3   主管机关可为返还渔具向船具所有者收取一定费用,以这部分收入抵消收回船具水下作业的费用。

    6. 集鱼设施

    6.1   渔业授权应包括有关鱼类聚集设施的施放条件,除了指定标记以辨识所有权外,授权还应涉及:

    a. 集鱼设施的类型;

    b. 所分配的地理位置的地点;

    c. 在集鱼设施准许的渔业活动。

    6.2   所有者恢复漂流的集鱼设施的责任。

    6.3   丢失集鱼设施(锚定式或漂浮式)应该与遗弃渔具相同的方式处理。

    6.4   丢失或遗弃集鱼设施造成危害航行的事件时,主管机关应按照上文第5.2段采取适当的行动。[7]

    放弃、遗失或遗弃渔具问题作为1个重大的全球性问题,对海洋和沿海生态系统造成严重威胁。2004年1月13~16日亚太经合组织在夏威夷檀香山召开了关于遗弃渔具和相关问题的研讨会,认识到这1问题的严重性,要求联合国粮农组织再版和广泛分发1991年联合国粮农组织关于渔具标识的渔业报告485号,并考虑是否基于最近的知识和技术的发展修改该报告及其补充材料。[4]5

    2007年渔业委员会第二十七届会议要求考虑召开关于渔具标识的专家磋商会以审议联合国粮农组织渔业报告第四八五号及其补充材料,是否按渔船标识和识别标准规范同样的办法将渔具标识标准确立为守则的1部分并自愿实施。[4]11

    为回应上述关切,联合国粮农组织于2016年4月4~7日召开了渔具标识专家磋商会议,审查近几年利用编码丝标签、太阳能卫星浮标等新技术追踪丢失渔具的进展,并拟定了渔具标识技术准则草案的暂定内容清单,经渔业委员会第三十二届会议审议,决定通过召开技术磋商会议进一步加以完善。预计不久1个便于确定渔具的所有者、鱼品原

产地和渔具在水中位置的简单、权威和经济可行的渔具标识准则,即可出台。[8-9]

二、捕捞安全

(一)渔船安全

1. 渔船安全规定

各国应确保遵守国际公约和国际商定的准则为渔船制定的安全规定。这些公约和准则包括:

(1)联合国粮农组织、国际劳工组织和国际海事组织《渔船船员和渔船安全规则》(该规则分为两部分:A 部分《船长和船员应当遵守的操作规程和职责范围》(1968 年),B 部分《渔船建造者和渔船所有者在渔船构造和设备方面应当遵守的规则》(1974 年);

(2)国际海事组织《1977 年托雷莫利诺斯国际渔船安全公约》及其 1993 年议定书;

(3)联合国粮农组织、国际劳工组织和国际海事组织《1982 年小型渔船设计、结构和设备自愿性导则》(2005 年修订);

(4)国际劳工组织《渔业工作公约》的 2007 年"关于渔业部门的工作"的第 188 号和第 199 号建议书;

(5)联合国粮农组织、国际劳工组织和国际海事组织《2010 年无甲板渔船和长度小于 12 米的有甲板渔船安全建议》导则(渔业委员会 2011 年批准)及《2011 年帮助主管机关实施〈渔船船员和渔船安全规则〉B 部分》。

2. 渔民的教育和培训

各国应按照其国家法律并考虑到国际海事组织《1995 年国际渔船海员培训、发证和值班标准公约》和联合国粮农组织、国际劳工组织和国际海事组织《渔民训练及认证指导方针》的有关规定,制定和实施渔民教育和培训计划。通过教育和培训提高渔民的教育水平,以确保:

(1)从事捕鱼作业的所有人员了解《负责任渔业行为守则》的最重要的条款以及有关的国际公约的条款和对保障负责任捕鱼作业必不可少的有关环境标准和其他标准。(8.1.10)

(2)从事捕鱼作业的所有人员提高技能并酌情提高其专业合格水平,使其有能力执行其职务。(8.1.7)

(3)各国应确保建立渔民档案,保存渔民状况记录,对渔船船长和高级船员应包括资格考试和能力证书的信息。(8.1.8)

3. 海事搜救系统

各国应单独地、与其他国家一起或与有关的国际组织一起安排把捕捞作业纳入海事救援系统——GMDSS。(8.1.6)为此目的,各国应确保渔船按国家法律规定配备GMDSS 装置和持有 GMDSS 证书的无线电人员,并保持 GMDSS 装置正常工作。

(二)渔民安全

1. 工作条件

各国应确保对从事捕捞作业的所有人员实行卫生和安全标准。(8.1.5)这些标准不

应低于下列有关渔民的国际劳工协定规定的工作条件的起码要求:

(1) 1920 年(渔业)工时建议书;

(2) 1959 年(渔民)最低年龄公约;

(3) 1959 年(渔民)体格检查公约;

(4) 1959 年渔民协议条款公约;

(5) 1966 年渔民合格证书公约;

(6) 1966 年(渔民)船员舱室公约;

(7) 1966 年(渔民)职业培训建议书;

(8)《2007 年渔业工作公约》。

2. 参加保险

各国应促进渔船的船主和租船主参加保险。渔船船主或租船主的保险应当足以保护渔船船员及其利益、对第三方的损失或破坏做出赔偿及保护他们自身的利益。(8.2.8)

3. 船员遣返

船旗国应考虑到《1987 年海员遣返公约(修改稿)》和《2007 年渔业工作公约》规定的原则,确保船员享有遣返权。(8.2.9)

4. 事故通报

如渔船或渔船上的船员发生意外事故,有关渔船的船旗国应向意外事故涉及的船只上的任何外籍人员所属国家提供事故详情。可行时这些信息还应通知国际海事组织。(8.2.10)

(三) 操作安全

1. 渔船行为

各国应确保有权悬挂其旗帜的渔船遵守以下规定,保障往返渔场和进行捕捞作业的操作安全。

(1) 国家海上交通安全法律;

(2) 粮农组织、国际劳工组织和国际海事组织 1968 年《渔船及渔民安全规则》(A 部分"船长和船员应当遵守的操作规程和职责范围");

(3) 1972 年《国际海上避碰撞规则》;

(4) 国际海事组织关于"组织海上交通、海洋环境保护和防止渔具受损及丧失的规定"。(8.4.1)

各国应确保悬挂其旗帜的船渔及时、正确地填写航海日志、捕捞日志和轮机日志,如实记录捕捞作业期间的渔船行为,履行收集和提供关于捕捞活动资料的义务,并"应当按照公认的国际标准和方法,保存关于它们允许的所有捕鱼作业的统计资料并定期更新。"(8.1.3)

各国还应确保"对捕鱼作业加以管理,以避免使用不同船只、渔具和捕鱼方法的渔民之间发生冲突的危险。"(7.6.5)

2. 违规处理

"各国应确保针对被指控在渔船操作方面违反规定的船长和其他高级船员的措施包括拒绝发放、收回或暂停担任渔船船长或高级船员职务的任命书。"(8.1.9)

各国应确保将在渔船操作方面违反规定的渔船船长或高级船员受到的调查处理情形记录入档，并载入违反者的能力证书之中。

三、捕捞管理的技术措施

（一）渔具和渔法的使用

1. 使用有选择性、无害环境的渔具和渔法

（1）"各国应当进一步切实可行地发展和应用具有选择性、无害环境的渔具和捕鱼方法，以便保持生物多样性，保护种群结构、水生生态系统和鱼的质量。在已经存在适宜的选择性和无害环境的渔具和捕鱼方法的地方，在制订渔业养护和管理措施时应予以承认和重视。"(6.6)

（2）各国"应当在切实可行的范围内促进研究和使用有选择性、无害环境和效益高的渔具和捕鱼方法。"(7.6.9)

（3）"各国应当在切实可行的范围内要求，渔具、捕鱼方法和技术应当具有足够的选择性以尽量减少浪费、遗弃物、非目标种的捕获量、对与之相关或从属种的影响，并不得采用技术手段来回避有关条例的规定。"(8.5.1)

2. 承认土著居民的传统捕鱼方法

各国"在决定渔业资源的利用、养护和管理时，应当酌情按照国家法规对高度依赖渔业资源为生的土著居民和当地渔业社区的传统方法、需要和利益予以应有的承认。"(7.6.6)

3. 禁止及鼓励使用的渔具和渔法

（1）"各国应禁止使用炸药和毒药及其他类似具有破坏性的捕捞方法。"(8.4.2)

（2）各国应"鼓励发展和使用可减少遗弃物和渔具丢失的技术和作业方法，劝阻使用会导致捕捞丢弃渔获物的渔具和捕捞方法，促进采用可增加逃脱捕捞的鱼类生存率的渔具和捕捞方法。"(8.4.5)

（3）"各国应确保在某一地区以商业规模采用新渔具、新捕鱼方法和新的作业之前调查对生境的扰乱影响，(8.4.7)除非证明不会导致目标鱼种或非目标鱼种的重大浪费及重要生境的破坏，否则，不得采用。

（4）各国应促进特定渔具对环境和社会的影响，特别是沿海渔民社区经济发展影响的研究，(8.4.8)除非证明不会导致工业化捕鱼与小规模捕鱼之间的冲突，不致损伤沿海社区渔业发展，否则，这种渔具不得在沿岸水域使用。

（二）公海禁用大型流网

大型中上层流网作业是利用单网片或多网片结合，借助于浮子、沉子，使网衣或多或少地保持垂直，让其漂浮在水面或水中以缠住鱼类的1种作业方式。有的流网总长达到或超过48千米，除了主要捕捞对象的鱼种外，非主要捕捞对象的鱼类、海洋哺乳动物、海

鸟和其他海洋生物资源都可能被正在使用的或那些丢失的或抛弃不用的大型流网缠住，其结果，这些渔获物经常不是受伤就是遭到捕杀。因而，大型中上层流网被广泛地认为是对有效地保护海洋生物资源，如高度洄游性和溯河性鱼类、鸟类及海洋哺乳动物产生威胁的、毫无选择性、极其浪费的捕捞方法。而在太平洋、大西洋和印度洋以及其他公海海域有一千多艘渔船使用大型中上层流网。在 1989 年联合国大会第四十四届会议上，澳大利亚等 19 个国家的代表团，就禁止在公海使用大型中上层流网作业的问题进行了为期 6 周的协商，就"大型远洋流网捕鱼及其对世界海洋生物资源的影响"达成了一致，并在同年 12 月 22 日第八十五次全体会议上以 44/225 号决议形式获得通过，[10] 中国代表投了赞成票。

该决议呼吁国际社会的所有成员在保护和管理海洋生物资源上加强合作，要求有关专业机构，紧急研究大型中上层流网作业对海洋生物资源的影响，并立即采取行动，逐步减少流网捕鱼活动，到 1992 年 6 月 30 日暂禁所有大型流网作业。

该决议提醒注意，它未提及沿岸水域传统的小型流网作业的问题，特别是发展中国家，这些流网作业为维持其生活及经济发展起着重大的作用。

中国农业部 1990 年 11 月 10 日决定停止审批发展公海大型流网渔业项目，1991 年 6 月 8 日又决定中国从事公海大型流网作业的渔船，自即日起，一律停止在公海的流网捕捞作业。[11]

1991 年 12 月 20 日联合国大会通过第 46/215 号决议，进一步规定了暂禁所有大型流网作业的时间表：

（1）从 1992 年 1 月 1 日起减少现有大型远洋流网捕鱼的作业规模，包括减少参与作业的渔船数量，缩短流网的长度和缩小作业范围，以期在 1992 年 6 月 30 日之前将捕鱼规模减少一半；

（2）继续确保大型远洋流网公海捕鱼作业的面积不再扩大，并从 1992 年 1 月 1 日起，按照第 1 项的规定进一步缩小；

（3）确保在 1992 年 12 月 31 日之前，在全世界的公海上，包括在闭海和半闭海中全面实施暂停一切大型远洋流网捕鱼的全球性禁令。[12]

然而，尽管有第 46/215 号决议，但大型上层流网捕鱼的做法依然存在，而且仍然是对海洋生物资源的威胁。为此，尔后联合国大会多次就禁止在公海使用大型流网捕鱼通过决议。直至 2010 年的 65/38 号决议，仍重申遵守第 46/215 号决议的重要性，特别是必须遵守该决议要求在世界大洋大海、包括封闭海或半封闭海全面实施全球暂停一切大型中上层流网捕鱼的禁令的规定，并特别指出：

（1）执行和实施关于大型中上层流网捕鱼的第 46/215 号决议和其后各项决议的规定，以取缔大型中上层流网在所有海洋的使用，这就意味着第 46/215 号决议的执行不得造成该决议所禁止的流网作业转移至世界其他地方；

（2）各国应确保悬挂本国旗帜，获有正式授权在本国管辖水域使用大型流网的船舶不在公海使用该用具捕鱼。[13]

（三）渔区和渔期的限制

渔区是指渔业生产的区域范围。为便于调度指挥渔业生产和进行渔获量统计，一般

将海洋捕捞水域按经纬度每隔10′～30′划为若干小区,予以编号,并制成渔区图。渔期亦称"渔汛",是指在某1水域某种鱼类种群或其他水生动物高度集中并适于捕捞的时期。

限制渔区和渔期有两层含义:除对发给捕捞许可证的渔船"规定渔汛和渔区"外,这类措施关包括"禁渔期和禁渔区以及某些渔业尤其是手工渔业的保留地等技术措施。这类措施应当酌情应用以保护幼鱼和产卵鱼。"(7.6.9)

限制渔区和渔期还表现为对不同的捕捞作业加以管理,应当考虑渔民的利益,其中包括从事自给性、小型和手工作业渔业的渔民的利益,并依这些小规模渔业、工业渔业或外国渔船队的作业特性对渔民和其他利益团体分别规定适当的作业时间和空间,"以避免使用不同船只、渔具和捕鱼方法的渔民和其他作业者之间发生冲突的危险。"(7.6.5)

(四)最小鱼体和成熟度限制

各国应采取限制鱼的大小、网眼规格等措施以保护幼鱼和产卵鱼,并可降低需要特殊保护的鱼类资源的死亡率。执行最小卸鱼体型的规定,须将捕获的不够规格的鱼体释回水中,并应注意释回水中的鱼体的存活率,以确保该项措施的有效性。

(五)减少渔具的放弃、遗失或遗弃

数十年来,随着海上捕鱼作业规模的扩大以及持久耐用的合成材料的网具得到广泛使用,放弃、遗失或遗弃渔具的数量明显增加,目前,已占全部海洋垃圾的约1/10,每年可达数十万吨。[8]

1. 放弃、遗失或遗弃渔具的原因及影响

渔民面临的各种压力是造成放弃、遗失或遗弃渔具的直接原因,包括执法压力导致非法捕鱼者放弃渔具;生产压力(包括危险的天气条件)导致放弃或遗失渔具;空间压力通过渔具冲突造成遗失或损坏渔具。间接原因包括岸上没有废物存储设施以及不易使用和费用昂贵。

放弃、遗失或遗弃渔具在海洋聚集区逐渐积累,往往停留很长时间,其影响随着合成材料的使用、捕捞能力整体的提高以及以更远的深水的渔场为目标而大大增加,主要表现为:

(1)渔网缠绕螺旋桨,危害海上航行安全;

(2)刺网、缠网和诱捕渔具对目标和非目标物种的循环的"幽灵捕鱼";

(3)通过缠绕或摄取威胁海鸟、海龟、海豹、鲸类动物和其他濒危物种,甚至导致其死亡;

(4)强劲海流在海底拖曳渔具,潜在危害海绵、珊瑚等易碎的生物和底层环境;

(5)沉在海底的渔具累积可能导致在海床基底的底层群落消失。

显然,放弃、遗失或遗弃渔具事关渔业、海上航行安全和海洋环境污染,采取减少放弃、遗失或遗弃渔具及其影响的措施,需要粮农组织、国际海事组织、联合国环境规划署和各国合作,并需要与放弃、遗失或遗弃渔具的不同情况、原因和可能造成的危害相对应。"各国应当进行合作来发展和应用尽量减少渔具的丢失以及丢失或遗弃的渔具所致的对资源的影响的技术、材料和作业方法。"(8.4.6)

2. 联合国大会决议敦促解决放弃、遗失或遗弃渔具问题

（1）2004 年第 59/25 号决议吁请各国、联合国粮农组织、国际海事组织、联合国环境规划署特别是其区域海洋方案、区域和次区域渔业管理组织和安排，以及其他尚未采取行动解决失弃的渔具和相关海洋残块问题的有关政府间组织采取行动，包括为此收集有关渔具丢失、渔业和其他部门所遭受的经济损失以及对海洋生态系统所造成的影响的数据。[14]

（2）2005 年第 60/31 号决议除重申第 59/25 号决议要求外，并鼓励在国家、相关政府间组织、联合国方案和其他机构，例如联合国粮农组织、国际海事组织、联合国环境规划署和全球行动纲领，以及各区域海洋安排、区域和次区域渔业管理组织和安排及包括非政府组织在内的利益有关者之间酌情开展合作，采取各种举措来解决失弃渔具和有关海洋废弃物的问题，例如：分析管制和管理损毁渔具及有关海洋废弃物的现行措施的执行情况和效力；拟定并进行定向研究，以确定对海上意外丢失和故意丢弃渔具的情况产生影响的社会经济、技术和其他因素；评估和实行针对在海上丢失和丢弃渔具的情况所制定的措施和奖惩办法；制定最佳管理做法；鼓励各国直接并通过区域和次区域渔业管理组织和安排采取行动，同时与利益有关方面密切合作，采取各种举措来解决失弃渔具和有关海洋废弃物的问题，包括：联合举办和执行预防和回收方案；建立一个信息中心机制，以利各国分享关于渔网类型和其他渔具的信息；定期和长期收集、编整并传播关于损毁渔具的信息；酌情建立关于渔网类型和其他渔具的国家资料库；鼓励各国、联合国环境规划署、全球行动纲领、联合国粮农组织、国际海事组织、区域和次区域渔业管理组织和安排以及其他相关政府间组织和方案考虑到 2004 年 1 月举行的亚洲—太平洋经济合作组织损毁渔具及有关海洋废弃物教育和拓展研讨会的成果；鼓励各国于本国捕捞部门以及区域渔业管理组织和安排内提高对损毁渔具及有关海洋废弃物的认识，并确定可供采取的行动。[15]

（3）2006 年第 61/105 号决议重申重视第 60/31 号决议中关于放弃、遗失或遗弃渔具和有关海洋废弃物的问题以及这类废弃物和遗弃渔具对鱼类种群、生境和其他海洋物种的不利影响的第 77 至第 81 段，并敦促各国及区域渔业管理组织和安排加快该决议这些段落的执行速度。[16]

3. **按照联合国决议的要求各国应尽的责任**

（1）收集有关渔具丢失、渔业和其他部门所遭受的经济损失以及对海洋生态系统所造成的影响的数据，对海上意外丢失和故意丢弃渔具的情况产生影响的社会经济、技术和其他因素进行研究，分析管制和管理损毁渔具的现行措施的执行情况和效力，提高对放弃、遗失或遗弃渔具的范围、影响和原因及其复杂性的认识并确定可供采取的行动；

（2）采取各种解决放弃、遗失或遗弃渔具问题的有效措施，包括预防措施、减缓措施和处理措施，其中：

① 预防措施，是为避免出现放弃、遗失或遗弃渔具及相关的影响的措施，包括：渔民教育；渔具标识；采用船上技术避免渔具遗失；改进网具定位；发布极端天气预报、警报，限制某些渔具使用强度，减少生产性的渔具遗失；加强渔场区划和捕捞作业空间管理以避免渔具冲突；提供合适的岸上收集、存放设施等；

② 减缓措施,是为减少放弃、遗失或遗弃渔具在环境中的影响的措施,包括:使用能生物降解或氧化降解的网具材料;使用声纳浮标或声波发射器,开发能反射声音的新网具材料,不让鲸类动物靠近,减少幽灵网兼捕和非目标物种的捕捞等;

③ 处理措施,是为从环境中清除放弃、遗失或遗弃渔具的措施,包括:利用全球定位系统和海床侧扫声纳;使用标志浮标或具有遗失网具定位能力的漂浮物;引入报告疑似网具的系统;实行找回网具计划;循环利用废弃网具材料等;

(3)建立国家渔具资料库和信息中心,收集、编整并传播关于渔网类型和其他渔具及其损毁情况的信息以及其他有关渔具的资料,以利各国合作解决失弃渔具的问题;

(4)参与粮农组织基于最近的渔业知识和技术的发展对其《渔具标识制度规范》的修改进程,并依此制定和实施渔具标识的国内立法及海上丢失、丢弃渔具的预防和回收方案。

四、 渔获物转载

渔获物转载是指将渔获物自渔船转移至另1渔船或另1专门从事渔获物运输的船舶,例如,冷藏运输船的行为。为防止从事非法、不报告和无管制捕捞的渔船以转载为手段掩盖其非法行为,船旗国应建立规章以确保:

(1)其在海上从事转载的所有渔船和运输船,事先得到该船旗国发放的转载许可证,并按许可证规定的条件进行转载作业;

(2)获准从事转载的渔船和运输船各自在其航海日志中记载转载的时间、地点、渔获物种类及重量;

(3)转载渔获物的捕捞渔船提供的销售记录(提货单)应载明捕捞渔船的船名及渔获物的原始产地,承载转载渔获物的船只提供的接收凭证应显示其船名及戳记;

(4)在海上从事转载的渔船和运输船,分别向国家渔业管理部门或其他指定机构报告:

① 船名、登记港、国籍及其国际无线电呼号;
② 海上转载渔获物的日期和地点;
③ 转载渔获物的种类、重量及其捕捞水域;
④ 转载渔获物的上岸港口。

(5)船旗国应酌情向有关国家、区域渔业管理组织和联合国粮农组织,全面、及时和定期提供按渔区和种类综合的渔获量和转载报告的资料,并考虑适用的保密要求。

五、 渔获物管理

各国应确保获得捕捞授权的渔船及获准转载的船只采用适当的技术来最佳利用和最佳管理保留的渔获物,(8.4.4)防止渔获物受污染、腐烂变质、降低品质及资源浪费,并将对环境的不利影响减至最低限度。(6.7)这是因为鱼类易于腐烂,需要及时收获和采购,高效率的运输以及先进的储存、加工和包装设施,以利于营销。例如,在非洲很多地区,由于基础设施缺乏,收获后损失超过捕获量的30%。因此需要特殊的要求和保存技术来保存水产食品的营养质量,延长其储存时间,尽量减少腐败细菌的活动,避免处理不当所引起的损失。特别是低投资、低水平的技术、供应的变化莫测和污染会使个体渔业遭受很大的收获后损失,在雨季期间尤其如此。个体渔业捕获物的腐烂和污染会成为重大的食品不安全来源,甚至对公共健康构成危害。[17]

六、节能减排,保护环境

（一）能源的最佳利用

1.“各国应当促进制定可促使在渔业部门的捕捞或捕捞后活动中更有效地利用能源的适当标准和准则。”(8.6.1)

2.“各国应当促进发展和转让有关在渔业部门内最佳利用能源的技术,特别是鼓励渔船船主、租船主和管理人在其渔船上安装能源最佳利用装置。”(8.6.2)

（二）保护水生环境

1.“各国应当根据73/78《国际防止船舶污染公约》来制定和实施法律和条例。”(8.7.1)

2.“渔船船主、租船主和管理人应当确保他们的船只配备有73/78《国际防止船舶污染公约》所要求的适当装备,并应考虑有关等级的船只安装船载压缩机或焚化炉,以便处理船只在正常服役期内产生的垃圾和其他船载废物。”(8.7.2)

3.“渔船船主、租船主和管理人应当通过适当的食品供给方法尽量减少可能的船载垃圾。”(8.7.3)

4.“渔船的船员应当熟悉有关的船上处理程序,以确保排放物不超过73/78《国际防止船舶污染公约》所规定的数量。这种程序至少应当包括如何处置油质废物和船载垃圾的装卸和存放。”(8.7.4)

（三）保护大气层

1.“各国应当采用将包括减少废气排放中的危险物质的规定的有关标准和准则。”(8.8.1)

2.“渔船船主、租船主和管理人应当确保其船只配有减少排放破坏臭氧层的物质的装备。负责的渔船船员应当熟悉船上机械的正确操作和维修。”(8.8.2)

3.“主管当局应当做出规定来逐步取消在渔船的冷却系统中使用氯氟烃和氯氢氟等过渡性物质,并应确保造船业和从事捕捞业的人员得到相应通知,并遵守这些规定。”(8.8.3)

4.“渔船船主或管理人应当采取适当行动来改装现有的渔船,使用代替氯氟烃和氯氢氟的冷却剂并在消防设备中采用聚四氟乙烯替代物。所有新渔船的规格应当使用这些代替办法。”(8.8.4)

5.“国家、渔船船主、租船主、管理人和捕捞人员应遵守处理氯氢烃、氯氢氟和聚四氟乙烯的国际准则。”(8.8.5)

七、渔船港口和卸鱼场

1.“各国在设计和建造港口和卸鱼场时,应特别考虑到下列要求:

（1）为渔船提供安全的避风港；

（2）为船只、鱼贩和购买者提供足够的服务设施；

（3）提供足够的淡水供应和做出卫生安排；

（4）建立垃圾处理系统，包括处理油料、含油水和渔具；

（5）尽量减少渔业活动和来自外界的污染；

（6）为处理侵蚀和泥沙淤积的影响做出安排。"（8.9.1）

2. "各国应当为选择渔船港口地址或改进港口地址建立 1 套机构框架，以便可以在负责沿海区管理的机构间进行磋商。"（8.9.2）

八、 人工鱼礁和集鱼设施

1. "各国应酌情制定政策，通过在海床或海面设置人工结构来增加鱼类种群和增加捕捞机会，同时注意航行安全。各国应促进研究这类结构的使用，其中包括对海洋生物资源和环境的影响。"（8.11.1）

2. "各国应确保在选择修建人工鱼礁使用的材料和选择这些人工鱼礁的地点时遵守有关环境和航海安全的国际公约的规定。"（8.11.2）

3. "各国应在沿海区管理计划的框架内建立人工鱼礁和集鱼设施的管理系统，这些管理系统应要求人工鱼礁和集鱼设施的建造和部署经过审批，同时考虑到渔民，包括手工渔民和自给渔民的利益。"（8.11.3）

4. "各国应确保在设置或拆除人工鱼礁或集鱼设施之前通知负责保存制图档案或航海图的部门及有关的环境机构。"（8.11.4）

执行上列规定，各国应该通过国内立法规定渔业管理部门监督管理人工鱼礁和集鱼设施的权限及人工鱼礁和集鱼设施的设置、操作和使用者的责任，并建立和实施人工鱼礁和集鱼设施的管理制度，包括：

（1）人工鱼礁和集鱼设施建设规划的制定；

（2）设置人工鱼礁和集鱼设施的环境影响评价和审批程序；

（3）集鱼设施的标识和永久性的安全警告方法；

（4）拆除集鱼设施的审批程序；

（5）集鱼设施遗失或收回的通报和报告；

（6）人工鱼礁和集鱼设施的记录和档案。

第四节　兼捕和丢弃物

一、定义和特点

（一）兼捕

1996 年联合国粮农组织《减少渔业废弃物技术磋商会报告》将兼捕渔获物定义为：非主捕动物的总捕捞量。[18]

兼捕渔获物的其他定义,例如:

美国 1996 年渔业养护和管理法第三(2)款将兼捕渔获物定义为:1 种渔业中收获的鱼类,但不是供出售或个人用途,而且包括经济性丢弃物和规定性丢弃物。该术语不包括休闲性捕捞和释放渔业管理计划中放生的鱼类。

美国 1998 年国家海洋渔业局将这 1 定义重新解释为:兼捕渔获物:任何活体海洋资源的丢弃渔获物加上保留的附带捕获物和未观察到的由渔具直接导致死亡率。

美洲热带金枪鱼委员会认为兼捕渔获物是除有商业价值的金枪鱼之外的那些死后被丢入海中的鱼类和其他动物。

澳大利亚将兼捕渔获物定义为:所有非主捕渔获物,包括副产品、丢弃渔获物和未上船但受到与渔具相互影响的生物质。或将兼捕渔获物定义为,丢弃渔获物加附带渔获物。而附带渔获物被认为是保留的非主捕渔获物。[1]5

2010 年粮农组织《兼捕管理和减少丢弃物国际准则》指出,因为世界渔业大不相同,各国在如何确定兼捕定义方面又历来不同,所以,不可能确定关于兼捕的国际标准定义。《准则》对兼捕的特点作了如下阐述:

(1) 在有渔业管理计划的渔业中,可在计划中指明兼捕物种和规格。如未指明,兼捕系指总渔获物中不符合该计划的那部分。兼捕还可以指该渔业中禁捕的渔获物。

(2) 在网具选择性差和捕捞的大部分物种得到利用的多物种或多网具的渔业中,兼捕系指由于产生不利的生态或经济影响而不应当捕捞的那部分渔获物。

(3) 在具体渔业中兼捕带来广泛问题这 1 点已得到公认,特别是捕捞了:

① 渔业中未具体指明的物种和规格;

② 受保护、濒危或受威胁的物种;

③ 幼鱼;

④ 不打算利用的生物。

(4) 有些国家在其兼捕法律定义中,包括捕捞前死亡和幽灵捕鱼。[19]22

(二) 丢弃物

丢弃渔获物被认为是 1 种渔民需要决定丢弃或倾倒鱼品的有意识行为。在多数情况下,渔民决定丢弃其部分渔获物是受到经济因素的推动。在没有管制的渔业中,如果预计净价格(实际价格减去上岸费用)不利以及如果上岸所产生的费用高于丢弃所产生的费用,则会鼓励渔民抛弃。如果渔船的容量有限,也将促进丢弃。在这种情况下,渔民将抛弃低价值渔获物,而“优选”保留高价值渔获物。

如果在多鱼种渔业中采用产出(渔获量)控制,可能导致超配额丢弃或“优选”丢弃或“价低”丢弃。

粮农组织《减少渔业废弃物技术磋商会报告》(1996 年)将丢弃物(丢弃渔获物)定义为,是指那些无论何种原因“渔获量中被放回海里的部分”,收获后废物和休闲渔业中的丢弃物不包括在内。[1]IV 或定义为:丢弃物或丢弃渔获物是指所捕获的动物类有机物质总量中无论任何原因而被丢掉或在海上倾倒的那部分。它不包括植物和内脏等收获后废料。丢弃渔获物可以是死的也可以是活的。[1]3

《兼捕管理和减少丢弃物国际准则》对丢弃物的特点作了如下阐述：

（1）丢弃物是指总渔获物中被扔掉或滑脱的那部分。丢弃物可包括单个或多个物种，可以是活的或死的。在本《准则》中，丢弃物是指扔掉或滑脱的死鱼和放掉后可能不能存活的那些鱼。

（2）虽然目标是减少不会利用的水生生物资源的捕捞，但是某些捕捞无法避免。在这种情况下，目标应该是活的放掉，通过减少放掉后的死亡率尽量增加其存活率。

（3）具体渔业的丢弃问题包括：

① 通过丢弃死鱼改变食物链生态；

② 丢弃就是浪费鱼；

③ 若丢弃量未纳入渔业的状况评估中和相关管理计划的实施中则视为不可持续的捕鱼。

（4）丢弃物并不只是兼捕的 1 部分，主捕物种往往也被丢弃。[19]23

二、 数量和影响

（一）兼捕和丢弃物的数量

1994 年粮农组织《全球渔业兼捕和丢弃渔获物评估》（粮农组织渔业技术文集第 339 号）首次给出了丢弃鱼的大致数量。每年世界渔业丢弃物范围介于 1 790～3 950 万吨之间，估计为 2 700 万吨。丢弃率为 27％。[1]XVII

$$丢弃率＝\frac{总丢弃量（吨）}{总丢弃量＋总上岸量（吨）}×100％$$

1996 年粮农组织"减少渔业废弃物技术磋商会"认为这个估计有可能过高，而且有力证据显示，许多渔业的丢弃量正在下降。1998 年《世界渔业和水产养殖状况》将全球丢弃物估计量修改为 2 000 万吨。[1]VIII 2004 年粮农组织对 1994 年以来世界海洋渔业中的丢弃物情况的进一步研究表明，在 1992 年至 2001 年期间，10 年的加权丢弃物率估计为 8％，丢弃物的年平均数量大约为 730 万吨。[1]17

2010 年粮农组织兼捕管理和减少丢弃物技术磋商会确认 2004 年粮农组织的估计，每年全球丢弃量大约为 700 万吨，兼捕可能超过 2 000 万吨。[19]21

（二）兼捕和丢弃物的影响

在全球海洋捕捞中，兼捕和丢弃渔获物占相当大的比例，不利于保护、保全和养护生态系统的生物多样性及总体生态系统的健康，不利于以可持续利用水生生态系统及注意环境的方式开展捕捞，不利于增进世界粮食安全及提高依赖鱼类资源的广大渔民、渔工的生计和福祉。主要表现为：

（1）浪费和不良利用渔业资源；

（2）危害与目标鱼类相联关或对其依赖的鱼种；

（3）损害经济上有价值和生态上重要的鱼类的幼鱼；

（4）破坏目标鱼类和非目标鱼类的生境；

（5）威胁海洋哺乳动物、海鸟、海龟及其他濒危物种。

三、　国际渔业文书有关的规定

1.《联合国鱼类种群协定》第五条(f)规定:各国应"采取措施,在切实可行的情况下,包括发展和使用有选择性的、对环境无害和成本效益高的渔具和捕鱼技术,以尽量减少污染、废弃物、遗弃渔具所致的资源损耗量、非目标种(包括鱼种和非鱼种)的捕获量及对相关或从属种特别是濒于灭绝物种的影响"。

2. 1995 年粮农组织渔业部长级会议《世界渔业罗马宣言》第十项(2)宣布,敦促各国政府和国际组织迅速"采取政策,适用的措施,并制定技术,以减少副渔获物,弃鱼和收获后损失。"

3.《负责任渔业行为守则》规定:"各国和水生生态系统的使用者应当尽量减少浪费和对目标鱼类和非目标鱼类物种的捕获量以及对与之相关或对从属物种的影响。"(6.6)"各国应当采取适宜的措施来减少浪费、丢弃物、遗弃的渔具所致的资源的损失、非目标种的捕获、对与之相关或从属种,尤其是濒危物种的消极影响。在适当的情况下,这类措施可以包括有关鱼的大小、网眼规格或渔具、丢弃物、某些渔业尤其是个体渔业的禁渔期和禁渔区等技术措施。这类措施应当酌情应用以保护幼鱼和产卵鱼。"(7.6.9)"各国应当在切实可行的范围内要求,渔具、捕捞方法和技术应当具有足够的选择性以尽量减少浪费、丢弃物、非目标种的捕获量、对与之相关或从属种的影响,并不得采用技术手段来规避有关条例的规定。"(8.5.1)

4. 1994 年联合国大会就"副渔获物和丢弃物及其对可持续利用世界海洋生物资源的影响"做出第 49/118 号决议,[18]认为捕捞作业中的副渔获物和丢弃物问题值得国际社会严加注意,确认必须继续改进监测和评估副渔获物和丢弃物的工作,并改良减少副渔获物的技术,要求:

(1) 粮农组织在其国际负责任渔业行为守则中制定关于副渔获物和丢弃物的规定;

(2) 联合国跨界鱼类和高度洄游鱼类会议制定关于副渔获物和丢弃物的规定;

(3) 分区域和区域渔业管理组织和安排及粮农组织在其各自的主管范围内,审查副渔获物和丢弃物对可持续利用世界海洋生物资源的影响,并酌情考虑到前列(1)、(2)项的有关审议结果。

随后,联合国大会的第 49/118、50/25、51/36、52/29、53/33、55/8、57/142、59/25、61/105、62/117、63/112、65/38 号等决议都有关于副渔获物和丢弃物的规定。联合国大会决议中的"副渔获物"是指兼捕渔获物。粮农组织负责任渔业技术准则将副渔获物定义为:以其他物种或同 1 物种不同尺寸范围为标的的渔业所捕获的物种。不具有经济价值的那部分副渔获物被丢弃或放回大海,通常已经死亡或濒于死亡。[20]

四、　减少海鸟、鲨鱼及海龟的兼捕和丢弃

(一)捕捞渔业减少误捕海鸟的最佳操作

在《减少延绳钓渔业意外捕获海鸟国际行动计划》执行 9 年中,只制定了 10 个《海鸟国家行动计划》,另有几个国家的起草工作接近完成或等待实施。到 2008 年 22 种信天

翁中的 18 种受到了灭绝的威胁,6 种被自然养护国际联盟列为濒危物种,3 种为极度濒危物种。与捕捞有关的死亡率被列为威胁着所有 18 种受到威胁的信天翁。另外,5 种海燕中的 4 种受到延绳钓渔业的威胁。[21]

2010 年粮农组织为支持《海鸟国际行动计划》的有效实施,颁布了名为《捕捞作业减少误捕海鸟的最佳操作》的技术准则。

1. 目的

(1) 提供确立和实施海鸟行动计划、海鸟监测以及国家、分区域或区域编撰评估报告一般咨询意见和框架;

(2) 为区域渔业管理组织或安排管理的区域提供联合海鸟行动计划的一般咨询意见和框架。

2. 作用

(1) 协助各国编制和实施更有效的延绳钓渔业减少误捕海鸟的国家行动计划;

(2) 向区域渔业管理组织或安排提供在其区域框架内实施《海鸟国际行动计划》的指导意见;

(3) 将《海鸟国际行动计划》的适用范围扩大到拖网渔业和刺网渔业等其他有关渔业。信天翁等大型鸟类与拖网网绳、网位仪和探鱼仪缆绳相撞,小型鸟类在拖网放网和起网时被网缠住,潜水鸟类,例如,海雀、企鹅、海鸭、剪嘴鸥、鸬鹚和塘鹅等被刺网缠住,这些情形都可导致海鸟意外死亡。

3. 准则

(1) 将《海鸟国际行动计划》扩大到其他有关渔具,包括拖网和刺网;

(2) 了解区域渔业管理组织或安排采取的海鸟方面的措施;

(3) 明确误捕问题;

(4) 减缓措施和相关标准;

(5) 减缓措施研究;

(6) 教育、培训和宣传;

(7) 观察员计划;

(8) 减少误捕海鸟的目标;

(9) 海鸟国家计划和区域计划的监测和报告框架;

(10) 定期表现审查。

(二) 鲨鱼养护和管理技术准则

根据《鲨鱼国际行动计划》的规定,2001 年粮农组织颁布了《鲨鱼养护和管理技术准则》。该准则旨在为在国家、分区域和区域各级鲨鱼计划和鲨鱼评估报告的制定和实施,以及针对共有跨界鲨鱼种群制定统一的鲨鱼计划提供一般性建议和框架。为此,对《鲨鱼国际行动计划》的四项要素,即种群养护、保持生物多样性、生境保护和可持续利用管理的必要性及基本措施,以及实施《鲨鱼国际行动计划》必需的国家、分区域和区域的法律、制度和管理框架、人力资源和能力建设要求、渔业管理数据和研究、渔业管理和种群养护以及《鲨鱼国家行动计划》的制定等问题作了比较详尽的阐述,并提供了国家、分区域和区域鲨鱼行动计划的建议格式及鲨鱼评估报告的建议格式。[22]

（三）关于捕捞作业中减少海龟死亡的准则

1. 制定

海龟从世界海洋的温带到热带的许多沿海地区和深海都有，传统上因其肉、蛋、壳、皮得到开发。在其分布范围内的许多渔业中亦经常被附带捕获，或被底层拖网拖住，或在绳钓渔具和刺网中被缠住，或在延绳钓中被钩住。有些海龟种群因捕捞受到严重影响。据调查，2000 年被浅层延绳钓渔业混捕的蠵龟及革龟分别超过 20 万只及 5 万只。此外，掠取龟蛋及海龟、偷捕海龟或非法捕捞海龟、丧失栖息生境、丧失采食生境、遭受渔船螺旋桨的伤害、有关栖息海滩照明过亮及噪音过大的旅游影响、摄食塑料制品等因素都对海龟的生存能力构成威胁。[23]

海龟的所有种类早就被国际养护联盟列为濒危物种，并被禁止进入国际贸易。但直到 2001 年渔业委员第二十四届会议才注意到海龟养护与渔业活动的相互影响问题。此后，2003 年渔业委员会第二十五届会议建议召开技术磋商会：

（1）审议关于海龟保护现状的现有信息，包括误捕和直接捕获量、对资源量的影响及影响海龟死亡率的其他因素；

（2）审议渔具和捕捞方法的最新发展，降低误捕造成的海龟死亡率，以及改进海龟保护的其他方法；

（3）如果合适，制定降低捕捞活动造成的海龟死亡的准则；

（4）审议为海龟保护向发展中国家的成员提供适宜的援助。[24]

据此，粮农组织 2004 年 3 月在罗马召开了"关于生态系统范围内海龟与渔业之间相互影响"的专家磋商会，2004 年 11 月在曼谷召开了"关于海龟养护与渔业"的技术磋商会。此次会议审议制定了《关于捕捞作业中减少海龟死亡的准则》。2005 年渔业委员会第二十六届会议批准了这个准则。[25]2009 年粮农组织渔业和水产养殖部将上述专家磋商会和技术磋商会的报告结论和准则汇编成册出版。

2. 组成

《准则》除序言外，包括以下 8 个主题：

（1）捕捞作业；

（2）研究、监测及信息共享；

（3）确保政策一致；

（4）教育和培训；

（5）能力建设；

（6）社会经济和文化考虑；

（7）报告；

（8）考虑海龟养护和管理的其他问题。

3. 基本内容

《准则》的内容，概括起来包括以下 3 个部分：

（1）捕捞作业中减少海龟死亡的渔具和技术，总的要求是减少海龟受伤并增加其成

活机会,并分别对沿海拖网、围网、延绳钓和其他渔业提出了针对性要求;

（2）政府的责任和作用;

（3）发展中国家的能力建设。

五、 兼捕管理和减少丢弃物国际准则

（一）制定

自1994年联合国大会第44/118号决议提出制定关于副渔获物和丢弃物的规定以来,国际社会做出了巨大努力,陆续制定和实施了多项国际行动计划和技术准则。但世界上许多渔业中不希望、不报告的兼捕和丢弃物依然问题很多。在2009年渔业委员会第二十八届会议上,粮农组织报告了兼捕和丢弃物的情况,重申在管理不善的渔业中,不报告和不管制:兼捕上岸量;丢弃物;捕捞前损失是主要关注的问题。

在同1会议上,渔业委员会支持制订关于兼捕管理和减少废弃物的国际准则,建议联合国粮农组织先举行1次专家磋商会,再举行1次技术磋商会。[26]2009年联合国大会第64/72号决议敦促各国按照国际法和包括《负责任渔业行为守则》在内的相关国际文书采取行动,减少或消除包括幼鱼在内的副渔获物、丢失或遗弃渔具捕获的鱼、弃鱼和捕捞后损失,并欢迎渔业委员会第二十八届会议支持制订关于副渔获物管理和减少弃鱼的国际准则,及粮农组织举行专家磋商会和技术磋商会,以制订该国际准则。[27]

粮农组织于2009年11月30日～12月3日在罗马举行专家磋商会拟订《兼捕管理和减少丢弃物国际准则》草案,2010年12月6～12日在罗马举行技术磋商会最后确定《兼捕管理和减少丢弃物国际准则》文本。2011年渔业委员会第二十九届会议批准了《兼捕管理和减少丢弃物国际准则》。[28]

（二）主要内容

《准则》包括序言、范围和原则、背景—兼捕问题及其管理挑战、兼捕和丢弃物管理措施、监测、控制和监督、研究与发展、认识提高、交流和能力建设、治理框架、关于《准则》实施工作的其他考虑、发展中国家的特殊要求、捕捞的其他影响—捕捞前损失和幽灵捕捞等11个部分,共114段。其主要内容为:

1. 范围

《准则》的范围是全球性的,包括所有海洋和内陆水域的所有渔业活动,还适用于对《减少延绳钓渔业意外捕获海鸟国际行动计划》《捕捞渔业减少误捕海鸟的最佳操作》《鲨鱼养护和管理国际行动计划》《鲨鱼养护和管理技术准则》及《关于捕捞作业中减少海龟死亡的准则》所涉及的兼捕措施予以补充。

2. 目的

通过有效管理兼捕和减少丢弃物,协助各国及区域渔业管理组织和安排实施《负责任渔业行为守则》和渔业生态系统方法。因为《负责任渔业行为守则》要求可持续利用水生生态系统,要求以注意环境的方式开展捕捞,要求通过减少渔业对非目标物种及整体生态系统的影响,促进维护、保全和养护生态系统的生物多样性,增进粮食安全及渔业在营养、经济、社会、环境和文化诸方面的作用。而兼捕和丢弃物所造成的捕捞死亡程度对许多渔业的长期可持续性和许多领域生物多样性的维护构成日益严重的威胁。

3. 目标

通过以下方面促进负责任渔业：

（1）尽量减少无法以符合《负责任渔业行为守则》的方式加以利用的物种和规格产品的捕捞和死亡率；

（2）为有效管理兼捕并减少丢弃物的措施提供指导；

（3）改进、报告和记录包括兼捕和丢弃物在内的渔获量的所有部分。

《准则》要求各国根据国际法相关规则及相关渔业管理部门的建议，为实现兼捕管理和减少丢弃物的目标做出贡献。

4. 管理框架

各国应确立和实施有效管理兼捕和减少丢弃物的国家政策、法律和体制的框架。这个框架的功能是：

（1）应用渔业生态系统方法；

（2）采用有效的投入控制措施或产量控制措施；

（3）对渔业进行共同管理和社区管理，更好地管理兼捕并减少丢弃物；

（4）实施国际公约、国际议定的准则和其他国际渔业文书中所述的管理兼捕和减少丢弃物的措施和行动。

为实现上列功能，《准则》要求各国：

（1）确保所采取的管理兼捕和减少丢弃物的措施，符合《联合国海洋法公约》《联合国鱼类种群协定》和其他国际文书，包括《负责任渔业行为守则》的规定，以及其作为成员或合作非成员参与方的区域渔业管理组织或安排同意的措施；

（2）确保所采取的管理兼捕和减少丢弃物的措施，做到：

① 适用预防性做法；

② 负责任鱼品利用；

③ 应用最佳科学和技术信息；

④ 鼓励渔民参与制定管理兼捕和减少丢弃物的措施，并承认渔民知识和经验的价值；

⑤ 采用适当的激励措施；

⑥ 适合捕捞水域的物种。

（3）促进能力建设。

5. 兼捕管理计划

各国应为需要采取兼捕管理行动的所有渔业制定和实施兼捕管理计划。为此各国应确保：

（1）渔业管理计划应以渔业生态系统方法为基础，并涉及渔业捕捞死亡率的所有重要来源；

（2）对出现兼捕和丢弃物的渔业、兼捕管理及减少丢弃物的措施及其对捕捞活动的影响进行评估；

（3）明确对兼捕管理行动的要求，包括目标、战略、标准及管理兼捕和减少丢弃物的措施，并根据每种渔业的特征调整，以：

① 尽量减少潜在兼捕；

② 尽量减少兼捕；

③ 兼捕活体释放最大化；

④ 减少丢弃物；

⑤ 对实施兼捕管理计划仍然捕到的兼捕产品最大限度地加以利用。

（4）将兼捕管理计划纳入渔业管理计划，组织实施，并定期审查，酌情调整。

6. 管理兼捕和减少丢弃物的措施

各国应确保管理兼捕和减少丢弃物的措施：

（1）有拘束力；

（2）明确而直截了当；

（3）可衡量；

（4）有科学依据；

（5）基于生态系统；

（6）生态上有效；

（7）切合实际及安全；

（8）社会经济有效；

（9）可实施；

（10）与业界和利益相关方合作制定；

（11）全面实施。

各国可采取的管理兼捕和减少丢弃物的手段有以下 6 类：

（1）投入物或产量控制；

（2）改进网具和兼捕减少装置的设计和适用；

（3）空间和时间措施；

（4）限制兼捕或实行兼捕配额；

（5）酌情禁止丢弃，规定留存的产品要以符合《负责任渔业行为守则》的方式加以利用；

（6）采取激励措施，鼓励渔民遵照管理兼捕和减少丢弃物的措施。

《准则》对这 6 种手段的运用，以及关于数据收集和兼捕评估、科学技术研发、捕捞前损失和幽灵捕鱼、监测、控制和监视、认识、交流和能力建设、准则的实施、对区域渔业管理组织和安排的特殊要求及发展中国家的特殊需要等事项分别做出了详细规定。

纵观《准则》的制定过程及其诸项规范，可看到它是在各项兼捕准则的基础上对兼捕和丢弃物的系统、全面规定，是针对捕捞造成死亡的所有主要来源，以负责任、采用渔业生态系统方法和保持生物多样性的方式利用渔业，在现代渔业管理史上具有里程碑意义。

参考文献

[1] 联合国粮农组织渔业技术文集第 470 号. Kelleher，K. 世界海洋渔业中的丢弃物最新情况［R/OL］.（2008）.［2013-07-05］.

ftp：//ftp. fao. org/docrep/fao/011/y5936c/y5936c. pdf

[2] 联合国文件第 66/70/add. 1 号. 海洋和海洋法［R/OL］.（2011-04-11：27）.［2013-07-05］.

http：//www. un. org/zh/documents/view_doc. asp？ symbol＝A/66/70/add. 1

[3] FAO Technical Guidelines for Responsible Fisheries. No. 4. Fisheries Management［S/OL］.（1997）.［2013-07-08］.

ftp：//ftp. fao. org/docrep/fao/003/w4230e/w4230e00. pdf

[4] 渔业委员会文件第 COFI/2007/8C 号. 对包括深海渔业在内的渔业、生物多样性保存、海洋废物和丢失或遗弃的渔具采用生态系统办法［R/OL］.（2007-03-05-09）.［2013-07-15］.

ftp：//ftp. fao. org/docrep/fao/meeting/011/j8993c. pdf

[5] FAO Fisheries Report No. 485Report of the expert consultation on the marking of fishing gear［R/OL］.（1991-07-14—19）.［2013-07-15］.

ftp：//ftp. fao. org/docrep/fao/010/t0759t/t0759t00. pdf

[6] FAO Fisheries Report No. 485 Supplement Recommendations for themarking of fishing gear Supplement to the Report of the expert consultation on the marking of fishing gear ［R/OL］.（1991-07-14—19）.［2013-07-15］.

ftp：//ftp. fao. org/docrep/fao/010/t0767e/t0767e. zip

[7] FAO Technical Guidelines for Responsible Fisheries. No. 1. Fishing operations［S/OL］.（1996：Annex III）.［2013-07-10］.

ftp：//ftp. fao. org/docrep/fao/003/W3591e/W3591e00. pdf

[8] 联合国粮农组织. 新技术助力减少有害环境的"幽灵捕鱼"［R/OL］（2016-04-21）.［2016-O4-25］.

http：//www. fao. org/news/story/zh/item/411498/icode/

[9] 渔业委员会第 COFI/2016/Inf. 19 号文件. 渔具标识专家磋商会议（2016-07-11—15）.［2016-09-20］.

http：//www. fao. org/3/a-mq771c. pdf

[10] 联合国大会决议第 44/225 号. 大型远洋流网捕鱼及其对世界海洋生物资源的影响［S/OL］.（1989-12-22）.［2013-07-20］.

http：//daccess-dds-ny. un. org/doc/RESOLUTION/GEN/NR0/547/43/IMG/NR054743. pdf？ OpenElement

[11] 中国渔政渔港监督管理局. 渔业法律法规规章全书［S］. 北京：中国法制出版社，1999：200，204.

[12] 联合国大会决议第 46/215 号. 大型远洋流网捕鱼及其对世界海洋生物资源的影响［S/OL］.（1991-12-20）.［2013-07-20］.

http：//daccess-dds-ny. un. org/doc/RESOLUTION/GEN/NR0/580/81/IMG/NR058081. pdf？ OpenElement

[13] 联合国大会决议第 65/38 号. 通过 1995 年《执行 1982 年 12 月 10 日〈联合国海洋法公约〉有关

养护和管理跨界鱼类种群和高度洄游鱼类种群的规定的协定》和相关文书等途径实现可持续渔业［S/OL］.(2010-03-30).［2013-07-20］.

http：//www. un. org/zh/documents/view_doc. asp? symbol＝A/RES/65/38

［14］联合国大会决议第 59/25 号.通过 1995 年《执行 1982 年 12 月 10 日〈联合国海洋法公约〉有关养护和管理跨界鱼类种群和高度洄游鱼类种群的规定的协定》和相关文书等途径实现可持续渔业［S/OL］.(2004-11-17；11).［2013-07-21］.

http：//daccess-dds-ny. un. org/doc/UNDOC/GEN/N04/477/69/PDF/N0447769. pdf？ OpenElement

［15］联合国大会决议第 60/31 号.通过 1995 年《执行 1982 年 12 月 10 日〈联合国海洋法公约〉有关养护和管理跨界鱼类种群和高度洄游鱼类种群的规定的协定》和相关文书等途径实现可持续渔业［S/OL］.(2005-11-29；13-14).［2013-07-21］.

http：//www. un. org/zh/documents/view_doc. asp？ symbol＝A/RES/60/31

［16］联合国大会决议第 61/105 号.通过 1995 年《执行 1982 年 12 月 10 日〈联合国海洋法公约〉有关养护和管理跨界鱼类种群和高度洄游鱼类种群的规定的协定》和相关文书等途径实现可持续渔业［S/OL］.(2006-12-08；16).［2013-07-25］.

http：//daccess-dds-ny. un. org/doc/UNDOC/GEN/N06/500/72/PDF/N0650072. pdf？ OpenElement

［17］联合国大会文件第 A/69/71 号.秘书长的报告海洋和海洋法［R/OL］.(2014-03-21；11).［2015-07-25］.

https：//documents-dds-ny. un. org/doc/UNDOC/GEN/N14/272/54/PDF/N1427254. pdf？ OpenElement

［18］FAO Fisheries Report No. 547.　Report of the Technical Consultation on Reduction of Wastage in　Fisheries［R/OL］.(1996-10-28—11-01；2).［2013-07-25］.

ftp：//ftp. fao. org/docrep/fao/009/w3696e/w3696e. zip

［19］联合国粮农组织渔业及水产养殖报告第 957 号.关于制定兼捕管理及减少丢弃物国际准则的技术磋商会报告［R/OL］.(2010-12-06—10).［2013-07-25］.

http：//www. fao. org/docrep/013/i2024c/i2024c00. pdf

［20］联合国粮农组织负责任渔业技术准则第 4 号增补 2，补篇 2.渔业管理 2.渔业生态系统方法，2.2 渔业生态系统方法的人文因素［S/OL］.(2010；80).［2013-07-26］.

http：//www. fao. org/docrep/013/i1146c/i1146c. pdf

［21］联合国粮农组织负责任渔业技术准则第 1 号增补 2.捕捞作业 2.捕捞渔业减少误捕海鸟的最佳操作［S/OL］.(2010；1).［2013-07-27］.

http：//www. fao. org/docrep/015/i1145c/i1145c00. htm

［22］联合国粮农组织负责任渔业技术准则第 4 号增补 2.渔业管理 1.鲨鱼的养护和管理［S/OL］.(2001).［2013-07-28］.

ftp：//ftp. fao. org/docrep/fao/005/x8692c/x8692c00. pdf

［23］关于海龟养护与渔业的技术磋商会报告［R/OL］(2004-11-29—12-02；第 16 段)［2013-07-28］.

http：//www. fao. org/docrep/008/y5887c/Y5887C01. htm♯w6

［24］联合国粮农组织渔业报告第 702 号.渔业委员会第二十五届会议报告［R/OL］.(2003-02-24—28；第 25 段).［2013-07-29］.

fao. org/DOCREP/006/Y5025C/Y5025C00. HTM

[25] 联合国粮农组织渔业报告第 780 号. 渔业委员会第二十六届会议报告[R/OL]. (2005-03-07—11:第 26 段). [2013-07-29].

http://www.fao.org/docrep/009/a0008c/a0008c00.htm

[26] 联合国粮农组织渔业和水产养殖业报告第 902 号. 渔业委员会第二十八届会议报告[R/OL]. (2009-0-02—6:9). [2013-07-29].

http://www.fao.org/docrep/012/i1017c/i1017c.pdf

[27] 联合国大会决议第 64/72 号. 通过 1995 年《执行 1982 年 12 月 10 日〈联合国海洋法公约〉有关养护和管理跨界鱼类种群和高度洄游鱼类种群的规定的协定》和相关文书等途径实现可持续渔业[S/OL]. (2009-12-04:第 80-81 段). [2013-07-30].

http://www.un.org/zh/documents/view_doc.asp? symbol=A/RES/64/72

[28] 联合国粮农组织渔业及水产养殖报告第 973 号. 渔业委员会第二十九届会议报告[R/OL]. (2011-01-31—02-04:50). [2013-07-30].

http://www.fao.org/docrep/015/i2281c/i2281c00.htm

第十二章　公海深海渔业

公海深海渔业是指近些年发展起来的,在公海深海捕捞海洋底栖生物物种的捕捞业。这种渔业通常在海隆、冷水珊瑚、热液喷口、冷渗口、海沟和峡谷及其他水下地形结构进行捕捞作业,在正常捕捞作业过程中渔具可能接触海底,渔获物中含有仅能维持低开发率的物种。

公海深海海底独特的生态系统和生物多样性极为重要,其中仅能维持低开发率的海洋生物资源的价值难以估量。但这些海洋生态系统具有很大的脆弱性,破坏性的捕捞做法可能对其造成重大不利影响。

鉴于目前国际上尚无具有拘束力的防止、减少和消除公海深海渔业对脆弱海洋生态系统造成重大不利影响的法律文书,从 2002 年起,联合国大会多次在其有关决议中确认深海生态系统及其所包含的生物多样性的高度重要性和巨大价值,要求制定有关标准和准则,并给公海深海渔业的治理和管理指明了大方向和基本举措,为粮农组织制订《公海深海渔业管理国际准则》的具体规范奠定了坚实基础。

《准则》的作用在于为贯彻落实联合国大会有关决议的要求提供各种手段,包括有关应用这些手段的指南,以供各国和各区域渔业管理组织或安排用于查明脆弱海洋生态系统和捕捞活动对这些生态系统的影响,并以可持续的方式管理鱼类种群和保护脆弱海洋生态系统,使它们不受破坏性捕捞做法的损害。

公海深海渔业是公海渔业的 1 种新业态。从事公海深海渔业的国家,除遵循公海捕鱼自由原则及有关"渔业管理"和"捕捞作业"的原则、规则和国际标准外,还应参照《准则》及相关区域渔业管理组织或安排的有关规定,制定实施条例,加强对本国渔船在公海上进行的深海捕捞活动的监督、控制、监视和执法。

第一节 公海深海

一、概念和环境特点

（一）公海深海的一般概念

深海并无国际商定的严格定义。一般情况下，水深超过 200 米即可视为深海。深海面积约占地球表面的 50%。深海，按其法律地位，既可存在于国家管辖区以外，也可存在于国家管辖区之内。国家管辖的深海海底是指从水深 200 米起到大陆边外缘的海底区域。如果从领海基线量起到大陆边的外缘的距离不到 200 海里，则扩展到 200 海里的距离。公海深海海底则是指在国家管辖的大陆架界限以外、公海水域之下水深超过 200 米的海底区域。可见，公海深海海底属于《联合国海洋法公约》所指定的"区域"或其组成部分。

从深海渔业的角度，公海深海主要是指水深超过 1 000 米的海域的深层及其海底。那里具有丰富的生物多样性，但过去一直不为人知，到了 20 世纪 60 年代末才首次被发现，对其大多数物种仍不了解。

（二）公海深海的水环境

海洋环境可以分为海底和海水两个部分。海底环境位于海洋底部，这里的海洋生物最为集中。据估计，约有 98% 的已知海洋物种生活于海底环境；海底环境中的物种类别比地球上其他所有环境物种之总和还要多。海底物种，据估计有 100 000 种。虽然软体动物和节肢动物在海底最为常见，但也存在着相当数量的、五花八门的物种。海水环境包括海洋之水本身，可垂直分为上、中、深 3 层。海洋物种总量的 2% 生活在海水环境中。

水层环境，从海平面至海平面以下约 200 米处称为海洋上层，又称"透光"层，或称"明区"。这里光线充足、光可透及，可以进行光合作用。终身生活在明区的物种群体分布范围似乎很广，世界多数海域都有，甚至具有全球性质。明区的物种有：浮游生物，多为小生物或微生物，大量漂浮在水中，成为鱼类和其他较大生物的食物；浮游植物，可以视为海洋牧场中的草类，把二氧化碳气体转化为 3 000 亿吨食物，供磷虾等微型动物之用；而这些微型动物反过来又成为食物链中较大动物的食品；以及 20 000 种哺乳鱼类。

海平面以下 200～1 000 米之间称为海洋中层，又称"微光"层。在海洋中层生活的一些动物群落为避开捕食动物，每天在黄昏时朝海面方向游动觅食，拂晓时返回较深水区。这些洄游动物大大促进了碳化合物从表层到深水区的快速输送，但仍低于海洋表面生成的碳化合物的沉降量。

水深 1 000 米以下称为海洋深层，寒冷，一片漆黑，亦称"无光区"。在 3 000 米以下，有时被称为特深海层。

水深 200 米一直延伸到 4 000 多米以下，统称"暗区"。暗区动物大多食用较接近海面的植物（犹如海洋雪一般飘落暗区）、废料、大动物之尸体和游走类生物（游离其正常明

区往下闯荡)。深度越大,生物量就越少,但遇到洋中脊情况则有所不同;洋中脊所起的作用,就如同山岭影响气候一样。约有 20 000 物种生活在中等深度水域;甲壳类节肢动物和脊索鱼类占多数,但也有不少奇异的漂浮水母和软体动物。[1]42-43[2]5-6

(三)公海深海水层的生物多样性

在海水环境中,令人关注的物种主要有:掠食性鱼类、跨界鱼类和其他洄游鱼类、深海鱼类、海龟、鲸目动物以及某些海鸟,尤其是信天翁。

海水群体的多样性同深度和纬度有关。纬度越低,水体中物种越多。物种种类在水深 1 000 米左右最多,再往下,即逐渐减少。其部分原因是中层和深层动物混居在这一深度。这些过渡层称为"群落交错区"。约有 20 000 物种生活在中等深度水域;甲壳类节肢动物和脊索鱼类占多数。在这 1 深度以下,生物量大幅下降,物种多样性也明显地稳步下降。海洋深层因为没有光,在这 1 层生活的动物与中层的动物不同。海洋上层降下的食物越靠近海底数量越少,这 1 深度的生物动作缓慢。

(四)公海深海海底生态系统的一般特征

公海深海环境缺少阳光,水压大,水温低。因此,形成深海生态的一系列特征。

(1)没有营光合作用的植物,没有植食性动物,只有碎食性动物、肉食性动物和少量滤食性动物;

(2)深海是单调的绵延起伏的沉积物丘陵生境,寒冷、启动光合作用的阳光无法到达,约半个世纪之前一般认为那里个体生物相对很少,物种也很少,常被称为海洋"沙漠",但实际上,深海不是 1 个贫瘠之地,是充满生命力的环境;生活在深海沉积物中的无脊椎动物可能是地球上最大的物种库之一,在物种的总数上甚至有可能与热带雨林相媲美;

(3)形态、器官和生理特化,如眼完全退化的盲鱼,肢体特长的海蜘蛛(以适应软泥的海底生活,避免陷入软泥),巨喉鱼等深海鱼的口极大,可吞食比自身大几倍、重几倍的食物(以适应食物匮乏的情况),角𩽾鱇的雄鱼极小,寄生在雌鱼身上,以利于交配受精,延续后代等。[3]

1977 年以来,科学家发现深海海底的生产力资源不仅限于沉入海底的物质,还有其他能源和碳源,从而营造出众多独特的海底生态系统。

二、 公海深海底独特的生态系统

(一)海隆生态系统

海隆是大洋海底山脉,源自板块构造和(或)火山活动。一般高于毗邻洋底 1 000 米以上。据估计,全球海隆有 10 万个或更多。海隆周围聚集着许多深海物种,其中许多成为水下的生物多样性孤岛或列岛。海隆物种群落与周边深海动物不同,具有高度的特有性。尤其是在海隆的上坡和顶峰,生活着许多新发现的、别处似乎没有的新物种。海隆还可能成为海洋中的生物热点①,常常吸引大量各种各样的大型捕食动物,例如鲨鱼、金

_____

① "热点"是漂浮在营养物匮乏的海洋环境中的、通常与活着的和死去的微生物细胞有关的微小有机物丰富的区域。在食物有限的开阔大洋环境下,热点对于大型捕食动物的生存十分重要,而且供养大量的鱼类和其他海洋水层生物。

枪鱼、长嘴鱼、海龟、海鸟和海洋哺乳动物。甲壳动物和珊瑚是海隆排名第二位的动物，然后是软体动物，海胆、蛇尾海星、海星、分节虫和海绵。有些海隆周围的大鱼类的活动范围日益缩小，往往只生存于某1地点，其中有些似乎寿命极长，成熟期晚而且繁殖较慢，如圆鼻鳕和大西洋胸棘鲷。例如，大西洋胸棘鲷生育能力低，因为并不是所有雌性都在某1特定年份繁殖。研究显示，大西洋胸棘鲷平均成熟年龄为32岁，成年鱼最大寿命在77岁至149岁之间。海隆周围还聚居着丰富的海底生物群体：以食用硬基质悬物的海绵和珊瑚为主，还有大海藻、海带丛和各种摄食悬浮物的生物。

珊瑚通常生长在海隆最裸露的部分，亦即水流最湍急的地方。海隆群体复杂多变，同1深度的两个海隆可具有完全不同的生物组成。海流模式、地形、海底沉积和岩石的种类和覆盖面、海隆体积、水深和海水含氧量决定了海隆的组成和特性。[1]44-47[2]6-10[4]①

（二）冷水珊瑚生态系统

人们一度认为，珊瑚礁都局限于温暖的浅水地带，但现已在41个国家沿岸营养物丰富的黑暗冷水中发现了珊瑚礁。珊瑚礁存在于几乎所有海洋的大陆架边缘以及近岸水底斜坡和海隆的周围。高纬度地区的冷水珊瑚礁位于相对不太深的水域，在热带地区很深的水域也存活有冷水珊瑚礁。这些珊瑚礁出现在各种各样的环境中，其群体大小不一，小的只有几10厘米，大的群体绵延几10千米。珊瑚礁在许多相关物种的生命周期中发挥生态作用，它是种类繁多的鱼类和无脊椎动物的住所，其中包括：软体动物、海绵和甲壳类动物。例如，在澳大利亚沿海，人们发现，塔斯曼海隆南部的深水珊瑚礁居住着242种无脊椎动物和37种鱼类。其中，至少有24%到43%是科学所未知的。在东北大西洋、挪威的罗弗顿群岛的罗斯特珊瑚礁是迄今发现的世界上最大的冷水珊瑚礁。当地水深300～400米，礁长45千米、宽3千米，面积约100平方千米。群居于该珊瑚礁上的有红鲑鱼、鳕鱼及别处其少发现的超过750种鱼类和无脊椎动物，其物种丰度比其他软质海底地区高3倍。[5]冷水珊瑚生态系统寿命长、生长缓慢、而且脆弱，特别容易受实体伤害。冷水珊瑚生长缓慢，珊瑚礁需要数千年的时间才能形成。挪威的苏拉海脊的珊瑚已有8 500岁。冷水珊瑚礁生态系统为重要的生物多样性热点，属于具有内在价值和社会经济价值的生物资源。

（三）热液喷口生态系统

热液喷口（热泉）是在大洋中脊超强压力下的地幔的液态岩浆、气体和水相互作用，产生并泄出富含化学物质的高度集中的场所。深度超过2 000米。在全球60 000千米的大洋中脊系统沿线，已发现100多个喷口地区。海底热液供养处在独特食物链底层的细菌，供养生命，扩展物种丰富性。虽然条件恶劣，如压力巨大、缺光少氧，超高温及附近存在大量硫化物，但热液喷口已证明是生物多样性的热点。在热液喷口生物区内，已确认了500种新动物物种，其中90%是别处所无的。动物密度高，并且存在着不寻常的物种，乃是全球各地深海喷口的共同特征，但动物组成情况因地而异。巨型虫类（最长可达3米）、蛤和蛤贝（长可达30～40厘米）及铠甲虾、螃蟹等密集居住在热液喷口周围；此处

---

① 以下（二）至（八）的内容都出自与（一）相同的出处。

的生物量可能是其他深海地区的 500～1 000 倍。在热液喷口发生的生物过程的动力是化学能而不是阳光。热液喷口生态系统不靠光合作用，而是靠化合作用存活。所谓化合作用，就是利用化学氧化作用的能量，以二氧化碳和营养矿物质生成有机物。有些化合作用微生物生活在巨型虫类和双壳类动物的组织内，结成共生关系。分解的氧气不论多么稀少，喷口生态系统所有动物和许多微生物的新陈代谢也还是需要它的；这就意味着喷口生态系统之生存有赖于海洋的整体健康。

（四）冷渗口生态系统

冷渗口（冷泉）是海底沉积盆地中固化的天然气水合物受压力梯度影响从沉积体中持续排出含有甲烷和和硫化氢水流的地区。广泛分布于除两极地区之外的各大洋和地中海水深 400～6 000 米的洋底和海床。据估计，地球上约 60% 的细菌生活在海底以下的沉积中。冷泉流体携带的细菌与甲烷发生氧化反应，为化能合成生物群落繁衍提供了碳源和能量，维系着以化能自养细菌为食物链基础的冷泉生物群落。冷渗口同热液喷口一样，维持着基于化合的底栖生物群体。在距离北卡罗来纳 2 000 米的气体水合物周围发现有密度很大的贻贝群体，在墨西哥湾裸露的甲烷水合物的表面（结晶结构的冰中所含的甲烷上）发现有很密的多毛目虫。在深至 6 000 米的大陆边发现有包括大型双壳类动物（蛤）科在内的丰富的冷渗漏群体。冷泉环境和热液环境的生态群落相比，但冷泉系统的生物量高而生物多样性低，主要是少数耐硫化氢和其他排出物的物种。已被确认的冷泉生物物种有 211 个，包括管状蠕虫、蛤类、贻贝类、多毛类动物以及海星、海胆、虾、海绵、蜗牛、鳗、螃蟹和鱼等其他生物，其中仅有 13 个物种为渗漏区和喷口区都有的物种。热泉生物一般生长得很快，巨大热液管状蠕虫是地球上生长最快的无脊椎动物之一，而冷泉生态系统生长非常慢，如冰蠕虫可以存活 250 年。

（五）海沟生态系统

深海海沟是邻接大陆坡并为急斜的斜面围绕的巨大狭长的深海凹地。全世界有 37 个海沟。大多位于专属经济区，但也有若干海沟位于公海。海沟影响附近深海生境的物质沉积速度，收容了本来会被运送到深海平原从而影响到当地环境的沉积物。有的海沟的有机物供应充足，在海底生活的动物数量可以高于周围深海地区。据资料记载，大约有 700 个深海物种生活在水深 6 000 米以下的海沟中。这种动物区系的区域特有性很强，56% 只曾在海沟中发现，95% 仅生活在单个海沟中。物种多样性随着水深增加而减少，水深 8 500 米以下的水域尤其如此。海沟的底栖生物群体适应了巨大的流体静压、非同寻常的向性条件和经常的物理扰动，一直被称作"超深渊带动物"。

（六）峡谷生态系统

海底峡谷是两侧斜坡陡峭，底部向下倾斜，深而狭的海底谷地。发育于大陆边缘，主要在大陆坡上。大陆边缘的许多地方被水下峡谷分割。海底峡谷影响当地底水的流动，存在着由内波和上升流形成的活跃水流和来自大陆架的有机物大量积存，通常是生物活动的集中地区，有各种形式的底土层供作底栖生物的栖息所和繁殖地。这里的生物群落可能与周围大陆坡大为不同。有的峡谷物种丰富，但是在物理性状和生物特征方面差异性极大。这些峡谷也可能养育着大量的鱼类种群，包括商业物种。大批大型捕食动物，如鲸目动物也被吸引到这些可以被视为水层和海底热点的地带。海底峡谷还有更多与邻近的陆坡物种不同的生物群,包括海星、海蛇尾、海笔、海参纲动物(海参)、多毛虫、珊瑚、海绵、水螅(植物状的生物)和海葵等。在商业方面的重要物种有龙虾、螃蟹、虾、鲆、海鳕、美洲大绵鳚、单鳍鱼和方头鱼等。例如,在美国拉霍亚海底峡谷居住着密度很高的端足目动物(虾类)和甲壳纲动物,它们吸引了大量吃虾的底栖鱼和栖居于中上水层的鱼来捕食这些动物。在日本的太平洋海岸以外的天龙川峡谷深度达 3 830 米的地方有高度密集的巨蛤。在加拿大东海岸线外最大的海底峡谷 Gully 有大量鲸目动物,已记录有 11 个种类。

（七）多金属结核生态系统

一些形态的多金属结核中居住着多种生物,包括细菌、原生动物和后生动物。这些生物资源与矿物资源因共生而相互混合,在一些情况下靠捕食矿物资源生存。结核所提供的环境加强了地方和区域的深海海底的生物多样性,构成为另 1 层丰富的物种,或者说是另 1 个多样的物种库。

事实上,生活在结核上的动物与生活在沉积物中的动物迥然不同。这些生物的特点是:

（1）由于有机碳的进入量较少以及食物供应较少,在微小动物和大型动物两个层面的生物率都较低;具体而言,动物的生长率和受扰动后的重新移生率非常低;

（2）物种的多样性特别高;

（3）广阔且连续的生境,但特别在沉到海底的有机物的数量、结核的丰度、甚至海底的群体结构方面有很大的环境和生物梯度变化;

（4）物质能量很低。

（八）鲸骸、沉木、沉船生态系统

海底有数以千万计的鲸类遗骸。沉入海底的鲸鱼尸体产生的大量高度局域化的有机物为一类特殊的动物提供了食物来源,吸引了各种无脊椎鱼类,它们为完成生命周期而聚集于海底鲸骸。寄居在鲸类尸体上的动物有时候密度很大。据记载已有 400 多个物种。大型动物区系多样性看来可以与深海的许多其他硬底物生境相媲美。如果海底鲸骸生境丧失 65%～90%,就很可能使 30%～50% 的海底鲸骸鱼类灭绝。沉没于海底的树木和船体也具有聚集生物的作用。

三、 深海海底生态系统的脆弱性

脆弱性是生态系统的 1 个组成部分,与特定人类活动有关。当捕鱼强度上升,某 1 特定生态系统就很可能显示脆弱性,尽管其关系可能不成线性和比例,可临界线一旦突破,此种关联就产生突然变化。在理论上,生态系统的脆弱性涉及某 1 种群、群落或栖息地受到短期或长期干扰后将发生重大改变的可能性,及其受干扰后恢复和在多长时间内恢复的可能性。这些可能性又关系到生态系统本身的特征,尤其是生物和结构方面。脆弱海洋生态系统(VME)的特征可能表现为物理性或功能性脆弱。最脆弱的生态系统是易受干扰、恢复很慢或可能永远得不到恢复的生态系统,或者定义为:"容易受到人类活动不利影响的海洋生态环境,以及(或)此等受到影响区域预计需要很长时间才能恢复或根本无法恢复的海洋生态环境"。种群、群落和栖息地脆弱性的某些特征,尤其是物理性脆弱或天然稀少的特征,可能易受大多数种类的干扰,但一些种群、群落和栖息地脆弱性差异可能很大,取决于所使用的渔具种类或受到的干扰种类。[6]4实际上,许多深海海洋生物资源的生产力低,仅能维持很低的开发率。而且,当深海海洋生物资源枯竭时,预计其恢复时间长且无法保证。所以,深海海底生态系统属于脆弱海洋生态系统。其中,海隆(以海绵为主的群落)、冷水珊瑚、冷泉和火山口群落被认定为最脆弱的海洋生态系统。人类活动对最脆弱的海洋生态系统可能造成破坏性影响:海隆和冷水珊瑚礁的主要威胁来自捕鱼活动,而其他深海海底生态系统,特别是热液喷口生态系统周围群体的主要威胁来自科学研究、生物勘探活动,并可能来自深海海底采矿。

深海渔业最常见的渔法是底拖网。一个55米宽的拖网通常1天可拖过33平方千米的海底。为数众多的沉重的拖网网板、缆绳和巨网密集性地横扫海底,将严重毁坏深海珊瑚礁、海绵群与其他脆弱的深海栖息地与物种。那些适应深海节奏的海底生物遭受蹂躏之后,平均最少需20年以上时间始能恢复,甚至得要经过好几个世代才能从人类过度捕捞中复育。海隆顶部生物最为集中,最易遭受拖网的伤害。许多深水珊瑚生态系统已经遭到损坏而无法补救。无数的科学报告都指出底拖网渔法为深海生态的最大威胁。

四、深海生态系统及其生物多样性的价值

据估计,目前大陆边缘以外的海底可能拥有1 000万种生物。[7]

《全球海洋生物普查计划(2001~2010)》报告列有深达5 000米的水中17 650个深海物种的清单。[8]其中大部分聚集在各个独特的生态系统及其生物群落中,在深海构成星罗棋布的海底"绿洲"。

据联合国粮农组织捕捞渔业数据库统计,2003年全球深海物种捕捞量达360万吨,至2006年降至330万吨,捕捞物种类依其生物特性分类有133种。[9]尽管公海深海渔业的渔获量仅占全球海洋渔获量的3%左右,对世界粮食安全影响不甚大。但深海生态系统和它们拥有的生物多样性蕴藏着大量具有经济、科学和环境价值的复合物、物质和生物,价值难以估量。

在国家管辖范围以外海洋区域发现的海洋遗传资源,将成为重大的社会经济问题,因为源自这些资源的许多产品将带来巨大的社会效益和经济效益。深海海底化合生物的特点是分子结构,能够在超过100℃的水温和极端高压中生活(极端微生物)。极端微生物具有强大的生存力(比如,极端微生物的酶可以承受严酷的条件和高温),因此可在从药物传输脂质体和化妆品到废物处理、分子生物学、食品和农产品加工等工业过程中加以采用,使其具有广泛商业用途和高度市场价值。与陆地生物相比,在海洋生物和微生物中发现新的具有潜在药理作用的物种和产品的速度更快。制药工业已经为这些新的物种和产品找到了若干用途。从这些生物和其他生物中提取的海洋药物,可以作为抗氧化剂、抗真菌药和抗生素使用,并可以防治艾滋病毒、艾滋病、癌症、肺结核、疟疾、骨质疏松、阿尔茨海默症和囊性纤维化。其中的部分药品已经进入临床使用前的研究阶段。

由于目前药品短缺,人们对从海洋生物中提取的药品寄予厚望。[2]26-27在国家管辖范围以外海洋环境中发现的资源,还可用于其他工业。醣蛋白是许多具有商业用途的化合物中的 1 个。糖蛋白是某些南极鱼类体内的"防冻剂",保证这些鱼类在零度以下的环境中不致冰冻。目前正在考虑把这种糖蛋白应用于多种过程,包括提高商业植物的防冻程度,改善寒冷气候中的海水养殖,延长冷冻食品的保质期,改善需对组织进行冷冻处理的外科手术,改善待移植组织的保存。

深海海洋生物的潜在用途十分广泛。目前正在研究使用某些种类的细菌处理海洋污染,特别是石油泄漏的可能性。并且,海洋为人们提供了取之不尽的优质食品、防污和防腐材料、生物传感器、生物催化剂、生物聚合物和其他具有重要工业用途的化合物。

第二节　公海深海渔业

一、定义和特征

（一）公海深海渔业的定义

自 20 世纪 70 年代沿海渔业呈过度开发后,由于传统渔场枯竭,具有资金和技术优势的商业渔船队远离岸边甚至进入更深的水域捕捞深海鱼群,现在有些渔船之作业深度甚至超过 2 000 米,形成了所谓深海渔业。

深海渔业通常被认为是大陆架坡折以外或以下（如大陆坡及之下的）的渔业。

国家管辖的深海渔业,处于沿海国主权权利之下,由各沿海国根据本国法律管理。

公海深海渔业特指在深海和国家管辖区以外海域发生的、具有以下两个特征的渔业。公海深海的生物资源为所有国家共有。公海深海渔业是公海渔业的组成部分,是在公海的深海海底捕捞海洋底栖生物物种的新型渔业。公海深海渔业管理应由国际法规范。

（二）公海深海渔业的特征

公海深海渔业具有以下两个特征：

（1）总渔获物（渔具捕捞的全部所获）中含有仅能维持低开发率的物种；

（2）正常捕捞作业过程中渔具可能接触海底。[6]3

公海深海渔业把目标锁定在国家管辖区以外的海底及其底栖生物物种,捕捞活动在孤立的海洋地形结构上进行,如海底山脉、海脊系统、热液喷口和冷泉地区或在大洋盆地上的深水区等,捕捞通常使用接触或很可能接触海床的渔具,主要是拖网,其次是围网。

（三）公海深海渔业开发物种的特征

公海深海渔业捕捞的海洋底栖生物物种,许多,虽然不全是,具有以下只能经受低度捕捞的某些特征：

（1）成熟年龄较大；

（2）生长缓慢；

（3）预期寿命长；

（4）自然死亡率低；

（5）成功世代补充间断；

（6）可能并非每年产卵。[6]3

二、 联合国大会有关公海深海渔业的决议

（一）第 57/141 号决议

近年来，随着对国家管辖地区以外海底丰富的生物多样性的认识日益加深及对人类活动对这种生物多样性构成威胁的日益关注，特别是在联合国粮农组织 2003 年 12 月 1～5 日在新西兰惠灵顿召开国际深海渔业治理和管理大会[10]之后，公海深海渔业及其对脆弱海洋生态系统的影响成为联合国大会议程上例行出现的重要事项，多次在其有关决议中对国家管辖范围以外的深海渔业及深海海洋生物资源的养护和可持续利用指明了大方向，为联合国粮农组织对较为细节或技术性的问题，进行详细规范奠定坚实基础。

2002 年联合国大会第 57/141 号决议首次提出：鼓励有关的国际组织，包括粮农组织、国际水文学组织、国际海事组织、国际海底管理局、联合国环境规划署、世界气象组织（WMO）、生物多样性公约秘书处和联合国秘书处（海洋事务和海洋法司），在区域及分区域渔业组织的帮助下，紧急审议如何在公约框架内以科学方式统筹并改善对海山及一些其他水下地貌的海洋生物多样性所面临的风险的管理。[11]

（二）第 58/14 号决议

2003 年联合国大会第 58/14 号决议要求秘书长与粮农组织密切合作，并与各国、区域和分区域渔业管理组织和安排及其他相关组织协商，在其下 1 份有关渔业的报告中列入 1 个部分，概述脆弱海洋生态系统（其中包括但不局限于海山、珊瑚礁，也包括冷水珊瑚礁，及若干其他敏感水下地貌）的海洋生物多样性目前受到的与捕鱼活动有关的威胁，并详细说明在全球、区域、分区域或国家范围内为处理这些问题而采取的养护和管理措施。[12]2004 年 8 月 26 日秘书长给联合国大会关于"海洋和海洋法"的报告，回应了第 58/14 号决议的要求。

（三）第 58/240 号决议

2003 年联合国大会第 58/240 号决议进一步提出："紧急审议如何在科学基础上，对海隆、冷水珊瑚礁和某些其他水下地貌的海洋生物多样性所面对的危险加以综合管理和改进管理工作"，要求有关的全球和区域机构"紧急调查如何在科学基础上，包括慎重行事，更好地处理国家管辖范围以外区域内脆弱的和受威胁的海洋生态系统和生物多样性所面对的威胁和危险；如何能够在这个过程中利用现有的条约和其他有关文书，而又符合国际法，特别是符合《公约》，并且符合基于生态系统的综合管理办法的原则，包括确定应予优先注意的海洋生态系统类型；和探讨保护和管理这些生态系统的各种可能办法和手段。"[13]

（四）第 59/24 号决议

2004 年联合国大会第 59/24 号决议第六七至七十段宣布：

"67. 注意到根据第 58/240 号决议第 52 段的要求拟订的秘书长关于海洋和海洋法的报告增编 A/59/62/Add 第二部分，其中叙述了国家管辖范围以外区域的脆弱和受威胁的海洋生态系统和生物多样性所面对的威胁和危险，以及旨在处理这些问题的养护和管理措施的细节；

"68. 重申各国和主管国际组织必须迫切设法在科学基础上，按照《公约》和有关协定及文书，综合和更好地管理国家管辖范围以外的海底山脉、冷水珊瑚、热液喷口和若干其他水下地貌的海洋生物多样性所面对的危险；

"69. 欢迎生物多样性公约缔约国会议第七次会议就海洋和海岸生物多样性所通过的第 VII/5 号决定；

"70. 吁请各国和国际组织迫切采取行动，按照国际法处理对海洋生物多样性和包括海底山脉、热液喷口和冷水珊瑚在内的生态系统造成不利影响的破坏性作法。"[14]

（五）第 59/25 号决议

2004 年联合国大会第 59/25 号决议决定：

"66. 吁请各国各自采取，或通过具有相关权限的区域渔业管理组织和安排采取紧急行动，根据个别具体情况和以科学为依据，包括应用审慎做法，考虑暂时禁止破坏性捕捞法，包括有损于国家管辖范围以外的脆弱海洋生态系统，包括海底山脉、热液喷口和冷水珊瑚的底拖网捕捞法，直至依照国际法的规定制定适当的养护和管理措施；

"67. 吁请有权紧急管理底鱼捕捞活动的区域渔业管理组织或安排依照国际法的规定，在各自的监管区内采取适当的养护和管理措施，以解决破坏性捕捞法，包括有损于脆弱海洋生态系统的底拖网捕捞法所造成的影响，并确保这些措施得到遵守；

"68. 吁请无权监管底鱼捕捞活动以及捕鱼活动对脆弱海洋生态系统所造成影响的区域渔业管理组织或安排的成员酌情扩大其组织或安排在这方面的权限；

"69. 吁请各国紧急合作，在必要和适当情况下，为没有相关组织或安排的区域建立有权监管底鱼捕捞活动以及捕鱼对脆弱海洋生态系统所造成的影响的新区域渔业管理组织或安排；

"70. 请秘书长同联合国粮食及农业组织合作，在其下 1 份渔业问题报告中以专节说明各国和区域渔业管理组织和安排为执行上文第 66 至 69 段所采取的行动，以便就这些段落所涉事项举行讨论；

"71. 商定在两年内审查根据上文第 66 至 69 段中的请求所采取的行动的进展，以便酌情对所作安排尚不充分的领域提出进一步建议。"[15]

（六）第 60/30 号决议

2005 年联合国大会第 60/30 号决议决定：

"73. 重申各国和主管国际组织必须迫切设法根据现有的最佳科学资料，按照《公约》和有关协定及文书的规定，以综合方式改进对海底山脉、冷水珊瑚、热液喷口和若干其他水下地貌的海洋生物多样性所面对危险的管理；

......

"77. 吁请各国和国际组织迫切采取行动,按照国际法处理对海洋生物多样性和包括海底山脉、热液喷口和冷水珊瑚在内的生态系统造成不利影响的破坏性作法。"[16]

（七）第 61/105 号决议

2006 年联合国大会第 61/105 号决议决定：

"80. 吁请各国确认深海生态系统及其所包含的生物多样性的高度重要性和巨大价值,立即各自并通过区域渔业管理组织和安排,按照审慎做法和生态系统方法采取行动,以可持续的方式管理鱼类种群和保护包括海底山脉、热液喷口和冷水珊瑚在内的脆弱海洋生态系统,使它们不受毁灭性捕捞法的损害；

"81. 重申大会对关于捕捞活动对脆弱海洋生态系统的影响的第 59/25 号决议第 66 至第 69 段的重视；

"82. 欢迎各国和有权监管底鱼捕捞活动的区域渔业管理组织或安排在执行第 59/25 号决议第 66 至第 69 段方面取得进展,并除其他外,就建立新的区域渔业管理组织或安排展开谈判,处理捕捞活动对脆弱海洋生态系统的影响问题；但在该决议第 71 段所要求的审查的基础上,确认急需采取进一步行动；

"83. 吁请有权监管底鱼捕捞的区域渔业管理组织或安排根据审慎做法、生态系统方法和国际法,在各自监管地区作为优先事项,至迟于 2008 年 12 月 31 日通过和执行下列措施：

（a）根据现有最佳科学资料,评估各项底鱼捕捞活动是否会对脆弱海洋生态系统产生重大不利影响,并确保如评估表明这些活动将产生重大不利影响,则对其进行管理以防止这种影响,或不批准进行这些活动；

（b）查明脆弱海洋生态系统,通过改进科学研究及数据收集和分享,并通过新的试探性捕捞,确定底鱼捕捞活动是否会对这些生态系统和深海鱼类种群的长期可持续性造成重大不利影响；

（c）对于根据现有最佳科学资料,确知存在或有可能存在包括海底山脉、热液喷口和冷水珊瑚在内的脆弱海洋生态系统的地区,不对底鱼捕捞开放这些地区,并确保在建立养护和管理措施以防止对脆弱海洋生态系统产生重大不利影响之前,不进行这类活动；

（d）要求区域渔业管理组织或安排的成员规定悬挂本国国旗的船只,在捕捞作业过程中遇到脆弱海洋生态系统的地区,停止底鱼捕捞活动,并报告所遇到的情况,以便能够在相关地点采取适当措施；

"84. 又吁请有权监管底鱼捕捞活动的区域渔业管理组织或安排公布根据本决议第 83 段采取的措施；

"85. 吁请参与关于建立有权监管底鱼捕捞活动的区域渔业管理组织或安排的谈判的国家加快这类谈判,并至迟于 2007 年 12 月 31 日通过和执行与本决议第 83 段相一致的临时措施,并公布这些措施；

"86. 吁请船旗国通过和执行根据本决议第 83 段比照制定的措施,或在根据本决议第 83 或第 85 段采取措施之前,停止批准悬挂本国国旗的船只在国家管辖范围以外,没

有有权监管这类捕捞活动的区域渔业管理组织或安排,也没有根据本决议第 85 段制定的临时措施的地区进行底鱼捕捞活动;

"87. 进一步吁请各国通过联合国粮食及农业组织,公布悬挂本国国旗获准在国家管辖范围以外地区从事底鱼捕捞活动的船只名单及本国根据本决议第 86 段通过的措施;

"88. 强调联合国粮农组织在以下方面所发挥的关键作用:提供专家技术咨询意见,协助制定国际渔业政策和管理标准,收集和传播渔业问题方面的资料,包括保护脆弱海洋生态系统不受捕捞活动的影响;

"89. 赞扬联合国粮农组织在管理公海深海捕捞活动方面所作的工作,包括 2006 年 11 月 21 日至 23 日在曼谷举行的专家磋商会,进一步邀请联合国粮农组织在其渔业委员会下一届会议上制定关于管理公海深海捕捞活动的相关工作时间表,这些工作包括:加强数据收集和传播;促进信息交流和扩大对深海捕捞活动的了解,如召开一次从事这类捕捞活动的国家之间的会议;制定有关标准和准则供各国和区域渔业管理组织或安排用于查明脆弱海洋生态系统和捕捞活动对这些生态系统的影响;制定深海渔业管理标准,如制定一项国际行动计划;

"90. 邀请联合国粮农组织考虑建立一个关于国家管辖范围以外地区的脆弱海洋生态系统的全球信息数据库,以协助各国评估底鱼捕捞活动对脆弱海洋生态系统的任何影响,并邀请各国和区域渔业管理组织或安排向数据库提交关于根据本决议第 83 段查明的所有脆弱海洋生态系统的信息;

"91. 请秘书长与联合国粮农组织合作,在其提交大会第六十四届会议的关于渔业问题的报告中列入一节,阐述各国以及区域渔业管理组织和安排根据本决议第 83 至第 90 段所采取的行动,并决定在 2009 年该届会议上进一步审查这些行动,以期酌情提出进一步建议。"[17]

（八）第 61/222 号决议

2006 年联合国大会第 61/222 号决议宣布:

"90. 欢迎第 59/24 号决议第 73 段所设的研究国家管辖范围以外区域海洋生物多样性的养护和可持续利用问题不限成员名额非正式特设工作组于 2006 年 2 月 13 日至 17 日在纽约举行会议,并注意到工作组讨论的备选方案、方法和及时的后续进程;

"91. 注意到工作组的报告,并请秘书长依照第 59/24 号决议第 73 段的规定于 2008 年再举行一次有各项会议服务的工作组会议,以审议:

（a）人类活动对国家管辖范围以外区域海洋生物多样性的环境影响;

（b）国家之间以及相关政府间组织和机构之间为养护和管理国家管辖范围以外区域海洋生物多样性而开展的协调与合作;

（c）基于区域的管理工具的作用;

（d）国家管辖范围以外区域的遗传资源;

（e）是否存在治理或监管差距,如果存在这种差距则如何加以解决;

"92. 请秘书长在提交大会第六十二届会议的海洋和海洋法报告中汇报上文第 91 段提及的问题,以便协助工作组与所有相关国际机构协商拟订其议程,并安排海洋法司为

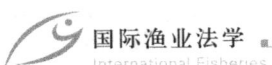

工作组开展工作提供支助；

......

"96. 重申各国和主管国际组织必须迫切设法根据现有的最佳科学资料，按照《公约》和有关协定及文书的规定，以综合方式改进对海底山脉、冷水珊瑚、热液喷口和若干其他水下地貌的海洋生物多样性所面临危险的管理；

"97. 又重申各国必须继续努力制定和便利利用多种办法和手段，以此养护和管理脆弱的海洋生态系统，包括依照国际法和根据现有的最佳科学资料，考虑建立海洋保护区，并至迟在 2012 年建立这种海洋保护区的代表性网络。"[18]

（九）2007 年第 62/177 号决议

2007 年联合国大会第 62/177 号决议宣布：

"97. 吁请各国确认深海生态系统和它们拥有的生物多样性极为重要，价值难以估量，立即各自并通过区域渔业管理组织和安排，根据审慎做法和生态系统方法采取行动，可持续管理鱼类种群，不让包括海底山脉、热液喷口和冷水珊瑚在内的脆弱海洋生态系统受到毁灭性捕捞的伤害；

"98. 重申大会重视关于海底捕捞活动对脆弱海洋生态系统的影响的第 61/105 号决议第 83 至第 91 段，并重视该决议要求紧急采取的行动；

"99. 欣见南极海洋生物资源养护委员会、西北大西洋渔业组织、东北大西洋渔业委员会、东南大西洋渔业组织和地中海渔业总委员会根据第 61/105 号决议管理海底捕捞活动的进展；

"100. 赞扬联合国粮食及农业组织决定按第 61/105 号决议第 89 段的要求，制定管理公海深海捕捞活动的国际准则，进一步制定标准，供各国和区域渔业组织或安排用以查明国家管辖区范围外的脆弱海洋生态系统以及捕捞活动对这些生态系统的影响，确立管理深海捕捞活动的标准，以便推动通过和执行按第 61/105 号决议第 83 和第 86 段制订的养护和管理措施，注意到 2007 年 9 月 11 日至 14 日在曼谷举行的专家协商，鼓励所有相关国家参加 2008 年 2 月 4 日至 8 日在罗马举行的政府间技术协商；

"101. 赞扬联合国粮食及农业组织渔业委员会第二十七届会议决定，联合国粮农组织应按第 61/105 号决议第 87 和第 90 段的要求，同各国和其他有关组织合作，开列一份获准在公海进行深海捕捞的船舶的名单，并建立一个有关国家管辖范围外的脆弱海洋生态系统的全球数据库。"[19]

第三节　公海深海渔业管理国际准则

一、制定

2003 年渔业委员会第二十五届会议"认识到这些品种（指深海物种）需要国际一级的

养护和管理,建议将深海渔业列入渔业委员会下届会议的议程。"[20]

2005 年渔业委员会第二十六届会议根据上 1 届会议的安排对深海渔业管理所面临之挑战进行了广泛讨论,强调需进行的工作包括:

(1) 收集和汇编与以往和当前深海捕鱼活动有关的信息;

(2) 开展深海资源调查,评估捕鱼对深海鱼类种群及其生态系统的影响;

(3) 为制定行为守则/技术准则召开技术会议;

(4) 审查支持深海渔业养护和管理所需的法律框架。[21]

据此,粮农组织于 2006 年 11 月在曼谷召开了关于公海深海渔业的专家磋商会,为制定管理准则提出意见和建议。

联合国大会第 61/105 号决议除赞赏粮农组织在管理公海深海捕捞活动方面所作的工作,包括 2006 年 11 月在曼谷举行的专家磋商会之外,明确提请粮农组织做更多工作,包括"制定各国和区域渔业管理组织或安排采用的标准,以确定脆弱海洋生态系统和捕捞活动对这些生态系统的影响,确立管理深海渔业的标准,例如制订 1 项国际行动计划。"为此吁请粮农组织渔业委员会"在其下 1 届会议上制定关于管理公海深海捕捞活动的相关工作时间表"。

2007 年渔业委员会第二十七届会议根据联合国大会第 61/105 号决议的时限要求,规定了粮农组织为制定公海深海渔业管理技术准则召开专家磋商会和技术磋商会的时间表:不晚于 2007 年 8 月召开专家磋商会;在 2008 年 1 月或 2 月完成技术磋商会。渔业委员会还认为,这个《准则》"应包括用以确定国家管辖范围以外海域内的脆弱海洋生态系统的标准和规范,确定捕鱼活动对这些生态系统的影响,以期推进区域渔业管理组织或安排及船旗国依照联合国 61/105 号决议的相应规定通过实施养护和管理措施。"[22]

粮农组织为上述磋商会作准备于 2007 年 6 月在罗马组织了关于脆弱生态系统和公海深海渔业中破坏性捕捞的研讨会;2007 年 11 月在罗马组织了关于公海深海渔业的知识和数据的研讨会;2008 年 5 月在开普敦组织了关于《准则》中船长和船队管理者的研讨会,对重要问题提出见解。

在此基础上,粮农组织相继采取了以下步骤:

(1) 2007 年 9 月在曼谷召开了关于公海深海渔业国际准则的专家磋商会,着手对《准则》初稿第一稿进行初步技术审查;

(2) 2008 年 2 月和 8 月在罗马召开了两次技术磋商会,从政策角度对《准则》进行讨论,并于 2008 年 8 月 29 日最终确定该文件。[23]

二、 组成和主要内容

《准则》由序言、范围和原则、主要概念说明、治理和管理、管理和养护措施、发展中国家的特殊需要和关于实施工作的其他考虑等 7 个部分、89 段文字组成。它包含用以确定国家管辖范围以外海域内的脆弱海洋生态系统的标准和规范,确定捕鱼活动对此类生态系统可能产生的影响,以期推进区域渔业管理组织或安排和船旗国依照联合国大会关于海洋生态系统负责任渔业的第 61/105 号决议第 83 和第 86 段采取和实施养护和管理

措施。

三、 适用、性质和作用

《准则》是为主捕或偶然在国家管辖范围以外的水域中捕捞深海鱼类资源的渔业,包括有可能对脆弱海洋生态系统产生重大不利影响的渔业而制定的。

《准则》是自愿性的,目的仅仅是制定参考手段,帮助各国、各区域渔业管理组织和安排制定和实施管理公海深海渔业的适当措施。

《准则》的作用在于提供各种手段,包括有关应用这些手段的指南,促进和鼓励各国和各区域渔业管理组织或安排为可持续利用深海渔业捕捞的海洋生物资源,防止对深海脆弱海洋生态系统的重大不利影响,保护这些生态系统中的海洋生物多样性做出努力。[3]3

四、目标和原则

1.《准则》的目标是指导各国、各区域渔业管理组织或安排贯彻落实联合国大会第61/105 号决议有关公海深海渔业的规定,通过以下手段促进负责任渔业,既提供经济机遇,又确保深海海洋生物资源的养护和海洋生物多样性的保护。

(1)确保深海海洋生物资源的长期养护和可持续利用;

(2)防止对脆弱海洋生态系统的重大不利影响。

2. 为实现这些目标,各国和各区域渔业管理组织或安排应遵循下列原则:

(1)采取和实施各项措施应当:

① 依照《联合国鱼类种群协定》第六条所载和《负责任渔业行为守则》第 6.5 条款、第7.5 条款规定的预防性办法;

② 根据渔业的生态系统办法;

③ 按照国际法相关规则,尤其是 1982 年《联合国海洋法公约》中所体现的相关规则;

④ 以符合其他相关国际文书的方式。

(2)确定已知或可能存在的脆弱海洋生态系统的海域;

(3)利用可得到的最佳信息采取行动。[3]3

五、 "脆弱海洋生态系统"和"重大不利影响"的概念

(一)脆弱海洋生态系统

1. 脆弱性涉及某 1 种群、群落或栖息地受到短期或长期干扰后将发生重大改变的可能性,及其受干扰后恢复和在多长时间内恢复的可能性。这些可能性又关系到生态系统本身的特征,尤其是生物和结构方面。脆弱海洋生态系统的特征可能表现为物理性或功能性脆弱。最脆弱的生态系统是易受干扰、恢复很慢或可能永远得不到恢复的生态系统。

2. 种群、群落和栖息地脆弱性的评估,必须针对各种具体的威胁进行。某些特征,尤其是物理脆弱性或天然稀少的特征,可能易受大多数种类的干扰,但一些种群、群落和栖

息地的脆弱性差异可能很大,取决于所使用的渔具种类或受到的干扰种类。

3. 海洋生态系统的风险取决于其脆弱性、受威胁的可能性和减轻该威胁的手段。[3]4

（二）重大不利影响

1. 重大不利影响按以下方式危及生态系统完整性（即生态系统结构或功能）：

（1）削弱受影响种群自身更替能力；

（2）致使栖息地长期自然生产力下降；

（3）以非临时性方式造成物种丰度、栖息地或群落类型遭受重大损失的影响。

对影响的评估应以单独、组合和累计方式进行。

2. 在确定影响的规模和大小时,应考虑以下 6 项因素：

（1）该影响在受影响的特定场址的强度或严重性；

（2）该影响相对其危及的栖息地类型的可获得性而言的空间范围；

（3）该生态系统对该影响的敏感度、脆弱性；

（4）生态系统受害后的恢复能力和恢复速度；

（5）该影响可能改变生态系统功能的程度；

（6）相对 1 个物种在特定时期或生命史阶段需要该栖息地的时间而言,该影响发生和持续的时间。

3. 临时影响是持续时间有限,能使该特定生态系统在可接受的时限内恢复的影响。此类时限应逐例决定,大致为 5～20 年,应考虑种群和生态系统的具体特征。

4. 在决定一种影响是否属于临时影响时,应考虑该影响的时间长短和反复频率。如果一种栖息地预期受到干扰的间隔短于恢复时间,该影响应视为非临时性影响。在信息有限的情况下,各国和各区域渔业管理组织应在确定影响的性质和时间长短时运用预防性办法。[3]4-5

六、治理和管理

（一）一般管理原则

《准则》规定：

1. 各国及各区域渔业管理组织和安排在公海深海渔业管理中,应当以符合《负责任渔业行为守则》和《联合国鱼类种群协定》规定的总原则方式行事,尤其是：

（1）采取必要措施,确保目标和非目标物种的养护,包括《负责任渔业行为守则》第7.5.3条款中所提到的相关参考点,以及预防对脆弱海洋生态系统产生重大不利影响和保护这些生态系统含有的海洋生物多样性的措施；

（2）确定那些已知存在或可能存在脆弱海洋生态系统的海域和特征,确定与这些海域和特征有关的渔业的位置；

（3）制定数据收集和研究计划,评估捕鱼对目标和非目标物种及其环境的影响；

（4）根据现有最佳科学技术信息开展深海渔业管理,酌情考虑渔民的知识；

（5）开发和使用具有选择性和成本效益的捕鱼方法,努力促进提高这种选择性,承认管理多物种或兼捕量大的渔业的困难；

（6）通过有效监测、控制和监视，执行并实施养护和管理措施；

（7）采取适当措施，按照联合国粮农组织《关于预防、阻止和消除非法、不报告和无管制捕鱼的国际行动计划》以及《捕捞能力管理的国际行动计划》，解决能力过剩、过度捕捞及非法、不报告和无管制捕鱼问题；

（8）确保透明，按照适当的保密标准公布信息，促使利益相关方参与。

2. 各国及各区域渔业管理组织和安排应当确保按照预防性办法，通过并实施相关措施，可持续养护和管理深海渔业，防止对脆弱海洋生态系统产生重大不利影响，保护这些生态系统含有的海洋生物多样性。

3. 深海渔业在其所有发展阶段中，即在试捕、探捕和成型渔业各阶段都应实行严格的管理。认识到深海资源极其生态系统的潜在脆弱性，深海渔业的养护和管理措施应确保在知识不足时，捕捞率应保持在低水平上，足以尽量减轻对可持续性的威胁，捕捞量仅仅随着知识、管理能力和监测控制监督的增加而增加。

（二）治理框架

《准则》规定：

1. 各国作为船旗国、港口国和进口国或出口（市场）国行事，或对其国民行使管辖权时，应促进实现本《准则》的目标。

2. 《准则》中与各国和各区域渔业管理组织或安排管理大陆架之上的公海深海渔业有关的任何规定，不得损害沿海国家对该大陆架行使主权权利和按照《联合国海洋法公约》中所体现的国际法，行使沿海国家对大陆架的管辖权。

3. 各国应为有效管理公海深海渔业，包括防止对脆弱海洋生态系统的重大不利影响，能够实施其参加的区域渔业管理组织或安排所商定的措施，制定、实施国家政策、法律和机构框架。

4. 各国应加强负责管理和控制公海深海渔业及其对脆弱海洋生态系统的影响的现有区域渔业管理组织或安排，包括通过将相关国际法和有关文书确立的原则纳入此类组织或安排的职责范围。

5. 在没有负责管理深海渔业的区域渔业管理组织或安排的地方，在必要和适当时，各国急需为建立此类新的组织和安排开展合作。在建立这样1个新的区域渔业管理组织或安排之前，参与谈判的国家应开展合作，充分考虑本《准则》，通过和实施临时的养护和管理措施，确保公海深海渔业的长期可持续管理，防止对海洋生态系统造成重大不利影响。

6. 区域渔业管理组织或安排应发展相互之间的以及与相关国际机构之间的沟通、合作和协调机制。[3]5-7

七、 管理和养护措施

（一）数据收集和报告

1.《准则》对各国及各区域渔业管理组织或安排的基本要求

（1）制定、通过和公布标准化的、一致的数据收集程序和规程，包括标准化日志和调查方法。

（2）制定的数据收集计划应涵盖渔业发展的所有阶段，尽可能包括渔业历史阶段该水域过去渔业的数据，还应包括尤其涉及深海渔业的渔获量、上岸量价值、收获和加工业就业等的社会经济调查，以及管理措施的经济影响。

（3）合作开展国际努力，收集、整理生物地理信息，包括海洋学参数，并将这些信息用于深海渔业评估和管理。

2.《准则》对数据报告程序和精度的规定

（1）如果已经建立区域渔业管理组织或安排，各国应当向该组织或安排提供其收集的公海深海渔业数据，该组织或安排则应向联合国粮农组织提交综合的数据；如果不存在这样的区域渔业管理组织或安排，各国应当直接向联合国粮农组织提交此类数据。

（2）评估资源状况和对脆弱海洋生态系统的影响需要足够精度的数据作为基础。各国向区域渔业管理组织或安排或直接向联合国粮农组织提供其收集的公海深海渔业数据，其精度应适合资源评估，适合评价深海渔业对脆弱海洋生态系统的影响，并应确保数据报告和分析尽可能透明，以便相关各方审查公海深海渔业管理和脆弱海洋生态系统养护的成效。

（3）各国应单独或通过与已建立的区域渔业管理组织或安排合作，使用电子数据收集和报告系统，尽可能接近实时地监测和报告悬挂其旗帜的船舶的位置和活动情况。

（二）资源评估

《准则》指出，需要采用适当的监测和评估方法才能可靠地确定具有《准则》所描述的特征的低生产力物种的资源状况。鉴于许多深海物种的数据有限，需要以更简便的监测和评估为基础发展成本较低的或新颖的方法。此类方法应量化资源评估的不确定性，包括这些数据限制和简化方法产生的不确定性。《准则》要求各国和各区域渔业管理组织或安排应酌情合作，在深海资源的整个分布范围内对这些资源进行评估。

（三）确定脆弱海洋生态系统评估重大不利影响

《准则》规定：

1. 1种海洋生态系统是否脆弱，应根据其特征划定。确定脆弱海洋生态系统时，应使用以下特征清单作为标准：

（1）独特性或稀有性——独特或含有稀有物种的1个海域或生态系统，这些稀有物种的损失无法从类似海域得到弥补。其中包括：

① 含有特有物种的栖息地；

② 仅在零散海域中出现的稀有、受威胁或濒危物种的栖息地；

③ 育苗场或独立摄食、繁育或产卵区。

（2）栖息地的功能意义——渔类资源和稀有、受威胁或濒危海洋物种的成活、活动、产卵、繁殖或恢复，尤其是生命史阶段所必须的离散海域或生境（如育苗场或养殖水域）。

（3）脆弱性一极易因人类活动而退化的生态系。

（4）造成恢复困难的构成物种的生命史特征——含有的物种种群或集群具有以下1种或几种特征的生态系统：

① 生长速度缓慢；

② 成熟晚；

③ 补充量小或难以预测；

④ 寿命长。

（5）结构复杂性——以大量集中的生物和非生物特征形成的复杂物理结构为特点的1种生态系统。在这些生态系统中，生态过程通常高度依赖这些结构性系统。此外，此类生态系统往往差异大，取决于其构造生物。

这些标准是基本的，随着经验和知识的积累，或为了满足特定的地方或区域需要，应制定补充标准。

2. 作为确定脆弱海洋生态系统的必要步骤，各国及各区域渔业管理组织或安排以及联合国粮农组织，应收集、分析与属于这些组织或安排主管的，或这些国家管辖的渔船从事公海深海渔业作业的，或打算开展新的或扩大的公海深海渔业的海域相关的信息。在缺乏具体场址信息时，应使用与推断可能存在脆弱种群、群落和栖息地相关的其他信息。

3. 指定1个生态系统为脆弱生态系统时，有关决定应当以上面提出的1项或几项标准为基础，利用现有最佳科学技术信息评价栖息地和生态系统。特征应根据其对生态系统脆弱性的相对作用衡量。

4. 船旗国及区域渔业管理组织或安排应进行评估确定公海深海捕捞活动是否可能在特定海域产生重大不利影响。这种影响评估尤应考虑：

（1）该海域进行或计划进行的捕鱼活动的类型，包括渔船、渔具、渔区、目标物种和兼捕物种、捕捞努力量和捕捞持续时间（捕捞计划）；

（2）关于渔业资源现状的最佳现有科学技术信息，和关于该渔区生态系统、栖息地和群落的、作为未来变化对比依据的基准信息；

（3）该渔区已知或可能出现的脆弱海洋生态系统的确定、说明和绘图；

（4）用于确定、说明和评估该活动的影响，确定知识空白，对评估中存在的信息不确定性进行评价的数据和方法；

（5）对该渔区脆弱海洋生态系统和低生产力渔业资源的评估所涉及的活动可能产生的影响，包括累计影响的产生、规模和持续时间的确定、说明和评价；

（6）对捕鱼活动可能产生的影响进行的风险评估，以确定哪些可能是重大不利影响，尤其是对脆弱海洋生态系统和低生产力渔业资源的影响；

（7）建议为防止对脆弱海洋生态系统产生重大不利影响，确保低生产力渔业资源的长期养护和可持续利用而采取的减轻影响和实行管理的措施，以及用于监测捕捞作业影响的措施。

5. 进行这种风险评估应考虑公海深海渔业早已成型的地区和公海深海渔业尚未开展或仅仅偶尔开展的地区普遍的不同条件。

6. 开展影响评估时，应考虑《准则》提到的信息，以及类似或相关渔业、物种和生态系统的有关信息。尽管有数据收集和报告的规定，应当承认可能出现的情况是，在评估尚未建立区域渔业管理组织和安排的地区进行的深海渔业时，各国可能不得不依靠仅仅从悬挂其船旗的船舶或其本身的研究活动中获得的信息和数据。

7. 区域渔业管理组织和安排应发展 1 种机制以审议评估情况、决定和管理措施。

包括某个科学委员会或其他有关机构提出的评价和建议,其中包括关于公海深海捕鱼活动是否会对脆弱海洋生态系统产生重大不利影响的评价和建议,以及关于拟议的或补充的影响减轻措施是否可防止这种影响的评价和建议。

8. 各国根据本国法律及各区域渔业管理组织或安排应公布:

(1)影响评估;

(2)现有和拟议的养护和管理措施;

(3)区域渔业管理组织和安排有关科学或技术委员会或其他相关机构提出的意见和建议。

9. 对于区域渔业管理组织或安排未加管制的海域,各国应每年向联合国粮农组织提交其影响评估及任何现有或拟议的养护和管理措施,联合国粮农组织应公布这些措施。

10. 当海域的渔业或其他活动发生了重大变化时,或认为自然进程已发生重大变化时,即使评估认定该海域无脆弱海洋生态系统,或产生重大不利影响的可能性不大,也应重复进行评估。

(四)监测、控制和监视

《准则》要求:

1. 各国单独并通过区域渔业管理组织或安排合作,实施有效的监测、控制和监视计划,作为区域和国家深海渔业养护和管理措施的重要组成部分。

2. 各国及各区域渔业管理组织或安排,应通过有效的监测、控制和监视计划,执行深海渔业养护和管理措施,其中尤其可包括随船观察员、电子监测和基于卫星的船舶监测系统,以便提供有关深海渔业作业渔船位置的信息,改进对各种渔具捕捞努力量的评估,核实渔获数据,改进对时间和空间管理措施的遵守,提供记录违反行为的足够证据。

3. 为所有深海渔业实施国家或国际合作观察员计划。观察员设置范围,应由主管这些渔业的区域渔业管理组织或安排决定,其程度适合确保有效监测和评估,并与其他监测、控制、监视手段相结合。区域渔业管理组织或安排管辖的渔业发展的试捕、探捕阶段,以及区域渔业管理组织或安排以外的渔业,尤其需要更高程度的覆盖率。就后者而言,为管理这些渔业、防止重大不利影响所采取的措施经评价确定有效之前,应保持高的覆盖率。

4. 各国应保持定期更新的渔船登记或记录,以记录船队特性的变化。获得捕鱼权的渔船登记或记录应包含有关各条渔船的详细信息,至少包括长度、吨位、渔具类型、授权这些渔船捕捞的水域、渔业和物种,以及这些渔船是否有权从事深海渔业。船旗国应确保所有从事深海渔业的渔船有永久的身份标志(如国际海事组织的识别编号)。

5. 各国应至少每年向区域渔业管理组织或安排,在无区域渔业管理组织或安排的地区,则向联合国粮农组织提供渔船登记数据或记录,以及为管理此类渔船的活动所采取的措施情况。区域渔业管理组织或安排和联合国粮农组织应当按联合国粮农组织统计区域公布此类数据和信息。

6. 各国应使用《关于预防、制止和消除非法、不报告和无管制捕捞国际行动计划》并

按照《港口国措施协定》及其他相关文书，通过和实施国家法律和措施，防止、制止和消除深海渔业中的非法、不报告和无管制捕鱼活动。

7. 各国及各区域渔业管理组织或安排应开展合作，采取编制与非法、不报告和无管制捕捞渔船及其名单有关的行动，预防、制止和消除深海渔业方面的非法、不报告和无管制捕鱼活动。

8. 各国应按照国际法，以透明和非歧视性方法，通过和实施贸易相关措施，如渔获量和贸易量记录计划，以便：

（1）加强能力，鉴别超越或违反适用的养护和管理措施的渔船及其深海渔业渔获物；

（2）采取有关非法、不报告和无管制捕捞渔船及其深海渔业渔获物的措施，包括防止非法、不报告和无管制捕捞深海渔业的产品进入国际贸易的措施。

（五）管理和养护手段

《准则》规定：

1. 管理框架

各国及各区域渔业管理组织或安排应建立有效的管理框架，包括1套用于管理现有渔业活动，按照《准则》和其他相关文书开放新的探捕渔区的适当规则和条例，还应包括保护脆弱种群、群落和栖息地的法规。

2. 采取养护和管理措施的主体

各国及各区域渔业管理组织或安排实施这些《准则》时应为所有公海深海渔业采取具体的养护和管理措施。无主管的区域渔业管理组织或安排，或未制定此类渔业临时管理及措施的，应由船旗国制定实施此类措施。

3. 临时措施

在建立有效管理框架，防止对脆弱海洋生态系统的重大不利影响，确保深海渔业的长期可持续性之前，养护和管理措施应至少包括：

（1）根据现有最佳科学技术信息，已知存在或可能存在脆弱海洋生态系统的水域，关闭深海渔业；

（2）限制扩大从事深海渔业的渔船的努力量水平和作业的空间范围；

（3）将特定渔业的努力量降低到为评估该渔业或获取相关栖息地和生态系统信息提供信息所需的拟议水平。

此类临时措施须符合国际法，不得影响该渔业今后的分配和参与权。

4. 深海渔业地图

区域渔业管理组织或安排应汇编全面显示现有深海渔业空间范围的地图。在区域渔业管理组织或安排未覆盖的海域，各船旗国应绘制此类地图，并与其他有关国家和联合国粮农组织合作，联合绘制相关海域图。

5. 谨慎防范方法

在深海渔业探捕阶段，谨慎的养护和管理措施，包括渔获量和努力量控制至关重要，这也应成为成型的深海渔业管理的1个重要组成部分。对可持续开发深海渔业采取谨慎防范方法时，应包括以下措施：

（1）谨慎的努力量控制；

（2）谨慎的空间渔获量控制；

（3）对有关种群状况指数的定期审查和对上述控制手段的修改；

（4）预防对脆弱海洋生态系统产生重大不利影响的措施；

（5）对所有捕捞努力、所有物种的捕获以及与脆弱海洋生态系统的相互作用进行全面监测。

6. 关闭脆弱水域

在已经划定已知或可能出现脆弱海洋生态环境的水域，根据海床调查和绘图和其他现有最佳信息，各国和区域渔业管理组织或安排应对深海渔业关闭这些水域，直到为预防对脆弱海洋生态系统的重大不利影响，确立适当的养护和管理措施为此。

7. 遭遇处理规程

各国和各区域渔业管理组织或安排应事先为深海渔业渔船作业过程中遇到脆弱海洋生态系统应如何应对确定适当的规程，包括确定构成此类遭遇的证据；停止该场所的深海渔业捕捞活动；向有关区域渔业管理组织或安排和船旗国报告遭遇情况。各国和各区域渔业管理组织或安排应根据此类报告，按照制定的规程，通过或修订适合有关深海渔业、涉及相关场所和水域的管理措施，以防止对脆弱海洋生态环境产生重大不利影响。

8. 预防性措施

各国和各区域渔业管理组织或安排为实现对深海鱼类资源的长期养护和可持续利用，确保实行适当保护，预防对脆弱海洋生态系统产生重大不利影响，应根据进行的评估结果，兼顾所涉生态系统的分布范围，逐例制定并采取养护和管理措施，这些措施可包括：

（1）努力量控制和（或）渔获量控制；

（2）时间和空间限制或禁渔；

（3）改变渔具设计和（或）投放或作业措施，包括：

① 减少渔具与海床的接触；

② 使用降低兼捕渔获量的有效装置；

③ 使用消除或尽量减少"幽灵捕鱼"的技术措施。

（4）实现"对深海鱼类资源的长期养护和可持续利用，确保实行适当保护，预防对脆弱海洋生态系统产生重大不利影响"的目标所必须的其他相关措施。

9. 不发放授权

如果按照本《准则》评估，深海渔业活动将对脆弱海洋生态系统产生重大不利影响，为预防此类影响，应确保对这些渔业进行管理，或不发放作业授权。

10. 仅应准许的深海渔业活动

如果按照本《准则》评估，仍然无法确定是否存在脆弱海洋生态系统或具体深海渔业活动是否对脆弱海洋生态系统产生重大不利影响，国家应仅准许采取以下措施的各项深海渔业活动。

（1）为防止重大不利影响而采取的预防性养护和管理措施；

（2）处理遭遇脆弱海洋生态系统的规程；

（3）关于减少不确定性的措施，包括持续的科学研究、监测和数据收集。

（六）渔业管理计划

《准则》要求：

1. 各国及各区域渔业管理组织或安排应制订和通过特定深海渔业的渔业管理计划，包括 1 套确定长期或多年管理目标的全面措施。此类计划应逐例根据各种渔业的特性量身定制，使用相关管理手段，并与《准则》其他相关规定一致。

2. 渔业管理计划应包括生物参考点，确定参考点需要谨慎，其水平至少确保鱼类资源的捕捞程度能在长期内持续。资源评估和管理的适当生物参考点的确定需要谨慎，逐例确定兼顾不同目标种群、渔业特征及对这些物种和渔业的了解状况。

3. 低生产力物种的捕捞死亡率不应超过估计的或推测的自然死亡率。

4. 各国应根据透明、包容和参与性程序，按照国家法律制定和通过深海渔业管理计划，并公布此类计划。各区域渔业管理组织或安排也应当利用透明的程序，制订和通过其深海渔业管理计划。

5. 各国应鼓励负责任的深海渔业作业者在渔业管理计划制订过程中对话和合作。承认产业信息和经验对资源评估和渔业管理、脆弱海洋生态系统的确定、负责任捕捞方法、渔具开发及避免或减轻对脆弱海洋生态系统产生重大不利影响的实施方法等的价值。

此外，《准则》还对"评估和审查措施成效"、"发展中国家的特殊需要"和"关于实施工作的其他考虑"包括建立国家管辖范围以外海域脆弱海洋生态系统的 1 个全球数据库等问题作了规定。[3]7-19

八、 联合国大会决议关于执行《准则》的规定

2009 年联合国大会第 64/72 号决议肯定了《公海深海渔业管理国际准则》，并为全面执行《准则》做出了如下规定：

"113. 吁请各国确认深海生态系统和它们拥有的生物多样性极为重要，价值难以估量，立即各自并通过区域渔业管理组织和安排，根据审慎做法和生态系统方法采取行动，并执行联合国粮食及农业组织 2008 年《公海上深海渔业管理国际准则》（《准则》），可持续管理鱼类种群，不让包括海底山脉、热液喷口和冷水珊瑚在内的脆弱海洋生态系统受到毁灭性捕捞的伤害；

"114. 重申第 61/105 号决议第八十至九十一段的重要性，其中涉及底鱼捕捞对脆弱海洋生态系统的影响和深海鱼类种群的长期可持续性，重申该决议要求紧急采取的行动，并强调各国及有关的区域渔业管理组织或安排应紧急充分履行它们根据这些段落所作的承诺；

"115. 回顾第 61/105 号决议和本决议关于底鱼捕捞对脆弱海洋生态系统影响的段落丝毫不损害沿海国对其大陆架拥有的主权，也不损害沿海国按《公约》特别是其中第七十七条所述国际法对其大陆架行使的管辖权；

"116. 欢迎各国、区域渔业管理组织或安排及参加旨在建立有权限监管底鱼捕捞活动的区域渔业管理组织或安排的谈判的国家取得重大进展,以执行第 61/105 号决议第八十和八十三至八十七段的规定,处理底鱼捕捞对脆弱海洋生态系统的影响问题;

"117. 又欢迎联合国粮食及农业组织在管理公海深海渔业和保护脆弱海洋生态系统方面所作的大量工作,特别是制定和通过《准则》,并敦促各国及区域渔业管理组织或安排确保在以可持续的方式管理深海渔业,在执行第 61/105 号决议第八十和八十三至八十七段及本决议第一一九、一二〇和一二二至一二四段的规定方面所采取的行动均符合《准则》;

"118. 关切地注意到,尽管取得进展,但并非在所有情况下都充分采取了第 61/105 号决议第八十和八十三至八十七段要求采取的紧急行动;

"119. 认为在根据第 61/105 号决议第九十一段进行的审查的基础上,应依照审慎做法和生态系统方法及国际法采取进一步行动,以强化执行第 61/105 号决第八十和八十三至八十七段的规定,在此方面,吁请有权监管底鱼捕捞活动的区域渔业管理组织或安排、参加关于建立此类组织或安排谈判的国家以及船旗国在国家管辖范围以外地区采取下列紧急行动:

(a) 依照《准则》进行第 61/105 号决议八十三(a)段所要求的评估,确保在进行评估之前,船舶不进行底鱼捕捞活动;

(b) 进行进一步海洋科学研究,并利用现有最佳科学技术信息查明已知出现或可能出现脆弱海洋生态系统的地点,依照《准则》采取养护和管理措施,防止对这些生态系统造成重大不利影响,或在按照第 61/105 号决议第八十三(c)段的要求制定养护和管理措施之前,禁止在这些地区进行底鱼捕捞活动;

(c) 制定并执行适当的规程,以根据现有最佳科学信息并依照《准则》,执行第 61/105 号决议第八十三(d)段的规定,包括构成"遇到脆弱海洋生态系统"的证据的定义,特别是门槛水平和指示性物种,同时考虑到防止对脆弱海洋生态系统造成重大不利影响的任何其他养护和管理措施,包括以依照第 61/105 号决议第八十三(a)段和本决议第一一九(a)段进行评估的结果为基础所采取的措施;

(d) 根据鱼量评估和现有最佳科学信息采取养护和管理措施,包括监测、控制和监视措施,确保深海鱼类种群和非目标鱼种的长期可持续性,并依照《准则》恢复枯竭种群;如果科学信息不确定、不可靠或不准确,则应确保采取审慎做法制定养护和管理措施,包括制定措施,确保捕捞作业、捕捞能力和渔获量限制的水平酌情与此类种群的长期可持续性相符;

"120. 吁请船旗国、有权限监管底鱼捕捞活动的区域渔业管理组织或安排的成员和参加关于建立此类组织或安排的谈判的国家,根据第 61/105 号决议第八十三、八十五和八十六段、本决议第一一九段和国际法并依照《准则》通过和执行措施,并在通过和执行此类措施之前不授权进行底鱼捕捞活动;

"121. 确认发展中国家的特殊情况和需求,它们在充分实施《准则》某些技术要求方面可能面临具体挑战,在这些国家执行第 61/105 号决议第八十三至八十七段、本决议第

——九段和《准则》方面，执行方式应充分考虑到《准则》关于发展中国家的特殊需求的第六节；

"122. 吁请各国及区域渔业管理组织或安排加强合作，收集并交流与执行第 61/105 号决议和本决议相关段落要求采取的措施有关的科学和技术数据和信息，以管理国家管辖范围以外水域的深海渔业，保护脆弱海洋生态系统不受底鱼捕捞活动的重大不利影响，途径包括：

（a）交流最佳做法，并酌情制订区域标准，供在国家管辖范围以外水域从事底鱼捕捞活动的国家和区域渔业管理组织或安排采用，以期审查当前的科学和技术规程，促进在所有渔业活动和区域中普遍采取最佳做法，包括协助发展中国家实现这些目标；

（b）根据国内法公布关于各项底鱼捕捞活动是否对脆弱海洋生态系统造成重大不利影响的评估，公布酌情根据第 61/105 号决议第八十三、八十五和八十六段采取的措施，并推动在区域渔业管理组织或安排的网站上张贴这些信息；

（c）船旗国向联合国粮食及农业组织提交悬挂其国旗、经授权在国家管辖范围以外水域进行底鱼捕捞活动的船舶清单，并说明它们为落实第 61/105 号决议和本决议相关段落的规定所采取的措施；

（d）如果不能确定要对在国家管辖范围以外水域从事底鱼捕捞活动的船舶负责的船旗国，则分享有关这些船舶的信息；

"123. 鼓励各国及区域渔业管理组织或安排制订或加强数据收集标准、程序和规程及研究方案，以便依照《准则》并根据《公约》，包括其中第十三部分，查明脆弱海洋生态系统，评估对这些生态系统的影响，并评估捕捞活动对目标和非目标鱼种的影响；

"124. 吁请有关国家进行合作并做出努力，在不存在有权限监管国家管辖范围以外水域底鱼捕捞活动的区域渔业管理组织或安排的区域，酌情建立此类组织或安排；

"125. 表示赞赏联合国粮食及农业组织做出重要努力，就管理国家管辖范围以外水域深海渔业和保护脆弱海洋生态系统不受捕捞影响提供专家技术咨询，并鼓励该组织就执行《准则》做出进一步努力；

"126. 欢迎联合国粮食及农业组织关于确保可持续使用海洋资源和保护脆弱海洋生态系统的公海深海渔业拟议方案，包括开发支助工具和脆弱海洋生态系统数据库，并邀请各国支持方案，以便优先敲定其各项内容；

"127. 邀请联合国粮食及农业组织同其他有关国际政府组织合作，考虑如何支持船旗国及区域渔业管理组织或安排执行第 61/105 号决议第八十三至八十七段、本决议第一一九至一二二段和《准则》。"[24]

参考文献

［1］联合国大会文件第 59/62/Add. 1 号. 秘书长的报告海洋和海洋法增编［R/OL］. (2004-08-18). ［2013-08-05］.

http://daccess-dds-ny. un. org/doc/UNDOC/GEN/N04/464/57/PDF/N0446457. pdf OpenElement

［2］联合国大会文件第 60/63/add. 1 号. 秘书长的报告海洋和海洋法增编［R/OL］. (2005-07-15).
［2013-08-05］.

http：//daccess-dds-ny. un. org/doc/UNDOC/GEN/N05/425/10/PDF/N0542510. pdf？ OpenElement

［3］中国大百科全书(第二版,第 9 卷)［M］.北京:中国大百科全书出版社,2009:112.

［4］联合国大会文件第 59/62 号. 秘书长的报告海洋和海洋法［R/OL］. (2004-03-04:第 235-244 段).［2013-08-10］.

http：//daccess-dds-ny. un. org/doc/UNDOC/GEN/N04/261/39/PDF/N0426139. pdf？ OpenElement

［5］Gift to the Earth ♯86. Norwegian coldwater coral protection Setting an international example in marine conservation［R/OL］. (2003-06-11).［2013-08-10］

http：//www. panda. org/downloads/gtte/norwayfinallr. pdf

［6］联合国粮农组织. 公海深海渔业管理国际准则［S/OL］. (2009).［2013-08-06］.

http：//www. fao. org/docrep/012/i0816c/i0816c00. htm

［7］联合国大会文件第 59/62 号. 秘书长的报告海洋和海洋法［R/OL］. (2004-03-04:第 234 段).
［2013-08-11］.

http：//daccess-dds-ny. un. org/doc/UNDOC/GEN/N04/261/39/PDF/N0426139. pdf？ OpenElement

［8］联合国大会文件第 65/69/add. 2 号. 秘书长的报告海洋和海洋法增编［R/OL］. (2010-08-31:第 208 段).［2013-08-11］.

http：//www. un. org/Docs/journal/asp/ws. asp？ m＝A/65/69/Add. 2

［9］渔业委员会文件第 COFI/2009/REV. 1 号. 公海深海渔业管理［R/OL］. (2009-03-2-6:2).
［2013-08-11］.

ftp：//ftp. fao. org/docrep/fao/meeting/015/k3861c. pdf

［10］FAO Fisheries Report No. 772 Report on DEEP SEA 2003,an International Conference on Governance and Management of Deep-Sea Fisheries［R/OL］. (2003-12-1-5).［2013-08-13］.

www. fao. org/docrep/008/y5890e/y5690e00. htm

［11］联合国大会决议第 57/141 号. 海洋和海洋法［S/OL］. (2002-12-12:第 56 段).［2013-08-13］.

http：//daccess-dds-ny. un. org/doc/UNDOC/GEN/N02/547/53/PDF/N0254753. pdf？ OpenElement

［12］联合国大会决议第 58/14 号. 通过 1995 年《执行 1982 年 12 月 10 日〈联合国海洋法公约〉有关养护和管理跨界鱼类种群和高度洄游鱼类种群的规定的协定》和相关文书等途径实现可持续渔业［S/OL］. (2003-11-24:第 46 段).［2013-08-13］.

http：//daccess-dds-ny. un. org/doc/UNDOC/GEN/N03/453/74/PDF/N0345374. pdf？ OpenElement

［13］联合国大会决议第 58/240 号. 海洋和海洋法［S/OL］(2003-12-23:9).［2013-08-15］.

http：//daccess-dds-ny. un. org/doc/UNDOC/GEN/N03/508/91/PDF/N0350891. pdf？ OpenElement

［14］联合国大会决议第 59/24 号. 海洋和海洋法［S/OL］. (2004-11-17:12).［2013-08-15］.

http：//daccess-dds-ny. un. org/doc/UNDOC/GEN/N04/477/63/PDF/N0447763. pdf？ OpenElement

［15］联合国大会决议第 59/25 号. 通过 1995 年《执行 1982 年 12 月 10 日〈联合国海洋法公约〉有关

养护和管理跨界鱼类种群和高度洄游鱼类种群的规定的协定》和相关文书等途径实现可持续渔业［S/OL］.（2004-11-17：12）.［2013-08-15］.

http：//daccess-dds-ny. un. org/doc/UNDOC/GEN/N04/477/69/PDF/N0447769. pdf? OpenElement

［16］联合国大会决议第 60/30 号.海洋和海洋法［S/OL］.（2005-11-29：12）.［2013-08-15］.

http：//daccess-dds-ny. un. org/doc/UNDOC/GEN/N05/489/33/PDF/N0548933. pdf? OpenElement

［17］联合国大会决议第 61/105 号.通过 1995 年《执行 1982 年 12 月 10 日〈联合国海洋法公约〉有关养护和管理跨界鱼类种群和高度洄游鱼类种群的规定的协定》和相关文书等途径实现可持续渔业［S/OL］.（2006-12-08：14-16）.［2013-08-15］.

http：//daccess-dds-ny. un. org/doc/UNDOC/GEN/N06/500/72/PDF/N0650072. pdf? OpenElement

［18］联合国大会决议第 61/222 号.海洋和海洋法［S/OL］.（2006-12-20：14-15）.［2013-08-15］.

http：//daccess-dds-ny. un. org/doc/UNDOC/GEN/N06/507/68/PDF/N0650768. pdf? OpenElement

［19］联合国大会决议第 62/177 号.通过 1995 年《执行 1982 年 12 月 10 日〈联合国海洋法公约〉有关养护和管理跨界鱼类种群和高度洄游鱼类种群的规定的协定》和相关文书等途径实现可持续渔业［S/OL］.（2007-12-18：16-17）.［2013-08-15］.

http：//www. un. org/zh/documents/view_doc.asp? symbol＝A/RES/62/177&Lang＝C

［20］联合国粮农组织渔业报告第 702 号.渔业委员会第二十五届会议报告［R/OL］.（2003-02-2—28：第 106 段）.［2013-08-20］.

http：//www. fao. org/DOCREP/006/Y5025C/Y5025C00. HTM

［21］联合国粮农组织文件第 CL128/7 号.渔业委员会第二十六届会议报告［R/OL］.（2005-03-07-11：第 89 段）.［2013-08-20］.

http：//www. fao. org/docrep/meeting/009/J5032c. htm♯P408_56789

［22］联合国粮农组织渔业报告第 830 号.渔业委员会第二十七届会议报告［R/OL］.（2007-03-0—09：11）.［2013-08-20］.

ftp：//ftp. fao. org/docrep/fao/010/a1160c/a1160c00. pdf

［23］联合国粮农组织渔业和水产养殖报告第 881 号.公海深海渔业管理国际准则技术磋商会报告［R/OL］.（2008-02-04—08 和 08-25—29：Ⅲ）.［2013-08-20］.

ftp：//ftp. fao. org/docrep/fao/011/i0605c/i0605c00. pdf

［24］联合国大会决议第 64/72 号.通过 1995 年《执行 1982 年 12 月 10 日〈联合国海洋法公约〉有关养护和管理跨界鱼类种群和高度洄游鱼类种群的规定的协定》和相关文书等途径实现可持续渔业［S/OL］.（2009-12-04：18-20）.［2013-08-25］.

http：//www. un. org/zh/documents/view_doc.asp? symbol＝A/RES/64/72

第十三章　水产养殖的发展

　　近30年来,水产养殖迅速发展,成为1个强劲而具有活力的全球性水产品产业,呈现出持续扩大、多样化、集约化和技术进步的特点。水产养殖对保障粮食安全、经济发展、促进收入和饮食多样化,尤其是在农村地区为消灭贫困和营养不良具有至关重要的作用。在捕捞渔业产量停滞或增长缓慢的背景下,弥补野生鱼类供应与需求之间预期将出现的全球缺口的唯一途径是扩大水产养殖,特别是海水养殖。根据预测,水产养殖系统终将在今后全球的鱼和渔产品供应中占据主要地位。

　　但水产养殖的可持续发展业面临诸多挑战。水产养殖既可能引起与空间和其他资源分配有关的一系列社会、经济和环境问题,给当地的生物物理环境及与其竞争自然资源的利益攸关方造成负面影响,也可能受到生境丧失、污染、疾病、气候变化、海洋酸化和外来入侵物种等外部因素的压力。

　　为了确保水产养殖的可持续发展,联合国粮农组织《负责任渔业行为守则》(简称《守则》)要求各国负责任发展和管理水产养殖业,为此,各国应采用"水产养殖生态系统方法","把渔业纳入沿海区管理",以实现"确保以负责任的方式利用资源,把对环境和当地社区的不利影响减至最低限度"的目标。《守则》强调各国应努力加强在水产养殖可持续发展方面的国际合作,并分别对"在国家管辖区内负责任地发展水产养殖"、"在跨界水生生态系统中负责任地发展水产养殖"、"利用水生遗传资源来发展水产养殖"及"生产一级的负责任水产养殖"4个领域中实现上述目标和方法的原则、措施和国际标准做出了规定。其中,第一领域规范主要在国家管辖区内需要考虑的问题。第二领域涉及主权国家尽管享有特权但可能对其他国家产生影响的一些方面。第三领域涉及与水生生物遗传资源利用有关的问题。第四领域规范生产一级需要考虑的问题。

　　本章将以《负责任渔业行为守则》第九条"水产养殖的发展"的各项规定为纲,以负责任渔业技术准则《水产养殖的发展》为基础,来阐明负责任地发展水产养殖包括以养殖为基础的渔业的原则、措施和国际标准。鉴于近几年出现了公海上的水产养殖,在《负责任渔业行为守则》有关规定之外,本章还对公海水产养殖的可行性和法律问题进行了探讨。

第一节　水产养殖的可持续发展

一、定义

联合国粮农组织将水产养殖定义为："水产养殖是指水生生物的养殖,包括鱼类、软体动物、甲壳类动物和水生植物。"[1]6 水产养殖可利用各种水域以各种方式进行,其基本特征是:

(1) 养殖对象应为水生经济动物和植物;

(2) 养殖水域应为适于养殖的水域,包括滩涂;

(3) 在养殖过程中应采取干预措施以增加所养殖种群的产量;

(4) 养殖生产者对养殖生物群体应享有所有权。

养殖苗种分为孵化场培育的苗种和捕捞收集的野生苗种两种。联合国粮农组织将利用捕捞苗种(包括苗、幼体以及一些情况下的较大的鱼)进行的水产养殖,称为"以捕捞为基础的水产养殖(CBA)",并将其定义为:"利用水产养殖技术、从野生收集'苗种'材料——从早期生活阶段到成体——和随后对其圈养达到上市规格的活动。"这种类别的养殖对象,目前主要包括鳍鱼类的一些种类(特别是肉食性种类,包括遮目鱼、石斑鱼、金枪鱼、黄尾鰤和鳗鱼)、多数软体动物和某些类型的海虾。[2] CBA 介于捕捞渔业与纯水产养殖之间,可能导致新的水产养殖种类的产生,并因此减少对野生种群的压力。

联合国粮农组织将孵化场培育的苗种养到一定规格投入天然和人工水体中放养后再捕捞的渔业生产方式称为"以养殖为基础的渔业(CBF)",并将其定义为:"采用水产养殖设施内培育的材料进行放养的捕捞渔业。""旨在补充或持续补充一个或更多水生物种的活动和旨在将总产量或渔业若干部分的产量提高到超过自然过程所实现的可持续水平的活动。在此意义上,以养殖为基础的渔业包括下列形式的增殖措施:引进新品种;在天然和人工水体中放养;施肥;包括栖息地改良和水体改造在内的环境工程;改变品种构成,包括去除不良品种,或为若干品种营造人工动物区系;引进种的转基因。"[1]6 在《负责任渔业行为守则》中将"以养殖为基础的渔业"包括在水产养殖的发展中一并规范。

二、分类

(一) 按养殖水域地理位置分类

按照水产养殖使用水域地理位置的不同,水产养殖分为以下 4 类:

1. 内陆水产养殖

利用池塘、水库、湖泊、江河、稻田及其他内陆水域进行的水产养殖。养殖场地一般面积较小,易于管理和控制,适于精养,生产水平较高,产量较稳定,投资小,收益大。但其发展受土地和水资源的限制,受全球气候变化特别是干旱、洪水、泥石流等极端天气及水体污染影响明显。

2. 沿海水产养殖

利用浅海、滩涂、港湾及潮上带围塘进行的水产养殖。养殖场地离海岸近,易于管理和控制,适于多样化养殖和集中发展某些经济价值较高品种的养殖,是海水养殖的主要类型。但在全球范围内,大多数沿海水产养殖处于海水交换能力较弱的有遮蔽区域,易受陆源污染的损害,而且由于一些场所过度拥挤,增加了出现疾病的风险,养殖活动本身也可能对所在海洋环境造成污染损害,甚至产生严重以及可能不可逆转的危害。这是由于:

(1)在生态方面,由于需要大量鲜鱼作为饵料,养殖肉食物种可能对野生物种带来压力,因为一些此类物种缺乏技术效率,肉食物种出产的量小于野生捕捞量。例如,一般按折干计算,生产 1 千克鲑鱼要求 2~4 千克的野生捕捞鱼。最近预测显示,水产养殖每年消耗 300 多万吨鱼粉,利用大约 500 万到 600 万吨低值鱼直接作为饵料。除非在鱼类营养方面取得技术突破,用植物蛋白来替代这些物种饲料中的动物蛋白,要不然随着养殖肉食物种的扩大,用鱼作饵料的需求将增长。

(2)在生物学方面,存在着养殖的物种从养殖环境逃逸到海洋的可能性。如果养殖的物种不是当地物种,逃逸的鱼与当地野生物种竞争食物和生境,并在极端情况下,取代当地物种。如果养殖的为当地物种,逃逸的鱼与当地的野生物种杂交,影响野生鱼类种群的基因库,导致降低遗传多样性、抗病性和适应性。

(3)化学方面,海水养殖经常使用不同物质,包括饲料添加剂,例如抗生素、着色剂、激素或杀虫剂。这些化学品的过度使用可使化学品进入海床,进入底层食物链,最终进入人们吃的鱼肉中。被这些物质污染的鱼对消费者健康将产生非预期效应。在大量使用人工饲料区域,会产生包括未吃掉的饲料和粪便在内的大量废物,这些废物可进入底层或网箱下的水体。在一些区域,未吃掉的饲料和粪便的累积增加了营养物(富营养化),其反过来导致改变底层种群的混合,有利于对污染物有抵抗力的物种。在靠近一些海水养殖场的区域增加了诸如铜和锌的重金属。在鱼粉和鱼油中也发现有持久性有机物和重金属;这些可在海水养殖产品中积累,对人的健康造成不利影响。

(4)在社会方面,海水养殖活动还影响着其他海洋经济活动或与其竞争空间,导致在水资源利用者之间的严重冲突。还存在对特定沿海养殖构造损害海洋景观的情况。[3]3-5

3. 离岸水产养殖

在距离海岸超过 2 千米,或在海岸上无法看见,水深超过 50 米,浪高可达 5 米或 5 米以上,面临海洋涌浪、不定风和汹涌洋流,所处地点开放暴露(开放海域,如开放程度超过180°)的海域进行的水产养殖。[4]

4. 外海海水养殖

在开阔海域进行的水产养殖。此类水产养殖与沿海水产养殖的根本区别在于暴露在海洋环境以及对海底影响的程度。沿海水产养殖分布在有限暴露于海洋环境的区域,对海底有明显影响。外海水产养殖分布在暴露于海洋环境的水域,对海底的影响很小。[3]3

离岸水产养殖和外海水产养殖离海岸较远,水域较深,受海洋环境污染和污染海洋环境的可能性较小,有利于集约化生产和产品质量安全保障,但养殖场所通常暴露于更大范围的风力和波浪活动,并且需要建立更健全的海产养殖结构或海产养殖系统、较大型船舶的服务、远程作业、自动化喂食,以及可能需要对操作系统进行远程监测,是海水养殖科学技术不断进步的必然结果。需要一定的资金和技术支撑。离岸水产养殖被视为具备以环境可持续方式提高世界粮食产量的潜力,并可通过其推广促进世界粮食安全。[4]

（二）按养殖水域法律地位分类

按照水产养殖使用水域法律地位的不同,水产养殖分为以下 3 类:

（1）国家管辖区内的水产养殖。包括内陆水产养殖、沿海水产养殖及处于领海和专属经济区内的离岸水产养殖和外海水产养殖。

（2）边界水域的水产养殖。包括内陆和海上各种跨界水生生态系统中的水产养殖。

（3）公海上的水产养殖。即处于公海区域的外海水产养殖。

三、 地位

（一）可持续水产养殖对于粮食安全和营养至关重要

粮食安全和营养是当代紧迫的全球性问题。2012 年联合国可持续发展大会成果文件《我们希望的未来》强调,可持续水产养殖对于粮食安全和营养至关重要。[5]水产养殖在生计、减贫、创收、就业和贸易方面具有重要作用,并可以提供各种机会,满足消费者增长的水产品需求,同时减少对经常被过度捕捞的野生鱼群的依赖。水产养殖还是经济增长及实现不同社会和环境目标的驱动力的 1 部分。

全球水产养殖产量的大部分来自发展中国家,而且大多为低收入缺粮国家。鉴于许多捕捞渔业产量停滞不前,对鱼和渔产品的需求却不断增加,因此,对水产养殖能够进一步促进世界水产品产量的期望非常高,而且还希望水产养殖将继续为促进许多国家的粮食安全和减轻贫困做出更大贡献。

水产养殖涵盖非常广泛的不同做法,涉及不同的种类（包括海藻、软体动物、甲壳类动物、鱼类和其他水生品种的种群）、环境和系统,以及非常独特的资源利用模式,为促进许多农村和城郊地区食品生产和创收的多样化方法提供了广泛的选择。世界各地绝大多数水产养殖方法带来了重要的经济和社会效益,而造成的环境成本一般很少或没有,而且具有进一步开发和扩展该产业的良好前景。

因此,全球、区域和国家各级都应把水产养殖视为 1 个具有战略重要性的领域,采取各种举措,适当解决其潜在的经济、社会和环境问题,以促进水产养殖业的可持续性,实现其为人类的粮食安全,特别是保证水产食品的可用、可享、使用及稳定性做出持续贡献的目标。

（二）世界鱼和渔产品的需求继续增长将主要依靠水产养殖来满足

据联合国人口基金会 2008 年的预测,到 2050 年世界人口将由现在的 67 亿增加到92 亿,[6]城市化水平将由现在的 50.5％增加到 70％。[7]这将驱动未来几十年对鱼和渔产品的需求继续增长。除非食用需求外,如果要维持目前年人均鱼和渔产品17千克的消费量,将需要大约1.564亿吨鱼和渔产品来满足这1需求。[3]2

世界海洋捕捞渔业现正处于十字路口。在过去50多年中发生了1场演变,此前是利用现有资源和新资源从事渔业生产和扩大渔业,如今由于世界海洋生物资源绝大部分或已得到充分利用,或遭到过度开采,海洋捕捞渔业不得不在利用渔业资源谋取短期经济和社会利益与确保此类资源的长期可持续性这个矛盾冲突的需求之间寻求平衡,海洋捕捞产量增长近乎停滞或潜力有限。

内陆渔业在世界上发展中国家和发达国家的许多地方是人们生计的重要组成部分。在发展中国家,内陆渔业提供了经济机会以及在其他产业可能衰败时继续提供食物的"安全网"。在发达国家,以及在数量不断增加的发展中国家,内陆渔业用于休闲,成为近几年渔业经济发展的另1增长点。

内陆渔业存在于溪流、河流、沼泽、湿地、湖泊、稻田、水库、池塘和弓形湖等具有多种功能的水体,在外部,易受建闸筑坝、水力发电、灌溉取水、工业开发、采伐森林、开辟粮田、城市化、农用化学品等影响,导致渔业用水的减少和水质恶化;在内部,也有过度捕捞的压力,使得水生生物物种规格、构成达到实质性改变,一些种群已遭到破坏或正在遭到破坏,种群丰度①不断下降。在亚洲,内陆渔业产量增长几率不大。在南美和非洲,内陆渔业产量中依然可见大型物种,可能还有一定增长潜力。在全球范围内,内陆渔业尚未达到最充分的程度,还有许多种群开发不足,存在着增产空间,但潜力不会太大。

这样,全球日益增长的鱼和渔产品消费的需求,将主要依靠水产养殖业来满足。水产养殖产量从1970年全球人均0.7千克提高到2008年人均7.8千克,年平均增长率6.6%。[8]6水产养殖已成为世界动物源食品生产发展最快的部门。水产养殖不仅可通过消费、创造就业和收入以及贸易等3个主要途径对粮食安全做出贡献,还可增加高价值鱼品的供应,促进饮食多样化,提高人们生活品质。因此,2002年《可持续发展世界首脑会议实施计划》要求各国:"考虑到水产养殖对粮食安全和经济发展越来越重要,支持水产养殖,包括小规模水产养殖的可持续发展。"[9]

（三）实现水产养殖增产目标的未来主要是在海洋

这些年全球水产养殖的发展很不均衡,在产量上,增产的大部分来自中国和印度、日本、印度尼西亚、泰国、孟加拉国和越南等亚洲国家,除埃及等几个国家之外,非洲大多数国家养殖产量增幅都非常有限;在生产效率上,差异更为明显,例如,挪威养殖渔民年人均产量172吨,智利约为72吨,中国为6吨,印度只有2吨。[8]7这表明不论在空间上还是技术上都存在着水产养殖继续增长的前景。

目前淡水养殖在养殖产量方面占据首要地位。但随着世界人口增长对资源带来更大压力,用于农业、水产养殖、畜牧和人类消费等其他用途的土地和水资源已相当匮乏,内陆水产养殖虽有扩大规模的机会,但在范围和产量方面取得明显增长的可能性不大。

现在世界上几乎所有区域都有海水养殖,虽产量尚不及淡水养殖,但实现水产养殖

---

① 丰度是指某1水域或生物群落中某1种类生物个体的数量。

增产目标的未来主要是在海洋;海水养殖必须在养育人类方面发挥日益重要的作用。

在全球范围内,大多数海水养殖分布在沿海遮蔽水域。但由于一些场所过度拥挤,增加了出现疾病的风险,沿海遮蔽区域往往对养鱼网箱来说水太浅,而在其他区域,有的政府的政策不鼓励沿海区域用于网箱养鱼。昂贵的技术和有限的沿海空间限制着海水养殖的发展。减缓战略之一是向外海发展。所以,海水养殖包括沿海海水养殖和外海海水养殖。前者分布在内海和领海有限暴露于海洋环境的区域,后者分布在包括国家专属经济区和公海在内的暴露于海洋环境的开阔区域。外海水产养殖采用的生产结构为锚定或漂浮。因此,联合国粮农组织渔业委员会水产养殖分委员会2010年9月的1份文件指出,"本文件中的海水养殖是指在沿海和外海区域养殖的所有水生生物。"①[3]1

值得注意的是,海水养殖也能对环境产生严重甚至不可逆转的危害,从而导致不能实现为人类提供食物、帮助减少贫困和发展国家经济的目标。

为了减少空间竞争问题、与过密养殖有关的环境和鱼病问题以及进一步提高海水养殖的效率,在有条件的地方,则可将水产养殖向外海转移——转移到大陆架以及更远的开阔海域,在未来几十年或许将转移到公海。只有这样,海水养殖才能在为世界提供食物、帮助减少贫困和推动国家经济发展等方面做出应有贡献。

四、原则

(一)水产养殖的总原则及其实施目标

《负责任渔业行为守则》规定:各国应当把包括以养殖为基础的渔业在内的水产养殖看作促进收入和饮食多样化的1个途径。在这1过程中,各国应当确保以负责任的方式利用资源,把对环境和当地社区的不利影响减至最低限度。(6.19)这是实现水产养殖可持续发展的总原则,它包含以下4层意思:

(1)水产养殖具有重要功能,各国应支持和促进水产养殖的发展;

(2)水产养殖在范围上应包括"以养殖为基础的渔业";

(3)水域和土地资源具有多种功能,各国应将适宜的水资源和土地资源用于发展水产养殖,并实行资源的优化配置,促进相关行业的协调发展;

(4)以负责任的方式开展水产养殖,适当解决潜在的经济、社会和环境问题。

按照这个原则,发展水产养殖必须符合自然规律、经济规律和生态规律,实行经济、社会和环境3方面效益的统一,并达到下列目标:

(1)坚持在经济、社会和环境可行的限度内开发水产养殖的资源;

(2)坚持在环境、社会和经济3个层面上促进水产养殖可持续发展;

(3)坚持在水产养殖管理中采用综合的生态系统方法,通过开放式的协调方法促进水产养殖的发展;

(4)坚持以人为本,实行良好操作规范,保证养殖产品的质量安全,维护养殖水域生

---

① 该文件同时指出:"关于外海养殖尚无普遍接受的定义。或许理解这一概念的切入点是海水养殖的含义。一些专家将海水养殖定义为仅在海洋中养殖的动植物。其他的则将水产养殖定义为在咸水和海洋环境中开展的水产养殖,包括外海。因此,通常而言,海水养殖包括沿海水产养殖和外海水产养殖。"

态环境安全;

(5)坚持以负责任的方式开展水产养殖生产活动,合理利用资源,在收获、加工、运输和最终消费过程中最大限度减少浪费做法;

(6)坚持以对社会负责的方式发展水产养殖,并统筹兼顾相关各方的权益。

(二)负责任的水产养殖

《负责任渔业行为守则》第九条围绕如何负责任地发展水产养殖问题细化了总原则的这条规定。联合国粮农组织《负责任渔业技术准则》第五号《水产养殖的发展》及与该准则相配套的多个技术文件进一步对《负责任渔业行为守则》第九条的原则规定作了具体、深入的解释。这些解释旨在提供一般性指导,并作为建议或意见,用来帮助那些有意制定自己的标准和行动方案的参与者和合作伙伴,以支持水产养殖的可持续发展。

负责任的水产养殖,是指"按照联合国粮农组织《负责任渔业行为守则》所规定的原则开展的水产养殖活动"(粮农组织,1995 年)。[10]9

(三)对社会负责的水产养殖

对社会负责的水产养殖,是指"以负责任的方式开发和经营水产养殖产业,即:为养殖场、当地社区和国家谋利益;有利于农村发展,尤其是扶贫;员工得到公平待遇;最大限度地追求利益和平等;尽量减少与当地社区的冲突;确保员工福利和良好的工作条件;尽量降低小规模养殖者的风险;向员工提供负责任水产养殖规范方面的培训"(粮农组织/亚太水产养殖中心网/环境署/世行/世界自然基金会,2006 年)。[10]10

其中,小规模养殖者,是指"从事小规模水产养殖生产的个人或群体,拥有的产量或生产面积相对较小。他们的资源或资产有限,而且一般缺乏技术和资金能力"(粮农组织/亚太水产养殖中心网/泰国政府,2007 年)。

五、 水产养殖生态系统方法

(一)影响水产养殖可持续性的因素

(1)在国际和国家两级制定粮食安全战略时往往忽视水产养殖部门,在考虑水产食品在全球粮食安全和营养方面的未来作用时,亦未能把水产养殖部门纳入政策讨论范围,更不用说使其主流化。

(2)在一些国家和地区水产养殖缺乏法律支持,没有连贯一致和负责任的政策及目标、有效的体制安排和监管框架以及国家、区域和区域间各级的利益攸关方间的合作。

(3)水产养殖与处于同 1 区域的种植、捕捞、林业、水利、水电、旅游等行业对于水资源、土地和饲料投入物等有限资源的竞争日益激烈,利用的或所需资源的环境退化,并缺乏对合法资源使用者的承认。

(4)不可持续的沿海地区发展、不可持续的旅游、毁灭性捕捞法、污染、外来物种、极端天气、气候变暖和海洋酸化等可能造成水产养殖的生境、生产率和生物流程改变和破坏,养殖场所和养殖鱼群的毁灭,也可能改变食物链,对水产养殖业和粮食安全构成重大挑战。

(5)水产养殖部门在人力和技术资源方面相对落后,在一些领域仍然存在明显区域

内和区域间及国家差异,如生产水平、物种构成、农作制度和生产者状况,这导致了世界各地水产养殖的发展不均衡并不利于水产养殖部门的可持续和公平发展目标的实现。

(6)在一些国家和地区以不可持续的水产养殖方法和通过不可持续的资源开发来实现水产养殖业的经济增长,会导致水产养殖的不利影响的发生,有时也可能造成重大环境和社会不利影响。

水产养殖业可能造成的不利影响通常包括:

① 对渔业的需求日益增加,以获得用作肉食动物饲料主要配料的鱼粉和鱼油;

② 以不可持续性的方式要求提供天然苗种或幼苗,用于产品的育肥(虾和金枪鱼等);

③ 将内陆和沿海栖息地转用于池塘和养殖场的建造(如在红树林地区养虾);

④ 养殖水体营养物质和有机物的富集导致形成缺氧沉积物并改变底栖生物群落;

⑤ 江河、湖泊和沿海地带水域出现富营养化;

⑥ 排放用于控制水质和疾病的化学品;

⑦ 争夺和在某些情况下消耗资源(例如:水);

⑧ 逃逸的养殖生物造成不利影响(如涉及外来物种,情况会更糟);

⑨ 重新调整生态或社会环境;

⑩ 小生产者和劳动者不能享有公平的收入分配。

此外,还应当考虑间接影响,例如:

① 由于修建养虾池塘导致栖息地改变,从而改变了生态系统及其所支撑的当地渔业和渔民的生计。

② 由于使用杂鱼或小型中上层鱼类作为养殖淡水和海洋食肉类动物的饲料,这可能会给小型中上层鱼类种群造成负面影响,导致生态问题,并可能影响到许多来自这类渔业并从其售价中受益的小规模手工渔民的生计。[11]18

(7)近几年来,因某些不可持续的水产养殖做法导致环境退化和社会动乱而引起的有害宣传,使得人们对水产养殖产品质量安全信心不足,对水产养殖的发展产生负面影响。

(二)水产养殖生态系统方法

1. 定义

2006年粮农组织规定:"水产养殖的生态系统办法(EAA)致力于平衡不同的社会目标,考虑生态系统的生物、非生物和人类构成的知识和不确定性(包括其相互作用),方向和过程,并在生态和操作上有意义的范围内应用综合方式的水产养殖。EAA的目的应当是以处理社会多种需求和愿望的方式规划、开发和管理该部门,不危害子孙后代从水域生态系统提供的丰富产品和服务中获益的选择。"并指出,该定义意味着需要使用适当手段、程序和组织来有效处理具有环境、社会、技术、经济和政治特征的问题,在分等级(养殖场一级、区域一级、全球一级)的框架内具有以下3个主要目标:

(1)确保人类福祉;

(2)确保生态福祉;

（3）促进两者的实现，在开展水产养殖并具有发展潜力的地方对该部门或地区实施有效治理。[12]79

水产养殖生态系统方法以可持续发展的原则为依据，其中"可持续"1词不仅限于生态方面的考虑，而且还包括经济和社会因素及其与生态因素的相互关系。生态系统的社会和生物物理或生态方面是紧密联系在一起的，所以其中任何1个领域被扰乱则很有可能导致其他方面出现混乱或变化。

2007年和2008年粮农组织先后举办了"构建水产养殖生态系统办法"研讨会和"水产养殖生态系统方法实施准则专家研讨会"，进一步将水产养殖生态系统方法定义为："水产养殖生态系统方法（EAA）是1项在更广泛生态系统内整合活动的战略，事实上，大多数水产养殖生态系统方法的原则和实际步骤以促进相互关联的社会—生态系统的可持续发展、公平性和适应力。"[11]2这1定义以《生物多样性公约》（UNCBD）将生态系统方法定义为"水土及生物资源综合管理的1项战略，旨在促进以公平的方式保护和可持续利用这些资源"为支撑。作为1项战略，水产养殖生态系统方法强调的是方式而非结果，利益相关方的参与是制定和实施该"战略"的基础。

2. 宗旨

粮农组织指出，水产养殖生态系统方法最根本的目的是整合部门和政府在资源管理方面的工作，建立体制机制，有效地在水产养殖所涉生态系统中活动的各部门以及政府各级之间进行协调，以最大限度减轻水产养殖资源开发对相关生态系统和生境的影响，从而保持其长期可行性，并尽量减轻其他压力因素对水产养殖活动的影响。应当取得的两项成果是：

（1）"真正"可持续的水产养殖部门（在环境、经济、社会方面）；

（2）改变公众（尽可能广泛地理解）对水产养殖的态度和看法。[11]5

3. 原则

联合国粮农组织指出，作为确保水产养殖积极、可持续发展的"专门"战略，水产养殖生态系统方法应遵循以下相互关联的3大原则：

原则一。水产养殖的发展和管理应当全方位考虑生态系统的功能和服务，而不应该使社会持续获得这些功能和服务受到威胁。在确保生态系统功能和服务的前提下发展水产养殖是1个挑战，涉及的方面包括确定生态系统的边界，对生产承载能力进行估算，并对养殖方式做出相应的调整。生态系统综合服务功能将取决于更广泛的管理办法，而且必须考虑不同服务之间的协调。这1点对于保护那些独特的、不可或缺的或受威胁的生态系统功能尤为重要。

原则二。水产养殖应当改善人类福祉和促进所有利益相关者的平等权益。本原则旨在确保水产养殖提供公平的发展机会和公平的利益共享。其中包括确保水产养殖不会给任何社会群体，特别是最弱势群体，造成任何不必要的损害。应当着力促进粮食安全和食品安全，并将二者作为人类福祉的重要组成部分。

原则三。应以其他部门、政策和目标为背景来发展水产养殖。本原则承认水产养殖与较大规模系统之间的相互作用，特别是周围自然环境和社会环境对水产养殖方法和结

果的影响。这1原则亦承认水产养殖与其他生产部门可以共同发展,从而促进生产资料和能源的循环利用,并能更有效地利用各类资源。本原则旨在敦促建立多部门或综合规划及管理系统。但是,应该明确的是,这项原则主要适用于水产养殖部门自身有能力改变或调整的那些方面。关于"实现目标能力"问题,还应当考虑外部强迫因素,例如:灾难性事件、气候变化影响、国际市场突发变化等。不可控的外部因素则包括水生生态系统其他用户对水产养殖的影响,如农业和城市水生环境污染对水产养殖的造成的破坏性影响。[11]5-6

4. 实施

粮农组织指出,水产养殖生态系统方法需要有1个促进战略实施的适当政策框架,具体步骤包括:

(1) 确定生态系统边界和利益相关方;

(2) 确定主要问题;

(3) 明确问题的优先顺序;

(4) 确定执行目标;

(5) 制订实施计划;

(6) 加强监测和评价实施工作的具体过程;

(7) 长期政策审查。所有这些步骤均以可获得的最佳知识为基础。实施水产养殖生态系统方法需要加强机构和相关的管理体系,以确保养殖业的综合发展,充分考虑其他部门的需要和影响。关键是要促进具有综合运作能力的机构的发展。[11]IV

粮农组织负责任渔业技术准则第5号《水产养殖的发展》补编4.以及《水产养殖生态系统方法》对水产养殖生态系统方法的实施程序和标准作了详细规定。

第二节　在国家管辖区内发展水产养殖

一、 法律和行政框架

(一)建立法律和行政框架

各国应当建立、保持和发展可促进发展负责任的水产养殖的适当法律和行政框架。(9.1.1)为了促进、支持和管理负责任的水产养殖,包括以养殖为基础的渔业,国家应建立、保持和进一步发展适当的行政和法律框架,以确保在国家管辖区内引入和实施负责任的水产养殖规范。

(二)行政框架

政府渔业管理部门对现有和未来的水产养殖业的发展负有责任。国家应指定或建立一个拥有权力和能力来有效地促进、支持和管理水产养殖和以养殖为基础的渔业的主管部门,还应当与诸如农业、农村发展、水资源、环境、卫生、教育、培训等其他相关部门建立适当的机构联系。这些联系需要以立法的形式予以确定。

（三）法律框架

国家及其水产养殖主管部门应确保通过诸如法律、法规、指令、协议等法律文书对水产养殖部门进行充分的管理和保护，这些文书应规定水产养殖者的责任、权利和特权，并应与当前和未来水产养殖规范及那些适用于类似活动的规范相一致。

应该指出，除《负责任渔业行为守则》第 6.19 条款和第九条及其技术准则《水产养殖的发展》外，有关《负责任渔业行为守则》其他条款的准则，如"将渔业纳入沿海地区管理"（粮农组织负责任渔业技术准则第 3 号）、"渔业管理"（粮农组织负责任渔业技术准则第 4 号）和"捕捞渔业和物种引进预防性办法"（粮农组织负责任渔业技术准则第 2 号），以及粮农组织《国家粮食安全范围内土地、渔业及森林权属负责任治理自愿准则》都涵盖与水产养殖业包括以养殖为基础的渔业相关的方面。[1]5

为实施粮农组织负责任渔业技术准则第 5 号《水产养殖的发展》，粮农组织已出台 5 个自愿性补充规范，即：

（1）水产养殖的发展 1. 优质水产养殖饲料生产规范；

（2）水产养殖的发展 2. 活体水生动物安全迁移的健康管理；

（3）水产养殖的发展 3. 遗传资源管理；

（4）水产养殖的发展 4. 水产养殖生态系统方法；

（5）水产养殖的发展 5. 利用野生鱼类作为水产养殖饲料。

粮农组织正在编制或审定的相关指导材料，还有：[1]5

（1）水生生物负责任迁移的检疫和健康认证技术准则；

（2）引进品种负责任利用框架；

（3）水产养殖产品卫生操作规范；

（4）内陆渔业开发与管理准则；

（5）养殖渔业负责任增殖措施准则和标准；

（6）河流恢复和鱼类栖息地改善手册及技术准则；

（7）关于将农业、林业和渔业纳入沿海地区管理的准则。

二、环境影响评价

（一）进行环境影响评价

各国应当促进负责任地发展和管理水产养殖业，其中包括根据最正确的科技信息预先评估水产养殖发展对遗传多样性和生态系统完整性的影响。（9.1.2）

各国应通过其主管部门，并通过伙伴关系与所有感兴趣的民间社会共同促进发展无害环境和充分融入农村、农业和沿海发展的可持续水产养殖，提高广大公众对水产养殖活动在加强粮食供应和创收方面效益的认识，支持水产养殖者和与水产养殖相关的所有人在采取负责任行动方面的努力。

水产养殖对遗传多样性和生态系统完整性的影响可能产生于养殖种与野生种之间的相互作用，也可能是由于使用引进种或驯化种或通过水产养殖繁育计划或其他技术进

行的遗传修饰所造成的。

不良遗传影响可能包括：

（1）种间杂交造成的天然基因库污染；

（2）无论是通过杂交或假设通过基因转移方式泛滥的"健康欠佳"的外来基因所造成的本地种退化；

（3）由于竞争、捕食或栖息地退化造成的本地种的丧失或种群构成的改变。

有关遗传影响的预先评估应包括风险评估，对以下方面进行分析：

（1）从养殖系统逃逸的概率；

（2）成功逃逸生物的存活率；

（3）生物在野生环境中无论与同种或与其他物种的繁殖能力；

（4）拟转移到本地种的品种的特定基因能力。

（二）制定环境影响评价标准

为了使预先评估具有重要和现实意义，应当预先确定标准，即影响的可接受限度。这将不仅对开展有效的预先评估是必要的，而且它们也可作为监测随后水产养殖发展的准则或基准。但有关生态系统及其遗传多样性的许多现有知识往往很不完整，缺乏有关水产养殖和野生动物之间互动的作用、水产养殖逃逸生物的存活率以及它们对生态系统的影响等方面的信息，制定这种标准比较困难，尤其是在众多发展中国家和热带地区。在许多情况下，环境科学家、水产养殖专家和发展规划的设计者之间需要开展合作，以便成功应用预防方法和开展预先评估。

三、 发展规划

（一）制定水产养殖的发展规划

各国应当按照要求制定和定期更新水产养殖业的发展战略和计划，以确保水产养殖业的发展具有生态方面的持续能力，并可以合理利用水产养殖和其他活动所共用的资源。（9.1.3）

各国水产养殖和规划部门应当制定综合规划，以便促进、支持、规范和报告水产养殖部门的工作。

各国在可供不同类型水产养殖使用的自然资源方面，在辅助设施的发展程度方面，在提供专家咨询服务、培训和对本部门其他支持所需现有财政资源方面，以及在地方和区域市场优势方面的差异非常大。因此，水产养殖业发展规划应适应每个国家的需求。鉴于水产养殖业在许多国家对提高食品供应和农村发展可能做出的贡献，在制定水产养殖发展规划时，应适当考虑以粮食安全、可持续农业和农村发展为目标的现有规划，同时应考虑已开展或将要开展水产养殖的社会经济条件。

水产养殖发展规划应包含所有与支持和管理该行业相关的方面，反映所有各方的责任，这将可能需要与所有利益团体磋商，制定政策和目标，确定和实施所需行动，监测部门效绩以及调整水产养殖发展计划。

制定水产养殖发展规划确定部门的现状、效绩和发展趋势，确定部门内的机遇和制约因素,并为部门的发展确定选择方案或战略,确定或重新制定目标,并规划如何实现这些目标,确立重点活动,确定实施的手段,如土地和水的分配标准、体制改革、促进适当技术的利用,所需财政、人力和其他资源以及落实规划活动的时限等,都应以对水产养殖状况的调查和评价为基础,这需要有关各方的良好协作,以获取确定规划所必需的数据和资料。

在理想情况下,在水产养殖发展规划中应酌情对水产养殖者与其他私营部门代表的协商机制以及地方主管部门和社区的参与水产养殖发展磋商,特别是有关他们在落实和执行《负责任渔业行为守则》的原则和准则方面的作用做出规定。

（二）负责任地使用土地和水资源

水产养殖和规划部门以及水产养殖者和投资者应当确保水产养殖活动的地点:适合可持续生产和创收;具有经济和社会方面的适宜性;防止或尽量减少与其他资源用户的冲突;避免造成不必要的外部性;尊重自然保留地、保护区和重要或特别敏感的栖息地。政府主管部门也应确保水产养殖部门的特权和需求得到土地和水的其他用户的承认与尊重,特别是水产养殖场不得因其他部门的活动所造成的外部环境而受到威胁,这些活动使所需要的水质和水量、养分和生物资源降低或减少。在适当的情况下,区带划分或养殖地点管理条例应当明确,符合区域发展、流域或沿海管理的要求及各自主管部门的规划。

水产养殖和渔业增殖方式也应在内陆和沿海资源的规划及管理中得到适当考虑。许多国家需要在与水产养殖发展的资源使用规划相关领域开展合作和能力建设,包括采用资源评估和监测方法、跨部门资源利用的规划和管理、环境会计、以及解决冲突的机制和吸收利益相关者参与的决策过程。对水产养殖发展负有特殊责任并拥有技能的部门应当与其他部门共同努力来实现资源的可持续利用,在可能的情况下最大限度地发挥它们的互补性。例如,在审议和落实水资源利用政策时,有必要考虑现有和未来水产养殖和内陆渔业发展所带来的好处。尤其是水资源分配和定价政策应当考虑水产养殖和渔业增殖活动相结合的潜在经济和社会效益。与此同时,旨在保护水资源和/或保护水生环境的大部分工作应当有利于渔业和水产养殖业,从而提高粮食安全并为当地社区创造部分纯经济收益,或在某些情况下,为国家经济做出积极贡献。

（三）扶持水产养殖的体制能力

各国对发展和扶持其水产养殖部门所采用的体制框架,主要由于历史原因通常源自其渔业、林业或者其他自然资源机构和组织。虽然各国可能仍会认为这样的安排切实可行,特别是在生物、市场营销和食品质量方面,但是他们也应考虑加强这些机构与农业、农村发展、灌溉、工程以及其他与水产养殖活动有许多共同之处的部门的联系。尤其是水资源开发机构与水产养殖业和渔业管理部门之间的合作可以得到促进,这将有助于确定共同利益,使两个部门同时受益。水产养殖和渔业专家应参加制定与水资源管理相关的经济和法律文书。

（四）开发水产养殖的适用技术

各国有责任确保所有发展活动是适当的、可持续的和符合公众利益的。政府官员应当与水产养殖发展方面的专家、水产养殖者和水产养殖业的投资者合作,对可能的利益和后果进行评估,包括新的或不同水产养殖产品引进的成本、方法或技术,确定它们是否有助于增强食品供应和农村发展,或全面提升经济和国民的福利,或它们是否可能导致重大的公共负担,如放弃的资本投资、补贴要求、或对更重要产品或活动所需稀有或关键资源(土地、水、饲料)的过分需求。此外,政府主管部门和有关金融机构应考虑水产养殖业发展的经济机会成本,评估所用资源是否在其他经济方面可产生更多的经济效益。考虑成本效益和利益分享可有助于确定水产养殖发展规划的适当目标。各国应对拟议的水产养殖发展活动进行严格的审查。

四、确保渔业社区不受水产养殖的不利影响

(一)确保当地社区的生计

各国应当确保,当地社区的生计及其进入渔场的机会不会受到水产养殖发展的不利影响。(9.1.4)扩大发展中国家尤其是低收入缺粮国的粮食生产是为生活在贫困中的人口增加粮食供应和收入的主要手段之一。

许多国家的内陆和沿海农村社区的生计依赖于农村贫困人口通过广泛的活动来提高生产食物的能力,这些活动通常包括极为多样化的陆地耕作和水产养殖活动、捕捞和林产品的利用。大多数农村地区和日益增多的城郊地区的水产养殖活动已被证明有助于促进大多数当地社区的食物供应和创收并使其多样化。但是,应适当考虑所有粮食生产活动的需要,以现有传统活动与这种创新完好结合的方式实现粮食生产的扩大、强化、专门化或多样化。

(二)保障渔场的准入

为了使水产养殖活动可持续发展,为了地方社区的总体利益,政府主管部门有必要促进水产养殖者或水产养殖开发者与地方社区其他利益相关者之间开展合作和建设性对话。渔场的准入应得到保障,而且为了渔业、以养殖为基础的渔业和水产养殖业的共同利益,在必要时应对其进行控制。水产养殖者和渔民之间应当拟定协议,以避免在获取诸如水、空间和水生生物资源等共享资源方面发生冲突。在开展大规模水产养殖开发活动之前,应进行社会和经济评估,以确定地方社区人员之间的参与和利益分享方式,确保这种开发活动的长期经济活力。

五、特别程序

(一)建立水产养殖环境影响评价和监测程序

各国应当建立有效的水产养殖特别程序,以进行适当的环境评价和监测,以期尽量减少抽水、用地、排污、使用药品和化学制品和其他水产养殖活动所造成的不利生态变化和有关的社会经济后果。(9.1.5)

为了其他农民和水资源用户以及普通公众的利益,政府主管部门应制定程序,在建立水产养殖场之前进行适当的环境影响评价,确保对取水、排污、药品和化学品使用以及其他可能对周围土地和水体产生不利影响的农业活动进行充分的监测。所有环境影响评价和监测工作应遵循事先确定的发展重点和制定完善的资源和环境管理目标。应当制定有关获取基线数据和开展监测的规定,应当酌情制定标准,确定水产养殖者需要哪种环境影响评价和监测程序。

（二）环境影响评价和监测程序的执行

环境影响评价和监测是主管部门、研究人员和水产养殖者进行合作的 1 个重要领域。有关各方在制定环境影响评估和监测计划时,应当适当考虑水产养殖活动的多样性（特别包括所使用的种类和养殖方式）和它们的环境背景。然而,在许多情况下,有必要强调环境影响评价和监测的简便性、灵活性和的可承受性,以利于人们接受和执行这些措施。应当根据地方条件和场址特点评价拟定的环境评价和监测方法的适用性。在开展评价之前应当进行详细的资金、人力和时间需求评估,以证明其成本效益和可行性。

（三）审查和颁发养殖许可证

各国为促进负责任地发展和管理水产养殖业,对在特定地点从事的水产养殖活动,应该建立和实施审查与颁发水产养殖许可证的程序。

第三节　在边界水域发展水产养殖

一、 边界水域和跨界水生生态系统

（一）边界水域

世界上许多河流和湖泊流域及其各自的集水区、封闭和半封闭海域、其他沿海和海洋水域正由两个或两个以上国家共享。

边界水域,在海洋上是指与海岸相向或相邻国家间领海或专属经济区界限邻接的国家管辖水域,在河流、湖泊上是指与边界线邻接的国家管辖水域。河流作为界河时,如果是可航河流,一般边界线位于河流主航道中间线上;如果不是可航河流,则以河流水域中间线为边界线。在湖泊和内陆海作为边界的情况下,边界线通常在这种湖泊和内陆海的中间。[13] 至于领海和专属经济区的边界线,则应依《联合国海洋法公约》第十五条和第七十四条的规定划定。国际河流的边界线为上下游两国的河上国界断面线。

1997 年联合国《国际水道非航行使用法公约》把江河、湖泊统称为"水道",并将其定义为:"'水道'是指地面水和地下水的系统,由于它们之间的自然关系,构成一个整体单元,并且通常流入共同的终点。"把界河、界湖和国际河流统称为"国际水道",并将其定义为:"'国际水道'是指其组成部分位于不同国家的水道①。"[14] 据此,边界水域,对地面水

---

① 1998 年,巴黎国际水资源部长级会议公布世界国际水道有 215 条(个)。中国有黑龙江、鸭绿江、图们江、绥芬河、额尔齐斯河、伊犁河、塔里木河、怒江、澜沧江、珠江、雅鲁藏布江、元江、兴凯湖和贝尔湖等大小国际水道 40 多条(个)。

而言,是指国际水道中与边界线邻接的水道国管辖的水域。

"国际水道非航行使用"包括发电、灌溉、渔业、工业用水、排水、处理废物、消费用水和进行文化体育娱乐活动等。

（二）跨界水生生态系统

边界两侧水域的水环境是1个整体,具有统一的水生生态系统。跨界水生生态系统的任何部位遭受重大不利影响,皆可危及该生态系统的结构和功能。按照国际法一般原则,边界水域有关各国在使用和开发其管辖范围内的边界水域时,应单独地和在适当情况下共同地保护和保全跨界水生生态系统。包括预防、减少和控制污染,防止外来物种入侵,预防或减轻洪水或冰情、水传染病、淤积、侵蚀、盐水侵入、干旱荒漠化等有害的状况及工业事故等紧急情况。这些因素不论是自然原因还是人的行为,都可能对跨界水生生态系统造成不利影响从而给邻国造成重大损害。

二、 保护跨界水生生态系统

（一）保护跨界水生生态系统

各国应当通过支持在其国家管辖区内的负责任的水产养殖方法,并进行合作以促进可持续的水产养殖方法来保护跨界水生生态系统。（9.2.1）

在特定国家之内和在其领土以外的下游地区、沿岸或在较大的内陆和海洋水体,人类活动对跨界水生生态系统造成的后果正在显现:许多国家的内陆捕捞和养殖渔业已经遭受了常年和季节性水体环境退化的影响。水质的变化、水文状况的变化（过度波动或空间和时间上水位或水量下降）、以及鱼类栖息地结构的改变已影响到许多内陆渔业,特别是在粮食安全通常依赖手工和生计捕捞的农村地区。

为有效保护跨界水生生态系统,应当遵循"各国拥有按照其本国的环境政策开发本国自然资源的主权权利,并负有确保在其管辖范围内或在其控制下的活动不致损害其他国家或在各国管辖范围以外地区的环境的责任"的国际法原则,制定和实施水产养殖可持续发展措施。然而,如果管理不善,包括以养殖为基础的渔业在内的水产养殖的一些做法可能会对跨界水生生态系统产生不利影响。政府主管部门、渔业管理人员和水产养殖者要意识到这种潜在的风险。因此,政府主管部门、水产养殖者和渔业管理人员负有特殊义务,在水产养殖或以养殖为基础的渔业中,尽量降低非本地种或遗传改良种群进入某些水域的危险,因为这很有可能导致它们向其他国家水域蔓延。应当尽量避免有意或无意地向任何水域引进外来或非本地种,但是如果认为有助于水产养殖业或渔业增殖,在引进之前应对替代方案或潜在风险进行深入研究。无论是从本国还是跨界水生生态系统角度考虑,在这种情况下均应采取谨慎的态度和措施,而且有关各国之间开展合作,尤其是信息交流,对于防止不利影响的发生极为重要。

（二）支持并合作发展可持续水产养殖

国家一级负有在跨界水生生态系统中负责任地发展水产养殖,包括以养殖为基础的渔业的责任,但是共享跨界水生生态系统的国家在可持续水产养殖方面有很大的合作空间。应该发挥分区域或区域一级的作用,支持不同国家的政府主管部门、私营部门的协会、研究人员以及其他人共同努力来促进可持续水产养殖的发展。这种努力可以包括技术开发和转让、应急措施的制定和实施、市场信息交流、水产养殖部门的能力建设、社会经济和环境问题的应用研究等。

三、 防止养殖活动影响邻国

（一）负责任地选择养殖品种、场地和管理措施

各国应当对邻国给予应有的尊重，并按照国际法来确保负责任地选择可能影响跨界水生生态系统的水产养殖活动的品种、场地和管理。（9.2.2）

在边界水域或其附近水域从事水产养殖活动的国家应当为其邻国承担义务，确保负责任地选择品种、场地并管理这些活动。

（二）使用本地品种

各国政府应当了解生物资源和人类社会对它们的依赖，使用引进种和转基因生物可能会对这类资源产生影响。还应当了解水生物种可能或潜在的传播路径。选择用于水产养殖和以养殖为基础的渔业的品种应根据当地的资源、机会和需求情况，以及生物、环境和社会经济标准。即使是封闭的水产养殖系统，生物通常也会逃逸到环境中去。因此，建议在水产养殖中使用本地品种而不是引进品种，采用常规的育种计划而不是转基因技术。以养殖为基础的渔业更应这样作。

（三）引进品种须预先评价和风险评估

一旦1个品种被引进到1个国家，这个国家就应做出努力，对其分布进行控制或监测。在一些可能属于环境敏感的地区不应允许养殖该品种，而在有些地区该品种则很可能逃逸到跨界水域。应当确定这些地区并使地方政府、水产养殖者、业界了解有关品种迁移和使用的限制。这些考虑和限制应该成为预先评价和风险评估的组成部分。

（四）场地选择和疾病控制

各国政府应确保养殖场地点的选择和管理应避免对其他国家的环境和资源造成不利影响。应当特别注意防止与水产养殖品种相关可能会影响其他国家渔业资源和水产养殖活动的疾病暴发。有可能在整个跨界生态系统传染的流行病一旦在水产养殖品种中暴发，各国政府应当相互通报，并在分区域和区域一级就制定相关应急措施开展合作。

四、引进非当地品种应与邻国磋商

（一）建立非当地品种引进邻国磋商机制和程序

各国在把非当地品种引进跨界水生生态系统之前，应当酌情与其他邻国磋商。（9.2.3）

非当地品种，从广义上讲，应包括作为驯化、选育、染色体操作、杂交、性逆转和基因转移产品的生物种。物种引进则是指经由人类有计划地或意外地运送或释放至超出其目前分布范围的环境的物种。

相邻国家应当寻求就非当地种的引进建立有效的磋商机制和程序。相邻国家之间磋商和交流的内容应当特别包括：

（1）品种、其原产国或原产地和拟引进的数量；

（2）对该生物采取的育种计划或遗传修饰；

（3）水产养殖点的位置和可能的传播路径；

（4）预期效益；

（5）预计和潜在问题；

（6）监测计划；

（7）应急计划；

（8）向联合国粮农组织报告引进情况以便录入数据库。

（二）在区域渔业组织框架内开展磋商

在许多拥有共享水域的地区设有区域渔业组织并提供有关信息、专业知识和人员交流的极好论坛。一些地方虽然没有区域渔业组织或安排，但存在着创建这种机构的可能性。区域渔业组织还应当就转基因生物的引进开展磋商。

五、 建立数据库和信息网络

（一）水产养殖领域的信息共享

各国应当建立适当的机制，例如数据库和信息网络，来收集、分享和传播与其水产养殖活动有关的资料，以促进在国家、分区域、区域和全球各级合作规划水产养殖发展。（9.2.4）

在当前全球水产养殖不断发展的阶段，各国应当与有意合作的伙伴一起，开发适当的手段来监测它们的水产养殖活动，同时通过收集有关其水产养殖规模和生产、经济绩效及对其他活动的有利和不利影响的信息及数据，包括养殖面积、生产系统类型和产能、资源利用（如土地、水、饲料成分、苗种等）以及水产养殖部门的就业及其相关的服务，人们对水产养殖产品的国内和国际需求，还包括消费模式、产品价格、贸易、市场机会等。这对于促进水产养殖政策和发展规划、计划的制订和实施至关重要。需要进一步加强与水产养殖者及在水产养殖者之间、与他们的协会、投入物供应商、产品加工商和贸易商以及其他涉及水产养殖的私营部门计划的合作，以便改善数据的采集和收集、信息和数据的整理、分析、解读、传播和适当利用。通过机构间的充分联系，促进有关水产养殖信息在各类机构和主管部门之间的传播。通过相应的区域和国际机构，各国作为其成员应当共享有关数据，以便在区域和全球监测进展情况和问题，促进决策，并预测机遇和需求。

（二）水产养殖知识、经验交流的区域合作

各国政府和其他机构应当大力支持在能力建设和最适合本区域水产养殖系统的研究以及在知识、经验交流和技术援助机制与协议的制定等方面开展合作，尤其是区域和分区域一级，以便促进这些系统的可持续发展。

六、 养殖设施和投入物使用和贸易的监管

（一）建立水产养殖设备、饲料和其他投入物的质量监管机制

各国应当在需要时进行合作来发展适当的机制，以监测用于水产养殖的投入物的影

响。(9.2.5)

各国应当建立适当的监管机制,监督和保证所生产和交易材料的适宜性和质量,并在地方、国家、区域和全球各级促进获取和交换有关水产养殖投入物有效性和安全性的信息。

(二)促进水产养殖设备和物资的公平贸易

由于水产养殖对设备和物资有一定程度的专业要求,以及目前在一些区域的需求量和供应量有限,已经建成的生产设施有必要加强合作,促进这些设备和物资的区域内和区域间贸易。旨在保护人类或水生动物生命或健康以及消费者利益的相关措施不应有歧视性并应当符合国际商定的贸易规则,尤其是世界贸易组织协定确立的原则、权利和义务。

第四节　利用水生遗传资源发展水产养殖

一、保存遗传多样性和保持生态系统的完整性

(一)通过管理来保存遗传多样性和保持生态系统的完整性

各国应当通过适当的管理来保存遗传多样性和保持水生生境和生态系统的完整性,特别应当做出努力来尽量减少把非当地品种或水产养殖(包括以养殖为基础的渔业)利用的遗传变异鱼类资源引入水域的有害后果;在这些非当地品种或遗传变异品种很可能扩散到原产国或其他国家管辖的水域时尤其应当做出努力。各国在可能时应促进采取措施来尽量减少逃脱的养殖鱼类对野生品种产生不利的遗传、病害和其他影响。(9.3.1)

水产养殖方式可能会影响物种、社会、生态和景观层次的遗传多样性。实际上水产养殖就是为了改变景观或生态系统,使其产能更高。

保护水生生物遗传资源的管理涉及风险评估和监测。应当保有"野生"遗传资源的文字记录,以便为评估影响确定基准。应当编制有关遗传资源在水产养殖中的利用的文件,并汇编自然水生遗传资源及其分布信息,包括养殖和野生水生物种。

水产养殖种群或以养殖为基础的渔业的种群可在养殖设施内予以管理,以便于:

(1)避免近亲繁殖;

(2)避免对不同的种群、品系或种类进行杂交以保持种群的完整性;

(3)尽量减少遗传基因不同的种群的转移;

(4)定期评估其遗传多样性(即实验室基因分析)。

(二)尽量减少遗传基因不同的种群的转移

应当尽可能避免鱼卵、幼鱼、成鱼在流域或大型水体之间的迁移。孵化场的鱼卵,许多经过长距离迁移的种群在新的环境中放流时,不如本地种群表现好。这在以养殖为基

础的渔业中最为重要。在封闭的养殖条件下,混合遗传各异的种群往往可以改善养殖绩效。

（三）利用遗传技术降低对野生种群遗传影响的风险

遗传技术也可以用来降低养殖种群对野生种群遗传影响的风险。例如,养殖无生殖力的动物(如不育、三倍体或单性种群生物)将减少生物在野生环境中的繁殖机会。需要开展有关遗传技术安全和道德方面的公共教育,以确保消费者接受水产养殖产品。

本地种常常作为外来引进种的替代物而被鼓励用于水产养殖发展。从经济角度看(即价格更好、更具出口潜力等)外来种往往更受欢迎,而本地种可能未驯化。本地种可能在当地受欢迎,较少携带疾病,并在当地条件下生长得更好。然而,无论是从遗传还是从疾病的角度来看,从野生环境中获得并驯化或接受其他遗传修饰的本地种也可能会给其余的野生种群带来危险。

二、 引进和转让水生生物的国际行为守则和程序

（一）制定和执行国际行为守则和程序

各国应当进行合作来拟定、通过和执行引进和转让水生生物的国际行为守则和程序。(9.3.2)

已经制定了若干针对使用引进物种和转基因生物的国际行为守则,例如,联合国环境规划署的《国际生物技术安全技术准则》,国际海洋考察理事会和欧洲内陆渔业咨询委员会的引进物种行为守则,欧洲联盟的转基因生物(GMOs)指令,美国有害物种预防控制法,美国农业部的转基因生物(GMOs)生产定额以及欧洲联盟和联合国粮农组织合作建立的国际水生动物引进数据库和水生动物病原体数据库。这些守则是保护水生环境及其相关人类社区的最佳手段之一。这些行为守则系由温带地区的发达国家所制定,有必要对这些守则进行调整以适用于全世界的发展中国家和农村地区。

（二）国际行为守则和程序的基本内容

国际海洋考察理事会等机构的行为守则和程序的基本内容包括:

(1) 在某 1 特定地区为特定目的引进特定物种的建议;

(2) 主管部门对建议的独立审查,其内容应包括生态和社会经济风险评估;

(3) 拒绝、修改、或接受该建议。

一旦 1 项引进活动得到批准,政府应当要求水产养殖者:

(1) 制订 1 项包括检疫和疾病诊断在内的鱼类健康管理计划;

(2) 监测和评估生态系统和社会经济影响;

(3) 通知国际组织和邻国。

三、 保证苗种和孵化种群品质安全的国家行为守则和程序

（一）保证苗种和孵化种群的品质、表现和生态安全性

各国为了尽量减少疾病传染的危险和对野生鱼类和养殖鱼类的其他不利影响,应当鼓励在孵化种群的遗传改良、引进非当地品种和生产、销售和运输鱼卵、鱼苗或幼鱼、孵

化种群或其他活材料方面采用适当的技术。各国应当促进编写和执行这方面的国家行为守则和程序。(9.3.3)

各国及其水产养殖主管部门应促进在孵化种群遗传改良及在鱼卵、鱼苗或幼鱼、孵化种群或其他活体动物的生产、销售和运输方面的负责任规范。有必要制定健全的孵化场规范,在开展遗传改良的同时避免出现畸形或因过度近亲繁殖造成的其他遗传问题。这些规范对减少疾病蔓延也是极为重要的。在进行野生苗种资源收集和分配的地方需要采取特别谨慎的作法,确保其他品种不与目标种群混合。

（二）制定遗传技术和繁殖规范的指导方针或规章

各国应就可接受的遗传技术和繁殖规范酌情制定指导方针或规章。例如,一些国家禁止开展未经授权的种间杂交,许多国家限制生产转基因生物,而另一些国家则对从事转基因活动的孵化和养殖设施实行严格管理。各国应对其境内养殖品种的使用和运输进行管理。上述国际行为守则可为制定国家准则和程序提供1个框架。

四、　建立养殖种群孵化和培育程序

（一）孵化种群的选择

各国应当促进采用选择孵化种群和生产鱼卵、鱼苗和幼鱼的适当程序。(9.3.4)

孵化种群的选择应当以养殖鱼类的表现、拟定的繁殖计划、孵化种群的遗传情况、经济和环境方面的考虑为根据。鱼卵、鱼苗和幼鱼的生产将取决于选择适当孵化种群之后良好的孵化和养成管理。

（二）繁殖与遗传改良

虽然养殖种群经过遗传选育和繁殖计划得到很大改进,但是很少有养殖渔民具备所需的培训和经验来有效开展此项工作并避免造成遗传适合度的重大损失。因此,建议设立专门设施来开发改良种群和生产苗种。在无法设立专门设施的地方,养殖渔民应当通过下述办法保持高水平的遗传多样性:

（1）繁殖尽可能多的鱼;

（2）利用整个产卵季节的亲鱼和鱼卵;

（3）避免全同胞或亲子交配;

（4）详细记录生产参数。

五、　保护濒危品种的遗传多样性

（一）濒危品种的繁殖

考虑到必须保护濒危品种的遗传多样性,各国应当在适当时促进研究,在可能时促进发展濒危品种的养殖技术,以保护、恢复和增加其资源量。(9.3.5)

濒危品种繁殖计划的目的是生产1种生物,当其生存面临的威胁得到缓解之后便可被释放到大自然中。繁殖工作应当通过下述方式尽量优化品种的自然遗传变异性:

（1）利用尽可能大的繁殖种群;

（2）避免近亲繁殖;

（3）避免杂交；

（4）避免"驯化选育"，即避免生产适应孵化场而非自然环境的生物。

遗传技术可用来：

（1）确定遗传上兼容的或适当的亲体；

（2）确定濒危品种的分类学地位；

（3）利用濒危品种 1 种性别的配子和密切相关的及假定未濒危品种其他性别的改良配子重建 1 个濒危品种的雄性和雌性种群；

（4）确保随时提供濒危或密切相关品种的低温保存精子。

（二）极危品种的保护

在可行的情况下，各国应当对极危品种进行研究和管理，以减少其自然栖息地存在的威胁。作为保障措施，在努力通过管理改善自然条件下生存机会的同时，可以将精子或活的个体进行非原生境保存。收集通过这种非原生境保存的品种不应威胁自然种群的生存。

第五节　负责任水产养殖的生产管理

一、水产养殖方法

（一）以负责任的态度、规范和标准养殖

各国应当促进负责任的水产养殖方法，以支持进行养殖的村社、生产者组织和鱼类养殖者。（9.4.1）

许多国家通常在敏感的沿岸地区倾向采用更为集约化水产养殖系统和养殖价值更高品种，这种作法可能会增加对环境的破坏，并可能对地方社区的社会经济结构带来更大的压力，因此，这是不可持续的发展方式。

国家有责任帮助人们认识水产养殖部门负责任态度的必要性，因为事实是，水产养殖者和那些与水产养殖有关人员越来越需要对自己的行为负责。国家并应支持水产养殖者和整个水产养殖产业制定自己的负责任水产养殖规范和标准。在未制定规范的地方，国家应促进建立水产养殖者自助团体和生产者协会，在地方、国家和国际各级推动私营水产养殖部门与政府主管部门、研究机构和其他粮食生产者组织之间的合作。为此，政府主管部门、水产养殖生产者和农村社区成员可以就促进采取可持续规范的鼓励措施进行磋商。为了使水产养殖者及其协会能够参与制定并完善水产养殖法规，应当向他们提供有关水产养殖规范管理方面的培训。

（二）水产养殖业者的合作和自律

水产养殖产业和所有利益相关者应做出坚定的承诺，开展合作和自律，加入生产者组织和制定自愿性行为守则及准则，其主要好处是：

（1）因共同标准和目标协议而结社的水产养殖者能够更好地捍卫自己的利益，在利益冲突的谈判中更好地维权；

（2）通过遵守既定规范和适当自律，可以改善水产养殖部门的公众形象；

（3）将形成更多的共识和有关具体措施的协议，以确保水产养殖的可持续发展；

（4）可以确定和商议个人、公共或私营利益团体或机构的作用和责任，以保证和确认对水产养殖可持续发展的承诺和贡献；

（5）作为地区综合管理的组成部分，负责任水产养殖承认与其他部门在保护和有效利用资源方面相互作用，因此，可以要求这些部门不得影响水产养殖和渔业获得所需适当数量和质量上的资源供应。

二、水产养殖管理方法

（一）促进养殖者及其村社参与制订养殖规范和规划

各国应当促进鱼类养殖者及其村社积极参与制订负责任的水产养殖管理方法。（9.4.2）

政府官员应当与水产养殖、农村发展和其他相关领域的专家合作，在国家和社区层面努力促进个体养殖者和生产者组织积极参与所有现行和未来水产养殖规范的制定和管理。这样作可以确保所选定、推行和改进的水产养殖规范满足地方社区的总体需求，符合特定地点的环境条件。在对沿海和内陆地区资源的利用进行规划时，在对部门综合发展或参与性发展进行规划时，应当通过采用适当的农村和参与性评估工具来确定当地社区的利益和需求。

（二）组织养殖者及其村社参与改善水产养殖方法的研究

水产养殖的研究工作应着眼于改善水产养殖方法，重点发展可持续水产养殖系统，同时考虑增加食物供应的必要性和消除贫困。应当让水生和陆生动物养殖者、他们的组织以及他们的社区参与确定研究工作的重点和方向，包括特定研究项目的具体目标和需求，并使他们能够获得研究成果。

（三）制定和实施地方人力资源的培训、教育和技能发展计划

许多发展中国家的农村地区在技术和财政资源及教育基础设施方面普遍薄弱，存在着缺乏创收机会，作物歉收和生产系统维护不当，商品、投入物和物资分配不足以及获得公共服务的机会有限等问题。需要有适当的水生动物的最新养殖技术来促进地方生产方式的现代化。若要充分利用这些技术带来的好处，就必须制定地方人力资源的培训、教育和技能发展计划。各国应当在推广、培训和其他地方性能力建设活动中，努力确定为农民和当地社区提供帮助的途径。

（四）投入物标签

各国应确保诸如设备、饲料、化学品等用于水产养殖的投入物加贴适当标签，据此，养殖者及其社区能够获得有关这些投入物的其他重要信息。

（五）保管记录

为了提高旨在开展鱼类生产的孵化场、水产养殖场和水体的经营效率并有效积累管

理经验,应当对使用的全部投入物(包括品种或品系)的数量和来源、收获和销售以及其他经营和财务数据进行记录。在疫病暴发或种群或工作人员发生事故,以及需要了解是否及何处出现错误时,这种记录极为宝贵。此外,这些记录对于维护经营不受外人就管理不善或不负责任行为提出任何索赔至关重要。

(六)防控鱼类的传染病

传染病的发生率和严重程度往往取决于生物生存的环境质量。因此,控制传染病的最重要的措施是尽可能维护养殖设施的最佳环境,最大限度降低对养殖生物的应激。有关鱼类应激的定义是,1个或多个生理参数的变化达到可能损害长期生存的程度。这种变化往往由水生环境的理化、生物和微生物质量以及饲料和可利用空间的改变所造成。可以通过维持适当的放养密度并提供最佳养殖条件来减少应激。减少应激将降低潜在被感染的危险,从而降低死亡率和相应损失。应当促进养殖者、推广人员和鱼类健康专家在鱼类健康管理方面的合作,提高对维护鱼类健康和农场管理效率的认识和能力。

(七)保护养殖种群免受野生捕食动物的破坏

野生捕食动物,特别是鸟类和水生哺乳动物,对水产养殖者来说可能是1个重大的问题,它们不仅消耗资源,而且还破坏网具和其他设备并传播疾病和病原体。应鼓励养殖者使用一切可行的手段来保护其种群免受捕食动物破坏而并非试图消灭它们。

(八)治理养殖环境,发展休闲渔业

为了增加众多农村地区的鱼品供应,大量技术正在成功地应用于保持和增加特别是许多内陆水体的鱼产量。利用水产养殖设施生产的或从野生环境收集的放养材料,并通过对所利用的天然和人工水体进行综合性生态、化学和物理改造,许多渔业已经得到加强。

鉴于此类强化措施可大幅增加粮食供应并促进长期粮食安全,应当确保对开展此类活动进行周密规划。因此,重要的是对这类活动进行成本效益评估,确定这些水体用户的权利,避免对当地环境和资源产生不可接受的影响。

鉴于以休闲和恢复水生环境为目的的活动也可能产生额外收益,因此应当促进当地利益相关者和社区参与水体可持续利用的规划和管理。

三、饵料和肥料

(一)饵料和添加剂的选择与使用

各国应当促进做出努力来加强选择和使用适当的饵料,饵料添加剂和肥料,包括粪肥。(9.4.3)

负责任地使用饲料(必要时包括饲料添加剂)有助于提高生产效率和减少对环境的影响。饲料生产商和供应商有责任提供适当质量的饲料,帮助农民实地管理和使用这些饲料,帮助提高种群的有效和最佳吸收。在许多情况下,除了工厂制造的饲料之外,还可以使用补充饲料,只要可能,应当鼓励使用地方现有的材料。负责任地使用包括抗生素和促长剂在内的饲料添加剂需要在剂量和比例上特别谨慎,以便在消耗量最低的情况下获得最佳效果,还应密切注意停用时间,确保产品不含可能存在的污染物。在可能的情况下，饲料中抗生素的使用（如有必要）应只能由兽医开具处方并实施监督。

（二）粪肥和化肥的选择与使用

海藻养殖及食草或食浮游生物鱼类和甲壳类动物的养殖，可使用粪肥或化肥来改善池塘中天然饵料的产生。为了避免受纳水体出现不可接受的变化，保持生产池塘的水质并尽量减少投入成本，养殖者应当认真控制施肥。负责任地使用人畜粪肥可以促进养分在半集约化/粗放式池塘养殖系统内的有效和安全再循环。但是，人畜粪肥的使用必须认真加以管理，以避免人类病原体、寄生虫、重金属、抗生素和其他对消费者有潜在危害的物质污染产品。

四、鱼类健康管理

（一）利用药物、抗生素或其他化学品控制疾病

各国应当促进有助于卫生措施和使用疫苗的有效的养殖和鱼类健康管理方法。应当确保尽量少用和安全有效地使用治疗剂、激素和药品、抗生素和其他疾病防治化学药品。（9.4.4）

鱼品生产者应当能够获得一系列经过试验和批准的材料用于治疗水生疾病，而且应当向他们提供有关这些材料负责任使用的准则和培训。这些材料最好是在兽医的监督下使用，尚未认证的水产用药的销售和使用，即便不被禁止也应受到严格的控制。为确保抗生素发挥最大和持续的效力，无论将它们用于水产养殖，还是特别用来治疗人类疾病，都应尽可能避免将这种材料用于预防。

（二）使用激素控制繁殖或作为生长促进剂

在某些水产养殖方式中，激素有时被用来诱导或防止性成熟，用于性逆转和促进增长。激素在水产养殖中的使用情况没有较详细的文字记录，有时甚至是在对所需剂量和治疗停止后它们在环境和养殖产品中的残留不充分了解的情况下使用的。虽然使用激素控制繁殖不太可能污染上市种群，但是在用作生长促进剂时，应当对这种用途作充分的文字记录，并应严格遵守收获前停药时间。

五、有害化学投入物

（一）制定在水产养殖中控制使用化学品的规定和准则

各国应当控制在水产养殖中使用对人的健康和环境有危害的化学投入物。（9.4.5）

为了促进和控制化学品在水产养殖中的安全和有效使用，政府各主管部门应共同努力，对负责公共卫生和食品质量、农业、动物卫生服务、环境等各类机构的相关任务和职责进行明确划分，就在水产养殖中负责任地使用化学品制定可执行的和实用的规定和准则。

（二）制定在水产养殖中控制使用化学品的管理手段

应当促进水产养殖者、研究人员与制药业和农药制造业之间的合作，以便测试和批准用于水产养殖的化学品，就已知危害人类和环境的化学品的生产、分配和使用制定合理而有效的管理手段。

六、 死鱼、病鱼和养殖废物的安全处置

（一）死鱼和病鱼的安全处置

各国应当要求各种废物,如废弃物、污泥、死鱼和病鱼、多余的兽医药品和其他危险的化学投入物的处置不危害人的健康和环境。(9.4.6)

应当采用在卫生方面可接受的加工方式处理鱼类内脏。对其他内脏、死鱼及动物尸体或部分尸体进行焚烧或掩埋可能是处置的适当方式。如果不能治疗或治疗不成功,对患病和即将死亡的鱼类应该采取人道方式处死并予以安全处置。

（二）化学废料的安全处置

对水产养殖设施或公众造成危害的其他废弃物应在设计合理的设施中,经主管当局批准后予以销毁。需要使用不同的设施来处置未用或过期的农药和兽药。如果养殖场不具备这些设施,应将这类材料运往授权地点进行处置。

七、养殖产品的质量安全

（一）养殖生产者应承担生产高质量产品的责任

各国应当确保水产养殖产品的食用安全,促进做出努力通过捕捞前和捕捞期间、现场加工、产品贮运期间的特别管理来保持产品质量和增加产品价值。(9.4.7)

生产高质量的产品不仅是生产者的 1 项责任,而且是长期盈利和增长的 1 个重要因素。

（二）养殖产品质量取决于整个生产周期的合理管理

善于经营的养殖者和养殖场管理人员知道,产品的质量取决于整个生产周期的合理管理。然而,在接近收获的时期、收获期间、现场处理时以及在产品的储藏和运输过程中,需要特别小心。在收获前,重要的是确保种群已无任何药物或激素残留,其消化道中没有可产生异味的藻类或其他材料。收获工作应当迅速、有效,尽量减少损坏或污染。在收获开始之前,应当确保有足够的储藏设施和及时运输。

第六节　将水产养殖推向公海

一、 公海养殖的可行性

在全球范围内,目前大多数海水养殖在沿海有遮蔽的区域开展。为了缓解沿海水产养殖的困境,进一步提高水产养殖的效率,一些国家采用了诸如"最佳管理操作""综合多营养水产养殖""综合沿岸带管理""多功能联合管理"等治理措施,而爱尔兰、挪威等国的水产业界则要求政府允许他们到公海进行水产养殖生产。另一些国家不支持、不鼓励沿海区域用于网箱养鱼,使得业者只得将水产养殖推向外海,转移到大陆架以及更远的公海开阔海域。[3]粮农组织的专家们一致认为,未来的水产养殖将主要扩展到海和洋面上,无疑离海岸更远,甚至可能远至公海。[11]V-Ⅵ

公海水产养殖不仅是必要的,而且是可行的。

在技术上,在靠近沿海养殖时,许多养殖生产企业和个人均可获得海水养殖生产技术。向更深和更暴露的公海水域转移水产养殖,则要求设计和安装可以承受风暴带来的波浪和海流袭扰的设施,同时提供安全的工作平台,维持经济上的竞争力和保护海洋环境。可见,公海水产养殖属于投资和技术密集性产业。只有那些拥有资金和技术优势的养殖公司具备这个条件。

在经济上,由于公海水产养殖技术的获得途径有限,不是所有人都能获得的。因而竞争程度最小,利润前景高;一些人难以获得的技术对另一些人获得利润是良好机会。

在技术和经济上可行时,以及有着有效和可实施的规定来确保生态可持续性,公海水产养殖,可以对社会进一步产生重要的社会经济效益。除养殖就业外,对大量的支撑产业,例如孵化、饲料厂、网箱建造、加工厂和贸易,也能带来经济机会。

另1方面,开阔海域环境的物理特征可急剧增加生产成本。在开阔海域与风暴和强海流及远离基地环境下养鱼的经验有限,存在风险,减少了公海水产养殖经济上成功的可能性。但政府适当的扶持政策有可能使限制公海水产养殖产业增长的问题得到减缓。

二、 公海养殖的法律空白

(一)公海水产养殖受防治海洋环境污染的国际法限制

海水养殖受到用于处理其他问题的一般国际法和条约的一系列条款影响,特别是有关海洋环境的法律。这些条款中最重要的是《联合国海洋法公约》,它要求各国防止、减少或控制来自陆源的对海洋环境的污染。这些法律文书对水产养殖的影响可以是巨大的。

(二)缺乏针对公海水产养殖的国际法

由于公海水产养殖属于近几年的事,所以,不论《联合国海洋法公约》或是作为国际软法的《负责任渔业行为守则》都没有针对各国在公海从事水产养殖的权利和义务的规范。这1领域尚待解决的问题是,与捕捞渔业不同,国际公法和条约规定中现行的适用指导原则,对公海水域水产养殖活动的经营给予的指导甚微。然而,公海水产养殖活动要想发展,必须填补其管理空白。

三、 填补公海养殖法律空白的途径

(一)适用建设人工岛屿和其他装置的自由

依据《联合国海洋法公约》和其他有关国际法,各国有权在公海行使航行自由、捕鱼自由和建设人工岛屿和其他装置的自由。这种自由足以允许在公海进行一定类型的水产养殖生产。公海水产养殖采用的生产结构为锚定或漂浮。公海水产养殖生产比建设人工岛屿或其他装置要求更少的管理。养殖生产比专属经济区以外被广泛设想的需要

许可的活动侵扰性要小，例如准备或支持能源生产、运输或传送的活动。

尽管可以认为允许在公海进行水产养殖活动，同样重要的是要强调这种权利伴随着国际法的明确义务，来确保水产养殖活动不与其他国家的权利发生冲突，并对航行的影响最小化。特别是，依据《联合国海洋法公约》，各国有许多义务来保全和保护海洋环境。

在这方面，公海水产养殖与其他利用相似，例如航行和渔业，各国可行使在公海的权利，但要根据习惯国际法和条约的相关规则。不过，公海水产养殖活动与适用于航行和渔业的国际义务相比远不明确，这使得更难以确定在公海的水产养殖违反了这里论述的国际义务。[4]8-9

（二）扩展国家管理范围

理论上，尽管各国对公海没有管辖权，但其可对公海上的本国国民行使与其在专属经济区内一样的管理权。因此，可以设想1国可在其水产养殖法律中确定条款适用于在公海进行水产养殖的国民，包括注册水产养殖设施，颁发许可证等。通过这类立法的动因可以是《联合国海洋法公约》的规定，据此各国要对其国民的行动负责。

（三）将现有组织和实践适用于公海海水养殖

区域渔业管理组织具有广泛地理范围，被广泛认为是处理渔业问题的最有用的国际机构以及作为水产养殖治理的范例。可以预防或减少不管制的水产养殖对其保护的跨界鱼类种群和高度洄游鱼类种群的潜在影响为缘由，将公海水产养殖的管理纳入适用范围在公海上的区域渔业管理组织的职责范围。

当然根本的解决办法是制定具有拘束力的公海水产养殖国际法律文书。

参考文献

［1］联合国粮农组织负责任渔业技术准则第5号.水产养殖的发展［S/OL］.（2009）.［2013-08-28］. ftp：//ftp. fao. org/docrep/fao/011/w4493c/w4493c. pdf

［2］联合国粮农组织渔业部.2004世界渔业和水产养殖状况［R/OL］.（2004：69）.［2013-08-30］. http：//www. fao. org/docrep/007/y5600c/Y5600C03. htm

［3］渔业委员会文件第COFI：AQ/V/2010/7号.将水产养殖向外海推进：治理和挑战［R/OL］. （2010-10-01）.［2013-09-05］. www. fao. org/docrep/meeting/019/k7667c. pdf

［4］联合国大会文件第69/71号.秘书长的报告海洋和海洋法［R/OL］.（2014-03-21：32）.［2013-09-05］. http：//www. un. org/zh/documents/view_doc. asp？ symbol＝A/69/71

［5］联合国大会决议第66/288号.我们希望的未来［S/OL］.（2012-07-27：21）.［2013-08-28］. http：//www. un. org/zh/documents/view_doc. asp？ symbol＝A/RES/66/288

［6］2008世界人口状况报告［R/OL］.（2009-09-03）.［2012-07-25］. http：//www. greentv. com. cn/zhuanti/zhuanti_detail. aspx？ ID＝46493

［7］世界城市化展望［R/OL］.（2008-02-26）.［2012-07-25］. http：//www. unmultimedia. org/radio/chinese/detail/116313. html

［8］联合国粮农组织渔业和水产养殖部.2010世界渔业和水产养殖状况［R/OL］.（2010）.［2012-

07-30].

http://www.fao.org/docrep/013/i1820c/i1820c.pdf

[9] 国家环境保护总局.联合国环境与可持续发展系列大会重要文件选编[G].北京:中国环境科学出版社,2004:23.

[10] 联合国粮农组织负责任渔业技术准则第 5 号增补 5.利用野生鱼类作为水产养殖饲料[S/OL].(2012).[2013-09-06].

http://www.fao.org/docrep/015/i1917c/i1917c00.pdf

[11] 联合国粮农组织负责任渔业技术准则 5.水产养殖的发展补编 4.水产养殖生态系统方法[S/OL].(2013).[2013-09-06].

http://www.fao.org/docrep/018/i1750c/i1750c.pdf

[12] 联合国粮农组织渔业和水产养殖部.2006 世界渔业和水产养殖状况[R/OL].(2007).[2013-09-08].

ftp://ftp.fao.org/docrep/fao/009/a0699c/

[13] 王铁崖.国际法[M].北京:法律出版社,1995:244-245.

[14] 国际水道非航行使用法公约[S/OL].(1997-07-08).[2013-09-10].

http://blog.ifeng.com/article/8894659.html

第十四章　捕捞后处置和贸易

捕捞后处置和贸易是指鱼类被捕捞上船板或上岸之后,以负责任的方式进行贮存、运输、加工、进入国内和国际市场并销售到购买者手中的经济、技术活动过程,主要包括负责任鱼品利用和负责任鱼品贸易两方面,简称捕捞后部门,是负责任渔业的1个关键部分。在国家渔业管理和发展战略中,捕捞后部门应与捕捞部门(包括水产养殖部门)相适应,这是渔业可持续发展的1个核心问题。

《联合国海洋法公约》及有关公约、协定未涉及捕捞后部门,但不论是鱼品利用或鱼品的贸易均应符合《联合国海洋法公约》及有关公约、协定确立的国际养护和管理措施及实现水生生物资源长期养护和可持续利用的目标。

《负责任渔业行为守则》总原则第6.7条款和第6.14条款规定,"鱼和渔产品的捕捞、处理、加工和销售方式应当保持产品的营养价值、质量和安全,减少浪费,将对环境的不利影响减至最低限度"。"国际鱼和渔产品贸易应当按照世界贸易组织协定和其他有关的国际协定规定的原则、权利和义务进行。各国应当确保其有关鱼和渔产品贸易的政策、计划和作法不阻碍这种贸易、不造成环境退化或消极的社会(包括营养)影响。"为实施这两条总原则,在《负责任渔业行为守则》第十一条"捕捞后处置和贸易"及其技术准则中对负责任鱼品利用和负责任鱼品的国际贸易的适用规范作了详尽规定。

鱼品利用和鱼品贸易应防止和减少对生态环境的影响。为此设计了查明鱼和渔产品最终原产地的跟踪记录制度、海洋和内陆捕捞渔业鱼和渔产品生态标签计划、水产养殖认证及渔获登记制度,这都是以市场为依托,确保所利用及国际贸易中的鱼和渔产品来自合法的捕捞和可持续的渔业、水产养殖业,并促进国际养护和管理措施得到遵守的有效手段。这种将贸易措施引入渔业管理,作为养护水生生物资源、保护渔业生态环境及打击非法、不报告和无管制捕捞的有效手段,是国际渔业法近年发展的1个新特点。

第一节　负责任鱼品利用

一、捕捞后鱼品优化利用

捕获的鱼类具有容易腐败的特点。除非在鱼死后很快食用,否则很快不能为人们接受,因而失去成为1种具有营养价值的食品。鱼类活体、鲜鱼作为食品的脆弱性还意味着如果运输和销售条件受到干扰或出现反常变化,鱼品无法在指定保存期内出售,也将会腐败而被扔弃。

人们饮食具有需求多样化的特点。世界上需要成千上万种源自鱼类的食物。它们需要良好的保存和加工才能以最佳条件和最小损失,最终达到消费者手中。这既适应了市场需求,又可提升鱼和渔产品的附加值。

基于上述特点,需对捕捞后鱼品优化利用,其保存和加工技术包括降低温度(冷藏和速冻),加热处理(装罐,蒸煮和熏制),减少水份(烘干,盐渍和熏制)以及改变贮藏环境(包装和冷藏),可以降低腐败率,并更好地将鱼和渔产品上市流通和分销到世界各地。

鱼和渔产品除了人类食用,还作为生产的主要原料为粮食安全做出贡献。特别是,鱼粉和藻类可用作海水和淡水水产养殖、牲畜和家禽饲料以及作物种植肥料。整鱼、鱼骨或鱼类的其他加工副产品经干燥和研磨后产生的粗粉就是鱼粉。鱼油还可用来生产人造黄油等食用油和脂肪。用于生产鱼粉和鱼油的鱼种很多,特别是秘鲁鳀鱼。鱼粉生产原料的另一日益重要来源是食用商品鱼的加工废料。2010 年捕捞渔业和水产养殖供应了 1.48 亿吨鱼,其中 1 500 万吨被加工成鱼粉和鱼油。水产养殖仍是鱼粉和鱼油的最大用户。水产饲料一般用来饲养杂食鱼类、肉食鱼类和甲壳类物种。据联合国粮农组织估计,2008 年约 3 170 万吨(全球水产养殖总产量的 46.1%,包括水生植物)养殖鱼类和甲壳类需要饲料喂养,占全球养殖鱼类和甲壳类产量的 81.2%。上述饲料使用的鱼粉比例从 2%至 10%不等,但一些国家的罗非鱼和鲶鱼饲料例外,据报道,这些国家在鱼食中使用高达 25%的鱼粉。藻类产品的化学成分是鱼粉和鱼油替代的蛋白质来源,使其可被用来增加食品和动物饲料的营养价值,从而在水产养殖中发挥关键作用。[1]

此外,鱼类和藻类还可加工成很多其他用途的产品。

二、责任

《负责任渔业行为守则》总原则第 6.7 条款规定,"鱼和渔产品的捕捞、处理、加工和销售方式应当保持产品的营养价值、质量和安全,减少浪费,将对环境的不利影响减至最低限度。"此条规定指明,捕捞后的鱼品利用应承担以下 3 个主要方面的责任:

(1) 对鱼品消费者的责任,确保鱼品食用安全,并有预期的质量和营养价值;

(2) 对渔业及渔产品加工业的责任,确保资源不被浪费;

（3）对环境的责任,确保尽量减少不利影响。

这3个方面的责任贯穿于《负责任渔业行为守则》的所有条款,但在其第十一条"捕捞后处置和贸易"内则特别强调了对鱼品消费者的责任。上述责任是互相联系的,而且在许多情况下,对其中1个方面的责任即意味着对其他两个方面的责任。

履行这3个方面的责任,首先是各国政府的责任,同时也是渔业部门所有人员的责任。这些责任得到履行,是渔业实现可持续发展的关键因素,也是世界各地千百万人能够持续从渔业这个行业获得就业和收入的根本保证。

三、《守则》有关的条款

负责任鱼品利用,在《负责任渔业行为守则》中除第6.7条款外,主要包含在第11.1条款。其中,第11.1.1、2、3、4条款主要涉及鱼和渔产品对消费者的责任,第11.1.6、7、8(c)、11及12条款概述对环境的责任,而第11.1.5、6、8(a)和(b)、9及10条款则涉及增加鱼品的利用以及协助该产业。

以外,还有一些与负责任鱼品利用有关的条款。这些条款包括:

（1）第8.8条款涉及逐步减少和正确处理破坏臭氧层的物质,尤其是冷冻系统内的这类物质。

（2）第8.9.1(d)条款涉及尽量减少渔业企业在鱼品上岸时和在港口的污染。

（3）第9.4.7条款涉及将食物安全和质量保持系统纳入水产养殖企业。

（4）第8.4.4条款涉及促进在捕捞作业中采取适当的技术,优化利用和管理保留的渔获物,从而强调必须确保渔船上的适当处理系统及陆地上的操作。

（5）第12.7条款和12.8条款提到必须研究鱼作为食物的优化利用并必须进行研究,以确保鱼品食用安全。

联合国粮农组织负责任渔业技术准则第7号.《负责任鱼品利用》,对第11.1条款作了周详的解释。[2]

四、 原则和标准

（一）确保消费者拥有安全、卫生和纯正鱼和渔产品的权利

各国应当采取适当的措施,确保消费者拥有安全、卫生和纯正鱼和渔产品的权利。(11.1.1)

1. 安全、卫生和纯正鱼品的含义

（1）安全鱼品是指不会对消费者造成疾病、伤害或死亡。鱼和渔产品可能由于致病生物(细菌,病毒,真菌)或其毒素的存在或滋生、生物体毒素(如生物胶和肉毒鱼毒素)以及寄生虫的存在,或受到化学物质或其他不安全物质(金属、玻璃)的污染而有害、不安全。

（2）卫生鱼品是指对健康有益。鱼和渔产品不但应可安全食用,而且应有益,即对消费者有良好的营养价值。鱼是1种天然营养食品,因而是1种有益健康的食品。它的营养价值无法增加,但可因不良的加工使其有益健康的营养成分减少。

（3）纯正鱼品是指质量要名副其实。鱼被掺杂、掺假是蓄意欺骗购买者、消费者的行为,其形式可能是以较差的物质,例如价值比较低的鱼或与鱼相似但可能没有相同营养价值的其他食物加以取代,使购买者、消费者无法了解鱼的实际价值。

2. 确保鱼品安全、卫生和纯正的责任链

确保鱼品安全、卫生和纯正的直接责任在于鱼和渔产品生产经营者,从捕鱼者、养鱼者到零售商的每1个人,其中包括加工者、商人、分销商和运输者都负有责任。食品的最终销售者对他们出售的鱼品安全和质量负责。因此这要求销售者必须对他们的供应者进行"安全检查"。这种安全责任链一直向下追踪到各种层次,并包括作为原料主要提供者的渔民和鱼类养殖者。

各国政府有责任采取适当措施确保消费者拥有安全、卫生和纯正鱼和渔产品的权利的行使。这种责任应通过立法来履行,制定1个法律框架,采取保护消费者的预防措施,要求生产者制定和实施有效的安全和质量保障的运作计划,并对在市场销售有害消费者健康的产品的生产者进行追究。

小规模、非工业化食品作业可能需要政府的援助才能满足卫生要求。为防止它们生产不合卫生条件的鱼品而发生食物中毒或患病的事件,造成额外医药费用、损失工作日和鱼品销售减少等给国家带来潜在损失,各国政府有责任通过教育和培训小规模、非工业化作业参与人员并提供基本必需品,以确保该产业能够履行满足卫生食品需求方面的义务。有关援助还可以包括:

（1）提供上岸地点,产品可以通过这些地点而无食用安全风险;

（2）在上岸地点、加工区以及市场提供可饮用水;

（3）提供各销售阶段达到可接受卫生标准的销售设施;

（4）为参与生产和销售鱼和渔产品的人员制定关于卫生处理和鱼品加工的教育和培训计划;

（5）对参与该产业的人员提供技术咨询和推广服务,帮助他们生产和销售安全鱼品。

（二）建立和实施国家安全品质保障制度

各国应当建立和保持有效的国家安全品质保障制度,以保护消费者的健康和防止商业欺诈。（11.1.2）

1. 实行和完善食品质量安全保障职能部门监管分工协调体制

有效的食品安全和品质保障制度是政府保护消费者健康和渔业利益的1个基本因素。在不同的国家,卫生检察、食品安全和渔业管理等若干不同部门都可能具有的这个领域的监管职能,构成1个执行和执法系统。必须对该系统进行科学设计,以确保人们了解地方、全国以及必要时各主管部门的职责和责任,废除互相矛盾和重叠的规则和条例,在政府统一领导下,有关各方既各司其职又协调配合。

2. 建立和实施危害分析和关键控制点管理体系

食品企业采用危害分析和关键控制点（HACCP）管理体系是目前已经用作并首先被视为1种可以确保产品安全的手段,是国际通行的食品品质保障制度的主要组成部分。HACCP基本上是1种自我约束制度,需要各个生产者对他们的产品生产所涉及的危害

和风险进行分析,然后对他们本身的经营活动进行监督、审计和核查,以确保将风险降低到可以接受的水平。

许多国家或国家集团鼓励从事生产、加工出口食品的企业建立和实施 HACCP 管理体系。列入《出口食品卫生注册需要评审 HACCP 管理体系的产品目录》的企业,必须建立和实施 HACCP 管理体系。

企业建立和实施 HACCP 管理体系须经国家有关主管部门批准并按有关规定向取得国家认可机构的资格认可的机构申请认证。经认证机构按照规定评审符合要求的,由认证机构颁发 HACCP 认证证书。

国家指定的主管部门根据有关规定对企业建立和实施的 HACCP 管理体系进行验证。根据国家与外国(地区)签订的双边协议或者合同约定及国外有关要求,企业应当接受国外食品卫生管理机构的验证。

3. 保护消费者免受欺诈

商业欺诈的本质是用欺骗手段取得不正当利益,因而难以发现。这类欺诈可能采取多种方式,例如:

(1) 鱼类品种名称不符和品种被取代;

(2) 包装上的重量不符;

(3) 故意减少包装重量;

(4) 过分使用添加剂(如过分使用磷酸盐增加含水量);

(5) 零售时称重不准确;

(6) 原产国标签不符等。

保护消费者免受欺诈,是《负责任渔业行为守则》中强调的 1 个重要方面。它鼓励各国建立和保持有效的制度,发现、制止和预防商业欺诈。

国家的责任是建立机制,将行骗者截获,并在截获后将他们提起指控。现场检查货物制造和销售时使用的度量衡,分析最终产品的成分以及是否符合标准,并建立公众与政府之间的交流渠道,以便在有怀疑时可向当局举报,这些都是防止欺诈的可行办法。

(三)制定食品安全和质量保障标准

各国应当制定最低限度的安全和质量保障标准,并确保这些标准在整个行业内得到有效。各国应当促进执行在联合国粮农组织、世界卫生组织食品法典委员会和其他有关组织或安排的范畴内商定的质量标准。(11.1.3)

1. 国际食品质量标准

1961 年粮农组织第十一届大会和 1963 年世界卫生组织第十六届大会分别通过决议,决定由粮农组织和世界卫生组织(WHO)共同创建国际食品法典委员会(CAC)。该委员会是 1 个向世界各国(地区)开放的制定国际食品质量标准的政府间组织。其宗旨主要是保护消费者免受卫生风险及欺诈的影响,确保公平地进行食品贸易并促进国际食品贸易。自 1962 年以来,已制定食品产品标准、卫生或技术规范、评价的农药和兽药、农药残留限量、污染物准则、评价的食品添加剂计有几千个,出版食品法典十几卷,内容涉及食品中农残;食品中兽药;水果蔬菜;果汁;谷、豆及其制品;鱼、肉及其制品;油、脂及其制品;乳及其制品;糖、可可制品、巧克力;分析和采样方法等诸多方面。[3]食品法典各委员会,根据国际共识和合理的科学概念不断审查这些文件,使它们成为公认的起码标准。

2. 国家食品质量标准

各国为使消费者的权利得到切实保护,必须制定一些最起码的食品安全及质量保障标准。国际食品质量标准为各国制定国家食品质量标准提供了重要基准。

《负责任渔业行为守则》鼓励促进和利用食品法典委员会的质量标准作为基准制定 1套国家标准。但各国制定本国的标准时,应考虑到当地的情况——经济和技术条件;必要时还须考虑进口国的要求。如果某些领域出现高度风险,则可以采取比国际标准更为严格的标准。

3. 防止利用双重标准实行贸易歧视

世界贸易组织(WTO)已经对卫生和植物检疫措施以及贸易的技术壁垒达成协议。这些协议使各国有义务确保卫生和植物检疫措施具有真正的科学依据,而不会在国与国之间出现任意的或不合理的歧视现象。根据这些协议,还要求各国对国内生产的食品适用对进口食品相同的标准,并将这些条款列入国家法律。

世界贸易组织协定规定,遵守国际会议制订的标准,遵守食品法典即意味着遵守卫生及植物检疫措施。因此,大大提高了食品法典委员会的重要性,敦促各国支持和促进食品法典委员会的工作。

（四）互相承认食品安全管理制度的有效性

各国应当进行合作来统一或互相承认或既统一又互相承认有关的国家卫生措施和证书计划,探索建立互相承认的管理和证书机构的可能性。(11.1.4)

1. 食品安全的"等价"管理

鉴于各国之间在工业、政府和立法体制方面的差异,不大可能在不同国家取得相同的卫生管理措施和验证计划。但只要这些措施和计划接受国际标准或准则,并保证应用和遵守这些标准和准则,尤其确保下列各项,就应认为是有效的;就应对这些措施和计划具有信心,这便是等价原理:

(1) 具有涵盖鱼品处理及加工的必要法律、法规和基础设施;

(2) 具有 1 项国家食品安全检查计划;

(3) 具有 1 项监督污染、生物体毒素和可能影响鱼和渔产品安全的其他项目的国家计划;

(4) 具有训练有素的职员,有能力为渔业质量保障计划的实施提供技术支持并有能力检查和核实这类计划;

(5) 具有使职员能够通过参与有关质量保障的国际会议和论坛,与进展情况保持接触的资源和承诺;

(6) 具有对管理人员进修和知识更新的培训,以及对质量保障行业人员的培训计划。

等价原理承认,达到同样的目标(如生产安全食品)有若干途径。只要计划和方法被认为已经明确制定、执行,在科学上有依据,可以核实效果,则各国应互相承认对方的制度为"等价"。食品法典委员会对"等价"的定义是,不同的检查和验证制度具有达到相

同目的的能力。为了达到这个目的,各国必须建立可以操作的制度,并应具有透明度。[2]16

2. 出口国与进口国协议达成互相承认

出口国与进口国之间应进行合作,通过协议互相承认负责确保食品安全的机构进行的管理成效。实行互相承认有利于减少管理成本,有利于增加营运效益,有利于促进国际鱼品贸易。一般认为采用 HACCP 可以对"等价"衡量发挥核心作用,并有助于协调互相承认过程。各国之间的合作,还意味着出口国与进口国之间通常使不太发达的制度达到所要求水平的援助。在某些情况下,一些国家可以分享用于分析、监督、管理的设施。

(五)重视捕捞后渔业行业的经济和社会作用

各国在为渔业资源的可持续发展及利用制定国家政策时,应对捕捞后渔业行业的经济和社会作用予以应有的考虑。(11.1.5)

1. 捕捞和捕捞后部门的均衡发展

渔业可持续发展的 1 个核心问题是,需要使渔业的捕捞部门(包括水产养殖在内)与捕捞后处置部门相适应。如果加工、销售的比重过大,可能导致鱼类种群受到难以承受的压力;如果过小,则可能导致鱼品的损失和浪费,因为无法在其腐败变坏之前全部进行加工、销售和消费。政府的作用应该是制定 1 项合理的政策,考虑到所涉及的各种因素,以及从鱼的捕获到消费者(包括环保团体)各个方面的需要和关切,确保捕捞和捕捞后渔业部门的可持续及均衡发展。各国政府还要在促进提供执行政策所需要的手段及营造一个有利于执行政策的环境方面发挥作用。

2. 小型渔业在捕捞后的作用

发展中国家的小型捕捞及鱼品加工业为许多人提供极为重要和十分需要的重要蛋白质来源。然而,从事这些活动的往往是那些收入和社会地位较低、勉强维持生计的人。各国在制定为渔业可持续发展和利用的国家政策时,应考虑到小型渔业在捕获后部门的社会及经济福利及其在粮食安全方面的作用。了解小型渔业的需要和愿望是规划和实施重大和可持续干预行为的 1 个先决条件。采用参与性评估技术收集和传播信息以及通过非政府组织展开旨在提高一些不发达渔民社区的小型鱼品加工水平方面的活动。

各国在制定渔业发展计划时,必须全面考虑手工捕鱼与工业化捕鱼之间在社会及经济方面的互相影响以及干预行动对各个部门的影响,包括小型渔业在内的捕捞后部门的研究及发展资金分配需求,应得到认可。

3. 捕捞后处置设施的建设和配置

在大多数捕捞渔业中基础设施须由多个渔民或捕鱼企业共享和使用。通常是规模经济,为整支船队提供卸鱼设施,而非每一只渔船拥有本身的卸鱼地点。这些基础设施,如提供安全停泊的渔港、卸鱼设施、用于销售渔获的干净、卫生的市棚等,往往由政府或政府支持的组织建立。提供这些设施的费用可能来自国库,或来自向使用这些设施的人征收的捐税,或两者相结合。

政府在提供比较具体的协助,例如,供应冰块和冷藏库以支持捕捞后部门方面,可以发挥作用。但是这类活动一般最好留给私人部门进行,私营部门不受公共资助活动繁文缚节的约束。

（六）进行鱼品技术和质量保障的研究

各国和有关组织应当发起进行鱼品技术和质量保障的研究并支持改进捕捞后鱼处理的项目,同时考虑这类项目的经济、社会、环境和营养影响。（11.1.6）

1. 进行鱼品技术和质量保障研究的必要性

（1）鱼作为食物来源而捕捞和销售的品种繁多,不仅品种之间的组成不同,而且,相同的品种也可能因季节和地点而异。这种广泛的差异使人们难以利用在1种情况下或针对某1种鱼得出的研究和技术开发结果,并肯定对另1种鱼或在另1种情况下将取得相同的结果。除了已经捕捞的大量品种外,显然还需要调查新品种的销售、捕获后处置以及加工特点,以便协助弥补似乎可能在未来出现的鱼品供应短缺。

（2）鱼和渔产品有大量不同市场及供应市场销售的产品类型。鱼品有新鲜的、冷藏的、速冻的、加热处理的、发酵的、晒干的、熏制的、盐渍的、腌制的、蒸煮的、煎炸的、干冻的、剁碎的、粉状的以及几种加工方法结合起来制成的鱼品。对其中每1种加工法而言,鱼品可以用各种方式备制和包装,因地点和市场不同而异。

（3）世界各地区的发展水平及经营规模不同,使品种之间的差异加剧。对工业化渔业合适的,往往对发展中国家的小规模手工渔业不合适。如果考虑到温带发达国家的商业化渔业与热带发展中国家小规模渔业之间的差异,这些差别就特别明显。在前1种情况下,加工的可能是少数品种,环境有利且基础设施十分发达;而在后1种情况下,加工的则可能是大量品种,环境艰难且基础设施很少。由于这些不确定因素,因此,亟须进行适应性研究。

2. 进行鱼品技术和质量保障研究的机制和项目

各国政府应支持一些可广泛影响广大公众而没有任何私人公司可以视为研究重点的领域,包括对渔业社会经济状况,特别是不发达国家小规模渔业的社会经济状况进行研究,以便为制定渔业和发展政策提供基本数据并可以确定进一步的研究需要。为了展开这些研究活动,必须有1个拥有所需教育和技能的机构及人力资源基础。研究活动可以包括如下方面:

（1）关于保护消费者健康、检查和质量保障的研究。制定质量保障及检查系统、标准及准则,确保公众安全,并提高公众对鱼及渔产品是安全和卫生食品的信心。还可以包括诸如生态学和病原体生理学的基本研究,这些可以作为列入法律的质量保障系统和准则的基础。

（2）新发现的品种或认定的种群,这些种群显示具有进一步发展进入人类食物链的潜能,可能需要基本的营养和生物化学研究、化学成分、产量分析以及贮存试验,作为以后私人投资的依据。

（3）研究新发现品种的销售机遇。

（4）环境影响研究,例如,更有效利用水和能源:

① 使用防治虫害的替代方法,减少有害农药的使用（尤其是在利用自然干燥的发展中国家）;

② 提高熏鱼系统的效率,减少所需木柴的数量(尤其在熏干是确保鱼品到达消费者手中的1项重要保存手段的发展中国家);

③ 鱼类加工的废水和废料对环境的影响;

④ 鱼类加工作业的废水对水产养殖业等其他行业的影响。

(5)减少捕获后损失以及加强对副渔获物和利用不足品种(如上层小鱼、中层小鱼)的使用,这符合合理的资源管理。显然需要考虑和研究新品种及其产品的市场机遇,必须成为新产品开发过程的1个组成部分。

发展中国家的政府应提供资金协助小规模鱼品加工业进行与环保有关的研究,确保其活动的可持续性并改善或至少维持其生计,并努力使小规模渔业捕获后活动更加有效和可以持续。

想要增加鱼品消费的国家,应准备为协助私营部门的研究提供资金。私营部门对研究与发展的投资,更有可能接近于市场导向,如研究产品开发或新的加工方法和设备的研究与开发。这类研究被视为1种增值、扩大市场机遇的手段。这可以通过对私人研究的直接财政援助或通过利用财团适当处理。政府或许能够从研究得到的任何发展均符合政府的目标,例如实现粮食安全、鱼类资源和环保目标。在一些情况下,应要求私人企业资助或补贴政府研究机构,代表它们进行调查。

(七)促进无害环境的加工、运输和储存技术的发展和转让

各国注意到存在不同的生产方法,应通过合作和促进发展和转让适当技术来确保加工、运输和储存方法无害于环境。(11.1.7)

1. 促进利用对环境无害的加工、运输和储存方法

渔业可能受到环境的影响也可能影响环境。各国应促进利用对环境无害的鱼品加工、运输和储存方法。确定哪些行动对环境有害还是无害,需要进行谨慎和熟练的分析。按照对负责任渔业采取预防性做法的要求,如果对某1具体行动是否对环境有害存有任何疑问,应作为不是良好的做法而采取行动,直至证明是相反或找到一种被证明是对环境无害的替代方案或技术为止。因此,在规划新的捕捞后处置企业时,对环境影响的评估以及从不同的方案和技术权衡影响和风险应成为政府批准新企业程序的1个必要部分。

2. 捕捞后渔业部门可能造成环境污染的因素及其处理技术

渔业一般遭受环境污染的危害,而不是造成环境污染,但也存在可能造成环境污染的因素和情况。主要有:

(1)鱼品加工厂的废水排放。水用于清洗产品和与产品接触的表面。水也用作从工作环境运走废料和污染物的手段。这种水带走的物质可能需要大量的生物氧。如果将其直接倒进天然水体就可能造成水质受到严重破坏造成缺氧情况并可能影响水生环境的生物平衡。在一些情况下它可能视作1种营养来源,在另一些情况下,则视为污染来源。这些废料由于是生物性的,最终可以降解,而有关的影响在时间和空间上可能只是局部性的。然而,不应忽视它们,因即使是暂时和局部性的生境破坏也可能是有害的。排放的水也可能含有在鱼品加工厂使用的去污化学物和防腐剂,可能不利于健康。在邻

近鱼品加工作业和水产养殖的地方必须考虑在 1 个封闭的循环中废水的交叉污染和致病生物可能滋生的危险。通过物理筛选除去较大鱼块,应该是解决该问题的第一步。接着,如有必要,则适当处理废水。这要考虑到法律要求和当前的知识状况。利用和发展洗鱼机,减少需水量,不但可以协助减少废水量,而且可以减少从环境中抽取的水量和有关的费用。

（2）从水中筛选出来的固体物质或加工过程的副产品。通常这都需要特殊处理。利用鱼的废物生产其他食物(包括家畜饲料)似乎是最负责任的方案。

（3）生产线的废料。为保护沿海水域或其他生境不受扔弃废料影响,如果因限制性法律而使处理成本增加,可能有使废物利用成为比废物处理更有吸引力的方案,如生产家畜饲料、更加充分利用鱼片生产线的碎屑以及烘干和利用鱼头均具有经济意义。

（4）鱼品加工活动可能造成强烈的气味。鱼粉厂位于住宅区可能非常不受公众欢迎。如果要避免未来的问题,就必须精心规划,将盛行的风向考虑在内。现代鱼粉加工设备可以在排气管上安装减消气味的设备,而安装适当的减消气味设备可以作为授予鱼粉生产许可证的 1 个先决条件。用空气或自然干燥方法加工鱼也可能产生气味问题。在良好的干燥条件下(低湿度、空气流通、适当气温),鱼可以充分快速干燥,从而避免产生挥发性气味物质的腐败机制。

（5）化学杀虫剂。为了克服生产和贮藏干鱼期间的一些虫害问题,鱼品加工厂使用各种化学杀虫剂,而在一些情形下,这些杀虫剂与鱼品直接接触。这些物质如不妥善使用或予以控制,有很多存留在环境之中,对人类有潜在的危害。可从粮农组织万维网主页(http://www.fao.org/)"统一数据库"中找到粮农组织和世界卫生组织杀虫剂残留物联席会议制定的替代杀虫剂品的许可量和使用方法。传统上,胡椒、果汁和植物提取物等天然物质已经用于一些渔业领域控制干鱼和正在干燥的鱼遭受虫害。对这些天然物质中活性成分的有效性及其隔离和/或净化作进一步研究,可以找到其他对环境更安全、更合理的虫害控制方法。

（6）破坏臭氧层的物质。蒙特利尔议定书呼吁削减或逐步停止使用使臭氧减少的物质作为制冷剂。《负责任渔业行为守则》的其他条款(8.8.2～8.8.5)特别呼吁,在渔船冷藏系统中逐步停止使用氯氟烃(CFC_3)和氢化氯氟烃($HCFC_s$)。这些限制性条款也适用于陆地上与鱼品保存和加工有关的冷藏系统。除了碳氟化合物使臭氧减少的影响外,它们也列为温室气体。在蒙特利尔议定书内,氯氟烃和氢化氯氟烃被碳氟化合物取代,碳氟化合物对臭氧层的潜在破坏要小得多,可以忽略不计。可惜碳氟化合物具有高度的全球变暖潜能,与氯氟烃(CFC_s)和氢化氯氟烃($HCFC_s$)一样列为温室气体。这些因素表明可能将重新采用氨等一些比较传统的冷却剂,并开发具有臭氧消耗低的特性以及全球变暖潜能低的制冷剂气体。

氯氟烃在生产聚氨酯泡沫材料等绝缘材料中也用作起泡剂。这种材料广泛使用于冷藏库,并在渔业的其他低温用品中用作 1 种绝缘材料。以碳氢化合物为基础,开发了其他起泡剂的应用。参与维持及修理冷藏设备的人员必须经常了解取代物质的使用和处理情况,接受这方面的培训和指导,并明了其安全和负责任使用的程序。

（八）鼓励鱼品加工、分发和销售减少浪费和节约资源

各国应当鼓励参与鱼品加工、分发和销售的有关方面：

（a）减少捕获后损失和浪费；

（b）在与负责任渔业管理方法一致的范围内改进副渔获物的利用；

（c）以无害环境的方式利用资源，特别是水资源和能源（尤其是木材）。（11.1.8）

1. 减少捕获后的损失和浪费

人们广泛认识到，并非所有为人类消费而捕捞的鱼都实际到达消费者手中。有些鱼因为销售技术或处理程序的缺陷在销售链中损失，有些鱼则由于没有市场而被故意扔弃。可能出现有形的损失，但也可能出现价值上的损失。从捕捞到消费各种损失的幅度很难在宏观上衡量。有人认为在一些发展中国家这种有形损失可能高达渔获量的25％。[3]27 造成这种情况的原因包括冰块缺乏或使用量不足，缺乏足够的隔热设备，产品处理不善，公路基础设施不足以及加工中的浪费。由于小规模渔业往往无法防止产品在新鲜程度、虫害、破损、氧化等方面的品质迅速变坏，对生产者和商人造成的价值损失可能更高。人们普遍认为鱼从捕获到消费的这种损失是无法接受的，必须努力减少这些损失。

各国需要努力改善从鱼的捕捞到将其送到消费者手中的系统。政府机构应努力鼓励更好地利用鱼品，包括研究和开发新技术和新的市场机遇，培训人员以及提供人人均可使用的基础设施。例如，为偏僻渔村修建更完善的公路、供应清洁饮水、电或电话联络，可以大大地提高所有村民的生活水平，并有利于鱼品的销售，从而减少损失。许多发展中国家没有足够的批发和零售鱼市场，导致浪费并使消费者的需求减少。

在许多国家，不仅有形销售设施的缺乏或不足会制约有效销售，销售情报的缺乏也可能是1个因素。收集和公布有关价格、市场趋势和机遇的信息可以促进和协助鱼品销售，惠及渔业。减少捕捞后损失，除能够直接增加到达市场的鱼品数量以外，还有许多利益，其中包括减少渔业资源承受的压力，增加捕捞渔业和个体加工者的收入，加强粮食安全和人民的健康。减少鱼品浪费意味着需要减少抛扔到环境中的鱼，从而可减少对环境的影响。捕捞后损失大概永远无法完全避免，将损失减低到可以接受的水平，同时考虑到这样作的社会、经济和环境代价，应当是负责任的目标。

2. 在与负责任渔业管理方法一致的范围内改进副渔获物的利用

除因捕捞后保存不当而使鱼品蒙受损失以外，大量被意外捕捞的鱼除被抛扔回水里（通常已经死亡）的以外都成为副渔获物。在通过改变捕鱼的技术，限制捕鱼的时间和地点以及限制和控制捕鱼方法的管理及法律手段，来减少副渔获物，特别是其中的海龟、海鸟和水生哺乳动物等品种及在商业上重要的幼体的同时，应鼓励渔获物的更充分利用。

捕虾副渔获物中的鱼一般很小，品种纷杂，包括将要长大并可能在其他类型的渔业中具有商业价值的幼鱼以及天然小品种的成体。由于它们具有这些特性，因而将其往往用作家畜饲料。在其他情况下，副渔获物中的鲜鱼，直接分发和销售给水产养殖系统作为鱼饲料。也有将一些选择的品种加工成人类食物的技术上更先进的系统。为这类鱼寻找用途，使之对人类的食物供应做出贡献，具有协助粮食安全、减少对鱼类资源的压力

以及在产品制造、分发和销售方面提供就业机会的潜力。迄今的研究工作表明,决定副渔获物是否可用的主要力量是经济和市场,而不是技术。

3. 以无害环境的方式利用资源,特别是水资源和能源

鱼品加工业也对天然资源有要求,因而对环境会有影响。很多鱼品加工厂需要不断供应清洁水。因此,在选择厂址时,必须肯定能获得供水并估计对供水的长期影响。仔细设计、场址布局、加工活动及管理可以优化水和能源的利用,从而有助于提高公司的效率,并减少加工活动对环境的影响。

长期抽取地下水可能对环境产生影响,如供水盐碱化,地面下陷以及地下水位下降。这些又可能产生社会后果,因为社区可能失去饮水供应。其他行业对水资源竞相利用和家庭用水,都必须在评估水资源应付计划抽水量的能力时得到考虑。鱼品加工中需水最多的往往是在洗鱼阶段。应在不影响清洗效率的情况下研制用水量较少、并在废水排入环境之前加以处理的机械。在世界各地许多渔业社区,人们往往毫无节制地砍伐森林,用木材熏蒸和烘干鱼,并以木材作为烹饪食物的燃料。各国应鼓励寻找替代能源,节约木材,保护绿色生态环境。

(九) 鱼品利用应以人为先、宜食则食

各国应当鼓励供人类消费的鱼品利用,只要适宜就促进鱼品的消费。(11.1.9)

1. 饲料用鱼比重过大及其弊端

鱼不仅对人们的膳食做出直接贡献,而且对水产养殖和家畜饲料,特别是鱼粉的生产发挥着重要作用。一般认为最理想的是,只有那些因其性质或因它们在加工或销售时产生困难而不适合人类消费的鱼品才应作为非食物用途。然而,现实的情况是,大量低价值小鱼本来可以作为人类的廉价食物,但却转化为水产养殖和家畜饲料。近年来,世界上大约 1/3 的渔获量转化为饲料产品。[2]30 捕鱼的直接目的应是为人类提供食物,而将本可食用的鱼品制成家畜饲料便不是渔业资源最有效的利用方法。对于穷人而言,利用鱼作为饲料的做法弊多利少,而且从道德上讲,如果鱼类可以供人食用,那么将它们用作饲料则是不正确的。在将鱼作为饲料使用方面存在以下 5 大关切:[4]16

(1) 如果鱼品来自加工型渔业并被制成鱼粉而用作养殖鱼或虾的饲料,那么供人类,尤其是穷人食用的鱼品数量则会减少;

(2) 如果鱼是商业性渔业的兼捕物或小型中上层渔业的剩余上岸量并直接用作养殖饲料或鱼粉,那么港口市场上穷人通常可以买到的廉价鱼的数量便会减少;

(3) 越来越多地将鱼粉用于鱼类和其他动物饲料的做法导致加工型渔业的捕捞压力增大,或促使无选择性的拖网渔业采取直接定向捕捞;这可能会影响某些野生鱼类资源的可持续利用,并最终导致供人类消费的鱼品数量减少,而特别受影响的是穷人;

(4) 将来自加工型渔业的鱼转化为鱼粉,或将鱼送去加工以供人类直接消费,前者提供的岸上就业机会要低于后者;这特别影响到穷人,因为加工所需要的只是低技术劳动;

(5) 从海洋生态系统中大量捕捞饵料鱼会影响其他食鱼动物种类,包括其他鱼类、鸟类和哺乳动物。

2. 体制、经济和认识方面的问题

尽管在技术上可将中上层小鱼新鲜销售，或者用它们生产营养食物，但是目前处理、加工以及销售这些小鱼供人类消费却有很大困难，与开发利用有关的问题主要是体制、经济和认识方面的问题。

（1）当大量低值品种上岸后无法立即找到有利可图的供人类食用的市场时，生产家畜饲料或肥料可能是确保这些鱼不从食物链中损失的1种选择。而畜牧业和水产养殖业等依靠鱼粉作为原料的行业本身便是食物的主要使用者和供应者。例如，水产养殖业可能是外汇的主要赚取者，并将鱼品供应给没有其他富含蛋白食物来源的内陆地区。在确定何时适宜促进鱼类供人类消费时需要对这些宏观经济因素予以评估和权衡。

（2）尽管人们正在努力寻找原料鱼的替代品，但是从事鱼粉生产的公司仍能满足可能持续的需求。鱼粉是水产养殖系统的1种重要饲料原料，因而，为赚取外汇和国内消费创造重要的鱼品来源。将原料直接用于人类消费的替代方法或许在技术上是可行的，但是，除非它们被认为有利可图，否则，将不会为该行业接受。

（3）在一些情况下，捕捞中上层小鱼转化为鱼粉是通过纵向一体化公司进行的，同1公司拥有渔船、码头设施、鱼粉厂以及销售业务，从而形成1个封闭的工业系统，这有异并平行于为人们消费而供应鱼品的渔业。在这种情况下，维持现状而不将原料用作人类食物或进行新的、可能有风险的活动符合工业公司的利益。

（4）有证据表明，捕捞的杂鱼、低值鱼、副渔获物和一些饵料鱼可以更好地用于人类消费，既可以直接食用（如在欧洲，毛鳞鱼、大西洋鲱鱼，甚至蓝鳕等种类都具有作为人类食物的潜力），也可以通过不同形式的加工，主要面向出口的罐头（如秘鲁凤尾鱼和竹箕鱼）或供地方、区域利用（例如，通过更好的船上保存来进行鱼糜生产，或作为干、咸或发酵产品）。

对于那些有副渔获物上岸的区域而言，如果它们能在鲜鱼市场上出售，那么当地贫困和食物不足的人就能有机会获得廉价鱼。然而，副渔获物在上岸后通常已经受损或保存状况欠佳，往往不适合人类食用。非洲和近东现有的数据表明，中上层小鱼渔获量的60％用于人类消费，只有40％被加工成鱼粉。在亚洲，似乎大部分杂鱼、低值鱼因损坏、保存、冰冻状况欠佳，或属于不足规格的品种而不可食用，只能用作鱼类和动物饲料。然而，如果能对副渔获物进行适当分类和保存，将有可能提升杂鱼、低值鱼作为人类食物的潜力。一些渔业正在采用这1做法，尤其是目前鱼糜技术得到开发，其价格在增加。但是，这也会导致鱼品价格上涨，影响了那些本来计划从该做法中受益的人们的购买力。

另1方面，若干案例显示饲料鱼的利用能够提供就业机会和收入，从而确保粮食安全和生计。例如，南非鲍鱼养殖业为雇员每人每年提供1 687美元的净收益。此外，亚洲有数千个体渔民直接提供水产养殖所需的杂鱼、低值鱼。亚洲2004年直接依靠鱼类作为饲料的水产养殖产量估计为154万吨，每年可能创造的直接就业机会达27万个（0.175人年/吨鱼）。此外，受雇于相关活动的人数（如向养殖场运鱼，饲料生产，将产品运往出口市场）估计与养殖场雇员人数相当。因此，所创造的总就业人数1年约有50万人。

不同的观点是，如果副渔获物不被用来养鱼，它们可被用于食品生产。这些活动是劳动密集型的。捕捞后活动所创造的就业机会平均为每吨鱼（上岸重量）1.5 人/年，这意味着，鱼品加工业可能雇用了大约 810 万到 1 020 万人从事食品生产，其中大多是非技术工人。即使围绕这些数字存在着很大程度的不确定性，但似乎很清楚，在亚洲，与将鱼类用作水产养殖饲料的加工相比，利用副渔获物生产食品（如果副渔获物是在适合人类食用的条件下保存）将创造更多的就业机会。然而，问题依然是，"经过加工的"副渔获物，穷人是否还能负担得起。

总之，对于是否应当将更多的饲料鱼用于人类的直接消费这个问题没有单一的答案。不同区域存在明显的差异，而且还必须考虑政策变化所产生的经济、社会和环境等一切后果，以便避免仅根据简单推断来采取不适宜的解决方案。但是，可取的和较为可能的是，目前用于鱼粉或作为新鲜水产饲料的一些渔业资源有可能成为更有价值的人类食物，因为经济和技术的变革使得这类鱼的直接利用变得更加可行。[4]18-20

（5）迄今为止，一些国家的政府一直未能有效地限制鱼类作为饲料的利用以保障廉价鱼类的供应——可采取的措施包括限制将中上层小鱼在鱼粉和鱼油生产中的使用，或限制副渔获物作为动物饲料的使用，从而增加食用廉价鱼的供应。这可能是由于更加注重创造就业机会，而非试图解决穷人的直接粮食需要。目前已经证明，就业是减轻贫困的最佳途径，而这反过来又将改善营养状况，因为购买力得到了提高。但是，政策应该保持协调统一，以确保就业机会和增加穷人经济承受力范围内的鱼品供应。[4]30-31

3. 鱼品的人类消费与用于饲料的指导准则

（1）将鱼作为饲料不应危害特别是直接依赖这 1 资源的穷人和弱势群体的生计和粮食安全。

（2）制定和实施规范市场的政策，以确保收获、分配和使用饲料鱼资源不会削弱粮食安全，并改善贫困和营养不良人口获得直接用作食物的食品级饲料鱼的机会。为此，应当采取措施，刺激对廉价鱼类资源作为食品的需求，从而为饲料鱼渔民提供机会，增加直接用于人类消费的渔获物比例；并制定以市场为基础的鼓励措施，克服饲料鱼作为穷人买得起食品的分配和销售的障碍，增加供应。附加值的增加可能会减少穷人获得鱼品的机会，因此，在这种情况下，应采取措施，确保鲜鱼和增值产品的价格能为穷人所承受。

（3）开展对生产鱼粉供不同类型水产养殖产业使用的效益与捕捞鱼类供人类直接消费的社会经济惠益的比较研究，促进实现以公平和道德的方式分配资源。

（4）将杂鱼、低值鱼有限的供应量更多地用于人类食品，即生产更多增值产品，而不是供应那些以高值商品为导向的出口创收型水产养殖业提供鱼粉的加工厂。这是有道德的做法。

（5）在加工型渔业或饲料鱼渔业给粮食安全带来普遍影响的区域，改善供应链的效率，提高人类食用鱼的比例，而不是将它们全部用来制作鱼粉。

（6）鼓励小规模养殖者将其饲料来源从杂鱼、低值鱼转为配合饲料，从而增加供人类食用的鱼品供应量。

（7）在有些渔业中大部分渔获物被用来加工鱼粉，但在有需求的地方，鼓励企业争取

最大限度地利用产品,供人类直接消费。

(8) 鼓励以鱼为饲料的水产养殖生产开展研发计划,减少这种对鱼类的依赖。

(9) 鼓励商业和运动、休闲渔业使用养殖的饵料鱼或从饲料级鱼类加工废料开发的人工饵料,以取代食品级饵料鱼类。

(10) 鼓励鱼饲料生产行业探索用其他饲用原料替代食品级鱼类的可能性,如动物副产品和海鲜业加工废料包括丢弃的副渔获物,以及利用营养补充剂来保持饲料的质量。

(11) 实施区域举措,汇集研究人员、饲料生产商、原材料供应商和养殖社区,共同开发鱼粉、鱼油含量较低的饵料,从而减少饲料和鱼粉生产中直接使用杂鱼、低值鱼的数量。

(12) 鼓励公私伙伴共同开展研究,解决与中上层鱼类高含油量相关的问题,促进小型中上层鱼类产品的多样化,特别是供人类直接消费的产品。在开发利用捕捞的饵料鱼制作人类食用产品的同时,应当注重以较贫穷的内陆地区市场为目标。

(13) 鱼类作为饲料的利用不应该只受到市场力量的支配。虽然粮食不安全和营养不良是需要采取更为切实的措施予以解决的广泛社会问题,但适当的市场干预,即让穷人公平获得鱼类资源——无论是食用鱼还是饲料鱼——将有助于促进他们的粮食安全。

(14) 采取政策,为发展陆地基础设施进行投资,促进从其他副渔获鱼类中挑选、分离和保存低值鱼类,增加人类食用鱼的供应。

(15) 责成捕捞公司、加工商、鱼粉和鱼油生产商制定行为准则和管理规范,从而使其企业的活动遵守上述准则,作到负责任和可持续。[4]27-31

(十) 促进发展中国家的鱼品增值

各国应当进行合作以促进发展中国家生产增值产品。(11.1.10)

1. 鱼品增值的意义

鱼品增值是指在鱼品生产过程中增加的价值。在发展中国家中增加鱼品的价值,可以在许多方面带来效益。在很多情况下,增值等于出口所得到的产品和赚取外汇,对经济安全可能很重要。雇用更多的劳力承担增值任务,可以更公平地分配财富,并加强个人的粮食和经济安全。当然,在促进增值方面,存在1种危险,即社区较贫困的阶层可能由于价格上涨到他们再也无力买鱼而处于不利地位。在这种情况下,必须根据财富、就业机会以及外汇收入增加的好处权衡社会和经济的后果。

2. 帮助发展中国家实现鱼品增值

进行鱼品增值需要专门的基础设施、训练有素的人力、资金、技术和其他必要条件,这不是所有发展中国家都具备的。工业化国家应予合作,通过将技术转让给发展中国家而促进在发展中国家生产增值产品。私人以合资企业的形式合作、投资可能是实现这1目的1种手段。但是要求有关国家允许这类外来投资,而且经济和政治气氛应有利于这类活动。在另外的情况下,人们通常期望出口商按照某1个别公司的规格生产。这需要公司与公司而不一定是国家与国家之间的合作。发达国家的进口商可以协助发展中的出口商在出口前增加产品的价值,以便增加外汇收入。出口前在国内增值,产品的最终价值中有更大1部分归于原产国。

3. 国家干预促进出口和增值

出口和增值可以通过国家的干预积极予以促进。1 种可能是建立出口促进组织,协助出口商和进口商相互联络,相互评估对方的需要和能力。这类组织在使该行业了解有关立法、价格和贸易趋势方面也可以发挥作用,并可以代表该行业寻找新的销售机遇。这类组织可以为 1 个国家、国家内部的 1 个特定地区或 1 个国家集团的利益服务。除上述活动外,这类组织还可以在国际贸易博览会、买方、卖方会议以及与贸易有关的国际和国家会议上代表本行业的利益。这类组织的资金可以直接来自政府,通过 1 种企业税收或通过两者结合。

(十一) 跟踪上市鱼品,确保鱼品贸易符合国际养护和管理措施

各国应当确保通过加强查明上市的鱼和渔产品的原产地,使鱼和渔产品的国际和国内贸易符合正确的养护和管理做法。(11.1.11)

1. 国际和国内贸易的鱼品跟踪

各国的食品安全品质保障制度应具有通过产品经历的书面记录系统来追踪上市鱼品从捕捞到捕捞后处置各环节状况的能力,这是国家确保消费者行使享有安全、卫生和纯正鱼和渔产品的权利的重要举措。进入国际和国内贸易的产品通常要求备有 1 份跟踪文件,并可通过使用条形码进入电脑化库存管理系统,查询追踪。如发现产品品质低劣便可追溯到某个特定环节的责任;如认定属优良产品可以追踪到供应商,再下订单,增加贸易额。这样的 1 个系统不仅是协助贸易的 1 种机制,而且有助于增强消费者的信心,保护消费者不受欺诈。

2. 查明最终产品原产地

消费者不仅有权知道要购买的鱼和渔产品的质量状况,也有权了解它们的原产地以决定购买意愿。政府主管部门查明鱼和渔产品原产地的主要目的,则是为了检查捕捞该鱼品的渔船是否遵守国际养护和管理措施。这属于岸上跟踪监督的 1 种手段。目前,非法、未报告、无管制捕捞仍是破坏国际养护和管理措施效力的最大威胁。打击这种捕捞的 1 个根本手段是在经济上使渔民和其他人员不能从这些活动中获益。基于这种认识,除法律的、行政的和经济的措施外,各国还应根据国际法采取与多边贸易有关的措施,以防止在其领土上买卖或进口通过非法、未报告、无管制捕捞活动捕捞的渔获物。

国际养护和管理措施要求避免捕捞国际、国家或地方法律、风俗或传统保护的鱼和水生生物的各种品种和种群。例如,濒危物种国际贸易公约限制捕获某些野生物种。查明鱼和渔产品原产地的另 1 项目的,就是保护濒危物种。鱼和渔产品的国际和国内贸易的基础在于水生生物资源的长期养护和可持续利用。这从根本上要求,这种贸易的发展应有利于促进捕捞生产遵守国际养护和管理措施的实施,而不应损害国际养护和管理措施的效力。

(十二) 防止、减少和控制捕捞后活动的环境影响

各国应当确保在制定有关法律、条例和政策时考虑捕捞后活动的环境影响,同时不会造成市场扭曲。(11.1.12)

1. 管制并减少捕捞后活动对环境的影响

各国在制定渔业、污染防治等有关法律、条例和政策时应考虑捕捞后活动的环境影响，订立相应的条款，包括洗鱼废水的排放标准、杀虫剂等特殊化学品的使用和管理、塑料制品扔弃、食品加工厂的固体废料扔弃以及空气污染的控制等。各国应对违反这些法规行为负责的人员采取行动列入法律或条例，并确保公平合理地在渔业各个方面适用和执行。为协助该行业某 1 具体部门或群体而制定的政策，决不允许给予他们超越其他人的不公平利益。

2. 确保环境问题不被用作隐蔽的非关税贸易壁垒

环境保护和贸易自由化关系密切。1 国国内实施的环境保护措施或标准，往往会对该国或其他国家的进出口贸易产生影响。实施较高环境保护标准的国家，其产品常常会因计入环境保护的成本而在国际市场的竞争中处于较为不利的地位；实施较低环境保护标准的国家，其产品往往会因产品本身或产品生产不符合进口国的环境保护要求，使产品的出口受到不利的影响。在后 1 种情况下，进口国的环境保护措施常常被出口国指责为保护主义性质的贸易壁垒。[5]

1992 年联合国环境与发展会议发表的《里约宣言》指出："为环境目的而采取的贸易政策措施不应该成为国际贸易中的 1 种任意或无理歧视或伪装的限制，应该避免在进口国管辖范围以外单方面采取对付环境挑战的行动。解决跨越国界或全球性环境问题的环环境措施，应该尽可能以国际协调一致为基础。"[6]世界贸易组织的贸易及环境委员会的任务是努力确保在批准和支持以国际合作和共识为基础的多边解决方案的同时，确保环境问题不被用作隐蔽的非关税贸易壁垒。

第二节　负责任鱼品国际贸易

一、意义

鱼和渔产品属于贸易量最大的农业和粮食商品，约 40％的渔业产量进入国际贸易。鱼和渔产品贸易的 1 个具体特征是产品类型和市场广泛。50％的鱼和渔产品国际贸易来自发展中国家，[7]发达国家占鱼和渔产品进口总额的大约 80％。[8]国际鱼和渔产品贸易构成了发展中国家的收入、就业和外汇的重要来源。国际鱼和渔产品贸易除了对经济活动、就业和创汇做出贡献外，从粮食安全和营养角度看也很重要。

对鱼和渔产品的需求反映了消费者喜好、购买力以及人口变化的情况。对大多数人来说，鱼和渔产品在整个粮食安全领域所能发挥的作用较小。但对许多国家和地区，特别是沿海地区和小岛屿发展中国家，鱼和渔产品依然是主要动物蛋白来源，如果这些国家和地区无法通过国际市场获得鱼和渔产品，其国民的营养需求就会受到严重威胁。

二、基本原则

鱼和渔产品国际贸易对出口国产生的利益包括收入增加、创造就业和外汇,对进口国则主要是丰富鱼和渔产品的市场供给,增加食物多样化的途径。目前,贸易的主要壁垒是关税和非关税壁垒,包括与安全性、质量、认证和可追踪性有关的技术问题,反倾销、补偿和保护措施使用不当,以及对贸易产生影响的损害贸易、环境的补贴问题。此外,发展中国家的生产者和贸易商往往因难以获得市场信息而处于不利境地。

因此,《负责任渔业行为守则》为鱼和渔产品国际贸易规定了总原则:"国际鱼和渔产品贸易应当按照世界贸易组织协定和其他有关国际协定规定的原则、权利和义务进行。各国应当确保有关鱼和渔产品贸易的政策、计划和做法不阻碍这种贸易,不造成环境退化或消极的社会影响,包括营养影响。"(6.14)这条规定指明,实现负责任的鱼和渔产品国际贸易,必须遵循以下 3 项原则:

(1)确保鱼和渔产品国际贸易公平,非歧视,无壁垒;

(2)确保鱼和渔产品安全和质量;

(3)确保水生生物资源国际养护和管理措施有效执行。

三、《守则》有关的条款

《负责任渔业行为守则》为实施第 6.14 条款,其第 11.2 条款和第 11.3 条款分别对"负责任的国际贸易"和"有关鱼品贸易的法律和条例"做出多项规定。联合国粮农组织负责任渔业技术准则第 11 号《负责任鱼品贸易》对第 11.2 条款作了周详的解释。[9]作为一项原则,其第 11.2.1 条款规定,"本守则的解释和应用应当与世界贸易组织协定规定的原则、权利和义务一致。"

四、符合 WTO 协定的规定

（一）WTO 协定的基本原则

世界贸易组织协定的基本原则是非歧视原则。其表现形式为:最惠国待遇和国民待遇。最惠国待遇要求各国在国界上对来自 WTO 其他成员国的所有相似产品给予相同的待遇。国民待遇要求产品一旦进入 WTO 另 1 成员的关税区,该成员给该产品的待遇不得低于该进口成员国生产的类似产品的待遇。WTO 的决策基于成员的协商一致。不得以歧视方式进行贸易,其主旨在于以成员之间的谈判为基础稳定推进更自由的贸易。

（二）涉及鱼和渔产品的 WTO 协定

世界贸易组织协定包括关税、非关税措施、技术标准,具体包括食品安全和质量、原产地规则、反倾销措施、补贴和保护、服务贸易、知识产权和争端解决等方面。下列协定涉及鱼和渔产品的国际贸易规则:1994 年关税及贸易总协定;卫生和植物检疫措施应用协定;贸易技术壁垒协定;与贸易相关的投资措施协定;实施 1994 年关税及贸易总协定第Ⅵ款的协定;原产地规则协定;补贴和补偿措施协定;保护协定;与贸易相关的知识产权协定以及关于争端解决规则和程序的谅解(见 WTO 网站:www.wto.org)。

（三）负责任的国际鱼和渔产品贸易规则应与 WTO 协定一致

《负责任渔业行为守则》第 11.2 条款"负责任的国际贸易"包括十五个条款，第 11.3 条款"有关鱼品贸易的法律和条例"包括八个条款。粮农组织负责任渔业技术准则第 11 号"负责任鱼品贸易"对上列各款做出了解释。要求各条款的解释和应用，应当与世界贸易组织 WTO 协定规定的原则、权利和义务相一致。(11.2.1)

WTO 确立了争端解决谅解(DSU)，使成员能够消除分歧，解决贸易争端。各国应注意争端解决机构(DSB)做出的决定。各国还应考虑根据 DSB 的决定，采取的鱼和渔产贸易相关措施和做法是否仍然符合 WTO 协定确立的原则、权利和义务。

国际贸易呈动态性，各国应就此始终在 WTO 框架内不断评估其贸易规则和国际法律要求。

五、 原则和标准

（一）鱼和渔产品国际贸易不应损害渔业的持续发展

鱼和渔产品国际贸易不应损害渔业的持续发展和水生生物资源的负责任利用。(11.2.2)

1. 可持续鱼和渔产品贸易的基础和前提

各国应采用养护和管理措施，实现水生生物资源的长期养护和可持续利用。这是可持续鱼和渔产品贸易的坚实基础。养护和管理措施应当基于可获得的最佳科学证据，确保渔业资源的长期可持续性，促进实现最佳利用的目标。各国还应承认需要采用预防性做法和应用生态系统方法，确定说明生物学、经济和社会可持续性程度的指标。

负责任渔业管理措施是可持续贸易的前提。各国应考虑到没有充分的养护和管理措施，国际市场鱼和渔产品供给需求的增加将导致加大捕捞压力，产生过度开发和不经济的利用。这对于粮食安全和摆脱贫困具有重要影响，特别是在食物依赖鱼和渔产品程度高的地区。

从事鱼和渔产品国际贸易的所有人和实体，都应保证其贸易活动与捕捞渔业和水产养殖业的可持续发展一致，负责任利用水生生物资源，不损害渔业养护和管理措施的效力。

2. 各国采取的养护和管理措施应与 WTO 规定一致

为避免贸易措施危及渔业的可持续发展和资源的负责任利用，各国应当合作，包括与有关区域渔业管理组织或安排合作，确保贸易相关措施与渔业的可持续发展和资源的负责任利用一致，与 WTO 协定一致。

各国应当根据国际法采用和实施促进渔业可持续性的贸易措施，包括 WTO 协定确立的原则、权利和义务。这类措施应仅在与有关国家预先磋商后采用。应当避免单方面采取与贸易有关的措施。

WTO 成员采取与鱼和渔产品贸易相关的养护水生生物资源的措施应当确保这些措施与 WTO 规定一致。但 1994 年关税及贸易总协定有个"总例外条款"，即其第ⅩⅩ条，它规定，"顾及这类措施的要求不以在同样情况下构成国家之间任意或不合理的歧视，或对国际贸易的隐蔽限制的方式适用,本协定不得解释为防止缔约方采用或执行与养护可枯竭的自然资源有关的措施,如果这类措施也有效限制国内的生产或消费。"依此规定,WTO成员有权选择其自认为是适当的措施来养护水生生物资源。即便国际上存在着统一的养护标准,成员们亦可寻求严于国际标准的国家标准。但此项标准应不是"任意的"、"歧视性的"或对国际贸易起限制作用的,而对环境保护应是友好的。

（二）鱼和渔产品国际贸易措施的透明度

各国应当确保,有关鱼和渔产品国际贸易的措施具有透明度,在应用时具有科学依据,并符合国际商定的规则。(11.2.3)

各国应当就影响鱼和渔产品国际贸易的措施立即通知其他国家,包括技术条例、标准和程序。在适用时,各国还应与WTO协定一致,确定质询点,提供得到其他国家意见的充分的时间。

（三）鱼和渔产品国际贸易措施的非歧视性

各国为保护人畜健康或卫生、消费者的利益或环境所采用的鱼品贸易措施不应带有歧视性,并应当符合国际商定的贸易做法,尤其是世界贸易组织《卫生和植物检疫应用协定》和《贸易技术壁垒协定》规定的原则、权利和义务。(11.2.4)

1. 各国涉及养护或渔业资源的贸易措施不应造成歧视

各国可根据WTO协定,为保护人和动物的生命或健康,保护环境对鱼和渔产品采取所必需的,或涉及养护或渔业资源的贸易相关措施。然而,各国必须证明其措施"不在条件普遍相同的国家之间造成任意或不公正的歧视,不构成对国际贸易的变相限制"。

《卫生和植物检疫措施应用协定》(SPS)和《技术性贸易壁垒协定》(TBT)要求成员确保其技术要求对从其他成员国进口的产品给予国民待遇,然而,协定承认,在特殊情形,有正当理由根据客观的标准,包括科学标准和原因给予差别待遇。

2. 各国应为鱼和渔产品安全和质量采用商定的食品法典标准

公认的国际食品安全和质量标准制定机构是联合国粮农组织、世界卫生组织食品法典委员会,公认的动物卫生机构是世界动物卫生组织(OIE)。各国应为鱼和渔产品安全和质量采用商定的食品法典标准,为活鱼贸易采用OIE标准。各国还应积极参加食典委各委员会与国际鱼和渔产品贸易有关的工作,如鱼和渔产品法典委员会(CCFFP)以及涉及食品添加剂、兽药、标签、食品卫生、污染物、采样和分析等工作的其他委员会的工作。

（四）各国应进一步放开鱼和渔产品贸易

各国应当按照世界贸易组织协定的原则、权利和义务进一步放开鱼和渔产品贸易,消除贸易壁垒和扭曲现象,例如关税、限额和非关税壁垒。(11.2.5)

1. 各国应消除鱼和渔产品的贸易壁垒

为了确保社会能够最大程度地获得和维持来自渔业部门的利益,各国除建立便于可持续利用资源的渔业管理,进一步改善渔业管理外,应寻求鱼和渔产品市场的进一步自由化。作为市场自由化的1部分,各国应消除贸易壁垒例如关税、限额和非关税壁垒。因为鱼和渔产品的贸易壁垒,减少了各国利用其比较优势尽可能增添福利的机遇,并将增加消费者的鱼和渔产品成本。

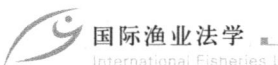

2. 各国应消除鱼和渔产品的贸易扭曲现象

作为鱼和渔产品市场自由化的 1 部分,各国应消除扭曲贸易和生产的补贴,尤其是与渔业的可持续发展和鱼品的负责任利用不一致的补贴,特别是导致能力过剩、过度捕捞及非法、不报告、无管制捕鱼的补贴。

（五）各国不得制造不必要或隐蔽的贸易壁垒

各国不得直接或间接地制造可能限制消费者选择供应商的自由或限制市场准入的不必要或隐蔽的贸易壁垒。(11.2.6)

1. 各国不得限制消费者选择供应商的自由

作为市场自由化的 1 部分,消费者拥有选择供应商的自由。这要求各国不得以非关税措施限制供应商的市场准入。非关税措施对贸易的影响有许多来源,包括技术措施和市场准入条件,例如产品标准要求和一致性评估、包装和标签以及对可追踪性、证明文件、金融和财政方面的要求。法律目标是,除其他外,保护人类健康和安全、动物或植物健康或卫生、环境以及防止对消费者的欺骗行为。卫生和技术措施不应比为实现法律目标所需的措施更为严格。市场准入条件苛刻势必给贸易带来的成本和影响,妨碍消费者选择供应商的自由的行使。

2. 各国不得滥用 WTO 协定基本原则的例外

世界贸易组织协定向成员提供了在某些情形下采取特殊措施的权利。各国应避免对鱼和渔产品国际贸易的隐蔽或未经宣布的限制以及滥用 WTO 协定基本原则的例外,确保涉及贸易的措施不削弱 WTO 基本原则,尤其是国民待遇和最惠国原则。

（六）远洋捕鱼国不得把市场准入作为获取资源的条件

各国不得把市场准入作为获取资源的条件。该原则不排除各国之间签订包括提到获取资源、贸易、市场准入、技术转让、科学研究、培训和其他有关成分的条款的渔业协定的可能性。(11.2.7)

1. 渔业准入应通过与沿海国签订渔业协定来获得

在专属经济区中,沿海国拥有勘探、开发、养护和管理自然资源,无论是生物或非生物资源的主权权利。据此,沿海国具有确定如何利用专属经济区内生物资源的专有责任。其中包括确定沿海国家本身的捕捞能力,在这 1 方面按照《联合国海洋法公约》条款允许其他国家利用允许渔获量的任何剩余部分。这应通过有关国家之间签订包括提到获取资源、贸易、市场准入、技术转让、科学研究、培训和其他有关成分的条款的渔业协定来实现。沿海国可要求支付费用和其他类型的补偿,作为向渔民、渔船和设备发放许可的 1 部分内容。各国应当确保入渔协定和相关服务按签约方法进行谈判,包括谈判的透明度和入渔费水平。

2. 远洋捕鱼国不得在未能成功获得渔业准入的情况下拒绝该国的市场准入

鱼和渔产品市场准入和渔业准入应当根据各自不同的特点以透明的方式谈判,分别遵循 WTO 原则和《联合国海洋法公约》相关条款。寻求某个沿海国专属经济区资源准捕权的远洋捕鱼国,不得在未能成功获得渔业准入的情况下拒绝市场准入。随着全球化的发展,市场准入和资源使用权的性质扩大,包括服务(如租赁或其他服务)和投资(包括捕鱼配额的出售和联营企业)及与投资有关的知识产权方面的贸易。各国应当对此类贸易应用《负责任渔业行为守则》原则。

（七）各国不得将市场准入与货物、服务贸易挂钩

各国不得将市场准入与购买某一技术或销售其他产品挂钩。（11.2.8）

渔业领域的贸易包括大量的货物、服务以及捕捞配额的交易或捕捞许可、合资以及有关问题。各国不应当将购买特定技术、提供特定服务或销售其他产品作为市场准入的条件。谈判应当根据 WTO 成员有关最惠国待遇和国民待遇原则的承诺进行。

（八）保护濒危物种

各国应当合作遵守管理濒危物种贸易的有关国际协定。（11.2.9）

各国应当充分参与和合作，确立、实施和执行管理濒危物种贸易的措施，特别是濒危野生动植物种贸易公约（CITES）规定的措施。CITES 对物种一级受到灭绝威胁的物种，或因该物种样本的国际贸易而可能受到威胁的物种的国际贸易进行管理。几种鱼类和贝类物种列入了 CITES 附录。各国应当在其国内市场上采取与 CITES 一致的贸易措施。

（九）防止活体生物国际贸易对环境产生风险

在可能破坏进口国或出口国环境的情况下，各国应当制订有关活样品贸易的国际协定。（11.2.10）

1. 活体生物国际贸易的种类及环境风险

活体水生生物贸易包括用于人类消费的活体水生生物贸易、展览用活样本贸易和水产养殖亲本贸易等情形。这些活体贸易可通过向环境中意外引入非本地物种，或引入样本可能携带的其他生物或疾病而对环境产生风险。各国应按照 WTO 协定和其他适用法律，公正、透明和非歧视地评估此类贸易带来的风险。

2. 应尽量减少与活体物种贸易相关的环境损害

WTO 协定明确各国有权为保护人、植物和动物健康和卫生以及环境采取以危害为基础的适当措施。在国际协定谈判中，进、出口国应合作尽量减少与活体物种贸易相关的环境损害。各国应当鼓励进口商和出口商合作，避免破坏性的捕捞方式和尽量减少损失。各国应谨慎确保活体生物的运输和储存符合可接受的条件，并适当关注动物福利。OIE 的标准为预防动物疾病传播提供了框架。各国应当在活鱼贸易方面为鱼类健康使用 OIE 标准、准则和建议。

（十）遵守和执行有关鱼和渔产品贸易的水生生物资源养护的国际标准

各国应当进行合作来促进遵守和有效执行有关鱼和渔产品贸易的水生生物资源养护的国际标准。（11.2.11）

各国应在国际组织现有框架内，实施与 WTO 有关的协定和规定一致的贸易条例，实施鱼和渔产品贸易的国际标准，促进负责任和可持续的鱼和渔产品贸易。

各国应为资源养护目的寻求确保在贸易措施方面开展充分合作。这类措施应当与 WTO 的权利和义务一致。

（十一）制止、预防和消除源自非法捕鱼和非法渔业活动的鱼和渔产品的贸易

各国不得为获取资源或投资收益而破坏水生生物资源养护措施。（11.2.12）

1. 负责任和可持续鱼和渔产品贸易的前提

负责任和可持续鱼和渔产品贸易的前提,是适当和有效的渔业管理体系以及可持续的资源基础,为长期的粮食安全作贡献。各国应当确保行动和安排之间的一致,1方面促进渔业贸易、服务和投资,并在另1方面在国内和国际一级推进养护目标和行动,以履行有关国际组织确立的国家的国际义务。

2. 各国应当根据国际法合作养护和管理水生生物资源

(1) 所有国家(包括沿海国、港口国、船旗国和进口国)应进行合作,竭力制止、预防和消除源自非法捕鱼和非法渔业活动的鱼和渔产品贸易。

(2) 各国应确保其开展的活动,包括促进贸易、投资、服务和使用补贴的活动不导致非法的捕捞活动,包括源自能力过剩的非法捕捞活动。

(3) 各国应确保船舶的进口、出口或租赁不造成能力过剩或非法捕捞。船旗国、港口国、沿海国应当合作,包括通过区域渔业管理组织非歧视地使用与WTO协定一致的贸易措施,消除非法捕捞的诱因。

(4) 各国应对悬挂其旗帜的船舶进行适当的控制,通过相关的国际渔业管理机构支持制止、预防和消除公海非法、不报告和无管制捕鱼的措施,包括通过使用符合国际法和WTO协定的涉及国际贸易的措施,以便确保可持续的和负责任的渔业。

(十二)制定鱼和渔产品贸易规则和标准

各国应当合作制定符合世界贸易组织协定规定的原则、权利和义务的国际上可接受的鱼和渔产品贸易规则和标准。(11.2.13)

各国应当在WTO以及环境保护和可持续利用渔业资源的协定等有关框架内,为促进负责任和非歧视性贸易,参与和合作制定鱼和渔产品贸易相关规则和标准。

国家措施应与WTO框架内通过的国际规则、标准、准则和建议一致。对鱼和渔产品贸易特别重要的是食品法典委员会为人体健康和食品安全以及世界动物卫生组织为动物卫生提出的标准、准则和建议。如果各国保持的措施旨在实现比食品法典委员会和世界动物卫生组织的措施更高水平的保护,则此类措施应以科学证据和适当的危险性评估为基础。

(十三)遵守鱼和渔产品贸易规则及渔业养护措施

各国应当互相合作,积极参加世界贸易组织等有关的区域和多边论坛,以确保鱼和渔产品的公平和非歧视性贸易及普遍遵守多边商定的渔业养护措施。(11.2.14)

国际组织,包括WTO和区域渔业管理组织的成员,或批准或接受有法律拘束力的国际公约的各国,有义务遵守其规则和要求。各国应当积极参与决策进程以使协定与其目标和其成员相关。

各国、有关政府间和非政府组织及金融机构,应当按照相互商定的条款和条件向发展中国家和转型国家提供财政和技术援助,使其积极参与这些组织各个方面的活动,尤其是制定和维持适当的措施和标准。

各国应始终努力按照其参加的国际、区域组织和协定的规定行事,避免单方面采取行动。

(十四)援助国和受援国应共同遵循的一些原则

各国,援助机构、多边开发银行和其他有关国际组织应当确保它们促进国际渔产品贸易和出口生产的政策和做法不会导致环境退化或不会对那些鱼对于他们的健康和生活极为重要、不容易得到或无力购买其他等同食品的人们的营养权利和需要产生不利的影响。(11.2.15)

1. 确保渔业和开发政策的一致

在一些国家和区域,鱼和渔产品构成了动物蛋白的重要来源。此外,鱼和渔产品可提供维持社会结构和就业的重要基础。不论发达国家或发展中国家都是如此,在一些发展中国家可能特别重要。

渔业部门有多重目标。提供援助的国家和接受援助的国家应当确保渔业和开发政策的一致,促进提高两个政策领域的成效。

2. 牢记谨慎预防方法和生态系统考虑

应当重视市场自由化和全球化对水生生物资源的开发产生压力的国家所面临的挑战。受援国和捐助国考虑为具体项目提供发展援助时,均须牢记谨慎预防方法和生态系统考虑。

3. 进行环境和社会评估

支持国际水产品贸易相关举措的国家和其他组织,应当制定政策和程序,包括进行环境和社会评估,确保公平处理对环境、生计的不利影响和粮食安全需要。与相关利益方进行磋商应成为这些政策和程序的1个部分。

4. 对小型生产者给予特别关注

各国和有关组织应当相互合作就这些活动确立和实施最佳办法、标准和准则。市场准入条件的变化给小型生产者带来了特别的挑战。各国可通过能力建设对这些小型生产者给予特别关注,组织其生产并进入市场。

第三节　捕捞渔业生态标签

一、生态标签计划

（一）生态标签计划的概念

1. 生态标签计划和生态标签

生态标签计划是1个关于实施鱼和渔产品生态标签认证的系统,旨在使某1鱼或渔产品有权携带生态标签,证明这种鱼或渔产品是按养护和可持续性标准捕捞的,为购买者做出知情决定提供方便,依靠其选择来促进渔业资源的可持续利用。[10]5生态标签是指某1鱼或渔产品已经过依法设立的认证机构认证,原产地清楚,且系以对生态环境友好的负责任方式生产的产品,而该认证机构准予在该鱼或渔产品外包装上使用的商品标签,包括文字、图形、符号及一切说明物。生态标签提供了鱼或渔产品的生态环境性质或某特定环境方面的信息。购买者可利用这1信息,依据环境或其他考虑挑选其喜欢的产

品。产品提供者希望生态标签将有效地影响做出有利于其产品的购买决定。如果生态标签具有这种作用,该产品的市场份额可能增加,其他供应者可能做出反应,改进其鱼或渔产品的环境方面,使其产品能够利用生态标签,导致该产品对生态环境造成的压力减少。[11]13-14

2. 生态标签计划的所有者及适用范围

生态标签计划的所有者可以是国家,也可以是区域渔业管理组织、相关区域委员会、私营行业协会或其他相关组织,其地理范围可以为国家、区域或国际范围。

（二）生态标签计划的设计目的

对环境影响最主要的因素是消费者。大多数人都希望既能改善生活又能够保护环境。消费者购买鱼和渔产品行为的动机不仅考虑其品质和价格,还常顾及诸如与鱼和渔产品有关的环境、生态、经济和社会因素。生态标签计划的设计目的在于认证来自可持续管理的海洋和内陆渔场的产品,并以生态标签的形式,将鱼和渔产品复杂的科学资讯转换为消费者简单易懂的信息,在消费者知情的情况下,使其有意愿购买那些对生态冲击较小的产品;也就是透过市场机制,借助消费者的购买力促进水生生物资源的长期养护和可持续利用。非法、不报告、无管制捕捞的产品,无法得到生态标签,可见,生态标签计划也是打击非法、不报告、无管制捕捞的工具。

（三）生态标签计划的起源和发展

进入 20 世纪 90 年代后,核实国际贸易中的鱼和渔产品是否来自合法捕捞和可持续渔业、水产养殖的要求不断增加。为指导消费者的购买决定及零售商的采购政策,除渔获物记录和贸易证书计划外,开发生态标签认证办法等市场工具应运而生。

1997 年 2 月世界自然基金会（WWF）和海洋产品购买业者联合利华（Unilever PLC）共同创立海洋管理委员会（MSC）开世界推动自愿性鱼和渔产品生态标签计划的先河。MSC 是 1 个独立、全球性、非营利的海洋产品认证团体,其宗旨在于强化海洋生物资源的负责任管理、确保全球鱼类存量的可持续性及维护海洋生态系统的健康,以鱼和渔产品的最好环境选择为诉求。

MSC 认证分为可持续渔业管理 MSC 认证和产销监管链（CoC）认证两大类。由 MSC 进行认证,必须符合以下 3 个条件:

（1）渔业行为必须不会造成过度捕捞或鱼类种群减少的结果,如果是已枯竭的鱼类种群,渔业行为必须展现出使其恢复存量的事实;

（2）渔业捕捞操作必须维系生态系统的结构、生产力、功能性及多样性;

（3）渔业建置于 1 套有效的管理系统之上,遵守地方、国家及国际规章和标准,并纳入水生生物资源可持续利用及负责任渔业行为的架构。[12]

实行自愿性鱼和渔产品生态标签计划的,除 MSC 外,还有美国绿色标志（Green Seal）、欧盟生态标签计划（EU Eco-Label Scheme）、北欧（挪威、瑞典、冰岛和芬兰）白天鹅环境标志计划（Nordic Environmental Label）、德国蓝天使（Blue Angel）、日本海洋生态标签（Marine Eco-Label Japan）等。这些生态标签计划已为世界各国几百种渔业和上万种鱼和渔产品作了认证。中国检验认证（集团）有限公司及其所属的中国质量认证中心和中国水产品质量认证中心也从事渔业企业及鱼和渔产品的质量认证。

二、 捕捞渔业生态标签准则

1997 年联合国粮农组织渔业委员会第二十二届会议对海洋管理委员会的举措进行讨论。当时,许多代表团对 MSC 过程的透明度、制定可持续渔业原则和标准的责任和能力、科学证据的来源以及在这 1 过程中的使用提出了疑问。一些代表团还提及市场上可能对产品的歧视,并认为 MSC 过程可能对发展中国家产生威胁,形成使某些国家获得市场优势的 1 种潜在的贸易壁垒。会议讨论了挪威提出的 1 项提案,但未能达成共识,这项提案建议委员会要求联合国粮农组织筹备对有关渔业产品生态标签的问题进行非正式讨论。1 年后,在 1998 年 6 月份的渔业委员会鱼品贸易分委员会第六届会议上,这 1 情况发生了变化。分委员会接受了北欧国家的建议,由联合国粮农组织召开 1 次技术磋商会,研究制定鱼和渔产品生态标签的非歧视性、全球适用的技术准则的可行性和实用性。1998 年 10 月,联合国粮农组织召开了这 1 技术磋商会。该磋商会为海洋渔业鱼和渔产品生态标签计划制定了一些指导原则,但未能就制定国际技术准则的实用性和可行性达成一项协议。这 1 事项在 1999 年和 2001 年渔业委员会会议上又进行了讨论。联合国粮农组织获得了监测这 1 领域的发展变化并为联合国粮农组织成员整合信息的授权,但未能就制定国际准则达成任何共识。

在 2003 年的渔业委员会第二十五届会议上,有许多成员国政府要求联合国粮农组织制定生态标签准则,对此无成员明确反对。同年联合国粮农组织召开了关于制定海洋捕捞渔业鱼和渔产品生态标签国际准则的专家磋商会,并拟定出《海洋捕捞渔业鱼和渔产品生态标签准则(草案)》。[11]9 2004 年和 2005 年召开的海洋捕捞渔业鱼和渔产品生态标签国际准则技术磋商会对该草案作了审议和定稿。2005 年渔业委员会第二十六届会议批准了《粮农组织海洋捕捞渔业鱼和渔产品生态标签准则》(简称《海洋渔业生态标签准则》),并于 2009 年渔业委员会第二十八届会议通过了鱼品贸易分委员会提出的《海洋捕捞渔业鱼和渔产品生态标签准则》修正案。2006 年粮农组织就制定《内陆捕捞渔业鱼和渔产品生态标签准则》举行了专家磋商会。2008 年《粮农组织捕捞渔业生态标签准则》专家磋商会再次审议《准则》草案。2010 年 5 月第三次专家磋商会完成了粮农组织《内陆捕捞渔业鱼和渔产品生态标签准则》(简称《内陆渔业生态标签准则》)。[13]Ⅳ 经鱼品贸易分委会第十二届会议同意,专家磋商会议结果提交给 2011 年渔委第二十九届会议审议,并获得了渔业委员会的批准。[14]Ⅲ

这两个《准则》为发达国家和发展中国家提供了制定和实施海洋和内陆捕捞渔业鱼和渔产品生态标签计划应考虑的原则、最低基本要求、标准和程序,平等适用于各国,旨在认证和促进得到良好管理的海洋和内陆捕捞渔业产品标记的生态标签计划,并着重于与渔业资源可持续利用有关的问题。

这两个《准则》针对第三方自愿性生态标签计划设计。这些计划让捕捞渔业产品所有者有机会在产品包装或包含渔产品的清单(如菜单)上贴上自愿标签,以显示产品来自遵守环境可持续性标准的渔场。

这两个《准则》具有自愿性质。各国应当鼓励其领土上有关可持续渔业的生态标签计划与粮农组织的这两个《准则》一致,借以统一认证的原则、标准和程序。

三、《准则》的组成

《海洋渔业生态标签准则》和《内陆渔业生态标签准则》十分相似,主要区别在于《内陆渔业生态标签准则》涉及对引进物种和转移物种的利用及增殖渔业。这两个《准则》适用于捕捞海洋和自然或人工内陆水域的活体水生生物,但不包括水产养殖设施的水生生物,都由生态标签的范围、原则、一般性考虑、术语和定义、生态标签的最低基本要求和标准(包括"管理系统""正在考虑的种群"以及"生态体系考虑")、程序和机构方面(包括制定可持续渔业标准的准则、独立认证机构的认可准则以及渔场的认证准则)等 6 个部分组成。其中,"正在考虑的种群"是指寻求生态标签认证的渔业所利用的 1 个或多个生物种群。换言之,鱼和渔产品的认证仅适用于来自"正在考虑的种群"的产品。

这两个《准则》中 3 大主要部分的层级结构,如图 14-1 所示。

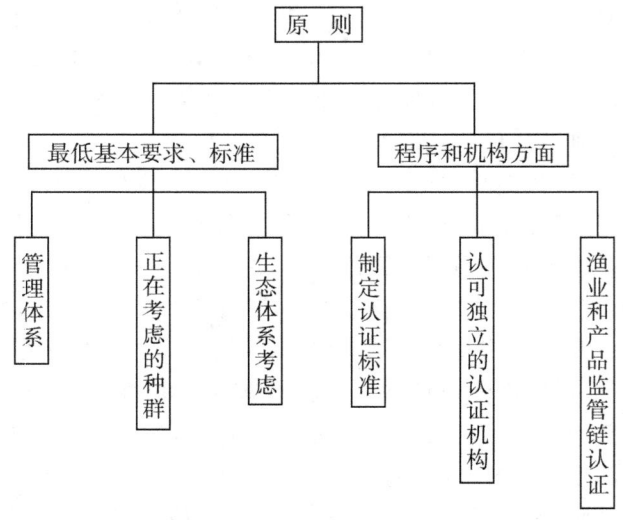

图 14-1 《捕捞渔业生态标签准则》层级结构图[13]7

四、《准则》的原则

生态标签计划的所有者设计和制订海洋、内陆捕捞渔业鱼和渔产品生态标签计划,应遵循以下 15 项原则:

(1)与《负责任渔业行为守则》《生物多样性公约》《拉姆萨湿地公约》、世贸组织规则以及其他有关国际文书一致;

(2)考虑到 1982 年《联合国海洋法公约》和《联合国鱼类种群协定》中与海洋或内陆捕捞渔业管理相关的规定;

(3)承认国家主权和遵守所有相关法律和法规;

(4)具有自愿性质并由市场推动;

（5）透明，包括所有利益方均衡和公平的参与；

（6）非歧视性，不形成不必要的贸易障碍，允许公平贸易和竞争；

（7）提供进入国际市场的机会；

（8）按照国际标准为计划的所有者和认证机构确定明确的责任；

（9）包含可靠、独立的审查和核实程序；

（10）如符合这些准则就视为具有同等作用；

（11）基于现有的最佳科学证据，同时考虑对资源的传统了解，但可客观核实其有效性；

（12）可操作、可行和可核实；

（13）确保标签传递真实信息；

（14）清楚明了；

（15）作为最低条件，以本准则中概述的最低基本要求、标准和程序为基础。

五、最低基本要求和标准

（一）最低基本要求和标准涉及的领域

《海洋渔业生态标签准则》和《内陆渔业生态标签准则》规定，从渔业资源生物可持续性角度，评估是否可以认证某种海洋或内陆捕捞渔业和授予其鱼或渔产品生态标签的最低基本要求和标准，涉及管理系统、正在寻求认证的渔业和有关"正在考虑的种群"及考虑渔业包括资源增殖活动对生态系统的严重影响3个领域。

（二）管理系统

1. 要求

在1个管理系统中进行的渔业应以良好规范为基础，并符合以下要求和标准。该管理系统和所从事的渔业应符合地方、国家和国际法规的要求，包括管理"正在考虑的种群"渔业的任何区域渔业管理组织的协定的要求。

（1）对"正在考虑的种群"，有一些记录下来的管理方法；

（2）有目标和必要的管理措施来处理捕捞对生态系统影响的问题。

2. 标准

必须承认在数据是否可以获取以及管理系统可能因不同渔业类型和规模（如从小规模直至大规模商业化渔业）而有重大差异方面，需要特别考虑小型渔业，标准是否评估下列事项，即管理系统是否确保收集了渔业方面的可靠数据。

以下标准将适用于任何渔业的管理系统：

（1）按照评价种群现状和趋势的适用国际标准和规范收集、保持和评估适当且可靠的数据和信息，包括相关传统知识、渔民或社区知识，条件是其有效性可以客观核实。

（2）在确定适当的养护和管理措施时，指定的主管部门应考虑现有的最佳科学依据以及相关传统知识、渔民或社区知识，但应客观地核实其有效性，以便酌情结合特定种群目标和极限参考点评价"正在考虑的种群"的现状。

（3）关于"正在考虑的种群"，在确定适当养护和管理措施时应考虑到：

① 评估"正在考虑的种群"状况,考虑到所有来源的捕捞总死亡率,包括丢弃物、未看到的死亡、附带死亡、未报告的渔获物和其他渔业的渔获物;

② 管理目标与实现平均最大持续产量,或者与减少捕捞死亡率相一致,如果这是该种渔业(例如多品种渔业)的最佳指标或者为了避免对依赖捕食产生严重不利影响;

③ 管理系统应当具体说明主要绩效指标的限度或方向,与避免补充型捕捞过度或可能无法挽回或非常缓慢挽回的其他影响相一致,并具体说明如果接近限度或没有实现理想的方向而需要采取的行动。

(4)使用数据和信息,包括其有效性可客观核实的相关传统知识、渔民或社区知识,以确定渔业对生态系统的不利影响,并就所确定影响的可能性和规模及时提供科学建议。

(5)基于前述的数据、信息和科学建议,指定的主管部门为"正在考虑的种群"的养护和可持续利用采取并有效实施适当措施。

(6)酌情在地方、国家或区域一级为渔业建立有效的法律和管理框架,确保通过有效适当的监测、监视、控制和执法机制遵守规定。

(7)按照《负责任渔业行为守则》第7.5条款,正在采取预防性办法保护"正在考虑的种群"并保存水生环境。

(8)就增殖渔业而言,管理系统能够表明来自水产养殖设施的放养材料符合规定的要求。渔业管理系统还应适当考虑到自然生产过程,尽量减少对生态系统结构和功能的不利影响。

(三)"正在考虑的种群"

1. 要求

"正在考虑的种群"未受到过度捕捞,维持在促进最佳利用目标的水平上,并为当代和子孙后代保持其储藏量,考虑到由于自然变化和捕捞以外的影响,生产率可能出现较长期的变化。若生物量下降到大大低于此类目标水平,《负责任渔业行为守则》第7.6条款规定的管理措施,包括有利于改善环境的措施,应当允许资源在适当时限内恢复到此种水平。

2. 标准

(1)以下标准适用于"正在考虑的种群":

① "正在考虑的种群"若高于相关极限参考点,则没有捕捞过度。

② 若"正在考虑的种群"捕捞死亡率高于相关极限参考点,则应当采取行动使捕捞死亡率降至低于极限参考点。

③ 考虑到有助于其恢复的"正在考虑的种群"的结构和成分。

④ 在缺乏关于"正在考虑的种群"的具体信息的情况下,以类似种群为基础的一般证据可用于在"正在考虑的种群"风险较低的渔业。然而,过度捕捞风险越大,就越需要具体证据来确定集约渔业的可持续性。

(2)《准则》的范围扩大到"正在考虑的种群"的增殖成分,条件是保持自然繁殖种群成分,并且渔业生产主要以包括"正在考虑的种群"的生态系统内的自然生物生产为基础。具体地说,为了纳入《准则》的范围,增殖渔业必须达到以下标准:这些品种原产于这种渔业的地区或者早就引进,并且随后作为"自然"生态系统的1部分定殖。

(3)就增殖渔业而言,"正在考虑的种群"可能包括自然繁殖成分和放养保持的成分。应以下列方式管理总体增殖渔业:按照《负责任渔业行为守则》第七条的规定对自然繁殖成分进行管理,并避免增殖活动对"正在考虑的种群"自然繁殖成分产生重大消极影响。

(4)增殖渔业可通过放养在水产养殖设施中生产的生物或者从除"正在考虑的种群"以外的野生种群中捕捞并进行养殖的生物得到部分促进。放养经过水产养殖的生物,应当根据《负责任渔业行为守则》第九条的相关规定,特别是有关保持环境的完整性、保护遗传多样性、疾病防治、放养材料的质量方面的规定,进行管理和开发。从除"正在考虑的种群"以外的野生种群中捕捞并养殖生物,应当根据《负责任渔业行为守则》第七条中有关从种群中捕捞生物以进行养殖的规定进行管理。

(四)生态系统考虑

1. 要求

应适当评估和有效处理渔业和任何相关的养殖和增殖活动对生态系统的不利影响。对增殖渔业应进行管理,以确保水生生境和生态系统的生物多样性得到养护,濒危品种得到保护。为增殖"正在考虑的种群"而对生境的任何改变都可以恢复,不会对自然生态系统的结构和功能造成严重或无法挽回的损害。与评估目标种群状况相比,在评估渔业(包括养殖和增殖活动)可能对生态系统产生的不利影响方面,预期将存在重大的科学不确定性,预期存在的科学不确定性要大得多。这1问题可通过采用"风险评估/风险管理方法"予以处理。就制订生态标签计划而言,应考虑最可能的不利影响,考虑到现有科学信息以及有效性、可客观核实的传统知识及渔民和社区知识。对那些可能产生严重后果的影响应予以处理。处理形式可能是立即做出管理反应或进一步分析已确定的风险。在这种情况下,应充分认识到发展中国家的特殊情况和要求,包括财政和技术援助、技术转让以及培训和科学合作。

2. 标准

在避免严重不利影响的高风险背景下解释以下标准:

(1)对"正在考虑的种群"以外的种群的非目标渔获物(包括丢弃物)应得到监测,不应对这些非目标种群产生带来严重的灭绝风险;如果出现这种风险,则应采取有效补救行动。

(2)对"正在考虑的种群"在食物链中的作用予以考虑,若该种群是生态系统中的1个主要被捕食物种,则因采取管理措施,避免对有依赖性的捕食者产生严重不利影响。

(3)对"正在考虑的种群"的必要生境以及渔业对这些生境的潜在影响应有所了解。避免、尽量减少或减缓对必要生境和很容易遭受相关渔具破坏的生境的影响(7.2.2)。在评估渔业影响时,应当考虑到相关生境的整个空间,而不只是可能受捕捞影响的那部分空间。

(4)在认证单位缺乏有关捕捞的生态系统影响的具体信息时,以类似渔业状况为基础的一般证据可用于严重不利影响风险度较低的渔业。然而,风险越大,越需要具体证

据来确定减缓措施的适宜性。

六、 程序和机构

（一）生态标签计划的程序和机构

《准则》指出为确保渔业和渔产品认证活动的合法性、公正性、可靠性和可信性，处理任何生态标签计划应包含以下的 3 个主要程序和机构事项：

（1）制定认证标准；

（2）认可独立的认证机构；

（3）认证某种渔业和渔产品监管链符合所需标准和程序。

认证标准一般是指标准制定组织或安排批准的文件，该文件提供根据国际贸易规则无须强制遵守的产品或有关过程以及生产方法的规则、准则或特征，供共同和反复使用。文件通常表示为认证某种产品或生产过程和方法必须达到的具体标准，还可包括或专门处理适用于产品、过程或生产方法的术语、标志、包装、标记或标签要求。鱼和渔产品认证标准概述了生态标签计划所追求的目标和指标。通常表示为认证某种产品或生产过程和方法必须达到的具体标准。

认证机构是指进行认证的主管和公认的机构。认证机构的资格须经认可机构的认可。生态标签计划所有者应由独立专家组成 1 个单独的认可机构。认可机构可以是私营、公共机构或自治机构。认可机构需要具有完成认可任务、以中立、非歧视和独立方式执行认可任务的技术和财政能力。认可机构以生态标签计划所有者的名义承担认证机构的认可任务。对认证机构的认可，目的是核实该机构是否适合和能否胜任认证任务。认可必须肯定该认证机构是中立和独立的，具有完成认证某种渔业符合既定标准的技术和财政能力。

为正确实施上述程序和机构事项，需要制定以下 3 个准则：

（1）制定可持续渔业标准的准则；

（2）认可准则；

（3）认证准则。

《准则》为制定好这 3 个准则，要求都按以下 4 节加以规定：

（1）宗旨；

（2）规范参考材料；

（3）职能和结构；

（4）要求

（二）制定捕捞渔业标准的准则

1. 宗旨

制定标准是可持续海洋、内陆捕捞渔业，包括增殖渔业的产品的任何生态标签计划的 1 项最重要任务。没有标准，认证机构就无法进行符合性评定。标准应反映出希望通过生态标签计划实现可持续海洋、内陆捕捞渔业的目标。标准由渔业治理系统或管理制度及其在可持续渔业、资源养护和有关生态系统保护方面的结果的定量和定性指标组成。

标准不得扭曲全球市场,不得对国际贸易造成不必要的障碍。

2. 规范基础

国际渔业文书和适用的国家法律为可持续渔业标准奠定规范基础。相关的国际渔业文书包括《负责任渔业行为守则》、《生物多样性公约》、《拉姆萨湿地公约》以及 1982 年《联合国海洋法公约》和 1995 年《联合国鱼类种群协定》中与海洋、内陆捕捞渔业管理相关的规定。

在程序上,制定标准的规范基础包括:

(1)ISO/IEC 指南 59 标准化行为规范。1994 年。

(2)世贸组织贸易技术壁垒,附件 3 标准制定、通过和应用行为规范。

(3)P005,国际社会与环境认证和标签联盟,制定社会和环境标准良好行为规范第 5 版。2010 年 4 月。

3. 职能及组织结构

标准制定机构或安排的任务是制定、审查、修改、评估、核实和批准标准。这些任务可以通过 1 个专门标准制定机构或通过另外 1 项适当安排完成。在没有标准制定机构的情况下,标准制定安排的组织结构应包括 1 个独立专家技术委员会和 1 个职责明确的磋商论坛。

4. 要求

(1)透明度。在制订标准时必须有透明度,以确保符合国际标准和促进所有各方参与。标准制定机构或安排应以透明的方式按照书面议事规则开展活动。应公布正在制定的标准清单;正在审查或修改的标准清单;前 1 时期通过的标准清单。标准一旦获得通过,应立即公布并在互联网上登载。

(2)相关方参与。标准制定安排或机构应确保独立技术专家和相关方代表平衡地参与标准制定、修改和批准过程。凡可能时,可持续海洋、内陆捕捞渔业,包括增殖渔业标准制定工作应有以下方面的代表参与:渔业管理部门、捕捞业界、渔民组织、渔民社区、科学界、环保团体、水产品加工方、贸易方、零售方和孵化场管理人员以及消费者协会。

(3)确认标准。在制订和修改标准时,应有适当程序根据《准则》中规定的可持续海洋、内陆捕捞渔业,包括增殖渔业最低要求确认标准。为并应确认标准不包括与可持续渔业无关的标准或要求和可能产生不公平贸易壁垒或误导消费者的标准或要求。

(三)认可准则

1. 宗旨

认可是保证负责根据渔业可持续性标准和监管链要求进行符合性评估的认证机构有能力执行此类任务。认可机构通过对 1 个认证机构给予认可,保证该认证机构能够评估和认证某些鱼或渔业产品来自符合既定可持续性标准的渔业。

2. 规范参考文献

认可活动应符合 ISO/IEC 17011:2004 符合性评估—认可机构批准符合性评估机构的一般要求。

3. 职能及结构

认可根据1个有其自身规则和管理体系的认可体系进行。评估满意后授予认可的任务应由胜任的认可机构执行。为了使以非歧视、公正和准确的方式进行的评定被认为是胜任和可靠的,认可机构,尤其应当达到以下要求。

4. 要求

(1)非歧视。认可机构的服务应向所有认证机构开放,无论认证机构在哪个国家均如此,并应充分认识到发展中国家认证机构的特殊情况和要求,包括财政和技术援助、技术转让、培训和科学合作。

(2)独立、公正和透明。认可机构应没有任何可能影响认可过程的商业、财政和其他压力。不受既得利益集团的影响。在其组织结构及其从公共或私营实体得到的财政支持和其他支持方面保持透明。

(3)人力和财政资源。认可机构应具有认可体系运行的足够财政资源和稳定性,以承担其业务和活动产生的债务;应聘用足够数量的具有履行渔业认可职能所需的教育、培训、技术知识和经验的人员。如果认可机构决定将认可工作转包给外部机构或个人,则对此类外部机构的要求不应低于对该认可机构本身的要求。

(4)责任和报告。认可机构应当是1个法律实体,应有处理认可申请的明确有效程序。应向申请者和被认可实体提供:关于评估和认可程序的详细说明;包含认可要求的文件;说明被认可机构权利和义务的文件。

认可机构应具有明确目标并保证质量;在质量手册中载明质量程序和细则;应建立适当有效的质量体系。建立内部审查机制和接受相关方面的外部审查。

认可机构应提名认可机构小组中的合格人员根据所有适用的认可要求进行评估。被提名进行评估的人员应当向认可机构提交关于被评估机构是否符合所有认可要求的评估结果报告。

(5)解决关于认证机构认可的申诉。认可机构应设立1个独立而公正的委员会来解决申诉。认可机构应在委员会的决定后采取合适的纠正和预防行动,但不排除根据国家立法或国际法律诉诸其他形式的法律和行政程序。

(6)保密。认可机构应对在认可活动中获得的信息进行保密;若没有申请认证机构的书面同意,不得向第三方透露该机构的信息。

(7)保持认可。认可机构应做出安排,确保被认可的认证机构将其情况或业务方面的变动情况立即通知认可机构。若发生的变化严重影响被认可机构的能力或认可活动的范围,或认可机构规定的任何其他相关的能力标准的符合情况时,认可机构应有程序进行重新评估。对认可进行重新评估的间隔期不应太长,以核实被认可的认证机构仍然符合认可要求。进行重新评估的间隔期不应超过5年。

(8)暂停和撤消认可。认可机构应详细说明在何种情况下可能部分或全部暂停或撤消对所有认可范围或部分认可范围的认可。

(9)认可标识或标志。认可机构应允许被认可的认证机构使用认可标识或标志,但不应允许以隐含认可机构本身批准由该认证机构认证的产品、服务或体系的方式,使用其认可标记或标志。认可机构应采取适当行动处理在广告、产品目录中发现的对认可体系的不正确提法或误导使用认可标志的情况。

（四）认证准则

1. 宗旨

认证是指第三方以书面或类似形式保证渔业符合有关标准并已建立适当的监管链。认证是可持续捕捞渔业，包括增殖渔业产品任何生态标签计划中不可或缺的组成部分。它向买主和消费者提供保证，鱼或渔业产品来自符合既定可持续性标准的渔业。在对所有相关因素进行客观评估的基础上进行公正认证，可确保生态标签传达真实信息。这是生态标签计划实现其目标的1个必要条件。

按照《准则》的定义，监管链是旨在保证投放到市场且带有生态标签标志的产品确实来自认证的有关渔业的整套措施。因此这些措施应包括在整个加工和销售链对该产品的跟踪/可跟踪性以及对文件的适当跟踪（和有关的数量控制）。鱼类是特殊的产品，需要及时收获和采购，高效率的运输以及先进的储存、加工和包装，如果对捕捞后供应链的任1环节监管不到位，不仅可能造成收获后损失，还可能引起食用的安全风险。《准则》提出了监管链认证的问题，但未提供有效的最低基本要求以确保整个供应链的各环节都能保持生态标签产品的品质，这是它们的缺陷。需要联合国粮农组织对《准则》进行适当修改，以便全面应对这1问题。

2. 范围

有两种类型的认证，即对于渔业本身的认证和对于鱼或渔产品从捕捞到出售给最终消费者的监管链的认证。

对认证需要进行两种评估：

（1）渔业的认证需要进行是否符合有关认证标准进行符合性评估；

（2）对监管链认证需要进行对是否有适当措施确定鱼来自认证的渔业以及随后的鱼类加工、销售阶段监管链评估。

贴有标签向消费者表明来自可持续渔业的鱼和渔产品需要这两种评估和认证。

3. 规范参考文献

（1）ISO/IEC 17021：2006　一致性评估—对管理系统进行检查和认证的机构的要求。

（2）ISO/IEC CD 17065　一致性评估—对产品、过程和服务进行认证的认证机构的要求。

（3）世贸组织《贸易技术壁垒协定》第五条。

4. 职能及结构

对符合性和监管链进行评估的任务，应由得到承认的已经认可的认证机构进行。要被承认为有能力可靠地以非歧视、公正和准确方式进行评估，认证机构尤其要达到以下要求。

5. 要求

（1）独立性和公正性。认证机构应当在法律和财政上独立于生态标签计划的所有者。认证机构及其评估和认证人员,无论是由认证机构直接聘用或由认证机构转包,都不应在需要评估的渔业或监管链拥有除认证服务以外的商业、财政或任何其他利益。

(2)非歧视。认证机构的服务应向各种渔业开放,无论这些渔业是由区域、政府、半官方渔业管理组织或安排还是由非政府渔业管理组织或安排进行管理。

(3)人力和财政资源。认证机构应具有保证认证体系运行的足够财政资源和稳定性,并应做出适当安排,以承担其业务和/或活动产生的债务。认证机构应聘用足够数量具有在渔业领域进行符合性和/或监管链评估所需的教育、培训、技术知识和经验的人员。

(4)责任和报告。认证机构应为1个法律实体,应为处理关于渔业和监管链认证的申请制定明确有效的程序。认证机构应向申请者和被认证实体提供:

① 关于评估和认证程序的详细说明;

② 含有认证要求的文件;

③ 说明被认证实体权利和义务的文件。

在认证机构与其客户之间应拟定说明各方权利和义务的适当书面合同或类似协议。

认证机构应具有明确的目标和质量保障;在质量手册中载明质量政策和程序;建立有效的、适当的质量体系。应有计划和系统地对所有程序进行定期内部审查,以核实认证体系是否得到落实并且有效,并可在相关方面接受外部审查,并应公布审查结果。认证机构应根据要求提供适当文件。

(5)认证费用。认证机构应制作书面的费用清单,并在申请者和获得认证的渔业的请求下提供。费用应足以开展与渔业或监管链的规模和复杂程度相匹配的准确和真实评估。费用构成应是非歧视性的,并考虑到了发展中国家的特殊情况和要求。

(6)保密。认证机构应对认证过程中获得的信息保密;有关某1具体产品或渔业的信息,只能在客户的书面同意下披露给第三方。

(7)保持认证。认证机构应开展定期监测和监督,以确保获得认证的渔业或监管链继续符合认证要求。认证机构应要求客户将拟改变渔业或监管链管理的任何情况或可能影响符合性的其他变动情况及时通知认证机构。若情况变化严重影响被认证渔业或监管链的状况和管理,或对申诉或任何其他情况的分析表明被认证的渔业和/或监管链不再符合认证机构要求的标准和有关要求,认证机构应有程序进行重新评估。

渔业认证书的有效期不得超过5年,监管链认证书的有效期不得超过3年。重新认证所需要的评估应特别重视捕捞操作和管理方法方面的变化以及标准改变可能要求的任何新条件。

(8)延长认证。在事先定期监测和审查以及进行全面重新评估的基础上,渔业认证的有效期可延长5年,监管链认证的有效期可延长3年。

(9)暂停和撤消认证。认证机构应详细说明在哪些情况下可能部分或全部暂停或撤消对所有认证范围或部分认证范围的认证。应要求被暂停或撤消认证的渔业和/或监管链(已决定的)停止使用任何提及认证的广告,并按认证机构的要求退还任何认证文件。

(10)保留监管链。认证机构应确保得到认证的鱼或渔业产品的接收单位应保留有关监管链记录,包括与装运、收货和发票有关的所有记录。认证机构应根据认证的鱼或渔业产品的具体情况,确定审查方法和审查周期,按计划对各主要转换点进行检验、审查,并将查明的违背或明显违背监管链的情况,包括所有检验、审查记录,连同对发生违背情况的原因及对已采取或要求采取纠正行动,确保不再发生类似违背情况的说明,一并载入检验/审查报告,提出关于客户是否符合监管链要求的评估意见,提供给有关各方。

(11)认证说明、标识或标志的使用和控制。生态标签计划的认证机构、认可机构或所有者应当有书面程序,说明关于表明鱼或渔业产品来自可持续渔业的标识或标志使用的要求和限制。

① 要求生态标签计划确保标识或标志不涉及与可持续渔业无关和可能引起贸易壁垒或误导消费者的说明。

② 除非确信贴有标记、说明、标志的产品确实由得到认证的来源生产,否则生态标签计划的认证机构、认可机构或所有者不应颁发张贴其标记、说明、标志的任何许可证或颁发任何渔业和渔产品的任何证书。

③ 生态标签计划的认证机构、认可机构或所有者负责确保在认证标识和标志方面不得有欺诈或误导的情况。

④ 若生态标签计划的认证机构、认可机构或所有者为表示认证而授权使用标识或标志,渔业和来自该渔业的任何鱼和渔产品仅可使用书面授权具体说明的标识或标志。

⑤ 生态标签计划的认证机构、认可机构或所有者应采取适当行动,处理在广告、产品目录中发现的不正确提及认证体系或误导使用标识和标志的情况。

⑥ 颁发的所有认证书应均包括:

a. 生态标签计划的认可机构或所有者的名称和地址;

b. 认证机构的名称和地址;

c. 认证书持有者的名称和地址;

d. 认证书颁发的生效日期;

e. 认证书的主要内容;

f. 认证书的有效期;

g. 签发官员的签名。

6. 解决申诉和上诉。

生态标签计划的认可机构或所有者应有适用于认可的认证机构的书面政策和程序,以便处理所涉各方有关认证或取消认证的申诉和上诉。这种程序应当及时、明确规定将要考虑的上诉的范围和性质,在评估期间应仅向所涉各方或磋商各方公开。上诉费用应由上诉者承担。这些程序应包括设立 1 个独立而公正的委员会来处理任何申诉问题。此项规定并不排除采用国家法律或国际法规定的其他形式的法律和行政程序。

第四节　水产养殖认证

一、水产养殖认证准则

（一）制定

为了最大限度地降低水产养殖生产和销售环节对环境、社区和消费者潜在负面影响并增加社会和消费者的收益和信心,2006年渔业委员会水产养殖分委员会第三届会议建议制定《水产养殖认证准则》,期望通过水产养殖认证,应用以市场为依托的可行手段,提高水产养殖产业的管理水平。2007年渔业委员会第二十七届会议赞同这一建议。随后粮农组织举行了6次专家研讨会,并向2008年水产养殖分委员会第四届会议提出了研讨报告。在该会议上,分委员会认识到成员存在意见分歧,并建议召开1次技术磋商会。这1方法得到2009年渔业委员会第二十八届会议的支持。粮农组织遂于2010年召开了"水产养殖认证技术准则技术磋商会",审议"水产养殖认证技术准则草案",通过了《水产养殖认证技术准则(修改稿)》。[15]2011年渔业委员会第二十九届会议批准了《水产养殖认证准则》。[16]

（二）作用

水产养殖的可持续发展取决于3个因素,即经济、社会和环境可持续性。目前已具备涉及水产养殖及其价值链各方面,包括水生动物病害防治、食品安全、生物多样性、水产品加工和进出口等的国家和国际法律,但水产养殖的环境可持续性和经济社会方面,尚未以具有拘束力的形式予以涉及,而所有这些因素在《水产养殖认证准则》中都得到了适当处理。

水产养殖认证本质上是水产养殖产品质量安全认证,具有以下3层含义:

（1）对养殖者,认证可增强其产品在市场上的竞争优势,提高经济效益;

（2）对社区,认证可促进地区水产养殖健康发展,避免与利益相关者的利益冲突,增加就业,适应消费需求,提高社会效益;

（3）对环境,认证可促使养殖者拚弃不可持续的水产养殖做法,使用环境友好和资源节约的方式从事水产养殖的生产和销售,提高生态效益。

实现上述3个目标关键在于水产养殖认证方案的合法性、完整性、权威性和有效性。认证方案是指与标准制定、认可及认证实施有关的流程、系统、程序及活动。[16]3认证方案的所有者,即认证方案的制定、组织和实施者,可以是政府、政府间组织、非政府组织、私营部门团体(如生产者或行业协会)、民间社会机制或包括以上部分或全体利益相关者群体的联合体。《准则》就是供他们直接使用的。《准则》是自愿性的,旨在为他们制定、组织和实施有效的水产养殖认证方案提供指导,以使其认证方案与《水产养殖认证准则》所规定的标准制定、认可及认证程序相一致。

水产养殖认证方案的地域范围可以有各种选择,可以是全国性、区域性或国际性的。不同的水产养殖认证方案,只要与《水产养殖认证准则》相一致,都可能实现相同的目标,因此具有等效性,应互相认可。

二、 认证方案的原则

按照《准则》的规定,制定和实施水产养殖认证方案应遵循以下 13 项原则:

(1) 应以现有国际标准或准则为依据,而且必须承认国家主权并遵守相关的地方、国家和国际法规。必须符合相关国际协议、公约、标准、规程和准则。

(2) 应承认任何开展水产养殖活动的个人或实体均有义务遵守所有国家法律、法规。

(3) 应依据现有最佳科学证据予以制定,同时吸收传统知识,但前提是其有效性能够得到客观验证。

(4) 应以透明的方式进行制定和实施,应确保负责标准制定、认可及认证的实体之间不存在利益冲突。这些实体应在本《准则》规定的要求和标准的基础上推动互认,努力实现协调一致并承认等效性。

(5) 在尊重合法保密关注的同时,应接受消费者、民间社会及其相应组织和其他有关方面的监督。

(6) 应是可信的和健全的,能充分有效地实现既定目标。

(7) 应如同联合国粮农组织《负责任渔业行为守则》尤其是第九条"水产养殖的发展"中概述的在生产过程中促进负责任水产养殖。

(8) 应包括保持监管链和水产养殖产品认证与流程可追溯性的适当程序。

(9) 应酌情遵照国际要求来明确所有有关方面(包括认证方案的所有者、认可机构和认证机构)的责任。

(10) 不得因生产规模、产量或技术的不同而对实施负责任水产养殖的任何养殖者群体予以歧视对待;促进认证机构、养殖者和贸易商之间的合作;采用可靠、独立的审查和核实程序;并应在确保负责任的养殖者广泛参与方面具有成本效益。

(11) 应大力鼓励按照联合国粮农组织《负责任鱼品贸易技术准则》开展负责任贸易,应避免设置贸易障碍,为水产养殖产品进入国际市场提供机遇。

(12) 应确保对缺乏资源的小规模养殖者的利益给予特别考虑,尤其是参与的资金成本和收益,但不得损害食品安全。

(13) 水产养殖认证准则应认识到发展中国家渔民和政府的特殊需要,还应认识到联合国粮农组织在帮助发展中国家制定可实现可衡量的 1 个实施框架方面的作用。而联合国粮农组织应帮助对渔民和政府满足拟议的水产养殖认证方案要求的能力进行评估。

三、 最低实质性标准

(一)动物健康和福利

水产养殖活动应实现健康最优化,降低水生动物疾病风险及保持生产周期各阶段健康养殖环境的方式,确保水生动物养殖对象的健康和福利。水产养殖认证方案中针对水

生动物健康和福利的最低实质性标准包括以下各项：

（1）根据国家相关法律法规，并考虑到《负责任渔业行为守则》的有关技术准则，实施水生动物健康管理计划。

（2）移动水生动物、动物遗传材料和动物产品，应遵守《世界动物卫生组织水生动物卫生法典》的相关规定。

（3）通过检疫、监测和其他管理手段，在生产周期的所有环节适合养殖品种的养殖环境，使水生动物健康和福利受益，降低水生动物疾病传入和蔓延的风险。

（4）兽药的使用应符合适用的国家法律和国际协定，确保有效、公众安全、动物健康和环境保护。

（5）应考虑在混养或多营养层综合养殖中采用的物种，减少养殖品种之间可能出现的疾病传播。

（6）水产养殖动物应获得适合有关品种的水温、水质等养殖条件。

（7）应对养殖工人进行水生动物健康和福利管理规范的培训。

（二）食品安全

开展水产养殖活动应执行国家及粮农组织和世界卫生组织食品法典的有关标准和规定，确保食品安全。水产养殖认证方案中针对食品安全的最低实质性标准，应包括以下8项：

（1）水产养殖设施应位于污染风险最小且污染源能得到控制或减轻的地区。

（2）饵料的使用应符合国家法规和国际商定标准的要求，避免饵料污染。

（3）兽药和化学品的使用应符合国家法规和国际准则。所有兽药和化学品或含药饵料应根据生产厂家或其他主管部门的指导进行使用，尤其要注意休药期。

（4）水产养殖用水的水质应适于人类安全消费的食品。

（5）用于养殖的亲鱼和种苗来源应减少把潜在危害人类健康的物质携带至养殖种群的危险。

（6）应确保影响食品安全的活动和投入物的可追溯性和档案留存。

（7）养殖设施和经营活动应保持良好的养殖和卫生条件。

（8）应对养殖工人进行卫生管理规范的培训。

（三）环境完整性

应遵照地方、国家和国际有关法律法规，以对环境负责任的方式规划和开展水产养殖。水产养殖认证方案应确保查明水产养殖可能对环境产生的不利影响，并按地方和国家法律法规将不利影响控制或降低到可以接受的程度。只要有可能，应利用本地品种养殖，应采取措施尽量使养殖鱼种非故意放入或逸入自然环境。认证方案应致力于环境成本的国际化和利用经济手段，但应避免造成国际贸易和投资的扭曲。水产养殖认证方案中针对环境完整性的最低实质性标准，应包括以下8项：

（1）应在批准水产养殖项目之前，根据国家法律规定，进行环境影响评价。

（2）应对水产养殖场内外环境质量进行定期监测。

（3）应评价并减少对周边自然生态系统，包括动物、植物和栖息地的不利影响。

（4）应采取措施促进养殖用水管理，并降低养殖废水对周边土地和水资源的影响。

（5）应尽可能使用孵化场生产的种苗养殖，如使用野生种苗，则应以负责任的方式采集。

（6）只有在外来物种对自然环境、生物多样性和生态系统健康构成可接受程度的风险时才能加以使用。

（7）应以负责任的方式进行基础设施建设和处理废弃物。

（8）应以负责任的方式使用饵料、饵料添加剂、化学品、包括抗菌剂在内的兽药、粪肥和化肥，以尽量降低其对环境的不利影响，提高经济可行性。

（四）社会经济方面

应以对社会负责任的方式开展水产养殖，遵守国家家法律法规，注意到国际劳工组织有关劳工权益的公约，不影响养殖从业者和当地社区的生计。水产养殖可为农村发展做出贡献，增加当地社区的利益和平等，扶贫和促进粮食安全。因此，在水产养殖的规划、开发和经营的各个阶段都应考虑到社会经济问题。水产养殖认证方案中针对社会经济方面的最低实质性标准，应包括以下 3 项：

（1）应依照国家劳动法规并酌情依照国际劳工组织有关公约对待工人。

（2）应依照国家法律法规向工人支付工资和提供利益和工作条件。

（3）不应以不符合国际劳工组织有关公约和国际标准的方式使用童工。

四、　制度和程序

（一）认证方案中制度和程序的一般规定

《准则》把制定和实施水产养殖认证方案的制度和程序分为 4 个部分：治理；标准制定；认可；认证，并对各部分提出了基本要求。

1. 治理

制定和实施水产养殖认证方案过程中使用的程序和涉及的制度应透明、可信、管理健全完善。私营或非政府认证方案的所有者或制定者一定不要直接参与其业务，即进行认可或认证，以避免利益冲突。认证方案的私营或非政府所有者或制定者必须与专门的独立认可机构或实体达成正式安排，由其代表承担对认证机构进行认可任务的。认可机构或实体可以是受国家法规管辖的私营、公共或自治机构。认证必须由 1 个为此目的而专门设立的组织（认证机构或实体）来操作。该组织可以是政府、公立、非政府或私营性质。认证方案应制定规则和规定。认证机构或实体应根据这些规则和规定开展工作。

2. 标准制定

标准对水产养殖认证的必要条件、定量和定性标准及指标做出规定。标准应反映通过认证方案力图实现的目标、结果和效果，以解决水产养殖中动物健康和福利、食品安全、环境完整性和社会经济问题。

3. 认可

认可旨在确保负责进行合格评定的认证机构有能力根据有关动物健康和福利、食品安全、环境完整性和社会经济等方面的水产养殖标准行使其职责。认可要确保认证机构

或实体能够评估并证明某 1 特定水产养殖产品、方法或流程源自经认证的水产养殖企业并符合相关标准。

4. 认证

认证是某机构或实体对水产养殖业务或活动出具书面或等效保证，证明其符合相关水产养殖认证标准的程序。根据对相关因素进行客观评估为基础而做出的公平认证，使购买者和消费者确信经过认证的水产养殖产品产自符合认证标准的水产养殖企业。

（二）认证方案中制度和程序的具体要求

《准则》把有关标准制定、认可和认证部分又细分为 4 节，即目的；参考标准；功能和结构；要求。

《准则》规定，认证的范围应包括水产养殖活动，如产品监管链中的水产养殖企业。针对水产养殖活动和产品的监管链可分别发放证书。为此，认证需作两类评估：

（1）合格评估：1 项水产养殖活动是否符合标准以及相关认证基准；

（2）监管链评估：是否有适当的措施来识别并区分产自水产养殖认证企业的产品，包括生产以及加工、配送和营销各阶段（可追溯性）。

如果水产养殖产品要贴上标签向购买者和消费者说明该产品产自经认证的水产养殖企业和监管链，则需要经过这两类评估并获得相应的证书。

至于有关标准制定、认可和认证章节的功能、结构和要求部分的规定，与《海洋渔业生态标签准则》和《内陆渔业生态标签准则》的有关规定基本一致，不再细述。

第五节 渔获登记制度

一、定义

渔获登记制度（CDS）是指主要旨在协助确定进口鱼类的渔获来源是否符合国际义务所确立的国家、区域和国际养护和管理适用措施的体系。或者说，是指从捕捞点至卸货以及在供应链全程对鱼类进行追踪和追溯的制度。渔获登记制度的记录和认证信息确认所捕鱼类的来源，确保渔获方式遵循相关国家、区域和全球性养护与管理措施。

其中，"鱼类"是指所有野生捕捞的海洋生物资源及淡水鱼物种（无论是否经加工）。

"渔获证书"是该体系或制度的核心，它是指经主管部门认证的某 1 出口货物批次所附文件，内含证书所涉产品的捕捞和贸易相关信息。

"货物批次"是指某 1 出口商在同 1 时间发往同 1 收货方的鱼类，或由单 1 运输文件所涵盖的从出口方发往收货方的鱼类。

"养护和管理措施"包括国家、区域和全球性的养护和管理水生生物资源和保护生态系统的措施，尤其包括《联合国海洋法公约》、《联合国鱼类种群协定》、粮农组织《负责任渔业行为守则》、粮农组织《港口国措施协定》、《船旗国表现自愿准则》以及《关于预防、制

　　菲律宾挑起的这起渔业争端,本质上是菲律宾妄图对中国对黄岩岛"既存利益作新调整",实现其霸占黄岩岛及周边海域的狼子野心。因此,这起渔业争端,也是属于政治性质的争端。

　　西班牙与加拿大间的大浅滩渔场管辖权争端,则属于法律性质的争端。

　　1995 年 3 月 9 日 1 艘加拿大军舰根据 1994 年 5 月 12 日修正的《加拿大沿海渔场保护法》,对正在大浅滩海域捕捞大比目鱼的 18 艘西班牙渔船进行驱赶,并扣押了其中的冷冻拖网渔船"埃斯泰"(Estai)号。3 月 26 日加拿大又出动 5 艘军舰,在同 1 海域再次驱赶西班牙渔船队,割断并收缴了 1 艘西班牙渔船上的网具。西班牙遂与加拿大断绝官方来往,并以断交相威胁。欧盟指责加拿大的做法是"海盗行为",甚至拟通过议案对加拿大进行制裁,只是由于英国的反对,制裁方未付诸实施。西班牙还派出了两艘军舰前往大浅滩救驾护渔,一时间在西北大西洋海域形成较为紧张的军事对峙。此事持续了 1 个多月,直至 4 月 16 日,加拿大与欧盟达成 1 项在西北大西洋渔业组织管辖区内的大浅滩捕鱼的协定,风波方告平息。在此之前,3 月 28 日西班牙向国际法院提起对加拿大的诉讼。西班牙诉加拿大违反了公海航行自由和捕鱼自由以及船旗国对其在公海上的船只具有专属管辖权等国际法原则,请求国际法院宣布:

　　(1)加拿大这项立法就其主张对公海上悬挂外国旗帜的船舶行使管辖权而言不能对西班牙适用;

　　(2)加拿大有义务不得重犯所申诉的行为,并向西班牙做出适当的赔偿;

　　(3)因此,1995 年 3 月 9 日在公海登临悬挂西班牙旗帜的"埃斯泰"号船及对该船和船长采取的强制措施和行使管辖权的行动构成违反上述国际法原则和规范的具体行为。

　　加拿大则展示了西班牙渔船使用的小眼渔网,指责西班牙渔船破坏了有关海域的渔业资源,称己方军舰是为了保护渔业资源和生态环境,行为完全是正当的,也符合《联合国海洋法公约》的有关规定。1995 年 4 月 21 日加拿大致信国际法院,对国际法院的管辖权提出了初步反对意见,指出根据 1994 年 5 月 10 日加拿大表示接受国际法院强制性管辖权的声明第 2(d)段,国际法院的管辖权不包括因加拿大针对在西北大西洋渔业组织管辖区内捕鱼的船只采取管理和养护措施及执行这些措施而可能出现的争端。

　　1995 年 5 月 2 日国际法院院长发布命令,规定 1995 年 9 月 28 日为西班牙提交诉状的期限,1996 年 2 月 29 日为加拿大提交辩诉状的限期。[5]国际法院于 1998 年 6 月 9 日至 6 月 17 日对西班牙诉加拿大渔场管辖权案进行了公开庭审。1998 年 12 月 4 日国际法院宣布它没有管辖权审理西班牙诉加拿大渔场管辖权争端。国际法院指出,加拿大在其承认国际法院强制性管辖权的声明中做出了保留,该项保留适用于西班牙与加拿大间的争端。因此,国际法院无权审理这桩争端。[6]

止和消除非法、不报告和无管制捕捞的国际行动计划》中规定的国际养护和管理措施。

获得有效的"渔获证书"一般包括以下各个环节：

（1）通报：鱼类出口国向进口国通报其执行渔获登记制度的主管部门，即向进口国主管部门备案；

（2）认可：出口国主管部门认可对出口鱼类的渔获来源进行追踪和追溯的认证机构；

（3）追溯：认证机构对出口商填写的进口国规定格式的"渔获证书"的内容的真实性，即申请出口的鱼类货物批次供应链全程进行追踪和追溯；

（4）认证：认证机构对"渔获证书"的填写内容达到符合性要求，即对符合国家、区域和全球性养护和管理措施的申请出口的鱼类货物批次提出合法捕捞的认证意见，报送出口国主管部门审批；主管部门经验证合格，并签发"渔获证书"，这就表明该出口货物批次已经主管部门认证；

（5）证书："渔获证书"分为两种：1 种为"合法捕捞证明"，这是指为渔船合法捕捞产品出口出具的证明；另 1 种为"加工厂声明"，这是指为水产品加工企业加工来自其他国家的、并附有原料供应国主管部门所出具"合法捕捞证明"的原料后产品出口出具的证明；"渔获证书"须经进口国主管部门签字才具有效力。

进口国海关对于鱼类货物批次的实际状况与其附有的"渔获证书"所载相符的货物，准予放行入境。

二、　作用

渔获登记制度旨在限制非法、不报告和无管制捕捞所获鱼类和渔产品的市场准入，从而对此类行为进行打击。

应用于预防、制止和消除非法、不报告和无管制捕捞的，有包括港口国措施、沿海国措施、市场相关措施、全球渔船记录等多种符合国际法的可用手段及其他措施。渔获登记制度以船旗国对预防、制止和消除非法、不报告和不管制捕捞的主要责任为基础，对港口国措施及其他措施形成了重要补充。

三、　渔获登记制度自愿准则

（一）背景

为阻止非法、不报告、无管制捕捞的渔获进入市场，断绝非法捕捞者的财路，一些国家、区域渔业管理组织、区域经济一体化和其他政府间组织制定和和实施了确认渔获合法性的可追溯性计划，例如，南部蓝鳍金枪鱼养护委员会（CCSBT）渔获登记制度、南极海洋生物资源保护委员会（CCAMLR）小鳞犬牙鱼（Toothfish）渔获登记制度、渔获登记制度、欧洲联盟（UE）非法、不报告、不管制渔获登记制度、东南亚国家联盟（ASEAN）渔获登记制度，以及《濒危野生动植物物种国际贸易公约》电子许可系统等。然而，此类追溯系统和渔获登记制度，弄得不好，有可能成为不必要的贸易壁垒或给利益相关方带来额外财政或管理负担的风险。

为协助各国、区域渔业管理组织和其他政府间组织制定和实施效益最佳、协调统一

的渔获登记制度,并提供广泛适用和切实可行的指导,2012 年 2 月 20～24 日渔业委员会鱼品贸易分委员会第十三届会议建议粮农组织汇总并分析现有可追溯性计划的最佳做法和现行标准,并将按照不会对贸易设置不必要的壁垒;等效性;以风险为基础;可靠、简洁、明确、透明的框架原则,研究并制定《可追溯性最佳实践准则》纳入职责范围。[17]

2013 年 12 月 9 日联合国大会第 68/71 号决议对非法、不报告、无管制捕捞对各国粮食安全和经济造成的负面影响及鱼类种群和水生生态系统造成的持续威胁表示严重关切,确认渔获登记制度作为打击这种捕捞的 1 个有效工具的重要性和价值,认可粮农组织按照达成共识的职责范围和框架原则,在渔获登记制度和可追溯性方面所作的工作,呼吁联合国成员国在粮农组织范围内,依照国际法,包括世界贸易组织的既有协定,开展渔获登记制度准则及相关标准的制定工作,包括确定可能采用的格式。[18]

(二)制定

2014 年 6 月 9～13 日渔业委员会第三十一届会议为回应联合国大会第 68/71 号决议提出的要求,批准了鱼品贸易分委员会第十四届会议提出的建议粮农组织根据 6 项已确定的原则,开展渔获登记制度准则和相关标准的制定工作,包括可能采用的格式。应依据的 6 项原则是:

(1)符合相关国际法规定;

(2)不对贸易设置不必要的壁垒;

(3)等效性;

(4)基于风险;

(5)可靠、简洁、明确、透明;

(6)如有可能采用电子方式。[19]2

2015 年 7 月 21～24 日粮农组织应渔业委员会第三十一届会议的要求,召开了制定《渔获登记制度准则》草案的专家磋商会议,在渔获登记制度和有关体系的设计和实施方面具有相关专业知识和经验的 8 名专家和 7 名顾问以个人身份出席会议。专家磋商会议旨在依据渔委第三十一届会议提出的原则,为渔获登记制度编写自愿准则草案。参会人员审议了顾问们编写的《渔获登记制度与影响评估》和《渔获登记和认证准则》两份背景文件,前者旨在为磋商会开始时的讨论提供信息,后者作为渔获登记与认证准则初步草案,旨在为磋商会编写的《渔获登记制度自愿准则》草案提供修订或调整依据。

磋商会同意需要修订文本的基本结构,并集体决定应独立成章节的内容的次序和标题,以确保文件能纳入所有必要内容。这些章节包括:序言;宗旨和范围;目标;定义;基本原则;基本原则的应用;发展中国家的特殊要求;渔获登记制度建议标准和功能;数据要求/格式。磋商会一致同意将在此基础上产出的渔获登记制度自愿准则草案,提交鱼品贸易分委员会第十五届会议审查并考虑下一步工作。在专家磋商会后,有 1 位专家经与其他几位成员协商后,为推动对制定准则时所纳入的内容展开讨论,向鱼品贸易分委员会第十五届会议提交了自愿准则草案的替代案文。[20]

2016 年 2 月 22～26 日鱼品贸易分委员会第十五届会议审议了专家磋商会的准则草案和准则草案的替代案文两份文件,认为替代案文更加符合渔业委员会第三十一届会议提出的职责范围,硬性规定更少,结构更合理,可读性更强。[21]

2016 年 4 月 18～22 日粮农组织举行技术磋商会议,有来自粮农组织 32 个成员的 63 名代表出席。技术磋商会议的任务是,遵照鱼品贸易分委员会的决定,以准则草案的替代案文作为讨论的切入点,对准则进行讨论、定稿,并将其提交给 2016 年 7 月举行的渔业委员会第三十二届会议审查、通过。技术磋商会议经过讨论,就准则的范围和目标、定义、基本原则、基本原则的应用、与发展中国家的合作和承认发展中国家的特殊要求、渔获证书的信息要素以及供应链补充信息等部分达成了协商一致,但因未能就两点内容取得共识。休会后,于 2016 年 7 月 8 日复会,对所辩论的两点内容仍未能达成协商一致,只得再度休会,以致技术磋商会议未来得及在渔业委员会第三十二届会议之前向其提交完全定稿的渔获登记制度自愿准则。[19]3

(三)基本内容

1. 性质、范围和宗旨

(1)性质。《准则》属自愿性质。

(2)范围。《准则》适用于因商业目的在海洋或淡水水域所捕野生鱼类(无论是否经加工)的渔获登记制度。

(3)宗旨。《准则》吸收了现有渔获登记制度的最佳做法,目的在于协助各国和政府间组织制定、实施、协调统一或审查渔获登记制度,尤其是为它的各项原则、标准、功能、数据要求和格式提供指导,以防止非法、不报告和无管制捕鱼所获鱼类进入国内和国际市场。

《准则》的主要目标在于确立各国和政府间组织在建立、实施、协调统一或渔获登记制度时,应予以考虑的基本原则、建议标准和功能。

2. 发展中国家的特殊要求

(1)各国应在实施渔获登记制度时全面认可发展中国家的特殊要求。

(2)鼓励各国和相关政府间或非政府国际组织以及金融机构向发展中国家单独或协调提供援助和能力建设,包括财政和技术援助、技术转让及培训,以落实准则宗旨、支持其有效实施,特别是电子渔获证书的发放工作。

3. 合作与通报

(1)相比个别进口国实施的单边措施,更倾向于区域或多边渔获登记制度,以便实现较高水平的包容性、一致性及相关各方的参与性,为受到措施影响的各经营方实现贸易便利化。为此,敦促各国在引入单边措施前,寻求以风险评估举措和成本效益考虑为依据的区域或多边安排。

(2)进口国应采取一切措施在行政管理上与出口国合作施行并管理渔获登记制度。此类合作应旨在:

① 确保进口鱼类的渔获来源遵循相关法律规定;

② 推动鱼类进口以及对渔获证书要求的验证;

③ 促进建立信息交流框架。

(3)在本准则范围内,在接受经主管部门认证的渔获证书时,进口国应已收到相关出

口国通报,以证明:

① 出口国已就法律、法规以及养护和管理措施的实施、控制和执行确立了该国渔船必须予以遵守的国家性安排;

② 出口国主管部门获得授权证明渔获证书中所含信息的真实性,并可应进口国要求对此类证书进行验证;通报还应包括确认并联络上述主管部门的必要信息;

③ 若通报所提供的信息不完整,进口国或区域渔业管理组织应立即向渔获证书的认证国指出所缺内容,并要求认证国尽快重新提供通报。

4. 基本原则

《准则》所依据的原则,也就是制定、实施、协调统一或审查渔获登记制度应遵循如下6项基本原则:

(1)遵守相关国际法规定;

(2)不会对贸易设置不必要的壁垒;

(3)承认等效性;

(4)基于风险;

(5)可靠、简洁、明确、透明;

(6)若可能,则采用电子格式。

5. 基本原则的运用

为使制定的渔获登记制度符合上述基本原则,《准则》为各项基本原则的贯彻落实提供以下指导意见:

(1)采取的任何措施都应符合国际法,尤其是世界贸易组织协定、《联合国海洋法公约》所确立的权利和义务,并应考虑到联合国粮农组织《负责任渔业行为守则》;

(2)为避免对贸易造成不必要的壁垒,渔获登记制度应明确其目标,并在设计时尽量减少对受其要求影响的各方所造成的负担;在引入措施时,应选择对贸易限制性最低的措施来实现目标;

(3)各项措施不应具有歧视性;为确保公平实施渔获登记制度,如果对国产和进口鱼类进行区别对待,应在通报中予以解释;

(4)渔获登记制度的设计与实施应以风险分析为依据,并与非法、不报告和无管制捕捞对相关种群与市场造成的风险相吻合,为此,准则列举了应进行风险评估的五个方面;

(5)应尽力确保只在渔获登记制度能有效防止非法、不报告和无管制捕捞所获产品进入贸易和市场时才予以施行;渔获证书只应包括有关、必要和易于获取的可验证信息;证书应易用、简明、清晰,以确保在文件中填入正确信息;

(6)应采用电子系统降低伪造风险;该系统应:

① 作为渔获证书的发放、认证与验证点,并用于储存渔获登记制度数据;

② 遵循协商一致的信息交换与数据管理国际标准和格式,确保其各部分的互操作性;

③ 灵活、易用、尽量减少对用户的负担;

④ 采用登录和密码或其他适当措施来实现安全访问。

6. 建议功能与标准

(1) 渔获登记制度应基于明确界定的目标,推动决定所需可追溯性和功能水平。制度设计应旨在实现其目标并尽量减轻使用者负担。

(2) 渔获登记制度应明确规定所适用的鱼类,以及不适用的产品类型,如鱼粉和鱼油等。

(3) 渔获登记制度应确定需要主管部门进行何种层次的供应链认证。进口国可要求渔获证书认证部门进行验证。

(4) 渔获登记制度应要求采用唯一、安全的文件编号。

(5) 建立渔获登记制度时,应适当考虑:

① 适用的监测、控制和监视要求;

② 信息交换和数据保密的相关标准;

③ 实现制度有效运作的必要工作语言;应接受英语;

④ 制定使用者手册,说明制度的各项要求。

7. 格式

格式 1。如果区域渔业管理组织或进口国依据风险评估结果决定引入渔获登记制度,应采用此种格式的渔获证书,其信息内容应包括唯一安全文件编号、捕捞和卸鱼上岸信息、发证部门详细信息、运输细节、出口产品描述、出口商信息、船旗国认证和进口信息等。

格式 2。如果需要更多实质性信息来确保有效实施适用的监测、控制和监视要求以及渔获登记制度,以防止非法、不报告和无管制捕捞所获鱼类引入市场,则应采用类似于养护大西洋金枪鱼国际委员会(ICCAT)蓝鳍金枪鱼渔获文件以及南极海洋生物资源保护委员会(CCAMLR)小鳞犬牙鱼(Toothfish)渔获文件等渔获证书的格式。

参考文献

[1] 联合国大会文件第 69/71 号. 秘书长的报告海洋和海洋法[R/OL].(2014-03-21:12).[2014-05-05].
http://www. un. org/zh/documents/view_doc. asp? symbol＝A/69/71

[2] 联合国粮农组织负责任渔业技术准则 7. 负责任鱼品利用[S/OL].(2000).[2013-10-05].
ftp://ftp. fao. org/docrep/fao/005/w9634c/w9634c00. pdf

[3] 国际食品法典委员会[R/OL].(2012).[2013-10-06].
www. codexalimentarius. org

[4] 联合国粮农组织负责任渔业技术准则 5. 增编 5. 利用野生鱼类作为水产养殖饲料[S/OL].
(2012).[2013-10-10].
www. fao. org/docrep/015/i1917c/i1917c00. htm

[5] 王铁崖. 国际法[M]. 北京:法律出版社,1995:454.

[6] 里约环境与发展宣言[S/OL].(1992-06-03—14:原则 12).[2013-10-11].
http://news. xinhuanet. com/ziliao/2002-08/21/content_533123. htm

[7] 渔业委员会鱼品贸易分委会. 关于联合国粮农组织与贸易有关活动的报告[R/OL].(2010-
04-26-30:2).[2013-10-13].

http://www.fao.org/docrep/meeting/018/k7246c.pdf

[8] 渔业委员会鱼品贸易分委员会.鱼品贸易与粮食安全[R/OL].(2010-04-26-30:3).[2013-10-15].

http://www.fao.org/docrep/meeting/018/k7354c.pdf

[9] 联合国粮农组织负责任渔业技术准则 11.负责任鱼品贸易[S/OL].(2000).[2013-10-16].

ftp://ftp.fao.org/docrep/fao/011/i0590c/i0590c00.pdf

[10] FAO. Guidelines for the Ecolabelling of Fish and Fishery Products from Marine Capture Fisheries Revision 1 [S/OL].(2009-03-02—06).[2013-10-15].

http://www.fao.org/docrep/012/i1119t/i1119t.pdf

[11] 联合国粮农组织渔业报告 726 号.关于制定海洋捕捞渔业鱼和渔产品生态标签国际准则的专家磋商会报告[R/OL].(2003-10-14—17).[2013-10-17].

ftp://ftp.fao.org/docrep/fao/006/y4941c/y4941c00.pdf

[12] MarineStewardshipCouncil 海洋管理委员会主页.

http://www.msc.org/cm?set_language=zh

[13] 联合国粮农组织渔业和水产养殖报告第 958 号.关于制定联合国粮农组织评价框架以评估公共和私人生态标签计划与《联合国粮农组织海洋捕捞渔业鱼和渔产品生态标签准则》相一致情况的专家磋商会报告[R/OL].(2010-11-24-26).[2013-10-20].

http://www.fao.org/docrep/015/i2021c/i2021c.pdf

[14] 联合国粮农组织.内陆捕捞渔业鱼和渔产品生态标签准则[S/OL].(2011-01-31—02-04).[2013-10-20].

http://www.fao.org/docrep/014/ba0001c/ba0001c00.pdf

[15] 渔业委员会文件第 COFI/2011/Inf.10 号.水产养殖认证技术准则技术磋商会议报告[R/OL].(2010-02-15—19:2-3).[2013-10-22].

http://www.fao.org/docrep/meeting/021/k9703c.pdf

[16] 联合国粮农组织.水产养殖认证准则[S/OL].(2011-01-31-02-04).[2013-10-25].

http://www.fao.org/docrep/015/i2296c/i2296c00.pdf

[17] 渔业委员会文件第 COFI/2012/4 号.渔委鱼品贸易分委员会第十三届会议的决定和建议[R/OL].(2012-02-20—24:4).[2016-08-15].

http://www.fao.org/docrep/meeting/027/md417c.pdf

[18] 联合国大会决议第 68/71 号.通过 1995 年《执行 1982 年 12 月 10 日〈联合国海洋法公约〉有关养护和管理跨界鱼类种群和高度洄游鱼类种群的规定的协定》和相关文书等途径实现可持续渔业[S/OL](2013-12-09:13).[2016-08-15].

http://www.un.org/zh/documents/view_doc.asp?symbol=A/RES/68/71

[19] 渔业委员会文件第 COFI/2016/3.1 号.渔获登记制度自愿准则[S/OL].(2016-07-11—15:2).[2016-08-17].

http://www.fao.org/3/a-mr048c.pdf

[20] 联合国粮农组织文件第 FIPM/R1120(ch)号.渔获登记制度专家磋商会报告[R/OL].(2015-07-21-24).[2016-08-18].

http://www.fao.org/3/a-i5063c.pdf

[21] 联合国粮农组织文件第 TC:CDS/2016/3 号.渔获登记制度自愿准则技术磋商会[R/OL].(2016-04-18—22:2).[2016-08-20].

ftp://ftp.fao.org/FI/DOCUMENT/tc-cds/wpBODY_zh.pdf

第十五章　渔业争端的解决

　　本章所称"渔业争端"是指缔约国之间有关《联合国海洋法公约》和其他具有拘束力的国际文书有关渔业的规定在解释或适用上的任何争端。这是国际争端的 1 种。根据国家主权原则,各国享有自主选择争端解决方式的权利。

　　按照《联合国宪章》的规定,争端各方有义务用和平方法解决它们之间的争端。争端各方有义务首选直接谈判的方法,而且,不论选用何种方法都须经争端各方的同意。根据国际法,任何国际司法或仲裁机构针对国家间争端行使管辖权必须以当事国的同意为基础,即"国家同意原则"。

　　在这些总原则下,对于海洋渔业争端,依《联合国海洋法公约》第十五部分实行分层次解决的机制:发生此类争端,争端各方首先应用它们选择的谈判、协商、斡旋、调停、调查等任何和平方法解决争端;争端各方在用自行选择的和平方法争端未得到解决时,可将争端提交第三方调解,而调解结论或建议,对争端各方应无拘束力;争端各方通过调解争端仍未得到解决时,则应将争端提交具有管辖权的法院或法庭进行司法解决或提交仲裁法庭裁决。

　　但是,沿海国并无义务同意将任何有关其对专属经济区内生物资源的主权权利或此项权利的行使的争端,包括关于其对决定可捕量、其捕捞能力、分配剩余量给其他国家、其关于养护和管理这种资源的法律和规章中所制订的条款和条件的斟酌决定权的争端,提交这种具有拘束力裁判的强制程序。《联合国鱼类种群协定》及其他具有拘束力的国际渔业文书有关争端解决的规定,都未离开《联合国海洋法公约》第十五部分"争端的解决"确立的基本框架。对于发生在国际水道中的国际渔业争端的解决,如当事国之间没有适用的协定,则可适用联合国《国际水道非航行使用法公约》的有关规定。

第一节　渔业争端的概念

一、渔业争端产生

渔业争端是指发生于国家之间有关水生生物资源养护和管理及相关事项的争端。它反映有关国家对于某1区域或特定鱼类种群渔业权益的立场冲突。

自古以来,各国都期望通过发展渔业为国家的粮食安全和国人福祉提供保障。但渔业资源的空间和时间分布极不平衡,富饶的渔场和渔汛就成为各国渔船竞相涉猎的场所。这是渔业争端的最明显诱因。[1]

在现代,随着渔业科学技术的发展,一些国家的渔船队可以远渡重洋深入到他国沿岸捕鱼,而广大发展中国家则视海洋渔业资源为其赖以生存和发展的重要物质条件,力图扩展其对沿海渔业资源的管辖权并确保它不受外来侵害。再加上,合作实施国际养护和管理海洋生物资源措施的要求日益成为各国的政治意愿,这都增加了国际渔业争端发生的几率。

二、渔业争端分类

渔业争端是国际争端的1种表现形式。通常学者与国际实践将国际争端分为两类,即法律争端和政治争端。法律争端系当事国对既存法律解释或适用所引起之歧见,因此1个法律争端之产生,可以说是对于1个法律权利之存在、范围与尊重问题的争论,解决办法为法律规则之适用。至于政治争端则系当事国之一,对既存法律要求变更所引起之争论,是要求创造1个新的法律情势之问题。因此,1个政治性质的争端可能是:

（1）国家间利益的对立,在此种利益的对立中,任何法律规则均无法加以解决;

（2）可能是1个国家对另1国家行使其权利之否认;

（3）也可能是1个国家要求对法律的变更,而另1个国家则主张维持现状之争论。总之,一切政治争端系对既存利益要求作新调整的纠纷。[2]

2010年9月7日中国拖网渔船"闽晋渔5179"号在中国钓鱼岛海域进行捕捞作业时,非法闯入该海域的日本海上保安厅巡逻船"与那国"号赶到"闽晋渔5179"号作业现场,加以非法拦截。当日10时15分左右"与那国"号巡逻船船尾附近部位与"闽晋渔5179"号船头附近部位发生碰撞,该巡逻船甲板上的两根栏杆支柱断裂。日本海上保安厅随后派出"水城"号和"波照间"号两艘巡逻艇,对"闽晋渔5179"号进行追踪。10时55分左右"闽晋渔5179"号与阻拦其前行的"水城"号巡逻艇发生碰撞,该巡逻艇右舷船体被撞出坑洼,另有五六根扶手被碰断。13时左右6名日本巡逻艇上的保安官员强行登上中国的渔船,迫使

"闽晋渔 5179"号停航。其后,日本海上保安总部派出 22 名海上保安官员登上中国渔船,以涉嫌违反《日本渔业法》为由对"闽晋渔 5179"号进行非法搜查、扣押。8 日凌晨 1 时左右下达逮捕令,并于 2 时将中国船长詹其雄逮捕。8 日 7 时 25 分詹其雄被押解到日本冲绳县石垣港,随后被带到石垣市市政厅进行调查。其余 14 名中国船员被留船上等待调查询问。事发后第一时间,中国立即连续做出反应:强烈不满和严重抗议。指出钓鱼岛及其附属岛屿是中国固有领土,日方对在该岛海域作业的中国渔船适用日本国内法是荒唐、非法和无效的,中方决不接受。要求日方立即无条件放人放船,避免事态进一步升级。14 名中国船员被日方扣押 6 天后返回。9 月 21 日中国国务院总理在一次公开谈话中严正指出,日方扣留我在钓鱼岛捕鱼的船只和船员,至今不释放船长并试图用日本国内法处置该事件,这是非法和无理的,极大地伤害了船员和他们的家属,也激起了国内外中华儿女强烈的愤慨。我方多次义正辞严地向日方提出交涉,但日方置若罔闻。在这种情况下,我们不得不采取必要的反制措施。在这里我强烈敦促日方政府立即无条件释放中国船长。总理表示,钓鱼岛是中国神圣的领土。如果日本一意孤行,中方将会采取进一步行动,由此造成的一切严重后果,日方要承担全部责任。船长詹其雄被扣 17 天后获释。[3]

日本所以挑起这起渔业争端,根本原因在于妄图以其国内法否认中国对自己的固有领土钓鱼岛行使主权。可见,这起渔业争端属于政治性质的争端。

南海黄岩岛为一环形礁盘,礁盘周缘长 55 千米,其内部形成一个面积约为 130 平方千米、水深为 10～20 米的潟湖。菲律宾罔顾黄岩岛的主权早在 13 世纪已归属中国的事实,2009 年利用修订其领海基线法令的机会将黄岩岛列入其领土范围。这种非法行为遭到了中国政府的明确反对和严正交涉。

在这一背景下,2012 年 4 月 10 日上午 12 艘中国海南籍渔船在黄岩岛潟湖内正常作业时,菲律宾海军"德尔皮拉尔"号巡逻舰堵住潟湖出口。菲方武装人员随后登临其中 4 艘中国渔船对渔民进行问话,肆意搜查拍照,态度粗暴恶劣,严重侵犯了中国领土主权和渔民人权。4 月 10 日下午正在附近执行巡航执法任务的中国海监 84 船和 75 船接报后立即赶赴事发海域,保护中国渔船、渔民安全。4 月 11 日下午中国渔政 303 船亦抵达现场,开始指导渔船渔民安全、有序地撤离,脱离菲方威胁。此后,菲方 1 艘考古船长时间在潟湖内非法作业,经中方多次交涉后直到 18 日离开。黄岩岛事件发生后,中方一直表示将坚持通过外交协商解决当前事态。为防止菲方进一步挑衅,中方公务船继续对黄岩岛海域保持警戒,并依照中国法律对渔船进行管理,提供服务,为中国渔民在自己的传统渔场的生产作业提供良好的环境。但菲方却不断扩大事态,用军舰和船只与中国公务船对峙,持续 78 天,期间并发表错误言论,误导国内和国际公众,煽动民众情绪,严重损害中菲双边关系。[4]

三、范围

在本章中所谓"渔业争端",是指缔约国之间有关《联合国海洋法公约》和其他具有拘束力的国际文书有关渔业的规定在解释或适用①上的任何争端,包括:

(1) 在他国领海内任何捕鱼活动的争端;

(2) 在沿岸国海峡过境通行中进行捕鱼,包括渔具的装载引起的争端;

(3) 在群岛水域中传统捕鱼权利的承认和行使的争端;

(4) 沿海国对其专属经济区内生物资源的主权权利或此项权利的行使,包括关于其对决定可捕量、其捕捞能力、分配剩余可捕量给其他国家、其关于养护和管理这种资源的法律和规章中所制订的条款和条件的斟酌决定权的争端;

(5) 沿海国关于养护和管理专属经济区内生物资源的法律和规章的执行,包括登临、检查、逮捕和进行司法程序的争端;

(6) 在他国大陆架对定居种的任何捕捞活动的争端;

(7) 有关公海生物资源养护和管理的权利、义务和利益的争端;

(8) 国际水道使用中引起的与渔业有关的争端。

第二节 《联合国海洋法公约》的有关规定

一、 海洋渔业争端的和平解决

(一) 应用和平方法解决渔业争端

《联合国海洋法公约》第二七九条规定:"各缔约国应按照《联合国宪章》第二条第三项以和平方法解决它们之间有关本公约的解释或适用的任何争端,并应为此目的以《宪章》第三十三条第一项所指的方法求得解决。"这条规定要求缔约国按照《联合国宪章》第二条第三项承担用和平方法解决它们之间有关《公约》的解释或适用的争端的义务,发生此类争端时,应以《宪章》第三十三条第一项所指的方法,即"应尽先以谈判、调查、调停、和解、公断、司法解决、区域机关、区域办法之利用、或各该国自行选择之其他和平方法求得解决。"[7]819,827

在上述方法之外,近几十年的国际实践和国际条约又把协商确认为和平解决国际争端的1种新的方法。

在所有和平解决国际争端的方法中,一般把谈判、协商、斡旋、调停、调查和调解(和解)等称为政治方法或外交方法,仲裁(公断)和司法解决称为法律方法。

---

① 解释:具有拘束力的国际文书的解释,是指缔约国对该国际文书的文本的含义以及所使用的概念、术语、定义等所作的说明。适用:具有拘束力的国际文书的适用,是指缔约国将该国际文书的条文应用于具体事项的活动。

国家之间发生渔业争端,有关当事国应当首先采取谈判的方法去解决彼此之间的争端。谈判又称外交谈判,是指通过外交途径,为就渔业争端达成谅解或求得解决,争端当事方面对面直接进行的对话、讨论。

协商作为外交谈判的1种特殊方式,其主要特点是:参加协商的并不限于渔业争端的直接当事各方,可使一些有关的国家参与;协商会议的议事规则和决定,都按协商一致原则处理。当事国不愿意直接谈判或虽经谈判而未能解决争端时,第三者可出面斡旋或调停,促成当事国进行谈判或重启谈判。斡旋者可以提出建议或将1方建议转达于另1方,但自己不参与双方的谈判。调停者可提出建议作为当事国谈判的基础,并亲自参加谈判过程。

当渔业争端起因于事实问题,而当事国不能依外交手段解决,而于情势许可的限度内,可设立国际调查委员会,依公平的调查,辩清事实,做出报告,提交当事国,以促进争端的解决。这项制度源于1899年《海牙和平解决国际争端公约》,其第一次就应用于俄国与英国之间的北海多革滩渔船事件①。

渔业争端还可通过调解委员会调解。调解委员会由若干调解员组成,其任务为查明事实,提出报告,其中包括解决争端的建议,以设法使争端当事国各方达成协议。

仲裁是在发生渔业争端时,争端当事国把争端交付由它们自己选任的仲裁员组成的仲裁庭处理,并相互约定服从仲裁裁决的1种解决争端的方法。1892~1893年"白令海海豹案"和1909~1910年"北大西洋海岸渔业让与权争案"都是通过仲裁裁决的。

司法解决主要是将争端提交国际司法机构审理和判决。1949~1951年"英挪渔业案"、1974年英国与冰岛"渔业管辖案"都是由国际法院解决的。

(二) 争端各方可协议自行选择和平解决渔业争端的方法

《公约》第二八○条规定:"本公约的任何规定均不损害任何缔约国于任何时候协议用自行选择的任何和平方法解决它们之间有关本公约的解释或适用的争端的权利。"第二八一条进一步规定:"1. 作为有关本公约的解释或适用的争端各方的缔约各国,如已协议用自行选择的和平方法来谋求解决争端,则只有在诉诸这种方法而仍未得到解决以及争端各方间的协议并不排除任何其他程序的情形下,才适用本部分所规定的程序。2. 争端各方如已就时限也达成协议,则只有在该时限届满时才适用第1款。"

这表明,为谋求渔业争端的解决,当事各方协议自行选择的和平方法比《公约》所规定的程序处于优先地位。只有在诉诸自行选择的和平方法争端仍未得到解决或在争端各方协议的时限届满时争端仍未得到解决,而且争端各方间的协议并不排除任何其他程序的情形下,才适用《公约》所规定的程序。显然,这是国家主权原则在解决争端上的体

---

① 1904年10月21日,日俄战争期间,俄国波罗的海舰队在开往远东途中,在北海多革滩外误把英国的赫尔渔船队,当作日本鱼雷艇而加以炮击,造成两名渔民死亡、1艘渔船沉没和多艘渔船严重损伤的严重事件。1904年11月25日,英俄两国在圣彼得堡签订1项声明,由英、俄、美、法、奥各派1名高级军官组成国际调查委员会,负责调查事件真相,并对事件责任及负责人员的责任程度提出意见。1905年2月26日该委员会在巴黎提出报告,认为波罗的海舰队司令应对炮击及其后果负责。结果,英国没有坚持要求俄国惩办其海军军官。俄国政府于3月9日向受害渔民支付了65 000英镑赔款。至此,事件得以解决。[8]

现和要求。缔约国自行选择争端解决方式的优先性和重要性在 2000 年南方蓝鳍金枪鱼仲裁案裁决中得到了进一步肯定。仲裁庭指出,"'《公约》远未建立一个真正全面的、有拘束力的强制管辖制度','《公约》第二百八十一条第一款允许缔约国将第十五部分第二节强制程序的适用限定在所有当事方均同意提交的案件'。如果第十五部分第一节的规定不能得到有效遵守,就会实质上剥夺缔约国基于国家主权自行选择争端解决方式的权利,从而违反国家同意原则,破坏《公约》第十五部分的平衡和完整。"[9]第82段

（三）渔业争端当事各方迅速交换意见的义务

《公约》第二八三条规定:"1. 如果缔约国之间对本公约的解释或适用发生争端,争端各方应迅速就以谈判或其他和平方法解决争端一事交换意见。2. 如果解决这种争端的程序已经终止,而争端仍未得到解决,或如已达成解决办法,而情况要求就解决办法的实施方式进行协商时,争端各方也应迅速着手交换意见。"

交换意见是指争端各方通过"穿梭外交"或外交函件往来探询对争端或情势的意见。这条规定要求争端各方在三种情形下有义务迅速着手交换意见,其目的是为了防止争端形势的升级,商讨争端解决的方案,促进争端尽早和平解决。

二、 谈判

谈判是国际法认可的和平解决国际争端最直接、最有效和最普遍的方式。"根据国际法,一般性的、不以争端解决为目的的交换意见不构成谈判。2011 年国际法院在格鲁吉亚－俄罗斯联邦案的判决中表示'谈判不仅是双方法律意见或利益的直接对抗,或一系列的指责和反驳,或对立主张的交换','谈判……至少要求争端一方有与对方讨论以期解决争端的真诚的努力'"。[9]第46段 这就是说,谈判是有关当事方为和平解决争端秉持善意,在平等互利基础上进行的直接交涉和磋商。谈判的过程,是对立的当事方充分表达意见和利益诉求,在尊重事实的基础上,根据国际法,寻求彼此同意的争端解决方法的过程。

《联合国宪章》第三十三条将谈判方法摆在所列举的和平解决国际争端的多种方法的首位。这意味着为解决国际争端,只有在使用谈判方法不能解决问题的情况下才考虑采用其他解决方法。[10]

2013 年 1 月 22 日,菲律宾不顾中菲两国达成并多年来一再确认的通过谈判解决南海有关争议的双边协议及中国与包括菲律宾在内的东盟国家在 2002 年《南海各方行为宣言》中做出的由直接有关当事国通过谈判解决有关争议的承诺,单方面将中菲有关南海的争端提起强制仲裁,违背了它所承担的通过谈判方式解决有关争端的国际义务。就此,中国政府多次郑重声明,菲律宾单方面提起仲裁,违反了《公约》及其适用争端解决程序的规定,违反了"约定必须遵守"原则,也违反了其他国际法原则和规则。中国不接受、不参与菲律宾提起的仲裁。无论仲裁庭做出什么裁决,都是非法无效的,中国不承认,不接受。[11] 中国的这 1 立场有充分的国际法依据,受到了大多数国家的赞赏和支持。

三、调解程序

（一）调解程序的种类

《公约》第二八四条规定："1. 作为有关本公约的解释或适用的争端一方的缔约国,可邀请他方按照附件五第一节规定的程序或另一种调解程序,将争端提交调解。2. 如争端他方接受邀请,而且争端各方已就适用的调解程序达成协议,任何一方可将争端提交该程序。3. 如争端他方未接受邀请,或争端各方未就程序达成协议,调解应视为终止。4. 除非争端各方另有协议,争端提交调解后,调解仅可按照协议的调解程序终止。"按照这条规定,调解程序分为附件五第一节规定的调解程序和附件五第二节规定的调解程序,即普通调解程序和强制调解程序两种。

不论普通调解程序或强制调解程序,调解委员会的报告,包括其结论或建议,对争端各方均无法律拘束力,而只具有一定的道义力量。

（二）普通调解程序

普通调解程序是指争端各方达成协议把争端提交他们共同选派的调解员组成的调解委员会进行调解的 1 种程序。

1. 调解程序的提起

按照该条和附件五第一节的规定,作为争端 1 方的缔约国,可邀请他方将争端提交调解程序。但提起这种调解程序,一要争端他方接受邀请;二要争端各方已就适用的调解程序达成协议。只要具备了这两个条件,任何 1 方即可向争端他方发出书面通知提起该程序。否则,如争端他方未接受邀请,或争端各方未就程序达成协议,调解应视为终止。

2. 调解员名单

联合国秘书长应编制并保持 1 份调解员名单。每 1 缔约国应有权提名 4 名调解员,每名调解员均应享有公平、才干和正直的最高声誉。这样提名的人员的姓名应构成该名单。无论何时,如果某 1 缔约国提名的调解员在这样组成的名单内少于 4 名,该缔约国有权按需要提名增补。

3. 调解委员会的组成

调解委员会应依下列规定组成。

（1）调解委员会应由调解员 5 人组成。

（2）提起程序的争端 1 方应指派 2 名调解员,最好从调解员名单中选派,其中 1 名可为其本国国民,除非争端各方另有协议。这种指派应列入提起程序的争端 1 方向争端他方发出的书面通知之中。

（3）争端他方在收到争端 1 方向其发出的书面通知后 21 日以内应指派两名调解员。如在该期限内未予指派,提起程序的 1 方可在该期限届满后 1 星期内向对方发出通知终止调解程序,或请联合国秘书长按照（5）项做出指派。

（4）4 名调解员应在全部被指派完毕之日起 30 天内,从调解名单中指派第 5 名调解员,并由其担任主席。如果在该期限内未予指派,争端任何 1 方可在该期限届满后 1

星期内请联合国秘书长按照(5)项做出指派。

（5）联合国秘书长应于收到根据(3)或(4)项提出的请求后 30 天内,同争端各方协商从调解员名单中做出必要的指派。

（6）利害关系相同的两个或两个以上的争端各方应以协议确定共同指派 2 名调解员。两个或两个以上的争端各方利害关系不同,或对彼此是否利害关系相同意见不一致,则应分别指派调解员。

4. 调解委员会的程序

争端各方应协议规定调解委员会的调解程序,如无此种协议,调解委员会应自行确定其本身的程序。委员会经争端各方同意,可邀请任何缔约国向该委员会提出口头或书面意见。委员会关于程序问题、报告和建议的决定均应以调解员的过半数票做出。

5. 调解委员会的职务

调解委员会的职务有以下 4 项:

（1）听取争端各方的陈述;

（2）审查其权利主张和反对意见;

（3）提请争端各方注意便于和睦解决争端的任何措施;

（4）向争端各方提出建议,以便达成和睦解决。

调解委员会应于成立后 12 个月内提出报告,报告应载明所达成的任何协议;如不能达成协议,则应载明委员会对有关争端事项的一切事实问题或法律问题的结论及其可能认为适当的和睦解决建议,报告应交存于联合国秘书长,并应由其立即分送争端各方。但委员会的报告,包括其结论或建议,对争端各方应无拘束力。

6. 调解程序的终止

在争端已经得到解决,或争端各方已书面通知联合国秘书长接受报告的建议或 1 方已通知联合国秘书长拒绝接受报告的建议,或从报告送交争端各方之日起 3 个月期限已经届满时,调解程序即告终止。

（三）强制调解程序

强制调解程序是指对于沿海国行使《公约》规定的主权权利或管辖权而发生的对《公约》的解释或适用的争端,如已诉诸普通调解程序而仍未得到解决,只要争端任何 1 方向争端他方发出书面通知提起程序,收到该通知的争端任何 1 方应有义务接受调解的 1 种程序。

按照《公约》第二九七条第三款的规定,此种争端在渔业领域是指:沿海国对专属经济区内生物资源的主权权利或此项权利的行使所产生的争端,包括关于其对决定可捕量、其捕捞能力、分配剩余可捕量给其他国家、其关于养护和管理这种资源的法律和规章中所制订的条款和条件的斟酌决定权的争端。

依据指控沿海国有下列情形时,经争端任何 1 方的请求,应将争端提交强制调解程序:

（1）1 个沿海国明显地没有履行其义务,通过适当的养护和管理措施,以确保专属经济区内生物资源的维持不致受到严重危害;

（2）1个沿海国，经另一国请求，对该另1国有意捕捞的种群，专断地拒绝决定可捕量及沿海国捕捞生物资源的能力；

（3）1个沿海国专断地拒绝根据第六十二、第六十九和第七十条以及该沿海国所制订的符合本公约的条款和条件，将其已宣布存在的剩余量的全部或1部分分配给任何国家。

在强制调解程序中，有关调解员名单、调解委员会的组成、程序和职务及调解程序的终止的规定，与普通调解程序相同，其强制性主要表现在：

① 适用的争端范围不同；

② 提起的程序不同。

只要争端的1方通知争端的他方提起调解程序，争端他方应有义务接受调解程序，而且争端的他方对提起程序的通知不予答复或不接受此种程序，也不应阻碍程序的进行。

四、 强制程序

（一）强制程序的特点

强制程序包括仲裁程序和司法程序，其强制性的1个主要表现在于，依法具有管辖权的仲裁法庭或国际海洋法法庭、国际法院所作的任何裁判应有确定性，争端所有各方均应遵从。

（二）提交强制程序的条件

将争端提交强制程序须具备两个条件：其一，通过谈判或已诉诸调解而争端仍未得到解决；其二，应经争端任何1方请求。但并非所有通过谈判或已诉诸调解而仍未得到解决的争端，都必须提交强制程序。

《公约》第二九五条对于提交强制程序的条件，作了如下补充规定："缔约国间有关本公约的解释或适用的任何争端，仅在依照国际法的要求用尽当地补救办法后，才可提交本节规定的程序。"所谓"用尽当地补救办法"，是指受损害的外国人（自然人或法人）在用尽所在国法律上的补救办法（行政、仲裁或司法等）之前，其本国政府不得代其提出国际求偿。国际法院在1959年"国际工商业投资公司案"中判称："在提出国际诉讼之前必须用尽当地补救办法是国际习惯法的一项已确立的规则"。[12]319-320 国际法委员会1979年7月拟定的《关于国家责任的条文草案》第二十二条将"用尽当地补救办法"规定为："如一国的行为所造成的情况不符合关于对外国人，不论自然人或法人的待遇的国际义务规定它必须达成的结果，但该项国际义务容许该国以其后的行为达成这项结果或相同的结果，则该国只在有关外国人用尽他们所能利用的一切有效的当地补救办法，而仍未能达成该项国际义务规定它必须达成的结果时，才算违背该国际义务。"[7]52 按照该条规定，在有关《公约》的解释或适用的任何争端的当事1方为外国人的情况下，仅在依照国际法的要求用尽当地补救办法后，争端当事国才可将此争端提交强制程序。

根据《公约》第二七九条第三款的规定，对《公约》关于渔业的规定在解释或适用上的争端，应按照强制程序解决，但沿海国并无义务同意将任何有关其对专属经济区内生物资源的主权权利或此项权利的行使的争端,包括关于其对决定可捕量、其捕捞能力、分配剩余量给其他国家、其关于养护和管理这种资源的法律和规章中所制订的条款和条件的斟酌决定权的争端,提交这种解决程序。

（三）强制程序方法的选择

按照《公约》第二八七条的规定,缔约国在签署、批准或加入《公约》时,或在其后任何时间,应有自由用书面声明的方式选择下列 1 个或 1 个以上方法,以解决有关《公约》的解释或适用的争端。

（1）按照附件六设立的国际海洋法法庭；

（2）国际法院；

（3）按照附件七组成的仲裁法庭；

（4）按照附件八组成的特别仲裁法庭。

缔约国如未用书面声明的方式进行选择,应视为已接受仲裁。

按照国际法原则,国家间的争端提交仲裁或司法解决,应以争端当事各方的同意为条件。因此,该条又规定,如果争端各方已接受同 1 程序以解决这项争端,除各方另有协议外,争端仅可提交该程序。如果争端各方未接受同一程序以解决这项争端,除各方另有协议外,争端仅可提交仲裁。据此,即使被告国做出这种声明,除非原告国也做出同 1 声明,原告国不能支持被告国的选择,而可迫使被告国提交仲裁程序。

（四）适用强制程序的限制

按照《公约》第二九七条第三款的规定,对《公约》关于渔业的规定在解释或适用上的争端,如已诉诸调解程序而仍未得到解决,应提交具有管辖权的法院或法庭,按照强制程序解决,但沿海国并无义务同意将任何有关其对专属经济区内生物资源的主权权利或此项权利的行使所产生的争端,包括关于其对决定可捕量、其捕捞能力、分配剩余可捕量给其他国家、其关于养护和管理这种资源的法律和规章中所制订的条款和条件的斟酌决定权的争端,提交这种解决程序。

（五）执行强制程序的法院或法庭的管辖权

按照《公约》第二八八条的规定,第二八七条所指的法院或法庭,对于按照《公约》第十五部分向其提出的有关《公约》关于渔业的规定在解释或适用上的任何争端,应具有管辖权,对于按照与《公约》的目的有关的国际协定向其提出的有关该协定的解释或适用的任何争端,也应具有管辖权。对于法院或法庭是否具有管辖权如果发生争端,这 1 问题应由该法院或法庭以裁定解决。

根据国际法,各国享有自主选择争端解决方式的权利。任何国际司法或仲裁机构针对国家间争端行使管辖权必须以当事国的同意为基础,即"国家同意原则"。作为一般原则,法院或法庭的管辖权只是经争端双方同意的任意强制管辖权。① 但有 1 项重要例外:《公约》第二九〇条和第二九二条规定的为保全争端各方的各自权利或防止对海洋环境

---

① 按照《国际法院规约》第三十六条第二款,主权国家接受国际法院的管辖,可任意选择接受管辖的事项,在与同样承认这类管辖的国家之间发生争端时,国际法院就对之有强制管辖权。

的严重损害以及船只和船员的迅速释放采取的临时保护措施。

（六）执行强制程序的法院或法庭适用的法律

根据《公约》第二九三条的规定,具有管辖权的法院或法庭所适用的法律是"本公约和其他与本公约不相抵触的国际法规则"。但如经当事各方同意,这并不妨害法院或法庭"按照公允和善良的原则对一项案件做出裁判的权力。"其中,"其他与本公约不相抵触的国际法规则",应包括各国先前缔结的和为了推行《公约》所载的一般原则而制定的与《公约》不相矛盾、不相冲突、不相违背的属于国际法范畴的规则和规章。而"公允和善良"原则,则是指根据公正或善意、衡平或理性进行裁判,而不是根据严格的法律规则进行裁判。1945年《国际法院规约》第三十八条第二款规定,法院经当事国同意,有权根据"公允和善良"原则来裁判案件。然而,在国际法院的审判实践中,"公允和善良"原则迄今尚未适用过。[13]

至于仲裁,按照国际法规则,争端当事国有权选择仲裁法庭所适用的法律。争端当事国可以事先就仲裁所适用的法律达成协议,这种争端当事国共同同意适用的法律可以是国际法原则和规则,如果争端当事国愿意,也可以是以"公允和善良"原则为基础的公平原则,还可以是争端当事国为特定案件而特别规定的其他规则。[14]1871年,美国与英国签订《华盛顿条约》,同意将"阿拉巴玛"号案交付由两个当事国、意大利国王、瑞士联邦总统和巴西皇帝各指派的1名仲裁员组成的法庭仲裁,并规定了3项原则作为仲裁适用的规则。史称"华盛顿三原则",开创了争端当事国为仲裁案件而特别规定规则的范例。[10]15-19对于这种做法,1958年7月联合国国际法委员会拟定的《仲裁程序示范规则》给予了确认,其第二条规定,诉诸仲裁的当事双方应在仲裁协定中规定"法庭适用的法律和原则",而按照第十条的规定,"在当事双方之间对于适用的法律没有任何协议的情况下",法庭应适用《国际法院规约》第三十八条所指的国际法。[7]966-969

（七）执行强制程序的机构及其运作

1. 国际海洋法法庭（ITLOS）

《公约》附件六《国际海洋法法庭规约》（简称《规约》）规定:"国际海洋法法庭应按照本公约和本规约的规定组成并执行职务"。该《规约》还对法庭的组织、权限、执行职务的程序和海底争端分庭的设立等事项作了具体规定。

（1）法庭的组织。法庭由独立法官21人组成。法庭法官应具备以下条件:

① 享有公平和正直的最高声誉,在海洋法领域内具有公认资格;

② 不得执行任何政治或行政职务,也不能与有关的任何业务有积极联系或有财务利益。法庭法官中不得有2人为同1国家的国民。法庭作为1个整体,还必须能代表世界各主要法系和公平地区分配。

法庭法官从每1缔约国提名不超过两名具有上述资格的候选人名单中选出。选举以无记名投票的方式进行。第一次选举应于《公约》生效之日起6个月内,由联合国秘书长召开缔约国会议举行,以后的选举应按各缔约国协议的程序举行。在这次会议上,缔约国的2/3构成法定人数。得票最多并获得出席并参加表决的缔约国2/3多数票包括缔约国的过半数的候选人选为法庭法官。

法庭法官任期 9 年，连选可连任。但在第一次选举选出的法官中，7 人任期应为 3 年，另 7 人为 6 年。谁任期 3 年，谁任期 6 年，应于这次选举完毕后，由联合国秘书长立即以抽签方法选定。这样，法庭法官每 3 年选举 1/3，这是为了便于地区分配。而法庭法官被选以接替任期未满的法官者，应任职至其前任法官任期届满时为止。

法庭应选举庭长和副庭长，任期 3 年，连选可连任。法庭应任命书记官长和其他必要的工作人员。庭长和书记官长应驻在法庭所在地。

所有可以出庭的法庭法官均应出庭，但须有选任法官 11 人才构成法庭的法定人数。法庭应确定哪些法官可以出庭组成审理某 1 特定争端的法庭。除海底争端分庭外，法庭还可视必要设立特别分庭，由其选任法官 3 人或 3 人以上组成，以处理特定种类的争端，如渔业争端、海洋环境争端等。法庭如经当事各方请求，应设立分庭，以处理提交法庭的某 1 特定争端。这种分庭的组成，应由法庭在征得当事各方同意后决定。为了迅速处理事务，法庭每年还应设立以其选任法官 5 人组成的简易分庭，以简易程序审讯和裁判争端。任何分庭做出的判决，应视为法庭做出的判决。

为了使争端得到公正的解决，《规约》规定，法庭法官不得充任任何案件的代理人、律师或辩护人；任何过去曾作为某 1 案件当事 1 方的代理人、律师或辩护人，或曾作为国内或国际法院或法庭的法官，或以任何其他资格参加该案件的法庭法官，不得参与该案件的裁判。

但是，法庭法官审理案件不受其国籍的影响。属于争端任何 1 方国籍的法庭法官，应保有其作为法庭法官参与该争端审理的权利。如果在受理 1 项争端时，法庭上有属于当事 1 方国籍的法官，争端他方可选派 1 人为法庭法官参与该争端的审理。如果在审理 1 项争端时，法庭上没有属于当事各方国籍的法官，当事每 1 方均可选派 1 人为法庭法官参与该争端的审理，但如果当事若干方利害关系相同，则为选派法官的目的，该若干方应视为当事 1 方。所选派的法官，应符合同法庭法官一样的条件，有权在与其同事完全平等的条件下参与裁判。这实际上规定了临时法官制度，体现了法庭对当事国尊重的精神，这种作法是同指派仲裁员的传统做法一脉相承的，它可使当事者相信，法庭对他们的意见不会漠然置之。本国法官的出庭，对于接受法庭管辖的国家可能是 1 个鼓励。

（2）法庭的权限。法庭对以下 3 类案件具有管辖权：

① 按照《公约》向其提交的有关《公约》的解释或适用的一切争端和申请；

② 将管辖权授予法庭的、与《公约》的目的有关的任何其他国际协定中具体规定的一切申请；

③ 如果同《公约》所包括的主题事项有关的现行有效条约或公约虽未明确规定将管辖权授予法庭，但所有缔约国同意，则有关这种条约或公约的解释或适用的任何争端，也可按照这种协定提交法庭。

法庭的管辖权，是以争端当事各方的同意为条件的，但这并不意味着法庭只对当事各方共同提交的诉讼案件具有管辖权。在被告 1 方默示同意服从管辖的情况下，法庭也可行使管辖权。

关于适用法律的权限，《公约》规定，法庭应按照《公约》第二九三条裁判一切争端和

申请。这就是说,法庭可适用:

① 《公约》;

② 其他与《公约》不相抵触的国际法规则;

③ 经当事各方的同意,法庭可按照公允和善良的原则对 1 项案件做出裁判。

由于适用此项原则并无确定的规则可循,只能由法官解释,弹性较大,故《公约》规定,法庭适用此项原则,应以当事各方的同意为前提。

（3）法庭执行职务的程序。程序的提起可采取两种方式:

① 可根据情况以特别协定通知书记官长的方式将争端提交法庭;

② 以申请书送达书记官长的方式将争端提交法庭。

两种方式均应载明争端事由和争端各方。书记官长应立即将特别协定或申请书通知有关各方。书记官长也应通知所有缔约国。

审讯由庭长主持,庭长不能主持时,由副庭长主持。庭长、副庭长如均不能主持,应由出庭法官中资深者主持。除非法庭另有决定或当事各方要求拒绝公众旁听,审讯应公开进行。

为了使案件的审理顺利进行,法庭应发布命令,决定当事每 1 方必须终结辩论的方式和时间,并做出有关收受证据的安排。

当事 1 方不出庭或对其案件不进行辩护时,他方可请求法庭继续进行程序并做出裁判。当事 1 方缺席或对其案件不进行辩护,应不妨碍程序的进行。

法庭在做出裁判前,不但必须查明对该争端确有管辖权,而且必须查明所提要求在事实上和法律上均确有根据。法庭实行过半数决定规则,一切问题由出庭的法官的过半数同意决定。如果票数相等,庭长或代理庭长职务的法庭法官应投决定票。如果判决书全部或 1 部不能代表法庭法官的一致意见,任何法官均有权发表个别意见。

法庭的裁判是有确定性的,争端所有各方均应遵行。但裁判除在当事各方之间及对该特定争端外,应无拘束力。对裁判的意义或范围发生争端时,经当事任何 1 方的请求,法庭应予解释。

2. 国际法院（ICJ）

国际法院是联合国的主要司法机关,依照《联合国宪章》和《国际法院规约》组织和执行职务。[①]

国际法院由 15 名具有不同国籍的独立法官组成。法官应是"品格高尚,并在各本国具有最高司法职位之任命资格或公认为国际法之法学家",法官全体应"能代表世界各大文化及各主要法系",其中,安全理事会 5 个常任理事国各 1 人。法官候选人由常设仲裁法院的"国家团体"提名,在常设仲裁法院中没有代表的联合国会员国由该国政府专门委派的"国家团体"提名,每 1 "国家团体"所提人数不得超过 4 人,其中属其本国国籍的者不得超过两人;由联合国大会和安理会对候选人各自独立投票选举,只有同时都获得这两

① 国际法院总部设在荷兰海牙市中心的和平宫。和平宫这座建筑是由非营利机构卡内基基金会,根据 1899 年海牙第一次和平会议通过的《关于和平解决国际争端的公约》设立的"常设仲裁法院"（PCA）建造的。国际法院因使用该建筑,联合国每年要向卡内基基金会捐款。常设仲裁法院和联合国没有任何关系。

个机构的绝对多数票的候选人才能当选。法官的任期为 9 年,连选可连任,每 3 年改选法官总数的 1/3。院长和副院长由法官互相推选产生,任期 3 年,也可连选连任。

国际法院的管辖包括审判诉讼案件和发表咨询意见。依照主权原则,国际法院的诉讼管辖权,以争端各当事国的同意为基础,而不是强制的。它只受理国家之间的争端案件。联合国各会员国为《国际法院规约》之当然当事国,非联合国会员国的国家可按大会根据安理会建议确定的条件而成为《国际法院规约》之当事国。在渔业争端中,国家表示同意或接受国际法院诉讼管辖权的方式包括以下几种:

(1)各当事国在争端发生后,签订 1 种同意将争端提交国际法院的"特别协定";

(2)在多边或双边公约或条约中,规定有将争端提交国际法院的条款;

(3)用书面声明的方式接受国际法院的强制性管辖。国际法院的判决系属确定,不得上诉。

如诉讼当事国 1 方不履行依法院判决应负之义务时,他方可根据《联合国宪章》第九十四条的规定,向安理会申诉。安理会如认为必要时,得作成建议或决定应采办法,以执行判决。

3. 仲裁法庭

《公约》第二八七条规定的仲裁法庭,包括按照附件七组成的仲裁法庭及按照附件八组成的特别仲裁法庭两种。它们与国际海洋法法庭和国际法院不同,既不是 1 个常设的机构,也不是 1 个司法的机构;与常设仲裁法院也不同,只是 1 个临时组建的仲裁班子。此处所称的仲裁法庭是指按照附件七组成的仲裁法庭。缔约国之间有关《公约》关于渔业的规定在解释或适用上的任何争端,皆可提交这种仲裁法庭。附件七对仲裁的提起、仲裁法庭的组成、仲裁程序和裁决等事项作了具体规定。

(1)程序的提起。争端任何 1 方可向争端他方发出书面通知,将争端提交附件七规定的仲裁程序。通知应附有 1 份关于其权利主张及该权利主张所依据的理由的说明。

(2)仲裁员名单。联合国秘书长应编制并保持 1 份仲裁员名单。每 1 缔约国应有权提名 4 名仲裁员,每名仲裁员均应在渔业事务方面富有经验并享有公平、才干和正直的最高声誉。这样提名的人员的姓名构成该名单。如果 1 个缔约国提名的仲裁员在该名单内少于 4 名,该缔约国应有权按需要提名增补。

(3)仲裁法庭的组成。除非争端各方另有协议,仲裁法庭应依下列规定组成:

① 仲裁法庭应由仲裁员 5 人组成。

② 提起程序的 1 方应指派 1 人,最好从仲裁员名单中选派,并可为其本国国民。这种指派应列入其向争端他方发出的提起程序的书面通知中。

③ 争端他方应在收到提起程序的书面通知 30 天内指派 1 名仲裁员,最好从仲裁员名单中选派,并可为其国民。如在该期限内未做出指派,提起程序的 1 方,可在该期限届满后 2 星期内,请求按照⑤项做出指派。

④ 另 3 名仲裁员应由当事各方间以协议指派。他们最好从仲裁员名单中选派,并应为第三国国民,除非各方另有协议。争端各方应从这 3 名仲裁员中选派 1 人为仲裁法庭庭长。如果在争端他方收到争端 1 方发出提交仲裁程序的书面通知后 60 天内,各方未

能就应以协议指派的仲裁法庭 1 名或 1 名以上仲裁员的指派达成协议,或未能就指派庭长达成协议,则经争端 1 方请求,所余指派应按照⑤项做出。这种请求应于上述 60 天期间届满后两星期做出。

⑤ 除非争端各方协议将③项和④项规定的任何指派交由争端各方选定的某 1 人士或第三国做出,应由国际海洋法法庭庭长做出必要的指派。如果国际海洋法法庭庭长不能办理,或为争端 1 方的国民,则由可以担任这项工作并且不是争端任何 1 方国民的国际海洋法法庭年资次深的法官做出指派。所指的指派,应于收到请求后 30 天期间内,在与当事双方协商后,从仲裁员名单中做出。这样指派的仲裁员应属不同国籍,且不得为争端任何 1 方的工作人员,或其境内的通常居民或其国民。

⑥ 利害关系相同的争端各方,应通过协议共同指派 1 名仲裁员。如果争端若干方利害关系不同,或对彼此是否利害关系相同,意见不一致,则争端每 1 方应指派 1 名仲裁员。由争端各方分别指派的仲裁员,其人数应始终比由争端各方共同指派的仲裁员少 1 人。

依照上列规则组成的仲裁法庭,作为 1 个整体应能体现世界各主要法系和公平地区分配。

(4)仲裁的程序。仲裁程序可由争端当事国协议规定,如争端各方无此协议,仲裁法庭可自行确定其自己的程序。按照《仲裁程序示范规则》的规定,仲裁程序一般应包括两个阶段:辩护和审讯。辩护应由各代理人向法庭成员及对方送交诉状和辩诉状,并于必要时,送交答辩状和复辩状。审讯应是当事双方论点在法庭上的口头展开。附件七规定,仲裁程序应保证争端每 1 方有陈述意见和提出其主张的充分机会。争端各方应便利仲裁法庭的工作,特别应按照其本国法律并用一切可用的方法:

① 向法庭提供一切有关文件、便利和情报;

② 使法庭在必要时能够传唤证人或专家和收受其证据,并视察同案件有关的地点。如争端 1 方不出庭或对案件不进行辩护,他方可请求仲裁法庭继续进行程序并做出裁决。争端 1 方缺席或不对案件进行辩护,应不妨碍程序的进行。

仲裁法庭在做出裁决前,必须不但查明对该争端确有管辖权,而且查明所提要求在事实上和法律上均确有根据。

(5)仲裁的裁决。仲裁法庭的裁决应以仲裁员的过半数票做出。不到半数的仲裁员缺席或弃权,应不妨碍法庭做出裁决,如果票数相等,庭长应投决定票。仲裁法庭的裁决书应以争端的主题事项为限,并应叙明其所根据的理由。任何仲裁员均可在裁决书上附加个别意见或不同意见。

除争端各方事前议定某种上诉程序外,裁决应有确定性,不得上诉,争端各方均应遵守裁决。

4. 特别仲裁法庭

按照附件八组成的特别仲裁法庭与按照附件七组成的仲裁法庭存在共性,所以,附件八规定,附件七关于仲裁法庭职务的执行、程序、争端各方的职责、做出裁决所需要的多数、不到案、裁决书、裁决的确定性等事项的规定比照适用于特别仲裁程序。但在职能上,二者有两个区别:一是,特别仲裁法庭只对《公约》关于渔业的规定在解释或适用上所产生的涉及科学和技术问题的争端具有管辖权。二是,特别仲裁法庭对于上述争端的管辖权,除执行仲裁以外,还包括对于引起这1争端的事实进行调查和认定。因此,特别仲裁法庭在程序的提起和法庭的组成方面又有其特性。附件八就此作了具体规定。

(1)程序的提起。关于《公约》中有关专属经济区渔业的条文在解释或适用上的争端的任何1方,可向争端他方发出书面通知,将该争端提交特别仲裁程序。通知应附有1份关于其权利主张及该权利主张所依据的理由的说明。

(2)专家名单。特别仲裁法庭执行职务的仲裁员不仅应在法律事务上,而且在渔业科学技术领域确有专长并享有公平和正直的最高声誉,应是这方面的专家。为便于指派或选派仲裁员,粮农组织或其授权的适当附属机构应编制和保持1份这样的渔业专家名单。该名单由各缔约国提名的2名符合条件的专家的姓名构成。如果1个缔约国提名的专家在该名单内少于2名,该缔约国有权按需要提名增补。

(3)特别仲裁法庭的组成。除非争端各方另有协议,特别仲裁法庭应依下列规定组成:

① 特别仲裁法庭应由仲裁员5人组成。

② 提起程序的1方应指派仲裁员2人,最好从联合国粮农组织或其授权的适当附属机构编制和保持的渔业专家名单中选派,其中1人可为其本国国民。这种指派应列入其向争端他方发出的提起程序的书面通知中。

③ 争端他方应在收到提起程序的书面通知30天内指派两名仲裁员,最好从专家名单中选派,其中1人可为其本国国民。如果争端他方在收到提起程序的书面通知30天的期限内未做出指派,提起程序的1方,可在该期限届满后两星期内,请求按照⑤项做出指派。

④ 争端各方应以协议指派特别仲裁法庭庭长,最好从专家名单中选派,并应为第三国国民,除非争端各方另有协议。如果在争端他方收到争端1方发出提交特别仲裁程序的书面通知之日起30天内,争端各方未能就指派庭长达成协议,经争端1方请求,指派应按照⑤项做出。这种请求应于30天期间届满后两星期做出。

⑤ 除非争端各方协议由争端各方选派的人士或第三国做出指派,应由联合国秘书长于收到提出指派的请求后30天内经与争端各方和有关国际组织协商从专家名单中做出指派。这样指派的仲裁员应属不同国籍,且不得为争端任何1方的工作人员,或为其领土内的通常居民或其国民。

⑥ 利害关系相同的争端各方,应通过协议共同指派两名仲裁员。如果争端若干方利害关系不同,或对彼此是否利害关系相同意见不一致,则争端每1方应指派1名仲裁员。

(4)事实认定。有关《公约》中关于专属经济区渔业的规定在解释或适用上的争端各方,可随时协议请求特别仲裁法庭进行调查,以确定引起这1争端的事实。除非争端各方另有协议,特别仲裁法庭对事实的认定,在争端各方之间,应视为有确定性。如经争端所有各方请求,特别仲裁法庭可拟具建议,这种建议并无裁决的效力,而只应构成有关各方对引起争端的问题进行审查的基础。附件八关于特别仲裁法庭对事实进行认定的规

定,实际上是赋予特别仲裁法庭以国际调查委员会的职能。

不论仲裁程序或特别仲裁程序的提起,皆应以经争端当事各方直接谈判争端仍未得到解决为前提,如果争端发生后,争端 1 方不履行《公约》规定的迅速交换意见进行谈判的义务而径直诉诸仲裁,争端他方对提起程序的通知可不予答复或不接受,并对此仲裁活动不参与。

五、临时措施

临时措施又称临时保护措施或临时保全办法,是指争端正式提交法院或法庭之后,争端当事方如感到其权利处于直接威胁之中可随时请求法院或法庭发布临时指令,命令在就争端案件的是非曲直最后判决之前禁止某种行为,以保全争端双方各自的权利。

《公约》第二九〇条规定:

"1. 如果争端已经正式提交法院或法庭,而该法院或法庭依据初步证明认为其具有管辖权,该法院或法庭有权在最后裁判前,规定其根据情况认为适当的任何临时措施,以保全争端各方的各自权利或防止对海洋环境的严重损害。

"2. 临时措施所根据的情况一旦改变或不复存在,即可修改或撤销。

"3. 临时措施仅在争端 1 方提出请求并使争端各方有陈述意见的机会后,才可根据本条予以规定、修改或撤销。

"4. 法院或法庭应将临时措施的规定、修改或撤销迅速通知争端各方及其认为适当的其他缔约国。

"5. 在争端根据本节正向其提交的仲裁法庭组成以前,经争端各方协议的任何法院或法庭,如在请求规定临时措施之日起两周内不能达成这种协议,则为国际海洋法法庭……如果根据初步证明认为将予组成的法庭具有管辖权,而且认为情况紧急有此必要,可按照本条规定、修改或撤销临时措施。受理争端的法庭一旦组成,即可按照第一至四款行事,对这种临时措施予以修改、撤销或确认。

"6. 争端各方应迅速遵从根据本条所规定的任何临时措施。"

按照上述第五款,如争端提交仲裁法庭,在该仲裁法庭组成之前,争端当事 1 方可请求国际海洋法法庭规定临时措施。国际海洋法法庭受理这种请求并规定临时措施的条件有两个:一是,根据初步证明认为将予组成的仲裁法庭对该争端的实质问题具有管辖权;二是,认为情况紧急,有规定临时措施的必要性。

> 澳大利亚和新西兰就曾于 1999 年 7 月 30 日按照《公约》第二九〇条第五款请求国际海洋法法庭就它们与日本之间关于南方金枪鱼①的争端规定临时措施。[15]

---

① 南方金枪鱼属于《联合国海洋法公约》附件一所指高度洄游鱼类,成熟期不少于 8 岁(日本说法)或 12 岁(澳新说法),平均产卵年龄超过 20 岁,可活到 40 岁以上,重 200 千克,长 2 米。1 条成熟的南方金枪鱼市场价格高达 3 万～5 万美元。

1. 澳、新两国的请求

澳、新两国声称,日本1998～1999年开始的单方面试捕规划严重威胁南方金枪鱼或对该鱼种总数造成不可弥补的损失,这种行动就等于在养护南方金枪鱼中未能合作。澳、新两国要求国际海洋法法庭规定如下临时措施:

(1) 日本立即停止单方面试验捕捞南方金枪鱼;

(2) 日本在任何特定捕鱼年将其捕捞限制在南方金枪鱼委员会先前同意的国家配额,减少日本1998～1999年开始的单方面试验捕鱼的过程中捕捞的南方金枪鱼数量;

(3) 在争端解决前,当事各方在捕捞南方金枪鱼中应遵照预防原则行事;

(4) 当事各方不采取可能使提交附件七仲裁法庭的争端恶化、扩大或更难解决的任何行动;

(5) 当事各方不采取有关实施附件七仲裁法庭就实质问题做出的任何裁决可能损害其各自权利的任何行动。

2. 仲裁法庭是否对该争端具有管辖权

澳、新两国指责日本单方面策划并进行试验捕鱼,未能履行《公约》第六十四条和第一一六至一一九条、1993年养护南方金枪鱼公约规定及国际法习惯的义务。日本则认为,这一争端只是有关1993年养护南方金枪鱼公约的解释和适用的争端,与《公约》的解释和适用无关,不属于附件七仲裁法庭的管辖范围。法庭不同意日本的说法。法庭认为,南方金枪鱼争端不仅涉及1993年养护南方金枪鱼公约,而且与《公约》息息相关;根据《公约》第六十四条和第一一六至一一九条,当事各国有义务直接或通过适当的国际组织,以保证养护并促进高度洄游鱼种最适度利用的目的。

在法庭看来,当事各方认为解决的可能性已用尽时,并不一定要遵循《公约》第十五部分第一节的程序,引用《公约》第十五部分第二节程序的要求已得到满足。因此,法庭裁定:初步证明仲裁法庭对该争端具有管辖权。

3. 是否属于情况紧急有必要规定临时措施

1999年8月19日国际海洋法法庭开庭审理此案。日本声称,在本案中没有规定临时措施的紧急情况。澳、新两国指出,按照《公约》第二九○条第一款,法庭可规定临时措施,"以保全争端各方的各自权利或防止对海洋环境的严重损害。"国际海洋法法庭考虑到如下一些情况:

(1) 日本单方面试验捕鱼,按照《公约》第六十四条和第一一六至一一九条侵犯了澳、新两国的权利。特别是日本未能履行根据《公约》第六十四条和第一一八条承担的当事各国合作养护并管理南方金枪鱼的义务。日本的行动已引起对这1鱼种的威胁。

(2) 在仲裁法庭审理这1案件前,进一步捕捞南方金枪鱼就会导致对澳、新两国权利的直接损害。

(3) 养护海上生物资源是保护海洋环境的1个因素。当事各国间没有不同

意见,南方金枪鱼种群严重枯竭,处于历史上最低水平,这是值得深切关注的。

（4）可得到的科学证据表明,根据试验捕捞规划捕捞的南方金枪鱼数量,可能危害这 1 鱼种的存在。

（5）当事各国已通知法庭,南方金枪鱼的商业捕捞可望继续到 1999 年以后。

法庭认为,当事各国在上述情况下应谨慎从事,保证采取有效的养护措施,防止对南方金枪鱼的严重损害。当事各国还应加紧努力,在捕捞南方金枪鱼时同其参与者合作,以保证养护并促进这 1 鱼种最适度利用的目标。考虑到日本在听证会上只承诺 1999 年的试验捕鱼规划到 8 月 31 日为止,未对 1999 年以后的试验捕鱼做出承诺,法庭裁定:应当采取措施作为紧急事宜,以保全当事各国的权利,防止南方金枪鱼种群的进一步恶化。在这种情况下,规定临时措施是必要的、适当的。

4. 法庭规定的临时措施

1999 年 8 月 27 日法庭发布命令,规定了如下临时措施:

（1）澳大利亚、日本和新西兰各保证不采取可能使提交仲裁法庭的争端恶化、扩大的行动。

（2）澳大利亚、日本和新西兰各保证不采取可能损害仲裁法庭就实质问题做出任何裁决的行动。

（3）澳大利亚、日本和新西兰各保证,除另有协议外,每年捕捞量不应超过当事各国先前同意的分别为 5 265 吨、6 065 吨和 420 吨年度国家配额的水平;在核算 1999 和 2000 的年度捕捞量时,不得有损于仲裁法庭的任何裁决、应考虑 1999 年的捕捞量作为试验捕鱼规划的 1 部分。

（4）澳大利亚、日本和新西兰除经其他当事方的同意,或除估计试验捕鱼配额外,各不从事涉及捕捞南方金枪鱼的试验捕鱼规划。

（5）澳大利亚、日本和新西兰应立即恢复谈判,以便就养护和管理南方金枪鱼的措施达成协议。

（6）澳大利亚、日本和新西兰应进一步努力,同从事捕捞的其他国家和渔业实体达成协议,以保证养护并促进高度洄游鱼种最适度利用的目的。

法庭还命令澳大利亚、日本和新西兰各自就其已采取的或准备采取的步骤提交初步报告,以保证迅速遵从所规定的措施。

六、 船只和船员的迅速释放

根据《公约》第七十三条和第二一六、二一八、二二○、二二六条的规定,船只可能因违反渔业法律、规章或污染海洋环境而被沿海国或港口国扣留。按照国际习惯法,只要以满意的方式提供充分担保后,应释放被扣留的船只和船员。担保总额不应超过船只的价值。《公约》第七十三条第二款亦规定:"被逮捕的船只及其船员,在提出适当的担保金或其他担保后,应迅速获得释放。"

如果当事方不能就担保金额或形式达成协议,释放将被延迟,船主将为此付出巨大的代价。为解决这个问题,《公约》第二九二条规定:

"1. 如果缔约国当局扣留了一艘悬挂另一缔约国旗帜的船只,而且据指控,扣留国在合理的保证书或其他财政担保经提供后,仍然没有遵从本公约的规定,将该船只或其船员迅速释放,释放问题可向争端各方协议的任何法院或法庭提出,如从扣留时起十日内不能达成这种协议,则除争端各方另有协议外,可向扣留国根据第二八七条接受的法院或法庭,或向国际海洋法法庭提出。

"2. 这种释放的申请,仅可由船旗国或以该国名义提出。

"3. 法院或法庭应不延迟地处理关于释放的申请,并且仅应处理释放问题,而不影响在主管的国内法院对该船只、其船主或其船员的任何案件的是非曲直。扣留国当局应仅有权随时释放该船只或其船员。

"4. 在法院或法庭裁定的保证书或其他财政担保经提供后,扣留国当局应迅速遵从法院或法庭关于释放船只或其船员的裁定。"

这条规定旨在由于国内管辖强加不合理的担保或经提供合理的担保后当地法律未能予以释放,从而使受到这种扣留影响的船主或其他人遭受可避免的损失。同样,它也维护扣留国的利益,只有提供法院或法庭所确定的合理保证书或其他财政担保才予以释放。值得注意的是:

(1)依照第一款,在扣留国和请求国不能就释放问题达成协议的情况下,请求国可直接向国际海洋法法庭提出释放申请,而不必拘泥于扣留国根据第二八七条接受的法院或法庭。

(2)船旗国(请求国)当局可通知法院或法庭授权船长、船员或其他人以该国名义提出释放申请。

为使这条规定得以有效实施,《国际海洋法法庭规则》第一一二条规定,应不延迟释放案件的审理,并应在法定期限内做出判决。至于扣留船只和其船员的是非曲直,可由扣留国法院处理或提交根据第二八七条选择的法院或法庭裁决。

1997年10月28日圣文森特及格林纳丁斯籍油轮"塞加"号因向渔船供油涉嫌走私遭几内亚海关巡逻艇逮捕。船上所载约值100万美元的5 000吨汽油被卸入几内亚地方港口油罐。1997年11月13日圣文森特及格林纳丁斯按照《公约》第二九二条规定,就迅速释放该国油轮"塞加"号及其船员的争端向国际海洋法法庭对几内亚提起了诉讼。法庭于1997年12月4日以21票全体一致通过,根据《公约》第二九二条,法庭对此案具有管辖权,并以12票对9票的多数通过了判决,命令几内亚在提交适当的保证书和财政担保后立即释放油轮"塞加"号及其船员。释放的条件有2:(1)从油轮"塞加"号卸下的石油应被认为是几内亚以实物或美元等值归还的担保;(2)以信贷函件或银行担保,如当事双方同意以任何其他形式提供40万美元的财政担保。[16]

1999 年 9 月 28 日法国"花月"号护卫舰指控悬挂巴拿马国旗的拖网渔轮"卡莫柯"(Camouco)号在克罗泽群岛法国专属经济区内非法捕捞将其逮捕,后被押解到留尼汪戴高乐港。1999 年 10 月 7 日"卡莫柯"号船长被起诉并被扣留,船员除 4 名在船上留守外其余的于 10 月 13 日离开留尼汪。1999 年 10 月 8 日海事部门提请圣保罗一级法院批准扣押"卡莫柯"号。该法院裁决:准予扣押"卡莫柯"号;船只的释放必须以提供保证金为先决条件,保证金额为 2 000 万法国法郎。1999 年 10 月 22 日"卡莫柯"号船长及其所属公司向该法院提出法方违反了《公约》第七十三条第二款和第二九二条的规定,请求紧急审理此案。1999 年 12 月 14 日该法院驳回申请。被告不服,遂上诉到丹尼斯上诉法院。2000 年 1 月 14 日,在该上诉法院做出判决之前,巴拿马外交部长致函国际海洋法法庭,申请国际海洋法法庭执行《公约》第二九二条,责令法国迅速释放被其扣留的"卡莫柯"号及其船长。2000 年 1 月 17 日国际海洋法法庭受理此申请,并于 2000 年 1 月 27 日和 28 日对此案进行了审理。法庭判决:法庭对该请求具有管辖权;该请求应予受理;责令法方在保证金提供后迅速释放被其扣留的船只及其船长;巴方应提供的保证金数额为 800 万法国法郎;如双方无其他协议,提供保证金形式为银行担保。[17]

第三节　其他具有拘束力国际文书的有关规定

一、《联合国鱼类种群协定》的有关规定

1995 年《联合国鱼类种群协定》第八部分"和平解决争端"共 6 条,以《公约》第十五部分"争端的解决"为基础,并有所发展。具体规定包括:

1. 以和平方法解决争端的义务

各国有义务通过谈判、调查、调停、和解、仲裁、司法解决、诉诸区域机构或安排或自行选择的其他和平方式解决争端。

2. 预防争端

各国应合作预防争端。为此目的,各国应在分区域和区域渔业管理组织和安排内议定迅速而有效的做出决定的程序,并应视需要加强现有的做出决定的程序。

3. 技术性争端

如争端涉及技术性事项,有关各国可将争端提交他们成立的特设专家小组处理。该小组应与有关国家磋商,并设法在不采用具有拘束力的解决争端程序的情况下迅速解决争端。

1958 年《捕鱼和养护公海生物资源公约》第九条规定,缔约国之间发生第四、第五、第六、第七和第八条所规定的有关养护公海生物资源的任何争端,除有关国家同意按照《联合国宪章》第三十三条的规定用其他和平方法解决外,经任何 1 方的请求,应提交由专门

从法律、行政、科学上研究渔业问题的有资格的人组成的 5 人委员会解决。《公约》第二八九条规定："对于涉及科学和技术问题的任何争端，根据本节行使管辖权的法院或法庭，可在争端一方请求下或自已主动，并同争端各方协定，最好从按照附件八第二条编制的有关名单中，推选至少两名科学或技术专家列席法院或法庭，但无表决权。"

《协定》的这条规定在总结这两项规定实施经验的基础上提出了"技术性争端"的概念。

4. 解决争端程序

（1）《公约》第十五部分就解决争端订立的各项规定比照适用于本协定缔约国之间有关本协定的解释或适用的一切争端，不论他们是否也是《公约》的缔约方。

（2）《公约》第十五部分就解决争端订立的各项规定比照适用于本协定缔约国之间有关他们为当事方的有关跨界鱼类种群和高度洄游鱼类种群的分区域、区域或全球渔业协定的解释或适用的一切争端，包括有关养护和管理这些种群的任何争端，不论他们是否也是《公约》的缔约方。

（3）本协定缔约国根据《公约》第二八七条接受的任何程序应适用于解决本部分所列的争端，除非该缔约国在签署、批准或加入本协定时，或在其后任何时间，就解决本部分所列的争端接受第二八七条所列的另一种程序。

（4）不属于《公约》缔约国的本协定缔约国在签署、批准或加入本协定时，或在其后任何时间，均有自由用书面声明的方式，选择一种或多种《公约》第二八七条第一款所列的方式以解决本部分所列的争端。第二八七条应适用于这种声明，也适用于有效声明所未包括的争端的一方的国家。为根据《公约》附件五、附件七和附件八进行调解和仲裁的目的，这些国家有权提名调解员、仲裁员和专家，列入附件五第二条、附件七第二条和附件八第二条所指的名单内，以解决本部分所列的争端。

（5）接获根据本部分提出的争端的任何法院或法庭应适用《公约》、本协定和任何有关分区域、区域或全球渔业协定的有关规定，以及养护和管理海洋生物资源方面的公认标准和其他同《公约》无抵触的国际法规则，以确保有关的跨界鱼类种群和高度洄游鱼类种群的养护。

5. 临时措施

（1）在按照本部分解决争端以前，争端各方应尽量达成切实可行的临时安排。

（2）在不妨害《公约》第二九〇条的情况下，接获根据本部分提出的争端的法院或法庭可规定其根据情况认为适当的临时措施，以保全争端各方的各自权利，或防止有关种群受到损害，也可以在第七条第五款①和第十六条第二款②所述情况下规定临时措施。

---

①《联合国鱼类种群协定》第七条第五款：在就互不抵触的养护和管理措施达成协议以前，有关国家应本着谅解和合作精神，尽力做出实际的临时安排。如有关国家无法就这种安排达成协议，任何有关国家可根据第八部分规定的解决争端程序，为取得临时措施将争端提交一个法院或法庭。

②《联合国鱼类种群协定》第十六条第二款：各国应按照第八条毫不迟延地本着诚意行事，尽力议定适用于在第一款所指地区进行的捕鱼作业的养护和管理措施。如有关捕鱼国和沿海国未能在一段合理时间内议定这些措施，他们应根据第一款适用关于临时安排或措施的第七条第四、第五和第六款。在制定这些临时安排或措施以前，有关国家应对悬挂本国国旗的船只采取措施，使其不从事可能损害有关种群的捕鱼作业。

（3）不属于《公约》缔约国的本协定缔约国可声明，虽有《公约》第二九〇条第五款的规定，国际海洋法法庭无权未经该国同意即规定、修改或撤销临时措施。

6. 对解决争端程序适用的限制

《公约》第二九七条第三款也适用于本协定。

二、《公海捕鱼遵守协定》的有关规定

1993 年联合国粮农组织《公海捕鱼遵守协定》第九条对"争端的解决"作了如下规定。

"1. 任何缔约方均可谋求与其他任何一个或几个缔约方就本协定条款的解释和适用方面的任何争端进行磋商，以尽快达成互相都满意的解决办法。

"2. 如果争端在相当的一段时间内未能通过这种磋商得到解决，当事各方则应尽快相互协商，以便通过谈判、调查、调停、调解、仲裁、司法解决等各种自选的和平手段解决争端。

"3. 这种性质的任何争端如用上述办法无法解决，则应征得争端各方同意后，提交国际法院、国际海洋法法庭或交由仲裁解决。如未能就提交国际法院、国际海洋法法庭或仲裁一事取得一致意见，有关各方应继续协商和合作，以便依照有关养护海洋生物资源的国际法规则解决争端。"

三、《港口国措施协定》的有关规定

《港口国措施协定》第七部分"争端解决"第二十二条仿照《公海捕鱼遵守协定》第九条"争端的解决"做了如下规定：

"1. 任何缔约方均可以就本协定条文的解释或适用方面的任何争端与任何其他一个或多个缔约方寻求磋商，以图尽快达成相互满意的解决方案。

"2. 若争端在合理时间内未能通过以上磋商方式得以解决，则有关缔约方应尽快进行内部磋商，以便通过谈判、质询、调解、和解、仲裁、司法或各方选择的其他和平方式加以解决。

"3. 未能通过以上方式得以解决的任何此类争端，经涉及该争端的所有缔约方同意，应将有关争端提交国际法院、国际海洋法法庭或仲裁解决。假如未能就提交国际法院、国际海洋法法庭或仲裁解决事项达成一致，各方应继续进行磋商合作，以便按照有关海洋生物资源保护的国际法则解决争端。"

四、《国际水道非航行使用法公约》的有关规定

1997 年联合国《国际水道非航行使用法公约》第三十三条对"争端的解决"做了如下规定：

"1. 如果两个或两个以上缔约方对本公约的解释或适用发生争端，而它们之间又没有适用的协定，则当事各方应根据下列规定，设法以和平方式解决争端。

"2. 如果当事各方不能按其中一方的请求通过谈判达成协议，它们可联合请第三方进行斡旋、调停或调解，或在适当情况下利用它们可能已经设立的任何联合水道机构，或协议将争端提交仲裁或提交国际法院。"

除这两款规定,与上列渔业《协定》关于争端解决的规定的不同点是,该公约特别设计了1个强制调查的程序。这就是:除非当事各方另有协议,如果在提出进行谈判的请求6个月后,当事各方仍未能通过谈判或任何其他办法解决争端,经争端任何1方请求,应设立1个实况调查委员会,进入当事各方的领土和视察任何有关的设施、工厂、设备、建筑物或自然特征,进行公正的实况调查。委员会应将调查报告提交当事各方,其中载列其调查结果及理由依据,以及它认为对公平解决争端适当的建议;当事各方应善意地考虑这些建议。[18]该公约的此项规定意味着任何短期不能解决的争端都可能导致强制调查,实质上赋予了下游水道国干涉上游水道国开发利用国际水道国内部分的权利。虽然中国全程参与了这个公约的制定活动,但认为它过分强调上游国的责任,要求1国将"计划采取的措施"通知他国并进行协商和谈判,而且在发生争端时强制的调查委员会介入检查,损害了国家主权。因此,在一般表决中投了反对票。

参考文献

[1] J·R·V·普雷斯科特. 海洋政治地理[M]. 邵津,译. 北京:商务印书馆,1978:99.

[2] 丘宏达. 现代国际法[M]. 台北:三民书局,1983:543.

[3] 9·7日本巡逻船钓鱼岛冲撞中国渔船事件[G/OL]. [2013-11-01].

http://baike. baidu. com/view/4305781. htm

[4] 南海研究院发布黄岩岛十问 驳斥菲方主张[EB]. (2012-06-11). [2013-11-02].

http://news. sina. com. cn/c/2012-06-11/123624572497. shtm

[5] 联合国大会文件第50/713号. 秘书长的报告海洋法[R/OL]. (1995-11-01:38-39). [2013-11-05].

http://www. un. org/zh/documents/view_doc. asp? symbol=A/50/713

[6] 联合国大会文件第54/429号. 秘书长的报告海洋和海洋法[R/OL]. (1999-09-30:68). [2013-11-05].

http://www. un. org/zh/documents/view_doc. asp? symbol=A/54/429

[7] 王铁崖,田如萱. 国际法资料选编[G]. 北京:法律出版社,1982.

[8] 日本国际法学会. 国际法辞典[M]. 北京:世界知识出版社,1985:311.

[9] 中华人民共和国政府关于菲律宾共和国所提南海仲裁案管辖权问题的立场文件[S/OL]. (2014-12-07). [2016-08-01].

http://gz. people. com. cn/n/2014/1207/c344103-23136838. html

[10] 中国社会科学院法学研究所《法律辞典》编委会. 法律辞典[M]. 北京:法律出版社,2003:1378-1379.

[11] 中华人民共和国外交部关于应菲律宾共和国请求建立的南海仲裁案仲裁决的声明[S/OL]. (2016-07-12). [2016-08-01].

http://www. fmprc. gov. cn/web/zyxw/t1379490. shtml

[12] 陈致中. 国际法案例选[M]. 北京:法律出版社,1986.

[13] 王铁崖. 中华法学大辞典(国际法学卷)[M]. 北京:中国检察出版社,1996:164.

[14] 王铁崖. 国际法[M]. 北京:法律出版社,1995:584—585.

［15］赵理海. 南方金枪鱼案——国际海洋法法庭的首例渔业争端［J］. 中外法学，2000（1）：122—128.

［16］赵理海. 国际海洋法法庭：油轮"塞加号"案评介［J］. 中外法学，1998（5）：114—125.

［17］联合国大会文件第 55/61 号. 秘书长的报告海洋和海洋法［R/OL］.（2000-03-20：40-41）. ［2013-11-12］.

http：//www. un. org/zh/documents/view_doc. asp？ symbol＝A/55/61.

［18］联合国大会决议第 51/229 号. 国际水道非航行使用法公约［S/OL］.（1997－05－21）. ［2013-11-15］.

http：//www. un. org/en/ga/search/view_doc. asp？ symbol＝A/RES/51/229.

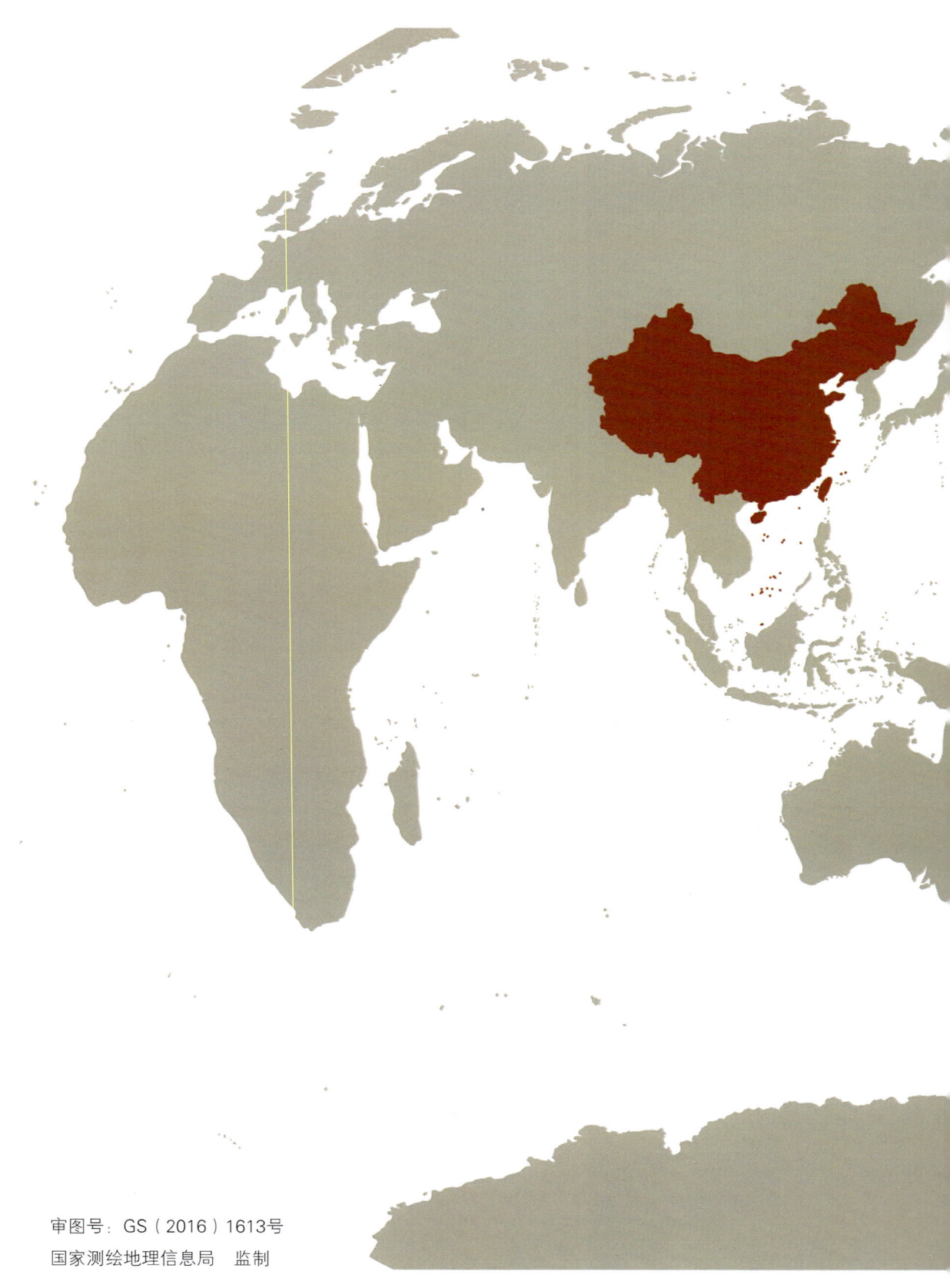

审图号：GS（2016）1613号

国家测绘地理信息局　监制

渔业法学通论

The General Theory of
Fisheries Law

下　册

Volume II

华敬炘　著

中国海洋大学出版社

·青岛·

图书在版编目（CIP）数据

渔业法学通论／华敬炘著.—青岛：中国海洋大学
出版社, 2017.7（2021.7重印）
ISBN 978-7-5670-1448-0

Ⅰ.①渔…　Ⅱ.①华…　Ⅲ.①渔业法—法学—中国
Ⅳ.①D922.651

中国版本图书馆CIP数据核字（2017）第138003号

渔业法学通论（下册）

出版发行	中国海洋大学出版社
社　　址	青岛市香港东路23号　　邮政编码　266071
网　　址	http://www.ouc-press.com
出 版 人	杨立敏
责任编辑	施薇
电　　话	0532-85901040
电子信箱	whs0532@126.com
印　　制	北京虎彩文化传播有限公司
版　　次	2017年10月第1版
印　　次	2021年7月第2次印刷
成品尺寸	185 mm × 260 mm
印　　张	65.125
字　　数	1500千
印　　数	1001—1200
定　　价	198.00元（上下册）
订购电话	0532-82032573（传真）

发现印装质量问题，请致电010-84720900，由印刷厂负责调换。

前　言

可持续渔业、可持续水产养殖对于粮食安全和营养至关重要,对于为千百万人民提供生计也至关重要。

——联合国:《我们希望的未来》

包括水产养殖在内的渔业是全世界当代人和后代人的食物、就业、娱乐、贸易和经济福利的1个重要来源,因此应当以负责任的方式开展。

——联合国粮食及农业组织:《负责任渔业行为守则》

中国是1个渔业大国和海洋大国。改革开放以来,包括现代渔业生产、现代水产品加工和现代水产品流通等3大渔业体系,及水产养殖业、增殖渔业、捕捞业、加工业和休闲渔业等5大产业体系,设施装备、科技创新、资源环保、渔业安全和渔政管理等5大支撑体系在内的具有中国特色的现代渔业,全面快速发展,结构不断优化,水产品产量大幅增长,渔民收入显著增加,已成为现代农业和海洋经济的重要组成部分。

中国现在是世界第一渔业生产大国、水产品贸易大国和主要远洋渔业国家。中国渔业对全球的粮食安全、营养、消除贫困及水生生态安全保护作出了重大贡献,并有力地促进了全国经济社会的可持续发展及实现中华民族伟大复兴的中国梦的历史进程。

中国渔业的成功发展主要得益于中国政府实行“依法治渔”的方略及养护和管理水生生物资源、保护渔业水域生态环境的得力举措。中国自1971年和1973年相继恢复在联合国和联合国粮食及农业组织的合法席位以来,积极参与了全球渔业管理和发展战略及国际水生生物资源养护和管理措施的制定,并从中国的实际出发,逐步推进渔业科学立法、民主立法,基本建立了以宪法为根据,《渔业法》为主体,渔业行政法规、地方性法规、规章和标准及相关法律、法规中适用于渔业的规定为补充,并与中国缔结或者参加的与渔业有关的国际条约及自愿遵守的国际渔业文书相协调的中国特色社会主义渔业法律体系,对于依法保护、增殖、开发和合理利用渔业资源,保护渔业水域生态环境,规范渔业生产经营行为,保障水产品安全有效供给,保障渔业生产经营者的合法权益,维护国家渔业权益和海洋权益,促进渔业可持续发展发挥了重要的引导和保障作用。

本书力图在阐明《联合国海洋法公约》构建的现代国际海洋渔业法律框架的基础上,全面地论述联合国和联合国粮食及农业组织为有效执行《公约》有关渔业的规定,实现可持续渔业,提出的新理念、新方法,制定的一系列负责任养护、管理和开发渔业的原则和标准,并在阐明中国渔业立法的历史发展及党和国家促进渔业持续健康发展的战略、方针和政策的基础上,系统地论述中国渔业法的基本原则和基本制度及实施的各项具体原则、规则、制度和标准的背景和要义,以及适用和解释中可能出现的理论和实践问题,借以深化对全面"依法治渔"重要性的的认识,并为完整准确地理解现代国际、国内渔业法的形成发展和精神实质提供条件。

本书分为 3 编,共 30 章,对渔业法学的基本问题、国际渔业法学及中国渔业法学的各个主要方面作了系统论述。

第一编"渔业法学总论"。以探讨现代渔业的概念及其在可持续发展中的作用,特别是水产食品在全球粮食安全和营养方面的作用为基础,论述了渔业法的基本宗旨、国际渔业法和国内渔业法的特征、渔业法形成和发展的历程,以及渔业法的基本原则和基本制度,指明了联合国在世界渔业特别是世界海洋渔业管理和发展中的核心地位,联合国粮食及农业组织作为唯一主管世界渔业的政府间组织在全球渔业事务中的国际领导地位,以及区域渔业管理组织在养护和管理跨界鱼类种群和高度洄游种群鱼类及公海渔业管理中的关键性作用。

第二编"国际渔业法学"。以实现可持续渔业为主线、负责任地养护水生生态系统及养护和管理水生生物资源为主体,论述了《联合国海洋法公约》确立的海洋生物资源养护和管理的法律框架内的现代国际渔业法的各个领域的主要规范,以及联合国大会、可持续发展世界首脑会议和联合国粮食及农业组织对这些规范的新发展,包括有拘束力的和自愿遵守的渔业行为原则和国际标准,对渔船、渔业管理、捕捞作业、深海渔业、水产养殖的发展、捕捞后处置和贸易及国际渔业争端的和平解决的规范及其制定和实施作了系统、具体的论述,并从中着重指明了各国在各相关领域可行使的权利及应承担的国际义务。

第三编"中国渔业法学"。以探寻中华人民共和国建立之后特别是 1986 年《渔业法》颁布实施以来中国渔业法制建设历程以及具有中国特色社会主义渔业法律体系的形成和发展为起点,以《渔业法》为纲,论述了中国渔业法的概念、现阶段中国渔业发展的基本方针和基本原则、渔业水域规划制度和渔业权制度,渔业行政管理体制和执法体系,在此基础上,论述了养殖业、捕捞业、渔业资源保护和渔业生态保护的各项法律制度,并对《渔业法》涉及很少或未曾顾及,而散见于部门规章和其他规范性文件中有关渔业权、增殖渔业和休闲渔业以及渔业船舶、船员和渔港、水产品加工业、水产品流通业、渔业保险和渔业补贴、渔业行政执法和渔业侵权赔偿等诸多领域的规定,进行了系统整合和详细论述。

本书通过以上三编,突出强调了贯串于现代渔业法中的以下 6 个基本观点:

1. 实现可持续渔业是现代渔业法的主要目标。渔业在全球粮食安全特别是保证水产食品的可用、可享、使用及稳定性方面具有重要作用,对于为千百万渔民及其家庭提供生计也至关重要。因此,渔业的发展必须是可持续的,既要满足当代人对鱼和渔产品及相关服务不断增长的需求,又不损害后代人满足其对渔业的需要。这需要从渔业资源利用的经济层面、水生生物资源和水生生态系统养护的环境层面以及对渔民、渔业社区和其他利益攸关方产生影响的社会层面等三个层面,在全球、区域、国家和地方各级采取行动,通过整合可持续发展的三个层面创新管理工具,推动实现渔业可持续发展的目标,使得渔业有能力满足经济社会发展和人口增加对鱼和渔产品及相关服务不断增长的需求。

2. 长期养护和可持续利用水生生物资源是现代渔业法的第一要务。《联合国海洋法公约》确立的海洋生物资源养护和可持续利用的国际法规则受到过度捕捞、非法、不报告和无管制捕捞活动、破坏性捕捞做法、不可持续的水产养殖做法及渔业水域生态环境污染和破坏、外来物种、气候变化等消极因素的压力和挑战,过度开发和资源衰退现象十分普遍,严重损害了渔业可持续发展的基础条件。为改变这种情况,必须把长期养护和可持续利用水生生物资源摆在渔业立法的首位,采取保护和恢复水生生物资源及保护和改善水生生态环境双重举措,包括降低世界渔船队的捕捞能力,打击非法、不报告和无管制的捕捞,取消助长过度捕捞和捕捞能力过剩的补贴,停止公海开放捕鱼的做法,加强渔业管理能力和机构,保护和恢复渔业生态系统的健康、生产力和复原力,养护水生生物多样性,使其能供今世后代可持续利用等措施。同时,鉴于现阶段捕捞渔业处于十字路口,全球海洋生物资源中大约四分之一尚有一些增加捕获量的潜力,而水产养殖则是增长最快的动物性食品生产领域,与所有其他畜牧生产系统相比,水产养殖在蛋白质转化方面效率更高,可以低投入实现高产出。因此,各国应把水产养殖视为一个具有战略重要性的领域,通过优先扩大水产养殖来满足人们对鱼类日益增加的需求,并从而减少对经常被过度捕捞的野生鱼群的依赖,以利于水生生物资源的养护和恢复。

3. 以负责任的方式开展渔业行为是现代渔业法的基本准则。从事渔业捕捞和水产养殖生产、水产品加工和流通,必须对资源、环境和社会负责任,走资源节约、环境友好的道路,在生产供应链各环节减少浪费,将对环境的影响降低到最低限度,为消费者提供多样化、安全的鱼和渔产品,并为渔业员工、社区、农村发展和国家谋利益。从事渔业管理不能头痛医头、脚痛医脚,应将水产食品纳入全球、区域和国家粮食安全政策的主流,将水域空间视为一个整体,采用综合、多学科和跨部门方法,统筹各部门对水域的合理利用,并应将生态系统方法和预防性做法纳入渔业管理,建立有效的渔业监测、控制、监视和执法机制,综合采用多种管理工具,确保负责任渔业行为的原则和标准得到遵守。

4. "以权利为基础的管理"是现代渔业法的主要模式。渔民基本少地、无地、无其他生计来源,属社会弱势群体,祖祖辈辈靠江、河、湖、海安身立命。用养殖证和捕捞许可证等法律文书确定他们长期稳定使用国家管辖渔业水域从事水产养殖和捕捞水生生物资源的权利,是对渔民生存和发展的基本人权的有力保障,这最有利于促进渔民的就业和福祉,增强渔民发展渔业生产的信心和决心,提高渔民参与渔业管理的积极性及支持和遵守国际国内渔业管理法规的自觉性。为有效实施"以权利为基础的管理"模式,中国建立了渔业水域规划保护制度,《渔业法》和《物权法》建立了渔业权登记和保护制度,前者为渔民长期稳定使用渔业水域提供了物质保证,后者为渔民长期稳定使用渔业水域提供了权利保证,二者结合,既保证了渔民有水域可使用,又保证了渔民使用水域的权利不受侵犯。

5. 将贸易措施引入渔业管理是现代渔业法的创新性举措。水产品流通是实现渔业价值的决定性环节。通过这个环节向市场供应的鱼和渔产品经过第三方认证取得生态标签或认证证书的,即证明该产品来自合法捕捞或可持续管理对生态无冲击或影响小的生产环境,使消费者在知情的情况下选择符合资源节约、环境友好要求的产品,其目的在于给予用负责任方法获得的鱼和渔产品以优先市场准入权,也就是透过市场机制,借助消费者的购买力促进水生生物资源的长期养护和可持续利用。非法、不报告、无管制捕捞的产品,得不到认证生态标签。一些国家、区域渔业管理组织或其他政府间组织实施的"渔获登记制度"使不通过主管部门"合法捕捞"认证的鱼和渔产品无法进入市场。打击非法、不报告和无管制捕捞的一个根本性手段是在经济上使从事非法捕捞活动的渔民和相关人员不能从非法活动中获益。为此,应禁止从事非法、不报告、无管制捕捞的渔船所捕捞的渔获进行贸易或输入各国领土,这已成为公认的国际法规则。将贸易措施引入渔业管理,对打击非法、不报告、无管制捕捞的港口国措施及其他措施形成了重要补充。

6. 软性法律构成现代渔业法的重要组成部分。软性法律(软法)是指在严格意义上不具有法律拘束力,但又具有一定法律效果的规范性文件。联合国大会关于实现可持续渔业的决议、世界首脑峰会关于环境与可持续发展的宣言、议程和行动计划中涉及或适用于国家渔业管理职权的规定,联合国粮食及农业组织关于负责任渔业行为的守则、国际行动计划和技术准则提出了国家养护、管理和开发渔业的原则和国际标准,这些虽是自愿遵守的,但对各国具有指导和引领作用。在中国,国务院关于养护水生生物资源和促进渔业持续健康发展的文件,在指明一定时期中国渔业发展和管理的主要任务和政策措施的同时,规定了地方各级人民政府进行渔业管理的权力与责任,为各级地方人民政府领导和管理渔业工作提供了基本遵循。国务院渔业行政主管部门为依法履行渔业渔政管理职责,所发布的除规章以外涉及渔业生产经营者渔业行为的权利和义务的文件,对渔业生产经营者具有普遍约束力,是中国渔业软法的主要形态。渔业软法和渔业硬法一样,应当遵守法定的权限和程序来制定,但它具有制定程序简便、成本低、针对性、及时性和可操作性强等特点,可有效发挥补充和细化渔业硬法的作用,成为现代渔业法的另一种形态及渔业法律体系的重要组成部分。因此,我们在认识和理解渔业法时,有必要深化对渔业软法的整理和研究,而不应忽视它的存在。

这6条也是现代渔业法不同于传统渔业法的基本特征。深入研究这些基本特征包括中国渔业法在内的现代渔业法的历史发展、管理理念和硬法和软法性质的各项管理原则、规则、制度及标准的形成、发展、作用以及问题,对于发展渔业法学,完善中国特色社会主义渔业法律体系,提高实施国际、国内渔业法规的自觉性和责任心,促进中国渔业在法治轨道上持续健康发展具有意义。

为装订方便,本书分上下两册出版。第一、第二编为上册,第三编及全书附录缩略语(英文)中英文对照表为下册。

华敬炘

2016 年 12 月

目 次

（下册）

第三编　中国渔业法学

第三十章　渔业侵权赔偿 / 506

图表索引

附　　录

Contents

(Volume Ⅱ)

PART THREE   CHINA'S FISHERIES LAW

APPENDIX

第三编

中国渔业法学

China's Fisheries Law

第十六章　渔业立法和缔约

　　中国是渔业大国,依法治渔是实现渔业持续健康发展、建设渔业强国的本质要求和重要保障。法律是治渔之重器,良法是善治之前提。依法治渔,必须坚持立法先行,发挥立法的引领和推动作用。

　　中国在积极参与全球和区域有拘束力和自愿性渔业文书制定的同时,立足国情,从渔业管理和发展的实际出发,并借鉴国际、国外渔业法治有益经验,不断推进国内渔业立法及双边渔业条约的签订。

　　1986 年《渔业法》的颁布,标志着中国开启了依法治渔的新时期,从此渔业立法也迈入快车道。经过近半个世纪的努力,初步形成了以宪法为根据,《渔业法》为主体,渔业行政法规、地方性法规、规章和标准及相关法律、法规中适用于渔业的规定为补充,并与中国缔结或参加的国际渔业条约、协定相协调的、具有中国特色社会主义渔业法律体系,对于保护渔业资源和生态环境,促进渔业可持续发展,保障水产品安全有效供给,维护渔业生产经营者和消费者的合法权益及国家渔业权益和海洋权益发挥了重要的作用。

　　中国发展现代渔业,在坚持国家主权原则前提下,实行开放、合作、互利共赢的方针,维护共享渔业权益,谋求海外渔业利益。为此,陆续缔结了多项双边和多边渔业条约,并相应参加了若干区域渔业组织,为中国特色社会主义渔业法律体系做了必要补充。

　　但这 1 法律体系尚不够完备,存在薄弱环节。而且,随着国家经济社会改革的全面深化和全面依法治国方略的实施及国际渔业事务的发展、变化,现行渔业法可能出现更多不适应、不符合的问题,需要及时修改、补充。因此,不断完善有中国特色社会主义渔业法律体系,将始终是加强渔业法治建设,建设渔业强国和海洋强国,实现国家治理体系和治理能力现代化的 1 项重要任务。

第一节　国内渔业立法

一、立法体制

（一）中国立法体制的特征

立法是指国家机关依据一定的职权和程序制定、修改和废止法律规范的活动。立法体制的核心是关于立法权限的体系和制度。

中国是统一的多民族的单一制国家，地域辽阔，各地方经济、文化、社会发展存在差异，国家又处于深刻变革之中。与这样的基本国情相适应，宪法规定："中央和地方的国家机构职权的划分，遵循在中央的统一领导下，充分发挥地方的主动性、积极性的原则。"为了使中国的法律既能通行全国，又能适应各地方千差万别的不同情况，《宪法》和《立法法》规定国家实行统一而又分层次的立法体制，在最高国家权力机关集中行使立法权的前提下，实行中央和省级两级立法，另有民族自治地方立法和经济特区立法两个特别立法。也就是在坚持全国人民代表大会及其常委会集中行使国家立法权的前提下，赋予国务院制定行政法规、省级人民代表大会及其常委会和较大的市人民代表大会及其常委会制定地方性法规的权限，还赋予经济特区所在地制定经济特区法规的权限和民族自治地方制定自治条例、单行条例的权限。这样做，既维护了社会主义法制统一，又妥善照顾到各地区的特点和差异，充分调动了中央和地方两个积极性；既及时将改革开放中成熟的经验上升为法律，又为深化改革留下空间。[1] 按照这样一种立法体制，中国总体上具有以宪法为统帅，由法律、行政法规、地方性法规、部门规章和地方政府规章等多个层次的法律规范构成的中国特色社会主义法律体系。

（二）多层次法律规范的制定

1．宪法

宪法是中国共产党和人民意志的集中体现，是全国人民代表大会通过科学民主程序形成的根本法，是全国人民、一切国家机关、政党和社会组织根本的活动准则。宪法具有最高法律效力，但它确定的规范是一般性的、原则性的规范，通常都要经过法律加以具体化。如果没有具体的法律规范同一般性的法律规范相配套，一般性的法律规范是很难实施的。反过来，只有具体的法律规范，而无视一般性的法律规范的统率作用，这些具体规范，可能发生冲突，难于适用。因此，只有坚持宪法所确定的各项法律规范，才能实现中国特色社会主义法制的统一性。

2．法律

法律是全国人民代表大会及其常务委员会制定的法律规范。法律分为基本法律和其他法律。全国人民代表大会制定刑事、民事、国家机构的和其他的基本法律；全国人民代表大会常务委员会制定除应当由全国人民代表大会制定的法律以外的其他法律；在全国人民代表大会闭会期间,对全国人民代表大会制定的法律进行部分补充和修改,但是,不得同该法律的基本原则相抵触。基本法律由全国人民代表大会全体代表的过半数通过;其他法律由全国人民代表大会常务委员会全体组成人员的过半数通过。全国人民代表大会及其常务委员会通过的法律,由国家主席签署主席令予以公布。法律一般称为"法",个别的称为"条例";对法律进行部分补充或者修改的,通常称为"决定"。

3. 行政法规

行政法规是国务院根据宪法和法律制定的法律规范。依据《立法法》的规定,行政法规可以就下列事项做出规定:

(1) 为执行法律的规定需要制定行政法规的事项;

(2) 宪法第八十九条规定的国务院行使管理职权的事项。行政法规须经国务院常务会议审议通过或由国务院总理审批,并由总理签署国务院令公布。行政法规的名称一般称"条例",也可以称"规定"、"办法"等。国务院根据全国人民代表大会及其常务委员会的授权决定制定的行政法规,称"暂行条例"或"暂行规定"。

4. 地方性法规

地方性法规是省、自治区、直辖市和较大的市的人民代表大会及其常务委员会制定的法律规范。依据《立法法》和《地方组织法》的规定,省、自治区、直辖市的人民代表大会及其常务委员会根据本行政区域的具体情况和实际需要,在不同宪法、法律、行政法规相抵触的前提下,可以制定地方性法规。较大的市的人民代表大会及其常务委根据本市的具体情况和实际需要,在不同宪法、法律、行政法规和本省、自治区的地方性法规相抵触的前提下,可以制定地方性法规,报省、自治区的人民代表大会常务委员会批准后施行。

这里所称较大的市是指省、自治区的人民政府所在地的市,经济特区所在地的市和经国务院批准的较大的市。

地方性法规可以就下列事项做出规定:

(1)为执行法律、行政法规的规定,需要根据本行政区域的实际情况作具体规定的事项;

(2) 属于地方性事务需要制定地方性法规的事项。除《立法法》第八条规定的事项外,其他事项国家尚未制定法律或者行政法规的,省、自治区、直辖市和较大的市根据本地方的具体情况和实际需要,可以先制定地方性法规。规定本行政区域特别重大事项的地方性法规,应当经人民代表大会审议,并由全体代表的过半数通过。省、自治区、直辖市人民代表大会制定的地方性法规,由大会主席团发布公告予以公布。省、自治区、直辖市人民代表大会常务委员会制定的地方性法规,由常务委员会组成人员的过半数通过,由常务委员会发布公告予以公布。较大的市的人民代表大会及其常务委员会制定的地方性法规报经批准后,由较大的市的人民代表大会常务委员会发布公告予以公布。地方性法规的名称一般称"条例",也可以称"规定"、"办法"等。

5. 部门规章

部门规章是国务院各部、委员会和具有行政管理职能的直属机构,根据法律和国务院的行政法规、决定、命令,在本部门的权限范围内制定的法律规范。部门规章规定的事

项应当属于执行法律或者国务院的行政法规、决定、命令的事项。部门规章应当经部务会议或者委员会会议决定，由部门首长签署命令予以公布。部门规章不得称"条例"，可称"规定"、"办法"、"规则"。

6. 地方政府规章

地方政府规章是省、自治区、直辖市和较大的市的人民政府根据法律、行政法规和本省、自治区、直辖市和较大的市的地方性法规制定的法律规范。依照《立法法》的规定，地方政府规章可以就下列事项做出规定：

（1）为执行法律、行政法规、地方性法规的规定需要制定规章的事项；

（2）属于本行政区域的具体行政管理事项。地方政府规章应当经政府常务会议或者全体会议决定，由省长或自治区主席或市长签署命令予以公布。地方政府规章不得称"条例"，可称"规定"、"办法"。

根据 2015 年 3 月 15 日第十二届全国人民代表大会第三次会议《关于修改〈中华人民共和国立法法〉的决定》，设区的市的人民代表大会及其常务委员会根据本市的具体情况和实际需要，在不同宪法、法律、行政法规和本省、自治区的地方性法规相抵触的前提下，可以对城乡建设与管理、环境保护、历史文化保护等方面的事项制定地方性法规。设区的市的地方性法规须报省、自治区的人民代表大会常务委员会批准后施行。除省、自治区的人民政府所在地的市，经济特区所在地的市和国务院已经批准的较大的市以外，其他设区的市开始制定地方性法规的具体步骤和时间，由省、自治区的人民代表大会常务委员会综合考虑本省、自治区所辖的设区的市的人口数量、地域面积、经济社会发展情况以及立法需求、立法能力等因素确定，并报全国人民代表大会常务委员会和国务院备案。

设区的市的人民政府制定地方政府规章，限于城乡建设与管理、环境保护、历史文化保护等方面的事项。

二、 渔业立法的必要性

（一）运用法律手段保障渔业资源的长期养护和可持续利用

中国是 1 个水生生物资源大国。中国拥有大陆海岸线 18 000 多千米，海岛 6 500 多个，海岛岸线 14 000 多千米，管辖海域 300 多万平方千米，大陆架面积约 229 万平方千米；流域面积在 100 平方千米以上的河流有 5 万多条，流长在 300 千米以上的河流有 104 条，1 000 千米以上的有 22 条；天然湖泊面积在 1 平方千米以上的有 2 800 多个，总面积 7.56 万平方千米；还有众多水库。内陆水域总面积达 17.6 万平方千米。中国地跨热带、亚热带和温带，海域辽阔，内陆江河、湖泊、水库等水域类型多、分布广、区域之间差异大，丰富的海淡水资源构成了各具特色的水域生态系统，孕育着丰富多样的水生生物资源。在独特的气候、地理及历史等因素的影响下，中国水生生物具有特有程度高、孑遗物种数量大、生态系统类型齐全等特点，有水生生物 2 万多种，在世界生物多样性中占有重要地位。其中，海水鱼类近 1 700 种、虾类 300 多种、蟹类 600 多种、头足类 90 多种、藻类 790 种；淡水鱼类近 800 种。除拥有大量经济价值较高的渔业资源外，还有鲸、海豹、儒艮等数量众多的珍稀特有水生生物资源。[2] 丰富的水生生物资源和水域生态系统为实现渔业的可持续发展,提供了优越的自然条件,必须十分珍惜、合理利用和切实保护。为此,应当采取措施,运用各种手段,特别是法律手段,全面规划,严格管理,规范渔业行为,制止非法侵占或破坏水生生物资源的行为,为实现水生生物资源的长期养护和可持续利用及促进渔业可持续发展的目标,提供坚实法制保障。

中国是世界上捕捞渔船和渔民数量增加最快的国家,由于长期采取粗放型的捕捞方式,作业方式单一,捕捞强度过大,加上"三无"(无船名、无船舶证书、无船籍港)渔船屡禁不止,非法进入中国管辖海域的外国渔船日益增多,海上事故和渔场纠纷时有发生,海上正常的渔业秩序受到破坏,从 20 世纪 70 年代起,造成传统优质渔业品种资源衰退程度加剧,渔获物的低龄化、小型化、低质化现象严重,捕捞生产效率和渔业经济效益明显下降。

中国又是世界上海岸带和流域开发活动最密集的国家,在经济社会发展和人口不断增加的压力下,多年来对于浅海、海湾、滩涂、河湖基本上是谁有钱、谁投资,谁开发、谁利用,使得围垦、造地、水利、交通、港口、盐业、林业、海洋石油、沿岸工业及排污等部门都与包括水产养殖在内的渔业之间存在尖锐矛盾。许多不适当的海岸工程、海洋工程、拦河筑坝和提水发电工程及其他人类活动,不仅与渔业争夺水域、水资源,而且使水域遭受污染,大量水生生物栖息地遭到破坏,渔业水域被大片侵占,渔业生态不断恶化,外来物种大量入侵,加剧了水生生物资源的衰退,对渔业的可持续发展构成严重威胁。

渔业的直接目的是为人类提供安全、卫生和纯正的水产品,这不仅事关水产品消费者和其他使用者的利益,而且与从事渔业的所有人员的就业、生计和福利紧密相连。因此,应当从经济、社会、环境各个层面,规范水生生物资源的养护及养殖、增殖和捕捞生产,并在捕捞、搬运、加工和销售各环节保持水产品的质量安全,减少浪费,并将对环境的影响减至最低限度,治理不负责任、不可持续的渔业行为及影响渔业健康发展的一切活动。

(二)渔业立法是渔业法制建设的基础

纵观在中国渔业发展过程中出现的种种问题,除了对渔业经济的客观规律认识不足,片面强调捕捞、忽视保护和增殖资源之外,渔业法制薄弱、管理不力,致使破坏水域的生态环境和水生生物资源的状况得不到有效制止是个重要原因。

显然,要解决渔业上的根本问题,实现合理开发利用水生生物资源,改善渔业水域的生态环境,发展渔业生产,维护渔业生产经营秩序,保障国家、渔民和渔业利益攸关方的合法权益,促进水生生物资源的长期养护和可持续利用及渔业的可持续发展的目标,必须坚持全面依法治渔,加强渔业法制建设,建立、健全渔业管理体制、机制、组织体系和渔业执法队伍,提高水生生物资源开发利用的监测、控制、监视、执法管理能力。渔业立法是渔业法制建设的基础。为此,从中央到地方都要深化渔业立法,与时俱进,使各种渔业法律、法规、标准成龙配套,形成具有中国特色的完善的渔业法律体系,保证渔业管理有法可依,有章可循。

中国是 1 个负责任的渔业大国,深知自己在养护和管理全球渔业资源、维护全球水生生态环境方面的责任和可以发挥的作用。为履行中国缔结或参加的与渔业有关的双

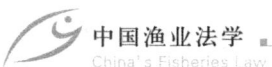

边、多边和全球性条约规定的义务,需要通过国内立法在国内适用这些条约的规定;但是,中国声明保留的条款除外。

三、历史发展

(一) 1949～1976 年

1. 渔业的恢复和初步发展时期(1949～1957 年)

1936 年中国全国水产品产量为 150 万吨,1949 年降至 52.4 万吨。1949 年中华人民共和国建立至 1957 年间,渔业资源增长量远大于捕捞能力,渔业管理以解放和发展渔业生产力,建立渔业生产正常秩序为中心,采取了海洋渔业以沿岸、近海捕捞为主,淡水渔业以养殖与捕捞相结合,逐步发展养殖的方针。这期间为渔业立法的起步阶段。

为建立和维护渔业生产秩序,保护渔业资源,一些大行政区分别颁布和实施了 1 批渔业法规,包括:1950 年 4 月东北人民政府的《东北渔业暂行条例》《渔业登记细则》和《机船底曳网禁渔区》;1950 年 12 月华东军政委员会的《华东区机船底曳网渔业作业试行规则》;1951 年 2 月政务院批准的《中南区渔业暂行条例》《中南区渔业权登记暂行规则》《中南区定置渔业管理暂行规则》和《中南区水产动植物繁殖保护暂行规则》;1951 年 9 月华东水产管理局的《华东区渔业权登记规则(草案)补充规定》;1951 年 11 月华东军政委员会的《华东区淡水水产事业暂行管理规则》;1951 年 12 月华东军政委员会的《华东区渔民协会试行通则》。

在国家一级,为保护沿海渔业资源,并避免机轮拖网渔业与帆船拖网渔业的纠纷,1955 年 6 月国务院发布了《关于渤海、黄海及东海机轮拖网渔业禁渔区的命令》,1957 年 7 月又发布了《关于渤海、黄海及东海机轮拖网渔业禁渔区的命令的补充规定》。1957 年 4 月水产部发布了《水产资源繁殖保护暂行条例(草案)》。

2. 渔业徘徊发展时期(1958～1965 年)

1958 年年初全国水产工作会议制定了"海淡水生产并重"和"以养为主,积极发展捕捞"的方针。但不久渔业即受到了一系列"左"的干扰,盲目增加捕捞强度,许多地方围湖造田,填塘种粮,迫使水产养殖萎缩,生产出现"马鞍"形,渔业资源和渔业生态环境受到了一定程度的破坏。后经过几年调整,逐步恢复,1965 年产量仍未达到 1957 年 346.9 万吨的水平。在此期间,1962 年 6 月中共中央农村工作部、国务院农林办公室发出《关于保护对虾资源的通知》,1962 年 7 月国务院批转了水产部制定的《渤海区对虾资源繁殖保护试行办法》。1964 年 6 月国务院批转了水产部修订的《水产资源繁殖保护条例(草案)》,国务院在批语中指出:要妥善地解决渔业与农业的矛盾,新建水利工程和需要排放污水的厂矿,一定要采取有利于水产资源繁殖保护的措施。

3. "文化大革命"时期(1966～1976 年)

在"文化大革命"时期,渔业法制遭到严重破坏。1973 年 5 月黄渤海区渔业生产指挥部曾颁布《渤海区经济鱼、虾资源繁殖保护条例》,但连同其他现行正确的渔业法规都无法得到有效执行,致使渔业工作中积累的捕捞过度、近海经济鱼类资源衰退、人工养殖发展缓慢、生产设备落后、技术水平低等许多问题长期得不到解决。1976 年全国水产品产量仅 507.4 万吨,不但数量少,质量也差,市场供应紧张。

（二）1977～1984 年

伴随"文化大革命"的结束,渔业工作进入了重点转变和发展时期。1978 年年底,中国共产党十一届三中全会明确提出:必须集中主要精力,坚决地、完整地执行农林牧副渔并举、全面发展的方针,把农业尽快地搞上去。随之,国家机关加快了渔业立法的步伐,渔业立法迈进大力加强阶段。

1978 年国家水产总局成立后,立即组织有关部门对 1964 年试行的《水产资源繁殖保护条例（草案）》进行修改,补充奖惩、组织领导和监督实施等条款,使原来的规定更加完善。1979 年 2 月国务院发布了《水产资源繁殖保护条例》,规定对重要名贵的水生动物和植物实行重点保护,对某些重要鱼虾贝类产卵场、越冬场、幼体索饵场划定禁渔区、禁渔期。接着 21 个省、自治区、直辖市人民政府先后公布了《水产资源繁殖保护实施细则》,具体规定了保护对象,可捕标准,禁渔区、禁渔期,渔具渔法和违规处罚。1979 年 2 月国家水产总局等四部门联合颁布《渔业水质标准》。1979 年 4 月国家水产总局、农业部联合发布《中华人民共和国口岸淡水鱼类检疫暂行规定》。1979 年 5 月国家水产总局发布了《机动渔船管理使用和维修保养条例（试行草案）》《渔业船舶船员考试规则（试行）》《渔业船舶海损事故调查处理规则（试行）》和《渔业无线电管理条例》。1979 年 8 月国家水产总局还发布了《渔政船管理暂行办法》。

1979 年 9 月《中共中央关于加快农业发展若干问题的决定》,提出了"合理利用水产资源,加速渔业生产,增加水产品质量"的基本方针和多项重要实施措施,并提出"认真贯彻执行水产资源繁殖保护条例,尽快颁布《渔业法》,加强渔政管理"的任务。[3]

1980 年 6 月中共中央书记处在听取国家水产总局有关渔业工作的汇报后,国务院指示要尽快制定渔业法,作到有法必依,违法必究。实际上,国家水产总局成立初期即着手组织力量,进行调查研究,总结渔业发展的经验教训,参考国内外立法经验,草拟渔业法,并反复征求有关部门的意见,其中包括一些法学工作者的意见,在协商调解的基础上,经过十余次较大的修改,拟定了《渔业法》（征求意见稿）。1982 年 10 月和 1983 年 9 月由农牧渔业部发至国务院有关部、委和各省、市、自治区有关部门以及一些有关的科研单位和院校两次征求意见,再次作了修改。1984 年 5 月,国务院经济法规研究中心邀请有关部委进行了讨论,农牧渔业部根据讨论意见又进行了修改。[4]

1982 年 10 月 17 日中共中央、国务院批转农牧渔业部《关于加速发展淡水渔业的报告》并发出通知（中发〔1982〕44 号）,指出:我国人口多耕地少,吃饭是第一位的大问题。必须尽最大努力发展粮食生产,切不可稍有放松。在抓紧粮食生产的同时,要利用广大的山区、丘陵、草地、水面、滩涂和其他资源条件,发展畜牧和水产业,逐步而适度地改变居民的食物构成。要像重视耕地一样重视水面的利用。今后,应当在努力抓好海洋渔业的同时,积极发展淡水渔业,特别是养殖业,力争实现全国年产淡水鱼四五百万吨的目标,缓解吃鱼难的矛盾,并配合农、林、牧、副、工等其他各业的发展,使农民尽快地富裕起来。农牧渔业部在报告中提出:要落实水面使用权,长期使用不变;建立和完善各种形式的生产责任制,实行各种形式的联合经营;实行正确的购销政策;维护渔业生产秩序,保

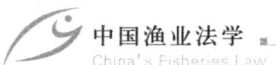

障生产者的利益等。[5]172

1983 年 9 月 1 日国务院批转《农牧渔业部〈关于发展海洋渔业若干问题的报告〉的通知》(国发〔1983〕134 号)指出:"海洋渔业要开创新局面,走出新路子,必须从指导思想上扭转片面强调捕捞、忽视保护和增殖资源的偏向。要健全渔业法规,加强渔政管理,严格保护、合理利用和积极增殖近海渔业资源,大力发展养殖业,突破外海和远洋渔业。要千方百计提高水产品的质量,搞活流通渠道,改善市场供应,尽快解决城乡人民吃鱼难的问题"。农牧渔业部在报告中提出:今后 1 个时期,发展海洋渔业必须以提高经济效益为中心,继续作好调整工作,大力发展海水养殖,保护、增殖近海资源,积极开发外海渔场,抓紧组织远洋渔业,切实搞好保鲜加工,注重提高产品质量,努力改善市场供应。强调对近海资源必须从战略上立足于"保",要采取断然措施,坚决停止近海渔船的盲目发展;对发展外海和远洋渔业,提出了国家给予鼓励和扶持的政策建议,力争近期内取得较大的进展。[6]

在此阶段,国务院发布和批转了下列渔业行政法规:

1. 1979 年 10 月国务院发布《关于保护水库安全和水产资源的通令》;

2. 1980 年 5 月国务院、中央军委批转国家水产总局《关于划定南海区和福建省沿海机动渔船底拖网禁渔区线的意见》;

3. 1981 年 4 月国务院决定在东海和黄海设立大黄鱼和带鱼两个幼鱼保护区(1981 年 7 月 9 日国务院发布);

4. 1981 年 4 月国务院批转农牧渔业部《关于东、黄、渤海主要渔场渔汛生产安排和管理的暂行规定》;

5. 1983 年 9 月国务院批转农牧渔业部《关于东、黄、渤海主要渔场渔汛生产安排和管理的规定》。

国家水产总局、农牧渔业部和有关部门发布了下列渔业部门规章:

1. 1979 年 12 月国家水产总局发布《渔业许可证若干问题的暂行规定》和《渔政管理工作暂行条例》;

2. 1980 年 6 月国家水产总局发布《违反渤海区水产资源保护法规处理办法暂行规定》;

3. 1980 年 7 月国家水产总局发布《渔港监督管理规则》;

4. 1981 年 4 月国家水产总局发布《关于东、黄海区水产资源保护的几项暂行规定》;

5. 1981 年 6 月国家水产总局发布《沿海小型渔业船舶登记管理暂行办法》;

6. 1981 年 7 月国家水产总局发布《关于渔业船舶船员考试规则和海损事故调查处理规则补充规定》和《渤海区水产资源繁殖保护规定》;

7. 1982 年 6 月国家标准局、卫生部联合发布《水产品卫生管理办法》;

8. 1983 年 5 月农牧渔业部发布《渔船验船人员工作职称暂行办法》;

9. 1983 年 9 月农牧渔业部发布《渔船作业避让暂行条例》;

10. 1983 年 10 月农牧渔业部发布《海洋捕捞渔船管理暂行办法》;

11. 1983 年 11 月农牧渔业部、财政部联合发布《渤海区对虾资源保护增殖基金的征收及使用暂行办法》；

12. 1984 年 8 月农牧渔业部、财政部联合发布《渔业船舶检验收费办法》。

（三）1985～1996 年

1984 年全国水产品产量达 708 万吨，一些城市的水产品供应有了改善。但是，水产业的发展还远远跟不上人民生活水平不断增长的需要，大中城市吃鱼难的问题仍很突出。以中共中央、国务院发出《关于放宽政策、加快发展水产业的指示》为标志，渔业进入快速发展时期，渔业立法被摆上国家议程，进入全面发展阶段。

1984 年 2 月中央书记处会议决定：为端正和完善水产工作的指导思想，责成农牧渔业部代中央起草 1 个关于放宽政策，加速发展水产业的文件，提交中央书记处讨论。农牧渔业部通过深入调查、反复研究，于 1984 年 10 月定稿上报中央书记处。中央书记处经过两次讨论后批准。1985 年 3 月 11 日中共中央、国务院发出《关于放宽政策、加快发展水产业的指示》（中发〔1985〕5 号文件）。该文件分为以下 10 个部分：

（1）端正水产工作的指导思想，明确方针任务；

（2）大力发展水产养殖业；

（3）正确部署捕捞生产；

（4）继续完善各种形式的联产承包责任制；

（5）搞好水产品保鲜加工；

（6）调整水产品购销政策；

（7）改革国营水产企业的经营管理体制；

（8）加强水产科技教育工作；

（9）广辟资金来源，学会新的理财之道；

（10）各级党委、政府要加强对水产工作的领导。

这是 30 多年来中共中央、国务院第一次单独为水产业发出的联合指示。该文件把发展水产业作为调整农村产业结构，促进粮食转化的 1 个战略部署，确立了水产业的地位。该文件明确提出：渔业发展要实行"以养殖为主，养殖、捕捞、加工并举，因地制宜，各有侧重"的方针。在政策上，明确了养殖承包大户及捕捞业以船为基本核算单位的合法性；规定了水产品价格全部放开，实行市场调节；规定产供销、渔工商、内外贸可以综合经营；还肯定了发展远洋渔业的方向等。这一系列方针、政策的调整，使中国渔业发展迎来了 1 个高潮，进入了 1 个新的发展阶段[5]209，同时也为取得各方面对《渔业法》（草案）的一致意见奠定了坚实基础。

1985 年 11 月 13 日第六届全国人大常委会第十三次会议审议《中华人民共和国渔业法》（草案），1986 年 1 月 20 日第六届全国人大常委会第十四次会议通过《中华人民共和国渔业法》，同日由国家主席令第 4 号公布，1986 年 7 月 1 日起施行。《渔业法》共分 6 章。

第一章总则，确立了中国渔业以养殖为主的生产方针和管理原则。

第二章养殖业，规定了利用水面、滩涂从事养殖业的权利和义务。

第三章捕捞业，规定了捕捞许可证制度，国家对从事外海、远洋捕捞业给予扶持。

第四章渔业资源的增殖和保护,规定了渔业资源的增殖保护方法以及渔业资源增殖保护费的征收和使用。

第五章法律责任,规定了违反《渔业法》进行捕捞活动所应承担的法律责任。

第六章附则,规定了国务院制定"实施细则",省级人大常委会制定"实施办法"。

《渔业法》是渔业的1部基本法,在渔业法制领域具有仅次于宪法的地位。它的公布、施行标志着中国渔业进入了全面以法治渔、以法兴渔的新时期,在中国渔业法制建设历史上具有里程碑意义。

在此阶段,国务院发布和批准发布了下列渔业行政法规:

1. 1987年4月国务院批转农牧渔业部《关于东、黄、渤海主要渔场渔汛生产安排的规定》和《关于近海捕捞机动渔船控制指标的意见》;

2. 1987年10月国务院批准农牧渔业部发布《中华人民共和国渔业法实施细则》;

3. 1988年5月国务院批准设立东海产卵带鱼保护区;

4. 1988年10月国务院批准农业部、财政部、国家物价局联合发布《渔业资源增殖保护费征收使用办法》;

5. 1988年12月国务院批准林业部、农业部联合发布《国家重点保护野生动物名录》;

6. 1989年7月国务院发布《中华人民共和国渔港水域交通安全管理条例》;

7. 1992年12月国务院同意农业部发布《关于东、黄、渤海主要渔场渔汛生产安排和管理的规定》;

8. 1993年9月国务院批准农业部发布《中华人民共和国水生野生动物保护实施条例》;

9. 1995年7月国务院批准农业部发布《关于东、黄、渤海主要渔场渔汛生产安排和管理的规定》(首次规定在东、黄海实行伏季全面休渔)。

农牧渔业部、农业部和有关部门发布了下列渔业部门规章:

1. 1985年3月农牧渔业部发布《关于保护黄渤海对虾亲虾的暂行规定》;

2. 1985年10月农牧渔业部、财政部联合发布《黄渤海区对虾资源保护增殖基金的征收及使用管理的规定》;

3. 1985年11月农牧渔业部发布《中华人民共和国渔业船舶登记章程》;

4. 1985年12月农牧渔业部印发《东海外海渔场作业渔船管理暂行办法》;

5. 1987年9月农牧渔业部发布《长江中下游中华绒螯蟹管理暂行规定》;

6. 1987年10月农牧渔业部发布《渔政管理工作条例》;

7. 1988年3月农牧渔业部转发《黄渤海区对虾亲虾管理暂行办法》;

8. 1988年6月农业部发布《北部湾渔业生产安全管理规定》和《渔业无线电通讯规则》;

9. 1988年7月农业部印发《长江中下游渔业资源管理暂行规定》;

10. 1989年4月农业部发布《渔业捕捞许可证管理办法》;

11. 1989年5月农业部发布《关于确定经济价值较高的渔业资源品种目录的通知》;

12. 1989 年 6 月农业部发布《〈中华人民共和国渔业船舶油类记录簿〉使用方法》；

13. 1989 年 7 月农业部下发《〈海洋渔业船舶船员证书〉考试发证收费标准的通知》和《关于禁止在禁渔区线内拖网捕捞增殖对虾的通知》；

14. 1989 年 8 月农业部批转《黄渤海区关于违反渔业法规行政处罚规定》；

15. 1989 年 10 月农业部、财政部、国家物价局联合发布《渔船渔港管理费征收使用管理暂行办法》；

16. 1989 年 10 月农业部、国家物价局联合发布《黄渤海、东海、南海区渔业资源增殖保护费征收使用暂行办法》；

17. 1990 年 1 月农业部批转《东海区关于违反渔业法规行政处罚规定》；

18. 1990 年 1 月农业部发布《中华人民共和国船舶进出渔港签证办法》；

19. 1990 年 9 月农业部发布《长江中下游渔业资源管理规定》；

20. 1990 年 11 月农业部印发《黄渤海区对虾亲虾资源管理暂行办法》；

21. 1990 年 11 月农业部决定停止审批发展公海大型流网渔业项目；

22. 1991 年 3 月农业部发布《中华人民共和国渔业海上交通事故调查处理规则》；

23. 1991 年 4 月农业部发布《渤海区渔业资源繁殖保护规定》和《水产技术推广管理规定（试行）》；

24. 1991 年 6 月农业部发布《关于禁止在公海使用大型流网作业的通知》；

25. 1992 年 2 月农业部发布《渔业行政处罚程序规定》；

26. 1992 年 5 月农业部印发《一级群众渔港建设规划评审规定》；

27. 1992 年 6 月农业部发布《水产苗种管理办法》《水产原、良种审定办法（试行）》《水产原、良种审定标准（试行）》和《淡水养殖鱼类原、良种场建设要点（试行）》；

28. 1993 年 6 月农业部发布《海洋渔船安全规则》；

29. 1993 年 8 月农业部发布《浮拖作业渔产管理暂行办法》；

30. 1993 年 10 月农业部发布《渔港总体规划编制办法（试行）》；

31. 1993 年 10 月农业部发布《中华人民共和国水生野生动物保护实施条例》和《渔港费收规定》；

32. 1994 年 3 月农业部发布《关于对日本海公海和北太平洋公海鱿鱼生产实行专项（特许）捕捞许可制度的通知》；

33. 1994 年 8 月农业部发布《内河渔业船舶船员考试发证规则》；

34. 1994 年 11 月农业部发布《关于加强外海作业渔船管理的通知》《关于实施〈清理取缔"三无"船舶通告〉有关事项的通知》和《渔船修造厂认可办法》；

35. 1994 年 12 月农业部发布《水域污染事故渔业资源损失计算方法（试行）》；

36. 1995 年 2 月农业部发布《中华人民共和国海洋渔业船舶船员考试发证规则》；

37. 1995 年 5 月农业部发布《中华人民共和国渔业船舶水上交通事故统计、报告规定》；

38. 1995 年 9 月农业部发布《长江渔业资源管理规定》；

39. 1996 年 1 月农业部发布《中华人民共和国渔业船舶监督检验管理规定》和《中华

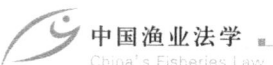
人民共和国渔业船舶登记办法》(1985 年 11 月的《登记章程》作废,1997 年 12 月修订);

40. 1996 年 4 月农业部、财政部联合发布《沿海和内陆边境水域渔业执法人员制服供应办法》和《内陆水域渔业执法人员制服供应办法》;

41. 1996 年 6 月农业部、公安部联合发布《关于禁止炸毒鱼及非法电捕作业的通告》;

42. 1996 年 8 月农业部发布《污染死鱼调查方法(淡水)》和《淡水鱼类急性中毒诊断技术方法》;

43. 1996 年 8 月国家无线电管理委员会、农业部联合发布《渔业无线电管理规定》;

44. 1996 年 10 月农业部发布《水域污染事故渔业损失计算方法规定》(1994 年 12 月《计算方法(试行)》作废);

45. 1996 年 11 月农业部、国家工商行政管理局联合发布《水产品批发市场管理办法》。

除专门的渔业立法外,1982 年《海洋环境保护法》、1983 年《海上交通安全法》、1984年《水污染防治法》(1996 年修改)、1986 年《民法通则》、1986 年《土地管理法》(1988 年修正)、1988 年《水法》和《野生动物保护法》、1989 年《环境保护法》都有涉及渔业的条款。1993 年《农业法》确立了渔业在农业中的地位及渔业生产的基本方针,各级人民政府保护、增殖渔业资源和保护渔业水域生态环境的责任。1992 年《领海及毗连区法》和 1996年第八届全国人大常委会《关于批准〈联合国海洋法公约〉的决定》确立了中国管辖海域的范围和基本法律制度。各省、自治区、直辖市和较大的市制定了大量渔业地方性法规和地方政府规章。1996 年 7 月 7 日《联合国海洋法公约》对中国生效。中国还缔结或参加了 1 批有关海洋渔业的国际公约。

至此,中国经过近半个世纪的渔业法制建设,初步形成了以宪法为根据,《渔业法》为主体,渔业行政法规、地方性法规、规章和标准及相关法律、法规中适用于渔业的规定为补充,并与中国缔结或参加的国际渔业条约、协定相协调的、具有中国特色的社会主义渔业法律体系,对于保护渔业资源和生态环境,促进渔业可持续发展,保障水产品安全有效供给,维护国家渔业权益和海洋权益及渔业生产者合法权益,发挥了重要的作用。

(四)1997~2000 年

1997~2000 年,为健全渔业立法阶段。

进入 20 世纪 90 年代,国际上为应对海洋生物资源和生态环境不断遭到破坏及非法、不报告、无管制捕捞盛行等情况,提出了可持续渔业的概念和负责任渔业的概念,产生了一系列国际养护和管理措施,使渔业发展的外部条件和环境发生了较大变化,远洋、外海渔业发展的制约因素增多。在国内,随着改革的深化、开放的扩大和社会主义市场经济的发展,也出现了许多影响进一步加快发展渔业的新情况、新问题,主要是:一些地区扶持渔业发展的政策不够落实;一些地方开发宜渔荒芜水面、荒滩和低洼荒地(以下简称"三荒")进展不快;水产种苗培育体系落后,一些养殖品种病害严重;水产技术推广体系和渔业基础设施薄弱;近海渔业资源衰退和环境恶化的状况严重;渔业行政执法机构不健全,管理难度大,等等。[7]

为了解决上述问题,进一步促进渔业持续、快速、健康发展,1996 年 11 月 29 日农业部向国务院报送了《关于进一步加快渔业发展的意见》,1997 年 1 月 6 日国务院总理办公会议审议并通过了国务院批转农业部《关于进一步加快渔业发展的意见》,1997 年 1 月 27 日国务院发出批转农业部《关于进一步加快渔业发展的意见》的通知(国发〔1997〕3 号)。国务院在批语中要求各级政府和有关部门要牢固树立大农业、大粮食的观念,把渔业作为农业中的 1 个大产业,摆上重要位置,采取有力措施,切实抓好。要像重视耕地一样重视水域的治理和开发利用,在不放松粮食生产的同时,积极发展淡水和近海养殖,有计划地扩大远洋渔业,加强对近海渔业资源的保护和合理利用。要切实加强对渔业工作的领导,在政策以及技术和资金等方面继续给予积极扶持,推动我国渔业和渔区经济持续、快速、健康发展。

农业部的《意见》在总结《中共中央、国务院关于放宽政策、加速发展水产业的指示》下发后的十多年来执行情况的基础上,确定"九五"期间实行"加速发展养殖,养护和合理利用近海渔业资源,积极扩大远洋渔业,狠抓加工流通,强化法制管理"的方针,并对进一步加快渔业发展提出以下 9 条意见:

(1) 加大开发力度,推动水产养殖业向深度和广度发展;

(2) 控制近海和内陆水域捕捞,养护和合理利用渔业资源;

(3) 深化渔业体制改革,提高渔工贸一体化的产业化经营水平;

(4) 积极发展远洋渔业,全面开展国际渔业经贸、技术合作;

(5) 大力发展水产品保鲜加工,促进食物结构的优化;

(6) 发挥产销一体化的优势,加快水产品市场体系建设;

(7) 加强基础设施建设,增强渔业发展后劲;

(8) 树立科教兴渔观念,依靠科技进步,提高渔业整体水平;

(9) 健全渔业法制,加强渔业执法工作。并在该条中提出:"渔业生产要树立可持续发展的观念,正确处理好渔业资源开发利用与保护的关系,增强资源环境保护意识。进一步加强渔业法制建设,认真贯彻执行《渔业法》等有关法律、法规,依法保护好渔业资源、珍稀濒危水生野生动植物资源和渔业生态环境。"[7]

为了解决渔业管理中出现的新情况、新问题,诸如:重要的养殖水面不断被侵占;对渔业资源的掠夺性捕捞加剧;新的国际公约、协定规定的缔约国的义务需要通过国内法来实施;水产原、良种管理混乱;渔业执法手段不够,力度不大,一些违法行为不能及时惩处等问题,农业部在深入调查研究、总结实践经验、广泛听取意见的基础上,草拟了《中华人民共和国渔业法(修订草案)》(送审稿),于 1997 年 1 月 8 日报请国务院审定。

根据国发〔1997〕3 号文件"健全渔业法规"的要求,农业部发布了下列部门规章:

1. 1997 年 3 月发布《渔业水域污染事故调查处理程序规定》;

2. 1997 年 4 月发布《关于"九五"期间控制海洋捕捞强度指标的实施意见》;

3. 1997 年 10 月发布《中华人民共和国水生动植物自然保护区管理办法》;

4. 1997 年 12 月根据《中华人民共和国行政处罚法》的规定,农业部令第 39 号决定修订下列规章:[8]

（1）《渔业捕捞许可证管理办法》（1989 年 4 月发布）；

（2）《黄渤海、东海、南海区渔业资源增殖保护费征收使用暂行办法》（1989 年 10 月发布）；

（3）《中华人民共和国船舶进出渔港签证办法》（1990 年 1 月发布）；

（4）《黄渤海区对虾亲虾资源管理暂行规定》（1990 年 11 月发布）；

（5）《中华人民共和国渔业海上交通事故调查处理规则》（1991 年 3 月发布）；

（6）《饲料（鱼粉）生产许可证实施细则》（1991 年 3 月发布）；

（7）《水产种苗管理办法》（1992 年 6 月发布）；

（8）《水产原、良种审定办法（试行）》（1992 年 6 月发布）；

（9）《关于办理远洋渔业船舶国籍证书有关事项的通知》（1993 年 7 月发布）；

（10）《关于渔船设计单位实行渔船设计资格认可证书制度的通知》（1993 年 8 月发布）；

（11）《关于对日本海公海和北太平洋公海鱿鱼生产实行专项（特许）捕捞许可制度的通知》（1994 年 3 月发布）；

（12）《关于进一步加强国际鲜销渔业船舶管理的通知》（1995 年 2 月发布）；

（13）《中华人民共和国渔业船舶登记办法》（1996 年 1 月发布）。

5. 1997 年 12 月农业部令第 39 号决定废止下列规章：[8]

（1）《中华人民共和国口岸淡水鱼类检疫暂行规定》（1979 年 4 月发布）；

（2）《渔业无线电管理条例》（1979 年 5 月发布）；

（3）《国家水产总局关于调整渤海区机动渔船拖网渔业禁渔区的通知》（1979 年 12 月发布）；

（4）《关于严禁捕捞和自由出售幼虾的规定》（1980 年 2 月发布）；

（5）《关于东黄海区水产资源保护的几项暂行规定》（1981 年 4 月发布）；

（6）《沿海小型渔业船舶登记管理暂行办法》（1981 年 6 月发布）；

（7）《关于重申停止新增渔船和加强管理引进渔船的通知》（1982 年 10 月发布）；

（8）《渔业船舶检验收费办法》（1984 年 8 月发布）；

（9）《关于发布〈中华人民共和国渔业船舶登记章程〉的通知》（1985 年 11 月发布）；

（10）《关于印发〈东海外海渔场作业渔船管理暂行办法〉的通知》（1985 年 12 月发布）；

（11）《关于发布〈长江中下游中华绒螯蟹管理暂行规定〉的通知》（1987 年 9 月发布）；

（12）《关于公布〈木质渔船生产许可证实施细则〉的通知》（1989 年 3 月发布）；

（13）《关于〈渔业船舶防污染检验收费规定〉的通知》（1989 年 5 月发布）；

（14）《中华人民共和国海洋渔业船舶船员考试发证规则》（1989 年 9 月发布）；

（15）《关于发布〈渔船渔港管理费征收使用管理暂行办法〉的通知》（1989 年 10 月发布）；

（16）《小型木质渔船工厂认可办法》（1990 年 6 月发布）；

(17)《关于印发〈长江中下游渔业资源管理规定〉的通知》(1990 年 9 月发布);

(18)《水产技术推广管理规定》(1991 年 7 月发布);

(19)《关于在黄海中部设立对虾亲虾休渔区的通知》(1993 年 2 月发布);

(20)《关于加强海洋涉外渔业管理的通知》(1993 年 4 月发布);

(21)《关于发布〈浮拖作业渔船管理暂行办法〉的通知》(1993 年 8 月发布);

(22)《关于公布底拖网伏季休渔区基点位置的通知》(1993 年 8 月发布);

(23)《水域污染事故渔业资源损失计算方法(试行)》(1994 年 12 月发布)。

6. 1998 年 1 月发布《渔业行政处罚规定》和《国家级水产原、良种场资格验收办法》;

7. 1998 年 3 月发布《中华人民共和国渔业船舶普通船员专业基础训练考试发证办法》《渔业船舶船名规定》《水产原、良种审定办法》和《农业部远洋渔业企业资格管理规定》;

8. 1998 年 4 月发布《关于在东、黄海实行新伏季休渔制度的通知》;

9. 1998 年 11 月发布《远洋渔船检验管理办法》;

10. 1998 年 12 月发布《中华人民共和国渔业船舶验船师资格考评管理规定》;

11. 1999 年 2 月发布《吕泗、长江口和舟山渔场部分海域捕捞许可管理规定》;

12. 1999 年 3 月发布《关于在南海海域实行伏季休渔制度的通知》《中日渔业协定暂定措施水域管理暂行办法》和《关于延长黄海海域休渔期的通知》;

13. 1999 年 6 月发布《中华人民共和国管辖海域外国人、外国船舶渔业活动管理暂行规定》和《中华人民共和国水生野生动物利用特许办法》;

14. 1999 年 7 月发布《远洋渔业管理暂行规定》;

15. 1999 年 11 月发布《渔业船舶航行值班准则》;

16. 2000 年 3 月发布《关于调整东、黄海和南海伏季休渔规定的通知》;

17. 2000 年 4 月发布《渔业污染事故调查鉴定资格管理办法》;

18. 2000 年 6 月发布《中华人民共和国渔业行政执法船舶管理办法》和《中华人民共和国渔业港航监督行政处罚规定》。

2000 年 7 月 3 日第九届全国人大常委会第十六次会议开始审议《中华人民共和国渔业法修正案草案》。在此之前,国务院法制办就农业部报送的《中华人民共和国渔业法(修订草案)》(送审稿)征求了交通部、外交部等 22 个中央有关部门和江苏、广西、上海等 18 个省、自治区、直辖市人民政府的意见,并到山东、辽宁等地进行了调查研究;在此基础上,会同农业部对送审稿反复研究、修改,形成了《中华人民共和国渔业法修正案(草案)》。这个草案针对现行渔业法实施中出现的新情况、新问题,在重要养殖水面的保护、捕捞限额制度、捕捞许可证制度、水产种质资源保护和法律责任等方面作了补充、修改和完善,并经国务院常务会议讨论通过。[9]

2000 年 10 月 31 日第九届全国人大常委会第十八次会议通过《全国人民代表大会常务委员会关于修改〈中华人民共和国渔业法〉的决定》,对 1986 年《渔业法》作了 24 项修改,并对"第五章法律责任"作了全面修改,从而使《渔业法》更加适应在建立社会主义市场经济体制和国际渔业管理制度发生重大变革的条件下,规范渔业资源的保护、增殖、开发和合理利用,保障渔民权益,实现渔业资源和渔业生产可持续发展的实际需要,具有鲜明的时代特征,为实现新世纪渔业可持续发展提供了更加强有力的法律武器,标志着中国依法治渔、依法兴渔进入了1个新的历史阶段。渔业立法随之开始了充实完善的新阶段。

(五)2001~2012年

2004年8月28日第十届全国人大常委会第十一次会议又通过《全国人民代表大会常务委员会关于修改〈中华人民共和国渔业法〉的决定》,修改了2000年《渔业法》第十六条第一款中的个别词语。同日国家主席令第25号重新公布了修改后的《中华人民共和国渔业法》。2009年8月27日国家主席令第18号公布《全国人民代表大会常务委员会关于修改部分法律的决定》,将《渔业法》第十四条中的一个用语作了修改。2013年12月28日国家主席令第8号公布《全国人民代表大会常务委员会关于修改〈中华人民共和国海洋环境保护法〉等七部法律的决定》对《渔业法》第二十三条第二款做出修改。

2006年2月国务院印发了《中国水生生物资源养护行动纲要》,2007年10月国务院同意颁布《全国生物物种资源保护与利用规划纲要》。这两个《纲要》从国家层面对2020年之前全国水生生物资源保护和利用的主要目标、任务和措施作了全面安排。2008年10月中国共产党十七届三中全会通过的《中共中央关于推进农村改革发展若干重大问题的决定》明确要求,加强水生生物资源养护,加大增殖放流力度。2009年的中共中央1号文件又对实行休渔禁渔、强化水生生物资源养护作了重要部署。

为执行修改后的《渔业法》,加强水生生物资源养护工作,2003年6月国务院发布了《中华人民共和国渔业船舶检验条例》,农业部和有关部门发布、修改、废止了下列部门规章和规范性文件:

1. 2001年2月农业部发布《中韩渔业协定暂定措施水域和过渡水域管理暂行办法》;

2. 2001年12月农业部发布《水产苗种管理办法》(2005年1月修订);

3. 2002年5月农业部、国家安全生产监督管理局联合发布《渔业船舶报废暂行规定》;

4. 2002年8月农业部发布《渔业捕捞许可管理规定》(1983年年农牧渔业部发布的《海洋捕捞渔船管理暂行办法》和1989年农业部发布、1997年修订的《渔业捕捞许可证管理办法》同时废止);

5. 2003年4月农业部发布《远洋渔业管理规定》和《农业部关于加强渔业资源增殖放流工作的通知》;

6. 2003年7月农业部发布《水产养殖质量安全管理规定》;

7. 2004年2月农业部发布《渤海生物资源养护规定》;

8. 2004年7月根据《中华人民共和国行政许可法》的规定,农业部令第38号决定修订下列规章:[10]

(1)《渔业捕捞许可管理规定》(2002年8月发布);

(2)《中日渔业协定暂定措施水域管理暂行办法》(1999年3月发布);

（3）《中韩渔业协定暂定措施水域和过渡水域管理暂行办法》（2001 年 2 月发布）；

（4）《远洋渔业管理规定》（2003 年发布）；

（5）《中华人民共和国管辖海域外国人、外国船舶渔业活动管理暂行规定》（1999 年 6 月发布）；

（6）《中华人民共和国水生野生动物利用特许办法》（1999 年 6 月发布）；

（7）《水产原、良种审定办法》（1998 年 3 月发布）；

（8）《关于加强外海作业渔船管理的通告》（1994 年 11 月发布）；

（9）《中华人民共和国海洋渔业船舶船员考试发证规则》（1995 年 2 月 1 发布，根据 1997 年 12 月 25 日农业部令第 39 号修订）；

（10）《内河渔业船舶船员考试发证规则》（1995 年 8 月发布）；

（11）《中华人民共和国渔业船舶普通船员专业基础训练考试发证办法》（1998 年 3 月发布）；

（12）《中华人民共和国渔业船舶登记办法》（1996 年 1 月发布，根据 1997 年 12 月 25 日农业部令第 39 号修订）；

（13）《长江渔业资源管理规定》（1995 年 9 月发布）；

（14）《渤海生物资源养护规定》（2004 年 2 月发布）。

9. 2006 年 3 月农业部发布《中华人民共和国海洋渔业船员发证规定》（废止 1995 年 2 月 15 日发布的《中华人民共和国海洋渔业船舶船员考试发证规则》）；

10. 2007 年 11 月为全面推进农业依法行政，维护农业法制统一，农业部令第 6 号决定修改下列规章部分条款：[11]

（1）《黄渤海区对虾亲虾资源管理暂行办法》（1990 年 11 月发布，1997 年 11 月农业部令第 39 号修订）；

（2）《渔船修造厂认可办法》（1994 年 11 月发布）；

（3）《渔业船舶船名规定》（1998 年 3 月发布）；

（4）《渔业捕捞许可管理规定》（2002 年 8 月发布，2004 年 7 月农业部令第 38 号修订）；

（5）《水产品批发市场管理办法》（1996 年 11 月发布）；

（6）《渔船作业避让暂行条例》（1983 年 9 月发布）。

11. 2007 年 11 月农业部令第 6 号决定适时全面修改下列规章：[11]

（1）《黄渤海、东海、南海区渔业资源增殖保护费征收使用暂行办法》（1989 年 10 月发布，1997 年 12 月农业部令第 39 号、2001 年 12 月 10 日农业部令第 5 号修订）；

（2）《渔业行政处罚规定》（1998 年 1 月 5 日发布）；

（3）《水产原、良种审定办法》（1998 年 3 月发布，2004 年 7 月农业部令第 38 号修订）。

12. 2007 年 11 月农业部令第 6 号决定废止下列规章：[11]

（1）《渔政管理工作暂行条例》（1979 年 12 月发布）；

（2）《渔船验船人员工作职称暂行办法》（1983 年 5 月发布）；

（3）《渔业行政处罚程序规定》（1992 年 2 月发布）；

（4）《一级群众渔港建设规划评审规定》（1992 年 5 月发布）；

（5）《关于禁止炸毒鱼及非法电捕作业的通告》（1996 年 6 月发布）；

（6）《远洋渔船检验管理办法》（1998 年 11 月发布）。

13. 2007 年 11 月农业部令第 6 号宣布下列规章失效：[11]

（1）《关于东、黄、渤海主要渔场渔汛生产安排和管理的规定》（1992 年 12 月农业部发布）；

（2）《关于修改〈东、黄、渤海主要渔场渔汛生产安排和管理的规定〉的通知》（农业部 1995 年 2 月发布）。

14. 2009 年 2 月农业部发布《农业部关于调整海洋伏季休渔制度的通告》；

15. 2009 年 3 月农业部发布《水生生物增殖放流管理规定》；

16. 2009 年 5 月农业部发布《渔业行政执法督察规定（试行）》；

17. 2010 年 2 月农业部发布《渔业统计工作规定》；

18. 2010 年 5 月农业部发布《水域、滩涂养殖发证登记办法》。

19. 2010 年 11 月根据国务院办公厅《关于作好规章清理工作有关问题的通知》的要求，农业部令第 10 号决定废止下列规章：[12]

（1）《关于加强外海作业渔船管理的通告》（1994 年 11 月发布，2004 年 7 月 1 日农业部令第 38 号修订）；

（2）《农业部关于在东、黄海实施新伏季休渔制度的通知》（1998 年 4 月发布）；

（3）《农业部关于在南海海域实行伏季休渔制度的通知》（1999 年 3 月发布）；

（4）《农业部关于对日本海公海和北太平洋公海鱿鱼生产实行专项（特许）捕捞许可制度的通知》（1994 年 3 月发布，1997 年 12 月 25 日农业部令第 39 号修订）；

（5）《农业部关于加强渔业资源增殖放流工作的通知》（2003 年 4 月发布）。

20. 2010 年 11 月根据国务院办公厅《关于作好规章清理工作有关问题的通知》的要求，农业部令第 11 号决定修订下列规章：[13]

（1）《渔船修造厂认可办法》（1994 年 11 月发布，2007 年 11 月 8 日农业部令第 6 号修订）；

（2）《中华人民共和国渔业船舶登记办法》（1996 年 1 月发布，1997 年 12 月农业部令第 39 号、2004 年 7 月农业部令第 38 号修订）；

（3）《中华人民共和国水生动植物自然保护区管理办法》（1997 年 10 月发布）；

（4）《渔业船舶船名规定》（1998 年 3 月发布，2007 年 11 月农业部令第 6 号修订）；

（5）《中华人民共和国水生野生动物利用特许办法》（1999 年 6 月发布，2004 年 7 月农业部令第 38 号修订）；

（6）《渤海生物资源养护规定》（2004 年 2 月发布，2004 年 7 月农业部令第 38 号修订）。

21. 2010 年 12 月为加快建设法治政府，全面推进农业依法行政，农业部公告第 1492 号宣布下列现行规章继续有效：[14]

（1）《渔船作业避让规定》（1983 年 9 月发布，2007 年 11 月 8 日农业部令第 6 号修订）；

（2）《农业部关于确定经济价值较高的渔业资源品种目录的通知》（1989 年 5 月发布）；

（3）《农业部关于"中华人民共和国渔业船舶油类记录簿"使用办法的通知》（1989 年 6 月发布）；

（4）《农业部关于下发〈海洋渔业船舶船员证书〉考试发证收费标准的通知》（1989 年 7 月发布）；

（5）《黄渤海、东海、南海区渔业资源增殖保护费征收使用暂行办法》（1989 年 10 月发布，1997 年 12 月 25 日农业部令第 39 号、2001 年 12 月农业部令第 5 号修订）；

（6）《中华人民共和国船舶进出渔港签证办法》（1990 年 1 月发布，1997 年 12 月农业部令第 39 号修订）；

（7）《黄渤海区对虾亲虾资源管理暂行规定》（1990 年 11 月发布，1997 年 11 月农业部令第 39 号、2007 年 11 月农业部令第 6 号修订）；

（8）《中华人民共和国渔业海上交通事故调查处理规则》（1991 年 3 月发布，1997 年 12 月农业部令第 39 号修订）；

（9）《农业部关于禁止在公海使用大型流网作业的通知》（1991 年 6 月发布）；

（10）《渔港费收规定》（1993 年 10 月发布）；

（11）《内河渔业船舶船员考试发证规则》（1994 年 8 月发布，2004 年 7 月农业部令第 38 号修订）；

（12）《农业部关于实施〈清理取缔"三无"船舶通告〉有关事项的通知》（1994 年 11 月发布）；

（13）《渔船修造厂认可办法》（1994 年 11 月发布，2007 年 11 月农业部令第 6 号、2010 年 11 月农业部令第 11 号修订）；

（14）《长江渔业资源管理规定》（1995 年 9 月发布，2004 年 7 月农业部令第 38 号修订）；

（15）《中华人民共和国渔业船舶登记办法》（1996 年 1 月发布，1997 年 12 月农业部令第 39 号、2004 年 7 月农业部令第 38 号、2010 年 11 月农业部令 2010 年第 11 号修订）；

（16）《沿海和内陆边境水域渔业执法人员制服供应办法》（1996 年 4 月发布）；

（17）《内陆水域渔业执法人员制服供应办法》（1996 年 4 月发布）；

（18）《水域污染事故渔业损失计算方法规定》（1996 年 10 月发布）；

（19）《水产品批发市场管理办法》（1996 年 11 月发布，2007 年 11 月农业部令第 6 号修订）；

（20）《渔业水域污染事故调查处理程序规定》（1997 年 3 月发布）；

（21）《中华人民共和国水生动植物自然保护区管理办法》（1997 年 10 月发布）；

（22）《渔业行政处罚规定》（1998 年 1 月发布）；

（23）《渔业船舶船名规定》（1998 年 3 月发布，2007 年 11 月农业部令第 6 号修订）；

（24）《水产原、良种审定办法》（1998 年 3 月发布,2004 年 7 月农业部令第 38 号、2010 年 11 月农业部令 2010 年第 11 号修订）;

（25）《中华人民共和国渔业船舶普通船员专业基础训练考核发证办法》（1998 年 3 月发布,2004 年 7 月农业部令第 38 号修订）;

（26）《中华人民共和国渔业船舶验船师资格考评管理规定》（1998 年 12 月发布）;

（27）《吕泗、长江口和舟山渔场部分海域捕捞许可管理规定》（1999 年 2 月发布）;

（28）《中日渔业协定暂定措施水域管理暂行办法》（1999 年 3 月发布,2004 年 7 月农业部令第 38 号修订）;

（29）《中华人民共和国水生野生动物利用特许办法》（1999 年 6 月发布,2004 年 7 月农业部令第 38 号修订）;

（30）《中华人民共和国管辖海域外国人、外国船舶渔业活动管理暂行规定》（1999 年 6 月发布,2004 年 7 月农业部令第 38 号、2010 年 11 月农业部令第 11 号修订）;

（31）《渔业船舶航行值班准则（试行）》（1999 年 11 月发布）;

（32）《渔业污染事故调查鉴定资格管理办法》（2000 年 4 月发布,2004 年 7 月农业部令第 38 号修订）;

（33）《中华人民共和国渔业行政执法船舶管理办法》（2000 年 6 月发布）;

（34）《中华人民共和国渔业港航监督行政处罚规定》（2000 年 6 月发布）;

（35）《中韩渔业协定暂定措施水域和过渡水域管理办法》（2001 年 2 月发布,2004 年 7 月农业部令第 38 号修订）;

（36）《水产苗种管理办法》（2001 年 12 月发布,2005 年 1 月农业部令第 46 号修订）;

（37）《渔业捕捞许可管理规定》（2002 年 8 月发布,2004 年 7 月农业部令第 38 号、2007 年 11 月农业部令第 6 号、2010 年 11 月农业部令第 11 号修订）;

（38）《远洋渔业管理规定》（2003 年 4 月发布,2004 年 7 月农业部令第 38 号修订）;

（39）《水产养殖质量安全管理规定》（2003 年 7 月发布）;

（40）《渤海生物资源养护规定》（2004 年 2 月发布,2004 年 7 月农业部令第 38 号、2010 年 11 月农业部令第 11 号修订）;

（41）《中华人民共和国海洋渔业船员发证规定》（2006 年 3 月发布）;

（42）《渔业航标管理办法》（2008 年 4 月发布）;

（43）《水生生物增殖放流管理规定》（2009 年 3 月发布）;

（44）《水域、滩涂养殖发证登记办法》（2010 年 5 月发布）。

22. 2011 年 1 月农业部发布《水产种质资源保护区管理暂行办法》。

23. 2011 年 12 月根据《国务院关于贯彻实施〈中华人民共和国行政强制法〉的通知》的要求,农业部令第 4 号决定修订下列规章:[15]

（1）《黄渤海、东海、南海区渔业资源增殖保护费征收使用暂行办法》（198 年 10 月发布,1997 年 12 月农业部令第 39 号、2001 年 12 月农业部令第 5 号修订）;

（2）《渔港费收规定》（1993 年 10 月发布）。

24. 2012 年 1 月农业部发布《远洋渔船船位监测管理暂行办法》。

25. 2012 年 10 月农业部发布《中华人民共和国渔业船舶登记办法》(农业部 1996 年 1 月发布，1997 年 12 月、2004 年 7 月、2010 年 11 月修订的《中华人民共和国渔业船舶登记办法》同时废止)。

26. 2012 年 12 月农业部发布《渔业船舶水上安全事故报告和调查处理规定》(农业部 1991 年 3 月发布、1997 年 12 月修订的《中华人民共和国渔业海上交通事故调查处理规则》同时废止)。

此外，1999 年修订的《海洋环境保护法》、2001 年《海域使用法》、2009 年《海岛保护法》及 2006 年《防治海洋工程建设项目污染损害海洋环境管理条例》和 2008 年《国务院关于修改〈中华人民共和国防治海岸工程建设项目污染损害海洋环境管理条例〉的决定》等法律和行政法规都有适用于渔业的规定。同时，各省、自治区、直辖市及较大的市为实施《渔业法》发布了大量地方性法规和地方政府规章，进一步完善了中国渔业法律体系，有力地促进了中国渔业的快速发展，从 1990 年起水产品产量一直稳居世界第一位。中国的水产品产量占世界总量的比重已从 1961 年的 7％上升为 2010 年的 35％。[16] 在中国，渔业现已发展成为 1 个由养殖、捕捞、增殖、加工、流通、休闲服务、渔业工业及渔业科研、教育和渔业管理相互配套、融为一体、充满活力的完整社会体系。渔业立法对推动和维系这个社会体系的兴旺发达发挥了重要作用。

（六）2013 年以来

2013 年 3 月国务院发布《国务院关于促进海洋渔业持续健康发展的若干意见》(国发〔2013〕11 号)(简称《意见》)，进一步明确了海洋渔业在现代农业和经济社会发展中的战略地位、海洋渔业发展的指导思想、基本原则、目标任务和政策保障，强调一要把海洋渔业发展纳入建设海洋强国战略，提出要坚定不移地建设海洋强国，以加快转变海洋渔业发展方式和维护国家海洋权益为主线推动海洋渔业发展；二要特别重视生态文明建设，提出坚持生态优先、养捕结合和控制近海、拓展外海、发展远洋的生产方针，着力加强海洋渔业资源和生态环境保护，不断提升海洋渔业可持续发展能力，即实行"一个优先、四个统筹"，即生态优先，养殖、捕捞、加工和休闲渔业统筹发展，近海、外海和远洋渔业统筹发展，渔业经济和渔民生活统筹发展，科技能力和管理机制统筹发展；三要沿海省级人民政府对海洋渔业发展工作负总责，逐级落实责任制，建立协调机制，强化渔业行政管理体制和执法体系。沿海地方各级人民政府要将海洋渔业发展纳入当地经济和社会发展规划，明确发展目标，研究制订本地区促进海洋渔业发展的实施方案。

我国是海洋大国，海洋渔业是现代农业和海洋经济的重要组成部分。随着海洋强国战略的加快实施，工业化、信息化、城镇化和农业现代化的同步发展，海洋渔业发展面临新的发展机遇。进一步加快海洋渔业发展，转变渔业发展方式，是突破渔业资源环境约束，增加水产品供给，保障食物安全的重要手段；是调整产业结构，促进经济社会发展，增加农民收入的有效途径；是加强国际渔业合作，维护国家海洋权益，拓展发展空间的战略举措；是保护渔业资源环境，实现可持续发展，保障国家生态安全的客观要求。《意见》是国务院科学把握现代渔业发展规律，立足当前、着眼长远做出的重大决策，是新时期海洋渔业发展的纲领性文件，也是继续健全、完善渔业法律规范的政策基础。《意见》要求"强化法制建设""进一步研究完善渔业方面的法律、法规和规章""积极参与国际渔业条约、协定和标准规范的制订,建立健全与国际渔业管理规则相适应的远洋渔业管理制度,提升远洋渔业管理水平。加强渔民及渔业企业的教育和管理,严格遵守有关法律法规和国际条约。"[17]

2013 年 12 月 28 日第十二届全国人民代表大会常务委员会第六次会议通过《全国人民代表大会常务委员会关于修改〈中华人民共和国海洋环境保护法〉等 7 部法律的决定》,同日国家主席令第 8 号予以公布。其中,对《渔业法》第二十三条第二款做出修改。

农业部为加强法治政府建设,全面推进渔业依法行政,坚持立改废并举的立法原则,增强渔业规章的及时性、系统性、针对性、有效性,根据《国务院关于加强法治政府建设的意见》(国发〔2010〕33 号)和《农业部关于深入推进农业依法行政的意见》(农政发〔2011〕1 号),决定:

1. 2013 年 12 月公布农业部令第 5 号决定修订下列规章:[18]

(1)《中华人民共和国水生动植物自然保护区管理办法》(1997 年 10 月 17 日农业部令第 24 号公布、2010 年 11 月 26 日农业部令 2010 年第 11 号修订);

(2)《渔业船舶船名规定》(1998 年 3 月 2 日农渔发〔1998〕1 号公布,2007 年 11 月 8 日农业部令第 6 号、2010 年 11 月 26 日农业部令 2010 年第 11 号修订);

(3)《中华人民共和国水生野生动物利用特许办法》(1999 年 6 月 24 日农业部令第 15 号公布,2004 年 7 月 1 日农业部令第 38 号、2010 年 11 月 26 日农业部令 2010 年第 11 号修订);

(4)《渔业捕捞许可管理规定》(2002 年 8 月 23 日农业部令第 19 号公布,2004 年 7 月 1 日农业部令第 38 号、2007 年 11 月 8 日农业部令第 6 号修订);

(5)《中华人民共和国渔业船舶登记办法》(2012 年 10 月 22 日农业部令 2012 年第 8 号公布)。

2. 2013 年 12 月公布农业部令第 6 号决定废止下列规章:[19]

(1)《渔船修造厂认可办法》(1994 年 11 月 28 日〔1994〕农(渔检)字 2 号公布,2007 年 11 月 8 日农业部令第 6 号、2010 年 11 月 26 日农业部令 2010 年第 11 号修订);

(2)《渔业污染事故调查鉴定资格管理办法》(2000 年 4 月 12 日农渔发〔2000〕7 号公布,2004 年 7 月 1 日农业部令第 38 号修订)。

3. 2014 年 5 月 23 日发布《中华人民共和国渔业船员管理办法》,同时废止:

(1)《内河渔业船舶船员考试发证规则》(1994 年 8 月发布);

(2)《中华人民共和国渔业船舶普通船员专业基础训练考核发证办法》(1998 年 3 月发布);

(3)《中华人民共和国海洋渔业船员发证规定》(2006 年 3 月发布)。

4. 2014 年 6 月公布《农业部规章和规范性文件目录》,其中有关渔业的现行有效规章目录为:

(1)《渔船作业避让规定》(1983 年 9 月 20 日农牧渔业部〔83〕农(管)字第 28 号公布,2007 年 11 月 8 日农业部令第 6 号修订);

（2）《农业部关于确定经济价值较高的渔业资源品种目录的通知》（1989 年 5 月 30 日〔1989〕农（渔政）字第 13 号公布）；

（3）《农业部关于"中华人民共和国渔业船舶油类记录簿"使用办法的通知》（1989 年 6 月 27 日〔1989〕农（渔政）字第 14 号公布）；

（4）《农业部关于下发〈海洋渔业船舶船员证书〉考试发证收费标准的通知》（1989 年 7 月 20 日〔1989〕农（渔政）字第 28 号公布）；

（5）《黄渤海、东海、南海区渔业资源增殖保护费征收使用暂行办法》（1989 年 10 月 27 日农业部、国家物价局令第 9 号公布，1997 年 12 月 25 日农业部令第 39 号、2001 年 12 月 10 日农业部令第 5 号、2011 年 12 月 31 日农业部令 2011 年第 4 号修订）；

（6）《中华人民共和国船舶进出渔港签证办法》（1990 年 1 月 26 日农业部令第 11 号公布，1997 年 12 月 25 日农业部令第 39 号修订）；

（7）《黄渤海区对虾亲虾资源管理暂行规定》（1990 年 11 月 8 日〔1990〕农（渔政）字第 17 号公布，1997 年 11 月 25 日农业部令第 39 号、2007 年 11 月 8 日农业部令第 6 号修订）；

（8）《农业部关于禁止在公海使用大型流网作业的通知》（1991 年 6 月 8 日〔1991〕农（渔政）字第 3 号公布）；

（9）《渔港费收规定》（1993 年 10 月 7 日〔1993〕农（渔政）字第 15 号公布，2011 年 12 月 31 日农业部令 2011 年第 4 号修订）；

（10）《农业部关于实施〈清理取缔"三无"船舶通告〉有关事项的通知》（1994 年 11 月 8 日〔1994〕农渔发 21 号公布）；

（11）《长江渔业资源管理规定》（1995 年 9 月 28 日农渔发〔1995〕29 号公布，2004 年 7 月 1 日农业部令第 38 号修订）；

（12）《沿海和内陆边境水域渔业执法人员制服供应办法》（1996 年 4 月 16 日农渔发〔1996〕5 号公布）；

（13）《内陆水域渔业执法人员制服供应办法》（1996 年 4 月 16 日农渔发〔1996〕5 号公布）；

（14）《水域污染事故渔业损失计算方法规定》（1996 年 10 月 8 日农渔发〔1996〕14 号公布）；

（15）《水产品批发市场管理办法》（1996 年 11 月 27 日农渔发〔1996〕13 号公布，2007 年 11 月 8 日农业部令第 6 号修订）；

（16）《渔业水域污染事故调查处理程序规定》（1997 年 3 月 26 日农业部令第 13 号公布）；

（17）《中华人民共和国水生动植物自然保护区管理办法》（1997 年 10 月 17 日农业部令第 24 号公布、2010 年 11 月 26 日农业部令 2010 年第 11 号、2013 年 12 月 31 日农业部令 2013 年第 5 号、2014 年 4 月 25 日农业部令 2014 年第 3 号修订）；

（18）《渔业行政处罚规定》（1998 年 1 月 5 日农业部令第 36 号公布）；

（19）《渔业船舶船名规定》（1998 年 3 月 2 日农渔发〔1998〕1 号公布，2007 年 11 月 8

日农业部令第 6 号、2010 年 11 月 26 日农业部令 2010 年第 11 号、2013 年 12 月 31 日农业部令 2013 年第 5 号修订);

(20)《水产原、良种审定办法》(1998 年 3 月 2 日农渔发〔1998〕2 号公布,2004 年 7 月 1 日农业部令第 38 号修订);

(21)《中华人民共和国渔业船舶验船师资格考评管理规定》(1998 年 12 月 16 日农渔发〔1998〕11 号公布);

(22)《吕泗、长江口和舟山渔场部分海域捕捞许可管理规定》(1999 年 2 月 13 日农渔发〔1999〕3 号公布);

(23)《中日渔业协定暂定措施水域管理暂行办法》(1999 年 3 月 5 日农业部令第 8 号公布,2004 年 7 月 1 日农业部令第 38 号修订);

(24)《中华人民共和国水生野生动物利用特许办法》(1999 年 6 月 24 日农业部令第 15 号公布,2004 年 7 月 1 日农业部令第 38 号、2010 年 11 月 26 日农业部令 2010 年第 11 号、2013 年 12 月 31 日农业部令 2013 年第 5 号修订);

(25)《中华人民共和国管辖海域外国人、外国船舶渔业活动管理暂行规定》(1999 年 6 月 24 日农业部令第 18 号公布,2004 年 7 月 1 日农业部令第 38 号修订);

(26)《渔业船舶航行值班准则(试行)》(1999 年 11 月 8 日农渔发〔1999〕10 号公布);

(27)《中华人民共和国渔业行政执法船舶管理办法》(2000 年 6 月 13 日农业部令第 33 号公布);

(28)《中华人民共和国渔业港航监督行政处罚规定》(2000 年 6 月 13 日农业部令第 34 号公布);

(29)《中韩渔业协定暂定措施水域和过渡水域管理办法》(2001 年 2 月 16 日农业部令第 47 号公布,2004 年 7 月 1 日农业部令第 38 号修订);

(30)《水产苗种管理办法》(2001 年 12 月 10 日农业部令第 4 号公布,2005 年 1 月 5 日农业部令第 46 号修订);

(31)《无公害农产品管理办法》(2002 年 4 月 29 日农业部、国家质量监督检验检疫总局令第 12 号公布,2007 年 11 月 8 日农业部令第 6 号修订);

(32)《渔业捕捞许可管理规定》(2002 年 8 月 23 日农业部令第 19 号公布,2004 年 7 月 1 日农业部令第 38 号、2007 年 11 月 8 日农业部令第 6 号、2013 年 12 月 31 日农业部令 2013 年第 5 号修订);

(33)《远洋渔业管理规定》(2003 年 4 月 18 日农业部令第 27 号公布,2004 年 7 月 1 日农业部令第 38 号修订);

(34)《水产养殖质量安全管理规定》(2003 年 7 月 24 日农业部令第 31 号公布);

(35)《渤海生物资源养护规定》(2004 年 2 月 12 日农业部令第 34 号公布,2004 年 7 月 1 日农业部令第 38 号、2010 年 11 月 26 日农业部令第 11 号修订);

(36)《渔业航标管理办法》(2008 年 4 月 10 日农业部令第 13 号公布);

(37)《水生生物增殖放流管理规定》(2009 年 3 月 24 日农业部令第 20 号公布);

(38)《水域滩涂养殖发证登记办法》(2010 年 5 月 24 日农业部令第 9 号公布);

(39)《水产种质资源保护区管理暂行办法》(2011年1月5日农业部令2011年第1号公布);

(40)《饲料和饲料添加剂生产许可管理办法》(2012年5月2日农业部令2012年第3号公布,2013年12月31日农业部令2013年第5号修订);

(41)《新饲料和新饲料添加剂管理办法》(2012年5月2日农业部令2012年第4号公布);

(42)《绿色食品标志管理办法》(2012年7月30日农业部令2012年第6号公布);

(43)《中华人民共和国渔业船舶登记办法》(2012年10月22日农业部令2012年第8号公布,2013年12月31日农业部令2013年第5号修订);

(44)《渔业船舶水上安全事故报告和调查处理规定》(2012年12月25日农业部令2012年第9号公布);

(45)《中华人民共和国渔业船员管理办法》(2014年5月23日农业部令2014年第4号公布)。[20]

四、 渔业规范性文件

渔业规范性文件是指国家行政机关在履行行政管理工作职责中,为执行宪法、法律和法规的相关规定制定的,直接涉及公民、法人和其他组织的权利与义务、国家机关的权力与责任,在一定期限内具有普遍拘束力并可以反复适用的文件。

国务院为领导和管理渔业工作,除根据宪法和法律制定了《渔业法实施细则》等行政法规外,还发布了一些决定和命令,例如《国务院决定设立幼鱼保护区》和《关于渤海、黄海及东海机轮拖网渔业禁渔区的命令》等。

农业部根据有关渔业的法律、行政法规和国务院有关文件,以实施和补充渔业部门规章,制定了大量通知、通告和公告等形式的规范性文件。①

从1997年12月起为适应建设法治政府的要求,陆续进行了清理,根据2014年6月公布的《农业部规章和规范性文件目录》,现行有效的渔业规范性文件目录为:

1.《农业部关于印发联合国大会通过禁止在公海使用大型流网决议的通知》(1990年11月10日农(渔政)字第18号);

2.农业部、人事部关于印发《〈船舶专业技术资格考试暂行规定渔业船舶实施办法〉的通知》(1992年8月1日农(人)字〔1992〕67号);

3.《农业部关于征收水生野生动物资源保护费有关问题的通知》(2000年4月25日农渔发〔2000〕10号);

4.《农业部关于对渔业船舶实施〈国际安全管理规则〉的通知》(2001年3月2日农渔发〔2001〕6号);

5.《农业部关于转发〈濒危野生动植物种国际贸易公约〉附录水生野生物种目录的通

---

① 农业部关于渔业的工作部署和发展规划、计划及对涉渔具体情况的通报和对具体事项的处理决定,不属于渔业规范性文件。

知》(2001 年 4 月 9 日农渔发〔2001〕8 号);

6.《农业部关于印发〈长江刀鲚凤鲚专项管理暂行规定〉的通知》(2002 年 2 月 8 日农渔发〔2002〕3 号);

7.《农业部关于确定野生动物案件中水生野生动物及其产品价值有关问题的通知》(2002 年 8 月 23 日农渔发〔2002〕22 号);

8. 农业部、国家认证认可监督管理委员会公告第 231 号《无公害农产品标志管理办法》(2002 年 11 月 25 日公布);

9.《农业部关于实行长江禁渔期制度的通知》(2003 年 1 月 6 日农渔发〔2003〕1 号);

10. 农业部、国家认证认可监督管理委员会公告第 264 号《无公害农产品产地认定程序》《无公害农产品认证程序》(2003 年 4 月 17 日公布);

11.《农业部关于实施海洋捕捞网具最小网目尺寸制度的通告》(2003 年 10 月 28 日农业部通告第 2 号);

12.《农业部关于将北太平洋鱿鱼钓渔业纳入远洋渔业管理有关问题的通知》(2003 年 10 月 28 日农渔发〔2003〕42 号);

13.《农业部关于实施〈中越北部湾渔业合作协定〉的通告》(2004 年 6 月 15 日农业部通告〔2004〕3 号);

14.《农业部关于印发〈港澳流动渔船管理规定〉的通知》(2004 年 9 月 10 日农渔发〔2005〕19 号);

15.《农业部办公厅关于作好远洋渔业用油补贴测算工作的通知》(2007 年 1 月 16 日农办渔〔2007〕7 号);

16.《农业部、外交部、公安部、海关总署关于加强对赴境外作业渔船监督管理的通知》(2007 年 2 月 1 日农渔发〔2007〕4 号);

17.《农业部关于加强老旧渔业船舶管理的通知》(2007 年 4 月 30 日农渔发〔2007〕11 号);

18.《农业部办公厅关于印发〈渔业水域污染事故信息报告及应急处理工作规范〉的通知》(2007 年 8 月 3 日农办渔〔2007〕63 号);

19. 农业部公告第 948 号《国家重点保护经济水生动植物资源名录(第一批)》(2007 年 12 月 12 日公布);

20.《农业部办公厅关于规范金枪鱼渔业渔捞日志的通知》(2008 年 7 月 19 日农办渔〔2008〕44 号;

21. 农业部公告第 1071 号《农产品地理标志登记程序》《农产品地理标志使用规范》(2008 年 8 月 1 日公布);

22.《农业部关于调整海洋伏季休渔制度的通告》(2009 年 2 月 27 日农业部通告〔2009〕1 号);

23.《农业部关于转发〈濒危野生动植物种国际贸易公约〉附录水生野生物种目录的通知》(2009 年 4 月 1 日农渔发〔2009〕9 号);

24.《农业部关于加强内陆捕捞渔船管理的通知》(2009 年 5 月 5 日农渔发〔2009〕15

号）；

25.《农业部办公厅关于加强印尼远洋渔业项目管理的通知》(2009 年 5 月 6 日农办渔〔2009〕37 号）；

26.《农业部办公厅关于进一步规范远洋渔船证件和远洋渔业项目办理程序有关事项的通知》(2009 年 9 月 2 日农办渔〔2009〕90 号）；

27.《农业部办公厅关于为输欧海洋捕捞产品办理合法捕捞证明的通知》(2009 年 11 月 26 日农办渔〔2009〕126 号）；

28.《农业部办公厅关于实施远洋渔船船位监测工作的通知》(2010 年 4 月 6 日农办渔〔2010〕34 号公布）；

29.《农业部办公厅关于规范鱿鱼渔业渔捞日志的通知》(2010 年 6 月 30 日农办渔〔2010〕70 号）；

30.《农业部、国家林业局关于加强鳄鱼管理有关工作的通知》(2010 年 7 月 13 日农渔发〔2010〕26 号）；

31.《农业部办公厅关于加强金枪鱼渔业管理有关事项的通知》(2010 年 8 月 30 日农办渔〔2010〕93 号公布）；

32.《农业部关于试行珠江禁渔期制度的通告》(农业部通告〔2010〕1 号）(2010 年 10 月 12 日公布）；

33.《农业部关于印发〈渔业船舶水上事故统计规定〉的通知》(2010 年 10 月 29 日农渔发〔2010〕41 号）；

34.《农业部关于将黄渤海区和东海区刺网渔船全部纳入海洋伏季休渔管理的通告》(2011 年 3 月 11 日农业部通告〔2011〕1 号）；

35.农业部、海关总署公告第 1696 号（调整水产品海关商品编码）(2011 年 12 月 29 日公布）；

36.《农业部关于调整刺网休渔时间的通告》(2012 年 1 月 12 日农业部通告〔2012〕1 号）；

37.农业部公告第 1935 号《进口鱼粉级别变更》(2013 年 5 月 6 日公布）；

38.《农业部关于实施海洋捕捞准用渔具和过渡渔具最小网目尺寸制度的通告》(2013 年 11 月 29 日农业部通告〔2013〕1 号）；

39.《农业部关于禁止使用双船单片多囊拖网等十三种渔具的通告》(2013 年 11 月 29 日农业部通告〔2013〕2 号）；

40.《农业部关于调整黄渤海区刺网休渔时间的通告》(2013 年 12 月 23 日农业部通告〔2013〕3 号）。[20]

五、渔业标准

（一）渔业标准的概念

标准是指"为了在一定的范围内获得最佳秩序，经协商一致制定并由公认机构批准，共同使用的和重复使用的 1 种规范性文件。"在该定义后有如下 1 条附注："标准宜以科学、技术和经验的综合成果为基础,以促进最佳的共同效益为目的。"[21]该定义是等同采用国际标准化组织(ISO)及国际电工委员会(IEC)联合制定的 ISO/IEC 指南 2.1996《标准化和相关活动的通用词汇》中对"标准"的定义①。

渔业标准是指为了促进渔业技术进步,改进渔业产品质量,提高渔业社会经济效益,保护渔业资源和渔业生态环境,保障人体健康,维护消费者的利益,推行水产品质量认证,提升水产品国际竞争力,实现渔业可持续发展,依据《渔业法》和有关法律、法规,对渔业工作中需要统一的各项技术要求,制定和发布的渔业技术规范②的总称。

渔业标准包括:

(1) 为保证鱼和渔产品及渔船、渔具、渔具材料和渔业机械仪器产品的品种、规格、质量、等级、检验、包装、储存、运输的安全、卫生,制定质量标准;

(2) 为保证鱼、虾、蟹、贝、藻类正常生长、繁殖和水产品的质量,防止和控制渔业水域水质污染,制定渔业水质标准;

(3) 为保证水产养殖废水和水产品加工污水不对水环境造成污染损害,制定废水、污水排放标准;

(4) 为保证渔业捕捞、水产养殖、增殖和水产品加工的实行良好操作和试验、检测、测定、检验等规程,制定方法标准;

(5) 为保证渔业技术术语、符号、代号、代码、制图方法、信息编码等技术支撑事项的名称与含义的统一,制定基础标准。

(二)渔业标准的种类

按照《中华人民共和国标准化法》的规定,渔业标准分为以下 4 个级别:

1. 国家渔业标准

对需要在全国范围内统一的渔业技术要求,应当制定国家渔业标准。国家渔业标准由国务院渔业行政主管部门或有关行政主管部门提出、国务院标准化行政主管部门制定、发布。

2. 行业渔业标准

对没有国家渔业标准而又需要在全国行业范围内统一的渔业技术要求,可以制定行业渔业标准。行业渔业标准由国务院渔业行政主管部门或有关行政主管部门制定、发布,并报国务院标准化行政主管部门备案,对同 1 事项在国家标准发布之后,该项行业标准即行废止。

3. 地方渔业标准

对没有国家渔业标准和行业渔业标准而又需要在省、自治区、直辖市范围内统一的

---

① 国家标准《标准化基本术语第一部分》(GB 3935.1—83)对标准作如下定义:"标准是对重复性事物和概念所作的统一规定。它以科学、技术和实践经验的综合成果为基础,经有关方面协商一致,由主管机构批准,以特定形式发布,作为共同遵守的准则和依据。"

国家标准《标准化和有关领域的通用术语第 1 部分:基本术语》(GB/T 3935.1—1996)对标准作如下定义:"标准为在一定的范围内获得最佳秩序,对活动或其结果规定共同的和重复使用的规则、导则或特性的文件。该文件经协商一致制定并经一个公认机构的批准。"

② 技术规范是规定产品、过程或服务应满足的技术要求的文件。

渔业技术要求可以制定地方渔业标准。地方渔业标准由省、自治区、直辖市渔业行政主管部门提出、本级标准化行政主管部门制定、发布,并报国务院标准化行政主管部门和国务院渔业行政主管部门备案,对同1事项在国家渔业标准或者行业渔业标准发布之后,该项地方渔业标准即行废止。

4. 企业渔业标准

渔船、渔具、渔具材料和渔业机械仪器和水产品加工等渔业企业生产的产品没有国家渔业标准和行业渔业标准的,应当制定企业渔业标准,作为组织生产的依据。渔业企业的产品标准须报当地政府标准化行政主管部门和渔业行政主管部门备案。已有国家渔业标准或者行业渔业标准的,国家鼓励渔业企业制定严于国家渔业标准或者行业渔业标准的企业渔业标准,在渔业企业内部适用。

(三) 渔业标准的性质、形式、代号和编号

1. 渔业标准的性质

按照《标准化法》的规定,国家渔业标准、行业渔业标准分为强制性渔业标准和推荐性渔业标准两种。强制性渔业标准具有法律属性,是在一定范围内通过法律、法规等强制手段加以实施的标准。推荐性渔业标准是在生产、交换、使用等方面,通过经济手段调节,自愿采用的标准。

属于下列范围的标准为强制性渔业标准,其他的标准为推荐性渔业标准:

(1) 保障人体健康,人身、财产安全的标准;

(2) 鱼和渔产品及产品生产、储运和使用中的安全、卫生的标准;

(3) 渔业工程建设的质量、安全、卫生的标准;

(4) 渔业污染物排放标准和渔业水环境质量标准;

(5) 保护水生动植物生命和健康的标准;

(6) 重要的涉及技术衔接的渔业通用技术术语、符号、代号(含代码)、文件格式和制图方法等的方法标准;

(7) 国家需要控制的渔业通用的试验、检测、检验的方法标准;

(8) 法律、行政法规规定强制执行的其他渔业标准。

地方渔业标准是关于渔业产品的安全、卫生要求,在制定地方渔业标准的地方是强制性渔业标准。

2. 渔业标准的形式

标准的形式分为两种:

(1) 文字标准形式;

(2) 实物标准形式。实物标准形式是有关的文字标准以实物形态表现的1种标准形式,亦称标准样品。

《标准样品工作导则(1)》规定:"在技术标准中规定的各项技术指标以及有关标准分析试验方法,凡需要标准样品配合才能确保这些技术标准应用效果在不同时间、空间的一致性时,都应规定研制和使用相应的标准样品。"[22]可见,标准样品是保证文字标准有效实施的实物标准,是文字标准的必要补充,它与文字标准合在一起构成完整的标准

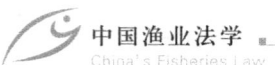
形态。

国家实物标准要根据实施和制定文字标准的需要研制,必须组成均匀,性能稳定并能批量供应,主要用于校准测量仪器、仪表,评价和验证测试方法,确保同类产品或物品的质量参数在全国范围内测量的一致性。

国家实物标准,由国家标准局统一编号,并发给质量合格证书。国家实物标准由批准的承制单位和主管部门,省、直辖市、自治区标准(标准计量)局指定的单位发放。

3. 渔业标准的代号和编号

(1)国家标准。国家强制性标准的代号为 GB,编号为 GB ×××××(发布顺序号)—××××(年代号);国家推荐性标准的代号为 GB/T,编号为 GB/T ×××××—××××。

(2)行业标准。行业(农业)强制性标准的代号为 NY,编号为 NY ××××—×××;行业(农业)推荐性标准的代号为 NY/T,编号为 NY/T××××—××××。

行业(水产)强制性标准的代号为 SC,编号为 SC ××××—××××;行业(水产)推荐性标准的代号为 SC/T,编号为 SC/T ××××—××××。

(3)地方标准。地方强制性标准的代号为 DB,编号为 DB ××(行政区划代码[1])/×××—××××;地方推荐性标准的代号为 DB/T,编号为 DB××/T ×××—××××。

(4)企业标准。企业标准的代号为 Q,编号为 Q/ ××(行政区划代码)×××××××-×(企业代码[2])×××(顺序号)—××××。

(5)实物标准。国家实物标准的代号 GSB,编号方法为国家实物标准代号加《标准文献分类法》的一级类目代号(共 24 个,字母)、二级类目代号(共 100 个,2 位数)与二级类目范围内的顺序号(3 位数)、年代号相结合的办法:GSB × ×× ×××—××××。一级类目中农业的代号为 B,农业中水产、渔业的二级类目代号为 50~59(共 10 个)。如乙纶机织网片单线单死结型(实物标准)的编号为 GSB B 56002—1993。

(四)渔业标准的制定

中国的渔业标准工作起步于 20 世纪 60 年代中期。按照《标准化法》"制定标准的部门应当组织由专家组成的标准化技术委员会,负责标准的草拟,参加标准草案的审查工作"的规定,1990 年农业部成立全国水产标准化技术委员会和全国渔船标准化技术委员会。前者设有淡水养殖、海水养殖、水产品加工、渔具及渔具材料、渔业机械和仪器、珍珠、观赏鱼、渔业资源、水生动物防防疫等 9 个分技术委员会。1992 年农业部水产司发布实施《水产国家标准、行业标准制修订工作程序》、《水产国家标准、行业标准复审工作程序》和《水产标准化管理工作行文规定》。农业部并不定期召开全国渔业标准化工作会议。在这种渔业标准化工作机制的推动下,渔业标准化工作进一步受到重视,一些产业

---

① 按 GB/T 2260《中华人民共和国行政区划代码》的规定,省、自治区、直辖市的代码为 2 位数字,例如:北京为 11,山东为 37。

② 按 GB/T 11714《全国组织机构代码编制规则》的规定,企业代码由 8 位无属性的数字和 1 位校验码组成,被标识在技术监督部门为企业颁发的《单位代码证书》上。

发展急需的标准得到制定,特别是渔业资源养护、水产品质量安全、水生动物防疫、渔船及装备标准大量增加,观赏鱼、水族馆标准增长较快,钓饵产品标准取得突破,珍珠标准开始起步,标准基础研究得到加强。截止 2015 年年底现行渔业国家标准和行业标准达到 991 项、地方标准 1918 项。[23] 目前,以国家标准和行业标准为主体,地方标准和企业标准相衔接、相配套,以及协会标准①为补充,覆盖渔业全产业链条的渔业标准体系已经建立,构成具有中国特色渔业法律体系的重要组成部分,为规范渔业生产与管理、保障渔业安全、促进渔业可持续健康发展提供了重要支撑。

六、渔业立法的完善

加强渔业立法是推进渔业依法行政的基础和前提。中国渔业立法不是静止的、封闭的、固定的,而是动态的、开放的、发展的,不断完善中国特色社会主义渔业法律体系,始终是加强渔业法治建设,建设渔业强国和海洋强国的 1 项重要任务。

《渔业法》作为渔业领域的基本法,缺乏对水产品加工、流通和质量安全的基本规范,缺乏对渔业行政主管部门制定规划、标准及行使监督检查权力的规定,《渔业法》修订后原有配套的《细则》和《规定》未能随之修改,有关渔港、渔业水域环境保护、水产品加工和流通以及涉及保障渔业安全、保护渔民权益、渔业保险和渔业补贴等与渔民利益密切相关的领域亦无比较完整的立法。而且,随着国家经济社会改革的深入发展和国际渔业事务的发展、变化,现行渔业法律的一些规定可能难以适应新形势,需要及时修改完善。因此,各级渔业部门和渔业教育研究单位有责任不断加强对渔业新形势、新实践、新任务的研究和探索,认真总结新经验、深入分析新问题,在创新实践中查漏补缺推动现行法律、法规的修改完善和配套法规的制定,进一步完善和细化相关制度措施。要按照"依法治国"、"依法治渔"的总要求,恪守以民为本、立法为民理念,坚持依法立法、科学立法、民主立法,大力推进渔业立法公开,坚持立改废释并举,增强渔业法律、法规、规章和标准的及时性、系统性、针对性、有效性,提高国家标准与国际标准一致化水平,不断健全以宪法为根据,《渔业法》为主体,结合实际,统一、完善、科学、适用的中国特色社会主义渔业法律体系。

第二节　中国缔结或参加的与渔业有关的条约

一、 中国与外国签订的双边渔业条约

为了处理与有关周边国家之间的渔业问题及发展过洋性渔业,我国与有关国家陆续签订了多项条约。签订情况,见表 16-1。

---

① 协会标准是指由地方水产(渔业)企业、事业单位、社会团体以及其它经济组织自愿组成的,实行行业服务和自律管理的行业性社会团体法人(协会)制定的标准。协会标准是协会成员组织水产品生产的依据。

表 16-1   中国与外国签订的双边渔业条约一览表

序号	条约名称	签订日期	签订地点
1	中华人民共和国政府和美利坚合众国政府关于美国海岸外渔业协定	1985.7.23	华盛顿
2	中华人民共和国政府和苏维埃社会主义共和国联盟政府渔业合作协定	1988.10.4	莫斯科
3	中华人民共和国政府和毛里塔尼亚伊斯兰共和国政府海洋渔业协定	1991.8.22	北京
4	中华人民共和国和毛里塔尼亚伊斯兰共和国海洋渔业协定实施议定书	1991.8.24	北京
5	中华人民共和国政府和美利坚合众国政府关于有效合作和执行一九九年十二月二十日联合国大会 46/215 决议的谅解备忘录	1993.12.3	华盛顿
6	中华人民共和国政府和俄罗斯联邦政府关于黑龙江、乌苏里江边境水域合作开展渔业资源保护、调整和增殖的议定书	1994.5.27	北京
7	中华人民共和国政府和马绍尔群岛共和国政府渔业合作协定	1995.4.24	北京
8	中华人民共和国政府和巴布亚新几内亚独立国政府渔业合作协定	1996.7.16	莫尔兹比港
9	中华人民共和国政府和几内亚共和国政府渔业合作协定	1997.1.3	科纳克里
10	中华人民共和国和日本国渔业协定	1997.11.11	东京
11	中华人民共和国政府和也门共和国政府渔业合作协定	1998.2.18	北京
12	中华人民共和国政府和大韩民国政府渔业协定	2000.8.3	北京
13	中华人民共和国政府和越南社会主义共和国政府北部湾渔业合作协定	2000.12.25	北京
14	中华人民共和国政府和越南社会主义共和国政府北部湾渔业合作协定补充议定书	2004.4.29	北京

资料来源:外交部.中国与外国签订的双边条约一览表。

二、中国参加的与渔业有关的多边条约

我国作为 1 个负责任渔业大国,全程参与了构建世界海洋渔业法律框架的《联合国海洋法公约》和其他全球性渔业公约的制定,而且为行使公海捕鱼自由的权利,发展大洋性渔业,还签订了多项区域性渔业条约。我国参加的与渔业有关的主要多边条约,见表 16-2。

表 16-2 中国参加的与渔业有关的主要多边条约一览表

序号	条约中英文名称	签订日期 签订地点 保存机关	生效日期	中国参加情况
1	联合国粮食及农业组织章程 Constitution of the Food and Agriculture Organization	1945.10.16 渥太华 联合国粮农组织总干事	1945.10.16	1945.10.16 签署 1945.10.16 对中国生效 1973.4.1 恢复活动
2	国际管制捕鲸公约 International Convention for the Regulation of Whaling	1946.12.2 华盛顿 美国政府	1948.11.10	1980.9.24 通知加入 同日对中国生效
3	关于设立印度洋-太平洋渔业理事会的协定 On the establishment of the Indian Ocean-Pacific Fisheries Council agreement	1948.2. 碧瑶 联合国粮农组织总干事	1948.11.9	1993.7.22 交存接受书 1997.6.19 起适用于中国香港特别行政区
4	养护大西洋金枪鱼国际公约 International Convention for the Conservation of Atlantic Tunas	1966.5.4 里约热内卢 联合国粮农组织总干事	1969.3.21	1996.10.2 交存批准书 同日对中国生效
5	关于特别是作为水禽栖息地的国际重要湿地公约 Convention on Wetlands of International Importance Especially as Waterfowl Habitat	1971.2.2 拉姆萨 联合国教科文组织总干事	1975.12.21	1992.3.31 交存加入书 1992.7.31 对中国生效
6	濒危野生动植物种国际贸易公约 Convention on International Trade in Endangered Species of Wild Fauna and Flora	1973.3.3 华盛顿 瑞士政府	1975.7.1	1981.1.8 交存加入书 1981.4.8 对中国生效
7	南极海洋生物资源养护公约 Convention on the Conservation of Antarctic Marine Living Resources(CCAMLR)	1980.5.20 堪培拉 澳大利亚政府	1982.4.7	2006.9.8 国务院决定加入 2006.9.19 交存加入书 2006.10.19 日对中国生效

续表

序号	条约中英文名称	签订日期 签订地点 保存机关	生效日期	中国参加情况
8	联合国海洋法公约 United Nations Convention on the Law of the Sea	1982.12.10 蒙特哥湾 联合国秘书长	1994.11.16	1982.12.10 签署 1996.6.7 交存批准书 1996.7.7 对中国生效
9	濒危野生动植物种国际贸易公约第二十一条的修正案 Amendment to Article XXI of the Convention on International Trade in Endangered Species of Wild Fauna and Flora	1983.4.30 哈博罗纳 瑞士政府		1988.7.7 交存接受书
10	亚洲—太平洋水产养殖中心网协议 Agreement on the Network of Aquaculture Centres inAsia & the Pacific	1988.1.8 曼谷 联合国粮农组织总干事	1990.1.11	1988.1.8 签署 1990.1.11 交存加入书
11	北太平洋海洋科学组织公约 Convention for A North Pacific Marine Science organization	1989.12.12 渥太华 加拿大政府	1992.3.24	1991.10.22 签署 1992.3.24 对中国生效
12	生物多样性公约 Convention on Biological Diversity	1992.6.5 里约热内卢 联合国秘书长	1993.12.29	1993.1.5 交存批准书 1993.12.29 对中国生效
13	促进公海渔船遵守国际养护和管理措施的协定 Agreement to Promote Compliance With International Conservation and Management Measures by Fishing Vessels on the High Seas	1993.11.24 罗马 联合国粮农组织总干事	2003.4.24	中国尚未批准该协定

续表

序号	条约中英文名称	签订日期 签订地点 保存机关	生效日期	中国参加情况
14	建立印度洋金枪鱼委员会协定 Agreement for the Establishment of the Indian Ocean Tuna Commission	1993.11.25 罗马 联合国粮农组织总干事	1996.3.27	1998.10.14 交存接受书 1998.10.14 对中国生效
15	中白令海峡狭鳕资源养护和管理公约 Convention on the Conservation and Management of Pollock Resources in the Central Bering Sea	1994.6.16 华盛顿 美国政府	1995.12.8	1994.6.16 签署
16	执行一九八二年十二月十日《联合国海洋法公约》有关养护和管理跨界鱼类种群和高度洄游鱼类种群的规定的协定 Agreement for the Implementation of the Provisions of the United Nations Convention on the Law of the Sea of 10 December 1982 Relating to the Conservation and Management of Straddling Fish Stocks and Highly Migratory Fish Stocks	1995.8.4 纽约 联合国秘书长	2001.12.11	1996.11.6 签署,因中国政府签署该协定时做出的声明,与其第四十二条"不得对本协定做出保留或例外"的规定,不相协调,故中国尚未批准该协定,目前是以非缔约方身份参加该协定缔约国会议
17	中西部太平洋高度洄游鱼类种群养护和管理公约 Western and Central Pacific Highly Migratory Fish Stocks Convention on the Conservation and Management Convention	2000.9.4 檀香山 新西兰政府	2004.6.19	2004.7.9 核准 2004.11.2 交存加入书并作了声明 2004.12.2 对中国生效,暂不适用于香港
18	关于加强美利坚合众国与哥斯达黎加共和国 1949 年公约建立的美洲间热带金枪鱼委员会的公约 Convention for the Strengthening of the Inter-American Tropical Tuna Commission Established by the 1949 Convention between the United States of America and the Republic of Costa Rica	2003.11.14 华盛顿 美国政府	2010.8.27	2009.6.1 国务院决定核准 2009.10.30 交存核准 2010.8.27 对中国生效

序号	条约中英文名称	签订日期 签订地点 保存机关	生效日期	中国参加情况
19	南太平洋公海渔业资源养护和管理公约 Convention on the Conservation and Management of High Seas Fishery Resources in the South Pacific Ocean	2009.11.14 奥克兰 新西兰政府	2012.8.24	2010.8.19 签署 2013.1.19 批准 适用澳门特区 暂不适用于香港特区
20	关于港口国预防、制止和消除非法、不报告、无管制捕鱼的措施协定 On Port State Measures to Prevent, Deter and Eliminate Illegal, Unreported and Unregulated Fishing Agreement	2009.11.22 罗马 联合国粮农组织总干事	2016.6.5	中国政府正对该协定的批准和实施进行可行性研究
21	北太平洋公海渔业资源养护与管理公约 Convention on the Conservation and Management of High Seas Fishery Resources in the North Pacific Ocean	2011.3.4 温哥华 加拿大政府	2015.7.19	

资料来源：外交部.中国参加的多边公约一览表。

第三节　中国参加的区域渔业组织

一、区域渔业管理组织

（一）中白令海狭鳕资源养护和管理国际机制（CCBSP）
依据：《中白令海狭鳕资源养护和管理公约》。
成员：中国、日本、韩国、波兰、俄罗斯、美国等6国。
管理水域：白令海中部沿岸国美、俄200海里水域外的公海区域。

管理鱼种:狭鳕以及其他的海洋生物资源。

管理机制:各缔约方参加的年会和科学技术委员会。年会负责确定下 1 年度的公约区域内狭鳕的允许捕捞量及国别配额;通过在公约区域内养护和管理狭鳕资源与其他海洋生物资源的其他适当措施;为科学技术委员会确立工作计划。科学技术委员会根据年会的决定履行其职责,主要是根据年会上确立的工作计划对公约区域内的渔业产量、狭鳕和其他海洋生物资源的信息进行汇总、交流和分析,对整个阿留申盆地的狭鳕生物量进行评估并向年会提出包括下 1 年度的狭鳕的允许捕捞量在内的狭鳕养护和管理方面的建议。

管理措施:除允许捕捞量及国别配额外,其他措施包括:

1. 各缔约方应合作从事狭鳕资源的、以及其他海洋生物资源的科学研究,包括在公约区域内、外测定狭鳕的洄游方式。各缔约方也应在交流这些资源的科学数据和为这类科学研究采用标准的方法方面进行合作。

2. 各缔约方应每年向科学技术委员会报告包括捕捞产量和努力量的统计数据、捕捞作业的时间和区域、偶然捕获的溯河性鱼类或其他海洋生物在内的渔业数据。

3. 在任何其他缔约方要求下,1 缔约方应就向公约区域被要求的缔约方的任何渔船上派驻要求的缔约方的科学观察员的事宜进行双边协商。

4. 在任何年度允许捕捞量为零时,年会在科学技术委员会建议的基础上,可根据任何有关缔约方提交的、经年会批准的研究计划,授权各缔约方的渔船在公约区域内从事狭鳕探捕作业。这类作业的条件应由年会确立。

5. 每 1 缔约方应采取所有必要的措施确保其国民和悬挂其旗帜的渔船遵守本公约的规定和据此通过的措施。

(二)养护大西洋金枪鱼国际委员会(ICCAT)

依据:《养护大西洋金枪鱼国际公约》。

成员:日本、中国、韩国、俄罗斯、美国、法国、加拿大、摩洛哥、几内亚、南非、巴西、委内瑞拉等 37 国加欧盟。此外,中国台湾省在"一个中国"原则下作为捕鱼实体以观察员身份参加有关活动。

管理水域:大西洋所有水域,包括各毗连海域,即联合国粮农组织统计区的第 21、27、31、34、41、47 海区。

管理鱼种:鲣鱼、金枪鱼类(包括剑旗鱼)。

委员会的职责:研究公约区域内其他国际组织未曾研究的金枪鱼、类金枪鱼(除带鱼科和蛇鲭科外的鲭科和鲭属)以及在捕捞金枪鱼作业中捕获的其他鱼类的种群状况,包括:

1. 收集和分析与公约区域内金枪鱼资源现状和趋势有关的统计信息;

2. 研究和评价有关措施和方法的信息,确保公约区域内金枪鱼和类金枪鱼的种群维持最大持续产量水平,以保证对这些鱼类的有效开发与其最大持续产量相一致;

3. 向缔约方提出建议性研究和调查;

4. 出版和散发委员会关于公约区域内金枪鱼渔业的有关结论以及统计、生物和其他

科学信息。

（三）印度洋金枪鱼委员会（IOTC）

根据：《建立印度洋金枪鱼委员会协定》。

成员：中国、日本、韩国、印度、塞舌尔、法国、英国、澳大利亚、马来西亚等22国加欧盟。菲律宾和印度尼西亚（印尼）以合作非成员国参加活动。中国台湾省以观察员身份参加有关活动。

管理水域：联合国粮农组织统计区的第51、57海区以及相连的水域。

管理鱼种：鲣鱼、金枪鱼类（包括剑旗鱼）。

委员会的职责：

1. 持续地审议种群的状况和趋势并收集、分析和分发科学信息、捕捞量和努力量的统计数据以及与本协定所包括的种群和对这1种群的渔业有关的其他数据；

2. 鼓励、建议和协调在本协定所包括的种群和渔业方面的研究和开发活动，以及委员会可决定的适当的其他这类活动，包括与技术转让、培训和增殖有联系的活动，并应适当关注确保委员会成员平等参与渔业的需要以及区域内发展中国家成员的特殊利益和需要；

3. 在科学证据的基础上，通过养护和管理措施，以确保本协定所包括的种群的养护和促进整个区域的对这些种群的最佳利用目标的实现；

4. 在特别考虑发展中沿海国家利益的情况下，持续地审议本协定所包括的种群渔业在经济和社会方面的事项。

（四）中西太平洋金枪鱼委员会（WCPFC）

根据：《中西太平洋高度洄游性鱼类资源养护和管理条约》。

名称：全称中西太平洋高度洄游性鱼类资源养护和管理委员会，简称中西太平洋金枪鱼委员会。

成员：中国、韩国、美国、日本、法国、加拿大、印尼、菲律宾、瓦努阿图、贝劳、澳大利亚、新西兰、密克罗尼西亚、巴布亚新几内亚、斐济、马绍尔群岛、汤加、所罗门群岛、萨摩亚、基里巴斯、图瓦卢、库克群岛、纽埃、瑙鲁等32国，中国台湾省以中华台北之名作为其成员。

管理水域：以下南部和东部边界界线的整个太平洋海域：从澳大利亚南部沿海正南沿东经141°经线到与南纬55°线的交汇处；然后沿南纬55°线向正东到与东经150°经线的交汇处；再沿东经150°线向正南到与南纬60°线的交汇处；再沿南纬60°线向正东到与西经130°线的交汇处；然会沿西经130°线向正北到与南纬4°线的交汇处；再沿南纬4°线向正西到与西经150°线的交汇处；然后沿西经150°线向正北。

管理鱼种：在管理水域出现的1982年《联合国海洋法公约》（附件一）所列鱼类种群以及委员会可能决定的其他任何鱼类，包括金枪鱼类（蓝鳍、马苏、大眼、黄鳍、长鳍金枪鱼等）、鲣鱼类（鲣鱼、舵鲣等）、剑旗鱼类（剑鱼、东方旗鱼等）、日本乌鲂、鲯鳅和大洋性鲨鱼等高度洄游性鱼种，但不包括竹刀鱼类。

委员会的职责：

1. 在公约区内确定高度洄游鱼类种群的允许捕捞量或渔获努力量以及为确保公约区内高度洄游鱼类种群的长期可持续性所需的其他养护和管理措施和建议,包括:

(1) 可能捕捞的任何种类或种群的数量;

(2) 捕捞努力水平;

(3) 限制捕捞强度,包括与船数、类型和大小有关的措施;

(4) 发生捕鱼行为的地点和时期;

(5) 可能捕到的任何种类的规格;

(6) 可能使用的渔具和技术;

(7) 特别的区域和分区域。

2. 促进委员会成员之间的合作和协调以确保国家管辖区与公海对相同高度洄游鱼类种群的养护和管理措施的互不抵触;

3. 对与目标种群属于相同生态系的种类或从属种以及与目标种群相关的种类制订养护和管理措施和建议;

4. 通过在公约区内捕捞高度洄游鱼类种群的渔业数据的收集、核查、及时交流和报告的标准;

5. 编辑和分发准确和完整的统计数据以确保获得最佳科学证据;

6. 确立公约区内高度洄游鱼类种群总允许捕捞量或渔获努力水平分配的标准;

7. 通过一般建议的负责任捕捞行为国际最低标准;

8. 为有效监督、管制、监测和执法建立适当的合作机制,包括船舶监测系统。

(五) 南极海洋生物资源养护委员会(CCAMLR)

依据:《南极海洋生物资源养护公约》。

成员:日本、韩国、印度、美国、英国、法国、俄罗斯、波兰、澳大利亚、秘鲁、智利、阿根廷、纳米比亚、南非等23国加欧盟。中国从2001年起自愿执行该委员会的南极小鳞犬牙鱼产地证明书制度,2006年10月加入《南极海洋生物资源养护公约》,2007年10月8日成为南极海洋生物资源养护委员会的正式成员。

管理水域:南纬60°以南以及南纬60°和南极辐合带之间的水域,即联合国粮农组织统计区的第48、58、88海区。南极辐合带应被视为连接以下经纬各点的连线:南纬50°,经度0°;南纬50°,东经30°;南纬45°,东经30°;南纬45°,东经80°;南纬55°,东经80°;南纬55°,东经150°;南纬60°,东经150°;南纬60°,西经50°;南纬50°,西经50°;南纬50°,经度0°。

管理鱼种:南极磷虾、南极小鳞犬牙鱼等属于南极海洋生态系统的海洋生物资源。

委员会的职责:

1. 促进对南极海洋生物资源和南极海洋生态系统的调查和广泛研究;

2. 汇编南极海洋生物资源种群状况和变化以及影响捕捞种类、从属或相关种类或种群分布、丰量和生产力因素的数据;

3. 确保获得被捕捞种群的捕获量和努力量的统计数据;

4. 分析、分发和出版上述2、3项所述信息和科学分委员会的报告;

5. 在可获得的充分科学证据的基础上,制定、通过和修改养护措施,包括:

(1) 确定在本公约适用区域内任何被捕获种类的可捕量;

(2) 根据南极海洋生物资源的分布情况,确定区域和分区域;

(3) 确定区域和分区域种群中可被捕捞的捕捞量;

(4) 确定受保护的物种;

(5) 确定可被捕捞物种的大小、年龄并在适宜时确定性别;

(6) 确定捕捞季节和禁捕季节;

(7) 为科学研究或养护目的,确定捕捞和禁捕范围、区域和分区域,包括用于保护和研究的特殊区域;

(8) 为避免在任何区域或分区域出现不适当的集中捕捞,规定使用的捕捞努力量和捕捞方式,除其他外,包括渔具;

(9) 执行根据本公约确定的观察和检查制度。

2016 年 10 月 28 日,南极海洋生物资源养护委员会 24 个成员的代表决定在南极罗斯海(Ross Sea)地区设立面积约 155 万平方千米的海洋保护区,其中约 112 万平方千米被设为禁渔区,禁止捕鱼 35 年。2017 年 12 月 1 日正式生效。罗斯海位于南纬 60°以南、西经 158°～东经 170°之间。

(六) 美洲间热带金枪鱼委员会(IATTC)

依据:《美国与哥斯达黎加共和国就建立美洲间热带金枪鱼委员会的公约》。

成员:哥伦比亚、哥斯达黎加、厄瓜多尔、危地马拉、萨尔瓦多、法国、日本、墨西哥、尼加拉瓜、巴拿马、秘鲁、韩国、西班牙、美国、瓦努阿图、委内瑞拉等 16 国。伯利兹,加拿大,中国,库克群岛,爱沙尼亚,基里巴斯为 IATTC 特定的合作非成员国,中国台湾省为合作捕鱼实体。

管理水域:北纬 40°～南纬 40°,西经 150°以东的东部太平洋。

管理鱼种:鲣鱼、金枪鱼类(包括剑旗鱼类)。

委员会的职责:

1. 调查缔约方国民在东部太平洋水域捕获的黄鳍金枪鱼和鲣鱼的生物总量、生物学、生物统计学和生态学,在金枪鱼渔业中通常用作饵料的鱼类(尤其是鳀鱼)和金枪鱼渔船捕捞的其他鱼种;以及自然因素和人类活动对支持这些渔业的鱼类总量的影响;

2. 收集和分析本公约中鱼类有关当前和过去的情况信息以及数量趋势;

3. 研究并评价有关保持和提高本公约中鱼类数量的方式和程序的信息;

4. 在科学调查的基础上,向缔约方设计的为使本公约中鱼类的数量保持在允许最大可持续捕捞量的丰量水平的联合行动提出建议;

5. 向从事本渔业的渔船或人员收集有关渔获量和渔船作业的统计和各种报告、其他有关本公约项下的鱼类信息;

6. 出版或散发科学、统计和各缔约方国民保留的其他有关本公约规定鱼类的渔业数据,以及有关其调查结果的报告;

(七) 南太平洋区域渔业管理组织(SPRFMO)

依据:《南太平洋公海渔业资源养护与管理公约》。

成员:澳大利亚、伯利兹、智利、中国、哥伦比亚、库克群岛、古巴、丹麦法罗群岛、韩国、新西兰、秘鲁、俄罗斯、美国加欧盟。中国台湾省为合作捕鱼实体。

管理水域:国家管辖范围以外区域的南太平洋水域。

管理鱼种:公约区域内所有的鱼,包括软体动物,甲壳类和委员会决定的其他海洋生物资源,但不包括:

(1) 定居种的生物;

(2) 1982 年《联合国海洋法公约》附件一中所列的高度洄游鱼类种群;

(3) 溯河性和降海洄游物种;

(4) 海洋哺乳动物,海洋爬行动物和海鸟。

委员会的职责:

1. 为实现本公约的目标,采用养护和管理措施,尤其鱼类的养护和管理措施;

2. 决定捕捞渔业资源,尤其鱼类的性质和程度;

3. 制定收集、核查、报告、存储和传播数据的规则;

4. 促进国家管辖范围内的科学研究,提高对公约区域及相邻海域内的渔业资源和海洋生态系统的知识;

5. 与委员会成员和有关组织、沿海国家、地区和属地合作交流数据;

6. 促进公约区域内,毗邻国家管辖下的地区和邻近地区公海的养护和管理措施的兼容性;

7. 制定和建立有效的监测、控制、监视和执法程序,包括非歧视性的市场相关及与贸易有关的措施;

8. 按照国际法评估船旗国表现并根据本公约履行其义务,并通过提案,以促进实施这些义务;

9. 采取措施,以防止,制止和消除非法、不报告和无管制捕捞;

10. 制定规则,确定合作非缔约方根据本公约的地位。

(八)北太平洋渔业委员会(NPFC)

依据:《北太平洋公海渔业资源养护和管理公约》。

成员:美国、日本、韩国、俄罗斯、加拿大、中国。中国台湾省以捕鱼实体身份参加有关活动。

管理水域:北太平洋公海水域,但不包括白令海和单一国家的专属经济区包围的公海水域。适用区域南部界限为自环绕北马里亚纳群岛的美国管辖水域外限起,沿北纬20°线,向东连接下列坐标点的连续线:北纬 20°,东经/西经 180°;北纬 10°,东经/西经 180°;北纬 10°,西经 140°;北 20 度,西经 140°;以及向东至墨西哥管辖水域外限交汇处。

管理鱼种:在公约区域内的鱿鱼、秋刀鱼、鲉鱼等所有鱼类、软体动物、甲壳动物和其他海洋生物,但不包括:

(1) 受沿海国管辖的定居物种及软珊瑚、角珊瑚、珊瑚和石珊瑚以及其他的脆弱海洋生态系统中的标志性物种;

(2) 降河产卵物种;

（3）海洋哺乳动物、海洋爬行动物和海鸟；

（4）现有国际渔业管理机制已管理的其他海洋物种。

委员会的职责：

1. 根据本公约第三条的原则以及基于可获得的最佳科学信息和科学分委会的建议，委员会将：

（1）通过养护和管理措施，以保证公约区域内渔业资源的长期可持续性，包括委员会可能决定的此类渔业资源的总允许捕捞量或总允许捕捞强度的水平；

（2）保证总允许捕捞量或总允许捕捞强度符合科学分委会的意见和建议；

（3）必要时，通过同1生态系统中的物种或依赖于或附属于主捕品种的养护和管理措施；

（4）必要时，为实现公约目标，通过任何渔业资源和同1生态系统中的物种或依赖于或附属于主捕品种的管理机制；

（5）通过养护和管理措施，防止对公约区域内脆弱海洋生态系统造成重大负面影响，包括但不局限于：

① 指导和审议评估渔业活动是否对特定水域的生态系统造成影响；

② 评估正常的底层渔业活动对脆弱海洋生态系统造成的不可预料的影响；

③ 视情决定不能开展渔业活动的区域；

（6）决定参与现有渔业的属性和内容，包括通过分配捕捞机会；

（7）经协商一致，决定公约区域内任何新渔业的范围和条件，以及参与这类渔业的属性和内容，包括通过分配捕捞机会；

（8）决定新缔约方获得渔业利益的方式，应在一定程度上符合公约范围内渔业资源长期可持续养护的需要。

2. 委员会应通过措施，保证有效的监测、控制、监视和执行公约及委员会通过的措施。为此目的，委员会将：

（1）建立规范和监督转载捕自公约区域的渔业资源和渔获产品的程序，包括向委员会报告任何转载的地点和数量；

（2）参考相关国际标准和准则，研究并实施北太平洋渔业观察员计划；

（3）建立对公约区域作业渔船的登临检查程序；

（4）建立适当的合作机制以有效监测、控制和监视，确保执行委员会通过的养护和管理措施，包括预防、制止和消除 IUU 捕鱼；

（5）制订供委员会成员通过公约区域作业渔船上安装的实时卫星定位传送器报告船舶移动和活动情况的标准、规范和程序，以及按照这类程序，协调成员的卫星船舶监测系统及时传播数据；

（6）建立捕捞渔船在捕捞或计划捕捞公约区域渔业资源时，及时向委员会报告进入和离开公约区域的程序；

（7）制订适当的与国际法一致的非歧视性的市场相关措施，以预防、制止和消除 IUU 捕鱼；

（8）建立审议本公约和按照本公约通过的措施执行情况的程序。

3. 委员会应：

（1）参考科学分委会在科学基础上提出的需委员会决定采取的任何对渔业资源和同1生态系统中的物种或依赖于或附属于主捕品种的养护和管理措施的问题，评估并处置渔业活动对脆弱海洋生态系统的影响；

（2）为公约区域内任何实验性、科学性或探索性的渔业活动建立定义和条件，决定任何有关渔业资源、脆弱海洋生态系统和同1生态系统中的物种或依赖于或附属于主捕品种的科学合作研究范围；

（3）通过并修正脆弱海洋生态系统中应禁止直接捕捞的指定物种名录。

（九）中亚和高加索区域渔业及水产养殖委员会（CACFish）

依据：根据联合国粮农组织章程第十四条制定的《中亚和高加索区域渔业及水产养殖委员会协议》。

成员：亚美尼亚、吉尔吉斯斯坦、土耳其、塔吉克斯坦。阿塞拜疆、中国、格鲁吉亚、伊朗、哈萨克斯坦、俄罗斯、土库曼斯坦、乌兹别克斯坦、阿富汗、蒙古和乌克兰以观察员身份参加有关活动。

管理区域：中亚的哈萨克斯坦、吉尔吉斯斯坦、塔吉克斯坦、土库曼斯坦和乌兹别克斯坦及的国家，高加索地区的亚美尼亚、阿塞拜疆、格鲁吉亚和土耳其等国家的内陆水域和地区内的领土。

管理鱼种：管理区域的水生生物资源。

委员会的任务：在中亚和高加索地区治理、发展渔业和水产养殖，养护和可持续利用渔业和水产养殖资源。

委员会的目标：促进水生生物资源的开发、保护、合理管理和最佳利用，以及在该地区的可持续发展水产养殖。

委员会的职责：

1. 不断回顾这些资源，包括其丰度和开发水平，以及国家渔业和水产养殖的状态；

2. 制定和建议保护和合理管理区域内水生生物资源的措施及其实施措施；

3. 不断检讨经济和社会方面的捕鱼业和养殖业，并建议其发展的任何措施；

4. 鼓励、建议、协调和进行适用的培训和推广、研究和发展，包括该地区的渔业和水产养殖合作项目有关的活动；

5. 编辑、发布或传播水生生物资源及利用这些资源发展渔业和水产养殖业的信息；

6. 促进渔业和水产养殖业的提高；

7. 促进妇女参与水产养殖和捕捞渔业发展；

8. 转让适当的技术和小规模渔业和水产养殖的技术开发；

9. 促进知识创造和提高中亚和高加索地区渔业和水产养殖的认识。

二、 区域渔业咨询组织

（一）亚洲及太平洋渔业委员会（APFIC）

成立：1947年按照联合国粮农组织大会第三届会议的建议，有关国家政府于1948年

2月在菲律宾碧瑶拟定了《关于设立印度洋—太平洋渔业理事会的协定》(简称《协定》)，1948年11月联合国粮农组织大会第四届会议予以批准，从1948年11月9日起开始生效。1976年联合国粮农组织理事会第十七届会议提出该《协定》的修正案，建议采用"印度洋—太平洋渔业委员会"的名称，1977年理事会批准了这个修正案。1993年委员会第二十四届会议提出该《协定》的又1修正案。1994年11月联合国粮农组织理事会第一○七届会议批准了委员会提出的修正案。修正案立即生效。修正案主要是关于将《协定》名称改为《设立亚洲—太平洋渔业委员会的协定》，将"印度洋—太平洋渔业委员会"改为"亚洲—太平洋渔业委员会"。

宗旨：通过发展和管理捕捞及养殖活动以及通过符合成员目标的有关加工和销售活动，促进水生生物资源的全面、适当利用。

成员：澳大利亚、孟加拉国、柬埔寨、中国、法国、印度、印尼、日本、韩国、马来西亚、缅甸、尼泊尔、新西兰、巴基斯坦、菲律宾、斯里兰卡、泰国、英国、美国、越南等20国。

管理区域：印度洋和西南太平洋及相关陆地区域。

管理鱼种：亚洲和太平洋地区的海洋和内陆渔业资源。

委员会的职责：

1. 定期评估区域资源状况及其生产能力；

2. 制定措施，提出建议，并发起和开展方案或项目：

(1) 提高可持续渔业和水产养殖的效率和生产力；

(2) 保护和管理资源；

(3) 保护资源污免受污染。

3. 回顾捕鱼和水产养殖的经济和社会方面，并建议措施，旨在提高每个渔业对社会和经济目标的贡献，并改善渔民在这些行业其他工人和其他人员的生活和工作条件；

4. 促进发展海水养殖和沿海渔业的方案；

5. 鼓励、建议、协调，并在适当情况下对渔业的各个方面进行培训和推广活动；

6. 鼓励、建议、协调和承诺，在渔业的各个方面进行适当的研究和开发活动；

7. 汇编、出版或以其他方式传播水生生物资源和基于这些资源的渔业的信息。

(二) 北太平洋海洋科学组织(PICES)

依据：《北太平洋海洋科学组织公约》。

成员：日本、中国、韩国、美国、加拿大、俄罗斯等6国。

宗旨：促进和协调海洋科学研究，包括但不仅限于海洋环境以及海陆、海气间的相互作用及其他在全球天气与气候变化中的作用，海洋所有动、植物及其生态系统，海洋的利用及其资源，以及人类活动对海洋的影响，以提高对"有关区域"及其生物资源的科学认识；并促进对于"有关区域"内海洋科学研究的情报、资料的收集与交流。

研究水域：北纬30°以北的北太平洋温带和北极圈附近的区域以及毗邻海区。

研究鱼种：鱼类、头足类、海洋哺乳动物、海鸟。

理事会的职责：

1. 确定"有关区域"的研究优先次序和应研究的问题及适当的解决办法；

2. 提出"有关区域"的,需由参与的缔约国本国做出努力来完成的协调研究计划和有关活动的建议;

3. 促进和便利科学数据、情报和人员的交流;

4. 开展"有关区域"的科学咨询的要求;

5. 组织科学专题研讨会以及其他科学活动。

（三）北太平洋金枪鱼类和类金枪鱼类科学委员会（ISC）

成立:成立于 1996 年,1997 年起正式开始工作,其主旨是构筑起金枪鱼类资源的科学基础,大体上每 2 年举行 1 次年会,分别在日本及美国两地交替举行。在该委员会内设有蓝鳍金枪鱼、大眼金枪鱼、剑旗鱼和统计 4 个工作组,对北太平洋金枪鱼类资源以及对其有关的海洋环境、生物生态等进行调查研究,在这基础上开展资源评估、群系分析以及学术研讨会等。2004 年 12 月 10 日中西太平洋金枪鱼委员会成立后,为了加强对中、西部太平洋金枪鱼类资源的统一养护和管理,将 ISC 置于其伞下,并更名为 WCPFC 的北委员会。

成员:中国、日本、韩国、美国、加拿大、墨西哥等 6 国加中国台湾省。

研究水域:西经 150°以西,北纬 20°以北的北太平洋。

研究鱼种:蓝鳍、大眼、黄鳍、长鳍金枪鱼和剑旗鱼。

（四）金枪鱼、剑旗鱼常设委员会（SCTB）

成立:成立于 1988 年,是太平洋共同体秘书处（SPC）的金枪鱼、剑旗鱼评估计划（TBAP）的咨询机构,主要担任中、西部太平洋有关金枪鱼、剑旗鱼等的捕捞统计、调查研究、资源评估、科学研究等工作。

成员:日本、中国、韩国、美国、澳大利亚、斐济等国加中国台湾省。

研究水域:中、西部太平洋。

研究鱼种:金枪鱼、剑旗鱼类等。[25]

三、 其他区域性渔业组织

亚洲—太平洋水产养殖中心网（NACA）

依据:《建立亚洲和太平洋区域水产养殖中心网协议》。

成员:澳大利亚、孟加拉、柬埔寨、中国、中国香港特别行政区、印度、印度尼西亚、伊朗、韩国、马来西亚、缅甸、尼泊尔、巴基斯坦、菲律宾、斯里兰卡、泰国和越南。

目的:协助成员通过可持续的水产养殖,促进农村发展,提高城乡居民收入,增加粮食生产、创汇和农业生产多样化。NACA 活动的最终受益者是农民和农村社区。

作用:为了实现上述目标,本组织理事会将:

1. 对选择出来的水产养殖体系进行单学科和学科间的研究,以便采纳和改良技术,以及发展新技术;

2. 对国家水产养殖的计划、科研、教学、推广和发展所需要的骨干进行培训和进修提高;

3. 建立地区性的情报体系,以便为发展计划、科研和培训提供合适的情报;

4．协助成员加强他们的、同地区中心相联系的国家中心；

5．协助成员的国家中心在国家级水平上因地制宜地试验和采纳现有技术，并对技术人员、推广人员和渔民进行培训；

6．向成员转让合适的水产养殖技术和在地区中心发展起来的技术；

7．在发展中国家间技术合作网络内促进国家专家、技术和情报方面的交流；

8．发展促进妇女从事各级水产养殖活动的规划；

9．协助成员进行可行性研究和项目规划；

10．从事管理理事会有可能通过的有关本组织目的的其他活动。

参考文献

[1] 吴邦国关于形成中国特色社会主义法律体系的讲话[S/OL]．(2011-01-24)．[2013-12-01]．
http://www.gov.cn/ldhd/2011-01/26/content_1793094.htm

[2] 农业部．全国水生生物增殖放流总体规划（2011～2015 年）[R/OL]．(2010-12-19)．[2013-12-04]．
http://www.moa.gov.cn/sjzz/yzjzw/zljjyzj/sszzlf/201505/P020150522365530515045.doc.

[3] 中共中央文献研究室．三中全会以来重要文献选编[G]．北京：人民出版社，1982：190-191．

[4] 国家环境保护局海洋处．海洋环境保护法规汇编[G]．北京：中国环境科学出版社，1991：194．

[5] 中国农业部渔业局．中国渔业五十年大事记[G]．北京：中国农业出版社，1999．

[6] 国务院公报 1983 年第十八号[S/OL]．(1983-09-20)．[2013-12-05]．
http://www.gov.cn/gongbao/shuju/1983/gwyb198318.pdf

[7] 国务院批转农业部关于进一步加快渔业发展意见的通知（国发[1997]3 号）[S/OL]．(1997-01-27)．[2013-12-05]．
http://www.gov.cn/xxgk/pub/govpublic/mrlm/201011/t20101110_62423.html

[8] 农业部令 1997 年第 39 号．规章和规范性文件清理结果[S/OL]．(1997-12-25)．[2013-12-08]．
http://www.chinalawedu.com/falvfagui/fg22016/78568.shtml

[9] 陈耀邦．关于《中华人民共和国渔业法修正案（草案）》的说明[S/OL]．(2000-07-03)．[2013-12-08]．
http://wenku.baidu.com/view/d2f297b269dc5022aaea000f.html

[10] 农业部令 2004 年第 38 号．关于修订农业行政许可规章和规范性文件的决定[S/OL]．(2004-07-01)．[2013-12-10]．
http://www.moa.gov.cn/zwllm/tzgg/bl/200407/t20040719_222582.htm

[11] 农业部令 2007 年第 6 号．农业部现行规章清理结果[S/OL]．(2007-11-08)．[2013-12-10]．
http://www.moa.gov.cn/zwllm/tzgg/bl/200711/t20071109_918467.htm

[12] 农业部令 2010 年第 10 号．农业部关于废止和宣布失效部分规章规范性文件的决定[S/OL]．(2010-11-26)．[2013-12-12]．
http://www.moa.gov.cn/zwllm/tzgg/bl/201011/t20101130_1782520.htm

[13] 农业部令 2010 年第 11 号．农业部关于修订部分规章的决定[S/OL]．(2010-11-26)．[2013-12-13]．
http://www.moa.gov.cn/zwllm/tzgg/bl/201011/t20101130_1782525.htm

［14］农业部公告 2010 年第 1492 号.现行有效农业部规章和规范性文件目录［S/OL］.(2010-12-14).［2013-12-14］.

http://www. moa. gov. cn/govpublic/CYZCFGS/201012/t20101214_1790598. htm

［15］农业部令 2011 年第 4 号.农业部关于修订部分规章和规范性文件的决定［S/OL］.(2011-12-31).［2013-12-14］.

http://www. moa. gov. cn/zwllm/zcfg/nybgz/201201/t20120107_2452728. htm

［16］联合国粮农组织.世界渔业和水产养殖状况 2012［R/OL］.(2012:4).［2013-12-15］.

http://www. fao. org/docrep/016/i2727c/i2727c. pdf

［17］国务院关于促进海洋渔业持续健康发展的若干意见［S/OL］.(2013-03-08).［2013-12-15］.

http://www. gov. cn/zwgk/2013-06/25/content_2433577. htm

［18］农业部令 2013 年第 5 号.农业部关于修订部分规章的决定［S/OL］.(2013-12-31).［2013-12-16］.

http://www. moa. gov. cn/zwllm/tzgg/bl/201401/t20140108_3733654. htm

［19］农业部令 2013 年第 6 号.农业部关于废止部分规章和规范性文件的决定［S/OL］.(2013-12-31).［2013-12-15］.

http://www. moa. gov. cn/zwllm/tzgg/bl/201401/t20140108_3733659. htm

［20］农业部规章和规范性文件目录［S/OL］.(2014-06-18).［2014-08-15］.

http://www. moa. gov. cn/zwllm/zcfg/nybgz/201406/t20140625_3949401. htm

［21］GB/T200001 — 2002 标准化工作指南第 1 部分:标准化和相关活动的通用词汇［S/OL］.(2002-06-20).［2013-12-15］.

http://ishare. iask. sina. com. cn/download/explain. php? fileid＝17552607

［22］GB/T15000. 1—1994 标准样品工作导则(1)在技术标准中陈述标准样品的一般规定［S/OL］.(1994-03-11).［2013-12-15］.

http://www. isotrain. org/biaozhun. asp? id＝49527

［23］农业部召开全国渔业标准化工作座谈会暨第五届全国水产标准化技术委员会［R/OL］.(2015-12-15).［2016-02-04］.

http://www. moa. gov. cn/sjzz/yzjzw/yyywyzj/201512/t20151224_4965668. htm

［24］FAO Fisheries and Aquaculture Circular No. 1054 THE ROLE OF INTERNATIONAL FISHERY ORGANIZATIONS AND OTHER BODIES IN THE CONSERVATION AND MANAGEMENT OF LIVING AQUATIC RESOURCES［R/OL］.(2010).［2013-12-20］.

http://www. fao. org/docrep/012/i1493e/i1493e00.

第十七章　中国与海洋邻国的渔业协定

　　按照国际习惯法,沿海国对邻接其领海的公海区域生物资源具有特殊利益。为给日本渔船到中国沿海捕鱼机会,又防止日本渔船肆意掠夺中国沿海生物资源,在中日两国没有外交关系的条件下,1955、1963、1965、1970年中日民间先后签订并实施了4个渔业协定。在中日实现邦交正常化之后,1975年两国政府在先前民间渔业协定的基础上签订了新的渔业协定。

　　按照《联合国海洋法公约》第七十四和八十三条关于海岸相向或相邻国家间专属经济区和大陆架界限的划定协议未达成以前,有关各国可作出"实际性的临时安排"的规定,1997和2000年中日、中韩先后签订了政府间的渔业协定,对有关两国领海以外的专属经济区水域的捕鱼活动作出安排。这种安排应不妨害有关两国专属经济区和大陆架最后界限的划定。

　　2000年中越达成关于两国在北部湾领海、专属经济区和大陆架的划界协定,在此基础上签订了中越北部湾渔业合作协定。

　　中日、中韩和中越3个政府间渔业协定的签订和实施,符合《联合国海洋法公约》有关养护和管理专属经济区生物资源的要求,有利于建立有关两国间渔业领域的相互合作关系,有利于养护和合理利用共同关心的海洋生物资源,有利于维护海上正常作业秩序。但同时亦使得大批惯常在黄海和东海外海渔场及北部湾捕鱼的中国渔民不得不退出这些渔场,进入转产转业的行列,给国家和沿海地区的渔业渔政管理带来一定挑战。

　　中朝曾就黄海捕鱼签订过协定,久已失效。1964年中朝两国划定海上分界线后,中国辽宁省和朝鲜平安北道就解决中朝双方渔民在鸭绿江渔场相互越界捕鱼问题达成了协议,现仍有效。

第一节 中日渔业协定

一、 1955年中日民间渔业协定

（一）产生

1950年原东北人民政府和华东军政委员会为维护中国沿岸渔业生产秩序，先后发布《东北渔业暂行条例》、《机船底曳网禁渔区》和《华东区机船底曳网渔业作业试行规则》。当时日本在吉田政府渔业扩张政策的驱使下，大批日本机动渔船不断违反中方规定，侵入中国黄海、东海沿岸渔场作业，掠夺中国渔业资源，排挤中国渔船，严重损坏中国船网工具，中国有关部门在忍无可忍的情况下，扣留了一些日本渔船。从1953年起日本的渔业团体纷纷要求解决中国和日本在黄海和东海的渔业问题，并组成"日中渔业协商会"，准备以书面形式解决两国渔业问题。1954年10月11日周恩来总理在会见日本国会议员代表团和日本学术文化代表团时表示，中国愿意同日本谈判解决渔业问题，希望双方建立相关的渔业团体并举行会谈。由此，同年11月13日日本由涉渔七团体成立了"日中渔业协议会"。同期，经国务院批准成立了"中国渔业协会"。[1]17 1955年1月13日至4月15日，中国渔业协会代表团和日本日中渔业协议会代表团在北京就黄海和东海的渔业问题举行会谈，经过充分的协商，于4月15日在北京签订《中华人民共和国中国渔业协会和日本国日中渔业协议会关于黄海、东海渔业的协定》，[2]并发表了中日渔业会谈公报。

公报指出，《协定》根据平等互利、和平共处的原则，对中日两国渔业界在黄海、东海的一定海域的捕鱼问题作了合理的安排。《协定》体现了中日两国渔业界相互谅解和友好合作的愿望，对促进中日两国关系的改善，增进中日两国人民的友谊是有贡献的。[1]19-20《协定》于6月13日开始生效，有效期1年。

在中日渔业协定签订的当天，中国渔业协会代表团根据中国政府的指示，特通知日本国日中渔业协议会代表团：

1. 中国政府在中国沿海1带的海域内，为了国防安全和军事需要，规定：

（1）从北纬39°46′48″、东经124°10′至北纬37°20′、东经123°3′两点连线以西的海域为"军事警戒区"，日本渔船未经中国政府有关部门允许不准驶入。

（2）从北纬31°、东经122°至北纬30°55′、东经123°至北纬30°、东经123°至北纬29°30′、东经122°30′至北纬29°30′、东经122°五点连线以内的海域为"军事禁航区"，在这个区内，禁止日本渔船驶入。

2. 从北纬29°以南，中国大陆沿岸以东，包括我国台湾周围在内的海域，目前尚处于军事作战行动的状态下，为此特奉告日本渔轮不要进入这1海域捕鱼，否则，其所发生之一切后果由渔轮自负责任。

3. 中国政府为了保护中国的沿海渔业资源,规定从北起北纬 37°20′、东经 123°3′至北纬 36°48′10″、东经 122°43′至北纬 35°11′、东经 120°38′至北纬 30°44′、东经 123°23′至北纬 29°、东经 122°45′等 5 点连线以西的海域为"机轮拖网渔业禁渔区"。在这个海域内禁止中国机船拖网渔轮捕鱼,同时,日本机船拖网渔轮也不得进入这个海域内捕鱼。

《协定》的主要目的是在中国沿海限制和管理日本渔船的渔业活动。

(二)组成

《协定》由 11 个条文和以下 4 个附件组成:

附件一　关于渔区的名称、位置、限期和渔轮数的规定

附件二　关于维持渔船作业秩序的规定

附件三　关于渔船因紧急事故寄泊和救助海难后的处理办法的规定

附件四　关于交换渔业资料和交流技术的规定

(三)内容

1.《协定》规定,其适用海域(简称协定海域)是北纬 39°46′48″、东经 124°10′之点,北纬 37°20′、东经 123°3′之点,北纬 36°48′10″、东经 122°43′之点,北纬 35°11′、东经 120°38′之点,北纬 30°44′、东经 123°23′之点,北纬 29°、东经 122°45′之点顺次连结线以东、北纬 29°以北黄海、东海的公海。

上列 6 点的连结线即协议线,处于中国沿海"军事警戒区""军事禁航区"和"机轮拖网渔业禁渔区"外侧,是协定海域的西边界,协定海域的东边界应为朝鲜、韩国和日本的领海的外部界限。

2.《协定》规定,为合理地利用黄海、东海渔场,保护渔业资源和避免双方渔船作业时的纠纷,邻接协议线向东在协定海域内划定 6 个渔区,按照附件一"关于渔区的名称、位置、限期和渔轮数的规定",限制中日双方机船拖网渔轮进入各个渔区捕鱼的日期和实际从事捕鱼的最高船数。例如,第一渔区:

(1)渔区位置是北纬 38°、东经 123°22′之点,北纬 38°、东经 123°30′之点,北纬 37°、东经 123°30′之点,北纬 37°、东经 122°48′之点,北纬 37°20′、东经 123°3′之点顺次连结至起点的线所围绕的海域。

(2)限制期间:自 3 月 1 日起至 4 月 30 日止和自 11 月 1 日起至 12 月 15 日止。

(3)渔轮数:中国渔轮 112 艘,日本渔轮 46 艘。在 6 个渔区以外的协定海域内捕鱼,应不受限制。

3.《协定》规定,为谋求机船拖网渔轮之间和机船拖网渔轮与他种渔船之间在海上的安全生产和维持正常秩序,中日双方机船拖网渔轮,除遵守有关国际航行的一般惯例外,应遵守附件二"关于维持渔船作业秩序的规定"。该附件对渔轮标志、昼夜拖网时的灯号、昼夜发生作业事故时的灯号、渔轮夜间识别信号、作业中避免相互干扰和妨碍以及关于避让的事项等作了 25 项具体规定。

4.《协定》规定,中日双方机船拖网渔轮如果遭遇海难和其他不可抗拒的灾害或者船员负重伤或患急病,有必要紧急避难或者需要救助时,双方渔协和在渔场上的渔轮应尽力地予以协助和救助。双方机船拖网渔轮因紧急事故需驶至对方港口寄泊时,应按照附

件三"关于渔船因紧急事故寄泊和救助海难后的处理办法的规定"处理。

该附件规定,中国渔船可驶至日本国方面指定的长崎港、五岛列岛的玉之浦港、鹿儿岛县的山川港寄泊;日本渔船可驶至中国方面指定的石岛港、连云港、吴淞口寄泊。但双方渔船均应事前在港外锚地下锚,向双方当地港务机关请求入港,经准许后,方可驶至指定的地点寄泊。双方渔船由于损坏过于严重,在完全失去航行能力而又无他船拖带至对方指定的港口的情况下,可直接进入对方就近港口;但在到达后应立即报告当地有关机关。1 方渔船驶入驶出对方港口时和寄泊期间,应遵守下列事项:

（1）遵守对方国家的有关法规,服从当地有关机关的指示并接受其询问和检查;

（2）经过对方的禁渔区时,应按照驶入或驶出本规定所指定的港口的必经航线航行,不得迂回航行;

（3）入港后应向对方有关机关出示有关文件,并说明驶入理由;

（4）不得测绘、摄影、侦察和作气象、水深及其他同业务无关的记录;

（5）不准使用无线电设备;

（6）非经当地有关机关准许,船员不得登岸。

5.《协定》宣布,为了保护渔业资源和发展双方渔业生产,双方渔协同意按照附件四"关于交换渔业资料和交流技术的规定"罗列的相互交换资料清单,交换有关渔业调查研究和技术改进的资料。

6.《协定》规定,对违规渔轮和渔轮发生的纠纷依照以下原则处理:

（1）1 方机船拖网渔轮发现对方机船拖网渔轮有违反渔区规定的行为时,应通过本方渔协通知对方渔协处理。接到通知的 1 方渔协对违反规定的渔轮,采取警告和其他处分,并把处理结果通知对方渔协。

（2）中日双方机船拖网渔轮间,或者机船拖网渔轮和他种渔船间发生纠纷时,应尽可能地在现场协商解决。如果在现场解决有困难时,应各自报告本方渔协,由双方渔协查明实际情况,予以解决。

（3）1 方机船拖网渔轮违反了关于维持渔船作业秩序的规定而使对方机船拖网渔轮或者他种渔船遭受损害时,双方渔船应各自报告本方渔协,经双方渔协查明实际情况后,予以处理。

（四）终止

1956 年 5 月 3 日至 8 日中国渔业协会代表团与日本国渔业协议会代表团在北京举行延长中日《关于黄海、东海渔业的协定》有效期限的会谈,经双方协议,将原《协定》的有效期自 1956 年 6 月 13 日起顺延 1 年。[1]25 1957 年 6 月 4 日中国渔业协会与日本国渔业协议会通过交换文件,完成了关于继续延长中日《关于黄海、东海渔业的协定》有效期限 1年的手续。[1]31 在此前后,日本渔轮违反《协定》的事件时有发生。据统计,1955～1957 年,进入《协定》规定的禁渔区以内的日本渔轮共 540 艘次,损坏中国船网 46 件次。1958 年 3月至 5 月期间,在 45 天内进入禁渔区的日本渔轮达 179 艘,发生撞损中国渔船、网具事件13 起。[3] 1958 年 5 月 6 日中国渔业协会会长致电日本国渔业协议会,抗议日本渔轮侵入中国禁渔区捣毁中方渔民的渔网、撞坏中方渔船的不法行为。《人民日报》发表评论员文章,指出这些事件背后隐藏安信介政府不可告人的目的。中国人民完全支持中国渔业协会的抗议,日本有关方面有责任赔偿中国渔民所遭受的一切损失。[1]39

1958年6月11日中国渔业协会会长打电报给日本国日中渔业协议会,指出由于日本安信介政府采取敌视中国6亿人民极不友好政策,已将中日两国渔业界友好合作的基础破坏无遗。在此情况下,中国方面无法考虑延长中日民间渔业协定的问题,在协定期满后,中国渔业协会对过去协定的各项规定将不再承担义务。[1]39-40

二、1963年中日民间渔业协定

1963年中日关系出现缓和,为举行中日民间渔业谈判创造了条件。当年10月,中国渔业协会邀请日本国日中渔业协议会代表团来北京会谈,于11月9日在北京第二次签订《中华人民共和国渔业协会和日本国日中渔业协议会关于黄海、东海渔业的协定》(以下简称《协定》),[4]12月23日生效,有效期2年。

《协定》仍由11个条文和4个附件组成。同原《协定》相比,不同之处在于:

(1)将协定海域的南边界由北纬29°延伸到北纬27°,扩大了《协定》的适用范围。

(2)对中国作业渔船数进行了补充,第三渔区由40艘增到80艘,第六渔区由46艘增到70艘。

(3)调整了寄泊港口和规定寄泊最高船数,中国方面指定日本渔船寄泊的港口为:连云港、吴淞口,每次准许寄泊的最高船数是吴淞口50艘,连云港30艘;日本方面指定中国渔船寄泊的港口为:长崎港、五岛列岛的玉之浦港、鹿儿岛县的山川港。

(4)对申请寄泊的联络方法作了具体规定。原《协定》规定寄泊的渔船和对方港务机关联系的办法,是由本国渔协将该船所属公司、船名、港籍、吨位、船长姓名、船员人数、寄泊港口、到达日期及寄泊理由经对方渔协报告对方港务机关,请求准许寄泊。同时寄泊的渔船在驶至对方港外一定锚地下锚后,用信号与当地港务机关联系。该《协定》规定日本渔船驶至中国方面指定的港口寄泊时可采取两种方法,中国渔船驶至日本方面指定的港口寄泊时可采取3种方法,直接与当地港务机关联系。

(5)增加了进行水产科学技术人员交流的规定。

三、1965年中日民间渔业协定

1965年11月27日至12月17日,中国渔业协会代表团和日本国日中渔业协议会代表团在北京就修订中日民间渔业协定举行会谈。12月17日在北京第三次签订《中华人民共和国渔业协会和日本国日中渔业协议会关于黄海、东海渔业的协定》,[5]同时,中国渔业协会代表团和日中渔业协议会代表团发表共同声明,双方一致认为,在中日邦交尚未恢复的情况下,历年来双方签订的民间渔业协定,对于保护黄海、东海的渔业资源,维护海上作业秩序,增进两国人民和渔业界的友好合作起了积极作用。

《协定》比第二个《协定》增加了1个附件"关于保护幼鱼的规定",作为附件二,其内容有以下3项:

(1)严禁捕捞密集的幼鱼,作业中遇到密集的幼鱼时,应转移渔场。小黄鱼由吻端至尾鳍末梢的长度在 190 毫米及 190 毫米以下者为幼鱼。带鱼由吻端至肛门的长度在 230 毫米及 230 毫米以下者为幼鱼。在每 1 航次的渔获量中,幼鱼所占比例,不得超过同品种鱼总重量的 20%。

(2) 规定拖网网目的长度:囊袋网及舌网网目不得小于 54 毫米,囊袋网的长度不得超过 200 目,其他部位网衣的网目不得小于 65 毫米。网目长度的测定,均按实际使用网具浸水收缩后的内径为准。

(3) 为保证关于保护幼鱼的规定的正确实施,双方渔协应各自负责根据本国的具体条件,采取有效的监督保证措施,督促本国渔轮严格执行本附件规定。当 1 方渔轮进入对方港口时,港口所在国的渔协得指派专人对该渔轮执行本附件规定的情况进行检查,如发现有违反本附件规定的事项时,应通知对方渔协。

在签订该《协定》时,以双方备忘录确认,在黄海中部,以北纬 34°、东经 123°,北纬 34°、东经 124°,北纬 33°、东经 124°,北纬 33°、东经 123°各点连结线的海域内为鱼类密集场所。每年 10 月、11 月和翌年 1 月、2 月 4 个月期间,中日双方渔协各自把本方渔轮数限制在 80 艘以内,不得超过此限额,以防止鱼类资源继续衰减。并通过交换信件确认,在《协定》中对双方作业船数仍规定第三渔区各为 80 艘、第六渔区各为 70 艘,在实际执行中,中国方面在必要时,可以在第三、第六渔区的限制期间内,增加一些作业船数。

《协定》于 1965 年 12 月 23 日生效。有效期 2 年。以后又通过函电方式将《协定》有效期作了 3 次延长。

1970 年 6 月 9 日至 20 日,中日双方渔业代表团在北京举行会谈,于 6 月 20 日签署了《中国渔业协会代表团和日中渔业协议会代表团会谈公报》,[6] 双方一致同意将《协定》的有效期延长 2 年,并针对渔业资源的变化和作业秩序方面存在的问题,对《协定》条款作了以下 6 点补充修改:

(1) 为了保护对虾资源,自 3 月 1 日至 4 月 30 日,双方渔轮均不进入《协定》规定的第一渔区。

(2) 为了便于识别渔船,双方渔轮应在船尾明显处标明船名、船号。

(3) 为保障生产安全,双方渔轮在航行和作业中,必须加强昼夜值班了望。

(4) 根据实际执行情况,决定从日本方面提供中国渔船寄泊的港口中取消鹿儿岛县的山川港,使中日双方提供的寄泊港口均为两个;并决定取消中国渔船驶至日本方面指定的港口寄泊时通过渔业无线电台联络的办法。

(5) 为了保护渔业资源,对侵犯禁渔区的渔轮,按情节轻重分别予以警告和罚款的处分,特别严重的取消其进入《协定》渔区作业资格。此项办法,由双方渔协严格执行,互相监督,并将处理情况通知对方。

(6) 双方一致同意围网船也应严格遵守中日民间渔业协定的有关规定。对围网船在《协定》渔区及其附近作业,应规定必要的限制措施,以利于保护上层鱼类资源。双方将在 1970 年内就此问题商谈解决。

四、 1970年中日灯光围网渔轮捕鱼规定

（一）中日民间灯光围网渔轮捕鱼问题会谈

1970年6月21日周恩来总理指示，我们要造船，1970年内要和日本谈判灯光围网船生产问题，我们总得有船能出去，否则没有资格和人家谈。7月下旬至8月30日派出调查组会同福建省以北沿海8省、市对东、黄、渤海进行中上层鱼类资源调查。9月17日农林部向周恩来总理上报《关于东、黄、渤海中上层鱼类资源调查及灯光围网船建造情况的报告》。[1]93-94从1970年12月17日起，中国渔业协会代表团和日本国日中渔业协议会代表团，根据1970年6月20日《会谈公报》的协议，在北京就中日民间灯光围网渔轮捕鱼问题进行会谈。12月26日周恩来总理召集外交部、农林部、中联部、总参二部负责人和中国渔业协会代表团有关人员座谈和审议中日灯光围网渔轮捕鱼规定有关问题。[1]94

12月31日中国渔业协会代表团和日本国日中渔业协议会代表团达成中日民间灯光围网渔轮捕鱼问题的协议，发表了《会谈公报》，[7]签订了《中国渔业协会和日中渔业协议会关于灯光围网渔轮捕鱼的规定》。[8]《会谈公报》指出，为了保护中上层鱼类资源和维护海上作业秩序，双方经过友好协商，就设置中日围网渔轮作业协议区、限制船数、作业时间、灯光亮度、网目规格和建立检查制度等问题达成了协议，签署了关于灯光围网渔轮捕鱼的规定。双方一致表示决心切实保证有关规定的认真执行，并为增进中日两国人民的友好和反对美日反动派复活日本军国主义的斗争做出贡献。

（二）关于灯光围网渔轮捕鱼的规定

1. 在中日民间渔业协定适用海域设置3个围网作业协议区，并对渔区的名称、位置、进入时间、限制船数和网船马力作了规定。例如，第二协议区：

（1）渔区位置：是北纬32°、东经122°39′，北纬32°、东经125°，北纬29°30′、东经125°，北纬29°30′、东经122°56′，北纬30°44′、东经123°25′之点顺次连结至起点的线所围绕的海域。

（2）进入时间：8月1日至11月30日。

（3）限制船数：中国35组（140艘），日本15组（75艘）。每艘网船的主机功率不得超过660匹马力。

2. 每组围网渔轮配备灯船两艘，每艘灯船用于集鱼的灯光亮度不得超过1万支烛光。

3. 关于网目的规定：围网网衣的最小网目不得小于4.3厘米（指浸水收缩后的内径）。

4. 关于捕捞鱼体长度的规定：

（1）蓝园鲹体长（吻端至尾柄末端）不得小于16厘米；

（2）竹荚鱼体长（吻端至尾柄末端）不得小于18厘米；

（3）鲐鱼体长（吻端至尾柄末端）不得小于20厘米。

每网次的鱼获中，小于上述体长的鱼所占比率不得超过15％，如果超过，须迅速放回海里并转移渔场。

5. 为了维持作业秩序，还对围网渔轮的标志和作业中应遵守事项、违约处理办法作了规定;要求双方各设检查船和检查员进行监督。

《中国渔业协会和日中渔业协议会关于灯光围网渔轮捕鱼的规定》应作为中日民间渔业协定的组成部分。到1972年,中日民间年渔业协定期满后又3次延长有效期,直到1975年12月23日失效。

五、 1975年中日政府间渔业协定

(一)签订

1972年9月27日,中国和日本两国政府签署联合声明,实现中日邦交正常化,并宣布中日两国政府,"根据需要并考虑到已有的民间协定,同意进行以缔结贸易、航海、航空、渔业等协定为目的的谈判。"据此,两国政府代表团就缔结政府间渔业协定问题,于1974年5月24日(在北京)、1975年3月1日至4月11日(在东京)和5月20日至7月12日(在北京)举行会谈。1975年8月15日,在东京签订了《中华人民共和国和日本国渔业协定》。[9] 当天中日两国政府代表就《协定》的有关条款做出"同意事项记录"。

在《协定》签订后,根据"同意事项记录",中国渔业协会和日中渔业协议会于1975年9月5日开始在北京就航行和作业安全、维持正常作业秩序及顺利和迅速地处理海上事故问题举行会谈,于9月22日签订了《中国渔业协会和日中渔业协议会渔业安全作业议定书》。[10]

《协定》和《议定书》在中日双方各自履行了国内法律手续并交换了确认通知后,于1975年12月22日生效。有效期3年。3年以后,如缔约任何1方未以书面预先通知缔约另1方终止本协定,则继续有效。

(二)内容

《协定》有8个条文和2个附件,其一规定保护和合理利用渔业资源的措施,其二规定避难港口和联络方法。主要内容为:

1.《协定》规定,其适用海域(以下称协定海域)为以下规定的黄海、东海的海域(领海部分除外):

下列各点连结的直线以东:

(1)北纬39°45′、东经124°9′12″之点,

(2)北纬37°20′、东经123°3′之点;

下列各点顺次连结的直线以东:

(1)北纬37°20′、东经123°3′之点,

(2)北纬36°48′10″、东经122°44′30″之点,

(3)北纬35°11′、东经120°38′之点,

(4)北纬30°44′、东经123°25′之点,

(5)北纬29°、东经122°45′之点,

(6)北纬27°30′、东经121°30′之点,

(7)北纬27°、东经121°10′之点;

北纬27°线以北。

以上规定与1963年中日民间渔业协定规定的"协定海域"基本一致。

2.《协定》规定,为了保护和合理地利用渔业资源,在协定海域内:

(1)划定 600 马力限制线。该线北起北纬 38°,南至北纬 27°。在限制线以西,"协定海域"西部界限以东的海域内,单船主机功率超过 600 马力的拖网渔轮和超过 660 马力的灯光围网船,不得进入捕鱼。

(2)划定两个拖网休渔区,规定了休渔期。在规定的时间内,拖网渔轮不得进入该区捕鱼。

(3)划定 3 个拖网保护区,规定了拖网渔轮不得进入各保护区捕鱼的时间,及在所规定的时间内,从事拖网作业的渔轮不得超过规定的最高作业船数。

(4)规定了拖网渔轮保护幼鱼的规定,其内容与 1965 年中日民间渔业协定附件二"关于保护幼鱼的规定"完全一致。

(5)划定两个灯光围网保护区,在规定时间内限制进入捕鱼的船数;并对其中的 1 个灯光围网保护区采取特殊的保护措施,规定幼鱼标准及其在渔获量中的最高比例、网目大小、灯光围网渔船每组的艘数、集鱼灯光的亮度;其量化值与 1970 年《关于灯光围网渔船捕鱼的规定》基本一致。

3.《协定》强调,双方渔船应相互合作,1 方渔船遭到海难或其他紧急情况时,另 1 方应尽力给予救助,并指定避难港口和具体的联络办法。所指定的避难的港口为中国的温州港、上海港吴淞口、连云港和青岛港;日本的严原港、博多港、玉之浦港和山川港。任何一方的渔船,由于天气恶劣或其他紧急情况有必要避难时,经与缔约另一方有关部门联系后,可驶往指定的港口等避难。

4.《协定》要求,双方对本国渔船进行适当的指导和监督,相互通知违约情况和处理结果。

5.《协定》规定,设立中日渔业联合委员会,由双方政府各自任命 3 名委员组成,其一切决议、建议和其他决定,应由出席的双方委员协商一致后才能做出。联合委员会每年开会 1 次,在北京和东京轮流举行,其任务是:研究协定执行情况,交换有关渔业资料和评估"协定海域"内的渔业资源状况,对修改《协定》附件提出建议。双方政府如采纳上述建议,可通过换文对协定附件予以修改。

(三)《渔业安全作业议定书》

根据"同意事项记录",对以下事项作了周详规定:

(1)标志和信号;

(2)作业时应遵守的事项;

(3)避让时应遵守的事项;

(4)锚泊时应遵守的事项;

(5)安全作业惯例上的预防措施;

(6)海上事故处理的事项。

(四)附件的两次修改

在《协定》于 1978 年 12 月 22 日行将期满之前,经国务院批准,中方与日方于 1978 年 12 月 1 日至 9 日在东京举行中日渔业联合委员会临时会议,就修改《协定》附件进行会谈并达成协议。[1]128-129 主要修改内容是:

（1）日本政府同意每年 1 次向中方提供进入 600 马力限制线以西作业的渔船资料；

（2）为保证一定数量的对虾亲虾进入越冬场，在第一休渔区增加 1 个休渔期；

（3）扩大 3 个拖网保护区的范围；

（4）设置第四个拖网保护区。

中日两国政府对中日渔业联合委员会的这项建议，均予以采纳，并于 1979 年 1 月 16 日在北京换文确认生效。

1985 年 3 月 5 日至 9 日中日渔业联合委员会在东京举行第九次会议，就第二次修改《协定》附件达成协议。主要修改内容是在第一次修改的基础上，于北纬 27°至 34°将机轮拖网渔业禁渔区线向东平推 30 海里，并增设 5 个休渔区和两个保护区。经中日双方政府同意采纳，于 1985 年 5 月 29 日换文生效。[1]207

六、 1997 年中日政府间渔业协定

（一） 签订和生效

1996 年 5 月 30 日至 31 日，中日渔业联合委员会在北京召开第二十次会议，就《联合国海洋法公约》生效后如何建立中日渔业新秩序问题交换意见。随后，中国与日本启动了海洋法及渔业问题非正式磋商机制。1996 年 5 月 15 日第八届全国人大常委会第十九次会议通过的《关于批准〈联合国海洋法公约〉的决定》声明："按照《联合国海洋法公约》的规定，中华人民共和国享有 200 海里专属经济区和大陆架的主权权利和管辖权。"1996 年 6 月 14 日日本颁布《专属经济区和大陆架法》。1996 年 12 月 3 日至 6 日在东京举行中日第四次渔业行政高级会议，就《联合国海洋法公约》生效后两国渔业关系和国际渔业问题交换意见。

12 月 5 日至 6 日中日海洋法及渔业问题第一次正式磋商在东京举行，双方就海域划界和新渔业协定框架充分交换意见。由于海域划界问题事关各国核心利益，非常复杂，短时间内难以解决。但作为专属经济区和大陆架界限划定之前的"实际性的临时安排"，在渔业合作问题上的磋商逐步取得进展。1997 年 11 月 11 日在中国总理访问日本期间，由中国驻日大使与日本外相各自代表本国政府签署了新的《中华人民共和国和日本国渔业协定》。[11]

《协定》经缔约双方履行必要的各自国内法律手续后，两国政府通过换文达成协议，自 2000 年 6 月 1 日起《协定》生效，有效期 5 年。期满前 6 个月缔约任何 1 方不通知缔约另 1 方终止《协定》，《协定》继续有效。

（二） 组成

《协定》包括 14 个条文、附件一关于专属经济区捕捞许可证的规定、附件二关于避难渔船联系的部门和方法的规定、《协议议事录》及中国政府代表中国驻日大使与日本政府代表日本外相之间的信及换文。

（三） 涉及的水域

《协定》涉及以下 5 种水域：

（1）北纬 30°40′线以北（两国领海外）的东、黄海海域；

（2）"暂定措施水域"（见图 17-1）；

（3）"暂定措施水域"东、西各侧外的中、日两国的专属经济区；

（4）北纬 27°线以南的东海水域、以及东海以南的东经 125°30′线以西的水域（南海的中国专属经济区除外）；

（5）日本海和北太平洋的日本专属经济区水域。

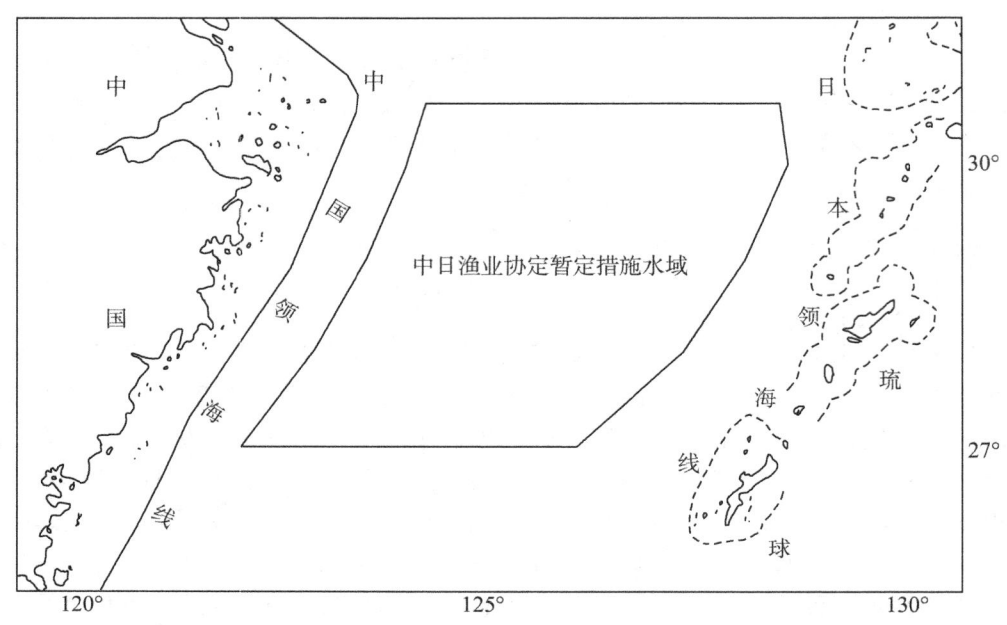

图 17-1　中日渔业协定"暂定措施水域"示意图

（四）主要规定

1.《协定》的适用水域（简称"协定水域"）为中国的专属经济区和日本的专属经济区。

2.《协定》规定，在"协定水域"中，下列各点顺次用直线连结而围成的水域为"暂定措施水域"：

（1）北纬 30°40′、东经 124°10.1′之点

（2）北纬 30°、东经 123°56.4′之点

（3）北纬 29°、东经 123°25.5′之点

（4）北纬 28°、东经 122°47.9′之点

（5）北纬 27°、东经 121°57.4′之点

（6）北纬 27°、东经 125°58.3′之点

（7）北纬 28°、东经 127°15.1′之点

（8）北纬 29°、东经 128°09′之点

（9）北纬 30°、东经 128°32.2′之点

（10）北纬 30°40′、东经 128°26.1′之点

（11）北纬 30°40′、东经 124°10.1′之点

"暂定措施水域"位于北纬 27°00′～北纬 30°40′、距中日两国领海外部界限 52 海里以外,水域约 18 万平方千米,约占东海面积的 25.7%,为中日"共同管理的渔区"。

缔约双方根据中日渔业联合委员会的决定,在"暂定措施水域"中,考虑到对缔约各方传统渔业活动的影响,为确保海洋生物资源的维持不受过度开发的危害,采取适当的养护措施及量的管理措施。缔约各方应对在"暂定措施水域"从事渔业活动的本国国民及渔船采取管理及其他必要措施。

在"暂定措施水域"实行船旗国管辖原则,即缔约各方在该水域中,不对从事渔业活动的缔约另 1 方国民及渔船采取管理和其他措施。缔约 1 方发现缔约另 1 方国民及渔船违反中日渔业联合委员会决定的作业限制时,可就事实提醒该国民及渔船注意,并将事实及有关情况通报缔约另 1 方。缔约另 1 方应在尊重该方的通报并采取必要措施后将结果通报该方。

3.《协定》规定,在"暂定措施水域"以外,缔约各方根据互惠原则,按照《协定》及本国有关法令,准许缔约另 1 方的国民及渔船在本国专属经济区从事渔业活动。

(1)缔约各方考虑到本国专属经济区资源状况、本国捕捞能力、传统渔业活动、相互入渔状况及其他相关因素,并尊重中日渔业联合委员会的协商建议,每年决定在本国专属经济区的缔约另 1 方国民及渔船的可捕鱼种、渔获配额、作业区域及其他作业条件。

(2)缔约各方的授权机关应以书面形式向缔约另 1 方的授权机关通报有关入渔的手续规定(包括许可证的申请和颁发、捕鱼数据的提供、渔船标识及捕捞日志的填写等手续规定)。

(3)缔约各方的授权机关在接到缔约另 1 方授权机关发来的有关(1)决定的书面通报后,向缔约另 1 方的授权机关申请发给在缔约另 1 方专属经济区从事渔业活动的本国国民及渔船许可证,并可就颁发许可证收取适当费用。

(4)获得许可的渔船应将许可证置于驾驶舱明显之处,并明确显示缔约另 1 方规定的渔船标识。

(5)缔约各方的国民及渔船在缔约另 1 方专属经济区按照《协定》及缔约另 1 方的有关法令从事渔业活动。

(6)缔约各方应及时向缔约另 1 方通报本国有关法令所规定的海洋生物资源的养护措施及其他条件。

(7)缔约各方应采取必要措施,确保本国国民及渔船在缔约另 1 方专属经济区从事渔业活动时,遵守《协定》的规定以及缔约另 1 方有关法令所规定的海洋生物资源的养护措施及其他条件。

(8)缔约各方为确保缔约另 1 方的国民及渔船遵守本国有关法令所规定的海洋生物资源的养护措施及其他条件,可根据国际法在本国专属经济区采取必要措施,即《联合国海洋法公约》第七十三条规定的措施。

① 被逮捕或扣留的渔船及其船员,在提出适当的保证书或其他担保之后,应迅速获得释放。

② 缔约各方的授权机关,在逮捕或扣留缔约另 1 方的渔船及其船员时,应通过适当

途径,将所采取的行动及随后所施加的处罚,迅速通知缔约另1方。

4.《协定》规定:缔约各方为确保航行和作业安全,维护海上正常作业秩序并顺利及时处理海上事故,应对本国国民及渔船采取指导及其他必要措施。缔约1方的国民及渔船在缔约另1方沿岸遭遇海难或其他紧急事态时,缔约另1方应尽力予以救助和保护,同时迅速将有关情况通报对方的有关部门。缔约1方的国民及渔船,由于天气恶劣或其他紧急事态需要避难时,经与缔约另1方指定的联系部门,以规定的联系方法联系后,到缔约另1方港口等处避难。该国民及渔船应遵守缔约另1方的有关法令,并服从有关部门的指挥。

5.《协定》规定,中日渔业联合委员会由缔约双方政府各自任命的两名委员组成,每年召开1次会议,在中国和日本轮流举行。根据需要,经缔约双方同意可召开临时会议。它的一切建议和决定须经双方委员一致同意方能实施。

中日渔业联合委员会的任务是:

(1)协商与在本国专属经济区的缔约另1方国民及渔船的可捕鱼种、渔获配额、作业区域及其他作业条件及北纬27°以南的东海的协定水域以及东海以南的东经125°30′以西的协定水域有关的事项,并向缔约双方政府提出建议。协商事项包括如下内容:

① 有关缔约另1方国民及渔船的可捕鱼种、渔获配额及其他具体作业条件的事项;

② 有关维持作业秩序的事项;

③ 有关海洋生物资源状况和养护的事项;

④ 有关两国间渔业合作的事项。

(2)协商和决定与"暂定措施水域"有关的事项;

(3)根据需要,就《协定》附件的修改向缔约双方政府提出建议;

(4)研究《协定》的执行情况及其他有关本《协定》的事项。

缔约双方政府应尊重(1)的建议,并按照(2)的决定采取必要措施。

6.《协定》规定,北纬30°40′以北中日两国领海以外的东、黄海水域,为"中间水域",维持现状。两国应互相报告资源管理措施所需资料,为达到此目的,双方将继续进行相关准备和交流,并进一步进行研究、磋商。

7. 在北纬27°以南的东海的"协定水域"以及东海以南的东经125°30′以西的"协定水域"(南海的中国的专属经济区除外),因涉及钓鱼岛、台湾问题,双方同意维持现状,以中日两国为确保该水域的海洋生物资源的维持不受过度开发的危害而进行合作为前提,中国不将本国有关渔业的法令适用于日本国民,日本不将本国有关渔业的法令适用于中国国民。

8.《协定》规定,中国鱿鱼钓渔船在《协定》生效后5年内,应可在日本海及北太平洋日本专属经济区内进行作业,免交入渔费,作业船数及渔获量不应超过1996年的实际数量。具体实施办法由中日渔业联合委员会协商确定。

9.《协定》规定,本协定各项规定不得认为有损缔约双方各自关于海洋法诸问题的立场。

第二节 中韩渔业协定

一、签订和生效

中国和韩国历史上未曾形成过正式的渔业关系。两国 1992 年 8 月正式建立外交关系后,从 1993 年底起,经近 5 年的专家级和政府间谈判,于 1998 年 11 月 11 日在北京签草了《中华人民共和国政府和大韩民国政府渔业协定》及《中华人民共和国农业部部长和大韩民国海洋水产部部长谅解备忘录》。《协定》于 2000 年 8 月 3 日在北京正式签订,[12]《谅解备忘录》于 2000 年 11 月 20 日在北京由中国农业部部长和韩国驻中国大使正式签署。[13]

《协定》经缔约双方履行各自国内法律程序和换文通知,于 2001 年 6 月 30 日 24 时正式生效。《谅解备忘录》自《协定》生效之日起有效。《协定》有效期 5 年。

二、涉及的水域

《协定》包括 16 个条文、2 个附件和《谅解备忘录》,其规定涉及以下 4 种水域:
(1)"协定水域":中国的专属经济区和韩国的专属经济区。
(2)"暂定措施水域":北纬 32°11′至北纬 37°之间的水域。
(3)"过渡水域":"暂定措施水域"两侧的两国领海之外的水域(图 17-2)。

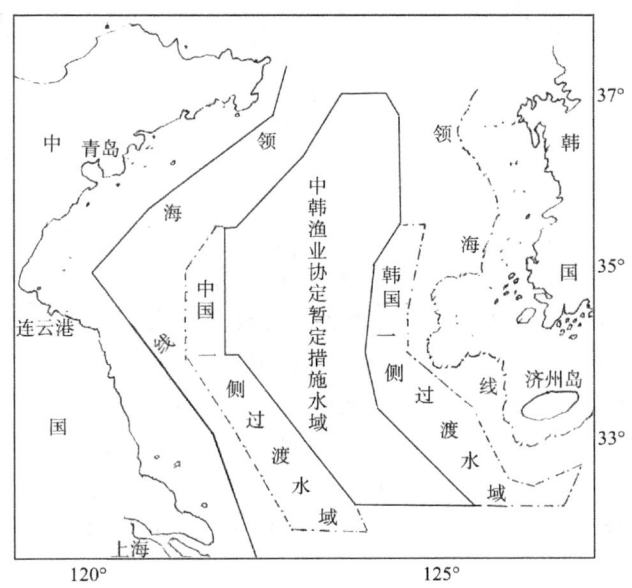

图 17-2 中韩渔业协定暂定措施水域和过渡水域示意图

（4）"维持现有渔业活动水域"："暂定措施水域"北限线所处纬度线以北的部分水域及"暂定措施水域"和"过渡水域"以南的部分水域。

三、 管理规定

（一）适用水域

《协定》的适用水域（简称"协定水域"）为在南黄海和东海北部海域的中国的专属经济区和韩国的专属经济区。

（二）"暂定措施水域"

《协定》规定，在"协定水域"中下列各点顺次用直线连结而围成的水域为"暂定措施水域"：

（1）北纬 37°00′，东经 123°40′之点

（2）北纬 36°22′23″，东经 123°10′52″之点

（3）北纬 35°30′，东经 122°11′54″之点

（4）北纬 35°30′，东经 122°01′54″之点

（5）北纬 34°00′，东经 122°01′54″之点

（6）北纬 34°00′，东经 122°11′54″之点

（7）北纬 33°20′，东经 122°41′之点

（8）北纬 32°20′，东经 123°45′之点

（9）北纬 32°11′，东经 123°49′30″之点

（10）北纬 32°11′，东经 125°25′之点

（11）北纬 33°20′，东经 124°08′之点

（12）北纬 34°00′，东经 124°00′30″之点

（13）北纬 35°00′，东经 124°07′30″之点

（14）北纬 35°30′，东经 124°30′之点

（15）北纬 36°45′，东经 124°30′之点

（16）北纬 37°00′，东经 124°20′之点

（17）北纬 37°00′，东经 123°40′之点

"暂定措施水域"约 8.3 万平方千米，约占黄海面积 20.75％，为中韩"共同管理的渔区"。在"暂定措施水域"中，缔约双方为养护和合理利用海洋生物资源，应按照中韩渔业联合委员会的决定，采取共同的养护措施和量的管理措施。

缔约各方在"暂定措施水域"对从事渔业活动的本国国民及渔船采取管理和其他必要措施，不对缔约另 1 方国民及渔船采取管理和其他措施。缔约 1 方发现缔约另 1 方国民及渔船违反中韩渔业联合委员会的决定时，可就事实提醒该国民及渔船注意，并将事实及有关情况通报缔约另 1 方。缔约另 1 方应尊重对方的通报，并在采取必要措施后，将结果通报对方。

（三）"过渡水域"

《协定》规定，在"暂定措施水域"两侧各设立 1 个"过渡水域"。

1．中方一侧"过渡水域"的坐标

（1）北纬35°30′，东经121°55′之点

（2）北纬35°00′，东经121°30′之点

（3）北纬34°00′，东经121°30′之点

（4）北纬33°20′，东经122°00′之点

（5）北纬31°50′，东经123°00′之点

（6）北纬31°50′，东经124°00′之点

（7）北纬32°20′，东经123°45′之点

（8）北纬33°20′，东经122°41′之点

（9）北纬34°00′，东经122°11′54″之点

（10）北纬34°00′，东经122°01′54″之点

（11）北纬35°30′，东经122°01′54″之点

（12）北纬35°30′，东经121°55′之点

2．韩方一侧"过渡水域"的坐标

（1）北纬35°30′，东经124°30′之点

（2）北纬35°00′，东经124°07′30″之点

（3）北纬35°00′，东经124°00′30″之点

（4）北纬33°20′，东经124°08′之点

（5）北纬32°11′，东经125°25′之点

（6）北纬32°11′，东经126°45′之点

（7）北纬32°40′，东经127°00′之点

（8）北纬32°24′30秒，东经126°17′之点

（9）北纬32°29′，东经125°57′30″之点、

（10）北纬33°20′，东经125°28′之点

（11）北纬34°00′，东经124°35′之点

（12）北纬34°25′，东经124°33′之点

（13）北纬35°30′，东经124°48′之点

（14）北纬35°30′，东经124°30′之点

3．在"过渡水域"中，实行以下养护和管理制度：

（1）为在"过渡水域"逐步实施专属经济区制度，缔约各方应采取适当措施，逐步调整并减少在缔约另1方1侧过渡水域作业的本国国民及渔船的渔业活动，以努力实现平衡。

（2）缔约双方在"过渡水域"应采取与""暂定措施水域""相同的养护和管理措施，还可采取联合监督检查措施，包括联合乘船、勒令停船、登临检查等。

（3）缔约双方各自对在缔约另1方1侧"过渡水域"作业的本国渔船发放许可证，并相互交换渔船名册。

（4）《协定》生效之日起4年后，"过渡水域"适用关于专属经济区的规定。

（四）"维持现有渔业活动水域"

《协定》规定，缔约双方在"暂定措施水域"北限线所处纬度以北的部分水域及"暂定措施水域"和"过渡水域"以南的部分水域，维持现有渔业活动，不将本国有关渔业的法律、法规适用于缔约另1方的国民及渔船，除非缔约双方另有协议。

《谅解备忘录》对此，有以下具体规定：

（1）双方在"暂定措施水域"北限线所处纬度线以北的韩方1侧部分水域及"暂定措施水域"和"过渡水域"以南的中方1侧部分水域，尊重沿岸国有关渔业的现行法律、法规，并采取必要措施，使本国国民及渔船遵守这些法律、法规。

（2）双方相互通报上列提及的有关法律、法规，并为圆满实施这些法律、法规，通过中韩渔业联合委员会就具体方案进行协商。

（五）专属经济区水域

《协定》规定，缔约各方按照《协定》和本国有关法律、法规的规定，准许缔约另1方的国民及渔船在本国专属经济区除"暂定措施水域""过渡水域"和"维持现有渔业活动水域"以外的部分从事渔业活动。具体规定包括：

（1）缔约各方考虑到本国专属经济区资源状况、本国捕捞能力、传统渔业活动、相互入渔状况及其他相关因素，并尊重中韩渔业联合委员会的协商建议，每年决定在本国专属经济区的缔约另1方国民及渔船的可捕鱼种、渔获配额、作业区域及其他作业条件。

（2）缔约各方的授权机关应以书面形式向缔约另1方的授权机关通报有关入渔的手续规定（包括许可证的申请和颁发、渔获量统计资料的提供、渔船标识及捕捞日志的填写表）。

（3）缔约各方的授权机关在接到缔约另1方授权机关发来的有关上列第一项决定的书面通报后，向缔约另1方的授权机关申请发给希望在缔约另1方专属经济区从事渔业活动的本国国民及渔船入渔许可证，并可就颁发许可证收取适当费用。

（4）获得许可的渔船应将许可证置于驾驶舱明显之处，并明确显示缔约另1方规定的渔船标识。

（5）缔约各方的国民及渔船在缔约另1方专属经济区按照《协定》及缔约另1方的有关法律、法规从事渔业活动。

（6）缔约各方应及时向缔约另1方通报本国有关法令所规定的海洋生物资源的养护措施及其他条件。

（7）缔约各方应采取必要措施，确保本国国民及渔船在缔约另1方专属经济区从事渔业活动时，遵守《协定》的规定以及缔约另1方有关法律、法规所规定的海洋生物资源的养护措施及其他条件。

（8）缔约各方为确保缔约另1方的国民及渔船遵守本国有关法律、法规所规定的海洋生物资源的养护措施及其他条件，可根据国际法在本国专属经济区采取必要措施。

① 被逮捕或扣留的渔船及其船员，在提出适当的保证书或其他担保之后，应迅速获得释放。

② 缔约各方的授权机关，在逮捕或扣留缔约另1方的渔船及其船员时，应通过适当

途径,将所采取的行动及随后所施加的处罚,迅速通知缔约另1方。

（六）海上安全和紧急事态处理

《协定》规定:缔约各方为确保航行和作业安全,维护海上正常作业秩序并顺利及时处理海上事故,应对本国国民及渔船采取指导及其他必要措施。缔约1方的国民及渔船在缔约另1方沿岸遭遇海难或其他紧急事态时,缔约另1方应尽力予以救助和保护,同时迅速将有关情况通报对方的有关部门。缔约1方的国民及渔船,由于天气恶劣或其他紧急事态需要避难时,经与缔约另1方指定的联系部门,以规定的联系方法联系后,到缔约另1方港口等处避难。该国民及渔船应遵守缔约另1方的有关法律、法规,并服从有关部门的指挥。

（七）中韩渔业联合委员会

《协定》规定,中韩渔业联合委员由缔约双方各自任命的1名代表和若干名委员组成,必要时可设立专家组。渔委会每年召开1次会议,在中国和韩国轮流举行。根据需要,经缔约双方同意可召开临时会议。渔委会的一切建议和决定须经双方代表一致同意。

渔委会的任务是:

（1）协商如下事项,并向缔约双方政府提出建议:

① 缔约另1方国民及渔船的可捕鱼种、渔获配额及其他具体作业条件的事项;

② 有关维持作业秩序的事项;

③ 有关海洋生物资源状况和养护的事项;

④ 有关两国间渔业合作的事项。

（2）根据需要,可就本协定附件的修改向缔约双方政府提出建议。

（3）协商和决定与"暂定措施水域"和"过渡水域"有关的事项。

（4）研究《协定》的执行情况及其他有关《协定》的事项。

缔约双方政府应尊重上列（1）的建议,并按照上列（3）的决定采取必要措施。

最后,应该指出,中韩渔业协定是在中韩两国间专属经济区和大陆架界限划定之前,对两国专属经济区的渔业活动做出的"实际性的临时安排"。同中日渔业协定一样,它也明确规定:本协定各项规定不得认为有损缔约双方各自关于海洋法诸问题的立场。

第三节　中越北部湾渔业协定

一、 1954～1970 年间中越北部湾渔业协定

（一）中越关于北部湾帆船渔业的协定

中国和越南两国政府为了合理利用北部湾的渔业资源,促进双方的渔业生产,加强两国人民的友好合作,根据相互尊重领土主权和平等互利的原则,于 1957 年 4 月 25 日在

河内签订了中越《关于北部湾帆船渔业的协定》。该《协定》要求：双方各自在近海定出若干基点，顺次连结成线作为协议线，线内指定渔场，允许对方渔船进入捕鱼；规定双方进入对方协议线内捕鱼的船数，凡被许可进入协议线内捕鱼的渔船应交纳捕鱼税；由本国主管机关颁发捕鱼许可证，此证须经对方签证；双方指定渔船寄泊港口，规定了渔船进入对方港口和渔民登陆时应遵守的事项及对违规处理原则；对海上风帆渔船避让和海难救助也做出规定，并指定双方水产研究机构共同研究北部湾水产资源和渔业情况，交换有关资料，交流生产经验。[1]31

1960年《协定》期满前，中越双方一致同意将《协定》有效期延长到1963年7月31日。两国水产部门并于1961年3月在北京举行会谈，签订了《关于补充修改北部湾帆船渔业协定的议定书》。该《议定书》规定了新协议线，对双方捕鱼船数，寄泊港口等作了补充和修改，并规定从1963年8月1日起，双方渔船不再进入对方沿海新协议线内捕鱼。[1]55

（二）中越关于北部湾渔业合作的协定

中越两国水产部门的代表于1963年8月14日至27日在北京举行会谈，签订了《中华人民共和国水产部和越南民主共和国水产总局关于北部湾渔业合作的协定》。这个《协定》规定双方各自在近海定出若干基点，顺次连结成线作为协议线，双方渔船不得进入对方协议线内捕鱼，但边境地区的小型渔船（10吨以下）各不超过120艘可以进入双方协议线内的一定范围捕鱼和采集其他水产品，这些渔船必须持有本国当地政府发给的特许捕鱼证，对寄泊港口、渔民登陆、避让救助、交流经验等也作了规定。[1]69

1966年3月15日中国政府代表团同越南政府代表团在北京签订《关于战时越南渔船使用中国港口的议定书》，中方对协助越南渔船在抗美救国战争时期进行海洋渔业生产，提供了优惠条件和最大的方便。[1]84该《议定书》规定，越南的45艘机动渔船分别疏散到中国的白马井港和北海港，并把这两个港口作为越南机动渔船的捕鱼生产基地，越南渔船所需生产资料和生活资料由中国协助供应，按当地市场价格作价；越南渔船的修理由中方协助解决，按修理中国渔船相同收费标准收费；越南渔船的鱼产品不能运回时由中方收购，按当地同类同级鱼产品收购牌价作价，并免征关税；越南渔船职工发生工伤疾病，由中方治疗，按对当地居民收费标准收费；为了保障越南渔船安全，中方在捕鱼基地设立1座专用电台，负责同越南渔船进行通讯联络，电台的管理、报务和译电人员的配备、器材的购置以及经费开支均由中方负责和负担。为便于越方处理越南渔船在中国捕鱼基地期间的各种有关事项，中方同意越方在两个港口各派2～5人的工作组，并免费为工作组提供办公和住宿用房。[14]556

1968年4月8日至15日，中越双方代表在北京就《议定书》执行过程中存在的若干具体问题举行会谈，并于4月23日签署了《中华人民共和国政府渔业代表团和越南民主共和国政府渔业代表团会谈纪要》。中方同意为越方培训捕捞技术人员，向越方提供捕鱼所需的有关海洋生产、航海资料，并继续为越方人员进驻中方港口、疏散渔船及后勤补给等方面提供方便和援助。[1]89

1970年6月11日至7月1日中越双方地方就结束1968年4月23日两国签署的《会

谈纪要》问题举行会谈。双方认为，还留在中国广西港口的越南渔船应迅速返回越南。到1970年8月底止，越南渔船全部回国。[1]93 至此，《北部湾渔业合作协定》失效，中越两国渔业处于无协定状态。

二、2000年中越北部湾渔业合作协定

（一）中越北部湾海域划界和渔业合作协定的签订和生效

北部湾系指北面为中国和越南两国陆地领土海岸、东面为中国雷州半岛和海南岛海岸、西面为越南大陆海岸所环抱的半封闭海湾，其南部界限是自地理坐标为北纬18°30′19″、东经108°41′17″的中国海南岛莺歌嘴最外缘突出点经越南昏果岛至越南海岸上地理坐标为北纬16°57′40″、东经107°08′42″的一点之间的直线连线。

北部湾是中越两国陆地和中国海南岛环抱的一个半闭海，面积约12.8万平方千米。历史上，中越两国从未划分过北部湾。两国在1957年、1963年和1968年3次签订的渔业协定，只对各自近海（海岸外6~12海里）的捕鱼问题做出安排。这就是说近海以外的湾内海域是公海，按照国际法，实行捕鱼自由，双方渔民都可以自由进入进行捕捞，共用共享那里的渔业资源，一直相安无事。

20世纪70年代初以来，随着现代海洋法制度的发展，中越两国划分北部湾领海、专属经济区和大陆架的问题呈现出来。1973年年底越南提议中越两国就划分北部湾海域问题进行谈判。谈判前后历经27年，3个阶段：一是1974年，二是1977~1978年，三是1992~2000年。最核心的分歧是，越南要求按照1887年6月26日清政府和法国签订的中法《续议界务专约》所划定的分界线，即以中国的万注为基点，沿东经108°03′13″线向南分割北部湾。按照这种分割方法，在北纬20°以北对我国有利，北纬20°以南对我国不利。分割的结果将使越南获得2/3的北部湾海域。

中国认为，"1887年中法界约只涉及到陆地边界问题，108°03′13″线只是岛屿归属线"，因此，在北部湾从未有过两国的边界线，对于湾内的边界线双方应该协商划定。在前两个阶段的谈判中，因为双方立场相差甚远，都是无果而终。1991年中越两国关系实现正常化后，双方都认为有必要尽早解决包括北部湾在内的边界问题，遂启动了北部湾第三阶段划界谈判。根据中方提出的两国在北部湾总体政治地理形势大体平衡的观点，并按照国际法上公认的公平原则，双方同意充分考虑北部湾有关情况并参照国际实践，通过谈判划分北部湾，以取得公平的划界结果。

北部湾划分的另1个核心问题是渔业问题。北部湾划界最直接关系的就是渔业资源的分配利用和中国沿湾几十万渔民的切身利益。而且据专家估计，北部湾渔业资源可持续利用量约为60万吨/年，但多年来，双方渔民在北部湾的捕获能力已超过100万吨，远远超出了湾内渔业资源的承受能力，长此下去，将导致渔业资源的萎缩甚至枯竭，后果非常严重。[15] 所以，在谈判伊始，中方就明确提出，北部湾划界的同时必须妥善解决渔业的安排问题，主张划界协定必须与渔业合作协定同时签署、同时生效。经过努力，双方同意划界谈判和渔业谈判同时进行。

从1992年到2000年，双方共举行了7轮政府级谈判、3次政府代表团团长会晤、18

轮联合工作组会谈,最终在两国领导人的推动和指导下确定了在北部湾的管辖权界限,于 2000 年 12 月 25 日同时签订了《中华人民共和国和越南社会主义共和国关于两国在北部湾领海、专属经济区和大陆架的划界协定》(简称《中越北部湾海域划界协定》)和《中华人民共和国和越南社会主义共和国北部湾渔业合作协定》(简称《渔业合作协定》)[16]。随后,中越双方又就《渔业合作协定》有关"过渡性安排"和"共同渔区"规定的执行问题,进行了 3 年谈判,于 2004 年 4 月 29 日签署了《渔业合作协定》的《补充议定书》[17] 和《北部湾共同渔区资源养护和管理规定》,[18] 妥善地解决了北部湾渔业安排的剩余事宜,为《渔业合作协定》的生效创造了条件。

《中越北部湾海域划界协定》和《渔业合作协定》经缔约双方履行各自国内法律程序后,由两国政府换文商定于 2004 年 6 月 30 日同时生效。《渔业合作协定》有效期 12 年,其后自动顺延 3 年。顺延期满后,继续合作事宜由缔约双方通过协商商定。

(二)中越北部湾渔业合作协定的规定

《中越北部湾划界协定》第八条规定:"缔约双方同意就北部湾生物资源的合理利用和可持续发展以及两国在北部湾专属经济区的生物资源养护、管理和利用的有关合作事项进行协商。"北部湾专属经济区的生物资源的养护、管理和利用等事宜进行合作的具体形式和内容体现在《渔业合作协定》以下规定中:

1.《渔业合作协定》涉及以下 4 种水域:

(1)"协定水域";

(2)"共同渔区";

(3)"过渡性安排水域";

(4)"小型渔船缓冲区"。

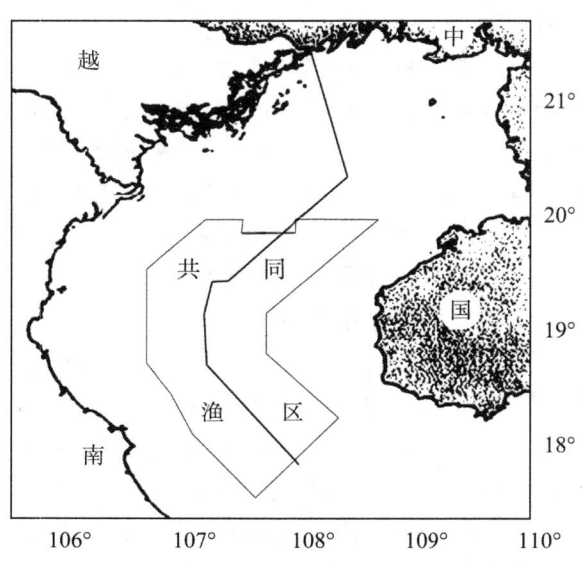

图 17-3　中越北部湾渔业合作协定共同渔区示意图

2.《渔业合作协定》规定,北部湾两国专属经济区的 1 部分和两国领海相邻水域的 1

部分为"协定水域"。

3.《渔业合作协定》规定,下列各点顺次用直线连接而围成的水域,为"共同渔区"的具体范围(图 17-3):

(1) 北纬 17°23′38″,东经 107°34′43″

(2) 北纬 18°09′20″,东经 108°20′18″

(3) 北纬 18°44′25″,东经 107°41′51″

(4) 北纬 19°08′09″,东经 107°41′51″

(5) 北纬 19°43′00″,东经 108°20′30″

(6) 北纬 20°00′00″,东经 108°42′32″

(7) 北纬 20°00′00″,东经 107°57′42″

(8) 北纬 19°52′34″,东经 107°57′42″

(9) 北纬 19°52′34″,东经 107°29′00″

(10) 北纬 20°00′00″,东经 107°29′00″

(11) 北纬 20°00′00″,东经 107°07′41″

(12) 北纬 19°33′07″,东经 106°37′17″

(13) 北纬 18°40′00″,东经 106°37′17″

(14) 北纬 18°18′58″,东经 106°53′08″

(15) 北纬 18°00′00″,东经 107°01′55″

(16) 北纬 17°23′38″,东经 107°34′43″

"共同渔区"位于北部湾封口线以北、北纬 20°以南、距北部湾划界协定所确定的分界线各自 30.5 海里的两国各自专属经济区内,其面积约 3.4 万平方千米,约占北部湾面积的 26%,几乎涵盖了北部湾大部分中高产渔区。

《渔业合作协定》规定,缔约双方本着互利的精神,在"共同渔区"内进行长期渔业合作。包括:

(1) 共同制订"共同渔区"生物资源的养护、管理和可持续利用措施。

(2) 由中越北部湾渔业联合委员会每年确定缔约各方在"共同渔区"内的作业渔船数量。

(3) 缔约各方对在"共同渔区"从事渔业活动的己方渔船实行捕捞许可制度,并将获得许可证的渔船船名号通报缔约另 1 方。

(4) 缔约双方有义务对进入"共同渔区"从事渔业活动的渔民进行教育和培训。

(5) 缔约双方进入"共同渔区"从事渔业活动的渔船应按照中越北部湾渔业联合委员会的规定进行标识。

(6) 缔约各方进入"共同渔区"从事渔业活动的国民和渔船在进行渔业活动时,须遵守中越北部湾渔业联合委员会关于渔业资源养护和管理的规定。

(7) 缔约各方授权机关对进入"共同渔区"内己方 1 侧水域的缔约双方国民和渔船进行监督检查。

(8) 缔约 1 方授权机关发现缔约另 1 方国民和渔船在"共同渔区"内己方 1 侧水域违反中越北部湾渔业联合委员会的规定时,有权按中越北部湾渔业联合委员会的规定对该

违规行为进行处理。

（9）缔约各方有权根据各自国内法对未获许可证进入"共同渔区"内己方1侧水域从事渔业活动或虽获许可证进入"共同渔区"但从事渔业活动以外不合法活动的渔船进行处罚。

中越北部湾渔业联合委员会制定的《北部湾共同渔区资源养护和管理规定》，为养护、管理和持续利用北部湾"共同渔区"的渔业资源，维护"共同渔区"捕捞作业秩序和安全，细化和充实了上列规定，具有很强的可操作性。

4.《渔业合作协定》规定，北纬20°以北的下列各点顺次用直线连接而围成的水域（但K、L点之间用以白龙尾岛灯塔（北纬20°08′00″、东经107°43′40″）为圆心，半径15海里的圆弧连接）为"过渡性安排水域"：

序号	北纬	东经
A	20°00′00″	108°42′32″
B	20°04′25″	108°48′15″
C	S20°37′30″	108°41′30″
D	20°49′40″	108°34′10″
E	20°54′00″	108°16′25″
F	20°43′20″	108°01′40″
G	20°25′35″	107°37′40″
H	20°19′25″	107°23′00″
I	20°09′30″	107°07′41″
J	20°00′00″	107°07′41″
K	20°00′00″	107°30′00″
L	20°00′00″	107°57′00″
A	20°00′00″	108°42′32″

"过渡性安排水域"位于"共同渔区"以北，为两国各自专属经济区的1部分。设定这一水域，是因为考虑到划界后1方渔船短时间内撤出另1方水域存在的实际困难，为缔约各方对本国专属经济区内缔约另1方的现有渔业活动做出时限为4年的过渡性安排。这种安排是向新海洋法制度的1种逐步过渡，对中国来说，是为了尽可能少地影响渔民在北部湾的传统捕鱼方式；同时，也在中国逐步按新海洋法制度进行渔业管理的大背景下，为中国渔业产业的调整、渔民的转产转业争取较宽裕的时间。

《中越北部湾渔业合作协定补充议定书》专门对"过渡性安排水域"的管理做出具体规定。按照这个规定，《渔业合作协定》生效后的第一年内，中国渔船进入北部湾划界线西侧"过渡性安排水域"的数量为920艘，拖网渔船比例不超过35%，作业总功率为78 200马力。然后逐年削减25%，相当于230艘船、19 550马力，削减后的渔船数量中拖网渔船比例不超过35%。4年后，中国渔船全部撤出北部湾划界线西侧"过渡性安排水域。"越南渔船进入北部湾划界线东侧"过渡性安排水域"的船数、总功率与中国渔船进入北部湾划界线西侧"过渡性安排水域"的船数、总功率相同，并按相同比例削减。1方渔船跨界进入"过渡性安排水域"另1方水域生产的，须持有另1方渔业主管机关核发的捕捞许可证,并接受其管理或检查监督。过渡性安排结束后,缔约各方应在相同条件下优先准许缔约另 1 方在本国专属经济区入渔。

5.《渔业合作协定》规定,下列各点顺次用直线连接而围成的水域为"小型渔船缓冲区":

(1) 北纬 21°28′12.5″,东经 108°06′04.3″

(2) 北纬 21°25′40.7″,东经 108°02′46.1″

(3) 北纬 21°17′52.1″,东经 108°04′30.3″

(4) 北纬 21°18′29.0″,东经 108°07′39.0″

(5) 北纬 21°19′05.7″,东经 108°10′48.7″

(6) 北纬 21°25′41.7″,东经 108°09′20.0″

(7) 北纬 21°28′12.5″,东经 108°06′04.3 ″

"小型渔船缓冲区"的具体范围为中越两国领海相邻部分自分界线第一界点起沿分界线向南延伸 10 海里、距分界线各自 3 海里的范围。

设立"小型渔船缓冲区"的目的,是为了避免双方船机功率不超过 60 匹马力或船长不超过 15 米的小型渔船误入对方领海引起纠纷。

《渔业合作协定》规定,缔约 1 方如发现缔约另 1 方小型渔船进入"小型渔船缓冲区"己方 1 侧水域从事渔业活动,可予以警告,并采取必要措施令其离开该水域,但应克制:不扣留,不逮捕,不处罚或使用武力。如发生有关渔业活动的争议,应报告中越北部湾渔业联合委员会予以解决;如发生有关渔业活动以外的争议,由两国各自相关授权机关依照国内法予以解决。

6.《渔业合作协定》规定,为确保航行安全,维护海上捕捞作业秩序和安全,并顺利及时处理协定水域海上事故,缔约各方应对本国国民和渔船进行指导、法律教育并采取其他必要措施。

缔约 1 方国民和渔船在缔约另 1 方 1 侧海域遭遇海难或发生其他紧急事态需要救助时,缔约另一方有义务予以救助和保护,同时迅速将有关情况通报缔约 1 方的有关部门。

缔约 1 方的国民和渔船因天气恶劣或其他紧急事态需要避难时,可按照《渔业合作协定》对双方指定的紧急避难的联络部门、联络办法和联系内容的规定,经与缔约另 1 方有关部门联系,到缔约另 1 方避难。该国民和渔船在避难期间须遵守缔约另 1 方的有关法律和法规,并服从缔约另 1 方有关部门的管理。

7.《渔业合作协定》规定,中越北部湾渔业联合委员会由两国政府各自任命的 1 名代表和若干名委员组成。渔委会每年举行 1~2 次会议,在两国轮流举行。必要时,经缔约双方同意可举行临时会议。渔委会的一切建议和决定均须经缔约双方代表一致同意。

渔委会的职责如下:

(1) 协商"协定水域"渔业资源养护和可持续利用的有关问题,并向两国政府提出建议;

(2) 协商两国在"协定水域"渔业合作的有关事项,并向两国政府提出建议;

(3) 制订"共同渔区"的渔业资源养护和管理规定及其实施办法;

（4）每年确定缔约各方进入"共同渔区"的作业渔船数量；

（5）协商和决定与"共同渔区"有关的其他事项；

（6）根据过渡性安排《补充议定书》的规定履行其职能；

（7）解决发生在"小型渔船缓冲区"内的有关渔业活动的争议；

（8）在其职能范围内对渔业纠纷和海损事故的处理进行指导；

（9）对《渔业合作协定》执行情况进行评估并向两国政府报告；

（10）可就《渔业合作协定》、《渔业合作协定》的附件和《补充议定书》的补充和修改向两国政府提出建议。

第四节 中朝渔业协定

一、 共同利用水丰水库养鱼的协定

水丰水库位于中朝边境河流鸭绿江中游,属中朝两国共有。为了合理利用和保护库区渔业资源,1958 年 5 月至 12 月中朝两国共同组成调查团,进行资源调查,提出了发展水丰水库渔业的建议。1959 年 2 月中朝两国召开代表会议,拟定渔业经营方面的意见。1959 年 6 月中国辽宁省代表团和朝鲜平安北道代表团签订了《关于中朝两国边境地方共同利用水丰水库养鱼的议定书》。该《议定书》就设置人工鱼巢、放养鱼种和发展水库养鱼等方面做出了规定。《议定书》生效后,中方在宽甸县建起 1 处水产养殖场,进行了鱼种培育和投放等工作。

1972 年 11 月,根据朝方建议,中朝两国政府代表团就进一步保护水丰水库鱼类资源问题举行会谈,经过友好协商,于同年 12 月 19 日签订了《中华人民共和国政府和朝鲜民主主义人民共和国政府关于共同繁殖保护和利用水丰水库鱼类资源的协定》,原《关于中朝两国边境地方共同利用水丰水库养鱼的议定书》同时失效。《协定》就设置人工鱼巢、保护区、禁渔期、捕捞网目、放养鱼种、防止水质污染、机动船只数量等方面做出了具体规定。《协定》生效后,由于双方的共同努力,水丰水库的渔业资源逐年回升。1978 年 3 月中朝两国渔业代表团会晤,双方一致同意将《协定》的有效期继续顺延。只要 1 方未提出中止,《协定》继续有效。

二、 黄海渔业协定

1959 年 8 月 4 日至 10 日中国和朝鲜的代表团在北京举行中朝黄海渔业协定的谈判,于 8 月 25 日签订了《中华人民共和国政府和朝鲜民主主义人民共和国政府黄海渔业协定》。为解决《协定》中遗留的问题,双方又于 1960 年 7 月和 1961 年 6 月举行会谈,分别签署了《会谈记录》和《会谈纪要》。《协定》、《记录》和《纪要》就双方渔船在黄海捕鱼作业应遵守的事项作了具体规定,包括：

（1）为了便于捕鱼活动,维护海上安全,双方水产部门须相互定期将各自前往对方领海附近水域的渔船情况通知对方,渔船要携带国籍证书,1方渔船发生紧急事故时,对方应给予在港口或岛屿停靠的方便,并采取抢救措施,尽一切力量帮助恢复生产;

（2）相互提供捕鱼基地,中方为烟台、大连、石岛,朝方为铁山,南浦、新义州;

（3）双方渔船不得进入对方领海和禁渔区内捕鱼;

（4）双方有义务对渔船的出入港、鱼产品处理、物资供应等给予方便;在捕鱼基地上出售鱼产品时,按照当地当时国家收购牌价作价,供应对方渔船物资时,按照当地当时的国家零售牌价作价;

（5）1方渔船遇风遇难时,对方应积极救助,渔船可向对方捕鱼基地电台呼救,捕鱼基地电台要向对方渔船提供海上气象预报;

（6）发生海损事故时,应由肇事1方负责赔偿;

（7）双方可派1~3名工作人员到对方捕鱼基地处理本国渔船的有关事宜,相互提供工作生活条件;

（8）规定双方渔船进出对方捕鱼基地港口的程序、电台联络的程序、收购鱼产品和供应渔需物资的原则和手续。

《协定》生效后两次顺延。1972年1月中朝双方根据情况的变化,再次对黄海渔业协定举行会谈,签订了《渔业互助合作协定》和《关于由中国港口向朝鲜水产部门运输船供应燃料油的议定书》,并对《协定》适用范围、捕鱼基地、避风港、海损事故处理等作了修改、补充。《协定》有效期至1977年4月5日。

三、　解决渔船在鸭绿江口渔场越界捕鱼问题的规定

鸭绿江口渔场,历来是中国辽宁省丹东地区渔民和朝鲜平安北道渔民共同捕鱼的水域。1964年中朝两国划界[①]以后,两国渔民的捕鱼习惯和船网工具没有改变,仍然到原来的渔场生产,由此产生了越境捕鱼的问题。

1986年9月辽宁省人民政府代表团和朝鲜平安北道行政及经济指导委员会代表团为了全面解决中朝双方渔民相互越界捕鱼问题,签署了《关于解决中朝双方渔民相互越界捕鱼问题的会谈纪要》。会谈商定:

（1）双方渔船不准进入对方国界和领海进行捕捞生产,对违反者要予以处理;

（2）加强海上监督检查工作,对抗拒检查者采取惩处的办法;

（3）对越界给对方渔船、渔具造成直接经济损失的要赔偿;

（4）双方定期相互通报越界船的情况;

（5）双方渔船因不可抗拒的自然灾害及出于避险的需要,进入对方海域和港口,对方应给予救援和帮助。[14]551-554

---

①《中华人民共和国政府和朝鲜民主主义人民共和国政府关于中朝边界的议定书(1964年3月20日)》规定缔约两国海上分界线为:从鸭绿江口江海分界线上的东经124°10′06″、北纬39°49′41″的1点起,以直线连接东经124°09′18″、北纬39°43′39″的1点,再从东经124°09′18″、北纬39°43′39″的1点起,以直线经过东经124°06′31″、北纬39°31′51″的1点直到公海止。

参考文献

[1] 农业部渔业局.中国渔业五十年大事记[M].北京:中国农业出版社,1999.

[2] 中华人民共和国中国渔业协会和日本国日中渔业协议会关于黄海、东海渔业的协定[S/OL] (1955-04-15).[2013-12-25].

http://www.ioc.u-tokyo.ac.jp/~worldjpn/documents/texts/JPCH/19550415.T1C.html

[3] 山东省情资料库"中日渔业协定"[DB].[2013-12-26].

http://sd.infobase.gov.cn/bin/mse.exe? seachword=&K=a&A=22&rec=192&run=13

[4] 中华人民共和国中国渔业协会和日本国日中渔业协议会关于黄海、东海渔业的协定[S/OL] (1963-11-09).[2013-12-27].

http://www.ioc.u-tokyo.ac.jp/~worldjpn/documents/texts/JPCH/19631109.T1C.html

[5] 中华人民共和国中国渔业协会和日本国日中渔业协议会关于黄海、东海渔业的协定[S/OL] (1965-12-17).[2013-12-27].

http://www.ioc.u-tokyo.ac.jp/~worldjpn/documents/texts/JPCH/19651217.T1C.html

[6] 中国渔业协会代表团和日中渔业协议会代表团会谈公报[S/OL].(1970-06-20).[2013-12-28].

http://www.law-lib.com/law/law_view.asp? id=75247

[7] 中国渔业协会代表团和日中渔业协议会代表团会谈公报[S/OL].(1970-12-31).[2013-12-28].

http://china.findlaw.cn/fagui/p_1/140097.html

[8] 中国渔业协会和日中渔业协议会关于灯光围网渔轮捕鱼的规定[S/OL].(1970-12-31).[2013-12-28].

http://china.findlaw.cn/fagui/p_1/140096.html

[9] 中华人民共和国和日本国渔业协定[S/OL].(1975-08-15).[2013-12-30].

http://www.ioc.u-tokyo.ac.jp/~worldjpn/documents/texts/JPCH/19750815.T1C.html

[10] 中国渔业协会和日中渔业协议会渔业安全作业议定书[S/OL].(1975-09-22).[2013-12-30].

http://www.ioc.u-tokyo.ac.jp/~worldjpn/documents/texts/JPCH/19750922.T1C.html

[11] 中华人民共和国和日本国渔业协定[S/OL].(1997-11-11).[2014-01-05].

http://www.moa.gov.cn/zwllm/zcfg/qt/200601/t20060124_542838.htm

[12] 中华人民共和国政府和大韩民国政府渔业协定[S/OL].(2000-08-03).[2014-01-06].

http://www.fmprc.gov.cn/mfa_chn/wjb_602314/zzjg_602420/bjhysws_603700/bhfg_603706/t556669.shtml

[13] 国务院关于决定核准《中华人民共和国政府和大韩民国政府渔业协定》及其《谅解备忘录》的批复[S/OL].(2001-04-26).[2014-01-06].

http://www.110.com/fagui/law_2854.html

[14] 当代中国的水产业编委会.当代中国的水产业[M].北京:当代中国出版社,1991.

[15] 外交部网站.中越北部湾划界协定情况介绍[R/OL].(2000-12-25).[2014-01-10].

http://www.fmprc.gov.cn/chn//gxh/zlb/tyfg/t145558.htm

[16] 中华人民共和国和越南社会主义共和国北部湾渔业合作协定[S/OL].(2000-12-25).[2014-01-10].

http://www.fmprc.gov.cn/chn//gxh/zlb/tyfg/t556668.htm

[17]《中华人民共和国政府和越南社会主义共和国政府北部湾渔业合作协定》补充议定书[S/OL].(2004-04-29).[2014-01-11].

http://www.qzny.gov.cn/zcfg/gj/2004/07/20040719000539.html

[18] 北部湾共同渔区渔业资源养护和管理规定[S/OL].(2004-04-29).[2014-01-15].

http://www.qzny.gov.cn/zcfg/gj/2004/07/20040719000813.html

第十八章 渔业法的一般原理

　　现行渔业立法涉及水产养殖业、增殖渔业、捕捞业、加工业和休闲渔业5大产业体系、设施装备、科技创新、资源环保、渔业安全和渔政管理5大支撑体系及水产品流通体系等诸多领域，为确定各个领域在现代渔业中的地位、作用、相互关系，特别是准确把握从事渔业生产经营和渔业渔政管理活动等渔业行为应该遵循的原则、制度、规则、标准等法律规范的基本精神和具体规定，有必要首先了解渔业法的一般原理，包括渔业法的定义、性质、目的、构成、调整对象、适用范围和基本任务等要义，以及渔业法体现的渔业发展的基本方针和基本原则。

　　《渔业法》第一、二条规定："为了加强渔业资源的保护、增殖、开发和合理利用，发展人工养殖，保障渔业生产者的合法权益，促进渔业生产的发展，适应社会主义建设和人民生活的需要，特制定本法。""在中华人民共和国的内水、滩涂、领海、专属经济区以及中华人民共和国管辖的一切其他海域从事养殖和捕捞水生动物、水生植物等渔业生产活动，都必须遵守本法。"这两条指明了：渔业法的目的、适用范围和基本任务，包括保障水产品安全有效供给，维护国家渔业权益的任务。

　　为达此目的，必须实行正确的渔业发展基本方针，坚持合法的基本原则。基本方针反映了实现渔业法的立法目的和基本任务的主要途经和形式，基本原则则是落实实现可持续渔业的大政方针、开展负责任渔业行为的基本指导规范。

　　对渔业法一般原理的阐述，是对中国渔业管理和发展规律认识的科学总结，体现了中国特色社会主义渔业可持续发展道路的基本特征，对渔业法各个领域的具体规定具有统领作用。

第一节　渔业法的要义

一、定义

渔业法,在总体上是指规范渔业行为的法。在我国,具体是指调整在保护、增殖、开发和合理利用渔业资源,保护渔业水域生态环境,规范渔业生产经营行为,保障水产品安全有效供给,保障渔业生产经营者的合法权益,维护国家渔业权益,促进渔业可持续发展,适应国家建设和人民生活的需要过程中所发生的各种社会关系的法律规范的总称。

此项定义指明了渔业法的核心在于规范渔业生产经营行为,其着力点一是养护、开发和合理利用渔业资源,保护和改善渔业水域生态环境;二是维护国家渔业权益,谋求海外渔业利益,其首要任务是保障水产品安全有效供给和确保渔民就业、生计及合法权益;其最终目标是促进渔业可持续发展,适应国家建设和人民生活不断增长的需要。

二、性质

渔业法是经济法中的产业法——农业法的 1 个分支。产业法是调整国家产业政策制定和实施过程中发生的各种社会关系的法律规范的总称。渔业作为产业,是农业的组成部分,《农业法》对渔业的行政管理体制、渔业生产经营发展方针、保护和增殖渔业资源,保护渔业水域生态环境等都有原则规定,还有许多法律规范适用于渔业和渔民。

渔业法又是经济法中的自然资源法的 1 个分支。自然资源法是调整人们在开发、利用、保护和管理自然资源过程中发生的各种社会关系的法律规范的总称。一般包括土地法、水法、矿产资源法、森林法、草原法、海洋法、渔业法等。因为涉及海洋生物资源的开发、利用、养护和管理及海洋渔业水域生态环境保护的法律规范,既是渔业法的重要组成部分,又是海洋法的重要组成部分。从这 1 角度看,海洋渔业法是海洋法的 1 个分支,海洋渔业是海洋经济的重要组成部分,国家渔业权益包含着某些国家海洋权益。

渔业法还和环境法联系密切、相互交叉。这是因为水生生物资源赋存于水和海洋环境之中,而水生生物资源、水和海洋都属于环境法中的环境要素,是环境法的保护对象。开发、利用水生生物资源必须同时保护渔业水域生态环境,而保护渔业水域生态环境实质上又是保护了水生生物资源。从这 1 角度看,渔业法的许多法律规范构成环境法的组成部分,环境法的许多法律规范构成渔业法的组成部分。

渔业法中有关水生生物资源的所有权、使用权、经营权及侵权责任等涉及财产、人身权益的规定,属于民法的范畴。

渔业法中有关渔业许可、渔业行政执法和行政处罚等涉及渔业和渔政管理的规定,属于行政法的范畴。

总之,渔业法具有产业法和自然资源法的属性,在总体上归属经济法部门,又兼有环

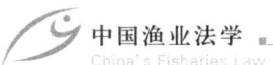

境法、民法和行政法的多元性，这1特征决定了渔业法构成的多样性。

三、 构成

渔业法是涉及渔业行为的法律规范的动态集成，包括宪法的有关规定、《渔业法》、各项单行渔业行政法规、地方性法规、规章、标准及其他部门法中关于渔业的法律规范等。

宪法有关自然资源和环境保护的规定，是规范渔业行为的根本准则，是《渔业法》的制定根据。

《渔业法》是对渔业法的目的、适用范围、渔业发展方针、基本原则、基本制度、重要措施、行政管理体制和和执法体系及法律责任等重大问题加以全面综合调整的立法，是在中国特色社会主义渔业法律体系中，其效力处于仅次于宪法地位的渔业管理和发展的基本法，是国务院制定渔业行政法规及省、自治区、直辖市和设区的市的人民代表大会及其常委会制定渔业地方性法规的依据。

渔业法还包括国务院渔业行政主管部门发布的部门规章，省、自治区、直辖市和设区的市的人民政府发布的有关渔业的地方政府规章，国家、行业和地方渔业标准以及有关法律、行政法规、地方性法规、规章和标准中涉及渔业的规定。

渔业法除硬法外，还包括软法。渔业软法主要是指国务院、国务院渔业行政主管部门和县级以上地方人民政府为执行《渔业法》、促进渔业可持续发展发布和实施的决定、命令、通知、通告等规范性文件。

渔业法，不论硬法或软法，其规定都应与中国缔结或参加的与渔业有关的国际条约、协定的规定相衔接、相协调，但中国政府声明保留的条款除外。

四、 调整对象

（一）资源权属关系

渔业资源是渔业生产的重要原料来源和布置场所，是1种具有特殊形态的财产。国家管辖范围内的渔业资源属国家所有或集体所有。他国管辖范围内的渔业资源属资源所在国所有。国家管辖范围以外的渔业资源属人类共有。渔业资源的使用者在开发、利用和保护渔业资源的活动中，必然要涉及渔业资源的所有权、使用权、经营权或其他权益的权属关系。任何组织或个人只有依法取得特定渔业资源的使用权或经营权，并承担合理利用、养护和管理该项资源及法律规定的其他义务，才能从事该项资源的开发、利用活动。这种权属关系是渔业法调整的基本社会关系。

（二）渔业管理关系

渔业资源的增殖和保护、开发和利用、鱼和渔产品的捕获、贮存、运输、加工和销售、渔船的修造、渔港的建设和经营等活动及渔业水域生态环境的保护和污染防治，都是在依照《渔业法》等及有关法律的规定对渔业及相关活动具有监督管理权的国家行政机关的管辖、监测、监视和控制下进行的。因此，在这些国家行政机关（简称渔业行政主体）同渔业生产者、水产品经营者及其他从事有关渔业活动或影响渔业生态环境的单位和个人（简称渔业行政相对人）之间必然形成管理与被管理的关系。这种管理关系属于行政管

理关系,它具有两个重要特点:

1. 关系的双方只能是行政主体和行政相对人;

2. 行政主体在该关系中居于主导地位。[1]9

渔业管理关系是渔业法所调整的大量重要的社会关系。

（三）供应链关系

在鱼和渔产品的生产、加工和流通过程中,涉及将产品或服务提供给最终用户活动的上游与下游企业或个人之间形成了网链结构。渔业生产者、水产品加工者、水产品经营者、相关服务提供者和水产品消费者都是水产品供应链的成员。在供应链内部两个或两个以上独立的成员之间存在合作伙伴关系,涉及物流、信息流和资金流,其核心属于财产权益关系。这种关系是渔业法所调整的平等主体之间的1种社会关系。

（四）开发相邻关系

海洋和内陆水域不同种类和用途的自然资源通常处于同1空间之中。因此,任何1项开发利用活动常常与相邻的开发利用活动存在着一定程度的联系和矛盾。相邻各方都有权从对方得到必要的便利,并防止来自对方的危险和危害;同时,对各自权利的行使也应有所节制,不能损害邻方的合法权益。渔业资源开发、利用、增殖和保护中的相邻关系,也是渔业法所调整的平等主体之间的1种社会关系。

（五）行政救济关系

渔业行政相对人认为其权益受到渔业行政主体做出的行政行为侵犯时,可向行政救济主体申请救济,行政救济主体对其申请予以审查,做出向申请人提供或不予提供救济的决定。在这个过程中发生的各种社会关系,属于渔业行政救济关系。

而行政救济主体,是指法律授权其受理渔业行政相对人申诉、控告、检举、行政复议、行政诉讼的国家机关。行政救济关系,具有两个重要特点:

1. 存在行政相对人、行政主体和行政救济机关3方主体;

2. 行政救济主体在该关系中居于主导地位。[1]11

（六）资源利用补偿关系

依法取得的特定渔业资源的使用权,因国家能源、交通、水利、军事设施等重点建设项目选址确实需要部分或全部征用该渔业资源的,原批准该渔业资源使用权的机关可依法予以变更或终止,建设单位应对该使用权人由此产生的经济损失给予相应的补偿。这样在渔业资源使用权人和建设单位之间发生的各种社会关系,即构成这种资源利用补偿关系。

（七）侵权赔偿关系

渔业水域生态环境、渔业资源、渔业保护区、单位或个人依法取得的特定渔业资源的使用权或其渔业生产设施、水产品,因破坏生态、污染环境或其他侵权行为造成损害时,被侵权人有权请求侵权人承担侵权责任,造成经济损失的,被侵权人有权请求侵权人赔偿损失。他们之间发生的各种社会关系,即构成侵权赔偿关系。

（八）其他社会关系

在渔业生产、鱼和渔产品贮存、运输、加工、销售及渔业产前、产后服务过程中还常涉

及与财政、信贷、税收、金融、保险、设计、施工等经济部门以及评价、认证、法律服务等中介部门的关系。这也是渔业法需要调整的社会关系。

五、 适用范围

（一）国家渔业法规的适用范围

1.《渔业法》、渔业行政法规和部门规章适用于在中国的内水、滩涂、领海、专属经济区、大陆架及根据中国法律、中国缔结或参加的国际条约、协定或其他有关国际法，而由中国管辖的一切其他海域内从事养殖、增殖和捕捞水生动植物等渔业生产活动、影响渔业生态环境的其他活动以及在中国领域内的水产品加工和流通活动。

2.《渔业法》和有关法规关于"共同管理的渔区"的规定适用于到中国与海岸相向或相邻有关国家缔结的渔业协定确定的"协定水区"从事捕捞作业的渔船。

3.《渔业法》和有关法规关于"到公海从事捕捞作业"的规定适用于到中国参加的区域渔业管理组织规定的公海区域从事捕捞作业的中国渔船。

4.《渔业法》和有关法规关于"到他国管辖海域从事捕捞作业"的规定适用于到中国与有关国家缔结的渔业协定确定的"他国管辖海域"从事捕捞作业的中国渔船。

5. 中华人民共和国公民及在中华人民共和国注册的船舶在公海、双边、多边渔业协定规定的协定水域从事渔业生产活动，除遵守中华人民共和国渔业法的有关规定外，还应当遵守中华人民共和国缔结或者参加的有关条约、协定，在他国管辖水域从事渔业生产活动，还要遵守有关国家的法律。

（二）地方渔业法规的适用范围

省、自治区、直辖市及设区的市的人民代表大会及其常委会制定的地方性渔业法规和省、自治区、直辖市及设区的市的人民政府制定的政府渔业规章，分别适用于在其所管辖区域内的渔业生产和其他相关活动。

六、 基本任务

（一）确立渔业在国民经济中的战略地位

农业是国民经济的基础，国家就渔业专门立法，表明把渔业作为农业中的 1 个大产业，摆上了重要位置，要求各级人民政府牢固树立大农业、大粮食的观念，充分认识渔业对开发和合理利用国土资源，促进农村经济全面发展，增加食物生产总量，保障国家粮食安全，提高人民营养水平，扩大社会就业，引导农民增收致富，维护国家海洋权益，促进经济社会的持续健康发展的重大作用，将渔业作为农业的重要组成部分纳入国家和地方粮食安全政策和措施的主流，纳入经济和社会发展规划，明确发展目标，采取有利于促进渔业可持续发展的经济、技术政策和措施，要求各级渔业行政主管部门要认真履行规划指导、监督管理、协调服务职能，积极落实各项政策措施，做好渔业发展和生态保护工作。

渔业法对渔业的重要地位的肯定，同时要求全社会充分认识渔业的作用，高度重视渔业，支持渔业发展。

（二）规定国家渔业管理和发展的基本战略

坚持走中国特色社会主义渔业现代化道路，根据国情和渔业资源开发利用的实际状况,实行生态优先,绿色发展,转变渔业发展方式,以养殖为主,养殖、增殖、捕捞并重,因地制宜,各有侧重,渔业生产、加工、流通协调发展,构建现代渔业产业体系和支撑保障体系,确保水产品安全有效供给和渔民收入持续较快增长,维护国家渔业权益和海洋权益,实现渔业的可持续发展。

（三）建立渔业法律秩序

从实际出发,科学合理地规定以负责任的方式开展渔业生产、加工、流通及相关活动的原则、制度和标准,以及渔业生产经营者和水产品消费者的权利与义务,以强化水产品质量安全、渔业生态安全和渔业生产安全管理,增强渔业综合生产能力、抗风险能力、市场竞争力和可持续发展能力,确保渔业资源的公平而有效的利用和水生生物资源的长期养护。

特别是明晰渔业资源权属关系,在确保渔业自然资源所有权的前提下,实行以权利为基础的渔业管理,保障渔业生产者长期稳定使用渔业资源的权利和其他合法权益,发挥农渔业生产经营者在发展现代渔业中的主体作用,提高渔业生产经营的积极性、参与渔业公共管理的主动性和遵守渔业法规的自觉性,使他们增加生产经营投入和智力投入,并成为全面深化渔业改革开放、加强渔业科技创新和保障渔业社区长治久安的根本动力源泉。

（四）建立渔业行政管理体制及渔政执法体系

明确规定各级人民政府渔业行政主管部门及其渔政监督管理机构的设置原则,渔业行政主管部门的规划指导、监督管理、协调服务的职能,渔政监督管理机构对渔业生产经营及相关活动实施监测、监视、控制和执法的权力与责任,为实施国家渔业管理和发展战略,维护渔业法律秩序,维护国家渔业权益和海洋权益,促进渔业可持续发展,提供有效的组织保证。

第二节　渔业发展的基本方针

一、大力发展水产养殖

（一）大力发展水产养殖的必要性

水产养殖以鱼、虾、蟹、贝或藻类为养殖对象,生产周期短,投资省,产量高,收益大。养殖产品不仅可为人类提供鲜美食物和优质蛋白,还是工业、农业、医药、军工等的生产原料。发展水产养殖是安排劳力,增加收入的重要途径,还可以改善水产品市场供应,扩大出口货源,使渔业生产布局更加合理。这都使得水产养殖在渔业乃至国民经济中居举足轻重的地位。

水产养殖的生产过程在水域中进行,利用的是水体及水体生产力,而且可以根据不同水生生物适应不同水体深度的特点,实行几个品种共存的立体养殖。它既不与种植业

争耕地,又不与畜牧业争草原,所占用的多是适于养殖但尚未开发或开发不足的浅海滩涂及陆上非耕地宜渔资源。发展水产养殖可以为那些在农业发展过程中从土地上解放出来的农业劳动力及增收空间受到限制的农民,提供生产门路,拓宽增收渠道。这有利于增加农民收入,提高农民生活水平,有利于优化农村产业结构,全面发展农村经济。这符合中国人多地少的基本国情和国家解决农业、农村、农民问题的战略部署。

我国作为传统的渔业大国,实际上还是长期主要依靠天然渔业资源满足市场对水产品的需求,水产品产量的增加也主要依赖捕捞产量的增加。在外海渔业发展缓慢、远洋渔业未得起步的情况下,大量渔船挤在近海,酷渔滥捕,使得近海渔业资源遭到严重破坏,沿岸不适当的工程措施和排污导致的生态环境恶化,更加剧了渔业资源的衰退。而且,随着新国际海洋法律制度的建立,沿海邻国管辖海域范围的扩大,海洋捕捞作业的空间受到极大的压缩,进一步增加了对近海渔业资源的压力,导致生产效益不断下降,渔事纠纷日益增多。

为使近海渔业资源得到休养生息,国家从 1987 年起实行控制近海捕捞机动渔船政策,严格控制近海渔船的盲目发展。在这种形势下,为满足人民生活和国家建设对水产品不断增长的需求,大力发展水产养殖,就成为符合中国渔业资源状况促进渔业可持续发展的必然选择。同时,这也为 1 大批陆续退出海洋捕捞作业需要转产转业的渔民提供了 1 条"牧海致富"的出路。

发展水产养殖的必要性还表现在:水产养殖不仅可为国内外市场提供大量常规品种的水产品,还可提供"名特优新"品种的水产品,适应人们对饮食多样化、优质化的需求,同时也增强了出口水产品在国际竞争中的优势。

（二）大力发展水产养殖的可行性

我国的气候条件适宜,适于水产养殖的水面滩涂辽阔,其中有浅海滩涂 2 000 万亩,[2]185 湖泊 2 800 万亩,水库 3 000 万亩,江河沟渠 1 000 多万亩,[2]257 水产养殖可养的品种繁多,而且拥有久远的水产养殖发展史和传统经验,为大力发展集约化养殖和现代化海洋牧场提供了基本的资源和技术条件。

为充分发挥水产养殖的优越条件和巨大潜力,早在 1958 年 1 月全国水产工作会议就制定了"普遍开展淡水养殖和海水养殖事业,积极开辟新渔场,合理利用原有资源"的渔业发展方针,[3]37 1959 年 1 月的全国水产工作会议将这 1 方针概括为:"以养为主,积极发展捕捞"。[3]43 但在此后 20 多年的时间中,这 1 方针未能得到有效执行,养殖生产发展缓慢,年均增产仅约有 2.5 万吨,[2]575 到 1978 年只有 154.9 万吨。为了尽快改变这种状况,1979 年 4 月国务院同意的《关于全国水产工作会议情况的报告》(国发〔1979〕119 号)将"合理利用资源,大力发展养殖,着重提高质量"确定为水产工作近期的调整重点。[3]133

1985 年 3 月,中共中央、国务院《关于放宽政策、加快发展水产业的指示》(中发〔1985〕5 号)重新明确了"以养为主"、"大力发展水产养殖业"的方针。[4]3 1986 年《渔业法》进一步从法律上肯定了这个方针,并对其实施作了切实可行的制度设计和措施安排,从而极大地调动了农民从事水产养殖生产的积极性,使沿海尚未开发的 80% 以上可以养殖的浅海滩涂,内陆近一半没有利用的可以养殖的水面及大量可以养鱼的稻田,大量可供改造用于养鱼的低洼滩地,逐步得到合理的开发和利用。我国水产养殖的自然优势得到发挥,养殖生产规模迅速扩大,种类增多,单产水平不断提高,1988 年养殖产量达到 541 万吨,超过了当年的捕捞产量,到 2010 年达到 3 673.4 万吨,占当年全球水产养殖产量的 61.4%,对保障我国及全世界的食物安全做出了巨大贡献。实践证明,"以养为主"、"大力发展水产养殖"的渔业生产方针,是符合中国实际的。

国发〔2013〕11 号文件对"科学发展海水养殖"做出以下战略部署:按照《全国海洋功能区划(2011～2020 年)》等相关涉海规划,制定并落实水域、滩涂养殖规划,引导渔民依法规范养殖。加大水产养殖池塘标准化改造力度,推进近海养殖网箱标准化改造,大力推广生态健康养殖模式。推广深水抗风浪网箱和工厂化循环水养殖装备,鼓励有条件的渔业企业拓展海洋离岸养殖和集约化养殖。加强水产原种保护和良种培育,建设 1 批标准化、规模化的良种生产基地,提高水产良种覆盖率。加强水产饲料研发,积极推广使用人工配合饲料。加强水生动物疫病防控和水产品质量安全管理。

二、 养护和合理利用近海生物资源

(一) 合理安排近海捕捞力量

造成近海渔业资源衰退的根本原因是渔船大量增加,捕捞能力失控。1970 年全国海洋机动渔船只有 1.39 万艘,80 万马力,到 1978 年分别上升到 3.9 万艘,273.1 万马力,[2]154 从 1979 年到 1982 年 4 年又新增 4 万艘,117 万马力,分别比 1978 年增长 1 倍和 43%。[5]132 渔船增加这么多,不但加大了对近海资源的压力,主要品种产量连年大幅度下降,鱼越打越小,有的已形不成渔汛,有的几近绝种,而且使渔场争夺日益激烈,矛盾十分尖锐。

显然,为了遏制近海渔业资源衰退的趋势,逐步恢复渔业资源的繁殖能力,并维护渔场秩序,关键是要采取断然措施,压减过大的捕捞能力,以确保捕捞能力与渔业资源的可承受能力相适应。为此,一要对渔船数量和功率实行双指标控制制度;二要加强对主要渔场渔汛生产安排的管理;三要坚决停止近海渔船的盲目发展;四要坚决取缔"三无"渔船。

(二) 调整近海捕捞作业结构

近海渔业资源衰退在底层和近底层鱼类上表现尤为明显,这是长期形成的捕捞结构失调造成的后果。20 世纪 50 年代海洋捕捞以群众风帆船为主,拖网、围网、流网、钓具、定置作业并存,各得其所。20 世纪 60 年代随着渔船动力化发展,认为拖网能捕大群体,又能兼捕稀散鱼群,投入小,产出多,是最理想的作业工具,以致不顾资源,盲目发展拖网作业。定置作业以张网为主,设在鱼虾较密集的水域或洄游通道上,主捕小体型鱼虾,在一定季节和海区也可捕经济鱼类,具有投资少、产量较稳定的特点,在沿海也被大量使用。拖网捕捞选择性极低,大量损害经济鱼类的幼鱼,也破坏海底的生态环境;张网对经济鱼类仔、幼体的破坏作用也很大。

1978 年以前,这两种渔具的合计产量占海洋捕捞产量的 70% 以上,[6] 围、流、钓作业受到挤压,使中上层鱼类资源,特别是分散的小宗品种没有得到充分利用。针对这种情

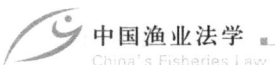

况,为合理利用近海资源,国发〔1979〕119号文件提出要调整近海作业,"减少拖网作业,发展围、流、钓生产。"[5]28根据《渔业法》实行的禁渔、休渔制度主要是为了限制拖网和张网作业的区域和时间。

（三）加强近海生物资源的养护和管理

从实际出发,积极调整产业和作业结构是保护近海资源的重大举措。此外,保护近海资源还有保护资源本体和保护渔业水域生态环境两层含义。为了前者,要对近海捕捞生产实行限制政策。严格实行捕捞限额制度和执行国家下达的渔船马力控制指标,不得突破。严格执行捕捞渔船更新、改造的审批和检验制度,对未经批准擅自建造的"三无"渔船,渔政监督管理部门要坚决查处。加强捕捞许可证管理,从事捕捞生产的人员,须经渔业行政主管部门培训并取得资格证书。

严格制止非渔业生产者从事近海和内陆水域捕捞生产。坚持禁渔区、禁渔期和伏季休渔制度。规定重点保护渔业资源品种名录和重要渔业资源品种的最小可捕标准。制定捕捞渔具准用目录,取缔禁用渔具。为了后者,要通过采取水域污染与生态灾害防治、工程建设资源与生态补偿、水域生态修复和发展生态渔业等措施,强化渔业水域生态保护管理,减少人类活动和自然灾害对近海渔业资源的损害和破坏。采取各种生物、工程和技术措施,对已遭到破坏的渔业生态进行整治和恢复。

对近海渔业资源不仅要保护,还要通过人工放流鱼苗、建造人工鱼礁等行动,改善渔场环境,发展增殖渔业和休闲渔业,这是发展海洋渔业的1项战略措施。

三、 积极发展远洋渔业

（一）发展远洋渔业的重大意义

远洋渔业主要是指远离本国海岸到他国管辖海域或大洋的公海海域从事的捕捞生产经营事业。一般使用机械化、自动化程度高,助渔、导航仪器设备完善,续航能力较长,具有冷冻或加工能力的捕捞船,或使用由设备齐全的大型加工母船和若干艘捕捞船组成的捕捞船队,从事拖网、围网、流网、延绳钓等捕捞作业。远洋渔业具有以下两个基本特点:

（1）利用的是国家管辖范围以外的渔业资源;

（2）渔业生产远离本国的基地。

我国发展远洋渔业对于调整海洋渔业生产结构和布局,建设现代渔业产业体系,提高海洋渔业综合生产能力,建设海洋强国具有以下多方面的重大意义:

（1）利用世界海洋渔业资源,增加国内水产品供应;

（2）缓解近海渔场作业拥挤的矛盾,保护近海渔业资源;

（3）带动国内渔船、渔业机械、渔具等产品出口,促进渔业技术现代化水平的提高;

（4）发展对外经济技术合作,增加与各国人民的友好往来;

（5）跻身世界远洋渔业主要国家行列,扩大在国际渔业管理和发展中的影响力。

（二）发展远洋渔业的有利条件

发展远洋渔业需要经济、技术条件的支撑和渔业外交条件的保证。从20世纪70年代后期起,世界海洋渔业秩序和中国所处的国际环境发生很大变化。有些沿海国家,特别是发展中国家在建立专属经济区后,尚未充分利用其专属经济区的渔业资源,有意愿在平等互利的基础上将其管辖海域的部分捕鱼权或资源开发权给予其他国家。其中一些同我国有着广泛交往和良好关系,而海洋渔业资源又比较丰富的国家,希望同中国进行渔业合作。这为我国开展国际渔业合作,发展远洋渔业提供了必要的外部条件。

同时随着中国的综合国力、海洋科学技术水平及渔业管理和发展能力的不断增强,有1支规模不小、具有一定现代水平的海洋渔业捕捞船队,及众多具有捕捞生产和管理能力较强和经验较为丰富的渔业工人和管理干部,初步具备了发展远洋渔业必要的内外部条件,为组建一定数量技术装备精良和员工素质优秀的船队,走出去,开拓远洋渔业奠定了物质和技术基础。

（三）优先发展和重点支持远洋渔业

国发〔1979〕119 号文件提出"着手发展远洋渔业"。[5]28 1983 年 9 月国务院对批转《关于发展海洋渔业若干问题的报告》的通知（国发〔1983〕134 号）要求"突破远洋渔业",[5]131 该报告指出:发展远洋渔业"是开创海洋渔业新局面的 1 个重要步骤,应采取切实有效的措施,力争近期内取得较大的进展。""在起步阶段,建议国家采取鼓励和扶持的政策。"[5]136 中发〔1985〕5 号文件又提出,要积极开发远洋的渔业资源,采取优惠政策和切实措施,尽快组建我国的远洋渔业船队,放眼世界渔业资源,发展远洋渔业。对经营远洋渔业的企业,国家在经济上要给予支持。[4]4 在这些政策的基础上,1986 年《渔业法》第三章"捕捞业"的第一条规定:"国家鼓励、扶持远洋渔业的发展",2000 年《渔业法》将这一规定发展为:"国家在财政、信贷和税收等方面采取措施,鼓励、扶持远洋渔业的发展"。

这表明国家将发展远洋渔业,参与利用世界海洋渔业资源,视为实施可持续发展战略的重要领域,应该优先发展和重点支持,要求国家渔业行政主管部门加强行业管理,外交、经贸、财政、银行、商业、海关等有关部门给予支持。

1985 年 3 月 10 日,我国第一支远洋船队共 13 艘渔船,开赴西非,揭开了中国发展远洋渔业的序幕。我国远洋渔业经过 30 年的发展,已经作为 1 个独立的产业,跻身于世界远洋渔业主要国家行列。

发展远洋渔业是国家适应经济全球化趋势实行"两种资源、两个市场"经济发展战略的重要组成部分。今后一定时期渔业"走出去"的路径是,有序发展壮大大洋性渔业,巩固提高过洋性渔业,推动产业转型升级,积极参与开发南极海洋生物资源,并加强远洋渔业科技研发,提高远洋渔业资源调查、探捕能力。

四、 促进水产品加工、流通与渔业生产协调发展

（一）水产品加工与养殖捕捞生产同等重要

水产品加工是养殖和捕捞生产的继续,是现代渔业生产不可缺少的重要组成部分,承担着为国内外市场提供安全、卫生、纯正和多样化的食物和综合利用产品,以适应人民生活和国家建设需要的使命,具有保护环境、节约资源、提高人民水产品消费比重,促进食物结构优化,增加渔业生产者和经营者收入,增强出口产品国际竞争优势等多方面的

重要作用。

国发〔1979〕119 号文件把搞好保鲜加工,提高鱼货质量作为调整水产工作的 3 大重点之 1。[5]29 中发〔1985〕5 号文件将"搞好水产品保鲜加工"列为加快水产业发展的 1 项重要战略部署,指出:"水产保鲜加工是提高质量、增加产值、活跃市场的关键,要把它提高到和发展生产同等重要的地位对待。要逐步改变市场上单纯供应原料鱼的现状,努力做到既有鲜活的鱼虾,又有方便食用的加工品,并使各种废弃物得到综合利用,大幅度地提高经济效益。"[4]4 因此,1986 年和 2000 年《渔业法》都规定,"养殖、捕捞、加工并举",并将其纳入国家渔业生产方针。

《渔业法》的这 1 规定,要求有关部门为适应渔业生产和国内外市场的需要采取有效措施,要大力发展适销对路的水产品加工业,努力提高水产品质量和水产品附加值。加快研制加工处理机械、生产线和废弃物处理设备,全面提升水产品加工工艺、装备现代化和质量安全水平。积极发展海水、淡水大宗产品、低值产品的精深加工和综合利用,开发多样化的营养、卫生和食用方便的新产品。切实抓好水产品质量标准的制订工作,加强水产品质量监测和检验,建立健全水产品加工企业产品质量保证体系,开发创立优质名牌产品。

（二）水产品流通是渔业生产可持续发展的重要环节

渔业生产多是商品性生产。水产品流通的基本功能是以货币为媒介使水产品从生产领域转入消费领域,实现水产品的价值与使用价值,沟通渔业生产与水产品消费的有机联系。渔业生产是水产品流通的经济基础,没有渔业生产,就没有水产品流通,渔业生产决定水产品流通。但渔业生产也离不开水产品流通,即没有水产品流通,渔业生产就无法持续地进行下去。这是因为不但渔业生产所需物资是由水产品流通提供的,而且在一定条件下渔业生产的规模和发展方向也要由水产品流通来决定。可见,水产品流通是渔业生产可持续发展的重要环节,体现着市场对渔业资源配置的决定性作用。

为此,要求有关部门采取有效措施,建立健全水产品市场法规,规范交易行为,坚持和不断完善渔业产销一体化管理体制,积极发展海上冷藏加工,实现产地和销地有效对接,加快水产品冷链物流体系和批发市场建设,完善水产品市场布局、设施、服务功能,强化产品市场信息服务,降低流通成本,提高流通效率。沿海重点渔区要创造条件,建立外向型的水产品贸易市场。充分利用国内外"两种资源、两个市场",保持水产品国际贸易稳定协调发展。

中国已是世界水产品国际贸易大国,突显水产品加工和流通在渔业中的重要地位。现代水产品加工体系和现代水产品流通体系与现代渔业生产体系一样,已成为现代渔业体系的 3 大组成部分之一。在日后修订《渔业法》时应充实有关水产品加工和流通的条款。

五、 强化渔业法制管理

（一）依法加强渔业渔政管理体系和能力建设

依法加强渔业渔政管理体系和管理能力的建设是坚持依法治渔,实现渔业可持续发展的本质要求和重要保障。《渔业法》规定了渔业行政主管部门及其所属的渔政监督管理机构的设置原则及其基本职责,县级以上人民政府要按照《渔业法》的规定,建立权责统一、权威高效的渔业行政体制,切实加强本级渔业管理机构的建设,培养 1 支权责法定、执法严明、公开公正、廉洁高效、守法诚信的管理队伍,配备具有快速反应能力的现代化管理设施和手段,强化渔业行政管理体制和执法体系,为强化渔业法制管理,实现渔业治理体系和治理能力现代化提供坚实的组织保证和能力保证。

(二)依法严格渔业渔政行政管理和执法

渔业行政主管部门及其所属的渔政监督管理机构要根据不同层级的职责和权能,按照机构、职能、权限、程序、责任法定化的原则,合理配置渔业管理和渔政执法力量,认真贯彻执行《渔业法》等有关法律、法规,树立渔业可持续发展的观念,正确处理好渔业资源开发利用与保护的关系,依法保护好渔业资源、珍稀濒危水生野生动植物资源和渔业生态环境。各级政府要采取切实措施,组织好伏季休渔,要通过社会综合治理,组织渔业、海警、公安(边防)等部门集中力量严厉打击电鱼、炸鱼、毒鱼等严重破坏渔业资源和生态环境的违法行为,维护正常的渔业生产秩序。要依法加强渔船和渔港水域安全管理,严格执行渔船登记和船舶进出渔港签证制度,清理取缔"三无"渔船,严厉打击利用渔船进行走私、抢劫、偷渡等违法行为。要加强涉外渔业管理,作到发展生产与安全管理并重,维护渔民的合法权益和国家的海洋渔业权益。要注意发挥村委会、渔民协会的作用,引导他们积极配合渔政渔港监督管理机构加强渔业管理。

各级渔业渔政管理部门要完善执法程序,推进综合执法,严格执法责任。要严格实行渔政行政执法人员持证上岗和资格管理制度,未经执法资格考试合格,不得授予执法资格,不得从事渔政执法活动。

第三节　渔业法的基本原则

一、主要渔业自然资源国有原则

宪法规定:"矿藏、水流、森林、山岭、草原、荒地、滩涂等自然资源,都属于国家所有,即全民所有;由法律规定属于集体所有的森林和山岭、草原、荒地、滩涂除外。"《物权法》规定:"水流、海域属于国家所有。"《海域使用管理法》规定:"海域属于国家所有"。《野生动物法》规定:"野生动物资源属于国家所有。"按照《专属经济区和大陆架法》的规定,专属经济区内的一切生物资源和大陆架上的定居种生物资源均属于国家所有。依照这些规定,江河、湖泊、大中型水库、内海水、领海、专属经济区、大陆架及国家管辖的一切其他海域内的生物资源和渔业资源都属于国家所有。

宪法规定:"国家保障自然资源的合理利用,保护珍贵的动物和植物。禁止任何组织或者个人用任何手段侵占或者破坏自然资源。"《民法通则》规定:"国家财产神圣不可侵犯,禁止任何组织或者个人侵占、哄抢、私分、截留、破坏。"坚持国家对水生生物资源和渔业资源的所有权,由国务院代表国家行使渔业自然资源所有权,禁止任何组织或者个人侵占或者破坏,这是渔业法的法律基础及设定渔业资源使用权和有偿使用制度的法律依据。

二、 渔业自然资源的三权分置原则

国家对渔业自然资源的所有权,表现为国家对渔业自然资源享有占有、使用、收益、处分和排除他人干涉的权利。在一般情况下,国家并不直接使用渔业自然资源。《民法通则》规定:"国家所有的森林、山岭、草原、荒地、滩涂、水面等自然资源,可以依法由全民所有制单位使用,也可以依法确定给集体所有制单位使用,国家保护它的使用、收益的权利"。《物权法》规定:"国家所有或者国家所有由集体使用⋯⋯的自然资源,单位、个人依法可以占有、使用和收益。""农民集体所有和国家所有由农民集体使用的耕地、林地、草地以及其他用于农业的土地,依法实行土地承包经营制度。""土地承包经营权人依法对其承包经营的耕地、林地、草地等享有占有、使用和收益的权利,有权从事种植业、林业、畜牧业等农业生产。"

《渔业法》《野生动物保护法》和《海域使用管理法》按照所有权、使用权、经营权分置的原则,分别对国家所有的渔业自然资源、野生水生动物资源和海域资源由单位和个人开发利用作了相应规定。所谓渔业自然资源的使用权,是指单位或者个人在法律规定的范围内,占有、使用国家所有的渔业自然资源并取得收益的权利。渔业自然资源的使用权人应承担将开发利用渔业自然资源获得收益的 1 部分向所有权人交纳一定的费用,作为使用国有渔业自然资源的代价,也是国家作为渔业自然资源所有权人的权益在经济上的实现方式。

所谓渔业自然资源的经营权,是指单位或者个人通过承包合同取得的占有、使用集体所有的或者全民所有由农业集体经济组织使用的渔业自然资源并取得收益的权利。渔业自然资源的使用权和承包经营权受法律保护,任何单位和个人不得侵犯。但这些权利的行使不得损害国家或集体作为渔业自然资源所有权人的权益。

实行这 1 原则适应社会主义市场经济的需要,有利于实现"物尽其用",优化资源配置,使有限的渔业自然资源发挥最大的价值,有利于调动使用权人和经营权人管理、保护、合理利用渔业自然资源的积极性,有利于维护渔业自然资源所有者权益,有利于社会利益分配的公平合理,有利于提高渔业自然资源的使用率,促进渔业的健康发展。

三、 资源利用与生态保护相结合原则

《渔业法》第一条将"加强渔业资源的保护、增殖"列为其立法目的的首位。《海洋环境保护法》规定:"开发利用海洋资源,⋯⋯不得造成海洋生态环境破坏。""对具有重要经济、社会价值的已遭到破坏的海洋生态,应当进行整治和恢复"。开发利用渔业自然资源,必须依据水生生态系统的承载能力,在维护生态平衡的前提下,合理地进行。否则,如果违背自然生态规律,盲目开发、滥用,必将造成极为严重的后果。在处理渔业资源开

发利用与渔业资源和渔业生态环境保护这对矛盾时,既要考虑经济效益,又要考虑生态效益;既要考虑眼前的经济效益,又要考虑长远的生态效益;既要考虑局部的经济效益,又要考虑整体的生态效益。

要在处理好这3个关系的前提下,坚持生态优先、开发有序,保护中开发,开发中保护,以控制不合理的开发活动为重点,合理开发利用渔业自然资源,严格控制并逐步减轻捕捞强度,大力推广生态养殖方式,建立外来物种监控和预警机制。同时,要强化对渔业自然资源和渔业水域生态环境的保护,防治污染,努力遏制渔业生态恶化的趋势,逐步改善渔业水域的生态环境质量,促进处于衰退中渔业自然资源的生态恢复;对一些重要的渔业资源,还要采取人工增殖措施,以弥补天然资源的不足,不断提升渔业可持续发展能力。

四、 转方式与调结构相结合原则

改革开放前的30年,在渔业管理和发展的指导思想上,存在着重捕捞、轻养殖,片面强调捕捞,忽视保护和增殖资源的倾向。由于设备落后,技术水平低,渔船到不了深海、远洋。近海捕捞能力成倍增长,渔场却没有相应扩大,片面强调高产,盲目大量发展底拖网作业。养殖设备简陋,发展缓慢,人工增殖尚未开展。水产品加工仍处于"一把刀,一把盐"的落后状态,腐烂损失严重。渔业长期沿袭浪费资源、破坏环境、结构失调的粗放型的发展方式,造成内水和近海传统优质渔业品种资源衰退,渔获物的低龄化、小型化、低值化现象严重,捕捞生产效率和经济效益明显下降,渔业水域生态环境不断恶化,水域生产力急剧下降。

为尽快把这种状况改变过来,开创渔业的新局面,必须以加快转变渔业发展方式为主线,努力推动渔业生产由数量为主向数量和质量并重方向转变,并加快渔业产业结构和生产作业结构的调整,实现水产养殖业、增殖渔业、捕捞业、休闲渔业、加工业和流通业各业配置得当,均衡发展,各项产业的不同作业方式得到合理应用,以不断提高渔业的经济效益和生态效益。

《渔业法》有关立法目的、渔业生产方针及相应的制度的规定,都体现了这1原则的要求。以强化水产品质量安全、渔业生态安全和安全生产为着力点,始终把确保水产品安全有效供给和渔民收入持续较快增长作为首要任务。目前,渔业发展方式仍然粗放,破坏性的捕捞做法和不可持续的水产养殖做法经常可见,压缩捕捞能力和促进捕捞渔民转业转产工作面临诸多挑战,凸显转方式与调结构的紧迫性和艰巨性。

保障水产品供给,满足城乡居民日益增长的水产品消费需求,是渔业发展的基本任务。水产品质量安全关系城乡居民的身体健康,关系行业发展的兴衰成败。要在确保水产品有效供给的基础上,将质量安全摆在更加突出的位置。这是《渔业法》的短板。

五、 科学规划与合理布局原则

渔业负有经济、社会和环境责任,能否实现可持续发展主要取决于以下方面:维持健康、具有生产力和复原力的生态系统;可持续地管理捕鱼和水产养殖;在收获、加工、运输和最终消费过程中最大限度减少浪费做法；从资源产地直到资源消费产业链各环节的无缝衔接；渔业部门内外利益攸关方的协调发展。而过度开发、非法捕捞、不可持续的捕捞和水产养殖方法、污染、生境破坏、气候变化、海洋酸化、渔业资源用户间以及这些用户与其他行业用户之间对生境、资源获取和鱼类利用方面的互相竞争等因素则对渔业可持续发展构成压力和挑战。

为有效应对上述各个要素需要适当程度的人员、机制和系统能力，更需要采用综合生态系统方法，开展多学科、跨部门合作与协调，实行统筹管理，包括建立和实施渔业资源调查制度、渔业统计制度和渔业发展规划。渔业发展规划是依照法定权限和程序，根据渔业法律、法规，遵照国家发展渔业的基本方针政策及国民经济和社会发展计划，在调查研究、科学论证和综合平衡的基础上，对规划期内渔业发展的目标、指标、任务、实施和保障措施做出的全面部署和安排，是指导渔业管理和发展的纲领性文件，是渔业管理的有效工具。

《渔业法》规定："各级人民政府应当把渔业生产纳入国民经济发展计划，采取措施，加强水域的统一规划和综合利用"，"国家对水域利用进行统一规划，确定可以用于养殖业的水域和滩涂。"对水域利用的统一规划属于渔业专项规划，渔业发展规划应当与水域利用的统一规划相衔接。

水域利用的统一规划应包括渔业水域的划定及其各部分的功能定位，这应符合对发展渔业捕捞、养殖、增殖、休闲渔业和渔港及渔业自然保护区建设的合理布局。作为渔业发展规划的深化和延伸，水产品加工和流通市场也需做到合理布局。

坚持科学规划、合理布局原则，使渔业生产、加工、流通和资源养护和管理符合自然规律、经济规律和生态规律，这有利于资源优化配置，有利于保护环境，有利于渔业生产经营者和水产品消费者，是发展现代渔业的内在要求。

六、 政府负责与部门协调原则

省级人民政府要对其管辖或控制范围内的渔业管理和发展工作负总责，逐级落实责任制，建立协调机制，强化渔业行政管理体制和执法体系。地方各级人民政府要将渔业发展纳入当地经济和社会发展规划，明确发展目标，研究制定本地区促进渔业发展的实施方案。

各有关部门要认真履行职责，密切配合，加强工作指导，加大工作力度，积极落实各项政策措施；进一步改进渔业服务，精简行政审批事项和程序，减少办证数量，坚决制止涉渔乱收费等侵害渔民合法权益的行为，切实减轻渔民负担。发展改革、财政部门要落实加快渔业发展的资金。渔业部门要认真履行规划指导、监督管理、协调服务职能，作好渔业管理和发展及生态保护工作。

参考文献

[1] 姜明安.行政法与行政诉讼法[M].北京:北京大学出版社,1999.

［2］当代中国的水产业编委会.当代中国的水产业[M].北京:当代中国出版社,1991.

［3］中国农业部渔业局.中国渔业五十年大事记[G].北京:中国农业出版社,1999.

［4］中共中央、国务院关于放宽政策、加速发展水产业的指示[J].中国水产,1985(4).

［5］国务院法制局.中华人民共和国现行法规汇编(1949-1985 农林卷)[G].北京:人民出版社,1987.

［6］国家海洋局,中国海洋学会.我国海洋开发战略研究论文集[G].北京(内部资料).1985:121.

第十九章　渔业行政管理体制机制

　　完善的渔业行政管理体制机制是推进依法治渔的组织保证。《渔业法》规定，国务院渔业行政主管部门主管全国的渔业工作。县级以上地方人民政府渔业行政主管部门主管本行政区域内的渔业工作。为有利于渔场利用矛盾的解决，根据宪法关于中央和地方的国家机构职权的划分应充分发挥中央和地方两个积极性的精神，《渔业法》规定国家对渔业的监督管理实行"统一领导、分级管理"。

　　按照这 1 原则，对海洋渔业，以国务院划定的"机动渔船底拖网禁渔区线"为界限，其外侧属于中国管辖海域的渔业，由国务院渔业行政主管部门监督管理；内侧海域的渔业，原则上由毗邻海域的省、自治区、直辖市人民政府渔业行政主管部门监督管理。江河、湖泊等内陆水域的渔业，按照行政区划由有关县级以上地方人民政府渔业行政主管部门监督管理。

　　为适应渔业监督管理的需要，县级以上人民政府渔业行政主管部门可以在重要渔业水域、渔港设渔政监督管理机构。为加强"机动渔船底拖网禁渔区线"外侧专属经济区的渔政巡航和渔业执法，农业部建立了中国渔政指挥中心和 3 个海区渔政局。

　　2013 年根据国务院机构改革和职能转变方案，农业部渔政指挥中心和各海区渔政局被整合并入中国海警局序列。由海警局承担"机动渔船底拖网禁渔区线"外侧中国专属经济区的渔业执法检查工作。

第一节　渔业行政管理体制

一、　渔业管理体制的概念

渔业管理,就是运用法律的、行政的、经济的、教育的、科学技术的等各种手段,对渔业生产及相关活动进行规划指导、监督管理、协调服务,确保渔业法律、法规及国家渔业管理和发展战略、方针政策的执行,实现渔业可持续发展,使渔业与国家经济社会发展相协调。

渔业管理体制是指国家为了执行渔业管理职能而确立的国家机关管理渔业事务的职能配置系统。

二、　广义渔业管理体制

在广义上,渔业管理体制,包括国家权力机关、行政机关和司法机关管理渔业事务的职能配置。

在国家权力机关中,全国人大及其常委会行使宪法赋予的国家立法权以及对最高国家行政机关和最高国家司法机关的监督权,履行渔业管理职能。如制定、修改《渔业法》,审查国民经济和社会发展计划及政府工作报告中有关渔业的内容,对《渔业法》的实施情况进行监督检查。地方人大及其常委会行使宪法和《地方组织法》赋予的地方立法权和对本级人民政府、人民法院和人民检察院工作的监督权,履行渔业管理职能。如制定渔业地方性法规,讨论决定有关渔业的重大事项,监督检查国家和地方渔业法规的贯彻执行情况等。

行政机关,包括国务院和各级地方人民政府及其组成部门,通过行使行政管理权而履行其渔业管理职能。行政机关有广泛的渔业管理职责,担负着大量、具体、日常的渔业管理工作。国家渔业管理职能主要是通过行政机关行使的。法律法规也经常直接授予行政机关以渔业管理职权。因此,可以说,行政机关在渔业管理体制中是最主要、最活跃的组成部分。

在司法机关中,人民法院通过行使审判权,维护和实施渔业法律法规,判决渔业纠纷案件,制裁违反渔业法律法规的行为,审理渔业行政诉讼案件,以履行其渔业管理职能。人民检察院通过行使监察权,维护和实施渔业法律法规,惩治渔业违法犯罪分子,履行其渔业管理职能。

三、　人民政府管理渔业的职权

宪法第八十九条规定,国务院行使"领导和管理经济工作"的职权。宪法第一零七条和《地方组织法》第五十九条规定,地方各级人民政府行使"管理本行政区域内的经济"事

业的职权。渔业是经济事业的组成部分,国务院和地方各级人民政府依法负有管理渔业工作的重要职责。

省、自治区、直辖市人民政府在国务院领导下要对本地区渔业发展工作负总责,逐级落实责任制,建立协调机制,强化渔业行政管理体制和执法体系。地方各级人民政府要将渔业发展纳入当地经济和社会发展规划,明确发展目标,研究制定本地区促进渔业发展的实施方案。

《渔业法》对国务院和地方人民政府的具体权力和责任作了以下规定:

1. 第三条第二款:"各级人民政府应当把渔业生产纳入国民经济发展计划,采取措施,加强水域的统一规划和综合利用。"

2. 第五条:"在增殖和保护渔业资源、发展渔业生产、进行渔业科学技术研究等方面成绩显著的单位和个人,由各级人民政府给予精神的或者物质的奖励。"

3. 第十一条第一款:"单位和个人使用国家规划确定用于养殖业的全民所有的水域、滩涂的,使用者应当向县级以上地方人民政府渔业行政主管部门提出申请,由本级人民政府核发养殖证,许可其使用该水域、滩涂从事养殖生产。"

4. 第十二条:"县级以上地方人民政府在核发养殖证时,应当优先安排当地的渔业生产者。"

5. 第十五条:"县级以上地方人民政府应当采取措施,加强对商品鱼生产基地和城市郊区重要养殖水域的保护"。

6. 第二十七条:"县级以上地方人民政府应当对位于本行政区域内的渔港加强监督管理,维护渔港的正常秩序。"

7. 第三十四条:"沿海滩涂未经县级以上人民政府批准,不得围垦"。

8. 第三十五条:"进行水下爆破、勘探、施工作业,……造成渔业资源损失的,由有关县级以上人民政府责令赔偿。"

9. 第三十六条第一款:"各级人民政府应当采取措施,保护和改善渔业水域的生态环境,防治污染。"

四、 渔业行政管理体制

渔业行政管理体制是指国家行政机关内确立的对渔业工作实行管理的组织设置及其职能配置系统。渔业行政管理体制完善与否,直接影响着国家的渔业管理效率和渔业执法效能。渔业管理水平的高低,与渔业行政管理体制有密切关系。1个完善、合理的体制,不仅为渔业法律、法规和方针政策的贯彻执行提供了组织保证,而且,在相当大的程度上,可以弥补由于技术不发达、法规政策不完善带来的困难。

《渔业法》第六条规定:"国务院渔业行政主管部门主管全国的渔业工作。县级以上地方人民政府渔业行政主管部门主管本行政区域内的渔业工作。县级以上人民政府渔业行政主管部门可以在重要渔业水域、渔港设渔政监督管理机构。县级以上人民政府渔业行政主管部门及其所属的渔政监督管理机构可以设渔政检查人员。渔政检查人员执行渔业行政主管部门及其所属的渔政监督管理机构交付的任务。"

《渔业法实施细则》第八条规定:"渔业行政主管部门及其所属的渔政渔港管理机构,应当与公安、海监、交通、环保、工商行政管理等有关部门相互协作,监督检查渔业法规的施行。"

《海域使用管理法》、《水法》、《海洋环境保护法》和《水污染防治法》都有关于渔业的规定。海洋、水、环境保护和海事行政主管部门依照有关法律的规定对渔业资源保护和渔业水域污染防治实施监督管理。

概括上述规定,中国对渔业的管理实行的是人大立法监督,政府组织实施,渔业行政主管部门按照"统一领导、分级管理"的原则进行监督管理,有关职能部门履行法定职责,与渔业行政主管部门协调配合的体制。这1体制反映了中央和地方、主管部门和有关部门的"条条"与"块块"的有机联系,有利于在国家统一领导下,充分发挥各地区、各部门的积极性,形成对渔业有效实施监督管理的整体效能。

五、 统一领导和分级管理

(一)《渔业法》的规定

《渔业法》第七条第一款规定:"国家对渔业的监督管理,实行统一领导、分级管理。"统一领导是指对渔业的监督管理应统一法规,统一政策、统一制度、统一标准,统一程序,全国的渔业工作由国务院渔业行政主管部门管理和领导。但鉴于多年来,渔场利用矛盾突出,海区之间,各省、市、自治区之间,常常为了维护自己的利益,互相限制和反限制。为此,根据简政放权和充分发挥中央、地方两个积极性的精神,《渔业法》第七条第二、三款规定:"海洋渔业,除国务院划定由国务院渔业行政主管部门及其所属的渔政监督管理机构监督管理的海域和特定渔业资源渔场外,由毗邻海域的省、自治区、直辖市人民政府渔业行政主管部门监督管理。""江河、湖泊等水域的渔业,按照行政区划由有关县级以上人民政府渔业行政主管部门监督管理;跨行政区域的,由有关县级以上地方人民政府协商制定管理办法,或者由上一级人民政府渔业行政主管部门及其所属的渔政监督管理机构监督管理。"

(二)《渔业法实施细则》的规定

为有效执行《渔业法》第七条,《渔业法实施细则》第三、四条作了以下细化和补充规定:

"国务院划定的"机动渔船底拖网禁渔区线"外侧,属于中华人民共和国管辖海域的渔业,由国务院渔业行政主管部门及其所属的海区渔政管理机构监督管理;国务院划定的"机动渔船底拖网禁渔区线"内侧海域的渔业,除国家另有规定者外,由毗邻海域的省、自治区、直辖市人民政府渔业行政主管部门监督管理。

"国务院划定的"机动渔船底拖网禁渔区线"内侧海域的渔业,由有关省、自治区、直辖市人民政府渔业行政主管部门协商划定监督管理范围;划定监督管理范围有困难的,可划叠区或者共管区管理,必要时由国务院渔业行政主管部门决定。

"重要的、洄游性的共用渔业资源,由国家统一管理;定居性的、小宗的渔业资源,由地方人民政府渔业行政主管部门管理。

"内陆水域渔业,按照行政区划由当地县级以上地方人民政府渔业行政主管部门监督管理；跨行政区域的内陆水域渔业，由有关县级以上地方人民政府协商制定管理办法，或者由上一级人民政府渔业行政主管部门及其所属的渔政监督管理机构监督管理；跨省、自治区、直辖市的大型江河渔业，可以由国务院渔业行政主管部门监督管理。"

《渔业法实施细则》的上列规定，以"国务院划定的'机动渔船底拖网禁渔区线'"为分界线，对国务院渔业行政主管部门和地方渔业行政主管部门对海洋渔业的管辖范围作了明确划分。

所谓"国务院划定的'机动渔船底拖网禁渔区线'"是指 1955 年国务院《关于渤海、黄海及东海机轮拖网渔业禁渔区的命令》、1957 年国务院《关于渤海、黄海及东海机轮拖网渔业禁渔区的命令的补充规定》和 1980 年国务院、中央军委批转国家水产总局《关于划定南海区和福建省沿海机动渔船底拖网禁渔区线的意见》划定的机动渔船底拖网禁渔区线的连接线。

国务院划定的"机动渔船底拖网禁渔区线"在黄海、东海和南海与大陆领海外部界限大致重合，这意味着该线内侧海域大体为内水和领海，其渔业由毗邻海域的省、自治区、直辖市人民政府渔业行政主管部门监督管理；外侧海域为专属经济区，由国务院渔业行政主管部门及其所属的海区渔政局监督管理。

但《渔业法实施细则》第五条规定，该线内侧海域中"舟山渔场冬季带鱼汛，浙江渔场大黄渔汛、闽东、闽中渔场大黄鱼汛，吕泗渔场大黄鱼、小黄鱼、鲳鱼汛，渤渔渔场秋季对虾汛等主要渔场、渔讯和跨海区管理线的捕捞作业，由国务院渔业行政主管部门或其授权单位安排。"

（三）《渔业法实施细则》有关规定的问题和完善

《渔业法实施细则》关于海洋渔业的分级管理，实行以"机动渔船底拖网禁渔区线"内、外侧海域来划分国家和地方两级的监管范围的规定对执行《渔业法》确立的统一领导、分级管理的监管原则发挥了积极作用。但多年实践表明，该体制也存在一些不容忽视的问题：

（1）随着新的海洋管理制度的确立，我国与邻近国家相继签定了双边渔业协定，建立了共同管理的渔区或过渡水域等制度安排，同时，海洋伏季休渔制度已在全国沿海全面、深入地实施，禁渔区线外侧海域渔业的监管任务日趋繁重，仅仅依靠国务院渔业行政主管部门及其所属的海区渔政监督管理机构监管，难以满足和适应繁重监管任务的需要。

（2）对禁渔区线内侧海域的渔业，按原规定只能由省级渔业行政主管部门进行监督，既不符合多年来的监管实际，也不利于发挥市、县两级渔业行政主管部门的积极作用。

（3）2002 年国务院决定勘定省、县两级海域行政区域界线，海域勘界的范围为我国管辖内海和领海，界线的起点从陆域勘界向海 1 侧的终点开始，界线的终点止于领海的外部界限。其中，渤海和琼州海峡区域，从起点向海止于 12 海里处；琼州海峡窄于 24 海里区域，从起点向海止于海峡中间线。[1] 国务院已经批准了部分沿海省、自治区、直辖市之间的行政区域界线（省际线）和多个省（区、市）的县际线。

（4）事实上，此条规定也多为地方立法所突破，形成省、市、县共管的现状。

鉴于这种情况，在保留按禁渔区线内、外侧海域为原则划定监管范围和权限的基础上，应作必要的补充、完善，如：对禁渔区线内侧海域的渔业，可增加省（区、市）渔业行政主管部门可根据需要授权毗邻海域县级以上地方人民政府渔业行政主管部门及其所属的渔政监督管理机构进行监督管理的规定。

六、渔政监督管理机构

渔政，在广义上是指渔业行政管理，狭义上是指对渔业的行政执法。渔政管理的中心任务是保证国家渔业及其他有关法律法规的贯彻执行；合理利用和保护、增殖渔业资源；保护渔业生态环境；对内维护渔业生产的正常秩序；对外代表国家维护国家渔业权益。

渔政监督管理机构是渔业行政执法部门，其主要职责是依据渔业及其他有关法律法规对渔业资源、水域环境、渔船、渔港和渔业电信实施监督管理。

国务院渔业行政主管部门和县级以上地方人民政府渔业行政主管部门设渔政监督管理机构，渔业产量少的地方可设渔政员。重要渔港可设渔港监督管理机构。按照《渔业法》第八条，国务院渔业行政主管部门渔政监督管理机构，对外称国家渔政渔港监督管理机构。

第二节　国务院渔业行政主管部门

一、沿革

国务院渔业行政主管部门或《海洋环境保护法》中所称国家渔业行政主管部门，是指中央人民政府主管全国渔业工作的部、委员会。

1949 年 11 月 1 日政务院各机构正式办公，水产工作归属农业部领导。

1949 年 12 月 13 日中共中央财经委员会决定水产工作由农业部划归食品工业部管理。

1949 年 12 月 16 日农业部将水产工作正式移交给食品工业部。食品工业部下设渔业组。

1950 年 12 月 4 日政务院决定撤销食品工业部，成立轻工业部，渔业组随同其他食品机构并入轻工业部。

1950 年 12 月 14 日轻工业部将渔业工作又划归农业部，农业部下设水产处。

1953 年 1 月 1 日农业部在水产处的基础上设立水产管理总局。

1955 年 11 月 10 日农业部水产管理总局划归商业部领导，成立商业部水产管理总局。

1956 年 5 月 30 日第一届全国人民代表大会常务委员会四十次会议决定设立中华人民共和国水产部。

1970 年 5 月 1 日国务院农林办公室、中共中央农林政治部、农业部、林业部、水产部、农垦部合并成立农林部。农林部下设水产组。

1971 年 4 月农林部在水产组的基础上成立水产局。

1978年3月16日国务院决定成立国家水产总局,由农林部代管。

1978年5月22日国务院决定国家水产总局划归国务院财贸小组代管。

1979年2月23日第五届全国人民代表大会常务委员会第六次会议决定,设立国家农业委员会,撤销农林部,设立农业部。

1979年12月25日国务院决定国家水产总局划归国家农业委员会代管。

1982年5月4日第五届全国人民代表大会常务委员会第二十三次会议通过《关于国务院部委机构改革实施方案的决议》,决定撤销国家农业委员会,将农业部、农垦部、国家水产总局合并,设立农牧渔业部。农牧渔业部下设水产总局、渔政渔港监督管理局。

1982年7月17日国务院批复农牧渔业部《关于机构改革的报告》,将水产总局改为水产局。

1988年4月9日第七届全国人民代表大会第一次会议决定将农牧渔业部更名为农业部。农业部下设水产局、渔政渔港监督管理局(中华人民共和国渔政渔港监督管理局)。[2]382-383

此后,法律上所称的国务院渔业行政主管部门一直是农业部。

二、 职能

根据1988年4月9日第七届全国人民代表大会第一次会议的决定,作为国务院渔业行政主管部门的农业部主管全国的渔业工作。按照2008年国务院批准的《农业部主要职责内设机构和人员编制规定》的规定,农业部有关渔业工作的职责主要有:

(1)拟订渔业发展战略、中长期发展规划,经批准后组织实施,参与涉渔的财税、价格、金融保险、进出口等政策制定,组织起草渔业的法律、法规草案,制定渔业规章、标准,推进渔业依法行政。

(2)拟订渔业产业化经营的发展规划与政策并组织实施,指导、扶持渔业社会化服务体系、渔民专业合作社和水产品行业协会的建设与发展,培育壮大渔民专业合作社和渔业龙头企业,引导龙头企业与合作组织有效对接。

(3)指导水产品生产,组织落实促进水产品生产发展的相关政策措施,引导渔业产业结构调整和水产品品质的改善。

(4)促进渔业产前、产中、产后一体化发展,组织拟订促进水产品加工业发展政策、规划并组织实施,指导水产品加工业结构调整、技术创新和服务体系建设,提出促进水产品流通的政策建议,研究制定水产品市场体系建设与发展规划,培育、保护和发展水产品品牌。

(5)负责水产品质量安全监测,参与制订水产品质量安全国家标准并会同有关部门组织实施,依法实施符合安全标准的水产品认证和监督管理,组织水产品质量安全的监督管理。

(6)依法开展水产苗种、渔用兽药、饲料、饲料添加剂的许可及监督管理。制订兽药质量、兽药残留限量和残留检测方法国家标准并按规定发布,依法负责渔船、渔机、网具的监督管理。

(7)组织渔业资源区划工作,指导渔业水域及水产生物物种资源的保护和管理,负责水生野生动植物保护工作。

（8）会同有关部门处理重大涉外渔事纠纷，维护国家海洋和淡水管辖水域渔业权益，负责远洋渔业管理，代表国家行使渔船检验和渔政、渔港监督管理权。

（9）制定并实施渔业生态建设规划，指导渔业生产作业节能减排，承担指导渔业面源污染治理有关工作，指导生态渔业的发展，负责保护渔业水域生态环境，牵头管理外来水生物种。

（10）承办政府间渔业涉外事务，开展有关国际经济、技术交流与合作，组织有关国际公约的履约和协定的执行。

（11）承办国务院交办的其他涉渔事项。[3]

三、2008 年国务院批准的农业部内设渔业管理机构和职责

（一）农业部管理渔业事务的机构

根据 2008 年国务院批准的《农业部主要职责内设机构和人员编制规定》，农业部内设渔业局（中华人民共和国渔政局），并规定：

（1）农业部履行的在黄渤海区、东海区、南海区的渔政渔港监督管理职责，分别由农业部黄渤海区渔政局（中华人民共和国黄渤海区渔政局）、农业部东海区渔政局（中华人民共和国东海区渔政局）、农业部南海区渔政局（中华人民共和国南海区渔政局）承担。

（2）农业部履行的渔船检验和监督管理职责，由农业部渔业船舶检验局（中华人民共和国渔业船舶检验局）承担。

（3）农业部履行的渔政管理具体行政执法及队伍建设职责，由农业部渔政指挥中心（中国渔政指挥中心）承担。[3]

按此规定，农业部内设管理渔业事务的机构如图 19-1 所示：

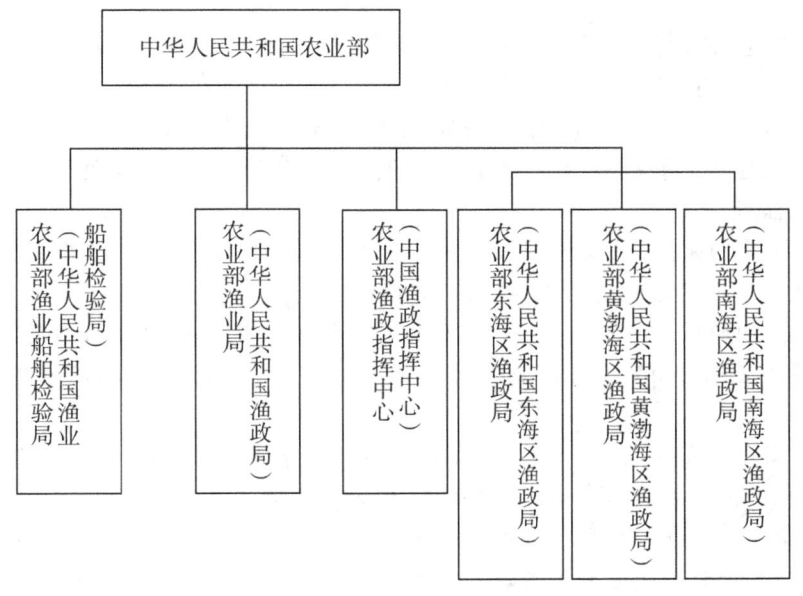

图 19-1　2008 年国务院批准的农业部内设渔业管理机构一览图

（二）农业部渔业局（中华人民共和国渔政局）

1988年12月21日农业部水产局更名为农业部水产司。1994年6月28日农业部水产司和渔政渔港监督管理局合并，成立农业部渔业局（中华人民共和国渔政渔港监督管理局）。[2]383 2008年7月10日经国务院批准，农业部渔业局（中华人民共和国渔政渔港监督管理局）更名为农业部渔业局（中华人民共和国渔政局），并规定农业部渔业局是农业部的组成部门。其主要职责是：

（1）拟订渔业发展的政策、规划、计划并组织实施。

（2）保护和合理开发利用渔业资源，指导渔业标准化生产和健康养殖。

（3）组织水生动植物病害防控工作。

（4）承办重大涉外渔事纠纷处理工作。

（5）承担维护国家海洋和淡水管辖水域渔业权益的工作。

（6）承担远洋渔业管理工作。

（7）组织渔业水域生态环境及水生野生动植物保护。

（8）指导水产品加工流通。

（9）监督执行国际渔业条约，代表国家行使渔政渔港监督管理权。

（10）指导渔业安全生产。[3]

（三）农业部渔政指挥中心（中国渔政指挥中心）

为适应国际海洋管理制度重大变化，进一步加强全国重大渔业行政执法行动的组织协调和渔政队伍建设的需要，2000年5月17日经中央机构编制委员会办公室批准，成立农业部渔政指挥中心（中国渔政指挥中心），由其承担农业部履行的渔政管理具体行政执法及队伍建设职责。农业部渔政指挥中心（中国渔政指挥中心）是直属农业部的正局级机构，其职责为：

（1）受农业部委托，承担全国渔业统一综合执法行动的指挥、协调任务，根据农业部授权，对重大渔业违规案件进行调查处理。

（2）承担专属经济区渔业执法检查的指挥工作；根据双边渔业协定对共管水域组织实施渔业执法检查；受农业部委托组织和协调有关国家和地区对口渔业执法机构，开展海上联合执法检查。

（3）组织实施跨海区、跨流域、跨省（自治区、直辖市）和边境水域的渔业执法行动。负责拟定重要渔业执法检查计划，经批准后组织实施。

（4）承担渔业重大事故、纠纷、突发事件和涉外事件的处理、统计和分析，负责应急值班的日常管理工作。负责渔船间重大水上交通事故的调查处理工作，参与调查处理渔业污染事故。

（5）承担全国渔业无线电通信、导航的业务技术指导工作；拟定全国渔政管理指挥系统建设计划，经批准后实施。具体承担系统建设、管理和维护工作。

（6）受渔业局委托，组织指导全国渔业行政执法队伍建设工作。负责渔业执法证件和制服管理，承担有关执法装备的政府采购工作。负责重大渔政基本建设项目执行情况的监督检查。

（7）受渔业局委托，承担全国水生野生动植物保护管理及执法检查工作。

（8）承办农业部交办的其他事项。[4]

（四）海区渔政局

农业部履行的在黄渤海区、东海区、南海区的渔政渔港监督管理职责，分别由农业部黄渤海区渔政局（中华人民共和国黄渤海区渔政局）、农业部东海区渔政局（中华人民共和国东海区渔政局）、农业部南海区渔政局（中华人民共和国南海区渔政局）承担。

1969年3月周恩来总理对沿海3大渔汛的领导问题指示："渔汛到哪里，应由哪个省管起来。"[2]91 1970年3月国务院、中央军委批准成立黄渤海区渔业生产联合指挥部[2]92。1973年12月5日国务院、中央军委同意恢复东海区渔业指挥部[2]106，并明确海区渔业指挥部在国务院和中央军委领导下进行工作，对各省市渔业指挥部是领导关系；水产业务工作，归农林部管理；涉外事件由各省市党委处理或报请中央；有关军事方面的问题，由军事系统处理。1974年4月9日国务院、中央军委同意成立南海区渔业指挥部[2]107。1983年9月1日国务院对批转《关于发展海洋渔业若干问题的报告》的通知（国发〔1983〕134号）决定黄渤海、东海、南海3个海区渔业指挥部改为农业部直属单位，加挂海区渔政分局牌子，代表国家管理各海区的渔政工作。[5]1988年4月各海区渔政分局改为农业部各海区渔政局。1994年机构改革后，南海、东海、黄渤海3个海区渔政局先后更名为农业部（南海、东海、黄渤海）区渔政渔港管理局，对外称"中华人民共和国（南海、东海、黄渤海）区渔政渔港管理局"。

2008年7月国务院批准《农业部主要职责内设机构和人员编制规定》，将农业部黄渤海区渔政渔港监督管理局（中华人民共和国黄渤海区渔政渔港监督管理局）更名为农业部黄渤海区渔政局（中华人民共和国黄渤海区渔政局）；农业部东海区渔政渔港监督管理局（中华人民共和国东海区渔政渔港监督管理局）更名为农业部东海区渔政局（中华人民共和国东海区渔政局）；农业部南海区渔政渔港监督管理局（中华人民共和国南海区渔政渔港监督管理局）更名为农业部南海区渔政局（中华人民共和国南海区渔政局）。

各海区渔政局业务工作归口农业部渔业局、中国渔政指挥中心管理，管辖范围分别是：

黄渤海区渔政局管辖辽宁、河北、天津、山东3省1市及黄河流域各省区。

东海区渔政局管辖江苏、上海、浙江、福建四省市及长江流域各省市。

南海区渔政局管辖广东、广西、海南3省区及珠江流域流域各省区。

各海区渔政局的职责主要是：

（1）参与研究并贯彻执行国家渔业发展的方针政策和法律法规，拟定区域性渔业资源保护及合理利用的措施、办法，并组织贯彻实施。

（2）根据法律授权和农业部委托，行使渔政渔港监督管理权；监督、检查渔业法律、法规及国际公约、双边或多边渔业协定在辖区内贯彻执行情况；组织实施渔业许可制度，审核、发放和注销渔业捕捞许可证、限额捕捞指标，征收渔业资源增殖保护费；会同有关部门依法调查处理重大渔业纠纷和涉外渔业事件；负责组织、指导、协调辖区内渔政渔港管理工作。

（3）组织协调开展辖区内渔业资源动态监测、调查评估和渔业资源增殖工作；参与组织协调重要渔场、渔汛生产安排和管理。

（4）组织辖区内渔业水域生态环境监测，研究提出渔业水域生态环境保护管理措施；会同有关部门调查处理跨界渔业水域重大污染事故。

（5）指导开展水生野生动植物保护管理工作；组织协调跨省水生野生动植物自然保

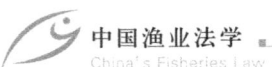
护区的管理;会同有关部门依法查处破坏水生野生动植物资源的事件。

(6)负责协调辖区内渔港水域港航安全秩序的监督管理;建立健全区域性渔船安全保障体系,协助海上遇难渔船救助。

(7)组织实施辖区内渔业无线电管理和渔业信息系统建设工作及渔业无线电报(话)务员的培训。

(8)组织、指导地方开展渔政渔港监督管理人员的业务培训,加强渔业执法队伍建设。

(五)农业部渔业船舶检验局(中华人民共和国渔业船舶检验局)

渔业船检验工作,1956开始由交通部负责。1957年交通部和水产部商定山东、河北两省渔船技术监督和检验丈量移交省水产部门接管,到1965年沿海省、自治区和直辖市先后设立了负责渔船检验的渔船管理站。1979年6月6日交通部、国家水产总局商定国家水产总局的渔船检验机构对外称"中华人民共和国船舶检验局渔业船舶分局"。[2]134 1990年6月11日经人事部批准农业部成立渔业船舶检验局,对外称"中华人民共和国船舶检验局渔业船舶分局",为部属正局级事业单位。[2]269 1995年11月21日经农业部批准,农业部渔业船舶检验局对外名称改为"中华人民共和国农业部渔业船舶检验局",各省、自治区、直辖市渔船检验机构对外名称也相应改为"中华人民共和国(省、自治区、直辖市)渔业船舶检验局"。[2]329 1999年3月22日中央机构编制委员会办公室批准农业部渔业船舶检验局对外名称由"中华人民共和国船舶检验局渔业船舶分局"改为"中华人民共和国渔业船舶检验局"。[2]373 1999年5月12日国务院批准中华人民共和国渔业船舶检验局启用中央刊国徽的"中华人民共和国渔业船舶检验局"印章。[2]375

渔业船舶检验局的职责为:

(1)贯彻执行国家有关渔业船舶检验的法律法规,履行有关国际公约的有关义务。

(2)起草渔业船舶检验的法律法规、渔业船舶及船用产品检验计费标准;起草渔业船舶法定检验规则,经农业部批准后组织实施;制定渔业船舶检验规范、规程、证书格式及指导性文件并监督实施。

(3)负责渔业船舶和船用产品法定检验及监督管理;处理渔业船舶检验中的重大技术问题、业务纠纷;组织协调有关国家和地区委托的渔业船舶检验业务;组织、协调、指导渔船公证检验业务。

(4)负责渔业船舶检验机构检验业务核定;承担渔业船舶注册验船师制度实施的相关工作;监督渔业船舶检验机构业务执行情况;监督验船人员依法检验与文明执法。

(5)负责渔业船舶的设计单位、修造企业及重要船用产品制造、维修企业、检测机构的认定和监督管理;承担渔业船舶船用锅炉压力容器的安全监察管理;指导渔业船舶修造企业特殊工种人员的培训、考核工作。

(6)拟定渔业船舶必须检验的重要设备、部件和材料目录,经农业部批准后组织实施;承担全国渔船标准的制、修订工作。

(7)承担全国渔船渔机渔具行业的指导工作。

(8)承办农业部交办的其他事项。[6]

四、2013 年国务院批准的农业部内设渔业管理机构和职责

（一）2013 年对农业部渔业管理职责和机构的调整

2013 年 3 月第十二届全国人民代表大会第一次会议批准的《国务院机构改革和职能转变方案》规定，"为推进海上统一执法，提高执法效能，将现国家海洋局及其中国海监、公安部边防海警、农业部中国渔政、海关总署海上缉私警察的队伍和职责整合，重新组建国家海洋局，由国土资源部管理。主要职责是，拟订海洋发展规划，实施海上维权执法，监督管理海域使用、海洋环境保护等。国家海洋局以中国海警局名义开展海上维权执法，接受公安部业务指导。"[7-8] 中国海警局官方英文名为 China Coast Guard。

据此，国务院对国家海洋局与农业部有关海洋渔业的职责分工做出如下调整：

（1）农业部负责组织拟订渔业政策、规划和标准，制定伏季休渔制度，发布禁渔令。国家海洋局参与拟订海洋渔业政策、规划和标准，开展机动渔船底拖网禁渔区线外侧和特定渔业资源渔场的渔业执法检查，对违法违规行为依法实施行政处罚，认为有必要吊销行政许可的，提请发证机关吊销。

（2）农业部负责政府间双边或多边渔业协定和与国际区域性渔业组织的谈判和履约工作。国家海洋局参与双边渔业谈判和履约工作，根据双边渔业协定对共管水域组织实施渔业执法检查，组织和协调与有关国家和地区对口渔业执法机构的海上联合执法检查。

（3）农业部组织国家海洋局等拟订保护海洋渔业水域生态环境的政策制度，组织开展海洋野生动植物资源调查，依法实施捕捉和驯养繁殖许可。农业部、国家海洋局共同提出海洋野生动植物自然保护区划定方案，国家海洋局负责执法检查，对违法违规行为依法实施行政处罚，认为有必要吊销行政许可的，提请发证机关吊销。[9]

按照以上规定，在国家整合海上执法力量的机构改革中，农业部渔政指挥中心（中国渔政指挥中心）及农业部黄渤海区渔政局、东海区渔政局和南海区渔政局一并从农业部划转出去，纳入中国海警局序列，由海警局负责"机动渔船底拖网禁渔区线"外侧渔场的渔业执法检查；农业部将不再负责禁渔区线外侧渔域的渔政执法工作，但禁渔区线内侧海域及内陆水域和边境水域仍由渔业部门以渔政的名义开展渔政监督管理和水生生物资源养护工作。

农业部渔业管理职责和机构经调整后，农业部管理渔业事务的机构如图 19-2 所示：

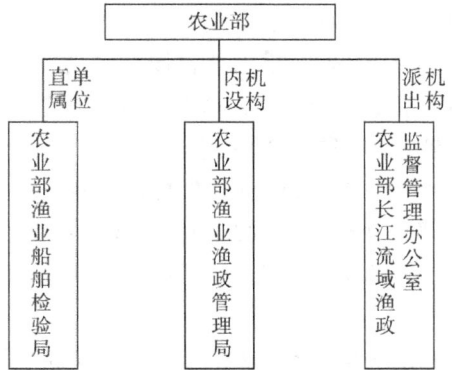

图 19-2　2013 年国务院批准的农业部内设渔业管理机构一览图

（二）农业部渔业渔政管理局

根据《中央编办关于农业部有关职责和机构编制调整的通知》（中央编办发〔2013〕132号）和《农业部关于机关有关司局加挂牌子及更名的通知》（农人发〔2013〕9号）要求，自2014年1月起农业部渔业局（中华人民共和国渔政局）更名为农业部渔业渔政管理局。[10]，其主要职责为：

（1）负责渔业行业管理和职责范围内的渔政管理。

（2）拟订渔业发展和渔政管理战略、政策、规划、计划并指导实施；起草有关法律、法规、规章并监督实施。

（3）编制渔业渔政基本建设规划，提出项目安排建议并组织实施；编制渔业渔政财政专项规划，提出部门预算和专项转移支付安排建议，并组织或指导实施。

（4）负责渔业渔政统计工作；负责渔业行业生产、水生动植物疫情、渔业灾情等信息监测、汇总和分析，参与水产品供求信息、价格信息的收集分析工作，承担渔业渔政信息系统建设和管理工作。

（5）指导渔业产业结构和布局调整；承担促进休闲渔业发展的相关工作；指导渔业标准化生产，拟订渔业有关标准和技术规范并组织实施。

（6）提出渔业科研、技术推广项目建议，承担重大科研、推广项目遴选及组织实施工作；指导水产技术推广体系改革与建设。

（7）组织实施水产养殖证制度；负责水产苗种管理，组织水产新品种审定；指导水产健康养殖，承担水生动物防疫检疫相关工作，组织水生动植物病害防控，承担水产养殖污染防控工作，监督管理水产养殖用兽药及其他投入品的使用，参与水产品质检体系建设和管理。

（8）组织实施渔业捕捞许可制度，负责渔船、渔机、渔具监督管理，组织渔船装备更新改造；指导协调港澳流动渔船管理工作。

（9）负责远洋渔业管理工作，拟订远洋渔业管理制度措施并组织实施。

（10）指导水产品加工流通，参与品牌培育和市场体系建设，提出水产品国际贸易政策建议。

（11）负责渔业资源、水产种质资源、水生野生动植物和水生生物湿地的保护管理和开发利用，拟订休渔禁渔制度，指导监督水生生物资源增殖；组织协调各类水生生物保护区的划定、建设和管理工作，负责水生野生动植物捕捉和驯养繁殖许可及进出口管理。

（12）负责职责范围内的渔业水域生态环境保护工作，组织和监督重大渔业污染事故调查处理，组织重要涉渔工程环境影响评价和生态补偿；指导渔业节能减排工作。

（13）组织开展国际渔业合作交流；承担或参与政府间双边或多边渔业协定、协议、有关国际条约的谈判和履约工作，协调有关国际渔业组织和机构的交流与合作事务。

（14）指挥协调全国渔业行政统一综合执法行动，指导全国渔业行政执法队伍建设，负责渔业行政执法监督。

（15）承担职责范围内的维护国家渔业权益工作，行使渔政渔港和渔船检验监督管理权；负责渔港、渔业航标、渔业船员、渔业电信的监督管理。

（16）指导渔业安全生产。承担职责范围内的渔业应急处置工作,依法组织或参与调查处理渔港水域和内陆、边境水域的重大渔业安全生产事故;配合有关部门参与处理重大渔事纠纷和涉外渔业事件;负责渔业防灾减灾工作,提出渔业救灾计划及资金安排建议;指导渔业紧急救灾和灾后生产恢复。

（17）协调指导农业部长江流域渔政监督管理办公室工作。

（18）指导归口管理的事业单位和社团组织的业务工作。

（19）承办部领导交办的其他工作。[11]

（三）农业部长江流域渔政监督管理办公室

农业部3个海区渔政局并入海警局后不再履行保护黄河、长江和珠江3个流域水产资源的职责,为弥补内陆水域、边境水域渔政执法和水生生物资源养护能力,经中编办批准,农业部于2014年10月成立了农业部长江流域渔政监督管理办公室(简称"长江办")。"长江办"为农业部正厅级派出机构,办公场所设在上海。"长江办"受农业部委托,在农业部渔业渔政管理局的协调指导下,负责黄河流域以南相关流域、重要水域和边境水域的渔政管理、水生生物资源养护等工作,覆盖长江、珠江、雅鲁藏布江、淮河、澜沧江、怒江、闽江、钱塘江等流域和边境水域以及鄱阳湖、洞庭湖、太湖、纳木错湖、巢湖等湖泊,涉及上海、江苏、浙江、安徽、福建、江西、河南、湖北、湖南、广东、广西、海南、重庆、四川、贵州、云南、西藏、陕西、甘肃、青海等20个省、区、市。[12]

农业部渔业渔政管理局负责协调开展"机动渔船底拖网禁渔区线"内侧海域、跨流域、跨省(自治区、直辖市)及边境水域重大渔业执法行动,负责组织"机动渔船底拖网禁渔区线"内侧海域、黄河流域及其以北内陆和边境水域联合执法检查。

参考文献

[1] 国务院办公厅关于开展勘定省县两级海域行政区域界线工作有关问题的通知(国办发[2002]12号)[S/OL].(2002-02-11).[2014-02-10].

http://www.gov.cn/gongbao/content/2002/content_61963.htm

[2] 农业部渔业局.中国渔业五十年大事记[G].北京:中国农业出版社,1999.

[3] 国务院办公厅关于印发农业部主要职责内设机构和人员编制规定的通知(国发[2008]76号)[S/OL].(2008-07-10).[2014-02-15].

http://www.ahjgbzw.gov.cn/include/web_content.php? id=346

[4] 中国渔政指挥中心[S/OL].[2014-02-16].

http://baike.baidu.com/view/4293331.htm

[5] 国务院法制局.中华人民共和国现行法规汇编(1949-1985农林卷)[G].北京:人民出版社,1987:134.

[6] 中华人民共和国渔业船舶检验局组织职能[S/OL].[2014-02-20].

http://www.cfr.gov.cn/sites/MainSite/List_2_2575.html

[7] 第十二届全国人民代表大会第一次会议关于国务院机构改革和职能转变方案的决定[S/OL].(2013-03-14).[2014-02-16].

http://www.npc.gov.cn/npc/dbdhhy/12_1/2013-03/14/content_1782688.htm

[8] 中国政府网受权发布:国务院机构改革和职能转变方案[S/OL].(2013-03-14).[2014-02-16].
http://www.gov.cn/2013lh/content_2354443.htm

[9] 国务院办公厅关于印发国家海洋局主要职责内设机构和人员编制规定的通知[S/OL].(2013-06-09).[2014-02-16].
http://www.gov.cn/zwgk/2013-07/09/content_2443023.htm

[10] 农业部办公厅关于我部渔业局更名及启用新印章的通知[S/OL].(2014-01-20).[2014-05-15].
http://www.moa.gov.cn/zwllm/tzgg/tfw/201401/t20140126_3749849.htm

[11] 农业部渔业渔政管理局主要职责和内设机构介绍[S/OL].(2014-09-18).[2014-10-15].
http://www.yyj.moa.gov.cn/201409/t20140918_4059118.htm

[12] 农业部长江流域渔政监督管理办公室机构职能[S/OL].(2014-12-16).[2014-12-20].
http://www.cjyzbgs.moa.gov.cn/dwjs/jgzn/201412/t20141216_4297392.htm

第二十章 渔业水域

渔业水域是鱼、虾、藻、贝、蟹类及其他水生动植物的生存和发展的载体,是重要的渔业资源,它对于渔民,就像耕地对于农民一样珍贵。为确保国家的粮食安全、人民的营养和和千百万渔民的生计,一定要像重视、珍惜耕地一样重视、珍惜渔业水域,制止乱占和滥用渔业水域的行为,为渔民得以长期稳定使用渔业水域发展渔业生产提供保障。

海洋和江河、湖泊中鱼、虾、蟹、贝类的产卵场、索饵场、越冬场、洄游通道和适于鱼、虾、蟹、贝、藻类及其他水生动植物养殖、增殖的水域、滩涂都应当用于渔业,划定为渔业水域。

由于海洋和江河、湖泊拥有多种资源和多方面的功能,为实现资源的合理开发和可持续利用,避免相关开发利用行业之间的矛盾和冲突,国务院和地方人民政府要依照《渔业法》《海域使用管理法》和《水法》进行海洋功能区划和水功能区划,统一划定包括渔业水域在内的不同水域功能区并确定其位置、范围和主导功能。

渔业功能区是渔业资源天然的集中分布区和渔业生产的场所,包括养殖区、增殖区、捕捞区、渔业自然保护区和渔港水域等,统称渔业水域。依法划定的渔业水域是渔业的根基,渔民的生命线,和基本农田具有同等的重要地位,关乎国家的粮食安全和生态安全。因此,要像重视耕地一样重视它的治理和开发利用,任何单位和个人不得侵占或破坏渔业水域及污染损害渔业水域环境。

依法划定渔业水域是推进依法治渔的先导性环节和基础性工作,是合理布局渔业生产必要空间条件。赋予渔民渔业权,核发渔业捕捞许可证和水产养殖证书,都要以具有法定效力的渔业水域的功能分区为基本依据。依法划定渔业水域既为渔业管理部门提供了监控渔业行为的重要手段,又为渔业生产者提供了依法合理使用水域、滩涂的法律保障。

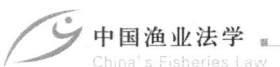
第一节　渔业水域的概念

一、科学概念

在海洋和内陆水域中,各区域营养盐的贫富程度和生物的生产能力不同,使得渔业资源的空间分布很不均匀。据估计,大约有1/3的海洋(热带海域)属于"沙漠"性质,那里的生产力与陆地沙漠一样低。而面积仅占整个海洋1/1 000的上升流区,却是海洋中生产力最高的水域,平均约等于沿岸水域的3倍。[1]湖泊也有贫营养型和富营养型的区别。其中渔业资源比较集中,用来从事渔业捕捞、养殖和增殖等生产活动的水域,可称为渔业水域。"渔业水域"作为1个法律用语,在中国,最早出现在1979年国务院发布的《水产资源繁殖保护条例》中。1982年《海洋环境保护法》也使用了"渔业水域"用语,并将其含义界定为:"'渔业水域'是指鱼虾类的产卵场、索饵场、越冬场、洄游通道和鱼虾贝藻类的养殖场。"1986年《渔业法》使用了"渔业水域"的概念但未下定义。1987年《渔业法实施细则》中对"渔业水域"用语的含义做出如下界定:"'渔业水域',是指中华人民共和国管辖水域中鱼、虾、蟹、贝类的产卵场、索饵场、越冬场、洄游通道和鱼、虾、蟹、贝、藻类及其他水生动植物的养殖场。"这个界定的特点和优点在于突出了"中华人民共和国管辖水域",但在内容上仍不够完整,未将增殖区和其他可以用于养殖业的水域和滩涂包括在内。

2002年农业部以189号公告形式向社会发布了《中国海洋渔业水域图》(第一批),对黄渤海区、东海区、南海区3个海区,分别按中上层鱼类、底层鱼类、虾蟹类、头足类、大型浮游动物(主要是海蜇)以及国家和省级海洋自然保护区、水产种质资源保护区、水生野生动植物保护区、幼鱼资源保护区(线)等6类进行编制。从中可看到部分海洋渔业水域的分布情况。

二、法律概念

对"渔业水域"用语含义的上述界定,实际上只是指出了渔业水域应具备的条件,从中并不能确定它的位置、范围和功能,不构成严格意义上的法律概念。1984年《水污染防治法》(2008年修订)使用"渔业水体"用语,将其含义界定为:"'渔业水体'是指划定的鱼虾类的产卵场、索饵场、越冬场、洄游通道和鱼虾贝藻类的养殖场的水体。"这样的界定表明,渔业水域需要依照法定的权限和程序划定;只有依法划定的渔业水域,才具有法定效力,才受法律保护,才可成为对渔业水域生态环境实施监督管理的依据和工具。正如1999年《海洋环境保护法》第四十二条第二款规定:"在依法划定的……重要渔业水域及其他需要特别保护的区域,不得从事污染环境、破坏景观的海岸工程项目建设或者其他活动。"

据此,可将法律上的渔业水域定义为:"渔业水域是指依法划定的中华人民共和国管辖水域中鱼、虾、蟹、贝类等经济动物的产卵场、索饵场、越冬场、洄游通道和鱼、虾、蟹、贝、藻类及其他水生动植物的增殖和养殖场所及其他可以用于养殖、增殖的水域和滩涂。"其中,"中华人民共和国管辖水域"是指《渔业法》第二条规定的"中华人民共和国的内水、滩涂、领海、专属经济区以及中华人民共和国管辖的一切其他海域"。

在实践上,划定渔业水域有分散划定和集中划定两种方式。前者如国务院决定设立大黄鱼幼鱼保护区、带鱼幼鱼保护区,国务院批准设立东海产卵带鱼保护区、各地设立的保护区、禁渔区,通过核发养殖证确定养殖区等。后者为通过海洋功能区划和水功能区划一次性划定1个地区或全国的海洋渔业水域和内陆渔业水域。

三、 重要渔业水域

在《渔业法》和《海洋环境保护法》中,使用"重要渔业水域"的概念。这表明在法律上渔业水域可分为重要渔业水域和重要渔业水域以外的其他渔业水域两类。

重要渔业水域应该分为国家级重要渔业水域和地方级重要渔业水域两级。

1. 国家级重要渔业水域应由国务院渔业行政主管部门会同有关行政主管部门和省、自治区、直辖市人民政府划定,报国务院批准。国家级重要渔业水域应当包括:

(1) 国务院决定设立和批准设立的鱼类保护区;

(2) 国家级渔业自然保护区;

(3) 国家级水产种质资源保护区;

(4) 具有重要经济价值的水生动物的苗种基地;

(5) 除前4项规定以外,国务院渔业行政主管部门规定重点保护的鱼、虾、蟹、贝类的产卵场、索饵场、越冬场、洄游通道和其他水生动植物的天然集中分布区;

(6) 跨国河流和湖泊中属于中华人民共和国管辖的渔业水域。

2. 地方级重要渔业水域应由省、自治区、直辖市人民政府渔业行政主管部门会同有关行政主管部门划定,报该省、自治区、直辖市人民政府批准,并报国务院渔业行政主管部门备案。地方级重要渔业水域应当包括:

(1) 地方级渔业自然保护区;

(2) 省、自治区、直辖市水产种质资源保护区;

(3) 水产养殖生产基地和重要养殖水域;

(4) 省、自治区、直辖市人民政府渔业行政主管部门规定重点保护的鱼、虾、蟹、贝类的产卵场、索饵场、越冬场、洄游通道和其他水生动植物的天然集中分布区。

四、 渔业水域的法律地位

根据《渔业法》、《海洋环境保护法》、《海域使用管理法》和《水法》的规定,按照法定的权限和程序划定的渔业水域和重要渔业水域,一经批准和向社会公布即具有法定效力和权威性,任何单位和个人不得侵占或破坏,也不得擅自改变其法定的使用功能。各地人民政府要根据海洋功能区划和水功能区划制定海域使用和水资源开发利用的调整计划,

对不符合渔业水域要求的项目要有计划地予以停工、拆除、迁址或关闭,并进行项目所在水域的环境整治和恢复。渔业水域使用权人依法使用渔业水域的权利受法律保护,任何单位和个人不得侵犯。

第二节　海洋渔业水域

一、划定的法律根据

《渔业法》第十一条规定:"国家对水域利用进行统一规划"。对海域利用的统一规划是通过海洋功能区划实现的。

《海洋环境保护法》第六条规定:"国家海洋行政主管部门会同国务院有关部门和沿海省、自治区、直辖市人民政府拟定全国海洋功能区划,报国务院批准。沿海地方各级人民政府应当根据全国和地方海洋功能区划,科学合理地使用海域。"

《海洋环境保护法》第九十五条规定"海洋功能区划"用语的含义"是指依据海洋自然属性和社会属性,以及自然资源和环境特定条件,界定海洋利用的主导功能和使用范畴。"

《海域使用管理法》第六条规定:"国家实行海域功能区划制度。海域使用必须符合海域功能区划。"

《海洋功能区划技术导则》(GB/T 17108—2006)对上列法条中的主要用语作了如下定义:

1. 功能

功能是指自然或社会事物对人类生存和社会发展具有的价值与作用。

2. 海洋功能区

海洋功能区是指根据海域及海岛的自然资源条件、环境状况和地理区位、开发利用现状,并考虑国家或地区经济与社会持续发展的需要,所划定的具有最佳功能的区域,是海洋功能区划最小的功能单元。

3. 海洋功能区划

海洋功能区划是指按照海洋功能区的标准,将海域或海岛划分为不同类型的海洋功能区,是为海洋开发、保护与管理提供科学依据的基础性工作。[2]

二、海洋功能区划制度

(一)海洋功能区划的级别

海洋功能区划分为全国海洋功能区划和地方海洋功能区划。地方海洋功能区划分为沿海省(自治区、直辖市)、市、县 3 个层次。

全国海洋功能区划是指国务院海洋行政主管部门会同国务院有关部门和沿海省、自治区、直辖市人民政府开展的,以中华人民共和国内水、领海、海岛、大陆架、专属经济区为划分对象,以地理区域(包括必要的依托陆域)为划分单元的海洋功能区划。

省级海洋功能区划是指沿海省、自治区、直辖市人民政府海洋行政主管部门会同本级人民政府有关部门,依据全国海洋功能区划开展的,以本级人民政府所辖海域及海岛为划分对象,以地理区域和海洋功能区为划分单元的海洋功能区划。其范围自海岸线(平均大潮高潮线)至领海的外部界限,可根据实际情况向陆地适当延伸。

市、县级海洋功能区划是指沿海市、县级人民政府海洋行政主管部门会同本级人民政府有关部门,依据上级海洋功能区划开展的,以本级人民政府所辖海域及海岛为划分对象,以海洋功能区为划分单元的海洋功能区划。

(二)海洋功能区分类

国务院 2002 年 8 月 22 日批复同意的《全国海洋功能区划》,将 2001～2010 年间中国管辖的内水、领海、毗连区、专属经济、大陆架及其他海域(香港、澳门特别行政区和台湾省毗邻海域除外)划定为以下 10 大类海洋功能区:

(1)港口航运区;

(2)渔业资源利用和养护区;

(3)矿产资源利用区;

(4)旅游区;

(5)海水资源利用区;

(6)海洋能利用区;

(7)工程用海区;

(8)海洋保护区;

(9)特殊利用区;

(10)保留区。

其中,渔业资源利用和养护区是指为开发利用和养护渔业资源、发展渔业生产需要划定的海域,包括渔港和渔业设施基地建设区、养殖区、增殖区、捕捞区和重要渔业品种保护区。[3]

国务院批准的《全国海洋功能区划(2011～2020 年)》将国家管辖海域的功能分区调整为以下 8 大类:

(1)农渔业区;

(2)港口航运区;

(3)工业与城镇用海区;

(4)矿产与能源区;

(5)旅游休闲娱乐区;

(6)海洋保护区;

(7)特殊利用区;

(8)保留区。

在农渔业区中规定:渔业区是指适于开发海洋生物资源,可供渔港和育苗场等渔业

基础设施建设,海水增养殖和捕捞生产,以及重要渔业品种养护的海域,包括渔业基础设施区、养殖区、增殖区、捕捞区和水产种质资源保护区。[4]

(三)海洋功能区划的编制

1.海洋功能区划编制的原则

(1)按照海域的区位、自然资源和自然环境等自然属性,科学确定海域功能;

(2)根据经济和社会发展的需要,统筹安排各有关行业用海;

(3)保护和改善生态环境,保障海域可持续利用,促进海洋经济的发展;

(4)保障海上交通安全;

(5)保障国防安全,保证军事用海需要。

2.海洋功能区划的工作程序

(1)成立区划领导机构、科学咨询机构和区划工作机构。

(2)制订海洋功能区划工作实施方案。

(3)资料收集和调查。

为划定渔业水域需要调查收集的资料,见表 20-1:

表 20-1 进行海洋功能区划需要调查收集的渔业资料表

项　目	资　料
海洋捕捞	初级生产力;生物种类和生物量;资源种类和资源量;资源分布和渔场、渔汛;产量和产值等
禁渔区	位置、范围、面积;禁渔期限;禁渔效果等
海水养殖	位置、范围、面积;水文、水质、底质;气候和环境条件;养殖品种和方式;饵料情况;产量和产值等
增养殖	位置、范围、面积;资源类型和资源量;资源演化趋势;资源破坏情况;增殖保护措施和效果等

(4)资源开发利用分析。

根据调查收集的资料,分析资源开发利用状况,涉及渔业的分析项目及其内容,见表 20-2:

表 20-2 进行海洋功能区划需要分析的渔业资源开发利用状况表

项　目	内　容
海洋捕捞	a. 主要经济鱼、虾、贝、藻类等的资源量、分布、可捕量
	b. 禁渔区的位置、范围、面积、禁渔期限、禁渔效果等
	c. 海洋捕捞利用现状,包括主要经济鱼、虾、贝、藻类的产量、产值、渔汛等
	d. 捕捞业发展基本趋势、捕捞业对海域资源的需求

续表

项　目	内　容
海水增养殖	a. 海水增养殖条件,包括适宜海水增养殖区域的位置、范围、面积
	b. 重点增养殖区域状况,包括水文、水质、底质、气候和环境条件
	c. 海水增养殖业现状。包括增养殖品种、方式、面积、产量、产值等
	d. 海水增养殖市场潜力和发展趋势、海水增养殖业的用海需求
渔业保护区	包括范围、面积、保护对象及措施等

（5）资料汇总与分析。最近五年相关的规划和区划资料,以及自然环境、自然资源、开发现状、开发能力、社会经济等方面的资料汇总与全面分析。

（6）海洋功能区的划分。在资料综合分析基础上,依照《海洋功能区划技术导则》规定的类型划分指标确定各个区域的使用功能。

渔业资源利用和养护区的划分指标,见表20-3:

表 20-3　渔业资源利用和养护区的划分指标表

区域名称	区域定义	分区域名称	分区域定义	分区域划定条件
渔港和渔业设施基地建设区	供渔船停靠、进行装卸作业和避风的区域及用来繁殖重要苗种的场所	港池、码头		
		仓储地		
		重要苗种繁殖场所		
养殖区	近岸海湾适合养殖或培育海洋水产品的区域	港湾养殖区	近岸海湾适合养殖或培育海洋水产品的区域	a. 面积在 2 km² 以上 b. 适合鱼、虾、蟹类等的生长 c. 环境质量应符合表 20-4 的有关规定 d. 换、排水方便
		滩涂养殖区	沿海潮间带和潮上带低洼盐碱地适宜培育和养殖海洋经济动、植物的区域	a. 滩涂面积达 2 km² 以上 b. 有苗种和饵料来源,适合养殖贝、虾、蟹、藻和鱼类的滩涂 c. 环境质量应符合表 20-4 的有关规定 d. 换、排水方便
		浅海养殖区	低潮位以下适于培育、底播或养殖海洋水产经济动、植物的海域	a. 水文条件良好,水交换畅通,温、盐适宜,风浪小 b. 有合适的地形、底质。鲍、参类要求礁石、砂砾底质;底栖贝类要求平坦、泥沙底质;筏式养殖要求海底平坦、宜打桩 c. 环境质量应符合表 20-4 的有关规定

区域名称	区域定义	区域划定条件
增殖区	由于过度捕捞和不合理采捕或环境破坏而使海洋生物资源衰退或使生物资源遭到破坏,需要经过繁殖保护措施来增加和补充生物群体数量的区域	a. 具有一定数量经济生物种类,目前仍有相当数量的苗种资源或拥有育苗场,经过采取保护措施后,资源可能恢复的区域 b. 原具有良好的自然繁殖或养殖的自然资源条件,由于人为因素(过度采捕或生态环境遭破坏)致资源、环境遭到损坏,已不符合养殖条件或其资源已不能够构成稳定捕捞的区域 c. 目前社会经济条件和科学技术力量,有能力采取治理并使其在较短的时期内能恢复养殖或捕捞的区域
捕捞区	在海洋游泳生物(鱼类和大型无脊椎动物)产卵场、索饵场、越冬场及其洄游通道使用国家规定的渔具或人工垂钓的方法获取海产经济动物的区域	除海水增、养殖区以外具有捕捞生产价值的海区
重要渔业品种保护区	用来保护具有重要经济价值和遗传育种价值以及重要科研价值的渔业品种及其产卵场、越冬场、索饵场和洄游路线等栖息繁衍生境的区域	

渔业资源利用和养护区各功能分区域的环境质量要求,见表20-4:

表20-4　渔业资源利用和养护区各功能分区域的环境质量保护目标

功能区名称	海水水质质量 GB3097—1997	海洋沉积物质量 GB18668—2002	海洋生物质量 GB18421—2001
渔港和渔业设施基地建设区	不劣于第3类	不劣于第2类	不劣于第2类
养殖区	不劣于第2类	不劣于第1类	不劣于第1类
增殖区			
捕捞区	不劣于第1类	不劣于第1类	不劣于第1类
重要渔业品种保护区			

(7) 完成功能区划草图和功能区划报告初稿。

(8) 征求意见。

(9) 专家评审。

(10) 修改、定稿、报批。

（四）海洋功能区划的审批

《海洋环境保护法》规定："国家海洋行政主管部门会同国务院有关部门和沿海省、自治区、直辖市人民政府拟定全国海洋功能区划，报国务院批准。"但该法未对地方海洋功能区划编制审批权限和程序做出规定。《海域使用管理法》第十二条规定："海洋功能区划实行分级审批。全国海洋功能区划，报国务院批准。沿海省、自治区、直辖市海洋功能区划，经该省、自治区、直辖市人民政府审核同意后，报国务院批准。沿海市、县海洋功能区划，经该市、县人民政府审核同意后，报所在的省、自治区、直辖市人民政府批准，报国务院海洋行政主管部门备案。"

2003 年国务院批准的《省级海洋功能区划审批办法》对省级海洋功能区划的审查报批程序作了更为详细的规定，即：

（1）省级海洋功能区划由省、自治区、直辖市海洋行政主管部门组织编制，报同级人民政府审核。国家海洋局对区划的编制予以指导。

（2）省级海洋功能区划经省级人民政府审核同意后，由省级人民政府上报国务院，同时抄送国家海洋局。

（3）国务院将省级人民政府报来的请示转请国家海洋局组织审查；国家海洋局收到交办文件后，即分送国务院有关部门和单位征求意见；有关部门和单位应在收到征求意见文件之日起 30 日内，将书面意见反馈国家海洋局，逾期按无意见处理。

（4）国家海洋局经综合协调各方面意见后，在 15 日内正式提出审查意见。审查认为不予批准的或有关部门提出重大意见而有必要对区划进行重新修改的，国家海洋局可将该区划退回报文的省级人民政府，请其修改完善后重新报国务院。

（5）省级海洋功能区划经审查同意后，由国家海洋局起草审查意见和批复代拟稿，按程序报国务院审批。[5]

三、　划定结果

《全国海洋功能区划（2001～2010 年）》对渤海的辽东半岛西部海域、辽河口邻近海域、辽西—冀东海域、天津-黄骅海域、莱州湾及黄河口毗邻海域、庙岛群岛海域和渤海中部海域，黄海的辽东半岛东部海域、长山群岛海域、烟台—威海海域、胶州湾及其毗邻海域、苏北海域和黄海重要资源开发利用区，东海的长江口—杭州湾海域、舟山群岛海域、浙中南海域、闽东海域、闽中海域、闽南海域和东海重要资源开发利用区，南海的粤东海域、珠江口及毗邻海域、粤西海域、铁山港—廉州湾海域、钦州湾—珍珠港海域、海南岛东北部海域、海南岛西南部毗邻海域、西沙群岛海域、南沙群岛海域和南海重要资源开发利用区等四大海区的 30 片海域的渔业资源利用和养护区用海作了原则规定。

《全国海洋功能区划（2011～2020 年）》规定，渔业基础设施区主要为国家中心渔港、一级渔港和远洋渔业基地。养殖区和增殖区主要分布在黄海北部、长山群岛周边、辽东湾北部、冀东、黄河口至莱州湾、烟（台）威（海）近海、海州湾、江苏辐射沙洲、舟山群岛、闽浙沿海、粤东、粤西、北部湾、海南岛周边等海域；捕捞区主要有渤海、舟山、石岛、吕泗、闽东、闽外、闽中、闽南—台湾浅滩、珠江口、北部湾及东沙、西沙、中沙、南沙等渔场；水产种

质资源保护区主要分布在双台子河口、莱州湾、黄河口、海州湾、乐清湾、官井洋、海陵湾、北部湾、东海陆架区、西沙附近等海域。

沿海省、自治区、直辖市及其市、县依据上一级海洋功能区划,遵守《海洋功能区划技术导则》等国家有关标准和技术规范,编制本级大比例尺海洋功能区划,划定本行政区内的渔海洋业水域。

第三节　内陆渔业水域

一、划定的法律根据

《水法》第三十二条规定:"国务院水行政主管部门会同国务院环境保护行政主管部门、有关部门和有关省、自治区、直辖市人民政府,按照流域综合规划、水资源保护规划和经济社会发展要求,拟定国家确定的重要江河、湖泊的水功能区划,报国务院批准。跨省、自治区、直辖市的其他江河、湖泊的水功能区划,由有关流域管理机构会同江河、湖泊所在地的省、自治区、直辖市人民政府水行政主管部门、环境保护行政主管部门和其他有关部门拟定,分别经有关省、自治区、直辖市人民政府审查提出意见后,由国务院水行政主管部门会同国务院环境保护行政主管部门审核,报国务院或者其授权的部门批准。

前款规定以外的其他江河、湖泊的水功能区划,由县级以上地方人民政府水行政主管部门会同同级人民政府环境保护行政主管部门和有关部门拟定,报同级人民政府或者其授权的部门批准,并报上一级水行政主管部门和环境保护行政主管部门备案。"

《水功能区划分标准》(BG/T 50594—2010)对上列法条中的主要用语作了如下定义:

1. 水功能

水功能是指水体对满足人类生存和社会发展需求所具有的不同属性的价值与作用。

2. 水功能区

水功能区是指为满足水资源合理开发、利用、节约和保护的需求,根据水资源的自然条件和开发利用现状,按照流域综合规划、水资源保护和经济社会发展要求,依其主导功能划定范围并执行相应水环境质量标准的水域。

所谓主导功能是指在某一水域多种功能并存的情况下,按水资源的自然属性、开发利用现状及经济社会需求,考虑各功能对水量、水质的要求,经功能重要性排序,确定的首位功能即为该水域的主导功能。

3. 水功能区划

水功能区划应是根据区划水域的自然属性,结合经济社会需求,协调水资源开发利用和保护、整体和局部的关系,确定该水域的功能及功能顺序,为水资源的开发利用和保护管理提供科学依据,以实现水资源的可持续利用。[6]2

二、水功能区划制度

（一）水功能区划的分级

《水功能区划分标准》规定，水功能区划分为两级。一级水功能区应包括保护区、保留区、开发利用区、缓冲区；开发利用区进一步划分为饮用水源区、工业用水区、农业用水区、渔业用水区、景观娱乐用水区、过渡区、排污控制区等二级水功能区。[6]4

（二）水功能区划的编制

1. 水功能区划分的原则。

（1）可持续发展原则；

（2）统筹兼顾，突出重点的原则；

（3）前瞻性原则；

（4）便于管理，实用可行的原则；

（5）水质水量并重原则。[3]1

2. 水功能区划分的程序。

（1）一级水功能區划分，应征求流域和省（自治区、直辖市）有关部门的意见。

（2）在一级水功能区划分完成后，应在开发利用区内进行二级水功能区划分。

（3）确定各级各类水功能区的目标水质和水质代表断面。

（4）进行总体复核和调整，并编制水功能区划报告，水功能区划报告编写提纲宜符合本标准的规定。

（5）水功能区划报告应征求流域和地方有关部门的意见，对反馈意见应提出处理意见，并对水功能区划报告进行修改和调整。

水功能区划成果除水功能区划报告外，应包括水功能区登记表和水功能区划图。

（6）履行报批手续，向社会公布。[6]9

3. 水功能区划区的条件和指标。

（1）渔业用水区应具备以下划区条件：

① 天然的或天然水域中人工营造的鱼、虾、蟹等水生生物养殖用水水域；

② 天然的鱼、虾、蟹、贝等水生生物的重要产卵场、索饵场、越冬场及主要洄游通道涉及的水域。

（2）渔业用水区划区指标包括渔业生产条件、产量、产值等。

（3）渔业用水区水质标准应符合现行国家标准《渔业水质标准》GB11607的有关规定，也可按现行国家标准《地表水环境质量标准》GB3838中Ⅱ类或Ⅲ类水质标准确定。[7]7

4. 水功能区区的划分方法。

一级水功能区划分应按省级行政区收集流域内有关资料。所收集的资料应按其所属水资源分区单元分别归类，并以县级以上（含县级）行政区为单元分别统计。在资料分析与评价的基础上，首先划定保护区，再划定缓冲区和开发利用区，其余的水域可划为保留区。

二级水功能区划分应在一级水功能区划确定的开发利用区范围内收集有关资料。

划分渔业用水区所需的资料包括：

（1）水产养殖场的位置、范围和规模；

（2）鱼、虾、蟹、贝等水生生物的重要产卵场、索饵场、越冬场及主要洄游通道的位置及范围。

根据资料分析，确定水产养殖场，水生生物的重要产卵场、索饵场、越冬场及主要洄游通道，并应在地理底图中标明其位置。渔业用水区的划分应根据现状实际涉及的水域范围，结合发展规划要求划分相应的用水区。[6]11

三、 划定结果

国务院 2011 年 12 月批准的《全国重要江河湖泊水功能区划（2011～2030 年）》在全国一级水功能区中，共划定开发利用区 1 133 个，区划河长 71 865 千米，占一级水功能区总河长的 40.4％。全国湖库型开发利用区面积 6 792 平方千米。在 1 133 个开发利用区中，共划定二级水功能区 2 738 个，区划长度 72 018 千米，区划面积 6 792 平方千米。

其中，划定以渔业用水为主导功能的二级水功能区共 90 个，区划河长 2 075 千米，区划湖库面积 2 335 平方千米。区划累计河长居前六位的是珠江区、黄河区、淮河区、辽河区、长江区和松花江区。湖泊型渔业用水区主要分布在西北诸河区和长江区。除主导功能为渔业用水的二级区外，另有 136 个二级水功能区将渔业用水功能作为第二或第三功能。具有渔业用水功能的二级区总计 225 个，区划河长 6 094 千米，区划湖库面积 3311 平方千米，分别占全国二级水功能区总数的 8.2％、8.5％和 48.7％。[7]

内陆渔业水域可操作性的划定，由省、市、县级水功能区划具体规定。

参考文献

[1] 中国大百科全书本卷编辑委员会. 中国大百科全书大气、海洋、水文卷[M]. 北京. 上海：中国大百科全书出版社，1987：384.

[2] 中华人民共和国国家标准. 海洋功能区划技术导则（GB/T17108—2006）[S/OL]. （2006-12-29）. [2014-03-01].

http://down.foodmate.net/standard/sort/3/15751.html

[3] 国务院关于全国海洋功能区划的批复（国函[2002]77 号[S/OL]. （2002-08-22）. [2014-03-05].

http://www.soa.gov.cn/zwgk/fwjgwywj/gwyfgwj/201211/t20121105_5258.html

[4] 国务院批复全国海洋功能区划（2011-2020）（国函[2012]13 号）[S/OL]. （2012-03-03）. [2014-03-05].

http://www.soa.gov.cn/zwgk/fwjgwywj/gwyfgwj/201211/t20121105_5255.html

[5] 国务院关于国土资源部《省级海洋功能区划审批办法》的批复（国函[2003]38 号）[S/OL]. （2003-03-07）. [2014-03-07].

http://www.soa.gov.cn/zwgk/fwjgwywj/gwyfgwj/201211/t20121105_5262.html

[6] 水利部. 水功能区划分标准（BG/T 50594—2010）[S]. 北京：中国计划出版社，2011.

[7] 全国重要江河湖泊水功能区划（2011～2030 年）[S/OL]. （2011 年 12-28）. [2014-03-15].

http://wenku.baidu.com/view/23da5ec39ec3d5bbfd0a74e0.html

第二十一章　渔业权

　　渔民大多无地、少地，缺乏其他生计来源，祖祖辈辈靠江河湖海安身立命。依法划定渔业水域可为渔民提供从事渔业生产空间的保障，而渔业权制度则可为渔民提供依法稳定使用渔业水域获得财产收益的保障。

　　渔业权是指渔业生产者依法取得的使用国家所有水域、滩涂从事养殖、捕捞生产、取得水产品、获得收益的权利。渔业权分为养殖权和捕捞权两类。捕捞权又分为几种。渔业生产者须依照法定程序领取养殖证或渔业捕捞许可证，才能取得渔业权，成为渔业权人。渔业权，不论养殖权或捕捞权，其标的物是水域、滩涂和水生生物资源，其收益物是水产品，是 1 种财产权，是物权。又由于渔业权建立在国家对水域、滩涂的所有权的基础上，是 1 种"对他人的所有物使用和收益的权利"，所以渔业权的法律性质实为用益物权。渔业权制度包括渔业权的设立、变更、消灭和登记及渔业权的保护。渔业权须经登记，才具有法律效力，受法律保护。

　　《渔业法》实际上规定了渔业权。《民法通则》确认了《渔业法》实际规定的渔业权，把渔业权纳入了民法的范畴。《物权法》明确规定养殖权和捕捞权为用益物权，受法律保护。这意味着在中国，渔业权会受到公法和民法的双重保护。当渔业权受到侵害时，渔业权人可依渔业法请求赔偿或补偿，也可依民法请求赔偿或补偿。这将大大加强渔业生产者使用水域、滩涂从事养殖和捕捞权利的保护力度，极大地调动和提高他们的生产积极性。这也正是联合国粮农组织倡导渔业生产应实行"以权利为基础的管理"的目的。

第一节　渔业权的法理

一、概念

一般地说,渔业权是在特定水域、特定时期经营特定渔业的权利,是特定水域的使用权。渔业权的含义主要有:

(1)渔业权是经营养殖或捕捞水生动植物的权利;

(2)渔业权不是在任何水域均可经营渔业的权利,其养殖或捕捞的行为仅限于"特定水域";

(3)渔业权在特定水域内的行使并不包括可采取一切手段、方法去养殖或捕捞;

(4)渔业权人养殖或捕捞特定水生产动植物的利益,对于一般人具有排他性;

(5)渔业权是须经国家行政机关特许、依法取得的权利。

各国的基本经济制度不同,对渔业权的种类和内容的规定也不尽相同。在中国,渔业权是指单位或个人依照法律规定获准在法律规定的范围内,使用国家所有的特定水域、滩涂从事养殖或捕捞水生动植物生产活动的权利。渔业权分为养殖权和捕捞权两个基本类型,分别以养殖证、渔业捕捞许可证为其表现形式。养殖证由县级以上地方人民政府核发,渔业捕捞许可证由县级以上人民政府渔业行政主管部门批准发放。养殖证和渔业捕捞许可证是渔业权人使用水域、滩涂从事养殖、捕捞生产的唯一权属证书,是权利人享有渔业权的证明。

单位或个人在集体所有或全民所有由集体使用的水域、滩涂从事养殖生产的权利,适用《土地承包法》规定的农村土地承包经营权,不属于渔业权范畴。

二、宗旨

渔民是渔业生产力首要的能动要素。他们无地、少地,也缺乏其他创收门路,从事渔业生产是其唯一或主要的生计和福祉来源,这使得他们具有巨大的发展渔业生产的潜在能量。水域、滩涂是他们从事渔业生产的基地。水域、滩涂对他们来说,如同土地对农民,草原对牧民一样,十分珍贵和重要。

渔业权意在赋予养殖渔民长期而有保障的养殖水域、滩涂使用权,赋予捕捞渔民可靠的水生生物资源开发利用权,并从法律上为这些权利的行使提供保护,不容许任何单位和个人侵犯,以稳定和完善渔业基本经营制度,维护广大渔业生产者的合法权益,促进渔业持续健康。这就使广大渔民认识到其切身利益从根本上获得了可靠的保障,解决后顾之忧,其潜在能量可得到焕发、迸发,积极性可得到调动、提高,使其有信心和决心投入资金和设备,集中力量发展渔业生产。

三、法律关系

（一）渔业权的主体

渔业权的主体是领取养殖证、渔业捕捞许可证有权在国家所有的特定水域、滩涂养殖或捕捞水生动植物的养殖权人和捕捞权人，《渔业法》上通称单位和个人，包括专业渔民、亦耕亦渔的农民和投资渔业的个人、农村集体经济组织、法人和其他社会组织。

（二）渔业权的客体

养殖权的客体为依据养殖证可从事养殖生产的特定水域、滩涂；养殖权人对该水域、滩涂拥有占有、使用、收益的权利。这种权利的行使在一定期限内是连续的，不间断的，而且在养殖权存续期间，在该特定水域、滩涂不得存在另外的使用权。

捕捞权的客体因使用渔具或捕捞对象的不同有所不同。使用定置渔具的捕捞权的客体为依据渔业捕捞许可证可从事定置渔业捕捞生产的特定水域，捕捞权人对该水域拥有占有、使用、收益的权利，该水域内的水生动植物资源，也应是其客体之一。

使用非定置渔具以底栖类水生生物资源为对象的捕捞权的客体为依据渔业捕捞许可证可从事底栖类渔业捕捞生产的特定水域、滩涂以及赋存于该水域、滩涂的底栖类水生生物资源。使用非定置渔具以游泳类水生生物资源为对象的捕捞权的客体为依据渔业捕捞许可证可在特定水域捕捞的特定水生动物资源，但这种水生动物资源具有不确定性的特点。

除定置渔业外，捕捞权的行使都不以占有特定水域、滩涂为前提，只是参与渔场的利用，而且在时间上还受渔汛的限制。在该特定水域、滩涂可以存在另外的渔业捕捞权，在该特定水域还允许存在其他正当用途的活动，但此类活动不应影响捕捞权的行使。

（三）渔业权人的权利和义务

养殖权人享有在养殖权证书规定的水域、滩涂养殖规定的水产动植物、及其所有权并排斥他人的非法干涉的权利。捕捞权人享有在捕捞权证书规定的作业类型、场所、时限、渔具数量和捕捞限额的范围内自由进行采捕作业和取得渔获物所有权及排斥他人的非法干涉的权利。

养殖权人和捕捞权人都应承担遵守渔业权证书规定的条件及法律有关养护和合理开发利用水生生物资源及保护渔业生态环境的规定的义务。

四、 性质

渔业权，不论养殖权或捕捞权，其标的物是水域、滩涂和水生生物资源，其收益物是水产品，所以是1种财产权利，这种权利的法律性质应是物权，它符合物权的如下基本特征：

（1）物权是直接支配物的权利；

（2）物权的标的为特定物；

（3）物权为享受物的利益的权利；

（4）物权为绝对权、对世权。作为绝对权，是指物权权利人对物的绝对支配权，除法

律规定外,物权人完全可以基于自己的自由意志行使权利。作为对世权,是指物权人可以排斥任何第三人的干涉。[1]

《物权法》第一百一十七条规定:"用益物权人对他人所有的不动产或者动产,依法享有占有、使用和收益的权利。"在中国,渔业权是对国家所有的水域、滩涂和水生生物资源使用、收益的权利。养殖权包含占有水域、滩涂及其排他支配权自不待言,捕捞权一般虽不完全占有水域、滩涂,但实际上也具有直接支配性。这是因为捕捞权人在权利范围内可直接在特定水域、滩涂自由行使特定渔业捕捞权,而无须借助他人的协助,并排斥他人的非法干涉。因此,渔业权的法律性质当属物权之中的用益物权。

五、 保护

（一）渔业权的民法保护

当渔业权受到侵害时,渔业权人可直接依据民法规定的方式追究侵权人的民事责任,以达到恢复渔业权的圆满状态的目的。

1. 行使物权请求权的方式

当渔业权的圆满状态受到妨害或有可能发生妨害时,渔业权人为了使其渔业权恢复到圆满状态,有权请求妨害人排除妨害或者消除危险。

2. 行使债权请求权的方式

当渔业权的圆满状态受到侵害,造成渔业权人财产损害的,渔业权人有权请求侵害人赔偿经济损失。

渔业权受到侵害的,渔业权人可以通过和解、调解、仲裁、诉讼等途径实现上列请求权。

如果依据民法的规定不能达到渔业权保护的目的,渔业权人可以请求公法上的救济,达到以公法的强制力保护其渔业权的目的。

（二）渔业权的公法保护

当渔业权受到侵害时,国家机关可直接依据《渔业法》、《刑法》追究侵害人的行政责任或刑事责任,以达到保护渔业权人的利益的目的。正如《渔业法》第三十九条规定的:"偷捕、抢夺他人养殖的水产品的,或者破坏他人养殖水体、养殖设施的,责令改正,可以处2万元以下的罚款;造成他人损失的,依法承担赔偿责任;构成犯罪的,依法追究刑事责任。"

六、 设立、变更、消灭和登记

（一）渔业权的设立和变更

渔业权的设立是指单位和个人依照法律规定领取养殖证或渔业捕捞许可证而取得渔业权。渔业权的取得方式有:

（1）由申请而取得;

（2）因继承而取得;

（3）因法人或其他组织的合并而取得;

（4）养殖权还可因依法转让而取得。

渔业权的变更是指不改变渔业权主体而只改变渔业权的内容。具体情形有几种：

（1）养殖权人的姓名或名称、住所等事项发生变化；

（2）养殖证原核定的养殖品种、养殖方式、养殖范围有改变；

（3）渔业捕捞许可证所载的船名、船籍港或渔船所有权共有人之间发生变更。

（二）渔业权的消灭

渔业权的消灭是指渔业权因法律行为或法律行为以外的原因而不复存在。渔业权消灭的情形有：

（1）渔业权期满，未申请续期或申请续期未获批准的；

（2）渔船报废或损毁不再继续从事许可的捕捞作业或自行终止许可的捕捞作业的；

（3）因养殖水域、滩涂规划调整不得从事养殖，在期限届满后不予办理延展手续的；

（4）因被依法收回、征收等原因造成水域、滩涂养殖权灭失的；

（5）具备法定条件，养殖证或渔业捕捞许可证被主管机关依法吊销的。

（三）渔业权的登记

按照《物权法》的规定，渔业权的设立、变更和消灭，须经依法登记，才发生效力；未经登记，不发生效力。县级以上地方人民政府应建立养殖权登记簿，并在核发养殖证或发生养殖权变更、消灭的情形时，依照规定将有关事项登记于养殖权登记簿中。县级以上人民政府渔业行政主管部门应建立渔业捕捞权登记簿，并在批准发放渔业捕捞许可证或发生捕捞权变更、消灭的情形时，依照规定将有关事项登记于渔业捕捞权登记簿中。渔业权的设立、变更和消灭，一经记载于渔业权登记簿即发生效力。

按照《物权法》的规定，养殖证、渔业捕捞许可证记载的事项，应当分别与养殖权登记簿、渔业捕捞权登记簿一致；记载不一致的，除有证据证明登记簿确有错误外，以登记簿为准。权利人、利害关系人可以申请查询、复制登记资料，登记机构应当提供。权利人、利害关系人认为登记簿记载的事项错误的，可以申请更正登记。登记簿记载的权利人书面同意更正或者有证据证明登记确有错误的，登记机构应当予以更正。登记簿记载的权利人不同意更正的，利害关系人可以申请异议登记。登记机构予以异议登记的，申请人在异议登记之日起15日内不起诉，异议登记失效。异议登记不当，造成权利人损害的，权利人可以向申请人请求损害赔偿。

第二节　渔业权的规定

一、《渔业法》规定的渔业权

（一）现行渔业法有关渔业权的规定

中国现行渔业立法中，虽未出现"渔业权"用语，但实质意义上的渔业权制度是存在

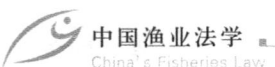

的。《渔业法》和《渔业法实施细则》等法律、法规,对渔业权的种类和内容已做出了基本规范。

《渔业法》第十一至十四条和第二十三至二十五条所规定的渔业权,包括养殖权和捕捞权。养殖权主要由《渔业法》第十一条予以规定:"单位和个人使用国家规划用于养殖业的全民所有的水域、滩涂的,使用者应当向县级以上人民政府渔业行政主管部门提出申请,由本级人民政府核发养殖证,许可其使用该水域、滩涂从事养殖生产。"捕捞权主要由《渔业法》第二十三条和第二十五条予以规定:"国家对于捕捞业实行捕捞许可证制度。""从事捕捞作业的单位和个人,必须按照捕捞许可证关于作业类型、场所、时限、渔具数量和捕捞限额的规定进行作业"。这就是说,从事捕捞作业的单位和个人,必须向县级以上人民政府渔业行政主管部门提出申请,经批准发给捕捞许可证后,方可从事捕捞生产。

现行渔业法规定的渔业权的主体为单位和个人;渔业权的客体,对于养殖权为"国家规划确定用于养殖业的全民所有的水域、滩涂",对于捕捞权为"内水、滩涂、领海以及国家管辖的一切其他海域"及赋于其中的水生经济动植物;渔业权设立的要件,对于养殖权为人民政府核发的养殖证,对于捕捞权为渔业行政主管部门批准发放的捕捞许可证。

据此,可以把现行渔业法规定的渔业权概括为:渔业权是指单位、个人依照法律规定经主管机关批准取得的使用国家规划确定用于养殖业的全民所有的水域、滩涂从事养殖生产和在内水及国家管辖的其他海域的一定区域捕捞水生经济动植物,取得水产品,获得收益的权利。

(二)规定渔业权的基本原则

现行渔业法规定渔业权遵循的基本原则主要是:

(1)鼓励、扶持渔业的发展;

(2)养护和合理利用水生生物资源;

(3)保障渔业生产者的合法权益;

(4)有利于控制捕捞强度,维护渔业生产秩序;

(5)有利于渔业权的监督管理;

(6)从实际出发,科学合理。

(三)渔业权的种类

现行渔业法依据上述基本原则和中国渔业生产和渔业管理的实际状况,实际是把渔业权规定为养殖渔业权、定置渔业权、内陆捕捞渔业权和近海捕捞渔业权等4种。

养殖渔业权,是指单位和个人依照法律规定的条件和程序,领取养殖证取得使用全民所有的一定区域的水域、滩涂,在一定期限内从事养殖生产并获得收益的权利。

定置渔业权,是指单位和个人依照法律规定的条件和程序,领取渔业捕捞许可证取得使用内水、近海的一定区域,在一定期限内利用定置渔具从事捕捞生产并获得收益的权利。

内陆捕捞渔业权,是指单位和个人依照法律规定的条件和程序,领取内陆渔业捕捞许可证,在内陆水域的一定场所和一定期限内从事渔业捕捞生产并获得收益的权利。

近海捕捞渔业权,是指单位和个人依照法律规定的条件和程序,取得海洋(近)海捕捞许可证,在近海的一定场所和一定期限内从事渔业捕捞生产并获得收益的权利。

但上列渔业权的适用范围和《渔业法》的适用范围并不等同。这是因为按照中日、中韩、中越渔业协定的规定,在中国管辖的黄海、东海和南海的专属经济区中,有相当大的水域被确定为"共同管理的渔区"实行协定规定的渔业管理制度。在"共同管理的渔区"显然不应设立渔业权。到远洋,到公海捕捞要受国际公约制约,到他国管辖海域捕捞要遵守渔业条约、协定和有关国家的法律,也不宜设立渔业权。依据《渔业法》的有关规定,将渔业权的适用范围确定为内水和近海比较适当。

(四)渔业权的特征

渔业法属于经济行政法,渔业权的基本特征是:

(1)依据特别法(渔业法)而设立;

(2)通过行政许可方式而取得;

(3)权利的行使受法定禁限制度和行政管理的制约;

(4)属于公法调整的范畴,可以公权力保护渔业权。

依照经济行政法原理,权利人不仅享有使用国有自然资源的权利,当这种权利受到行政机关侵害时享有损害赔偿请求权,而且,当行政机关变更、撤销所核准的渔业权或停止渔业权行使使其利益遭受损害时享有资源利用补偿请求权。

(五)渔业权规定的不足

现行渔业法对渔业权的规定存在一些不足,其中主要有:

1. 渔业资源国家所有权关系不够明晰

在自然资源立法中,十分重视对自然资源国家所有权的规定。《水法》第三条第一款、《野生动物保护法》第三条第一款、《森林法》第三条第一款,分别对水资源、野生动物资源、森林资源属于国家所有作了规定。《矿产资源法》第三条第一款、《海域使用管理法》第三条第一款、《土地管理法》第八条,分别对矿产资源、海域、城市市区的土地和农村和城市郊区的土地(除由法律规定属于农民集体所有的外)属于国家所有以及由国务院代表国家行使所有权作了规定。而《渔业法》只提到了"全民所有的水域、滩涂",既未指明"全民所有的水域、滩涂"的空间范围,也未规定由国务院代表国家行使国有渔业资源的所有权。这1方面,使一些地方、单位错误地认为与之毗邻的养殖水域、滩涂属于本地方、本单位所有,擅自占用或者出让、转让、出租;认为渔业资源反正是社会公共的财富,长期以来一直实行自由开发,现今自然仍是谁捕算谁的、谁捕谁得利,因而任意增船增网,蜂拥争夺渔场,渔业生产纠纷迭起,甚至不惜诉诸武力。另1方面,也使《渔业法》关于县级以上地方人民政府核发养殖证许可使用全民所有的水域、滩涂,从事养殖生产的规定缺乏严格的法理根据。

2. 2002年之前未对养殖证的有效期限做出规定

养殖证是人民政府依法许可单位、个人使用全民所有的水域、滩涂从事养殖生产的法律文书。国家行政机关的任何1种行政许可都是授益性的行政行为,其存在的前提是法律上的一般禁止。养殖证的本质在于国家把全民所有的水域、滩涂的养殖业作为"许可产业"进行管理。许可的反面是禁止,对一般人禁止的行为,对特定人解除禁止就是许可。这就是说,使用全民的水域、滩涂从事养殖生产,对一般人是禁止的,而只对那些获得许可的特定人可以解除禁止,从而使其取得全民所有的养殖水域、滩涂的使用权。既然是"许可",就不能没有有效期限。而在《渔业法》和《渔业法实施细则》上却未规定养殖证的有效期限(或最少年限)。其本意可能是留给地方规定,但一些地方如北京、湖北、湖南、重庆等省市的《渔业法实施条例》也没有规定养殖证的有效期限。这既与"行政许可"的法理不相符合,也与中央"赋予渔民长期而稳定的水域、滩涂使用权"的基本政策不相符合。如果地方人民政府不作规定或规定的过短,将有可能影响养殖渔民进行规模投入的积极性,从而在一定程度上制约养殖业的发展,不利于中央关于稳定农村经济制度和保障农民增收的政策的贯彻执行。

3. 未规定渔业捕捞许可证登记制度

在自然资源法中,通行权属登记制度。《土地管理法》第十一条、《草原法》第四条第三款、《森林法》第三条第二款、《海域使用管理法》第六条第一款、《矿产资源法》第三条第三款、《农村土地承包法》第二十三条分别对土地、草原、林地、海域的所有权、使用权或承包经营权及探矿权、采矿权的登记作了规定。对自然资源进行权属登记,既是国家行政机关了解自然资源权属及其性质和自然资源状况及其变化的重要手段,也是处理自然资源权属争议的重要依据。依法登记的自然资源的所有权(《物权法》第九条规定,依法属于国家所有的自然资源,所有权可以不登记)、使用权,才是合法的、受法律保护的权利。《渔业法》未对养殖证和渔业捕捞许可证的登记做出规定。2010年有了《水域、滩涂养殖发证登记办法》,迄今尚未出台关于渔业捕捞许可证登记的规定。实行养殖证和捕捞许可证的登记制度、公示制度和档案制度,有利于养殖证和捕捞许可证发放过程的公开、公平、公正,有利于确保证件发放的合法、合理,并可为切实维护渔民合法权益奠定坚实基础。

4. 保障渔业生产者合法权益的规定不充分、不完整

《渔业法》把"保障渔业生产者的合法权益"作为立法目的之一,但在具体条款中落实不够,仅第十四条、第十五条、第三十九条和第四十七条中有所体现,从整体上看,在一定程度上存在着"重义务、轻权利"的倾向。1986年《渔业法》关于"水面、滩涂的所有权和使用权受法律保护,任何单位和个人不得侵犯"的原则规定,修改时被删除了。

日本和韩国两国的渔业法建立了比较完备的渔业补偿机制,对于因渔业调整、船舶航行、停泊、水底电缆铺设、渔业资源保护、国防及其他公共利益需要变更、取消、停止行使渔业权或者"指定渔业"的许可,而导致渔业权或者取得"指定渔业"许可者的损失,都规定"政府必须给予补偿(政府可让受益者担负全部或者部分补偿款项)","对补偿金额不服的,则在接到该通知之日起90天内,可以提起诉讼(国家为被告),要求增加金额"。为此,日本于1950年、1953年、1960年、1962年颁布了4种情况下的《损失补偿要纲》及计算方法。

相比之下,《渔业法》保护渔民利益的力度凸显不足,1986年《渔业法》第十三条第二款关于"国家建设使用确定给全民所有制的单位或者集体所有制的单位用于养殖的全民

所有的水面、滩涂,由建设单位给予适当补偿"的规定,不经修改也被删除了,这不符合实际需要,使得《国务院关于促进海洋渔业持续健康发展的若干意见》不得不将"征收、征用渔业水域、滩涂的,要按照物权法、土地管理法、海域使用管理法等规定予以补偿安置"作为进一步完善渔业方面的法律、法规和规章,强化法制建设的重要事项。[2]

二、《民法通则》规定的渔业权

《民法通则》第八十一条规定:"国家所有的森林、山岭、草原、荒地、滩涂、水面等自然资源,可以依法由全民所有制单位使用,也可以依法确定给集体所有制单位使用,国家保护它的使用、收益的权利;使用单位有管理、保护、合理利用的义务。"这条规定确认了《渔业法》实际规定的渔业权,把渔业权纳入了民法的范畴。《民法通则》所指的渔业权,可以理解为主要包括养殖权和定置渔业权两种。从民法上看,渔业权的实质在于通过开发利用国有渔业资源对获得的水产品享有物的所有权。

因此,渔业权是1种财产权,属于《民法通则》所指的"与财产所有权有关的财产权"的范畴,自然具有物权的性质,是1种民事权利。这种渔业权建立在国家对滩涂、水面拥有所有权的基础上,是1种"对他人的所有物使用和收益的权利",明显具有用益物权的基本特征,应将其法律性质定位为用益物权。

养殖权和定置渔业权是对国家所有的特定滩涂、水面享有经营特定养殖和定置渔业的权利,这种权利的行使以对特定滩涂、水面的占有为前提。在民法上"占有"是指对物的实际控制。但对养殖和定置渔业所使用的滩涂、水面来说,虽其位置和范围可以通过勘测进行确定,但与其有关的水和生物资源则具有很大的流动性。尽管权利人不可能作到对这种滩涂、水面的完全占有,但这并不妨碍对其行使排他性的使用和收益的权利,也不影响将渔业权定性为用益物权。

《民法通则》规定的渔业权,不包括在内水和国家管辖的其他海域、以船舶经营特定渔业采捕水生经济动植物的渔业权。这种渔业权的标的物,主要不是水域而是赋存于水域中的渔业生物资源。由于渔业生物资源在不断流动和变化,所以渔业权人不可能直接行使对渔业生物资源的占有行为,而且渔业生物资源为公用资源,因此,渔业权人对渔业生物资源的开发利用也不具有排他性。但这种渔业权毕竟是从法律上赋予了权利人可以在特定水域进行采捕国家所有的特定种群或种类的渔业生物资源的行为,并对渔获物享有物的所有权,从而得到经济利益的权利。因此,从民法上说这种权利仍是属于"对他人之所有物使用和收益的权利",具有用益物权的性质。

三、《物权法》规定的渔业权

(一)《物权法》对渔业权的规定

《物权法》第三编"用益物权"第一百二十三条规定:"依法取得的⋯⋯使用水域、滩涂从事养殖、捕捞的权利受法律保护。"

《物权法》第四十六条规定:"矿藏、水流、海域属于国家所有。"第四十八条规定:"森林、山岭、草原、荒地、滩涂等自然资源,属于国家所有,但法律规定属于集体所有的除外。"第一百二十四条第二款规定:"农民集体所有和国家所有由农民集体使用的耕地、林地、草地以及其他用于农业的土地,依法实行土地承包经营制度。"第一百二十五条规定:"土地承包经营权人依法对其承包经营的耕地、林地、草地等享有占有、使用和收益的权利,有权从事种植业、林业、畜牧业等农业生产。"第一百二十七条规定:"土地承包经营权自土地承包经营权合同生效时设立。"

纵观上列几条,《物权法》规定的养殖权和捕捞权是使用国家所有水域、滩涂从事养殖和渔业捕捞生产的权利,属于用益物权。这和《渔业法》与《民法通则》的有关规定相比,其突出点在于,一是明确规定国家建立和实施渔业权制度;二是明确指出渔业权的性质是用益物权。

(二)《物权法》规定渔业权的重大意义

《物权法》调整因物的归属和利用而产生的民事关系,是规范财产关系的民事基本法律,是维护社会主义基本经济制度,维护广大人民群众切身利益,规范社会主义市场经济秩序和财产关系的1项基本法。《物权法》对养殖权和捕捞权做出规定,并明确养殖权和捕捞权为用益物权,受法律保护。这在中国渔业立法发展史上具有里程碑性质的重大意义。主要表现在:

1. 进一步稳定和完善渔业基本经营制度

渔业水域、滩涂是广大渔民赖以生存的基本生产资料。渔业水域、滩涂使用制度作为渔业基本经营制度,是渔业持续健康发展的重要制度基础。改革开放以来,国家不断从立法和政策的角度加大对渔业基本经营制度的保护,渔业生产得到了迅速发展,渔业生产者利益得到了维护。《物权法》以民事基本法律的形式明确渔业生产者使用水域、滩涂从事养殖和捕捞的权利为用益物权,更好地适应了新时期经济社会的发展要求,进一步稳定和完善了渔业基本经营制度。

2. 进一步加强渔业生产者合法权益的保护

水域、滩涂的使用权,和土地承包经营权一样,是广大渔业生产者的基本生产和生存权利。《物权法》规定了广大渔业生产者的基本权利,意味着渔业生产者今后从事渔业活动,不但有行政法的保护,而且还受民法的保护。渔业生产者的这项权利作为用益物权,意味着渔业生产者依法取得渔业权后,就享有依法占有并使用特定水域、滩涂从事养殖或捕捞活动以获取收益的排他性权利。渔业权受到侵害或被占用时可以适用《物权法》加以保护,并依法取得合理的补偿或赔偿。这大大加强了保护渔业生产者使用水域、滩涂从事养殖和捕捞权利的力度。

3. 进一步完善渔业法律体系,促进渔业持续健康发展

过去,渔业法律体系和法律制度主要是依靠行政法律规范,《物权法》以基本民事立法形式确定渔业权制度,适应了我国社会主义市场经济和渔业发展的要求,是顺民心、得民意的1项重要举措,也是对我国渔业发展和管理制度的1次丰富和完善。渔民权益的保护将会增加适用民法的公示、登记、损害赔偿等有关制度,渔业生产活动将进一步受民事法律的调整,渔业法律体系和管理制度得到进一步完善和规范。有了法律的明确规范和保障,渔业生产者就会安心投入,生产积极性更加高涨,渔业的持续健康发展就会更加

充满活力。

4. 进一步促进政府职能的转变,推动农村渔区和谐社会的构建

《物权法》强调保护公民和法人的合法财产权利。这就要求各级政府及其渔业行政主管部门要切实转变思想观念,增强责任意识和服务意识,树立维护渔业生产者合法权益的观念。

要重视渔业水域、滩涂使用制度的完善和稳定,坚持以科学发展观为指导,贯彻中央城乡统筹发展战略,在水域、滩涂使用功能、使用主体发生冲突或者渔业水域、滩涂被侵占和渔民权益受侵害时,要切实保护渔业、保护渔民合法权益。在养殖水域、滩涂规划编制、养殖证和捕捞许可证发放等各项渔业管理工作中,要充分体现以人为本的理念,坚持当地渔业生产者优先的原则,依法确定和保护渔业生产者的水域、滩涂使用权。

要坚持公开、公平、公正原则,建立健全发放登记、公示和档案制度,推进和规范养殖证、捕捞许可证发放工作。提出进一步稳定和完善渔业基本经营制度的政策措施,加强对有关渔业水域、滩涂被征用、占用事件的调查以及渔业污染事故处理,积极推动制订出台水域、滩涂征用、占用补偿标准和实施办法,协助渔民作好申请补偿和索赔工作。[3]

《物权法》规定渔业权,符合国际通行做法和发展趋势。世界许多国家在立法中明确规定渔业权并加以保护。日本法律明确规定将渔业权视为物权。韩国法律规定海域归国家所有,但渔民和渔业合作组织可获得长期而稳定的使用权,渔业权延续时渔业权人具有优先权,渔业权受到侵害时有权获得赔偿。许多英美法系的国家也已逐步将渔民从事渔业生产的权利视为 1 种财产权。因此,将渔业权作为用益物权种类,实行民法保护,符合国际发展趋势。

参考文献

[1] 中国社会科学研究院法学研究所.法律词典[M].北京:法律出版社,2003:1523.

[2] 国务院关于促进海洋渔业持续健康发展的若干意见(国发〔2013〕11 号)[S/OL].(2013-03-08).[2014-03-25].

http://www.gov.cn/zwgk/2013-06/25/content_2433577.htm

[3] 农业部关于贯彻实施《中华人民共和国物权法》稳定和完善渔业基本经营制度的通知(农渔发〔2007〕8 号)[S/OL].(2007-03-29).[2014-04-15].

http://www.gov.cn/zwgk/2007-04/18/content_586536.htm

第二十二章　渔业生产

《渔业法》对养殖业和捕捞业的发展方针和管理制度作了系统规定。《渔业法》将增殖作为渔业资源的养护措施。近几年粮农组织对增殖渔业和休闲渔业做出规范,使它们成为新兴的渔业生产业态。

现今养殖业、捕捞业、增殖渔业和休闲渔业已成为中国渔业生产领域的 4 大产业,并构成现代渔业生产体系。其现代性表现为:遵循资源节约、环境友好和可持续发展的理念;采用现代生产技术装备和良好操作规范;采用严格的科学技术标准衡量水产品质量;应用现代化手段对渔业生产全过程实施监视、监测和控制。其体系性表现为:渔业生产 4 大产业之间既有区别又互相紧密联系,既有以捕捞为基础的养殖,也有以养殖为基础的捕捞,而休闲渔业则建立在养殖和捕捞的共同基础上;发展 4 大产业均应以合理利用渔业资源为主线,以粮食安全、生态安全和生产安全为目标;渔业生产需要使用水域且具高投入、高风险的特点,因此规范 4 大产业广泛适用渔业许可制度,未经国家指定的主管机关批准,一般不得从事渔业生产活动;考虑到渔业生产对水域生态系统的影响及水域生态系统对渔业生产的影响,为实现渔业生产持续和健康地发展,应将其视为一个整体,应用渔业生态系统办法,对渔业生产实行综合管理。

从事养殖业、内水和近海捕捞业、外海捕捞业、增殖渔业和休闲渔业使用国家管辖的水域资源,应遵守国内法。到"共同管理的渔区"、公海或"他国管辖海域"从事捕捞作业的,除国内法外,并应遵守中国缔结或者参加的有关条约、协定和有关国家的法律。

由于养殖、捕捞作业地点分散,个体生产经营单位众多,基础设施和技术装备相对落后,船上操作空间小,劳动强度大,工作条件艰苦,特别是经常遭遇灾害性天气和恶劣海况,各类渔业安全事故时有发生,使得渔业生产成为世界上最危险的行业之一。这就要求必须提高渔业设施装备水平和组织化程度,建立和健全渔业安全生产责任和管理制度,强化安全生产管理和服务,并加强渔业安全应急管理体系和安全设施建设,强化渔业海洋气象和通信服务,完善渔业安全应急预案,合理布局救助力量,着力保障渔民生命财产安全。

第一节　养殖业

一、分类

（一）按照《水产养殖基本术语》（GB/T 22213—2008）对水产养殖分类

1. 按照养殖水体的性质，划分为以下 3 类：

（1）海水养殖；

（2）淡水养殖；

（3）半咸水养殖。半咸水是指盐度为 0.5～16 的咸淡水。

2. 按照养殖区域的性质，划分为以下 9 类：

（1）滩涂养殖；

（2）浅海养殖；

（3）深海养殖[①]；

（4）港塭养殖，这是指在沿海港汊或河口地带，通过筑堤、拦网、蓄水、纳苗等措施进行水生经济动植物养殖的生产方式；

（5）池塘养殖；

（6）湖泊养殖；

（7）水库养殖；

（8）河沟养殖；

（9）稻田养殖。

3. 按照养殖设施，划分为以下 4 类：

（1）筏式养殖；

（2）网围养殖；

（3）网箱养殖；

（4）工厂化养殖。

（二）按照水产养殖对象所需营养素来源的不同，对水产养殖分类

1. 投喂类型的水产养殖

依靠向养殖水体投放饲料喂养养殖对象，为养殖对象提供促进其生长、生产和健康所需的营养素。这种水产养殖方式适用于养殖杂食性、肉食性和草食性水生动物。

2. 非投喂类型的水产养殖

利用养殖水体的天然饵料，使养殖对象摄取促进其生长、生产和健康所需的营养素。

[①] 与浅海养殖相对应，2002 年农业部《〈养殖水域、滩涂规划〉编制工作试行规范》提出了"深海养殖"的概念，浅海是指潮下带至 15 米等深线以内海域，深海是指 15 米等深线以外海域。

这种水产养殖方式适用于养殖滤食性水生动物。最重要的非投喂动物物种包括：

（1）两种鱼类，鲢鱼和鳙鱼，在内陆养殖；

（2）双壳软体动物（蛤、牡蛎、贻贝等）；

（3）海洋和沿海的其他滤食性动物（例如海鞘）。从事此类水产养殖，必要时可对养殖水体投放肥料，以增加水体的营养盐，促进天然饵料增殖。

3. 种植类型的水产养殖

依靠吸收水体中的矿物质并借助光合作用，使养殖对象获得促进其生长、生产和健康所需的营养素。这种水产养殖方式适用于养殖水生植物。从事此类水产养殖，必要时也可对养殖水体投放肥料，以增加水体的矿物质。

二、 养殖水域、滩涂规划

（一）目的

《渔业法》第十一条规定，"国家对水域利用进行统一规划，确定可以用于养殖业的水域和滩涂。"水域、滩涂是具有多重使用功能的国土资源。为科学合理开发利用水域、滩涂资源，协调排他性使用功能之间的矛盾和冲突，国家通过制定和实施海洋功能区划和水功能区划制度对水域利用进行统一规划，从中确定了水域和滩涂的养殖功能区域。养殖水域滩涂规划则是在此基础上的进一步细化，以为水产养殖业发展的布局及建立以养殖证为核心的养殖业管理制度提供具有可操作性的科学依据。

养殖水域滩涂是养殖渔民的命根子。进行养殖水域滩涂规划，首先就是要明确划定养殖区，以稳定基本养殖面积，根据中央"稳定渔民水域、滩涂养殖使用权"的要求，[1]保障养殖渔民正常生产生活所需的养殖水域、滩涂及其他合法权益。

为保证水产养殖的健康发展和产品的质量安全，水产养殖要求无污染的、良好的水域环境。另1方面水产养殖生产又有可能成为养殖水域、滩涂环境的污染损害源，从而产生损害水生生物资源、危害人体健康、妨害水上交通安全和其他合法活动、损害水体使用素质和减损环境质量等有害影响。进行养殖水域滩涂规划就是要趋利避害，明确划定禁养区和限制养殖区，设定发展底线，以防止、减少和控制环境因素对水产养殖的负面影响及水产养殖的消极因素对环境的负面影响，促进水产养殖走生态优先、绿色发展、保护水域滩涂生态环境的路子，实现水产养殖和利益相关开发活动的和谐共赢。

多年来，水产养殖持续增长的同时，既存在无序发展的现象，例如在航道、港池、锚地和停泊区、行洪河道、自然保护区及红树林集中生长地从事养殖生产等，也存在养殖空间布局优化不够的现象，例如近海和内陆养殖发达而离岸、远海养殖和集约化养殖不足等。进行养殖水域滩涂规划的再一目的，就是加快推进水产养殖业转方式调结构，推进生态健康养殖。

（二）指导文件

为实施养殖水域滩涂规划这1渔业管理的基本制度，农业部于2002年3月5日根据《渔业法》等法律法规的规定印发了《养殖水域滩涂规划编制工作规范》和《养殖水域滩涂规划编制大纲》。2016年12月22日为贯彻落实《中共中央国务院关于加快推进生态文明建设的意见》(中发〔2015〕12 号)[①]、《国务院关于促进海洋渔业持续健康发展的若干意见》(国发〔2013〕11 号)[②]和《国务院关于印发水污染防治行动计划的通知》(国发〔2015〕17 号)[③]的有关要求,对这两个文件进行了修订,并要求各地:尚未发布养殖水域滩涂规划的要遵照修订后的《工作规范》和《编制大纲》尽快编制发布;已发布的要按照修订后的《工作规范》和《编制大纲》的要求抓紧修订完善,确保在 2018 年底前全面完成规划编制工作。[2]

(三)指导思想和基本原则

1. 指导思想

修订后的《工作规范》指出,养殖水域滩涂规划编制要以"创新、协调、绿色、开放、共享"五大发展理念为引领,结合本地经济发展和生态保护需要,在科学评价水域滩涂资源禀赋和环境承载力的基础上,科学划定各类养殖功能区,合理布局水产养殖生产,稳定基本养殖水域,保障渔民合法权益,保护水域生态环境,确保有效供给安全、环境生态安全和产品质量安全,实现提质增效、减量增收、绿色发展、富裕渔民的发展总目标。

2. 基本原则

修订后的《工作规范》指出,规划编制工作应遵循以下原则:

(1)坚持科学规划、因地制宜的原则。各地应根据本地水域滩涂承载力评价结果和水产养殖产业发展需求,形成本区域养殖水域滩涂开发利用和保护的总体思路,根据《工作规范》和《编制大纲》的具体要求,合理布局水产养殖生产,制定本区域养殖水域滩涂使用管理的具体措施,科学编制规划。

(2)坚持生态优先、底线约束的原则。要坚持走生产发展、生活富裕、生态良好的文明发展道路,科学开展水域滩涂利用评价,保护水域滩涂生态环境,明确区域经济发展方向,合理安排产业发展空间。要将饮用水水源地、自然保护区等重要生态保护或公共安全"红线"和"黄线"区域作为禁止或限制养殖区,设定发展底线。

(3)坚持合理布局、转调结合的原则。要稳定海水池塘和工厂化养殖,调减过密近海网箱养殖,发展外海深水网箱养殖;稳定淡水池塘养殖,调减湖泊水库网箱围栏养殖,发展生态养殖,支持设施养殖向工厂化循环水方向发展,发展稻田综合种养和低洼盐碱地养殖,实现养殖水域滩涂的整体规划、合理储备、有序利用、协调发展。

(4)坚持总体协调、横向衔接的原则。要将规划放在区域整体空间布局的框架下考虑,规划编制要与本行政区域的《土地利用总体规划》和《海洋功能区划》相协调,同时注意与本地区城市、交通、港口、旅游、环保等其他相关专项规划相衔接,避免交叉和矛盾,

---

① 中发〔2015〕12 号文件要求:控制发展海水养殖,科学养护海洋渔业资源,控制和规范淡水养殖。

② 国发〔2013〕11 号文件要求:科学发展海水养殖。按照《全国海洋功能区划(2011~2020 年)》等相关涉海规划,制定并落实水域、滩涂养殖规划,引导渔民依法规范养殖。加大水产养殖池塘标准化改造力度,推进近海养殖网箱标准化改造,大力推广生态健康养殖模式。推广深水抗风浪网箱和工厂化循环水养殖装备,鼓励有条件的渔业企业拓展海洋离岸养殖和集约化养殖。

③ 国发〔2015〕17 号文件要求:推进生态健康养殖。在重点河湖及近岸海域划定限制养殖区。实施水产养殖池塘、近海养殖网箱标准化改造,鼓励有条件的渔业企业开展海洋离岸养殖和集约化养殖。到 2015 年,海水养殖面积控制在 220 万公顷左右。

促进区域经济协调发展。

（四）编制要求

1. 规划范围

《工作规范》规定，规划中的养殖水域滩涂是指中华人民共和国管辖水域滩涂内，已经进行水产养殖开发利用和目前尚未开发但适于水产养殖开发利用的所有（全民、集体）水域和滩涂。已经进行水产养殖开发的水域滩涂面积超过 1 万亩或养殖年产量超过 3 000 吨的县（市、区），独立编制本行政区域规划，已经进行水产养殖开发的水域滩涂面积不足 1 万亩或养殖年产量低于 3 000 吨的县（市、区），可独立编制规划或由上一级渔业行政主管部门牵头统一编制规划。

2. 规划期限

《工作规范》规定，规划期至 2030 年。

3. 基本功能区划

按照《工作规范》的规定，养殖水域滩涂功能区分为禁止养殖区、限制养殖区和养殖区。禁止养殖区为禁止进行水产养殖的区域，限制养殖区为可以在符合养殖污染物排放标准或养殖方式和规模等规定条件限制下进行水产养殖的区域，养殖区为适宜进行水产养殖的区域。

（1）禁止养殖区，包括：

① 饮用水水源地一级保护区、自然保护区核心区和缓冲区、国家级水产种质资源保护区核心区和未批准利用的无居民海岛等重点生态功能区；

② 港口、航道、行洪区、河道堤防安全保护区等公共设施安全区域；

③ 有毒有害物质超过规定标准的水体；

④ 法律法规规定的其他禁止从事水产养殖的区域。

（2）限制养殖区，包括：

① 限制在饮用水水源二级保护区、自然保护区实验区和外围保护地带、国家级水产种质资源保护区实验区、风景名胜区、依法确定为开展旅游活动的可利用无居民海岛及其周边海域等生态功能区进行水产养殖，在以上区域内进行水产养殖的应采取污染防治措施，污染物排放不得超过国家和地方规定的污染物排放标准；

② 限制在重点湖泊水库及近岸海域等公共自然水域开展网箱围栏养殖。重点湖泊水库饲养滤食性鱼类的网箱围栏总面积不超过水域面积的 1%，饲养吃食性鱼类的网箱围栏总面积不超过水域面积的 0.25%；重点近岸海域浮动式网箱面积不超过海区宜养面积 10%；

③ 法律法规规定的其他限制养殖区。

（3）养殖区。

① 海水养殖区，包括海上养殖、滩涂及陆地养殖区。海上养殖包括近岸网箱养殖、深水网箱养殖、吊笼（筏式）养殖和底播养殖等，滩涂及陆地养殖包括池塘养殖、工厂化等设施养殖和潮间带养殖等。

② 淡水养殖区，包括池塘养殖区、湖泊养殖区、水库养殖区和其他养殖区。池塘养殖

包括普通池塘养殖和工厂化设施养殖等,湖泊水库养殖包括网箱养殖、围栏养殖和大水面生态养殖等,其他养殖包括稻田综合种养和低洼盐碱地养殖等。

（五）编制机关及批准机关

《工作规范》规定,各级养殖水域滩涂规划由所在地的县级以上地方人民政府渔业行政主管部门负责编制,报本级人民政府批准后发布实施。省级渔业行政主管部门应加强对规划编制工作的指导和监督检查,制定本省规划编制工作办法或方案,并负责在县市规划的基础上编制本省养殖水域滩涂规划。国务院渔业行政主管部门定期对各地规划编制完成情况进行督导,并负责在各省规划的基础上完成全国养殖水域滩涂规划。

为避免毗邻行政区域间的养殖水域滩涂在进行规划时出现重叠现象和今后管理矛盾的发生,毗邻行政区域的同级渔业行政主管部门在规划上报本级人民政府批准前,应报上一级人民政府渔业行政主管部门审核。规划由本级人民政府批准后,报上一级人民政府渔业行政主管部门备案。

跨界和争议水域的规划,由毗邻县级以上地方人民政府渔业行政主管部门协商编制,分别报本级人民政府批准,并报上一级人民政府渔业行政主管部门备案。协商不成的,由上一级人民政府渔业行政主管部门协调处理。

（六）编制程序

国务院和地方人民政府的渔业行政主管部门应当根据全国和地方《海洋功能区划》和《水功能区划》,对管辖范围内统一规划用于养殖的水域、滩涂资源及其开发利用状况进行调查和评估,编制养殖水域滩涂规划,按规定的权限和程序报人民政府批准后实施。

编制养殖水域滩涂规划,应当按照养殖水域、滩涂的自然属性、社会属性和开发利用状况,结合本行政区域渔业发展规划,按照规定要求划定禁止养殖区、限制养殖区和养殖区,并科学确定各个养殖区的名称、位置、面积、主要养殖品种、方式和环境保护目标。鱼、虾、蟹、贝、藻类养殖,既要因地制宜,有所侧重,又要统筹规划,合理布局,充分发挥养殖资源的多种功能,使养殖水域、滩涂形成1个结构优化、功能高效的综合养殖生态系统。

《工作规范》将编制程序具体规定为以下4个阶段:

1. 准备阶段

组织成立各级规划编制工作领导小组、技术指导组和编制组。

领导小组由本级渔业行政主管部门领导任组长,有关部门的领导参加,主要职责:统一部署编制工作,提出编制基本要求,审定工作方案;协调解决编制过程中的矛盾和问题,审定规划成果;协助上报本级人民政府批准。

技术指导组由领导小组单位推荐的专家组成,主要负责:论证实施方案和技术规范;协助资料收集和分析工作;对编制工作中的矛盾和重大问题提出解决建议;评审专题研究成果和工作成果。

编写组成员由渔业部门工作人员和有关方面的专家组成,具体承担规划编制任务。编写组拟定规划编写工作方案和实施方案,工作方案经领导小组审定,实施方案经技术指导组论证后,由编制组遵照执行。

2. 编制阶段

（1）编写组按照《编制大纲》的要求，收集、分析有关资料，并开展必要的实地调研和专题研究。

（2）专题研究成果经技术指导组论证后，由编制组汇总完善，并按照《编制大纲》的要求编制规划，形成规划征求意见稿。征求意见稿应包括文本、图件和编制说明。

（3）编制工作中的重大问题，由领导小组组织召开技术指导组会议论证，并由领导小组审定。

3. 协调论证阶段

（1）规划征求意见稿在征求有关部门和当地人民政府意见后，由编制组继续修改完善，形成规划评审稿。

（2）成立由各有关部门和研究单位的专家组成的规划评审专家组，按照有关评审方法、程序进行评审，并提出评审意见。

（3）编制组根据评审意见修改完善并经领导小组审定后，形成规划送审稿。

4. 上报批准阶段

规划送审稿由各级渔业行政主管部门上报本级人民政府批准，由本级人民政府颁布施行。经批准的规划应向社会公开，并报上一级渔业行政主管部门备案。

（七）规划实施管理

养殖水域滩涂规划按照规定的权限和程序一经批准即成为养殖水域滩涂使用管理和水域生态环境保护的基本依据，具有法定效力，必须严格执行。为此，修订后的《工作规范》特别规定：

1. 养殖水域滩涂使用管理要严格依据规划开展，严格限制擅自改变养殖水域滩涂使用用途的行为。在规划范围外不得新建及扩建水产养殖项目。其他生态保护或工程建设项目等占用规划内养殖水域滩涂的，必须征求渔业行政主管部门的意见，并按照有关规定对规划进行修订后实施，造成养殖生产者经济损失的应依法给予补偿。

2. 禁止养殖区内的水产养殖，由本级人民政府或相关部门负责限期搬迁或关停。限制养殖区内的水产养殖，污染物排放超过国家或地方规定的污染物排放标准的，限期整改，整改后仍不达标的，由本级人民政府或相关部门负责限期搬迁或关停。禁止和限制养殖区内重点生态功能区和公共设施安全区域划定前已有的水产养殖，搬迁或关停造成养殖生产者经济损失的应依法给予补偿，并妥善安置养殖渔民生产生活。

3. 养殖区内符合规划的养殖项目，应当科学确定养殖密度，合理投饵、使用药物，防止造成水域的环境污染，养殖生产应符合《水产养殖质量安全鼓案例规定》的有关要求。

三、 养殖容量和环境容量

县级以上地方人民政府渔业行政主管部门应当根据养殖水域滩涂规划，科学确定养殖容量和环境容量，引导渔民在符合水域滩涂资源禀赋和环境承载力的条件下合理使用养殖水域、滩涂，科学发展水产养殖，保护渔业水域生态环境。

粮农组织《水产养殖术语》界定，"生物的容量是指1个特定的群体在特定的栖息环境中所能形成的最大生物量。在水产养殖中是指在最佳养殖条件下所能维持的最大生物量"[3]。所谓最佳养殖条件,按照《渔业法》的规定,应包括:

(1) 选用优良苗种;

(2) 科学确定养殖密度;

(3) 合理投饵、施肥,不使用含有毒、有害物质的饵料、饲料;

(4) 正确使用药物;

(5) 遵循良好养殖操作规程;

(6) 防止造成或可能造成养殖水域、滩涂生态环境的污染损害。

据此,可将养殖容量概括为:在特定养殖区内,以负责任的方式开展特定水生经济动植物养殖生产可持续达到的最高产量。

环境容量又称环境负载容量,在广义上是指地球生物圈或某 1 区域环境对人口增长和经济发展的承受能力,包括可供开发利用的自然资源数量和环境消解生产、生活废弃物的最大负荷量。其理论基础是生物种群在环境中可以利用的食物量有 1 个最大值。它对于动物种群的增长是 1 个限制因素,种群增长愈是接近这个上限,增长速度愈慢,直至停止增长。这个值在生态学上叫作"负荷量"或"环境容量"。[4]

对养殖水域、滩涂来说,环境容量有两层含义:一是指特定养殖区通过同化作用生产有机物的能力,向养殖区投放肥料,可以增加水域、滩涂的氮、磷等营养盐,促进天然饵料增殖,从而提高其生产力;二是在特定养殖区,为维持在或恢复到给定的环境质量目标,在物理、化学、生物综合作用下,对养殖污染物的动态净化能力。但不论生产能力或净化能力都是有限度的。

水产养殖按营养供给方式的不同,大体可分为贝藻类自然营养型养殖和鱼虾类人工营养型养殖两种类型。藻类养殖主要依靠光合作用和吸收水域中的氮、磷等无机盐进行繁殖生长,不产生污染物。贝类养殖由于其依靠滤食水中浮游植物和有机颗粒赖以生存繁殖,不需外源的投喂,但会产生代谢排泄物。鱼虾类养殖则主要依靠饵料投喂,其中 1 部分饵料转化成鱼虾肉蛋白,未被鱼虾利用的残饵及鱼虾排泄物进入水环境后,会以无机盐和有机质的形式存留在水体中。

在养殖密度符合环境容量和环境容量要求允许的情况下,不论贝藻类或鱼虾类均可从水域、滩涂中获得生长必要的营养物质,而且进入水域、滩涂环境的鱼虾贝类的污染物,随着时间的变化其浓度会不断降低和消除。但如果放养密度过大,超过了养殖水域、滩涂的生物负载量或养殖污染物总量超过了养殖区环境能够容纳和自我净化的能力,尽管其他养殖条件良好,也将引起养殖个体间的接触机会增多,便于病原体传播,增大养殖群体发生病害及交叉感染的机会,还会促进养殖水体中浮游生物的繁殖,加速养殖水体的富营养化,造成养殖生态系统的污染损害,甚至出现养殖减产、绝产或最终导致水域、滩涂养殖功能完全丧失的严重后果。

养殖容量和环境容量具有显着的区域和动态特征,同 1 养殖对象,由于养殖方式、养殖技术和管理水平等因素的不同,其单位面积或体积的养殖容量和环境容量的数值亦不同。在一定养殖条件下,这个数值可依实验法或借助数学模型估算。

四、养殖证

（一）《渔业法》有关养殖证的规定

1. 1986 年《渔业法》的规定

国家对全民所有的养殖水域、滩涂实行养殖证制度始于 1986 年《渔业法》。该法草案第六条原规定："各种集体经济组织或个体户利用国有渔业水域从事养殖业，须经渔业水域所在县（或相当县级）人民政府批准。"第六届全国人大常委会审议该草案时认为这一规定体现积极发展的精神不够；为了发展养殖业，最重要的是把农村经济体制改革中中央肯定的行之有效的经验，比如确定养殖水面、滩涂的使用权，颁发使用证，实行联产承包责任制等，用法律的形式肯定下来。[5]

据此，才有 1986 年《渔业法》第十条以下 3 款规定：

"县级以上地方人民政府根据国家对水域利用的统一安排，可以将规划用于养殖业的全民所有的水面、滩涂，确定给全民所有制单位和集体所有制单位从事养殖生产，核发养殖使用证，确认使用权。

"全民所有制单位使用的水面、滩涂，集体所有的水面、滩涂和集体所有制单位使用的全民所有的水面、滩涂，可以由集体或者个人承包，从事养殖生产。

"水面、滩涂的所有权和使用权受法律保护，任何单位和个人不得侵犯。"

2. 2000 年《渔业法》的规定

2000 年 7 月 3 日《关于〈中华人民共和国渔业法修正案（草案）〉的说明》就"关于全民所有的水面、滩涂确定给个人使用"问题作如下说明：

现行渔业法第十条中规定，全民所有的水面、滩涂可以确定给全民所有制单位和集体所有制单位使用，从事养殖生产。现行渔业法实施以来，随着经济体制改革不断深化，渔业养殖生产者发生了一些变化，一些地方已经将全民所有的水面、滩涂直接确定给个人使用，一些沿海省、市还通过地方立法肯定了这种做法；土地管理法也明确规定国有土地可以依法确定给单位或者个人从事渔业生产。

此外，现行渔业法对核发养殖使用证的程序也规定得不够明确，在执行中难免有随意性。因此，草案将现行渔业法第十条第一款修改为："县级以上地方人民政府根据国家对水域利用的统一安排，可以将规划用于养殖业的全民所有的水面、滩涂，确定给单位和个人从事养殖生产。单位和个人使用规划用于养殖业的全民所有的水面、滩涂的，使用者应当向县级以上地方人民政府渔业行政主管部门提出申请，由本级人民政府核发养殖使用证，确认使用权。"[6]

2000 年 8 月 21 日《全国人大法律委员会关于〈中华人民共和国渔业法修正案（草案）〉修改情况的汇报》指出，有些常委委员、部门和专家提出，由于水域是 1 种具有多用途的资源，水域有航行、灌溉、供水、行蓄洪、维护生态平衡等多种功能，修正案草案关于全民所有的水面包括海域、江河、湖泊、水库等确定给单位和个人从事养殖生产并经过向渔业行政部门申请，由政府核发养殖使用证的规定，涉及的问题较多，也比较复杂。应当先由国务院组织有关部门对水域利用进行统一规划，确定可以用于养殖业的水域和滩涂后,再由单位和个人申请领取养殖许可证从事养殖生产。

至于全民所有的水域、滩涂,特别是海域、江河、天然湖泊的排他性使用权的确权问题,宜作进一步研究,由规范有关物权的法律进行规定。因此,法律委员会建议将修正案草案的这一款修改为:"国家对水域利用进行统一规划,确定可以用于养殖业的水域和滩涂。单位和个人使用规划用于养殖业的全民所有的水域、滩涂的,使用者应当向县级以上地方人民政府渔业行政主管部门提出申请,由本级人民政府核发养殖许可证。核发养殖许可证的具体办法由国务院规定。"[7]

2000 年 10 月 23 日《全国人大法律委员会关于〈中华人民共和国渔业法修正案(草案)〉审议结果的报告》指出,有的常委委员和部门对二次审议稿中,只规定许可使用水域进行养殖生产,而未规定水域、滩涂的权属尚有不同意见,1 种意见认为在当前的情况下以规定使用许可为妥;另 1 种意见仍主张规定水域的排他性使用权属。对这些意见,法律委员会经过认真反复研究后认为,水域是 1 种具有多用途的资源,水域有航行、灌溉、供水、行蓄洪、维护生态平衡等多种功能,全民所有的水域包括海域、江河、湖泊、水库等可以许可由单位和个人用于养殖生产活动,但对单位和个人确认水域、滩涂的排他性使用权,涉及的问题较多,也比较复杂,宜作进一步研究,由规范有关物权问题的法律进行规定。因此,法律委员会建议将这 1 条修改为:

"国家对水域利用进行统一规划,确定可以用于养殖业的水域和滩涂。单位和个人使用国家规划确定用于养殖业的全民所有的水域、滩涂的,使用者应当向县级以上地方人民政府渔业行政主管部门提出申请,由本级人民政府核发养殖证,许可其使用该水域、滩涂从事养殖生产。核发养殖证的具体办法由国务院规定。

"集体所有的或者全民所有由农业集体经济组织使用的水域、滩涂,可以由个人或者集体承包,从事养殖生产。"[8]

2000 年 10 月 31 日第九届全国人大常委会第十八次会议认可法律委员会的此项建议,并将其由第十条改为第十一条。

3. 第十条与第十一条有关于养殖证规定的比较

《渔业法》关于养殖证的规定,修改后与修改前相比有 8 点差别:

(1) 明确了养殖水域、滩涂是根据国家对水域利用进行统一规划确定的;

(2) 将"水面、滩涂"改为"水域、滩涂";

(3) 增加了申请程序;

(4) 规定了渔业行政主管部门为申请受理机关;

(5) 允许个人申请;

(6) 改变了证的名称;

(7) 将人民政府核发养殖证的行政行为由"确认使用权"改为"许可其使用";

(8) 增加了授权国务院制定具体办法的规定。

《渔业法》原采用"确认",现改用"许可"。确认和许可都是行政行为,但二者的概念和作用不同。

行政许可,是指在法律一般禁止的情况下,行政机关根据单位、个人的申请,通过授

予书面证书的形式,赋予单位、个人从事某种活动或者实施某种行为的权利。

行政确认,是指行政机关对单位、个人的法律地位或者权利义务关系所作的确定和认可。许可和确认,其法律效果不同。

许可是准许被许可人可以为某种(对一般人禁止的)行为,其法律效果具有后及的性质;确认是对既有关系、事实的确定和认可,其法律效果具有前溯性。《海域使用管理法》有这样1条规定:"本法施行前,已经由农村集体经济组织或者村民委员会经营、管理的养殖用海,符合海洋功能区划的,经当地县级人民政府核准,可以将海域使用权确定给该农村集体经济组织或者村民委员会,由本集体经济组织的成员承包,用于养殖生产。"像这种情况应属于确认。申请领取养殖证的,除了这种情况外,还有其他打算从事养殖业的单位和个人。显然,使用"确认",就包括不了各种情况。而且,对养殖证来说,行政许可应是其取得的要件,使用"许可"1词更符合养殖权的要义。

(二)国家对养殖业实行养殖证制度的目的

养殖证制度是国家农村经济制度的重要组成部分,是中国渔业生产的1项基本法律制度,是被实践证明了的行之有效的渔业制度。实行这1制度的目的是:

(1)稳定水域、滩涂养殖使用权和承包经营权,保持农村基本经济制度的稳定;

(2)保护养殖生产者的合法权益,减轻渔(农)民负担,增加渔(农)民收入;

(3)依法管理和促进科学规划养殖水域、滩涂资源,保护渔业水域生态环境,保障养殖水域、滩涂资源的可持续利用;

(4)引导并促进渔业结构的战略性调整,合理安排产业布局;

(5)提升水产养殖产品质量,保障水产品质量安全,提高产业竞争力。

(6)执行"以养殖为主"的渔业生产方针,促进水产养殖业持续健康发展。

(三)养殖证的内容和发放原则

1.养殖证的内容

(1)养殖证载有持证单位或个人基本情况;养殖水域、滩涂地理概位及平面界至图;养殖面积及范围(方位坐标);养殖类型、方式;养殖证有效期限;养殖证编号等内容。

(2)依据养殖区域的生态环境、养殖方式、投资风险、收益等综合因素,养殖证有效期的最高年限分别为:浅海、滩涂15年,深海30年,池塘30年,湖泊、水库、河沟10年,临时养殖区两年。

(3)养殖证载明事项如有变动,需提前1个月到原发证机关办理变更手续。养殖证期满后需要继续使用该水域、滩涂从事养殖生产活动的,持证人应当在有效期满前60日向原发证机关申请办理延期手续。

2.养殖证的发放原则

(1)县级以上地方人民政府在核发养殖证应符合养殖水域滩涂规划的要求。

(2)核发养殖证应坚持公开、公平、公正的原则,正确处理国家、集体、个人三者的利益关系。

(3)依照《渔业法》"县级以上地方人民政府在核发养殖证时,应当优先安排当地的渔业生产者"和《农业法》"国家引导、支持从事捕捞业的农(渔)民和农(渔)业生产经营组织从事水产养殖业或者其他职业,对根据当地人民政府统一规划转产转业的农(渔)民,应当按照国家规定予以补助"的规定,县级以上地方人民政府核发养殖证时,应遵循下列优先顺序:

① 毗邻养殖水域、滩涂,没有耕地以养殖生产为主要生活来源的;

② 因渔业产业结构调整,由捕捞业转产从事养殖业的;

③ 因养殖水域滩涂规划调整,需要另行安排养殖水域、滩涂从事养殖生产的;

④ 农业集体经济组织毗邻养殖水域、滩涂的;

⑤ 应用高新技术或具有养殖专业技术特长的;

⑥ 规模化经营的单位和个人。

(4) 对兼有调蓄、行洪、航运、养殖等多功能的水库、江河、湖泊等水域、滩涂,可在保证其他功能正常行使的情况下,发放临时养殖证。在水域规划的主功能与养殖功能发生矛盾时,临时养殖证有效期自然终止。

(5) 对同 1 养殖水域、滩涂因不同的养殖方式造成的使用功能交叉,如底播与筏式养殖,原则上不得确定给两个或两个以上的使用者。

(6) 对渔业行政主管部门和其所属的渔政监督管理机构及其工作人员一律不予发放养殖证。

(四) 养殖证的性质和作用

1. 养殖证的性质

养殖证是养殖权人使用水域、滩涂从事养殖生产活动的合法凭证,是养殖权的权属证书。养殖权人依法使用水域、滩涂从事养殖生产活动并获得收益的权利,受法律保护,任何单位和个人不得侵犯。

2. 养殖证的作用

(1) 养殖证用以依法规范养殖权人严格按照养殖证所规定的养殖区域、类型、方式等内容和有关法律、法规进行生产活动,做到科学确定养殖密度,合理投饵、用药,不对水域环境造成污染,保护养殖水域、滩涂资源的合理开发和可持续利用。

(2) 养殖权人凭养殖证可以按规定享受国家有关水产养殖业发展的投资、技术服务、病害防治、培训教育等优惠扶持政策。

(3) 养殖证是判断水域、滩涂的养殖使用功能的基础依据。当水域、滩涂因国家建设及其他项目征用或受到污染造成损失时,养殖权人可凭养殖证请求补偿或赔偿。渔业污染事故调查机构应以养殖证为受理案件的基础,养殖证登记内容是调查处理事故的重要依据。

(4) 养殖权人凭养殖证方可申请苗种生产审批、水生野生动物驯养繁殖证、水产品原产地证书、无公害农产品基地资格等,并享受税收等方面的优惠政策。

(5) 养殖权人可依照《物权法》第一百八十条以养殖证抵押贷款。

(五) 养殖证的申请、核发和登记

1. 养殖证的申请

单位和个人使用规划确定用于养殖业的全民所有的水域、滩涂从事养殖生产的,使用者应当向县级以上地方人民政府渔业行政主管部门提出申请,填写《水域、滩涂养殖证

申请表》,并提交:

(1) 个人申请应提交身份证明;单位申请应提交营业执照副本、法人代表身份证明、养殖技术条件说明;

(2) 法律、法规规定的其他材料。

2. 养殖证的核发

县级以上地方人民政府是管辖范围内水域、滩涂养殖证主管机关,其渔业行政主管部门具体负责养殖证申请的审核工作。

受理申请的渔业行政主管部门应自收到申请之日起 15 日内审核申请材料,并会同有关单位人员进行现场勘验,确认标界,核实有关情况。符合养殖水域、滩涂规划和有关规定的,将申请在水域、滩涂所在地进行为期 10 日的公示。公示期满后,符合下列条件的,渔业行政主管部门提出建议批准的审核意见,报请本级人民政府人民政府批准:

(1) 生产场地和养殖方式、养殖品种、养殖容量符合养殖水域滩涂规划;

(2) 生产用水水质符合养殖用水水质标准;

(3) 生产设施设备满足健康养殖、清洁生产和环境保护要求;

(4) 有为其服务的水产养殖、水生动物防疫技术人员;

(5) 生产场地无权属争议;

(6) 资质证明材料合法有效;

(7) 具备法律、行政法规规定的其他条件。

人民政府应对渔业行政主管部门报送的审核意见进行审查,对于符合法定条件的,批准向申请人颁发养殖证,许可其使用该水域、滩涂从事养殖生产。对不符合法定条件的,由渔业行政主管部门代表人民政府书面告知申请人,并说明不予批准的理由。

3. 养殖证的登记

县级以上地方人民政府渔业行政主管部门负责水域、滩涂养殖证登记具体工作,建立《水域滩涂养殖证登记簿》,并将人民政府核发的养殖证载明的全部事项准确记载于该登记簿的《水域滩涂养殖证登记表》中。

县级以上地方人民政府核发和登记的养殖证,应当向社会公布。

(六) 养殖权人的权利和义务

1. 养殖权人的权利

(1) 按照养殖证规定的位置、范围、期限和其他条件占有、使用该水域、滩涂从事养殖生产;

(2) 对养殖产品享有所有权,并可自行销售(国家另有规定的除外);

(3) 可将拥有养殖使用权的全民所有的水域、滩涂发包给个人或集体从事养殖生产(仅限于养殖权人为农业集体经济组织的情形);

(4) 可依法将养殖权转让;

(5) 当养殖权受到侵害或损害时有权获得赔偿或补偿。

2. 养殖权人的义务

(1) 按照养殖证的规定从事养殖生产;

（2）无正当理由不得使养殖水域、滩涂荒芜；

（3）不使用含有有害物质的饵料、饲料；

（4）科学确定养殖密度，合理对饵、施肥、使用药物；

（5）遵守国家有关环境保护等方面的法律、法规，不造成水域的环境污染。

五、 养殖水域、滩涂的承包经营权

（一）全民所有养殖水域、滩涂的承包经营权

《农村土地承包法》规定："国家实行农村土地承包经营制度。农村土地承包采取农村集体经济组织内部的家庭承包方式，不宜采取家庭承包方式的荒山、荒沟、荒丘、荒滩等农村土地，可以采取招标、拍卖、公开协商等方式承包。""国家所有依法由农民集体使用的农村土地，由使用该土地的农村集体经济组织、村民委员会或者村民小组发包。"

《渔业法》规定："全民所有由农业集体经济组织使用的水域、滩涂，可以由个人或者集体承包，从事养殖生产。"

这种承包经营权的性质是属于全民所有养殖水域、滩涂使用权的流转。其特点是：

（1）这种承包经营权的取得，不是通过行政许可，而是发包人和承包人签订的承包合同；承包合同自成立之日起生效。承包方自承包合同生效时取得全民所有养殖水域、滩涂承包经营权。

（2）发包方对所发包的养殖水域、滩涂没有所有权，只有依法取得的使用权。

（3）承包方，在同等条件下，本集体经济组织成员享有优先权。

（4）发包方对养殖证负责，而承包方只对承包合同负责。

（二）集体所有养殖水域、滩涂的承包经营权

《农村土地承包法》规定："农民集体所有的土地依法属于村农民集体所有的，由村集体经济组织或者村民委员会发包；已经分别属于村内两个以上农村集体经济组织的农民集体所有的，由村内各该农村集体经济组织或者村民小组发包。村集体经济组织或者村民委员会发包的，不得改变村内各集体经济组织农民集体所有的土地的所有权。"

《渔业法》规定："集体所有……由农业集体经济组织使用的水域、滩涂，可以由个人或者集体承包，从事养殖生产。"

这种承包经营权和全民所有水域、滩涂的养殖承包经营权，不论从性质上还是从特点上看，都是不同的。从性质上看，是属于集体所有土地家庭承包经营制度在养殖水域、滩涂上的具体实现方式。其特点是：

（1）集体所有的养殖水面、滩涂依照法律属于村农民集体所有；

（2）发包方为村集体经济组织、村民委员会、村内集体经济组织或村民小组；

（3）承包方是本集体经济组织的农（渔）户；

（4）承包经营权属于水域、滩涂的养殖使用权，依发包方与承包方签订书面承包合同而取得；承包合同自成立之日起生效。承包方自承包合同生效时取得集体所有养殖水域、滩涂承包经营权。

（5）在承包期内经发包方同意可以转包，承包人死亡的其继承人可以继承。

（三）养殖水域、滩涂的承包经营发包方和承包方的权利和义务

1．发包方享有的权利

（1）发包本集体所有的或者国家所有依法由本集体使用的养殖水域、滩涂；

（2）监督承包方依照承包合同约定的用途合理利用和保护养殖水域、滩涂；

（3）制止承包方损害承包的水域、滩涂及其资源的行为；

（4）法律、行政法规规定的其他权利。

2．发包方承担的义务

（1）维护承包方的养殖水域、滩涂承包经营权，不得非法变更、解除承包合同；

（2）尊重承包方的生产经营自主权，不得干涉承包方依法进行正常的养殖生产经营活动；

（3）依照承包合同约定为承包方提供生产、技术、信息等服务；

（4）法律、行政法规规定的其他义务。

3．承包方享有的权利

（1）依法享有承包养殖水域、滩涂使用、收益和养殖水域、滩涂承包经营权流转的权利，有权自主组织养殖生产经营和处置产品；

（2）承包养殖水域、滩涂被依法征用、占用的，有权依法获得相应的补偿；

（3）法律、行政法规规定的其他权利。

4．承包方承担的义务

（1）维持养殖水域、滩涂的养殖用途，不得用于非养殖建设；

（2）依法保护和合理利用养殖水域、滩涂，不得给养殖水域、滩涂造成永久性损害；

（3）法律、行政法规规定的其他义务。

（四）养殖水域、滩涂承包经营权的发证登记

1．养殖水域、滩涂承包经营权发证登记制度的建立

渔业是我国农业的重要组成部分，水域、滩涂与耕地、林地、草原一样，是农业生产的重要自然资源，也是渔业的基本生产资料和渔民重要的生活保障。从 20 世纪 50～60 年代起，中央就要求各地对水域、滩涂进行确权发证，将使用权落实给渔民长期使用。20 世纪 80 年代，中央和国务院又多次在有关文件中要求稳定水面、滩涂的所有权和使用权。1986 年颁布的《渔业法》按照这样的指导思想，建立了以水域、滩涂养殖使用制度和捕捞许可制度为主要内容的渔业基本经济制度。这 1 制度的实行，提高了广大渔业生产者的生产积极性，规范了渔业生产秩序，促进了渔业的快速发展。

但是，长期以来，由于《渔业法》规定的水域、滩涂使用制度不够完善，渔民从事养殖和捕捞的权利的法律性质不明，合法权益不能得到有效的保护。特别是近年来，随着社会经济的发展和城市化速度的加快，工程建设等占用渔业水域、滩涂的现象越来越多，导致许多渔民失去生产场所，而且得不到应有的补偿，一些渔民陷入了"失海"、"失水"的困境，损害了养殖生产者的合法权益，影响社会和谐稳定。

为了进一步完善水产养殖业管理制度，科学利用水域、滩涂从事水产养殖生产，切实维护养殖生产者的合法权益，农业部 2002 年发布了《完善水域滩涂养殖证制度试行方

案》。该方案规定"国家对水产养殖水域、滩涂实行养殖证制度。利用水域、滩涂从事养殖生产活动的单位和个人,必须依法取得养殖证。""渔业行政主管部门对已颁发的养殖证应登记造册,颁证水域、滩涂要作图标志,及时向社会公告。"

农业部为了更有效地保障养殖生产者合法权益,进一步规范水域、滩涂养殖发证登记,强化养殖证的物权属性,按照《物权法》"不动产物权的设立、变更、转让和消灭,经依法登记,发生效力;未经登记,不发生效力,但法律另有规定的除外。"和《农村土地承包法》"县级以上地方人民政府应当向承包方颁发土地承包经营权证或者林权证等证书,并登记造册,确认土地承包经营权"的规定及中央连续几个 1 号文件关于做好稳定渔民水域、滩涂养殖使用权工作的要求,于 2010 年发布了《水域滩涂养殖发证登记办法》。该办法规定对养殖水域、滩涂的承包经营权实行发证登记制度。[9]

2. 养殖水域、滩涂承包经营权发证登记办法

(1) 依法由农民集体使用的水域、滩涂,以家庭承包方式用于养殖生产的,依照下列程序办理发证登记:

① 水域、滩涂承包合同生效后,发包方应当在 30 个工作日内,将水域、滩涂承包方案、承包方及承包水域、滩涂的详细情况、水域、滩涂承包合同等材料报县级以上地方人民政府渔业行政主管部门;

② 县级以上地方人民政府渔业行政主管部门对发包方报送的材料进行审核。符合规定的,报请同级人民政府核发养殖证,并将养殖证载明事项载入登记簿;不符合规定的,书面通知当事人。

(2) 依法由农民集体使用的水域、滩涂,以招标、拍卖、公开协商等方式承包用于养殖生产,承包方申请取得养殖证的,依照下列程序办理发证登记:

① 水域、滩涂承包合同生效后,承包方填写养殖证申请表,并将水域、滩涂承包合同等材料报县级以上地方人民政府渔业行政主管部门;

② 县级以上地方人民政府渔业行政主管部门对承包方提交的材料进行审核。符合规定的,报请同级人民政府核发养殖证,并将养殖证载明事项载入登记簿;不符合规定的,书面通知申请人。

(3) 县级以上地方人民政府渔业行政主管部门应在登记簿上准确记载养殖证载明的全部事项。

六、 养殖资源利用补偿

养殖权和养殖承包经营权受法律保护。养殖权是主管机关核准的,一旦有充足理由认为需要变更或者终止时,主管机关有权予以变更或者终止。这些理由包括:国防建设;开采水底石油、矿产资源;船舶通航、锚泊;铺设水底管线;保护渔业资源;因其他公共利益需要。由于这些原因变更或终止养殖权,导致养殖权人受到损害的,应当予以补偿。在经济法原理上,这叫作资源利用补偿。所谓资源利用补偿,是指在资源利用过程中,因合法的资源利用而对他人的损失应给予的补偿。

资源利用补偿是合法行为应承担的义务,不同于民法或其他法律中的违约或违法

所造成的损害赔偿。1986年《渔业法》规定，"国家建设使用确定给全民所有制单位或者集体所有制单位用于养殖的全民所有的水面、滩涂，由建设单位给予适当补偿。"养殖承包经营权，不是主管机关核准的，因建设需要变更或终止时，不一定需要主管机关出面，但建设单位也要补偿，现行《渔业法》对此作了明确规定："国家建设征收集体所有的水域、滩涂，按照《中华人民共和国土地管理法》有关征地的规定办理。"这个规定中就包含了补偿问题。在《渔业法》中设立养殖资源补偿机制，是为了保护渔业生产者特别是那些以渔业赖以生存和发展的传统渔民的物质利益，维护社会公共财富公平分配的秩序。

七、养殖权属争议的解决

（一）全民所有养殖水域、滩涂使用权争议的解决

《渔业法》第十三条规定："当事人因使用国家规划确定用于养殖业的水域、滩涂从事养殖生产发生争议的，按照有关法律规定的程序处理。在争议解决以前，任何一方不得破坏生产。"

所谓"按照有关法律规定的程序处理"，应是指内陆水域的养殖使用权争议按照《土地管理法》规定的程序处理。该法第十六条规定："土地所有权和使用权争议，由当事人协商解决；协商不成的，由人民政府处理。"

"单位之间的争议，由县级以上人民政府处理；个人之间、个人与单位之间的争议，由乡级人民政府或者县级以上人民政府处理。

"当事人对有关人民政府的处理决定不服的，可以自接到处理决定通知之日起30日内，向人民法院起诉。

"在土地所有权和使用权争议解决前，任何一方不得改变土地利用现状。"

《海域使用管理法》第三十一条规定："因海域使用权发生争议，当事人协商解决不成的，由县级以上人民政府海洋行政主管部门调解；当事人也可以直接向人民法院提起诉讼。在海域使用权争议解决前，任何一方不得改变海域使用现状。"

海上养殖使用权争议可参照这个模式处理，即由县级以上人民政府渔业行政主管部门调解；当事人也可以直接向人民法院提起诉讼。

（二）养殖水域、滩涂承包经营权争议的解决

集体所有的或者全民所有由农业集体经济组织使用的养殖水域、滩涂的承包经营权争议的解决，应适用《农村土地承包法》的规定。该法第五十一条规定："因土地承包经营发生纠纷的，双方当事人可以通过协商解决，也可以请求村民委员会、乡（镇）人民政府等调解解决。当事人不愿协商、调解或者协商、调解不成的，可以向农村土地承包仲裁机构申请仲裁，也可以直接向人民法院起诉。"第五十二条规定："当事人对农村土地承包仲裁机构的仲裁裁决不服的，可以在收到裁决书之日起三十日内向人民法院起诉。逾期不起诉的，裁决书即发生法律效力。"

八、养殖生产

（一）使用符合标准的养殖用水

水产养殖用水应符合《渔业水质标准》（GB 11607—1989），海水养殖应符合《海水水质标准》（GB 3097—1997），盐碱地水产养殖用水应符合《盐碱地水产养殖用水水质》（SC/T 9406—2012），禁止将不符合水质标准的水源用于水产养殖。

欲申请无公害农产品认证的水产养殖用水应符合《无公害食品　海水养殖用水水质》（NY 5052—2001）或《无公害食品　淡水养殖用水水质》（NY 5051—2001）标准。前者以现行的《海水水质标准》（GB 3097—1997）和《渔业水质标准》（GB 11807—1989）为基础，参考国外一些国家的相关标准，并结合国内在海水养殖环境、生物体内重金属残留、毒性毒理及微生物等方面的研究成果，以确保海水养殖产品安全性为原则，特别突出了对重金属、农药等为重点的有害物质的控制。后者在《渔业水质标准》（GB 11607—1989）的基础上进一步规定了淡水养殖用水中可引起残留的重金属、农药和有机物指标。

农业部《水产养殖质量安全管理规定》关于养殖用水的规定为：

（1）禁止将不符合水质标准的水源用于水产养殖。

（2）水产养殖单位和个人应当定期监测养殖用水水质。

（3）养殖用水水源受到污染时，应当立即停止使用；确需使用的，应当经过净化处理达到养殖用水水质标准。

（4）养殖水体水质不符合养殖用水水质标准时，应当立即采取措施进行处理。经处理后仍达不到要求的，应当停止养殖活动，并向当地渔业行政主管部门报告，其养殖水产品不符合标准的应当进行净化处理，净化处理后仍不符合标准的产品禁止销售。

（5）养殖场或池塘的进排水系统应当分开。水产养殖废水排放应当达到国家规定的排放标准。[10]现行标准有：《淡水池塘养殖水排放要求》（SC/T 9101—2007）和《海水养殖水排放要求》（SC/T 9103—2007）。

（二）培育和选用优良苗种

水产种苗[①]资源是水产养殖业的重要物质条件。养殖生产者应当培育、选用生长快、品质好、抗逆性强、性状稳定和适应本地区自然条件，并适用于养殖（栽培）生产的水产动植物种。水产养殖使用的苗种应当符合国家或地方质量标准。

1986 年《渔业法》没有关于水产苗种管理的规定，1992 年和 1998 年农业部先后制定过《水产种苗管理办法》和《水产原、良种审定办法》。实际上，水产原种、良种管理比较混乱，对水产苗种资源的保护不够，品种退化严重，一些品种的优良经济性状衰退，抗病力下降。加之一些单位和个人受利益驱动，生产销售假冒、劣质的水产苗种的情况不断发生，既坑害了渔民，又影响了国家渔业生产，尤其是一些新的品种，未经审定，就在全国范

---

① 水产种苗包括水产增殖、养殖水产的原种、良种和苗种。原种是指取自定名模式种采集水域的或取自其他天然水域并用于养（增）殖（栽培）生产的野生水生动、植物种，以及用于选育种的原始亲本。良种指生长快、肉质好、抗逆性强、性状稳定和适应一定地区自然条件并用于养（增）殖（栽培）生产的水生动、植物种。苗种是指用于商品养殖（栽培）生产的优良苗和种，包括水产动植物的亲本、稚体、幼体、受精卵、孢子及其遗传育种材料。

围内推广,损害了渔民的利益,对渔业资源生存环境造成了不良影响。[6]

为了保护和合理利用水产种质资源,加强水产品种选育和苗种生产、经营、进出口管理,提高水产苗种质量,维护水产苗种生产者、经营者和使用者的合法权益,促进水产养殖业持续健康发展,2000年《渔业法》第十六条第一款规定:"国家鼓励和支持水产优良品种的选育、培育和推广。水产新品种必须经全国水产原种和良种审定委员会审定,由国务院渔业行政主管部门批准后方可推广。"该条第二、三款和第十七条对水产种苗的生产和进口等管理事项作出原则规定。[11]

2001年12月农业部根据《渔业法》及有关法律法规颁布《水产苗种管理办法》(2005年农业部令第46号修订),对水产种质资源保护和品种选育、苗种生产和进出口管理作了具体规定。[12]2004年和2010年农业部对《水产原、良种审定办法》进行了两次修订,并制定《全国水产原、良种审定标准》,进一步完善了水产原种和良种审定的程序、条件和标准。[13]

2004年全国人大常委会将《渔业法》第十六条第一款修改为:"国家鼓励和支持水产优良品种的选育、培育和推广。水产新品种必须经全国水产原种和良种审定委员会审定,由国务院渔业行政主管部门公告后推广。"

(三)科学确定养殖密度

《渔业法》第二十条和《海洋环境保护法》第二十八条都规定,养殖生产应当"科学确定养殖密度"。养殖密度是指单位养殖水域、滩涂面积或体积放养养殖生物苗种的数量或重量。放苗少了,不能充分发挥养殖水域、滩涂的生产能力,产量低;相反,盲目多放苗,超过了养殖水域、滩涂的养殖容量和环境容量,不仅产量低,污染也重。

在已确定养殖容量和环境容量的地方,应按照养殖容量和环境容量的要求确定放养苗种的数量或重量,否则应按照养殖区域的水动力条件、水质状况、养殖品种、养殖模式、养殖条件等因素,确定放养苗种的合理数量或重量。农业部1996年发布的《水域污染事故渔业损失计算方法规定》,列举了缢蛏、泥蚶、毛蚶、文蛤、杂色蛤、泥螺、紫菜、海带、海水网箱、海区鲍、扇贝、贻贝、羊栖菜、对虾、青虾、塘养鱼等16个养殖品种的苗种规格、亩放苗量,可作为确定养殖密度的参考。[14]

(四)合理投饵、施肥、使用药物

饵料、肥料和渔药,统称水产养殖投入物。饵料用于鱼类、虾类和蟹类养殖,肥料用于贝类和藻类养殖,渔药用于各种养殖。《农业法》规定:"从事水产养殖的单位和个人应当合理投饵、施肥、使用药物,防止造成环境污染和生态破坏。"《渔业法》规定:"从事养殖生产应当……合理投饵、施肥、使用药物,不得造成水域的环境污染。"《海洋环境保护法》规定:"海水养殖……应当合理投饵、施肥,正确使用药物,防止造成海洋环境的污染。"

1. 合理投饵

按照粮农组织《水产养殖术语》的界定,饵料,在水产养殖中广义上是指"为履行代谢功能所需的提供能量养分(碳水化合物、蛋白质、脂肪)、维生素和矿物的来源",在狭义上"是指与养殖者提供的食物相对的能量的天然来源"[3]。此定义表明,饵料有天然和人工两类来源。天然饵料是指自然生长在水域中的生物饵料,包括浮游生物、细菌、底栖生物、周丛生物、水生维管束植物和禾本科植物和有机碎屑等。人工饵料被称为饲料。对于"饲料"用语的含义,有不同的界定表述,粮农组织《水产养殖术语》的界定是:"饲料是指被动物消耗和贡献于动物食物中的能量和营养的可食物质。"[3]鱼饲料:水产养殖单位用于鱼类的任何形式和含任何成分的饲料(粮农组织/世界卫生组织,2009年)。它还被定义为用来直接喂养水生动物的无论是加工、半加工或天然的任何(单个或多种)物质(世界动物卫生组织,2010年)。[15]国务院《饲料和饲料添加剂管理条例》的界定是:"饲料,是指经工业化加工、制作的供动物食用的产品,包括单一饲料、添加剂预混合饲料、浓缩饲料、配合饲料和精料补充料①。"[16]《水产养殖术语》(GB/T 22213—2008)的界定是:"饲料是指能提供饲养动物所需营养素,促进动物生长、生产和健康,且在合理使用下安全、有效的可饲物质。"依照该国标的规定,按饲料成分性质可分为动物性饲料和植物性饲料;按饲料成分组成可分为冰鲜饲料、混合饲料、配合饲料、加药饲料;按饲料形态可分为青饲料、颗粒饲料、粉状饲料、微粒饲料、微型饲料。[17]

利用野生鱼类作为水产养殖饲料是鱼饲料的1种。此种鱼称为"饲料鱼",被定义为:用于动物/水产养殖饲料的任何种类的鱼(或任何其他水生物种),可被加工成鱼粉或鱼油,也可以是新鲜产品(粮农组织,2008年)。由于饲料鱼需求大,出现了"饲料鱼渔业":专门捕捞用作水产养殖饵料/动物饲料鱼类的水产业,捕获物可被加工成鱼粉或鱼油,也可以是新鲜产品(联合国粮农组织,2008年)。[15]

不同饵料的效率及其对环境的影响不同。据中国水产科学研究院1998年《渔业生产对海洋环境影响调查报告》,1997年全国网箱养殖面积为3 690 459平方米,全年投放鲜饵料455 131吨,残饵量为106 035吨,流失率为23.3%。使用配合饵料,则可大大提高饵料利用率,明显减少残饵带来的环境影响。

为实现合理投饵,从事鱼、虾、蟹类养殖生产的,应当依照养殖条件、养殖对象、设施特点和其他生物学特征的不同,合理选择饵料的类型,确定最适投饵量,并采用合理的投放方式,作到"定位、定时、定量、定质",做到最大限度地提高饲料利用率和降低饲料对养殖环境的污染。

就此,《饲料和饲料添加剂管理条例》《水产养殖质量安全管理规定》和《水产养殖质量安全管理规范》(SC/T 0004—2006)规定:

(1)禁止使用无产品质量标准、无质量检验合格证、无生产许可证和产品批准文号的

---

① 《饲料和饲料添加剂管理条例》将下列用语的含义界定为:

(1)单一饲料,是指来源于一种动物、植物、微生物或者矿物质,用于饲料产品生产的饲料。

(2)添加剂预混合饲料,是指由两种(类)或者两种(类)以上营养性饲料添加剂为主,与载体或者稀释剂按照一定比例配制的饲料,包括复合预混合饲料、微量元素预混合饲料、维生素预混合饲料。

(3)浓缩饲料,是指主要由蛋白质、矿物质和饲料添加剂按照一定比例配制的饲料。

(4)配合饲料,是指根据养殖动物营养需要,将多种饲料原料和饲料添加剂按照一定比例配制的饲料。

(5)精料补充料,是指为补充草食动物的营养,将多种饲料原料和饲料添加剂按照一定比例配制的饲料。

(6)营养性饲料添加剂,是指为补充饲料营养成分而掺入饲料中的少量或者微量物质,包括饲料级氨基酸、维生素、矿物质微量元素、酶制剂、非蛋白氮等。

(7)一般饲料添加剂,是指为保证或者改善饲料品质、提高饲料利用率而掺入饲料中的少量或者微量物质。

(8)药物饲料添加剂,是指为预防、治疗动物疾病而掺入载体或者稀释剂的兽药的预混合物质。

饲料、饲料添加剂。禁止使用变质和过期饲料。

(2) 养殖者应当按照产品使用说明和注意事项使用饲料。在饲料中添加饲料添加剂的,应当符合饲料添加剂使用说明和注意事项的要求,遵守国务院渔业业行政主管部门制定的饲料添加剂安全使用规范。

(3) 养殖者使用自行配制的饲料的,应当遵守国务院渔业行政主管部门制定的自行配制饲料使用规范,并不得对外提供自行配制的饲料。

(4) 鼓励使用配合饲料。限制直接投喂冰鲜(冻)饵料,防止残饵污染水质。使用配合饲料应符合相应的标准。现行配合饲料标准,见表22-1。

表 22-1　现行水产养殖配合饲料标准一览表

标准性质及编号	标准名称	标准性质及编号	标准名称
SC 2002—1994	中国对虾配合饲料	SC/T 1076—2004	鲫鱼配合饲料
SC/T 1004—2010	鳗鲡配合饲料	SC/T 1077—2004	渔用配合饲料通用技术要求
SC/T 1024—2002	草鱼配合饲料	SC/T 1078—2004	中华绒螯蟹配合饲料
SC/T 1025—2004	罗非鱼配合饲料	SC/T 2002—2002	对虾配合饲料
SC/T 1026—2002	鲤鱼配合饲料	SC/T 2006—2001	牙鲆配合饲料
SC/T 1047—2001	中华鳖配合饲料	SC/T 2007—2001	真鲷配合饲料
SC/T 1056—2002	蛙类配合饲料	SC/T 2012—2002	大黄鱼配合饲料
SC/T 1066—2003	罗氏沼虾配合饲料	SC/T 2029—2008	鲈鱼配合饲料
SC/T 1072—2006	长吻鮠配合饲料	SC/T 2031—2004	大菱鲆配合饲料
SC/T 1073—2004	青鱼配合饲料	SC/T 2037—2006	刺参配合饲料
SC/T 1074—2004	团头鲂配合饲料	SC/T 2053—2006	鲍配合饲料

(5) 确需使用鲜鱼、冻鱼、青饲料和动物内脏作饲料时,应保证新鲜、无腐败。动物屠宰场的废弃料在使用前应按照规定的程序进行消毒。

《渔业法》第十九条规定:"从事养殖生产不得使用含有毒有害物质的饵料、饲料。"

欲申请无公害农产品认证的水产养殖使用渔用饲料应当符合《无公害食品　渔用饲料安全限量》(NY 5072—2002)。

2. 合理施用肥料

在养殖水体中使用肥料主要作用是增加水中无机营养的浓度,促进浮游植物的生长,最终达到提高水产品的产量。海藻养殖及食草或食浮游生物鱼类和甲壳类动物的养殖,可使用粪肥或化肥来改善池塘中天然饵料的产生。为了避免受纳水体出现不可接受的变化,保持生产池塘的水质并尽量减少投入成本,养殖者应当认真控制施肥。如果过量施肥,则有可能导致养殖水体污染或富营养化,滋生有害藻类。使用人畜粪肥还必须采取措施以避免病原体、寄生虫、重金属、抗生素和其他对消费者有潜在危害的物质污染产品。

3. 正确使用药物

水产养殖使用渔药应当符合《兽药管理条例》《水产养殖质量安全管理规定》和《水产养殖质量安全管理规范》（SC/T 0004—2006）的要求，欲申请无公害农产品认证的水产养殖使用渔药应当符合《无公害食品　渔药使用准则》（NY 5071—2002）。禁止使用未经取得生产许可证、批准文号和没有生产执行标准的渔药，禁止使用假、劣渔药及农业部规定禁止使用的药品、其他化合物和生物制剂，禁止滥用渔药，盲目增大用药量，增加用药次数，延长用药时间及不执行休药期的规定。原料药不得直接用于水产养殖。使用药物的养殖水产品在休药期内不得用于人类食品消费。

水产养殖使用渔药和其他化学剂或生物制剂应采取处方制，开方人员应具有国家法定的执业资格证书。生产单位用药应由经过培训的专人负责，严格按照处方或渔药说明书操作，或在水生生物病害防治人员的指导下科学用药。

水产养殖单位和个人应当按规定填写《水产养殖用药记录》，记载病害发生情况，主要症状，用药名称、时间、用量等内容。《水产养殖用药记录》应当保存至该批水产品全部销售后两年以上。

4. 养殖病害防治的监管和服务

《渔业法》第十八条规定："县级以上人民政府渔业行政主管部门应当加强对养殖生产的……病害防治工作。"依此规定，渔业行政主管部门有责任对养殖生产进行技术指导并加强养殖病害的防治工作。为履行后 1 职责，县级以上地方人民政府可以设立水生动物卫生监督机构和水生动物疫病预防控制机构。水生动物卫生监督机构负责水产苗种检疫和水生动物防疫的监督管理执法工作；水生动物疫病预防控制机构承担水生动物疫病的监测、检测、诊断、流行病学调查、疫情报告以及其他预防、控制等技术工作。

各级渔业行政主管部门和技术推广机构应当加强水产养殖用药安全使用的宣传、培训和技术指导工作。水生生物病害防治员应当按照有关就业准入的要求，经过职业技能培训并获得职业资格证书后，方能上岗。

水产养殖单位和个人应当接受县级以上地方人民政府渔业行政主管部门组织的养殖水产品药物残留抽样检测。

（五）遵守良好养殖操作规程

1. 《渔业法》的规定

《渔业法》第十八条规定："县级以上人民政府渔业行政主管部门应该加强对养殖生产的技术指导……"。依照这个规定，国务院和县级以上地方人民政府的渔业行政主管部门，有责任加强水产种苗质量管理，定期对种苗质量进行检测，并向社会公布检测结果，引导支持养殖生产者采用优良苗种；加强对养殖生产的技术指导，淘汰落后的养殖技术。对虾池塘养殖要改变单品种、高密度、高投入、高换水率的养殖方式，采用适宜密度、少投入、少换水或封闭式的养殖模式，离岸较远、废水不能直接排海的虾池应当设置污水处理池，进行曝光、沉淀、生物或化学处理，池底污泥应运到对环境没有影响的安全地点处置；网箱养鱼要根据水温、气候和生态条件，合理安排养殖场地，网箱底部可安装残饵和粪便回收装置，网箱上附着的污泥、杂藻、藤壶及其他有害生物，应定期进行清除，病鱼死鱼应集中处理。要根据具体情况合理使用物理、化学技术,如施用改变水质的物质、施用增养设备,特别是施用生物技术,调解水质,改善生态环境状况,如养殖大型海藻以吸收水域中溶解的无机盐,降低养殖水体的营养复合;在虾池中引入沙蚕,可摄食对虾的残饵、粪便,使用光合细菌等微生物降解技术可以分解水域的有机污染物。各级渔业行政主管部门还有责任鼓励和支持渔民加大水产养殖池塘标准化改造力度,进行近海养殖网箱标准化改造,并推广深水抗风浪网箱和工厂化循环水养殖装备,鼓励有条件的渔业企业拓展海洋离岸养殖和集约化养殖。

2.《水产养殖质量安全管理规定》的规定

水产养殖生产应当符合国家有关养殖技术规范操作要求。水产养殖单位和个人应当配置与养殖水体和生产能力相适应的水处理设施和相应的水质、水生生物检测等基础性仪器设备。水产养殖专业技术人员应当逐步按国家有关就业准入要求,经过职业技能培训并获得职业资格证书后,方能上岗。水产养殖单位和个人应当按规定填写《水产养殖生产记录》,记载养殖种类、苗种来源及生长情况、饲料来源及投喂情况、水质变化等内容。《水产养殖生产记录》应当保存至该批水产品全部销售后2年以上。

水产养殖收获前,应确保所有产品满足了休药期要求。销售的养殖水产品应当符合国家或地方的有关标准。不符合标准的产品应当进行净化处理,净化处理后仍不符合标准的产品禁止销售。水产养殖单位销售自养水产品应当附具《产品标签》,注明单位名称、地址,产品种类、规格,出池日期等。

为了规范水产养殖的生产操作,从养殖生产过程的各个环节着手,促进养殖生产实现"降耗、减污、高产、安全、增效"的目标,从20世纪80年代起针对各种养殖方式、各个养殖品种陆续制定了数以百计的技术规范。现行主要技术规范,见表22-2。

表 22-2　现行主要水产养殖技术规范一览表

标准性质及编号	标准名称	标准性质及编号	标准名称
GB/T 15101—2008	中国对虾　亲虾	SC/T 1045—2001	奥利亚罗非鱼　亲鱼
GB/T 15101.2—2008	中国对虾　苗种	SC/T 1046—2001	奥尼罗非鱼制种技术要求
GB/T 15807—2008	海带养殖夏苗苗种	SC/T 1048.1—2001	颖鲤养殖技术规范　亲鱼
GB/T 26876—2011	中华鳖池塘养殖技术规范	SC/T 1048.2—2001	颖鲤养殖技术规范　人工繁殖技术
SC/T 1005—1992	鲤鱼杂交育种技术要求	SC/T 1048.3—2001	颖鲤养殖技术规范　苗种
SC/T 1006—1992	淡水网箱养鱼通用技术要求	SC/T 1048.4—2001	颖鲤养殖技术规范　苗种培育技术
SC/T 1007—1992	淡水网箱养鱼操作技术规程	SC/T 1048.5—2001	颖鲤养殖技术规范　食用鱼饲养技术
SC/T 1008—2012	淡水鱼苗种池塘常规培育技术规范	SC/T 1049—2006	低洼盐碱地池塘养殖技术规范

续表

标准性质及编号	标准名称	标准性质及编号	标准名称
SC/T 1009—2006	稻田养鱼技术规范	SC/T 1050—2002	南方鲇养殖技术规范 亲鱼
SC/T 1010—2008	中华鳖池塘养殖技术规范	SC/T 1051—2002	南方鲇养殖技术规范 苗种
SC/T 1014—1989	鲢鱼、鳙鱼亲鱼培育技术要求	SC/T 1055—2006	日本鳗鲡鱼苗、鱼种
SC/T 1015—2006	鲢鱼、鳙鱼催产技术要求	SC/T 1060—2002	长吻鮠养殖技术规范 亲鱼
SC/T 1016.1—1995	中国池塘养鱼技术规范 东北地区食用鱼饲养技术	SC/T 1061—2002	长吻鮠养殖技术规范 苗种
SC/T 1016.2—1995	中国池塘养鱼技术规范 华北地区食用鱼饲养技术	SC/T 1069.1—2004	暗纹东方鲀养殖技术规范 亲鱼
SC/T 1016.3—1995	中国池塘养鱼技术规范 西北地区食用鱼饲养技术	SC/T 1069.2—2004	暗纹东方鲀养殖技术规范 人工繁殖技术
SC/T 1016.4—1995	中国池塘养鱼技术规范 西南地区食用鱼饲养技术	SC/T 1069.3—2004	暗纹东方鲀养殖技术规范 鱼苗鱼种培育技术
SC/T 1016.5—1995	中国池塘养鱼技术规范 长江下游地区食用鱼饲养技术	SC/T 1069.4—2004	暗纹东方鲀养殖技术规范 养成技术
SC/T 1016.6—1995	中国池塘养鱼技术规范 长江中上游地区食用鱼饲养技术	SC/T 1075—2006	鱼苗、鱼种运输通用技术要求
SC/T 1016.7—1995	中国池塘养鱼技术规范 珠江三角洲地区食用鱼饲养技术	SC/T 1080.1—2006	建鲤养殖技术规范 亲鱼
SC/T 1017—1995	池塘养鱼验收规则	SC/T 1080.2—2006	建鲤养殖技术规范

续表

标准性质及编号	标准名称	标准性质及编号	标准名称
SC/T 1018—1995	网箱养鱼验收规则	SC/T 1080.3—2006	建鲤养殖技术规范 鱼苗、鱼种
SC/T 1020—1989	草鱼亲鱼培育技术要求	SC/T 1080.4—2006	建鲤养殖技术规范鱼苗、鱼种培育技术
SC/T 1021—2006	草鱼催产技术要求	SC/T 1080.5—2006	建鲤养殖技术规范 食用鱼池塘饲养技术
SC/T 1022—1989	青鱼亲鱼培育技术要求	SC/T 1080.6—2006	建鲤养殖技术规范食用鱼网箱饲养技术
SC/T 1023—2006	青鱼催产技术要求	SC/T 1081—2006	黄海鲤养殖技术规范
SC/T1028—1999	化肥养鱼技术要求	SC/T 1086—2007	施氏鲟养殖技术规程
SC/T 1029.1—1999	革胡子鲇养殖技术规范 亲鱼	SC/T1091.1—2006	草型湖泊网围养殖技术规范 养鱼
SC/T 1029.2—1999	革胡子鲇养殖技术规范 人工繁殖技术	SC/T 1091.2—2006	草型湖泊网围养殖技术规范 养蟹
SC/T 1029.3—1999	革胡子鲇养殖技术规范 鱼苗鱼种培育技术	SC/T 1091.3—2006	草型湖泊网围养殖技术规范鱼蟹混养
SC/T 1029.4—1999	革胡子鲇养殖技术规范 鱼苗鱼种质量要求	SC/T 1099—2007	中华绒螯蟹人工育苗技术规范
SC/T 1029.5—1999	革胡子鲇养殖技术规范 食用商品鱼饲养技术	SC/T 1100—2007	中华绒螯蟹池塘、湖泊网围生态养殖技术规范
SC/T 1029.6—1999	革胡子鲇养殖技术规范 越冬保种技术	SC/T 1109—2011	淡水无核珍珠养殖技术规程
SC/T 1030.1—1999	虹鳟养殖技术规范 亲鱼	SC/T 1110—2011	罗非鱼养殖质量安全管理技术规范
SC/T 1030.2—1999	虹鳟养殖技术规范亲鱼培育技术	SC/T 1111—2012	河蟹养殖质量安全管理技术规程
SC/T 1030.3—1999	虹鳟养殖技术规范 人工繁殖技术	SC/T 2003.1—2000	刺参增养殖技术规范 亲参
SC/T 1030.4—1999	虹鳟养殖技术规范鱼苗、鱼种培育技术	SC/T 2003.2—2000	刺参增养殖技术规范 苗种

续表

标准性质及编号	标准名称	标准性质及编号	标准名称
SC/T 1030.5—1999	虹鳟养殖技术规范池塘饲养食用鱼技术	SC/T 2004.1—2000	皱纹盘鲍增养殖技术规范亲鲍
SC/T 1030.6—1999	虹鳟养殖技术规范网箱饲养食用鱼技术	SC/T 2004.2—2000	皱纹盘鲍增养殖技术规范苗种
SC/T 1030.7—1999	虹鳟养殖技术规范配合颗粒饲料	SC/T 2010—2008	杂色鲍养殖技术规范
SC/T 1032.1—1999	鳜养殖技术规范　亲鱼	SC/T 2013—2003	浮动式海水网箱养鱼技术规范
SC/T 1032.2—1999	鳜养殖技术规范　亲鱼培育技术	SC/T 2021—2006	牙鲆养殖技术规范
SC/T 1032.3—1999	鳜养殖技术规范　人工繁殖技术	SC/T 2023—2006	真鲷养殖技术规范
SC/T 1032.7—1999	鳜养殖技术规范网箱饲养食用鱼技术	SC/T 2024—2006	种海带
SC/T 1033.1—1999	罗氏沼虾养殖技术规范亲虾	SC/T 2036—2006	文蛤养殖技术规范
SC/T 1033.2—1999	罗氏沼虾养殖技术规范人工繁殖技术	SC/T 3013—2002	贝类净化技术规范
SC/T 1033.3—1999	罗氏沼虾养殖技术规范幼虾培育技术	SC/T 5027—2006	淡水网箱技术条件
SC/T 1033.4—1999	罗氏沼虾养殖技术规范食用虾饲养技术	SC/T 6040—2007	水产品工厂化养殖装备安全卫生要求
SC/T 1033.5—1999	罗氏沼虾养殖技术规范虾苗运输技术	SC/T 6048—2011	淡水养殖池塘设施要求
SC/T 1044.3—2001	尼罗罗非鱼养殖技术规范　鱼苗、鱼种	SC/T 6050—2011	水产养殖电器设备安全要求

　　从事养殖生产的单位和个人必须按照国家有关养殖技术操作规程的要求进行养殖生产。各级渔业行政主管部门有责任对从事养殖生产的单位和个人进行国家水产养殖行业标准的教育和培训。

　　3.《良好农业规范》的规定

　　20世纪90年代中后期,随着食品经济的迅速变化和全球化,国际社会认识到保障粮食生产和安全、食品安全和质量及农业的环境可持续性,需从初级农产品生产源头抓起并贯穿于生产全过程。美国率先提出"良好农业规范"(GAP)的概念。欧盟、美国、日本等国针对生产初级农产品的种植业和养殖业陆续颁布1套GAP系列标准,规定了作物、畜禽、水产良好操作的规范性要求。这些GAP标准采用"危害分析与关键控制点(HACCP)"方法识别、评价和控制食品安全危害,同时提出促进农业可持续发展的生态环境保护要求,员工职业健康、安全和福利要求,以及动物福利的要求。2003年3月粮农组织农业委员会第十七次会议通过《制定农业管理规范框架》,指出:"广义而言,GAP规范应用现有的知识来处理农场生产和生产后过程的环境、经济和社会可持续性,从而获得安全而健康的食物和非食物农产品。"该《框架》提出了GAP规范的4项原则和基本内容要求。这4项原则是:

"(1) 经济而有效地生产充足、安全而富有营养的食物;

(2) 保持和加强自然资源基础;

(3) 保持有活力的农业企业和促进可持续生计;

(4) 满足社会的文化和社会需求。"[18]

中国按照以国际相关GAP标准为基础,遵循FAO确定的基本原则,与国际接轨,符合中国国情的基本原则,于2005年12月31日由国家质量监督检验检疫总局和国家标准化委员会发布了经国家认证认可监督管理委员会和农业部共同提出的《良好农业规范》(GB/T 20014—2005)系列国家标准,包括术语、农场、作物、大田作物、果蔬、畜禽、牛羊、奶羊、生猪、家禽和畜禽公路运输,共11部分。2006年国家认证认可监督管理委员会发布了《良好农业规范认证实施规则》(2007年修订),建立了中国统一的GAP认证体系。2008年对GB/T 20014—2005进行了修订和补充,形成新版《良好农业规范》(GB/T 20014—2008),共24个部分,增加了茶叶(第十二部分)和水产养殖类(第十三至二十四部分),《良好农业规范》(GB/T 20014—2010)又增加了花卉和观赏植物(第二十五部分)。现行《良好农业规范》系列国家标准(GB/T 20014)分为"农场基础标准"、"种类标准"和"产品模块标准"3类。

就水产养殖说,其第十三部分《水产养殖基础控制点与符合性规范》可视为"基础标准",第十四至十八部分依次为水产池塘养殖、水产工厂化养殖、水产网箱养殖、水产围栏养殖、水产滩涂、吊养、底播养殖的《控制点与符合性规范》,可视为"种类标准",第十九至二十四部分依次为罗非鱼池塘养殖、鳗鲡池塘养殖、对虾池塘养殖、鲆鲽工厂化养殖、大黄鱼网箱养殖和中华绒螯蟹围栏养殖的《控制点与符合性规范》,可视为"产品模块标准"。

这些标准采用"危害分析与关键控制点(HACCP)"方法识别、评价和控制食品安全危害,同时提出促进农业可持续发展的生态环境保护要求,员工职业健康、安全和福利要求,以及动物福利的要求,并以"内容条款的控制点"的形式提出符合性要求,将控制点分为3级:一级控制点是基于HACCP的食品安全要求,以及与食品安全直接相关的动物福利方面的要求;二级控制点是基于一级控制点要求的环境保护、员工福利、动物福利的基本要求;三级控制点是基于一级和二级控制点要求的环境保护、员工福利、动物福利的持续改善措施要求。

概括地说,良好水产养殖规范着眼水产食品安全危害的管理、渔业可持续发展的环境保护要求、员工的职业健康、安全和福利要求和动物福利的要求四个方面,在水产养殖过程中,针对养殖水产品的生产方式和共同特点,对养殖场选址、养殖投入品(如:苗种、化学品、饲料、渔药)管理、设施设备要求、渔病防治、养殖用水管理、捕获与运输、员工培训、养殖生产记录、产品追溯以及体系运转等方面等提出了良好操作要求,从而实现对水产养殖生产源头全面、有效的控制。[19]

九、生态健康养殖

《海洋环境保护法》第二十八条要求"推广多种生态渔业生产方式"。国发〔2013〕11号文件要求"大力推广生态健康养殖模式"。所谓生态渔业生产方式,在水产养殖中称为生态养殖。生态养殖是指根据不同养殖生物间的共生互补原理,利用自然界物质循环系统,在一定的养殖空间和区域内,通过相应的技术和管理措施,使不同生物在同 1 环境中共同生长,实现保持生态平衡、提高养殖效益的 1 种养殖方式。

贝藻类养殖系统可净化水域,但常出现营养限制;鱼虾类养殖系统可能污染环境,常有营养过剩。如果把两种不同的养殖系统加以复合,则可以互相取长补短,产生互补效应。在吃食性鱼类网箱养殖区,间养大型海藻或吊养贝类,在养虾池塘套养贝类或在其邻近海域养殖海藻,都可以优化养殖生态系统结构,既可提高饵料的利用率,减少发病率,改善鱼虾类的养殖生态环境,又可充分发挥海域的养殖潜力,提高养殖容量。

贝藻类养殖,虽然同属自然营养型养殖系统,对营养盐存在一定的竞争关系,但贝类在它的代谢过程中向环境排放出的氮、磷、二氧化碳等物质,正是藻类生长繁殖所必需的物质。

鱼虾类养殖,同属人工营养型养殖系统,主要都依靠饵料,但有一些食肉性的鱼类喜欢摄食死虾,当虾死亡后不待其腐败即被吞食,可以起到阻滞细菌繁殖和病原体传播的作用。

近几年出现的复合养殖或称综合养殖、多元化养殖,属于生态渔业生产方式的 1 种,也是当前世界水产养殖向集约化、农牧化方向发展的 1 种方式。所谓健康养殖则是指通过采用投放无疫病苗种、投喂全价饲料及人为控制养殖环境条件等技术措施,使养殖生物保持最适宜生长和发育的状态,实现减少养殖病害发生、提高产品质量的 1 种养殖方式。

地方人民政府及其渔业行政主管部门应引导和支持渔民、农民结合本地实际,按照市场需求,运用生态健康养殖生产方式,协调发展鱼虾贝藻类养殖生产,实行混养、套养,发展优质、高产、高效益、无污染的养殖业,提高国内国际养殖产品市场竞争力。

2006 年农业部发布《水产健康养殖示范场创建标准》,并逐年发布《水产健康养殖推进行动实施方案》,截止 2016 年 12 月,农业部共授予 6378 家水产养殖单位"农业部水产健康养殖示范场"称号,有效期 5 年。

第二节　捕捞业

一、方式和要求

捕捞业的基本生产方式有捕捞和采集两种。前者是指在水域、滩涂利用渔具捕捉鱼类和其他水生经济动物的生产活动。后者是指在水域、滩涂手工采收、拾取贝类、藻类和高等维管束植物的莲花、菱、芡等生产活动。捕捞鱼类和其他水生经济动物的生产活动是捕捞业的主体。在《渔业法》中，休闲游钓或在尚未养殖、管理的滩涂手工采集水产品的活动，不视为渔业捕捞活动。

我国渔业历史上以捕捞为主。捕捞产量与养殖产量之比，1960年约4∶1,1970年约3∶1,1980年约2∶1,1988年养殖产量开始超过捕捞产量，分别达到639.04万吨和586.25万吨，成为中国渔业发展的历史转折点。1998年养殖产量为2 181.95万吨，捕捞产量为1 724.7万吨，养殖产量与捕捞产量之比约为5.6∶4.4。1999年实行海洋捕捞产量"零增长"计划，2002年起实行海洋和淡水捕捞产量"负增长"计划。到2005年（"十五"末）养殖产量与捕捞产量之比约为67∶33,到2010年（"十一五"末）实现养殖产量3 828.84万吨，捕捞产量1 544.16万吨，二者之比约为71∶29。规划2015年（"十二五"末），水产品总产量超过6 000万吨，其中，养殖产品比重达到75%以上。[20]到2020年，尽管捕捞产品在水产品中的比重会继续下降，但在数量上，预计国内海洋捕捞产量将稳定在1 000万吨左右，远洋渔业的产量将达300万吨左右，淡水捕捞产量亦可望保持200万吨左右。我国渔业捕捞总产量将继续占世界渔业捕捞产量的13%～15%。

由此可见，促进我国捕捞业的持续健康发展，不论对于中国或是全球，在保障粮食安全领域中都占有重要地位，并在营养、就业、贸易、渔民福祉方面及促进经济社会可持续发展发挥中具有巨大作用。

按照《负责任渔业行为守则》的规定，水生生物资源的使用者应当养护水生生态系统。"捕捞权利也包括了以负责任的方式从事捕捞的义务，以便有效地养护和管理水生生物资源。"（6.1）从事水生生物资源的捕捞活动"应当保持产品的营养价值、质量和安全，减少浪费，将对环境的不利影响减至最低限度。"（6.7）

二、分类

按照《渔业法》的规定和《国务院关于促进海洋渔业持续健康发展的若干意见》[21]的要求，捕捞分为以下6类：

（1）内水捕捞，是指在领海基线向陆1面的水域，包括领海基线与海岸线之间的海域及江河、湖泊、水库等内陆水域捕捞水生生物资源的生产活动。

（2）近海捕捞，是指在离海岸较近、水深一般在100米以内的国家管辖海域捕捞水生生物资源的生产活动。这个海域由于受大陆河流入海影响,水质肥沃,饵料生物丰富,是多种鱼、虾、蟹类的产卵场和生长育肥区,不仅地方性种群资源丰富,而且也有多种洄游性鱼类分布。近海捕捞渔船一般尺度较小,在海上生产时间较短,有的作业若干天,有的早出晚归。

(3)外海捕捞,是指在离海岸较远、水深一般在100米以外的国家管辖海域捕捞水生生物资源的生产活动。外海捕捞渔船装备较齐全,在海上可连续生产半月至1月。

(4)"共同管理的渔区"捕捞,是指在《中日渔业协定》、《中韩渔业协定》确定的"暂定措施水域"和《中越北部湾渔业合作协定》确定的"共同渔区"内捕捞水生生物资源的生产活动。

(5)公海捕捞,又称大洋性捕捞,是指在离本国海岸很远的大洋或极地等公海海域捕捞水生生物资源的生产活动。一般都使用机械化、自动化程度高,助航、导航设备完善,续航力较高,具有冷冻或加工能力的辅助船,或使用设备齐全的大型加工母船和若干艘捕捞渔船组成的船队从事捕捞生产。

(6)到他国管辖海域捕捞,又称过洋性捕捞,是指在离本国海岸很远、以他国陆地作为基地,并在该国管辖海域捕捞水生生物资源的生产活动。

近几年出现而《渔业法》尚未顾及的公海深海捕捞及国家管辖范围以外区域海洋遗传资源的采集,应属于1种新型的大洋性捕捞。

为突破内水和近海渔业资源环境的约束,充分利用现代国际海洋法和渔业法提供的发展机遇,中国正推行充分利用国内国外"两种资源、两个市场"的渔业发展战略和坚持生态优先、养捕结合及控制内水和近海、拓展外海、发展远洋的渔业生产方针。[21]这是转变渔业发展方式,调整捕捞产业结构,增加水产品供给,保障粮食安全,增加农民收入,促进减轻内水和近海捕捞压力,实现中国渔业可持续发展的重大举措。

三、渔船、作业场所和作业类型分类

(一)渔船分类

为执行《渔业法》第二十三条的规定及实行捕捞许可管理奠定基础,2013年《渔业捕捞许可管理规定》[22]对海洋渔船按下列标准进行分类:

(1)海洋大型渔船:主机功率大于或等于441千瓦(600马力)。

(2)海洋中型渔船:主机功率大于或等于44.1千瓦(60马力)且小于441千瓦(600马力)。

(3)海洋小型渔船:主机功率小于44.1千瓦(60马力)且船长小于12米。

《渔业捕捞许可管理规定》未对内陆水域渔船的分类标准作规定,而交由各省、自治区、直辖市渔业行政主管部门制定。所以这样规定,是由于内陆水域捕捞渔船多为小船,且各地差异性较大。

农业部拟参照粮农组织渔船《全球记录》的规定,在《渔业捕捞许可管理规定》中,按照船长尺度对海洋渔船进行以下分类:

(1)海洋大型渔船:船长大于或等于24米。

（2）海洋中型渔船：船长大于或等于 12 米且小于 24 米。

（3）海洋小型渔船：船长小于 12 米。

（二）作业场所分类

根据《渔业法》第二十五条的规定，结合现阶段海洋渔业管理的实际情况，《渔业捕捞许可管理规定》将海洋捕捞作业场所划分为以下 4 类：

（1）A 类渔区：黄海、渤海、东海和南海及北部湾等海域机动渔船底拖网禁渔区线向陆地 1 侧海域；机动渔船底拖网禁渔区线离海岸线不足 12 海里的，自海岸线向外 12 海里范围内。

（2）B 类渔区：我国与有关国家缔结的协定确定的共同管理的渔区、南沙海域、黄岩岛海域及其他特定渔业资源渔场和水产种质资源保护区。

（3）C 类渔区：渤海、黄海、东海、南海及其他我国管辖海域中除 A 类、B 类渔区之外的海域。其中，黄渤海区为 C1、东海区为 C2、南海区为 C3。

（4）D 类渔区：公海。

上列 B 类渔区中所称的"其他特定渔业资源渔场"，系指《渔业法实施细则》第五条第二款规定的舟山渔场冬季带鱼汛，浙江渔场大黄渔汛、闽东、闽中渔场大黄鱼汛，吕泗渔场大黄鱼、小黄鱼、鲳鱼汛，渤渔渔场秋季对虾汛，以及农业部颁布的其他特定渔业资源渔场等。

内陆水域的捕捞作业场所按具体水域核定，跨行政区的，按该水域在不同行政区的范围进行核定。

（三）作业类型分类

为便于实施《渔业法》第二十三和二十五条的规定，《渔业捕捞许可管理规定》按照《渔具分类、命名和代号》（GB/T 5147—2003）将捕捞作业类型分为刺网、围网、拖网、张网、钓具、耙刺、陷阱、笼壶、地拉网、敷网、抄网、掩罩共 12 种。

捕捞作业类型是指使用具有相同捕捞原理但结构不同的渔具进行的捕捞作业种类。在同类、同型的渔具中又包含若干种具体的作业方式，如表 22-3 所示。

表 22-3 渔业捕捞作业类型及其作业方式一览表

作业类型	作业方式
刺网	定置刺网，流刺网，拖刺网，围刺网
围网	单船围网，双船围网，多船围网，起水鱼围网，瞄准捕捞网围网，灯光围网
拖网	单船（表层，中层，底层）拖网，双船（表层，中层，底层）拖网，多船拖网
张网	桩张网，锚张网，樯张网，船张网
钓具	漂流延绳，定置延绳，曳绳钓，垂钓（手钓，竿钓）
耙刺	铲耙，漂流延绳，定置延绳，拖曳，投射，钩刺
陷阱	拦截，导陷
笼壶	漂流延绳，定置延绳、散布

作业类型	作业方式
地拉网	船布地拉网,穿冰地拉网,抛撒地拉网
敷网	岸敷网,船敷网,拦河敷网
抄网	手推推移抄网,舀取推移抄网,船推推移抄网
掩罩	抛撒掩网,撑开掩网,扣罩掩网,罩夹掩网

四、渔业捕捞能力总量控制

（一）根据

20 世纪 80 年代后期,在全球层面上,世界海洋渔业出现捕捞能力过度的现象,尤其体现为捕捞投入物过多或捕捞努力量过大,超过了渔业资源和渔业生态环境的可持续承载能力,引起最有价值鱼类种群被过度捕捞,非法、不报告和无管制捕捞,以及经济、社会和生态方面的严重后果。

1995 年粮农组织《负责任渔业行为守则》认为捕捞能力过度给世界渔业资源及其提供可持续渔获量的能力和渔民及消费者的利益造成威胁。因此,在其"总原则"一条中建议,"各国应当防止过度捕捞和捕鱼能力过剩,执行管理措施,以确保捕捞作业强度与渔业资源的繁殖能力及其可持续利用相一致。各国应当尽可能酌情采取措施来恢复资源",（6.3）并在"渔业管理"一条中进一步阐明,"各国应当采取措施防止或消除过剩的捕鱼能力,并确保捕鱼作业量与渔业资源的持续利用相符,以此作为保障养护和管理措施发挥作用的手段。"（7.1.8）

2006 年《中国水生生物资源养护行动纲要》指出,中国是世界上捕捞渔船和渔民数量最多的国家,由于长期采取粗放型、掠夺式的捕捞方式,造成传统优质渔业品种资源衰退程度加剧,渔获物的低龄化、小型化、低值化现象严重,捕捞生产效率和经济效益明显下降。[23]《纲要》针对捕捞强度居高不下、过度捕捞造成渔业资源严重衰退的严峻形势,按照《渔业法》的规定,并参照《负责任渔业行为守则》的要求,将对渔业捕捞能力实行总量控制,使过大的捕捞能力得到有效压减作为中国水生生物资源养护行动和渔业捕捞管理的基本目标。

（二）目标

渔业捕捞能力的总量控制是指在一定区域和一定资源条件下,实现与国家规定的可捕量相平衡的捕捞能力的限量。捕捞能力可以根据投入物或产出来控制。使实现相关渔业管理计划目标所必需的投入物或产量的水平为目标能力。捕捞能力管理目标旨在使目标能力与渔业资源的可持续利用相协调或确保渔业资源的得到最适度利用且维持所捕捞鱼种及与其相关或从属物种不受过度开发的危害,并确保可持续性。在捕捞能力过剩问题有碍实现长期可持续结果的情况下,首先应努力将涉及相关渔业的捕捞能力限制在现有水平,并逐步减少这种能力。目标能力的确定,应以可得到的最可靠的科学证据为根据,采用生物经济建模技术的定量（客观）方法来确定潜在的目标产出和投入水

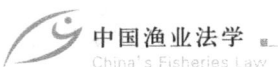

平。在缺乏详细渔业信息的情况下,也可以采用专家评估的定性(主观)方法来确定目标能力。

据推算,在海洋捕捞能力和捕捞产量与海洋渔业资源可承受能力大体相适应的情况下,全国海洋捕捞产量为1 000万吨左右。1989～1998年海洋捕捞产量持续快速增长,增长率在8%以上。为了遏制捕捞过度的趋势,1999年2月中国代表团在粮农组织第二十三届渔业委员会上通报了中国政府1999年对海洋捕捞计划产量实行"零增长",保持在1998年的水平,不再增加的决定。[24]372-373"零增长"实行3年,海洋捕捞总产量总体下降并趋于稳定。但从整体上看实际捕捞强度仍然过大,再加上陆源污染严重,一些鱼虾生长繁殖和水生野生动物栖息场所遭到严重破坏,天然水域的渔业资源量持续下降。在这种情形下,农业部决定从2002年起,海洋和内陆渔业全面实行捕捞产量"负增长"。国务院印发的《中国水生生物资源养护行动纲要》和2007年经国务院同意的《全国生物物种资源保护与利用规划纲要》[25]肯定了这个举措,并将全国海洋渔业捕捞能力总量"负增长"控制目标规定为:

1. 近期目标(2006～2010年)

过剩的捕捞能力得到压减,捕捞生产效率和经济效益有所提高。全国海洋捕捞机动渔船数量、功率和国内海洋捕捞产量,分别由2002年年底的22.2万艘、1 270万千瓦和1 306万吨压减到19.2万艘、1 143万千瓦和1 200万吨左右。

2. 中期目标(2011～2015年)

全国海洋捕捞机动渔船数量、功率和国内海洋捕捞产量分别压减到17.6万艘、1 070万千瓦和1 100万吨左右。

3. 远期目标(2016～2020年)

捕捞能力和捕捞产量与渔业资源可承受能力大体相适应。全国海洋捕捞机动渔船数量、功率和国内海洋捕捞产量分别压减到16万艘、1 000万千瓦和1 000万吨左右。

在实行"负增长"计划期间,应按以上规定确定年度国家管辖海域的捕捞能力控制总量。

(三)措施

捕捞能力过度主要是自由和无限制准入的结果,因此,为实现上列控制目标,国家必须对捕捞业和渔业捕捞活动实行许可管理。为此,应当按照《渔业法》的规定,执行和完善主要涉及以下4个方面的管理措施:

(1)船网工具控制指标;

(2)渔具准入;

(3)捕捞限额;

(4)渔业捕捞许可证。

五、 船网工具控制指标

(一)船网工具控制指标管理的目的

船网工具控制指标是指对从事海洋捕捞生产活动的渔船的数量及其主机功率数值、

网具或其他渔具的数量的最高限额。1986年《渔业法》第十六条第一款规定："批准发放海洋作业的捕捞许可证不得超过国家下达的船网工具控制指标,具体办法由省、自治区、直辖市人民政府规定。"现行《渔业法》第二十三条第一款,亦作相同规定。依法获得捕捞权的渔船实行船网工具指标管理,属于捕捞努力量控制,其目的在于,遏制渔船的盲目发展的趋势,使过大的捕捞能力得到压减,最终达到捕捞能力和捕捞产量与渔业资源可承受能力相适应的目标。

1970年全国机动渔船为1.39万艘、80万马力,1978年上升为3.9万艘、273.1万马力,1980年发展到4.96万艘、219.6万马力。1981年5月国务院批转《关于当前水产工作若干问题的请示报告》指出:"现有海洋机动捕捞渔船船数和马力都比1972年增加1倍半,捕捞量却没有增加。近两年虽然一再强调压缩近海捕捞能力,但每年仍增船3000多艘,20万马力。如果继续盲目发展,势必加剧资源的破坏。为改变这种情况……要求从1981年起,若干年内,各地国营捕捞企业和渔业社队,一般不再新增和引进渔船。更新渔船,应区别各海区的不同情况,符合调整作业以及开发外海的方向。"[26]88 随后,国家水产总局、总参谋部、公安部和国家进出口管理委员会发出《关于停止进口和加强管理引进渔船的通知》。1983年9月国务院批转《关于发展海洋渔业若干问题的报告》指出:"1979年至1982年,4年共新增机动渔船4万艘、117万马力,分别比1978年增长1倍和43%。渔船增加这么多,捕捞量反而减少近5万吨。近两年来,仅农业社队和农民个人或联户购买的小型渔船达3万多条。这些,不但加大了对近海资源的压力,而且使渔场争夺日益激烈,矛盾十分尖锐。"[27]132-133 根据这1报告,同年农牧渔业部颁发了《海洋捕捞渔船管理暂行规定》,规定引进外国渔船必须经中央批准,新造、更新、报废、买卖渔船分别向各级主管部门报批,对违反规定擅自发展渔船,由渔政、船检港监以及公安、海关有关部门予以处理。

但由于前期渔区劳力就业没有得到妥善安排;近期水产品价格放开,沿海渔农民争先造船置网,把下海捕鱼作为发家致富的手段;加上对近海渔船是多是少的思想认识不一,给渔业管理工作造成很大困难,措施跟不上,法制不健全,致使近海渔船盲目发展的趋势,不仅没有制止,反而越来越严重了。到1985年海洋捕捞机动渔船已达13.25万艘、481.1万马力。其中20马力以下小船占到总船数的70.5%。小马力船所以能高速度发展:

(1)比发展大船投资少,能容纳更多的劳力,经济收入不低于大马力船;

(2)海洋资源的共用性,有些地方从局部利益出发,船多多占用资源,既能解决剩余劳力出路,又能增加本地区市场鱼货供应。[27]154-155

所以,尽管国家渔业行政主管部门三令五申控制渔船发展,而实效不大。近海渔船发展的失控,一步步加大了近海的捕捞强度,不仅导致主要经济鱼类资源继续恶化,渔场矛盾加剧,而且使得近海、沿岸劳动生产率连年下降。渔船单位马力产量20世纪60年代平均为1.6吨,70年代为1.0吨,到1985年只有0.56吨,造成人力、物力和能源的巨大浪费,已经到了非从法律的高度解决不可的时候了。《渔业法》规定实行限制船数、马力的管理措施,标志着把控制海洋机动渔船盲目发展进一步纳入科学管理的轨道和法律

规范。

(二)船网工具控制指标的制定

《渔业法》第二十三条规定,海洋捕捞渔船的船网工具控制指标由国家下达。在执行中,海洋大中型渔船的船网工具控制指标由国务院渔业行政主管部门制定,报国务院批准后,向有关省、自治区、直辖市人民政府下达。海洋小型渔船的船网工具控制指标由省、自治区、直辖市人民政府依据其资源环境承受能力、资源利用状况、渔民传统作业情况等制定,报国务院渔业行政主管部门核准准后下达。

1986年11月全国农业(水产)工作会议上,研讨了渔船发展失控、压减船数与马力等措施。1987年4月国务院办公厅转发了农牧渔业部《关于近海捕捞机动渔船控制指标的意见》(国办发〔1987〕19号)。这是国家第一次对各渔区,各省、自治区、直辖市近海渔船的发展数量进行限制。《意见》根据《渔业法》第十六条的规定,对现阶段近海捕捞渔船的总马力控制指标问题,提出3条意见:

(1)确定近海机动渔船控制指标,应根据渔业资源状况,力求捕捞强度与资源状况相适应,以达到保护和合理利用资源,提高经济效益、社会效益和生态效益的目的。同时,也考虑近年大量增船的现实情况,对不同海区、不同作业,实行区别对待。黄渤海区、东海区内各省、市在1991年以前的近海捕捞渔船,天津、上海两市以1986年渔船普查马力数为控制指标,其他各省以1985年统计年报的马力数为控制指标;南海区的渔船控制指标,由南海区渔政渔港监督会同广东、广西商定,报国务院渔业行政主管部门备案。

(2)压减渔船的重点是:破坏资源严重的作业和1983年以后盲目发展起来的渔船。对这部分渔船,可以采取多征或加倍征收"渔业资源增殖保护费"和少供或不供计划内柴油等办法加以限制,积极引导他们转业。要帮助他们发展养殖业、加工业和渔区各项服务事业,开拓新的生产领域,对资金确有困难的,可以用"资源增殖保护费"作周转金予以扶持,定期收回。

(3)各省、自治区、直辖市人民政府要根据国家对近海渔船总马力控制指标的要求,结合本地的实际情况,具体制定落实本地区的控制计划和具体控制措施,并落实到沿海各县(市)人民政府。发展远洋渔船不受控制指标的限制,发展外海渔船应适当减轻近海捕捞强度。从事近海作业的,不得超过近海捕捞渔船马力控制指标。近海机动渔船捕捞许可证,须贴附国家主管部门印发的渔船马力凭证;马力凭证须与渔船主机额定功率相符。[28]

1992年6月经国务院同意,农业部下发了《关于印发"八五"期间控制海洋捕捞强度增长指标的意见的通知》(农渔政字第4号),规定"八五"期间对海洋捕捞强度不仅控制功率还控制渔船数量。但"双控"未能得到贯彻执行,渔船数量和功率仍快速增长。特别是1993年前后沿海地区进行了大规模的渔船经营体制改革,渔民个人成为捕捞船网工具所有者主体,引发了新1波渔船制造高峰,致使海洋捕捞渔船数量和功率持续增长。"八五"末全国海洋机动生产渔船的控制指标为240 182艘、1 023万马力,实际上到1995年底渔船数比"八五"末的控制指标增加了25 438艘,达到265 620艘、总功率比"八五"末突破了250.65万马力,达到1 273.65万马力,增加了24.5%。[29]218 1997年4月经国务院同意,农业部下发布了《农业部关于"九五"期间控制海洋捕捞强度指标的实施意见》。《实施意见》指出,近年来,我国近海主要经济鱼类资源日趋衰退,而船网工具却不断增加,生产效益下降,渔事纠纷增多,特别是《联合国海洋法公约》生效以后,我周边国家陆续宣布实施200海里专属经济区制度,对我国渔业生产制约因素增多,今后将有一大批渔船要退出相邻国家的专属经济区,这必将对我国海洋渔业生产造成重大影响。如果渔船继续增加,而作业渔场缩小,将会带来严重的社会问题,还可能引发新的涉外渔业纠纷。

为此,规定"九五"期间继续对海洋捕捞强度实行渔船数量和功率双指标控制,所有海洋捕捞机动生产渔船一律纳入捕捞强度控制管理范围,贴附功率凭证。总的目标是2000年年底以前全国海洋捕捞强度指标控制在"八五"末期的水平,即渔船265 620艘、功率1 273.65万马力。远洋渔业原则上不受控制指标的限制;符合行业发展政策的外海新资源、新渔场开发及农业部专项(特许)的作业,由农业部另行安排3%左右的增长幅度调剂,这两部分渔船不得进入近海作业,其控制指标由农业部掌握。[30]1999年以后,"双控"措施得到加强,并通过国家补贴的方式进行渔船报废和捕捞渔民转产转业,加上海洋捕捞传统作业渔场因《中日渔业协定》《中韩渔业协定》的生效而缩减等影响,渔船和捕捞劳动力数量有所下降,但渔船功率和吨位仍在增长。

2003年11月经国务院同意,农业部向沿海各省、区、市人民政府印发了《关于2003～2010年海洋捕捞渔船控制制度实施意见》,提出到2010年时,全国海洋捕捞渔船船数从2002年底的22.2万艘减少到19.2万艘、减船3万艘;功率数从1 269.6万千瓦减少到1 142.6万千瓦,减少10%的总体控制目标。[31]标志着我国海洋捕捞渔船船数和功率数从"八五""九五"期间的"总量控制"阶段进入了"总量压减"的新阶段。《意见》制定了实施渔船控制制度的具体程序和要求,明确了地方各级人民政府和各级主管部门在控制渔船工作上的责任和分工,并与渔船报废制度和减船转产政策配套实施,更具可操作性。到2010年全国海洋捕捞渔船有20.45万艘、1 304.06万千瓦。[32]

2002年农业部发布的《渔业捕捞许可管理规定》规定:"农业部报国务院批准后,向有关省、自治区、直辖市下达海洋捕捞业船网工具控制指标。地方各级渔业行政主管部门控制本行政区域内捕捞渔船的数量、功率,不得超过国家下达的船网工具控制指标,具体办法由省、自治区、直辖市人民政府规定,送农业部备案。内陆水域捕捞业的船网工具控制指标和管理办法,由省、自治区、直辖市人民政府规定。"[33]依此规定,从2002年12月1日起,对内陆水域捕捞业也实行船网工具控制指标管理。

(三)船网工具控制指标的审批权限和程序

按照现行《渔业捕捞许可管理规定》的规定,下列海洋渔船的船网工具指标,向省级人民政府渔业行政主管部门申请。省级人民政府渔业行政主管部门审查后,应当将审查意见和申请人的全部申请材料报农业部审批:

(1)远洋渔船;

(2)因特殊需要,超过国家下达的省、自治区、直辖市渔业船网工具指标的渔船;

(3)其他依法应由农业部审批的渔船。

农业部应当自收到省级人民政府渔业行政主管部门报送的材料之日起 20 日内做出是否批准船网工具指标的决定。

不属于应报农业部审批的海洋渔船的船网工具指标,向船舶所有人户籍所在地或企业注册地县级以上人民政府渔业行政主管部门申请。申请制造或更新改造海洋大中型渔船船网工具指标的,由省级人民政府渔业行政主管部门审批;申请跨省、自治区、直辖市购置大中型渔船船网工具指标的,由买入地省级人民政府渔业行政主管部门审批;申请省内购置渔船船网工具指标的,由买入地人民政府渔业行政主管部门审批。其他海洋渔船船网工具指标的申请和审批,由省、自治区、直辖市人民政府规定。内陆渔船船网工具指标的申请审批由省、自治区、直辖市人民政府参照有关海洋渔船的规定制定。

申请渔船船网工具指标的,应提交《渔业船网工具指标申请书》、申请人户口簿或者企业法人营业执照,以及包括申请人所在地基层渔业组织或者村(居)委会出具的意见,并应按照《渔业捕捞许可管理规定》针对不同情况的规定,提供证书、文件和其他资料。

县级以上人民政府渔业行政主管部门应当自受理船网工具控制指标申请之日起 20 个工作日内做出是否批准的决定;需要在做出是否批准决定前审核的,应当在自申请受理之日起 20 个工作日内完成审核。审核合格予以批准的,发给申请人《渔业船网工具指标批准书》,不予批准的,向申请人下达《渔业船网工具指标申请不予许可决定书》,不予受理申请的,应当书面通知申请人并说明理由。

县级以上地方人民政府渔业行政主管部门应当控制本行政区域内海洋渔船的数量、功率,审批发放渔业船网工具指标,不得超过国家或省、自治区、直辖市人民政府下达的船网工具控制指标。

(四)船网工具控制指标管理的实施措施

为实施船网工具控制指标管理,需要综合采取行政管理与法律经济手段相结合的管理措施。其中最关键措施包括:

1. 严格控制制造、更新改造、购置、进口渔船

《渔业捕捞许可管理规定》将制造、更新改造、购置、进口渔船用语的定义分别规定为:

(1)制造渔船:新建造,包括旧船淘汰后再建造渔船。

(2)更新改造渔船:通过更新主机或对船体和结构进行改造改变渔船主机功率、作业类型、主尺度。

(3)购置渔船:从国内买入渔船。

(4)进口渔船:从国外和港、澳、台地区买入渔船,包括以各种方式引进渔船。

为提高海洋渔业设施装备水平、生产能力和抗风险能力,有必要通过制造、更新改造、购置和进口的途径或形式,发展选择性好、高效节能的钢质捕捞渔船,但必须加以严格控制,尤其要严格限制建造对渔业资源破坏强度大的底拖网、帆张网和单船大型有囊灯光围网等作业类型渔船。

《渔业法》第二十二条规定,"制造、更新改造、购置、进口的从事捕捞作业的船舶必须经渔业船舶检验部门检验合格后,方可下水作业。"《渔业捕捞许可管理规定》进一步规

定制造、更新改造、购置、进口渔船，必须向县级以上人民政府渔业行政主管部门申请，依法取得《渔业船网工具指标批准书》，并凭此《批准书》方可办理制造、更新改造、购置、进口渔船手续。《渔业捕捞许可管理规定》还对申请制造、更新改造、购置、进口海洋捕捞渔船船网工具指标应当提供的证书、文件和资料分别不同情况作了详细规定，要求申请人依照规定真实地提供证书、文件和资料，要求县级以上人民政府渔业行政主管部门按照规定的审批权限在国家或省、自治区直辖市下达的船网工具控制指标内精确核定制造、更新改造、购置、进口海洋捕捞渔船的船网工具指标，并规定制造、更新改造海洋捕捞渔船的，应当在本省、自治区、直辖市渔业船网工具控制指标范围内，通过淘汰旧捕捞渔船解决，船数和功率应分别不超过淘汰渔船的船数和功率。海洋大中型捕捞渔船和小型渔船的船网工具控制指标，不得通过制造或更新改造等方式相互转换。这些规定的目的都是为了防止借机违反国家或省、自治区、直辖市下达的船网工具控制指标增加渔船数量及其功率，坚决取缔违法违规造船。

2. 对老旧捕捞渔船实行报废、淘汰制度

《国务院关于促进海洋渔业持续健康发展的若干意见》要求，"升级改造海洋捕捞渔船，逐步淘汰老、旧、木质渔船，……落实好老旧渔船报废工作，逐步建立定点拆解和木质渔船退出机制"。

2002 年 5 月农业部、国家安全生产监督管理局发布的《渔业船舶报废暂行规定》(农渔发〔2002〕8 号)确定国家对渔业船舶实行强制报废制度。为保障渔业船舶航行作业安全，控制捕捞强度，规定捕捞渔船达到法定报废船龄的，应当报废；虽未达到报废船龄，但安全技术状况较差，经维修改造仍达不到安全标准的，经渔业船舶检验机构检验认定应予提前报废的渔业船舶，应强制提前报废；未达到报废船龄，但船舶所有人自愿提前报废的，准予提前报废。报废捕捞渔船应按规定办理证件注销手续，取得县级以上渔业行政主管部门开具的渔船报废证明。报废的捕捞渔船不得继续从事渔业捕捞生产活动。对报废捕捞渔船应进行妥善处理。

报废捕捞渔船的拆解、销毁或处理由省、自治区、直辖市渔业行政主管部门认可的地点进行，拆解、销毁或处理地点所在地县级以上渔业行政主管部门所属的渔政渔港监督管理机构负责监督执行，并开具证明。报废捕捞渔船的所有人需要更新捕捞渔船的，按照国家渔业捕捞许可管理的有关规定办理申请和批准手续，未按规定办理注销手续的报废渔船，不予更新。《规定》对不同船体材质、不同船长的海洋和内陆水域捕捞渔船的报废船龄标准作了具体规定。[34]

2007 年 4 月农业部经商国家安全生产监督管理总局同意将老旧捕捞渔船强制报废制度调整为淘汰政策。将船龄达到一定年限的捕捞渔船界定为老旧捕捞渔船，并按老旧程度，分为一般老旧捕捞渔船和限制使用老旧捕捞渔船，实行分类管理。限制安全隐患大的老旧捕捞渔船从事渔业捕捞生产活动，引导船舶所有人加快更新改造，淘汰老旧捕捞渔船。为此规定各级渔政渔港监督管理机构根据辖区内捕捞渔船登记情况，依据老旧渔业船舶船龄标准，对达到老旧渔业船舶船龄的渔业船舶，提前 6 个月书面通知渔船所有人。达到一般老旧船龄的捕捞渔船，经渔业船舶检验机构检验合格的，可允许继续从事渔业生产 24 个月。达到限制使用船龄的老旧捕捞渔船,经渔业船舶检验机构检验合格的,可允许继续从事渔业生产 12 个月。老旧捕捞渔船,经渔业船舶检验机构检验不合格的,禁止其继续从事渔业生产活动,应予以淘汰。[35]老旧渔业船舶船龄标准,见表 22-4。

表 22-4　老旧渔业船舶船龄标准表

船舶类别		老旧渔业船舶	
		一般船龄	限制使用船龄
渔船船龄海洋捕捞标准			
钢质捕捞船	船长<12 米	16 年以上	21 年以上
	12 米≤船长<24	20 年以上	25 年以上
	船长≥24 米	24 年以上	29 年以上
	专门制造从事远洋作业和深水灯光围网作业的	30 年以上	35 年以上
	2007 年前已经改造且从事远洋作业的	26 年以上	31 年以上
木质捕捞船	船长<12 米	13 年以上	18 年以上
	12 米≤船长<24 米	18 年以上	23 年以上
	船长≥24 米	20 年以上	25 年以上
	使用梢木、坤甸木、稠木等特种木材制造的	25 年以上	30 年以上
钢丝网水泥捕捞船		24 年以上	29 年以上
玻璃钢捕捞船		30 年以上	35 年以上
内河捕捞渔船船龄标准			
钢质船		21 年以上	26 年以上
木质船		25 年以上	30 年以上
钢丝网水泥船		24 年以上	29 年以上
玻璃钢船		30 年以上	35 年以上
渔业生产辅助船船龄标准			
养殖船		20 年以上	25 年以上
水产品冷藏加工船		29 年以上	34 年以上
拖轮、驳船		29 年以上	34 年以上
水产运销船		26 年以上	31 年以上
油船		26 年以上	31 年以上
渔业指导船、渔业科研调查船、教学实习船、供应船、交通船		30 年以上	35 年以上
渔业公务船		30 年以上	35 年以上

3. 清理、取缔"三无"捕捞渔船

在沿海一些地区,不法分子为躲避监管、追求经济利益最大化,利用无船名、无船舶证书(捕捞许可证、船舶登记证书、船舶检验证书,简称"三证")、无船籍港的"三无"渔船进行违法捕捞活动,严重地扰乱了海上渔场正常秩序,妨碍了国家或省、自治区、直辖市下达的船网工具控制指标的落实,出现了捕捞强度失控的现象。1994年国务院发布《清理、取缔"三无"船舶通告》,责令渔业行政主管部门会同公安、工商行政管理机关等有关部门,对"三无"渔船持续不断地采取"海上查、港内堵"的方法进行严厉打击。包括对从事电、炸、毒鱼等非法捕捞作业或冒用船名船号的"三无"渔船从严处罚,直至没收;对购置按规定应予报废的渔船予以拆解;对"三证"全无的渔船,经检验、审查合格的,处罚款后允许补办证书,不合格的予以扣留、没收;对未履行审批手续擅自建造、改装渔船的造船厂处以罚款,直至吊销营业执照;对未经核准登记注册非法建造、改装渔船的厂、点依法予以取缔。[36]此外,对"大机小标"(实际功率大于铭牌标定功率)的渔船亦属整治之列。

4. 促进、支持捕捞渔民转产转业

多年来中国在日本、韩国、越南等国一侧水域作业渔船较多,中日、中韩、中越渔业协定生效后部分海域要按专属经济区制度管理,多数渔船要从原作业渔场撤出,据初步统计分析,受上述3个协定的影响,约有3.2万艘渔船从传统作业渔场撤出,每年将损失160多万吨渔业产量,直接经济损失达80多亿元,有30多万渔业劳动力面临转产转业问题,近百万渔业人口的生活将不同程度受到影响。[37]为解除因实行船网工具控制指标需要转产转业的沿海捕捞渔民的后顾之忧,调动他们减船转产积极性,沿海各省、自治区、直辖市人民政府和国家有关部门应编制捕捞渔民转产转业规划,妥善安排这些渔民的生计,拓宽其转产转业和增收渠道。

《农业法》第六十三条规定:"国家引导、支持从事捕捞业的农(渔)民和农(渔)业生产经营组织从事水产养殖业或者其他职业,对根据当地人民政府统一规划转产转业的农(渔)民,应当按照国家规定予以补助。"贯彻落实国家关于沿海捕捞渔民转产转业政策,要求各级渔业行政主管部门积极引导、鼓励捕捞渔民向水产养殖业、休闲渔业等二、三产业以及其他非渔产业转移;各级财政加大转产转业渔民的扶持力度;各级计划部门要按照规划,加大对转产转业基础设施建设的扶持力度;有关金融机构在保全转产转业渔民未清偿贷款的基础上,增加对渔业结构调整贷款的投放;工商行政管理部门对转产转业渔民投资兴办企业或从事个体经营给予积极支持;社保部门落实相关就业创业扶持政策,加强渔民职业技能培训,鼓励用人单位积极吸纳渔民就业;民政部门及时作好生活困难渔民的救济工作,符合农村低保条件的渔民家庭应及时纳入农村低保范围,没有实施农村低保制度的地区,应通过社会救济解决其生活困难。

六、 渔具准入目录及技术标准

(一)最小网目尺度及有关规定

网具网目尺寸的大小,是决定被捕鱼类个体大小的主要因素。一般来说,网目小,幼鱼逃逸率低;网目大,幼鱼逃逸率高,网目越大,幼鱼逃逸率就越高。放大网目,可以减小幼鱼在渔获量中的比例,但会降低产量。为此,世界各国都在统筹协调捕捞生产经济效益和渔业生态效益的基础上,把规定网目最小尺寸作为渔业管理中的1项重要措施。

1975年《中日渔业协定》附件一规定,拖网网囊网目为54毫米以上,其余部份网目为65毫米以上,灯光围网网目为35毫米以上。此后,中国以国家标准(GB)、行业标准(SC)形式对若干鱼种适用网目最小尺寸作了规定。

2003年10月农业部发布《关于实施海洋捕捞网具最小网目尺寸制度的通告》,规定自2004年7月1日起全面实施海洋捕捞网具最小网目尺寸制度。任何从事海洋渔业生产的单位和个人必须严格按照《渔业捕捞许可证》核准的渔具规格进行作业。[38]

表22-5 2003年农业部规定的全国海洋捕捞网具最小网目尺寸一览表

网具名称	最小网目尺寸(毫米)	适用范围		备注
		海域	主捕品种	
拖网网囊	54	东海、黄海	(全部)	国家标准
	39	南海(含北部湾)	(全部)	
流刺网	137	东海、黄海、渤海	银鲳	行业标准
	90	东海、黄海	鳓鱼	
	90	东海、黄海、渤海	蓝点马鲛	
有翼张网网囊	50	东海	带鱼	行业标准

2004年农业部《渤海生物资源养护规定》附件2规定:渤海捕捞作业网具最小网目尺寸为:

(1) 鲅鱼流网最小网目90毫米,网衣拉直高度不得超过9米(含缘网),每船总长度不得超过4 000米;

(2) 对虾流网最小网目60毫米;网衣拉直高度不得超过9米(含缘网),每船总长度不得超过4 000米;

(3) 张网类网目不小于8毫米;

(4) 围网类网目不小于33毫米。[39]

(二)网具准入目录

1. 渔具准用目录的编制

《中国水生生物资源养护行动纲要》提出"制定捕捞渔具准用目录,取缔禁用渔具,研制和推广选择性渔具"。根据这项要求,农业部从2009年开始在全国范围内组织开展了渔具渔法专项调查,初步掌握了全国捕捞渔具基本情况,并按照先易后难、分步实施的渔具目录管理思路,2012年先行编制了《全国海洋捕捞渔具目录》。《目录》按照控制捕捞强度、提高渔具选择性(资源保护)、环境友好、安全作业等原则,综合考虑执法操作性、渔具使用范围、渔民接受程度等因素,将全部85种海洋捕捞渔具分成准用渔具(ZY)30种、禁用渔具(JY)13种、过渡渔具(GD)42种3大类,[40]并分别设定了最小网目尺寸、渔具规格、携带数量等相应限制条件。

过渡渔具(GD)属情况复杂、问题较多的海洋捕捞渔具,将设立几年的过渡期,根据保护海洋渔业资源的需要,一段时间后,经过试用由专家进行审查归类。其中,具有一定选择性、资源损害程度相对较小的,明确标准和限制措施后可列入准用目录;选择性差、资源损害程度大的,不能列入准用目录,过渡期结束后一律禁止使用,并由农业部予以公告。[41]

农业部决定在《全国海洋捕捞渔具目录》正式公布之前，为尽快规范网具管理先将《全国海洋捕捞渔具目录》中全部渔具的最小网目尺寸规定整理出来，重新颁布《农业部关于实施海洋捕捞网具最小网目尺寸制度的通告》，公告了海洋捕捞网具最小网目（或网囊）尺寸相关标准，为现阶段执法提供依据。

2013 年 8 月农业部决定自 2014 年 1 月 1 日起，在辽宁、天津、河北、山东 3 省 1 市张网最小网目尺寸实行以下标准：

（1）渤海海域张网类最小网目仍按照《渤海生物资源养护规定》，不小于 8 毫米；

（2）黄海海域张网类最小网目不小于 35 毫米。

各地可根据捕捞生产实际，单独制定毛虾、蠓子虾等特定鱼种最小网目尺寸，限定具体作业时间和作业区域，并报农业部部渔业局和黄渤海区渔政局备案后执行。[42]

2. 海洋捕捞准用渔具和过渡渔具目录。

2013 年 9 月农业部发布《关于征求海洋捕捞最小网目尺寸制度和禁用渔具目录意见的通知》，[43] 2013 年 11 月农业部发布《农业部关于实施海洋捕捞准用渔具和过渡渔具最小网目尺寸制度的通告》，公布了海洋捕捞准用渔具和过渡渔具最小网目（或网囊）尺寸相关标准，见表 22-6 和表 22-7，并宣告自 2014 年 6 月 1 日起，黄渤海、东海、南海 3 个海区全面实施海洋捕捞准用渔具和过渡渔具最小网目尺寸制度，自 2014 年 6 月 1 日起，禁止使用小于最小网目尺寸的渔具进行捕捞。[44]

表 22-6　海洋捕捞准用渔具最小网目（或网囊）尺寸相关标准一览表

海域	渔具分类名称		主捕种类	最小网目（或网囊）尺寸（毫米）	备注
	渔具类别	渔具名称			
黄渤海	刺网类	定置单片刺网、漂流单片刺网	梭子蟹、银鲳、海蜇	110	
			鰤鱼、马鲛、鳕鱼	90	
			对虾、鱿鱼、虾蛄、小黄鱼、梭鱼、斑鲦	50	
			颚针鱼	45	该类刺网由地方特许作业
			青鳞鱼	35	
			梅童鱼	30	
		漂流无下纲刺网	鰤鱼、马鲛、鳕鱼	90	
	围网类	单船无囊围网、双船无囊围网	不限	35	主捕青鳞鱼、前鳞骨鲻、斑鲦、金色小沙丁鱼、小公鱼的围网由地方特许作业
	杂渔具	船敷箕状敷网	不限	35	

海域	渔具分类名称		主捕种类	最小网目（或网囊）尺寸（毫米）	备注
	渔具类别	渔具名称			
东海	刺网类	定置单片刺网、漂流单片刺网	梭子蟹、银鲳、海蜇	110	
			鳓鱼、马鲛、石斑鱼、鲨鱼、黄姑鱼	90	
			小黄鱼、鲻鱼、鳎类、鲚鱼、黄鲫、梅童鱼、龙头鱼	50	
	围网类	单船无囊围网、双船无囊围网 双船有囊围网	不限	35	主捕青鳞鱼、前鳞骨鲻、斑鲦、金色小沙丁鱼、小公鱼的围网由地方特许作业
	杂渔具	船敷箕状敷网、撑开掩网掩罩	不限	35	
南海（含北部湾）	刺网类	定置单片刺网、漂流单片刺网	除凤尾鱼、多鳞鱚、少鳞鱚、银鱼、小公鱼以外的捕捞种类	50	
			凤尾鱼	30	类刺网由地方特许作业
			多鳞鱚、少鳞鱚	25	
			银鱼、小公鱼	10	
		漂流无下纲刺网	除凤尾鱼、多鳞鱚、少鳞鱚、银鱼、小公鱼以外的捕捞种类	50	
	围网类	单船无囊围网、双船无囊围网 双船有囊围网	不限	35	主捕青鳞鱼、前鳞骨鲻、斑鲦、金色小沙丁鱼、小公鱼的围网由地方特许作业
	杂渔具	船敷箕状敷网、撑开掩网掩罩	不限	35	

表 22-7　海洋捕捞过渡渔具最小网目(或网囊)尺寸相关标准一览表

海域	渔具分类名称		主捕种类	最小网目(或网囊)尺寸(毫米)	备注
	渔具类别	渔具名称			
黄渤海	拖网类	单船桁杆拖网、单船框架拖网	虾类	25	
	刺网类	漂流双重刺网	梭子蟹、银鲳、海蜇	110	
		定置三重刺网	鳓鱼、马鲛、鳕鱼	90	
		漂流三重刺网	对虾、鱿鱼、虾蛄、小黄鱼、梭鱼、斑鰶鱼	50	
	张网类	双桩有翼单囊张网、双桩竖杆张网、樯张竖杆张网、多锚单片张网、单桩框架张网、多桩竖杆张网、双锚竖杆张网	不限	35	主捕毛虾、鳗苗的张网由地方特许作业
	陷阱类	导陷建网陷阱	不限	35	
	笼壶类	定置串联倒须笼	不限	25	
黄海	拖网类	单船有翼单囊拖网、双船有翼单囊拖网	除虾类以外的捕捞种类	54	主捕鳀鱼的拖网由地方特许作业
东海	拖网类	单船有翼单囊拖网、双船有翼单囊拖网	除虾类以外的捕捞种类	54	主捕鳀鱼的拖网由地方特许作业
		单船桁杆拖网	虾类	25	
	刺网类	漂流双重刺网	梭子蟹、银鲳、海蜇	110	
		定置三重刺网	鳓鱼、马鲛、石斑鱼、鲨鱼、黄姑鱼	90	
		漂流三重刺网	小黄鱼、鲻鱼、鳗类、鱿鱼、黄鲫、梅童鱼、龙头鱼	50	
	围网类	单船有囊围网	不限	35	

海域	渔具分类名称		主捕种类	最小网目（或网囊）尺寸（毫米）	备注
	渔具类别	渔具名称			
东海	张网类	单锚张纲张网	不限	55	
		双锚有翼单囊张网	不限	50	
		双桩有翼单囊张网、双桩竖杆张网、樯张竖杆张网、多锚单片张网、单桩框架张网、双锚张纲张网、单桩桁杆张网、单锚框架张网、单锚桁杆张网、双桩张纲张网、船张框架张网、船张竖杆张网、多锚框架张网、多锚有翼单囊张网	不限	35	主捕毛虾、鳗苗的张网由地方特许作业
	陷阱类	导陷建网陷阱	不限	35	
	笼壶类	定置串联倒须笼	不限	25	
南海（含北部湾）	拖网类	单船有翼单囊拖网、双船有翼单囊拖网、单船底层单片拖网、双船底层单片拖网	除虾类以外的捕捞种类	40	
		单船桁杆拖网、单船框架拖网	虾类	25	
	刺网类	漂流双重刺网定置三重刺网漂流三重刺网定置双重刺网漂流框格刺网	除凤尾鱼、多鳞鱚、少鳞鱚、银鱼、小公鱼以外的捕捞种类	50	
	围网类	单船有囊围网、手操无囊围网	不限	35	

海域	渔具分类名称		主捕种类	最小网目（或网囊）尺寸（毫米）	备注
	渔具类别	渔具名称			
南海（含北部湾）	张网类	双桩有翼单囊张网、双桩竖杆张网、樯张竖杆张网、双锚张纲张网、单桩桁杆张网、多桩竖杆张网、双锚竖杆张网、双锚竖杆张网、双锚单片张网、樯张张纲张网、樯张有翼单囊张网、双锚双锚单片张网	不限	35	主捕毛虾、鳗苗的张网由地方特许作业
	陷阱类	导陷建网陷阱	不限	35	
	笼壶类	定置串联倒须笼	不限	25	

（三）禁止使用的渔具和渔法

《渔业法》第三十条规定："禁止使用炸鱼、毒鱼、电鱼等破坏渔业资源的方法进行捕捞。禁止制造、销售、使用禁用的渔具。"

《渤海生物资源养护规定》第三十条规定："禁止使用下列严重损害生物资源的渔具、渔法：（一）炸鱼、毒鱼和电力捕鱼；以渔船推进器、泵类采捕定居种生物资源；（二）三重流网、底拖网、浮拖网及变水层拖网作业，但网口网衣拉直周长小于 30 米的桁杆、框架型拖网类渔具除外；（三）规格不符合本规定附件 2 规定标准的网具；沿岸各省、直辖市人民政府渔业行政主管部门可以规定适用于本行政区域的其他禁止使用的渔具渔法，并报农业部和农业部黄渤海区渔政局备案。"[39]

《农业部关于在辽宁等三省一市实行张网最小网目尺寸标准和禁用渔具的通告》对黄渤海区禁止使用渔具作了以下规定："除继续执行国家现有规定外，黄渤海区内禁止使用拦截插网陷阱、导陷插网陷阱、船布无囊地拉网等三种渔具，其中：拦截插网陷阱，陷阱类，俗称地撩网、撩网、梁网、亮子网、簖网，主要在潮间带滩涂海域作业，以捕捞幼鱼或小型鱼类为主，对渔业资源和滩涂环境破坏较大；导陷插网陷阱，陷阱类，俗称须笼网、须子网、须网，网目尺寸较小，以捕捞幼鱼或小型鱼类为主，损害渔业资源，阻碍航道；船布无囊地拉网，杂渔具类，俗称大拉网、拉大网、地拉网，网目尺寸过小，且在近岸作业，主要捕捞小型鱼类以及经济鱼种幼鱼，对渔业资源破坏较大。"[42]

2013 年 11 月农业部发出《农业部关于禁止使用双船单片多囊拖网等十三种渔具的通告》，宣布自 2014 年 1 月 1 日起，黄渤海、东海、南海 3 个海区内除继续执行国家现有规定外，全面禁止使用双船单片多囊拖网、拖曳泵吸耙刺、拖曳柄钩耙刺、拖曳水冲齿耙耙刺、拦截插网陷阱、导陷插网陷阱、导陷箔筌陷阱、拦截箔筌陷阱、漂流延绳束状敷网、船布有翼单囊地拉网、船布无囊地拉网、抛撒无囊地拉网、拖曳束网耙刺等 13 种渔具，浅

海、滩涂等沿海开放式养殖水域也属禁止使用范围。[45]禁用渔具目录,详见表22-8。

表 22-8　禁止使用的 13 种海洋捕捞渔具目录

序号	分类	渔具分类名称	俗名或地方名			备注(禁用理由)
			黄渤海区	东海区	南海区	
JY-01	拖网	双船单片多囊拖网	无	百袋网	无	网囊网目尺寸较小,主要捕捞小型鱼类以及经济鱼类幼鱼,对渔业资源破坏严重。且由于是底层作业,对河口、海湾等水域的地质环境造成严重破坏
JY-02	耙刺	拖曳泵吸耙刺	吸蛤泵、吸蛤耙、蓝蛤泵	蓝蛤泵	无	通过水泵吸取,严重破坏作业区海底底质,影响资源栖息生态环境,同时,将所经海域的资源全部吸取,极大地损害贝类幼体资源,不利于长期合理的利用
JY-03	耙刺	拖曳柄钩耙刺	无	无	鱼乃挖、白蚬耙	作业渔场是河口水域,拖曳作业时,耙齿陷入海底较深,破坏海洋生态环境
JY-04	耙刺	拖曳水冲齿耙耙刺	泵耙子、泵耙网	水冲式耙子	无	在作业过程中,将所经海域海底淤泥全部冲翻,并造成大量幼贝碎裂,对渔业资源和海底生态环境造成双重破坏
JY-05	陷阱	拦截插网陷阱	地撩网、撩网,梁网、亮子网、籇网	吊墩、迷魂网、滩涂串网、夹涂、槕网、高仓网、大浦网、小围网、弶网	督罟、起落网、百袋网、网薄、闸薄、闩门、塞网、蜈蚣网	主要在潮间带滩涂海域作业,以捕捞幼鱼或小型鱼类为主,不利于资源的养护与恢复。同时占用大量的滩涂区域,对滩涂区域的环境造成破坏

续表

序号	分类	渔具分类名称	俗名或地方名			备注（禁用理由）
			黄渤海区	东海区	南海区	
JY-06	陷阱	导陷插网陷阱	须笼网、须子网、须网	无	滩边罟、塞网、百袋网	网目尺寸较小，以捕捞幼鱼或小型鱼类为主，损害渔业资源，而且占用较大的地域，阻碍航道，破坏环境。福建省已将其列入禁用渔具
JY-07	陷阱	导陷箔筌陷阱	无	无	虾箔、渔箔	主要渔获是幼鱼和小杂鱼，有损渔业资源。另外，该渔具一般设置在港湾滩涂区，占据海域较大，影响海上船只航行
JY-08	陷阱	拦截箔筌陷阱	无	无	围海	主要渔获是幼鱼和小杂鱼，有损渔业资源。另外，该渔具一般设置在港湾滩涂区，占据海域较大，影响海上船只航行
JY-09	杂渔具	漂流延绳束状敷网	无	无	石斑苗网	该渔具主捕对象是鱼苗，尤其是经济鱼类的种苗，对海洋渔业的幼鱼资源构成潜在危害
JY-10	杂渔具	船布有翼单囊地拉网	无	无	长网、拉大网、涠洲大网	网具网目尺寸过小，且在近岸作业，主要捕捞小型鱼类以及经济鱼种幼鱼，对于渔业资源有破坏作用
JY-11	杂渔具	船布无囊地拉网	大拉网、拉大网、地拉网	无	大拉网、拉大网、地拉网、地拖网、大地网	网具网目尺寸过小，且在近岸作业，主要捕捞小型鱼类以及经济鱼种幼鱼，对渔业资源有破坏作用

序号	分类	渔具分类名称	俗名或地方名			备注(禁用理由)
			黄渤海区	东海区	南海区	
JY-12	杂渔具	抛撒无囊地拉网	无	无	牵沟网	网具网目尺寸过小,且在近岸作业,主要捕捞小型鱼类以及经济鱼种幼鱼,对渔业资源有破坏作用
JY-13	耙刺	拖曳束网耙刺	无	珊瑚网	无	严重破坏海底环境,应禁止此类作业

《长江渔业资源管理规定》第六条规定:"禁止炸鱼、毒鱼和使用电力、鱼鹰、水獭捕鱼,禁止使用拦河缯(网)、密眼网(布网、网络子、地笼网)、滚钩、迷魂阵、底拖网等有害渔具进行捕捞。沿江闸口禁止套网捕捞生产。"[5]

内陆省、区渔业管理法规一般对本地区禁用的渔具渔法都有所规定,至于全国内陆水域渔业捕捞禁用渔具目录,有待农业部公布。

七、 捕捞限额

(一)捕捞限额制度的建立

开放捕捞具有 3 个基本特征:

(1)捕捞行为未经法律授权;

(2)捕捞投入(捕捞努力量)不受法律控制;

(3)捕捞产出(渔获物)不受法律控制。

长时间实行开放捕捞势必造成不负责任的捕捞,捕捞竞争,酷渔滥捕,过度捕捞,资源衰退。实行捕捞船网工具指标管理,可使捕捞投入受到控制,而要使捕捞产出也受到控制,则需动用捕捞限额手段。

为了扭转片面追求产量的倾向,使已经遭到严重破坏的内水、近海渔业资源得到养护,1979 年《关于全国水产工作会议情况的报告》(国发〔1979〕119 号)把"近海捕捞产量维持现有水平"①作为近期水产工作调整的重点之一,[26]26 同年 12 月的《十八省市区水产局长座谈会纪要》提出"控制近海捕捞强度,实事求是地把海洋捕捞指标降下来"的要求。[24]140 1983 年《关于发展海洋渔业若干问题的报告》(国发〔1983〕34 号)进一步提出:"今后要积极创造条件,尽快实行配额捕捞。"[26]134

实行捕捞限额需要具备的条件包括:

(1)建立完整的渔业捕捞统计制度,掌握可靠的渔获量和捕捞努力量统计数据;

(2)运用现代渔业科学技术手段对渔业资源定期进行全面调查和评估;

(3)根据经济、社会、环境因素合理确定渔业资源的可捕量,并决定捕捞能力;

---

① 1978 年全国海洋捕捞总产量为 349.12 万吨。

（4）具有有效的监测、控制、监视渔船捕捞活动的管理体制及执法体系和监管能力。

1986年《渔业法》未触及捕捞限额问题。到2000年，国务院认为实行捕捞限额制度，对加强渔业资源管理是必要的、有效的，也是国际上的1种通行做法。为了有效保护、合理养护渔业资源，实现渔业资源的可持续利用，并与《联合国海洋法公约》关于沿岸国应当确定其专属经济区内的渔业资源的可捕量的规定相适应，在其提出的《渔业法》修改草案中，增加了1条关于实行捕捞限额制度的规定。[6] 2000年10月31日第九届全国人大常委会第十八次会议通过的《全国人大常委会关于修改渔业法的决定》第十四项决定在1986年《渔业法》中，增加1条，作为第二十二条，在国务院提出的该条草案的基础上，对实行捕捞限额制度做出规定，从而为推动渔业捕捞科学化和精细化管理建立了1项基本制度。

（二）捕捞限额制度的要义

《渔业法》第二十二条规定："国家根据捕捞量低于渔业资源增长量的原则，确定渔业资源的总可捕捞量，实行捕捞限额制度。"

该条对实行捕捞限额制度作了如下具体规定：

（1）国务院渔业行政主管部门负责组织渔业资源的调查和评估，为实行捕捞限额制度提供科学依据；

（2）中华人民共和国内海、领海、专属经济区和其他管辖海域的捕捞限额总量由国务院渔业行政主管部门确定，报国务院批准后逐级分解下达；

（3）国家确定的重要江河、湖泊的捕捞限额总量由有关省、自治区、直辖市人民政府确定或者协商确定，逐级分解下达；

（4）捕捞限额总量的分配应当体现公平、公正的原则，分配办法和分配结果必须向社会公开，并接受监督；

（5）国务院渔业行政主管部门和省、自治区、直辖市人民政府渔业行政主管部门负责对捕捞限额制度的实施情况进行监督检查，对超过上级下达的捕捞限额指标的，要在次年指标中予以核减。

上列（3）可理解为：国家确定的重要江河、湖泊的捕捞限额总量由有关省、自治区、直辖市人民政府确定或者协商确定，逐级分解下达；跨省、自治区、直辖市的其他重要江河、湖泊的捕捞限额总量由有关省、自治区、直辖市人民政府协商确定逐级分解下达；不属于国家确定的重要江河、湖泊的其他淡水区域是否实行或如何实行限额捕捞制度，由省、自治区、直辖市人民政府规定。

捕捞限额分为渔业资源总捕捞量限额和重要品种捕捞量限额两种。

现行《渔业法》将捕捞限额确定为1项法定的渔业管理制度，这是中国水生生物资源养护和管理制度的1个重大发展，符合现阶段中国水生生物资源养护的实际需要，也是履行中国参加的国际水生生物资源养护和管理公约的规定的义务，对强化渔业捕捞管理，促进以负责任的方式开展捕捞作业和渔业资源的可持续利用具有重大而深远的意义。

（三）捕捞限额制度的实施

1. 建立和实施捕捞数据收集和统计制度

捕捞数据包括渔获量和捕捞努力量及其他与捕捞有关的资料。获得最可靠的捕捞数据是科学确定捕捞限额总量并对其进行合理分配的基本条件。所谓"最可靠的捕捞数据"是指具有真实性、准确性、完整性和时效性的捕捞数据。

数据的详尽程度应以足以对渔业资源种群作有效评估为原则。收集捕捞数据的方法有依法进行渔业调查统计和使用《渔捞日志》两种。渔业统计调查方法以全面统计为主，以抽样调查、重点调查及其他必要调查手段为补充。调查程序为乡（镇）人民政府指定的统计机构或人员通过对基本单位的调查取得第一手资料，经被调查基本单位确认后，逐级上报乡（镇）人民政府、县级以上渔业行政主管部门，最后报农业部按国家统计数据进行管理使用。海洋大型、中型渔船应填写《渔捞日志》。

《渔捞日志》含有捕捞渔船基本信息和捕捞作业信息两类内容。前者包括船名、渔业捕捞许可证号、作业类型、所有人姓名（或单位名称）、所有人地址、船长姓名等6项，后者记录前1天中午12时至当天中午12时的作业情况和渔获量，包括作业次数、下网开始时间（时，分）和船位（北纬，东经）、收网结束时间（时，分）和船位（北纬，东经）、主要渔获物品种和产量（kg）、日产量、当年累计产量等9项。如在海上向其他船转载或从其他船扒载渔获物，还应作渔获物转载记录（船名、渔业捕捞许可证号、时间、位置、转载或扒载的品种和数量（kg）。船长对《渔捞日志》的真实性和完整性负责，并在每天的《渔捞日志》上签字。《渔捞日志》每天填写1页。

当年的《渔捞日志》应按顺序装订成册，在船内备置，应渔政执法人员要求，渔船所有人或船长应随时提供所需的《渔捞日志》。渔业行政主管部门应对渔业调查统计的数据及《渔捞日志》填写的数据进行质量审核，必要时根据审核结果对数据进行再核实。对不按要求填写，或故意伪造、涂改、损毁《渔捞日志》的企业和渔船，按有关规定予以处罚。各省、自治区、直辖市将审核和核实的捕捞数据报国务院渔业行政主管部门汇总、分析和评估。捕捞数据统计是国家渔业统计的重要组成部分。为进一步加强和规范全国渔业统计工作，2010年2月农业部制定了《渔业统计工作规定》，规定了统计数据监督与核查机制，对渔业统计人员的专业培训和职业道德教育，对违法违规的渔业统计工作责任人和渔业统计人员的追责规定。

鉴于捕捞生产作业流动性、远离陆地等特点，海洋捕捞统计误差无法避免，渔业行政主管部门应严格实施《渔捞日志》管理、渔获物上岸统计管理、渔获物交易管理，完善渔船监测系统，实行船上观察员计划，提高捕捞统计数据的可靠性。

2. 健全渔业资源调查评估和监测制度

渔业资源调查评估是指利用多种方法对可捕鱼类和其他经济水生生物的种群组成、种群在水域内的时空分布等捕捞对象生物学特征进行考察、了解和掌握的基础上，利用数学手段进行数量分析，对鱼类等捕捞对象的生长、死亡等有关参数进行测定和计算，对其生长、死亡和补充的规律进行研究，对捕捞种群的资源量和渔获量做出估算和预报，为科学确定渔业资源总可捕捞量，研究制定渔业资源利用规划提供科学依据。

每5年应开展1次渔业资源全面调查，并强化渔业资源环境常规调查评估，重点调查主要经济物种、珍稀濒危物种等重要渔业资源产卵、索饵、越冬场所和江河入海口、南海等重要渔业水域。还应坚持开展渔业资源监测，对渔业资源状况及其环境要素进行连续或定期的观测、测定和分析，考察和评估捕捞作用对渔业资源数量和质量的影响。

有效进行渔业资源调查评估和监测，需要有健全的制度，完善的监测评估体系，充分的经费保障及渔业科研单位和高等院校各方面的技术支撑,并应加快建造渔业资源调查船,加强渔业资源调查评估监测能力建设,不断提高渔业资源调查监测水平。

3. 科学确定渔业资源总可捕捞量

按照《渔业法》的规定,应根据捕捞量低于渔业资源增长量的原则,确定渔业资源的总可捕捞量。所谓"渔业资源增长量"应是指鱼类捕捞种群的数量,或称鱼类种群的可捕捞部分,它包括补充部分和剩余部分。补充部分为从幼鱼成长到捕捞规格首次加人捕捞群体时的(第一次参加排卵的)那部分渔业资源的数量。剩余部分为首次捕捞余下而继续生长的(重复排卵的)那部分渔业资源的数量。水生动物会游动,大多数鱼类是迁栖性资源,生产季节性强,流动性大。由于渔业资源具有生物自律更新的特点,又隐藏于水域中,其数量易随气候、盐度、潮流等自然环境条件的改变而变化,它的盛衰在短期内不易被人们所认识。因此,准确地估算资源量,是 1 项有相当难度的工作。

按照 1995 年《联合国鱼类种群协定》规定的做法,是根据"可获得的最佳科学资料"(完整而准确的捕捞数据调查统计资料或渔业资源海上调查资料),通过数学模型来推算,在不损害资源本身恢复能力的条件下,每年所能获得的最高产量的估计数值,即最高可持续产量(MSY)。为有效养护和管理渔业资源,应适用预防性做法,将最高可持续产量作为渔业管理的极限参考点,按照"低于"而非"等于"或"超过"最高可持续产量的原则,科学确定渔业资源总可捕捞量,或称总允许捕捞量(TAC),将其作为渔业管理的指标参考点。通过对捕捞种群动态的常规监测,如发现实际捕捞量逾越了指标参考点(TAC),则应采取调整措施,以便将总捕捞量限制于种群可生产最高可持续产量(MSY)的安全生物限度内。

4. 逐步推行重要品种的捕捞限额

捕捞限额制度包含 3 层含义:

(1) 设定全国或区域的总允许捕捞量(TAC);

(2) 设定品种的总允许捕捞量(TAC);

(3) 将总允许捕捞量(TAC)分配给地区,最终对捕捞渔船实行可捕鱼种的渔获量限额。

由于各种条件的制约,这个制度从建立到完善要有 1 个较长的过程。农业部打算现在要集中力量做好制度建立的起步工作。捕捞限额的决定必须体现科学性,限额的分配必须体现公平、公正、公开的原则。根据《渔业法》的规定,农业部设想对海洋捕捞业先实行总量限制,并选择 1~2 个品种进行捕捞限额的试点,待条件成熟后,再推行主要品种的捕捞限额制度。研究启动实施捕捞限额制度,选择合适的品种和区域,开展捕捞限额试点,推动渔业捕捞科学化和精细化管理。

八、 渔业捕捞许可证

(一) 渔业捕捞许可制度的建立和完善

渔业捕捞许可制度是控制捕捞强度、保护和合理利用渔业资源的重要手段之一,也是国际上普遍实行的 1 项基本的渔业管理制度。1979 年 2 月国务院《水产资源繁殖保护条例》第十七条规定:"应当切实加强对水产资源繁殖保护工作的管理,建立渔业许可证制度,核定渔船、渔具发展数量和作业类型,进行渔船登记,加强监督管理,保障水产资源的合理利用。"1979 年 4 月《关于全国水产工作会议情况的报告》要求:"今明两年,要建立起渔船登记、作业登记和渔业许可证等制度"。[26]27 据此,1979 年 12 月国家水产总局颁发《渔业许可证若干问题的暂行规定》,规定从 1980 年 7 月起,凡从事渔业(暂不包括养殖)的单位,必须向渔政管理机构提出申请,经审查批准取得渔业许可证后,方准进行生产。申请渔业许可证,必须书面说明渔船吨位、主机马力、作业类型、作业场所、作业时间、渔具规格数量和主要捕捞对象。对于严重破坏水产资源的渔具、渔法,不发许可证。许可证的有效期限由发证部门根据资源状况确定,最多不超过 3 年。许可证不得转让、涂改。渔业许可证的审核发放,实行统一领导,分级管理。[46]

1980 年 3 月国家水产总局渔政局、中国船舶检验局渔船分局发出《关于申请渔业许可证必须具有船舶检验等项证书的通知》,规定从事渔业生产的渔船在领取渔业许可证时,必须持有渔船检验部门签发的船舶检验证书和渔港监督部门签发的职务船员证书及航行签证簿,否则,不予办理渔业许可证。对新造、改建渔船,必须先向有关渔政部门提出申请,经批准后,凭批准书向渔船检验部门申请办理检验手续。否则,渔船检验部门不予检验,渔港监督部门不予办理出港手续。[24]112 这个《通知》填补了《暂行规定》发放渔业许可证的条件规定的不足。

1986 年《渔业法》第十六条规定:"从事内水、近海捕捞业,必须向渔业行政主管部门申请领取捕捞许可证。"1987 年《渔业法实施细则》第十五条规定:"国家对捕捞业,实行捕捞许可制度。""从事外海、远洋捕捞的……报国务院渔业行政主管部门批准。"1989 年 4 月农业部根据《渔业法》和《渔业法实施细则》制定了《渔业捕捞许可证管理办法》。1997 年 12 月农业部令第 39 号对其进行了修订。修订后的《管理办法》与《暂行规定》相比,主要特点是:

(1)将许可证定名为"渔业捕捞许可证",规定凡在中国管辖水域从事捕捞生产的单位和个人,须向县级以上渔业行政主管部门提出申请,取得渔业捕捞许可证后,方准进行作业。

(2)渔业捕捞许可证分为海洋捕捞许可证(近海、外海捕捞许可证)、内陆水域捕捞许可证、专项(特许)捕捞许可证等 3 类。

(3)海洋、内陆水域捕捞许可证的有效期 5 年,每年进行 1 次年审。专项(特许)捕捞许可证按审批时限使用。

(4)海洋捕捞许可证实行国家下达的控制海洋捕捞强度控制指标。

(5)新建、改造、购置、引进捕捞渔船,须事前取得主管部门批准的证件后,方可申领捕捞许可证。但从事海洋作业的,不得超过海洋机动渔船控制指标。

(6)未经批准增加的海洋捕捞渔船,应压缩、淘汰。

(7)海洋机动渔船捕捞许可证,须贴附渔船马力凭证;马力凭证须与渔船主机额定功率相符。

(8)海洋捕捞许可证核定作业类型最多不得超过 3 种。

(9)捕捞许可证和马力凭证均不得涂改,不得以任何形式买卖、转让、出租。

(10)罚则:对无证捕捞的,按规定予以处罚;对违规越权发放、非法擅自更改捕捞许

可证、非法印发渔船"马力凭证"的有关主管部门及责任人,依法追究责任。[29]192-194

2000 年《渔业法》第二十三条规定:"国家对捕捞业实行捕捞许可证制度。"2002 年 8 月农业部根据《渔业法》制定了《渔业捕捞许可管理规定》。2004 年 7 月农业部令第 38 号、2007 年 11 月农业部令第 6 号和 2013 年 12 月农业部令第 5 号对该《规定》进行了 3 次修订。修订后的《规定》共六章四十七条,和《渔业捕捞许可证管理办法》相比,其主要特点是:

(1) 规定国家对捕捞业实行船网工具控制指标管理,实行捕捞许可证制度和捕捞限额制度。

(2) 实行渔业捕捞许可证、船网工具控制指标等证书的审批和签发实行签发人制度。

(3) 对船网工具控制指标的确定、批准、下达和实施主体、实施原则及制造、更新改造、购置、进口海洋捕捞渔船船网工具指标的申请条件和审批的权限、程序和原则作了详细规定。

(4) 不以近海和外海划分海洋捕捞作业场所。

(5) 规定了海洋捕捞渔船分类和捕捞作业类型。

(6) 规定了公海、外国渔船、捕捞辅助船和临时渔业捕捞许可证,使渔业捕捞许可证增加到了 7 类。

(7) 规定了渔业捕捞许可证的申请人资格、申请受理机关和申请条件。

(8) 规定了渔业捕捞许可证审核、发放的主体、权限、原则和实施程序。

(9) 规定了核准发放的渔业捕捞许可证应载明的事项。

(10) 规定了捕捞许可证年度的审验和监督检查制度。

(11) 规定了渔业捕捞许可证持证人在捕捞生产中应履行的义务。[22]

为执行《国务院关于促进海洋渔业持续健康发展的若干意见》提出的"控制近海、拓展外海、发展远洋"和"有序开发外海渔业资源"的生产方针,渔业捕捞许可证制度有待进一步完善。

(二) 渔业捕捞许可证的性质和作用

1. 渔业捕捞许可证的性质

渔业捕捞许可证是国家批准从事渔业捕捞生产的证书,是持证人依法取得使用水生生物资源权利、合法从事渔业捕捞活动,并承担以负责任的方式从事捕捞的义务的法律凭证。对在中国管辖海域从事内水、近海和外海渔业捕捞的渔业生产者而言,渔业捕捞许可证又是持证人取得捕捞权的权属证书。

2. 渔业捕捞许可证的作用

(1) 渔业捕捞许可证是判断合法捕捞和非法捕捞的根本依据。未持有船旗国颁发的有效的渔业捕捞许可证进行捕捞的,在国际上属"非法、不报告、无管制捕捞",应予以打击。在《渔业法》中,未依法取得捕捞许可证擅自进行捕捞的,属违法行为,应追究其法律责任。外国人、外国渔船违反《渔业法》规定,未依法取得捕捞许可证擅自进入中华人民共和国管辖水域从事渔业生产的,属侵犯国家渔业权益的行为,应责令其离开或者将其驱逐,并可追究其行政和刑事责任。

(2) 渔业捕捞许可证是保护、合理利用渔业资源的必要举措。渔业捕捞许可证以船网工具控制指标管理和捕捞限额制度为基础,对作业类型、场所、时限、渔具数量及规格、捕捞品种作了明确规定,在已实行捕捞限额管理的品种或水域,还对捕捞限额作了具体核定。按照渔业捕捞许可证的规定作业,可以提高渔业捕捞生产的组织性,控制捕捞强度,发挥水生生物资源养护和管理措施的效力,保护、合理利用渔业资源,促进渔业生产持续健康发展。因此,违反捕捞许可证关于作业类型、场所、时限和渔具数量的规定进行捕捞的,属违法行为,应追究其法律责任。

(3)渔业捕捞许可证是维护渔场秩序和保证渔业生产安全的有效措施。渔业捕捞许可证的核发遵循了有利于生产管理、维护渔场秩序、促进渔民团结的原则。按照渔业捕捞许可证关于作业类型、场所、时限和渔具数量的规定进行捕捞生产,可以避免捕捞生产之间的矛盾和冲突,减少渔船碰撞的几率。申领渔业捕捞许可证的渔船,必须经过法定检验合格,这从技术条件上为渔业生产安全提供了有力保障。

(4)渔业捕捞许可证是保障渔业生产者合法权益的可靠工具。持证人符合渔业捕捞许可证的行为及其收益受法律保护。持证人合法的渔业生产权益受到损害造成损失时,可凭许可证请求排除危害、补偿或赔偿。持有有效的渔业捕捞许可证还可享受国家渔业油价补贴政策和用水、用电等方面的优惠政策。

(5)渔业捕捞许可证是渔业监督管理的重要手段。渔业捕捞许可证是授权入渔的批准文件,是落实捕捞投入、产出等控制措施的载体,是征收渔业资源增殖保护费及对捕捞作业实施监测、监督、监视和执行措施的依据。国际公约和国内法都规定捕捞渔船应随船携带渔业捕捞许可证,并在渔政检查人员要求检查时出示,以便检验捕捞作业的实际状况与渔业捕捞许可证所载事项是否相符。

(三)渔业捕捞许可证的种类、规定事项和有效期限

1. 渔业捕捞许可证的种类

为便于实施《渔业法》第二十三条第二款"到中华人民共和国与有关国家缔结的协定确定的共同管理的渔区或者公海从事捕捞作业的捕捞许可证,由国务院渔业行政主管部门批准发放。海洋大型拖网、围网作业的捕捞许可证,由省、自治区、直辖市人民政府渔业行政主管部门批准发放。其他作业的捕捞许可证,由县级以上地方人民政府渔业行政主管部门批准发放",第二十九条"未经国务院渔业行政主管部门批准,任何单位或者个人不得在水产种质资源保护区内从事捕捞活动"和第三十一条"因养殖或者其他特殊需要,捕捞有重要经济价值的苗种或者禁捕的怀卵亲体的,必须经国务院渔业行政主管部门或者省、自治区、直辖市人民政府渔业行政主管部门批准"的规定,《渔业捕捞许可管理规定》将渔业捕捞许可证分为下列 7 类:

(1)海洋渔业捕捞许可证,适用于许可在我国管辖海域的捕捞作业。

(2)公海渔业捕捞许可证,适用于许可我国渔船在公海的捕捞作业。国际渔业管理组织有特别规定的,应当同时遵守有关规定。

(3)内陆渔业捕捞许可证,适用于许可在内陆水域的捕捞作业。

(4)专项(特许)渔业捕捞许可证,适用于许可在特定水域、特定时间或对特定品种,或者使用特定渔具或捕捞方法的捕捞作业,包括在 B 类渔区的捕捞作业。专项(特许)渔业捕捞许可证与海洋渔业捕捞许可证或内陆渔业捕捞许可证同时使用;因科研、教学、资源调查等特殊需要,可单独使用。

(5)临时渔业捕捞许可证,适用于许可临时从事捕捞作业。

（6）外国渔船捕捞许可证，适用于许可外国船舶、外国人在我国管辖水域的捕捞作业。

（7）捕捞辅助船许可证，适用于许可为渔业捕捞生产提供服务的渔业捕捞辅助船，从事捕捞辅助活动。

2. 渔业捕捞许可证应规定的许可事项

按照《渔业法》第二十五条的规定，《渔业捕捞许可管理规定》具体规定：

（1）有权审批发放渔业捕捞许可证的渔业行政主管部门，应当明确核定许可的作业类型、场所、时限、渔具数量及规格、捕捞品种等事项。已实行捕捞限额管理的品种或水域还要明确核定捕捞限额的数量。

（2）渔业捕捞许可证核定的作业类型最多不得超过两种，并应明确每种作业类型中的具体作业方式。拖网、张网不得与其他作业类型兼作，其他作业类型不得改为拖网、张网作业。

（3）非渔业生产单位的专业旅游观光船舶经批准可以从事垂钓活动；捕捞渔船转产从事休闲渔业的，经批准可以使用垂钓、笼壶和小型单片刺网作业。

（4）捕捞辅助船不得直接从事捕捞作业，其携带的渔具应捆绑、覆盖。

（5）海洋捕捞作业场所要明确核定渔区的类别和范围，其中 B 类渔区要明确核定渔区、渔场或保护区的具体名称。公海要明确海域的名称。内陆水域作业场所要明确具体的水域名称及其范围。

3. 渔业捕捞许可证的有效期限

海洋渔业捕捞许可证和内陆渔业捕捞许可证的使用期限 5 年。其他种类渔业捕捞许可证的使用期限根据实际需要确定，但最高不超过 3 年。

（四）渔业捕捞许可证的申请

1. 渔业捕捞许可证的申请人

渔业捕捞许可证的申请人应是渔船所有人；徒手作业的申请人应当是拟作业人本人。

2. 渔业捕捞许可证的申请条件

根据《渔业法》第二十四条"具备下列条件的，方可发给捕捞许可证：（一）有渔业船舶检验证书；（二）有渔业船舶登记证书；（三）符合国务院渔业行政主管部门规定的其他条件"的规定，《渔业捕捞许可管理规定》规定，对申请人应当依法向县级以上人民政府渔业行政主管部门提出申请，并提交下列资料：

（1）渔业捕捞许可证申请书；

（2）船舶所有人户籍簿或企业法人营业执照；

（3）渔业船舶检验证书、渔业船舶国籍证书和所有权登记证书，徒手作业的除外；

（4）渔具和捕捞方法符合渔具准入目录和标准的证明。

《渔业捕捞许可管理规定》还对申请海洋渔业捕捞许可证、公海渔业捕捞许可证、专项（特许）渔业捕捞许可证，除提供第一款规定的资料外，对申请人还应提供的资料作了具体规定。

（五）渔业捕捞许可证的核发权限和程序

根据《渔业法》第二十三条第二款的规定，《渔业捕捞许可管理规定》具体规定：

1. 由农业部审批的渔业捕捞许可证

下列作业渔船的渔业捕捞许可证,向省级人民政府渔业行政主管部门申请。省级人民政府渔业行政主管部门应当审核,并报农业部审批:

(1) 到公海作业的;

(2) 到我国与有关国家缔结的协定确定的共同管理的渔区、南沙海域、黄岩岛海域作业的;

(3) 科研、教学单位的专业科研调查船、教学实习船从事渔业资源调查、教学实习活动的;

(4) 其他依法应当由农业部审批的。

中央在京直属单位申请前款规定的渔业捕捞许可证的,直接向农业部提出。

2. 县级以上地方人民政府渔业行政主管部门审批的渔业捕捞许可证

申请人应当向户籍所在地或企业注册地的县级以上人民政府渔业行政主管部门提出申请,其审批权限分别为:

(1) 下列作业的捕捞许可证由省级人民政府渔业行政主管部门审批发放:

① 海洋大型拖网、围网渔船作业的;

② 到特定渔业资源渔场、水产种质资源保护区作业的;

③ 因养殖或者其他特殊需要,捕捞农业部颁布的有重要经济价值的苗种或者禁捕的怀卵亲体的;

④ 因科研、教学等特殊需要,在禁渔区、禁渔期从事捕捞作业的。

(2) 由因传统作业习惯或资源调查及其他特殊情况,需要跨界捕捞作业的,由申请人所在地县级人民政府渔业行政主管部门出具证明,报作业水域所在地审批机关批准。

(3) 在相邻交界水域作业的渔业捕捞许可证,由交界水域有关的县级以上地方人民政府渔业行政主管部门协商发放,或由其共同的上级渔业行政主管部门审批发放。

(4) 除第(1)、(2)和(3)项规定的情况外,其他作业的渔业捕捞许可证,由县级以上地方人民政府渔业行政主管部门审批发放。

县级以上渔业行政主管部门按规定的权限核发海洋渔业捕捞许可证时,应当严格核定准予使用的渔具种类、大小和数量及捕捞渔船的主机功率,不得超过国家或省、自治区、直辖市下达的船网工具控制指标。发放的《渔业捕捞许可证》应当同时贴附与渔船主机总功率相等的渔船主机功率凭证(马力贴花)。核发适用于已实行捕捞限额管理的品种或水域的渔业捕捞许可证时,应当严格核定捕捞限额的数量,不得超过国家或省、自治区、直辖市下达的捕捞限额控制指标。

县级以上人民政府渔业行政主管部门应当自受理渔业捕捞许可证申请之日起20个工作日内做出是否批准的决定;需要在做出是否批准决定前审核的,应当在自申请受理之日起20个工作日内完成审核。审核合格予以批准的,发给申请人《渔业捕捞许可证》,不予批准的,向申请人下达《渔业捕捞许可证申请不予许可决定书》,不予受理申请的,应当书面通知申请人并说明理由。

(六) 渔业捕捞许可证的签发人制度

《渔业法》第四十九条规定:"渔业行政主管部门和其所属的渔政监督管理机构及其工作人员违反本法规定核发许可证、分配捕捞限额或者从事渔业生产经营活动的,或者有其他玩忽职守不履行法定义务、滥用职权、徇私舞弊的行为的，依法给予行政处分；构成犯罪的，依法追究刑事责任。"为防止渔业捕捞许可文件核发的随意性和不法或其他玩忽职守、徇私舞弊行为，有利于实行责任追究制度及责任倒查机制，《渔业捕捞许可管理规定》建立了签发人制度，并将其作为渔业捕捞许可的1项基本管理制度，其内容包括：

（1）《渔业船网工具指标申请书》、《渔业船网工具指标批准书》、《渔业捕捞许可证申请书》和《渔业捕捞许可证》的审核、审批和签发实行签发人制度，签发人签字并加盖公章后方为有效。

签发人负责对上述文件和证书的内容进行审核，并对其真实性及合法性负责。

（2）签发人实行农业部和省级渔业行政主管部门两级审批制度。县级以上地方人民政府渔业行政主管部门应推荐1～2人为签发人，并按下列规定，逐级审核上报有审批权的机关审批并公布。

农业部负责审批省级渔业行政主管部门的签发人。省级渔业行政主管部门负责审批本省、自治区、直辖市县级以上地方人民政府渔业行政主管部门的签发人。

（3）签发人越权、违规签发，或擅自更改《渔业船网工具指标申请书》、《渔业船网工具指标批准书》、《渔业捕捞许可证申请书》、《渔业捕捞许可证》，或有其他玩忽职守、徇私舞弊等行为的，视情节对有关签发人给予警告、通报批评、暂停或取消签发人资格等处分；签发人及其所在单位应依法承担相应责任。签发人越权、违规签发或擅自更改的证书由其上级机关收回。

（七）渔业捕捞许可证的执行

《渔业法》第二十五条规定，从事捕捞作业的单位和个人，必须按照捕捞许可证关于作业类型、场所、时限、渔具数量和捕捞限额的规定进行作业，并遵守国家有关保护渔业资源的规定，大中型渔船应当填写渔捞日志。第二十三条第二款规定，捕捞许可证不得买卖、出租和以其他形式转让[①]，不得涂改、伪造、变造。就此，《渔业捕捞许可管理规定》特别强调：

（1）作业场所核定在B类、C类渔区的渔船，不得跨海区界限作业。作业场所核定在A类渔区或内陆水域的渔船，不得跨省、自治区、直辖市管辖水域界限作业。

（2）因传统作业习惯或资源调查及其他特殊情况，需要跨界捕捞作业的，由申请人所在地县级以上渔业行政主管部门出具证明，报作业水域所在地审批机关批准。

（3）渔业捕捞许可证必须随船携带（徒手作业的必须随身携带），妥善保管，并接受渔业行政执法人员的检查。

（4）海洋大型、中型渔船应填写《渔捞日志》，并在渔业捕捞许可证年审或再次申请渔业捕捞许可证时，提交渔业捕捞许可证年审或发证机关。

（5）从事钓具、灯光围网作业渔船的子船与其主船（母船）使用同1本渔业捕捞许可证。

（6）渔业捕捞许可证和渔船主机功率凭证不得涂改、伪造、变造、买卖、出租或以其他形式转让。

---

① 不同类型的渔业捕捞许可证具有不同的法律地位。标志渔业权的捕捞许可证，从民法角度应允许转让，但在实践上允许转让不利于控制捕捞强度，特别是在船网工具需要压缩的情况下。

（八）渔业捕捞许可证的年审制度

为严格《渔业捕捞许可证》的权威性,确保其真实有效性,《渔业捕捞许可管理规定》建立和实施了渔业捕捞许可证的年审制度。具体规定:

（1）使用期1年以上的渔业捕捞许可证实行年度审验制度,每年审验1次。

（2）公海渔业捕捞许可证的年审期为2年。

（3）渔业捕捞许可证的年审工作由发证机关负责,也可由发证机关委托申请人户籍或企业所在地的县级以上渔业行政主管部门负责。

（4）同时符合下列条件的,为年审合格,由审验人签字,注明日期,加盖公章:

① 具有有效的《渔业船舶检验证书》和《渔业船舶登记(国籍)证书》,持证人和渔船主尺度、主机功率、吨位未发生变更;

② 渔船作业类型、场所、时限、渔具数量与许可内容一致;

③ 按规定填报《渔捞日志》,未超出捕捞限额指标(对实行捕捞限额管理的渔船);

④ 违规案件已经结案;

⑤ 按规定缴纳渔业资源增殖保护费;

⑥ 其他条件符合有关规定。

（5）年审不合格的,年审机关可责令持证人限期改正后,再审验1次。再次审验合格的,其渔业捕捞许可证有效。

（6）逾期未年审或年审不合格的、证书载明的渔船主机功率与实际功率不符的、应贴附而未贴附功率凭证或功率凭证贴附不足或贴附无效功率凭证的、以欺骗或其他方法非法取得贴附的,以及涂改、伪造、变造、买卖、出租或以其他形式转让的渔业捕捞许可证,为无效渔业捕捞许可证。

涂改、伪造、变造、买卖、出租或以其他形式转让的渔船主机功率凭证为无效渔船主机功率凭证。

使用无效的渔业捕捞许可证,或未携带渔业捕捞许可证从事渔业捕捞活动的为无证捕捞。

（九）渔业捕捞许可证发放后的管理

为完善渔业捕捞许可证的管理,保障渔业捕捞许可证持有人的合法权益,《渔业捕捞许可管理规定》对渔业捕捞许可证的换发、重新申请、补发和注销作了具体规定。

1.渔业捕捞许可证的换发

在渔业捕捞许可证有效期内发生下列情况的,须持《渔业船舶所有权证书》和《渔业船舶国籍(登记)证书》向原发证机关申请换发渔业捕捞许可证:

（1）船名变更;

（2）船籍港变更;

（3）渔船所有权共有人之间变更;

（4）渔业捕捞许可证使用期满。

2.渔业捕捞许可证的重新申请

在渔业捕捞许可证有效期内发生下列情况的,须按规定重新申请渔业捕捞许可证:

（1）渔船作业方式变更;

（2）渔船主机、主尺度、总吨位变更;

（3）因渔船买卖发生渔船所有人变更。

3．渔业捕捞许可证的补发

在渔业捕捞许可证有效期内发生以下情况的，须向渔业捕捞许可证原发证机关申请补发渔业捕捞许可证：

（1）渔业捕捞许可证损毁无法使用；

（2）渔业捕捞许可证丢失。

渔业捕捞许可证丢失的，持证人须在 1 个月内向原发证机关报告遗失的时间、地点和原因，由发证机关在有关媒体公告原渔业捕捞许可证作废后，方可补发新证。媒体公告费由持证人承担。

4．渔业捕捞许可证的注销

发生下列情况的，持证人应将渔业捕捞许可证交回发证机关，并办理渔业捕捞许可证注销手续：

（1）渔船报废或损毁不再继续从事许可的捕捞作业；

（2）自行终止许可的捕捞作业。

（十）渔业捕捞许可证档案

为加强渔业捕捞许可的监督管理，保障渔业生产者的合法权益，县级以上渔业行政主管部门应当建立渔业捕捞许可证档案，完整记录渔业船网工具指标和渔业捕捞许可证的申请、审核审批及证书发放等事项。渔业捕捞许可证被注销后，其核发档案资料应当保存至少 5 年。

九、内水和近海捕捞

（一）内水和近海的范围

《渔业法》第二十一条规定，国家根据渔业资源的可捕捞量，安排内水和近海捕捞力量。

内水，在国际法上有广狭两义。狭义仅指海洋法上的内水，即领海基线向陆一侧的海域。广义还包括陆地领土内的湖泊、河流、运河等内陆水域。《海洋环境保护法》取其狭义，规定："内水，是指我国领海基线向内陆 1 侧的所有海域。"《渔业法实施细则》取其广义，规定："'中华人民共和国的内水'，是指中华人民共和国领海基线向陆 1 侧的海域和江河、湖泊等内陆水域。"

近海，不是国际法上的概念，在自然地理学上泛指离海岸较近的海域，为界定《渔业法》所指近海渔场的范围，《渔业法实施细则》第十四条曾规定：

"（一）渤海、黄海为近海渔场。

"（二）下列四个基点之间连线内侧海域为东海近海渔场。四个基点是：

1．北纬 33°，东经 125°；

2．北纬 29°，东经 125°；

3．北纬 28°，东经 124°30′；

4．北纬 27°，东经 123°。

"（三）下列两条等深线之内侧海域为南海近海渔场。两条等深线是：

1. 东经 112°以东之 80 米等深线;

2. 东经 112°以西之 100 米等深线。"

1997 年《渔业统计指标解释》规定:

"东海、黄海按 80 米等深线划分,以内为内海①。南海在东经 112°以东按 80 米等深线,以西按 100 米等深线划分,以内为内海。"[47]

在中日、中韩和中越政府间渔业协定划定了"共同管理的渔区"的情形下,现行《渔业法》所指近海的范围,应理解为:包括渤海,北黄海中的中国管辖海域,南黄海中的中韩"共同管理的渔区"西部界限向陆 1 侧的海域(即 A 类海区和 C 类海区,下同),东海中的中日"共同管理的渔区"西部界限向陆 1 侧的海域,在中韩"共同管理的渔区"和中日"共同管理的渔区"之间 80 米等深线内侧的海域,在南海,除北部湾外,为东经 112°以东 80 米等深线和以西 100 米等深线内侧的海域;在北部湾为根据《中越关于两国北部湾领海、专属经济区和大陆架的划界协定》中国享有主权和管辖权的海域。

由于《渔业法实施细则》对内水与近海渔场范围的界定存在部分重叠,在《渔业法》将内水于近海两个术语并用的情形下,将内水的范围理解为内陆水域较为合理。

(二)控制内水和近海捕捞规模

在 20 世纪 80 年代以前,内水和近海实行开放型捕捞,粗放型生产,逐渐强大的捕捞能力成为对渔业资源日益巨大的破坏力。每到各种渔汛常常集中数以千艘、万艘的渔船进行无节制的捕捞、直至无鱼可捕为止。特别是随着机动渔船底拖网作业的大量发展,每年秋天,在渤海有 1 000 多对拖网渔船捕捞对虾,损害小黄鱼、鳓鱼、带鱼、黄姑鱼、白姑鱼、黄鲫、银鲳等幼鱼达 1～2 万吨,在东海有 3 000 多对机帆船拖网捕捞带鱼、大黄鱼、小黄鱼等经济鱼类,损害这些鱼类的幼鱼达 4 万吨。

从海洋捕捞的 4 大鱼种看,资源衰退十分明显。东海带鱼,1974 年产量达 57 万吨,到 1978 年下降到 38 万吨;黄、渤海带鱼 1957 年最高年产量达 6 万吨,20 世纪 60 年代开始下降,70 年代以后,黄、渤海群系的带鱼已基本消失。东海大黄鱼,1955 年至 1973 年产量在 6～19 万吨之间,正常年份的产量一般在 10 万吨上下,到 70 年代末期,产量只有 2～3 万吨;黄海种群的大黄鱼资源已完全枯竭,东海北部种群、浙江近海种群和福建近海种群以及南海北部的大黄鱼,均已形不成渔汛。东海小黄鱼,1957 年最高年产量 16.3 万吨,70 年代末期不足 2 万吨;黄、渤海种群和南黄海种群分布位置偏北的小黄鱼资源已经枯竭。东海墨鱼,20 世纪 60～70 年代一般年产量 4 万～5 万吨,70 年代末下降到 2～3 万吨;除浙江中、北部沿海外,福建和浙江南部沿海的墨鱼已基本不能形成渔汛。

全国沿海其他底层经济鱼类资源也在恶化,使渔民生产、渔场安排遇到很大困难。内陆水域的捕捞情况是,从上到下号召增船添网,酷渔滥捕。[27]423-424

1979 年 4 月国家水产总局《关于全国水产工作会议情况的报告》将这种情况概括为:"水产资源遭到严重破坏。近海捕捞能力成倍增加,渔场却没有相应扩大,盲目发展底拖网作业,片面强调高产,酷渔滥捕,带鱼、黄鱼等主要品种产量连年下降。鱼越打越小,有的已形不成于渔汛,有的几近绝种……全国淡水捕捞直线下降,由 20 世纪 50 年代年产

---

① 《水产品产量统计标准》所称的"内海"应是《渔业法》所指的"近海"。

60 多万吨,下降到 70 年代 30 多万吨。"在这次水产工作会议上,有 14 位专家署名提出《关于恢复我国近海渔业资源的紧急建议》,要求把近海捕捞机动渔船裁减一半。

从资源状况看,这个建议是合理的,但从渔民生产生活安排看,却是难以作到的。因此,会议报告只提出了以减少施网渔船,重申机动拖网渔船不得到禁渔区线内作业为内容的调整近海作业的方针。[26]25,28 此后,在国务院批转的水产工作文件中,一再强调减轻近海捕捞强度问题。1981 年 5 月国务院批转国家水产总局《关于当前水产工作若干问题的请示报告》提出:"当前海洋渔业的突出矛盾是近海捕捞力量大大超过资源的再生能力……必须下决心调整压缩近海捕捞能力。"[26]88 1983 年 9 月国务院批转农牧渔业部《关于发展海洋渔业若干问题的报告》(〔1983〕134 号)重申,当前海洋渔业存在的突出问题首先是"近海资源遭到严重破坏,主要经济鱼类资源继续衰退。渤海的小黄鱼、带鱼、鳓鱼、鲷鱼等,已经遭到毁灭性破坏,东、黄海的大黄鱼、小黄鱼已多年形不成渔汛,目前主要供应大中城市的带鱼,已成为 8 个省市的'围歼'对象,受到严重威胁。近海资源利用过度的根本原因是捕捞强度失控,渔船大量增加。"为此提出"对近海资源必须从战略上立足于'保'"。"当前的关键是要采取断然措施,坚决停止近海渔船的盲目发展","限制发展近海渔船"。[26]132-133

1986 年制定《渔业法》时,鉴于捕捞业是 1 种采捕自然生物资源的生产,在目前水产资源遭受严重破坏情况下,如果再盲目增加生产工具,加大近海捕捞强度,只能进一步加剧恶性循环,后果是不堪设想的。于是其第十四条规定对捕捞业实行"国家鼓励、扶持外海和远洋捕捞业的发展,合理安排内水和近海的捕捞力量"的基本方针。2000 年《渔业法》第二十一条将这 1 方针修改为:"国家在财政、信贷和税收等方面采取措施,鼓励、扶持远洋捕捞业的发展,并根据渔业资源的可捕捞量,安排内水和近海捕捞力量。"2013 年《国务院关于促进海洋渔业持续健康发展的若干意见》认为"我国海洋渔业发展方式仍然粗放,设施装备条件较差,近海捕捞过度和环境污染加剧",根据这 1 形势判断,将海洋渔业捕捞生产的方针调整为"控制近海、拓展外海、发展远洋"12 个字。

为了控制和压缩内水和近海捕捞规模,以保护和恢复内水和近海的渔业资源,30 多年来国家采取了一系列对策和措施,其中最主要的,当数对捕捞业实行捕捞能力总量控制和捕捞许可制度,执行船网工具控制指标管理、渔具准入管理、捕捞限额管理和捕捞许可证核发等四项既有区别又有联系的基本措施。对东、黄、渤海主要渔场渔汛生产进行统一安排也起过积极作用。实际上,这 4 项基本制度,对外海捕捞也同样适用。

（三）内水和近海的捕捞权

按照《渔业捕捞许可管理规定》,在内水和近海,除公海渔业捕捞许可证外,其余 6 种渔业捕捞许可证均可用到。值得注意的是:

1. 专项（特许）渔业捕捞许可证适用于许可的捕捞作业

（1）吕泗渔场、长江口渔场和舟山渔场部分海域的捕捞作业;

（2）渤海渔场秋季对虾汛的捕捞作业;

（3）因科学研究等特殊需要,在禁渔区、禁渔期捕捞,或者使用禁用的渔具、捕捞方法,或者捕捞重点保护的渔业资源品种的捕捞作业;

（4）因养殖或者其他特殊需要,捕捞鳗鲡、鲥鱼、中华绒螯蟹、真鲷、石斑鱼等有重要经济价值的水生动物苗种或者禁捕的怀卵亲体的捕捞作业;

（5）在水产种质资源保护区内的捕捞作业；

（6）在特定水域确有必要使用电力或者鱼鹰捕鱼的捕捞作业；

（7）在黄海捕捞对虾自然亲虾的捕捞作业。

2. 定置渔业一般不得跨县作业

县级以上人民政府渔业行政主管部门应当限制其网桩数量、作业场所，并规定禁渔期。海洋定置渔业，不得越出"机动渔船底拖网禁渔区线"。

按照《物权法》，内水和近海渔业捕捞许可证的核发机关应建立渔业捕捞许可证登记簿，对所发放的渔业捕捞许可证进行登记。依法取得经登记的内水或近海渔业捕捞许可证，持证人即成为捕捞权（渔业权）人，其捕捞权受法律保护。

（四）主要渔场渔汛生产安排规定

为了解决伴随渔船大量增加，海区之间、省与省之间日益尖锐的争夺渔场资源的矛盾，1981年4月初，国务院委托国家农委会同国家水产总局召集浙江、福建、上海、江苏、山东和辽宁6省市人民政府负责人就东、黄、渤海主要渔场渔汛生产安排问题进行协商。会后，国家水产总局根据会议协商的情况，向国务院提交了《关于东、黄、渤海主要渔场渔汛生产安排的暂行规定的报告》。4月下旬国务院批转了这个报告（国发〔1981〕63号文件）。《暂行规定》称：为了保护东、黄、渤海主要经济鱼虾资源，逐步作到有计划地控制捕捞能力，以利恢复和合理利用资源，维护渔场生产秩序，特对东、黄、渤海海区的大黄鱼、小黄鱼、带鱼、对虾主要渔场渔汛生产安排作暂行规定。《暂行规定》的主要内容是：

1. 渔场安排的原则

（1）渔汛船只数量安排必须从有利于保护和合理利用资源出发，促进海洋生态的良性循环和提高经济效益，鼓励发展外海渔业；

（2）生产船数分配优先安排渔场邻近省、市，根据历史习惯，适当照顾其他地区；

（3）渔场安排要有利于生产管理，维护渔场秩序，促进海区与省、市之间渔民的团结。

2. 主要渔场渔汛的船只安排

根据上述原则对舟山渔场冬季带鱼汛，浙江渔场大黄鱼汛，吕泗渔场大、小黄鱼汛（实行休渔3年），闽东、闽中渔场大黄鱼汛，渤海秋季对虾汛的渔船数量及其近海作业的渔轮数量做出了限制安排。

3. 设定底拖网伏季、定置张网休渔期；沿长江口渔场、浙江北部机动渔船拖网禁渔区线向外伸延经度30′，作为经济幼鱼保护区。

4. 渔场管理权限

海洋渔场由国家统一安排，分级管理，机动渔船拖网禁渔区线以外的渔场由海区渔政局管理，禁渔区线以内的渔场由毗邻的省（市）管理。舟山冬季带鱼汛、渤海秋季对虾汛，分别由所在海区指挥部管理。

1983年（国发〔1983〕134号文件）对《暂行规定》作了修改，定名为《关于东、黄、渤海主要渔场渔汛生产安排和管理的规定》。1987年（国办发〔1987〕19号文件）对《规定》作了修订和补充，原则未变。1987年《渔业法实施细则》肯定了《规定》："渔场和渔汛生产，应当以渔业资源可捕量为依据，按照有利于保护、增殖和合理利用渔业资源，优先安排邻近地区、兼顾其他地区的原则，统筹安排。""舟山渔场冬季带鱼汛，浙江渔场大黄渔汛、闽东、闽中渔场大黄鱼汛，吕泗渔场大黄鱼、小黄鱼、鲳鱼汛，渤渔渔场秋季对虾汛等主要渔场、渔讯和跨海区管理线的捕捞作业,由国务院渔业行政主管部门或其授权单位安排。"经国务院同意,农业部以〔1992〕农(渔政)字 10 号文对 1987 年《规定》做出修订和补充,[29]62-66 1995 年又发出《关于修改〈东、黄、渤海主要渔场渔汛生产安排和管理的规定〉的通知》。[29]66-67 2007 年农业部令第 6 号宣布该规定失效。在长达 20 多年时间里,各地认真贯彻规定要求,对保护、合理利用近海渔业资源,减少渔场纠纷,促进渔业生产都起到积极作用。

十、 外海和远洋捕捞

(一) 外海和远洋捕捞的概念

1. 外海捕捞原则上是指在近海以外的中国专属经济区水域进行的捕捞

具体地说,外海水域,在东海为中日、中韩"共同管理的渔区"之间 80 米等深线外侧的中国管辖海域,在中日"共同管理的渔区"南部界限(北纬 27°线)以南的东海和南海,除北部湾外,为近海以外的中国管辖海域,包括黄岩岛海域和南沙海域。

2. 远洋捕捞分为大洋性渔业捕捞和过洋性渔业捕捞两种

大洋性渔业捕捞是指在包括南极海域在内的公海上和公海深海底进行的捕捞,在公海上一般从事拖网、围网、延绳钓等捕捞作业,捕捞对象主要是鳕、鲱、鱿鱼和金枪鱼类等。过洋性渔业捕捞是指在他国管辖海域进行的捕捞。

(二) 外海和远洋捕捞的政策

1. 1979 年 4 月《关于全国水产工作会议情况的报告》将"开辟外海渔场""建造一批适合外海作业的船只,并着手发展远洋渔业"作为近期渔业调整方针之一,[26]26,28 1981 年 5 月《关于当前水产工作若干问题的请示报告》又提出:"要积极组织现有大马力渔船向外海发展"。[26]88 从而把外海和远洋捕捞开始提到国家渔业发展战略层面的议事日程。

2. 1983 年 9 月《关于发展海洋渔业若干问题的报告》(〔1983〕134 号)对发展外海和远洋渔业作了全面的政策安排,即:

"发展外海和远洋渔业,是开创海洋渔业新局面的一个重要步骤,应采取切实有效的措施,力争近期内取得较大的进展。

"考虑到外海生产投资大、物耗多、成本高,建议国家对从事外海渔业生产的企业,实行优待政策:在提高企业经济效益、不减少上交财政收入的前提下,渔船折旧率从现在的 2.8% 提高到 5%;五年内采取利润定额上交的办法,超额利润留给企业用于渔轮更新和技术改造,具体办法由企业主管部门与同级财政部门商定;实行渔贸结合,允许自行出口 10% 左右的产品(由外贸部门代理);在完成产品包干上调任务的前提下,允许卖一部分议价鱼。各地还要组织群众渔业的大型机帆船参加开发外海渔场,可从柴油供应、派购比例和资金信贷等方面给予扶持。

"远洋渔业拟采取国际合作、渔贸结合、技术服务、劳务输出等多种形式逐步展开。在起步阶段,建议国家采取鼓励和扶持的政策,五年免缴利润,所得外汇和利润用于以渔养渔。请外交、经贸、财政、银行、商业、海关等有关部门给予支持。"[26]136

3. 1985 年 3 月中共中央国务院《关于放宽政策,加速发展水产业的指示》肯定了发展外海和远洋渔业的方向,提出"要积极开发外海、远洋的渔业资源,采取优惠政策和切实措施,组织有条件的渔船向外海推进;同时,尽快组建我国的远洋渔业船队,放眼世界渔业资源,发展远洋渔业。对经营远洋渔业的企业,国家在经济上要给予支持,在涉外事务和经营上要给予较大的自主权,有关部门要积极配合。"[48]

4. 1986年《渔业法》第十四条规定:"国家鼓励、扶持外海和远洋渔业的发展"。第十五条规定:"从事外海、远洋捕捞业,……国家从资金、物资、技术和税收等方面给予扶持或者优惠。"

5. 1997年1月《国务院批转农业部〈关于进一步加快渔业发展的意见〉的通知》(国发〔1997〕3号文附件)将"积极发展远洋渔业,全面开发国际渔业经贸、技术合作"作为9项任务之一,指出:"我国远洋渔业经过十多年的发展,已经作为一个独立的产业跻身于世界远洋渔业主要国家行列。远洋渔业的开辟和发展,对于保护我国近海渔业资源、增加国内水产品供应、发展对外经济技术企业和增加与各国人民的友好往来都具有重要意义。""发展远洋渔业,参与利用世界海洋渔业资源,是实施可持续发展战略的重要领域。"并对"九五"期间发展远洋渔业做出以下部署:

"'九五'期间,国家继续把远洋渔业作为优先发展和重点支持的产业。当前,要抓住机遇,充分发挥我们的相对优势,按照积极开拓,强化管理,综合配套,提高素质的方针,统筹规划,合理布局,渔工贸结合,以捕捞为主,加工、养殖、运输多种经营,力争在'九五'期间远洋渔业有更大的发展。国家在'八五'期间所确定的扶持远洋渔业发展的优惠政策建议继续保留。

"要鼓励、扶持骨干企业在国外建立产、运、销配套的远洋渔业基地。对与我国开展渔业合作有优势的国家和地区,可适当考虑将对外援助项目与渔业经济合作(包括远洋渔业基地建设)结合起来。发展远洋渔业各方面都要积极给予支持,国家渔业行政主管部门要会同有关部门建立健全远洋渔业法规,实行许可证制度,加强行业管理。要通过发展远洋渔业带动国内渔船、渔业机械和渔具等产品出口,有关方面要给予政策性信贷支持。"[49]

6. 2000年《渔业法》第二十一条规定:"国家在财政、信贷和税收等方面采取措施,鼓励、扶持远洋捕捞业的发展"。该法取消了外海渔业的概念。

7. 2008年10月中国共产党十七届三中全会通过的《中共中央关于推进农村改革发展若干重大问题的决定》规定:"扶持和壮大远洋渔业"。[50]

8. 2013年《国务院关于促进海洋渔业持续健康发展的若干意见》恢复了外海渔业的提法,指出:为实施"控制近海、拓展外海、发展远洋"的生产方针,要"积极稳妥发展外海和远洋渔业。有序开发外海渔业资源,发展壮大大洋性渔业。巩固提高过洋性渔业,推动产业转型升级。积极参与开发南极海洋生物资源。加强远洋渔业科技研发,提高远洋渔业资源调查、探捕能力。""全面提升远洋渔业装备水平,培育一批现代化远洋渔业船队。"要"强化涉外渔业管理。深化双多边渔业合作,积极参与国际渔业条约、协定和标准规范的制订,建立健全与国际渔业管理规则相适应的远洋渔业管理制度,提升远洋渔业管理水平。加强渔民及渔业企业的教育和管理,严格遵守有关法律法规和国际条约。"到2015年,要实现"外海和远洋渔业综合生产能力不断增强"的发展目标。[21]

2013年7月农业部《关于贯彻落实〈国务院关于促进海洋渔业持续健康发展的若干意见〉的实施意见》就"发展壮大外海和远洋渔业"提出:"有序开发外海渔业资源,鼓励发展南海深水区捕捞,加强生产管理,保护生态环境。优化远洋渔业生产布局,发展壮大大洋性渔业,积极开发南极海洋生物资源,增强公海资源开发能力;巩固提高过洋性渔业,推动合作转型升级。积极开展远洋渔业资源调查与探捕,鼓励和引导远洋渔船及船用装备的更新、改造和升级。加快远洋渔业配套设施建设,在主要作业海域沿岸建立码头、冷库及渔船修造厂等海外综合性基地,增强远洋渔业综合开发能力,努力建设布局合理、装备优良、配套完善、管理规范、支撑有力的现代远洋渔业。"[51]

（三）外海渔业的发展历程

1950 年首届全国渔业会议上确定生产布署:以近海为主,由近及远;以底层鱼类为主,进而利用中上层鱼类,由北而南,进而开发东海、南海渔场。1954 年广东省水产局成立西、南沙水产资源调查队开展调查。1954～1957 年南海水产公司渔轮的探索足迹几乎遍及南海大陆架 200 米水深以内的广阔海域。1959 年海南行政区水产局组织海南地区东海岸各县 131 艘渔船、1 752 人到西、中、南沙渔场作业,汛期 5 个月产量达 2 100 余吨,其中,鱼类占 52.6%,麒麟菜占 32.6%,海参占 5.4%,蛤肉占 9.4%,产值达 180 多万元。20 世纪 70 年代出现多种主要经济鱼类利用过度、资源衰退。80 年代,外海渔场开发取得突破性进展。

1962 年水产部召开黄、东海水产工作座谈会,提出要发展外海渔业。但当时渔轮技术装备不适宜外海作业,外海情况复杂,气象预报又跟不上,对资源状况也缺乏调查研究,情况不明,决心不大,外海开发仍停留在酝酿准备阶段。进入 70 年代初期,中国渔业界就已经感到渔场过于集中内水和近海,捕捞种类少,生产时间短,渔船拥挤,单位产量不能相应提高。为了疏导不断增加的机动渔船和合理利用资源,应该发展外海渔业。1972 年农林部组织大规模渔场调查,发现东海外海的温水性近底层鱼类绿鳍马面鲀资源,为发展外海渔业创造了条件。1973 年国务院、中央军委批转外交部、海军司令部、农林部《关于发展外海生产的请示报告》。批语指出:为了更好地保护和合理利用浅海渔业资源,提高渔业产量,海洋渔业生产必须逐步向外海发展。各地在执行中要加强组织领导,认真作好思想政治工作,提高警惕,注意生产安全。该《报告》提出要以马面鲀资源作为重要的对象组织开发。

从此以后,国营渔业公司渔船和集体渔业大马力渔船到外海渔场生产的越来越多。特别是每年 12 月至翌年 2 月,到东海外海的对马、五岛渔场捕马面鲀的渔船约有 600 艘。马面鲀加工关一经突破,使企业经营大为有利,从而更加推动外海马面鲀生产的发展,马面鲀成为除了带鱼外的第二大品种。考虑到外海渔业投资大,物耗多,成本高,1983 年 9 月开始国家对从事外海渔业生产的企业实行优惠政策:在提高企业经济效益、不减少上交财政收入的前提下,5 年内采取利润定额上交的办法,超额利润留给企业用于渔轮更新和技术改造;实行渔贸结合,允许自行出口 10% 左右的产品(由外贸部门代理),在完成产品包干上调任务的前提下,允许卖 1 部分议价鱼。这样,更促进外海渔业的发展。至 1987 年,外海马面鲀和鲐鱼产量达到 91.7 万吨,比 1979 年增长 3 倍。外海产量已占渔业公司捕捞总产量的 50% 以上。[27]93

山东 1986 年组织 200 对大马力渔船开发济州岛以南渔场,渔获 8.5 万吨。浙江以秋汛为主,福建以春、夏为主,作业船已达 600 组左右,分别开发浙江北部、闽南渔场、台湾海峡的上层鱼类,成为东海仅次于冬季渔汛的第二个大渔汛。广东省从 1979 年开始向中深海发展流、钓业,及拖网作业,到 1986 年作业船数已达 1 600 多艘,开发中、西沙群礁资源,都取得高于近海作业的经济效益,外海渔场产量比重由 1978 年的 2.1%,1986 年上升到 10.4%。[27]134 到 1999 年外海捕捞产量 522.44 万吨,占海洋捕捞总产量(不含远洋产量)的 34.87%。[52]

（四）远洋捕捞的发展历程

1. 远洋渔业的起步和积累阶段(1985～2000 年)

早在 20 世纪 60 年代,水产部曾就发展远洋渔业作过酝酿,囿于发展远洋渔业必须建立一支庞大的、完整的捕捞船队,需要大量的财力、物力,且受当时国内外政治经济等各方面条件的制约,远洋渔业一直没有发展。1981 年初,1 位侨居西班牙加那利群岛首府拉斯帕尔马斯的华侨来信,介绍了当地海域的渔业资源和捕鱼情况,建议祖国派船前往生产,引起了中央领导同志的重视。1982 年农牧渔业部水产局和中国海洋渔业总公司开始作调研。1983 年 5 月万里副总理听取全国海洋渔业工作会议情况汇报时提出"远洋渔业在近期内要有突破"之后,农牧渔业部先后向我驻外有关使馆发出函电,委托他们与所在国研究开展渔业合作的可能性,同时也得到经贸部门的大力支持,1983～1984 年先后派出 15 个团组对有关国家进行渔业考察,认为先在西非开展渔业合作是合适的,西非沿岸有关国家也多次派团(组)来中国访问,探讨双方渔业合作,经过多次会谈,签订 1 个国家间协定、2 个合作议定书、3 个协议、4 个合同,包括与几内亚比绍签订渔业协定,与意大利实达高公司在拉斯帕尔马斯合资成立中达渔业有限公司,与塞内加尔成立中塞渔业有限公司。

1984 年在农牧渔业部水产局组织下,中国水产联合总公司与上海、大连、福建等海洋渔业公司共同筹划并组建了第一支由 1 艘从日本引进的 1 200 马力级冷藏运输船和 12 艘中国渔船企业自行建造的 600 马力级渔轮和 223 名船员组成的远洋渔业船队。这支船队于 1985 年 3 月 10 日,在中国水产联合总公司的船队航行领导小组率领下,从福建马尾港起航,历时 50 天,航程 1 万海里,于 4 月 29 日到达拉斯帕尔马斯港,5 月底先后转到几内亚比绍、塞内加尔和塞拉利昂 3 国,在它们的管辖海域,从事合作(联营)捕捞生产。在这些地区建立了 3 个合营企业、2 个独资企业、1 个代表处和 1 个办事处。捕捞种类多为黄姑鱼、红黑鲷、石斑鱼、带鱼等,到 1986 年年底产量为 15 000 多吨,并运回 4 000 吨供应国内市场,产值 800 多万美元,效益较好,中国远洋渔业实现了零的突破。[27]164-165

在东非,大连海洋渔业公司与毛里求斯当地渔业公司成立合资企业,于 1985 年 4 月派去 1 艘从日本引进的金枪鱼钓船进行生产。1986 年 4 月 20 日由 9 艘渔轮组成的第二支远洋船队,从广东湛江港出发开赴西非,加入第一支船队的行列,并把合作领域扩大到几内亚。1986 年底大连水产公司也派出 1 艘拖网船到加蓬海域合作生产。

在北美,1985 年 9 月中美渔业协定签定并正式生效后,由中国水产联合总公司统一组织上海、大连、烟台海洋渔业公司引进的 3 艘大型拖网加工船,于 1986 年 2 月开赴阿拉斯加海域作业。不久大连、烟台渔业公司各增派 1 艘同类的船加入这支船队的行列。至 1987 年 8 月共生产 3.8 万吨鱼,产值 1 600 万元,盈利 300 万人民币,外汇 300 万美元。

在印度洋西北部,大连、上海、宁波、江苏 4 个海洋渔业公司 26 艘渔轮组成的船队在伊朗海域合作生产。中国为适应发展远洋渔业的需要,于 1986 年 4 月中国水产联合总公司设置了中国远洋渔业公司。到 1987 年全国已有 61 艘渔轮和辅助船在美国、伊朗、毛里求斯、加蓬、塞拉利昂、塞内加尔、几内亚、几内亚比绍、冈比亚等国家的海域,从事渔业生产、经营活动,共生产和经营鱼货 10 万吨,并运回 1 万多吨鱼货供应国内市场。[27]164-166 而后,又进入印度尼西亚、缅甸、印度、斯里兰卡、也门、巴基斯坦等亚洲 9 国管辖海域捕鱼。

1988 年我国开始进入公海,开辟和发展大洋性渔业。在太平洋以延绳钓和围网方式捕获鲣鱼、黄鳍金枪鱼、大眼金枪鱼以及长鳍金枪鱼等主要金枪鱼种类,是中国最早的大洋性金枪鱼远洋作业。1993 年进入大西洋进行金枪鱼远洋作业,延绳钓是其唯一作业方式,所渔获的主要金枪鱼是黄鳍金枪鱼和大眼金枪鱼。1995 年及 1999 年先后进入东印度洋和西印度洋用延绳钓钓取大眼金枪鱼、黄鳍金枪鱼和剑鱼等种类的金枪鱼。[53]

1989 年开始在日本海进行鱿鱼钓渔业,逐步发展到北太平洋公海。1993 年鱿钓船队进入北太平洋公海进行鱿鱼探捕调查,经过 3 年的调查和试验,开拓了东经 143°～150°、东经 147°～159°、东经 150°～160° 等 3 大海域的鱿鱼渔场,掌握了西北太平洋鱿鱼渔场的资源特性、海况条件和钓捕技术。1994 年正式开捕北太平洋公海海域的鱿鱼,当年有 98 艘钓船,2000 年增加到 446 艘,在 2007～2011 年间,参与的渔业企业稳定在 20～30 家,作业船只在 200～300 艘之间。2007 年产量最高达 11 万多吨,2009 年为 3 万多吨,2010 年和 2011 年渔获量基本维持在 5 万吨以上。[54]

1994 年《联合国海洋法公约》生效后,公海渔业资源的管理日趋严格,双边渔业合作门槛日益提高,开发公海部分中上层渔业资源和南极鳞虾资源的国际竞争日渐激烈,远洋渔业生产格局处于调整变化之中。中国远洋渔业的总体形势表现为过洋性渔业经济效益呈下降趋势,大洋性渔业具有较好的发展潜力。

2000 年我国从事过洋性和大洋性渔业生产的渔船共 1 482 艘;总产量 80.4 万吨①。其中:鱿鱼钓产量 21.3 万吨,西非渔获产量 14.7 万吨,大型拖网加工船产量 10.4 万吨,印度尼西亚项目产量 8.3 万吨,金枪鱼总产量 1.7 万吨。总产值 7.3 亿美元。[55]

表 22-9　我国远洋渔业 1986～2010 年产量一览表

年份	产量(万吨)	年份	产量(万吨)	年份	产量(万吨)
1986	1.99	1995	85.68	2004	145.11
1987	6.39	1996	92.65	2005	143.81
1988	9.64	1997	103.70	2006	109.07
1989	10.71	1998	91.31	2007	107.52
1990	17.09	1999	89.91	2008	108.33
1991	32.35	2000	86.52	2009	97.72
1992	46.43	2001	88.49	2010	111.64
1993	56.22	2002	109.64		
1994	68.83	2003	115.77		

资料来源:农业部渔业局《2011 中国渔业统计年鉴》第 128 页。

---

① 此数与表列数 86.52 万吨不一致,作者注。

2. 远洋渔业的跨越发展阶段(2001~2010 年)

这个阶段的最大特点是开发公海渔业资源的能力显著增强。2001 年国务院批准实施《我国远洋渔业发展总体规划》(2001~2010 年),明确将远洋渔业作为"走出去"战略和发展外向型经济的重要组成部分,提出了优先发展大洋性公海渔业的战略目标、战略重点和保障措施。《全国渔业发展"十五"规划》提出"加大远洋渔业结构调整步伐,在稳定过洋性渔业生产的同时,大力发展公海大洋性渔业,提高我国公海渔业资源的竞争能力。""十一五"规划将这一方针调整为:"积极推进远洋渔业结构的战略性调整,积极发展过洋性渔业,加快开拓大洋性渔业。"到 2010 年,公海渔船数由 2000 年的 248 艘增长到729 艘,占远洋渔船总数比例由 14% 增长到 47%;公海渔业产量由 2000 年的 13 万吨增长到 48 万吨,占远洋渔业产量比例由 15% 增长到 43%。作业海域遍及大西洋、印度洋和太平洋公海,并开始向南极海域进军。这 10 年是我国远洋渔业脱胎换骨、发生质变的时期,一跃成为公海渔业资源开发利用大国。[56]

3. 远洋渔业的加速转型升级阶段(2011~   )

《全国渔业发展"十二五"规划》(2011~2015)将远洋渔业发展方针进一步调整为:"巩固提高过洋性渔业,探索新型合作方式,发展壮大公海大洋性渔业,加强新资源新渔场的探捕和开发利用。"这个阶段的最大特点是国家政策扶持力度进一步加大,远洋渔业装备水平显著提高。2012 年,国家出台海洋渔船更新改造扶持政策,新建远洋渔船速度明显加快,2013 年《国务院关于促进海洋渔业持续健康发展的若干意见》肯定了"十二五"规划提出的"巩固提高过洋性渔业,发展壮大大洋性渔业"的方针。[21]一大批新建的专业化远洋渔船投入生产,产业规模和综合实力显著提升。

同时,与国际渔业管理规则相适应的远洋渔业管理制度日趋完善,远洋渔业发展的各项指标均创历史新高。2014 年全国远洋渔业总产量和总产值分别达 203 万吨和 185亿元,作业远洋渔船达到 2 460 艘,总功率达到 200 万千瓦,船队总体规模和远洋渔业产量均居世界前列。作业海域由几个西非国家扩展到 40 个国家和地区的专属经济区以及太平洋、印度洋、大西洋公海和南极海域,2014 年公海渔业产量所占比重达到 65%。捕捞方式由单一拖网作业发展到拖网、围网、刺网、钓具等多种作业类型。经营内容由单一捕捞向捕捞、加工、贸易综合经营转变,成立了 100 多家驻外代表处和合资企业,建设了30 多个海外基地。中国开始从远洋渔业大国向远洋渔业强国稳步迈进。[56]

发展远洋渔业是中国建设海洋强国,实现经济社会可持续发展必然选择。远洋渔业经过 30 年的发展,在国内,远洋渔业已成为现代农业和海洋经济的重要组成部分;在国际上,中国已跻身世界主要远洋渔业国家之列。

历史经验证明:大力发展远洋渔业,有利于缓解我国人均资源短缺、保障优质动物蛋白供给、维护国家食物安全;有利于实施"走出去"发展战略、开发利用"两种资源、两个市场"、促进经济又好又快发展;有利于改善渔业产业结构、拓展渔业发展空间、提高产业综合实力和国际竞争力;有利于建设现代渔业、促进经济社会发展、增加农渔民就业和收入、调剂国内市场水产品供给;有利于带动船舶及装备设计制造、水产品冷藏加工和物流等相关产业的发展;有利于维护国家海洋权益、增强我国在相关国际领域的地位和影响力、巩固深化我国与有关国家的友好合作关系,具有重要的战略意义。

今后,国家应运用法律和行政手段,采取经济、技术政策和措施,着力提高远洋渔业设施装备水平、组织化程度和管理水平；适时调整远洋渔业生产结构和布局,加快建设现代渔业产业体系,不断提升远洋渔业可持续发展能力和国际竞争力,努力实施远洋渔业持续健康地发展。

（五）外海捕捞的管理规定

1. 外海捕捞管理规定的沿革

1980 年 2 月国家水产总局发出《关于加强国营渔轮外海生产管理的通知》,要求：

（1）加强对船上干部和职工政策教育；

（2）加强生产组织领导；

（3）到外海生产要认真注意涉外事项；

（4）搞好通信联系。到外海生产的渔船必须切实执行国家的有关规定。

中国渔业协会在《外海作业须知》(1981)中介绍外海渔场环境和邻国沿海港口状况,提醒到外海渔场生产的渔船需要注意的事项以及遇事时的处理办法。1983 年 12 月农牧渔业部颁发《东海外海渔场作业渔船管理暂行办法》,要求到外海作业的渔船,除持有近海渔业许可证的渔船以外,必须经过批准,并不得到近海生产。凡到外海作业的渔船必须持有船舶国籍证书、船舶检验证书、航行签证簿、渔业船员证书、船舶户口簿或出海报告表、卫生防疫证书,按规定配齐职务船员,配备的职务船员必须熟悉海上避碰规则、无线电规则、海上人命安全公约、渔船安全公约等国际法规,以及有关国家的海洋管理法规。否则,不能办理出航手续。

国务院〔1983〕134 号文件鉴于渔船到外海或近海生产,其技术设备要求以及必须遵守的规定有所不同,为了便于管理,划定了内海渔场和外海渔场的界限。《渔业法实施细则》第十四条确认了内外海渔场界限的上述划法。第十五条规定："从事外海……捕捞业的,由经营者提出申请,经省、自治区、直辖市人民政府渔业行政主管部门审核后,报国务院渔业行政主管部门批准。从事外海生产的渔船,必须按照批准的海域和渔期作业,不得擅自进入近海捕捞。"

1989 年《渔业捕捞许可证管理办法》第七条规定："外海捕捞许可证,须经省级渔业行政主管部门审核同意,送所在海区渔政监督管理机构复核汇总,报国家渔业行政主管部门批准,由海区管理机构发放。""持有近海捕捞许可证到外海渔场作业的,不需另行申请外海捕捞许可证,但须按外海渔场作业渔船管理的有关规定,由省级主管部门审核同意,报所在海区管理机构批准,抄送所到作业海区管理机构备案。"

1994 年 11 月农业部发布《关于加强外海作业渔船管理的通告》称：为加强外海作业渔船的管理,维护正常作业秩序,防止和减少涉外渔业事件,规定：

（1）严格执行外海作业渔船许可制度。凡到外海作业渔船,必须经农业部批准,领取捕捞许可证。外海作业渔船必须按许可的海域、作业类型和渔期作业。但为了有利于加快南沙渔业资源的开发,凡到南沙海域捕捞生产的渔船,经南海区渔政局批准,报农业部备案即可。

（2）外海作业渔船必须持有许可证、渔业船舶国籍证书及与作业航区相适应的船舶检验证书；在驾驶台上侧加挂船名标志牌；配齐职务船员和专职报务员,这些人员须持有相应证书,熟悉海上有关安全、通讯规则以及有关国家的海洋管理与渔业法规；携带本国国旗、国际信号旗及可能进入的他国国旗。各级渔政渔港监督管理机构对不具备上述条

件的渔船,一律不准出海作业。

(3)外海作业渔船必须每天向本海区渔政局报告当日中午 12 时的船位。考虑到南海区的实际情况,此项规定暂适用于去北部湾和南沙海域作业的渔船。

(4)外海作业渔船在航行、作业、进入外国港口港湾避风、修理、急救等必须遵守的事项。

(5)各单位应加强对外海作业渔船的管理,跟踪掌握动向。在外海作业发生涉外事件时,必须按规定及时报告省(区、市)渔业主管部门和外事部门,同时报农业部,一切外事活动必须事先请示。[29]209-211

2002 年《渔业捕捞许可证管理规定》关于海洋捕捞作业场分类和渔业捕捞许可证分类的规定既未提及近海,也未提及外海。

《国务院关于促进海洋渔业持续健康发展的若干意见》明确海洋渔业实行"控制近海、拓展外海、发展远洋"的生产方针,恢复了外海捕捞在捕捞业中的应有地位。

2. 外海捕捞现行管理规定

(1)按照国家对捕捞业实行的捕捞许可制度,从事外海捕捞必须按照规定的程序和条件,向县级以上渔业行政主管部门申请领取《海洋渔业捕捞许可证》。到南沙海域、黄岩岛海域作业的,经省级人民政府渔业行政主管部门审核,由农业部批准发放。使用海洋大型拖网、围网作业的,由省级人民政府渔业行政主管部门批准发放。从事其他外海作业的,由县级以上地方人民政府渔业行政主管部门批准发放。

(2)海洋大型、中型渔船应填写《渔捞日志》,并在渔业捕捞许可证年审或再次申请渔业捕捞许可证时,提交渔业捕捞许可证年审或发证机关。

(3)按照规定安装和使用渔业船舶自动识别系统(B 类 AIS 终端)。

(4)经登记的《海洋渔业捕捞许可证》的持证人,依法享有到外海指定海区捕捞的权利,并承担遵守该许可证规定条件的法定义务。

(六)远洋渔业的管理规定

1. 远洋渔业的界定

按照农业部 2003 年《远洋渔业管理规定》(2004 年修订),远洋渔业是指中华人民共和国公民、法人和其他组织到公海和他国管辖海域从事海洋捕捞以及与之配套的加工、补给和产品运输等渔业活动,但不包括到黄海、东海和南海从事的渔业活动。[57]

2.《渔业法》的规定

1986 年《渔业法》第十五条规定:"从事……远洋捕捞业,必须经国务院渔业行政主管部门批准"。依此规定,对到公海从事捕捞作业的,除自 1994 年起,对日本海公海和北太平洋公海鱿鱼生产实行专项(特许)捕捞许可证制度外,一直实行由国务院渔业行政主管部门批准的制度。但这与我国已经签署的 1995 年《联合国鱼类种群协定》有关船旗国义务的规定不相协调,也不利于对在公海作业船舶的管理。为此,2000 年《渔业法》对此规定作了修改。

2000 年《渔业法》第二十三条规定,国家对到公海从事捕捞作业的实行捕捞许可证制度。"到公海从事捕捞作业的捕捞许可证,由国务院渔业行政主管部门批准发放。""到他国管辖海域从事捕捞作业的,应当经国务院渔业行政主管部门批准,并遵守中华人民共和国缔结的或者参加的有关条约、协定和有关国家的法律。"

按照 1995 年《联合国鱼类种群协定》的规定,在公海的某 1 区域若已建立了区域渔业管理组织,只有属于这个组织的成员的国家,才可以捕捞适用这个组织订立的养护和管理措施的渔业资源。我国参加的中白令海狭鳕资源养护和管理国际机制、养护大西洋金枪鱼国际委员会、印度洋金枪鱼委员会、中西太平洋金枪鱼委员会、南极海洋生物资源养护委员会、美洲间热带金枪鱼委员会、南太平洋区域渔业管理组织、北太平洋渔业委员会等区域渔业管理组织,有的实行捕捞配额,有的限制船网工具。国务院渔业行政主管部门只能按照区域渔业管理组织分配的控制指标批准发放《公海渔业捕捞许可证》。

3.《远洋渔业管理规定》的规定

针对远洋渔业专业性、涉外性强、从业风险大和国际管制严格的特点,《远洋渔业管理规定》细化、补充了《渔业法》的原则规定,建立了与国际渔业管理规则相适应的管理制度,规定对远洋渔业实行准入审批、年度审查和行业自律 3 大基本管理制度,构建了从远洋渔船出境、海上生产至渔获回运的全程监管体系。建立了以生产情况报告、标准化捕捞日志、渔船船位监测、派遣国家观察员、签发合法捕捞证明等为主要内容的监管体系,对重点远洋渔业项目实施分类指导和管理,对促进远洋渔业持续健康发展提供了有力的制度保障。该《规定》的主要内容包括:

(1) 远洋渔业项目审批和资格认定

① 具备下列条件的企业,可以从事远洋渔业,申请开展远洋渔业项目:

a. 在我国工商行政管理部门登记,具有独立法人资格;

b. 拥有适合从事远洋渔业的合法渔业船舶;

c. 具有承担项目运营和意外风险的经济实力,资信良好;

d. 有熟知远洋渔业政策、相关法律规定、国外情况并具有 3 年以上远洋渔业生产及管理经验的专职经营管理人员;

e. 申请前的 3 年内没有被农业部取消远洋渔业企业资格的记录;企业主要负责人和项目负责人申请前的 3 年内没有在被农业部取消远洋渔业企业资格的企业担任主要负责人和项目负责人的记录。

② 符合上列条件的企业申请开展远洋渔业项目的,应当通过所在地省级(包括计划单列市)人民政府渔业行政主管部门提出,经省级人民政府渔业行政主管部门审核同意后报农业部审批。省级人民政府渔业行政主管部门应当在 10 日内完成审核。中央直属企业直接报农业部审批。

③ 申请远洋渔业项目时,应当报送以下材料:

a. 项目申请报告和《申请远洋渔业项目基本情况表》;

b. 企业营业执照复印件和银行资信证明;

c. 项目可行性研究报告;

d. 到他国专属经济区作业的,提供与外方的合作协议或他国政府主管部门同意入渔的证明、我驻项目所在国使(领)馆的意见;到公海作业的,填报《公海渔业捕捞许可证申请书》;

e. 拟派渔船所有权证书、登记(国籍)证书、远洋渔船检验证书以及按照规定需要提供的其他证书和文件;

f. 农业部要求的其他材料。

④ 农业部的审批

a. 农业部收到符合上列要求的远洋渔业项目申请后,在 15 个工作日内做出是否批准的决定。特殊情况需要延长决定期限的,应当及时告知申请企业延长决定期限的理由。

b. 经审查批准远洋渔业项目申请的,农业部书面通知申请项目企业及其所在地省级人民政府渔业行政主管部门,并抄送国务院其他有关部门。

c. 从事公海捕捞作业的,农业部批准远洋渔业项目的同时,发给《公海渔业捕捞许可证》。《公海渔业捕捞许可证》的使用期限根据实际需要确定,但最高不超过 3 年,年审期为 2 年。

d. 经审查不予批准远洋渔业项目申请的,农业部将决定及理由书面通知申请项目企业。

⑤ 到他国管辖海域从事捕捞作业的远洋渔业项目开始执行后,企业项目负责人应当持农业部远洋渔业项目批准文件到我驻外使(领)馆登记,接受使(领)馆的监督和指导。

⑥ 远洋渔业企业资格认定

a. 对于已获农业部批准并开始实施远洋渔业项目的企业,其生产经营情况正常,认真遵守有关法律、法规和本规定,未发生严重违规事件的,农业部授予其远洋渔业企业资格,并颁发《农业部远洋渔业企业资格证书》。

b. 取得《农业部远洋渔业企业资格证书》的企业,可以根据有关规定享受国家对远洋渔业的扶持性政策。

(2) 远洋渔业项目和企业资格年审。农业部对远洋渔业企业资格实行年审换证制度,对远洋渔业项目实行年审确认制度。通过渔船检验、船位监测和驻外使领馆等方式核实渔船境外生产情况,对项目正常实施的远洋渔业项目可予延续,对渔船未正常生产、发生严重涉外违规事件或存在其他重大问题的项目企业,农业部将视情给予处罚。

① 申请年审的远洋渔业企业应当于每年 1 月 15 日以前向所在地省级人民政府渔业行政主管部门报送下列材料:

a. 上年度远洋渔业项目执行情况报告;

b. 《远洋渔业企业资格和项目年审登记表》;

c. 《农业部远洋渔业企业资格证书》复印件;

d. 渔船出(入)境情况及证明,有效的渔业船舶所有权证书、国籍证书和检验证书复印件,公安边防机关出具的渔船和船员边防检查材料。

② 省级人民政府渔业行政主管部门应当于 1 月 31 日前将审核意见和有关材料报农业部。

③ 农业部于 3 月 31 日前将远洋渔业企业资格审查和远洋渔业项目确认结果书面通知省级人民政府渔业行政主管部门、有关企业和国务院有关部门。对审查合格的企业,换发当年度《农业部远洋渔业企业资格证书》。

(3) 远洋渔船的责任

① 远洋渔船应当随船携带有关证书,按规定悬挂旗帜。

② 到公海作业的远洋渔船,应当具有中华人民共和国国籍,悬挂中华人民共和国国旗,按照农业部远洋渔业项目批准文件和《公海渔业捕捞许可证》限定的作业场所、类型

和时限作业,遵守我国缔结或者参加的有关国际条约、协定。

③ 在他国管辖海域作业的远洋渔船,应当遵守我国与该国签订的渔业协议及该国的法律法规。

④ 远洋渔船应当准确填写《中华人民共和国渔捞日志》,按照规定将渔捞日志上交渔业行政主管部门,并接受其监督检查。

为收集标准化渔捞信息、全面掌握渔船生产情况,农业部制定了金枪鱼、鱿鱼和竹荚鱼等大宗捕捞品种的标准化渔捞日志,规定从 2009 年 1 月 1 日起所有从事金枪鱼延绳钓作业的渔船应当填写《中国金枪鱼渔业渔捞日志》,从 2011 年 1 月 1 日起所有从事鱿鱼渔业的远洋渔船,包括鱿钓渔船及在公海从事灯光围网、敷网等主捕鱿鱼的渔船一律应当填写《中国鱿鱼渔业渔捞日志》,从 2013 年起所有赴南太平洋公海从事竹荚鱼捕捞作业的渔船应当填写《中国竹荚鱼渔业渔捞日志》。

鼓励有条件的企业和渔船使用电子版渔捞日志。农业部建立的渔捞日志自动采集与分析系统可实现渔捞日志所载信息的收集、汇总和分析。

1989 年以来对北太平洋鱿鱼钓渔业一直按外海渔业管理。为保证北太平洋鱿鱼钓渔业健康有序发展,保障远洋渔业企业和渔民的合法权益,农业部决定自 2004 年 1 月 1 日起,将北太平洋鱿鱼钓渔业纳入远洋渔业管理。所有赴北太平洋(包括北太平洋和日本海公海及日本、韩国专属经济区)海域从事鱿鱼钓生产的渔船(含捕捞生产船和辅助船),均需由生产企业按《远洋渔业管理规定》办理远洋渔业项目报批手续。

⑤远洋渔船应当根据农业部制定的监测计划安装渔船监测系统(VMS),并配备持有技术培训合格证的船员,保障系统正常工作,及时、准确提供真实信息。

远洋渔船船位监测系统(VMS)是对远洋渔船实施的最直接有效的技术管理手段。农业部决定对所有远洋渔船分期分批实施船位监测。2007 年第一批实施超低温金枪鱼延绳钓船、金枪鱼围网船和大型拖网加工船船位监测系统。自 2009 年 10 月 1 日起,第二批实施印尼、印度、马来西亚、巴基斯坦、也门、阿曼、毛里塔尼亚、几内亚、几内亚比绍、塞拉利昂等 10 个热点、敏感地区远洋渔业项目作业渔船;除超低温金枪鱼延绳钓船以外的其他金枪鱼延绳钓船;西南大西洋(含阿根廷海域)和东南太平洋公海作业的鱿鱼钓船;印度洋公海底层鱼钓项目、印度洋公海围网项目、印度洋公海鸢乌贼项目、西北太平洋公海秋刀鱼项目、西南大西洋公海拖网项目作业渔船的船位监测系统。[58]自 2011 年 1 月 1 日起,对所有远洋渔船实施船位监测。[59]

2012 年 1 月农业部发布《远洋渔船船位监测管理暂行办法》,规定:

a. 经农业部批准从事远洋渔业生产的渔船(含渔业辅助船),应当安装船位监测设备并纳入农业部远洋渔船船位监测系统,由农业部实施船位监测。

b. 远洋渔船纳入船位监测系统是远洋渔业项目审批和确认的必备条件;船位信息报告情况是项目年审的重要内容;船位数据是核定有关政策性补贴、监督执行有关政策的主要依据。

c. 船位监测系统是全国渔业船舶管理系统的组成部分,由农业部统一管理,委托中国渔业协会远洋渔业分会承担技术维护、日常监测、组织协调及技术培训等工作。

d. 远洋渔业企业参考信号覆盖范围自主选择可与船位监测系统兼容的国际海事卫星组织 INMARSAT-C 系统、法国 CLS 公司 ARGOS 系统和我国"北斗"卫星导航系统中任一类型的船位监测设备,并自行完成设备的采购和安装。安装完成后,应及时将渔船及监测设备信息报远洋分会,申请纳入农业部远洋渔船船位监测系统。

e. 远洋分会应及时组织有关技术支持单位对企业安装的船位监测设备进行技术检测,并将检测结果书面通知申请企业,抄报农业部渔业局及省级渔业行政主管部门。船位监测设备检测合格的渔船将自动纳入船位监测系统。

f. 远洋渔业企业应保证渔船船位监测设备的正常使用和 24 小时正常运行,及时准确报告船位信息。不按规定报告船位信息的,一律暂停远洋渔业项目并扣减政策性补贴。

g. 对入渔国法规明确规定不允许安装船位监测设备的远洋渔船,相关企业应人工记录每日船位,填写《远洋渔船船位信息记录表》,并于每月 10 日前将上月船位信息汇总,经省级渔业管部门审核后以传真和电子邮件方式报农业部渔业局及远洋分会。[60]

(4) 生产情况报告。企业在项目执行期间,应当按照规定及时、准确地向所在地省级人民政府渔业行政主管部门报告下列情况,由省级人民政府渔业行政主管部门汇总后报农业部:

① 渔船出(入)境情况;

② 投产各渔船渔获量、主要品种、产值等生产情况;

③ 自捕水产品运回情况;

④ 农业部或国际渔业管理组织要求报告的其他情况。

(5) 项目中止或执行完毕后,远洋渔业企业应当及时向省级人民政府渔业行政主管部门和农业部报告,并于 30 日内提交项目执行情况总结。

(6) 农业部可根据有关国际组织的要求或管理需要向远洋渔船派遣政府观察员。远洋渔业企业和渔船有义务接纳观察员,承担有关费用,为观察员的工作、生活提供协助和方便。

农业部已开始向金枪鱼延绳钓船、大型拖网加工船、南极磷虾捕捞渔船等大型公海作业渔船派驻国家观察员,代表主管部门在生产一线进行科研、管理、履约等数据信息收集工作。

(7) 远洋渔业行业自律协调机制。两个以上远洋渔业企业在同 1 国家(地区)或海域作业,或从事同品种、同类型作业,应当建立企业自我协调和自律机制,接受行业协会的指导,配合政府有关部门进行协调和管理。

(8) 涉外事件的处理。远洋渔业企业、渔船和船员在国外发生涉外事件时,应当立即如实向农业部、企业所在地省级人民政府渔业行政主管部门和有关驻外使(领)馆报告,省级人民政府渔业行政主管部门接到报告后,应当立即核实情况,并提出处理意见报农业部和本省级人民政府,由农业部协调提出正式处理意见通知驻外使(领)馆。对海难和重大涉外事件需要国家紧急救助和对外交涉的,由农业部协调提出正式处理意见,商外交部通知驻外使(领)馆进行外交交涉。

十一、 共同管理的渔区捕捞

(一)《中日渔业协定》"暂定措施水域"捕捞的管理规定

1999 年农业部为了养护和合理利用海洋渔业资源,维护《中日渔业协定》规定的"暂定措施水域"的正常渔业生产秩序,根据《渔业法》的规定,发布了《中日渔业协定暂定措施水域管理暂行办法》。该《办法》自《中日渔业协定》正式生效之日(2000 年 6 月 1 日)起实施,其主要内容是:

(1)农业部渔政局根据"中日渔业联合委员会"每年商定的作业规模,确定当年我国渔船进入"暂定措施水域"作业的船数和类型,并下达给东海区、黄渤海区渔政局①,由其分配给沿东、黄、渤海各省、市。

(2)凡需进入"暂定措施水域"从事渔业活动的渔船,必须由船舶所有人向船籍港所在地的县级渔业行政主管部门提出申请,填写《〈中日渔业协定〉暂定措施水域渔船作业申请表》。申请到"暂定措施水域"从事渔业活动的申请人或渔船,必须具备以下条件:

① 持有有效的《海洋渔业捕捞许可证》;

② 船舶处于适航状态,并持有与作业航区相适应的船舶检验证书、船舶登记证书(或船舶国籍证书),航行签证簿。主机额定功率在 300 千瓦以上的渔船,还应备有油类记录簿;

③ 按规定配齐船员,职务船员应持有有效的职务船员证书;

④ 按规定填写和上交上 1 年度的《渔捞日志》。

(3)沿东、黄、渤海县级以上地方渔业行政主管部门负责本辖区在"暂定措施水域"从事渔业活动渔船作业许可条件的审核。

县级渔业行政主管部门接受、审核申请表并汇总逐级上报地(市)、省(直辖市)渔业行政主管部门审核同意后,于每年 6 月 30 日前报所在海区渔政局审批。

(4)东海区、黄渤海区渔政局对符合条件的申请者,发给有效期为 1 年的专项(特许)渔业捕捞许可证,同时发给空白《渔捞日志》。

(5)农业部东海区渔政渔港监督管理局负责"暂定措施水域"渔船生产情况的汇总、统计和分析,对"暂定措施水域"的渔业活动进行现场指导和监督检查。

(6)经批准在"暂定措施水域"从事渔业活动的渔船,必须按规定填写《渔捞日志》,并在申请下 1 年度作业资格时,连同作业申请表一并交送船籍港所在地的县级渔业行政主管部门。对不按要求填写捕捞日志或不按规定上交《渔捞日志》的渔船,取消下 1 年度在"暂定措施水域"的作业资格。

(7)县级渔业行政主管部门负责本辖区渔船《渔捞日志》的收集、统计工作,并逐级上报地(市)、省(直辖市)渔业行政主管部门和海区渔政局汇总。黄渤海区渔船在"暂定措施水域"的生产情况由黄渤海区渔政交东海区渔政局汇总。

(8)经批准在"暂定措施水域"从事渔业活动的渔船,必须按规定进行标识。2008 年农业部渔政局规定,应在渔船顶部明显位置安装书写 CJ 两个字母的电子标志牌②。

(9)经批准在"暂定措施水域"从事渔业活动的渔船,必须遵守《渔业法》和国家在"暂

---

① 根据 2013 年《国务院机构改革和职能转变方案》的规定,黄渤海区渔政局、东海区渔政局、南海区渔政局并入了中国海警局,不再承担"共同管理的渔区"捕捞许可申请的审批事宜。

② 电子标志牌采用 RFID(射频识别)技术,内置电子标签储存着渔船的编码、船名号、主机功率、许可作业方式及船东的姓名等基本信息。渔政船的船载电子标签读取器,可自动识别和采集渔政船周围 500 米范围内安装电子标签渔船的信息。使用手持电子标签读写器,可自动识别和采集相距 100 米范围内电子标签渔船的信息,用于对港口、码头、锚地渔船的检查。

定措施水域"内实施的各项渔业资源养护规定。[61]

（二）《中韩渔业协定》"暂定措施水域"捕捞的管理规定

2001年农业部发布《中韩渔业协定暂定措施水域和过渡水域管理办法》，自《中韩渔业协定》生效之日（2001年6月30日）起实施。该《办法》的规定主要是：

（1）农业部黄渤海区渔政渔港监督管理局负责"暂定措施水域"管理的组织实施、现场指导和监督检查，并对我国渔船的生产情况进行汇总、统计和分析，东海区渔政渔港监督管理局协助。

（2）沿渤海、黄海、东海县级以上地方渔业行政主管部门负责本辖区在"暂定措施水域"从事渔业活动渔船申请资格、渔船条件的审核，有关证件、材料的转发、发放和收集工作，并对申请人和渔船进行必要的指导和管理。

（3）农业部渔政局每年根据"中韩渔业联合委员会"商定的作业规模（作业类型、船数、渔获量等），确定下1年度我国渔船进入"暂定措施水域"的作业规模，并下达给黄渤海区、东海区渔政局，由其分配给本海区有关省（市）。

（4）凡需进入"暂定措施水域"从事渔业活动的渔船，必须由船舶所有人向其船籍所在地的县级渔业行政主管部门提出申请，并填写《中韩渔业协定暂定措施水域渔船作业申请表》。申请表由县级渔业行政主管部门审核、汇总后，逐级上报地（市）、省（直辖市）渔业行政主管部门审核，报所在海区渔政局审批。省（直辖市）渔业行政主管部门负责对本省（市）渔船的申请作业规模进行控制，上报作业规模不得超过海区渔政渔港监督管理局分配的作业规模。

（5）申请进入"暂定措施水域"从事渔业活动的渔船必须具备下列条件：

① 持有有效的渔业捕捞许可证书、船舶检验证书、船舶登记证书（或船舶国籍证书）、电台执照及其他必备证书。

② 适航航区在Ⅱ类以上，并处于适航状态，装备有全球卫星定位仪（GPS）①。

③ 按规定配齐船员，职务船员应持有有效的职务船员证书。

（6）经审查符合条件的渔船，黄渤海区、东海区渔政局发给有效期为1年的专项（特许）渔业捕捞许可证，并同时发给空白《渔捞日志》。

（7）经批准在"暂定措施水域"从事渔业活动的渔船，必须认真、如实填写《渔捞日志》。申请人在申请下1年度作业资格时，须将《申请表》和上1年度的《渔捞日志》同时交送受理申请的县级渔业行政主管部门。

（8）受理申请的县级渔业行政主管部门负责申请渔船《渔捞日志》的收集、统计工作，并逐级上报地（市）、省（直辖市）渔业行政主管部门，由省（直辖市）渔业行政主管部门统一报所在海区渔政渔港监督管理局。东海区渔船的《渔捞日志》和生产情况由东海区渔政渔港监督管理局交黄渤海区渔政渔港监督管理局汇总。

（9）经批准在"暂定措施水域"从事渔业活动的渔船必须按农业部渔政局规定的方式标记。

（10）经批准在"暂定措施水域"从事渔业活动的渔船，必须遵守我国渔业法律、法规，

---

① 渔业船舶已广泛使用北斗船位监控系统，其船载终端设备应符合 SC/T 6070-2011 渔业船舶船载北斗卫星导航系统终端技术要求。

遵守中韩双方商定的"暂定措施水域"资源养护和管理规定。[62]

（三）《中越渔业合作协定》"共同渔区"捕捞的管理规定

《北部湾共同渔区渔业资源养护和管理规定》和农业部《关于实施〈中越北部湾渔业合作协定〉的通告》关于"共同渔区"捕捞的管理规定主要包括：

（1）凡需进入"共同渔区"划界分界线越方1侧水域生产的渔船，必须依照规定的条件和程序取得农业部南海区渔政局核发的有效期为1年的北部湾"共同渔区"专项（特许）渔业捕捞许可证。

（2）南海区渔政局根据"中越北部湾渔业联合委员会"每年确定的"共同渔区"作业渔船数量，向本国渔船发放许可证。

许可证的样式由渔委会规定，其主要内容包括：渔船名号、船籍港和国籍、渔船登记号码、作业类型、总吨位（含船舶自重和载重）、主机功率、船长姓名、渔船所有人姓名和地址。

中越双方按已达成一致的渔船数量互相提供许可证防伪标识。南海区渔政局发放许可证时，应将越方提供的防伪标识粘贴在许可证规定的栏目中。

（3）南海区渔政局和越南水产资源保护开发局分别编制本国每年获得许可证的渔船名册，并互相交换，具体交换时间和方式在每年渔委会确定"共同渔区"作业船数的会议上商定。渔船名册应包括以下内容：渔船名号、作业类型、总吨位（含船舶自重和载重）、主机功率、渔船登记号码、许可证号码。

（4）获得许可证在"共同渔区"从事渔业活动的渔船应悬挂我国国旗，按渔委会规定的标识方法安装渔船标识牌，且必须随船携带许可证、船舶登记证。船上人员应随身携带船员证件。

（5）获得许可证在"共同渔区"从事渔业活动的渔船必须按照许可证规定的内容开展捕捞活动，并按照渔委会规定的样式填写《北部湾共同渔区渔捞日志》。每年的《渔捞日志》应上交南海区渔政局。

（6）禁止使用炸鱼、毒鱼、电鱼及渔委会规定禁用的渔具和作业方式进行捕捞。禁止捕捞鲸、海豚、儒艮、海龟、珊瑚等珍稀濒危水生野生动物。在从事正常捕捞活动时，无意兼捕到禁止捕捞的珍稀濒危水生野生动物，应立即将其释放于海中。

（7）渔船作业或航行时，应遵守渔船避碰规则，不得影响其他渔船正常捕捞作业。

（8）我国渔船与越南渔船之间发生纠纷或海损事故时，中越双方船长应协商解决，禁止采取打、砸、抢、扣人或破坏渔船等不法行为。现场无法解决的，双方当事船长应填写《北部湾共同渔区事故确认书》，并分别交南海区渔政局和越南水产资源保护开发局。由南海区渔政局和越南水产资源保护开发局协调解决，或提交渔委会解决。

（9）获得许可证在"共同渔区"从事渔业活动的渔船必须接受监督机关的检查。按照《北部湾共同渔区渔业资源养护和管理规定》，划界分界线中方1侧的监督机关为中国渔政管理机构、公安边防、海军部队，越方1侧为越南的水产资源监察保护机关、海军、海警、边防部队。[63-64]

十二、外国渔船在中国管辖海域的捕捞

（一）有关法律的原则规定

（1）《领海及毗连区法》第十一条规定："任何国际组织、外国的组织或者个人，在中华人民共和国领海内进行科学研究、海洋作业等活动，须经中华人民共和国政府或者其有关主管部门批准，遵守中华人民共和国法律、法规。

"违反前款规定，非法进入中华人民共和国领海进行科学研究、海洋作业等活动的，由中华人民共和国有关机关依法处理。"

（2）《专属经济区和大陆架法》第五条规定："任何国际组织、外国的组织或者个人进入中华人民共和国的专属经济区从事渔业活动，必须经中华人民共和国主管机关批准，并遵守中华人民共和国的法律、法规及中华人民共和国与有关国家签订的条约、协定。"第十二条规定："中华人民共和国在行使勘查、开发、养护和管理专属经济区的生物资源的主权权利时，为确保中华人民共和国的法律、法规得到遵守，可以采取登临、检查、逮捕、扣留和进行司法程序等必要的措施。"

（3）《渔业法》第八条规定："外国人、外国渔业船舶进入中华人民共和国管辖水域，从事渔业生产或者渔业资源调查活动，必须经国务院有关主管部门批准，并遵守本法和中华人民共和国其他有关法律、法规的规定；同中华人民共和国订有条约、协定的，按照条约、协定办理。"第四十六条规定："外国人、外国渔船违反本法规定，擅自进入中华人民共和国管辖水域从事渔业生产和渔业资源调查活动的，责令其离开或者将其驱逐，可以没收渔获物、渔具，并处 50 万元以下的罚款；情节严重的，可以没收渔船；构成犯罪的，依法追究刑事责任。"

（二）农业部规章的专门规定

农业部 1999 年发布并经 2004 年和 2010 年两次修订的《中华人民共和国管辖海域外国人、外国船舶渔业活动管理暂行规定》对外国人、外国渔船在中国管辖海域的捕捞有以下专门规定：

（1）在中华人民共和国内水、领海内禁止外国人、外国船舶从事渔业生产活动。

（2）任何外国人、外国船舶在中华人民共和国专属经济区内从事渔业生产活动的，必须经中华人民共和国渔政局批准，并遵守中华人民共和国的法律、法规以及中华人民共和国缔结或参加的国际条约与协定。

（3）中华人民共和国渔政局根据以下条件对外国人的入渔申请进行审批：

① 申请的活动，不危害中华人民共和国国家安全，不妨碍中华人民共和国缔结或参加的国际条约与协定的执行；

② 申请的活动，不对中华人民共和国实施的海洋生物资源养护措施和海洋环境造成不利影响；

③ 申请的船舶数量、作业类型和渔获量等符合中华人民共和国管辖海域内的资源状况。

（4）外国渔业船舶申请在中华人民共和国专属经济区从事渔业生产的，应当向中华人民共和国渔政局提出。中华人民共和国渔政局应当自申请受理之日起 20 日内做出是否发放捕捞许可证的决定。

（5）外国人、外国船舶入渔申请获得批准后，应当向中华人民共和国渔政局缴纳入渔费并领取《外国渔船捕捞许可证》。

（6）经批准作业的外国人、外国船舶领取《外国渔船捕捞许可证》后，应当按照许可证确定的作业船舶、作业区域、作业时间、作业类型、渔获数量等有关事项作业，并按照中华人民共和国渔政局的有关规定填写捕捞日志、悬挂标志和执行报告制度。

（7）在中华人民共和国管辖海域内的外国人、外国船舶，未经中华人民共和国渔政局批准，不得在船舶间转载渔获物及其制品或补给物品。

（8）经批准转载的外国鱼货运输船、补给船，必须按规定向中华人民共和国有关海区渔政局申报进入中华人民共和国管辖海域过驳鱼货或补给的时间、地点、被驳鱼货或补给的船舶船名、鱼种、驳运量，或主要补给物品和数量。过驳或补给结束，应申报确切过驳数量。

（9）外国人、外国船舶在中华人民共和国管辖海域内从事渔业生产活动以及进入中华人民共和国渔港的，应当接受中华人民共和国渔政监督管理机构的监督检查和管理。

（10）中华人民共和国渔政渔港监督管理机构对违反本规定和中华人民共和国有关法律、法规的外国人、外国船舶可没收渔获物、没收渔具，并处以罚款。情节严重的，除依法给予行政处罚或移送有关部门追究法律责任外，还可取消其入渔资格。在必要时，中华人民共和国渔政渔港监督管理机构可以对外国船舶采取登临、检查、驱逐、扣留等必要措施，并可行使紧追权。[65]

第三节　增殖渔业

一、特征

渔业资源增殖作为恢复和提高渔业资源数量和质量的 1 项技术措施，已有 100～200 百年的历史，在此基础上形成的渔业类型，国内文献原称其为"栽培渔业"[66]，国内外文献通称其为"增殖渔业"则是近些年的事。

增殖渔业具有以下基本特征：

（1）增殖渔业典型的产业链包括 3 个环节：

① 水产养殖设施培育、供应符合一定规格和数量要求的健康苗种；

② 在环境条件适宜、敌害少和饵料资源丰富的水域和适宜地点、时间将苗种放流到水域中；

③ 让苗种在自然条件下索饵、生长发育，待其达到性成熟阶段并形成区域性渔场时实行合理捕捞，获得人工增殖的鱼和渔产品。

（2）增殖渔业介于水产养殖业和纯捕捞渔业之间，是人类继采拾、捕捞、养殖水生生物资源之后开辟的 1 种水产养殖和渔业捕捞综合经营的生产方式，主要表现在：

① 增殖渔业产业链的"增殖放流"是沟通水产养殖业和捕捞渔业的关键环节；

② 增殖放流种群的生命周期在人工和自然两种水体度过，而且，在自然水域中不被圈围，可任其洄游；

③ 增殖渔业的鱼和渔产品的生态标签既不同于养殖的，又不同于野生的。

增殖渔业是1种新兴的渔业生产类型。粮农组织文件除"以养殖为基础的渔业"外，又称之为"水产养殖增殖型渔业"。它的产生和发展在世界渔业发展历史上具有开拓性意义。《全国渔业发展第十二个五年规划（2011～2015年）》将增殖渔业列为中国渔业5大产业之一，要求"积极发展环境友好的增殖渔业"。

二、 地位和作用

增殖渔业是当代人类获取水产品的3大途径之一。粮农组织认为，"从长远来看，所有重要的商业水产品供应和非食用鱼将来自以下3个来源之一：

（1）养鱼场/水产养殖；

（2）水产养殖增殖型渔业；

（3）采用有效管理系统的渔业"。[67]

在世界范围内，水产养殖的社会和经济影响通过生产食品，促进生计和创造收入而日益增强。它的积极作用还表现在为增殖渔业提供濒危或过度开发的水生种群的放养苗种。水产养殖和增殖渔业这两个部门之间存在着紧密的联系及协同增效和互补作用，包括机制、社会、经济、环境和生物技术方面。促进增殖渔业的持续健康发展，如同发展水产养殖业一样，是当今能够弥补捕捞渔业产量下降与世界水产品需求增加之间的缺口的一大方法。

增殖渔业所以处于如此重要的地位，是由于它具有以下诸多积极作用：

（1）针对渔业资源衰退、水生生物濒危程度加剧和生态荒漠化严重的重要水域，综合运用各种增殖手段，可扩大天然水域鱼类种群规模，增加资源量，减轻区域性渔场捕捞压力。特别是通过在渤海、黄海等近岸海域放流对虾、海蜇、梭子蟹，在东海、南海等近岸海域放流大黄鱼、鲷、石斑鱼，以及在长江中下游等内陆地区的放流鲢、鳙等物种，在长江、黄河、黑龙江及湖泊、水库等传统渔区放流"4大家鱼"、大麻哈鱼等经济物种；在长江、闽江等水域放流中华鲟、胭脂鱼等珍稀濒危物种，可促进生物种群恢复，保护水生生物多样性，维护渔业生态安全，促进渔业可持续发展。

（2）增殖放流的渔业资源苗种，不需喂养或外部投入物，所造成的环境影响很小或没有，而且能吸收水域中的氮、磷等营养盐，有利于改善富营养化、生态灾害频发水域的生态环境。特别是通过在密云水库、东江等重要水源地放流鲢、鳙、细鳞斜颌鲴等物种，可实施水质生物净化，保障饮用水源安全。

（3）增殖放流人们所需要的种类，甚至具有优良性状的品种，可改善自然种群结构，保证资源的质量，并通过建造海洋牧场、改良生物栖息环境等人为的干涉，促进鱼类种群的集聚，提高生物多样性丰度，并最终实现渔区的生产力更多地向所需要的捕捞对象转化，使优质种群的数量维持在或恢复到能够生产最高持续产量的水平。

（4）增殖渔业的优越性在于充分利用水域的天然饵料，节省人工饲料、肥料和药物，能以小的投入,获得最较大的经济效益。发展增殖渔业,实现优质水产品稳产高产,既有利于提高全社会的粮食安全和营养水平,又可为渔民增收、贫苦渔民脱贫和渔区兴旺富足创造良好条件。

(5)增殖渔业需要合理布局增殖苗种生产基地,确保增殖苗种供应,并需进行本底调查,放流物种的质量、检验、包装、计数、运输、投放,放流资源保护与监测,效果评价等,从而可扩大水产养殖的规模和产业链,推动相关行业的发展,扩大社会就业。

(6)发展增殖渔业,增加世界捕捞产量和鱼品国际贸易量份额,可提高中国在国际渔业论坛的话语权和影响力。特别是通过在黑龙江、鸭绿江、图们江、雅鲁藏布江等边境交界水域开展增殖放流,可树立中国负责任渔业大国的形象。

三、增殖放流

(一)增殖放流及相关用语含义的界定

水生生物增殖放流,在广义上是指采用放流、底播、移植等人工方式向海洋、江河、湖泊、水库等公共水域投放亲体、苗种等活体水生生物的活动。

其中一些用语的含义是:

底播即潜水撒播,适用于海参、鲍、贝类等珍贵水生生物增殖放流,由潜水员将增殖放流生物均匀撒播到预定水域底部。

移植亦称移植栽培,适用于水生植物增殖放流,将水生生物直接或通过人工附着基间接移栽至水下附着物上。

公共水域是指能够为全社会共同利用的开放型水域,不包括由特定单位和个体经营利用的封闭型水域。

亲体是指已发育成熟且具备繁殖子代能力的水生生物个体。

苗种是指用于增殖放流的水生生物的幼体、稚体、受精卵、种子及孢子等。

(二)增殖放流的法律和政策规定

1.《渔业法》的规定

《渔业法》第二十八条规定:"县级以上人民政府渔业行政主管部门应当对其管理的渔业水域统一规划,采取措施,增殖渔业资源。"这项规定指明:渔业行政主管部门对其管理的渔业水域增殖渔业资源负有主体责任。为此,各级渔业行政主管部门应履行以下职责:

(1)积极开展水生生物资源养护与增殖放流的宣传教育,提高公民养护水生生物资源、将增殖放流作为促进渔业可持续发展的重要措施的意识;

(2)制定本行政区域内的水生生物增殖放流规划,并将增殖放流工作纳入政府生态环境建设计划;

(3)加大对水生生物增殖放流的投入,将增殖放流经费计划纳入同级人民政府财政预算,并积极引导、鼓励社会资金支持水生生物资源养护和增殖放流事业;

(4)建立渔业资源增殖放流科学管理制度,加强增殖放流活动的组织协调和监督管理;

(5)组织开展有关增殖放流的科研攻关和技术指导,并采取措施对增殖放流效果进

行评价；

（6）组织开展水生生物资源增殖放流的其他相关工作。

2.《中国水生生物资源养护行动纲要》的规定

《行动纲要》要求合理确定适用于渔业资源增殖的水域滩涂，重点针对已经衰退的重要渔业资源品种和生态荒漠化严重水域，采取各种增殖方式，加大增殖力度，不断扩大增殖品种、数量和范围。到2010年，每年增殖重要渔业资源品种的苗种数量达到200亿尾（粒）以上；到2020年，每年增殖重要渔业资源品种的苗种数量达到400亿尾（粒）以上。《行动纲要》并要求制定增殖技术标准、规程和统计指标体系，建立增殖计划申报审批、增殖苗种检验检疫和放流过程监理制度，强化日常监管和增殖效果评价工作。大规模的增殖放流活动，要进行生态安全风险评估。[23]

3.《国务院关于促进海洋渔业持续健康发展的若干意见》的规定

《意见》要求"发展海洋牧场，加强人工鱼礁投放，加大渔业资源增殖放流力度，科学评估资源增殖保护效果。"并规定"继续实施增殖放流补助政策"[21]

（三）增殖放流的规划安排

为科学、规范、有序地开展水生生物增殖放流，保证增殖放流活动取得实效，按照《渔业法》的规定，县级以上人民政府渔业行政主管部门应对其管理的渔业水域的渔业资源增殖放流进行统一规划。农业部应组织编制全国增殖放流规划，为全国组织开展增殖放流工作提供指导，也为中央财政增殖放流项目管理提供依据。省、自治区、直辖市渔业行政主管部门根据全国增殖放流规划组织编制本地区的增殖放流规划，为设区的市和县级编制增殖放流年度实施计划作根据。

农业部发布的《全国水生生物增殖放流总体规划（2011～2015年）》，以《行动纲要》为指南，统筹规划、循序安排，着力构建特色鲜明、定位清晰、布局合理、效益明显的水生生物增殖放流体系，确定了"十二五"增殖放流的指导思想、目标任务、区域布局和保障措施。

1. 规划目标

依据《行动纲要》规定的2020年的增殖放流目标，到2015年放流水生生物苗种340.29亿尾。其中，内陆水域经济物种87亿尾、珍稀濒危物种0.23亿尾，近岸海域经济物种253亿尾、珍稀濒危物种0.06亿尾。

2. 适宜水域

确定适宜增殖放流重要水域356片。综合考虑不同区域水域特点及水生生物资源状况，将内陆水域划分为东北区、华北区、长江中下游区、东南区、西南区、西北区等六个区，规划重要水域274片，包括108条江河、71个湖泊、95个水库。江河涵盖长江、黄河、珠江、黑龙江等的干流和一级支流，重要江河干流流经的省段，部分重要二级及以下支流归并到主要干支流；湖泊水库包括鄱阳湖、洞庭湖、太湖、三峡水库等面积在50平方千米以上的大中型湖泊水库。此外，城市水源地、位于边界或少数民族地区的重要湖泊水库，如北京的密云水库、新疆的苏库恰克水库和红海水库等，也列入重要增殖放流水域。近岸海域规划重要水域82片，包括渤海、黄海、东海和南海四大海域的重要港湾和岛礁海域。

规划确定重要的增殖放流水域，主要是为了解决这些水域面临的生态问题以及充分发挥中央财政资金使用效益。鼓励、支持各地和社会相关单位、个人利用地方财政资金和自有资金在规划确定的增殖放流水域以及规划之外其他适宜开展增殖放流的水域开展增殖放流。

3. 放流物种

确定适宜增殖放流的物种 167 种,主要是具有公有性特征、以洄游性鱼类为重点的游泳动物,不包括贝类等定居性物种,具体包括主要经济物种、珍稀濒危物种和地方特有物种。其中,主要经济物种是指具有公共属性和重要经济价值的鱼虾蟹等水生物种;珍稀濒危物种是指已列入或已通过农业部濒危水生野生动植物种科学委员会论证、拟列入《国家重点保护野生动物名录》的水生物种和 CITES 附录的水生物种;地方特有物种是指部分地方特有的、具有较高经济和生态等价值而且放流数量不足 200 万尾的水生物种。规划的放流物种基本涵盖现阶段所有适宜放流并具备大规模繁育能力的水生物种。

根据水生生物资源分布特点和各地放流实际,对水生生物物种的适宜放流区域进行了统筹规划。内陆水域,规划适宜在全国放流的广布性经济物种包括鲢鱼、鳙鱼、草鱼、青鱼等 30 种。规划区域性经济物种 50 种,如在长江中下游、珠江、钱塘江等南方水域放流鲮、倒刺鲃、大口鲇等;在黑龙江等东北水域放流瓦氏雅罗鱼、大麻哈鱼、哲罗鱼等;在西北、西南区的高原水域放流花斑裸鲤、齐口裂腹鱼、重口裂腹鱼、黄河裸裂尻鱼等高原特有鱼类;在东部沿海省份的通海江河河口区放流香鱼、河鲀等;在新疆放流丁鱼岁、河鲈、白斑狗鱼等以及在云南放流鱇䰾白鱼、滇池金线鲃、抚仙四须鲃等。

近岸海域,对 45 种经济物种的适宜放流海域进行了规划,其中中国对虾适宜在江苏以北的渤海、黄海放流,竹节虾适宜在黄海、东海、南海放流,长毛对虾、斑节对虾、墨吉对虾、刀额新对虾等适宜在福建以南海域的东海、南海放流,梭子蟹适宜在渤海、黄海、东海放流,青蟹适宜在浙江以南海域的东海放流,海蜇适宜在渤海、黄海和东海放流,金乌贼适宜在山东半岛近海的黄海放流,曼氏无针乌贼主要适宜在长江口以南的东海放流;海水鱼类从渤海至南海由北往南依次适宜的放流经济物种有鲆鲽类、梭鱼、许氏平鲉、半滑舌鳎、黄姑鱼、鲷类、大黄鱼、石斑鱼类、笛鲷类、花鲈等。珍稀濒危物种放流数量虽然相对较小,但也对其适宜放流水域作了统一规划。[68]

"十一五"中央和地方财政大幅度增加增殖放流投入,全国累计投入资金 21 亿元,放流各类苗种 1 090 亿尾,增殖放流活动由区域性、小规模发展到全国性、大规模的资源养护行动。《全国渔业发展第十二个五年规划(2011~2015 年)》要求落实《全国水生生物增殖放流总体规划(2011~2015 年)》,积极开展增殖放流和推进海洋牧场建设,累计放流各类水产苗种 1 500 亿尾,海洋牧场规模达到 500 万公顷,进一步遏制海域荒漠化趋势。[20]

(四)增殖放流的监督管理

增殖放流是公益性活动,社会参与面广,实践中可能出现的一些问题,特别是:

(1)增殖放流过程中,外来物种、杂交种等生物进入天然水体造成原生自然生态系统的改变,非当地原有物种移入本地水域以及原有物种放流数量和比例结构搭配不适当均会对原生自然生态系统造成影响等潜在的生物多样性和水域生态安全问题;

(2)在开展增殖放流过程中过于注重本地渔民增收,增殖放流的品种以定居性或游动性不强的水生生物为主,对于增殖放流大范围洄游性的水生生物物种积极性不高;增殖放流水域多是选择易于管理的小型和封闭性湖泊、水库,跨省(区、市)的开放型江河湖

泊、重点城市的水源地以及边界水域等重点水域增殖放流力度不够；

（3）放流资金规模小而散、放流活动随意性大、放流水域和物种重点不突出、不匹配以及放流效果不明显等问题。

为防止这些或类似问题的出现，渔业行政主管部门必须加强对水生生物增殖放流活动的监督管理，切实落实《行动纲要》"规范渔业资源增殖管理"的要求，以达到规范水生生物增殖放流活动，科学养护水生生物资源，维护生物多样性和水域生态安全，充分发挥增殖放流财政资金的使用效益，保障增殖放流持续健康发展的目的，2009 年农业部根据《渔业法》制定了《水生生物增殖放流管理规定》，规定：农业部主管全国水生生物增殖放流工作。县级以上地方人民政府渔业行政主管部门负责本行政区域内水生生物增殖放流的组织、协调与监督管理。增殖放流应遵循政府主导、各界支持、群众参与的方针和科学有序、保证安全、注重实效的原则。在此基础上，为县级以上地方人民政府渔业行政主管部门加强增殖放流的监督管理，作出了以下 10 条具体规定：

1. 规划制定和备案

县级以上地方人民政府渔业行政主管部门应当制定本行政区域内的水生生物增殖放流规划，并报上一级渔业行政主管部门备案。

2. 苗种生产管理

用于增殖放流的人工繁殖的水生生物物种，应当来自有资质的生产单位。其中，属于经济物种的，应当来自持有《水产苗种生产许可证》的苗种生产单位；属于珍稀、濒危物种的，应当来自持有《水生野生动物驯养繁殖许可证》的苗种生产单位。渔业行政主管部门应当按照"公开、公平、公正"的原则，依法通过招标或者议标的方式采购用于放流的水生生物或者确定苗种生产单位。

3. 苗种安全管理

用于增殖放流的亲体、苗种等水生生物应当是本地种。苗种应当是本地种的原种或者子一代，确需放流其他苗种的，应当通过省级以上渔业行政主管部门组织的专家论证。禁止使用外来种、杂交种、转基因种以及其他不符合生态要求的水生生物物种进行增殖放流。用于增殖放流的水生生物应当依法经检验检疫合格，确保健康无病害、无禁用药物残留。

4. 渔业部门开展的增殖放流活动

渔业行政主管部门组织开展增殖放流活动，应当公开进行，邀请渔民、有关科研单位和社会团体等方面的代表参加，并接受社会监督。增殖放流的水生生物的种类、数量、规格等，应当向社会公示。

5. 单位和个人开展的增殖放流活动

单位和个人自行开展规模性水生生物增殖放流活动的，应当提前 15 日向当地县级以上地方人民政府渔业行政主管部门报告增殖放流的种类、数量、规格、时间和地点等事项，接受监督检查。经审查符合规定的增殖放流活动，县级以上地方人民政府渔业行政主管部门应当给予必要的支持和协助。应当报告并接受监督检查的增殖放流活动的规模标准，由县级以上地方人民政府渔业行政主管部门根据本地区水生生物增殖放流规划确定。

6. 增殖放流活动的操作

增殖放流应当遵守《水生生物增殖放流技术规程》(SC/T9401—2010)关于投放时间、气象条件、投放方法、投放记录和投放前应采取的资源保护措施的规定,防止或者减轻对放流水生生物的损害。

7. 增殖资源的保护

渔业行政主管部门应当在增殖放流水域采取划定禁渔区、确定禁渔期等保护措施,加强增殖资源保护,确保增殖放流效果。

8. 增殖活动的监测和评价

渔业行政主管部门应当采取标志放流、跟踪监测和社会调查等措施对增殖放流效果进行评价。

9. 单位和个人参与增殖放流活动的其他途径和方式

单位、个人及社会各界可通过认购放流苗种、捐助资金、参加志愿者活动等多种途径和方式参与、开展水生生物增殖放流活动。对于贡献突出的单位和个人,应当采取适当方式给予宣传和鼓励。

10. 放流资金管理

水生生物增殖放流专项资金应专款专用,并遵守有关管理规定。渔业行政主管部门使用社会资金用于增殖放流的,应当向社会、出资人公开资金使用情况。[69]

四、 人工鱼礁

（一）人工鱼礁的种类、设置和作用

1. 人工鱼礁的种类

人工鱼礁是使用旧车船、旧轮胎、钢材、钢筋水泥预制件、石块、木竹等材料在海洋设置的适合鱼类群集栖息、生长繁殖的构筑物。使用这些材料构筑的人工鱼礁是沉式人工鱼礁。使用塑料或塑料构件为原材料构筑的鱼礁,大多数为浮式鱼礁。浮式鱼礁主要用于诱集中上层鱼类,因为浮式鱼礁要求礁体又轻又耐用,所以塑料是 1 种比较理想的材料。木竹材料也可用来构筑浮式鱼礁。

对于人工鱼礁种类的划分方法,目前尚无统一的标准。学术界一般根据投礁水深、建礁目的或鱼礁功能、造礁材料和礁体结构这四个方面来划分,有多种多样。管理部门多按照人工鱼礁功能划分,名称也不一样,如《全国渔业发展第十二个五年规划(2011~2015 年)》划分为"增养殖礁、生态礁、资源保护礁和游钓休闲礁等",《广东省人工鱼礁管理规定》划分为"生态公益型人工鱼礁、准生态公益型人工鱼礁、开放型人工鱼礁",并释义:"投放在海洋自然保护区或者重要渔业水域,用于提高渔业资源保护效果的为生态公益型人工鱼礁。投放在重点渔场,用于提高渔获质量的为准生态公益型人工鱼礁。投放在适宜休闲渔业的沿岸渔业水域,用于发展游钓业的为开放型人工鱼礁"。

在内陆水域不投放人工鱼礁,而是使用人工鱼巢。人工鱼巢是 1 种以植物为材料的编织物,可使那些产黏性鱼卵的鱼的鱼卵受精后黏附其上,便于孵化。

2. 人工鱼礁的设置

人工鱼礁一般设置在沿海大陆架,多在水深 10~40 米的海域。其位置要求避开主要航道、定置渔具作业区、沿岸贝藻类养殖区、重金属和石油等污染区以及军事设施所在

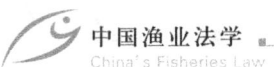

地,一般应选择在底质较为坚实、干潮线延伸较近、潮流流速和风浪不大、无泥沙回淤、且经常有经济鱼类洄游栖息的区域。1个鱼礁区至少要有4 000空立方米的礁体,鱼礁少了不起作用。

3. 人工鱼礁的作用

建设人工鱼礁对养护水生生物资源、改善水域生态环境和发展增殖渔业具有诸多良好作用,例如:

(1)人工鱼礁构件上常有大量甲壳类、贝类、多毛类幼虫等多种生物附着、滋生,引诱来很多小鱼小虾形成1个饵料场,吸引底层鱼类聚集栖息。在设置人工鱼礁的海域可形成上升流和涡流,将海底营养盐和沉积的有机物带至中、上层,增加水域的肥沃度,促进各种饵料生物大量繁殖生长,为中、上层鱼类提供良好的栖息环境和索饵繁殖场所,鱼类在此聚集,而形成渔场。有些鱼类向人工鱼礁游集、栖息,还与其先天的趋触性(与固体物接触的习性)等有关。

(2)人工鱼礁具有广大的礁体表面积,礁体表面积又适宜许多附着生物的生长,培养了许多鱼类赖以为生的饵料生物,可为一些鱼类产卵、孵化、鱼苗育肥提供良好生态环境条件,使得鱼礁区成为鱼类育苗场。而且,人工鱼礁体内空间及其结构表面生长、附着的生物会形成许多孔隙、洞穴,可成为鱼类隐蔽场所,供底栖鱼类栖息,有利于幼鱼躲避敌害,提高其成活率。

(3)人工鱼礁区不能用拖网,也不能用围网和刺网,只能用手钓,而手钓产量有限,在鱼类产卵场、育肥场、洄游通道等场所投放人工鱼礁,会使之自然地成为拖网禁捕区,大大减轻捕捞强度,有利于保护海洋生物资源,防止海底出现"荒漠化";在禁渔区设置人工鱼礁能真正起到禁捕作用。

(4)礁体投放后吸引大量海洋生物自然附着,附生的藻类可消耗氮、磷并吸收二氧化碳、释放氧气,贝类可消耗浮游植物和有机碎屑,能净化水质,减少赤潮发生,改善海域生态环境。

(5)开放型人工鱼礁还能把渔业同旅游业结合起来,以休闲渔业促进海上生态观光旅游的发展,有利于渔业产业结构的调整和解决就业问题。

(6)鱼礁投放后可通过增殖海珍品、捕获鱼类产生经济效益。通常情况下,1空方鱼礁,每年可收获0.75千克海参、鲍鱼等海珍品和2千克经济鱼类,产值近200元。据专家调查测算,正常运作的增养殖型人工鱼礁产后的净资产收益率可达25%。[70]

(二)人工鱼礁的建设

《水产资源繁殖保护条例》做出"各地应当因地制宜采取各种措施,如……投放鱼巢……增殖水产资源"的规定后,1979年6月广西防城县水产技术人员首次研究设计制造了26座小型单体人工鱼礁投放于珍珠港外20米水深处。试验取得初步成功后,1980年8月广西扩大了试验,设计制造了多种人工鱼礁,在北海、合浦、钦州等地沿海投放。广东和山东也相继进行人工鱼礁试验。

1983年12月14日新华社刊物登载《著名海洋捕捞技术专家冯顺楼提出开创我国海洋渔业新局面的建议》,中央领导批示:"扩大沿海投放人工鱼礁的建议,我看是发展渔业 1 项很好的建议"。[24]188 1983 年 12 月 24 日农牧渔业部上报《关于扩大人工鱼礁的建设,改造近海渔场环境的情况报告》,1984 年年 3 月 15 日农牧渔业部印发《中央领导同志对发展人工鱼礁建设的批示》,其中的第三个批语:"要水产总局发挥渔业科学家在这方面的积极作用,使沿海发展人工鱼礁的科学办法逐步推广开来。"随之,农牧渔业部召开全国人工鱼礁推广试验工作座谈会,制订了今明两年计划和"七五"规划,并成立全国人工鱼礁推广试验协作组。[24]192 由此拉开了全国沿海建设人工鱼礁的试验工作。

人工鱼礁建设需要大量投入,受财力条件的限制,经历了较长的试验研究和逐步发展阶段,大体上从 2000 年起进入快速发展阶段。标志是:《中国水生生物资源养护行动纲要》《国务院关于促进海洋渔业持续将康发展的若干意见》和各个全国渔业发展 5 年规划,从国家层面对人工鱼礁的建设作了统筹安排,沿海各省、自治区、直辖市及其所属若干市人民政府将人工鱼礁建设纳入工作计划,普遍组建了人工鱼礁建设领导机构,制定了人工鱼礁建设规划,建立了多元化投入机制,有的还颁布了管理规定和操作技术规程,并付诸实施,取得了显著的生态、社会和经济效益。实践证明,建设人工鱼礁是养护水生生物资源、改善水域生态环境和发展增殖渔业的有效举措,激发了单位和个人投资建设人工鱼礁空前高涨的积极性。

（三）人工鱼礁的管理

国家鼓励单位和个人投资建设人工鱼礁,增殖渔业资源。按照《渔业法实施细则》《渤海生物资源养护规定》和《防治海洋工程建设项目污染损害海洋环境管理条例》的规定,人工鱼礁的建设、开发利用和保护应当遵守下下列规定:

（1）沿海省、自治区、直辖市人民政府渔业行政主管部门应当会同有关部门,根据本省、区、市的海洋功能区划及渔业水域统一规划拟订人工鱼礁建设总体规划,科学确定人工鱼礁的建设布局、类型和数量,报本级人民政府批准,并报农业部备案。

沿海设区的市的人民政府应当根据本省、区、市人工鱼礁建设总体规划,制定本市人工鱼礁建设实施规划,并报本省、区、市渔业行政主管部门备案。

（2）设置人工鱼礁,应当经过环境影响评价和增殖效果评估。在航道、港区、锚地、通航密集区、军事禁区以及海底电缆管道通过的区域不得设置人工鱼礁。

（3）公民、法人和其他组织建设人工鱼礁应当向县级以上地方人民政府渔业行政主管部门提出申请,经其审核后,提交有审批权的部门批准。

（4）申请建设人工鱼礁应当提供以下材料:

① 投资者身份证明;

② 建造人工鱼礁的资金来源;

③ 环境影响报告书和增殖效果评估报告。

（5）在"机动渔船底拖网禁渔区线"外侧设置人工鱼礁的,应当报请农业部批准;在"机动渔船底拖网禁渔区线"内侧设置人工鱼礁的,应当报请省、自治区、直辖市人民政府渔业行政主管部门或其授权单位批准。

（6）建设人工鱼礁应结合减船工作,充分利用报废渔船等废旧物资,降低建设成本。严禁将有毒、有害或者其他可能污染渔业水域环境的材料用作人工鱼礁礁体。

（7）人工鱼礁建设工程应当由具有相应资质的单位进行设计、施工、监理。投放人工鱼礁应当根据国家和地方人工鱼礁建设操作技术规范制订投放方案，报省、自治区、直辖市人民政政府渔业行政主管部门和海事部门，由海事部门核准发布航行公告。

人工鱼礁建设者在完成人工鱼礁投放后，应当准确测量礁区的位置，并报省、自治区、直辖人民政政府渔业行政主管部门和海事部门。

渔业行政主管部门应当定期公布人工鱼礁的位置、鱼礁类型和礁区范围。

（8）县级以上地方人民政府渔业行政主管部门应当加强对人鱼礁礁区的监督检查以及人工鱼礁礁体状况和礁区资源环境的监测。

五、 渔业资源增殖保护费

《渔业法》规定："县级以上人民政府渔业行政主管部门可以向受益单位和个人征收渔业资源保护费，专门用于增殖和保护渔业资源。"依法全面开征渔业资源增殖保护费，这是国家在渔业上采取的1项重大决策，对于保护和增殖渔业资源，宏观调控捕捞作业结构，合理利用渔业资源，增强渔业发展的活力和后劲，具有重要的积极作用。

根据《渔业法》的授权，1988年经国务院批准，农业部、财政部、国家物价局联合发布了《渔业资源增殖保护费征收使用办法》（2011年修订）。该《办法》规定，凡在中华人民共和国内水、滩涂、领海以及中华人民共和国管辖的一切其他海域采捕捕天然生长和人工增殖水生动植物的单位和个人，都必须按不同作业水域、作业类型、捕捞品种以及受益程度缴纳渔业资源增殖保护费。

渔业资源增殖保护费分为海洋渔业资源增殖保护费和内陆水域渔业资源增殖保护费。海洋渔业资源增殖保护费年征收金额，一般按前3年平均年总产值的1％～3％征收；采捕大黄鱼、小黄鱼、石斑鱼、真鲷、对虾、龙虾、鹰爪虾、管鞭虾等经济价值较高的渔业资源品种，[69]按前3年平均年总产值的3％～5％征收。内陆水域渔业资源增殖保护费年征收金额，由省级人民政府确定。

渔业资源增殖保护费由发放《渔业捕捞许可证》的渔业行政主管部门，在发放或者年审《渔业捕捞许可证》的同时予以征收。渔业资源增殖保护费的征收和使用，实行取之于渔、用之于渔的原则，征收的渔业资源保护费实行按比例提留和统筹使用的办法，专门用于渔业资源的增殖与保护。渔业资源保护费现按行政事业性收费管理，实际上可认为是使用渔业自然资源对国家的一定经济补偿。

第四节　休闲渔业

一、 地位和作用

（一）休闲渔业的地位

休闲渔业是以渔业生产为载体，通过资源优化配置，将休闲娱乐、观赏旅游、生态建设、文化传承、科学普及以及餐饮美食等与渔业有机结合,实现一二三产业融合的 1 种新型渔业产业形态。在中国大陆,休闲渔业是在 20 世纪 90 年代随着全面建设小康社会进程的深入推进,城乡居民收入不断增加,生活方式不断改变,双休日制度实行,休闲需求日益扩大的时代背景下逐渐兴起的。进入 21 世纪,发展休闲渔业是拓展渔业功能,转变渔业发展方式,提高渔业发展质量和效益的重要举措和必由之路,已成为各级政府和渔业管理部门的共识,并被纳入国家和地方渔业发展规划。

《全国渔业发展第十一个五年规划(2006~2010 年)》提出以满足城镇居民多样化需求为导向,充分发挥渔业的多功能性,拓展渔业的生态和休闲功能,使城市及城郊地区成为休闲渔业发展的中心。重点发展观赏、垂钓、旅游、餐饮等都市休闲渔业。经过 5 年努力,休闲渔业蓬勃发展,产值年均增长 22.6%,成为带动渔民增收的新亮点。[71]

《全国渔业发展第十二个五年规划(2011~2015 年)》根据休闲渔业规模逐年扩大,内涵不断拓展,模式丰富多样,发展方式逐步转变,呈现出良好发展的形势和发展的需要,将休闲渔业列为应当着力构建的现代渔业 5 大产业之一,是在提高传统渔业产业发展水平的同时,应当努力拓展的新兴渔业产业。为此,将"鼓励发展文化多元的休闲渔业"作为重点任务之一,并要求:

1. 丰富休闲渔业发展模式

围绕城乡一体化进程和新农村建设,结合养殖基地、渔港、海洋牧场等渔业设施及增殖放流等渔业活动,积极发展多元化、精品化现代休闲渔业。通过观赏鱼大赛、垂钓比赛、渔业饮食文化节、放鱼节、开渔节以及渔业科普、美术摄影等活动形式,不断挖掘、传承、弘扬、创新与渔业相关的观赏文化、餐饮文化、民俗文化。

2. 扩大休闲渔业产业规模

按照因地制宜、合理规划、形成特色、示范带动的要求,以市场为导向,加大休闲渔业资源整合力度,加强知名休闲渔业品牌创建,打造生产标准化、服务集约化、功能多样化的现代休闲渔业产业集群。扩大观赏鱼产业规模,加快观赏展示和交易市场建设,加大休闲渔业中公益性设施的投入扶持力度,强化对休闲渔业合作组织和行业协会的管理与支持,健全休闲渔业技术服务体系。[20]

(二)休闲渔业的作用

(1)休闲渔业集渔业和休闲娱乐业于 1 体,发挥渔业资源的休闲功能和渔业社区独特景色的观光价值,为人民群众休闲娱乐、陶冶情操、增强身心健康服务。休闲渔业是以休闲娱乐为目的,利用渔港、渔船和渔业设施,发挥渔民的专业技能,为游人和消费者提供参观、体验渔业生产和渔民生活等服务的商业经营行为。其首要功能是适应人民群众对旅游休闲的消费需求,为旅游市场提供 1 个具有渔业和渔区特点的活动天地,丰富城乡居民物质文化生活。

(2)发展休闲渔业可扩大渔业社区就业,促进渔区对外开放、城乡交流和沿海和内陆交流,提高渔区知名度,繁荣渔区经济,带动相关产业的发展,增加渔民收入,实现渔业增效和渔民增收的双层目标。

(3)发展休闲渔业可促进捕捞渔民转产转业措施的落实,压缩捕捞能力,减轻内水、近海捕捞压力,促进水产养殖业和增殖渔业的健康发展,优化渔业产业结构,提高渔业发展质量,缓解渔业生产和渔区经济生活中深层次矛盾,推动水生生物资源养护和管理,修

复和重建已遭到破坏的渔业水域生态环境。

（4）发展休闲渔业，通过建立休闲渔业基地鱼货直销中心，实行优惠税率，由渔民和渔民家属进入市场销售活鱼、鲜鱼和经营水产品加工，因减少流通环节和运销成本，使售价低于一般零售市场。这样既可增加渔民家庭收入，又可吸引更多的游人和城市居民到渔港、渔区观光休闲。

（5）发展休闲渔业可推进渔区渔村环境整治及水、电、路、气、房、医疗卫生和信息化基础设施建设，健全农村综合信息服务体系，美化家园，改善农村人居环境，提高渔民文明素养，促进现代渔业发展和社会主义新农村建设。

二、布局和类型

（一）休闲渔业的布局

（1）发展休闲渔业要从自然资源和人文资源出发，依托渔业生产过程、渔民文化生活和渔区风情风貌，充分利用现有养殖基地、渔港、渔船、渔业设施、渔业人力资源等条件，充分发挥新渔村建设和渔业历史文化传统的优势，丰富和拓展渔业的休闲娱乐功能和文化内涵，根据市场需要，结合地域优势和传统特色，因地制宜，突出特色，创建适应不同层次、不同需求、不同规模、不同类型的休闲渔业项目和基地。

（2）沿海地区休闲渔业发展要结合现代渔村建设、人工鱼礁建设和滨海旅游开发，展示丰富多彩的渔文化、海洋文化和海洋景观。内陆地区要依靠江、河、湖、库等资源，打造各具特色的休闲渔业项目。大中城市周边，以现有水产养殖场所为基础，发展垂钓、观赏、娱乐、餐饮、住宿等功能齐全的休闲渔业基地。

（二）休闲渔业的类型

《全国渔业发展第十二个五年规划（2011～2015年）》将休闲渔业主要划分为以下几种类型：

1. 文化娱乐型。

举办渔业餐饮文化节、放鱼节、开渔节、渔民节等渔文化节庆，利用渔村民俗历史文化展览、美术摄影、渔家乐、水上餐饮、体验式捕鱼等活动形式，吸引游人到渔区渔乡游览、娱乐、休闲度假，领略渔乡、渔村的景观秀美、风俗民情和渔业文化，陶冶精神文明。

2. 都市观赏型

在城市及城郊地区以商品鱼生产基地和重要养殖水域为依托，组织游人观赏"名、特、优、新"鱼类品种的养殖过程和渔民的养鱼技艺，举办观赏鱼评比、鱼宴烹调大赛、水族装备（包括钓具、钓饵等）展销等各类活动，使人民群众在享受渔文化中增强负责任渔业行为知识。

3. 竞技体育型

建立集游乐、健身、餐饮为1体，设备齐全，服务周到的垂钓园、游钓场，游钓船艇队，对游人开放垂钓、海钓和潜水叉鱼、拾贝，举办钓鱼比赛，开展带有渔业特色的体育健身运动。

4. 观光体验型

组织游人参观渔船、渔港、渔排、水产增养殖和水产加工设施，观赏现代渔业生产的活动情境,让游人采集滩涂贝类或乘船出海,直接参与拉网捕鱼或参加增殖放流活动,体验现代渔事及渔民的勤劳、智慧、艰辛和风险。

5. 展示教育型

建立现代化水族馆、水产博览馆、海洋公园、海底世界等设施,展示海洋、淡水鱼类和珍稀水生动物,使游人在观赏中了解水生动物世界的五彩缤纷、千姿百态,受到珍惜水生野生动物和保护生态环境的意识启迪和情操升华。

三、示范基地

(一)休闲渔业示范基地创建标准

农业部为加快培育经营特色化、管理规范化、产品品牌化、服务标准化的休闲渔业基地,进一步探索休闲渔业发展规律,发展和提升休闲渔业,引领和带动休闲渔业全面健康发展,决定从 2012 年起按照《全国休闲渔业示范基地创建标准》分期、分批创建 1 批有规模、有特色、效益好、管理规范、带动能力强的休闲渔业示范基地。[72]

《创建标准》的主旨在于突出涉渔休闲主题,将传统渔业生产与服务业相结合,规范生产、经营、管理活动,形成集休闲、垂钓、体验、观光、美食、水族观赏、文化等为一体的综合性渔业基地,提高产业的运营水平。具体指标包括以下 8 项要求:

1. 设施

设施完善,配套齐全,能一次性容纳 200 人以上参加相应的休闲渔业活动及接待、休憩、餐饮、游乐等活动,东中部地区年营业额 500 万元以上,西部地区年营业额 200 万元以上。涉渔生产设施、生产活动能很好地融入休闲观光活动中,体现出较高的产业融合度和景点特色。

2. 交通

交通便利,基础设施完善;园区内场地平整坚实,道路通畅,停车场位充足;标志规范、醒目。

3. 环境

园区内布局合理、绿化美观,园区环境达到《农产品安全质量 无公害水产品产地环境要求》(GB/T 18407.4—2001)。园内各项设施设备符合国家关于环境保护的要求,绿化覆盖率高,环境氛围优良。水源水质应符合《渔业水质标准》(GB 11607)有关规定,养殖水质应符合《无公害食品 淡水养殖用水水质》(NY 5051)中有关规定,污水排放达到《污水综合排放标准》(GB 8978—1996)的规定。

4. 项目

具有两个以上的休闲渔业主题项目或观光活动景点,有渔业文化、当地渔业特产展示,内容健康、丰富,形成特色主题,具有示范性。

5. 安全

消防、防盗等设施设备齐全、功能完好、时间有效;游览、娱乐等设施运行正常、无安全隐患。严格执行国家各项安全法律法规,建立完善的安全制度并落实到位。

6. 卫生

食品卫生符合国家规定,餐饮服务配备消毒设施,不使用对环境造成污染的餐具,残

渣废料必须专门集中收集储藏和处理,不随意排放或丢弃。严格执行国家各项卫生法律法规,建立完善的卫生制度并落实到位。

7. 管理

集体经济组织、渔民专业合作组织或企业等具有独立法人资格的单位有完备的资质证明,生产经营严格执行渔业、公安、劳动、质量监督、旅游等有关部门法规规定。建立并全面落实完善的安全保卫制度和安全责任制度。管理制度健全,服务优良,员工素质良好。设置游客信箱或意见薄,并公布监督电话,有专人负责处理旅游质量投诉与咨询。

8. 效益

市场辐射力较强,市场吸引力和经济效益较好,在周边地区有较高的知名度,成为当地旅游的重要项目内容。社会效益显著,能直接吸纳就业或间接提供劳动就业岗位。生态效益明显,未对周边环境造成建设性和运营性破坏。

(二)休闲渔业示范基地的确认和管理

经过具备休闲渔业经营资质的经营主体自愿申请、县级渔业行政主管部门进行考核、评估,自下而上、逐级推荐、择优申报,农业部组织有关专家进行综合评审、择优确定,公示后发文确认的程序,截止 2016 年 1 月,农业部已授予 488 家单位"全国休闲渔业示范基地"称号,有效期 4 年。农业部还对全国休闲渔业示范基地实行动态管理。对违反国家法律法规,侵害消费者权益,发生重大安全生产、食品质量安全事故以及不履行示范义务的,将取消示范基地资格并公示。

四、 管理

(一)休闲渔业管理原则

(1)县级以上地方人民政府应当把休闲渔业发展纳入经济社会发展计划,采取促进休闲渔业持续健康发展的经济、技术政策和措施,支持建造符合节能环保和渔业资源保护要求的休闲渔业船舶及建设相关设施,积极发展现代休闲渔业。

(2)县级以上地方人民政府应当建立休闲渔业管理协调机制和监管体系,对休闲渔业生产经营活动进行监督检查。渔业行政主管部门具体负责本行政区域内休闲渔业管理工作,其他相关行政主管部门按照职责分工,协助做好休闲渔业管理工作。

(3)县级以上地方人民政府渔业行政主管部门应当会同有关行政主管部门对管辖范围内的休闲渔业资源和休闲渔业发展状况进行调查和评估,制定休闲渔业发展规划,报同级人民政府批准实施。

(4)县级以上地方人民政府应当制定休闲渔业管理规定。县级以上地方人民政府渔业行政主管部门应当制定休闲渔业安全生产、环境保护、食品卫生、休闲渔船管理等的实施细则和服务标准,使休闲渔业发展有法可依,管理有章可循。

(5)鼓励渔户、渔民专业合作社和龙头企业依托水产健康养殖示范场、水产良种繁育基地、海洋牧场和人工鱼礁建设等兴办休闲渔业,支持近海老旧木质渔船通过更新改造转向休闲渔业,并加强对沿海捕捞渔民从事休闲渔业经营的技能培训,提高转产就业的能力,优先保障传统渔民利益。

(6)休闲渔业经营主体应建立健全安全管理制度及应急预案、落实各项安全生产措施和操作规程,并遵守国家和地方休闲渔业管理法规,执行环境保护、食品卫生等规章和标准,实现合法、规范、安全经营。[73]

（二）休闲渔业管理规定

（1）单位和个人从事休闲渔业经营活动,应当按照规定向县级以上渔业行政主管部门登记;单位和个人未经登记的,不得擅自从事休闲渔业经营活动。

（2）个人或其他组织所有的渔业船舶、网箱、渔排等渔业设施,可以通过挂靠经营单位的方式,由经营单位统一组织从事休闲渔业服务。

经营单位应当在平等、自愿的基础上,与挂靠本单位的休闲渔业船舶、网箱、渔排等渔业设施所有权人签订书面合同,明确风险承担、盈余分配以及各自权利、义务和责任。

（3）经营休闲渔业活动的单位和个人应当具备以下条件:

① 持有经营范围包含休闲旅游业务的真实有效的"工商登记执照",或具有旅游行政主管部门签发的资格证书;

② 提交休闲渔业项目可行性报告;

③ 具有从事休闲渔业经营活动的安全责任制度和安全操作规程;

④ 相关的资信证明材料。

经营者以从事休闲渔业经营活动的渔船为载体,为休闲人员提供海上垂钓、水产品采集或演示性捕捞作业等服务的,还应当具备以下条件:

① 具有可供休闲渔业船舶安全靠泊和上下游客的码头及其他安全、环保附属设施;

② 设有与休闲渔船、海上搜救中心等相关部门保持联系的陆台并配备专职值班人员;

③ 设有安全管理机构并配备人员,制定安全管理制度和应急预案,配备必要的应急救援设施;

④ 持有渔船检验机构核发的《休闲渔船安全证书》;

⑤ 休闲渔船及其船员各项法定证书齐全有效。

（4）渔业船舶检验机构应按照休闲渔业区实际情况以及休闲渔船的技术条件核定载客人数上限。休闲渔船载客人数上限应当在船舶明显位置标明。

（5）经营单位应当为自有和挂靠本单位的休闲渔船统一办理船舶财产保险、第三者强制险及相关证件,为水上作业人员购买人身保险。

（6）渔政机构应在休闲渔业码头派驻值班人员并实行休闲渔船出航申报制度。未经渔政机构许可,经营单位不得擅自指派休闲渔船载客出航。

（7）休闲渔船的作业范围,不得超越出县级以上人民政府渔业行政主管部门划定的休闲渔业区。未划定休闲渔业区的,休闲渔船航行业区最远端距离大陆或海岛岸线不得超过 20 海里。

（8）参与休闲渔业活动的游客应当遵守休闲渔业安全行为守则,服从经营单位工作人员的管理。

（9）经营单位应当加强对自有和挂靠本单位的休闲渔业船舶的管理,统一组织开展休闲渔业活动。严禁挂靠经营的休闲渔业船舶私自搭载、接待游客。

（10）经营单位的法定代表人是本单位休闲渔业服务质量、安全生产和餐饮食品安全卫生的第一责任人,对本单位休闲渔业经营活动的安全负全面责任。

参考文献

[1] 中共中央 国务院关于加大统筹城乡发展力度进一步夯实农业农村发展基础的若干意见[S/OL].(2009-12-31:第 18 段).[2014-04-20].

http://politics.people.com.cn/GB/1026/10893985.html

[2] 农业部关于印发《养殖水域滩涂规划编制工作规范》和《养殖水域滩涂规划编制大纲》的通知[S/OL].(2016-12-26).[2017-01-05].

http://www.yyj.moa.gov.cn/tzggyzj/201612/t20161226_5417356.htm

[3] FAO. Glossary of aquaculture[S/OL].(2008).[2014-04-21].

http://www.fao.org/fi/glossary/aquaculture/default.asp

[4] 环境科学大辞典编委会.环境科学大辞典[M].北京:中国环境科学出版社,1993:306.

[5] 项淳一.全国人大法律委员会对《中华人民共和国渔业法(草案)》审议结果的报告[S/OL].(1986-01-10).[2014-04-22].

http://www.npc.gov.cn/wxzl/gongbao/2000-12/26/content_5001730.htm

[6] 陈耀邦.关于《中华人民共和国渔业法修正案(草案)》的说明[S/OL].(2000-07-03).[2014-04-22].

http://www.npc.gov.cn/wxzl/gongbao/2000-07/03/content_1481419.htm

[7] 李伯勇.全国人大法律委员会关于《中华人民共和国渔业法修正案(草案)》修改情况的汇报[S/OL].(2000-08-21).[2014-04-22].

http://www.npc.gov.cn/wxzl/gongbao/2000-08/21/content_1481439.htm

[8] 李伯勇.全国人大法律委员会关于《中华人民共和国渔业法修正案(草案)》审议结果的报告[S/OL].(2000-10-23).[2014-04-22].

http://www.npc.gov.cn/wxzl/gongbao/2000-10/23/content_1481421.htm

[9] 农业部.水域滩涂养殖发证登记办法[S/OL].(2010-05-24).[2014-04-25].

http://www.moa.gov.cn/sjzz/yzjzw/bjwj/201206/t20120613_2757139.htm

[10] 农业部.水产养殖质量安全管理规定[S/OL].(2003-07-24).[2014-04-27].

http://www.gov.cn/gongbao/content/2004/content_62952.htm

[11] 全国人民代表大会常务委员会关于修改《中华人民共和国渔业法》的决定[S/OL].(2000-10-31).[2014-04-27].

http://www.npc.gov.cn/wxzl/gongbao/2000-10/31/content_1481420.htm

[12] 农业部.水产苗种管理办法[S/OL].(2001-12-10).[2014-04-28].

http://www.moa.gov.cn/zwllm/tzgg/gg/200210/t20021022_16751.htm

[13] 农业部.水产原、良种审定办法[S/OL].(2008-03-04).[2014-04-28].

http://www.moa.gov.cn/zwllm/zcfg/nybgz/200806/t20080606_1057135.htm

[14] 农业部.水域污染事故渔业损失计算方法规定[S/OL].(2008-03-04).[2014-04-30].

http://www.moa.gov.cn/zwllm/zcfg/nybgz/200806/t20080606_1057119.htm

[15] 联合国粮农组织负责任渔业技术准则第 5 号增补 5.利用野生鱼类作为水产养殖饲料[S/OL].(2012:6).[2014-04-30].

http://www.fao.org/docrep/015/i1917c/i1917c00.pdf

[16] 中华人民共和国饲料和饲料添加剂管理条例[S/OL].(2011-11-03).[2014-04-30].

http://www.gov.cn/zwgk/2011-11/15/content_1993711.htm

[17] 水产养殖术语(GB/T 22213-2008)[S/OL].(2008-07-31).[2014-05-05].

http://down.foodmate.net/standard/sort/3/18493.html

[18] 联合国粮农组织文件第 COAG/2003/6 Y8704C 号.制定农业管理规范框架[S/OL].(2003-03-31-04-04).[2014-05].

http://www.fao.org/docrep/MEETING/006/Y8704c.HTM

[19] 良好农业规范(GB/T 20014-2008)[S/OL].(2008-02-01).[2014-05-10].

http://down.foodmate.net/standard/sort/3/21807.html

[20] 农业部.全国渔业发展第十二个五年规划(2011—2015 年)[S/OL].(2011-10-17).[2014-05-12].

http://www.moa.gov.cn/zwllm/ghjh/201110/t20111017_2357716.htm

[21] 国务院关于促进海洋渔业持续健康发展的若干意见[S/OL].(2013-03-08).[2014-05-22].

http://www.gov.cn/zwgk/2013-06/25/content_2433577.htm

[22] 农业部.渔业捕捞许可管理规定[S/OL].(2014-05-18).[2014-06-05].

http://www.moa.gov.cn/zwllm/zcfg/nybgz/201401/t20140113_3737673.htm

[23] 中国水生生物资源养护行动纲要[S/OL].(2006-02-14).[2014-05-12].

http://www.gov.cn/zwgk/2006-02/27/content_212335.htm

[24] 农业部渔业局.中国渔业五十年大事记[M]北京:中国农业出版社,1999.

[25] 国家环境保护总局.全国生物物种资源保护与利用规划纲要[S/OL].(2007-10-24).[2014-05-12].

http://www.zhb.gov.cn/gkml/zj/wj/200910/t20091022_172479.htm

[26] 国务院法制局.中华人民共和国现行法规汇编(1949-1985 农林卷)[G].北京:人民出版社,1987.

[27] 当代中国丛书编辑部.当代中国的水产业[M].北京:当代中国出版社,1991.

[28] 国务院办公厅转发农牧渔业部关于近海捕捞机动渔船控制指标的意见[J].中国水产,1987(5):2.

[29] 渔政渔港监督管理局.渔业法律法规规章全书[S].北京:中国法制出版社,1999.

[30] 农业部关于"九五"期间控制海洋捕捞强度指标的实施意见[S/OL].(1997-04-28).[2014-05-15].

http://www.law-lib.com/lawhtm/1997/64698.htm

[31] 农业部关于 2003～2010 年海洋捕捞渔船控制制度实施意见[S/OL].(2003-11-12).[2014-05-15].

http://www.moa.gov.cn/zwllm/tzgg/tz/200311/t20031128_141542.htm

[32] 农业部渔业局.2010 年全国渔业经济统计公报[R/OL].(2011-06-28).[2014-05-15].http://www.agri.gov.cn/V20/ZX/nyyw/201106/t20110628_2039578.htm

[33] 农业部.渔业捕捞许可管理规定[S/OL].(2002-08-23).[2014-05-18].

http://www.china.com.cn/policy/txt/2002-09/05/content_5199912.htm

[34] 农业部、国家安全生产监督管理局.渔业船舶报废暂行规定[S/OL].(2002-05-23).[2014-05-18].

http://www.foshan.gov.cn/fwly/snfw/zcwj/yyfg/201607/t20160715_5764765.html

[35] 农业部.关于加强老旧渔业船舶管理的通知(农渔发[2007]11 号)[S/OL].(2007-05-10).[2014-05-18].

http://www.cnfm.gov.cn/bjwj/201206/t20120614_2758163.htm Htm

［36］农业部.关于实施《清理、取缔"三无"船舶通告》有关事项的通知［S/OL］.（1994-11-08）.［2014-05-20］.

http://www.cqyzc.com/info_show.php? id=514

［37］杨坚.中国渔业发展现状及发展规划［S/OL］.（2002-08-22）.［2014-05-20］.

http://fsc.shou.edu.cn/neibu/2-zyfzdh.htm

［38］农业部关于实施海洋捕捞网具最小网目尺寸制度的通告［S/OL］.（2003-10-08）.［2014-07-09］.

http://www.fjof.gov.cn/_xxgk/fgwj/article.html1? id=43979

［39］农业部.渤海生物资源养护规定［S/OL］.（2004-02-12）.［2014-05-20］.

http://www.law-lib.com/law/law_view.asp? id=82596

［40］全国海洋捕捞渔具目录（汇总表）.［S/OL］.（2012-11-27）.［2014-07-12］.

http://www.docin.com/p-593500591.html

［41］牛盾在清理整治违规渔具专项行动电视电话会议上的讲话［R/OL］.（2013-08-05）.［2014-07-12］.

http://www.cnfm.gov.cn/yyywyzj/201308/t20130819_3562318.htm

［42］农业部关于在辽宁等三省一市实行张网最小网目尺寸标准和禁用渔具的通告［S/OL］.（2013-08-26）.［2014-07-13］.

http://www.moa.gov.cn/zwllm/zxfb/201308/t20130826_3586882.htm

［43］农业部关于征求海洋捕捞网具最小网目尺寸制度并公布禁用渔具目录意见的通告［S/OL］.（2013-09-05）.［2014-07-13］.

http://www.moa.gov.cn/zwllm/tzgg/tz/201309/t20130906_3598673.htm

［44］农业部关于实施海洋捕捞准用渔具和过渡渔具最小网目尺寸制度的通告［S/OL］.（2013-11-29）.［2014-07-15］.

http://www.moa.gov.cn/zwllm/tzgg/tz/201312/t20131205_3699050.htm

［45］农业部关于禁止使用双船单片多囊拖网等十三种渔具的通告［S/OL］.（2013-11-29）.［2014-07-15］.

http://www.moa.gov.cn/zwllm/zxfb/201312/t20131205_3699036.htm

［46］国家水产总局.渔业许可证若干问题的暂行规定［J］.中国水产,1980(3):2-3.

［47］农业部渔业局.1997年中国渔业统计年鉴.渔业统计指标解释［G/OL］.（1998-04）.［2014-05-25］.

http://wenku.baidu.com/view/aefc0b68561252d380eb6e12.html

［48］中共中央国务院关于放宽政策,加速发展水产业的指示［S/OL］.（1985-03-11）.［2014-05-28］.

http://www.cnki.com.cn/Article/CJFDTotal-SICA198504001.htm

［49］国务院批转农业部关于进一步加快渔业发展意见的通知（国发［1997］3号）［S/OL］.（1997-01-27）.［2014-05-30］.

http://guoqing.china.com.cn/gbbg/2011-11/12/content_23898321.htm

［50］中共中央关于推进农村改革发展若干重大问题的决定［S/OL］.（2008-10-12）.［2014-05-30］.

http://www.gov.cn/jrzg/2008-10/19/content_1125094.htm

［51］农业部关于贯彻落实《国务院关于促进海洋渔业持续健康发展的若干意见》的实施意见［S/OL］.（2013-07-05）.［2014-06-04］.

http://www.moa.gov.cn/zwllm/zwdt/201307/t20130711_3523312.htm

［52］农业部渔业局.2000中国渔业年鉴［G/OL］.（1999-12-31）.［2014-06-05］.

http://wenku.baidu.com/view/bf960cf4f61fb7360b4c6557.html

[53] 徐建平. 开发远洋渔业资源的战略及对策[J]. 国际经济合作,2004(5):60.

[54] 唐峰华,陆良峰等. 我国北太平洋鱿钓渔业的现状、面临的问题及发展对策[J]. 渔业信息与战略,2013,28(1):15.

[55] 农业部渔业局.2001 中国渔业年鉴[G]. 北京:中国农业出版社,2002:11.

[56] 农业部副部长于康震在中国远洋渔业 30 年座谈会上的讲话[R/OL]. (2015-03-31)1). [2015-04-07].

http://www.cnfm.gov.cn/yyywyzj/201503/t20150331_4467025.htm

[57] 农业部. 远洋渔业管理规定[S/OL]. (2003-04-18). [2014-06-08].

http://www.gov.cn/gongbao/content/2004/content_62790.htm

[58] 农业部办公厅关于实施远洋渔船船位监测工作的通知(农办渔[2008]74 号)[S/OL]. (2008-10-27). [2014-06-10].

http://www.cndwf.org/bencandy.php? fid=150&id=2265

[59] 农业部办公厅关于实施远洋渔船船位监测的通知[S/OL]. (2010-04-20). [2014-06-10].

http://2010jiuban.agri.gov.cn/xxgkqtl/t20100420_1470051.htm

[60] 农业部. 远洋渔船船位监测管理暂行办法[S/OL]. (2012-01-19). [2014-06-10].

http://www.moa.gov.cn/govpublic/YYJ/201201/t20120131_2471663.htm

[61] 农业部. 中日渔业协定暂定措施水域管理暂行办法[S/OL]. (1999-03-05). [2014-06-12].

http://www.moa.gov.cn/zwllm/zcfg/nybgz/200806/t20080606_1057141.htm

[62] 农业部. 中韩渔业协定暂定措施水域和过渡水域管理办法[S/OL]. (2001-02-16). [2014-06-12].

http://www.moa.gov.cn/zwllm/zcfg/nybgz/200806/t20080606_1057056.htm

[63] 北部湾共同渔区渔业资源养护和管理规定[S/OL]. (2004-04-29). [2014-06-12].

http://www.qzny.gov.cn/zcfg/gj/2004/07/20040719000813.html

[64] 农业部关于实施《中越北部湾渔业合作协定》的通告[S/OL]. (2004-06-15). [2014-06-12].

http://www.cnfm.gov.cn/info/display.asp? id=2948

[65] 农业部. 中华人民共和国管辖海域外国人、外国船舶渔业活动管理暂行规定[S/OL]. (1999-06-24). [2014-06-12].

http://www.jsof.gov.cn/art/2010/6/1/art_32_51673.html

[66] 现代科学技术简介[M]. 北京:科学出版社,1978:592.

[67] 联合国粮农组织渔业和水产养殖部. 世界渔业和水产养殖状况 2012[R/OL]. (2012:138). [2004-06-15].

http://www.fao.org/docrep/016/i2727c/i2727c.pdf

[68] 农业部渔业局. 全国水生生物增殖放流总体规划(2011~2015 年)解读[R/OL]. (2010-12-31). [2014-06-20].

http://www.moa.gov.cn/zwllm/zwdt/201012/t20101231_1800897.htm

[69] 农业部. 水生生物增殖放流管理规定[S/OL]. (2009-03-24). [2014-06-20].

http://www.gov.cn/flfg/2009-04/21/content_1291524.htm

[70] 青岛市加快建设人工鱼礁发展海洋牧场的议案办理工作实施方案[R/OL]. (2010-08-25). [2014-06-22].

http://www.qingdao.gov.cn/n172/n68422/n1527/n15134956/n15134958/15248548.html

[71] 农业部. 全国渔业发展第十一个五年计规划[S/OL]. (2006-11-07). [2014-06-29].

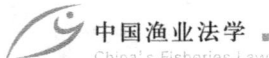
http://www.mofcom.gov.cn/aarticle/b/g/200702/20070204362286.html

［72］农业部办公厅关于开展休闲渔业示范基地创建工作的通知［S/OL］.（2012-09-18）.［2014-06-29］.

http://finance.sina.com.cn/nongye/nygd/20120927/000013261335.shtml

［73］农业部关于促进休闲渔业持续健康发展的指导意见［S/OL］.（2012-12-12）.［2014-06-30］.

http://www.cnfm.gov.cn/bjwj/201212/t20121212_3103375.htm

第二十三章　渔业资源保护

渔业资源保护在狭义上是指渔业生物资源的保护，广义上是指水生生物资源的保护。过去几十年全球水生生物资源不断衰退，中国的情况也不例外。除环境因素外，主要是对渔业经济的客观规律认识不足，对渔业捕捞管理不力造成的。

20世纪80年代中期之前，在指导思想上存在片面强调捕捞、忽视保护和增殖资源的偏向，致使渔业资源的利用不够合理，海洋捕捞机动渔船成倍增加，大大超过了资源再生能力，主要经济鱼类产量大幅度下降，竭泽而渔、"吃祖宗饭、造子孙孽"的现象随处可见。

为有效制止破坏渔业资源的状况，从根本上解决渔业可持续发展的问题，从1986年《渔业法》起，一直将"加强渔业资源的保护"作为渔业立法的首要目的，并从多方面加以规范，不断充实完善，逐步形成了以"渔业捕捞能力总量控制"、"船网工具控制指标管理"、"渔具准入"、"捕捞限额"和"渔业捕捞许可证"等5项渔业捕捞管理基本制度为核心，以保护重点渔业资源品种、保护苗种和怀卵亲体、规定捕捞标准和幼鱼比例、规定禁渔区和禁渔期、实施休渔制度和建立水产种质资源保护等6项具体举措为补充的渔业资源养护和管理措施体系。在渔业捕捞能力过剩的情况下，实施这些措施是为促进以负责任的方式捕捞，其最终目标是要把捕捞能力降低到与渔业资源的持续利用相符合的水平，并减少资源浪费，将对环境的不利影响减至最低限度。

保护渔业资源，包括渔业生物资源本体的保护和渔业生物资源生存环境即渔业生态环境的保护两方面，归根到底是保护渔业生态系统的健康、生产力和复原力。这事关渔业可持续发展、国家粮食安全、生态安全、食品安全，渔民生计和福祉及经济社会持续健康发展，是渔业管理和发展战略的1项重要、紧迫而长期的任务。

本章主要着眼于水生生物资源本体的保护及纠正破坏性的捕捞做法，阐述以负责任的方式实施渔业资源养护和管理的法定举措，特别是上述6项措施。

第一节 渔业资源保护根据和目标

一、根据

(一)渔业资源保护的事实根据

20世纪50年代中国渔业资源基础雄厚,处于利用不足状况。20世纪60年代近海渔业资源从中等程度开发到充分利用。70年代初期个别鱼类资源呈衰退现象,到70年代中后期近海和内陆水域渔业资源都已遭到严重破坏,主要经济鱼类资源继续衰退。从那时起,国家即提出对渔业资源从战略上立足于"保",并指出:"保护资源,不仅是我们这一代人发展生产的需要,也是为子孙后代造福的大计。"[1]133为此,制定并实施了一系列保护渔业资源的管理制度和措施,收到了良好的效果。但是,从全局来看,由于在多年中国家财力、物力有一定困难,不能拿出更多的力量进行渔业资源保护,特别是受经济社会发展和人口不断增长,水产品市场需求与资源不足的矛盾日益突出等诸多因素的影响,渔业资源保护仍然是1个薄弱环节,长期存在的以下主要问题,有待从根本上加以解决:

(1)捕捞船网工具等捕捞能力过剩,造成捕捞量超过了渔业资源的增长量;

(2)工业化、城镇化过程中处置失当,尤其是不合理地开发利用自然资源,渔业生态环境不断恶化,部分水域呈现生态荒漠化趋势;

(3)主要水生生物资源严重衰退,渔业生产效率和经济效益明显下降。[2]

渔业资源是渔业发展的物质基础。保护渔业资源,包括渔业生物资源本体的保护和渔业生物资源生存环境即渔业生态环境的保护两方面,这事关渔业可持续发展、国家粮食安全、生态安全、食品安全,渔民生计和福祉及经济社会持续健康发展。保护渔业资源应是渔业管理和发展战略的1项重要、紧迫而长期的任务。

(二)渔业资源保护的法律和政策根据

(1)宪法规定:"国家保障自然资源的合理利用,保护珍贵的动物和植物。禁止任何组织或者个人用任何手段侵占或者破坏自然资源。""国家保护和改善生活环境和生态环境,防治污染和其他公害。"这是保护渔业资源的根本法根据。

(2)《渔业法》把"加强渔业资源的保护"列为其立法目的的首位,除设专章规定外,并将其贯穿于其他各章之中,为保护渔业资源提供了基本准则。

(3)《农业法》、《海洋环境保护法》和《水污染防治法》为保护和改善渔业水域生态环境、防治污染作了系统规定。

(4)《水产资源繁殖保护条例》和《渔业法实施细则》为保护渔业资源规定了具体规范。

(5)《中国水生生物养护行动纲要》分析了全国水生生物资源养护现状及存在的问题,确立了水生生物资源养护的指导思想、原则和目标,规定了渔业资源保护与增殖行动、生物多样性与濒危物种保护行动和水域生态保护与修复行动的重点领域及实施保障措施,为保护渔业资源提供了大政方针和具体政策。[2]

(6)《全国生物物种资源保护与利用规划纲要》规定了生物物种资源保护与利用的指导思想和原则、规划目标及水生生物资源保护与利用的主要目标与任务及保护与利用措施,为保护渔业资源指明了方向和重点。[3]

(7)《国务院关于促进海洋渔业持续健康发展的若干意见》对加强海洋渔业资源和生态环境保护的指导思想、基本原则、目标任务和政策保障做出部署,体现了中共中央和国务院科学把握现代渔业发展规律,立足当前、着眼长远做出的重大决策。[4]

二、目标

(一) 近期目标

到 2010 年,渔业资源衰退、濒危物种数目增加的趋势得到初步缓解,过剩的捕捞能力得到压减,捕捞生产效率和经济效益有所提高。

(二) 中期目标

到 2015 年,近海捕捞强度有效控制,渔业资源衰退和濒危物种数目增加的趋势得到进一步遏制。

(三) 远期目标

到 2020 年,渔业资源衰退和濒危物种数目增加的趋势得到基本遏制,捕捞能力和捕捞产量与渔业资源可承受能力大体相适应。[2-3]

(四) 远景展望

经过长期不懈努力,到本世纪中叶,水生生物资源实现良性、高效循环利用,濒危水生野生动植物和水生生物多样性得到有效保护。

第二节 渔业资源保护措施

一、重点保护的渔业资源品种

(一) 规定重点保护渔业资源品种的权限

品种,在生物学上是指来自同 1 祖先,具有为人类需要的某种经济性状,基本遗传性稳定一致,能满足人类生产物质资料及科学研究目的的 1 种栽培植物或家养动物的群体。在渔业法中,作为渔业捕捞对象,主要是指水生野生经济生物资源物种。《国家重点保护野生动物名录》中的水生野生动物品种,则不作为捕捞对象。

《渔业法》第三十条规定,"重点保护的渔业资源品种"由国务院渔业行政主管部门或者省、自治区、直辖市人民政府渔业行政主管部门规定。

《渔业法实施细则》第三条规定:"重要的、洄游性的共用渔业资源,由国家统一管理;定居性的、小宗的渔业资源,由地方人民政府渔业行政主管部门管理。"据此,重要的、洄游性公用渔业资源的重点保护品种,由国务院渔业行政主管部门规定;定居的、小宗的渔业资源的重点保护品种,由省、自治区、直辖市人民政府渔业行政主管部门规定。

(二)重点保护的渔业资源品种

1. 国家重点保护的渔业资源品种

《水产资源繁殖保护条例》第四条规定,对下列重要或名贵的水生动物和植物应当重点加以保护。

(1)鱼类

海水鱼:带鱼、大黄鱼、小黄鱼、蓝圆鲹、沙丁鱼、太平洋鲱鱼、鳓鱼、真鲷、黑鲷、二长棘鲷、红笛鲷、梭鱼、鲆、鲽、鳎、石斑鱼、鳕鱼、狗母鱼、金线鱼、鲳鱼、鮸鱼、白姑鱼、黄姑鱼、鲐鱼、马鲛、海鳗。

淡水鱼:鲤鱼、青鱼、草鱼、鲢鱼、鳙鱼、鳇鱼、红鳍鲌鱼、鲮鱼、鲫鱼、鲥鱼、鳜鱼、鲂鱼、鳊鱼、鲑鱼、长江鲟、中华鲟、白鲟、青海湖裸鲤、鲚鱼、银鱼、河鳗、黄鳝、鲴鱼。

(2)虾蟹类

对虾、毛虾、青虾、鹰爪虾、中华绒螯蟹、梭子蟹、青蟹。

(3)贝类

鲍鱼、蛏、蚶、牡蛎、西施舌、扇贝、江瑶、文蛤、杂色蛤、翡翠贻贝、紫贻贝、厚壳贻贝、珍珠贝、河蚌。

(4)海藻类

紫菜、裙带菜、石花菜、江蓠、海带、麒麟菜。

(5)淡水食用水生植物类

莲藕、菱角、芡实。

(6)其他

白鳍豚、鲸、大鲵、海龟、玳瑁、海参、乌贼、鱿鱼、乌龟、鳖。

1995年农业部《长江渔业资源管理规定》规定,在长江中,除国家一、二级保护水生野生动物外,渔业资源保护对象为:

(1)鱼类:鲥鱼、鳗鱼、鲤鱼、青鱼、草鱼、鳙鱼、鲫鱼、团头鲂、三角鲂、鳊鱼、鲮鱼、鲻鱼、梭鱼、凤鲚、刀鲚、河鲀、黄颡鱼、黄鳝、银鱼、铜鱼、鳡鱼、鳍鱼、鲸鱼、中华倒刺、巴鱼、裂腹鱼、白甲鱼、鳜鱼、岩原鲤、南方大口鲶、长薄鳅、鲌鱼等。

(2)虾蟹类:中华绒螯蟹、秀丽白虾(白虾)、日本沼虾(青虾)。

(3)贝类:三角帆蚌、褶文冠蚌、丽蚌。

(4)其他:乌龟、鳖。[5]

2004年农业部《渤海生物资源养护规定》规定,渤海重点保护的渔业资源品种为:蓝点马鲛(鲅鱼)、银鲳(鲳鱼)、鳓(鳓鱼)、小黄鱼、白姑鱼、黄姑鱼、真鲷、花鲈(鲈鱼)、鮻(辫子鱼)、鲅(梭鱼)、黄盖鲽、高眼鲽、半滑舌鳎、褐牙鲆(牙鲆)、带鱼、对虾、脊尾白虾、口虾蛄(爬虾)、三疣梭子蟹、日本蟳、魁蚶、毛蚶、文蛤、菲律宾蛤仔(杂色蛤)、栉江珧、海蜇、中国毛虾、栉孔扇贝、皱纹盘鲍、参等共30种。[6]

2007年农业部根据《渔业法》和《中国水生生物资源养护行动纲要》有关"修订重点保护渔业资源品种名录"的规定,公布《国家重点保护经济水生动植物资源名录(第一批)》(2007年农业部公告第948号),全面系统地对国家重点保护经济水生动植物资源进行了整理和规范,为进一步开展经济水生动植物资源保护奠定了基础。该名录共包括水生经

济物种 166 个,其中:

鱼类:鲱、金色沙丁鱼、远东拟沙丁鱼(斑点莎瑙鱼)、鰶、鳀、黄鲫、大头狗母鱼、海鳗、大头鳕、鲛、鲻、尖吻鲈、花鲈、赤点石斑鱼、石斑鱼、宽额鲈、蓝圆鲹、竹荚鱼、体鲕、军曹鱼、白姑鱼、黄姑鱼、棘头梅童鱼、黑鳃梅童鱼、鮸、大黄鱼、小黄鱼、红笛鲷、真鲷、二长棘鲷、黑鲷、金线鱼、玉筋鱼、带鱼、鲐、蓝点马鲛(鲅鱼)、银鲳、灰鲳、鲬、褐牙鲆、高眼鲽、钝吻黄盖鲽、半滑舌鳎、绿鳍马面鲀、黄鳍马面鲀、黄鮟鱇、刀鲚、凤鲚、红鳍东方鲀、假睛东方鲀、暗纹东方鲀、鳗鲡、大马哈鱼、花羔红点鲑、乌苏里白鲑、太湖新银鱼、大银鱼、黑斑狗鱼、白斑狗鱼、青鱼、草鱼、赤眼鳟、翘嘴鲌、鳡、三角鲂、团头鲂(武昌鱼)、广东鲂、鳊、红鳍原鲌、蒙古鲌、鲢、鳙、细鳞斜颌鲴、银鲴、倒刺鲃、光倒刺鲃、中华倒刺鲃、白甲鱼、圆口铜鱼、铜鱼、鲮、青海湖裸鲤、重口裂腹鱼、拉萨裸裂尻鱼、鲤、鲫、岩原鲤、长薄鳅、大口鲇、兰州鲇、黄颡鱼、长吻鮠、斑鳠、黑斑原鮡、黄鳝、鳜、大眼鳜、乌鳢、斑鳢等共 99 个。

虾蟹类:大管鞭虾、中华管鞭虾、中国对虾、长毛对虾、竹节虾、斑节对虾、鹰爪虾、脊尾白虾、中国毛虾、秀丽白虾、青虾、口虾蛄、中国龙虾、三疣梭子蟹、海蟳、锯缘青蟹、中华绒螯蟹等共 17 个。

贝类:皱纹盘鲍、杂色鲍、脉红螺、魁蚶、毛蚶、泥蚶、厚壳贻贝、紫贻贝、翡翠贻贝、栉江珧、合浦珠母贝、栉孔扇贝、太平洋牡蛎(长牡蛎)、西施舌、缢蛏、文蛤、菲律宾蛤仔、三角帆蚌、褶纹冠蚌、河蚬等共 20 个。

爬行类:鳖、乌龟共 2 个。

其他海产动物种:太平洋褶柔鱼、中国枪乌贼、日本枪乌贼、剑尖枪乌贼、曼氏无针乌贼、金乌贼、章鱼、梅花参、刺参、马粪海胆、紫海胆、海蜇等共 12 个。

藻类:坛紫菜、条斑紫菜、石花菜、细基江蓠、珍珠麒麟菜、海带、裙带菜等共 7 个。

高等水生植物:菱、芦苇、茭白、水芹、荸荠、慈菇、蒲草、芡实、莲共 9 个。[7]

2. 地方重点保护的渔业资源品种

各省、自治区、直辖市人民政府渔业行政主管部门根据本地的渔业资源情况,可以在国家重点保护的渔业资源品种之外规定地方重点保护的渔业资源品种。

(三)重点渔业资源品种的保护

县级以上人民政府及其渔业行政主管部门应当按照管辖权限,采取保护和管理措施,对国家和地方确定的重点保护的渔业资源品种的亲体、幼体、卵子、孢子等实施保护和管理。特别是为使国家和地方确定的重点保护的渔业资源品种不受损害,保证有一定数量的亲体、苗种和幼体,使捕捞种群有足够的补充量,使渔业资源能够稳定增长,应当按照渔业生态系统方法,采取综合性、系统性的保护和管理措施,对捕捞活动实施多种限制。这些保护和管理措施主要包括:

(1)保护苗种和怀卵亲体;

(2)规定捕捞标准和幼鱼比例;

(3)禁渔区和禁渔期制度;

(4)休渔制度;

(5)建立水产种质资源保护区;

(6)其他保护渔业资源的措施。

《渔业法》第三十条规定："禁止使用炸鱼、毒鱼、电鱼等破坏渔业资源的方法进行捕捞。禁止制造、销售、使用禁用的渔具。禁止在禁渔区、禁渔期进行捕捞。禁止使用小于最小网目尺寸的网具进行捕捞。捕捞的渔获物中幼鱼不得超过规定的比例。在禁渔区或者禁渔期内禁止销售非法捕捞的渔获物。

"重点保护的渔业资源品种及其可捕捞标准，禁渔区和禁渔期，禁止使用或者限制使用的渔具和捕捞方法，最小网目尺寸以及其他保护渔业资源的措施，由国务院渔业行政主管部门或者省、自治区、直辖市人民政府渔业行政主管部门规定。"

上列第二款将 1986 年《渔业法》规定由县级以上人民政府渔业行政主管部门行使的对上列保护和管理措施的制定权，提升为由国务院渔业行政主管部门或者省、自治区、直辖市人民政府渔业行政主管部门行使。这充分体现了严格保护重点保护的渔业资源品种的客观要求。

渔业资源的使用者有责任遵守《渔业法》和国务院渔业行政主管部门或者省、自治区、直辖市人民政府渔业行政主管部门根据《渔业法》制定的保护和管理重点保护的渔业资源品种的措施，并保证不从事任何损害这些保护和管理措施效力的活动。

二、 保护苗种和怀卵亲体

《渔业法》第三十一条规定："禁止捕捞有重要经济价值的水生动物苗种。因养殖或者其他特殊需要，捕捞有重要经济价值的苗种或者禁捕的怀卵亲体的，必须经国务院渔业行政主管部门或者省、自治区、直辖市人民政府渔业行政主管部门批准，在指定的区域和时间内按照限额捕捞。"

《渔业法实施细则》第二十四条规定："因养殖或者其他特殊需要，捕捞鳗鲡、鲥鱼、中华绒螯蟹、真鲷、石斑鱼等有重要经济价值的水生动物苗种或者禁捕的怀卵亲体的，必须经国务院渔业行政主管部门或者省、自治区、直辖市人民政府渔业行政主管部门批准，并领取专项许可证件，方可在指定区域和时间内按照批准限额捕捞。捕捞其他有重要经济价值的水生动物苗种的批准权，由省、自治区、直辖市人民政府渔业行政主管部门规定。"

《渔业法实施细则》第二十五条规定："禁止捕捞中国对虾苗种或春季亲虾。因养殖需要中国对虾怀卵亲体的，应当限期由养殖单位自行培育。"

《渤海生物资源养护规定》第二十六条规定："禁止捕捞对虾春季亲虾和本规定附件 1 所列重点保护品种的天然苗种。因特殊需要捕捞本规定附件 1 已定可捕标准的重点保护品种天然苗种的，由农业部黄渤海区渔政渔港监督管理局批准；捕捞本规定附件 1 未定可捕标准的或地方自定重点保护品种天然苗种的，由省、直辖市人民政府渔业行政主管部门批准。经批准后，发放专项（特许）捕捞许可证。领取专项（特许）捕捞许可证后，应当按照指定的区域、时限和限额捕捞。"[6]

三、 捕捞标准和幼鱼比例

（一）捕捞标准

《渔业法》第三十七条规定："国家对白鳍豚等珍贵、濒危水生野生动物实行重点保护,防止其灭绝。禁止捕杀、伤害国家重点保护的水生野生动物。"因此,凡依照《野生动物保护法》的规定,列入国家或地方重点保护的野生动物名录的水生野生动物,不作为渔业生产的捕捞对象。

《水产资源繁殖保护条例》规定:"水生动物的可捕标准,应当以达到性成熟为原则。对各种捕捞对象应当规定具体的可捕标准(长度或重量)和渔获物中小于可捕标准部分的最大比重。捕捞时应当保留足够数量的亲体,使资源能够稳定增长。各种经济藻类和淡水食用水生植物,应当待其长成后方得采收,并注意留种、留株,合理轮采。"

规定捕捞对象的可捕捞标准,原则上是根据捕捞对象的初次性成熟时的体长、体重和年龄,规定其可捕捞的长度或重量。其目的是使各种捕捞对象至少能有 1 次产卵机会,以保证捕捞对象的正常繁育,使资源得到充分的补充,确保资源的稳定。可捕捞标准以达到性成熟为原则是最低的标准,为了保证捕捞对象的群体有最大的、逐年稳定的繁殖能力和最优良的品质,还应根据捕捞对象的生长速度和饵料利用情况来规定其适当的长度和重量。

1975 年《中日渔业协定》附件一规定,小黄鱼的可捕标准为体长 19 厘米,带鱼的可捕标准为肛长 23 厘米。1981 年 4 月国家水产总局《东、黄海区水产资源保护的几项暂行规定》规定,带鱼的可捕标准为 2.5 市两或肛长 21 厘米以上,大黄鱼、鲳鱼、小黄鱼、鳓鱼、鲅鱼的可捕标准,按各省市的规定执行。

农业部对渤海重点保护的渔业资源品种最低可捕标准的规定,如表 23-1 所示。

表 23-1　渤海重点保护的渔业资源品种最低可捕标准表[6]

重点保护品种	最低可捕标准	重点保护品种	最低可捕标准
蓝点马鲛(鲅鱼)	叉长 38 厘米	褐牙鲆(牙鲆)	体长 27 厘米
银鲳(鲳鱼)	叉长 15 厘米	带鱼	肛长 25 厘米
鳓(鳓鱼)	叉长 28 厘米	对虾	体长 15 厘米
小黄鱼	体长 15 厘米	脊尾白虾	体长 6 厘米
白姑鱼	体长 17 厘米	口虾蛄(爬虾)	体长 11 厘米
黄姑鱼	体长 17 厘米	三疣梭子蟹	头胸甲长 8 厘米
真鲷	体长 19 厘米	日本蟳	头胸甲长 5 厘米
花鲈(鲈鱼)	体长 40 厘米	魁蚶	壳长 6 厘米
鮻(辫子鱼)	体长 36 厘米	毛蚶	壳长 3 厘米
鲛(梭鱼)	体长 30 厘米	文蛤	壳长 5 厘米
黄盖鲽	体长 19 厘米	菲律宾蛤仔(杂色蛤)	壳长 2.5 厘米
高眼鲽	体长 15 厘米	栉江珧	壳长 17 厘米
半滑舌鳎	体长 27 厘米	海蜇	伞弧长 30 厘米

内陆水域重点保护的渔业资源品种最低可捕标准,由各省、自治区、直辖市人民政府渔业行政主管部门规定。

(二)幼鱼比例

性腺已经成熟,可以繁衍后代的鱼类个体,称为成鱼。具有与成鱼相同的形态特征,但性腺尚未发育成熟的鱼类个体,称为幼鱼。在《水产资源繁殖保护条例》中,称为"小于可捕捞标准的"鱼类个体。在渔业生产过程中不可避免地要捕获一些幼鱼,但必须控制幼鱼在同一品种的渔获物中所占的最大比例。1975年《中日渔业协定》附件一规定,拖网捕捞小黄鱼和带鱼,幼鱼所占的比例不得超过同鱼种总渔获量的20%;灯光围网捕捞鲐鱼、竹荚鱼和蓝圆鲹,幼鱼在每网次的渔获量中,所占的比例不得超过15%。1981年4月国家水产总局《东、黄海区水产资源保护的几项暂行规定》规定,航次产量中幼带鱼所占的最高比例不得超过25%;黄海区鲅鱼幼鱼的比例亦不得超过航次产量中同鱼种的25%。对国营渔船建立全年幼鱼比例检查制度,重点检查7、8、9、10共4个月,主要检查带鱼、大黄鱼、小黄鱼、鲳鱼、鳓鱼等的幼鱼在渔获物中有无超过最大的限度。至1987年,8年中共检查国营渔业公司9 273.5对次渔船,其中有3 875.5对次渔船的幼鱼捕捞量超过规定的比例。8至10月的渔获物中,捕捞幼鱼的比例最高,其中幼带鱼占40%、幼大黄鱼占80%、幼小黄鱼占90%、幼鲳鱼占80%以上。[8]433-434

2004年农业部规定在渤海捕捞重点保护的渔业资源品种,在网次或航次渔获量中,未达可捕标准的重点保护品种比重不得超过同品种渔获量的25%,但定置张网作业除外。[6]最近农业部渔业渔政管理局规定所有渔具渔获物的幼鱼比例(按照航次产量统计)均不得高于25%。

《渔业法》第三十条规定:"捕捞的渔获物中幼鱼不得超过规定的比例。"如果捕捞渔船遇到密集的幼鱼时,应转移渔场;如果超过规定的比例,应将活鱼放回海里并转移渔场。

为使捕捞的目标资源品种符合国家规定的捕捞标准和幼鱼比例的要求,减少副渔获物和丢弃物,以保护渔业资源,从事捕捞生产应当使用国家准用的渔具渔法,不用国家禁用的渔具渔法。

四、禁渔区和禁渔期

(一)禁渔区和禁渔期的设立

禁渔区是指为保护渔业资源,在其中禁止一切捕捞生产或者某种渔具作业的水域。禁渔期,是指为保护渔业资源,在规定水域内禁止某种或多种渔具从事捕捞作业的限期。

中国第一个禁渔区、禁渔期是1950年12月的《华东区机船底曳网渔业作业试行规则》设立的,它选定29个基点划出了山东、江苏、上海、浙江和福建5省市沿海底曳网机船的禁渔区线,以10个基点划出了台湾西岸沿海底曳网机船的禁渔区线,并规定界线以内即接近海岸之部分,为禁渔区域,禁止机船底曳网渔业之作业,以保护鱼类繁殖,免除纠纷。[9]

1979年《水产资源繁殖保护条例》针对近海和内陆水域渔业资源遭受破坏的实际情况,将"禁渔区和禁渔期"放在保护措施的首位加以规定:"对某些重要鱼虾贝类产卵场、越冬场和幼体索饵场,应当合理规定禁渔区、禁渔期,分别不同情况,禁止全部作业,或限制作业的种类和某些作业的渔具数量。""凡是鱼、蟹等产卵洄游通道的江河,不得遮断河面拦捕,应当留出一定宽度的通道,以保证足够数量的亲体上溯或降河产卵繁殖。更不准在闸口拦捕鱼、蟹幼体和产卵洄游的亲体,必要时应当规定禁渔期。"

设立禁渔区和禁渔期可以是预防性的,也可作为修复措施。实践证明:坚持并不断完善禁渔区和禁渔期制度,针对重要渔业资源品种的产卵场、索饵场、越冬场、洄游通道等主要栖息繁衍场所及繁殖期和幼鱼生长期等关键生长阶段,设立禁渔区和禁渔期,对其产卵群体和补充群体实行重点保护,是加强渔业资源重点保护的重要举措。

《渔业法》第三十条规定:"禁渔区和禁渔期……由国务院渔业行政主管部门或者省、自治区、直辖市人民政府渔业行政主管部门规定。"并规定:"禁止在禁渔区、禁渔期进行捕捞。""在禁渔区或者禁渔期内禁止销售非法捕捞的渔获物。"

(二)沿海禁渔区和禁渔期

1. 国务院划定的机动渔船底拖网禁渔区

国务院划定的"机动渔船底拖网禁渔区线"向陆1侧的水域为禁渔区,禁止机动渔船进入从事拖网作业。

国务院划定的"机动渔船底拖网禁渔区线"北起鸭绿江口,南至北仑河口,沿大陆海岸基本走向,是按照下列40个基点,作成的联结线:

第 1 基点	北纬 39°33′	东经 124°00′
第 2 基点	北纬 38°56′	东经 123°20′
第 3 基点	北纬 38°40′	东经 121°00′
第 4 基点	北纬 39°30′	东经 121°00′
第 5 基点	北纬 40°00′	东经 121°20′
第 6 基点	北纬 40°00′	东经 120°30′
第 7 基点	北纬 38°56′	东经 119°00′
第 8 基点	北纬 38°12′	东经 119°00′
第 9 基点	北纬 37°50′	东经 120°00′
第 10 基点	北纬 38°05′	东经 120°30′
第 11 基点	北纬 38°05′	东经 121°00′
第 12 基点	北纬 38°00′	东经 121°00′
第 13 基点	北纬 37°20′	东经 123°03′
第 14 基点	北纬 36°48′10″	东经 122°44′30″
第 15 基点	北纬 35°11′	东经 120°38′

第 16 基点	北纬 30°44′	东经 123°25′
第 17 基点	北纬 29°00′	东经 122°45′
第 18 基点	北纬 27°30′	东经 121°30′
第 19 基点	北纬 27°00′	东经 121°10′
第 20 基点	北纬 26°05′	东经 120°40′
第 21 基点	北纬 25°18′	东经 120°05′
第 22 基点	北纬 24°52′	东经 119°38′
第 23 基点	北纬 24°00′	东经 118°30′
第 24 基点	北纬 23°10′	东经 117°40′
第 25 基点	北纬 23°00′	东经 117°25′
第 26 基点	北纬 22°05′	东经 115°10′
第 27 基点	北纬 22°05′	东经 114°50′
第 28 基点	北纬 21°30′	东经 114°00′
第 29 基点	北纬 21°00′	东经 111°20′
第 30 基点	北纬 20°00′	东经 111°35′
第 31 基点	北纬 18°30′	东经 110°40′
第 32 基点	北纬 17°50′	东经 109°50′
第 33 基点	北纬 18°00′	东经 109°00′
第 34 基点	北纬 18°20′	东经 108°30′
第 35 基点	北纬 18°45′	东经 108°20′
第 36 基点	北纬 19°20′	东经 108°20′
第 37 基点	北纬 20°00′	东经 109°00′
第 38 基点	北纬 20°50′	东经 108°50′
第 39 基点	北纬 21°00′	东经 108°30′
第 40 基点	北纬 21°31′	东经 108°04′

上列第 3 基点至第 10 基点位于渤海之内。渤海是指老铁山灯塔(北纬 38°43′41″、东经 121°07′43″)与蓬莱灯塔(北纬 37°49′54″、东经 120°44′13″)两点连线以西的海域。1979 年 4 月国务院批转《关于全国水产工作会议情况的报告》中规定,从 1981 年起,机帆底拖网渔船也不得进入机动底拖网渔业禁渔区线内作业。[1]28 1979 年 12 月国家水产总局下达《关于调整渤海区机动渔船底拖网渔业禁渔区的通知》,对渤海区机动渔船底拖网渔业禁渔区作了调整,调整后的禁渔区除秋捕对虾外,全年禁止机船底拖网生产。[10]140 1981 年 7 月经国务院同意发布的《渤海区生物资源繁殖保护规定》,将整个渤海作为机动渔船底拖网渔业禁渔区,规定在渤海区,除暂允许机动拖网渔船秋汛捕捞对虾外,全年禁止拖网作业。[10]159

2. 国务院决定设立的幼鱼保护区

为了保护大黄鱼和带鱼的幼鱼繁殖成长,国务院决定从 1981 年 4 月 22 日起,在东海和黄海国务院划定的机动渔船底拖网禁渔区外侧设立两个幼鱼保护区。从北纬 27° 至 29°,沿机动渔船底拖网禁渔区线向东平行推移经度 30′的海域,为大黄鱼幼鱼保护区。从北纬 31°30′至 34°,沿机动渔船底拖网禁渔区线向东平行推移经度 30′的海域,为带鱼幼鱼保护区。如图 23-1 所示。

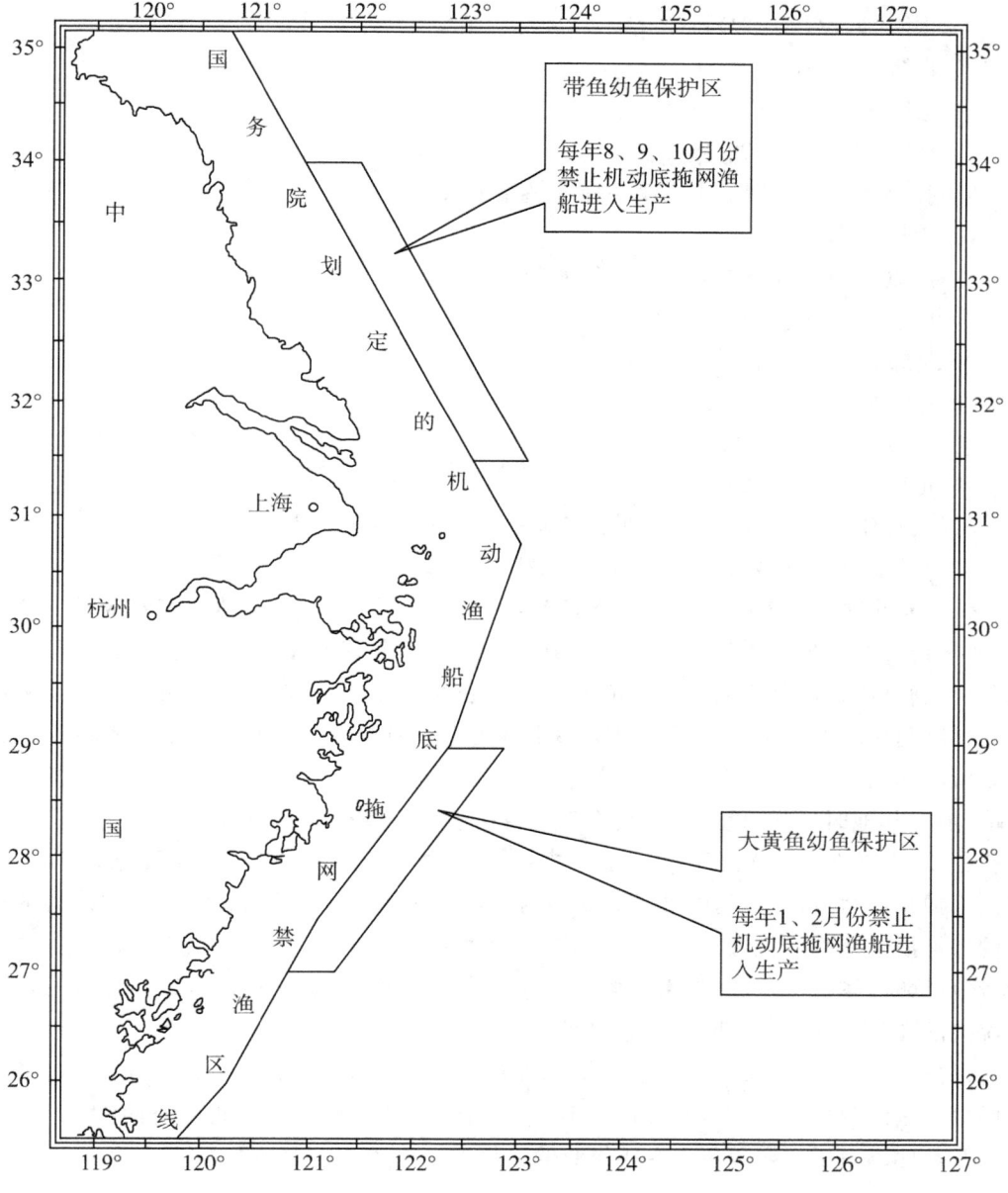

图 23-1　国务院决定设立的大黄鱼、带鱼幼鱼保护区示意图

（1）大黄鱼幼鱼保护区

位置：以下列各点顺次连结的直线所围的海域：

① 北纬 29°、东经 122°45′之点；

② 北纬 29°、东经 123°15′之点；

③ 北纬 27°30′、东经 122°之点；

④ 北纬 27°、东经 121°40′之点；

⑤ 北纬 27°、东经 121°10′之点；

⑥ 北纬 27°30′、东经 121°30′之点；

⑦ 北纬 29°、东经 122°45′之点。

时间：每年 1、2 月份禁止机动底拖网渔船进入生产。

（2）带鱼幼鱼保护区

位置：以下列各点顺次连续的直线所围的海域：

① 北纬 34°、东经 121°23′之点；

② 北纬 34°、东经 121°53′之点；

③ 北纬 31°30′、东经 123°27′之点；

④ 北纬 31°30′、东经 122°57′之点；

⑤ 北纬 34°、东经 121°23′之点。

时间：每年 8、9、10 月份禁止机动底拖网渔船进入生产。[11]72

3. 国务院批准设立东海产卵带鱼保护区

带鱼是我国产量最高的海洋经济鱼类，最高年产量达 57.7 万吨。东海区是主要产区，产量约占全国带鱼总产量的 87%。从 20 世纪 70 年代开始，随着大黄鱼、小黄鱼、墨鱼及黄、渤海群系带鱼等主要经济鱼类资源的衰退，东海群系带鱼一直被作为重要生产对象加以利用。根据研究结果，东海群系带鱼必须保证有 5.3 亿尾相当于二龄的亲鱼进行繁殖，才能获得必要补充量，使资源维持正常状态。但由于在 5 至 7 月大量捕捞产卵群体，加上其他时间的过度捕捞，使东海群系带鱼产卵亲体数量锐减，到 1987 年只有 70 年代的 51%，产卵亲体缺额达 1.5 亿尾左右，成为带鱼资源继续衰退的重要原因。显然，仅仅保护带鱼幼鱼，已不足以维持带鱼资源量。因此保护带鱼资源，需要采取综合的系统的保护措施，除应严格执行已有的保护带鱼幼鱼的措施外，还必须采取与此相关的保护带鱼产卵群体的措施，以避免重蹈大、小黄鱼资源衰竭的覆辙。为此，1985 年 5 月经国务院批准在东海区设立产卵带鱼保护区。

保护区范围是：北纬 28°30′至 30°30′、东经 124°30′以西到国务院划定的"机动渔船底拖网禁渔区线"海域。在保护区内，每年 5 月 1 日至 6 月 30 日禁止拖网、对网（大洋网）渔船以及其他以捕捞产卵带鱼为主要作业的渔船进入生产，[11]73-74 如图 23-2 所示。

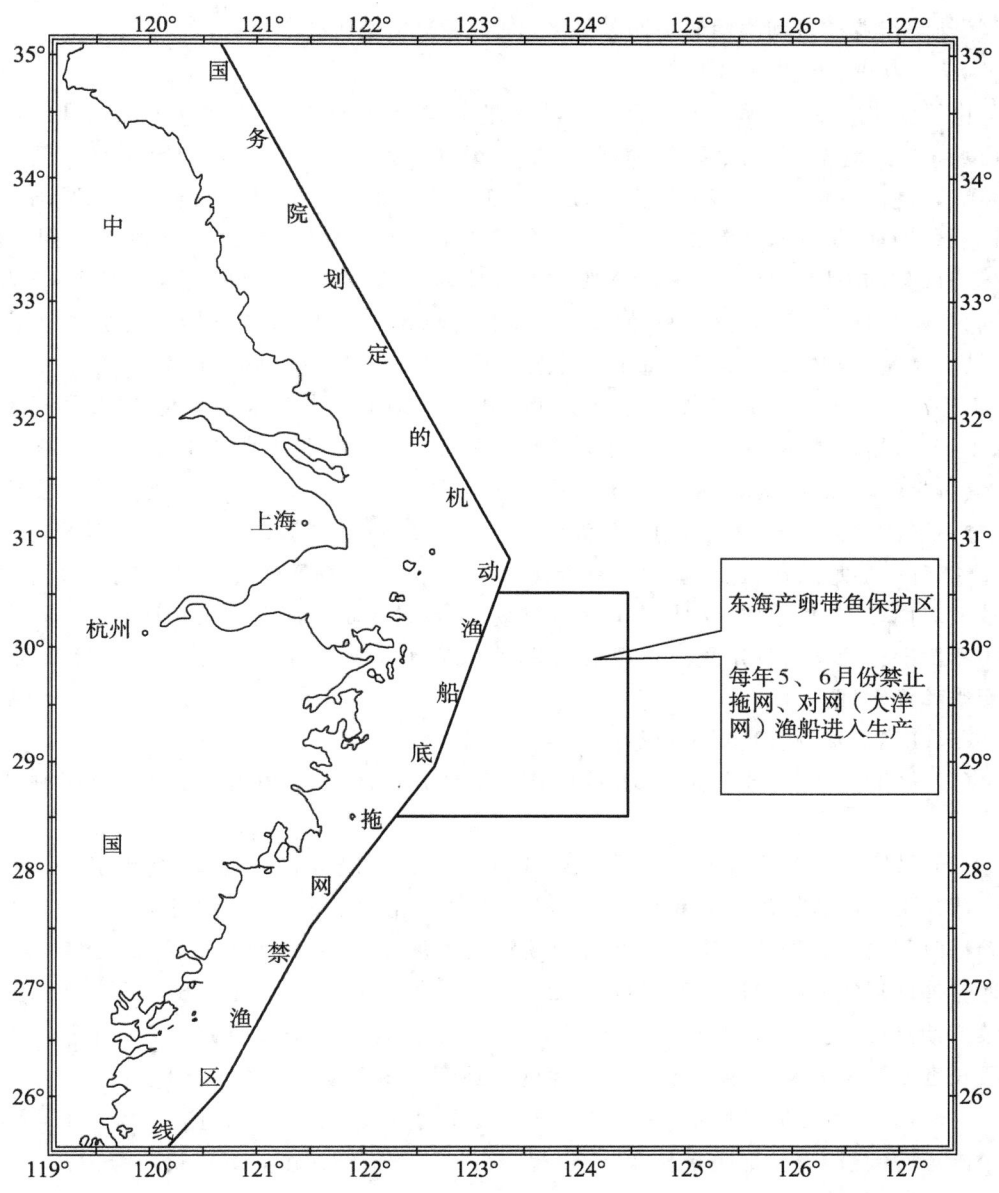

图 23-2　国务院批准设立的东海产卵带鱼保护区示意图

4. 渤海禁渔期

在渤海下列网具实行如下禁渔期：

（1）5月1日12时至5月16日12时，禁止张网类渔具和桁杆、框架型拖曳渔具以及网目尺寸60～70毫米的单层流刺网作业；

（2）5月10日12时至6月16日12时，禁止围网和网目尺寸90毫米以上的单层流刺网作业；

（3）12月10日12时至翌年4月1日12时，禁止耙刺类渔具在"机动渔船底拖网禁

渔区"外侧作业;"机动渔船底拖网禁渔区"内全年禁止魁蚶耙子作业。[6]

（三）内陆水域禁渔区和禁渔期

由于淡水湖泊、水库一般夏泛冬涸,枯水期湖库水草繁茂,到丰水期形成良好的鱼类产卵场,冬季水位下降,江河、深潭成为大批鱼类的越冬场。根据鱼类产卵繁殖、越冬这些特点,各省、自治区、直辖市对大型湖、库、江河都按照当地自然、经济实际情况确定禁渔区和禁渔期,保护水产资源。例如,山东省1979年规定淡水湖区和水库禁渔期,自4月15日起至5月31日止。江苏省1979年规定对鲫鱼每年7月20日至10月25日为禁渔期;河蟹每年1月1日至9月15日为停捕期。云南省从1979年开始对滇池45万亩水面,结合增殖短吻银鱼的需要,每年3月至8月实行封湖禁渔。河北省1981年规定6月20日至7年31日为白洋淀禁渔期。湖南省1980年对洞庭湖等水域禁渔,1986年已发展到21个县,划定禁渔区74处。其中,春禁面积120多万亩,禁渔期从4月到6月;冬禁面积36 000亩,禁渔期从10月到翌年4月。江西省1986年将鄱阳湖19处鱼类主要产卵场、越冬场的水面约50万亩,划为禁渔区,3月20日到6月20日、10月10日到翌年4月10日禁渔。黑龙江省、吉林省对所有天然水域每年实行50天左右的禁渔期。甘肃省规定黄河玛曲段4月1日至6月30日为禁渔期,内蒙古规定黄河乌海段5月1日至7月31日为禁渔期。河南省规定黄河三门峡水库、小浪底水库在4月1日至6月30日期间,实行春季禁渔管理。

《长江渔业资源管理规定》规定:

（1）每年5月15日至8月31日从长江口至九江江段,禁止使用双层、三层刺网作业。

（2）每年6月1日至7月31日从赣江新干到吉安江段的鲫鱼主要产卵场实行禁捕。

（3）江西省鄱阳湖口幼鱼出湖入江高峰期内,实行禁捕;禁捕时间不得少于10天;具体禁捕时间由长江渔业资源管理委员会商江西省渔政局、长江渔业资源监测站确定,由江西省渔政局实施。经国务院同意,从2011年开始,每年4月1日至6月1日在珠江实施禁渔期制度,此制度涉及流域广东、广西等6省（区）的37个市（州）近200个县。禁渔江段长度5 365千米（未包括珠三角众河网）,湖库面积1 300多平方千米。[5]

2003年1月农业部发出《关于实行长江禁渔期制度的通知》（农渔发〔2003〕1号）宣布经国务院同意,农业部决定从2003年起实行长江禁渔期制度。其主要内容为:

1. 禁渔原则

按照"划区分时,统一组织,分段分期实施"的原则,以葛洲坝为界,将长江分为两个江段,分时段实行禁渔,每个江段禁渔时间为3个月。

2. 禁渔范围

云南省德钦县以下至长江河口（南汇嘴与启东嘴连线以内）的长江干流,汉江、岷江、嘉陵江、乌江、赤水河等一级通江支流在湖北省、四川省、重庆市、贵州省的江段,鄱阳湖区和洞庭湖区。

3. 禁渔时间

云南省德钦县以下至葛洲坝以上水域,禁渔时间为每年的2月1日12时至4月30

日 12 时；葛洲坝以下至长江河口水域，禁渔时间为每年的 4 月 1 日 12 时至 6 月 30 日 12 时。

4．禁渔对象

禁止所有捕捞作业，实行捕捞限额专项管理的凤鲚（凤尾鱼）、刀鲚（长江刀鱼）捕捞除外。[12]

2010 年 10 月农业部发出《关于实行珠江禁渔期制度的通告》（农业部通告〔2010〕1 号）宣布，经国务院同意，农业部决定自 2011 年起实行珠江禁渔期制度。其主要内容：

1．禁渔范围

珠江在江西、湖南、广东、广西、贵州和云南 6 省（区）的干流、重要支流及通江湖泊。珠江干流包括西江上游的南盘江、红水河、黔江、浔江和西江下游，支流包括东江、北江、柳江（含融江）、桂江（含漓江）、郁江（含邕江）和北盘江，通江湖泊包括抚仙湖、星云湖、异龙湖、杞麓湖和阳宗海。珠江入海河口水域界限由广东省渔业行政主管部门确定、公布，并报农业部备案。各省（区）可根据本地实际，将其他相关河流、湖泊纳入禁渔范围。

2．禁渔时间

每年的 4 月 1 日 12 时至 6 月 1 日 12 时。各省（区）可根据本地实际，在执行统一禁渔规定的基础上，适当延长禁渔时间。

3．禁止作业方式

禁渔期间在禁渔水域范围内禁止所有捕捞作业。[13]

按照《中国水生生物资源养护行动纲要》坚持并不断完善禁渔区和禁渔期制度的要求，应继续完善长江、珠江禁渔期等现有禁渔区和禁渔期制度，并在黑龙江、黄河等主要流域及重要湖泊逐步推行此项制度。

五、休渔区和休渔期

（一）休渔区和休渔期的概念和性质

1975 年《中日渔业协定》规定，为保护和合理地利用领海部分以外黄海、东海"协定海域"的渔业资源，采取包括设立休渔区和休渔期在内的措施；在各个休渔区规定的时间（休渔期）内，渔轮不得进入该区内从事机轮拖网渔业。

20 世纪 70 年代中后期，由于捕捞强度的盲目增大，渔业资源遭到严重破坏，特别是东海区主产的带鱼和大、小黄鱼产量急剧下降，从 1974 年到 1978 年短短 4 年，带鱼产量从 57.7 万吨下降到 38.7 万吨，大黄鱼从 19.7 万吨下降到 9.3 万吨，小黄鱼也从 4.6 万吨下降到 2.3 万吨。针对资源如此严峻的形势，1979 年浙江省以《水产资源繁殖保护条例》为依据率先实行伏季休渔制度，规定：在浙江管辖海域禁止机帆船底拖网作业在禁渔区线内生产；禁渔区线外 7、8、9 月为禁渔期，不捕产卵带鱼，不捕越冬和进港大黄鱼，不捕经济鱼类幼鱼。[14]

按照这两项规定，休渔区应是指为保护经济鱼类正常的产卵及仔鱼、幼鱼的生长发育，在特定水域、特定时间内，禁止 1 种或多种捕捞作业方式或限定功率以上的渔船作业的区域。休渔期应是指在休渔区内禁止 1 种或多种捕捞作业方式或限定功率以上的渔

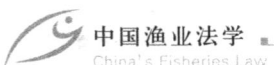
船作业的时间。休渔期一般设在夏秋伏期,故称"伏季休渔"。

《联合国鱼类种群协定》、粮农组织《负责任渔业行为守则》和《渔业法》均规定禁渔区和禁渔期,而未使用"休渔区"、"休渔期"的用语。按照休渔区和休渔期的概念,伏季休渔应是禁渔区和禁渔期的1种形式。

(二)中国伏季休渔制度的逐步推行

1979年浙江省的规定首开地方伏季休渔立法的先河。由于触动了惯常在舟山渔场和浙江渔场捕鱼的省市的利益,一度遭到有关省市的反对。但浙江的经验得到国家的总结推广。1980年6月国家水产总局发出《关于集体拖网渔船伏季休渔和联合检查国营渔轮幼鱼比例的通知》(〔1980〕渔(管)字第14号),规定集体拖网渔船7月至10月份实行4个月的伏季休渔,国营渔轮虽不休渔,但必须执行机动渔船底拖网禁渔区线外生产和接受幼鱼比例检查的规定。[10]146 1981年4月国家水产总局《关于东、黄海区水产资源保护的几项暂行规定》(〔1981〕渔总(管)字第014号)规定"集体渔业底拖网渔船实行伏季休渔":"东海区各省市7至10月,黄海区各省市7、8月所有集体渔业底拖网机动渔船一律实行休渔。在此期间,不得出海进行拖网作业。""定置渔业休渔期,渤海区按统一规定执行,东、黄海由各省市制定后报海区渔业指挥部和国家水产总局审批。"[15]178 1981年4月《国务院批转关于东、黄、渤海主要渔场渔汛生产安排的暂行规定的通知》(国发〔1981〕63号)规定,从1981年起,在吕泗渔场(北纬32°至34°,东经122°30′以西海域)在大黄鱼产卵期间(5、6、7月)和小黄鱼产卵期间(4、5、6月),在浙江南部和江苏沿海的大黄鱼休渔区每年1、2月和带鱼休渔区每年8、9、10月实行休渔。[8]430-431 渤海每年除9月15日至12月20日捕虾期间外,禁止一切底拖网船进入作业。南海区渔业指挥部和广东省、广西自治区水产局确定南海区集体机帆底拖网渔船的休渔期为6、7、8月。[8]430

1983年农牧渔业部《关于东、黄、渤海主要渔场渔汛生产安排和管理的规定》指出,吕泗渔场大小黄鱼禁捕3年后,对资源恢复起了一定作用,但尚未明显好转。因此规定:"从1984年起,继续休渔3年。每年4月1日至7月31日(即在大、小黄鱼产卵期间),禁止拖网、对网(大洋网、大围缯)和以捕大、小黄鱼为主要对象的其他网具进入生产。"[1]140

1985年《中日渔业联合委员会第九次会议纪要》规定,于北纬27°至34°将机动渔船底拖网禁渔区线向东平推30海里,在此基础上增设5个机轮拖网渔业休渔区,使休渔区数量达到7个。[10]207

1992年12月经国务院同意的农业部《关于东、黄、渤海主要渔场渔汛生产安排和管理的规定》(农〔渔政〕字〔1992〕第10号)对"底拖网、定置张网休渔管理"作了以下规定:

"1. 机动渔船底拖网禁渔区除执行现行规定外,黄海北纬35°线以南至东海北纬27°线以北,以机动渔船底拖网禁渔区线为西线向东平推30海里为东线,在这一海城内实行以下规定:

(1)每年8月1日至10月31日禁止底拖网进入生产。

……

(2)这一海域以东海域不实行休渔,但仍执行幼鱼比例检查制度。

"2. 每年7月1日至8月31日,北纬35°线以南海域,一律禁止底拖网作业。

"3. 北纬 27°至北纬 24°30′海域,183.75 千瓦(250 马力)以下底拖网渔船伏季休渔两个月,具体时间由福建省规定。

"4. 北纬 24°30′线以南海域,底拖网休渔可参照南海区有关规定执行。

"5. 定置张网作业继续实行休渔制度,时间不少于 2 个月,具体时间由各省、自治区、直辖市规定。

"6. 农业部可根据渔场、渔汛及资源的变化情况,对底拖网、定置张网的休渔管理作必要的修改和补充。"

此外,还规定:"第一、二休渔区由黄渤海区渔政局负责组织有关省(市)渔政部门监督管理,其中第二休渔区毗邻江苏省部分由江苏省协助管理。第三、四、五、六、七休渔区由东海区渔政局负责组织有关省(市)渔政部门监督管理。"[11]65

1993 年 2 月农业部决定在黄海中部设立对虾亲虾休渔区,并规定:

"1. 休渔区范围为以下四点连线以内海域:

北纬 36°00′,东经 122°00′

北纬 36°00′,东经 123°30′

北纬 35°00′,东经 122°00′

北纬 35°00′,东经 123°30′

"2. 休渔时间:每年 3 月 10 日至 3 月 31 日,禁止拖网、对虾流网、三重流网、小围网以及其他捕捞对虾的渔具作业。

"3. 该休渔区由黄渤海区渔政局负责组织有关省、市渔政管理部门管理实施。"[16]647

1993 年 8 月农业部公布将机动渔船底拖网禁渔区线向东平推 30 海里后伏季休渔区外缘线的 5 个基点位置为:

北纬 35°,东经 121°21′30″

北纬 30°44′,东经 123°59′58″

北纬 29°,东经 123°20′

北纬 27°30′,东经 122°04′

北纬 27°,东经 121°44′[16]646

(三)中国伏季休渔制度的全面实施

1995 年 2 月经国务院同意农业部发出《关于修改〈东、黄、渤海主要渔场渔汛生产安排和管理的规定〉的通知》,指出:1992 年农业部《关于东、黄、渤海主要渔场渔汛生产安排和管理的规定》对保护近海传统经济鱼类资源,特别是东海带鱼资源,起到一定的作用。但由于该《规定》个别条款在管理上难于操作,致使一些地区拖网作业伏季休渔制度受到冲击,加剧了幼带鱼资源的破坏。为了有利于合理利用近海渔业资源,促进海洋渔业的健康发展,按照《渔业法》和《规定》中关于"农业部可根据渔场渔汛及资源的变化情况,对底拖网、定置张网的休渔管理作必要的修改和补充"的规定,将《规定》中"底拖网、定置张网休渔管理"有关条款修改为:

"1. 机动渔船底拖网禁渔区除执行现行规定外,黄海北纬 35°以南至东海北纬 27°以北的海域实行以下规定:

(1) 每年 7 月 1 日至 8 月 31 日禁止拖网渔船和帆张网渔船进入这一海域生产。休渔期间严禁携带各类拖网出海。

(2) 9 月 1 日至 10 月 31 日，拖网渔船可以在机动渔船底拖网禁渔区线向东平推 30 海里线以东的海域作业，但仍须实行幼鱼比例检查制度。幼检品种、可捕标准及幼鱼比例暂由东海区渔政局根据资源状况制定。

……

(3) 拖网渔船不得兼作帆式张网。

"2. 定置张网作业继续实行休渔制度，时间不少于 2 个月，具体时间由各省、自治区、直辖市规定。

(1) 帆式张网渔船实行总量控制。由海区渔政局根据渔场条件及资源状况规定作业渔船总数，渔场所在省（市）按海区渔政局规定的数量核发捕捞许可证，渔船凭证进入渔场生产。

(2) 帆式张网渔船不得跨省、市管辖区域作业。"[11]66

上述修改的亮点在于：1995 年 7 月 1 日至 8 月 31 日，中国首次在东、黄海实施伏季全面休渔。这标志着中国伏季休渔制度发展的新阶段。

1998 年 4 月农业部发出《关于在东、黄海实施新伏季休渔制度的通知》（农渔发〔1998〕6 号），指出：为巩固和扩大 1995 年以来在东、黄海实施全面伏季休渔的成果，进一步加大养护和管理东、黄海渔业资源的力度，经国务院同意，农业部决定自 1998 年起在东、黄海实施以下新的伏季休渔制度：

"一、北纬 26°至 35°海域，每年 6 月 16 日零时至 9 月 15 日 24 时，禁止所有拖网（桁杆拖虾暂时除外）和帆张网作业。

"二、北纬 35°以北的黄海海域，暂定每年 7 月 1 日零时至 8 月 31 日 24 时，禁止所有拖网和帆张网作业。

"三、北纬 24°30′至 26°海域，拖网和帆张网作业渔船每年休渔 2 个月，具体时间由福建省规定，报我部和东海区渔政渔港监督管理局备案。

"四、定置作业休渔每年不得少于 2 个月，休渔时间安排在每年的 6 月 16 日至 9 月 15 日之间，具体时间由各省（区、市）自定，报我部和所在海区渔政渔港监督管理局备案。

"五、伏季休渔期间，因资源监测和科研等特殊需要从事拖网、帆张网作业的，须逐级上报我部批准后，由渔船所在海区渔政渔港监督管理局核发特许捕捞许可证。"

新的伏季休渔制度延长了休渔时间，扩大了休渔区域。为确保新伏季休渔制度得到全面贯彻执行，《通知》要求：

(1) 休渔期间不得向拖网和帆张网渔船供油、供冰，或收购、运销、代冻和储藏鱼货。

(2) 休渔渔船作到"船进港、网人库、人上岸"。其他作业渔船不得变相从事拖网和帆张网作业。[11]67

1999 年 3 月农业部发出《关于在南海海域实行伏季休渔制度的通知》（1999 年 3 月 5 日农渔发〔1999〕2 号），决定从 1999 年起，在北纬 12°以北的南海海域（含北部湾），每年 6 月 1 日零时起至 7 月 31 日 24 时止，对所有拖网（含拖虾、拖贝）围网及掺缯作业实行休渔。休渔期间,除持有南沙专项捕捞许可证前往北纬 12°以南的南沙海域生产的渔船外,所有拖网、围网及掺缯作业渔船一律停港、封网。有关单位不得向其供油、供冰,或收购、运销、代冻、储藏鱼货等。其他作业渔船不得变相从事拖网、围网或掺缯作业。[10]373

1999 年 3 月农业部发出《关于延长黄海海域休渔期的通知》,为进一步保护幼鲅鱼等幼鱼资源,协调东、黄海休渔管理,决定从 1999 年开始,北纬 35°以北的黄海海域,休渔期延长半个月。具体休渔时间从 7 月 1 日零时起至 9 月 15 日 24 时。开捕期与北纬 35°以南海域相一致。[10]374

1999 年 8 月国务院领导批示:"要完善休渔制度,加强渔业管理和执法队伍建设,以保护近海渔业资源。各地和有关部门对这项工作应给予协助和支持。"同年 9 月党和国家领导人参观"建国 50 周年农业和农村经济成就展",询问了渔民收入、全国水产养殖和伏季休渔情况,对近年来伏季休渔工作表示满意。[10]379

(四) 中国伏季休渔制度的不断完善

1995 年以来,每年休渔的海洋捕捞机动渔船达 9～11 万多艘,休渔渔民近 100 万人,基本上作到了"船进港、证集中、网封存、人上岸"。海洋伏季休渔取得了良好的生态、经济和社会效益,既保护了海洋生物种群资源,改善了海洋生态环境,稳定了海洋渔业生产,促进了渔民增收节支,增强了广大渔民和社会各界的生态环境保护意识,营造了养护资源的良好社会氛围,又促进了与周边国家渔业合作关系,在国际上树立了中国负责任大国的良好形象。

实践证明,海洋伏季休渔制度是符合我国国情、行之有效的依法保护渔业资源的一项重要管理制度,是贯彻落实科学发展观、建设海洋生态文明、促进海洋渔业可持续发展的重要举措,是满足沿海捕捞渔民生计需要和实现渔区社会稳定的重要制度保证。但伏季休渔制度在执行中仍存在一些问题,主要是:

(1) 由于捕捞强度过大,休渔成果难以得到有效巩固。2～3 个月的伏季休渔所养护的渔业资源,基本上在开捕后 1 个月左右即被强大的捕捞力量利用殆尽,有的渔业资源仍在继续衰退。有些渔民反映,年年休渔海里还是没有鱼。

(2) 休渔制度不够完善,影响伏季休渔制度的实施,山东江苏交界水域、福建广东交界水域的休渔时间不一致,我国香港水域目前不在休渔范围内,福建沿海实施两种休渔制度,增加了管理难度。

(3) 伏季休渔工作涉及面广,工作量大,时间长,每年需要投资大量的人力、物力、财力,执法成本不断提高。但渔政经费得不到保障,手段落后,制约了伏季休渔管理工作的效果和力度。[17]24

为解决这些问题,对于伏季休渔制度应本着科学合理、统筹兼顾和切实可行的原则,不断进行调整和完善。

2000 年 3 月农业部发出《关于调整东、黄海和南海伏季休渔规定的通知》(农渔发〔2000〕05 号),决定从 2000 年起,南海休渔扩大作业类型;南海、黄海、东海休渔起止时间统一后推 12 小时。具体调整为:

(1) 南海休渔:扩大休渔作业类型,由"所有拖网(含拖虾、拖贝)围网及掺缯作业"调

整为:"除刺网、钓业外的所有作业类型";休渔时间由"6月1日零时起至7月31日24时"调整为"6月1日12时起至8月1日12时"。

（2）东、黄海休渔：

北纬35°以北海域,休渔时间由"7月1日零时至9月15日24时"调整为"7月1日12时起至9月16日12时"。

北纬35°至26°30′海域,休渔时间由"6月16日零时至9月15日24时"调整为"6月16日12时起至9月16日12时"。

北纬26°30′以南海域,休渔时间由"6月1日零时至7月31日24时"调整为"6月1日12时至8月1日12时"。[17]183-184

自2001年起,农业部每年都发出关于作好伏季休渔工作的通知或通告,本着"大稳定、小调整"的原则,对部分海域的休渔作业类型及休渔时间作适当调整或对加强伏季休渔管理工作进行部署。基本精神是:在保持制度总体稳定的前提下,强化管理措施、巩固休渔成果、提高休渔质量。主要措施是:切实加强领导,落实管理责任制;广泛宣传教育,增强保护意识;强化执法管理,维护休渔秩序;增强安全意识,作好"三防"工作;认真总结经验,开展休渔效果评价。具体要求是:

（1）所有休渔渔船必须在休渔时间开始前进港集中停靠,并逐一登记造册,各省、区、市明确专人每天核查渔船停港情况,逐级上报;

（2）所有休渔渔船在休渔期间不得擅自离港或转移停泊地点;

（3）所有休渔渔船在休渔期间不得从事加水、加冰、加油等活动;

（4）所有休渔渔船在休渔期间不得自行变更为非休渔作业类型出海生产或未经批准擅自到外国管辖海域生产;

（5）各类渔业辅助船及其他单位和个人不得收购、运输、销售违反休渔法规捕捞的渔获物。

海洋伏季休渔制度具有覆盖面广、涉及渔船渔民多、管理任务艰巨的特点。因此,沿海各级渔业行政主管部门应制定切实可行的实施方案,保证各项休渔管理措施落实到位,组织调配各级渔业执法力量,加强休渔期间的港口监管和海上检查工作,尤其要加强对北纬35°附近海域、闽粤交界海域及其他省际间交界海域等敏感海域的海上现场执法管理,依法查处各类违规行为,进一步提高休渔质量和休渔效果,并积极协助当地人民政府妥善安排休渔期间渔民的生产生活,确保渔区社会稳定。

（五）中国现行的海洋伏季休渔制度

海洋伏季休渔是依据《渔业法》建立的1项重要渔业资源养护制度。为进一步贯彻落实《中国水生生物资源养护行动纲要》和《国务院关于促进海洋渔业持续健康发展的若干意见》,更好地养护和合理利用海洋生物资源,农业部决定自2014年1月1日起,将黄渤海区刺网休渔时间调整为6月1日12时至9月1日12时,东海区、南海区刺网休渔政策暂不变更。因此,中国现行海洋伏季休渔制度的内容为:

1. 休渔海域

渤海、黄海、东海及北纬12°以北的南海（含北部湾）海域。

2.休渔作业类型

（1）"闽粤海域交界线"以北的渤海、黄海、东海海域:除钓具外的所有作业类型。

（2）北纬12°至"闽粤海域交界线"的南海海域（含北部湾）:除单层刺网和钓具外的所有作业类型。

（3）"闽粤海域交界线"是指福建省和广东省间海域管理区域界线以及该线远岸端（北纬23°09′42.60″,东经117°31′37.40″）与台湾岛南端鹅銮鼻灯塔（北纬21°54′15″,东经120°50′43″）连线。

3.休渔时间

（1）北纬35°以北的渤海和黄海海域为6月1日12时至9月1日12时;其中刺网休渔时间调整为6月1日12时至9月1日12时。

（2）北纬35°至26°30′的黄海和东海海域为6月1日12时至9月16日12时;北纬26°30′至"闽粤海域交界线"的东海海域为5月16日12时至8月1日12时。在上述海域范围内,桁杆拖虾、笼壶类和刺网休渔时间为6月1日12时至8月1日12时,灯光围（敷）网休渔时间为5月1日12时至7月1日12时。

（3）北纬12°至"闽粤海域交界线"的南海海域（含北部湾）休渔时间为5月16日12时至8月1日12时。

（4）定置作业休渔时间不少于2个半月,具体时间由沿海各省、自治区、直辖市渔业行政主管部门确定,报农业部备案。

（5）沿海各省、自治区、直辖市渔业行政主管部门可以根据本地实际,在国家规定基础上制定更加严格的资源保护措施。

4.实施时间。自2014年1月1日起施行。[18]

现行伏季休渔制度的设计主要考虑南北海域渔业资源的差异性以及地方利益诉求,造成目前的休渔起止时间在不同海域甚至同1海域的不同区域相差很大;不同的作业方式之间也不尽相同,导致休渔执法困难,一些违规行为难防、难管、屡禁不止。而且,由于现行休渔开始时间较晚,而海洋渔业资源因长期衰退导致主要经济鱼类产卵期提前,渔民在休渔前大量捕捞幼鱼卖钱,对渔业资源破坏严重。作为保护海洋渔业资源重要举措的伏季休渔制度,由于存在上述问题而使其作用大打折扣。因此,有必要调整思路,对现行伏季休渔制度进行进一步改革、完善。

六、 水产种质资源保护区

（一）水产种质资源保护区的概念

水产种资资源是指具有较高经济价值和遗传育种价值,可为捕捞、增殖、养殖等渔业生产以及其他人类活动所开发利用和科学研究的水生生物资源。从广义上讲,包括上述水生生物的群落、种群、物种、细胞、基因等。水产种质资源是水生生物资源的重要组成部分和渔业发展的物质基础。

水产种质资源保护区,是指为保护水产种质资源及其生存环境,在具有较高经济价值和遗传育种价值的水产种质资源的主要生长繁育区域,依法划定并予以特殊保护和管

理的水域、滩涂及其毗邻的岛礁、陆域。

针对当前水域污染严重破坏水生生物资源及水域生态环境、各类工程建设大量侵占渔业水域的严峻局面,依法划定、公布和管理水产种质资源保护区,对于保护和合理利用水产种质资源、防止重要渔业水域的不合理占用、促进渔业可持续发展以及维护广大渔民权益具有重要的现实意义。

水产种质资源保护区属水生动植物自然保护区的1种类型。对渔业资源实行重点保护,除上列各项措施外,建立水产种质资源保护区则是又1项重要举措。

(二)《渔业法》和《纲要》关于水产种质资源保护区的规定

《渔业法》第二十九条规定:"国家保护水产种质资源及其生存环境,并在具有较高经济价值和遗传育种价值的水产种质资源的主要生长繁育区域建立水产种质资源保护区。未经国务院渔业行政主管部门批准,任何单位或者个人不得在水产种质资源保护区内从事捕捞活动。"

《中国水生生物资源养护行动纲要》规定:"保护水产种质资源。在具有较高经济价值和遗传育种价值的水产种质资源主要生长繁育区域建立水产种质资源保护区,并制定相应的管理办法,强化和规范保护区管理。建立水产种质资源基因库,加强对水产遗传种质资源、特别是珍稀水产遗传种质资源的保护,强化相关技术研究,促进水产种质资源可持续利用。"[2]

《全国生物物种资源保护与利用规划纲要》要求建立水产种质资源保护区,强化和规范保护区管理。建立水产种质资源基因库,保存水产遗传种质资源。[3]

农业部按照《渔业法》和《纲要》提出的要求,从2007年起陆续发布了《水产种质资源保护区划定工作规范(试行)》[19]和《水产种质资源保护区管理暂行办法》[20]等部门规章和规范性文件,从管理和技术两个层面为加快水产种质资源保护区划定工作,规范水产种质资源保护区的建立和管理,加强水产种质资源保护,提出了具有可操作性的执行标准。

(三)保护区的划定条件

具备下列条件之一的水域、滩涂,可划定水产种质资源保护区:

(1)国家和地方规定的重点保护水生生物物种的主要生长繁育区域;

(2)中国特有或者地方特有水产种质资源的主要生长繁育区域;

(3)重要水产养殖对象的原种、苗种的主要天然生长繁育区域;

(4)具有较高经济价值和遗传育种价值的水产种质资源的主要生长繁育区域;

(5)其他需要加以保护的区域。

(四)保护区的分级和命名

1. 保护区的分级

保护区分为国家和省两级。国家级水产种质资源保护区是指在国内、国际有重大影响,具有重要经济价值、遗传育种价值或特殊生态保护和科研价值,保护对象为重要的、洄游性的共用水产种质资源或保护对象分布区域跨省、自治区、直辖市行政区划或海域管辖权限的,经国务院或农业部批准并公布的水产种质资源保护区。省级水产种质资源保护区是指在当地有重要影响,具有较高的经济价值、遗传育种价值或一定的生态保护和科研价值,经省、自治区、直辖市人民政府或其渔业行政主管部门批准并公布的水产种质资源保护区。

2. 保护区的命名

国家级水产种质资源保护区:保护区所在地或水域(海域)名称加保护对象名称再加"国家级水产种质资源保护区"。省级水产种质资源保护区:保护区所在地或水域(海域)名称加保护对象名称再加"省级水产种质资源保护区"。

(五)保护区的功能划分

根据水产种质资源保护区的自然环境、保护对象资源状况及保护管理工作需要,在保护区域上可以划分为核心区和实验区。

核心区是指在保护对象的产卵场、索饵场、越冬场、洄游通道等主要生长繁育场所设立的保护区域。核心区的划定应作到重点突出、面积适宜、区界明确,以满足保护管理工作需要。1个水产种质资源保护区内可包括几个核心区(段)。在核心区内,根据不同保护对象的生活习性,可以设定特别保护期和一般保护期。特别保护期是指在保护对象的繁殖期、幼鱼生长期等生长繁育关键阶段,对其加以重点保护所设立的保护期。特别保护期内,不得从事捕捞、爆破作业以及其他可能损害或影响保护对象及其生存环境的活动。一般保护期是指特别保护期以外的时段。在一般保护期内,在不造成保护对象及其生存环境遭受破坏的前提下,经农业部或省、自治区、直辖市渔业行政主管部门批准,可以在限定期间和范围内适当进行渔业生产、科学研究以及其他活动。

实验区是指核心区以外的区域。在此保护区域内,在农业部或省、自治区、直辖市人民政府渔业行政主管部门的统一规划和指导下,可有计划地开展以恢复资源和修复水域生态环境为主要目的的水生生物资源增殖、科学研究和适度开发活动。

(六)保护区的规划

为有计划、有步骤、高质量地划定水产种质资源保护区,使划定的保护区布局合理,应划尽划,充分满足水产种质资源保护管理工作需要,发挥水产种质资源保护区的整体效能,应当制定水产种质资源保护区发展规划,以指导国家和地方水产种质资源保护区的划定和管理工作。

农业部组织省级人民政府渔业行政主管部门编制全国水产种质资源保护区总体规划,加强水产种质资源保护区建设。省、自治区、直辖市人民政府渔业行政主管部门应当根据全国水产种质资源保护区总体规划,科学编制本行政区域内水产种质资源保护区具体实施计划,并组织落实。

全国水产种质资源保护区总体规划应按农业部《水产种质资源保护区规划编制提纲(2011～2020年)》的要求进行编制。

(七)保护区的划定

1. 保护区的划定程序和审批权限

农业部统一领导全国水产种质资源保护区划定工作,审查批准并公布国家级水产种质资源保护区。省、自治区、直辖市渔业行政主管部门负责本行政区域或管辖水域内省

级水产种质资源保护区的划定和公布工作。

划定省级水产种质资源保护区,由保护区所在地的县、市级人民政府渔业行政主管部门征得本级人民政府同意后,向省级人民政府渔业行政主管部门申报。经省级水产种质资源保护区评审委员会评审后,由省级人民政府渔业行政主管部门批准划定,并公布水产种质资源保护区的名称、位置、范围和主要保护对象等内容。省级人民政府渔业行政主管部门可以根据需要直接建立省级水产种质资源保护区。

符合条件的省级水产种质资源保护区,可以由省级人民政府渔业行政主管部门向农业部申报国家级水产种质资源保护区,经国家级水产种质资源保护区评审委员会评审后,由农业部批准划定,并公布水产种质资源保护区的名称、位置、范围和主要保护对象等内容。农业部可以根据需要直接划定国家级水产种质资源保护区。

拟划定的水产种质资源保护区跨行政区域或者管辖水域的,由相关区域地方人民政府渔业行政主管部门协商后共同申报或者由其共同上级渔业主管部门申报,按照规定的程序审批。

2. 划定保护区的申报材料

申请划定水产种质资源保护区,应当向有审批权的渔业行政主管部门报送以下材料:

(1)申报书,主要包括保护区的主要保护对象、保护价值、区域范围、管理机构、管理基础等;

(2)综合考察报告,主要包括保护物种资源、生态环境、社会经济状况、保护区管理条件和综合评价等;

(3)保护区规划方案,包括规划目标、规划内容(含核心区和实验区划分情况)等;

(4)保护区大比例尺地图等其他必要材料。

农业部自2007年12月至2016年8月公布国家级水产种质资源保护区名单,共464处。

(八)保护区的管理

经批准划定的水产种质资源保护区由所在地县级以上人民政府渔业行政主管部门管理。县级以上人民政府渔业行政主管部门应当明确水产种质资源保护区的管理机构,配备必要的管理、执法和技术人员以及相应的设备设施,负责水产种质资源保护区的管理工作。

水产种质资源保护区管理机构的主要职责包括:

(1)制定水产种质资源保护区具体管理制度;

(2)设置和维护水产种质资源保护区界碑、标志物及有关保护设施;

(3)开展水生生物资源及其生存环境的调查监测、资源养护和生态修复等工作;

(4)救护伤病、搁浅、误捕的保护物种;

(5)开展水产种质资源保护的宣传教育;

(6)依法开展渔政执法工作;

(7)依法调查处理影响保护区功能的事件,及时向渔业行政主管部门报告重大事项。

参考文献

[1] 国务院法制局.中华人民共和国现行法规汇编(1949-1985 农林卷)[G].北京：人民出版社，1987.

[2] 国务院关于印发中国水生生物养护行动纲要的通知[S/OL].(2006-02-14).[2014-07-03].
http://www.gov.cn/zwgk/2006-02/27/content_212335.htm

[3] 国家环境保护总局关于印发全国生物物种资源保护与利用规划纲要的通知(环发[2007]163号)[S/OL].(2007-10-24).[2014-07-03].
http://www.zhb.gov.cn/gkml/zj/wj/200910/t20091022_172479.htm

[4] 国务院关于促进海洋渔业持续健康发展的若干意见[S/OL].(2013-03-08).[2014-07-05].
http://www.gov.cn/zwgk/2013-06/25/content_2433577.htm

[5] 农业部.长江渔业资源管理规定[S/OL].(1995-09-28).[2014-07-06].
http://www.moa.gov.cn/zwllm/zcfg/nybgz/200806/t20080606_1057139.htm

[6] 农业部.渤海生物资源养护规定[S/OL].(2004-02-12).[2014-07-07].
http://www.chinalaw.gov.cn/article/fgkd/xfg/gwybmgz/200404/20040400063110.shtml

[7] 农业部.国家重点保护经济水生动植物资源名录(第一批)[S/OL].(2007-12-12).[2014-07-08].
http://www.moa.gov.cn/govpublic/YYJ/201006/t20100606_1538153.htm

[8] 当代中国的水产业编辑委员会.当代中国的水产业[M].北京：当代中国出版社，1991.

[9] 华东军政委员会水产管理局.华东区机船底曳网渔业作业试行规则[S/OL].(1950-12-16).[2014-07-15].
http://www.fishery.org.cn/fishery/article.jsp?id=1244092423203

[10] 农业部渔业局.中国渔业五十年大事记[M].北京：中国农业出版社，1999.

[11] 中华人民共和国渔政渔港监督管理局.渔业法律法规规章全书[S].北京：中国法制出版社，1999.

[12] 农业部关于实行长江禁渔期制度的通知[S/OL].(2003-01-06).[2014-07-20].
http://www.moa.gov.cn/sydw/dhyzj/cjyy/zcfg/200610/t20061009_2300285.html

[13] 农业部关于实行珠江禁渔期制度的通告[S/OL].(2010-10-12).[2014-07-20].
http://www.moa.gov.cn/govpublic/YYJ/201011/t20101117_1703043.htm

[14] 肖乐,李振龙.肩负历史使命为中国渔业发展保驾护航——访原农业部总经济师、渔业局长卓友瞻[J].中国水产,2007(11):6.

[15] 城乡建设环境保护部环保局.国内外海洋环境保护法规与资料选编(上册,国内部分,供内部使用)[G].1984.

[16] 王诗成.渔政知识全书[M].济南：山东友谊出版社,1995:647.

[17] 农业部渔业局.中国渔业年鉴2001[M].北京：中国农业出版社,2002.

[18] 农业部关于调整黄渤海区刺网休渔时间的通告(农业部通告[2013]3 号)[S/OL].(2013-12-23).[2014-07-24].
http://www.shennong.com/n/1/24/115003.shtml

[19] 水产种质资源保护区划定工作规范(试行)[S/OL].(2007-06-11).[2014-07-28].
http://www.moa.gov.cn/zwllm/tzgg/tfw/201006/t20100606_1538155.htm

[20] 农业部.水产种质资源保护区管理暂行办法[S/OL].(2011-01-05).[2014-07-28].
http://www.moa.gov.cn/zwllm/tzgg/bl/201104/t20110413_1967475.htm

第二十四章　渔业生态保护

　　渔业生态保护是指对渔业水域生态环境,即渔业资源和水生生物的生存环境的保护,是为防止、减少和控制人为地直接和间接影响或破坏渔业资源和水生生物的生存环境行为的各种具体实践活动,是实现绿色渔业的必由之路。

　　渔业水域生态环境是渔业生态系统的有机组成部分,是影响渔业资源和水生生物生存和发展的外部条件,它遭受的污染和破坏,是造成渔业资源衰退的重要因素。从总体上说,造成渔业资源衰退的原因主要是过度捕捞、非法、不报告和无管制的捕捞以及破坏性的捕捞做法,而渔业水域的环境污染和生态破坏,则加剧了渔业资源的衰退进程。但在局部上,渔业生态环境的恶化也可成为造成渔业资源衰退的主要原因。

　　造成或可能造成渔业水域环境污染和生态破坏的原因很多,除过度捕捞之外,有自然因素和人为因素。为有效保护渔业资源,必须把渔业水域生态环境的保护置于与渔业资源本体的保护同等重要的地位。

　　而保护渔业水域生态环境,包括对基本处于良好状态的渔业水域生态环境的保护,对处于不良状态的渔业水域生态环境的改善,及对已遭到破坏的渔业水域生态环境的修复和重建。重点是控制不合理的资源开发利用活动,防治人为污染,防范和治理外来物种对水域生态造成的危害,这将是1个长期的奋斗过程,到21世纪中叶努力实现渔业生态系统良好、渔业水域生态环境优美的目标。

　　对此,各级人民政府负有总体责任,渔业行政主管部门负有监督管理责任,渔业生产经营者则应承担防治其生产经营活动污染损害渔业生态环境的法定义务。正如《负责任渔业行为守则》指出的:"各国和水生生物资源使用者应当养护水生生态系统。捕捞权利也包括了以负责任的方式从事捕捞的义务,以便有效地养护和管理水生生物资源。"

第一节 渔业生态的概念

一、渔业生态系统

（一）渔业生态系统的概念

渔业生态系统是指以鱼、虾、蟹、贝、藻类及其他渔业水生生物为核心的生态系统。按照粮农组织的定义，"生态系统"是指"由植物、动物和微生物以及环境中的非生命体组成的一个有机整体。"[1]其中"环境中的非生命体"是指构成生态系统的非生命物质和空间的客观条件，包括水体、光照、温度、空气、无机盐、地形和底质等。

一定空间中的生命体和非生命体所以能构成一个有机整体，是因为：

（1）在生态系统中，每个生物种都占有一定的位置，具有特定的作用。各生物种之间相互依赖、彼此制约，维系着 3 种关系，即营养关系、创境关系和助布关系。被食者为捕食者提供生存条件，同时又为捕食者所控制。反过来，捕食者又受控于被食者，彼此间相生相克，构成了生态系统的结构基础。

（2）生物种之间存在 1 物以他物为食的循环递进的连锁关系，称为食物链。太阳能由绿色植物的光合作用转换为生物能，借食物链流向动物，动物即利用食物中的能量维持自身的生命活动，但在能量沿食物链转移时，每经过 1 个级位，就有 1 大部分转化为热而逸散到外界，无法再回收利用。动植物代谢需要的水、氧气和营养盐等物质只能取自环境，它们通过食物链不断合成和分解，而动植物的尸体和排遗物又在一定条件下被微生物分解，微生物依靠分解释放的能量为生，并把有机物质还原为无机盐又送到环境中，使物质在环境和生物种之间如此反复循环。这种以生物为核心的能量流动和物质循环，构成了生态系统的功能特征。

（3）在生态系统中，总是时刻不断地进行能量交换和物质循环，生物的生长、繁殖不断影响着环境，受生物改变的环境又反过来作用于生物，各个因素都处于动的状态。生物种之间、生物种与环境之间长期建立起来的相互作用、相互适应、相互制约和相互补偿的关系，可使得生态系统的结构协调、功能和谐，并实现结构和功能的统一，如此推动着生态系统的健康运行，同时也保障着生态系统的旺盛生产力和生物量。

（二）渔业生态系统的适应性

在渔业生态系统中，鱼类种群的个体数量增加并达到一定程度时，食物必然相对短缺，内部竞争随之加剧，从而导致出生率下降和死亡率上升，迫使种群个体数量减少下来。反之，种群的个体数量减少并达到一定程度时，食物会相对充足，内部竞争也会减少，这就为个体数量的恢复创造了条件。在这些过程中，个体数量的增减作为 1 种信息回输到系统中，自我调节鱼类种群的个体数量，以适应食物的供应量。这种通过信息传输的调节过程，称为生态系统的信息流。但信息的作用是有一定限度的。超过其限度将使得信息失灵,从而导致系统结构和功能的不可恢复的破坏。渔业生态系统的鱼类种群这种自我调节能力,为渔业生态损坏的自然修复提供了可能。

（三）渔业生态系统的多样性

中国幅员辽阔,自然地理环境条件复杂多样,形成了既丰富而又独具特色的水生生物多样性及多种类型的渔业生态系统。据《中国 21 世纪议程》的统计,我国湿地和淡水生态系统有 5 个大类,海洋生态系统有 6 个大类、30 个类型。[2]

中国有典型性和代表性的内陆渔业生态系统类型和海洋渔业生态系统类型,如表24-1 和表 24-2 所示。

表 24-1　内陆渔业生态系统类型表

渔业生态系统类型		环境与生物种特征
河流渔业生态系统	黑龙江渔业生态系统	寒温带,乌苏里白鲑等鱼类 100 种
	黄河渔业生态系统	暖温带,鱼类 190 种,上游少下游多
	长江渔业生态系统	北中亚热带,鱼类 332 种,鲤科占半
	珠江渔业生态系统	南亚热带,鱼类 313 种
湖泊渔业生态系统	东部平原湖区渔业生态系统	水浅,多中、富营养,鱼类 100 多种
	东北平原山地湖区渔业生态系统	水浅,多富营养,鱼类<60 种
	云贵高原湖区渔业生态系统	湖泊类型多样,鱼类<30 种
	蒙藏高原湖区渔业生态系统	多为盐水,鱼类<30 种
	青藏高原渔业生态系统	水深,贫营养,盐水,鱼类 3～8 种
水库渔业生态系统		水位变动大,水草贫乏,多放养鱼类
沼泽渔业生态系统		
池塘渔业生态系统		
稻田渔业生态系统		

资料来源:国家环境保护总局.中国生物多样性国情研究报告[R].[3]93-95

表 24-2　海洋渔业生态系统类型表

渔业生态系统类型		环境与生物种特征
海洋渔业生态系统	渤海渔业生态系统	近封闭,底栖动物 140 多种,多广温性低盐种,游泳动物 120 多种,以鱼类为主,主要鱼类有黄鲫、鳀、鲈、黄姑鱼等 20 多种,产中国对虾,辽东湾有海豹
	黄海渔业生态系统	半封闭,生物区系独特,底栖动物 200 多种,游泳动物北部 219 种,南部 225 种,以鱼类为主,优势种有斑鰶、黄鲫、青鳞鱼、银鲳、鳀、鲥、鲈、鳎、小黄花、带鱼、小沙丁鱼、黄姑鱼、牙鲆等,有鲸类、鳍脚类和海龟

续表

渔业生态系统类型		环境与生物种特征
海洋渔业生态系统	东海渔业生态系统	处西太平洋边缘,有沿岸流和台湾暖流,底栖动物342种,长江口浅海区鱼类167种,浙江浅海区游泳生物203种,主要种类有大黄鱼、带鱼、鳓鱼、银鲳、中国毛虾和乌贼等
	南海渔业生态系统	处热带、亚热带,背部有沿岸流和南海暖流,中央为深海盆,底栖生物河口区种类少数量大,沿岸水域约800种,西沙群岛135种,北部经济鱼类100种,主要为蓝圆鲹、鲐鱼、沙丁鱼、竹荚鱼,虾类200多种,南部鱼类535种,以珊瑚礁鱼类和热带大洋性鱼类占优势
	黑潮流域渔业生态系统	黑潮高温高盐,浮游动物697种,包括暖温带近岸类群和热带大洋类群,鱼类180多种
	河口渔业生态系统	有大量淡水和陆源物质注入,生产力高,多样性指数较高,种类组成复杂,有淡水群落、咸淡水群落和海水群落
	上升流渔业生态系统	上升流区低温高盐,生产力高,食物链短,物质循环快,能量转换效率高
海岸渔业生态系统	沿海潮间带渔业生态系统	生产力高,底栖生物多,生物群落因潮汐呈高、中、低潮区垂直分布
	海岸带湿地渔业生态系统	盐碱沼泽地和滩涂构成沼泽—草地(芦苇)—鱼类—鸟类生态系统
	红树林渔业生态系统	红树林分布在北纬18°～28°,呈红树林—鱼类—鸟类生态系统,红树林泥滩有大量蟹类和弹涂鱼
岛礁渔业生态系统	海岛渔业生态系统	海岛滩涂和附近海域有陆源物质注入,受海湾和岛礁屏蔽,生产力较高
	珊瑚礁渔业生态系统	珊瑚礁要求水温18°C～30°C、盐度27～40,是天然的珊瑚礁鱼类的聚集场所

资料来源:国家环境保护总局.中国生物多样性国情研究报告[R].[3]98-107

二、渔业生态环境

(一)渔业生态环境的概念

渔业生态环境是指影响渔业水生生物生存和发展的一切外界条件的总和。由生物

因子和非生物因子两部分组成,前者包括植物、动物和微生物,后者包括水、光照、温度、空气、无机盐、地形和底质等。在自然界,各种生态因子并非孤立地对渔业水生生物起作用,往往是相互联系、相互影响,起综合作用。

(二)渔业生态环境的功能

渔业生态环境的功能是指渔业生态环境要素及其构成的环境状态对渔业水生生物的生存所承担的职能和作用。渔业生态环境的主要功能,一是为水生生物提供产卵场、越冬场、索饵场、栖息地;二是为水生生物提供营养物质;三是为洄游性鱼类提供洄游通道;四是为水产增殖、养殖提供场所。

(三)渔业生态环境的自净能力

污染物进入渔业水域后,通过环境自身的物理净化(稀释、扩散、吸附、沉淀或气化等)、化学净化(氧化还原、化合分解、吸附凝聚、交换和络合等)和生物净化(降解或转化)的综合作用,渔业生态环境具有使污染物的浓度自然地逐渐降低乃至消失,使渔业水域环境质量恢复原有状况的能力。但这种自净能力也是有一定限度的。水体污染超过自净能力,将使水域缺氧,表层水的氧含量无法正常维持生命,还可能使有害藻类大爆发,造成毒素累积,鱼类和海洋哺乳动物大批死亡。在充分利用自净能力和不损害环境质量的前提下,一定水域所能容纳的最大污染物总量,称为环境容量。环境容量是1种宝贵资源,可用以合理确定鱼、虾或蟹类的养殖容量和养殖密度。

第二节 渔业生态保护体制机制

一、体制

(一)人民政府负总责

《环境保护法》第六条规定:"地方各级人民政府应当对本行政区域的环境质量负责。"《海洋环境保护法》第九条第三款规定:"沿海地方各级人民政府根据国家和地方海洋环境质量标准的规定和本行政区近岸海域环境质量状况,确定海洋环境保护的目标和任务,并纳入人民政府工作计划,按相应的海洋环境质量标准实施管理。"《农业法》第六十三条规定:"各级人民政府应当采取措施……保护渔业水域生态环境。"《渔业法》第三十六条第一款规定:"各级人民政府应当采取措施,保护和改善渔业水域的生态环境,防治污染。"这些规定指明了,保护和改善渔业水域的生态环境,是国家行使环境保护和渔业管理职能的重要方面,也是法律赋予国务院和地方各级人民政府的1项重要职责。

为此,国务院和地方各级人民政府应当把保护和改善渔业水域生态环境的目标和任务纳入国民经济和社会发展计划,采取有利于保护和改善渔业水域生态环境的经济、技术政策和措施,建立和完善渔业水域生态环境保护的长效机制,保障渔业水域生态环境安全。主要职责包括:

（1）制定渔业水域生态环境保护方针、政策、法规和标准；

（2）建立和健全渔业水域生态环境保护管理体制和协调机制；

（3）加强渔业水域生态环境监督管理能力建设、监测和应急队伍；

（4）完善渔业水域生态环境保护投入机制；

（5）鼓励渔业水域生态环境保护科学技术研究，提高渔业水域生态环境保护科学技术水平；

（6）建立渔业水域生态环境意外事件应急预案；

（7）开展渔业水域生态环境警示教育，健全社会监督机制；

（8）扩大渔业水域生态环境保护国际合作和交流。

（二）渔业行政主管部门的监督管理职责

《渔业法》第三十六条第二款规定："渔业水域生态环境的监督管理和渔业污染事故的调查处理，依照《中华人民共和国海洋环境保护法》和《中华人民共和国水污染防治法》的有关规定执行。"《海洋环境保护法》第五条第四款规定："国家渔业行政主管部门负责渔港水域内非军事船舶和渔港水域外渔业船舶污染海洋环境的监督管理，负责保护渔业水域生态环境工作，并调查处理前款规定的污染事故以外的渔业污染事故。"《水污染防治法》第二十八条第二款规定："造成渔业污染事故或者渔业船舶造成水污染事故的，应当向事故发生地的渔业主管部门报告，接受调查处理。"这些规定指明了，渔业行政主管部门对防治渔业水域的环境污染和生态破坏，负有监督管理职责。主要职责包括：

（1）负责职责范围内的渔业水域生态环境保护工作；

（2）组织渔业水域生态环境状况调查；

（3）拟订渔业水域生态环境保护规划、计划并指导实施；

（4）组织重要涉渔工程环境影响评价和生态补偿；

（5）组织和监督重大渔业污染事故调查处理；

（6）指导、检查渔业节能减排工作；

（7）开展渔业水域生态环境监测、监视；

（8）依法发布渔业生态状况信息或公报。

为有效履行监督管理渔业水域生态环境的职责，渔业行政主管部门应加强与环境保护、海事和海洋部门的协调配合。

（三）生产经营者的第一责任

《环境保护法》第六条第三款规定："企业事业单位和其他生产经营者应当防止、减少环境污染和生态破坏，对所造成的损害依法承担责任。"在渔业水域及其附近从事可能影响渔业水域生态环境的活动的单位和个人，应遵守国家保护和改善渔业水域生态环境的法律、法规，对防止其生产经营活动造成渔业水域环境污染和生态破坏负有直接的、第一位的责任。

按照以上规定，渔业生态保护实行的是：国家保护渔业生态，地方各级人民政府对本行政区域的渔业生态环境质量负责；在人民政府的领导和管理下，渔业行政主管部门负责渔业水域生态保护工作，环境保护、海事、海洋部门依照《海洋环境保护法》和《水污染

防治法》规定的职责分工,对水生生物资源保护和渔业水域生态环境污染防治工作实施监督管理,个人、法人和其他组织负责解决自身活动影响渔业生态环境问题的体制。

二、 任务和目标

(一)渔业生态保护的任务

渔业生态保护的基本任务是遵循保护优先、预防为主、综合治理、公众参与、损害担责的原则,防止、减少和控制渔业水域的环境污染和生态破坏,保障渔业生态系统的持续健康。

渔业水域环境污染是指人类直接或间接把物质和能量引入渔业水域,以致造成或可能造成损害渔业资源和水生生物、危害人体健康、妨碍正当捕鱼活动等有害影响。

渔业水域生态破坏是指人类的经济行为违背自然生态规律,工业化、城镇化过程中处置失当,尤其是不合理地开发利用自然资源,直接或间接地导致渔业生态系统结构和功能变化,甚至影响渔业生态安全的状况和后果。

近年来,中国渔业水域面临着环境污染和生态破坏双重压力,主要表现为:

(1)近岸海域和主要江河湖泊均遭受不同程度污染和生态灾害,导致渔业水域水质下降、水生生物的产卵场和索饵育肥场的功能明显退化,水域生产力急剧下降;

(2)部分河流、河口、海湾和沿岸区由于不适当的工程措施,致使大量水生生物栖息地遭到破坏,对水域生态也造成了不利影响,水生生物的生存条件不断恶化;

(3)重要渔业水域不断被侵占、蚕食;

(4)外来物种入侵危害日益严重。[4]

造成或可能造成渔业水域环境污染和生态破坏的原因很多,除过度捕捞之外,主要有:

(1)地震、海啸、极端天气、泥石流等不可抗力;

(2)臭氧层破坏、气候变化、海洋酸化等自然进程;

(3)陆源等污染物过量排放;

(4)填海、围海、围湖造田、建闸筑坝;

(5)采挖岸滩砂石、珊瑚礁;

(6)砍伐红树林和海岸防护林;

(7)溢油、化学危险品意外事故;

(8)赤潮、浒苔和病毒等生态灾害;

(9)水产养殖造成的污染;

(10)海洋噪音、水下爆破;

(11)水利水电、交通航运、农林、旅游与渔业争夺水争地;

(12)外来生物种入侵。

渔业生态保护是对渔业资源和水生生物生存环境的保护,可将其含义界定为:为防止、减少和控制人为地直接和间接影响或破坏渔业资源和水生生物生存环境行为的各种具体实践活动。包括对基本处于良好状态的渔业水域生态环境的保护,对处于不良状态的渔业水域生态环境的改善,及对已遭到破坏的渔业水域生态环境的修复和重建。重点是控制不合理的资源开发利用活动,防治人为污染。

(二)渔业生态保护的目标

按照《中国水生生物资源养护行动纲要》和《全国生物物种资源保护与利用规划纲要》[5]的规定,渔业生态保护的奋斗目标为:

1. 近期目标

到 2010 年,水域生态环境恶化的趋势得到初步缓解;渔业水域污染事故调查处理率达到 60%以上。

2. 中期目标

到 2015 年,水域生态环境恶化的趋势得到进一步遏制;渔业水域污染事故调查处理率达到 70%以上。

3. 远期目标

到 2020 年,水域生态环境逐步得到修复;渔业水域污染事故调查处理率达到 80%以上。

4. 远景展望

经过长期不懈努力,到 21 世纪中叶,水域生态环境明显改善,水生生态系统处于整体良好状态。基本实现水生生物资源丰富、渔业水域生态环境优美的奋斗目标。

近几年,相当于《中国水生生物资源养护行动纲要》所提的"生态系统处于整体良好状态",国际上使用"生态系统健康"的概念。粮农组织将"生态系统健康"用语的含义界定为:"衡量生态系统复原能力(在压力面前,能够保持其结构和行为方式),组织(数量和多样性的生态系统组成部分之间的相互作用)和活力(衡量活动、新陈代谢或初级生产力)。一个健康的生态系统随着时间的推移保持其结构(组织)和功能(活力)的应力(弹性)。"[1]联合国文件指出:"从生态学角度讲,"生态系统的健康"意指 1 个能长期维持自身结构、活动和复原力的生态系统;换句话说,是可持续的。"[6]按照《联合国海洋法公约》的规定,"可持续"的标准,就野生水生生物而言,应是:

(1)捕捞鱼种的数量维持在或恢复到生产最高持续产量的水平;

(2)与所捕捞鱼种有关联或依赖该鱼种而生存的鱼种的数量维持在或恢复到其繁殖不会受到严重威胁的水平。[7]

实现渔业水域生态环境优美的具体目标是:

(1)控制改变和占用渔业水域的活动,保障渔业生物资源足够的栖息地和繁衍空间;

(2)渔业生态保护的主要对象得到有效保护,使它们免遭污染和破坏;

(3)已遭到破坏的渔业水域生态环境得到修复和重建,其服务功能得到恢复;

(4)保证渔业水域的生态环境符合规定用途所需要的水质、底质和生物质量标准,为水生生物资源提供良好的生存条件;

(5)保证水产品的质量安全。

三、 主要对象

《海洋环境保护法》第二十条规定:"国务院和沿海地方各级人民政府应当采取有效

措施,保护红树林、珊瑚礁、滨海湿地、海岛、海湾、入海河口、重要渔业水域等具有典型性、代表性的海洋生态系统,珍稀、濒危海洋生物的天然集中分布区,具有重要经济价值的海洋生物生存区域"。《野生动物保护法》规定,国家保护珍贵、濒危的水生野生动物及其生存环境。《国务院关于落实科学发展观加强环境保护的决定》提出要"做好红树林、滨海湿地、珊瑚礁、海岛等海洋、海岸带典型生态系统的保护工作"。《中国水生生物资源养护行动纲要》提出要有效保护水生生物多样性及濒危物种和土著、特有渔业资源的栖息地,防止外来物种入侵,对珊瑚礁、海草床等进行重点保护。

《负责任渔业行为守则》指出:"在必要的情况下,海洋和淡水生态系统中所有重要的鱼类生境都应当尽可能加以保护和恢复,例如沼泽地、红树林、石礁、咸水湖、育苗区和产卵区。应当做出专门努力来保护这些生境不受破坏、退化、污染和威胁渔业资源的健康和生存能力的人类活动造成的其他重要影响。"(6.8)

按照上列规定,渔业生态保护的主要对象是:

(1) 产卵场、苗种基地、索饵场、越冬场和洄游通道;

(2) 红树林、珊瑚礁、海草床和沼泽地;

(3) 具有重要经济价值的水生生物生存区域;

(4) 珍稀、濒危水生生物的天然集中分布区;

(5) 具有特殊保护价值的海岸、岛屿、海湾、河口湾;

(6) 重要的水产增殖、养殖水域。

第三节　渔业生态保护措施

一、 制止非法占用渔业水域

(一) 严格保护渔业水域

渔业水域是渔业生态环境的载体,渔业生物资源赖以生存的空间,在经济学上是大自然赋予人们的物质资源。它既为人们提供渔业生产的场所,又为人们提供渔业劳动的对象。渔业水域和耕地一样承担着保障国家粮食安全和生态安全的重任。1981年国务院批转《关于当前水产工作若干问题的请示报告》、1982年中共中央、国务院批转《关于加快发展淡水渔业的报告》、1985年《中共中央、国务院关于放宽政策、加快发展水产业的指示》和1997年国务院发布《关于进一步加快渔业发展的意见》一再强调"要像重视耕地一样重视水域的开发利用。"但近年来,一些地方违反以上规定,占用渔业水域进行工程建设,使渔业水域面积不断减少,严重削弱了水产品生产能力。为此,各级人民政府应十分珍惜渔业水域,实行最严格的渔业水域保护制度,渔业行政主管部门应会同有关部门加强监督管理,坚决制止乱占滥用渔业水域的行为。

（二）禁止围湖造田，严格控制填海、围海

填海、围海、围湖造田是人为地造成渔业水域面积缩小的主要原因。据 20 世纪 70 年代调查，洞庭湖被围垦的面积达 1 700 平方千米，鄱阳湖被围去 800 平方千米，太湖被围去 1 600 平方千米。[8]440 1979 年国务院批转《关于全国水产工作会议情况的报告》指出"围湖垦殖，使水面大量缩小，产卵场遭到破坏"；[9]25 "严禁围湖填塘，已经围垦而得不偿失的，要退田还湖。围海造田要统筹规划，不得破坏水产资源。"[9]28 1982 年《海洋环境保护法》第九条规定："对围海造地或其他围海工程，以及采挖砂石，应当严格控制。"1985 年《中国自然保护纲要》指出："有些地方的围垦工程带有较大的盲目性，造成一些不良的后果。如新围滩地……影响贝类的繁殖与生长，以致有的贝苗产地绝产，有的传统养殖产地，无法再生产。河口、港湾的海涂被围垦后，纳潮量显著减少，潮流变弱，沿岸泥沙流不断发展……水产资源也遭到破坏。这种盲目的、不合理的围垦，不但破坏了海涂生态系统，还使国家经济蒙受损失。""围海造田应在不影响水产养殖地、种苗基地……的情况下进行。"[10]61-63 又指出："不合理的填河造田及围湖垦殖活动导致河流、湖泊面积日益缩小……使鱼类资源遭到严重破坏，渔业产量大幅度下降。"要"保护淡水水面，禁止围垦湖泊，特别是一些鱼类产卵和索饵的水域。"[10]55-58 据此，1986 年《渔业法》专门规定："禁止围湖造田。沿海滩涂未经县级以上人民政府批准，不得围垦；重要的苗种基地和养殖场所不得围垦。"2000 年修改《渔业法》时，针对"重要的养殖水面不断被侵占"的情况，重申了这一规定。

2001 年《海域使用管理法》明确宣布："国家严格管理填海、围海等改变海域自然形状的用海活动。"

2002 年《水法》规定："禁止围湖造地。""禁止围垦河道。确需围垦的，应当经过科学论证，经省、自治区、直辖市人民政府水行政主管部门或者国务院水行政主管部门同意后，报本级人民政府批准。"

兴建建设项目不得擅自占用渔业水域。国家能源、交通、水利、军事设施等重点建设项目选址确实无法避开渔业水域，需要占用渔业水域，涉及征收、征用渔业水域的，必须经批准划定该渔业水域的机关审查批准，并按照法定权限和程序修改海洋或水功能区划的相应规定。就此，2013 年《国务院关于促进海洋渔业持续健康发展的若干意见》还提出："征收、征用渔业水域、滩涂的，要按照物权法、土地管理法、海域使用管理法等规定予以补偿安置。"

二、渔业生态环境损害防治

（一）拦河筑坝不得影响鱼类洄游

拦河筑坝，会人为地造成鱼蟹洄游通道阻隔。据 20 世纪 70 年代调查，长江流域兴修水坝 46 000 多座、涵洞 7 000 多个，其中大多数没有过鱼设施，沿江 50 多个大型湖泊，除洞庭湖、鄱阳湖外，均与长江隔绝。[8]440 针对拦河筑坝普遍破坏鱼类洄游通道的情形，《水产资源繁殖保护条例》第十三条特别规定："修建水利工程，要注意保护渔业水域环境。在鱼、蟹等洄游通道筑坝，要相应地建造过鱼设施。已建成的水利工程，凡阻碍鱼、

蟹洄游和产卵的,由水产部门和水利管理部门协商,在许可的水位、水量、水质的条件下,适时开闸纳苗或捕苗移殖。"

1982年《海洋环境保护法》第七条规定:"兴建入海河口水利和潮汐发电工程,必须采取措施,保护水产资源。在鱼蟹洄游通道筑坝,要建造相应的过鱼设施。"1986年《渔业法》第二十二条规定:"在鱼、虾、蟹洄游通道建闸、筑坝,对渔业资源有严重影响的,建设单位应当建造过鱼设施或者采取其他补救措施。"这1规定与前者相比,比较切合实际,所以现行《渔业法》仍这样规定。执行此项规定,建设单位建造过鱼设施或所采取的补救措施(渔业资源增殖放流站,开闸纳苗或捕苗移殖等)应征得县级以上渔业行政主管部门的同意。

(二)采挖砂石不得破坏鱼类栖息地

辽宁和山东的砂砾海岸有良好的建筑砂石。长期以来,采挖砂石基本处于无序无度状态,盲目大规模地采挖,不仅破坏了岸滩的动力平衡,引起海岸侵蚀,而且破坏鱼类产卵场和栖息地。

> 胶州湾外海有1大型海砂矿,面积约20多平方千米(中国另1大型海砂矿位于珠江口外伶仃岛,面积19平方千米),2001年1家建材公司进行采挖。青岛市海洋与渔业局以"该海域是国家重点保护动物文昌鱼栖息地及其他多种经济鱼类、蟹类和虾类的产卵场和索饵场。采挖行为造成了该海域海洋环境和渔业生态环境的破坏"为由,"责令停止在青岛前海域采挖海砂活动、并处以1万元罚款"。当事人以持有《采矿许可证》和《海域使用许可证》为由对行政处罚决定不服,向青岛市人民政府提出行政复议申请,青岛市人民政府做出复议决定,维持处罚决定。当事人不服,又向山东省高级人民法院提起诉讼,山东省高院指令青岛市中级人民法院受理此案。法院一审判决:维持原行政处罚决定。2003年山东省高级人民法院审理此案认为行政处罚决定认定事实不清,主要证据不足,处罚程序违法,做出了撤销青岛市中级人民法院的一审判决,撤销青岛市海洋与渔业局的处罚决定的终审判决。但并未否定该海域是文昌鱼栖息地及其他多种经济鱼类、蟹类和虾类的产卵场和索饵场的事实。[11]

为了遏制乱采滥挖砂石破坏鱼类栖息地的势头,《水产苗种管理办法》第十九条特别规定:"禁止在水产苗种繁殖、栖息地从事采矿、挖沙……等破坏水域生态环境的活动。"

(三)禁止毁坏红树林和珊瑚礁

红树林是热带、亚热带海岸潮间带以红树植物为主体的木本生物群落,具有促淤、防浪、固岸、净化水质的功能,又是重要的鱼类生态系统,鱼类种类多,密度高,一般认为这是因为红树林本身的结构多相性对鱼类有特别吸引力,红树林复杂的根系结构可以降低幼鱼的被捕食率,而且红树林比其他栖息地能为幼鱼提供更为充足的食物。中国原有红树林5万多公顷,分布在海南、广东、广西、福建、浙江、香港、澳门和台湾8省区海岸,由于多年的砍伐、破坏,现存有约1.5万公顷。

珊瑚礁是指造礁石珊瑚群体死后其遗骸构成的岩体,分为岸礁、堡礁和环礁。中国近海有 200 多种造礁珊瑚,岸礁主要分布在海南岛和台湾岛,东沙、西沙和南沙诸岛多为环礁,广东、广西、香港和南部福建也有造礁珊瑚分布。珊瑚礁具有重要经济、社会、环境价值。珊瑚礁是立体生境,礁体内、礁体表面、缝隙间及邻近水域都有大量生物栖息,构成重要的鱼类生态系统,渔业资源丰富。珊瑚礁不断被作为生产石灰或工艺品的原料和观赏装饰品进行开采,而遭到毁坏,海南岛的珊瑚岸礁 80% 已被破坏。

红树林和珊瑚礁一旦被破坏后,红树林和珊瑚礁鱼类便失去了生存环境和营养供应地,种群随之消退,有关海岸、海域的生态安全也会受到巨大威胁。因此,国家特别重视红树林和珊瑚礁的保护。1982 年《海洋环境保护法》第九条规定:"禁止毁坏……红树林、珊瑚礁。"现行《海洋环境保护法》第二十条将红树林和珊瑚礁列为海洋生态保护对象的首位,加以规定:"国务院和沿海地方各级人民政府应当采取有效措施,保护红树林、珊瑚礁"。《防治海岸工程建设项目污染损害海洋环境管理条例》第二十四条规定:"禁止在红树林和珊瑚礁生长的地区,建设毁坏红树林和珊瑚礁生态系统的海岸工程建设项目。"严格执行这这些规定,将为红树林和珊瑚礁鱼类的生存和发展提供有力的保障。

(四)引水用水应采取保护苗种的措施

盐田、滨海火电厂、核电站、海水淡化其他大量取用海水工程、直接从江河、湖泊取用水资源设施及灌溉、调水等引水工程的抽取水口,如设置在水生动物苗种产区,且不采取防范措施,引水用水时势必造成大量水产苗种毁坏,从而影响鱼类种群的补充和发展。因此,《渔业法》第三十一条规定:"在水生动物苗种重点产区引水用水时,应当采取措施,保护苗种。"《渔业法实施细则》第二十六条补充规定:"任何单位和个人,在鱼、虾、蟹、贝幼苗的重点产区直接引水、用水的,应当采取避开幼苗的密集期、密集区,或者设置网栅等保护措施。"《水产苗种管理办法》第十九条重申:"在水生动物苗种主产区引水时,应当采取措施,保护苗种。"按照以上规定,在水生动物苗种重点产区直接引水、用水的单位或个人应作好幼苗的保护工作,否则,造成渔业资源损失的,应由其负责赔偿。

(五)湖泊、水库要保持鱼类生长需要的最低水位

1981 年国务院批转《关于当前水产工作若干问题的请示报告》提出,对水域、滩涂的使用,"要兼顾渔业农业的需要,解决好养鱼和种植水生植物的矛盾,湖泊要合理确定养鱼水位线。"[9]89据此,湖北省本着有利发展水产和蓄水调洪原则,对省直属管理的梁子湖确定渔业水位线,做出表率,要求全省仿照办理。[8]260 1986 年《渔业法》第二十三条将这项政策措施规定为:"用于渔业并兼有调蓄、灌溉等功能的水体,有关主管部门应当确定渔业生产所需的最低水位线。"2000 年《渔业法》第三十三条沿用这 1 规定。按照水功能区划,对以渔业用水为主导功能的湖库型水体,还赋予其调蓄、灌溉等第二或第三功能的,为保证鱼类最基本的生长条件,调蓄或灌溉用水时应保持湖泊、水库的最低水位。为此,按照本条规定,对于此种水体,渔业行政主管部门应当会同水利部门确定渔业生产所需的最低水位线,报同级人民政府批准实施。需在最低水位线以下用水的,须经最低水位线确定机构批准,由此给渔业生产者造成的损失,应由用水单位予以补偿。

此外,《四川省〈中华人民共和国渔业法〉实施办法》第十二条规定:"用于调蓄、灌溉

并兼有渔业功能的水体,养殖生产者与水体管理单位可签订合同约定渔业生产所需的最低水位线;水体属全民所有的,约定的渔业生产所需的最低水位线须报县级以上水行政主管部门批准。因特殊情况不能保证最低水位线的,有关单位和个人应通知养殖生产者及时采取补救措施,并按合同约定对其损失进行补偿;未通知的,对其损失应全额赔偿。"[12]

(六) 防止水下爆破、勘探、施工作业损害渔业资源

修建港口码头、跨海桥梁、水利工程,铺设海底管道、电缆,疏浚航道,开发水下矿产资源,建造海上海底设施,打捞沉船、沉物等进行的水下爆破、勘探、施工作业大量存在,这些作业都有可能对渔业生态环境和渔业资源造成损害。防止或减少这种损害,《渔业法》第三十五条规定:"进行水下爆破、勘探、施工作业,对渔业资源有严重影响的,作业单位应当事先同有关县级以上人民政府渔业行政主管部门协商,采取措施,防止或者减少对渔业资源的损害;造成渔业资源损失的,由有关县级以上人民政府责令赔偿。"其中,可采取的措施包括不使用炸药进行地震勘探,作业时间避开幼苗的密集期,作业之前将作业时间、地点、方式通报渔业行政主管部门等。

(七) 建设项目影响渔业资源专题评价或论证

近年来大规模海域、流域开发和高强度港口、码头、航道等工程建设,加剧了对重要、濒危水生生物及其生境的威胁,渔业资源及其生境保护压力凸显、形势日益严峻。必须进一步加强建设项目对渔业资源及其生境的环境影响评价管理。

在重要渔业水域、水产种质资源保护区内从事水利工程、航道、闸坝、港口建设及矿产资源勘探和开采等建设项目或者在重要渔业水域、水产种质资源保护区外从事有关工程建设活动可能损害重要渔业水域、水产种质资源保护区功能的,须由建设单位委托具有相应资质和条件的单位,按照农业部《建设项目对水生生物国家级自然保护区影响专题评价管理规范》(农渔发〔2009〕4 号)[13]、《建设项目对海洋生物资源影响评价技术规程》(SC/T 9110—2007)[14]和国家其他有关规定编制建设项目对重要渔业水域、水产种质资源保护区的影响专题评价或论证报告,专题论证的重点是重要渔业水域、水产种质资源保护区主要物种资源和功能分区等情况,建设项目对重要渔业水域、水产种质资源保护区功能影响及建设项目优化布局方案,拟采取的避让、减缓、补救和生态补偿措施等。应将有关论证报告作为建设项目环境影响报告书的重要内容。

在渔业水域及其周边兴建建设项目和其他进行水下工程建设或者施工作业,必须依法采取措施避免造成渔业水域生态环境损害。经依法批准占用渔业水域及在渔业水域及其周边兴建建设项目和进行施工作业虽采取措施仍不能避免造成渔业水域生态环境损害的,应当按照国家规定缴纳渔业生态补偿费。

省级以上人民政府渔业行政主管部门应当依法参与涉及重要渔业水域、水产种质资源保护区的建设项目环境影响评价,组织专家审查建设项目对重要渔业水域、水产种质资源保护区的影响专题论证报告,并根据审查结论向建设单位和环境影响评价主管部门出具意见。

建设单位应当将渔业行政主管部门的意见纳入环境影响评价报告书,并根据渔业行

政主管部门意见采取有关保护措施。环境保护行政主管部门在批准涉渔建设项目环境影响报告书之前,必须征求渔业行政主管部门的意见。对水生生物资源及水域生态环境造成破坏的,建设单位应当按照有关法律规定,制订补偿方案或补救措施,并落实补偿项目和资金。相关保护设施必须与建设项目的主体工程同时设计、同时施工、同时投入使用。

（八）强化海域、流域开发建设规划影响渔业资源的环境评价

2013 年 8 月环境保护部和农业部联合发出《关于进一步加强水生生物资源保护 严格环境影响评价管理的通知》,要求编制对水生生物产卵场、索饵场、越冬场以及洄游通道可能造成不良影响的区域、流域、海域的建设、开发利用规划等综合性规划,以及工业、农业、畜牧业、林业、能源、水利、交通、城市建设、旅游、自然资源开发等专项规划,应依法开展环境影响评价,在环境影响评价中应进一步强化以下内容:

（1）将重要水生物种资源及其关键栖息场所列为敏感目标,开展重要水生物种资源及其关键栖息场所等调查监测,科学客观地评价规划实施可能带来的长期影响,并按照避让、减缓、恢复的顺序提出切实可行的建议和对策措施。

（2）规划涉及港口、码头、桥梁、航道整治疏浚等涉水工程以及围填海等海岸工程的,应综合评估规划实施可能造成的底栖生物、鱼卵、仔稚鱼等水生生物资源的损失和长期影响。

（3）规划涉及水利、水电、航电等筑坝工程的,应调查洄游性水生生物情况,调查影响区域内漂流性鱼卵的生产和生长习性、调查影响区域内水生生物产卵场等关键栖息场所分布状况,全面评估规划实施对洄游性水生生物和生物种群结构的影响。

《通知》还规定:各级环境保护部门在召集港口、码头、桥梁、航道、水电、航电、水利等开发建设规划环境影响报告书审查时,涉及可能对水生生物资源及其生境造成不良影响的,应严格执行以下要求:

（1）将渔业部门以及水生生态、水生生物资源、渔业资源(重点是鱼类)保护等方面的专家纳入审查小组。

（2）审查小组应将水生生物影响评价内容和有关结论作为审查重点之一,对可能造成重大不良环境影响的规划方案,应在书面审查意见中给出明确结论。[15]

三、 渔业水域污染、事故和灾害防治

（一）渔业水域污染、事故和灾害的概念

1. 渔业水域污染

渔业水域污染是指人类直接或者间接地把物质或者能量引入渔业水域或其邻近水域,在水域中扩散、迁移、转化,导致渔业水域的化学、物理、生物或放射性等方面特性的改变,造成或可能造成渔业水域环境质量下降而危害水生生物正常生存发展的现象。

直接或者间接地向水域排放能导致水域污染的物质和能量统称水污染物,主要包括:油类,酚类,酸液,碱液,氮,磷,有机物(COD),悬浮物,重金属(汞、镉、铬、铅、锌、铜、砷),氰化物,硫化物,放射性物质,持久性有机污染物(POPs),大肠杆菌,病原体等。

携带水污染物的载体主要有：

（1）工业废水；

（2）生活污水；

（3）面源径流；

（4）大气沉降物；

（5）船舶污水；

（6）海洋石油勘探开发废水；

（7）倾倒的废物；

（8）水产养殖废水、残饵等。

渔业水域污染是由于上述废水、污水超标排放或突发性排放事故，使得进入渔业水域的水污染物的浓度或总量超过渔业水域自净能力的结果。

2. 渔业水域污染事故

渔业水域污染事故是指由于单位和个人将某种物质和能量引入渔业水域，损坏渔业水体使用功能，影响渔业水域内的水生生物繁殖、生长或造成该生物死亡、数量减少，以及造成该生物有毒有害物质积累、质量下降等，对渔业资源和渔业生产造成损害的事实。

渔业污染事故一般分为突发性事故和非突发性事故两类。

突发性渔业水域污染事故是指因发生事故或其他突发性事件，例如海洋石油勘探开发及输油过程中发生的溢油事故，装运污染危害性货物质船舶发生的泄漏事故，沿海单位发生的重大海洋环境污染事故或突发性事件（如：1989 年 8 月 12 日黄岛油库遭雷击起火爆炸，600 吨原油污染胶州湾海面）造成的渔业水域急性污染事故。这类污染事故的主要特征是：

（1）地区的局部性，即事故发生在当地 1 小块水域内；

（2）时间的短暂性，事故发生持续时间较短；

（3）污染的极度性，事发当地水质受到严重污染，水质参数可能超过标准十多倍，甚至几十倍；

（4）危害后果的显著性，事发当地到处可见水生生物成片死亡和糜烂，受害的水生生物没有逃生之地。

非突发性渔业水域污染事故是指港湾、滩涂、近海等开放性大水面因受各种废水、污水长期超标排放，水污染物浓度和总量日益增加，水质状况逐渐恶化，造成渔业水域非急性污染事故。这类污染事件的主要特征是：

（1）地域的广布性，它往往遍及渔业经济生物的产卵场、索饵场、育肥场；

（2）事件的漫长性，它对渔业的危害时间长度是以年来累计，从渔业生物的延续上讲，甚至要以世代来度量；

（3）污水浓度呈叠加型，单一污染物质浓度一般不超过鱼类致死阈值，但大多超过渔业水质标准规定的阈值，且具有多项指标叠加效应；

（4）危害的隐蔽性，这类事故往往发生在近岸水域，对渔业的影响主要是处于鱼类发育和成长阶段的胚胎、仔幼鱼期，一般难以看到成片死鱼现象。这种渔业水域污染事故

对渔业的危害,主要表现在:

（1）有毒有害物质对鱼卵、仔鱼、幼鱼和成鱼的直接损害。渔业生物栖息地受污染后,资源生物的生存空间缩小,数量减少,质量变差,个体变小。

（2）饵料生物因污染而减少,鱼类生长受到影响。

（3）有毒物质在底质中的积累,危害底栖生物,进而危害高营养层次生物。

（4）养殖生物成片死亡,养殖设施受污染损害,可养水域面积缩小。

（5）渔获物体内有毒有害物质残留量增加,或者带异味,失去食用价值。

（6）食用受污染的水产品,直接危害人类健康。[16]

3. 渔业水域生态灾害

渔业水域生态灾害是指由重大渔业水域污染事故或渔业水域污染导致赤潮、病害等发生,使渔业生态系统的结构和功能遭受破坏,给水生生物资源和渔业资源造成的灾难性危害。相关案例如下。

（1）1983年11月25日,巴拿马籍"东方大使"号油轮在青岛胶州湾触礁搁浅,溢出原油3 343吨,严重污染了胶州湾及附近海域230千米岸线,使1 000多公顷水产养殖区遭受灭顶之灾,经济损失达数千万元,损害赔偿1 775万元。[17]

（2）2011年6月4日,位于渤海海域中南部由中国海洋石油总公司（中海油公司）与康菲石油中国有限公司（Conoco Phillips ChinaInc.）（康菲公司）合作开发的蓬莱19-3油田B平台发生溢油事故,同年6月17日,蓬莱19-3油田C平台C20井发生井涌事故,导致蓬莱19-3油田周边及其西北部面积约6 200平方千米的海域海水污染（超第一类海水水质标准）,其中870平方千米海水受到严重污染（超第四类海水水质标准）。2011年7月中下旬在辽宁省绥中东戴河岸滩发现油污,呈不均匀带状分布,带长约4千米,宽度约0.5米;在河北省唐山浅水湾岸滩发现油污,呈带状分布,高潮线附近油污带宽1～1.5米,带长约500米,低潮线附近油污带宽1.5～2米,带长约300米;在河北省秦皇岛昌黎黄金海岸岸滩发现油污,在高潮线附近零星分布,长度约1.2千米。在以上区域采集的油样经油指纹分析鉴定,均与蓬莱19-3油田溢油油指纹一致。这使得渤海受染污海域的海洋生态遭到严重破坏,给受污染海域沿岸水产养殖业及海洋渔业造成了巨大损失。溢油事故发生后,农业部、国家海洋局依据职责分别开展养殖渔业损失、天然渔业资源损害和海洋生态损害索赔工作。为解决蓬莱19-3油田溢油事故渔业索赔问题,农业部全力推进渔业索赔行政调解工作。2012年1月25日,经过行政调解,农业部、康菲公司、中海油公司以及有关省人民政府就解决蓬莱19-3油田溢油事故渔业损失赔偿和补偿问题,达成一致意见。康菲公司出资10亿元人民币,用于解决从河北省乐亭县至辽宁省绥中县连续岸段"四县三区"（包括乐亭县、昌黎县、抚宁县、绥中县、海港区、山海关区、北戴河区)养殖生物的经济损失和渤海天然渔业资源损失赔偿和补偿问题。农业部负责协调河北省、辽宁省有关政府部门将上述款项中的 7.315 亿元通过行政调解的方式补偿给养殖渔业索赔者。康菲公司、中海油公司分别从海洋环境与生态保护基金中列支 1 亿元和 2.5 亿元人民币,用于天然渔业资源修复和养护等方面工作。2012 年 4 月 26 日,国家海洋局北海分局、康菲公司、中海油公司共同签订了海洋生态损害赔偿补偿协议。康菲公司和中海油总计支付 16.83 亿元人民币,其中,《康菲公司出资 10.9 亿元人民币》,赔偿本次溢油事故对海洋生态造成的损失。中海油公司和康菲公司分别出资 4.8 亿元人民币和 1.13 亿元人民币,承担保护渤海环境的社会责任。在总额 30.33 亿元人民币的赔偿和补偿金中,康菲公司支付 23.03 亿元,中海油公司支付 7.3 亿元。[18]

(3) 1989 年 9～10 月间,河北省黄骅市、唐县和天津市塘沽沿岸发生大面积裸甲藻引起的赤潮,波及 1 300 平方千米,最严重期持续 1 个多月。赤潮是指海域中浮游生物爆发性繁殖和高度密集引起水色异常和水质恶化的现象。能引起赤潮的浮游生物有上百种。随着沿海地区使用的化肥、农药和植物生长剂大量流失入海,城市生活污水和含有机物的工业废水大量排海,加上海水养殖迅猛发展,使大量氮、磷等物质排入海中,造成海域富营养化,为赤潮生物大量繁殖提供了丰富的营养物质,是赤潮形成的重要原因。赤潮的危害性极大。有毒赤潮生物分泌的毒素可直接导致海生物大量死亡,或者通过食物链传递造成人体食物中毒。无毒赤潮生物则因其产生的粘性分泌物堵塞鱼、虾、蟹、贝的呼吸系统,或者由于赤潮生物大面积衰亡时消耗了水体中大量的氧气,而造成大面积的鱼、虾、蟹、贝窒息死亡。这次赤潮爆发造成沿岸捕捞业和养殖业直接经济损失 2 亿多元。其中,唐海县养虾业的经济损失达 8 500 万元,黄骅市 26 000 亩虾池受灾,直接经济损失 2 800 万元。[19] 1998 年 9～10 月间,渤海发生了有记录以来最严重的大面积赤潮,范围遍及辽东湾、渤海湾、莱州湾和渤海中部部分海域。此次赤潮持续时间长达 40 余天,最大覆盖面积达 5 000 多平方千米,给辽宁、河北、山东省及天津市的海水养殖造成巨大损失。[20]

渤海是 1 个近封闭的浅海内海,水体交换能力差,自净能力低,再加上海域环境污染严重,致使赤潮灾害频繁发生。大连湾、长江口海域、杭州湾、南麂列岛海域、东山湾、厦门湾、深圳海域、珠江口海域、湛江海域等海域都是赤潮灾害多发区。

(4) 1993 年对虾白斑综合症暴发性流行,这是由于在养殖密度过大和养殖水域污染严重的情形下,虾苗、幼虾携带的白斑病毒快速传播造成的。对虾白斑病是由白斑综合症杆状病毒复合体引发的急性、综合性病症的传染病,以甲壳上有明显白斑或暗蓝色斑点,肝胰脏肿大,来势快,感染率高,死亡快,危害性极大为特征。这使得 1993 年全国对虾养殖产量从 1992 年的 22 万多吨,急剧下降到 8.7 万吨,1994 年接着下降到 6.3 万吨。1993～1994 年因虾病暴发所遭成的养殖经济损失高达数 10 亿元。至 1995 年全国养虾产量仍维持在 7 万吨的水平。[21]

(5) 从 2007 年起,每年 5～8 月在黄海南部特别是青岛沿岸,都要暴发浒苔绿潮灾害,最大分布面积在 2～6 万平方千米,覆盖面积在几百到上千平方千米。浒苔是大型丝状藻类,广泛分布于世界各海洋中,全球约有 40 种,中国有 11 种。浒苔绿潮形成与苏北浅滩紫菜养殖的后期作业方式密切相关。苏北浅滩条斑紫菜养殖面积大约 3 万公顷,养殖作业从 10 月开始。存在于海水中的浒苔微观繁殖体与其他绿潮繁殖体一起附着在养殖筏架上,附着表面积约达 6 千万平方米。到来年 4 月左右,受温度等条件影响,浒苔成为附着在养殖筏架上藻类的优势种。浒苔具有生长快、抗病能力强、光合性能高等生物学特点。在养殖作业结束收取筏架时,其附着藻类被集中清除到海中,此时浒苔总量大约几千吨。在北向表层海流的作用下,漂浮浒苔群体从苏北浅滩紫菜养殖区不断向北移动,在漂流的同时快速生长繁殖。经过几十天,黄海中的浒苔总量可增长至百万吨级,形成大规模浒苔绿潮,覆盖海面,影响景观。浒苔暴发初期和中期对海水水质无不良影响。在后期浒苔大量死亡后,残体分解会不断消耗海水中溶解氧,造成局部缺氧,给海洋生物尤其是沿岸养殖生产带来严重次生灾害。为减缓浒苔对海洋生态的危害,政府需投入大量船只和机械打捞,养殖水产者亦需向养殖水体投入大量增氧剂,这给国家和个人造成巨大经济损失。

此外,台风、风暴潮、干旱、洪水、泥石流等自然力也会造成渔业水域生态灾害。

(二) 渔业水域污染和灾害防治措施

依照《渔业法》《海洋环境保护法》和《水污染防治法》的有关规定,防治渔业水域污染和生态灾害,必须坚持预防为主、防治结合、强化源头预防的原则,并坚持实行下列基本制度:

1. 建立和实施污染减量排放和达标排放制度,严格控制污染物向渔业水域排放

向渔业水域及其周边排放陆源水污染物的单位和个人,必须严格执行国家或者地方规定的排放标准和主要污染物排放总量控制制度,防止对渔业水域生态环境造成污染损害。向渔业水域及其周边排放含热废水或低温废水,必须采取有效措施,保证人为造成的环境水温变化符合国家规定的限制标准。

2. 建立和实施排污口设置、倾废区选划及其管理制度

禁止在重要渔业水域、水产种质资源保护区内新建排污口和选划倾废区。在重要渔业水域、水产种质资源保护区附近新建、改建、扩建排污口,应当保证重要渔业水域、水产种质资源保护区水体不受污染。

环境保护行政主管部门在批准位于其他渔业水域和渔业水域周边设置排污口之前,必须征求渔业行政主管部门的意见。在渔业水域及其周边已有的排污口,不符合国家有

关规定或者造成严重污染损害的,由县级以上地方人民政府按照国务院规定的权限,责令限期治理或者拆除、搬迁。

国家海洋行政主管部门在选划海洋倾倒区和批准临时性海洋倾倒区之前,必须征求渔业行政主管部门的意见。国家海洋行政主管部门经对倾倒区的环境监测确认,对渔业资源或水产增养殖生产有严重影响,不宜继续使用的倾倒区,应当予以封闭,终止在该倾倒区的一切倾倒活动。

在重点渔业水域和水产种质资源保护区不得从事拆船业。在其他渔业水域从事拆船业,造成渔业资源损害的,由拆船单位依照有关规定负责赔偿。

3. 制定和完善水产养殖的环境技术规范,强化水产养殖环境管理

水产养殖,不论成鱼养殖或苗种培育,亦不论采用何种养殖模式,随着未被摄食的残饵、养殖生物的排泄物和分泌物、化学药剂和死鱼残骸等进入水体,都会产生总氮、总磷、COD、铜和锌等水污染物,从而,对渔业生态造成或可能造成污染损害。加上养殖布局和养殖模式等缺乏养殖生态学理论及相关的生态调控等技术的指导,增加了破坏渔业水域生态平衡的危险。虽然与人类其他活动向水体排污量相比,水产养殖的排污量所占比重还不算大,但由于水产养殖区大部分水体交换条件差,易产生累积污染,因此,不能忽视水产养殖污染的治理。

为防治养殖污染,国务院渔业行政主管部门应不断完善防治水产养殖业污染的规章、规范和标准。县级以上地方人民政府渔业行政主管部门,应在对本行政区域重要的养殖区域进行调查和评价的基础上,积极作好水产养殖发展规划,突出科学布局、控制养殖容量,推广生态健康养殖理念、养殖方式和生产管理技术,积极引导养殖生产者使用全价颗料饲料,推广科学的给饲技术,限制冰鲜小杂鱼直接投喂,从源头上防止、减少和控制养殖自身污染。

从事水产养殖生产的单位和个人,必须按照国家规定的规范和标准从事水产养殖生产;产生养殖废水的,应按照国家规定的排放要求排放养殖废水,以防止和减少水产养殖生产对环境造成污染损害。

县级以上地方人民政府渔业行政主管部门应当根据《渔业法》《水产养殖质量安全管理规定》《水产养殖基础控制点与符合性规范》《全国水产养殖业污染源产排污系数手册》及《水产养殖污染防治技术政策》等有关规范和标准,加强对水产养殖生产污染防治的监督检查,加大养殖水域生态环境监测力度,定期发布水质监测预警预报信息,实现对水产养殖生产全过程、全面、有效的控制。

4. 严格执行《海洋环境保护法》和《水污染防治法》,加强渔业船舶污染防治

《海洋环境保护法》第五条规定:"国家渔业行政主管部门负责渔港水域内非军事船舶和渔港水域外渔业船舶污染海洋环境的监督管理"。《水污染防治法》根据有关部门职责分工,明确规定由渔业行政主管部门负责渔业船舶的水污染防治工作。渔业船舶数量大,设备相对落后,机器跑冒滴漏多,其机舱污水、生活垃圾可能对渔业生态环境造成污染损害。

县级以上地方渔业行政主管部门应按照《海洋环境保护法》和《水污染防治法》的要

求,健全相关管理制度、规范标准,作好渔业船舶污染防治工作。渔业船舶所有人必须严格按照渔业船舶法定检验规则要求,配备相应的滤油设备、油污水舱或柜和垃圾贮集器等防污设备,配齐渔业船舶检验部门签发的有效的防污证书、证件,主机功率在 300 千瓦(400 马力)及其以上的机动渔业船舶并要备有《油类记录簿》,并按照《关于加强渔港水域环境保护工作的规定》的要求如实记录油类作业。300 千瓦以下渔业船舶应将油类作业情况如实地记入《轮机日志》或值班记录簿。严禁将油污水和垃圾直接排放到水中。

县级以上地方渔业行政主管部门要组织所属的渔政渔港监督、渔业船舶检验机构加大监督检查力度,重点加强渔港水域环境保护,对渔港油污水接收处理单位实行监督管理;对在渔港水域内从事渔业船舶水上拆解活动的,按照《行政许可法》要求,实施行政许可和监督检查。

5. 健全渔业生态环境监测制度,组织监测网,加强渔业生态环境监测工作

《渔业法实施细则》第二十七条规定:"各级渔业行政主管部门,应当对渔业水域污染情况进行监测;渔业环境保护监测网,应当纳入全国环境监测网络。"《海洋环境可保护法》第十四条第二款规定:"依照本法规定行使海洋环境监督管理权的部门分别负责各自所辖水域的监测"。按照这两项规定,国务院渔业行政主管部门应当按照国家环境监测规范和标准,建立渔业生态环境监测制度,制定渔业生态环境监测规范,组织全国渔业生态环境监测网络,对全国渔业生态环境监测工作进行管理,评价渔业生态环境质量,发布全国渔业生态环境状况公报。县级以上地方人民政府渔业行政主管部门应当组织开展所辖渔业水域生态环境的监测。

渔业生态环境监测按其性质分为常规监测、专项监测和应急监测。通过采集、处理、分析渔业生态环境要素的信息数据,掌握渔业生态环境要素不同时空尺度的状况及其变化趋势,为渔业生态环境管理和科学研究提供基础资料。

常规监测又称例行监测,它是对选定的某 1 相对固定的渔业水域,选择相对固定的监测项目所进行的常年监测,通过对大量监测数据的分析,提供评价监测水域生态环境状况、变化趋势及评估对渔业资源、种群数量、水产品质量可能产生的影响。

专项监测是针对特定的环境变化和影响因素,如自然灾害发生及工程建设、区域性开发建设等特定项目对渔业功能区可能产生的影响,而进行的生态环境的监测。通过对特定项目的专项监测,了解和掌握特定项目实施对渔业功能区的影响程度,提出减缓影响的对策与措施。

应急监测是在渔业水域发生突发污染事故时,为消除环境污染后果、赔偿渔业损失所进行的污染物、污染源、环境质量、渔业损失的紧急调查。在此类监测中,采用流动监测、航空监测、遥感遥测等手段,对意外发生高浓度污染进行短期的集中监测,及时发布警报,采取紧急措施,控制污染范围,尽可能减少损失,以防事故扩大,如事故性溢油应急监测和突发性赤潮监测等。

农业部经过几十年努力,现已初步建成以农业部渔业生态环境监测中心为业务牵头单位,有农业部海区、流域渔业生态环境监测中心和省市级渔业生态环境监测站等 40 多个机构参加、覆盖中国重要渔业水域的渔业生态环境监测体系,并对海水鱼虾类产卵场、

稚幼鱼索饵场、鱼虾贝藻类养殖区,江河鱼类产卵、索饵场、洄游通道,湖泊、水库鱼类产卵、索饵场等120多片重要渔业水域和40个国家级水产种质资源保护区的水质、沉积物、生物等18项指标进行了常规生态环境监测,监测总面积约占全国近海和内陆渔业水域总面积的1/4,并结合海区伏季休渔和河流域禁渔期制度的实施及三峡水库工程等对生态环境产生的影响开展了生态环境专项监测。

农业部会同国家环境保护总局(环境保护部)自2001年起联合发布年度《中国渔业生态环境状况公报》,增加了渔业生态环境保护工作的透明度,为公众参与和舆论监督创造了条件,并为渔业行政主管部门加强渔业生态环境污染和灾害防治提供了科学依据。

为了提高渔业生态环境监测、监视能力和质量,应建立健全基础信息数据库,进一步完善监测网络,提供必要的设备、设施,配备足够合格的专职或者兼职人员和经费支持。

四、渔业污染事故的调查处理

(一) 渔业水域污染事故的调查处理权

1982年《海洋环境保护法》第五条规定渔业行政主管部门"负责渔港船舶排污的监督和渔业港区水域的监视",而未赋予其调查处理渔业水域污染事故的职能。1984年《水污染防治法》未提及渔业行政主管部门的职责。这不符合渔业水域生态环境监督管理的实际情况和渔政渔港监督管理部门的执法队伍现状。1991年国家环境保护局经商农业部,决定原则上授予渔政渔港监督管理部门负责渔业水域污染事故调查处理权。[22]

1999年《海洋环境保护法》第五条规定,国家海事行政主管部门负责所辖港区水域内非军事船舶和港区水域外非渔业、非军事船舶污染海洋环境的监督管理,并负责污染事故的调查处理;对在中华人民共和国管辖海域航行、停泊和作业的外国籍船舶造成的污染事故登轮检查处理。船舶污染事故给渔业造成损害的,应当吸收渔业行政主管部门参与调查处理。国家渔业行政主管部门负责调查处理规定依法由国家海事行政主管部门负责调查处理的污染事故以外的渔业污染事故。

2008年修订后的《水污染防治法》第六十八条规定,造成渔业污染事故或者渔业船舶造成水污染事故的,应当向事故发生地的渔业主管部门报告,接受调查处理。其他船舶造成水污染事故的,应当向事故发生地的海事管理机构报告,接受调查处理;给渔业造成损害的,海事管理机构应当通知渔业主管部门参与调查处理。按照这两项法律规定,除外国籍商船造成的渔业水域污染事故外,所有其他污染源造成的渔业水域污染事故,一律由渔业行政主管部门调查处理;渔业行政主管部门并有权参与依法由海事行政主管部门调查处理的给渔业造成损害的船舶污染事故的调查处理。

(二) 渔业水域污染事故的等级和管辖

按照农业部《渔业水域污染事故调查处理程序规定》的规定,渔业水域污染事故根据危害程度分为一般、较大、重大、特大四级。

设区的市、县级渔业行政主管部门依法管辖其监督管理范围内的一般及较大渔业水域污染事故。省、自治区、直辖市渔业行政主管部门依法管辖其监督管理范围内直接经济损失额在100万元以上的重大渔业水域污染事故。国务院渔业行政主管部门或指定省级渔业行政主管部门处理直接经济损失额在 1 000 万元以上的特大渔业水域污染事故和涉外渔业水域污染事故。

下级主管机构对其处理范围内的渔业水域污染事故,认为需要由上级主管机构处理的,可报请上级主管机构处理。上级主管机构管辖的渔业水域污染事故必要时可以指定下级主管机构处理。对管辖权有争议的渔业水域污染事故,由争议双方协商解决,协商不成的,由共同的上一级主管机构指定机关调查处理。指定处理的渔业水域污染事故应办理书面手续。主管机构指定的单位,须在指定权限范围内行使权力。

跨行政区域的渔业水域污染纠纷,按照《水污染防治法》第二十六条的规定,由有关地方人民政府协商解决,或者由其共同的上级人民政府协调解决,主管机构应积极配合有关地方人民政府作好事故的处理工作。[23]

(三)渔业水域污染事故报告制度

按照《海洋环境保护法》第十七条第一款和《水污染防治法》第六十八条的规定,发生事故或者其他突发性事件,造成或者可能造成渔业水域污染事故的单位,应当立即启动本单位的应急方案,采取应急措施,并向事故发生地的渔业主管部门报告,接受调查处理。

农业部《渔业水域污染事故信息报告及应急处理工作规范》规定,渔业水域污染事故实行信息报告制度。各级渔业行政主管部门应当及时、准确掌握并向同级人们政府和上一级渔业行政主管部门报告本辖区发生的渔业水域污染事故的信息。

一般及较大渔业水域污染事故,事发地的设区的市、县级渔业行政主管部门应在发现或得知渔业水域污染事故 8 小时内向同级人们政府和上一级渔业行政主管部门报告。

重大、特大和涉外渔业水域污染事故,事发地的设区的市、县级渔业行政主管部门应在发现或得知渔业水域污染事故 4 小时内向同级人们政府和上一级渔业行政主管部门报告。省、自治区、直辖市渔业行政主管部门在接到渔业水域污染事故报告后,除认为需对渔业污染事故进行必要核实外,应在 4 小时内向同级人们政府和国务院渔业行政主管部门报告。需对渔业污染事故进行核实的,原则上应在 24 小时内完成。

特大和涉外渔业水域污染事故,事发地的设区的市、县级渔业行政主管部门在向同级人们政府和上一级渔业行政主管部门报告的同时,可直接报告国务院渔业行政主管部门。

当突发渔业水域污染事故发生初期,无法按照渔业水域污染事故分级标准确认等级时,事发地的设区市、县级渔业行政主管部门的报告上应注明初步判断的可能等级。随着事故的发展,应及时核定渔业水域污染事故等级,并报告应报送的部门。

在渔业水域污染事故调查处理过程中,根据调查处理进展情况,还应作渔业水域污染事故的初报、续报和处理结果报告。

渔业水域污染事故可能波及相邻行政区域的,事发地渔业行政主管部门应当在向上级渔业行政主管部门报告的同时,通报可能波及的相邻地区渔业行政主管部门。接到通报的渔业行政主管部门应及时报告本级人民政府。

有关渔业水域污染事故危害、损失、控制等情况,由负责相应渔业污染事故调查处理

的渔业行政主管部门或同级人民政府统一向社会和公众发布。[24]

（四）渔业水域污染事故的应急处置

渔业水域污染事故发生后,事发地的县级渔业行政主管部门应依法在第一时间赴现场进行调查了解,及时核实污染发生和渔业损失情况并采取应急处置措施。

按照《海洋环境保护法》第十七条第二款、《水污染防治法》第六十六条的规定,县级以上地方人民政府在本行政区域渔业水域发生严重污染时,必须采取有效措施,解除或者减轻危害。包括通过实施工程、生物、技术措施,减少污染损害,通过实施暂停养殖纳水、严控受污染的水产品上市等应急措施,尽量降低突发事故造成的渔业损失,保障人民群众食用安全。

按照《中华人民共和国突发事件应对法》的规定,事发地的县级人民政府不能消除或者不能有效控制渔业水域污染事故引起的严重社会危害的,应当及时向上级人民政府报告。上级人民政府应当及时采取措施,统一领导应急处置工作。

（五）渔业水域污染事故的应急监测和调查鉴定

渔业水域污染事故发生后,事发地的县级渔业行政主管部门应尽快组织渔业环境监测站或有关技术人员赴现场进行调查、取证和鉴定,确认污染主体,科学评估渔业资源和渔业生产者损失。

《渔业水域污染事故调查处理程序规定》要求农业部成立"全国渔业水域污染事故技术审定委员会",负责全国重大渔业水域污染事故的技术审定工作。2000年农业部发布《渔业污染事故调查鉴定资格管理办法》(2004年修订)规定,承担渔业污染事故调查鉴定的单位,必须取得《渔业污染事故调查鉴定资格证书》,参加事故调查鉴定的技术人员,必须取得《渔业污染事故调查鉴定上岗证》。渔业环境监测机构或其他有关单位可根据自身条件向国务院渔业行政主管部门申领甲级《资格证书》或向省级渔业行政主管部门申领乙级或丙级《资格证书》,经"全国渔业污染事故技术审定委员会"考核和评审合格后,由国务院渔业行政主管部门核发规定级别的《资格证书》。《上岗证》亦由国务院渔业行政主管部门核发。两证有效期为5年。

在有效期内,"全国渔业污染事故技术审定委员会"将对持有《资格证书》的单位进行定期或不定期抽查考核。根据考核结果,由国务院渔业行政主管部门对《资格证书》分别予以确认、中止或吊销。国务院渔业行政主管部门应向社会公布《资格证书》持证单位和《上岗证》获证人员名单。持证单位必须按照《资格证书》规定的等级和范围从事渔业污染事故的调查鉴定工作,并对其调查鉴定结论负责。[25]2013年12月农业部根据建设法治政府的要求,颁布农业部令2013年第6号宣布废止了《渔业污染事故调查鉴定资格管理办法》。

按照《渔业水域污染事故调查处理程序规定》,对各种渔业污染事故的调查鉴定,采取就近调查、从速取证原则,对调查后发现损失数额较大、超出规定权限范围内的事故经委托方同意后,应迅速移交具有相应鉴定资格的单位。

对污染情况复杂、损失较重的渔业污染事故,应参照农业部《污染死鱼调查方法(淡水)》的规定进行调查取证。

对渔业损失的计算,按应农业部颁布的《水域污染事故渔业损失计算方法规定》和《渔业污染事故经济损失计算方法》(GB/T 21678—2008)执行。

保证渔业环境监测机构及有关技术人员对渔业水域污染事故调查鉴定和损失评估的科学性和公正性,对渔业行政主管部门依法正确处理渔业水域污染事故具有决定性作用。在取消调查鉴定资格管理的情形下,渔业行政主管部门有必要采取其他措施加强渔业环境监测机构的建设和管理,提升它们的调查、取证和鉴定能力,以适应渔业形势的新发展,更好地反映社会需求。

(六)渔业水域污染事故的调查处理

任何公民、法人或其他组织造成渔业水域污染事故的,应当接受渔业行政主管部门的调查处理。为及时、公正地调查处理渔业水域污染事故,维护国家、集体和公民的合法权益,依法对特定渔业水域污染事故享有管辖权或被指定管辖相应渔业水域污染事故的渔业行政主管部门,在发现或接到事故报告后应立即按照规定的程序和事项进行调查与取证。

受行使管辖权的渔业行政主管部门委托具备资格的渔业环境监测站或其他有关单位出具的鉴定证明,是渔业行政主管部门处理渔业水域污染事故的重要依据。

行使管辖权的渔业行政主管部门应根据所造成的危害和损失,依照《渔业行政处罚程序规定》对造成渔业污染事故的单位或个人给予行政处罚;对负有直接责任的国家工作人员,由其主管机关依法给予行政处分。造成渔业污染事故的责任者对直接受到损害的单位或者个人负有赔偿损失的责任。对造成重大渔业水域污染事故,致使公私财产遭受重大损失或者人身伤亡严重后果的,由司法机关依法追究刑事责任。

按照《海洋环境保护法》的规定,对污染人工增殖和天然渔业资源或破坏水产种质资源保护区等渔业保护区,给国家造成重大损失的,由行使管辖权的渔业行政主管部门代表国家对责任者提出损害赔偿要求。

五、渔业水域生态修复

(一)生态修复的科学概念

生态修复是指对生态系统停止人为干扰,以减轻负荷压力,依靠生态系统的自我调节能力与自组织能力使其向有序的方向进行演化,或者利用生态系统的这种自我恢复能力,辅以人工措施,使遭到破坏的生态系统逐步恢复或使生态系统向良性循环方向发展,为人类持续利用的1种方法。主要指致力于那些在自然突变和人类活动活动影响下受到破坏的自然生态系统的恢复与重建工作。[26]

按照这个概念,在生态系统的结构和功能遭到破坏的情况下,1方面,坚持保护优先、开发有序的原则,控制不合理的资源开发活动,注重发挥生态系统的自然修复功能。另1方面,要坚持不懈地进行生态工程建设,努力扭转生态恶化趋势。

(二)《海洋环境保护法》的规定

《海洋环境保护法》第二十条第二款规定:"对具有重要经济、社会价值的已遭到破坏的海洋生态,应当进行整治和恢复。"所谓"整治和恢复"是指采取措施对已遭破坏的海洋

生态加以整顿和治理,包括设置人工鱼礁,创造海洋生物生存、栖息、繁殖的场所;设立禁渔区、禁渔期;对经济物种进行人工放流,使资源得到增殖;人工栽培红树林,促淤造陆;退田还海;限制陆源排污等措施,从而使受破坏的海洋生态系统得到改善和恢复。

（三）渔业生态的整治修复

过度捕捞、水域污染和建设过程处置失当是造成渔业水域生态环境不断恶化的主要原因。应有针对性地开展渔业水域生态修复技术研究,制定综合评价和整治修复方案。总的思路是:通过采取水域污染与生态灾害防治、工程建设资源与生态补偿、水域生态修复和发展生态养殖等措施,强化渔业水域生态保护管理,逐步减少人类活动和自然生态灾害对渔业水域生态造成的破坏和损失。

同时,积极采取各种生物、工程和技术措施,对已遭到破坏的渔业水域生态进行修复和重建。重点领域为:

（1）通过科学调度、优化配置水资源和采取必要的工程措施,修复因水域污染、工程建设、河道（航道）整治、采砂等人为活动遭到破坏或退化的江河鱼类产卵场等重要水域生态功能区。

（2）通过采取闸口改造、建设过鱼设施和实施灌江纳苗等措施,恢复江湖鱼类生态联系,维护江湖水域生态的完整性。

（3）通过采取湖泊生物控制、放养滤食鱼类、底栖生物移植和植被修复等措施,对富营养化严重的湖泊、潮间带、河口等水域进行综合治理。

（4）通过保护红树林、珊瑚礁、海草床等,改善沿岸及近海水域生态环境。

（5）通过合理发展海水贝藻类养殖,改善海洋碳循环,缓解温室效应。[4]

第四节　外来水生物种监管

一、防止、减少和控制外来物种危害的国际法

《联合国海洋法公约》第一九六条第一款规定:"各国应采取一切必要措施以防止、减少和控制……由于故意或偶然在海洋环境某一特定部分引进外来的或新物种致使海洋环境可能发生重大和有害的变化。"

《生物多样性公约》第八条第（h）款规定,各缔约国应"防止引进、控制或消除那些威胁到生态系统、生境或物种的外来物种"。

二、外来物种及相关术语的定义

世界自然保护联盟所属物种生存委员会（SSC）2000年制定的《防止外来入侵物种导致生物多样性丧失的指南》,对外来入侵物种及相关的外来物种和本地物种两个术语给出了定义。环境保护部《外来物种环境风险评估技术导则》（HJ 624—2011）在世界保护

自然同盟所下定义的基础上,对外来物种及相关术语作了如下定义:

1. 外来物种

外来物种是指出现在其过去或现在的自然分布范围及潜在扩散范围以外的种、亚种或以下的分类单元,包括该物种所有可能存活繁殖的部分、配子或繁殖体。

2. 外来入侵物种

处来入侵物种是指在当地的自然或半自然生态系统中形成了自我再生能力、可能或已经对生态环境、生产或生活造成明显损害或不利影响的外来物种。

3. 本地物种

本地物种是指出现在其过去或现在的自然分布范围及潜在扩散范围以内的种、亚种或以下的分类单元。[27]

三、外来物种建立种群的过程

外来物种建立种群是指外来物种在新栖息地成功繁殖可育的后代并且具有连续生存可能性的过程。这是1个复杂的过程,通常包括以下4个阶段:

(1) 进入阶段。外来物种离开原来生存的生态环境到达新的生态环境。

(2) 定居阶段。外来物种到达新的生态环境后,经当地生态环境的驯化,能够存活、生长、发育和繁殖,但绝大多数因“水土不服”等原因不能存活。

(3) 适应阶段。存活下来的外来物种在当地生态环境中经过几代繁殖,对当地生态环境的适应能力1代比1代强。

(4) 扩散阶段。外来物种已基本适应在当地生态系统中生活,种群已发展到一定数量,具有合理地的年龄结构和两性比例,并不断增长和扩散。

如果外来物种进入的是开放的生态环境,而它又具有很强的入侵性,包括:

(1) 很强的生态适应能力;

(2) 很强的繁殖能力;

(3) 很强的传播能力,在当地缺乏控制该物种种群数量的生态调节机制的情况下,该物种就会大肆传播蔓延,扩大占领区,有效利用资源,排斥和驱逐本地物种,从而暴发成为会造成危害的外来入侵物种。

四、外来物种入侵的途径

(一)外来物种入侵绝大部分来自引进

引进分为有意引进和无意引进两种。《外来物种环境风险评估技术导则》(HJ 624—2011)对有关术语作了如下定义:

1. 引进

引进是指外来物种通过人类活动转移到其过去或现在的自然分布范围及潜在扩散范围以外地区的过程。

2. 有意引进

有意引进是指因农业生产、生态环境改造与恢复、景观美化、观赏及放生等目的,有

意识地引进外来物种的过程。

3. 无意引进

无意引进是指在贸易、运输和旅游等活动中,伴随货物和人员的流动非故意地引进外来物种的过程。

除引进外,外来物种入侵还有的来自其自然传播,即靠自身的扩散传播力或借助于自然力量,即通过风、水流、海流或禽鸟飞行等相关方式,将物种传播到其过去或现在的自然分布范围及潜在扩散范围以外地区。有意引进,在渔业中,主要是为水产养殖需要从境外故意引进非本地物种,进行"圈养",以促进收入和饮食多样化。但引进物种有可能"逃逸"到圈养环境以外的栖息地,逃逸的鱼与当地野生物种竞争食物和生境,并在极端情况下,取代当地物种,造成生态危害。[28]

(二) 无意引进主要来自船舶

可能对渔业造成不利影响的无意引进,主要有船舶压载水携带的生物和船舶附着生物两种。

1. 船舶压载水

船舶压载水系指为控制商业船舶纵倾、横倾、吃水、稳性或应力而在船上加装的水及其悬浮物。为保证船舶稳性和航行安全,散货船从卸货港空载航行到下1个装货港期间,需要携带其载重量25%~60%的压载水。据估计,全球船舶每年携带的压载水约有100亿吨,其中至少携带有7 000多种生物。这些生物中的绝大多数在旅途中就已死亡,但许多种细菌、植物和动物即使经过数月的航程,仍以1种变异的形式存活于船舶携带的压载水和沉积物中。船舶将压载水或沉积物排放到港口国水域会导致有害水生物和病原体的传播,对当地的人类和动植物生活及海洋环境构成威胁。虽然其他媒介也被证明能造成生物在地理性隔离水体间的传播,但船舶排放压载水看来是最主要的途径之一。

我国沿海分布的洞刺角刺藻、新月圆柱藻、方格直链藻、柔弱菱形藻、微缘羽纹藻、微型原甲藻、反屈原甲藻、波罗的海原甲藻、冰河星杆藻、斯氏梨形藻、多甲藻等藻类均来自船舶压载水。[29]630这些藻类对贝类会产生不利影响,还可能形成赤潮灾害。为防止、尽量减少并最终消除因有害水生物和病原体的转移,对环境、人体健康、财产和资源引起的风险,国际海事组织1997年以A.868(20)号决议通过了《关于控制和管理船舶压载水,减小有害水生物和病原体的传播的指南》,并于2004年制定了《国际船舶压载水和沉积物控制与管理公约》。

2. 船舶附着生物

船舶附着生物是指附着于船体水下表面的有机体,包括菌类、藻类、贝类等,估计有4 000~5 000种,一般是有害的。船舶附着生物会加速船壳腐蚀,增加航行阻力,传播有害水生物和病原体。我国沿海分布的华美盘管虫、沙筛贝、指甲履螺、象牙藤壶、韦氏团水虱、苔藓虫、玻璃海鞘、曼氏皮海鞘、冠瘤海鞘等都是外来入侵的船舶附着生物。[29]632为有效控制和防止不利生物附着,又不至于使处理措施对海洋生物、海产品乃至人类健康构成危害,2001年国际海事组织制定了《控制船舶有害防污底系统国际公约》。

五、外来水生物种入侵的危害

（一）中国是遭受外来物种入侵危害最严重的国家之一

据最近一次在大部分地区的调查统计，外来入侵物种有 488 种，其中植物 265 种，动物 171 种，菌类微生物 26 种。外来入侵物种危及本地物种生存，破坏生态系统，每年造成直接经济损失高达 1 200 亿元，以西南和沿海地区最为严重。在国际自然保护联盟公布的最具危害性的 100 种外来入侵物种中，中国有 50 多种，其中危害最严重的有 11 种，这 11 种外来入侵物种每年给中国造成大约 600 亿元的损失。[30-31]

2003 年国家环境保护总局和中国科学院联合制订发布了《中国第一批外来入侵物种名单》，包括互花米草、水葫芦、紫茎泽兰、薇甘菊、湿地松粉蚧等 16 种外来入侵物种。2010 年环境保护部和中国科学院联合制订发布了《中国第二批外来入侵物种名单》，包括马缨丹、三裂叶豚草、大薸、银胶菊、黄顶菊等 19 种外来入侵物种。[32-33]

（二）外来水生物种入侵危害日益严重

多年来，中国水生生物也一直遭受着外来水生入侵物种的危害，而且外来物种入侵危害日益严重。在已公布的中国外来入侵物种名单中，外来水生入侵物种有以下 7 种：

1. 互花米草

是多年生草本，生于潮间带。植株耐盐、耐淹、抗风浪。种子可随风浪传播。根系分布深达 60 厘米的滩土中，单株 1 年内可繁殖几十甚至上百株。原产于美国东南部海岸，在美国西部和欧洲海岸归化。1979 年引入国内，现分布在上海（崇明岛）、浙江、福建、广东、香港。曾取得了一定的经济效益。但近年来在一些地方变成了害草，表现在：

（1）破坏近海生物栖息环境，影响滩涂养殖；

（2）堵塞航道，影响船只出港；

（3）影响海水交换能力，导致水质下降，并诱发赤潮；

（4）威胁本土海岸生态系统，致使大片红树林及其鱼类消失。

2. 凤眼莲

中文异名：凤眼蓝、水葫芦。多年生草本，浮水或生泥沼中。繁殖方式以无性为主，依靠匍匐枝与母株分离方式，植株数量可在 5 天内增加 1 倍。1 株花絮可产生 300 粒种子，种子沉积水下可存活 5～20 年。常生于水库、湖泊、池塘、沟渠、流速缓慢的河道、沼泽地和稻田中。原产于巴西东北部，现分布于全世界温暖地区。1901 年从日本引入台湾省作花卉，1950 年代作为猪饲料引入大陆，分布在辽宁南部、华北、华东、华中和华南的 19 个省（自治区、直辖市），推广后大量逸生，覆盖水面，堵塞河道，影响航运、排灌和水产养殖；遮住阳光，阻止阳光与氧气进入水中，破坏水生生态系统，威胁本地生物多样性；吸附重金属等有毒物质，死亡后沉入水底，构成对水质的二次污染；影响生活用水；滋生蚊蝇。

3. 非洲大蜗牛

中文异名：褐云玛瑙螺、东风螺、菜螺、花螺、法国螺。喜栖息于植被丰富的阴暗潮湿环境及腐殖质多的地方。6～9 月最活跃，晨昏或夜间活动。食性杂而量大，幼螺多为腐食性。雌雄同体,异体交配,生长迅速,五个月即可交配产卵。繁殖力强,1 次产卵数达 100~400 枚。寿命长,可达 5~7 年。抗逆性强,遇到不良环境时,很快进入休眠状态,在这种状态下可生存几年。原产于非洲东部沿岸坦桑尼亚的桑给巴尔、奔巴岛、马达加斯加岛一带,已扩散至南亚、东南亚、日本、美国等地,扩散速度很快。20 世纪 20 年代末 30 年代初,在福建厦门发现,可能是由 1 新加坡华人所带的植物而引入。可作为人类的食物、宠物以及动物饲料。后被作为美味食物,被引入多个南方省份,已扩散到广东、香港、海南、广西、云南、福建、台湾等地。除人为主动引入外,其卵和幼体可随观赏植物、木材、车辆、包装箱等传播,卵期可混入土壤中传播。它们咬断各种农作物幼芽、嫩枝、嫩叶、树茎表皮,已经成为危害农作物、蔬菜和生态系统的有害生物。这种螺也是人畜寄生虫和病原菌的中间宿主。养殖场必须建立隔离制度;养殖结束后必须进行彻底的灭螺处理。

4. 福寿螺

中文名:大瓶螺、苹果螺、雪螺。喜栖于缓流河川及阴湿通气的沟渠、溪河及水田等处。底栖性,雌雄异体。食性杂。有蛰伏和冬眠习性。3 月上旬开始交配,在近水的挺水植物茎上或岸壁上产卵,初产卵块呈鲜艳的橙红色,在空气中卵渐成浅粉色。1 只雌性福寿螺通常 1 年产 2 400~8 700 个卵,孵化率可高达 90%。其繁殖速度比亚洲稻田中当地近缘物种快 10 倍左右。虽然是水生种类,但可以在干旱季节埋藏在湿润的泥中度过 6~8 个月。一旦发洪水或被灌溉时,它们又能再次活跃起来。原产地在亚马逊河流域。作为高蛋白食物最先被引入台湾省,1981 年引入广东,1984 年前后,已在该省作为特种经济动物广为养殖,后又被引入到其他省份养殖,现广泛分布于广东、广西、云南、福建、浙江等地。但由于养殖过度,口味不佳,市场并不好,而被大量遗弃或逃逸,并很快从农田扩散到天然湿地。福寿螺食量极大,并可啃食很粗糙的植物,还能刮食藻类,其排泄物能污染水体。其对水稻生产造成的损失显然大大超过其作为美食的价值。除威胁入侵地的水生贝类、水生植物和破坏食物链构成外,福寿螺也是卷棘口吸虫、广州管圆线虫的中间宿主。

5. 牛蛙

中文异名:美国青蛙。在水草繁茂的水域生存和繁衍。成蛙除繁殖季节集群外,一般分散栖息在水域内。蝌蚪多底栖生活,常在水草间觅食活动。食性广泛且食量大,包括昆虫及其他无脊椎动物,还有鱼、蛙、蝾螈、幼龟、蛇、小型鼠类和鸟类等,甚至有互相吞食的行为。1 年可产卵 2~3 次,每次产卵 10 000~50 000 粒。3~5 年性成熟。寿命 6~8 年。原产于北美洲落基山脉以东地区,北到加拿大,南到佛罗里达州北部。因食用而被广泛引入世界各地,1959 年引入国内,现几乎遍布北京以南地区(包括台湾,但不包括西藏、海南、香港和澳门),均因牛蛙适应性强,食性广,天敌较少,寿命长,繁殖能力强,具有明显的竞争优势,易于入侵和扩散。这使得本地两栖类则面临减少和绝灭的危险,甚至已经影响到生物多样性,如滇池的本地鱼类,同时对一些昆虫种群也存在威胁。早期的养殖和管理方法不当是造成其扩散的主要原因。国内贸易和消耗加工过程中缺乏严格管理,动物在长途贩运和加工过程中逃逸现象普遍。

6. 大薸

别名:水浮莲。多年生水生漂浮草本。主茎短缩、有白色成束的须根;匍匐茎从叶腋间向四周分出,茎顶端发出新植株,植株莲座状。叶簇生,叶片因发育的不同阶段而不同,通常倒卵状楔形,先端浑圆或截形,两面被绒毛,叶鞘托叶状,干膜质。佛焰苞小,腋生,白色,外被绒毛,下部管状,上部张开。肉穗花序背面 2/3 与佛焰苞合生,雄花 2～8 朵生于上部,雌花单生于下部。花果期 5～11 月。原产巴西,现广布于热带和亚热带。据《本草纲目》记载,大约明末引入国内。20 世纪 50 年代作为猪饲料推广栽培。目前黄河以南均有分布,长江流域及以南可以露地越冬。在平静的淡水池塘和沟渠中极易通过匍匐茎快速繁殖,易被水流冲离栽培场所,带到下游湖泊、水库和静水河湾,引起扩散。常因大量生长而堵塞航道,影响水产养殖业,并导致沉水植物死亡和灭绝,危害水生生态系统。

7. 克氏原螯虾

别名:小龙虾、淡水小龙虾、喇蛄、红色螯虾。抗逆性强,能耐受 40℃～15℃ 的气温;水体缺氧时,可上岸或借助漂浮物侧卧于水面呼吸空气,潮湿环境中可离水存活一周,也能在污水中生活。喜占洞穴居,领域行为强,具侵略性。半年可达性成熟,全年皆可繁殖,具有护幼习性,幼体蜕皮 3 次后才离开母虾。原产北美洲,现已广泛分布于除南极洲以外的世界各地。20 世纪 30 年代进入国内,60 年代食用价值被发掘,养殖热度不断上升,各地引种无序,80～90 年代大规模扩散,广泛分布于全国 20 多个省市,南起海南岛,北到黑龙江,西至新疆,东达崇明岛均可见其踪影,华东、华南地区尤为密集。克氏原螯虾可通过抢夺生存资源,捕食本地动植物,携带和传播致病源等方式危害土著物种。有研究发现,该螯虾在预知和躲避敌害方面表现出比土著螯虾更高的适应性。另外它喜爱掘洞筑巢的习性对泥质堤坝具有一定的破坏作用,轻则导致灌溉用水流失,重则引发决堤洪涝等险情。

列入《世界百大外来入侵种》名单中,对中国渔业生态造成或可能造成严重影响的外来入侵水生生物还有以下 6 种:

(1)大米草。大米草为生长在咸湿地的聚生性多年生草本植物,天然分布于英国南海岸,适应滨海环境,耐盐、抗逆性高、繁殖力强、生命力旺盛,广泛种植作为稳定潮汐泥浆之用。1963 年成功引入国内。《中国自然保护纲要》曾提出:"要采取各种措施鼓励扩大大米草的种植面积,以改善环境,保护海岸,促进沿海畜牧业的发展。"[10]64 可后来发现大米草的入侵和扩张造成原生植物无法生长,在中国南方海岸带造成的危害尤为严重,疯长的大米草与沿海滩涂本地植物竞争生长空间,致使大片红树林消亡,适合当地水鸟觅食的栖息地的减少及红树林鱼类资源的衰退,并影响海水交换能力,导致水质下降,引起赤潮,使大量沿海生物窒息死亡。

(2)裙带菜。裙带菜是 1 种原产自日本的海草,在当地以人工栽培养殖的方式作为人们的食物。这种水草会缠绕着船身,随机性地靠船只的移动而到处散布,往往会形成厚实的群落,抢夺或排除原生动植物的阳光与生存空间,独霸 1 方。

(3)罗非鱼。罗非鱼即莫桑比克吴郭鱼,借由水产养殖目的传至全世界。由于放生

以及从养殖场逃逸等原因,得以建立野生族群。罗非鱼为杂食性动物,从藻类到昆虫,几乎无所不吃。

(4)虹鳟。虹鳟原产于北美洲,从阿拉斯加到 Baja 半岛,虹鳟已经为运动、商业的水产业引进很多的国家。虹鳟是高价值的运动垂钓鱼种,规则性成群出现在许多地点。在一些地区,已经出现引入鳟鱼的影响,由于它们能透过强夺与竞争影响原生鱼类与无脊椎动物。

(5)食蚊鱼。食蚊鱼(又称大肚鱼)是原产于美国东部和南部淡水的 1 种小鱼。20 世纪初被引入全球的许多水道,作为蚊子的天敌,最终变成为 1 个有害动物。起先大肚鱼被误认为控制蚊子的效果胜于原生鱼。但其掠食习性会吃目标经济鱼种的卵及濒危稀有的原生鱼类以及无脊椎动物。大肚鱼一旦建立族群一般是难以根除的,因此减少其影响的最好方法是控制其进一步传播。

(6)巴西龟。巴西龟又名红耳龟。生活在淡水与半咸淡的水中,包括海岸的沼泽池塘,是杂食性动物,繁殖力强,存活率高。巴西龟已经在世界上许多地方建立族群,20 世纪 80 年代引入国内,目前从北到南几乎所有的宠物市场上都出售巴西龟,供观赏或放生使用。巴西龟在野外捕食能力强,并掠夺其他生物的生存资源,与本土水生的海龟竞争,使同类物种的生存受到毁灭性打击,若和本土龟"联姻",会导致本土淡水龟类的基因污染。巴西龟多携带沙门氏杆菌,会传播给人类和其他动物。巴西龟在国内野生环境中已呈蔓延态势。

此外,沙筛贝也是值得重视的外来水生入侵物种。沙筛贝的中文异名:萨氏仿贻贝。原产于中美洲,1915 年巴拿巴运河通航后,附着于船只将其带至太平洋和印度洋沿岸。1977 年台湾省在牡蛎田首次发现沙筛贝,1980 年香港也发现它,1982 年已在香港建立自然种群。沙筛贝入侵,除船只带入外,也可能在引入鲜活饵料或苗种时夹杂带入。1990 年和 1993 年在厦门马銮湾和东山八尺门西侧海堤的养殖设施发现大量的沙筛贝附着,当时就已成为污损生物群落的优势种,1998 年在惠安北岐也发现这种贝类。沙筛贝种群个体大小 2~32 毫米。壳厚,肉质很小,食用价值不高,但其生活力和繁殖力极强,生长迅速。沙筛贝侵入养殖区后,常常覆盖在养鱼网箱、塑料筏子、绳缆及砖头沉子上,密度极大,会与其他养殖的贝类争夺附着基和饵料以及生活空间,其大量排泄物还会增加有机物的污染和水体缺氧,从而导致养殖贝类大量减产。

在国内异地引进造成入侵危害的例子是:

> 云南洱海原有大理裂腹鱼、云南裂腹鱼、光唇裂腹鱼、灰裂腹鱼、洱海鲤、大理鲤、大眼鲤、杞麓鲤、春鲤、洱海四须鲃、油四须鲃、鲫、泥鳅、侧纹云南鳅、拟鳗副鳅、洱海副鳅、中华青鳉和黄鳝等土著鱼类 18 种,产量 1 500 吨以上。20 世纪 60 年代引入青鱼、草鱼、鲢鱼、鳙鱼"4 大家鱼",后又引入团头鲂、华南鲤等鱼类,同时无意引进了鰕虎鱼、麦穗鱼、棒花鱼等多种小型野杂鱼。草鱼大量吞食水生植物,影响依赖水生植物藏身、觅食、繁殖的当地水生生物。鲢鱼、鳙鱼滤食浮游生物的机制比某些土著鱼类更为完善,小型野杂鱼在某些土著鱼类繁殖

时期有吞食鱼卵的习性。20世纪70年代又引进了太湖新银鱼,它也有排他性和吞食其他鱼卵的特性。再加上,这些引进鱼种具有生长快、食性广、抗病力强的特点,很快成为优势种群,使得土著鱼类日益衰退,达到濒临灭绝的境地,造成巨大经济损失。

六、外来水生物种入侵的防治

(一)防治外来水生入侵物种危害的法律规定和政策要求

外来水生生物入侵损害海洋和内陆水域的生物多样性和渔业资源,危害人体健康,给国家和个人造成经济损失,并对国家和地区生态安全构成威胁。为遏制外来水生生物入侵势头,减少和消除其危害,近十几年来,国家适用预防性方法,通过有关法律从不同角度做出了规定,其中主要有:

(1)《渔业法》第十六条规定:"水产苗种的进口……由国务院渔业行政主管部门或者省、自治区、直辖市人民政府渔业行政主管部门审批。"第十七条规定:"水产苗种的进口……必须实施检疫,防止病害传入境内……具体检疫工作按照有关动植物进出境检疫法律、行政法规的规定执行。引进转基因水产苗种必须进行安全性评价,具体管理工作按照国务院有关规定执行。"

(2)《农业法》第六十四条规定:"从境外引进生物物种资源应当依法进行登记或者审批,并采取相应安全控制措施。"

(3)《海洋环境保护法》第二十五条规定:"引进海洋动植物物种,应当进行科学论证,避免对海洋生态系统造成危害。"

(4)《进出境动植物检疫法》第十条规定:"输入动物、动物产品、植物种子、种苗及其他繁殖材料的,必须事先提出申请,办理检疫审批手续。"

(5)《全国生态环境保护纲要》第十四条要求"加强生物安全管理……对引进外来物种必须进行风险评估,加强进口检疫工作,防止国外有害物种进入国内。"

(6)国家环境保护总局《关于加强外来入侵物种防治工作的通知》(环发〔2003〕6号)要求,"逐步建立起引进外来物种的环境影响评价制度。对所引进的物种不仅要考虑其经济价值,而且还要考虑其可能会对生物多样性和生态环境产生的影响,进行科学的风险评估,并进行必要的相关试验";"只有经过环境安全影响评价的外来物种才能引进、应用和商业化"。[34]

(二)外来物种的边界控制、检疫和试养

预防比之1个外来入侵物种已经引进和本地化后再采取措施更有成本效率和有利于环境。为有效实施上列法律规定,严把水产苗种引进关,农业部颁布的《水产苗种管理办法》,就此设计了诸多制度,主要包括:

1. 苗种进口分类目录管理制度

农业部会同国务院有关部门制定水产苗种进口名录,并定期公布。进口名录分为Ⅰ、Ⅱ、Ⅲ类。列入进口名录Ⅰ类的水产苗种不得进口;列入名录Ⅱ、Ⅲ类的水产苗种允

许进口;未列入Ⅰ、Ⅱ、Ⅲ类名录的水产苗种属首次引进物种,应严格控制。

2. 苗种进口安全风险评估制度

单位和个人从事水产苗种进口,应当委托具有资质的机构进行水产苗种进口安全影响(环境风险)评估。评估对象符合下列情况之一的,不需要进行风险评估并可直接做出结论,否则应对其进行风险评估:

(1) 在同1或相似的地理、气候和生物环境,曾经对该外来物种进行过有效的评估,并且影响入侵的其他主要因素没有发生显著变化,参考以前的评估结果做出结论;

(2) 已有充分证据证明该外来物种虽具有入侵性,但在评估范围已广泛分布并且造成生态危害,再引进不会导致外来物种显著扩大入侵并加剧生态危害,从外来物种环境安全的角度,该项引进可行。如在引进、建立自然种群和扩散以及生态危害等所有环节的风险均不可预测或不可接受,从外来物种环境安全的角度,该项引进不可行,否则可行。对可行的引进,应提出其预防、监测和控制发生生态危害的措施建议。

承担评估的机构应对其出具的水产苗种进口安全影响评估报告负责。

3. 苗种进口申请和审批制度

单位和个人从事水产苗种进口,应当向省级人民政府渔业行政主管部门提出申请,并按规定提交包括水产苗种进口安全影响报告在内的各项材料。从事未列入水产苗种进口名录的水产苗种进口,还应具备各项法定条件,提交比从事Ⅱ、Ⅲ类进口更多的材料。省级人民政府渔业行政主管部门应当自申请受理之日起15日内对进口水产苗种的申报材料进行审查核实,并直接对列入Ⅲ类名录的水产苗种的进口申请进行审批,做出是否同意进口的决定。对列入Ⅱ类名录及未列入Ⅰ、Ⅱ、Ⅲ类名录的水产苗种申请材料初步审查后将审查意见和全部材料报农业部审批。农业部收到省级人民政府渔业行政主管部门报送的材料后,对申请进口水产苗种的,在5日内委托全国水产原种和良种审定委员会组织专家对申请进口的水产苗种进行安全影响评估,并在收到安全影响评估报告后15日内做出是否同意进口的决定;对申请出口水产苗种的,应当在十日内做出是否同意出口的决定。

4. 苗种进口和检疫制度

申请水产苗种进出口的单位或个人应当凭农业部或省级人民政府渔业行政主管部门批准的水产苗种进出口审批表办理进出口手续,并按照《进出境动植物检疫法》等法律法规的规定,对进口水产苗种实施检疫,防止病害传入境内。

5. 苗种进口属地监管制度

进口单位和个人在进口水产苗种经出入境检验检疫机构检疫合格后,应当立即向所在地省级人民政府渔业行政主管部门报告,由所在地省级人民政府渔业行政主管部门或其委托的县级以上地方人民政府渔业行政主管部门具体负责入境后的监督检查。

6. 苗种进口试养和审定制度

进口未列入水产苗种进口名录的水产苗种的单位应当:

(1) 具有完整的防逃、隔离设施,试验池面积不少于3公顷;

(2) 具备一定的科研力量,具有从事种质、疾病及生态研究的中高级技术人员;

（3）具备开展种质检测、疫病检疫以及水质检测工作的基本仪器设备。在该水产苗种经出入境检验检疫机构检疫合格后，进口单位应将其在专门设置的场所进行试养。

试养期间一般为进口水产苗种的1个繁殖周期。试养期间，农业部不再批准该水产苗种的进口，进口单位不得向试养场所外扩散该试养苗种。在试养期满后，应按照《水产原、良种审定办法》规定的程序和条件向"全国水产原、良种审定委会"申请审定。审定通过的报农业部审核同意后，即通过国家审定，由农业部发布公告，推广。

严禁在自然保护区、风景名胜区和生态功能保护区以及生态环境特殊和脆弱的区域从事外来物种引进和应用。从事外来物种引进和应用的单位和个人，要对引进外来物种采取隔离或缓冲区等相应的防范措施，并进行环境监测和建立监测档案。

（三）外来物种的监测、预警和应急处置

按照《生物多样性公约》缔约方大会2002年制定的《关于对生态系统、生境或物种构成威胁的外来物种的预防、引进和减轻其影响问题的指导原则》和2005年国务院批准的《农业重大有害生物及外来生物入侵突发事件应急预案》（农发〔2005〕第9号）的要求，如果已经引进1个外来入侵物种，应及早发现和迅速采取行动以防止其本地化。可取的做法往往是尽快消灭引进的生物体。在无法消灭或缺乏将其消灭所需要资源的情况下，则应实施遏制和长期控制措施。

渔业重大有害生物是指能随水生生物及其产品传播、可能对渔业生产造成严重危害的病、虫、草、鼠、水生动物和其他检疫性有害生物。为防治渔业重大有害生物及外来生物入侵，渔业行政主管部门应该联合有关部门：

1. 建立和完善重大有害水生生物及外来生物入侵的日常监测制度

监测是及早发现新的外来入侵物种的关键。监测应包括有针对性的普查和一般性普查，彻底查明所存在的入侵物种并应记录：

（1）侵入的历史和生态资料（来源、途径和时期）；

（2）外来入侵物种的生物特性；

（3）在生态系统、物种和遗传方面造成的有关影响，还有社会和经济影响，以及它们如何随着时间发生变化。从而掌握重大有害水生生物在危害发生地的基数，评估外来生物入侵和有害生物疫情的发生、扩散情况及其发展趋势。

2. 建立和健全外来物种监控、预警和信息报告制度

各地要在作好外来入侵物种情况调查的基础上，确定本地区的重点外来入侵物种和重点防治区域，并予以公布。自然保护区、生态功能保护区、风景名胜区和生态环境特殊和脆弱的区域以及内陆水域等应作为外来入侵物种防治工作的重点区域。在重点地区和重点水域建立外来物种监控中心和监控点。要定期对辖区内外来物种引进和应用情况进行检查。当发现引进的外来物种是入侵物种时，应责令有关单位、个人立即停止引进活动，并采取有效措施予以控制和清除，同时向当地人民政府和上级渔业行政主管部门报告并向环境保护行政主管部门通报有关情况。

3. 制订和实施渔业重大有害生物及外来生物入侵突发事件应急预案

该预案包括建立应急组织指挥系统和应急反应队伍，划分部门职责分工，组成应急

咨询专家组,制定应急监测、通信制度,确定应急响应方案,配备相应的设备等,报经同级人民政府批准实施。一旦发现渔业重大有害水生生物发生和外来有害水生生物入侵,及时上报同级人民政府和上一级渔业行政主管部门,通报有关部门和单位,并立即做出应急反应,控制入侵生物蔓延、传播和疫情恶化,解除或减轻有害影响,保护生物多样性、生态环境,保障经济安全、生态安全和人民群众的身体健康。

对于已建立稳定种群的外来入侵物种,应当制定切实可行的除治方案,采取生物防治、低污染化学防治、物理防治、生态替代、合理利用等综合防除措施予以清除;对于暂时无法清除的外来入侵物种,应当采取遏制措施,将其控制在一定的范围内,防止其传播和蔓延。所采取的清除、遏制技术对人、环境和渔业应是无害的,并在道德上能够得到受外来入侵物种影响地区利益攸关方的接受。如果经确定引进外来入侵物种的单位或个人未遵守国家法律、法规和规章,则他们应承担清除或遏制措施和生物多样性恢复工作的费用。

4. 完善外来入侵物种防治投入机制,加大财政支持力度

各级政府要加强对外来入侵物种预防、控制和清除的资金支持力度,不断加强和完善外来入侵物种防治的基础设施和技术手段的能力建设,不断加强对外来入侵物种防治的基础和应用的科学研究和技术开发,努力提高防治外来入侵物种的能力和水平。外来入侵物种危害严重的区域,要积极争取政府设立专项资金。[35]

参考文献

[1] FAO Technical Guidelines for Responsible Fisheries. No. 4,Suppl. 2. FISHERIES MANAGE-MENT 2. The ecosystem approach to fisheries[S/OL]. (2003:104). [2014-08-01].

ftp://ftp. fao. org/docrep/fao/005/y4470e/y4470e00. pdf

[2] 中国 21 世纪议程——中国 21 世纪人口、环境与发展白皮书[M]. 北京:中国环境科学出版社,1994:135.

[3] 国家环境保护总局. 中国生物多样性国情研究报告[R]. 北京:中国环境科学出版社,1998.

[4] 国务院关于印发中国水生生物养护行动纲要的通知(国发[2006]9 号)[S/OL]. (2006-02-14). [2014-08-05].

http://www. gov. cn/zwgk/2006-02/27/content_212335. htm

[5]全国生物物种资源保护与利用规划纲要(环发[2007]163 号)[S/OL]. (2007-10-24). [2014-08-05].

http://www. zhb. gov. cn/gkml/zj/wj/200910/t20091022_172479. htm

[6] 联合国大会文件第 A/61/63 号. 秘书长的报告海洋和海洋法[R/OL]. (2006-03-09:32). [2014-08-10].

http://www. un. org/zh/documents/view_doc. asp? symbol=A/61/63

[7] 联合国海洋法公约[S]. 北京:海洋出版社,1983:43.

[8] 当代中国的水产业编辑委员会. 当代中国的水产业[M]. 北京:当代中国出版社,1991.

[9] 国务院法制局. 中华人民共和国现行法规汇编(1949-1985 农林卷)[G]. 北京:人民出版社,1987.

[10] 中国自然保护纲要[M].北京:中国环境科学出版社,1987.

[11] 胶州湾采砂纠纷:海洋资源保护利用与管理[N].人民日报华东新闻,2002-11-29(1).

[12] 四川省《中华人民共和国渔业法》实施办法[S/OL].(2004-9-24).[2014-08-15].
http://www.chinalawedu.com/falvfagui/fg22016/138949.shtml

[13] 农业部.建设项目对水生生物国家级自然保护区影响专题评价管理规范[S/OL].
(2009-02-23)[2014-08-16].http://www.epday.com/html/54/n-23754.html

[14] 农业部.建设项目对海洋生物资源影响评价技术规程(SC/T 9110—2007)[S/OL].(2007-12-18).[2014-08-16].
http://www.docin.com/p-108508861.html

[15] 环境保护部,农业部.关于进一步加强水生生物资源保护 严格环境影响评价管理的通知[S/OL].(2013-08-05).[2014-08-16].
http://www.zhb.gov.cn/gkml/hbb/bwj/201308/t20130816_257566.htm

[16] 全国人大常委会法治工作委员会经济室,国家海洋局海洋环境保护司.中华人民共和国海洋环境保护法立法资料汇编(内部资料)[G].2000:133-134.

[17] 中华人民共和国海事局.中国海上船舶溢油应急计划(内部文件)(2003-03:1)

[18] 国家海洋局.蓬莱 19-3 油田溢油事故联合调查组关于事故调查处理报告[R/OL].(2012-06-21).[2014-08-18].
http://www.soa.gov.cn/xw/hyyw_90/201211/t20121109_884.html

[19] 国家海洋局.1989 年《中国海洋灾害公报》[R/OL].(1998-11-26).[2014-08-18].
http://www.soa.gov.cn/zwgk/hygb/zghyzhgb/201211/t20121105_5545.html

[20] 国家海洋局.1998 年《中国海洋灾害公报》[R].(1998-11-26).[2013-].
http://www.soa.gov.cn/zwgk/hygb/zghyzhgb/201211/t20121105_5554.html

[21] 李向民.我国对虾养殖与国外情况分析[C].(2006-11-23).[2014-08-18].
http://yuyao.bbwfish.com/Onlinebh/Online_news_content.asp? id=181

[22] 中华人民共和国渔政渔港监督管理局.渔业法律法规章全书[S].北京:中国法制出版社,1999:328.

[23] 渔业水域污染事故调查处理程序规定(农业部令第 13 号)[S/OL].(1997-03-26).[2014-08-20].
http://www.moa.gov.cn/zwllm/zcfg/nybgz/200806/t20080606_1057118.htm

[24] 农业部.渔业水域污染事故信息报告及应急处理工作规范[S/OL].(2007-08-16).[2014-08-20].
http://www.moa.gov.cn/sjzz/yyj/guanli/201006/t20100606_1538474.htm

[25] 渔业污染事故调查鉴定资格管理办法(农渔发[2000]7 号)[S/OL].(2000-07-03).[2014-08-22].
http://www.moa.gov.cn/zwllm/zcfg/qtbmgz/200601/t20060123_540459.htm

[26] 辞海(第六版,缩印本)[M].上海:上海辞书出版社,2010:1677.

[27] 行业标准:外来物种环境风险评估技术导则(HJ 624—2011)[S/OL].(2011-09-09).[2014-08-25].
http://kjs.mep.gov.cn/hjbhbz/bzwb/stzl/201109/t20110919_217414.htm

[28] 渔业委员会水产养殖分委员.会将水产养殖向外海推进:治理和挑战[R/OL].(2010 -09-27—10-01).[2014-08-27].

http://www.fao.org/docrep/meeting/019/k7667c.pdf

[29] 徐海根等.中国外来入侵物种的分布与传入路径分析[J].生物多样性,2004,12(6).

[30] 国际自然保护联盟.世界百大外来入侵[R/OL].[2014-08-27].

http://gisd.biodiv.tw/top100.php

[31] 姜晨怡.生物入侵,你了解多少[N].科技日报,2012-01-05(5).

[32] 国家环境保护总局.关于发布中国第一批外来入侵物种名单的通知[S/OL].(2003-01-10).[2014-08-28].

http://www.zhb.gov.cn/gkml/zj/wj/200910/t20091022_172155.htm

[33] 环境保护部.关于发布中国第二批外来入侵物种名单的通知[S/OL].(2010-01-07).[2014-08-29].

http://www.zhb.gov.cn/gkml/hbb/bwj/201001/t20100126_184831.htm

[34] 国家环境保护总局.关于加强外来入侵物种防治工作的通知[S/OL].(2003-01-13).[2014-08-30].

http://www.zhb.gov.cn/gkml/zj/wj/200910/t20091022_172156.htm

[35] 关于对生态系统、生境或物种构成威胁的外来物种的预防、引进和减轻其影响问题的指导原则[S/OL].(2002-04-07).[2014-08-30].

http://biodiv.coi.gov.cn/fg/gy/xx0302a.htm

第二十五章　渔业船舶、船员和渔港

　　渔业船舶是指从事渔业生产以及为渔业生产服务的船舶,其主体为用于商业性捕捞的船舶,称为渔船。渔港是指主要为渔业生产服务和供渔业船舶停泊、避风、装卸渔获物和补充渔需物资的港口。渔业船员是指包括船长在内的渔业船舶上一切任职人员。

　　渔船和渔港是渔业生产的重要支撑,是渔民的安家立业之本。渔业船舶的海(水)上安全是发展渔业生产的根本前提,是渔业船舶和渔民生命财产安全和水域生态安全的根本保证。渔业船舶的海(水)上安全取决于渔业船舶的安全航行、安全作业的技术条件、渔业船员的素质和操控渔业船舶的能力、渔业公司的船舶安全组织管理水平、渔港对渔业船舶安全航行、安全作业的服务、救助、支撑作用以及渔政渔港监督管理机构对渔业船舶、渔港和对渔业船员注册、任职资格、履行职责的监视、监督和控制的能力。

　　因此,为授予渔业船舶国籍和悬挂国旗航行的权利,保证渔业船舶具备安全航行、安全作业的技术条件,保障人民生命财产的安全和防止水域环境污染,国家必须加强对渔业船舶、渔业船员和渔港的管理,包括对渔业船舶实施法定检验、进行登记和安全管理,并严格限制制造、更新改造、购置、进口渔船;对渔业船员实行考试发证、按标准配员和持证上岗;对渔港建设实行国家统一规划,谁投资、谁受益的原则,充分发挥渔港在保障渔业船舶和渔民生命财产安全、防治水域污染和促进渔业生产发展方面的重要作用。

　　现阶段,我国渔业生产方式尚较粗放,渔业船舶和渔港设施装备条件较差。今后应按照国际规则和标准,加快渔船更新改造及加强渔港建设和管理,着力提高渔业船员的适任履职水平及渔业公司的组织化程度和管理水平,大力加强渔业安全生产管理,提高科技支撑能力,健全面向渔船和渔民的基本公共服务体系。

第一节　渔业船舶

一、定义

1989 年《中华人民共和国渔港水域交通安全管理条例》第四条首度对"渔业船舶"用语含义做出界定,规定:"渔业船舶是指从事渔业生产的船舶以及属于水产系统为渔业生产服务的船舶,包括捕捞船、养殖船、水产运销船、冷藏加工船、油船、供应船、渔业指导船、科研调查船、教学实习船、渔港工程船、拖轮、交通船、驳船、渔政船和渔监船。"

《渔业船舶基本术语》(SC/T8002—2000)规定:"渔业船舶是指用于商业性捕捞和为其服务的船舶之统称"。[1]

二、分类

《渔业船舶基本术语》规定,渔业船舶的种类可按功能或作业方式、动力、船体材质 3 种方法分类。

1. 渔业船舶分为渔船和渔业辅助船两类

渔船是指用于商业性捕捉鱼类、鲸类、海豹、海象或其他生物资源的船舶之统称。按功能或作业方式,渔船分为拖网渔船、围网渔船、刺网渔船、敷网渔船、钓鱼船、捕鲸船、母子式渔船、采珍渔船、定置网渔船和、多种作业渔船等 10 类。其中,拖网渔船、围网渔船、刺网渔船和钓鱼船又分别细分为多种。

渔业辅助船是指从事各种加工、贮藏、运输、补给、医疗、渔政、救助等渔业辅助船舶舶的的统称。按功能,渔业辅助船分为渔业基地船、渔业加工船、养殖工作艇、冷海水保鲜运输船、渔业供应船、渔获物保鲜运输船、活鱼运输船、收鲜船、渔业指导船、渔政船、渔港监督艇、渔业救助船、渔业调查船、渔业实习船等 14 种。其中,渔业加工船又细分为几种。

2. 渔船按动力分为 3 类

(1) 风帆渔船,是指装有风帆,利用风力推进的渔船;

(2) 机帆渔船,是指在风帆渔船上安装动力装置的渔船,有风使帆,无风使机或机帆并用,以节约能源;

(3) 机动渔船,是指依靠本船主机产生的动力推进的渔船。

3. 渔船按船体材质分为 5 类

(1) 钢质渔船,是指用钢材作船体结构主要材料的渔船;

(2) 木质渔船,是指用木材作船体结构主要材料的渔船;

(3) 钢丝网水泥渔船,是指用多层钢丝网、细钢筋和水泥砂浆作为船体结构主要材料的渔船;

（4）玻璃钢渔船（FRP渔船），是指用玻璃钢（玻璃纤维增强塑料）作为船体结构主要材料的渔船；

（5）混合结构渔船，是指船体结构采用木材和钢骨架，钢丝网水泥和钢骨架以及玻璃钢和钢、木骨架等建造的渔船。

三、船名

（一）每1艘渔业船舶只能有1个船名

每1艘渔业船舶应有，而且只能有1个船名。1975年农林部发出《关于渔船统一编号的通知》（农林（渔）字〔1975〕34号）首次规定对全国机动渔船、非机动渔船和水产辅助船进行统一命名规则。[2] 在此基础上，1998年农业部颁布《渔业船舶船名规定》，并经2007年、2010年和2013年3次修订，对渔业船舶船名的命名规则做出进一步规范。[3]

（二）群众渔业渔业船舶的船名

按照《渔业船舶船名规定》的规定，群众渔业渔业船舶船名由以下4部分依次组成：

1. 省（自治区、直辖市）名称的规范化简称；

2. 渔业船舶所在县（市、区）名称的规范化简称，取第一个汉字，如果第一个汉字与本省其他县（市、区）名称相同，则取前两个汉字；

3. 船舶种类（或用途）的代称：

（1）捕捞船用"渔"；

（2）养殖船用"渔养"；

（3）渔业指导船用"渔指"；

（4）供油船用"渔油"；

（5）供水船用"渔水"；

（6）渔业运输船用"渔运"；

（7）渔业冷藏船用"渔冷"；

其他种类的渔业船舶由各省级渔业船舶登记机关规定，报农业部渔业渔政管理局备案。

4. 顺序号由5位阿拉伯数字组成。

（三）国有渔业企业渔业船舶的船名

按照《渔业船舶船名规定》的规定，国有渔业企业的渔业船舶的船名，可以用本企业名称的简称代替省、自治区、直辖市名称的简称和本企业所在县（市、区）名称的简称。

（四）远洋渔业船舶、科研船和教学实习船的船名

按照《渔业船舶船名规定》的规定，远洋渔业船舶、科研船和教学实习船的船名，由简体汉字或简体汉字加数字依次组成。

（五）渔政船、渔监船等国家公务船的船名

《渔业船舶船名规定》规定："渔政船、渔监船等国家公务船的船名，由其主管机关规定。"

（六）渔业船舶船名标写和船名牌

《渔业船舶船名规定》规定，渔业船舶取得船名后，应当在船首两舷标写船名，在驾驶

台顶部两侧悬挂船名牌。《渔业船舶船名规定》还对船名标写方式、颜色、字体、字体尺寸及船名牌制作标准、固定安装要求等具体事项作了规定。

四、渔船编码

为加快推进海洋渔业船舶动态管理系统建设,进一步提高渔业船舶管理规范化、信息化水平,更好地为渔民群众和渔业可持续发展服务,农业部决定自 2009 年 1 月 1 日启用全国统一的海洋渔船编码系统。海洋渔船所有证书证件,如船舶登记证书、渔业捕捞许可证等均增加"渔船编码"项,并作为每艘渔船唯一的、终身不变的船舶识别代码,具体编码规则为:渔船编码共 16 位数字,由船东所在地的地区代码(国家标准,6 位)[1]、建造完工日期(年 4 位,月 2 位)、顺序号(4 位)依次组成。渔船编码由农业部统一按照编码规则自动生成。[4]

五、检验

(一)渔业船舶检验法规和技术规则

1986 年《渔业法》第十八条规定,制造、更新改造、购置、进口捕捞渔船的船舶检验的"具体管理办法由国务院渔业行政主管部门制定。"《中华人民共和国船舶和海上设施检验条例》(国务院令 1993 年第 109 号)第三十条规定:"除从事国际航行的渔业辅助船舶依照本条例进行检验外,其他渔业船舶的检验,由国务院渔业主管部门另行规定。"1996 年农业部根据《渔业法》第十八条和《船舶和海上设施检验条例》第三十条发布了《中华人民共和国渔业船舶监督检验管理规定》。[5]

2000 年《渔业法》第二十六条将 1986 年《渔业法》第十八条修改为:"制造、更新改造、购置、进口的从事捕捞作业的船舶必须经渔业船舶检验部门检验合格后,方可下水作业。具体管理办法由国务院规定。"从而,更加突出了渔业船舶检验在渔船管理中的地位和作用。2003 年国务院依照《渔业法》的这一规定,制定了《中华人民共和国渔业船舶检验条例》。[6]

《渔业船舶检验条例》第二十六条规定:"渔业船舶检验规则由国家渔业船舶检验机构制定,经国务院渔业行政主管部门批准后公布实施。"农业部批准公布的渔业船舶检验技术规则主要有:

(1)渔业船舶法定检验规则(2003);[7]

(2)海洋渔业船舶法定检验规程(2003);[8]

(3)渔业船舶法定检验规则——内河、玻璃钢、海洋木质及小型钢质渔业船舶法定检验技术规则(2002);

(4)渔业船舶船用产品[2]检验规程(2003);

(5)钢质海洋渔船建造规范(1998);

---

① 见中华人民共和国国行政区划代码 GB/T 2260-2002,代码由 6 位数字组成,第一、二位表示省(自治区,直辖市),第三、四位表示设区的市,第五、六位表示县或区。

② 船用产品是指建造或修理渔业船舶所使用的涉及到船舶及人命安全和防污染方面的设备和材料。

（6）玻璃纤维增强塑料渔业船舶建造规范（2008）；

（7）渔业船舶设计图样及技术文件审查规定（2008）。

这些技术规则的规定已涵盖了下列有关国际公约、议定书（包括修正案）、规则等对渔业船舶的要求：

（1）1969 年国际船舶吨位丈量公约；

（2）1966 年国际船舶载重线公约及 1988 年议定书；

（3）1974 年国际海上人命安全公约及其议定书和修正案；

（4）1972 年国际海上避碰规则及其修正案；

（5）1973 年国际防止船舶造成污染公约 1978 年议定书及 1988 年议定书；

（6）1977 年托雷莫利诺斯国际渔船安全公约及 1993 年议定书。

（二）渔业船舶检验的性质、目的和原则

1. 渔业船舶检验的性质

渔业船舶检验是国家对渔业船舶及其船用产品应具备的安全航行、安全作业和防止污染环境的技术条件实施的技术监督。

2. 渔业船舶检验的目的

渔业船舶检验，是为了保证渔业船舶具备安全航行、安全作业和防止污染环境的条件，保障渔业船舶和渔民生命财产的安全，防止污染环境。

3. 渔业船舶检验的原则

渔业船舶检验，应当遵循安全第一、保证质量和方便渔民的原则。

（三）渔业船舶检验的对象

渔业船舶检验的对象为在中国登记和将要登记的渔业船舶，从事国际航行的渔业辅助船舶除外。

外国籍渔业船舶，其船旗国委托中华人民共和国检验的，也可作为渔业船舶检验的对象。

（四）渔业船舶检验的主管机关和检验机构

《渔业船舶检验条例》第三条规定："国务院渔业行政主管部门主管全国渔业船舶检验及其监督管理工作。国家渔业船舶检验机构行使渔业船舶检验及其监督管理职能。地方渔业船舶检验机构依照本条例规定，负责有关的渔业船舶检验工作。""各级公安边防、质量监督和工商行政管理等部门，应当在各自的职责范围内对渔业船舶检验和监督管理工作予以协助。"

渔业船舶检验主管机关对验船机构执行渔业船舶及船用产品法定检验实施监督。

地方渔业船舶检验机构应当在国家渔业船舶检验机构核定的范围内开展检验业务。

从事渔业船舶检验的人员应当经国家渔业船舶检验机构考核合格后，方可从事相应的渔业船舶检验工作。

渔业船舶检验机构及其检验人员应当严格遵守渔业船舶检验规则，实施现场检验，保证检验的全面性和有效性，并对检验项目的检验质量及检验结论负责。

（五）渔业船舶强制检验

《渔业船舶检验条例》第四条规定："国家对渔业船舶实行强制检验制度。强制检验分为初次检验、营运检验和临时检验。"所谓"强制检验",是指渔业船舶检验机构依据国家的法律、法规和标准及中华人民共和国政府批准、接受、承认或加入的有关国际公约、议定书、规则等对渔业船舶及其船用产品所进行的法定的初次检验、营运检验和临时检验。

《渔业船舶检验条例》第六至十二、十三至十八条、第十九至二十二条分别对初次检验、营运检验和临时检验的定义、对象、内容和程序作了具体规定。

1. 初次检验

渔业船舶的初次检验是指渔业船舶检验机构在渔业船舶投入营运前对其所实施的全面检验。

(1) 下列渔业船舶的所有人或者经营人应当申报初次检验。

① 制造的渔业船舶;

② 改造的渔业船舶(包括非渔业船舶改为渔业船舶、国内作业的渔业船舶改为远洋作业的渔业船舶);

③ 进口的渔业船舶。

(2) 制造、改造的渔业船舶,其设计图纸、技术文件应当经渔业船舶检验机构审查批准,并在开工制造、改造前申报初次检验。渔业船舶检验机构应当自收到设计图纸、技术文件之日起20个工作日内做出审查决定,并书面通知当事人。

(3) 制造、改造的渔业船舶的初次检验,应当与渔业船舶的制造、改造同时进行。

用于制造、改造渔业船舶的有关航行、作业和人身财产安全以及防止污染环境的重要设备、部件和材料,在使用前应当经渔业船舶检验机构检验,检验合格的方可使用。

(4) 进口的渔业船舶,其设计图纸、技术文件应当经渔业船舶检验机构审查确认,并在投入营运前申报初次检验。进口旧渔业船舶,进口前还应当取得国家渔业船舶检验机构出具的旧渔业船舶技术评定证书。

(5) 渔业船舶检验机构对检验合格的渔业船舶,应当自检验完毕之日起5个工作日内签发渔业船舶检验证书;经检验不合格的,应当书面通知当事人,并说明理由。

经检验合格的渔业船舶,任何单位和个人不得擅自改变其吨位、载重线、主机功率、人员定额和适航区域;不得擅自拆除其有关航行、作业和人身财产安全以及防止污染环境的重要设备、部件。确需改变或者拆除的,应当经原渔业船舶检验机构核准。

(6) 进口的渔业船舶和远洋渔业船舶的初次检验,由国家渔业船舶检验机构统一组织实施。其他渔业船舶的初次检验,由船籍港渔业船舶检验机构负责实施;渔业船舶的制造地或者改造地与船籍港不一致的,初次检验由制造地或者改造地渔业船舶检验机构实施;该渔业船舶检验机构应当自检验完毕之日起5个工作日内,将检验报告、检验记录等技术资料移交船籍港渔业船舶检验机构。

2. 营运检验

渔业船舶的营运检验,是指渔业船舶检验机构对营运中的渔业船舶所实施的常规性检验。

(1) 营运中的渔业船舶的所有人或者经营人应当按照国务院渔业行政主管部门规定

的时间申报营运检验。

（2）渔业船舶检验机构应当按照国务院渔业行政主管部门的规定，根据渔业船舶运行年限和安全要求对下列项目实施检验：

① 渔业船舶的结构和机电设备；

② 与渔业船舶安全有关的设备、部件；

③ 与防止污染环境有关的设备、部件；

④ 国务院渔业行政主管部门规定的其他检验项目。

（3）渔业船舶检验机构应当自申报营运检验的渔业船舶到达受检地之日起 3 个工作日内实施检验。经检验合格的，应当自检验完毕之日起 5 个工作日内在《渔业船舶检验证书》上签署意见或者签发《渔业船舶检验证书》；签发境外受检的远洋渔业船舶的检验证书，可以延长至 15 个工作日。经检验不合格的，应当书面通知当事人，并说明理由。

（4）渔业船舶经检验需要维修的，该船舶的所有人或者经营人应当选择符合国家规定条件的维修单位。

用于维修渔业船舶的有关航行、作业和人身财产安全以及防止污染环境的重要设备、部件和材料，在使用前应当经渔业船舶检验机构检验，检验合格的方可使用。

（5）营运中的渔业船舶需要更换有关航行、作业和人身财产安全以及防止污染环境的重要设备、部件和材料的，该船舶的所有人或者经营人应当遵守第（3）项的规定。

（6）远洋渔业船舶的营运检验，由国家渔业船舶检验机构统一组织实施。其他渔业船舶的营运检验，由船籍港渔业船舶检验机构负责实施；因故不能回船籍港进行营运检验的渔业船舶，由船籍港渔业船舶检验机构委托船舶的营运地或者维修地渔业船舶检验机构实施检验；实施检验的渔业船舶检验机构应当自检验完毕之日起 5 个工作日内将检验报告、检验记录等技术资料移交船籍港渔业船舶检验机构。

3．临时检验

渔业船舶的临时检验是指渔业船舶检验机构对营运中的渔业船舶出现特定情形时所实施的非常规性检验。

（1）有下列情形之一的渔业船舶，其所有人或者经营人应当申报临时检验。

① 因检验证书失效而无法及时回船籍港的；

② 因不符合水上交通安全或者环境保护法律、法规的有关要求被责令检验的；

③ 具有国务院渔业行政主管部门规定的其他特定情形的。

（2）渔业船舶检验机构应当自申报临时检验的渔业船舶到达受检地之日起 2 个工作日内实施检验。经检验合格的，应当自检验完毕之日起 3 个工作日内在渔业船舶检验证书上签署意见或者签发渔业船舶检验证书；经检验不合格的，应当书面通知当事人，并说明理由。

（3）远洋渔业船舶的临时检验，由国家渔业船舶检验机构统一组织实施。其他渔业船舶的临时检验，由船籍港渔业船舶检验机构负责实施；因故不能回船籍港进行临时检验的渔业船舶，由船籍港渔业船舶检验机构委托船舶的营运地或者维修地渔业船舶检验机构实施检验；实施检验的渔业船舶检验机构应当自检验完毕之日起 5 个工作日内将检

验报告、检验记录等技术资料移交船籍港渔业船舶检验机构。

（六）渔业船舶检验证书的种类和作用

1. 渔业船舶检验证书的种类

（1）国际渔业船舶检验证书

① 船长等于或大于 24 米的国际渔船的渔业船舶检验证书主要包括：

a. 国际渔船安全证书及设备记录；

b. 国际吨位证书；

c. 渔船吨位证书；

d. 国际防止油污证书及附件；

e. 防止油污证书及附件；

f. 渔船载重线证书；

g. 渔船渔捞和起重设备证书；

h. 免除证书。

② 船长小于 24 米的国际渔船的渔业船舶检验证书主要包括：

a. 渔船安全证书及设备记录；

b. 渔船吨位证书；

c. 防止油污证书及附件；

d. 渔船载重线证书；

e. 渔船渔捞和起重设备证书；

f. 免除证书。

③ 从事国际航行的渔业辅助船舶的渔业船舶检验证书主要包括：

a. 货船构造安全证书；

b. 货船设备安全证书及记录簿；

c. 货船无线电安全证书及记录簿；

d. 船舶航行安全证书；

e. 国际吨位证书；

f. 国际防止油污证书及附件；

g. 防止油污证书及附件；

h. 国际船舶载重线证书；

i. 国际船舶载重线免除证书；

j. 起重设备证书及记录簿；

k. 免除证书。

（2）非国际渔业船舶的检验证书

① 甲、乙种渔业船舶的渔业船舶检验证书包括：

a. 渔业船舶安全证书；

b. 渔业船舶吨位证书；

c. 渔业船舶防止油污证书；

d. 渔业船舶载重线证书;

e. 渔业船舶渔捞和起重设备证书;

f. 渔业船舶临时航行安全证书;

g. 渔业船舶临时乘客定额证书。

甲种渔业船舶是指船长等于或大于 24 米的钢质海洋机动渔业船舶。

乙种渔业船舶是指:

（a）船长等于或大于 15 米但小于 24 米的钢质海洋机动渔业船舶;

（b）船长等于或大于 15 米的内陆钢质及非钢质海洋机动渔业船舶;

（c）船长小于 15 米,但主机功率大于或等于 44.1 千瓦的海洋渔业船舶;

（d）船长大于或等于 24 米的海洋非机动渔业船舶。

② 丙种渔业船舶的检验证书,即小型渔业船舶检验证书。

丙种渔业船舶是指:

（a）船长小于 15 米,且主机功率小于 44.1 千瓦的海洋渔业船舶;

（b）船长小于 24 米的非机动海洋渔业船舶。

③ 内河渔业船舶经检验合格后,应签发乙种检验证书或内河渔业船舶检验证书两种。

内河渔业船舶检验证书适用于下列内陆水域渔业船舶:

（a）船长小于 15 米的钢质机动渔业船舶;

（b）所有非钢质机动渔业船舶;

（c）所有非机动渔业船舶。

2. 渔业船舶检验证书的作用

渔业船舶检验证书用以证明持证渔业船舶符合主管机关颁布的规则或认可的相应标准并满足预定航区的安全航行和作业的技术条件。

渔业船舶检验证书主要用于:

（1）进行渔业船舶登记;

（2）申请渔业捕捞许可证;

（3）办理渔业船舶进出港口签证;

（4）接受港口主管机关检查;

（5）进行渔业水上交通事故调查处理;

（6）申领安全管理证书(适用于 500 总吨以上国际渔业船舶);

（7）接受港口国监督检查(适用于国际渔业船舶);

（8）办理渔业船舶保险和抵押。

六、 登记

（一）渔业船舶登记的法律法规

1979 年国务院批转《关于全国水产工作会议情况的报告》提出"今明两年,要建立起渔船登记"。[9]1983 年《海上交通安全法》第五条规定:"船舶必须持有船舶国籍证书,或船

舶登记证书,或船舶执照。"1985 年农牧渔业部根据这条规定,制定并公布了《中华人民共和国渔业船舶登记章程》,定于 1986 年 1 月 1 日起试行。[10]

1987 年《渔业法实施细则》第十七条规定,不按国家规定领取渔业船舶国籍证书或渔业船舶登记证书的,不得发给捕捞许可证。1989 年《渔港水域交通安全管理条例》第十二条规定:"渔业船舶在向渔政渔港监督管理机关申请船舶登记,并取得渔业船舶国籍证书或者渔业船舶登记证书后,方可悬挂中华人民共和国国旗航行。"

1992 年《中华人民共和国海商法》第五条规定:"船舶经依法登记取得中华人民共和国国籍,有权悬挂中华人民共和国国旗航行。"该法并规定船舶所有权和船舶抵押权,应当向船舶登记机关登记;未经登记的,不得对抗第三人。

1995 年《中华人民共和国船舶登记条例》第二条规定,渔业船舶的登记依照有关法规的规定办理。

1996 年农业部为加强渔业船舶监督管理,确定渔业船舶的所有权、国籍、船籍港及其他有关法律关系,保障渔业船舶登记有关各方的合法权益,根据《海上交通安全法》、《海商法》和《渔业法》等有关法律、法规的规定,制定并发布了《中华人民共和国渔业船舶登记办法》,并经 1997 年、2004 年和 2010 年 3 次修订。

2000 年《渔业法》第二十四条规定,具备渔业船舶登记证书,方可发给捕捞许可证。

2012 年农业部公布《中华人民共和国渔业船舶登记办法》自 2013 年 1 月 1 日起施行。农业部 1996 年 1 月 22 日发布,1997 年 12 月 25 日、2004 年 7 月 1 日、2010 年 11 月 26 日修订的《中华人民共和国渔业船舶登记办法》(农渔发〔1996〕2 号)同时废止。2013 年底农业部发布农业部令 2013 年第 5 号决定再次修订《中华人民共和国渔业船舶登记办法》,[11]使得中国特色渔业船舶登记制度更加健全和完善。

(二)渔业船舶登记条件和登记机关

1. 渔业船舶登记的条件

《渔业船舶登记办法》第二条规定:"中华人民共和国公民或法人所有的渔业船舶,以及中华人民共和国公民或法人以光船①条件从境外租进的渔业船舶,应当依照本办法进行登记。"按此规定,中国现行渔业船舶登记的条件为渔业船舶的所有人和"以光船条件从境外租进的渔业船舶"的承租人应是中国公民或中国法人。1996 年《渔业船舶登记办法》第九条曾规定:"中国籍渔业船舶的船员应当由中国籍公民担任。如确有需要,应报经主管机关批准,除船长、驾驶员和报务员外,可以由外国籍公民担任,但外国籍公民人数最多不得超过全船船员总数的 30%。"2012 年《渔业船舶登记办法》删除了这个规定,这表明现行渔业船舶登记对船员国籍不再限制。

2. 渔业船舶的登记机关

《渔业船舶登记办法》第三条规定:"农业部主管全国渔业船舶登记工作。中华人民共和国渔政局具体负责全国渔业船舶登记及其监督管理工作。""县级以上地方人民政府

---

① 光船是指在租船合同下,符合合同约定的并且没有配备船员的适航船舶,包括船舶上的附属设备、航海仪器以及其他相关的技术证书和文件。

渔业行政主管部门主管本行政区域内的渔业船舶登记工作。县级以上地方人民政府渔业行政主管部门所属的渔政渔港监督管理机构(以下称登记机关)依照规定权限负责本行政区域内的渔业船舶登记及其监督管理工作。"

依此规定,在中国,县级以上地方人民政府渔业行政主管部门所属的渔政渔港监督管理机构为渔业船舶的登记机关,在国务院和县级以上地方人民政府的渔业行政主管部门的领导下,依照规定权限具体承担本行政区域内的渔业船舶登记工作。

渔业船舶登记机关,依法行使渔业船舶登记权的同时,负有以下责任:

(1)登记机关应当将登记的事项、依据、条件、程序、期限以及需要提交的全部材料目录和申请书示范文本在办公场所进行公示。

(2)登记机关应当自受理渔业船舶登记申请之日起20个工作日内做出是否准予渔业船舶登记的决定。不予登记的,书面通知当事人并说明理由。

(3)登记机关应当建立渔业船舶登记簿,并将渔业船舶登记的内容载入渔业船舶登记簿。船舶登记机关应当允许权利人和利害关系人查阅船舶登记簿。

(4)登记机关应当建立渔业船舶登记档案。

(三)渔业船舶船籍港和船名核定

1. 渔业船舶的船籍港

《渔业船舶登记办法》原规定渔业船舶登记地由船舶所有人可在居住地和经营地就近选择,后调整为:"渔业船舶所有人应当向户籍所在地或企业注册地的县级以上登记机关申请办理渔业船舶登记。"并规定:"远洋渔业船舶登记由渔业船舶所有人向所在地省级登记机关申请办理。中央在京直属企业所属远洋渔业船舶登记由渔业船舶所有人向船舶所在地的省级登记机关申请办理。""渔业船舶登记的港口是渔业船舶的船籍港。每艘渔业船舶只能有1个船籍港。"这样规定,是为了解决近年来渔船不少登记地与船舶所有人的户籍所在地或实际居住地不一致,异地挂靠现象较普遍的问题,以便船舶所有人户籍所在地或企业注册登记地的县级以上地方人民政府渔业行政主管部门及其所属的渔政渔港监督管理机构有效地行使对渔业船舶的管辖和控制。

按照《渔业船舶船名规定》,船籍港名称应在船尾部中央,以仿宋体字型从左至右水平标写。

2. 渔业船舶船名核定

《渔业船舶登记办法》规定:

(1)远洋渔业船舶、科研船和教学实习船的船名由申请人在申请渔业船网工具指标时提出,经省级登记机关通过全国海洋渔船动态管理系统查询,无重名、同音且符合规范的,在《渔业船网工具指标申请书》上标注其船名、船籍港。

(2)制造、进口渔业船舶的渔业船舶所有人,因继承、赠与、购置、拍卖或法院生效判决取得渔业船舶所有权,需要变更船名的渔业船舶所有人和以光船条件从境外租进渔业船舶的承租人,都应当向登记机关申请船名。申请人应当填写渔业船舶船名申请表,交验渔业船舶所有人或承租人的户口簿或企业法人营业执照及有关材料。登记机关应当自受理申请之日起7个工作日内做出核定决定。予以核定的,向申请人核发渔业船舶船

名核定书,同时确定该渔业船舶的船籍港。不予核定的,书面通知当事人并说明理由。

渔业船舶船名核定是加强渔业船舶管理的重要环节之一,并有效促进其与渔业船网工具指标审批、渔船检验、渔船登记和捕捞许可等环节的合理衔接。

（四）渔业船舶登记

1. 渔业船舶登记项目

按照《渔业船舶登记办法》的规定,登记项目为:

（1）所有权登记;

（2）国籍登记;

（3）抵押权登记;

（4）光船租赁登记。

渔业船舶所有权的取得、转让和消灭,应当依照《渔业船舶登记办法》进行登记;未经登记的,不得对抗善意第三人。

渔业船舶应当依照《渔业船舶登记办法》进行渔业船舶国籍登记,取得中华人民共和国国籍,方可悬挂中华人民共和国国旗航行。

渔业船舶抵押权的设定、转移和消灭,抵押权人和抵押人应当共同依照《渔业船舶登记办法》进行登记;未经登记的,不得对抗善意第三人。

以光船条件出租渔业船舶,或者以光船条件租进境外渔业船舶的,出租人和承租人应当依照《渔业船舶登记办法》进行光船租赁登记;未经登记的,不得对抗善意第三人。

2. 所有权登记

渔业船舶所有权登记,由渔业船舶所有人申请。共有的渔业船舶,由持股比例最大的共有人申请;持股比例相同的,由约定的共有人1方申请。申请渔业船舶所有权登记,应当填写渔业船舶所有权登记申请表,并提交下列材料:

（1）渔业船舶所有人户口簿或企业法人营业执照;

（2）取得渔业船舶所有权的证明文件;

（3）渔业船舶检验证书、依法需要取得的渔业船舶船名核定书;

（4）反映船舶全貌和主要特征的渔业船舶照片;

（5）原船籍港登记机关出具的渔业船舶所有权注销登记证明书（制造渔业船舶除外）;

（6）捕捞渔船和捕捞辅助船的渔业船网工具指标批准书;

（7）养殖渔船所有人持有的养殖证;

（8）进口渔业船舶的准予进口批准文件和办结海关手续的证明;

（9）农业部规定的其他材料。

登记机关准予登记的,向渔业船舶所有人核发渔业船舶所有权登记证书。

3. 国籍登记

渔业船舶国籍登记,由渔业船舶所有人申请。申请国籍登记,应当填写渔业船舶国籍登记申请表,并提交下列材料:

（1）渔业船舶所有人的户口簿或企业法人营业执照;

（2）渔业船舶所有权登记证书；

（3）渔业船舶检验证书；

（4）捕捞渔船和捕捞辅助船的渔业船网工具指标批准书；

（5）养殖渔船所有人持有的养殖证；

（6）进口渔业船舶的准予进口批准文件和办结海关手续的证明；

（7）渔业船舶委托其他渔业企业代理经营的，提交代理协议和代理企业的营业执照；

（8）原船籍港登记机关出具的渔业船舶国籍注销或者中止证明书（制造渔业船舶除外）；

（9）农业部规定的其他材料。

国籍登记与所有权登记同时申请的，免予提交上列规定的第（1）、（2）、（3）、（4）、（5）、（6）项材料。

《渔业船舶登记办法》原规定，登记机关准予登记的，远洋渔业船舶核发渔业船舶国籍证书，向在其他航区作业的渔业船舶核发渔业船舶登记证书，现将"登记证书"和"国籍证书"统一合并为"渔业船舶国籍证书"，规定："向船舶所有人核发渔业船舶国籍证书，同时核发渔业船舶航行签证簿，载明船舶主要技术参数。"并规定渔业船舶国籍证书有效期为 5 年。渔业船舶不得具有双重国籍。凡在境外登记的渔业船舶，未中止或者注销原登记国籍的，不得取得中华人民共和国国籍。

以光船条件从境外租进渔业船舶的，承租人应当持光船租赁合同、渔业船舶检验证书或报告、农业部批准租进的文件和原登记机关出具的中止或者注销原国籍的证明书，或者将于重新登记时立即中止或者注销原国籍的证明书，向省级登记机关申请办理临时渔业船舶国籍证书。临时渔业船舶国籍证书的有效期根据租赁合同期限确定，但是最长不得超过 2 年。租赁合同期限超过 2 年的，承租人应当在证书有效期届满 30 日前，持渔业船舶租赁登记证书、原临时渔业船舶国籍证书和租赁合同，向原登记机关申请换发临时渔业船舶国籍证书。

渔业船舶国籍证书或临时渔业船舶国籍证书必须随船携带。

4. 抵押权登记

渔业船舶所有人或其授权的人可以设定船舶抵押权。渔业船舶抵押权的设定，应当签订书面合同。渔业船舶抵押权登记，由渔业船舶抵押权人和抵押人共同申请。申请渔业船舶抵押权登记，应当填写渔业船舶抵押权登记申请表，并提交下列材料：

（1）抵押权人和抵押人的户口簿或企业法人营业执照；

（2）渔业船舶所有权登记证书；

（3）抵押合同及其主合同；

（4）农业部规定的其他材料。

登记机关准予登记的，应当将抵押权登记情况载入渔业船舶所有权登记证书，并向抵押权人核发渔业船舶抵押权登记证书。

5. 光船租赁登记

中国籍渔业船舶以光船条件出租给中国籍公民或法人的，出租人和承租人应当共同

填写渔业船舶租赁登记申请表,并提交下列材料,向船籍港登记机关申请办理光船租赁登记:

(1) 承租人的户口簿或企业法人营业执照;

(2) 渔业船舶所有权登记证书、渔业船舶国籍证书、渔业船舶检验证书和渔业船舶航行签证簿;

(3) 租赁合同;

(4) 租赁捕捞渔船和捕捞辅助船的,提交出租人所在地渔业行政主管部门出具的捕捞许可证注销证明、承租人所在地渔业行政主管部门同意租赁渔业船舶的证明文件;租赁远洋渔业船舶或者跨省租赁渔业船舶的,还应当经出租人和承租人双方所在地省级人民政府渔业行政主管部门同意后报农业部批准;

(5) 渔业船舶已设定抵押权的,提供抵押权人同意出租该渔业船舶的证明文件;

(6) 农业部规定的其他材料。

登记机关准予登记的,应当将租赁情况载入渔业船舶所有权登记证书和国籍证书,并向出租人和承租人核发渔业船舶租赁登记证书各1份。

中国籍渔业船舶以光船条件出租到境外的,出租人应当持上列第(2)、(3)、(5)、(6)项规定的文件,向船籍港登记机关申请办理光船租赁登记。捕捞渔船和捕捞辅助船还应当提供省级以上人民政府渔业行政主管部门出具的渔业捕捞许可证暂存证明。

登记机关准予登记的,应当中止该渔业船舶国籍,封存渔业船舶国籍证书和航行签证簿,将租赁情况载入渔业船舶所有权登记证书和国籍证书,并向出租人核发渔业船舶租赁登记证书和渔业船舶国籍中止证明书。

中国籍公民或法人以光船条件租进境外渔业船舶的,承租人应当填写渔业船舶租赁登记申请表,向所在地省级登记机关申请办理光船租赁登记,并提交下列材料:

(1) 承租人的户口簿或企业法人营业执照;

(2) 租赁合同;

(3) 国家渔业船舶检验机构签发的渔业船舶检验证书或检验报告;

(4) 境外登记机关出具的中止或注销该船国籍的文件,或者将于重新登记时立即中止或注销船舶国籍的文件;

(5) 农业部批准租进的文件;

(6) 农业部规定的其他材料。

登记机关准予登记的,应当向承租人核发渔业船舶租赁登记证书,并将租赁登记内容载入临时渔业船舶国籍证书。

此外,《渔业船舶登记办法》还对变更登记、注销登记及证书换发和证书补发的条件和程序作了具体规定。

县级以上人民政府渔业行政主管部门应当加强渔业船舶登记管理信息系统建设,建立健全渔业船舶数据库,提高渔业船舶登记管理和服务水平,保障渔业船舶当事人合法权益。

七、 水上安全

（一）渔业船舶水上安全保证方针和措施

渔船是渔民的立业之本。渔业船舶相对商船具有尺度较小、基础设施和技术装备相对落后、作业地点分散、个体生产经营单位众多、受自然环境因素影响大、各类安全事故时有发生的特点。采取为保证渔业船舶水上安全所必要的措施，是《渔业法》《海上交通安全法》和《渔港水域交通安全管理条例》对各级人民政府及其渔业行政主管部门、船舶所有人、船长的基本要求。

保证渔业船舶的水上安全，必须坚持安全第一、预防为主、综合治理，坚持标本兼治、重在治本，坚持创新体制机制、强化安全管理，以切实保障渔民生命财产安全为根本出发点、有效遏制重特大安全事故为重点、减少人员伤亡为目标，针对影响渔业船舶航行、停泊和作业安全的各种因素采取各项措施。

综合国务院同意的《安全生产"十二五"规划》（国办发〔2011〕47号）、[12]《国务院办公厅关于加强渔业安全生产工作的通知》（国办发〔2008〕113号）[13]和《国务院关于促进海洋渔业持续健康发展的若干意见》[14]的规定，这些措施应当包括：

（1）加强渔港安全基础设施建设，强化渔港避风防灾功能，完善港口助航、导航、消防、救生、照明设施和抢险救灾船艇配备，提高安全保障能力。

（2）推进渔业安全通信网络建设，完善卫星、短波、超短波、移动电话"四网合一"的安全通信网，为安全信息播发与接收、紧急遇险报警、搜救指挥提供通信保障。

（3）建立和完善灾害监测预警信息共享机制，气象、海洋、渔业部门要及时将灾害天气和风暴潮、海啸、赤潮等灾害信息传递给渔区、渔业企业和渔民，并同时发布渔船避险路线、避险操作规程等，为渔民提供充分的气象预警和避险信息服务。

（4）建立渔港安全监控中心、海上渔业船舶管理动态监控系统和大中型渔船船位卫星监控系统，实现对作业渔船的动态监控和实时跟踪。

（5）严格渔船修造企业资格管理，建设渔船安全设备检测检验基地，加强对制造、改装、进口渔业船舶、船用产品、生产机械设备的安全检测检验，强化渔船修造质量的监督管理。

（6）推进渔船标准化建设，鼓励渔民更新改造老旧渔船，实行渔业船舶、船用产品、专用设备报废制度，推广应用安全系数高、抗风险能力强的先进渔业船舶。

（7）鼓励有条件的渔业船舶装备适用的船舶自动识别系统等助航、导航设备，提高渔业船舶防碰撞、防触碰能力。

（8）设立渔业船员培训基地，建立健全以安全生产和防灾减灾为主要内容的渔民职业安全技能培训体系，开展对职务船员适任能力和普通船员专业技能培训，严格实行职务船员和普通船员持证上岗制度。

（9）渔业生产经营单位和渔业船舶要建立健全安全管理制度，实行安全岗位责任制，规范生产作业安全操作规程。

（10）综合考虑渔业生产特点，合理布局国家专业海上搜救力量，建立完善渔业专业

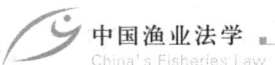
应急救援指挥平台,加强渔政执法船(艇)辅助救助能力建设。

(11) 加大渔业船舶安全救生设施、设备配备力度,推广应用气胀式救生筏等装备,实现沿海中型以上渔船救生设备应配尽配。

(12) 引导渔船编队生产作业,提高渔船之间的相互支援和自救互救能力。

(13) 制订完善渔业安全生产和防灾减灾应急预案,明确具体的防灾避险措施,开展多种形式的应急演练,提高渔业安全应急处置能力。

(14) 进一步完善渔业安全生产、防灾减灾以及渔船、渔港和渔业船员管理等方面的法律、法规和规章制度,加快制订事故预防和控制、应急救援和处置等方面的技术标准和渔船、渔机、网具、渔业通信导航及防灾救生等渔业装备安全标准,完善渔业安全生产操作技术规程。

(15) 各级渔业行政主管部门要加强对渔业安全生产法律法规的执法检查力度,把渔业安全生产管理逐步纳入法制化、规范化轨道。

(16) 地方各级人民政府要组织编制与安全生产和防灾减灾规划相衔接的平安渔业建设规划,加大渔港等渔业安全基础设施和水上搜救、预警信息系统建设投入力度,在充分发挥市场机制作用的前提下,积极探索和建立稳定、多元的渔业安全投入机制。

(二) 渔业船舶安全事故的防止

1999 年农业部根据《海上交通安全法》《海洋环境保护法》和《渔港水域交通安全管理条例》制定了《渔业船舶航行值班准则(试行)》,[15]用以规范渔业船舶值班标准,以保证渔业船舶航行、停泊和作业的安全、海上人命和财产的安全和保护海洋环境。其主要内容涉及:

1. 渔业船舶所有人的基本责任

渔业船舶所有人应根据《渔业船舶航行值班准则》,并结合所属船舶的具体情况做到:

(1) 渔船所有值班人员都必须根据国家有关规定持有相应证书;

(2) 编制船舶的航行值班规则,并报所在地渔政渔港监督管理机构批准;

(3) 值班规则应悬挂在船舶驾驶室、轮机舱和无线电通信室内,并确保船长和相应的值班人员遵守;

(4) 保证船长能组织和领导船上的一切工作,船长和其他所有船员都必须按国家有关规定进行培训、考试,并持有相应证书;

(5) 船上安装的通信和助航仪器以及保障船舶安全航行的任何设备都必须处于正常的使用状态。

2. 渔业船舶船长的基本责任

渔业船舶船长应当保证:

(1) 所有值班人员必须由持有相应适任证书的职务船员担任;

(2) 除航行值班人员外其他人员不得随意进入驾驶室;

(3) 所有值班人员上岗前必须经过充分休息,不能因值班人员疲劳而影响航行安全;

(4) 在航行期间值班人员不得饮酒;

（5）不得安排正在值班的值班人员从事与值班无关的事项。

3. 对船长和值班人员的基本要求

（1）船长和值班人员应有良好的职业道德，遇有海难事故时，在不危及本船安全的情况下，应全力进行救助。

（2）船长和值班人员应遵守国际规章和标准、国内有关法律、法规和当地口港章的有关规定，并应采取一切可能的预防措施，防止污染海洋环境。

（3）渔船离港前，船长应主持研究本航次与航行有关的航海资料、制订安全可靠的航行计划。航行中应尽可能实施预定的航行计划。

（4）船舶进出港口、靠离码头、航经狭水道、船舶密集区、冰区、能见度不良或临近航行障碍物时，船长应在驾驶台亲自指挥，并可派专人到驾驶台协助了望；若值班驾驶员对执行航行职责没有十分把握时，应立即招请船长到驾驶台。

（5）拖网渔船作业时，应由船长、大副轮流值班，二副执行短程转移渔场时的值班；围网船作业，航测鱼群时，由船长、大副、二副轮流值班。不论何种作业方式，起放网时应由船长值班。

（6）在值班时，要严格遵守《1972 年国际海上避碰规则》和农业部 1983 年颁布的《渔船作业避让规定》（2007 年 11 月农业部令第 6 号修订），保持正规的了望，充分估计局面（如：碰撞、搁浅或其他航行危险），处理好避让关系。

（7）航行和作业期间，机舱值班员严格遵守操作规程，保持机舱所有机械始终处于正常工作状态。如有异常，要及时处理，自己不能处理或对处理有疑问，应立即通知轮机长，如有必要还应直接通知驾驶室。

（8）船长应保证船舶在停港或航行期间，机舱始终有轮机人员值班，严格服从驾驶台的指令。如果发现机舱有影响航行安全和可能污染海洋的问题时，轮机值班人员要立刻通知驾驶台。

（9）按照无线电管理委员会的有关要求，船上 GMDSS 操作员或无线电话务员应在船长的统一领导下，坚持值班，保持在各种情况下的无线电通信通畅。

（10）值班驾驶员、轮机员、GMDSS 操作员和无线电话务员必须按规定要求，及时和如实填写航海日志、渔捞日志、轮机日志和无线电日志。各项日志记载的内容必须与船舶实际动态相符。

《渔业船舶航行值班准则（试行）》还对渔业船舶的航行值班、捕捞作业值班、机舱值班、渔船锚泊和交接班的操作规程与注意事项以及航海日志和轮机日志的作用、填写要求与填写规则作了详细规定。

《渔业船舶航行值班准则（试行）》适用于船长 24 米及以上渔业船舶。24 米以下渔业船舶可由省级渔政渔港监督管理机构参照本准则和其作业范围及作业特点制定，报农业部渔业渔政管理局备案。

（三）渔业船舶安全事故的应急处置

2005 年农业部根据我国《渔业法》、《安全生产法》、《海上交通安全法》、《渔港水域交通安全管理条例》等法律法规，编制了《渔业船舶水上安全突发事件应急预案》（《预案》)[16]，经国务院审定并由农业部发布。《预案》所称"渔业船舶水上安全突发事件"是指渔业船舶在航行、作业、锚泊及停靠等过程中因热带气旋、大风、大雾等气象灾害、海洋灾害、火灾、碰撞、触礁、触损、搁浅、机械故障或伤残等原因严重危及船员生命安全或造成船员死亡(失踪)的事件。

《预案》根据渔业生产的特点，从预防预警、应急处置和善后处理等环节，对应对渔业船舶水上安全突发事件，各级渔业行政主管部门及其渔政渔港监督管理机构的工作职责、程序进行了明确和规范，目的是为了使渔业船舶水上安全突发事件应急处置工作规范化、制度化，一旦发生渔业船舶水上安全突发事件，可迅速做出应急响应，及时、有效地处置，最大限度地减少突发事件造成的人员伤亡和财产损失。

《预案》的主要内容包括：

1. 应急组织指挥体系

农业部设立渔业船舶水上安全突发事件应急处置指挥部，由分管副部长任总指挥，渔业渔政局长任副总指挥，负责《预案》的贯彻落实和实施工作。省、地(市)、县级渔业行政主管部门应参照农业部的组织指挥机构设置，遵照分级管理、分级响应、属地管理为主的原则，处置渔业船舶水上安全突发事件。

2. 现场应急指挥机构

地方各级人民政府设立现场应急指挥机构，各级渔政渔港监督管理机构作为其成员单位，负责指挥、调配辖区内各种救助力量，处置渔业船舶水上安全突发事件，协调事件处置过程中的各种关系。

3. 预防和预警机制

(1)预警信息监测和报告。预警信息包括：气象、海洋、水文等自然灾害预报信息；可能威胁水上人员生命、财产安全或造成水上安全突发事件发生的其他信息等。预警信息的风险等级从高到低依次分为特大(Ⅰ级)、重大(Ⅱ级)、较大(Ⅲ级)和一般(Ⅳ级)4个等级。中国海上搜救中心和省级海上搜救中心应分别将预警信息向农业部和省级渔业行政主管部门通报，省、地(市)、县级渔业行政主管部门应向同级人民政府报告，渔政渔港监督管理机构应向渔区和海上作业渔船发布。

(2)预防预警行动。各级渔业行政主管部门要加大对渔业船舶安全生产的管理及港口和水上渔业船舶的安全监督检查力度，对违章载客、载货，维修保养不到位，通信导航、救生、消防等安全设备不齐全等情形的渔业船舶及时采取有效的预防与控制措施，消除事故隐患。

(3)预警支持系统。各级渔业行政主管部门要建立健全渔业安全通信网，确保渔业船舶水上安全突发事件的通信及时、准确和畅通；及时转发灾害性海洋环境和天气预报。

(4)预警级别及发布。预警级别从高到低分为特别严重(Ⅰ级)、严重(Ⅱ级)、较重(Ⅲ级)和一般(Ⅳ级)四级预警，颜色依次为红色、橙色、黄色和蓝色。气象、海洋、水利部门的监测预报单位根据各自职责向有关方面发布气象、海洋等自然灾害预警信息，公布预警级别。

4. 应急响应

（1）分级响应程序。渔业船舶水上安全突发事件按照死亡或危及生命安全人数多少，分为特别重大（Ⅰ级）、重大（Ⅱ级）、较大（Ⅲ级）和一般（Ⅳ级）4 个等级。根据突发事件的等级标准，应急响应级别分为部、省、地（市）、县 4 级。

发生渔业船舶水上安全突发事件后，根据突发事件的具体情况，各相关渔业行政主管部门要立即启动本级预案，在同级人民政府的领导下，整合辖区内各种渔业救助力量，配合专业搜救机构开展救助行动。发生任何渔业船舶水上安全突发事件，相关县级渔业行政主管部门都要首先启动应急预案。

（2）信息共享和处理。完善的渔业应急值班体系是确保渔业船舶水上安全突发事件得到及时处置的重要保证。各级渔政渔港监督管理机构要严格执行渔业应急值班制度，确保通信网络畅通，及时接收不同来源的渔业船舶水上安全突发事件的信息，并迅速进行核实，经核实后，向同级渔业行政主管部门报告。接获报告的渔业行政主管部门应按照规定的程序和要求逐级报告。

（3）紧急处置。各级海上搜救中心是渔业船舶水上安全突发事件实施应急救助的专业力量，渔船和渔业行政执法船是渔业船舶水上安全突发事件应急救助的辅助力量。省级渔业行政主管部门是组织、协调重大、特别重大渔业水上安全突发事件救助行动的主体。应急救助工作应配合相关海上搜救机构，指导事件渔业船舶开展自救，指挥、调度事发海域附近生产渔业船舶参与救助，组织本辖区内符合适航条件的渔业行政执法船舶及有关力量前往救助。

（4）新闻发布。区分渔业船舶水上安全突发事件的不同情况，按照应急处置领导小组的统一部署，向外界进行客观、准确、及时的信息发布。

5. 后期处置

（1）善后处置。各级渔业行政主管部门应积极配合同级人民政府作好渔业船舶水上安全突发事件的后期处置工作。渔业船舶水上安全突发事件应急处置中止或结束后，相关渔业行政主管部门应对事件的处理情况和损失情况进行评估。涉及人员伤亡的，按照船籍港管辖原则，作好善后处理工作。

（2）调查报告。相关渔业行政主管部门应参与事件的调查、处理，发挥专业性支持作用，对事件应急处置工作整个过程进行总结，吸取经验教训，提出整改措施，并应按渔船事故调查处理的有关规定，对事件的性质、类别、成因进行调查，分析原因，判明责任，并对事件相关责任人提出处理意见。

此外，《预案》还对各项保障措施作了规定。

《预案》是国家层面的渔业船舶水上安全突发事件应急预案，又是县级以上地方人民政府及其渔业行政主管部门加强渔船安全生产应急体系建设和应急管理工作的指导性文件，并为制定地方渔业船舶水上安全突发事件应急预案提供范本。

（四）渔业船舶水上安全事故的报告和调查处理

2012 年农业部根据《安全生产法》、《海上交通安全法》、《生产安全事故报告和调查处理条例》、《渔港水域交通安全管理条例》、《海上交通事故调查处理条例》等法律法规，制定发布了《渔业船舶水上安全事故报告和调查处理规定》(2012 年农业部令第 9 号)(《规定》),[17] 旨在规范渔业船舶水上安全事故的报告和调查处理工作,落实渔业船舶水上安全事故责任追究制度,加强渔业船舶水上安全管理。《规定》自 2013 年 2 月 1 日起施行,1991 年农业部发布并于 1997 年修订的《中华人民共和国渔业海上交通事故调查处理规则》同时废止。

《规定》所称水上安全事故,包括水上生产安全事故和自然灾害事故。水上生产安全事故是指因碰撞、风损、触损、火灾、自沉、机械损伤、触电、急性工业中毒、溺水或其他情况造成渔业船舶损坏、沉没或人员伤亡、失踪的事故;自然灾害事故是指台风或大风、龙卷风、风暴潮、雷暴、海啸、海冰或其他灾害造成渔业船舶损坏、沉没或人员伤亡、失踪的事故。

《规定》的主要内容包括:

1. 渔业船舶水上安全事故的等级划分

按照造成人员死亡或重伤人数多少或直接经济损失大小,将渔业船舶水上安全事故分为特别重大、重大、较大和一般 4 个等级。

2. 渔业船舶水上安全事故的调查机关

县级以上人民政府渔业行政主管部门及其所属的渔政渔港监督管理机构(以下统称为渔船事故调查机关)负责渔业船舶水上安全事故的报告。

除特别重大事故外,碰撞、风损、触损、火灾、自沉等水上安全事故,由渔船事故调查机关组织事故调查组按本规定调查处理。

机械损伤、触电、急性工业中毒、溺水和其他水上安全事故,经有调查权限的人民政府授权或委托,有关渔船事故调查机关按本规定调查处理。

渔业船舶水上安全事故调查处理应当实事求是、公平公正,在查清事故原因、查明事故性质、认定事故责任的基础上,总结事故教训,提出整改措施,并依法追究事故责任者的责任。

3. 渔业船舶水上安全事故报告制度

渔业船舶水上安全事故报告应当及时、准确、完整,任何单位或个人不得迟报、漏报、谎报或者瞒报。

发生渔业船舶水上安全事故后,当事人或其他知晓事故发生的人员应当立即向就近渔港或船籍港的渔船事故调查机关报告。

渔船事故调查机关接到渔业船舶水上安全事故报告后,应当立即核实情况,采取应急处置措施,并按下列规定及时上报事故情况:

(1)特别重大事故、重大事故逐级上报至农业部,由农业部上报国务院,每级上报时间不得超过 1 小时;

(2)较大事故逐级上报至农业部,每级上报时间不得超过 2 小时;

(3)一般事故上报至省级渔业行政主管部门,每级上报时间不得超过 2 小时。

渔业行政主管部门在上报事故的同时,应当报告本级人民政府并通报安全生产监督管理等有关部门。

渔业船舶在渔港水域外发生水上安全事故,应当在进入第一个港口或事故发生后 48 小时内向船籍港渔船事故调查机关提交水上安全事故报告书和必要的文书资料;船舶、设施在渔港水域内发生水上安全事故,应当在事故发生后 24 小时内向所在渔港渔船事故调查机关提交水上安全事故报告书和必要的文书资料。

4.渔业船舶水上安全事故调查权限划分

(1)农业部负责调查中央企业所属远洋渔业船舶水上安全事故和由国务院授权调查的特别重大事故;

(2)省级渔船事故调查机关负责调查重大事故和辖区内企业所属、代理或承租的远洋渔业船舶水上安全较大、一般事故;

(3)市级渔船事故调查机关负责调查较大事故;

(4)县级渔船事故调查机关负责调查一般事故;

(5)船舶、设施在渔港水域内发生的水上安全事故,由渔港所在地渔船事故调查机关调查;

(6)渔业船舶在渔港水域外发生的水上安全事故,由船籍港所在地渔船事故调查机关调查。

5.渔业船舶水上安全事故调查职权的行使

根据调查需要,渔船事故调查机关有权开展以下工作。

(1)调查、询问有关人员;

(2)要求被调查人员提供书面材料和证明;

(3)要求当事人提供航海日志、轮机日志、报务日志、海图、船舶资料、航行设备仪器的性能以及其他必要的文书资料;

(4)检查船舶、船员等有关证书,核实事故发生前船舶的适航状况;

(5)核实事故造成的人员伤亡和财产损失情况;

(6)勘查事故现场,搜集有关物证;

(7)使用录音、照相、录像等设备及法律允许的其他手段开展调查;

(8)责令当事船舶驶抵指定地点接受调查。除危及自身安全的情况外,当事船舶未经渔船事故调查机关同意,不得驶离指定地点。

渔船事故调查机关及其调查人员应当遵守相关法律法规和工作纪律,全面、客观、公正开展调查。

6.渔业船舶水上安全事故调查报告

渔船事故调查机关应当自接到事故报告之日起 60 日内制作完成水上安全事故调查报告。水上安全事故调查报告应当包括以下内容:

(1)船舶、设施概况和主要性能数据;

(2)船舶、设施所有人或经营人名称、地址和联系方式;

(3)事故发生时间、地点、经过、气象、水域、损失等情况;

(4)事故发生原因、类型和性质;

(5)救助及善后处理情况;

（6）事故责任的认定；

（7）要求当事人采取的整改措施；

（8）处理意见或建议。

7．渔业船舶水上安全事故性质的认定

（1）渔船事故调查机关经调查，认定渔业船舶水上安全事故为自然灾害事故的，应当报上一级渔船事故调查机关批准。

（2）在能够预见自然灾害发生或能够避免自然灾害不良后果的情况下，未采取应对措施或应对措施不当，造成人员伤亡或直接经济损失的，应当认定为渔业船舶水上生产安全事故。

8．渔业船舶水上安全事故的结案报告

渔船事故调查机关应当自调查报告制作完成之日起10日内向当事人送达调查结案报告，并报上一级渔船事故调查机关。

9．渔业船舶水上安全事故调查材料的归档

渔船事故调查机关应当按照有关规定归档保存水上安全事故报告书和水上安全事故调查报告等调查材料。

10．渔业船舶水上安全事故的处理

（1）对渔业船舶水上安全事故负有责任的人员和船舶、设施所有人、经营人，由渔船事故调查机关依据有关法律法规和《渔业港航监督行政处罚规定》给予行政处罚，并可建议有关部门和单位给予处分。

（2）对渔业船舶水上安全事故负有责任的人员不属于渔船事故调查机关管辖范围的，渔船事故调查机关可以将有关情况通报有关主管机关。

（3）根据渔业船舶水上安全事故发生的原因，渔船事故调查机关可以责令有关船舶、设施的所有人、经营人限期加强对所属船舶、设施的安全管理。对拒不加强安全管理或在期限内达不到安全要求的，渔船事故调查机关有权禁止有关船舶、设施离港，或责令其停航、改航、停止作业，并可依法采取其他必要的强制处置措施。

（4）渔业船舶水上安全事故当事人和有关人员涉嫌犯罪的，渔船事故调查机关应当依法移送司法机关追究刑事责任。

11．渔业船舶水上安全事故引起民事纠纷的调解

因渔业船舶水上安全事故引起的民事纠纷，当事人各方可以在事故发生之日起30日内，向负责事故调查的渔船事故调查机关共同书面申请调解。已向仲裁机构申请仲裁或向人民法院提起诉讼，当事人申请调解的，不予受理。自受理调解申请之日起3个月内，当事人各方未达成调解协议，渔船事故调查机关应当终止调解，并告知当事人可以向仲裁机构申请仲裁或向人民法院提起诉讼。

八、 对渔业船舶实施国际安全管理规则

中国是 SOLAS 74/94 公约的签约国，又是远洋渔业大国，为确保中国渔业船舶在国际航行中的安全，加强渔业船舶管理，保证海上安全，防止人员伤亡，避免对环境，特别是

对海洋环境造成损害以及对财产造成损失,2001 年农业部决定按 SOLAS 74/94 公约要求对 500 总吨及以上渔业公司及船舶实施《国际安全管理规则》(全称《国际船舶安全营运及防污染管理规则》)。

按照《国际安全管理规则》的规定,负责 500 总吨及以上国际航行、作业的渔业船舶营运的公司和其营运的此类船舶应建立 1 套科学、系统和程序化的安全管理体系,经船旗国主管机关审核合格,向渔业公司签发《符合证明》,向渔业船舶签发《安全管理证书》。持有有效的《符合证明》和《安全管理证书》,即表明该渔业公司和渔业船舶的安全管理、安全营运和防止污染措施符合国际标准。

为对渔业船舶实施《国际安全管理规则》,农业部决定:

(1)农业部是对渔业公司及船舶实施《国际安全管理规则》的主管机关并负责向渔业公司签发《符合证明》;农业部渔业船舶检验局(中华人民共和国渔业船舶检验局)作为主管机关认可的机构负责渔业船舶《安全管理证书》的发证。

(2)农业部渔业渔政管理局)作为农业部对渔业公司发证的承办机构并对渔业船舶发证工作实施监督。

(3)由农业部渔业渔政管理局和渔业船舶检验局分别制订《渔业公司安全管理体系审核发证规则》和《渔业船舶安全管理体系认证规范》,将有关文件和证书格式报国际海事组织海上安全委员会和海上环境保护委员会备案,并照会沿岸国有关当局。

(4)500 总吨及以上国际航行、作业的渔业捕捞船舶及公司,应在 2004 年 7 月 1 日前满足《国际安全管理规则》的要求;500 总吨及以上国际航行、作业的其他渔业船舶及公司,应在 2002 年 7 月 1 日前满足《国际安全管理规则》的要求。[18]

第二节　渔业船员

一、关于渔业船员的法律、法规和规章的规定

(一)关于渔业船员的法律、法规的规定

《海上交通安全法》第六条规定:"船舶应当按照标准定额配备足以保证船舶安全的合格船员。"第七条规定:"船长、轮机长、驾驶员、轮机员、无线电报务员话务员以及水上飞机、潜水器的相应人员,必须持有合格的职务证书。其他船员必须经过相应的专业技术训练。"

《渔港水域交通安全管理条例》第十四条规定:"渔业船舶的船长、轮机长、驾驶员、轮机员、电机员、无线电报务员、话务员,必须经渔政渔港监督管理机关考核合格,取得职务证书,其他人员应当经过相应的专业训练。"第十五条规定:"地方各级人民政府应当加强本行政区域内渔业船舶船员的技术培训工作。国营、集体所有的渔业船舶,其船员的技术培训由渔业船舶所属单位负责;个人所有的渔业船舶,其船员的技术培训由当地人民

政府渔业行政主管部门负责。"

《内河交通安全管理条例》第九十三条规定:"渔船的检验、登记以及进出渔港签证,渔船船员的考试、发证,渔船之间交通事故的调查处理,以及渔港水域内渔船的交通安全管理办法,由国务院渔业行政主管部门依据本条例另行规定。"

(二)关于渔业船员的规章的规定

1994年农业部依据《内河交通安全管理条例》制定了《内河渔业船舶船员考试发证规则》(2004年修订)。[19]该规则规定在中国境内江、河、运河、湖泊、水库等内陆水域内从事航行、作业的渔业船舶上工作的职务船员都必须经过考试、考核,取得《渔业船舶职务船员证书》。1995年农业部根据《海上交通安全法》和《渔港水域交通安全管理条例》制定《海洋渔业船舶船员考试发证规则》(1997年修订),[20]对海洋渔业船员的职务证书及职务船员配备标准、考试资格和手续、船员考试与考核、证书签发和审证等作了系统、全面的规定。

1998年农业部发布《海洋渔业船舶普通船员专业基础训练考试发证办法》,2004年7月农业部令第38号将其标题修改为《渔业船舶普通船员专业基础训练考核发证办法》,[21]并对其条款做出多处修订。《办法》规定,渔业船舶普通船员必须经过海洋与气象常识、航海大意、轮机大意、水手工艺、海上求生、船舶消防、海上急救、救生艇筏操纵、海洋防污、海损事故紧急处理等10项内容的基础理论学习和实际操作训练的专业基础训练,经考核合格,取得《基础训练合格证》方可上岗。

2006年农业部发布《海洋渔业船员发证规定》,修改了1995年发布的《海洋渔业船舶船员考试发证规则》,[22]指明农业部渔业渔政管理局负责全国渔业船员考试、考核、发证的管理工作,地方各级渔政渔港监督机构负责本行政区域内的渔业船员考试、考核和发证工作。在中国籍海洋渔业船舶上工作的职务船员和在外国籍渔业船舶上工作的中国籍职务船员都必须经过考试、考核,取得《渔业船舶职务船员适任证书》。

2014年农业部发布《渔业船员管理办法》(《办法》),[23]自2015年1月1日起施行。同时废止了农业部1994年发布的《内河渔业船舶船员考试发证规则》、1998年发布的《渔业船舶普通船员专业基础训练考核发证办法》、2006年发布的《海洋渔业船员发证规定》。《办法》适用于在中国籍渔业船舶上工作的渔业船员的管理,并指明农业部负责全国渔业船员管理工作。县级以上地方人民政府渔业行政主管部门及其所属的渔政渔港监督管理机构,依照各自职责负责渔业船员管理工作。

二、任职和发证

(一)渔业船员实行持证上岗制度

《渔业船员管理办法》规定,渔业船员实行持证上岗制度。渔业船员应当按照本办法的规定接受培训,经考试或考核合格、取得相应的渔业船员证书后,方可在渔业船舶上工作。

在远洋渔业船舶上工作的中国籍船员,还应当按照有关规定取得中华人民共和国海员证。中华人民共和国海员证是中国船员出入中国国境和在境外通行使用的有效身份证件。

（二）渔业船员类别

《渔业船员管理办法》规定,渔业船员分为职务船员和普通船员。职务船员是负责船舶管理的人员,包括以下 5 类:

（1）驾驶人员,职级包括船长、船副、助理船副;

（2）轮机人员,职级包括轮机长、管轮、助理管轮;

（3）机驾长;

（4）电机员;

（5）无线电操作员。

普通船员是职务船员以外的其他船员。

（三）渔业船员证书

《渔业船员管理办法》规定,职务船员证书分为海洋渔业职务船员证书和内陆渔业职务船员证书,普通船员证书分为海洋渔业普通船员证书和内陆渔业普通船员证书。渔业职务船员证书等级划分,如表 25-1 所示。

表 25-1 渔业职务船员证书等级划分表

证书类别	证书等级	适用条件和对象
海洋渔业职务船员证书等级		
驾驶人员证书	一级证书	船舶长度 45 米以上的渔业船舶,包括一级船长证书、一级船副证书
	二级证书	船舶长度 24 米以上不足 45 米的渔业船舶,包括二级船长证书、二级船副证书
	三级证书	船舶长度 12 米以上不足 24 米的渔业船舶,包括三级船长证书
	助理船副证书	所有渔业船舶。
轮机人员证书	一级证书	主机总功率 750 千瓦以上的渔业船舶,包括一级轮机长证书、一级管轮证书
	二级证书	主机总功率 250 千瓦以上不足 750 千瓦的渔业船舶,包括二级轮机长证书、二级管轮证书
	三级证书	主机总功率 50 千瓦以上不足 250 千瓦的渔业船舶,包括三级轮机长证书
	助理管轮证书	所有渔业船舶
机驾长证书		船舶长度不足 12 米或者主机总功率不足 50 千瓦的渔业
		船舶上,驾驶与轮机岗位合一的船员
电机员证书		发电机总功率 800 千瓦以上的渔业船舶
无线电操作员证书		远洋渔业船舶

续表

证书类别	证书等级	适用条件和对象
内陆渔业职务船员证书等级		
驾驶人员证书	一级证书	船舶长度24米以上设独立机舱的渔业船舶
	二级证书	船舶长度不足24米设独立机舱的渔业船舶
轮机人员证书	一级证书	主机总功率250千瓦以上设独立机舱的渔业船舶
	二级证书	主机总功率不足250千瓦设独立机舱的渔业船舶
机驾长证书		无独立机舱的渔业船舶上,驾驶与轮机岗位合一的船员

（四）渔业船员培训

《渔业船员管理办法》规定,渔业船员培训包括基本安全培训、职务船员培训和其他培训。

基本安全培训是指渔业船员都应当接受的任职培训,包括水上求生、船舶消防、急救、应急措施、防止水域污染、渔业安全生产操作规程等内容。

职务船员培训是指职务船员应当接受的任职培训,包括拟任岗位所需的专业技术知识、专业技能和法律法规等内容。

其他培训是指远洋渔业专项培训和其他与渔业船舶安全和渔业生产相关的技术、技能、知识、法律法规等培训。

（五）渔业船员证书的申请、考试和发放

1. 申请条件

《渔业船员管理办法》规定,申请渔业普通船员证书应当具备以下条件:

（1）年满16周岁;

（2）符合渔业船员健康标准;

（3）经过基本安全培训。

申请渔业职务船员证书应当具备以下条件:

（1）持有渔业普通船员证书或下一级相应职务船员证书;

（2）年龄不超过60周岁,对船舶长度不足12米或者主机总功率不足50千瓦渔业船舶的职务船员,年龄资格上限可由发证机关根据申请者身体健康状况适当放宽;

（3）符合任职岗位健康条件要求;

（4）具备相应的任职资历条件,且任职表现和安全记录良好;

（5）完成相应的职务船员培训,在远洋渔业船舶上工作的驾驶和轮机人员,还应当接受远洋渔业专项培训。

符合以上条件的,由申请者向渔政渔港监督管理机构提出书面申请。

2. 考试和发证

渔政渔港监督管理机构应当组织考试或考核,对考试或考核合格的,自考试成绩或考核结果公布之日起10个工作日内发放相应的渔业职务船员证书。

申请海洋渔业船舶一级驾驶人员、一级轮机人员、电机员、无线电操作员证书以及远洋渔业职务船员证书的,由省级以上渔政渔港监督管理机构组织考试、考核、发证;其他渔业船员证书的考试、考核、发证权限由省级渔政渔港监督管理机构规定并公布,报农业部备案。中央在京直属企业所属远洋渔业船员的考试、考核、发证工作由农业部负责。

（六）渔业船员考试

《渔业船员管理办法》规定,渔业船员考试包括理论考试和实操评估。海洋渔业船员考试大纲由农业部统一制定并公布。内陆渔业船员考试大纲由省级渔政渔港监督管理机构根据本辖区的具体情况制定并公布。

渔业船员考核可由渔政渔港监督管理机构根据实际需要和考试大纲,选取适当科目和内容进行。

（七）渔业船员证书的管理

《渔业船员管理办法》规定,渔业船员证书的有效期不超过 5 年。证书有效期满,持证人需要继续从事相应工作的,应当向有相应管理权限的渔政渔港监督管理机构申请换发证书。渔政渔港监督管理机构可以根据实际需要和职务知识技能更新情况组织考核,对考核合格的,换发相应渔业船员证书。

渔业船员证书期满 5 年后,持证人需要从事渔业船员工作的,应当重新申请原等级、原职级证书。

有效期内的渔业船员证书损坏或丢失的,应当凭损坏的证书原件或在原发证机关所在地报纸刊登的遗失声明,向原发证机关申请补发。补发的渔业船员证书有效期应当与原证书有效期一致。

禁止伪造、变造、转让渔业船员证书。

三、最低配员标准

《渔业船员管理办法》规定,海洋渔业船舶应当满足表 25-2 规定的职务船员最低配员标准。

表 25-2　海洋渔业船舶职务船员最低配员标准

配员船舶类型	职务船员最低配员标准		
长度≥45 米远洋渔业船舶	一级船长	一级船副	助理船副 2 名
长度≥45 米非远洋渔业船舶	一级船长	一级船副	助理船副
36 米≤长度＜45 米	二级船长	二级船副	助理船副
24 米≤长度＜36 米	二级船长	二级船副	
12 米≤长度＜24 米	三级船长	助理船副	
主机总功率≥3 000 千瓦	一级轮机长	一级管轮	助理管轮 2 名
750 千瓦≤主机总功率＜3 000 千瓦	一级轮机长	一级管轮	助理管轮
450 千瓦≤主机总功率＜750 千瓦	二级轮机长	二级管轮	助理管轮
250 千瓦≤主机总功率＜450 千瓦	二级轮机长	二级管轮	

续表

配员船舶类型	职务船员最低配员标准		
50 千瓦≤主机总功率＜250 千瓦	三级轮机长		
船舶长度不足 12 米或者主机总功率不足 50 千瓦	机驾长		
发电机总功率 800 千瓦以上	电机员,可由持有电机员证书的轮机人员兼任		
远洋渔业船舶	无线电操作员,可由持有全球海上遇险和安全系统(GMDSS)无线电操作员证书的驾驶人员兼任		
注:省级人民政府渔业行政主管部门可参照以上标准,根据本地情况,对船长不足 24 米渔业船舶的驾驶人员和主机总功率不足 250 千瓦渔业船舶的轮机人员配备标准进行适当调整,报农业部备案			

内陆渔业船舶船员最低配员标准由各省级人民政府渔业行政主管部门根据本地情况制定,报农业部备案。

中国籍渔业船舶的船员应当由中国籍公民担任。确需由外国籍公民担任的,应当持有所属国政府签发的相关身份证件,在我国依法取得就业许可,并按本办法的规定取得渔业船员证书。持有《1995 年国际渔业船舶船员培训、发证和值班标准公约》缔约国签发的外国职务船员证书的,应当按照国家有关规定取得承认签证。承认签证的有效期不得超过被承认职务船员证书的有效期,当被承认职务船员证书失效时,相应的承认签证自动失效。

渔业船舶所有人或经营人应当为在渔业船舶上工作的渔业船员建立基本信息档案,并报船籍港所在地渔政渔港监督管理机构或渔政渔港监督管理机构委托的服务机构备案。

四、 船员和船长职责

（一）渔业船员一般职责

《渔业船员管理办法》对渔业船员的一般职责、值班职责尤其是船长的责任、职责和权力作了规定,这对加强渔业船员管理,维护渔业船员合法权益,保障渔业船舶及船上人员的生命财产安全至关重要。

渔业船员在船工作期间,应当履行以下职责:

（1）携带有效的渔业船员证书;

（2）遵守法律法规和安全生产管理规定,遵守渔业生产作业及防治船舶污染操作规程;

（3）执行渔业船舶上的管理制度、值班规定;

（4）服从船长及上级职务船员在其职权范围内发布的命令;

（5）参加渔业船舶应急训练、演习,落实各项应急预防措施;

（6）及时报告发现的险情、事故或者影响航行、作业安全的情况;

（7）在不严重危及自身安全的情况下，尽力救助遇险人员；

（8）不得利用渔业船舶私载、超载人员和货物，不得携带违禁物品；

（9）不得在生产航次中辞职或者擅自离职。

（二）值班船员职责

渔业船员在船舶航行、作业、锚泊时应当按照规定值班。值班船员应当履行以下职责：

（1）熟悉并掌握船舶的航行与作业环境、航行与导航设施设备的配备和使用、船舶的操控性能、本船及邻近船舶使用的渔具特性，随时核查船舶的航向、船位、船速及作业状态；

（2）按照有关的船舶避碰规则以及航行、作业环境要求保持值班瞭望，并及时采取预防船舶碰撞和污染的相应措施；

（3）如实填写有关船舶法定文书；

（4）在确保航行与作业安全的前提下交接班。

（三）船长责任、职责和权力

船长是渔业安全生产的直接责任人，在组织开展渔业生产、保障水上人身与财产安全、防治渔业船舶污染水域和处置突发事件方面，具有独立决定权，并履行以下职责：

（1）发生水上安全交通事故、污染事故、涉外事件、公海登临和港口国检查时，应当立即向渔政渔港监督管理机构报告，并在规定的时间内提交书面报告；

（2）全力保障在船人员安全，发生水上安全事故危及船上人员或财产安全时，应当组织船员尽力施救；

（3）弃船时，船长应当最后离船，并尽力抢救渔捞日志、轮机日志、油类记录簿等文件和物品；

（4）在不严重危及自身船舶和人员安全的情况下，尽力履行水上救助义务。

船长履行职责时，可以行使下列权力：

（1）当渔业船舶不具备安全航行条件时，拒绝开航或者续航；

（2）对渔业船舶所有人或经营人下达的违法指令，或者可能危及船员、财产或船舶安全，以及造成渔业资源破坏和水域环境污染的指令，可以拒绝执行；

（3）当渔业船舶遇险并严重危及船上人员的生命安全时，决定船上人员撤离渔业船舶；

（4）在渔业船舶的沉没、毁灭不可避免的情况下，报经渔业船舶所有人或经营人同意后弃船，紧急情况除外；

（5）责令不称职的船员离岗。

船长在其职权范围内发布的命令，船舶上所有人员必须执行。

五、　船员职业管理与保障

为保证渔业船员的健工作条件和其他合法权益，《渔业船员管理办法》规定渔业船舶所有人或经营人：

（1）应当依法与渔业船员订立劳动合同。

（2）不得招用未持有相应有效渔业船员证书的人员上船工作。

（3）应当依法为渔业船员办理保险。

（4）应当保障渔业船员的生活和工作场所符合《渔业船舶法定检验规则》对船员生活环境、作业安全和防护的要求，并为船员提供必要的船上生活用品、防护用品、医疗用品，建立船员健康档案，为船员定期进行健康检查和心理辅导，防治职业疾病。

（5）应当及时给予救治在船上工作期间受伤或者患病的渔业船员；渔业船员失踪或者死亡的，应当及时作好善后工作。

（6）渔业船舶所有人或经营人是渔业安全生产的第一责任人，应当保证安全生产所需的资金投入，建立健全安全生产责任制，按照规定配备船员和安全设备，确保渔业船舶符合安全适航条件，并保证船员足够的休息时间。

六、 船员培训和服务

中国是船员大国，为建设船员强国，需拥有 1 支规模、结构和素质与中国海运和渔业发展和国家劳动就业政策相适应的船员队伍，特别是包括船长、驾驶人员、轮机人员和通讯人员在内的高级船员队伍，以满足国内民用船舶和渔业船舶的需求，并适应国际船员市场的需要。为此，《渔业船员管理办法》指出国家鼓励建立渔业船员服务机构，并就渔业船员的培训和服务做出如下规定：

（1）渔业船员培训机构开展培训业务，应当具备开展相应培训所需的场地、设施、设备和教学人员条件。

（2）海洋渔业船员培训机构分为以下 3 级：

一级渔业船员培训机构，可以承担海洋渔业船舶各类各级职务船员培训、远洋渔业专项培训和基本安全培训；

二级渔业船员培训机构，可以承担海洋渔业船舶二级以下驾驶和轮机人员培训、机驾长培训和基本安全培训；

三级渔业船员培训机构，可以承担海洋渔业船舶机驾长培训和基本安全培训。

各级海洋渔业船员培训机构应当具备的具体条件由农业部另行规定。

内陆渔业船员培训机构应当具备的具体条件，由省级人民政府渔业行政主管部门根据渔业船员管理需要制定。

（3）渔业船员培训机构应当在每期培训班开班前，将学员名册、培训内容和教学计划报所在地渔政渔港监督管理机构备案。

（4）渔业船员培训机构应当建立渔业船员培训档案。学员参加培训课时达到规定培训课时 80% 的，渔业船员培训机构方可出具渔业船员培训证明。

（5）渔业船员服务机构可以为渔业船员代理申请考试、申领证书等有关手续，代理船舶所有人或经营人管理渔业船员事务，提供渔业船员船舶配员等服务。

（6）渔业船员服务机构为船员提供服务，应当订立书面合同。

第三节　渔港

一、定义

1982 年《海洋环境保护法》使用了"渔港"和"渔业港区"的用语,1983 年《海上交通安全法》使用了"渔港水域"的用语,1986 年《渔业法》使用了"渔港"的用语。1989 年《渔港水域交通安全管理条例》第四条对"渔港"用语含义做出界定,规定:"渔港是指主要为渔业生产服务和供渔业船舶停泊、避风、装卸渔获物和补充渔需物资的人工港口或者自然港湾。"同时规定:"渔港水域是指渔港的港池、锚地、避风湾和航道。"

2003 年《港口法》第三条规定:"本法所称港口,是指具有船舶进出、停泊、靠泊,旅客上下,货物装卸、驳运、储存等功能,具有相应的码头设施,由一定范围的水域和陆域组成的区域。"第五十九条第二款规定:"渔业港口,是指专门为渔业生产服务、供渔业船舶停泊、避风、装卸渔获物、补充渔需物资的人工港口或者自然港湾,包括综合性港口中渔业专用的码头、渔业专用的水域和渔船专用的锚地。"

上述定义涉及下列用语的含义是:

(1)码头是指供船舶停靠、装卸货物和人员上下或其他专业性作业用的水工建筑物。

(2)港池是指港口内供船舶安全停泊,进行装卸作业、水上过驳作业和船舶调头所需的水域。

(3)锚地是指港口内供船舶安全停泊,接受海关、边防、检验检疫部门检查、检疫,等待泊位或引航,进行过驳作业等用途的水域。

(4)避风湾是指供船舶躲避风暴,并取得物料补充和进行维修之用具有天然掩护的海湾。

(5)航道是指海或河主航道和港池之间供船舶进出港口的水上通道。

(6)人工港口是指经过人工修筑防波堤并开挖航道和港池而修建的具有足够水域和较好掩护条件的渔港。

(7)自然港湾是指自然形成的渔业船舶驻泊、停靠所必需的避风条件,有足够水域和水深,底质适于锚泊的港湾。实际上自然港湾亦需不断加以改造,以适应渔业船舶和渔具维修、卸鱼、补给等的需要。

(8)渔业港区是指渔港水域及《港口法》中所称"综合性港口中渔业专用的码头、渔业专用的水域和渔船专用的锚地"的总称。

二、分类和分级

(一)渔港的分类

多年来,国家文件将渔港分为国有渔港和群众渔港两类。国有渔港,是指渔港设施全部由国家投资建设,有自己的生产船只,国家经营的渔港。群众渔港是指渔港建筑物(主要是水工建筑物)建设资金来源于中央、地方政府及渔民集资,服务对象为本地渔船(集体、个体或合资所有等)及外地渔船的渔港。

《当代中国的水产业》将渔港分为国营企业专用渔港和群众渔港两类。并指出它们的基本特征是:前一类渔港由渔业企业所在地的有关政府部门划定基地范围,由水产部门投资建设;后前一类渔港实行"民办公助"建港方针。[24]

1990年农业部《关于公布沿海首批确定的279个渔港名称的通知》将渔港分为国营渔业基地和群众渔港两类,并从服务对象的角度将这两个用语的含义界定为:

国营渔业基地:主要为国营渔业公司的渔业船舶提供停泊、修理、卸销渔获物和补给物资服务的渔港。通常国营渔业基地是鱼品加工、冷藏和渔船修造等配套设施比较完善的渔港。

群众渔港:主要为集体、个体等群众性渔业船舶提供停泊、修理、卸销渔获物和补给物资服务的渔港。[25]254

2013年十八届三中全会通过的《中共中央关于全面深化改革若干重大问题的决定》规定"允许更多国有经济和其他所有制经济发展成为混合所有制经济。"对于混合所有制经济的渔港属性有待准确界定。

(二) 渔港的分级

这些年,不再提渔港分类,而更着眼于渔港的分级。渔港分级涉及渔港定位、建设标准、渔港分布和投资渠道与规模,是1个关乎渔港规划和建设的十分重要的问题。中国渔港等级划分标准经过以下4次修改:

1. SCJ 1—1980《渔港总体设计规范》的分级

该规范按来港渔船类型、捕捞作业区域(距离)及卸港量将渔港分为以下4类:

一类渔港:一般由生产渔船、加工母船和冷藏运输船组成船队,到外海、深海、远洋渔场作业,生产船只不经常返港,捕捞鱼货直接送到加工母船进行冷冻加工,成品由冷藏运输船运回港口。

二类渔港:一般由生产渔船、各种辅助船只(包括冷藏运输船)组成,以近海及外海渔场作业为主,并随生产季节而转移,生产渔船回港卸鱼和取得补给。

三类渔港:指群众渔业的重点渔港。其生产渔船的马力较小,船数较多,辅助船只少,以近海渔场作业为主,生产渔船回港卸鱼和取得补给。渔港年卸港量一般在5 000吨以上;

四类渔港:指群众渔业的小型渔港。其生产渔船的马力较小,以近海及沿岸作业为主,生产渔船回港卸鱼取得补给,渔港年卸港量一般在5 000吨以下。[26]

2. 1991年国务院同意的农业部《关于加强群众渔港建设的报告》(国办发〔1991〕29号)的分级。

该报告对群众渔港未再提重点渔港和小型渔港的说法,而是按渔港的服务范围和吞吐能力,将群众渔港划分为以下3级:

一级渔港:几省(区、市)渔船共用或常有外籍渔船停靠,年卸港量在2万吨以上。

二级渔港:主要供本省(区、市)渔船使用,年卸港量在1万吨以上、2万吨以下。

三级渔港:一般属本县(市)渔船停泊,年卸港量在1万吨以下。

群众渔港建设资金采取民办公助方式,以渔民自筹为主。各地要注重组织和引导渔民集资建港。二级和三级渔港建设由地方政府予以资助,中央主要对一级渔港建设给予适当扶持,所需投资列入农业部基建计划。[27]

3．SC/T 9010-2000《渔港总体设计规范》的分级

该规范按渔港在渔业中占有地位、来港作业渔船及水产品年卸港量等情况将渔港划分为以下4级:

特一级渔港:在渔业中占有重要地位的渔业基地港。来港船舶可包括生产渔船、加工船和冷藏运输船。

一级渔港:几省(区、市)渔船共用或常有外籍渔船停靠作业,水产品年卸港量在2万吨以上。

二级渔港:供本省(区、市)渔船停靠作业,水产品年卸港量在1万～2万吨之间。

三级渔港:供本县(市)渔船停靠作业,水产品年卸港量在1万吨以下。[28]

4．农业部《全国渔港建设规划(2003～2010年)》的分级

该规划根据渔港服务范围与功能,渔船数量、吞吐能力、发展前景等情况将沿海渔港划分为以下4级:

中心渔港:渔港年渔货卸港量在8万吨以上,可满足800艘以上大、中、小型渔船停泊、避风和补给,水、陆域面积分别达到40万～50万平方米和20万平方米以上,渔用岸线长度1 000米以上,码头岸线长度不少于600米,码头前沿陆域纵深不少于100米,渔港防灾减灾能力达到50年一遇以上,具有吸纳一定数量转产转业渔民能力。

一级渔港:渔港年渔货卸港量在4万吨以上,可满足600艘以上大、中、小型渔船停泊、避风和补给,水、陆域面积分别达到30万～40万平方米和10万平方米以上,渔用岸线长度800米以上,码头岸线长度不少于400米,渔港防灾减灾能力达到50年一遇以上,具有吸纳一定数量转产转业渔民能力。

二级渔港:渔港年卸港量在2万吨以上,主要满足当地渔船停泊、避风、补给需要,能容纳渔船数200艘以上,具有一定的水、陆域面积,岸线、码头长度能达到一定标准。

三级渔港:能满足当地渔船的停泊补给需要,能容纳一定的渔船,有一定的岸线、码头和水域规模,年卸港量达到一定规模。

《规划》还规定:内陆重点渔港:港权港界明晰,能够满足200艘以上大、中、小型渔船停泊、避风需要,并达到一定的卸港量。前后方有一定发展空间,水、陆域面积能达到总体规划发展布局要求,岸线、码头长度达到相应标准。渔港区域内具有渔货装卸、水产品加工冷藏、后勤补给、集散贸易、渔船维修等服务功能。

三、确认和公布

《渔港水域交通安全管理条例》第五条规定:"对渔港认定有不同意见的,依照港口隶属关系由县级以上人民政府确定。"国务院1989年第四十次常务会议《关于听取全国畜

牧、水产工作会议汇报的会议纪要》规定,渔港由农业部公布。[25]245 根据这两项规定,农业部从 1990 年起分批将经过渔港所在地县级以上人民政府确定的渔港名称向社会公布。凡已经农业部公布的渔港,各级人民政府若改变渔港性质,应经农业部同意。据 2005 年农业部组织的全国沿海渔港普查统计,沿海渔港共有 1 527 座。

四、 规划和建设

(一)《渔业法》对渔港规划和建设的规定

渔港是实现渔业可持续发展的重要基础设施,是渔民从事捕捞业生产的生产设施,又是为渔民的生命财产提供保障的安全设施,是渔民的生命线。渔港还具有休闲渔业、渔业商贸、渔船维修、渔具修制、船员生活等方面的功能。多年来,在渔业捕捞能力和生产规模不断扩大的同时,渔港建设却没有相应跟上。尤其是群众渔港建设,严重滞后于捕捞业生产的发展。不少渔港码头泊位少、残缺不齐,避风条件差,岸上设施简陋,缺乏通讯、导航设施,渔港淤积严重,一遇退潮即成为旱港,航标损毁或废弃,渔船进出港困难。

渔港建设的严重滞后,已成为稳定捕捞业和保证渔民生命财产安全的突出问题之一。为了切实改变这种状况,并适应国家产权制度的改革需要,鼓励多渠道投资建设渔业基础设施,2000 年《渔业法》增加了“渔港建设应当遵守国家统一规划,实行谁投资谁受益的原则”的规定。

2008 年《国务院办公厅关于加强渔业安全生产工作的通知》(国办发〔2008〕113 号)要求,依据土地利用总体规划、海洋功能区划和城乡规划,合理规划渔港建设布局,适当提高建设标准,尽快形成以国家级中心渔港、一级渔港和内陆重点渔港为主体,以地方二、三级渔港为支撑的渔港防灾减灾体系。扩建、新建 1 批安全避风、配套完善的渔港,使全国海岸线平均 200 千米以内有 1 个一级以上渔港,能够为 45% 的海洋渔船提供服务。新建、改扩建渔港要突出避风防灾功能,提高码头、防波堤和护岸建设质量,完善航标、港口监控系统、港口消防和照明设施、抢险救灾船艇等配套设施设备,提高安全保障能力。[13]

2013 年《国务院关于促进海洋渔业持续健康发展的若干意见》亦提出了渔港建设的基本目标,即:“科学规划、合理利用岸线资源,完善渔港布局,加快建设进度,尽快形成以中心渔港、一级渔港为龙头,以二、三级渔港和避风锚地为支撑的渔港防灾减灾体系。重点加强渔港防波堤、护岸、码头和渔政执法设施等公益性基础设施建设,同步建设和完善港区渔需物资供应、船舶维修、海水产品加工、市场等经营性服务设施。理顺渔港建设管理体制,强化渔港管理和维护,明晰渔港设施所有权、使用权、经营权和监督权。建立健全渔港及其设施保护制度。”[14]

(二)渔港规划

1. 渔港规划编制原则

按照《渔业法》“渔港建设应当遵守国家统一规划”的规定,渔港规划应当根据国民经济和社会发展的要求,适应渔业健康持续发展和强化渔业安全保障体系的需要编制,体现科学规划、合理利用岸线资源、完善渔港布局及以渔港建设带动渔区小城镇和渔村发展的原则，符合海洋功能区划、水功能区划、土地利用总体规划和城乡规划，并与港口布局规划、防洪规划等相衔接。

各级人民政府应当加强对渔港规划编制和实施的领导和管理。

2. 渔港布局规划

渔港布局规划，是指渔港的分布规划。该规划应以传统渔港的改造、扩容、升级为重点，以提高避风能力为核心，进一步完善渔港配套设施。

国务院渔业行政主管部门征求国务院有关部门和省、自治区、直辖市人民政府及有关军事机关的意见编制全国渔港布局规划，经过专家论证，报国务院批准后公布实施。省、自治区、直辖市人民政府渔业行政主管部门会同本级人民政府有关部门根据全国渔港布局规划编制省、自治区、直辖市渔港布局规划，送国务院渔业行政主管部门征求意见，报有关省、自治区、直辖市人民政府批准、公布实施。

3. 渔港总体规划

渔港总体规划是指 1 个渔港在一定时期的具体规划，是科学、合理地利用岸线资源进行渔港建设的前提。1993 年农业部为加强渔港建设的宏观管理，使渔港总体规划工作程序化、规范化、科学化制定了《渔港总体规划编制办法（试行）》。[29]《办法》对渔港总体规划的编制根据、性质、作用、任务、内容、要求及编制、审查权限和程序做出规定。

（1）渔港总体规划的根据、性质和作用。渔港总体规划根据渔业资源、渔港布局和港口自身地理位置等特点进行编制，是港口建设前期工作的主要组成部分，是渔港中、长期建设项目选择的主要依据，是确保港口持续、稳定、协调发展，防止盲目性和随意性的重要手段。渔港总体规划属所在城镇总体规划的组成部分，是对城镇总体规划的具体充实、完善。

（2）渔港总体规划的主要任务。主要任务是：在充分的调查研究和必要的勘察工作基础上，深入剖析港口现状；通过定量分析，论证与预测渔港的卸港量，分析港区的自然条件；根据深水深用，浅水浅用，各得其所的原则，合理布置全港的水、陆域建筑物；标明港界，根据发展预测提出分期实施的建设规划。

（3）渔港总体规划的主要内容。主要内容包括：港口的地理位置、自然条件、港口现状及评价；预测未来港口的发展水平和渔港船型发展，确定港口的规模和设计船型；综合规划港口岸线、陆域布局、港内水域、港界划分、环境保护、配套设施、投资估算及投资来源、存在的问题及建议。

（4）制定渔港总体规划的基本要求。制定渔港总体规划应当使渔港总体规划服从于社会经济发展的总战略、总目标，服从于全国和地方渔港布局规划；坚持实事求是，讲究科学，讲究经济效益的原则，一切从我国国情，从渔业发展实际出发，着眼未来；既要吸取国内外有益的经验和技术，又要从我国实际施工能力出发；严格执行国家颁布的有关政策、法规和环境影响评价等有关制度，严格执行《渔港总体设计规范》和其他有关经济、技术标准；规划方案要以科学数据为依据，水域、陆域规划需具备必要的测量、钻探，水文气象资料，通过方案比较，选择最佳方案。渔港区陆上经营性设施建设，应与水工建设统一

规划。

（5）渔港总体规划的编制和审查。沿海中心渔港由省、自治区、直辖市人民政府渔业行政主管部门组织专业设计部门编制,由国务院渔业行政主管部门组织审查;沿海一级渔港和内陆重点渔港总体规划由省、自治区、直辖市人民政府渔业行政主管部门组织专业设计部门编制,由国务院渔业行政主管部门组织的评审组分期审查;其他等级渔港总体规划渔港所在地县、市人民政府渔业行政主管部门组织相应专业技术人员编制,由省、自治区、直辖市人民政府渔业行政主管部门审查。

（三）渔港建设

1. 人民政府应将渔港建设纳入经济和社会发展计划

按照人民政府要对渔业发展工作负总责的要求,县级以上人民政府应当将渔港建设纳入国民经济和社会发展计划,根据捕捞业的生产能力和规模,相应增加渔港建设资金,加快渔港建设。

县级以上人民政府应当采取措施鼓励国内外经济组织和个人投资建设渔港设施。

2. 渔港建设应当符合渔港规划

渔港建设只能在经批准的渔港总体规划区内进行,并不得违反渔港总体规划建设任何渔港设施。

3. 港渔建设必须履行法定程序

渔港建设必须按照国家有关基本建设程序办理审批手续,并依照有关土地管理、海域使用管理等法律、行政法规的规定履行土地、海域使用申请和审批程序。渔港使用的土地、海域应当依法办理权属登记。

4. 渔港建设必须符合国家技术规范

渔港建设项目应当符合国家《渔港建设标准》,工程施工应当符合国家有关标准和技术规范。

5. 渔港建设应当执行环境影响评价和"三同时"制度

建设渔港工程项目,应当依法进行环境影响评价。渔港应当配套建设环境保护设施、安全导航设施和消防设施。这些配套设施,必须与主体工程同时设计、同时施工、同时投入使用。

6. 县级以上地方人民政府应当保证必要的资金投入

将其用于渔港公用的航道、航标、导航、通信预警等安全设施,并应采取措施,组织建设与港口相配套的道路、给排水、供电、通信等基础设施。渔港公用辅助性设施,应当与港口同步建设,并保证按期投入使用。

7. 县级以上地方人民政府渔业行政主管部门应当根据渔港建设规划划定渔港的陆域、水域范围,并根据需要设立界碑（标）。渔港的陆域、水域范围一经确定不得擅自变更。

五、 设施

（一）渔港设施及其性质

渔港设施是指在渔港内为实现渔港功能而建造和设置的建（构）筑物。渔港设施包括水上设施和陆上设施两部分。渔港设施又分为基础性设施和经营性设施两类。前 1 类设施有防波堤、护岸、锚地、航道、航标及气象和通信设施等,后 1 类设施有码头,供油、供水、供冰设施,加工、冷冻、冷藏、储运设施,渔船渔具修造设施及水产品流通市场、渔民新村等渔业后勤服务设施等。

（二）渔港设施的投资主体和所有权

《港口法》第十九条规定:"港口设施的所有权,依照有关法律规定确定。"依照《物权法》第五十二条"铁路、公路、电力设施、电信设施和油气管道等基础设施,依照法律规定为国家所有的,属于国家所有"的规定,由人民政府和渔业行政主管部门投资建造和设置的渔港设施应属于国家所有。

渔港基础性设施没有或基本没有直接经济收益,国内外经济组织和个人的经营性资本一般不会投资建造和设置。他们的投资方向主要是渔港的经营性设施。因此,渔港经营设施的所有权决定于投资主体的法律地位。国有资本或集体资本、非公有资本、混合资本或外国资本兴建的渔港经营性设施的所有权,分别归属于国家所有或集体、民营、混合、外资经济组织所有。

依照《物权法》第三十九条的规定,所有权人对自己所有的渔港设施,依法享有占有、使用、收益和处分的权利。以国内外经济组织和个人资金投资为主建设的渔港,按"谁投资、谁受益"原则,投资人可以对渔港享有使用权和经营权。

六、 行政管理体制

国务院渔业行政主管部门主管全国的渔港工作。《渔业法》第二十七条规定:"县级以上地方人民政府应当对位于本行政区域内的渔港加强监督管理,维护渔港的正常秩序。"依此规定,由渔港所在地的市、县人民政府管理的港口,由市、县人民政府责成其渔业行政主管部门具体实施对渔港的行政管理;由设区的市人民政府管理的渔港,由设区的市人民政府责成其渔业行政主管部门具体实施对渔港的行政管理;由省、自治区、直辖市人民政府管理的港口,由省、自治区、直辖市人民政府责成渔业行政主管部门具体实施对渔港的行政管理。对渔港具体实施行政管理的渔业行政主管部门,统称渔港行政管理部门。

渔港行政管理部门的主要职责是:

（1）组织制定渔港章程,报同级人民政府批准后,向社会公布;

（2）建立健全渔港及其设施保护制度;

（3）建立健全渔港防灾减灾、安全生产体系;

（4）维护港口的正常经营秩序;

（5）防治渔港水域环境污染;

（6）实施进出渔港船舶的监督管理。

渔港行政管理部门可以在渔港设立渔政渔港监督管理机构或派驻专门人员,以加强渔港现场管理,维护渔港秩序。

七、 经营

（一）渔港经营活动及范围

参照《港口经营管理规定》，渔港经营活动是指渔港经营人在渔港区域内为船舶、人员和货物提供渔港设施或者服务的活动，主要包括下列各项。

（1）为船舶提供码头、锚地、浮筒等设施；

（2）为船舶进出港、靠离码头、移泊提供顶推、拖带等服务；

（3）为船舶提供岸电、燃物料、生活品供应、船员接送及医疗服务；

（4）为委托人提供货物装卸、堆放、仓储、过驳及对货物及其包装进行加工处理等；

（5）为委托人提供货物交接过程中的点数和检查货物表面状况的理货服务；

（6）从事渔港设施、设备和渔港机械的租赁、维修服务；

（7）从事渔港后勤服务；

（8）提供船舶垃圾、船舶污水接收处理服务。

渔港设施的所有权人可与渔港经营人签订协议自行经营其设施，或委托渔港经营人经营其设施，获得收益。

渔港经营人是指依法取得经营资格从事渔港经营活动的企业法人。

（二）渔港经营人的资格和权利义务

1. 渔港经营人的资格取得

从事渔港经营活动的，应当向渔港所在地的县级以上地方人民政府渔港行政管理部门书面申请，取得渔港经营许可。

取得渔业港口经营许可，应当符合下列条件。

（1）依法成立渔业港口经营组织；

（2）有与经营业务和安全生产相适应的设施、设备和专业从业人员；

（3）法律、法规规定的其他条件。

县级以上地方人民政府渔港行政管理部门应当依照《行政许可法》的规定，自受理渔港经营许可申请之日起，在规定的时限内完成对渔港经营许可申请的审核，符合条件的，颁发渔港经营许可证；不符合条件的，应当书面告知申请人并说明理由。

渔港经营人取得渔港经营许可证后，应依法办理工商登记。

2. 渔港经营人的基本权利和义务

渔港经营申请人自领取渔港经营许可证之日起，取得渔港经营权，成为渔港经营权人。渔港经营权人依法使用渔港设施从事渔港经营之日起，取得渔港经营权，成为渔港经营权人。渔港经营权人的合法权益受法律保护。任何单位和个人不得违法干预港口经营人的经营自主权。

渔港经营权人有权按照渔港程章和渔港经营许可证的规定，开展经营活动，依法收取费用，获得经济效益。同时渔港经营权人应当承担下列各项义务。

（1）遵守国家法律、法规和有关渔港作业规则，维护和保养渔港设施，保障渔港及其设施的正常运行。

（2）依法加强安全生产作业管理，制定安全作业操作规程，建立与渔港功能和规模相适应的消防组织，配备相应的消防设施，制定和实施渔港突发事件处置预案，采取保证渔港内船舶、财产和人命安全的有效措施。

（3）依照有关环境保护的法律、法规的规定，采取有效措施，防治对海洋或水环境的污染和危害。

（4）依法履行渔港经营合同约定的义务，为客户提供公平、良好的服务，并按照国家规定或物价部门核定的项目和金额收费。

（5）为因人员病急、机件故障、遇难、避风等意外情况需要紧急进港的船舶提供便利，不得拒绝其进港。

（6）如实提供渔港行政管理部门依照《中华人民共和国统计法》和农业部《渔业统计工作规定》要求渔港经营人提供的统计资料。

八、监督管理

（一）船舶进出渔港签证

为维护渔港正常秩序，保障渔港设施、船舶及人命、财产的安全，防止污染渔港水域环境，加强进出渔港船舶的监督管理，《渔港水域交通安全管理条例》第六条规定，船舶进出渔港必须依照规定办理签证。

1990 年农业部颁布的《中华人民共和国船舶进出渔港签证办法》（《办法》）（1997 年12 月农业部令第 39 号修订）[30]规定，除军事、公安、边防、海关、海监、渔政船等国家公务船、体育运动船和经渔政渔港监督管理机构批准的其他船舶之外，进出渔港的中国籍船舶均需办理进出港签证。外国籍船舶，港、澳、台地区船舶进出渔港应向渔政渔港监督管理机构报告。

《办法》规定，船舶进港后至出港前，应向渔政渔港监督管理机构办理进出港签证手续。签证工作一般实行进出港 1 次签证。

装运危险物品进港的船舶，应在抵港前 3 天向所进渔港的渔政渔港监督管理机构报告所装物品的名称、数量、性质，包装情况和进港时间，经批准后，方可进港，并在指定地点停泊和作业。

需要在渔港内装载危险货物的船舶，应在装船前 2 天向渔政渔港监督管理机构申请办理《船舶装运危险物品准运单》。

《办法》规定，进出渔港的船舶须符合下列条件，方能办理签证：

（1）船舶证件齐全、有效，捕捞渔船还须有渔业捕捞许可证；

（2）按规定配齐船员，职务船员应持有有效的职务证书；

（3）船舶处于适航状态。各种有关航行安全的重要设施及救生、消防设备配备齐全，处于良好使用状态；

（4）150 总吨以上的油轮、400 总吨以上的非油轮和 300 千瓦以上的渔业船舶，应当备有油类记录簿；

（5）没有违反中华人民共和国法律、行政法规、规章或渔港章程的行为；

（6）已交付了应承担的费用，或提供了适当的担保；

（7）如发生交通事故，按规定办完处理手续；

（8）根据天气预报，海上风力没有超过船舶抗风等级。

渔政渔港监督管理机构办理进出港签证，须填写《渔业船舶进出港签证登记簿》和《渔业船舶航行签证簿》备查。办理船舶进出渔港签证，不收取签证手续费。

（二）船舶安全检查

《渔港水域交通安全管理条例》第六条规定，船舶进出渔港船舶应当接受渔政渔港监督管理机构进行的安全检查。检查的重点是疑似安全隐患较多、生产作业危险较大以及船员人数较多的船舶。渔政渔港监督管理机构及其工作人员履行船舶安全检查职责时，除检查船舶各项证书、文书外，可登船检查各种设施、设备的实际状况与证书所载是否相符，并可要求被检船舶的船长如实报告船舶安全状况及指派有关船员陪同检查。检查完毕，检查人员应填写《渔业船舶安全检查记录簿》，签发《渔业船舶安全检查通知书》。

渔政渔港监督管理机构发现船舶的实际状况与证书所载不相符合时，有权责成船长采取有效的安全措施。渔政渔港监督管理机构认为船舶处于不适航状态，或存在有其他妨害或可能妨害海上交通安全的情况，或存在造成或可能造成水域严重污染的威胁时，有权禁止被检船舶离港或停止作业，直至该船舶纠正了缺陷，重新检查合格为止。

（三）渔港安全管理

《渔港水域交通安全管理条例》第六条规定，渔港内的船舶必须服从渔政渔港监督管理机构对水域交通安全秩序的管理。主要管理规则是：

（1）船舶在渔港内停泊、避风和装卸物资，不得损坏渔港的设施、装备；造成损坏的，应当向渔政渔港监督管理机构报告，并承担赔偿责任。

（2）船舶在渔港内装卸易燃、易爆、有毒等危险货物，必须遵守国家关于危险货物管理的规定，并事先向渔政渔港监督管理机构提出申请，经批准后在指定的安全地点装卸。

（3）在渔港内新建、改建、扩建各种设施，或者进行其他水上、水下施工作业，除依照国家规定履行审批手续外，应当报请渔政渔港监督管理机构批准。渔政渔港监督机构批准后，应当事先发布航行通告。

（4）在渔港内的航道、港池、锚地和停泊区，禁止从事有碍海上交通安全的捕捞、养殖等生产活动；确需从事捕捞、养殖等生产活动的，必须经渔政渔港监督管理机构批准。

（5）在港区内船舶发生交通事故，应当向渔政渔港监督管理机构报告，递交事故报告书和有关材料，接受调查处理。渔政渔港监督管理机构对渔港水域内的交通事故应当及时查明原因，判明责任，做出处理决定。

（6）渔港内的船舶、设施发生事故，对海上交通安全或渔港水域环境造成或者可能造成危害，渔政渔港监督管理机构有权对其采取强制性处置措施。

（四）渔港防污染管理

按照《中华人民共和国防治船舶污染海洋环境管理条例》的规定，防治渔港水域污染的主要管理规则是：

（1）渔港、码头及从事渔业船舶修造的单位应当配备与其规模和服务能力相适应的污染监视设施和污染物接收设施,并使其处于良好状态。

(2)船舶在渔港内不得向海洋排放船舶垃圾、生活污水、含油污水、含有毒有害物质污水等污染物。

(3)船舶在渔港内需要排放污染物的,应排入港口接收设施或者由船舶污染物接收单位接收。

(4)船舶污染物接收单位从事船舶垃圾、残油、含油污水、含有毒有害物质污水接收作业,应当依法经渔政渔港监督管理机构批准。

(5)船舶污染物接收单位应当按照国家有关污染物处理的规定处理接收的船舶污染物,并定期将船舶污染物的接收和处理情况报渔政渔港监督管理机构备案。

九、 港口国监督

按照《联合国鱼类种群协定》和《港口国措施协定》的规定,为保证国际生物资源养护和管理措施的效力,打击非法、不报告和无管制捕捞,渔政渔港监督管理机构对进入渔港内的外国籍渔船,可登临检查证件、渔具和渔获物。

检查完成后,若有明确证据相信该外国籍渔船从事非法、不报告和无管制捕捞,作为港口国应将检查结果及时通知船旗国、相关的沿海国、区域渔业管理组织及该船船长的国籍国,并有权拒绝该外国籍渔船利用港口对先前未曾卸载过的鱼品进行卸货、转载、包装或加工或使用其他港口服务,特别包括加燃料和补给、维修和进坞等活动。

参考文献

[1] 农业部.渔业船舶基本术语(SC/T8002—2000)[S/OL].(2000-02-22).[2014-09-10].
http://doc.csres.com/showdoc-1474-38140.html

[2] 农业部渔政渔港监督管理局.渔业水上交通安全管理法规文件选编[G].北京:科学普及出版社,1992:124.

[3] 农业部.渔业船舶船名规定(农业部令2013年第5号修订)[S/OL].(2013-12-31).[2014-09-10].
http://www.moa.gov.cn/zwllm/zcfg/nybgz/201401/t20140113_3737636.htm

[4] 中华人民共和国农业部公告第1100号.[S/OL](2008-10-21).[2014-09-11].
http://www.moa.gov.cn/govpublic/YYJ/201006/t20100606_1538517.htm

[5] 中华人民共和国渔业船舶监督检验管理规定[S/OL].(1996-01-12).[2014-09-15].
http://www.cjj.moa.gov.cn/fagui/200510/t20051027_2109414.htm

[6] 中华人民共和国渔业船舶检验条例[S/OL].(2003-06-27).[2014-09-15].
http://www.gov.cn/flfg/2005-08/06/content_21046.htm

[7] 国家渔业船舶检验局.渔业船舶法定检验规则(2003)[S/OL].[2014-09-15].
http://www.cjj.moa.gov.cn/fagui/200611/t20061103_2109371.htm

[8] 国家渔业船舶检验局.海洋渔业船舶法定检验规程(2003)[S/OL].[2014-09-15].
http://www.cjj.moa.gov.cn/fagui/200611/t20061103_2109372.htm

[9] 国务院法制局.中华人民共和国现行法规汇编(19491985农林卷)[G].北京:人民出版社,1987:27.

[10] 农业部渔业局. 中国渔业五十年大事记[M]. 北京：中国农业出版社，1999：217.

[11] 中华人民共和国渔业船舶登记办法[S/OL]. (2013-12-31). [2014-09-18].
http://www.moa.gov.cn/zwllm/zcfg/nybgz/201401/t20140120_3743553.htm

[12] 国务院办公厅关于印发安全生产"十二五"规划的通知[S/OL]. (2011-10-01). [2014-09-20].
http://www.gov.cn/zwgk/2011-10/14/content_1969993.htm

[13] 国务院办公厅关于加强渔业安全生产工作的通知[S/OL]. (2008-10-12). [2013-].
http://www.gov.cn/gongbao/content/2008/content_1128725.htm

[14] 国务院关于促进海洋渔业持续健康发展的若干意见[S/OL]. (2013-03-08). [2014-09-20].
http://www.gov.cn/zwgk/2013-06/25/content_2433577.htm

[15] 农业部. 渔业船舶航行值班准则（试行）[S/OL]. (1999-11-08). [2014-09-22].
http://www.moa.gov.cn/zwllm/zcfg/nybgz/200806/t20080606_1057060.htm

[16] 农业部. 渔业船舶水上安全突发事件应急预案[S/OL]. (2005-). [2014-09-22].
http://www.farmer.com.cn/wlb/yyb/yy2/200607310232.htm

[17] 农业部. 渔业船舶水上安全事故报告和调查处理规定[S/OL]. (2012-12-25). [2014-09-25].
http://www.gov.cn/gongbao/content/2013/content_2361574.htm

[18] 农业部关于对渔业船舶实施《国际安全管理规则》的通知[S/OL]. (2001-03-02). [2014-09-25].
http://www.fjof.gov.cn/_xxgk/fgwj/zhl/article.html? id＝44084

[19] 内河渔业船舶船员考试发证规则[S/OL]. (2004-07-01). [2014-09-26].
http://www.moa.gov.cn/govpublic/YYJ/201006/t20100606_1538266.htm

[20] 中华人民共和国海洋渔业船舶船员考试发证规则[S/OL]. (2005-04-04). [2014-09-26].
http://www.zjoaf.gov.cn/zcfg/gz/2005/04/04/ww0938503.shtml

[21] 中华人民共和国渔业船舶普通船员专业基础训练考核发证办法[S/OL]. (1998-03-02).
[2014-09-26].
http://www.moa.gov.cn/zwllm/zcfg/nybgz/200806/t20080606_1057114.htm

[22] 中华人民共和国海洋渔业船员发证规定[S/OL]. (2006-03-27). [2014-09-26].
http://www.legaldaily.com.cn/misc/2006-08/29/content_397447.htm

[23] 中华人民共和国渔业船员管理办法(2014-05-23). [2014-09-26].
http://www.moa.gov.cn/govpublic/YYJ/201405/t20140528_3919951.htm

[24] 当代中国丛书编辑部. 当代中国的水产业[M]. 北京：当代中国出版社，1991：166,173.

[25] 中华人民共和国渔政渔港监督管理局. 渔业法律法规规章全书[S]. 北京：中国法制出版社，
1999.

[26] 辛洪富. SC/T 9010-2000 渔港总体设计规范实施指南[S]. 北京：中国标准出版社，2001：16.

[27] 国务院办公厅转发农业部关于加强群众渔港建设的报告[S/OL]. (1991-05-04). [2014-10-05]. http://www.110.com/fagui/law_4921.html

[28] SC/T 9010-2000 渔港总体设计规范[S/OL]. (2000-09-22). [2014-10-06].
http://www.doc88.com/p-7344376723155.html

[29] 农业部. 渔港总体规划编制办法（试行）[S/OL]. (1993-09-06). [2014-10-08].
http://www.fjof.gov.cn/article.html? id＝43872

[30] 中华人民共和国船舶进出渔港签证办法 [S/OL]. (1990-01-26). [2014-10-10].
http://www.moa.gov.cn/zwllm/zcfg/nybgz/200806/t20080606_1057150.htm

第二十六章　水产品加工业

　　现代水产品加工业是现代渔业的重要组成部分,承担着为国内外市场提供多样化水产品,尤其是方便化、营养化、安全化、个性化水产食品,增加水产品的附加值,促进渔业增效、渔民增收和经济社会可持续发展的任务。传统的水产品加工沿袭"一把刀,一把盐"的方式,现代水产品加工走新型工业化道路,以负责任方式对水产品进行保鲜加工,达到保持产品的使用和营养价值、质量和安全,减少资源浪费,将对环境的不利影响减至最低限度,改进可运输性和可长期保存性,增加水产品的可享性,提高水产经济价值的目的。

　　为实现上述任务和目的,国家实行积极发展水产品加工业的方针,制定水产品加工业和水产食品工业发展规划,引导水产品加工企业形成合理的区域布局和规模结构,并建立健全水产品加工制品质量标准,完善检测手段,加强水产品加工过程中的质量安全管理和监督,保障水产品安全。水产品加工企业应严格依照有关法律、法规和质量安全标准从事生产活动,对社会和公众负责。水产食品工业企业要以解决水产食品质量安全和治理"餐桌污染"为核心,严格产品加工质量管理,积极生产绿色、有机、无公害或地理标志保护水产食品。

　　为严格水产品加工质量管理,增强水产品的消费信心和市场竞争力,国家鼓励水产食品生产企业符合良好生产规范要求,实施危害分析与关键控制点(HACCP)体系,提高水产食品安全管理水平。水产食品生产企业则应建立和实施水产品加工质量目标和管理体系,尤其是水产企业 HACCP 管理体系,并通过认证这一市场工具以指导消费者的购买决定及零售商的采购政策。

第一节　水产品加工业的概念和发展

一、定义和分类

（一）水产品加工业的含义

水产品加工业又称水产品保鲜加工业，是指采用物理、化学或微生物方法保鲜水产品和从事水产品加工的技术产业。保鲜是指保持水产品的新鲜程度，延长水产品保质期[①]的措施，其目的在于最大限度地保持产品在生产、加工、储存、运输和销售过程中的生鲜状态，防止腐败变质，以维护其固有的营养价值和独特风味为特征的商品品质。水产品加工是指以水产品为原料制成食品[②]和其他产品的过程。这是在保鲜的基础上，通过人工方法，改变水产品的原始性状，多层次地加工各种制品，为人们提供更多、更好的以食用为主的多方面用途的水产加工品。

这里所称水产品，是指海水或淡水的鱼类、甲壳类、软体动物、藻类以及除水鸟及哺乳动物以外的其他种类的水生生物。

水产加工品，是指水产品经过物理、化学或微生物的方法加工制成以水产品为主要特征配料的产品。包括水产食品、动物饲料、水产药物和其他用途的产品。

（二）水产品加工业的分类

水产品加工业按水产加工品的基本属性，分为水产食品保鲜加工和水产品综合利用加工两大类。前者从事水产品冷却、冷冻、加热、发酵、干制、腌制、熏制、炸制、鱼糜和鱼糜制品、水产模拟食品、休闲食品以及各种生熟预包装[③]、小包装、蒸煮袋[④]包装水产食品的加工生产。后者从事水产品及其下脚料进一步加工利用，包括各种动物蛋白饲料鱼粉、鱼浆，水产医药保健品鱼油、鱼肝油、多烯脂肪酸制剂、甘露醇、碘、珍珠粉等，水产调味品鱼露、蚝油、虾酱等，水产动物内脏制品海胆酱、鲑鱼籽等，以及制药、造纸、印染、纺织、化工、人造纤维、机械、铸造、建筑、木材加工、化肥、制皂等工业原料褐藻酸钠、鱼胶、藻胶、琼胶、甲壳素、水产皮革等，水产工艺品等产品的加工生产。

水产品加工业按加工程度，分为水产品初级加工和水产品精深加工两种。前者是指

---

① 保质期是指产品在标签指明的贮存条件下，保持品质的期限。在此期限内，产品完全适于销售，并保持标签中不必说明或已经说明的特有品质。

② 国际食品法典委员会（CAC）将食品定义为："食品（food），指用于人食用或者饮用的经加工、半加工或者未经加工的物质，并包括饮料、口香糖和已经用于制造、制备或处理食品的物质，但不包括化妆品、烟草或者只作为药品使用的物质。"《中华人民共和国食品安全法》对食品的定义是："指各种供人食用或饮用的成品和原料以及按照传统既是食品又是药品的物品，但是不包括以治疗为目的的物品。"

③《中华人民共和国食品安全法》第九十九条：预包装食品，指预先定量包装或者制作在包装材料和容器中的食品。此定义根据国际食品法典委员会（CAC）关于"预包装的"定义修改而来。

④ 蒸煮袋是一种能进行加热处理的复合塑料薄膜袋或铝箔袋，又称软罐头。

对水产品清理、分拣、冻结、冷藏及简单工艺的加工。后者是指利用现代技术对水产品及其初级加工副产品(头、尾、骨、鳞、皮、壳、鳍、眼、肝、胆、胰、鳔、卵、血、精、脑髓、幽门垂等)的深度加工和精细再加工。产地初级加工在降低水产品产后损失、提高商品化率和入市品级方面具有重要作用,但在初级加工中,低值水产品及其副产品通常经过简单加工后被作为饲料利用或直接当作废物丢弃,不仅浪费资源,而且造成环境污染。而水产品精深加工则具有高科技含量、高资源利用率、高产品附加值、高市场占有率、高出口创汇率等特点,在延伸水产品加工产业链、价值链、效益链、就业链和增强竞争力等方面具有重要作用。因此,水产品产地初级加工和精深加工应合理分工、优势互补、协调发展。

水产品加工按加工场所,分为捕捞渔船加工、渔业基地船加工、渔业加工船加工及水产品加工厂加工。

水产品加工厂、加工船以及用于贮存水产品的冷库及贮存库,可统称为水产品加工企业。

二、 地位和作用

(一)水产品加工业的地位

水产品加工业是现代渔业的重要组成部分,是发展渔业的 1 项重要生产活动,是捕捞、养殖、增殖生产的继续,是推动渔业生产可持续发展的重要动力,是食品工业发展中增长最快、最具活力的产业之一,对丰富食品市场种类、推动相关产业发展、带动城乡居民就业、促进农民增收增效等方面做出了重要贡献,已成为国民经济的重要产业,在经济社会发展中具有举足轻重、不可或缺的地位。

(二)水产品加工业的作用

水产品加工业对于促进渔业资源的有效利用、捕捞与增养殖产品的流通上市、提高人民生活质量和新渔区建设等诸多方面,起着显著的作用,主要表现在:

(1)从生产第一线的保鲜抓起,并注重产地加工和城市销售环节的保鲜,最大限度地保持水产品在生产、加工、储存、运输和销售过程中的生鲜状态,可以防止水产品在消费之前腐烂变质,造成浪费,实现捕捞和增养殖生产的社会价值。

(2)对水产品实行综合利用,使水产品加工的废弃物得到最大限度的利用,这既节约资源,增加社会财富,又可将水产品加工对环境的不利影响减至最低限度,实现经济效益、社会效益和环境效益的统一。

(3)随着社会经济的发展和人们生活水平的提高,饮食需求呈现出多样化、方便化、营养化、安全化、个性化等新特点,水产品是 1 种高蛋白、低脂肪、富含多种氨基酸和不饱和脂肪酸的健康食品,对水产品精细加工,可以丰富城乡居民生活、提升人民生活水平、改善国民营养膳食结构、提高全民族身体素质。

(4)水产品加工是渔业各环节中劳动密集程度较高的 1 个区段,能提供大量的农村劳动力就业,实现水产品多层次、多环节的转化增值,提高渔业综合效益,是农渔民增收致富的有效途径之一。

(5)我国水产品销售以鲜活为主,其不易储存的特性限制了水产养殖的发展。世界水产品产量的 70％以上都是经过加工后销售的,而我国目前的加工比例占产量的比重不到 30％,大宗淡水产品的加工比率更低。水产品加工的发展,可有效解决鲜活水产品集中上市与均衡消费的矛盾,带动水产养殖的大发展,增加水产品有效供给,进一步保障国家粮食安全。

(6)中央提出要"以发展农产品加工业为突破口,走新型工业化道路,促进农业增效、农民增收和地区经济发展"。[1]大力发展水产品加工,实现加工与原料紧密结合、上下游产品紧密衔接,解决分散生产和集中加工的矛盾,并促进水产品加工龙头企业做大做强、产业发展集群集聚,可带动小城镇和新农村(渔区)相关产业尤其是第三产业的发展,促进人口大量积聚,促进各项基础设施和社会事业全面发展。

三、水产品加工业的发展

(一)水产品加工业的发展历程

我国水产品加工有悠久的历史。1979 年后,国家把搞好保鲜加工,提高鱼货质量列为调整水产工作的 3 大重点之一。1985 年 3 月,中共中央、国务院在《关于放宽政策、加速发展水产业的指示》中强调指出:"水产保鲜加工是提高质量、增加产值、活跃市场的关键,要把它提高到和发展生产同等重要的地位对待。要逐步改变市场上单纯供应原料鱼的现状,努力作到既有鲜活的鱼虾,又有方便食用的加工品,并使各种废弃物得到综合利用,大幅度地提高经济效益。"[2]同年 4 月,农牧渔业部发布了《发展水产品加工工业技术政策要点》。其主要内容是:充分合理利用水产资源,保证水产品鲜度;调整产品结构,发展多层次加工技术,加强质量管理,严格执行食品卫生法,使加工后的商品多样、方便、清洁、优质;大力发展水产冷藏工业,逐步建立水产品生产、贮运、销售环节的低温流通冷藏链;加速水产品加工和制冷装备的现代化建设,逐步形成中国的水产品加工装备体系;积极开展水产品加工、保鲜的科学研究,加强智力开发,大力培养人才,搞好科技情报和商品信息工作。[3]1986 年《渔业法》第三条规定,国家对渔业生产实行养殖、捕捞、加工并举的方针。这从法律层面确立了水产品加工业在渔业中的重要地位。

在这些法律和政策的指引下,多种经济成分、多种经营形式一起上,生产、加工、运销一条龙,专业加工与群众性加工相结合,中国水产品加工业充分利用充足、廉价劳动力和成本优势得到了前所未有的大发展,逐步完成了由传统手工加工业向现代加工业的历史性转变,已形成了几十个产业门类,并在食品质量安全监控、低值资源高值化利用、先进加工技术应用、多元化系列产品研发、优质名牌产品创建、产品结构优化整合、新型产业体系建立等方面取得巨大进步和发展,逐步实现了规模化、集团化和自动化生产,形成一批在国内外享有较高声誉的知名企业和名牌产品,有效地保障了中国人口大国的优质食物和重要产业原材料供应。中国已成为名副其实的世界水产品加工大国。

(二)水产品加工业的发展方向

我国水产品加工业发展中存在的主要问题是:

(1)水产品加工量比例较低;

(2)原料综合利用率整体较低,加工副产品及腐烂水产品,主要用来生产饲料鱼粉,对其中很有价值的成分尚未充分提取和利用；

（3）技术含量较低，高附加值产品少；

（4）企业规模总体较小，自主创新能力较弱，产品核心竞争力不强；

（5）行业自律不健全，行业内恶性竞争仍然存在；

（6）分散的家庭式生产方式难以保证产品质量和加工原料稳定性，产业发展后劲不足。

现今粮食安全和质量安全已成为水产品加工业数量增加与质量提升的两大重要制约因素，对产业发展提出了更高要求。纵观国家农产品加工政策，水产品加工业应把统筹城乡发展作为基本方略，把保障水产品安全有效供给、促进农渔民增收作为首要任务，以水产品精深加工和产业集聚发展为主攻方向，以科技创新为重要支撑，以体制机制创新为动力，加快转变水产品加工业发展方式，促进产业优化升级，进一步提高市场竞争力和渔业综合效益，以适应建设渔业强国的需要。根据这个总体思路，水产品加工业今后1个时期的主要发展方向是：

（1）大力发展水产品精深加工，加大低值水产品和加工副产物的高值化开发利用；

（2）鼓励加工业向海洋药物、功能食品和海洋化工等领域延伸，实现水产加工品多样化；

（3）推进水产食品向营养化、方便化、即食化、高质量的超市食品方向发展；

（4）做大做强水产品加工龙头企业，积极促进水产品加工业集聚发展，实现水产加工业专业化、标准化、规模化、集约化；

（5）加快技术进步和自主创新能力提升，提高产品附加值；

（6）加快推广水产品冷链物流体系建设；

（7）完善水产品质量安全标准体系、水产品安全保障体系、水产品质量安全监督检测体系、水产品质量安全认证体系、水产品加工生产技术推广服务体系建设；

（8）建立健全水产品质量可追溯体系，对水产品质量安全实施全程跟踪监控；

（9）加强水产品质量安全执法体系；

（10）加强水产品市场信息体系建设，大力推动国内外贸易并举发展，使现代水产品加工业真正适应现代渔业生产和现代水产品市场流通的需要，为保障国家粮食安全和促进经济社会可持续发展作贡献。

（三）水产品加工业发展的原则

水产品加工业必须按照自然规律和经济规律，科学规划，统筹安排。发展水产品加工业必须遵循以下基本原则：

1. 市场导向原则

充分发挥市场配置资源的决定性作用，根据国内外市场需求和发展趋势，把握市场供求信息，准确定位水产品精深加工发展方向和重点，拓展国内国外两个市场和两种资源，在巩固水产品城市消费市场的同时，把开拓广大农村、小城镇和扩展国际市场作为重点和突破口，满足社会对水产品及其加工品的数量和多样化、多层次、优质化、方便化、安全化的需求，提高市场占有率。

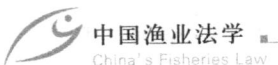

2. 比较优势原则

找准比较优势,认准目标市场及主攻方向,调整产业和产品结构,依托优势水产品主要生产区域,建设1批从种苗培育到养殖、加工等区域化布局、专业化生产、规模化经营的生产基地,着力培育优势、特色水产品精深加工产业,建立淡水鱼、贝类、中上层鱼类、藻类加工产业体系,发展苗种、养殖、加工、流通一体化的产业园区,使水产品资源优势转变为加工增值后的产品优势。

3. 产业集聚原则

水产品加工企业的规模,要与捕捞和养殖生产的规模和水产品销售市场辐射半径相适应。在此前提下,以自主创新和品牌建设为核心,培植、壮大1批具有活力的水产品加工龙头企业,企业集团、企业联盟、产学研联盟,拓展经营规模,提高产业集中度,实行产加销一体的产业化经营,推动水产品加工业的规模化、集约化、特色化和高效化,提高水产品国内外市场占有率和渔业的整体效益。

4. 技术创新原则

大力开展大宗水产品精深加工技术攻关,加快开发、引进、推广新技术、新工艺和新装备,改造传统技术,促进水产品由初级加工向高附加值精深加工转变,由传统加工向采用先进适用技术和现代高新技术加工转变,由资源消耗型向高效利用型转变,由简单劳动密集型向劳动密集与技术密集型转变,提高水产品综合加工能力,促进适销对路的加工产品的开发,提高产品质量、档次,逐步减少关键技术与装备的进口,提高自主化程度,增强水产品的国际竞争力。

5. 优质安全原则

建立和完善水产品从原料到成品的产品质量、品种、生产技术、生态环境等标准体系和质量安全检验检测体系、质量安全生产的管理体系、市场监督准入制度,逐步与国际接轨,消灭无标生产,培植水产名牌产品,推进重点水产品原产地产品保护工作,积极发展名优产品、健康食品[①]、安全食品[②],坚持以人为本,保障人民健康和人身安全,维护消费者切身利益。

6. 绿色环保原则

在水产品加工企业布局上,既要注意防止周边环境对水产加工品的污染,也要防止加工企业对周边环境的污染。在加工企业建设和发展中,要按照循环经济的理念,坚持水产品多层次加工、综合利用,主产品与副产品一起开发,确保加工下脚料和废弃物资源的合理高效利用,高标准、严要求,采用先进工艺技术,发展高效、低碳、节能的加工方式,加大节约资源和环境保护力度,建立安全、优质、营养、低耗、绿色、生态的现代水产品加工产业体系。

---

① 健康食品(Healthy food)是1个种具有一般食品的共性,其原材料含有能调节人体机能的成分,适用于有特定功能需求的相应人群食用的特殊食品,包括营养补助食品、特殊用途食品和机能性食品等。

② 安全食品在广义上是指长期正常使用不会对身体产生阶段性或持续性危害的食品,在狭义上是指按照一定的规程生产,符合营养、卫生等各方面标准的食品。

第二节 水产品加工的法律制度

一、基本制度

《中华人民共和国农业法》第十六条规定,渔业生产应当保护和合理利用渔业资源,积极发展水产品加工业。

按照《农业法》第二十九条的规定,国家支持发展水产品加工业和水产食品工业,增加水产品的附加值。县级以上人民政府应当制定水产品加工业和水产食品工业发展规划,引导水产品加工企业形成合理的区域布局和规模结构,扶持农民专业合作经济组织和乡镇企业从事水产品加工和综合开发利用。

国家建立健全水产品加工制品质量标准,完善检测手段,加强水产品加工过程中的质量安全管理和监督,保障水产食品安全。

二、社会责任制度

按照《中华人民共和国食品安全法》第四条的规定,水产食品生产经营者对其生产经营食品的安全负责。食品生产经营者应当依照法律、法规和食品安全标准从事生产经营活动,保证食品安全,诚信自律,对社会和公众负责,接受社会监督,承担社会责任。

按照《食品安全法》有关条款的规定,国家对水产食品加工生产实行许可制度。从事水产食品加工生产,应当依法取得食品生产许可。

从事水产食品加工生产应当符合食品安全标准,并符合关于食品原料处理和食品加工、包装、贮存等场所、生产设备或者设施、食品安全专业技术人员、设备布局和工艺流程、贮存、运输和装卸食品的容器、工具和设备及生产人员个人卫生等方面的法定要求。

水产食品生产企业应当建立健全本单位的水产食品安全管理制度,加强对职工食品安全知识的培训,配备专职或者兼职食品安全管理人员,作好对所生产水产食品的检验工作,依法从事水产食品生产活动。

水产食品生产者采购食品原料、食品添加剂、食品相关产品,应当查验供货者的许可证和产品合格证明文件。水产食品生产企业应当建立食品原料、食品添加剂、食品相关产品进货查验记录制度。

水产食品生产企业应当建立食品出厂检验记录制度,查验出厂水产食品的检验合格证和安全状况。

生产的水产食品中不得添加药品,但是可以添加按照传统既是食品又是中药材的物质。按照传统既是食品又是中药材的物质的目录由国务院卫生行政部门制定、公布。

国家鼓励水产食品生产企业符合良好生产规范要求,实施危害分析与关键控制点体系,提高水产食品安全管理水平。

三、 质量责任制度

按照《中华人民共和国产品质量法》第二十六条的规定,水产加工品生产者应当对其生产的产品质量负责。产品质量应当符合下列要求:

（1）不存在危及人身、财产安全的不合理的危险,有保障人体健康和人身、财产安全的国家标准、行业标准的,应当符合该标准;

（2）具备产品应当具备的使用性能,但是,对产品存在使用性能的瑕疵做出说明的除外;

（3）符合在产品或者其包装上注明采用的产品标准,符合以产品说明、实物样品等方式表明的质量状况。

按照《产品质量法》第二十七条规定,水产加工品包装上的标识必须真实,并符合下列要求:

（1）有产品质量检验合格证明;

（2）有中文标明的产品名称、生产厂厂名和厂址;

（3）根据产品的特点和使用要求,需要标明产品规格、等级、所含主要成份的名称和含量的,用中文相应予以标明;

（4）应当在显著位置清晰地标明生产日期和保质期。

四、 质量安全监测、检测制度

按照《中华人民共和国农产品质量安全法》第三十四至三十六条的规定,国家建立水产品加工质量安全监测制度。县级以上人民政府渔业行政主管部门应当按照保障水产品质量安全的要求,制定并组织实施水产品加工质量安全监测计划,对生产中或者市场上销售的水产品进行监督抽查。监督抽查结果由国务院渔业行政主管部门或者省、自治区、直辖市人民政府渔业行政主管部门按照权限予以公布。

水产品加工质量安全检测应当充分利用现有的符合条件的检测机构。从事水产品质量安全检测的机构,必须具备相应的检测条件和能力,由省级以上人民政府渔业行政主管部门或者其授权的部门考核合格。水产品质量安全检测机构应当依法经计量认证合格。

水产品生产者、销售者对监督抽查检测结果有异议的,可以自收到检测结果之日起五日内,向组织实施水产品质量安全监督抽查的渔业行政主管部门或者其上级渔业行政主管部门申请复检。

因检测结果错误给当事人造成损害的,依法承担赔偿责任。

五、 安全生产责任制度

按照《中华人民共和国安全生产法》第四、五条的规定,水产品加工生产单位必须遵守国家有关安全生产的法律、法规,加强安全生产管理,建立、健全安全生产责任制和安全生产规章制度,改善安全生产条件,推进安全生产标准化建设,提高安全生产水平,确保安全生产。

水产品加工生产单位的主要负责人对本单位的安全生产工作全面负责。对本单位安全生产工作负有下列职责：

（1）建立、健全本单位安全生产责任制；

（2）组织制订本单位安全生产规章制度和操作规程；

（3）组织制订并实施本单位安全生产教育和培训计划；

（4）保证本单位安全生产投入的有效实施；

（5）督促、检查本单位的安全生产工作，及时消除生产安全事故隐患；

（6）组织制定并实施本单位的生产安全事故应急救援预案；

（7）及时、如实报告生产安全事故。

水产品加工生产单位发生重大生产安全事故时，单位的主要负责人应当立即组织抢救，并不得在事故调查处理期间擅离职守。

六、清洁生产制度

《中华人民共和国清洁生产促进法》第二条规定："本法所称清洁生产，是指不断采取改进设计、使用清洁的能源和原料、采用先进的工艺技术与设备、改善管理、综合利用等措施，从源头削减污染，提高资源利用效率，减少或者避免生产、服务和产品使用过程中污染物的产生和排放，以减轻或者消除对人类健康和环境的危害。"

按照《清洁生产促进法》第十八至二十条的规定，新建、改建和扩建水产品加工企业项目应当进行环境影响评价，对原料使用、资源消耗、资源综合利用以及污染物产生与处置等进行分析论证，优先采用资源利用率高以及污染物产生量少的清洁生产技术、工艺和设备。

水产加工企业在进行技术改造过程中，应当采取以下清洁生产措施：

（1）采用无毒、无害或者低毒、低害的原料，替代毒性大、危害严重的原料；

（2）采用资源利用率高、污染物产生量少的工艺和设备，替代资源利用率低、污染物产生量多的工艺和设备；

（3）对生产过程中产生的废物、废水和余热等进行综合利用或者循环使用；

（4）采用能够达到国家或者地方规定的污染物排放标准和污染物排放总量控制指标的污染防治技术。

水产品包装物的设计，应当优先选择无毒、无害、易于降解或者便于回收利用的方案。水产加工企业对产品的包装应当合理，包装的材质、结构和成本应当与内装产品的质量、规格和成本相适应，减少包装性废物的产生，不得进行过度包装。

七、 循环经济制度

《中华人民共和国循环经济促进法》第二条规定："本法所称循环经济，是指在生产、流通和消费等过程中进行的减量化、再利用、资源化活动的总称。

"本法所称减量化，是指在生产、流通和消费等过程中减少资源消耗和废物产生。

"本法所称再利用，是指将废物直接作为产品或者经修复、翻新、再制造后继续作为产品使用，或者将废物的全部或者部分作为其他产品的部件予以使用。

"本法所称资源化,是指将废物直接作为原料进行利用或者对废物进行再生利用。"

按照《循环经济促进法》第四条的规定,水产品加工企业发展循环经济应当在技术可行、经济合理和有利于节约资源、保护环境的前提下,按照减量化优先的原则实施。在废物再利用和资源化过程中,应当保障生产安全,保证产品质量符合国家规定的标准,并防止产生再次污染。

按照《循环经济促进法》有关条款的规定,水产品加工企业应当建立健全管理制度,采用先进技术、工艺和设备,降低资源消耗,减少废物的产生量和排放量,提高废物的再利用和资源化水平。

水产品加工企业应当发展串联用水系统和循环用水系统,提高水的重复利用率,对生产过程中产生的余热、余压和加工业副产品等进行综合利用。企业对生产过程中产生的废物不具备综合利用条件的,应当提供给具备条件的生产经营者进行综合利用。

八、 侵权责任制度

按照《中华人民共和国侵权责任法》第四十一至四十七条的规定,因水产加工品存在缺陷造成他人损害的,水产品生产者或销售者应当承担侵权责任。

因水产品存在缺陷造成损害的,被侵权人可以向水产品的生产者请求赔偿,也可以向水产品的销售者请求赔偿。水产品缺陷由生产者造成的,销售者赔偿后,有权向生产者追偿。因销售者的过错使水产品存在缺陷的,生产者赔偿后,有权向销售者追偿。

因运输者、仓储者等第三人的过错使水产品存在缺陷,造成他人损害的,水产品的生产者赔偿后,有权向第三人追偿。

因水产品缺陷危及他人人身、财产安全的,被侵权人有权请求生产者承担排除妨碍、消除危险等侵权责任。

水产品投入流通后发现存在缺陷的,生产者应当及时采取警示、召回等补救措施。未及时采取补救措施或者补救措施不力造成损害的,应当承担侵权责任。明知水产品存在缺陷仍然生产、销售,造成他人死亡或者健康严重损害的,被侵权人有权请求相应的惩罚性赔偿。

第三节　水产品加工的标准体系

一、 水产品加工标准体系

（一）水产品加工标准体系的法律根据

1.《农业法》第二十二条的规定

"国家采取措施提高农产品的质量,建立健全农产品质量标准体系和质量检验检测监督体系,按照有关技术规范、操作规程和质量卫生安全标准,组织农产品的生产经营,保障农产品质量安全。"

2.《农产品质量安全法》第二章"农产品质量安全标准"的规定

"国家建立健全农产品质量安全标准体系。农产品质量安全标准是强制性的技术规范。

"农产品质量安全标准的制定和发布,依照有关法律、行政法规的规定执行。

"制定农产品质量安全标准应当充分考虑农产品质量安全风险评估结果,并听取农产品生产者、销售者和消费者的意见,保障消费安全。

"农产品质量安全标准应当根据科学技术发展水平以及农产品质量安全的需要,及时修订。"

3.《食品安全法》第三章"食品安全标准"的规定

"制定食品安全标准,应当以保障公众身体健康为宗旨,作到科学合理、安全可靠。

"食品安全标准是强制执行的标准。除食品安全标准外,不得制定其他的食品强制性标准。

"食品安全标准应当包括下列内容:

(一)食品、食品添加剂、食品相关产品中的致病性微生物,农药残留、兽药残留、生物毒素、重金属等污染物质以及其他危害人体健康物质的限量规定;

(二)食品添加剂的品种、使用范围、用量;

(三)专供婴幼儿和其他特定人群的主辅食品的营养成分要求;

(四)对与卫生、营养等食品安全要求有关的标签、标志、说明书的要求;

(五)食品生产经营过程的卫生要求;

(六)与食品安全有关的质量要求;

(七)与食品安全有关的食品检验方法与规程;

(八)其他需要制定为食品安全标准的内容。

"食品安全国家标准由由国务院卫生行政部门会同国务院食品药品监督管理部门制定、公布,国务院标准化行政部门提供国家标准编号。

"食品中农药残留、兽药残留的限量规定及其检验方法与规程由国务院卫生行政部门、国务院农业行政部门会同国务院食品药品监督管理部门制定。

"制定食品安全国家标准,应当依据食品安全风险评估结果并充分考虑食用农产品安全风险评估结果,参照相关的国际标准和国际食品安全风险评估结果,并将食品安全国家标准草案向社会公布,广泛听取食品生产经营者、消费者、有关部门等方面的意见。

"食品安全国家标准应当经国务院卫生行政部门组织的食品安全国家标准审评委员会审查通过。食品安全国家标准审评委员会由医学、农业、食品、营养、生物、环境等方面的专家以及国务院有关部门、食品行业协会、消费者协会的代表组成,对食品安全国家标准草案的科学性和实用性等进行审查。

"对地方特色食品,没有食品安全国家标准的,省、自治区、直辖市人民政府卫生行政部门可以制定并公布食品安全地方标准,报国务院卫生行政部门备案。食品安全国家标

准制定后,该地方标准即行废止。

"国家鼓励食品生产企业制定严于食品安全国家标准或者地方标准的企业标准,在本企业适用,并报省、自治区、直辖市人民政府卫生行政部门备案。"

（二）水产品加工的标准体系的建立和完善

完善的水产品加工的标准体系是水产品加工安全和水产品质量的根本保证,是促进水产加工业可持续发展的内生动力。国务院有关部门和省级人民政府重视水产品加工标准的制定和完善,建立健全水产品加工的标准体系。这个体系应由不同类别、不同等级和不同效力层次的标准构成。经过多年努力,已基本形成以国家标准为基础,行业标准为主体,地方和企业标准为补充具有中国特色的水产品加工标准体系,其各项标准的主要技术指标与污染物指标与国际标准（CAC标准）及欧盟、美国、日本、韩国的规定基本一致,涉及多学科,已经比较完善。[4]

二、 水产食品国家卫生标准

食品卫生标准是指为控制食品污染、保障人们饮食安全、卫生而制定的标准。基本内容是针对人食用各类食品或其中的单项有害物质分别规定了各自的质量和容许量,称为食品卫生质量指标。主要包括:

（1）感官指标;

（2）细菌及其他生物指标;

（3）毒理学指标;

（4）间接反映食品卫生质量可能发生变化的指标;

（5）商品规格质量指标。

中国现行水产食品国家卫生标准,见表26-1。

表 26-1　现行水产食品国家卫生标准一览表

	标准编号	标准名称
1	GB 16324—1996	海水贝类干制品卫生标准
2	GB 16328—1996	烤鱼片卫生标准
3	GB 2733—2005	鲜、冻动物性水产品卫生标准
4	GB 10132—2005	鱼糜制品卫生标准
5	GB 10133—2005	水产调味品卫生标准
6	GB 10136—2005	腌制生食动物性水产品卫生标准
7	GB 10138—2005	盐渍鱼卫生标准
8	GB 10144—2005	动物性水产干制品卫生标准
9	GB 14939—2005	鱼罐头卫生标准
10	GB 19643—2005	藻类制品卫生标准

三、 水产食品中污染物限量国家标准

食品污染物是指食品在从生产（包括农作物种植、动物饲养和兽医用药）、加工、包装、贮存、运输、销售、直至食用等过程中产生的或由环境污染带入的、非有意加入的对人体健康有害的任何物质。包括因霉变、传染而产生的病原微生物、细菌或真菌毒素等有机污染物，因化肥、农药、抗菌素、激素、药物、工业废水、生活污水产生的重金属污染物，及包装材料溶出物等。

食品污染物限量是指污染物在食品原料和（或）食品成品中允许的最大含量水平。

《食品安全国家标准　食品中污染物限量》（GB 2762—2012）规定的水产类食品类别名称，见表26-2。

表 26-2　GB 2762—2012 规定的水产类食品类别名称表

水产动物及其制品	鲜、冻水产动物	鱼类	非肉食性鱼类
			肉食性鱼类（例如，鲨鱼、金枪鱼等）
		甲壳类	
		软体动物	头足类
			双壳类
			棘皮类
			腹足类
			其他软体动物
		其他鲜、冻水产动物	
水产动物及其制品	水产制品	水产品罐头	
		鱼糜制品（包括鱼丸等）	
		腌制水产品	
		鱼子制品	
		干制水产品（风干、烘干、压干等）	
		熏、烤水产品	
		发酵水产品	
		其他水产制品	

《食品安全国家标准　食品中污染物限量》（GB 2762—2012）规定了食品中铅、镉、汞、砷、锡、镍、铬、亚硝酸盐、硝酸盐、苯并[a]芘、N-二甲基亚硝胺、多氯联苯、3-氯-1,2-丙二醇的限量指标。其中有关水产动物及其制品的污染物限量指标，[5]见表26-3。

表 26-3　GB 2762—2012 规定的水产动物及其制品的污染物限量表

	污染物	水产类食品类别	单位	污染物限量
1	铅（以 Pb 计）	水产动物及其制品	mg/kg	
		鲜、冻水产动物（鱼类、甲壳类、双壳类除外）（去除内脏）		1.0
		鱼类、甲壳类		0.5
		双壳类		1.5
		水产制品（海蜇制品除外）		1.0
		海蜇制品		2.0
2	镉（以 Cd 计）	水产动物及其制品	mg/kg	
		鱼类		0.1
		甲壳类		0.5
		双壳类、腹足类、头足类、棘皮类（去除内脏）		2.0
		鱼类罐头（凤尾鱼、旗鱼罐头除外）		0.2
		凤尾鱼、旗鱼罐头		0.3
		其他鱼类制品（凤尾鱼、旗鱼制品除外）		0.1
		凤尾鱼、旗鱼制品		0.3
3	汞（以 Hg 计）	水产动物及其制品	mg/kg	
		水产动物及其制品（肉食性鱼类及其制品除外）		总汞—甲基汞 0.5
		肉食性鱼类及其制品		总汞—甲基汞 1.0
4	砷（以 As 计）	水产动物及其制品	mg/kg	
		水产动物及其制品（鱼类及其制品除外）		总砷—无机砷 0.5
		鱼类及其制品		总砷—无机砷 0.1
		水产调味品（鱼类调味品除外）		总砷—无机砷 0.5
		鱼类调味品		总砷—无机砷 0.1
5	锡（以 Sn 计）	水产动物及其制品	mg/kg	—
6	镍（以 Ni 计）	水产动物及其制品	mg/kg	—
7	铬（以 Cr 计）	水产动物及其制品	mg/kg	2.0
8	亚硝酸盐（以 NaNOR2 计）硝酸盐（以 NaNOR3R 计）	水产动物及其制品	mg/kg	—

续表

	污染物	水产类食品类别	单位	污染物限量
9	苯并[a]芘，	水产动物及其制品	μg/kg	
		熏、烤水产品		5.0
10	N-二甲基亚硝胺	水产动物及其制品	μg/kg	
		水产制品(水产品罐头除外)		4.0
11	多氯联苯	水产动物及其制品	mg/kg	0.5
12	3氯-1,2-丙二醇	水产动物及其制品	mg/kg	—

四、水产加工品国家标准

现行水产加工品国家标准,见表26-4。

表 26-4　现行水产加工品国家标准一览表

	标准编号	标准名称
1	GB 1975—1980	食品添加剂琼胶
2	GB 1976—1980	食品添加剂海藻酸钠
3	GB/T 16919—1997	食用螺旋藻粉
4	GB/T 19164—2003	鱼粉
5	GB/T 21289—2007	冻烤鳗
6	GB/T 21290—2007	冻罗非鱼片
7	GB/T 21672—2008	冻裹面包屑虾
8	GB/T 21999—2008	耗油
9	GB/T 22180—2008	冻裹面包屑鱼
10	GB/T 22729—2008	海洋鱼低聚肽粉
11	GB/T 23497—2009	鱿鱼丝
12	GB/T 23529—2009	海藻糖
13	GB/T 23596—2009	海苔
14	GB/T 23597—2009	干紫菜
15	GB/T 25733—2010	藕粉
16	GB/T 18109—2011	冻鱼
17	GB/T 26940—2011	牡蛎干

五、 水产加工行业基础标准、方法标准和操作规程

农业部等部门颁布的行业标准中适用水产品加工业的基础标准、方法标准和操作规程,见表26-5。

表 26-5 水产加工行业基础、方法标准和操作规程一览表

水产加工行业基础标准

	标准编号	标准名称
1	SC 3001--1989	水产及水产加工品分类与名称
2	SC/T 3012--2002	水产品加工术语
3	SC/T 3016--2004	水产品抽样方法

水产加工行业方法标准

1	SC/T 3010--2001	海带中碘含量的测定
2	SC/T 3011--2001	水产品中盐分的测定
3	SC/T 3015--2002	水产品中土霉素、四环素、金霉素残留量的测定
4	SC/T 3017--2003	冷冻水产品净含量的测定
5	SC/T 3018--2004	水产品中氯霉素残留量的测定 气相色谱法
6	SC/T 3019--2004	水产品中喹乙醇残留量的测定 液相色谱法
7	SC/T 3020--2004	水产品中己烯雌酚残留量的测定 酶联免疫法
8	SC/T 3021--2004	水产品中孔雀石绿残留量的测定 液相色谱法
9	SC/T 3022--2004	水产品中呋喃唑酮残留量的测定 液相色谱法
10	SC/T 3023—2004	麻痹性贝类毒素的测定 生物法
11	SC/T 3024—2004	腹泻性贝类毒素的测定 生物法
12	SC/T 3025—2006	水产品中甲醛的测定
14	SC/T 3029—2006	水产品中甲基睾酮残留量的测定 液相色谱法
15	SC/T 3030—2006	水产品种五氯苯酚及其钠盐残留量的测定气相色谱法
16	SC/T 3031—2006	水产品中挥发酚残留量的测定分光光度法
17	SC/T 3034—2006	水产品中三唑磷残留量的测定气相色谱法
18	SC/T 3036—2006	水产品中硝基苯残留量的测定气相色谱法
19	SC/T 3032—2007	水产品中挥发性盐基氮的测定
20	SC/T 3040—2008	水产品中三氯杀螨醇残留量测定气相色谱法
21	SC/T 3041—2008	水产品中苯并(a)芘的测定高效液相色谱法
22	SC/T 3042—2008	水产品中16种多环芳烃的测定气相色谱—质谱法
23	SC/T 7214.1--2011	鱼类爱德华氏菌检测方法迟缓爱德华氏菌

24	SN/T 0223—1993	出口冻生小虾仁检验方法
25	SN/T 0226.1—1993	出口冻鲅鳒鱼片检验方法
26	SN 0335—1995	出口鳗鱼中吡咯嘧啶酸残留量检验方法

水产加工行业操作规程

1	SC/T 3002—1988	船上渔获物加冰保鲜操作技术规程
2	SC/T 3003—1988	渔获物装卸操作技术规程
3	SC/T 3004—1988	理鱼操作技术规程
4	SC/T 3005—1988	水产品冻结操作技术规程
5	SC/T 3006—1988	冻鱼贮藏操作技术规程
6	SC/T 3013—2002	贝类净化技术规范
7	SC/T 3014—2002	干紫菜加工技术规程
8	SC/T 3026—2006	冻虾仁加工技术规范
9	SC/T 3027—2006	冻烤鳗加工技术规范
10	SC/T 3037—2006	冻罗非鱼片加工技术规范
11	SC/T 3038—2006	咸鱼加工技术规范

六、水产加工品行业标准

水产加工品种类众多，其中 59 种产品的行业标准，见表 26-6。

表 26-6　59 种水产加工产品行业标准一览表

	标准编号	标准名称
1	SC/T 3201—1981	小饼紫菜质量标准
2	SC/T 9001—1984	人造冰
3	SC/T 3401—1985	印染用褐藻酸钠
4	SC/T 3402—1985	纺织浆纱用褐藻酸钠
5	SC/T 3902—1985	盐渍海胆黄
6	SC/T 3903—1985	鲜海胆黄
7	SC/T 3904—1985	海胆酱
8	SC/T 3203—1986	调味马面鲀鱼干
9	SC/T 3211—1987	盐渍熟裙带菜
10	SC/T 3109—1988	冻银鱼
11	SC/T 3301—1989	速食海带

	标准编号	标准名称
12	SC/T 3905—1989	鲟、鳇鱼籽
13	SC/T 3110—1996	冻虾仁
14	SC/T 3111—1996	冻扇贝柱
15	SC/T 3112—1996	冻梭子蟹
16	SC/T 3202—1996	干海带
17	SC/T 3501—1996	鱼粉
18	SC/T 3303—1997	冻烤鳗
19	SC/T 3204—2000	虾米
20	SC/T 3205—2000	虾皮
21	SC/T 3207—2000	干贝
22	SC/T 3212—2000	盐渍海带
23	SC/T 3302—2000	烤鱼片
24	SC/T 3502—2000	鱼油
25	SC/T 3503—2000	多烯鱼油制品
26	SC/T 3901—2000	虾片
27	SC/T 3203—2001	调味鱼干
28	SC/T 3208—2001	鱿鱼干
29	SC/T 3209—2001	淡菜
30	SC/T 3210—2001	盐渍海蜇皮和盐渍海蜇头
31	SC/T 3304—2001	鱿鱼丝
32	SC/T 3902—2001	海胆制品
33	SC 3113—2002	冻虾
34	SC/T 3114—2002	冻螯虾
35	SC/T 3211—2002	盐渍裙带菜
36	SC/T 3213—2002	干裙带菜叶
37	SC/T 3602—2002	虾酱
38	SC/T 3305—2003	烤虾
39	SC/T 3601—2003	蚝油
40	SC/T 3701—2003	冻鱼糜制品
41	SC/T 3403—2004	甲壳质与壳聚糖
42	SC/T 3111—2006	冻扇贝

	标准编号	标准名称
43	SC/T 3115—2006	冻章鱼
44	SC/T 3116—2006	冻淡水鱼片
45	SC/T 3117—2006	生食金枪鱼
46	SC/T 3118—2006	冻裹面包屑虾
47	SC/T 3215—2007	盐渍海参
48	SC/T 3216—2006	半干淡盐黄鱼
49	SC/T 3505—2006	鱼油微胶囊
50	SC/T 3206—2009	干海参
51	SC/T 3101—2010	鲜大黄鱼、冻大黄鱼、鲜小黄鱼、冻小黄鱼
52	SC/T 3102—2010	鲜、冻带鱼
53	SC/T 3103—2010	鲜冻鲳鱼
54	SC/T 3104—2010	鲜、冻蓝圆鲹
55	SC/T 3106—2010	鲜、冻海鳗
56	SC/T 3107—2010	鲜、冻乌贼
57	SC/T 3302—2010	烤鱼片
58	SC/T 3905—2011	鲟鱼籽酱
59	SC/T 3120—2012	冻熟对虾

七、绿色、有机、无公害水产食品标准

（一）绿色水产食品标准

1990 年农业部规定了绿色食品的名称、标准及标志。1992 年农业部成立中国绿色食品发展中心，负责全国绿色食品开发和管理工作。农业部 1993 年印发《绿色食品标志管理办法》(2012 年修订)，其第二条规定：“本办法所称绿色食品，是指产自优良生态环境、按照绿色食品标准生产、实行全程质量控制并获得绿色食品标志使用权的安全、优质食用农产品及相关产品。”中国绿色食品发展中心将绿色食品分为 A 级和 AA 级两级，其中 A 级绿色食品生产中允许限量使用化学合成生产资料，AA 级绿色食品严格地要求在生产过程中不得使用化学合成的肥料、农药、兽药、饲料添加剂、食品添加剂和其他有害于环境和健康的物质。

按照这个定义，绿色水产品的条件包括：

（1）产品或产品原料的产地，必须符合农业部制定的绿色食品生态环境标准；

（2）水产养殖及水产品加工，必须符合农业部制定的绿色食品生产操作规程；

（3）产品必须符合农业部制定的绿色食品质量和卫生标准；

（4）产品外包装,必须符合国家食品标签通用标准,符合绿色食品特定的包装、装潢和标签规定。[6]

农业部发布的绿色水产食品行业标准,见表 26-7。

表 26-7　绿色水产食品行业标准一览表

	标准编号	标准名称	
1	NY/T 840—2004	绿色食品	虾
2	NT/T 841—2004	绿色食品	蟹
3	NY/T 842—2004	绿色食品	鱼
4	NT/T 1050—2006	绿色食品	龟鳖类
5	NY/T 1327—2007	绿色食品	鱼糜制品
6	NY/T 1328—2007	绿色食品	鱼罐头
7	NY/T 1329—2007	绿色食品	海水贝
8	NY/T 1405—2007	绿色食品	水生蔬菜
9	NY/T 1514—2007	绿色食品	海参及制品
10	NY/T 1515—2007	绿色食品	海蜇及制品
11	NY/T 1516—2007	绿色食品	蛙类及制品
12	NY/T 1710—2009	绿色食品	水产调味品
13	NY/T 1712—2009	绿色食品	干制水产品
14	NY/T 1888—2010	绿色食品	软体动物休闲食品
15	NY/T 1709—2011	绿色食品	藻类及其制品

（二）有机水产食品标准

1994 年国家环境保护局成立有机食品发展中心。2001 年国家环境保护总局发布《有机食品认证管理办法》,其第二条规定:"本办法所称有机食品是指符合以下条件的农产品及其加工产品:

（一）符合国家食品卫生标准和有机食品技术规范的要求;

（二）在原料生产和产品加工过程中不使用农药、化肥、生长激素、化学添加剂、化学色素和防腐剂等化学物质,不使用基因工程技术;

（三）通过本办法规定的有机食品认证机构认证并使用有机食品标志。"[7]

2005 年国家质量监督检验检疫总局和国家标准化管理委员会发布有机产品国家标准（GB/T 19630.1～19630.4—2005)对水产养殖生产、加工、包装、贮藏、运输及标识标准作了规定。[8]

按照农业部发布的行业标准,AA 级绿色食品等同于有机食品。有机食品与 A 级绿色食品的区别主要在于:

（1）有机食品在生产加工过程中绝对禁止使用农药、化肥、激素等人工合成物质,并且不允许使用基因工程技术,A 级绿色食品则允许有限使用这些物质,对基因工程技术和辐射技术的使用未作规定；

（2）有机食品对产地生产转换期有严格规定，而对 A 级绿色食品没有转换期的要求；

（3）有机食品生产应在数量上进行严格控制，要求定地块、定产量，生产 A 级绿色食品没有如此严格的要求。

（三）无公害水产食品标准

2001 年农业部根据国务院领导的指示精神和农业发展新阶段的新形势决定，以解决农产品质量安全和治理"餐桌污染"为核心，在北京、天津、上海和深圳 4 城市试点实施"无公害食品行动计划"。2002 年又决定在全国范围内全面推进"无公害食品行动计划"。同年农业部和国家质量监督检验检疫总局联合发布《无公害农产品管理办法》，其第二条规定："本办法所称无公害农产品，是指产地环境、生产过程和产品质量符合国家有关标准和规范的要求，经认证合格获得认证证书并允许使用无公害农产品标志的未经加工或者初加工的食用农产品。"[9]

概括地说，无公害农产品是指在生产过程中允许限量、限品种、限时间地使用人工合成的安全的化学农药、兽药、肥料、饲料添加剂等，使有毒有害物质残留量控制在安全质量允许范围内，经有关部门认定，安全质量指标符合《无公害农产品（食品）标准》的农、牧、水产品（食用类，不包括深加工的食品）。无公害食品标准，比绿色食品标准要宽。无公害农产品是保证人们对食品质量安全最基本的需要，是最基本的市场准入条件，普通食品都应达到这一要求。

为发展无公害水产品，农业部发布了：

NY 5361—2010《无公害食品　淡水养殖产地环境条件》；

NY 5362—2010《无公害食品　海水养殖产地环境条件》。

农业部颁布的无公害水产食品行业标准，见表 26-8。

表 26-8　无公害水产品农业行业标准一览表

	标准编号	标准名称
1	NY 5053—2005	无公害食品　普通淡水鱼
2	NY 5056—2005	无公害食品　海藻
3	NY 5058—2006	无公害食品　海水虾
4	NY 5060—2005	无公害食品　石首鱼
5	NY 5062—2008	无公害食品　扇贝
6	NY 5064—2005	无公害食品　淡水蟹
7	NY 5066—2006	无公害食品　龟鳖
8	NY 5068—2008	无公害食品　鳗鲡
9	NY 5152—2006	无公害食品　鲆鲽鳎
10	NY 5154—2008	无公害食品　牡蛎

续表

	标准编号	标准名称
11	NY 5156—2002	无公害食品　牛蛙
12	NY 5158—2005	无公害食品　淡水虾
13	NY 5160—2006	无公害食品　鲑鳟鲟
14	NY 5162—2008	无公害食品　海水蟹
15	NY 5164—2008	无公害食品　乌鳢
16	NY 5166—2008	无公害食品　鳜
17	NY 5168—2002	无公害食品　黄鳝
18	NY 5171—2002	无公害食品　海蜇
19	NY 5172—2002	无公害食品　水发水产品
20	NY 5272—2008	无公害食品　鲈
21	NY 5278—2004	无公害食品　团头鲂
22	NY 5286—2004	无公害食品　斑点叉尾鮰
23	NY 5288—2006	无公害食品　蛤
24	NY 5291—2004	无公害食品　咸鱼
25	NY 5311—2005	无公害食品　鲷
26	NY 5312—2005	无公害食品　石斑鱼
27	NY 5313—2005	无公害食品　鲍
28	NY 5314—2005	无公害食品　蛏
29	NY 5315—2005	无公害食品　蚶
30	NY 5325—2006	无公害食品　螺
31	NY 5326—2006	无公害食品　头足类水产品
32	NY 5327—2006	无公害食品　鲕科　鲹科　军曹鱼海水鱼类
33	NY 5328—2006	无公害食品　海参
34	NY 5329—2006	无公害食品　海捕鱼

A级绿色食品标志

AA级绿色食品标志

有机食品标识

无公害农产品标识　　　　　　农产品地理标识　　　　　　地理标识保护产品标识

八、 水产品地理标志保护及其标准

（一）产品地理标志保护的法律规定

产品地理标志保护在国际上已有 100 多年历史。1993 年世界贸易组织（WTO）《与贸易有关的知识产权协定》首次将地理标志定义为："本协定所称的地理标志是识别 1 种原产于 1 成员方领土或该领土内 1 地区或地方的货物的标志,而该货物特定的质量、声誉或其他特性主要归因于其地理来源。"[10]2001 年《商标法》第十六条规定："商标中有商品的地理标志,而该商品并非来源于该标志所标示的地区,误导公众的,不予注册并禁止使用。"并规定："所称地理标志,是指标示某商品来源于某地区,该商品的特定质量、信誉或者其他特征,主要由该地区的自然因素或者人文因素所决定的标志。"2002 年《农业法》第二十三条规定："国家鼓励和扶持发展优质农产品生产。""符合规定产地及生产规范要求的农产品可以依照有关法律或者行政法规的规定申请使用农产品地理标志。"2006 年《农产品质量安全法》第三十二条规定："农产品质量符合国家规定的有关优质农产品标准的,生产者可以申请使用相应的农产品质量标志。"2008 年《中共中央关于推进农村改革发展若干重大问题的决定》要求："加大农产品注册商标和地理标志保护力度。"[11]

1999 年国家质量技术监督局发布了《原产地域产品保护规定》和 GB 17924—1999《原产地域产品通用要求》,2001 年制定了《原产地标记管理规定》。2005 年国家质量监督检验检疫总局根据《商标法》《农业法》及国家有关法律规定,不再使用"原产地域产品"的概念,发布了《地理标志产品保护规定》,其第二条规定："本规定所称地理标志产品,是指产自特定地域,所具有的质量、声誉或其他特性本质上取决于该产地的自然因素和人文因素,经审核批准以地理名称进行命名的产品。地理标志产品包括:（一）来自本地区的种植、养殖产品。（二）原材料全部来自本地区或部分来自其他地区,并在本地区按照特定工艺生产和加工的产品。"[12]该定义的基本含义有 4 个要点,即:

（1）地理名称必须实际存在,可以是某 1 国的名称,也可是某 1 地区的名称;

（2）须是当地种植、养殖的产品或按照当地特有的传统工艺生产和加工的产品;

（3）具有一定的特色和品质,在国内外市场上享有声誉;

（4）须经过国家质量监督检验检疫部门审核批准,方可使用地理标志产品专用标志,并得到地理标志产品保护。

2007 年农业部依据《农业法》、《农产品质量安全法》相关规定发布了《农产品地理标志管理办法》,其第二、三条规定:

（1）农产品是指来源于农业的初级产品，即在农业活动中获得的植物、动物、微生物及其产品。

（2）农产品地理标志，是指标示农产品来源于特定地域，产品品质和相关特征主要取决于自然生态环境和历史人文因素，并以地域名称冠名的特有农产品标志。

（3）国家对农产品地理标志实行登记制度。经登记的农产品地理标志受法律保护。[13]

按照上述法律和规章的规定，中国产品地理标志保护制度现存3个系统：

（1）国家质量监督检验检疫总局的地理标志产品保护；

（2）农业部的农产品地理标志登记；

（3）国家工商行政管理总局的地理标志商标注册。

（二）产品地理标志的性质和作用

地理标志是1项特殊的知识产权。地理标志产品是地理、文化传统的结晶。千百年以来，很多优质农产品都是通过其原产地的地理名称而逐渐闻名于世的，原产地的地理、地质、气候、水文以及品种等自然因素和与之相适应的生产技术、加工工艺等人为因素决定了产品的质量及其特征和风格。因此，标志农产品原产地的地理名称，即地理标志，也就代表了该产品的质量和风格。

实行地理标志农产品保护制度，对于中国这样的农业大国有着特殊的意义。中国幅员辽阔，物华天宝，地理标志资源非常丰富，地方名优特产众多。利用地理标志保护制度，积极发掘、保护这些宝贵资源，对于推动我国农村经济发展，提高农民收入，发展对外贸易，弘扬中华民族优秀的传统文化，将会发挥重要作用。

（1）地理标志农产品大都是民族精品、特品、名品、优品，具有高知名度、高质量的显著特征，特别适应国内外对多样化、优质化、安全化、品牌化食品消费及保障人体健康的旺盛需求。

（2）地理标志农产品极受市场青睐，可以提升市场竞争力，提高农产品附加值，实行优质优价，可以增加用民收入，改善农民生活质量，为新家园、新农村建设创造条件。

（3）地理标志农产品不仅可依据国内法律申请保护，亦可依据外国（包括欧盟）法律申请注册登记，受到该国法律的保护，从而提高国际竞争能力，避免进口国采取技术壁垒及其他相关措施，促进农产品对外贸易的发展。

（4）农产品地理标志保护，可以提高农民的知识产权意识、品牌意识、质量意识，调动农民发展优质农产品、培育知名品牌的积极性、主动性、创造性，改变传统农业的分散经营方式，发展农业产业化经营，促进农产品加工业结构升级，形成专业化生产、区域化布局和社会化服务的现代农业经营形式，推动农村经济社会全面发展。

（5）为保证地理标志产品的质量和特色，地理标志产品的保护范围、环境、生产、质量要求、包装、标签、标志、运输和储存等，必须执行有关产品安全卫生的国家标准、地方标准或管理规范，保护有关的生物物种资源，对原产地环境质量进行定期监测，防止周边造成的环境污染和生态破坏，并对原材料和产品品质进行检测。因此，发展地理标志产品可以有效保护农业环境，改善生态质量，维护生态安全。

（三）水产品地理标志保护和登记的范围

按照《地理标志产品保护规定实施细则》的规定,地理标志水产品为水产养殖类产品及其初加工产品。[14]按照《农产品地理标志登记审查准则》的规定,申请登记水产品应当是源于渔业的初级产品,即养殖和捕捞的鱼、虾、蟹、鳖、贝类、棘皮类、软体类、腔肠类、两栖类等淡水、海水、滩涂养殖的各类动植物及其初级加工品。包括：

1.水产动物

（1）鱼、虾、蟹、鳖、贝类、棘皮类、软体类、腔肠类等水产动物。

（2）将水产动物整体或去头、去鳞（皮、壳）、去内脏、去骨（刺）、捣溃或切块、切片,经冰鲜、冷冻、冷藏、盐渍、干制等保鲜防腐处理和包装的水产动物初级加工品。

（3）熟制水产品和各类水产品罐头除外。

2.水生植物

（1）海带、裙带菜、紫菜、龙须菜、麒麟菜、江篱、浒苔、羊栖菜、莼菜等。

（2）将上述水生植物整体或去根、去边梢、切段,经热烫、冷冻、冷藏等保鲜防腐处理和包装的产品,以及整体或去根、去边梢、切段,经晾晒、干燥、粉碎等处理和包装的产品。

（3）熟制水产品和各类水产品罐头除外。

3.水产初级加工品

对养殖或捕捞的动植物产品进行冷冻、腌制和自然干制品。

（1）对鱼类、虾类、贝类、藻类以及水产品加工下脚料等进行压榨、浓缩、烘干、粉碎、冷冻、冷藏等工序加工处理,制成的初级制品。如鱼粉、鱼油、海藻胶、鱼鳞胶、虾酱、鱼籽、鱼肝酱等。

（2）以鱼油、海兽油脂为原料生产的各类乳剂、胶丸、滴剂等制品除外。[15]

（四）水产品地理标志的保护、登记和商标注册

县级以上地方人民政府确认的具有管理水产品地理标志及其产品职能的农民专业合作经济组织、行业协会等组织可以按照《地理标志产品保护规定》向质检机构申请地理标志水产品保护,或按照《农产品地理标志管理办法》向农业部门申请水产品地理标志登记,也可以按照《商标法》向工商行政管理部门申请水产品地理标志商标注册。

截止2012年3月经国家质量监督检验检疫总局批准实施地理标志产品保护的水产品有：阳澄湖大闸蟹、洪泽湖大闸蟹、微山湖大闸蟹、女山湖大闸蟹、大通湖大闸蟹、黄陂湖大闸蟹（黄陂湖河蟹）、军山湖大闸蟹、崇明老毛蟹、七里海河蟹、盘锦河蟹、茅山螃蟹（茅蟹）、石臼湖螃蟹、固城湖螃蟹、雅鱼、笔架鱼肚、资中鲇鱼、辽中鲫鱼、清流溪鱼、涨渡湖黄颡鱼、丹江口翘嘴鲌、查干湖胖头鱼、永安白乌鱼、乐至白乌鱼、泰山赤鳞鱼、千岛湖鱼、太湖冻银鱼、抚仙湖银鱼冷冻制品、州河鲤、微山湖四鼻鲤鱼、微山湖乌鳢、婺源荷包红鲤、白蕉海鲈、麦溪鲤、麦溪皖、阿勒泰狗鱼、博斯腾湖鲤鱼、博斯腾湖草鱼、黄梅青虾、盐城龙虾、大丰龙虾、罗定皱纱鱼腐、汉王山娃娃鱼、正安娃娃鱼、张家界大鲵、潢川甲鱼、汉寿甲鱼、丁马甲鱼、德清花（乌）鳖及其制品、建宁白莲、广昌白莲、蔡甸莲藕、程海螺旋藻、南通长江河豚（养殖）、官井洋大黄鱼、定海湾丁香鱼、漳港海蚌、吕四海蜇、连江鲍鱼、南日鲍、东山鲍鱼、大连鲍鱼、獐子岛鲍鱼、烟台鲍鱼、三门青蟹、昌邑梭子蟹、赣榆梭子蟹、莱州梭子蟹、嵊泗贻贝、南澳牡蛎、獐子岛扇贝、大连河豚、盘锦河豚、威海海参、烟台海参、大连海参、獐子岛海参、威海海带、流沙南

珠、合浦南珠、鳄鱼屿蚝汁、鳄鱼屿蚝油、东江鱼、江口青鳙、房县娃娃鱼、五强溪鱼、黎塘莲藕、白蕉海鲈、黄湖大闸蟹、丹江口青虾、大连海参、大连鲍鱼、龙头胖头鱼、高邮湖大闸蟹、安砂鱼、柳江莲藕、洽川乌鳢、盘锦泥鳅、阳澄湖大闸蟹、连江鲍鱼、汉寿甲鱼、兴化大闸蟹、嘉儒蛤、洪湖藕带、大连虾片等。(资料来源：国家质量监督检验检疫总局《质检总局关于批准对××等产品实施地理标志产品保护的公告》)

截止 2016 年 12 月，农业部准予农产品地理标志登记的水产品有：胜芳蟹、磁州白莲藕、山阳九眼莲、襄陵莲藕、南林交莲藕、洪洞莲藕、吴王渡黄河鳖、临猗黄河鳖、达里湖鲫鱼、达里湖华子鱼、大连海参(6 只)、大连裙带菜、大连虾夷扇贝、大连红鳍东方鲀、大连紫海胆、旅顺鲍鱼、旅顺赤贝、旅顺海虾米、旅顺脉红螺、普兰店蚆蛸、普兰店黄蚬、金州毛蚶、金州海蛎子、海洋岛海参、东港梭子蟹、东港大黄蚬、东港杂色蛤、庄河牡蛎、庄河杂色蛤、五大连池鲤鱼、五大连池草鱼、五大连池鲫鱼、五大连池鲢鱼、镜泊湖红尾鱼、连环湖鳙鱼、石人沟鲤鱼、方正银鲫、扎龙鲫鱼、红星水库鲢鱼、宁安虹鳟鱼、抚远大马哈鱼、抚远鳇鱼、抚远鲤鱼、抚远鲟鱼、抚远鳌花鱼、抚远哲罗鱼、石人沟鲤鱼、兴凯湖大白鱼、崇明老毛蟹、兴化大青虾、兴化大闸蟹、白马湖青虾、白马湖大闸蟹、建湖青虾、阳澄湖大闸蟹、盱眙龙虾、建湖青虾、余姚甲鱼、湖州太湖鹅、宁波岱衢族大黄鱼、长街蛏子、(浙江)、石臼湖螃蟹(3 个)、陶辛青虾、巢湖白虾、巢湖银鱼、明溪金线莲、桐江鲈鱼、军山湖大闸蟹、洪门鳙鱼、胶州湾蛤蜊、灵山岛海参、泊里西施舌、产芝水库鳙鱼、产芝水库大银鱼、琅琊玉筋鱼、日照西施舌、日照东方对虾、日照金乌贼、日照大竹蛏、兰山区孝河藕、临沂大银鱼、烟台海肠、龙口桑岛刺参、蓬莱海参、蓬莱地生子(黄盖鲽)、威海扇贝、威海蚬蛤、文登布蛤、文登面蛤、荣成海胆、荣成海参、荣成鲍鱼、荣成裙带菜、荣成魁蚶、荣成牡蛎、黄河口大闸蟹、黄河口文蛤、孝河藕、西长旺白莲藕、老龙湾鳟、巨淀湖泥鳅、龙口桑岛刺参、羊口虾酱、羊口咸蟹子、寿光毛蚶、寿光蚂蚬、寿光文蛤、寿光缢蛏、寿光老河口白蛤、鱼台龙虾、鱼台甲鱼、莒南县马髻山银鱼、芝麻湖藕、东阿黄河鲤鱼、大家洼鳎米鱼、八湖莲藕、郑州黄河鲤鱼、新郑莲藕、固始甲鱼、淇河鲫鱼、宜昌长江肥鱼、洪湖野鸭、漳河水库翘嘴鲌、漳河水库草鱼、黄龙鳜鱼、沙洋长湖河蟹、沙洋长湖鳙鱼、潜江龙虾、芝麻湖藕、鄙县白鹅、华容大湖胖头鱼、信宜凼仔鱼、钦州大蚝、全州禾花鱼、平南墨底鳖、钦州石金钱龟、桂平黄沙鳖、官垌草鱼、合浦文蛤、大化大头鱼、巫溪洋鱼、永川莲藕、开江白鹅、西畴阳荷、澂江藕、亚东鲑鱼、沙湖大鱼头、银川鲤鱼、小海子草鱼、海洋岛海参、普兰店黄蚬、旅顺海虾皮、锦州海蛎子、里业白莲、合浦文蛤、亚东鲑鱼、大家洼鳎米鱼、大火房水库鲤鱼、大伙房水库鳙鱼、虎平岛海参、镇江江蟹、北园大卧白莲藕、洪湖莲藕、恭城娃娃鱼、凭祥石龟、呼伦河白鱼、呼伦河小白鱼、呼伦河秀丽白虾、呼伦河鲤鱼、临沂大银鱼、钦州青蟹、洪泽湖河蚬、崆峒岛刺参、西霞口刺参、钦州鲈鱼、锦州毛蚶、锦州毛虾、宽甸鸭绿江鲤鱼、瓦房店虾皮、洪泽湖大闸蟹、庐江花香藕、连江鲍鱼、马踏湖白莲藕、无棣卤虫卵、孟津黄河鲤鱼、伊河鲂鱼、梁子湖大闸蟹、抚仙湖抗浪鱼、奎湖鳙鱼、伊水大鲵等。(资料来源：农业部 20××年第×批农产品地理标志登记产品公告信息)

截止 2016 年 12 月已在国家工商行政管理总局注册的水产品地理标志商标，见表 26-9。

表 26-9　中国注册水产品地理标志商标名录

省份	商标名称	注册人	注册号	商品
天津	七里海河蟹	宁河七里海河蟹养殖协会	7735723	河蟹（活）
	潮白河鲫鱼	天津市宝坻区大唐庄镇水产养殖业协会	11133572	活鱼
	宝坻黄板泥鳅	天津市宝坻区泥鳅养殖业协会	12552200	泥鳅（活）
	州河鲤鱼	天津市蓟县水产技术推广站	10680222	活鱼
	大黄堡河蟹	天津市武清区大黄堡水产养殖协会	13938193	螃蟹
	大黄堡虾	天津市武清区大黄堡水产养殖协会	13938194	虾（活的）
	大黄堡鲢鱼	天津市武清区大黄堡水产养殖协会	13938195	活鱼
	大黄堡草鱼	天津市武清区大黄堡水产养殖协会	13938196	活鱼
	大黄堡鲫鱼	天津市武清区大黄堡水产养殖协会	13938197	活鱼
	大黄堡鲤鱼	天津市武清区大黄堡水产养殖协会	13938198	活鱼
辽宁	长海海参	长海商会	4904656	海参（活）
	长海海参	长海商会	4904657	海参
	旅顺海带	大连市旅顺口区藻类协会	6455336	海带
	庄河杂色蛤	大连滩涂贝类技术研究所	7100616	杂色蛤（活）
	葫芦岛对虾	葫芦岛市特产协会	12109213	对虾（非活）
	葫芦岛螃蟹	葫芦岛市水产品质量监督管理处	12146856	海蟹（活蟹）
	营口大闸蟹	大石桥市农业技术推广中心	9871428	大闸蟹（活）
	盘锦河蟹	盘锦市河蟹协会	10290425	螃蟹（活）
	营口对虾	营口市渔业协会	12354949	虾（活的）
	长海海参	长海商会	15879021	海参（非活）
上海	崇明老毛蟹	上海崇明县河蟹协会	6450301	蟹（活）
江苏	盱眙龙虾	江苏省盱眙龙虾协会	3739968	虾（活）
	甘露	无锡市锡山区鹅湖水产协会	3821788	青鱼（活）
	巴城阳澄	昆山市巴城镇阳澄湖蟹业协会	5067165	蟹（活）
	兴化大青虾	兴化市大青虾行业协会	6020920	虾（活）
	兴化大闸蟹	兴化市大闸蟹行业协会	6020921	大闸蟹（活）
	江阴河豚	江阴市农林协会	6551592	河豚
	宝应荷藕	宝应县荷藕行业协会	7462073	藕（鲜）
	金湖荷藕	金湖县农副产品营销协会	10154868	鲜藕
	金湖芡实	金湖县农副产品营销协会	10154869	干芡实
	金湖泥鳅	金湖县农副产品营销协会	10154870	泥鳅（活）

商品	省份	商标名称	注册人	注册号
江苏	金湖甲鱼	金湖县农副产品营销协会	10154871	甲鱼（活）
	金湖螃蟹	金湖县农副产品营销协会	10154872	螃蟹（活）
	宜兴大闸蟹	宜兴市水产协会	11111700	蟹（活）
	灌河四鳃鲈鱼	响水县特色农产品种养技术协会	11221852	鱼（非活）
	洪泽芡实	洪泽县洪泽湖农产品协会	11186030	新鲜芡实
	洪泽芡实	洪泽县洪泽湖农产品协会	11186031	干芡实
	洪泽河蚬	洪泽县洪泽湖农产品协会	11186034	河蚬（活）
	洪泽河蚬	洪泽县洪泽湖农产品协会	11186035	河蚬（非）
	洪泽银鱼	洪泽县洪泽湖农产品协会	11186036	银鱼（活）
	洪泽白鹅	洪泽县洪泽湖农产品协会	11186037	鹅（活）
	赣榆梭子蟹	赣榆县海头镇浅海水域养殖协会	11612634	梭子蟹
	赣榆白虾	赣榆县海头镇浅海水域养殖协会	11680918	虾（活）
	赣榆大黄鱼	赣榆县海头镇浅海水域养殖协会	11681140	大黄鱼
	赣榆对虾	赣榆县海头镇浅海水域养殖协会	11681141	对虾
	赣榆鲳鱼	赣榆县海头镇浅海水域养殖协会	11681154	鲳鱼
	涟水荷藕	涟水县农副产品营销协会	12414727	加工荷藕
	涟水荷藕	涟水县农副产品营销协会	12414728	新鲜荷藕
	金湖甲鱼	金湖县农副产品营销协会	12414733	甲鱼（非活）
	金湖螃蟹	金湖县农副产品营销协会	12414734	螃蟹（非活）
	金湖泥鳅	金湖县农副产品营销协会	12414735	泥鳅（非活）
	金湖白鹅	金湖县农副产品营销协会	12414736	白鹅（非活）
	金湖芡实	金湖县农副产品营销协会	12414737	芡实（新鲜）
	金湖荷藕	金湖县农副产品营销协会	12414738	荷藕（加工过）
	盱眙螃蟹	盱眙县农副产品营销协会	15982807	螃蟹（非活）
	盱眙螃蟹	盱眙县农副产品营销协会	16022253	螃蟹（活的）
	盱眙青虾	盱眙县农副产品营销协会	15982808	虾（非活）
	盱眙青虾	盱眙县农副产品营销协会	15982809	虾（活的）
	洪泽白鱼	洪泽县洪泽湖农产品协会	15854804	鱼（活的）
	洪泽青虾	洪泽县洪泽湖农产品协会	15854805	虾（活的）
	洪泽青虾	洪泽县洪泽湖农产品协会	15854806	虾（非活）
	洪泽荷藕	洪泽县洪泽湖农产品协会	15854813	荷藕（加工过的）

续表

商品	省份	商标名称	注册人	注册号
	江苏	洪泽荷藕	洪泽县洪泽湖农产品协会	15854814	荷藕（新鲜）
		洪泽菱角	洪泽县洪泽湖农产品协会	15854808	菱角（仁加工过的）
		洪泽菱角	洪泽县洪泽湖农产品协会	15854807	菱角（新鲜）
		广洋湖青虾	宝应县广洋湖镇水产协会	13660540	虾（活的）
		泗洪大闸蟹	泗洪县渔业协会	14635609	螃蟹
		九龙口大闸蟹	建湖县九龙口大闸蟹协会	13132651	螃蟹（活的）
		响水浅水藕	响水县浅水藕产业协会	13208667	浅水藕
		盱眙龙虾	江苏省盱眙龙虾协会	12584774	龙虾（非活）
		涟水荷藕	涟水县农副产品营销协会	13731257	荷藕（新鲜）
		涟水荷藕	涟水县农副产品营销协会	13731258	荷藕（加工过的）
		高邮湖大闸蟹	高邮市高邮湖大闸蟹行业协会	13986868	螃蟹（活的）
		高邮湖大闸蟹	高邮市高邮湖大闸蟹行业协会	13986869	螃蟹（活的）
		扬中江蟹	扬中市渔业协会	11946910	螃蟹（活的）
		扬中江虾	扬中市渔业协会	11946911	虾（活的）
		扬中刀鱼	扬中市渔业协会	11946912	刀鱼（活的）
		扬中河豚	扬中市渔业协会	11946913	河豚（活的）
		巴城阳澄湖	昆山市巴城镇阳澄湖蟹业协会	13720640	蟹（活）
		溧阳青虾	溧阳市青虾养殖协会	13517943	虾（活的）
		赣榆虾皮	赣榆县海头镇浅海水域养殖协会	11681167	虾皮
		如东条斑紫菜	如东县紫菜协会	11722486	紫菜
		如东条斑紫菜	如东县紫菜协会	11946869	紫菜
		如东文蛤	如东县文蛤行业协会	11946870	文蛤（活的）
		如东文蛤	如东县文蛤行业协会	13026816	文蛤（活的）
		海安河豚	海安县水产技术推广站	11759159	河豚（活鱼）
	浙江	嵊泗贻贝	嵊泗县贻贝养殖行业协会	3390902	贻贝等
		三门青蟹	三门县水产技术推广站	3897098	青蟹（活）
		三门缢蛏	三门县水产技术推广站	8345912	缢蛏（活）
		舟山大黄鱼	舟山市水产流通与加工协会	5020378	大黄鱼
		舟山大黄鱼	舟山市水产流通与加工协会	5020379	大黄鱼（活）
		舟山三疣梭子蟹	舟山市水产流通与加工协会	5020380	三疣梭子蟹
		舟山带鱼	舟山市水产流通与加工协会	5020381	带鱼

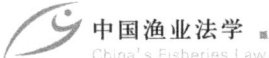

续表

商品	省份	商标名称	注册人	注册号
浙江	舟山带鱼	舟山市水产流通与加工协会	5020382	带鱼(活)
	舟山三疣梭子蟹	舟山市水产流通与加工协会	5020383	三疣梭子蟹(活)
	乐清泥蚶	乐清市水产技术推广站	5050110	活泥蚶
	青田田鱼	青田县农业技术推广中心	6028739	田鱼干
	青田田鱼	青田县农业技术推广中心	6028740	田鱼(活)
	舟山大黄鱼	舟山市水产流通与加工行业协会	7481930	大黄鱼
	舟山带鱼	舟山市水产流通与加工行业协会	7481931	带鱼
	舟山三疣梭子蟹	舟山市水产流通与加工行业协会	7481932	三疣梭子蟹
	象山大黄鱼	象山县水产养殖技术推广站	7581260	大黄鱼(活)
	象山梭子蟹	象山县水产养殖技术推广站	7581261	梭子蟹(活)
	大陈黄鱼	台州市椒江区水产技术推广站	7839499	黄鱼等
	三门青蟹	三门县水产技术推广站	8136757	青蟹(活)
	萧山白对虾	杭州市萧山区农产品加工业行业协会	10493117	虾(活)
	萧山甲鱼	杭州市萧山区农产品加工业行业协会	12846377	活甲鱼
	三门望潮	三门县水产技术推广站	14650137	望潮(活)
	开化清水鱼	开化县水产协会	16879461	活鱼(草鱼)
	三门跳跳鱼	三门县水产技术推广站	14650138	跳跳鱼(活)
	胥仓雪藕	长兴县吕山乡农副产品协会	13169743	鲜藕
	胥仓雪藕	长兴县吕山乡农副产品协会	13169744	熟藕
	舟山鲳鱼	舟山市水产流通与加工行业协会	11866025	鲳鱼(非活)
安徽	天长龙岗芡实	天长市铜城芡实协会	9673003	芡实
	池河梅白鱼	定远县池河水利水产技术服务中心站	11433345	活鱼
	合肥龙虾	合肥市龙虾协会	13956845	小龙虾(活的)
	金寨花鲢鱼	金寨县槐树湾水产养殖协会	13171525	鱼(活的)
福建	南日鲍	南日鲍协会	6595645	鲍鱼(活)
	霞浦海带	霞浦县农副产品产业协会	7127315	海带
	霞浦紫菜	霞浦县农副产品产业协会	7127316	紫菜
	深土紫菜	漳浦县深土镇农产品产业协会	8371641	紫菜
	官浔淡水虾	漳浦县官浔镇淡水生态虾养殖协会	10103610	淡水虾(活)
	宁德缢蛏	宁德市蕉城区缢蛏协会	10729939	蛏(活)
	宁德缢蛏	宁德市蕉城区缢蛏协会	10729940	蛏干

续表

商品	省份	商标名称	注册人	注册号
	福建	东厦缢蛏	云霄县农作物科学研究所	10737564	缢蛏（活）
		旧镇大蚝	漳浦县旧镇镇农产品产业协会	10181305	牡蛎（活）
		光泽溪鱼	光泽县水产研究所	11132352	活鱼
		甲洲鸡母埭大虾	诏安县桥东镇水产养殖协会	11708370	虾（活）
		仙塘红蟳	诏安县桥东镇水产养殖协会	11708371	红蟳（活）
		江东鲈鱼	龙海市榜山镇江东鲈鱼养殖协会	11994880	鲈鱼
		江东鲈鱼	龙海市榜山镇江东鲈鱼养殖协会	11994881	鲈鱼（活）
		琅岐红	福州市琅岐经济区　养殖协会	13631771	活青蟹
		连江鲍鱼	连江县鲍鱼行业协会	13600377	鲍鱼（活的）
		连江鲍鱼	连江县鲍鱼行业协会	13600378	鲍鱼（非活）
		崇武鱼卷	惠安县崇武镇食品加工行业协会	14230888	鱼卷
		桐江鲈鱼	福鼎市鲈鱼养殖协会	12721807	鲈鱼（活的）
		平和粗鳞鱼	平和县特产协会	11448151	粗鳞鱼（非活）
		大梧蚝	诏安县四都镇大梧村水产养殖协会	13148116	蚝(牡蛎（活的))
		深土三角文蛤	漳浦县深土镇农产品产业协会	13597610	文蛤（活的）
		深土皱纹盘鲍鱼	漳浦县深土镇农产品产业协会	13597611	鲍鱼（活的）
		沙西红蟳	漳浦县沙西海产品协会	11571857	蟳（活的）
		沙西血鳗	漳浦县沙西海产品协会	11571858	血鳗（活的）
		沙西泥蚶	漳浦县沙西海产品协会	11571859	蚶（活的）
		前亭珠蚶	漳浦县前亭镇农产品产业协会	11632810	蚶（活的）
		前亭沙虾	漳浦县前亭镇农产品产业协会	11632811	虾（活的）
		漳江口大蚝	福建省云霄县水产开发中心	12980693	大蚝（活的牡蛎）
		东山鲍鱼	东山县水产技术推广站	13890624	鲍鱼（活）
	江西	万安玻璃红鲤鱼	万安玻璃红鲤鱼产业协会	5631236	红鲤鱼（活）
		兴国红鲤鱼	兴国县农副土特产品协会	11968473	活鱼
		彭泽鲫	江西省彭泽县彭泽鲫产业协会	13363466	活鱼
	山东	荣成海带	荣成市渔业协会	4229043	海带
		乳山牡蛎	乳山市水产养殖协会	5567446	牡蛎
		威海刺参	威海市海参产业协会	6283638	海参
		昌邑大对虾	昌邑市水产养殖协会	7478605	虾（活）
		昌邑大对虾	昌邑市水产养殖协会	7478606	虾

省份	商标名称	注册人	注册号	商品
山东	长岛海胆	长岛县渔业协会	7602743	海胆（活）
	泊里西施舌	胶南市渔业协会	10033640	贝壳类动物
	蓬莱海参	蓬莱市渔业协会	10637494	海参（非活）
	黄沟池藕	泗水县大黄沟乡莲藕协会	11319797	池藕
	莱州湾鲈鱼	昌邑市水产养殖协会	11135145	鲈鱼（非活）
	潍河口开凌梭	昌邑市水产养殖协会	11135146	梭鱼（非活）
	日照刺参	岚山区岚山头街道浅海养殖协会	11466423	刺参（非活）
	日照黑头鱼	岚山区岚山头渔业技术协会	11466426	黑头鱼（非活）
	日照刀鱼	岚山区岚山头街道渔业技术协会	11466428	刀鱼（非活）
	莱州湾沙蚕	潍坊滨海经济技术开发区渔业协会	11624100	沙蚕（鲜活）
	大家洼盐田卤虫	潍坊滨海经济技术开发区渔业协会	11624101	卤虫（鲜活）
	丁马甲鱼	临清市魏湾镇甲鱼养殖协会	11735245	甲鱼（活）
	泰山赤鳞鱼	泰安市水产研究所	12446535	活鱼
	微山湖乌醴	微山县渔业协会	12475921	活鱼
	微山湖河蚌	微山县渔业协会	12475922	活河蚌
	微山湖甲鱼	微山县渔业协会	12475923	活甲鱼
	微山湖大闸蟹	微山县渔业协会	12475924	活蟹
	微山湖四鼻鲤鱼	微山县渔业协会	12475925	活鱼
	微山湖田螺	微山县渔业协会	12682126	活田螺
	微山湖鲫鱼	微山县渔业协会	12682127	活鲫鱼
	微山湖鳜鱼	微山县渔业协会	12682128	活鳜鱼
	微山湖青虾	微山县渔业协会	12682129	活青虾
	高青黄河鲤鱼	高青县渔业协会	13104920	鱼（非活）
	高青黄河鲤鱼	高青县渔业协会	13104921	鲤鱼（活）
	莱州大竹蛏	莱州蓝色海洋水产技术研究所	13192919	蛏子（活）
	莱州对虾	莱州蓝色海洋水产技术研究所	13192920	虾（活）
	莱州文蛤	莱州蓝色海洋水产技术研究所	13192921	文蛤（活）
	南四湖菱角	微山县微山湖经济开发促进会	14081989	菱角（干）；菱角米（干）
	微山湖莲藕	微山县微山湖经济开发促进会	14081990	莲藕（食用植物根）
	微山湖莲子	微山县微山湖经济开发促进会	14081991	莲子
	微山湖大水蛭	微山县微山湖经济开发促进会	14081988	医用水蛭

续表

省份	商标名称	注册人	注册号	商品
山东	昌邑小干鱼	昌邑市水产养殖协会	12929139	鱼(非活)
	昌邑文蛤	昌邑市水产养殖协会	12929140	蛤蜊(活的)
河南	孟津黄河鲤鱼	孟津县会盟农业协会	13348610	鲤鱼
湖北	蔡甸莲藕	武汉市蔡甸区莲藕产业协会	5601503	莲藕
	鄂州武昌鱼	鄂州武昌鱼协会	4788115	武昌鱼
	鄂州武昌鱼	鄂州武昌鱼协会	4788116	武昌鱼
	鄂州武昌鱼	鄂州武昌鱼协会	4788117	武昌鱼(活)
	鄂州武昌鱼	鄂州武昌鱼协会	4788118	武昌鱼(活)
	潜江龙虾	潜江市龙虾养殖协会	8434342	小龙虾(活)
	洪湖莲子	洪湖市莲藕协会	10048747	莲子(未加工)
	蔡甸沉湖	武汉市蔡甸区水产服务中心	10297667	鳙鱼(活)
	义河蚶	天门义河蚶养殖协会	11257389	蚶(活)
	云梦鱼面	云梦县鱼面行业协会	11576678	鱼面(鱼制食品
	沔城藕	仙桃市沔城回族镇蔬菜协会	11905021	藕(新鲜)
	南北二荡八眼藕	武汉市新洲区辛冲镇胜利湖村种养殖技术协会	11975951	藕(新鲜)
	喜鹊湖螃蟹	武汉市汉南农场螃蟹养殖协会	12073199	螃蟹(活)
	东沟珍珠	鄂州市梁子湖东沟珍珠协会	12356022	珍珠
	东沟珍珠	鄂州市梁子湖东沟珍珠协会	12356023	珍珠
	鄂城鳜鱼	鄂州市名贵淡水鱼协会	12430388	鳜鱼
	巴河莲藕	浠水县巴河莲藕协会	12247932	莲藕
	监利黄鳝	监利县黄鳝养殖运销协会	12529867	黄鳝(活)
	监利河蟹	监利县河蟹养殖销售协会	12529868	河蟹(活)
	张沟黄鳝	仙桃市张沟镇养鳝协会	13097923	黄鳝(活)
	梁子湖螃蟹	鄂州市名贵淡水鱼协会	14357145	螃蟹(活的)
	梁子湖螃蟹	鄂州市名贵淡水鱼协会	14357146	螃蟹(活的)
	鄂州螃蟹	鄂州市鄂城名优产品协会	14229284	螃蟹(活的)
	鄂州螃蟹	鄂州市鄂城名优产品协会	14229339	螃蟹(活的)
	丹江口翘嘴鲌	丹江口市水产协会	13231153	鱼(非活)
	韦源口螃蟹	阳新县韦源口金海水产服务(区域)中心	13654479	螃蟹(活的)

续表

省份	商标名称	注册人	注册号	商品
湖南	汉寿甲鱼	汉寿县龟鳖产业协会	7782687	甲鱼(活)
	张家界大鲵	张家界市武陵大鲵研究所	10159626	大鲵(活鱼)
重庆	永川水花	重庆市永川区双竹渔业协会	8178087	鱼苗(活)
	万县胭脂鱼	重庆市万州区水产研究所	8885913	胭脂鱼(活)
	璧山来凤鱼	璧山县来凤街道办事处农业服务中心	9394559	草鱼(活)
四川	雅鱼	雅安市雨城区鱼种站	3293481	活鱼
云南	元江鲤	元江哈尼族彝族傣族自治县鱼种技术推广站	11034609	鲤鱼(活)

资料来源：国家工商行政管理总局商标局公布的 20××年度已注册和初步审定地理标志商标名录。

（五）水产品地理标志标准

《地理标志产品保护规定》第十七、十八条规定："拟保护的地理标志产品，应根据产品的类别、范围、知名度、产品的生产销售等方面的因素，分别制订相应的国家标准、地方标准或管理规范。""国家标准化行政主管部门组织草拟并发布地理标志保护产品的国家标准；省级地方人民政府标准化行政主管部门组织草拟并发布地理标志保护产品的地方标准。"为配合《地理标志产品保护规定》的实施，指导地理标志产品标准的编写，国家质量监督检验检疫总局和国家标准化管理委员会发布 GB/T 17924—2008《地理标志产品标准通用要求》代替 GB 17924—1999《原产地域产品通用要求》，对制定地理标志产品标准的基本原则和通用要求做出了规定。

1. 制定地理标志产品标准的基本原则

（1）应是国家质量监督检验检疫行政主管部门根据《地理标志产品保护规定》批准的地理标志产品。

（2）产品的品质、特色和声誉应能体现产地的自然属性和人文因素，并具有稳定的质量，历史悠久，风味独特，享有盛名。

（3）地理标志产品标准除应符合 GB/T 1.2—2002《标准化工作导则　第2部分　标准中规范性技术要素内容的确定方法》的规定外，还应规定地理标志产品保护范围、自然环境、特定的品种、特定的种植或养殖技术、特殊的加工工艺、产品技术指标等与地理标志产品独特品质有关的内容。

2. 制定地理标志产品标准的通用要求

（1）标准名称。地理标志产品标准名称应由产地名称和反映真实属性的通用产品名称构成，并冠以地理标志产品前缀。

（2）地理标志产品保护范围。应符合国际质量监督检验检疫主管部门批准的保护区域，并附相应地域图。

（3）自然环境。应规定适宜产出具有特定品质产品的保护区域的自然环境，如独特的地理环境、气候、土壤、水质等。

（4）原料。应规定适制地理标志产品的动、植物品种，及与产品独特品质有关的特殊原料的来源，必要时应规定原料的产地、感官特性、理化指标和安全卫生指标。

（5）种植（养殖）技术。应规定与产品独特品质有关的种植（养殖）技术要求，如选种、栽培、田间管理、施肥与农药、采摘、原材料处理和贮存等。

（6）工艺。应规定产品独特的加工工艺，必要时应规定关键工艺和关键设备及生产过程的安全、卫生和环保要求，并应符合国家相关法律、法规的规定。

（7）产品质量。应规定产品的感官特性、理化指标、安全卫生指标、试验方法及有关限制性条款。并可规定产品的特异性指标。

（8）标签和标志。地理标志产品标签的内容应标注地理标志产品名称、原料名称和产地，以及其他需要特殊标注的内容。地理标志产品专用标志应符合 2006 年国家质量监督检验检疫总局《关于发布地理标志保护产品专用标志比例图的公告》的规定。[16]

《地理标志产品保护规定实施细则》第二十二条规定："产品获得批准后，申报方按照总局批准公告的要求，完善地理标志保护产品的技术文件，并报总局管理机构审核备案。技术文件包括生产过程规范和产品标准两部分，地理标志保护的产品标准应制定为省级地方标准，地理标志保护产品的生产过程规范可制定为技术规范或省级地方标准。"[14]按照 GB 17924—1999 和 GB/T 17924—2008 的要求，质量监督检验检疫部门和标准化管理部门制定了 1 批地理标志水产品标准，现行的，见表 26-10。

表 26-10 现行地理标志水产品国家和地方标准一览表

	标准编号	标准名称
1	GB/T 19906—2005	地理标志产品 宝应荷（莲）藕
2	GB/T 19957—2005	地理标志产品 阳澄湖大闸蟹
3	GB/T 20356—2006	地理标志产品 广昌白莲
4	GB/T 20709—2006	地理标志产品 大连海参
5	GB/T 20710—2006	地理标志产品 大连鲍鱼
6	GB/T 19853—2008	地理标志产品 抚远鲟鱼子、鳇鱼子、大麻（马）哈鱼子
7	GB/T 22655—2008	地理标志产品 南通长江河豚（养殖）
8	GB/T 22739—2008	地理标志产品 建莲
9	DB 46/60—2006	地理标志产品 和乐蟹
10	DB37/T 1219—2009	地理标志产品 威海海带
11	DB37/T 1241—2010	地理标志产品 烟台海参

3. 制定地理标志产品标准的主要内容

《农产品地理标志管理办法》第七条规定："申请地理标志登记的农产品，应当符合下列条件：（一）称谓由地理区域名称和农产品通用名称构成；（二）产品有独特的品质特性或者特定的生产方式;(三)产品品质和特色主要取决于独特的自然生态环境和人文历史因素;(四)产品有限定的生产区域范围;(五)产地环境、产品质量符合国家强制性技术规范要求。"第八条规定,申请农产品地理标志登记,应提交"产地环境条件、生产技术规范和产品质量安全技术规范"等材料。为配合实施《农产品地理标志管理办法》的上述规定,2010年农业部农产品质量安全中心组织制定了新版《中华人民共和国农产品地理标志质量控制技术规范(编写指南)》。该规范规定了登记产品的地域范围、独特自然生态环境、特定生产方式、产品品质特色及质量安全规定、标志使用规定等要求,其主要内容为:

(1)地域范围。主要描述登记产品所在的具体地理位置、所辖村镇、经纬度和区域边界等。相关信息应当与县级以上地方人民政府农业行政主管部门核定的地域范围相一致。

(2)独特自然生态环境。主要描述影响登记产品品质特色形成和保持的独特产地环境因子,如独特的光照、温湿度、降水、水质、地形地貌、土质等。

(3)特定生产方式。主要描述影响登记产品品质特色形成和保持的特定生产方式,如产地要求、品种范围、生产控制、产后处理等相关特殊性要求。

(4)产品品质特色及质量安全规定。主要描述登记产品由于独特自然生态环境和特定生产方式等因素所形成的独特感官特征及独特的内在品质指标。同时明确表明产地环境、产品质量符合国家相关强制性技术规范要求,注明遵照的行业标准或国家标准编号与名称。

(5)标志使用规定。明确表述地域范围内的地理标志农产品生产经营者,在产品或包装上使用已获登记保护的农产品地理标志,须向登记证书持有人提出申请,并按照相关要求规范生产和使用标志,统一采用产品名称和农产品地理标志公共标识相结合的标识标注方法。[17]

《农产品地理标志质量控制技术规范 产品名称》是《农产品地理标志管理办法》规定的农产品地理标志登记申报的重要材料。申报产品经农业部设立的农产品地理标志登记专家评审委员会评审通过、由农业部做出登记决定并公告,颁发《中华人民共和国农产品地理标志登记证书》,该质量控制技术规范文本即成为国家强制性技术规范,农业部为其编号公布,为农产品地理标志生产管理和证后品质控制提供重要依据。编号格式为AGI ××××—××—×××××,其中AGI为农产品地理标志英文缩写;××××为年份;××为月份;×××××为获证产品总排序号。例如:

威海野生刺参 质量控制技术规范编号 AGI 2008—04—00014

胶州湾蛤蜊 质量控制技术规范编号 AGI 2010—03—00277

第四节　水产品加工质量管理

一、质量管理规章和标准

（一）水产品加工的质量管理规章

为加强对水产品加工的管理，提高水产加工产品质量，维护消费者权益，保障人体健康，保护渔业生态环境，促进水产品加工业可持续发展，国务院有关部门制定了一些部门规章，除上述绿色水产品、有机水产品、无公害水产品和地理标志保护水产品管理办法外，还有：

（1）1984 年农牧渔业部发布的《鱼粉生产管理暂行规定》；

（2）1990 年卫生部发布的《水产品卫生管理办法》；

（3）1992 年农业部发布的《水产冷冻厂（库）管理办法》；

（4）2011 年国家认证认可监督管理委员会发布的《出口食品生产企业安全卫生要求》。

（二）水产品加工的质量标准

1. 适用于水产品加工质量的国家标准

GB 18406.4—2001《农产品安全质量　无公害水产品安全要求》；

GB 18407.4—2001《农产品安全质量　无公害水产品产地环境要求》；

GB/T 24001—2004《环境管理体系　要求及使用指南》；

GB/T 19538—2004《危害分析与关键控制点（HACCP）体系及其应用指南》；

GB/T 19838—2005《水产危害分析与关键控制点（HACCP）体系及其应用指南》；

GB/T 22000—2006《食品安全管理体系　食品链中各类组织的要求》；

GB/T 20941—2007《水产食品加工企业良好操作规范；投诉处理》；

GB/T 19001—2008《质量管理体系要求》；

GB/T 27304—2008《食品安全管理体系　水产品加工企业要求》；

GB/Z 21702—2008《出口水产品质量安全控制规范》；

GB/T 23871—2009《水产品加工企业卫生管理规范》；

GB 14881—2013《食品企业通用卫生规范》。

2. 适用于水产品加工质量的行业标准

SC/T 3009—1999《水产品加工质量管理规范》；

SN/T 1252—2003《危害分析及关键控制点（HACCP）体系及其应用指南》；

SN/T 1357—2004《水产品生产企业注册卫生规范》；

SC/T 0003—2006《水产企业 HACCP 管理体系认证指南》；

SC/T 9020—2006《水产品低温冷藏设备和低温运输设备技术条件》；

SC/T 8127—2009《渔船超低温制冷系统管系制作与安装技术要求》;

SC/T 8139—2010《渔船设施卫生基本条件》。

二、 加工企业的基本原则

从事水产品加工的企业应依照国家有关法律、法规、规章和标准进行加工、储存、运输等,并遵守以下基本原则:

(1) 承担产品安全的主体责任;

(2) 建立和实施以危害分析和预防控制措施为核心的产品安全卫生控制体系,并保证体系有效运行;

(3) 保留食品链的食品安全信息,保持产品的可追溯性;

(4) 配备与生产相适应的专业技术人员和卫生质量管理人员;

(5) 评估生产过程中存在的人为故意污染风险及可能的突发问题,建立预防性控制措施,必要时实施食品防护计划;

(6) 建立诚信机制,确保提供的资料和信息真实有效。

水产品加工企业应保证各生产过程具备符合国家有关食品安全卫生要求的必要的环境和操作条件。

三、 加工企业的基本要求

(一) 规定水产品加工企业基本要求的依据

CAC/RCP 1—1969,国际推荐操作规范《食品卫生通则》指出:"人们有权要求所食用的食品是安全和适于食用的。食源性疾病和食源性损害轻则引人不适,重则导致死亡,可能还有其他的后果。"为达到确保食品安全和适于人类食用之目的,该《通则》给出了整个食物链(包括从初级生产到最终消费整个过程)每1阶段的关键卫生控制措施,并指明所描述的各项控制措施是国际上公认的措施,也是确保食品安全性和可食用性所必要的,特向各国政府、企业(包括初级产品的个体生产者、制作者、加工者、食品经营者以及食品零售商和消费者推荐,并为各国和企业确保食品卫生奠定坚实的基础。[18]

GB/T 20941—2007、GB/T 27304—2008、GB/Z 21702—2008、GB 14881—2013、SC/T 3009—1999、SN/T 1357—2004 及出口食品生产企业安全卫生要求等规范性文件,均提出了进行水产品加工时的各项要求(良好加工规范),可视为水产品加工企业保证水产食品的安全卫生和质量的基础,是生产企业质量保证体系的重要组成部分,应由企业主要领导层负责组织贯彻实施。

(二) 水产品加工企业选址和厂区环境

(1) 企业选址远离有毒有害场所,厂区周围不得有粉尘、有害气体、放射性物质和其他扩散性污染源;不得有垃圾堆、粪场、露天厕所和传染病医院;不得有昆虫大量孳生的潜在场所;

(2) 厂区不得兼营、生产、存放有碍食品卫生的其他产品、器材和物品,不得有不良气味、有毒有害气体、烟尘及危害水产品卫生的设施;

（3）厂区主要道路应铺设适于车辆通行的硬化路面（如混凝土或沥青路面等），路面平整、无积水、无积尘；地面应平整、无破损，不积水，不起尘；

（4）厂区环境应优美，绿化良好；排水系统应保持畅通、无异味；避免存有卫生死角和蚊蝇孳生地；应有防鼠、防虫蝇设施，不得使用有毒饵料；不宜饲养与生产加工无关的动物，为安全目的饲养的犬只等不得进入生产区域；

（5）厂区卫生间应有冲水、洗手、防蝇、防虫、防鼠设施，保持足够的自然通风或机械通风，保持清洁、无异味。

（三）水产品加工厂区布局和设计

（1）生产区域宜与非生产区域隔离，否则应采取有效措施使得生产区域不会受到非生产区域污染和干扰；应布局合理，建有与生产能力相适应并符合卫生要求的原料、辅料、成品、有毒有害化学物质和包装物料的贮存设施，以及污水处理、废弃物、垃圾暂存等设施；

（2）原料、辅料及包装材料应设干燥通风的专库存放，并保持清洁卫生，定期清理消毒，并设有防霉、防鼠、防虫蝇设施；

（3）厂区、车间和实验室使用的洗涤剂、消毒剂、杀虫剂、燃油、润滑油、化学试剂等化学物品应专库存放，标识清晰；

（4）生产区建筑物与外缘公路或道路应有防护地带。

（四）水产品加工车间和主要设施和设备

1. 车间布局

（1）按生产能力和设施、设备安置的要求确定车间面积、高度，应按所加工水产品的工艺流程和加工卫生要求合理布局设施、设备，无交叉污染环节。

（2）设有独立区域用于食品容器和工器具的清洗消毒，防止清洗消毒区域对加工区域的污染，清洗消毒设施应易于清洁，具有充分的水供应和排水能力，必要时供应热水；

（3）有足够的区域分别存放有毒有害化学物质、辅料、包装物料、下脚料、废弃物等，避免交叉污染；

（4）设有与车间相连接的更衣室和卫生间，车间、更衣室和卫生间的设施和布局不应对产品造成潜在的污染；

（5）设有独立的内、外包装区域。

2. 车间建筑结构

（1）墙壁、屋顶或天花板使用无毒、浅色、防水、防霉、不脱落、易于清洗消毒的材料修建，且墙壁、屋顶或者天花板上方的固定物在结构上应能防止灰尘和冷凝水的形成以及杂物的脱落；

（2）地面采用无毒、耐腐蚀、耐磨、防滑、不渗水的建筑材料；地面平坦无裂缝，易于清洗消毒，以水冲洗的车间地面应有一定坡度，不积水；

（3）门窗使用浅色、易清洗、不透水、耐腐蚀的坚固材料制作，要平滑、严密不变形，生产过程经常开闭的门窗应设有防虫蝇装置（如水幕、窗纱等）；与外界相连的出口、排水口、通风处应安装防鼠、防蝇、防虫及防尘等设施；

（4）车间内具备充足的自然采光或人工照明，光线以不改变被加工物的本色为宜，光线强度应能保证生产、检验各岗位正常操作；位于生产线上方的照明设施应装有防护罩或采用其他安全型照明设施，防止碎片落入食品。

3．车间给排水和通风设施

（1）加工用水管道、冰的制作与贮水（冰）设施采用无毒无害、防腐蚀、易于清洗消毒的材料制成，输水管道出水口有防止产生回流的装置；贮水设施应建在无污染区域，定期清洗消毒，并加以防护；生产加工用水与非生产加工用水的管道应有标识加以区分，两种管道系统不能相连接；

（2）排水管道和下水道应保证畅通，并有防止固体废弃物排入的装置，及防止异味溢出的装置以及防鼠网；

（3）具有适宜的自然或机械通风设施，保持车间内通风良好；进排风系统在设计和建造上应便于维护和清洁，使空气从高清洁区域流向低清洁区域；进气口应远离污染源和排气口；蒸煮、油炸、烟熏、烘烤等产生大量水蒸气和烟雾的区域，应设有与之相适应的强制通风和排油烟设施；

（4）在有温度、湿度控制要求的工序和场所安装温湿度显示装置。

4．车间卫生设施

（1）车间总出入口处应设独立的消毒间，内设洗手盆及靴鞋消毒池；洗手设施附近应备有洗涤用品、消毒液及干手用品，水龙头应采用非手动式开关；靴鞋自动清洗和消毒池的深度应足以浸没鞋面，消毒液浓度应能达到有效的消毒效果；加工生食鱼、贝片，熟虾仁等即食水产品的车间入口处应设置隔离的消毒间；

（2）与车间相连的、不同清洁程度要求的区域应设有单独的更衣室，更衣室应有充足的空间和与加工人员数量相适应的更衣柜及鞋柜；更衣室内应通风良好，有适当照明；加工即食水产品的车间更衣室除满足上述要求外，还应在更衣室或其他适当场合设置紫外线消毒装置；

（3）与车间相连的卫生间内应设有冲水装置、洗手消毒设施，并有洗涤用品和干手用品，水龙头应为非手动式；应设置排气通风设施和防蝇、防虫设施，并保持清洁卫生，无异味；卫生间门应能自动关闭，门、窗不应直接开向车间；

（4）加工区内应设有足够的洗手和消毒设施，确保加工操作人员及时清洗消毒。

5．生产设备

（1）所有用于原料处理及可能接触原料的设备、用具应由无毒、无害、无异味、不吸附、耐腐蚀、不生锈且可承受重复清洗和消毒的材料制造，在正常的操作条件下与水产品、洗涤剂、消毒剂不发生化学反应；设施和器具的安装或存放应与地面、屋顶、墙壁保持一定距离，以便于进行维护保养、清洗消毒和卫生监控；车间内禁用竹木器具；

（2）水产品加工使用的设备均应符合安全卫生原则，防止微生物及外来物质的污染；直接接触食品的设备，其表面上的全部接缝处应连接光滑，以防止原料碎片或其他物质的留存；

（3）专用容器应有明显的标识，食用产品的容器和废弃物的容器不应混用；废弃物的容器应防水、防腐蚀、防渗漏、带盖;运送废弃物应用专用运输工具,如使用管道输送废弃物,则管道的建造、安装和维护应避免对产品造成污染;

(4)在用计量器具须经计量部门检定合格,并有有效的合格证件;应定期对仪器设备进行维护、计量检定和(或)校准;

(5)冷库应设自动温度记录系统和自动温度报警装置;库内照明灯应有防爆装置,库门设有风幕或挡风帘,冷藏库内应备有足够的垫板,垫板高度不低于 10 毫米;

(6)设施、设备和工器具应有维护保养计划,并按计划进行维护,以保持良好的工作状态;维护设备时,不应污染原料、辅料、半成品、成品,维护后应对区域进行清洗消毒。

(五)水产品加工原料、辅料、用水、用冰和包装材料

1.原料和辅料

(1)根据原料、辅料特性,应避免其初级生产过程中受到环境污染物、农业投入品、化学物质、有害生物和动植物病害等污染;

(2)采购、使用符合安全卫生规定要求的原料、辅料、食品添加剂、食品相关产品,要求供应商提供许可证和产品合格证明文件,并对供应商进行全面评价;对无法提供合格证明文件的食品原料、辅料,应依照食品安全标准进行检验;

(3)作为加工原料的养殖水产品应来自于国家主管机构许可的养殖场,养殖环境和水质应符合安全卫生要求;养殖用饲料和兽药应符合规定,保证来源和成分清楚,并附有相应的证明材料,养殖过程中应有饲养日志及用药记录,不应使用禁用药;必须经过停药期的处理,其药物残留量不得超过 1997 年《动物性食品中兽药的最高残留限量(试行)》中的规定;应在适当的卫生条件下宰杀或处理,不应被泥土、黏液或粪便污染,如果宰后不能立即加工,应保持冷却;

(4)贝类原料应采自符合 1997 年《贝类生产环境卫生监督管理暂行规定》要求的未被污染水域,贝类原料必须使用活品,并应按有关规定进行暂养或净化;若在原料产地收购脱壳的贝肉,企业应派员检查原料来源并监督贝肉加工过程;贝类原料应有注明贝类养殖或捕捞的日期、地点、种类、数量以及养殖者或捕捞者名称的记录或标签;去壳贝类还应注明去壳加工企业的名称、地址等必要的信息;企业应验收并保留相关信息资料;

(5)捕捞水产品应来自符合卫生要求,并获得国家主管机构的许可捕捞船、加工船或运输船;捕捞和在船上的前处理、冷却、冷冻处理等操作应符合国家卫生要求;保鲜用冰(水)应清洁、卫生;冰鲜水产品捕捞后应立即冷却,水产品的温度保持在 $0\sim4\,^{\circ}\mathrm{C}$ 为宜;

(6)食品的原料、辅料、食品添加剂、食品相关产品经进厂验收合格,确认其来源和质量符合法规或强制性标准要求的方准使用;超过保质期的原料、辅料、食品添加剂、食品相关产品不得用于食品生产,非食品用途的物质不得用于食品生产;

(7)食品添加剂的使用要符合 GB 2760 的规定,严禁使用未经许可或国家禁止使用的食品添加剂。生产出口水产品应依照国家和相关进口国(地区)标准中食品添加剂的品种、使用范围、用量的规定使用食品添加剂;

(8)二次加工的动物源性原料应来自检验检疫机构备案的出口食品生产企业;

(9)不改变食品性状或仅进行简单切割、不使用其他物理或化学方法处理食品的分

包装食品生产企业,其原料应来自检验检疫机构备案的食品生产企业;

(10)进口原料、辅料应提供有效的输出国主管机构的卫生证书和原产地证书及检验检疫机构出具的进口检验合格证明。

2.用水、用冰和蒸汽

(1)加工用水和制冰用水应符合 GB 5749 的要求;所用海水应符合 GB 3097 规定的第一类;

(2)使用非自来水的工厂,应设净化池或消毒设备;储水池(塔或槽)应设有防止外来污染的措施,使用的地下水源应远离污染源;不允许直接使用地表水;

(3)生产过程使用的冰块应符合 SC/T 9001 的要求,其制冰、破碎、运输均应在严格的卫生条件下进行;

(4)进口国(地区)对水质有明确要求的,按相关要求执行;

(5)需要使用蒸汽的操作应保证足够的压力和蒸汽供应。

3.包装材料

(1)包装材料必须是由国家批准可用于食品包装的材料;所用材料必须保持清洁卫生;

(2)直接接触水产食品的包装必须符合食品卫生要求,应不易褪色,不得含有有毒有害物质,不能对内容物造成直接或间接的污染。

(六)水产品加工过程

(1)加工工艺应设计合理,防止交叉污染;根据加工工艺和产品特性,通过物理分隔或时间交错,将不同清洁卫生要求的区域分开设置,控制加工区域人流、物流方向,防止交叉污染;

(2)根据加工工艺、产品特性和预期消费方式,控制加工时间、产品温度和车间的环境温度,根据加工工艺的特性,在加工过程中控制产品的内部温度和暴露时间;前处理、烹煮、油炸、冷却和加工等工序的时间和温度控制应严格按照产品工艺及卫生要求进行;加工车间应有适当的降温措施,有温度控制要求的工序或场所应安装温度显示装置,并保证温度测量装置的准确性并定期进行校准;

(3)应对速冻、冷藏、冷却、热处理、干燥、辐照、化学保藏、真空或改良空气包装等与食品安全卫生密切相关的特殊加工环节进行有效控制,应有科学的依据或国际公认的标准证明该环节采取的措施能够满足安全卫生要求;

(4)对于易产生鲭鱼毒素的鱼种,应根据产品特性加强对从原料接收到成品全过程的时间和温度控制,必要时应进行组胺等指标的检测;

(5)加热杀菌设备应进行热分布测试,以确保加热杀菌的均匀性;热杀菌工艺应进行确认以保证其科学有效;

(6)烟熏应在单独的烟熏间(炉)进行,必要时,应装有通风系统,以及时排出燃烧产生的烟和热,防止影响其他生产加工工序;用于烟熏的发烟材料应符合卫生要求,不应存放在烟熏间内,其使用不应污染产品;不应使用涂有油漆或清漆的、经胶合的或经过任何化学防腐处理的木料进行燃烧发烟;在熏制或加热过程中,应严格执行工艺要求以有效

防止肉毒梭状芽孢杆菌的生长和毒素的形成;产品烟熏后、包装前应迅速冷却至产品保存所需的温度;

（7）腌制操作应在独立的加工区域内进行,不应影响其他的加工操作;加工用盐、糖等配料应符合相应的卫生要求,不应重复使用,贮存场所应清洁干燥,避免污染;用于腌制的容器,其结构和材质应能防止产品在腌制过程中受到污染;

（8）为防止金属碎片危害,对捕捞和生产加工过程中易混入金属碎片的产品应进行金属探测,金属探测器在使用前、使用后和使用过程中应定时校准;

（9）在加工前应对加工用水（冰）的余氯含量进行检测（适用时）,并定期对加工用水（冰）进行微生物项目检测,以确保加工用水（冰）的卫生质量;每年应定期对水质进行公共卫生检测;如生产中使用海水,应确保其清洁卫生,并经充分消毒后使用;

（10）建立并有效执行生产设备、工具、容器、场地等清洗消毒程序,班前班后进行卫生清洁工作,专人负责检查;操作台、工具应及时清洁消毒

（11）盛放食品的容器不得直接接触地面;对加工过程中产生的不合格品、跌落地面的产品和废弃物,用有明显标志的专用容器分别收集盛装,并由专人及时处理;

（12）加工过程中产生的废水、废料不得对产品及车间卫生造成污染;放置废弃物和垃圾的场所应密闭,废弃物和垃圾应及时清理出厂;废水、废料、烟尘的处理与排放应符合国家有关规定。

（七）包装和标识

（1）内外包装过程应防止交叉污染,必要时内外包装间应分开设置;用于包装食品的内、外包装材料符合安全卫生标准并保持清洁和完整,防止污染食品;再次利用的食品内外包装材料要易于清洁,必要时要进行消毒;包装物料间应保持干燥,内、外包装物料分别存放,避免受到污染;

（2）内包装所使用的保鲜剂、防腐剂、添加剂等材料,应当符合国家有关强制性的技术规范;

（3）水产品的外包装应标识清楚;预包装水产品的标签应符合 GB 7718 的要求;出口水产品包装标识应符合相关进口国（地区）有关法律法规标准要求;

（4）符合国家规定标准的优质水产品可以依照有关规定在外包装使用有关的标志;符合地理标志产品保护规定的水产品可以依照有关规定在外包装使用农产品地理标志。

（八）水产品储存、运输过程

（1）储存库内应保持清洁、卫生、整齐,定期消毒,有防霉、防鼠、防蝇虫设施;库内产品应与墙壁、地面、天花板保持一定距离,分垛存放,标识清楚;库内不得存放有碍卫生的物品;同一库内不应存放可能造成相互污染或者串味的食品;

（2）预冷库、速冻库、冷藏库应满足产品温度、湿度控制要求,配备自动温度记录装置并定期校准;定期除霜,除霜操作不得污染库内产品或造成库内产品不符合温度要求;物品出库应遵循先进先出的原则;

（3）运输工具应符合有关安全卫生要求,保持卫生清洁,必要时应清洗消毒,根据产品特点配备防雨、防尘、制冷、保温、保活等设施;在运输过程中要保持必要的温度和湿

度,控制运输时间,确保产品不受损坏和污染,必要时应将不同食品进行有效隔离,并不应与其他可能污染水产品的物品混装;

(4)运输工具应根据产品特点配备制冷、保温和温度记录等设施;运输过程中应保持适宜的温度;

(5)水产品贮存、运输过程中所使用的保鲜剂、防腐剂、添加剂等材料,应当符合国家有关强制性的技术规范。

(九)生产过程的监控

1.检验机构设置及要求

(1)水产品加工企业必须设立与生产能力相适应、在企业领导人直接领导下的检验机构,并配备具有中等以上专业技术水平或经主管部门专业培训、考核合格、持有证书的专业检验人员;

(2)检验机构应具备检验工作所需要的检验场所和仪器设备,并有健全的检验管理制度。

2.检验控制

(1)检验人员必须从原料进厂、加工直至成品出厂全过程进行监督检查,重点做好原料验收、半成品检验和成品检验工作,确保加工过程在安全卫生的条件下进行;

(2)检验人员应对加工过程进行监督,监督内容主要为:加工过程是否严格按加工工艺和标准及卫生操作规范的要求操作。

3.记录控制

(1)各项检验控制必须要有原始记录;

(2)各项原始记录按规定保存;

(3)原始记录格式规范、填写认真、字迹清晰。

4.检验处理

检验有关人员根据检验的记录和判定的结果,对产品(单件或批)是否可以接收、放行做出决定。

(十)水产品加工企业管理制度

水产品加工企业应按照有关国家法规和标准的要求,结合企业自身情况建立完善的水产品加工的管理体系,制定和实施良好管理制度和操作规范,包括下列文件:

1.每种产品的生产管理文件

如产品配方、生产指令、生产工艺流程、岗位操作规范等。

2.每种产品的质量管理文件

如原料、辅料的检验规格标准,检验操作规范,取样及留样制度,原料、辅料及包装材料的贮存期和药品失效期的确认制度,原料、辅料报废制度,中间产品的管理制度等。

3.各部门各项卫生管理文件

如环境、厂房、设备、人员的卫生管理制度,原料、辅料及人员进出洁净厂房的卫生管理制度,体检制度等。

4.产品的生产、质量管理和经营有关的各种记录制度

（1）原料、辅料、食品添加剂、食品相关产品的名称、规格、数量、供货者名称及联系方式、进货日期及验收、检验、发放和报废记录；

（2）加工记录，包括原料加工过程、标签、批次号、包装、标识、储藏、运输记录；

（3）加工厂有害生物防治记录和加工、贮存、运输设施清洁记录；

（4）原料、辅料和产品的出入库记录，所有购货发票和销售发票；

（5）成品的销售和用户意见记录等。

记录应清晰、准确，按规定期限保存，并能为水产品加工经营活动提供有效证据。

5. 水产品加工经营的操作规程

（1）水产品加工、经营的操作规程；

（2）防止水产品加工和经营过程中受禁用物质污染的规程；

（3）水产加工品运输、储藏等各道工序的管理规程；

（4）水产品的屠宰、捕捞、加工、运输及储藏等管理规程；

（5）机械设备的维修、清扫规程；

（6）员工福利和劳动保护规程等。

6. 企业安全生产管理制度，建立企业安全突发意外事故应急预案和应急体系。

7. 企业能源管理和环境污染防治制度。

8. 水产品加工质量管理手册，其内容应包括：

（1）水产品生产、加工、经营者的简介；

（2）水产品生产、加工、经营者的经营方针和目标；

（3）管理组织机构图及其相关人员的责任和权限；

（4）水产品加工、经营实施计划；

（5）内部检查；

（6）跟踪审查；

（7）记录管理；

（8）客户申、投诉的处理。

（十一）水产品加工企业人力资源管理

（1）企业必须配备一定数量的与生产能力相适应的、具有专业知识、生产经验、组织能力强的各级管理人员和技术人员。

（2）负责生产和质量管理的企业领导人应具有相当的专业技术知识，并具有生产及质量管理的经验，能够按国家有关法规和标准的要求组织生产，并对法规和标准的实施和产品质量负责。

（3）水产品生产和质量管理的部门负责人应具有相应的专业技术知识，必须具有生产和质量管理的实践经验，有能力对生产和质量管理中的实际问题做出正确的判断和处理。

（4）生产管理、质量、卫生控制负责人，感官检验人员及化验人员的资格应符合有关规定，应经专业技术培训，使之具有基础理论知识和实际操作技能，并获取有关证书。

（5）生产企业必须对各类人员进行业务与技术的培训，其培训计划由企业指定部门

制定,每年至少组织培训、考核1次。

(6) 从事水产食品生产人员每年至少进行1次健康检查,必要时进行临时健康检查;新进厂人员应经体检合格后方可上岗。

(7) 患有活动性肺结核、传染性肝炎、伤寒病、肠道传染病及带菌者、化脓性或渗出性皮肤病、疥疮、手有外伤以及其他有碍食品卫生的疾病之一者,应调离水产食品生产岗位。

(8) 车间工作人员应穿整洁的浅色工作服和工作靴鞋,戴工作帽或发网;在车间禁止吃东西、抽烟,严禁随地吐痰;不得将与生产无关的个人用品(包括饰物)带入车间;不得留长指甲、涂指甲油、佩戴饰物或在肌肤上涂抹化妆品;加工人员应保持个人卫生,遵守卫生规则,在工作之前和每次离开岗位之后、重新操作之前都要洗手和消毒。

四、 加工质量目标和管理体系

(一) 水产品加工质量目标

1. 有关法律关于产品质量目标的规定

《产品质量法》第十三条规定:"可能危及人体健康和人身、财产安全的工业产品,必须符合保障人体健康和人身、财产安全的国家标准、行业标准;未制定国家标准、行业标准的,必须符合保障人体健康和人身、财产安全的要求。"第二十六条规定:"产品质量应当符合下列要求:(一) 不存在危及人身、财产安全的不合理的危险,有保障人体健康和人身、财产安全的国家标准、行业标准的,应当符合该标准;(二) 具备产品应当具备的使用性能,但是,对产品存在使用性能的瑕疵做出说明的除外;(三) 符合在产品或者其包装上注明采用的产品标准,符合以产品说明、实物样品等方式表明的质量状况。"《农产品质量安全法》第二条规定:"农产品质量安全,是指农产品质量符合保障人的健康、安全的要求。"《食品安全法》第九十九条规定:"食品安全,指食品无毒、无害,符合应当有的营养要求,对人体健康不造成任何急性、亚急性或者慢性危害。"原《食品卫生法》第六条规定:"食品应当无毒、无害,符合应当有的营养要求,具有相应的色、香、味等感官性状。"

2. 水产加工品质量目标

综合上列法律规定,水产加工品质量目标可概括为:

(1) 水产品具备应当具备的使用性能,在水产品加工的设计、生产、装配或说明指示等方面不存在减损其技术性能、耐用程度、外观美感、使用可靠性或对使用者会造成或可能造危及人身、财产安全的缺陷;

(2) 水产食品应当符合保障人的营养、健康、安全的要求及具有相应的色、香、味等感官性状;

(3) 水产食品应当无毒、无害,对人体健康不造成任何急性、亚急性或者慢性危害;

(4) 水产品符合保障人体健康和人身、财产安全或其他规定用途的国家标准、行业标准及在产品或者其包装上注明采用的产品标准。

(二) 水产品加工质量管理体系

水产品加工质量目标的实现,一是在技术上,依靠水产品加工良好操作规范的制定和执行;二是在管理上,依靠经济合理、技术可行的管理体系的建立和运行。随着科学技术的进步和社会生产力水平的不断提高,质量管理体系的内涵不断发展。现在通用的水产品质量管理体系主要有以下 4 种:

1. 质量检验管理体系

产品质量检验是生产中质量管理的 1 个重要组成部分。产品质量检验是指根据产品标准或检验规程对产品的 1 个或多个质量特性运用技术手段进行检查、测量、试验、度量,并将结果和规定的质量要求进行比较,以确定每项质量特性的合格情况的过程。在工业化时代,在生产规模扩大和大批量生产的情况下,要求对所有成品逐个进行质量检验在经济上并不合理,在技术上也不可能(例如对水产预包装食品进行破坏性检验),当今通常实行基于数理统计的概念、原理和方法的抽样检验。SC/T 3016-2004《水产品抽样方法》就规定了捕捞、养殖、加工、销售环节中对水产及水产加工品进行生产检验、监督检验时的样品的抽取及合格判定数。产品质量检验一般可分为以下 4 个步骤进行:

(1) 熟悉规定要求,选择检验方法;

(2) 测量或试验;

(3) 比较和判定;

(4) 记录和处理,检验有关人员签字确认和认可。

根据检验的记录和判定的结果,对产品(单件或批)是否可以接收、放行做出决定。质量检验管理主要可起到"事后把关"作用,通过检验,从产成品中挑出不合格品,保证出厂产品质量,又通过检验,反馈质量信息,从而为防止今后出现同类不合格品提供依据。随着工业技术的发展,生产过程自动化程度日益提高,自动化在线检测技术广泛应用,检验的集成度也明显增加。自动生产、自动检测、自动判断、自动反馈、自动补偿都由计算机闭环系统适时控制和调整,使质量检验的水平和时效性有了极大提高。但它无法在生产过程中完全起到预防、控制的作用,而且由于水产品是来自单个的易变质的生物体,其样本个体具有不均匀性,虽然检验技术的开发已到很高水平,但检验的可靠性只能是相对的,对产品的合格与否存在难以预料的误判风险。

2. 质量控制管理体系

按 GB/T 19000—2000 idtISO9000:2000 对术语的定义,质量控制是质量管理的 1 部分,致力于满足质量要求。[19]产品质量控制是指通过监视质量形成过程,消除质量环上所有阶段引起不合格或不满意效果的因素,以达到质量要求,获取经济效益,而采用的各种质量作业技术和活动。按照《中华人民共和国食品安全法实施条例》第二十七条的规定,水产品加工企业应当就下列事项制定并实施控制要求,保证出厂的水产品符合水产品安全标准:

(1) 原料采购、原料验收、投料等原料控制;

(2) 生产工序、设备、贮存、包装等生产关键环节控制;

(3) 原料检验、半成品检验、成品出厂检验等检验控制;

(4) 运输、交付控制。

水产品生产过程中有不符合控制要求情形的,水产品加工企业应当立即查明原因并

采取整改措施。

GB/T 27304、GB/Z 21702、GB/T 23871、GB 14881、SC/T 3009 和 SN/T 1357 等标准对水产品加工企业基本要求的规定,都体现了对水产品的生产和加工质量须从源头开始,对全过程各环节的质量实施全面控制管理,严格检验把关,使不合格的原料、辅料不投产,不合格的半成品不进入下道工序,实施对不合格品的标识、记录、评价、隔离和处置控制制度,保证不合格的产品不出厂,以确保国家和消费者利益,维护生产者信誉和提高社会效益。

3. 质量保证管理体系

按 GB/T 19000—2000 idtISO9000:2000 对术语的定义,质量保证是质量管理的一部分,致力于提供质量要求会得到满足的信任。为此需要证实企业具有稳定地提供满足顾客要求和适用的法律法规要求的产品的能力;并通过质量保证管理体系的有效应用,包括体系持续改进过程的有效应用,以及保证符合顾客要求和适用的法律法规要求,旨在增强顾客满意度。只有质量要求全面反映了用户的要求,质量保证才能提供足够的信任。可见,产品质量保证是为了提供足够的信任表明企业能满足质量要求,而在质量体系中实施并根据需要进行证实的全部有计划、有系统的技术和管理活动。质量保证包括目标(结果)的保证、过程的保证乃至服务质量的保证。信任的依据是按照:

(1) 以顾客为中心;

(2) 领导作用;

(3) 全员参与;

(4) 过程方法;

(5) 管理的系统方法;

(6) 持续改进;

(7) 基于事实的决策方法;

(8) 互利的供方关系等 8 项质量管理原则建立质量体系,并以质量计划为主线,以过程管理为重心,按 PDCA[①] 循环进行,通过计划—执行—检查—处理的循环步骤展开体系的运行,同时应向用户提供质量保证的文件"证据",如国家认可的认证机构出具的质量管理体系认证证书或第三方的检验报告等。

质量保证管理体系和质量控制管理体系可以提高产品质量合格率,但也避免不了质量检验抽样规则本身带来的误判风险。这种情形不能满足某些对食品安全性要求严格的用户的需要,而为了减少发生将不合格食品判为合格食品的错误,按照抽取成品检验把关的思路,只能最大限度地扩大抽样比例,进行大量的检验。这样做,除了增加成本费

---

① P(plan)计划,包括方针和目标的确定,以及活动规划的制定。

D(do)执行,根据已知的信息,设计具体的方法、方案和计划布局;再根据设计和布局,进行具体运作,实现计划中的内容。

C(check)检查,总结执行计划的结果,分清哪些对了,哪些错了,明确效果,找出问题。

A(action)处理,对检查的结果进行处理,对成功的经验加以肯定,并予以标准化;对于失败的教训也要总结,引起重视。

对于没有解决的问题,应提交给下 1 个 PDCA 循环中去解决。

用以外,对数量众多的预包装食品做破坏性试验也是不现实的。

4. HACCP 质量管理体系

20 世纪 60 年代美国皮尔斯柏利(Pillsbury)公司的研究人员 H. Bauman 博士等与美国航空和航天局(NASA)及美国陆军纳蒂克(Natick)研究所,合作研发为航天员需要的"零缺陷"安全食品。他们认识到现用的质量控制技术,并不能提供充分的安全措施来防止食品生产中污染危害的发生,而要确保食品的安全卫生,唯一方法是开发 1 种预防性的质量管理体系。在这种思路下,创立了危害分析与关键控制点(HACCP)体系。1971 年在美国第一次国家食品保护会议上 Pillsbury 公开提出了 HACCP 的原理,立即被美国食品和药物管理局(FDA)接受,并决定在低酸罐头食品的 GMP 中采用。

1972 年在对食品卫生监管人员进行了 3 周的 HACCP 研讨会,并在由接受特殊培训的监管人员在罐头厂进行了周密调查的基础上,美国食品和药物管理局于 1974 年公布了将 HACCP 原理引入到低酸罐头食品的 GMP。这是在有关食品生产的联邦法规中首先唯一采用 HACCP 原理的法规。

1985 年美国科学院就食品法规中的 HACCP 方式的有效性发表了评价结果。1992 年美国农业部食品安全检验局(FSIS/USDA)、美国海洋渔业局(NMFS)、美国食品和药物管理局和美国陆军 Natick 研究所 4 家政府机关,采纳了食品生产的 HACCP 体系的 7 个原理。

此后,HACCP 体系在国际上得到了广泛的应用和发展。1993 年国际食品法典委员会推荐 HACCP 系统为目前保障食品安全最经济有效的途径,并制定《危害分析和关键控制点(HACCP)体系及其应用准则》。1998 年 FAO/WHO CAC CCFFP 水产品法典专业委员会制定的《水产品操作法典》列出了新鲜鱼、冻鱼、鱼糜、软体贝类、咸鱼、烟熏鱼、水产罐头、模拟蟹肉和养殖水产品的 HACCP 模式。FAO/WHO 认为,根据世界贸易组织(WTO)的协议,FAO/WHO 食品法典委员会制定的法典规范或准则被视为衡量各国食品是否符合卫生、安全要求的尺度。[20]

HACCP 体系以科学性和系统性为基础,识别特定危害,确定控制措施,以确保食品的安全性。HACCP 是 1 种评估危害和建立控制体系的工具,着重强调对危害的预防,而不是主要依赖于对最终产品的检验。HACCP 虽不是零风险体系,但它不仅避免了大量的成品检验,可以降低成本,还能达到尽量减小食品安全危害的目的。美国、欧盟、澳大利亚、日本和一些新兴国家的实践证明,HACCP 是 1 个适用于各类食品企业的简便、易行、合理、有效的控制体系。

HACCP 体系可应用于从初级生产到最终消费整个食品链中,它的运用应以对人体健康风险的科学证据为指导。在提高食品安全性的同时,实施 HACCP 体系也能带来其他明显的好处。此外,HACCP 体系的应用有助于政府管理机构实施检查,并通过提高食品安全的可信度促进国际贸易。HACCP 体系现已被包括中国在内的世界许多国家的政府部门、行业协会和食品企业所接受。

第五节　水产加工企业 HACCP 管理体系

一、用语的定义

（一）HACCP 管理体系的定义

（1）国际标准 CAC/RCP 1—1969，第 4 修订版（2003）《食品卫生通则》附件《危害分析及关键控制点（HACCP）系统及其应用准则》对 HACCP 的定义为：对食品安全有显著意义的危害加以识别、评估和控制的体系。[21]

《食品卫生通则》对食品安全的定义为：确保食品在制备和（或）按预期用途食用时不危害消费者健康。

（2）国家标准 GB/T 15091—1994《食品工业基本术语》对 HACCP 的定义为：生产（加工）安全食品的 1 种控制手段；对原料、关键生产工序及影响产品安全的人为因素进行分析，确定加工过程中的关键环节，建立、完善监控程序和监控标准，采取规范的纠正措施。

（3）国家标准 GB/T 19538—2004《危害分析与关键控制点（HACCP）体系及其应用指南》对 HACCP 的定义为：对食品安全显著意义的危害加以识别、评估和控制的体系。

（二）HACC 管理体系基本用语的定义

（1）危害（H）是指食品中所含有的对消费者健康有潜在不良影响的生物、化学或物理因素或食品存在的状态。

（2）危害分析（HA）是指对危害及其存在条件的信息进行收集和评估的过程，以确定出食品安全的显著危害，并将其列入 HACCP 计划中予以控制。

（3）关键控制点（CCP）是指能进行控制，以防止、消除某 1 食品安全危害或将其降低到可接受水平所必需的食品生产过程中的某 1 步骤。

（4）HACCP 计划是指根据 HACCP 原理制定的确保食品从生产到最终消费各环节中对食品安全有显著影响的危害予以控制的文件。

（三）HACCP 体系的原理及相关用语的定义

HACCP 体系的原理是由以下 7 个原理组成的：

原理 1 进行危害分析；

原理 2 确定关键控制点；

原理 3 确定关键限值；

原理 4 建立关键控制点的监控体系；

原理 5 建立纠偏行动计划；

原理 6 建立验证程序；

原理 7 建立有关以上原理和应用方面所有程序和记录的文件系统。

其中,有关用语的含义是:

(1) 关键限值是指区分可接收或不可接收的判定标准。

(2) 纠偏行动是指为消除已发现的不合格或其他不期望情况的原因所采取的措施,包括当关键控制点的监视结果显示有失控情况时所采取的任何措施。

(3) 验证是指通过提供客观证据对规定要求已得到满足的认定。包括方法、程序、试验和其他评估的应用,以及为确定其符合 HACCP 计划的监控。[22]

二、 原理的应用

(一) 原理 1 进行危害分析

对 HACCP 管理体系原理的应用第一步是列出与各步骤有关的所有潜在危害,进行危害分析,并对识别的危害考虑控制的措施。HACCP 小组首先应列出各个步骤中预期可能产生的所有危害,这些步骤要包括原料生产、加工、制造、配送直到消费。

HACCP 小组下 1 步应进行危害分析,确定哪些危害具有如下特性,即:在食品安全生产方面,必须将它们消除或降低至可接受的水平。

在进行危害分析时,只要有可能,应包括下列因素:

(1) 危害产生的可能性及其影响健康的严重性;

(2) 危害存在的定量和(或)定性评价;

(3) 相关微生物的存活或繁殖;

(4) 食品中产生的毒素、化学或物理因素的产生及其持久性;

(5) 导致上述因素的条件。

HACCP 小组然后必须对每个危害提出可应用的控制措施。控制某 1 特定危害可以需要采用 1 个以上的控制措施,而某 1 个特定的控制措施也可能用来控制 1 个以上的危害。

(二) 原理 2 确定关键控制点

HACCP 体系的核心旨在针对关键控制点(CCPs)实施控制。可能有 1 个以上的关键控制点(CCP)用于控制同 1 危害。HACCP 体系中关键控制点(CCPs)可通过判断树,即应用逻辑推理法予以确定。判断树应用于生产、屠宰、加工、储藏、销售等的操作时,应有灵活性。如果 1 种危害在某 1 步骤中已被确认,需要通过控制以保证食品安全,但在该步骤或任何其他的步骤中都没有相应的控制措施存在,那么在该步骤或其前后的步骤中,应对产品或操作过程予以修改,以使其包括相应的控制措施。确定关键控制点(CCPs)的判断树,见图 26-1。

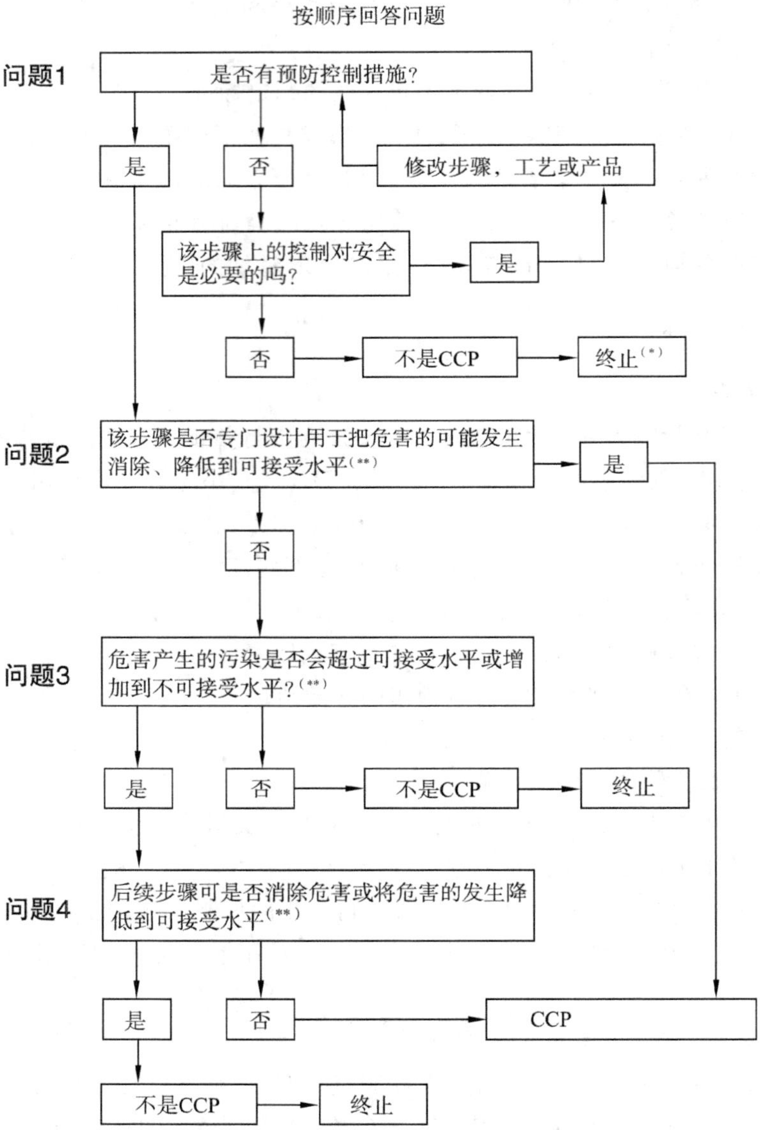

按顺序回答问题

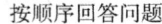

问题1 是否有预防控制措施？

是　否

修改步骤，工艺或产品

该步骤上的控制对安全是必要的吗？ → 是

否 → 不是CCP → 终止[*]

问题2 该步骤是否专门设计用于把危害的可能发生消除、降低到可接受水平[**] → 是

否

问题3 危害产生的污染是否会超过可接受水平或增加到不可接受水平？[**]

是　否 → 不是CCP → 终止

问题4 后续步骤可是否消除危害或将危害的发生降低到可接受水平[**]

是　否 → CCP

不是CCP → 终止

（＊）按描述的过程进行至下 1 个危害。

（＊＊）在 HACCP 计划的 CCPs 确定的总体目标内，需对可接受和不可接受的水平做出定义。

图 26-1　确定关键控制点(CCPs)的判断树

（三）原理 3 确定关键限值

　　建立每个关键控制点(CCP)的关键限值。对每个关键控制点(CCP)，必须规定关键限值，如有可能，并予以确认。在某些情况下，对某 1 特定步骤需要建立 1 个以上的关键限值。通常采用的指标包括对温度、时间、湿度、pH 值、水活度(Aw)、有效氯的测量以及感官参数等，如外观和组织形态。

（四）原理 4 建立关键控制点的监控体系

建立每个关键控制点（CCP）的监测系统。监测是对与关键控制点（CCP）相关的关键限值有计划的测量或观察。监测程序必须能够检测关键控制点（CCP）是否失控。而且监测最好能及时提供信息，以便做出调整，确保过程受控，防止偏离关键限值。如有可能，当监测结果表明对关键控制点（CCP）有失控趋势时，应进行过程调整。过程调整应在偏离发生之前进行。从监测中获得的数据必须由指定的、有技术的和有权执行纠偏行动的人员来评估。

如果监测是不连续的，监测频率或数量必须足以保证关键控制点（CCP）处于受控状态。绝大多数关键控制点（CCP）监测程序需要快速完成，因为它们关系到现场加工，没有时间作过长的分析测试。物理和化学测量通常优于微生物测试，因为它们可以快速地进行，并常能指明产品的微生物控制情况。与监测关键控制点（CCPs）有关的所有记录和文件必须由监控人员和公司负责审核的人员签字。

（五）原理 5 建立纠偏行动计划

在监测结果标明某特定关键控制点失控时，确定应采用的纠正行动。建立纠偏行动计划必须制定 HACCP 体系中各个关键控制点（CCP）特定的纠正措施，以便出现偏离时对偏离进行处理。

纠正措施必须保证关键控制点（CCPs）重新处于受控状态。采取的措施还必须包括受影响的产品的合理处理。偏离和产品处置过程必须记载在体系记录 HACCP 保存档案中。

（六）原理 6 建立验证程序

建立验证程序以证实 HACCP 系统在有效地运行。可以采用包括随机抽样和分析在内的验证和审核方法、程序和检测来确定 HACCP 体系是否正确地运行。验证的频率应足以证实 HACCP 体系运行的有效性。

验证活动如：

（1）HACCP 体系和记录的复查；

（2）偏离和产品处理的复查；

（3）证实关键控制点（CCPs）处于受控状态。

如有可能，确认活动应包括对 HACCP 计划所有要素功效的证实。

（七）原理 7 建立所有程序和记录的文件系统

应用 HACCP 体系必须有效、准确地保存记录。HACCP 程序应文件化。文件和记录的保持应适合生产操作的特性和规模。

文件示例，如：

（1）危害分析；

（2）关键控制点（CCP）确定；

（3）关键限值的确定。

记录示例，如：

（1）关键控制点（CCP）监控活动；

（2）偏离和有关的纠正措施；

（3）HACCP 体系的改进。

国际标准 CAC/RCP 1-1969,第 4 修订版(2003)《食品卫生通则》附件《危害分析及关键控制点（HACCP)系统及其应用准则》和国家标准 GB/T 19538—2004《危害分析与关键控制点（HACCP)体系及其应用指南》[21] 对 HACCP 原理的应用有详细的阐述。

三、 建立和实施

（一）水产加工企业 HACCP 管理体系的建立

HACCP 体系是通过对原料生产、加工作业、储藏、销售和消费过程中的生物的、化学的和物理的危害进行分析并加以控制的食品安全管理体系。按照 CAC/RCP1 和 GB/T 19538、GB/T 19838、SN/T 1252、SC/T 3009 等标准的规定,在生产加工企业建立 HACCP 体系,需要：

（1）制定和实施 HACCP 体系的基础计划；

（2）实施 HACCP 计划的预备步骤；

（3）制订 HACCP 计划。

1. HACCP 体系的基础计划

这是包括良好操作规范在内的,为 HACCP 体系提供基础操作条件的各项程序。其基本点是：HACCP 体系应建立在有效实施良好操作规范的基础上；水产品加工企业应保证各生产过程具备符合国家有关食品安全卫生要求的必要的环境和操作条件。为此,水产食品加工企业应按照国家有关法律法规及 CAC/RCP1 和 GB/T 20941、GB/T 23871、SC/T 3009 等标准的规定,制订本企业的基础计划。包括：

（1）卫生标准操作程序(SSOP)。企业为了保证水产品卫生要求所制定的用于控制生产卫生的操作程序。建立和实施卫生标准操作程序,应包括（但不限于）以下方面：

① 与食品接触或与食品接触表面接触的水（冰）的安全；

② 与食品接触的表面（包括设备、手套、工作服等）的状况及清洁度；

③ 确保食品免受交叉污染；

④ 保证操作人员手的清洗与消毒,保持卫生间设施的清洁；

⑤ 防止润滑剂、燃料、清洗消毒用品、冷凝水及其他化学、物理和生物等污染物对食品造成安全危害；

⑥ 适宜的标识、存放和使用各类有毒化学物质；

⑦ 保证与食品直接或间接接触的员工的身体健康和卫生；

⑧ 清除和预防鼠害、虫害。

（2）卫生设施和生产设备的维修保养计划。企业的厂区和车间的设计、结构和布局应符合所加工的水产品工艺流程和加工卫生要求,设施、设备和工器具应易于清洗消毒,能将污染减少到最低程度。企业要制定经常性的或定期的维修保养计划,内容包括：厂区环境、厂房和场地、设施和设备、工器具和监控仪器（表）的检查、维修保养、校准和检定。

（3）原料、辅料供应的安全控制计划。企业应制定所有的原料、辅料、产品、包装材料书面的规格标准，能提供原料、辅料安全性的证明，在原料收购时，应充分考虑与水产品品种有关的各种潜在危害，并对供方的卫生控制体系予以验证。所有原料和辅料应贮藏在卫生和适宜的环境条件下，以确保其安全和卫生。

（4）可追溯性和回收程序计划。应建立和实施批次、代码等管理程序，以确保从原料到成品标识清楚，具有可追溯性。应建立和实施回收程序，以确保能及时召回不安全的产品。生产、加工和销售记录应予保存，记录的保存期限应超过产品的保质期。回收的产品应在监督下贮存，直至销毁、变更为非食用品或再加工处理以确保安全性。

（5）人员培训计划。HACCP 体系的成功应用，需要管理层的承诺和员工的全面参与。从事水产品生产加工的所有员工都应接受必要的培训，并有记录。培训计划的内容应包括个人卫生、国家、进口国有关食品卫生要求、清洁消毒程序和作业要求、水产品的专业知识和员工在 HACCP 计划中的作用等内容。

（6）其他基础计划。可以包括质量保证程序、产品配方、加工标准操作程序、玻璃控制、标贴、食品生产作业规范等。

2．HACCP 计划的预备步骤

（1）建立 HACCP 工作小组。HACCP 工作小组的成员应该具备必需的知识、经验或资格，由企业的管理人员、生产技术人员、安全卫生控制人员、质量保证和食品微生物等方面的人员，销售人员、仪器设备维修人员及有关专家组成工作小组。小组负责进行危害分析，制定 HACCP 计划及监督计划的实施，负责有关人员的培训。成员应熟悉 HACCP 的基本原则，熟悉生产工艺技术及设施。中小型企业也可聘用合格的专家或委托有资格的机构编制 HACCP 计划及监督计划的实施。

（2）描述产品特性。HACCP 小组应对产品特性进行全面的分析，包括相关的安全信息，如：食品的成分、物理、化学特性，包括：水活度（Aw），pH 等；加工方式，如：热处理、冷冻、盐渍、烟熏等；包装、保质期、贮藏条件和销售方式，如：销售过程中是否要冷冻、冷藏或在常温下进行。

（3）描述水产品预期用途和消费人群。预期用途应基于最终用户和消费人群对产品的使用期望，描述水产品通常是如何使用的；预期消费者是普通公众还是特定群体（如：婴儿、免疫缺损者、老年人、团体进餐者或其他易受伤害的消费人群）。预期的使用者也可以是对产品作进一步加工的其他加工者。

（4）编制生产流程图。流程图是对生产或制造某特定食品所用的步骤或操作顺序的系统表述。流程图由 HACCP 小组编制。流程图应提供对水产品从原料收购到产品分销整个加工流程的清晰、简明的描述。该流程图应覆盖加工过程的所有步骤，并包括对非水产品配料的收购以及贮存。其范围应包括加工过程中在企业直接控制下的所有工序，还可以包括食品链中加工前或加工后的步骤。流程图可以使用方块图的形式表示。

（5）验证流程图。HACCP 小组要确定操作过程是否与流程图一致，对流程图需现场验证其准确性和完整性。必要时，要对流程图加以修改并记录在案。

3. 制定 HACCP 计划

危害分析与关键控制点(HACCP)是以预防为主的食品生产的安全与质量控制的方法。完成上述 5 个预备步骤后,方可应用 HACCP 的 7 个原理,遵循:评估影响产品质量与安全卫生的风险,分析其潜在危害(HA);鉴别生产加工过程中控制点并按已分析出的危害确定关键控制点(CCPs);确定与各关键控制点相适应的临界值;确立各关键控制点的监控程序和频度以确保符合临界值;经监控认为关键控制点失控时,应采取纠正措施;验证 HACCP 体系的运行情况;建立有效的记录及其保存的体系等 7 个基本步骤制定 HACCP 计划。

(1) 进行危害分析(原理 1)。每一个企业应当进行危害分析,以确定企业所生产的每种水产食品是否有存在影响食品安全的危害,以及明确企业为控制危害所采取的预防措施。影响食品安全的危害可能发生在企业的内外环境中,包括原辅料的来源、生产设施及加工过程、销售和贮存方式等。HACCP 小组应列出每个步骤中可能产生的所有危害,包括原料生产、产品成分、加工中的各步骤、产品贮藏、销售和消费者最终食用方式,以判定水产品在进行加工时是否有可能产生食品安全危害,并确定所能采用的危害控制措施。

① 危害识别:HACCP 小组在对产品的成分、每 1 步工序和使用设备、最终产品及其贮藏和销售方式、预期用途和消费人群进行审查的基础上,列出各步骤可能引入、增加或所控制的生物的、化学的、物理的潜在危害。对历史上曾经发过的食品安全事件要予以充分考虑。应充分考虑水产品中可能发生的以下食品安全危害,包括,但不限:天然毒素(化学危害)、微生物污染(生物危害)、化学污染(化学危害)、杀虫剂(化学危害)、农药残留(化学危害)、鳍鱼毒素或其他分解毒素(化学危害)、寄生虫(生物危害)、未许可的食品添加剂或食品添加剂超量使用(化学危害)、物理危害。

② 危害评价:HACCP 小组对潜在危害进行评价,确定应列入 HACCP 计划的显著危害。在危害评价时要考虑该危害在未予控制条件下发生的可能性和潜在后果的严重性。危害严重性是指消费有该危害的产品(危害暴露)后产生后果的严重程度,如后遗症、疾病和伤害的程度和持续时间。危害发生的可能性的评价要建立在经验、流行病学数据和技术文献的基础上。确定危害的显著性时,应充分考虑危害发生的可能性、消费者消费产品的方式(蒸煮、即食等)、消费群体(老人、儿童等)、贮藏和销售的方式(如冷藏或冷冻)等因素。

③ 食品安全风险评估:食品安全风险评估有助于对危害进行识别,虽然风险评估的过程和结果明显有别于危害分析,但如果说明特定危害和控制因素的风险评估有结论性意见,HACCP 小组应当对风险评估结果加以考虑。

④ 控制危害的措施:在完成危害分析的基础上,列出各加工工序相关联的危害和用于控制危害的措施。控制某 1 特定危害可能需要 1 个以上的控制措施,另 1 方面,某个特定的控制措施也可以控制 1 个以上的危害。

为帮企业理解和应用水产品的危害分析原理,GB/T 19838—2005[22]对水产品中的潜在危害及水产品中相关危害的控制措施做出了详尽规范。GB/Z 21702—2008《出口水产品质量安全控制规范》的规范性附录之主要出口水产品的加工质量安全控制标准[23]对水产品中的潜在危害及水产品中相关危害的控制措施亦有周详规定。

　　HACCP 小组完成某 1 产品的危害分析后,应制作危害分析工作单,如表 26-11 所示。

表 26-11　危害分析工作单

公司名称_____　　　　　　　产品名称_____
公司地址_____　　　　　　　产品描述_____
签名_____　　　　　　　　　储存和销售方式_____
日期_____　　　　　　　　　预期用途和消费者_____

1	2	3	4	5	6
加工步骤	确定该步骤的潜在危害	潜在的危害是否显著?	对第 3 列的判断的依据	预防显著危害的措施	这步是否为 CCP?

　　(2) 确定关键控制点(CCPs)(原理 2)。经危害分析后所确定的显著危害应设立 CCP 予以控制,否则需要对产品或加工方式加以修改,以建立相应的控制措施。CCPs 的准确和完整的识别是控制食品安全危害的基础,在进行危害分析和确定 CCPs 的过程中形成的资料应文件化。关键控制点(CCPs)可以使用图 26-1 所示的判断树识别,也可参考专家的建议确定。

　　(3) 建立关键限值(原理 3)。对每个关键控制点应依据有关法规、标准、规范、技术文献和实践经验等确定关键控制点上的关键限值,以确保危害得到控制。

　　每个 CCP 的控制措施可有 1 个或多个相应的关键限值。关键限值通常采用的指标包括对温度、时间、尺寸大小、水分含量、湿度、水活度(Aw)、pH、余氯浓度的测量等以及感官参数,如外观和品质。

　　关键限值不应与操作限值相混淆。操作限值是水产品加工企业为降低偏离关键限值的风险所采用的严于关键限值的指标。

　　(4) 建立关键控制点(CCPs)的监控系统(原理 4)。对关键控制点(CCPs)的监控应根据危害的性质,确定监控对象、监控方式、频度及监控人员。监控系统应能及时发现在关键控制点上关键限值的失控。监控的目的是对加工过程进行跟踪,使关键限值有失控趋势时能采取措施,恢复到控制状态;确定 CCP 上何时失控和发生偏离,如发生偏离则应采取纠偏行动(原理 5);为验证提供书面文件。

　　由于关键限值偏离会产生严重的潜在后果,监控程序应实时有效。监控应尽可能采取连续式物理和化学监测方式,尽量能快速得到结果(例如:时间、温度、pH 值)。如果监控是不连续的,监控频率或数量应保证 CCPs 处于受控状态。监控仪器设备应定期校准和检定,以确保其准确性。

应指定专人负责对各 CCP 实施监控。CCPs 监控人员可以是生产人员,也可以由质量控制人员担任。这些人员应接受培训,了解监控技术、监控目的和重要性,准确报告监控结果。员工还应掌握当出现失控趋势时要采取的措施,以便及时调整以确保加工处于控制之下。监控人员应立即报告发现关键限值偏离的工序和产品。

CCP 的监控行动应该详细记录,包括负责观察或测量的人员、使用的方法、监控的参数和检查的频率。与 CCPs 监控有关的记录和文件应由监控人员和复核的人员签署日期和姓名。

(5)建立纠偏行动计划(原理 5)。当某关键控制点失控时加工者应判断其对产品危害的程度,制定出监控结果偏离临界值时所必须采用的纠正措施。以便当监控表明某个特定关键控制点(CCP)失控时采用应该针对 HACCP 体系中每个 CCP 制定特定的书面的纠偏行动计划,以便出现关键限值偏离时有效快速地进行处理。纠偏行动的重要目的是防止不安全的食品进入消费领域,当关键限值发生偏离时,应采取纠偏行动。

纠正措施可包括:暂停生产、消除故障、产品返工;危害不能消除时,产品可否转为其他用途;若危害既不能消除,产品也不可转用,确定其处理措施。所有的纠正措施应确保:失控的原因得到纠正、不会因失控而使有害于人类健康的劣质产品进入流通市场。

纠偏行动应确定和纠正产生偏离的原因;恢复控制;隔离偏离期间生产的产品并对其进行评估处置。

各个 CCP 纠偏程序应事先制定并包括在 HACCP 计划内。纠偏程序应至少规定当发生偏离时如何处理,由谁负责执行和对纠偏行动加以记录并予以保存。

应由充分了解工序、产品和 HACCP 计划的人员负责纠偏行动的实施。如需要,可以向专家咨询,帮助确定偏离期间生产的产品的处置方法。偏离和产品的处置方法应记载在 HACCP 体系记录并保存档案中。纠偏行动记录应进行审核,必要时,对 HACCP 计划进行修改。

(6)建立验证程序(原理 6)。应对 HACCP 体系的运行情况进行定期或不定期的验证。目的是:已确定实施的 HACCP 计划是否适合本工厂,该 HACCP 是否有效执行,HACCP 执行后是否减少了与产品有关的风险。验证的重点包括:

① 已颁布实施的 HACCP 计划的适用性:当加工原料或原料来源、加工方法或科技等发生变化时要重新评价,发现问题应及时予以修改;

② 检查关键控制点(CCPs)的监控记录、纠正措施记录、监控仪器校正记录及成品、半成品的检验记录是否完整、规范、可靠;

③ 标准卫生操作规范的执行情况。

验证的频率应足以证实 HACCP 体系运行的有效性。验证将有助于确定 CCP 是否在控制之中。在工厂内进行的观察、测量和检验活动应作为验证程序的 1 部分。

验证的 1 个方面是对 HACCP 计划使用前的首次确认,即,确定计划是科学的,技术是良好的,所有危害已被识别以及如果 HACCP 计划正确实施,危害将会被有效控制。确认 HACCP 计划的信息通常包括:专家的意见和科学研究;生产现场的观察,测量和评价,例如,加热过程的所需加热时间和温度的科学证据和加热设备的热分布资料。同时,当 HACCP 计划执行中出现了难以解释的系统失效时,当产品、加工和包装发生显著变化时,当发现新的危害时,要进行再确认。

验证的另 1 个方面是评估工厂的体系是否按照 HACCP 计划正常运作。企业应经常性地定期审查 HACCP 计划,验证 HACCP 计划是否正确执行,审查 CCP 监控记录和纠偏行动记录。验证应包括定期对成品、半成品的监测和监控设备的校准。从事验证工作的人员应具备相应的专门知识和技术。

企业验证的频率可参照如下:

① 验证活动的组织安排:1 次/每年或 HACCP 体系有变化时;

② HACCP 计划的首次确认:计划首次实施和执行中;

③ HACCP 计划的随后确认:关键限值变更、加工或设备有明显变更,或体系失效时;

④ 对 CCP 监控的验证:按 HACCP 计划,例如,1 次/每生产班次;

⑤ 对监控、纠偏行动记录的审查:1 次/每月;

⑥ 综合性 HACCP 体系验证:1 次/每年(由 HACCP 小组以外的独立专家完成,有时需作实验室测试)。

除了企业自身验证外,验证按实施者的不同,可分为官方验证和第三方验证。

(7) 建立文件和记录保持程序(原理 7)。应有效、准确地保存记录。有效、准确的记录保持体系将会极大地提高 HACCP 计划的有效性和有利于验证程序。文件和记录的保存应与实际情况相适应。

HACCP 体系的记录应包括但不仅限于如下内容:HACCP 计划及制订 HACCP 计划的支持性材料,包括危害分析工作单、HACCP 计划表,HACCP 小组名单和各自的责任,描述食品特性、销售方法、预期用途和消费人群,流程图,计划确认记录等;CCP 的监控记录;纠偏行动记录;验证记录;生产加工过程的卫生操作记录。冷藏品的记录至少要保存一年,冷冻、腌制或保质期稳定的产品至少要保存两年。

4. HACCP 体系应用的逻辑顺序和 HACCP 计划文件

综合制订 HACCP 体系计划的各项步骤,HACCP 体系应用的逻辑顺序,如图 26-2 所示。

1	组成 HACCP 小组
	↓
2	描述产品
	↓
3	识别预期用途
	↓
4	制作流程图
	↓
5	流程图的现场确认

续表

6	列出所有潜在危害,进行危害分析,考虑控制措施
7	确定关键控制点(CCPs)
8	建立各个关键控制点(CCP)的关键限值
9	建立各个关键控制点(CCP)的监控系统
10	建立纠偏行动
11	建立验证程序
12	建立文件和记录保持系统

图 26-2　HACCP 体系应用的逻辑顺序图

　　企业应综合 HACCP 体系计划的各项内容,制订书面文件的 HACCP 计划。每个产品都应有相应的包含了加工全过程的危害分析,若不存在影响食品安全的关键控制点,则不必制订 HACCP 计划,只提供潜在危害分析表即可;如果存在影响食品安全的关键控制点,则应制定相应的 HACCP 计划。当不同的产品其危害、关键控制点、关键控制点限值及所采取的各种措施都类同时,其 HACCP 计划可合并为 1个。HACCP 计划应由企业最高管理者签发,批准实施,以确保该计划能被企业接受并认真执行。

　　水产品 HACCP 计划的内容应包括:

　　(1) 企业概况:企业(公司)名称、地址、电话号码、传真号、邮政编码等;企业简介;企业形象标志,商标等及企业认为有必要提供的其他基本情况。

　　(2) 产品介绍:企业的各种、各类、各系列产品的名称(中英文对照)、性状、形态、使用须知及其特点等;产品包装形式,保存、贮藏要点,保存期、保质期的规定;产品工艺流程图及描述、产品配方。

　　(3) 计划的制定和批准事项:HACCP 计划编号;主管人的签发及批准日期和实施日期;HACCP 小组成员名单;HACCP 计划负责人;制订 HACCP 计划人员名单及其职责。

　　(4) HACCP 计划一览表:HACCP 计划一览表是 HACCP 计划的核心,其一般格式,如表 26-12 所示。

表 26-12　HACCP 计划一览表

公司名称_____　　　　　产品名称_____
公司地址_____　　　　　产品描述_____
签名_____　　　　　　　储存和销售方式_____
日期_____　　　　　　　预期用途和消费者_____

1	2	3	4	5	6	7	8	9	10
CCP	显著危害	每个预防措施的关键限值	监控				纠偏行动	记录	验证
			对象	方法	频率	人员			

（二）水产加工企业 HACCP 管理体系的实施

1. 管理承诺

HACCP 计划需要得到企业上层领导的承诺。没有管理层的支持，HACCP 计划将不会得到有效的实施。

2. HACCP 培训

企业建立、实施及持续改进 HACCP 体系的人员应接受 HACCP 培训。培训内容HACCP 应至少满足水产品中相关危害的控制措施的相关要求。

HACCP 小组应负责对全体员工进行培训。培训的内容应至少包括 HACCP 原理、基础计划、操作程序、表格和监控、纠偏程序等。

3. 体系的运行及持续改进

通常企业可以建立 1 个时间表，来反映 HACCP 计划在最初实施过程中的各种活动。HACCP 体系的运行包括连续监控、纠偏行动程序、记录保持和计划中的 HACCP 其他活动以及基础计划中的活动。

企业应定期对体系进行 HACCP 自我验证，也可通过外部验证，以确保体系的有HACCP 效运行和持续改进。

4. 修订后的 HACCP 计划应及时组织有关人员进行培训

当在实施过程中发现 HACCP 计划与现行法规、标准及生产实际有不适应之处时应予以修订，修订过的 HACCP 计划的批准者仍为企业最高管理者。

第六节　水产品认证

一、认证的概念

（一）认证的定义

自 1903 年英国为符合质量标准的钢轨实施认证以来，许多国家纷纷效仿建立和实

施以本国标准为依据的产品认证。为防止贸易技术壁垒,便利国际贸易,陆续出现了区域性乃至国际性的认证。1971年和1976年国际标准化组织(ISO)和国际电工委员会(IEC)先后成立认证管理机构,并联合制定有关国际标准,1989年版《ISO/IEC指南第二部分:《制定国际标准的方法》将"认证"定义为:"由可以充分信任的第三方证实某1经鉴定的产品或服务符合特定标准或规范性文件的活动。"

1997年,认证被用于海洋捕捞鱼和渔产品质量安全的评定。随后,粮农组织在海洋渔业、内陆水域渔业和水产养殖业推行鱼和渔产品质量安全认证,并基于ISO/IEC定义将认证定义为:"由第三方对某产品、过程或服务符合规定要求给出书面或等同保证的程序。认证可酌情基于一系列的检查活动,可包括对生产链的连续检查。"[24]依此定义可以说,认证是认证机构或实体以书面或具有同等效力的形式证明某个产品、过程或服务符合特定要求的程序。认证可酌情建立在一系列审查活动的基础上,其中包括对生产链的连续审查。

GB/T 200001—2002《标准化工作指南 第一部分 标准化和相关活动的通用词汇》将认证定义为:"由第三方对产品、过程或服务达到规定要求给出书面保证的程序。"[25]

上述定义中所指过程,GB/T 19000—2000《质量管理体系基础和术语》将其定义为:1组将输入转化为输出的相互关联或相互作用的活动。依此定义,产品则成为"1组将输入转化为输出的相互关联或相互作用的活动的结果"。系统地识别和管理组织所应用的过程,是建立和实施质量管理体系的基础。

上述定义中所指服务,包括生产性服务和生活性服务,前者指新材料、新产品、新工艺研发设计、仓储、运输、物流公共信息平台、货物配载中心、互联网、工业生产流程再造和优化、营销策划、知识产权咨询、第三方检验检测等。后者指文化、教育、医疗、旅游服务等。

综合上述定义,认证是国际通行的由第三方认证机构以书面文件形式证明产品、服务或管理体系符合相应的国家标准或其他技术规范的程序。认证活动属于生产性服务业。

(二)认证的种类

1.产品认证

产品认证是指依据具有国际水平的产品标准和技术要求,经过认证机构确认并通过颁发认证证书和产品质量认证标志的形式,证明产品符合相应标准和技术要求的活动。

产品认证分为安全认证和合格认证。实行安全认证的产品,必须符合国家有关强制性标准的要求。实行合格认证的产品,必须符合国家标准或者行业标准的要求。

产品认证分为强制性产品认证和自愿性产品认证两种。强制性产品认证是指企业必须委托国家指定的认证机构为其产品进行认证,否则该产品不得出厂和销售。自愿性产品认证是指企业可根据需要自愿委托依法设立的认证机构为其产品进行认证。

2.服务认证

服务认证是指由认证机构证明服务组织的场所、设施、条件及提供的服务,符合相关标准和技术规范要求的合格评定活动。

3. 管理体系认证

管理体系认证是对组织已实施了与其方针一致、用于管理其活动相关方面的体系提供保证的 1 种方法。管理体系认证分为：以 GB/T 19001—ISO9001 标准为依据开展的质量管理体系认证；以 GB/T 24001—ISO14001 标准为依据开展的环境管理体系认证；以 GB/T 28001 标准为依据开展的职业健康安全管理体系认证；以 GB/T 22000 标准为依据开展的食品安全管理体系认证；以 GB/T 19538 和—GB/T 19838 标准为依据开展的食品和水产品危害分析与关键控制点（HACCP）体系认证等。

（三）认证制度

认证制度是指为进行认证工作而建立的 1 套程序和管理制度。认证活动的专业性很强，需要具有相应资质和能力的专门机构实施，而为保证认证的严肃性和权威性，认证机构的资质和能力又需要经国家认证认可监督管理部门确定的专门机构予以认可。认证机构和认可机构依照法律规定的权限和程序及认证、认可基本规范、规则，开展认证活动和认可活动，并受国家认证认可监督管理部门的监督管理。

二、 认证制度的功能和作用

（一）认证制度的功能

认证是 1 种信用保证形式。通过认证可获得具有权威性和公信力的"认证证书"，并允许在认证的产品上加贴认证标志，或在产品介绍中说明。这可树立企业的良好信誉和品牌形象，提高消费者的信心，为其做出知情决定提供方便，指导消费者选择满意的商品和服务。认证可为企业提高产品质量和价值链提供有力的支持保障服务，并可为消费者担保产品质量和防止遭受欺诈，这有利于维护消费者的合法权益和市场的良好秩序。

（二）认证制度的作用

认证对于提高产品、服务的质量和管理水平，促进经济和社会的发展具有重要作用。主要表现在：

（1）国家通过实施认证制度推行现代质量管理理念、方法、标准和良好操作规范（GMP），提高产品、服务的质量和管理水平。实际上这是借助市场的手，推动组织严格执行国家法律、法规、标准和组织管理体系，贯彻落实科学发展观，以改变发展方式，调整产业结构，提高国家为人民群众提供安全产品和优质服务的能力，推动经济和公共服务提质增效升级，增强国家综合实力。

（2）保障产品安全和优质服务关系到每个消费者的切身利益。认证旨在对产品或服务达到国家规定的保障人体健康和人身、财产安全的标准的合格评定。实施认证制度既可为社会提供更多的安全实物产品和服务产品，又可为社会节约资源和减少污染排放，这有益于促进社会进步，围绕群众迫切需要，持续改善人民生活。

（3）认证活动和认证结果持续保持过程，包含着对供应链的连续检查、检测和审查，这将有效激发组织持续改进管理体系内在潜力，增强社会责任心，在提升顾客及其他相关方满意机率的同时，实现进一步合理配置资源，提该产品质量，降低成本，增加效益、扩大员工福祉和保护环境的目标。

（4）经认证的产品可实行优质优价，比与非认证的产品价格一般可上溢 10％～15％，特别是以国际先进标准为依据的认证，可提高产品在国际市场上的竞争能力，降低或消除国际贸易中的技术壁垒，获得非国际认证产品不得入市的发达国家或国家联盟市场的准入机会。

三、 中国的认证制度

（一）《产品质量法》关于认证制度的原则规定

1993 年《产品质量法》建立了中国的认证制度，其第九条对此作了如下原则规定："国家根据国际通用的质量管理标准，推行企业质量体系认证制度。企业根据自愿原则可以向国务院产品质量监督管理部门或者国务院产品质量监督管理部门授权的部门认可的认证机构申请企业质量体系认证。经认证合格的，由认证机构颁发企业质量体系认证证书。国家参照国际先进的产品标准和技术要求，推行产品质量认证制度。企业根据自愿原则可以向国务院产品质量监督管理部门或者国务院产品质量监督管理部门授权的部门认可的认证机构申请产品质量认证。经认证合格的，由认证机构颁发产品质量认证证书，准许企业在产品或者其包装上使用产品质量认证标志。"

2000 年《产品质量法》第十四条全文援引了上述第九条，只是在"企业根据自愿原则可以向国务院产品质量监督管理部门"之后加上了"认可的"3 个字。

（二）《认证认可条例》关于认证制度的具体规定

1991 年国务院颁布《中华人民共和国产品质量认证管理条例》，指出："产品质量认证是依据产品标准和相应技术要求，经认证机构确认并通过颁发认证证书和认证标志来证明某 1 产品符合相应标准和相应技术要求的活动。"从而建立了中国产品认证的基本制度。2003 年国务院颁布的《中华人民共和国认证认可条例》，扩展了认证范围，调整了认证监督管理体制，按照《行政许可法》的规定将认证机构置于中介服务地位，并参照国际通行办法设置了认可环节，完善了中国的认证制度。其具体规定主要是：

1. 定义认证、认可

认证是指由认证机构证明产品、服务、管理体系符合相关技术规范、相关技术规范的强制性要求或者标准的合格评定活动。认可是指由认可机构对认证机构、检查机构、实验室以及从事评审、审核等认证活动人员的能力和执业资格，予以承认的合格评定活动。

2. 监督管理体制

国家实行统一的认证认可监督管理制度。国家对认证认可工作实行在国务院认证认可监督管理部门①统一管理、监督和综合协调下，各有关方面共同实施的工作机制。国务院认证认可监督管理部门应当依法对认证培训机构、认证咨询机构的活动加强监督管理。

---

① 指中国国家认证认可监督管理委员会是国务院决定组建并授权，履行行政管理职能，统一管理、监督和综合协调全国认证认可工作的主管机构。是国家质量监督检验检疫总局管理的事业单位。

3. 认证认可活动原则

国家根据经济和社会发展的需要,推行产品、服务、管理体系认证。认证认可活动应当遵循客观独立、公开公正、诚实信用的原则。国家鼓励平等互利地开展认证认可国际互认活动。认证认可国际互认活动不得损害国家安全和社会公共利益。

4. 认证机构

设立认证机构,应当经国务院认证认可监督管理部门批准,并依法取得法人资格后,方可从事批准范围内的认证活动。

设立认证机构,应当符合下列条件:

(1) 有固定的场所和必要的设施;

(2) 有符合认证认可要求的管理制度;

(3) 注册资本不得少于人民币 300 万元;

(4) 有 10 名以上相应领域的专职认证人员。

从事产品认证活动的认证机构,还应当具备与从事相关产品认证活动相适应的检测、检查等技术能力。

设立认证机构的申请和批准程序:

(1) 设立认证机构的申请人,应当向国务院认证认可监督管理部门提出书面申请,并提交符合规定条件的证明文件;

(2) 国务院认证认可监督管理部门自受理认证机构设立申请之日起 90 日内,应当做出是否批准的决定。决定批准的,向申请人出具批准文件,决定不予批准的,应当书面通知申请人,并说明理由;

(3) 申请人凭国务院认证认可监督管理部门出具的批准文件,依法办理登记手续。

认证人员从事认证活动,应当在 1 个认证机构执业,不得同时在两个以上认证机构执业。

向社会出具具有证明作用的数据和结果的检查机构、实验室,应当具备有关法律、行政法规规定的基本条件和能力,并依法经认定后,方可从事相应活动,认定结果由国务院认证认可监督管理部门公布。

5. 认证活动

认证机构应当按照认证基本规范、认证规则从事认证活动。认证基本规范、认证规则由国务院认证认可监督管理部门制定。认证机构应当公开认证基本规范、认证规则、收费标准等信息。

任何法人、组织和个人可以自愿委托依法设立的认证机构进行产品、服务、管理体系认证。

认证机构以及与认证有关的检查机构、实验室从事认证以及与认证有关的检查、检测活动,应当完成认证基本规范、认证规则规定的程序,确保认证、检查、检测的完整、客观、真实,不得增加、减少、遗漏程序。认证机构及其认证人员应当及时做出认证结论,并保证认证结论的客观、真实。认证结论经认证人员签字后,由认证机构负责人签署。认证机构及其认证人员对认证结果负责。

认证结论为产品、服务、管理体系符合认证要求的,认证机构应当及时向委托人出具认证证书。获得认证证书的,应当在认证范围内使用认证证书和认证标志。

认证机构应当对其认证的产品、服务、管理体系实施有效的跟踪调查,认证的产品、服务、管理体系不能持续符合认证要求的,认证机构应当暂停其使用直至撤销认证证书,并予公布。

6. 强制性产品认证

为了保护国家安全、防止欺诈行为、保护人体健康或者安全、保护动植物生命或者健康、保护环境,国家规定相关产品必须经过认证的,应当经过认证并标注认证标志后,方可出厂、销售、进口或者在其他经营活动中使用。国家对必须经过认证的产品,统一产品目录,统一技术规范的强制性要求、标准和合格评定程序,统一标志,统一收费标准。统一的产品目录由国务院认证认可监督管理部门会同国务院有关部门制定、调整,由国务院认证认可监督管理部门发布,并会同有关方面共同实施。列入目录的产品,必须经国务院认证认可监督管理部门指定的认证机构进行认证。列入目录产品的认证标志,由国务院认证认可监督管理部门统一规定。

为规范强制性产品认证工作,提高认证有效性,维护国家、社会和公共利益,2009年国家质量监督检验检疫总局发布了《强制性产品认证管理规定》。其中提及:"中国强制性认证"的英文名称为"China Compulsory Certification"认证标志为椭圆框内书写CCC,故中国强制性认证又称3C认证。

国务院认证认可监督管理部门指定的从事列入目录产品认证活动的认证机构以及与认证有关的检查机构、实验室,应当是长期从事相关业务、无不良记录,且已经依照本条例的规定取得认可、具备从事相关认证活动能力的机构。国务院认证认可监督管理部门指定从事列入目录产品认证活动的认证机构,应当确保在每1列入目录产品领域至少指定两家符合本条例规定条件的机构①。

7. 认可

国务院认证认可监督管理部门确定的认可机构即中国合格评定国家认可委员会(CNAS)②独立开展认可活动。

认可机构应当公开认可条件、认可程序、收费标准等信息。认证机构、检查机构、实验室可以通过认可机构的认可,以保证其认证、检查、检测能力持续、稳定地符合认可条件。从事评审、审核等认证活动的人员,应当经认可机构注册后,方可从事相应的认证活动。

认可机构根据认可的需要,可以选聘从事认可评审活动的人员。从事认可评审活动

---

① 按照2004年国家质量监督检验检疫总局《强制性产品认证机构、检查机构和实验室管理办法》的规定,国家认证认可监督管理委员会指定中国检验认证(集团)有限公司[英文名称:China Certification & Inspection (Group)Co.,Ltd.,英文缩写CCIC]及其所属的中国质量认证中心、中国安全技术防范认证中心、北京东方凯姆质量认证中心、北京中化联合质量认证有限公司、公安部消防产品合格评定中心、中汽认证中心、中国电子技术标准化研究所产品认证中心、北京国建联信认证执行有限公司、方圆标志认证中心等认证机构承担制性产品认证工作。

② 中国合格评定国家认可委员会是由国家认证认可监督管理委员会批准设立并授权的国家认可机构,统一负责对认证机构、实验室和检查机构等相关机构的认可工作。

的人员应当是相关领域公认的专家,熟悉有关法律、行政法规以及认可规则和程序,具有评审所需要的良好品德、专业知识和业务能力。

认可机构应当在公布的时间内,按照国家标准和国务院认证认可监督管理部门的规定,完成对认证机构、检查机构、实验室的评审,做出是否给予认可的决定。认可机构应当确保认可的客观公正和完整有效,并对认可结论负责。

认可机构应当向取得认可的认证机构、检查机构、实验室颁发认可证书。

认可机构应当按照国家标准和国务院认证认可监督管理部门的规定,对从事评审、审核等认证活动的人员进行考核,考核合格的,予以注册。

取得认可的机构应当在取得认可的范围内使用认可证书和认可标志。取得认可的机构不当使用认可证书和认可标志的,认可机构应当暂停其使用直至撤销认可证书,并予公布。

认可机构应当对取得认可的机构和人员实施有效的跟踪监督,定期对取得认可的机构进行复评审,以验证其是否持续符合认可条件。取得认可的机构和人员不再符合认可条件的,认可机构应当撤销认可证书,并予公布。

8. 监督管理

国务院认证认可监督管理部门可以采取组织同行评议,向被认证企业征求意见,对认证活动和认证结果进行抽查,要求认证机构以及与认证有关的检查机构、实验室报告业务活动情况的方式,对其遵守本条例的情况进行监督。发现有违反本条例行为的,应当及时查处,涉及国务院有关部门职责的,应当及时通报有关部门。

国务院认证认可监督管理部门应当重点对指定的认证机构、检查机构、实验室进行监督,对其认证、检查、检测活动进行定期或者不定期的检查。指定的认证机构、检查机构、实验室,应当定期向国务院认证认可监督管理部门提交报告,并对报告的真实性负责;报告应当对从事列入目录产品认证、检查、检测活动的情况做出说明。

认可机构应当定期向国务院认证认可监督管理部门提交报告,并对报告的真实性负责;报告应当对认可机构执行认可制度的情况、从事认可活动的情况、从业人员的工作情况做出说明。

国务院认证认可监督管理部门应当对认可机构的报告做出评价,并采取查阅认可活动档案资料、向有关人员了解情况等方式,对认可机构实施监督。

(三)认证证书和认证标志管理

2004 年国家质量监督检验检疫总局根据《认证认可条例》等有关法律、行政法规的规定,发布了《认证证书和认证标志管理办法》,对产品、服务、管理体系认证的认证证书和认证标志的管理和使用,做出如下具体规定:

1. 认证证书

认证证书是指产品、服务、管理体系通过认证所获得的证明性文件。认证证书包括产品认证证书、服务认证证书和管理体系认证证书。

(1)产品认证证书包括以下基本内容:

① 委托人名称、地址;

② 产品名称、型号、规格,需要时对产品功能、特征的描述;

③ 产品商标、制造商名称、地址;

④ 产品生产厂名称、地址;

⑤ 认证依据的标准、技术要求;

⑥ 认证模式;

⑦ 证书编号;

⑧ 发证机构、发证日期和有效期;

⑨ 其他需要说明的内容。

(2) 服务认证证书包括以下基本内容:

① 获得认证的组织名称、地址;

② 获得认证的服务所覆盖的业务范围;

③ 认证依据的标准、技术要求;

④ 认证证书编号;

⑤ 发证机构、发证日期和有效期;

⑥ 其他需要说明的内容。

(3) 管理体系认证证书包括以下基本内容:

① 获得认证的组织名称、地址;

② 获得认证的组织的管理体系所覆盖的业务范围;

③ 认证依据的标准、技术要求;

④ 证书编号;

⑤ 发证机构、发证日期和有效期;

⑥ 其他需要说明的内容。

获得认证的组织应当在广告、宣传等活动中正确使用认证证书和有关信息。

认证机构应当建立认证证书管理制度,对获得认证的组织和个人使用认证证书的情况实施有效跟踪调查,对不能符合认证要求的,应当暂停其使用直至撤销认证证书,并予以公布;对撤销或者注销的认证证书予以收回;无法收回的,予以公布。

2. 认证标志

认证标志是指证明产品、服务、管理体系通过认证的专有符号、图案或者符号、图案以及文字的组合。认证标志包括产品认证标志、服务认证标志和管理体系认证标志。

认证标志分为强制性认证标志和自愿性认证标志。自愿性认证标志包括国家统一的自愿性认证标志和认证机构自行制定的认证标志。强制性认证标志和国家统一的自愿性认证标志属于国家专有认证标志。认证机构自行制定的认证标志是指认证机构专有的认证标志。

认证机构自行制定的认证标志应当自发布之日起30日内,报国家认证认可监督管理委员会委备案。经核查,符合规定的,予以备案并公布;不符合的,告知其改正。

获得产品认证的组织应当在广告、产品介绍等宣传材料中正确使用产品认证标志,可以在通过认证的产品及其包装上标注产品认证标志,但不得利用产品认证标志误导公众认为其服务、管理体系通过认证。

获得服务认证的组织应当在广告等有关宣传中正确使用服务认证标志,可以将服务认证标志悬挂在获得服务认证的区域内,但不得利用服务认证标志误导公众认为其产品、管理体系通过认证。

获得管理体系认证的组织应当在广告等有关宣传中正确使用管理体系认证标志,不得在产品上标注管理体系认证标志,只有在注明获证组织通过相关管理体系认证的情况下方可在产品的包装上标注管理体系认证标志。

认证机构应当建立认证标志管理制度,对获得认证的组织使用认证标志的情况实施有效跟踪调查,发现其认证的产品、服务、管理体系不能符合认证要求的,应当及时做出暂停或者停止其使用认证标志的决定,并予以公布。[26]

四、 水产企业产品和管理体系认证

（一）水产品认证

1. 普通水产品认证

渔业捕捞、水产养殖和水产品加工企业根据自愿原则可以委托经国务院认证认可监督管理部门批准依法设立的、具有公信力的认证机构进行水产品认证。认证机构根据国家有关法律、法规和 GB/T 27028—2008/ISO/IEC Guide 28:2004,《合格评定第三方产品认证制度应用指南》及 GB/T 27065—2004（ISO/IEC Guide 65:1996）《产品认证机构通用要求》等标准,通过对产品样品的初始检测、对相关质量体系的评审和监督以及通过对从工厂和（或）市场获得的产品样品进行检测实施监督,以确定产品是否符合特定要求进行认证。经认证对达到符合性要求的产品,认证机构发给符合性证书并准许企业在被认证产品外包装上使用认证机构的符合性标志。该标志能够传递产品的有用信息,表示该产品符合国家规定的要求,从而获得市场（包括消费者）对它的信任。

对海洋渔业捕捞某 1 产品的认证,应以其来自合法捕捞为前提。所谓合法捕捞是指持有船旗国核发的有效海洋捕捞许可证的渔船进行的捕捞。欧洲理事会《关于建立共同体系统以预防、制止和消除非法、不报告和无管制捕捞的条例》规定从 2010 年 1 月 1 日起对进入欧盟市场的部分海洋捕捞产品实行合法性认证。因此,这种认证,还有 1 个重要作用,就是有助于预防、制止和消除非法、不报告和无管制捕捞活动,促使各国渔船共同维护国际养护和管理措施的效力,实现海洋渔业资源的长期养护和可持续利用。

2. 有机水产品认证

水产养殖、水产品加工企业可以自愿委托经国务院认证认可监督管理部门批准依法设立的有机产品认证机构进行有机水产品认证并提交有机产品认证实施规则中规定的申请材料。

按照《有机产品认证管理办法》的规定,认证机构不得受理不符合国家规定的有机产品生产产地环境要求,以及有机产品认证目录外产品的认证委托人的认证委托。认证机构应当自收到认证委托人申请材料之日起 10 日内,完成材料审核,并做出是否受理的决定。对于不予受理的,应当书面通知认证委托人,并说明理由。认证机构受理认证委托

后,认证机构应当按照有机产品认证实施规则的规定,由认证检查员对有机产品生产、加工场所进行现场检查,并应当委托具有法定资质的检验检测机构对申请认证的产品进行检验检测。按照有机产品认证实施规则的规定,需要进行产地(基地)环境监(检)测的,由具有法定资质的监(检)测机构出具监(检)测报告,或者采信认证委托人提供的其他合法有效的环境监(检)测结论。符合有机产品认证要求的,认证机构应当及时向认证委托人出具有机产品认证证书,允许其使用中国有机产品认证标志;对不符合认证要求的,应当书面通知认证委托人,并说明理由。认证机构及认证人员应当对其做出的认证结论负责,并保证认证过程和结果具有可追溯性。认证机构应当按照认证实施规则的规定,对获证产品及其生产、加工过程实施有效跟踪检查,以保证认证结论能够持续符合认证要求。认证机构应当及时向认证委托人出具有机产品销售证,以保证获证产品的认证委托人所销售的有机产品类别、范围和数量与认证证书中的记载一致。[27]

3. 无公害水产品认证

按照《无公害农产品管理办法》的规定,无公害水产品管理工作,由政府推动,并实行产地认定和产品认证的工作模式。

(1)产地认定。水产养殖企业申请无公害水产品产地认定应当向县级渔业行政主管部门提交书面申请,书面申请应当包括以下内容:申请人的姓名(名称)、地址;产地的区域范围、生产规模;无公害水产养殖生产计划;产地环境说明;无公害水产品质量控制措施;有关专业技术和管理人员的资质证明材料;保证执行无公害水产品标准和规范的声明等。

县级渔业行政主管部门自收到申请之日起,在10个工作日内完成对申请材料的初审工作。申请材料初审不符合要求的,应当书面通知申请人。申请材料初审符合要求的,县级渔业行政主管部门应当逐级将推荐意见和有关材料上报省级渔业行政主管部门。省级渔业行政主管部门自收到推荐意见和有关材料之日起,在10个工作日内完成对有关材料的审核工作,符合要求的,组织有关人员对产地环境、区域范围、生产规模、质量控制措施、生产计划等进行现场检查。现场检查不符合要求的,应当书面通知申请人。现场检查符合要求的,应当通知申请人委托具有资质资格的检测机构,对产地环境进行检测。承担产地环境检测任务的机构,根据检测结果出具产地环境检测报告。

省级渔业行政主管部门对材料审核、现场检查和产地环境检测结果符合要求的,应当自收到现场检查报告和产地环境检测报告之日起,30个工作日内颁发无公害农产品产地认定证书,并报农业部和国家认证认可监督管理委员会备案。不符合要求的,应当书面通知申请人。无公害水产品产地认定证书有效期3年。

(2)产品认证。水产养殖企业可以委托由国家认证认可监督管理委员会审批,并获得国家认证认可监督管理委员会授权的认可机构的资格认可的认证机构(如:农业部农产品质量安全中心)进行无公害水产品认证。申请人应当向认证机构提交书面申请,书面申请应当包括以下内容:申请人的姓名(名称)、地址;产品品种、产地的区域范围和生产规模;无公害水产品生产计划;产地环境说明;无公害水产品质量控制措施;有关专业技术和管理人员的资质证明材料;保证执行无公害水产品标准和规范的声明;无公害水产品产地认定证书；生产过程记录档案等。

认证机构自收到无公害水产品认证申请之日起，应当在 15 个工作日内完成对申请材料的审核。材料审核不符合要求的，应当书面通知申请人。符合要求的，认证机构可以根据需要派员对产地环境、区域范围、生产规模、质量控制措施、生产计划、标准和规范的执行情况等进行现场检查。现场检查不符合要求的，应当书面通知申请人。

材料审核符合要求的、或者材料审核和现场检查符合要求的（限于需要对现场进行检查时），认证机构应当通知申请人委托具有资质资格的检测机构对产品进行检测。承担产品检测任务的机构，根据检测结果出具产品检测报告。

认证机构对材料审核、现场检查（限于需要对现场进行检查时）和产品检测结果符合要求的，应当在自收到现场检查报告和产品检测报告之日起，30 个工作日内颁发无公害水产品认证证书。不符合要求的，应当书面通知申请人。

认证机构应当自颁发无公害水产品认证证书后 30 个工作日内，将其颁发的认证证书副本同时报农业部和国家认证认可监督管理委员会备案，由农业部和国家认证认可监督管理委员会公告。无公害水产品认证证书有效期 3 年。

获得无公害水产品认证证书的单位或者个人，可以在证书规定的产品包装、标签、广告、说明书上使用无公害农产品标志。[28]

（二）水产企业管理体系认证

1. GB/T 19001 或 GB/T 22000 管理体系认证

质量管理体系是指导和控制组织的关于质量的管理体系，其核心是采用过程方法，通过满足顾客要求，增强顾客满意度。采用质量管理体系应当是组织的 1 项战略性决策。1 个组织质量管理体系的设计和实施受各种需求、具体目标、所提供的产品、所采用的过程以及该组织的规模和结构的影响。渔业捕捞、水产养殖、水产品加工或水产品流通企业，可自愿委托经国务院认证认可监督管理部门批准依法设立的认证机构对其采用的质量管理体系进行认证。

质量管理体系认证与产品认证的区别主要在于：

（1）认证的对象不是企业生产的某 1 产品，而是企业的质量管理体系；

（2）认证依据的标准不是相关的产品标准，而相关的是质量管理标准；

（3）认证的结论不是证明产品符合相关的产品标准，而是证明企业管理质量体系符合相关的质量管理标准。

认证机构接受企业的申请文书及相关材料后，应按照国家法律、法规及 GB/T 19001idtIS O9001《质量管理体系 要求》或 GB/T 22003/ISO/TS 22003《食品安全管理体系审核与认证机构》及有关标准的规定，开展认证工作。认证机构及其认证活动还应符合 GB/T 27021—2007《合格评定管理体系审核认证机构的要求》（ISO/IEC 17021：2006,IDT）及 CNAS—CC01《管理体系认证机构要求》的规定。

认证结论为质量管理体系符合认证要求的，由认证机构颁发企业质量管理体系认证证书。此种证书是一种保证方式，保证获证企业已经负责任地实施了与其方针一致的管理体系，具有稳定地提供满足顾客和适用的法律法规要求的产品的能力，而且通过体系的有效应用,包括体系持续改进的过程以及保证符合顾客与适用的法律法规要求,旨在增强顾客满意度。此种证书显示了获证企业的敬业精神及其对社会和公众负责的责任心,有利于提升企业声誉,增强顾客对其产品和服务的信心。

认证机构应在证实获证企业持续满足管理体系标准要求后保持对其的认证,如发现企业的获证管理体系持续地或严重地不满足认证要求,包括对管理体系有效性的要求,认证机构应暂停管理体系认证的效力,在暂停期间企业应停止宣传其认证资格,停止使用所有引用认证资料的广告材料。如果企业未能在认证机构规定的时限内解决造成暂停的问题,认证机构应撤销认证或缩小认证范围,以排除不满足要求的部分。

2. HACCP 管理体系认证

2005 年国家质量监督检验检疫总局《食品生产加工企业质量安全监督管理实施细则(试行)》提出:"国家鼓励食品生产加工企业根据国际通行的质量管理标准和技术规范获取质量体系认证或者危害分析与关键控制点管理体系认证(以下简称 HACCP 认证),提高企业质量管理水平。"[29]2011 年国家认证认可监督管理委员会根据《出口食品生产企业备案管理规定》(2011 年第 142 号国家质检总局令)制定了《出口食品生产企业安全卫生要求》《实施出口食品生产企业备案的产品目录》和《出口食品生产企业备案需验证 HACCP 体系的产品目录》。其中规定:水产品类(活品、冰鲜、晾晒、腌制品除外)、罐头类、水产品的速冻方便食品等出口食品生产企业备案需验证 HACCP 体系。列入必须实施危害分析与关键控制点(HACCP)体系验证的出口食品生产企业范围的出口食品生产企业,应按照国际食品法典委员会《HACCP 体系及其应用准则》的要求建立和实施 HACCP 体系。[30]其他从事水产品加工、养殖和流通的企业,也可按照 GB/T 19538—2004《危害分析与关键控制点(HACCP)体系及其应用指南》、GB/T 19838—2005《水产品危害分析与关键控制点(HACCP)体系及其应用指南》等标准建立和实施 HACCP 体系。

采用 HACCP 体系的企业可自愿按照 SC/T 0003—2006《水产企业 HACCP 管理体系认证指南》的规定,委托经国务院认证认可监督管理部门批准设立的、有能力从事水产HACCP 体系认证的认证机构对本企业建立和实施的文件化的 HACCP 体系的适宜性、符合性和有效性进行审核验证,并给予书面保证。申请企业应按《指南》的规定向被委托的认证机构提交申请材料并对申请认证及后续活动中所提供材料的真实性负责。

接受委托的认证机构亦应按照《指南》的规定接受和实施审核。在审核过程中,申请企业享有下列权利和义务:

(1)将审核目的、范围通知有关人员;

(2)指定陪同人员;

(3)为确保审核过程按计划进行,提供所需的资源,包括办公条件;

(4)当审核员提出要求时,为其所使用的设施和证明材料提供便利;

(5)对审核发现的不符合事实进行确认;

(6)根据审核报告,制定并实施纠正措施。纠正措施应消除产生不符合项的原因,并举一反三,持续改进 HACCP 体系,并及时报认证机构进行跟踪验证。

获得认证证书的企业,应遵守《指南》规定的原则使用证书,如:仅就获准认证的范围作宣传;在传播媒体中(例如文件,小册子,广告等)对认证内容的引用应符合认证机构的要求等。

《指南》还规定,认证机构应对获证企业的 HACCP 管理体系进行监督审核,当发现被认证产品质量安全或其 HACCP 管理体系达不到认证要求时,获证企业应暂停使用认证证书,并在限期内整改。对不再符合认证要求的企业,应当依法撤销认证,及时向有关质量监督、工商行政管理、食品药品监督管理部门通报,并向社会公布。

参考文献

[1] 中共中央国务院关于进一步加强农村工作提高农业综合生产能力若干政策的意见(2005 年中央 1 号文件)[S/OL].(2004-12-31).[2014-10-15].

http://www.china.com.cn/policy/txt/2012-02/02/content_24528271_2.htm

[2] 中共中央、国务院关于放宽政策、加速发展水产业的指示[J].中国水产,1985(4):3.

[3]《当代中国》丛书编辑部.当代中国的水产业[M].北京:当代中国出版社,1991:288-292.

http://www.gov.cn/flfg/2009-12/26/content_1497435.htm

[4] 商务部.出口商品技术指南.水海产品(2014 版)[S/OL].(2014-).[2014-10-25].

http://policy.mofcom.gov.cn/export/seafood/c3.action#b31

[5] 卫生部.食品安全国家标准　食品中污染物限量(GB 2762—2012)[S/OL].(2012-11-13).[2014-10-25].

http://www.nhfpc.gov.cn/ewebeditor/uploadfile/2013/01/20130128114248937.pdf

[6] 农业部.绿色食品标志管理办法[S/OL].(2012-07-30).[2014-10-27].

http://www.moa.gov.cn/zwllm/tzgg/bl/201208/t20120802_2814698.htm

[7] 国家环境保护总局.有机食品认证管理办法[S/OL].(2001-06-19).[2014-10-27].

http://www.gov.cn/gongbao/content/2002/content_61408.htm

[8] 国家标准有机产品(GB/T 19630.1~19630.4—2005)[S/OL].(2005-01-19).[2014-10-28].

http://shiyongjun.gdcct.gov.cn/policy/201112/P020111218618930205702.pdf

[9] 农业部,国家质量监督检验检疫总局.无公害农产品管理办法[S/OL].(2002-04-29).[2014-10-30].

http://china.findlaw.cn/jingjifa/shpaq/lsspaq/89978.html

[10] WTO.与贸易有关的知识产权协定[S/OL].(1993-12-15).[2014-11-02].

http://www.sipo.gov.cn/zcfg/flfg/qt/gjty/200804/t20080403_369216.html

[11] 中共中央关于推进农村改革发展若干重大问题的决定[S/OL].(2008-10-12).[2014-11-02].

http://www.gov.cn/jrzg/2008-10/19/content_1125094.htm

[12] 国家质量监督检验检疫总局.地理标志产品保护规定[S/OL].(2005-06-07).[2014-11-02].

http://www.gov.cn/gongbao/content/2006/content_292138.htm

[13] 农业部.农产品地理标志管理办法[S/OL].(2007-12-25).[2014-11-05].

http://www.gov.cn/flfg/2008-01/10/content_855116.htm

[14] 国家质量监督检验检疫总局.地理标志产品保护规定实施细则[S/OL].(2012-10-16).[2014-11-05].

http://www.panzhihua.gov.cn/xggfw/jyns/zscq/fgzc/425278.shtml

[15] 农业部农产品质量安全中心.农产品地理标志登记审查准则(2013-03).[2014-11-05].

http://www.ycsagri.gov.cn/ShowDetails.aspx? id＝58988

[16] 国家质量监督检验检疫总局,国家标准化管理委员会.GB/T 17924-2008 地理标志产品标准通用要求[S/OL].(2008-06-27).[2014-11-10].

http://www.csres.com/detail/192702.html

[17] 农业部农产品质量安全中心.中华人民共和国农产品地理标志质量控制技术规范(编写指南)[S/OL].(2010-05-25).[2014-11-12].

www.moa.gov.cn/sydw/lssp/.../201006/P020110926439142347543.doc

[18] CAC/RCP 1-1969,国际推荐操作规范食品卫生总则第 4 修订版(2003)[S/OL].(2003-).[2014-11-15].

http://www.codexalimentarius.org/download/standards/23/CXP_001c.pdf

[19] GB/T19000-2000 idtISO9000:2000 质量管理体系—基础和术语[S/OL].(2003-).[2014-11-20].

http://www.360doc.com/content/07/0117/12/10802_334259.shtml

[20] 国家认证认可监督管理委员会.HACCP 的产生和发展[R/OL].(2006-10-16).[2014-11-22].

http://www.ccaa.org.cn/rjwzcjgb/haccp/haccpjj/5847.shtml

[21] 国家质量监督检验检疫总局,国家标准化管理委员会.GB/T19538-2004 危害分析与关键控制点(HACCP)体系及其应用指南[S/OL].(2004-06-01).[2014-11-22].

http://down.foodmate.net/standard/sort/3/9275.html

[22] 国家质量监督检验检疫总局,国家标准化管理委员会.GB/T19838-2005 水产品危害分析与关键控制点(HACCP)体系及其应用指南[S/OL].(2005-07-21).

http://down.foodmate.net/standard/sort/3/9288.html

[23] 国家质量监督检验检疫总局,国家标准化管理委员会.GB/Z21702—2008 出口水产品质量安全控制规范的规范性附录.主要出口水产品的加工质量安全控制标准[S/OL].(2008-04-09).[2014-11-25].

http://files.wwwstandard.cn/pdf/11-04/2011_dX7Cjn1u4V.pdf

[24] 联合国粮农组织.内陆捕捞渔业鱼和渔产品生态标签准则[S/OL].((2011-01-31-02-04:4).[2015-01-10].

http://www.fao.org/docrep/014/ba0001c/ba0001c00.pdf

[25] GB/T 200001-2002 标准化工作指南第 1 部分:标准化和相关活动的通用词汇[S/OL].(2002-06-20).[2015-01-12].

http://www.doc88.com/p-986393222903.html

[26] 国家质量监督检验检疫总局.认证证书和认证标志管理办法[S/OL].(2004-06-23).[2015-01-15].

http://www.cnca.gov.cn/rjwzcfl/flfg/bmgz/567.shtml

[27] 国家环境保护总局.有机食品认证管理办法[S/OL].(2001-06-19).[2015-01-18].

http://www.gov.cn/gongbao/content/2002/content_61408.htm

[28] 农业部,国家质量监督检验检疫总局.无公害农产品管理办法[S/OL].(2002-04-29).[2015-01-18].

http://china.findlaw.cn/jingjifa/shpaq/lsspaq/89978.html

［29］国家质量监督检验检疫总局.食品生产加工企业质量安全监督管理实施细则（试行）[S/OL].
(2005-09-01).［2015-01-20］.

http://www.foodmate.net/law/shipin/163356.html

［30］国际食品法典委员会.HACCP 体系及其应用准则[S/OL].(2005-03-11).［2015-01-20］.

http://www.foodmate.net/zhiliang/haccp/128.html

第二十七章 水产品流通业

现代水产品流通业是现代渔业的又1重要组成部分,具有利用"两种资源,两种市场"、采取简单和发达流通两种形式、运用实体购销和电子商务两种模式、实行供应链全程监管及缺陷产品召回和侵权赔偿等特征,其基本功能为媒介水产品交换,使水产品从生产领域转入消费领域,为社会提供必需的水产品,实现水产品的价值与使用价值,及水产品生产者、经营者和消费者的互利共赢。发展水产品流通业,有利于拓展渔业发展空间,增加就业机会,促进渔民增收,提升水产增养殖产业化发展水平,加快渔业现代化进程。

国家鼓励和支持发展多种形式的水产品流通活动,建立统一、开放、竞争、有序的水产品市场体系,制定水产品批发市场发展规划。各级人民政府有关部门须依法管理水产品市场,规范交易秩序,防止地方保护与不正当竞争。水产品流通业者则须遵守适用于水产品流通业的各项法律、法规、规章制度,依法取得许可证,并按许可证规定的项目和范围从事水产品销售经营活动,所销售经营的水产品必须符合相关的国家标准或行业标准。从事水产品国际贸易,应当按照世界贸易组织协定和其他有关国际协定规定的原则、权利和义务进行,且须遵守国家有关水产品进出口的特别规定。

为增强水产食品的透明度,便利消费者对水产食品全程追溯和对水产食品的选择,水产品流通企业当应依照有关规定建立水产食品追溯体系,进行水产食品的认证。国家鼓励水产食品生产经营企业采用信息化手段建立水产食品追溯体系。不断扩大追溯体系覆盖面,实现水产食品"从产地到餐桌"全过程可追溯,保障"舌尖上的安全"。对水产食品的追溯,本质上在于运用市场力量,监督水产食品供应链主体履行其作为水产食品安全第一责任人的法律义务。

为推动水产品流通企业严格执行国家法律、法规、标准,建立健全质量管理体系,以增强本企业的市场声誉和竞争力,国家鼓励水产品流通企业自愿委托有资格的第三方认证机构对本企业水产品供应链监管体系的适宜性、符合性和有效性进行审核验证,并给予书面保证。

第一节　水产品流通业的概念和发展

一、含义和特征

（一）水产品流通业的含义

水产品流通业是指从事水产品商业活动的行业。其行业链包括水产品销售、存储、运输以及为满足消费者需求和获得最大利润的促销活动，如市场调查、预测与分析，目标市场选择，消费者购买行为分析，分销渠道选择，促进产品声誉和提高消费者信心措施的运用，售后服务等。其核心是通过市场实行交换，即在适当的时间、适当的地点，以适当的价格，将适当的水产品销售给适当的消费者，实现水产品从生产领域以货币为媒介向消费领域的流通。水产品流通业是指从水产品生产到水产品消费的中间环节，包括简单水产品流通和发达水产品流通两种形式。

1. 简单水产品流通

流通的过程是"水产品—货币—其他商品"，表现为以卖开始、以买结束、先卖后买、为买而卖等特点，目的是为了换回自己需要的其他商品，满足自身的消费需求。这种形式的流通渠道为生产者与消费者之间的直接交换，如渔民将其水产品拿到集市上出售给消费者。

2. 发达水产品流通

这种流通是由商人进行的职业性水产品交换活动，其过程是"货币—水产品—增殖的货币"，目的在于将本求利，表现为以买开始、以卖结束、先买后卖、为卖而买等特点。在这一过程，由于商业或商人的介入，原来由水产品生产者直接进行的简单水产品流通，变成以商业或商人为媒介的前后两个阶段，即水产品生产者和消费者之间的交换活动由原来的直接进行而演变为互不相关的两个阶段，生产者先将水产品出售给商人，消费者再从商人手中购买这些水产品。这种形式的流通渠道是通过中间商环节的间接交换，包括生产者出售给商人、商人出售给商人（包括批发商出售给批发商和零售商）、商人（零售商）出售给消费者等几种类型。但水产品无论怎样销售，只有最终出售给消费者，才能脱离流通领域进入消费领域。显然，这种发达水产品流通形式就是以上所指的水产品商业活动。

（二）现代水产品流通业的特征

现代水产品流通业具有采取简单和发达流通两种形式、运用实体购销和电子商务两种模式、实行供应链全程监管及缺陷产品召回和侵权赔偿等一般特征，在中国，还包括以下两个基本特征：

1. 利用"两种资源、两个市场"

在经济全球化条件下，当代中国水产品流通业第一个基本特征是立足国内，统筹国内发展和对外开放要求,利用"两种资源、两个市场"拓展水产品国内外市场空间。两种资源是指本国资源和外国资源。两个市场是指国内市场及国际市场。所谓资源,不仅指水产品,也包括水产品加工及其质量保证的先进技术、设备、经验与标准以及水产品流通网络。20世纪90年代后期,国内水产品市场供应由短缺转为相对宽裕,实现了从卖方市场向买方市场的历史性跨越,而国际市场需求却仍保持继续增长势头。据FAO预测,未来二三十年全球水产品消费量将继续保持增长态势,尤其是发达国家作为水产品的消费大国,市场潜力巨大。但随着经济发展,发达国家渔业生产却呈萎缩状态,日益扩大的新增市场份额主要靠进口水产品来弥补。而在中国,随着人民生活水平的提高和水产加工业的发展,国外优质水产品越来越被人们所需要,这为中国水产品进出口提供了广阔的空间。进口水产品除食用外,主要是用作加工原料。通过"进料加工""来料加工"达成"进口原材料、出口加工品"成为中国水产品进出口贸易的1个特征。

2. 发挥名优特养殖产品出口优势

发挥渔业发展的比较优势,将鳗鲡、对虾、海水贝类、罗非鱼、大黄鱼、河蟹、斑点叉尾鮰、海藻等名优特养殖水产品作为水产品流通特别是出口市场的主要对象,是当代中国水产品流通业又1个基本特征。这是因为中国的水产养殖业具有以下的优势条件:

(1)水土资源丰富,沿海有漫长的大陆架及大量的滩涂,可供养殖鱼、虾、贝类的水面及滩涂等,比日、韩、欧、美等国要多;

(2)产业化程度高、养殖产量大,水产养殖业已形成了育苗、养成、饲料、加工、出口等行业组成的产业,1988年养殖产量达到541万吨,超过了当年的捕捞产量,到2010年养殖产量,占当年全球水产养殖产量的60%以上;

(3)养殖成本较低,由于土地成本低,劳动力成本相对日、韩、欧美等国低得多,在国际市场上具有较大的价格竞争优势;

(4)随着《全国出口水产品优势养殖区域发展规划》(2008~2015年)的实施,形成了出口养殖水产品优势区域布局和大宗出口养殖品种,而且随着《全国无公害食品行动计划》及《水产品药残专项整治行动方案》的实施,水产品的质量安全问题得到高度重视和极大的改善,水产品货源充足,市场声誉不断提高。

二、 地位、作用和责任

1. 水产品流通业的地位和作用

水产品再生产过程是生产过程与流通过程的统一。水产品生产是指生产者不是为自己消费而是以交换为目的进行的生产活动,而水产品流通是指为实现水产品生产的交换目的的服务活动。水产品生产是水产品流通存在的经济基础,没有水产品生产就没有水产品流通,水产品生产决定水产品流通。但水产品流通对水产品生产又具有反作用。主要表现为:水产品生产也离不开水产品流通。这是因为水产品生产所需原材料和水产品生产者的收入和福利都是由水产品流通提供的,且水产品生产的规模与发展方向等也要由水产品流通来决定。

在水产品再生产过程中,水产品流通的基本功能就是媒介水产品交换,使水产品从生产领域转入消费领域,实现水产品的价值与使用价值。从生产角度看,只有当水产品通过流通领域实现其价值后,生产过程才能进行物质补偿,水产品再生产才能继续进行。从消费角度看,水产品只有最终进入消费领域时,才能满足某种消费需要,水产品的价值和使用价值才能得以实现。从促进渔业可持续发展角度看,发展水产品流通业,有利于拓展渔业发展空间,增加就业机会,促进渔(农)民增收;有利于促进产业结构优化,提升水产养殖产业化发展水平,加快渔业现代化进程;有利于学习国际先进技术和先进管理经验,提高产品质量安全水平,提升中国渔业整体竞争力。

2. 水产品流通业的责任

在以市场需求为导向的现代社会,水产品流通业的作用与地位都空前提高,甚至从一定意义说,流通业已成为决定渔业经济发展的先导行业。为实现它的可持续发展,从事水产品购销活动的经营者应确保承担起以下 4 方面的主要责任:

(1) 确保消费者购得的水产食品的安全,并具有预期的质量和营养价值;

(2) 确保在水产品贮存、运输、销售过程中尽量不产生缺陷,不浪费资源;

(3) 确保在水产品贮存、运输、销售过程中尽量减少对环境的不利影响;

(4) 确保流通的水产品来自合法捕捞,使非法、不报告、无管制捕捞的渔获物不进入市场。

三、 水产品流通业的发展

(一)水产品流通业的发展历程

1. 国内水产品流通业

国内水产品流通业经历了 1 个曲折发展的过程。它由初期的市场调节为主、多种经济成分并存的自由购销,到长期实行计划经济为主、国营垄断经营,又转而逐步放宽行政控制、调整流通结构,到最终全面放开,实行市场调节。1979 年中国开始对水产品流通体制进行改革,1985 年中央政府正式决定水产品价格放开,实行市场调节,渔业成为中国最早引入市场机制的产业。30 多年来,随着渔业综合生产能力日益增强、水产品总量大幅度增长、花色和品种逐渐增多、产品鲜度和质量的不断改善,以及新型多渠道流通格局的形成和发展,水产品市场供给充足,市场繁荣,购销两旺,消费者的餐桌得到极大丰富。

2. 水产品的国际贸易

水产品对外贸易历史悠久。水产品既是重要的副食品,又是重要的出口物资,这不仅取决于国际市场的广阔需要,而且也出于中国出口物资的战略选择。1950 年 2 月朱德在全国首届渔业会议上说:"我们发展渔业,不但可以调剂国内的食用,并且可把节余的鱼产品,运到国外、换回机器。"[1]400 那时,水产品进出口贸易由私商自由经营,1956 年前后全部转由国营外贸专业公司统一经营,从而建立了对外贸易的垄断制。1958 年 2 月朱德再次强调积极扩大水产品出口贸易的重要。他说:"必须认识,在我国可供出口的物资中,水产品是一个大宗,它的重要性是同猪肉不相上下的,甚至还更有发展前途,扩大水产品的出口,就可以换回更多的机器装备和其他物资,加快我国社会主义建设事业的发展。因此,只要是出口需要的,就尽先出口。"[1]401

中共十一届三中全会以后,水产品对外贸易体制不断变革,出口事业也有了新的发展。1979 年中共中央要求包括渔业在内的农业要努力发展出口产品的生产,"生产在国际市场上销路好、换汇率高、资金回收快的产品。"[2]经国务院批准国家水产总局成立中国水产养殖公司,饲养对虾和鳗鱼出口,出现了渔贸结合的形式。1985 年 3 月中共中央、国务院《关于放宽政策,加速发展水产业的指示》中指出:"要根据水产品易腐的特点,从有利于发展生产,有利于提高经济效益,有利于统筹安排国内外市场出发,改革水产品进出口管理体制。放宽出口水产品的批准权限,允许产地对外经营。在经贸部门归口管理的前提下,实行渔贸结合、技贸结合、进出口结合。外贸企业可以代理也可以收购,水产企业可以自营,有条件的也可由生产单位自运直接出口。"[3]同年中国远洋渔业船队开赴西非和北美后,捕捞的水产品开始直接进入国际市场。2001 年底中国加入世贸组织,对外开放进入新的发展阶段。水产品国际贸易逐步形成了统一政策、统一标准、放开经营、平等竞争、自负盈亏、工贸结合、经营主体多元化、进出口双赢的良好局面。

进口水产品最大宗的原来是朝鲜的明太鱼和秘鲁、智利的鱼粉。20 世纪 50 年代还进口了些日本、苏联的海带,朝鲜、越南的干咸鱼和海味品(海参、紫菜、鱿鱼干、云燕等)。70 年代初首次进口秘鲁鱼粉,从 1978 年起陆续从丹麦、智利、日本、厄瓜多尔、斯里兰卡、巴西、英国、泰国进口少量鱼粉,1986 年水产品进口量高于同年出口量 1 倍多。当时水产品曾出口到包括苏联、日本、欧洲、东南亚、澳大利亚在内的 5 大洲的 60 多个国家和地区。1972 年中美上海公报发表后,出口到美国、加拿大的水产品不断增加。1986 年出口美国的水产品比 1972 年增加了 1 倍。所有这些都为水产品出口事业的长足发展创造了有利的条件。[1]407自 90 年代起,渔业出口有相当大的增长,出口市场遍及全球约 150 个国家和地区。自 2002 年起,中国成为水产品遥遥领先的出口国,占世界鱼和渔产品出口值近 12%,渔业出口增长的份额包含再加工的进口的原料。

作为世界最大的水产品生产和出口国,中国也显著增加了水产品进口,部分原因是外包的结果,因加工商从所有主要区域进口原料,包括南美洲和北美洲以及欧洲,再加工出口。对本国没有的物种的强劲需求也推动了进口,特别是海洋物种,这是经济增长和可支配收入增长的结果。中国的进口从 2000 年 18 亿美元增加到 2011 年的 76 亿美元,使中国成为世界第三大水产品进口国。进口增长还反映了 2001 年加入 WTO 后降低了进口关税。[4]

3. 现代水产品流通业成为现代渔业的重要组成部分

中国水产品流通业的发展历史表明,水产品流通业走了 1 条符合国情的发展道路。国内外水产品贸易在渔业产业中发挥着作为就业的创造者、食物的提供者、收入的产生者以及经济增长和发展的贡献者的重要作用。现代水产品流通业和现代水产品加工业一样,已成为现代渔业的重要组成部分。继续保持水产品流通业健康发展,对现阶段和今后较长时期中国农业农村经济发展和现代渔业建设具有十分重要的意义。

(二)中国水产品流通业发展中存在的问题

中国水产品流通产业取得了长足发展和进步,已成为名符其实的世界水产品贸易大国。但在产业发展中还存在一些问题,除世界贸易保护主义抬头,中国人口红利逐渐消失,人民币面临升值压力,海洋捕捞产品供应趋紧,成本上升,竞争加剧等影响中国水产

品流通业发展的不确定因素外,主要有:

(1) 在全国水产品质量稳步提升的大趋势下,当前水产品质量安全仍存在不少隐患,水产品出口仍面临质量安全因素不稳定的巨大压力;

(2) 在当前农产品竞争已经从经营性竞争上升到品牌竞争的新阶段,缺乏自主出口品牌,相当多的加工企业停留在国际分工的初级层次,仍是采取贴牌出口简单数量扩张模式,不利于中国水产品贸易的国际收益、可持续发展和国际竞争力提高;

(3) 近些年发达国家有毒有害物质限量标准愈加苛刻,检测方法不断更新,检测仪器日益高档化,并日益将其作为贸易壁垒的重要手段。而中国对国外标准研究和检测方法跟踪研究滞后,一批国家及行业标准和检测方法标准,与发达国家相比差距仍然较大,成为水产品出口受阻的 1 个重要原因;

(4) 流通环节多、流通成本高、市场秩序混乱;

(5) 行业自律不健全,行业内恶性竞争仍然存在;

(6) 现代物流体系尚未建成,国内水产加工品的消费氛围尚未形成。[5]

(三) 中国水产品流通业未来发展的方向

根据国务院和农业部有关文件,今后一段时期,中国水产品流通业的发展方向可以概括为:坚持内外统筹,在积极拓展国内消费的同时,继续保持国际贸易稳定协调增长,既保障国内市场供给,又提高国际市场份额;坚持自产产品出口为主与发展来进料加工贸易相结合,实施好优势出口水产品养殖区域规划,全面推进水产健康养殖,规范养殖生产行为,切实提高质量安全水平,为出口贸易提供充足、安全的原料产品;加快转变出口贸易增长方式,鼓励自主创新,加快实施品牌战略,增强我国水产品的核心竞争力;在坚持市场调节的前提下,适当运用经济和行政手段以及通过行业自律行为,逐步建立和形成较完善的协调约束机制;加强水产品冷链物流体系和批发市场建设,积极发展海上冷藏加工,实现产地和销地的市场、冷链物流有效对接;完善水产品市场功能,强化市场信息服务,建立畅顺高效、便捷安全的水产品流通体系,积极培育大型水产网络交易平台,发展电子商务,降低流通成本,提高流通效率,推动单一的传统营销方式向多元化现代营销方式转变;加大市场推介力度,扩大品牌宣传范围,积极发展消费引导型加工业,努力引领和扩大水产品国内市场消费;充分利用国内外"两种资源、两个市场",积极参与国际贸易谈判和国际贸易公约的制定,争取水产品国际贸易的主动权,提高应对各类贸易壁垒的能力,保持水产品国际贸易稳定协调发展。[6-7]

第二节 水产品流通的法律制度

一、国内购销实行市场调节

按照《农业法》第四章"农产品流通与加工"的规定,水产品的购销实行市场调节。就

此,国家和地方政府负有如下相关责任：

（1）国家逐步建立统一、开放、竞争、有序的水产品市场体系,制定水产品批发市场发展规划。对农村集体经济组织和农民专业合作经济组织建立水产品批发市场和水产品集贸市场,国家给予扶持。

（2）县级以上人民政府工商行政管理部门和其他有关部门按照各自的职责,依法管理水产品批发市场,规范交易秩序,防止地方保护与不正当竞争。

（3）国家鼓励和支持发展多种形式的水产品流通活动。支持农民和农民专业合作经济组织按照国家有关规定从事水产品收购、批发、贮藏、运输、零售和中介活动。鼓励供销合作社和其他从事水产品购销的农业生产经营组织提供市场信息,开拓水产品流通渠道,为水产品销售服务。

（4）县级以上人民政府应当采取措施,督促有关部门保障水产品运输畅通,降低水产品流通成本。有关行政管理部门应当简化手续,方便鲜活水产品的运输,除法律、行政法规另有规定外,不得扣押鲜活水产品的运输工具。

二、 水产食品经营实行许可制度

按照《食品安全法》第二十九条的规定,国家对水产食品流通实行许可制度。从事水产食品流通应当依法取得《食品流通许可证》,凭《食品流通许可证》办理工商登记,领取营业执照。农民个人销售其自产的食用水产品,不需要取得水产食品流通的许可。

相关规定包括：

（1）水产食品流通经营应当符合食品安全标准,且符合下列要求条件：

① 具有与经营的食品品种、数量相适应的食品原料处理和食品包装、贮存等场所,保持该场所环境整洁,并与有毒、有害场所以及其他污染源保持规定的距离；

② 具有与经营的食品品种、数量相适应的生产经营设备或者设施,有相应的消毒、更衣、盥洗、采光、照明、通风、防腐、防尘、防蝇、防鼠、防虫、洗涤以及处理废水、存放垃圾和废弃物的设备或者设施；

③ 具有食品安全专业技术人员、管理人员和保证食品安全的规章制度；

④ 具有合理的设备布局和工艺流程,避免食品接触有毒物、不洁物,防止交叉污染。

（2）县级以上质量监督、工商行政管理、食品药品监督管理部门应当依照《中华人民共和国行政许可法》的规定,审核申请人提交的上列各项规定要求的相关资料,必要时对申请人的生产经营场所进行现场核查;对符合规定条件的,决定准予许可;对不符合规定条件的,决定不予许可并书面说明理由。

（3）集中交易市场的开办者、柜台出租者和展销会举办者,应当审查入场水产食品经营者的许可证,明确入场水产食品经营者的食品安全管理责任,定期对入场水产食品经营者的经营环境和条件进行检查,发现水产食品经营者有违反本法规定的行为的,应当及时制止并立即报告所在地县级工商行政管理部门或者食品药品监督管理部门。集中交易市场的开办者、柜台出租者和展销会举办者未履行前述规定义务,本市场发生水产食品安全事故的,应当承担连带责任。

三、 遵循自愿、平等、公平、诚实信用交易原则

按照《消费者权益保护法》第四条的规定,水产品经营者与消费者进行交易,应当遵循自愿、平等、公平、诚实信用的原则。按照第三章"经营者的义务"的规定,水产品经营者向消费者提供商品或者服务,应当依照本法和其他有关法律、法规的规定履行以下义务:

(1) 经营者向消费者提供商品或者服务,应当恪守社会公德,诚信经营,保障消费者的合法权益;不得设定不公平、不合理的交易条件,不得强制交易。

(2) 经营者应当听取消费者对其提供的商品或者服务的意见,接受消费者的监督。

(3) 经营者应当保证其提供的商品或者服务符合保障人身、财产安全的要求。对可能危及人身、财产安全的商品和服务,应当向消费者做出真实的说明和明确的警示,并说明和标明正确使用商品或者接受服务的方法以及防止危害发生的方法。

(4) 经营者向消费者提供有关商品或者服务的质量、性能、用途、有效期限等信息,应当真实、全面,不得作虚假或者引入误解的宣传。

(5) 经营者对消费者就其提供的商品或者服务的质量和使用方法等问题提出的询问,应当做出真实、明确的答复。

(6) 经营者提供商品或者服务应当明码标价。

(7) 经营者应当标明其真实名称和标记。租赁他人柜台或者场地的经营者,应当标明其真实名称和标记。

(8) 经营者提供商品或者服务,应当按照国家有关规定或者商业惯例向消费者出具发票等购货凭证或者服务单据;消费者索要发票等购货凭证或者服务单据的,经营者必须出具。

(9) 经营者以广告、产品说明、实物样品或者其他方式表明商品或者服务的质量状况的,应当保证其提供的商品或者服务的实际质量与表明的质量状况相符。

(10) 经营者应当保证在正常使用商品或者接受服务的情况下其提供的商品或者服务应当具有的质量、性能、用途和有效期限。

四、 水产品质量安全监测制度

按照《农产品质量安全法》第三十四条和《食品安全法》第十一条的规定,国家建立和实施水产品质量安全监测制度,其主要规定为:

(1) 县级以上人民政府渔业行政主管部门会同卫生行政、质量监督等有关部门按照保障水产品质量安全的要求,制订并组织实施水产品质量安全监测计划,重点对水产食源性疾病[①]、水产食品污染以及水产食品中的有害因素进行监测。

(2) 渔业、卫生、质量监督等部门可依照法定权限对水产品质量安全实施监督抽查,重点对可能危及人体健康的水产食品及消费者反映有质量问题的水产品进行抽查。抽

---

① 食源性疾病是指食品中致病因素进入人体引起的感染性、中毒性等疾病。

查的样品应当在市场上或者销售者仓库内的待销水产品中随机抽取。国家监督抽查的水产品,地方不得另行重复抽查;上级监督抽查的水产品,下级不得另行重复抽查。对依法进行的水产品质量监督检查,销售者不得拒绝。

(3)根据监督抽查的需要,可以对水产品质量进行检验。检验抽取样品的数量不得超过检验的合理需要,并不得向被检查人收取检验费用。监督抽查所需检验费用按照国务院规定列支。销售者对抽查检验的结果有异议的,可以自收到检验结果之日起15日内向实施监督抽查的部门或者其上级部门申请复检,由受理复检的部门做出复检结论。

(4)水产品质量检验机构必须具备相应的检测条件和能力,经省级以上人民政府产品质量监督部门或者其授权的部门考核合格后,方可承担水产品质量检验工作。因检测结果错误给当事人造成损害的,依法承担赔偿责任。

(5)水产品批发市场应当设立或者委托水产品质量安全检测机构,对进场销售的水产品质量安全状况进行抽查检测;发现不符合水产品质量安全标准的,应当要求销售者立即停止销售,并向有关部门报告。

(6)水产品销售企业对其销售的水产品,应当建立健全进货检查验收制度;经查验不符合水产品质量安全标准的,不得销售。

(7)县级以上人民政府渔业、卫生、质量监督等部门在水产品质量安全监督检查中,可以对销售的水产品进行现场检查,调查了解水产品质量安全的有关情况,查阅、复制与水产品质量安全有关的记录和其他资料;对经检测不符合水产品质量安全标准的水产品,有权查封、扣押,并可责令其销售企业限期改正;逾期不改正的,责令停业,限期整顿;整顿期满后经复查产品质量仍不合格的,吊销营业执照。

五、 销售者依法承担水产品质量责任

按照《产品质量法》第四条的规定,销售者应依照本法规定承担水产品质量责任。按照第三章第二节"销售者的产品质量责任和义务"的规定,水产品销售者主要责任和义务为:

(1)销售者应当建立健全内部水产品质量管理制度,严格实施岗位质量规范、质量责任以及相应的考核办法。

(2)销售者应当建立并执行进货检查验收制度,验明水产品合格证明和其他标识。

(3)销售者应当采取措施,保持销售水产品的质量。

(4)销售者不得销售国家明令停止销售的水产品和失效、变质的产品。

(5)销售者销售的水产品或者其包装上的标识必须真实。

(6)销售者不得伪造产地,不得伪造或者冒用他人的厂名、厂址。

(7)销售者不得伪造或者冒用认证标志等质量标志。

(8)销售者销售水产品,不得掺杂、掺假,不得以假充真、以次充好,不得以不合格水产品冒充合格水产品。

六、 经营者依法承担水产食品安全社会责任

按照《食品安全法》第三条的规定,水产食品经营者应当依照法律、法规和食品安全

标准从事经营活动,对社会和公众负责,保证食品安全,接受社会监督,承担社会责任。按照第四章"食品生产经营"的规定,水产食品经营者为履行其社会责任应当:

(1) 建立健全本单位的食品安全管理制度,加强对职工水产食品安全知识的培训,配备专职或者兼职水产食品安全管理人员,做好对所经营水产食品的检验工作,依法从事水产食品生产经营活动。

(2) 建立并执行从业人员健康管理制度。患有痢疾、伤寒、病毒性肝炎等消化道传染病的人员,以及患有活动性肺结核、化脓性或者渗出性皮肤病等有碍食品安全的疾病的人员,不得从事接触直接入口水产食品的工作。水产食品经营人员每年应当进行健康检查,取得健康证明后方可参加工作。

(3) 采购水产食品,应当查验供货者的许可证和食品合格的证明文件。

(4) 应当建立水产食品进货查验记录制度,如实记录水产食品的名称、规格、数量、生产批号、保质期、供货者名称及联系方式、进货日期等内容。水产食品进货查验记录应当真实,保存期限不得少于2年。实行统一配送经营方式的水产食品经营企业,可以由企业总部统一查验供货者的许可证和食品合格的证明文件,进行水产食品进货查验记录。

(5) 应当按照保证食品安全的要求贮存水产食品,定期检查库存食品,及时清理变质或者超过保质期的食品。

(6) 贮存散装水产食品,应当在贮存位置标明水产食品的名称、生产日期、保质期、生产者名称及联系方式等内容。

(7) 销售散装水产食品,应当在散装水产食品的容器、外包装上标明食品的名称、生产日期、保质期、生产经营者名称及联系方式等内容。

(8) 预包装水产食品的包装上应当有标签。标签应当标明下列事项:

① 名称、规格、净含量、生产日期;

② 成分或者配料表;

③ 生产者的名称、地址、联系方式;

④ 保质期;

⑤ 产品标准代号;

⑥ 贮存条件;

⑦ 所使用的食品添加剂在国家标准中的通用名称;

⑧ 生产许可证编号;

⑨ 法律、法规或者水产食品安全标准规定必须标明的其他事项。

(9) 应当按照水产食品标签标示的警示标志、警示说明或者注意事项的要求,销售预包装水产食品。

(10) 禁止经营者经营下列水产食品:

① 致病性微生物、药物残留、重金属、污染物质以及其他危害人体健康的物质含量超过食品安全标准限量的水产食品;

② 腐败变质、污秽不洁、混有异物、掺假掺杂或者感官性状异常的水产食品;

③ 病死、毒死或者死因不明的水产动物及其制品;

④ 被包装材料、容器、运输工具等污染的水产食品；

⑤ 超过保质期的水产食品；

⑥ 无标签的预包装水产食品；

⑦ 国家为防病等特殊需要明令禁止经营的水产食品；

⑧ 标签、说明书不符合国家有关法律规定的水产食品；

⑨ 没有中文标签、中文说明书或者中文标签、中文说明书不符合国家有关法律规定的进口的预包装水产食品；

⑩ 其他不符合食品安全标准或者要求的水产食品。

七、包装和标识制度

按照《产品质量法》第二十七条的规定，除裸装的水产品可以不附加产品标识外，水产品或者其包装上的标识必须真实，并符合下列要求：

（1）有水产品质量检验合格证明；

（2）有中文标明的水产品名称、生产厂厂名和厂址；

（3）根据水产品的特点和使用要求，需要标明水产品规格、等级、所含主要成份的名称和含量的，用中文相应予以标明；需要事先让消费者知晓的，应当在外包装上标明，或者预先向消费者提供有关资料；

（4）限期使用的水产品，应当在显著位置清晰地标明生产日期和安全使用期。

按照《农产品质量安全法》第五章"农产品包装和标识"的规定：

（1）从事水产品收购的单位或者个人销售的水产品，按照规定应当包装或者附加标识的，须经包装或者附加标识后方可销售。包装物或者标识上应当按照规定标明水产品的品名、产地、生产者、生产日期、保质期、产品质量等级等内容；使用添加剂的，还应当按照规定标明添加剂的名称。

（2）水产品在包装、保鲜、贮存、运输中所使用的保鲜剂、防腐剂、添加剂等材料，应当符合国家有关强制性的技术规范。

（3）依法需要实施检疫的水产品，应当附具检疫合格标志、检疫合格证明。

（4）销售的水产品必须符合水产品质量安全标准，符合国家规定的无公害水产品标准的，可以申请使用无公害农产品标志；符合国家规定的有关优质水产品标准的，可以申请使用相应的农产品质量标志。禁止冒用水产品质量标志。

八、缺陷水产品召回制度

按照《食品安全法》第五十三条的规定，国家建立水产食品召回制度。其规定为：

（1）水产食品生产者发现其生产的水产食品不符合食品安全标准，应当立即停止生产，召回已经上市销售的水产食品，通知相关生产经营者和消费者，并记录召回和通知情况。

（2）水产食品经营者发现其经营的水产食品不符合食品安全标准，应当立即停止经营，通知相关生产经营者和消费者，并记录停止经营和通知情况。水产食品生产者认为应当召回的,应当立即召回。

(3)水产食品生产者应当对召回的水产食品采取补救、无害化处理、销毁等措施,并将食品召回和处理情况向县级以上质量监督部门报告。

(4)水产食品生产经营者未依照本条规定召回或者停止经营不符合食品安全标准的水产食品的,县级以上质量监督、工商行政管理、食品药品监督管理部门可以责令其召回或者停止经营。

《消费者权益保护法》第十九条也规定:"经营者发现其提供的商品或者服务存在缺陷,有危及人身、财产安全危险的,应当立即向有关行政部门报告和告知消费者,并采取停止销售、警示、召回、无害化处理、销毁、停止生产或者服务等措施。采取召回措施的,经营者应当承担消费者因商品被召回支出的必要费用。"

九、销售缺陷产品的侵权责任

按照《侵权责任法》第四十二条的规定,因销售者的过错使水产品存在缺陷,造成他人损害的,销售者应当承担侵权责任。销售者不能指明缺陷水产品的生产者也不能指明缺陷水产品的供货者的,销售者应当承担侵权责任。

相关规定还有:

(1)因水产品存在缺陷造成损害的,被侵权人可以向水产品的生产者请求赔偿,也可以向水产品的销售者请求赔偿。水产品缺陷由生产者造成的,销售者赔偿后,有权向生产者追偿。因销售者的过错使水产品存在缺陷的,生产者赔偿后,有权向销售者追偿。

(2)因运输者、仓储者等第三人的过错使水产品存在缺陷,造成他人损害的,水产品的销售者赔偿后,有权向第三人追偿。

(3)因水产品缺陷危及他人人身、财产安全的,被侵权人有权请求销售者承担排除妨碍、消除危险等侵权责任。

(4)水产品投入流通后发现存在缺陷的,销售者应当及时采取警示、召回等补救措施。未及时采取补救措施或者补救措施不力造成损害的,应当承担侵权责任。

(5)明知水产品存在缺陷仍然销售,造成他人死亡或者健康严重损害的,被侵权人有权请求相应的惩罚性赔偿。

十、水产食品进出口管理制度

按照《食品安全法》第六章"食品进出口"的规定,水产食品进出口制度的内容主要为:

(1)进口的水产食品、食品添加剂以及水产食品相关产品应当符合中国食品安全国家标准。

(2)进口的水产食品应当经出入境检验检疫机构检验合格后,海关凭出入境检验检疫机构签发的通关证明放行。

(3)进口尚无食品安全国家标准的水产食品,或者首次进口水产食品添加剂新品种、水产食品相关产品新品种,进口商应当向国务院卫生行政部门提出申请并提交相关的安

全性评估材料。国务院卫生行政部门依照本法有关条款的规定做出是否准予许可的决定,并及时制定相应的水产食品安全国家标准。

(4)境外发生的水产食品安全事件可能对我国境内造成影响,或者在进口水产食品中发现严重食品安全问题的,国家出入境检验检疫部门应当及时采取风险预警或者控制措施,并向国务院卫生行政、渔业行政、工商行政管理和国家食品药品监督管理部门通报。接到通报的部门应当及时采取相应措施。

(5)向中国境内出口水产食品的出口商或者代理商应当向国家出入境检验检疫部门备案。向中国境内出口水产食品的境外水产食品生产企业应当经国家出入境检验检疫部门注册。

(6)国家出入境检验检疫部门应当定期公布已经备案的出口商、代理商和已经注册的境外水产食品生产企业名单。

(7)进口的预包装水产食品应当有中文标签、中文说明书。标签、说明书应当符合本法以及国家其他有关法律、行政法规的规定和食品安全国家标准的要求,载明水产食品的原产地以及境内代理商的名称、地址、联系方式。预包装水产食品没有中文标签、中文说明书或者标签、说明书不符合本条规定的,不得进口。

(8)进口商应当建立水产食品进口和销售记录制度,如实记录水产食品的名称、规格、数量、生产日期、生产或者进口批号、保质期、出口商和购货者名称及联系方式、交货日期等内容。水产食品进口和销售记录应当真实,保存期限不得少于2年。

(9)出口的水产食品由出入境检验检疫机构进行监督、抽检,海关凭出入境检验检疫机构签发的通关证明放行。

(10)出口水产食品生产企业和出口水产食品原料养殖场应当向国家出入境检验检疫部门备案。

(11)国家出入境检验检疫部门应当收集、汇总进出口水产食品安全信息,并及时通报相关部门、机构和企业。

(12)国家出入境检验检疫部门应当建立进出口水产食品的进口商、出口商和出口水产食品生产企业的信誉记录,并予以公布。对有不良记录的进口商、出口商和出口水产食品生产企业,应当加强对其进出口水产食品的检验检疫。

(13)水产食品生产经营企业应当制定食品安全事故处置方案,定期检查本企业各项水产食品安全防范措施的落实情况,及时消除食品安全事故隐患。

此外,为遏制非法捕鱼活动和有效养护有关渔业资源:

(1)农业部通知自2010年1月1日起,出口欧盟的部分海洋捕捞产品[1]除须出具原产地证明、卫生证书外,还需附加欧洲理事会《关于建立共同体系统以预防、阻止和消除非法、不报告和无管制捕捞的条例》要求的、由农业部渔业局出具的《合法捕捞证明》的确认及《加工厂声明》的认可。[8]

---

① 不需向欧盟出具有关合法捕捞文件的水产品清单:(1)淡水渔业产品;(2)从鱼苗或幼体养殖的水产养殖产品;(3)观赏鱼类;(4)活牡蛎;(5)鲜活、新鲜或冰鲜的扇贝,包括皇后扇贝,栉孔海扇或扇贝属;(6)冷冻的大扇贝;(7)新鲜或冰鲜的其他扇贝;(8)贻贝;(9)不是来自海洋的螺类;(10)制作或保存的软体动物。

（2）农业部、海关总署联合公告自 2010 年 7 月 1 日起，对来自中国加入的"养护大西洋金枪鱼国际委员会"、"印度洋金枪鱼委员会"和"南极海洋生物资源养护委员会"适用海域的部分水产品①，有关单位应向农业部申请《合法捕捞产品通关证明》。上述政府间渔业管理组织已对部分水产品实施合法捕捞证明制度。根据合法捕捞证明制度的规定，国际组织成员进口部分水产品时有义务验核船旗国政府主管机构签署的合法捕捞证明，没有合法捕捞证明的水产品被视为非法捕捞产品，各成员国不得进口。所指水产品进境时，有关单位应主动、如实向海关申报，并持《合法捕捞产品通关证明》向海关办理相关手续。有关水产品原产地按照有关规定申报、确定。有关单位向农业部申请《合法捕捞产品通关证明》时应提交由船旗国政府主管机构签发的合法捕捞产品证明原件。在船旗国以外的国家或地区加工所指产品进入我国关境时，申请单位应提交由船旗国政府主管机构签发的合法捕捞产品证明副本和加工国或者地区授权机构签发的再出口证明原件。[9]

十一、 水产品质量安全事故处置制度

按照《食品安全法》第七十条和《农产品质量安全法》第四十条的规定，国家实行水产品质量安全事故②处置制度。其主要规定为：

（1）县级以上地方人民政府应当根据有关法律、法规的规定和上级人民政府的水产品安全事故应急预案以及本地区的实际情况，制定本行政区域的水产品质量安全事故应急预案，并报上一级人民政府备案。

（2）水产品经营企业应当制定水产品质量安全事故处置方案，定期检查本企业各项水产品安全防范措施的落实情况，及时消除水产品安全事故隐患。

（3）发生水产品安全事故的单位应当立即予以处置，防止事故扩大。事故发生单位和接收病人进行治疗的单位应当及时向事故发生地县级渔业、卫生行政部门报告。

质量监督、工商行政管理、食品药品监督管理部门在日常监督管理中发现水产品质量安全事故，或者接到有关水产品质量安全事故的举报，应当立即向渔业、卫生行政部门通报。

接到发生重大水产品质量安全事故报告的县级渔业、卫生行政部门应当按照规定向本级人民政府和上级人民政府渔业、卫生行政部门报告。县级人民政府和上级人民政府渔业、卫生行政部门应当按照规定上报。

（4）任何单位或者个人不得对水产品质量安全事故隐瞒、谎报、缓报，不得毁灭有关证据。

（5）县级以上渔业行政部门接到水产品质量安全事故的报告后，应当立即会同卫生行政、质量监督、工商行政管理、食品药品监督管理等有关部门进行调查处理，并采取有效措施，防止或者减轻社会危害。

（6）发生重大水产品质量安全事故，县级以上人民政府应当立即成立水产品安全事

---

① 指冻大眼金枪鱼、剑鱼、蓝鳍金枪鱼和南极犬牙鱼。
② 水产品质量安全事故，是指食物中毒、食源性疾病、食品污染等源于水产品，对人体健康有危害或者可能有危害的事故。

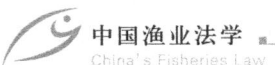
故处置指挥机构,启动应急预案,依照规定进行处置。

（7）发生重大水产品质量安全事故,设区的市级以上人民政府渔业行政部门应当立即会同有关部门进行事故责任调查,督促有关部门履行职责,向本级人民政府提出事故责任调查处理报告。

重大水产品质量安全事故涉及两个以上省、自治区、直辖市的,由国务院渔业行政部门依照规定组织事故责任调查。

（8）发生重大水产品质量安全事故,县级以上疾病预防控制机构应当协助渔业、卫生行政等有关部门对事故现场进行卫生处理,并对与水产品安全质量事故有关的因素开展流行病学调查。

十二、 水产品流通业适用的其他法规和标准

（一）适用于水产品流通业的行政法规和部门规章

为有效实施有关法律规定的水产品流通业的法律制度,下列行政法规、部门规章适用于水产品流通业:

（1）2007 年国务院发布的《国务院关于加强食品等产品安全监督管理的特别规定》;

（2）2009 年国务院发布的《中华人民共和国食品安全法实施条例》;

（3）1996 年农业部和国家工商行政管理总局发布的《水产品批发市场管理办法》;

（4）2004 年国家质量监督检验检疫总局发布的《出境养殖水产品检验检疫和监管要求（试行）》;

（5）2004 年国家质量监督检验检疫总局发布的《出境水产品追溯规程（试行）》;

（6）2007 年商务部发布的《超市食品安全操作规范（试行）》;

（7）2009 年国家工商行政管理总局发布的《流通环节食品安全监督管理办法》;

（8）2011 年国家质量监督检验检疫总局发布的《进出口水产品检验检疫监督管理办法》;

（9）2010 年《商务部关于作好流通领域食品安全工作的通知》。

（二）适用于水产品流通业的国家标准和行业标准

（1）GB/T 19220—2003《农副产品绿色批发市场》;

（2）GB/T 19221—2003《农副产品绿色零售市场》;

（3）GB/T 19575—2004《农产品批发市场管理技术规范》;

（4）GB/T 22000—2006/ ISO/TS 22000:2005 食品安全管理体系食品链中各类组织的要求;

（5）GB/T 27030—2006/ISO/IEC 17030:2003《合格评定第三方符合性标志的通用要求》;

（6）GB/T 19012—2008/ISO 10002:2004《质量管理顾客满意组织处理投诉指南》;

（7）GB/Z 21702—2008《出口水产品质量安全控制规范》;

（8）GB/T 21720—2008《农贸市场管理技术规范》;

（9）SC/T 0003—2006《水产企业 HACCP 管理体系认证指南》;

（10）SC/T 0003—2006《水产企业管理体系认证指南》；

（11）SB/T 10523—2009《水产品批发交易规程》；

（12）SB/T 10524—2009《鲜活对虾购销规范》；

（13）CNAS—CC18:2010《食品安全管理体系认证机构要求》；

（14）CNAS—GC18:2013《食品安全管理体系认证机构认证业务范围管理实施指南》；

（15）CNAS—EC—035:2013《基于 PAC—TECH—003 对食品安全管理体系认证机构的认可说明》。

第三节　水产品市场管理

一、批发市场管理

（一）水产品批发市场及其作用和特点

水产品批发市场是指为买卖双方提供经常性的、公开的、规范的进行水产品批量集散、价格形成，并具有信息、结算等综合配套服务功能的场所。

水产品批发市场是水产品流通的主渠道，具有保障市场供应的稳定、保障交易价格的稳定和保障水产品质量的稳定 3 大作用，以及投资回报率低、社会效益大和公益性强的 3 个特点。

水产品批发市场通常向上下游延伸经营链条。1 方面建立水产品基地，发展专业化、工厂化生产；另 1 方面向零售领域延伸，细化加工和配送功能，形成水产品批发市场与零售店之间配送—销售—消费的有机链条。

（二）水产品批发市场种类

水产品批发市场按投资主体分为国家重点水产品批发市场和地方水产品批发市场两种。前是指国家参与投资建设的水产品批发市场。后者是指国家重点水产品批发市场以外的批发市场。按其规模和辐射力又分为全国性水产品批发市场、区域性和地方性水产品批发市场三类。国家重点大型水产品批发市场属于全国性水产品批发市场。此类批发市场应成为全国乃至国际水产品物流集散中心、价格形成中心、信息传播中心、会展贸易中心和科技交流中心，引领全国水产业发展。

水产品产地批发市场建设以地方投入为主。全国性和区域性大型产地批发市场的基础设施建设，需要国家在资金安排上给予适当支持。国家投入的资金将主要用于水产品农药残留（疫病）检测、信息收集发布系统等公益性基础设施和具有示范性质的大型批发市场的某些薄弱基础设施建设。

（三）水产品批发市场的管理体制

按照《水产品批发市场管理办法》的规定，渔业行政主管部门对水产品批发市场实施行业指导和管理，工商行政管理机关对水产品批发市场的交易行为实行监督管理。其任

务是引导、规范水产品市场主体,加强水产品市场管理,维护市场秩序,保障批发市场的交易体现"公开、公正、公平、安全"的原则。促进渔业经济协调发展。

工商行政管理机关和渔业行政主管部门对《水产品批发市场管理办法》的实施情况进行监督检查。市场开办者或市场经营者有违反《水产品批发市场管理办法》行为的,由工商行政管理机关、渔业行政主管部门依据有关法律、法规、规章给予行政处罚。

(四)水产品批发市场的开办

1. 设立水产品批发市场必须具备的条件

(1)具有批发市场的名称和章程。批发市场章程必须载明下列事项:

① 市场名称及场址;

② 经营范围及市场规划;

③ 资金来源及投资方式;

④ 法定代表人的产生程序和职责;

⑤ 组织机构及其职责;

⑥ 服务项目和收费标准;

⑦ 其他需要明确的事项。

(2)符合地方的统一规划和布局。批发市场选点要符合水产品批发市场总体规划布局。批发市场在城市规划和渔港规划范围内的,各项建设必须符合城市规划和渔港规划的要求,服从规划管理。各项建设必须符合国家环境保护的法律、行政法规和标准。

(3)具有与经营规模相适应的交易设施。如固定的场地、码头、冷藏、加工、运输、结算、信息传递等设施,以及管理机构和其他条件。

(4)国家规定的其他条件。

2. 国家重点水产品批发市场的设立,应当由市场所在地的人民政府批准,由市场开办者向批发市场所在地的工商行政管理机关申请登记注册。

国家重点水产品批发市场可由渔业、工商行政管理、卫生、公安、商检、税务、物价和技术监督等有关部门共同组成管理委员会,负责协调市场建设和运行中的重大问题。

3. 地方水产品批发市场在登记注册后,其管理形式可以参照国家重点水产品批发市场的管理办法执行。

4. 以水产品为主要经营对象的批发市场,统一使用"×××水产品批发市场"的名称。

(五)水产品批发交易与管理

1. 货物进入

进入水产品批发市场的货物,必须在政府批准该市场经办的批发业务范围之内。进入市场的货物必须符合卫生、渔政部门的规定;腐败变质、有毒及其他有可能对人体健康有害的货物,违法捕获的水产品,不得进入市场。

2. 批发交易

批发交易必须保证公正、合理,严禁垄断。

(1)批发交易一般应当以拍卖或者投标方式进行。但形不成拍卖或者投标条件的,也可以采取议价销售或者定价销售方式。登场货物较多，以拍卖或者招标方式批发后剩余的物品，也可以采取议价销售方式。

（2）市场开办者及其工作人员不得在批发市场内对其经营范围内的货物有买卖行为。

（3）批发交易开始前，应当公布上1日各主要货物成交的价格，并公布当日到货情况，包括各种货物的品名、数量及供货人。

（4）市场经营者应当按照国家规定缴纳市场管理费，并依法纳税。

（5）批发市场应当组建相应的结算系统。货物成交后，由市场委派的专职人员开具销售货款票，由买货人持票到市场财务结算处办理货款结算手续，并交纳费、税后，凭票取货。

（6）各批发市场应当制订本市场交易规则及市场工作人员职责，公布于众，并对本市场工作人员定期考核，征求买卖双方对改进市场服务管理工作及对工作人员的意见。[10]

（六）水产品批发市场的管理标准

按照 GB/T 19575—2004《农产品批发市场管理技术规范》的规定，水产品批发市场的经营环境、经营设施设备和经营管理等3个方面应达到以下的技术要求。

1.经营环境要求

（1）场门应整洁、美观，各种标识规范、清晰，应设有车辆和人员专用出入口。

（2）场内地面应作到硬化、平整、清洁，便于清洗。

（3）交易厅（棚）应在入口醒目的位置设置标识或牌匾，标示经营的水产品类别。厅（棚）内应通风、明亮。

（4）应按水产品大类、保鲜和卫生要求进行分区，同类型商品应在同1交易区内经营。冷冻水产品和非冷冻水产品要分区，生鲜水产品和熟水产品要分区，有包装水产品和无包装品要分区，防止水产品之间的交叉污染。

（5）水产品交易厅（棚）内场地设施应每日冲洗，不存污水，保持清洁。

（6）交易场地人流、物流、车辆应保持畅通，应设有专用的机动车停车场，道路和停车场地地面应承重、耐磨、防滑。

（7）新建市场应符合本地区的城市建设规划和商业网点规划要求，并符合环境保护和市容环境卫生的要求。应与同类型、同规模的批发市场保持合理的距离，大中城市销地水产品批发市场应充分考虑向零售市场运货的省时、通畅、便捷和低成本。

（8）交易大厅宜建为单层建筑结构。多层的大厅应符合承重和货车吨位限制及堆货限高要求。

2.经营设施设备要求

（1）服务设施设备

① 应设立导购图、车行路线标示图、公用电话、校秤点等公共服务设施，各类公共设施应标识明确，应符合 GB 10001《公共信息标志用图形符号》的规定。

② 从事拍卖交易的批发市场应配备电子屏幕，并有网络设备和电子结算设备。

（2）卫生安全设施设备

① 应建卫生间,卫生间数量应与经营规模相匹配。卫生间应符合 GB/T 17217《城市公共厕所卫生标准》的规定。卫生间的上、下水管要通畅,冲洗设施齐全,并保证清洗的用水。

② 应设置相应垃圾桶和垃圾中转密闭间,对废弃物集中处理并清运。对特殊固体废弃物能集中管理,并移交相关单位作无害化处理。

③ 应建卫生消毒间,统一管理和使用杀虫药剂,承担市场的防疫工作。

④ 现场水产品加工应符合 GB 14881《食品生产企业通用卫生规范》的规定,并设置水产品加工间。

⑤ 应有污水排放管道设施。污水排放应符合 GB 8978《污水综合排放标准》的规定。

(3)计量设施设备

① 应使用检定合格、未超过检定周期的计量器具。

② 应设置符合要求的公平秤,并负责验证、维护和监督检查,并定期送法定计量检定机构进行检定。

(4)信息基础设施设备

① 应设有信息发布公告栏。

② 应有交易结算、信息交流、交易统计等服务设施。应准确及时地反映交易情况,为交易双方和有关部门提供交易服务和统计信息。

(5)保鲜贮存设施设备

① 从事鲜活水产品交易的批发市场应配备蓄养池,水产摊位前须设置明沟,并盖有下水井盖。

② 从事冷冻水产品交易的批发市场应具备满足交易需要的冷冻贮藏设施。

冷冻水产品陈列应保持冷冻状态。

(6)检测设施设备

① 从事水产品交易的批发市场应配备检测甲醛、水质的检测设备。

② 应配备政府规定批发市场其他检测项目的设施设备。

③ 市场不能检测的项目应委托法定检测机构进行检测。

(7)包装设施设备。应根据水产品交易的需要配备相应的包装设备。

(8)运输设施设备。应根据水产品交易的需要配备相应的运输工具和装卸、搬运等辅助设备。

(9)消防设施设备。应配备消防安全设施,保证消防设施齐全、完好有效。

(10)治安设施设备。应配备电子监控设备。

3. 经营管理要求

(1)商品质量管理

① 应建立商品准入管理制度,并设立专门的机构,负责对进入市场的水产品质量安全进行查证、登记备案、抽检和清退等监督管理。

② 应建立商品质量购销查验登记制度。对入市交易的商品索票、索证,对主要的交易商品建立交易档案。

③ 应建立商品质量抽检制度,定期或不定期对场内交易的水产品质量安全进行抽检。

④ 应建立质量安全不合格商品市场清退制度,经抽检质量安全不合格的水产品要停止交易,并依照经销商进场经营合同或配合政府有关部门根据有关法律法规进行处理,不能进行处理的要及时清退。

⑤ 交易水产品应外观卫生干净,并堆放整齐。推行交易水产品规格化、标准化、等级化。

（2）经销商管理

① 应建立经销商准入管理制度,设有专人负责对申请进入市场交易的经销商的经营资格进行审查,查验其证明文件的合法性和有效性,建立管理档案,监督经销商开展合法的经营活动。

② 应与经销商订立进场经营合同,合同应约定双方保障水产品质量安全的有关权利、义务、违约责任及处理方式。

③ 应对进入市场交易的经销商进行食品安全等方面知识的宣传和培训。

④ 建立商品可追溯制度,推行"场地挂钩"和"场厂挂钩",经销商应建立商品购销台账。

（3）交易服务管理

① 应建立投诉管理制度,并设立专门的投诉机构,投诉电话应在全市场公示,跟踪投诉处理情况。

② 应建立计量管理制度。应对市场内使用的属于强制检定的计量器具进行登记注册,向当地质量技术监督部门备案;配合法定计量检定机构作好强制检定工作;作好市场定量包装商品、零售商品等计量监督管理,对市场票据、票证、商品标识等应使用法定计量单位。

③ 应建立水产食品检测、卫生防疫、环境卫生工作制度,国家公告的传染性疾病传播时期,市场管理应符合 GB 19085《商业、服务业经营场所传染性疾病预防措施》的要求。

④ 应建立公平交易和结算收费管理制度。

⑤ 应建立设施设备检修和维护制度。

⑥ 应建立仓储和装卸管理制度,对装卸搬运实行集中、统一、规范管理。

⑦ 应建立消防安全、检查和监督制度。

⑧ 应建立治安安全管理制度。

（4）人员管理

① 应有负责质量安全检验、环境卫生、设施设备检修、装卸搬运、治安管理、信息宣传、消防安全管理等方面的服务人员,其从业人员应具备当地劳动和保障部门以及有关部门要求的从业资格。

② 应有食品卫生检验和卫生防疫专业技术人员。应定期检查市场服务人员的健康状况,经营熟食品的人员应有当地主管部门颁发的健康证明。

③ 应对市场从业人员进行卫生管理和食品安全方面知识的宣传和培训,推行培训上

岗制度。

（5）信用管理

① 应建立市场信用记录制度,对场内经销商违规经营行为应进行警示通告。

② 应建立对场内交易水产品的价格、检测、计量、质量等相关信息的公示制度。[11]

水产品批发市场的场地环境、设施设备、商品质量、商品管理、交易管理、市场管理、市场信用等方面经认证机构依法认证合格,符合 GB/T 19220—2003《农副产品绿色批发市场》规定的质量管理要求、环境设施清洁卫生、经营管理具有较好信誉的,可以使用"××××水产品绿色批发市场"的名称。

按照《农副产品绿色批发市场》的规定,水产品绿色批发市场鼓励网络电子交易,进行统一电子结算,运用计算机系统建立数据库和经销商档案,加强各种交易数据管理,加强对经销商资质、信誉及交易行为的管理,通过电子屏幕及时公示市场的交易情况、经销商的违规行为和处理结果等。市场最高管理者为水产品质量安全管理的第一责任人。批发市场应诚信经营,具有良好的社会信誉度:

（1）应无欺诈、违规经营、偷税、漏税、欠税等情况;

（2）在司法部门、行政执法机构 3 年内应无违法记录;

（3）应对商品的质量承担管理责任:承诺严格按照本标准要求准入商品,禁止假冒伪劣商品入场,及时清退过期、变质、破损的商品,及时处理客户对质量问题的投诉;

（4）应公开、公正、公平地管理经销商。[12]

二、零售市场管理

（一）水产品零售市场的定义

按照 GB/T 19221—2003《农副产品绿色零售市场》的规定,水产品零售市场是指经常性的、公开的、规范的直接向消费者销售水产品的场所。

水产品绿色零售市场是指环境设施清洁卫生、交易商品符合 GB/T 19221—2003 标准的质量管理要求、经营管理具有较好信誉的水产品零售市场。

（二）水产品零售市场的开办

按照《商品交易市场登记管理办法》的规定,水产品零售市场开办者具备以下条件,应当按照有关规定向商品流通主管部门提出申请,经批准后,到市场所在地工商行政管理部门申请办理登记注册手续:

（1）符合商品交易市场建设规划的要求;

（2）具备相应的场地、设施和资金;

（3）拟上市商品符合国家规定;

（4）其他必须具备的条件。

（三）水产品零售市场的交易管理

长期和季节性的水产品零售经营者,应到集贸市场所在地工商行政管理部门申请登记注册,领取营业执照,并应当按照市场开办者的统一安排,在指定的摊位经营。

进入市场从事水产品经营活动的经营者应当遵守有关法律、法规的规定,遵守公平、

自愿、诚实、信用的原则,遵守商业道德。从事水产食品经营的,应当严格执行食品卫生法律、法规的有关规定

经营者必须依法纳税,并必须按规定向工商行政管理部门缴纳市场管理费。

经营者对其经营的商品实行明码标价。必须使用法定计量器具。工商行政管理部门应当协同技术监督部门加强对商品质量和计量器具的监督检查;对经营者使用的计量器具实行定期鉴定和日常校核制度。

禁止经营者销售下列水产品:

(1) 在禁渔区或者禁渔期内非法捕捞的渔获物;

(2) 非法、不报告、无管制捕捞的渔获物;

(3) 国家和地方重点保护的水生野生动物;

(4) 有毒、有害、腐烂变质的水产食品;

(5) 病死、毒死及死因不明的水产品及其制品。

(四) 水产品绿色零售市场的技术要求

按照《农副产品绿色零售市场》的规定,水产品绿色零售市场应当在场地环境、设施设备、商品质量、商品管理、现场食品加工、定牌食品生产、市场管理、市场信用等八个方面达到该标准规定的各项技术要求。[13]

三、 电子商务管理

(一) 水产品电子商务的概念

电子商务是基于信息技术和互联网的现代流通方式。水产品电子商务通常是指在水产品国内、国际贸易中,网络交易方借助网络交易平台、网络支付平台和网络交易辅助服务,不谋面地进行信息沟通和交易活动,实现买方的网上选货、交易方之间的网上交易和在线电子支付以及运输或递送、交易保险、数字证书认证、货物跟踪、查询等活动的一种新型的水产品购销运营模式。这种方式具有便捷、高效、安全的特点。

(二) 水产品电子商务的作用

发展水产品电子商务,顺应世界"互联网+"发展趋势和国家务院积极推进"互联网+"行动的战略布局。实行水产品网络交易,有利于扩大水产品市场空间,降低成本、提高效益,促进渔业增产、渔民增收和农村的全面进步;有利于提升渔业生产、经营、管理和服务水平,完善水产品质量安全追溯体系,强化上下游追溯体系对接和信息互通共享,增强渔业创新能力;有利于推进渔业生产流通销售方式变革和渔业发展方式转变,提升渔业生产效率和增值空间。

(三) 水产品电子商务的管理

水产品网络交易方的行为应当符合《网络交易服务规范》(SB/T 10519—2009)的规定。鉴于水产品特别是鲜活水产品的易腐烂、难贮存、不易长时间运输的特殊性,以及冷链物流不够发达的现实状况,国家应当制定水产品网络交易标准,实行冷链物流行业的资质认证,建立水产品电商交易监管信息化平台,加强对水产品网络交易的监督管理。

中国渔业法学
China's Fisheries Law

四、绿色水产市场认证

（一）绿色水产市场

按照国家认证认可监督管理委员会和商务部联合发布的《绿色市场认证管理办法》及《绿色市场认证实施规则》的规定，绿色水产市场是指经认证机构按照有关绿色市场标准或者技术规范要求认证，并允许使用绿色市场标牌（志）的水产品批发市场和零售市场。

（二）绿色水产市场认证

1. 绿色水产市场认证原则

国家对从事水产品批发和零售的市场实施绿色市场认证。绿色市场认证坚持政府推动，企业自愿的原则。

2. 绿色水产市场认证机构

（1）申请从事绿色水产市场认证的机构，应当熟悉水产品流通行业组织的管理结构、经营环境、设施设备、商品准入过程和信用管理等状况，熟悉食品安全、环境安全管理，熟悉该行业的有关法律、法规、技术标准及其他要求。其申请材料由国家认证认可监督管理委员会按照《认证认可条例》有关规定，与商务部共同进行初审。初审合格者，由国家认证认可监督管理委员会批准设立。获得批准的认证机构需经认可机构认可后，方可从事绿色水产市场认证活动。

（2）绿色水产市场认证机构实施绿色水产市场认证的准则包括：

① 相关法律法规及技术规范；

② GB/T 19220《农副产品绿色批发市场》；

③ GB/T 19221《农副产品绿色零售市场》；

④《〈农副产品绿色批发市场〉标准审核细则》；

⑤《〈农副产品绿色零售市场〉标准审核细则》。

3. 绿色水产市场认证程序

（1）申请绿色水产市场认证的委托人应当向认证机构提交书面申请，并按规定提交相关资料。

（2）认证机构应根据绿色市场相关法律法规、标准和法规的要求，对委托人提交的管理体系文件进行符合性审查。

（3）认证机构可根据需要，对申请认证的水产市场所交易的商品质量、市场硬件设施、管理人员和技术人员资质、管理体系及标准和规范的执行情况等进行现场初访，以确定是否可以进行现场审核。

（4）认证机构应参考委托人的经营规模（分市场的个数、经营产品的品种等）、营业面积和员工人数确定现场审核时间（审核人日数），并依据绿色市场认证准则的要求，对委托人实施现场审核。现场审核项目结果分为符合、一般不符合和严重不符合。当审核项目与认证准则基本相符时，该项目判为符合。当审核项目与认证准则不相符，但未造成严重后果且对系统不会产生重要影响时，该项目判为一般不符合。当审核项目与认证准则不相符，且造成系统性失效或可造成严重后果时，该项目判为严重不符合。

（5）现场审核结论分为合格、不合格和推迟判定。当所有项目审核结果均为符合时，现场审核结论为合格。当项目审核结果有严重不符合项时，现场审核结论为不合格。当项目审核结果存在一般不符合项，需要在规定时间内进行整改时，现场审核结论为推迟判定。获得推迟判定结论的委托人应在规定的时间内完成不符合项的纠正，并经认证机构验证其有效性。对于达到符合条件的判定为"合格"；在规定时间内采取纠正措施不能达到符合条件的判定为"不合格"。

（6）对委托人所经销的产品进行抽样检验是认证审核的1部分。认证机构应依据其对委托人信誉的信任程度，策划对委托人经销的产品的抽样检验，并形成方案。产品抽样检验的方案应包括抽取的产品种类、检验项目、检验依据、样本量与判定准则、检验机构、检验人员能力、检验设备和检验周期等内容。认证机构应依据有关标准从进入市场销售的水产品中随机抽取检验的样本。认证机构应针对不同的水产品及其特性，以及对安全的影响程度确定水产品的全部或部分检验项目。认证机构应指定有能力的检测机构对样本完成确定项目的检验。

（7）认证机构应对审核结果与抽样检验结果进行综合评价，并做出合格或不合格的认证决定。对于合格的委托人，认证机构应颁发认证证书，绿色市场认证证书有效期三年。对于不合格的委托人，认证机构应书面通知其不能颁证的原因。

（8）获得绿色市场认证证书的，允许悬挂绿色市场认证标牌；委托人可以在宣传材料等信息载体上印制绿色市场认证标志，但是不得在销售的水产品或者水产品的销售包装上使用绿色市场认证标志。

（9）认证机构应当对绿色水产市场每年进行1次跟踪监督检查，也可根据情况进行不定期抽查。监督检查合格的，认证机构发给《年度确认通知书》，认证证书继续使用；监督检查不合格的，暂停使用认证证书和绿色市场标牌（志），并限期整改。整改合格的继续使用认证证书和绿色市场标牌（志），整改无效的，撤销其认证证书，并停止使用认证证书和绿色市场标牌（志）。[14-15]

第四节　水产食品追溯

一、追溯的定义

国际上对于产品追溯或（产品）可追溯性两个用语的含义，尚无统一的界定，在不同的规范性文件中文字描述不尽相同。

1. GB/T 20014.1—2005《良好农业规范　第1部分　术语》的界定

"产品追溯是指根据供应链①前段的记录，来确定供应链中特定个体或产品批次来源

---

① 据 GB/T 18354—2006《物流术语》（修订版），供应链是指生产及流通过程中，涉及将产品或服务提供给最终用户活动的上游与下游组织所形成的网链结构。

的能力。追溯产品的目的包括产品召回和顾客投诉调查等①。

"可追溯性是指通过记录证明来追溯产品的历史、使用和所在位置的能力(即材料和成份的来源、产品的加工历史、产品交货后的销售和安排等)。"[16]

2. GB/T 19000—2008 idt ISO9000：2005《质量管理体系　基础和术语》的界定

"可追溯性是指追溯所考虑对象的历史、应用情况或所处位置的能力②。"[17]

3. GB/T 22005—2009/ISO22005：2007《饲料和食品链的可追溯性　体系设计与实施的通用原则和基本要求》的界定

"可追溯性是指跟踪饲料或食品在整个生产、加工和分销售的特定阶段流动③的能力。"[18]3.6段

4. 粮农组织《水产养殖认证准则》的界定

"可追溯性是指跟踪某水产养殖产品或投入物(如饵料和种苗)在生产、加工和销售等特定阶段流动情况的能力。"(改编自食品法典)[19]6

综合上列定义,对于水产食品来说,可追溯性可认为是跟踪和溯源某水产食品生产、加工和流通的各个环节的能力。所谓跟踪是指从供应链的上游至下游,跟随追溯单元运行路径的能力,溯源是指从供应链的下游至上游,识别追溯单元来源的能力。而追溯单元则是指需要对其来源、用途和位置的相关信息进行记录和追溯的单个产品或同1批次产品。

水产食品追溯是利用先进的物联网技术、自动控制技术、自动识别技术、互联网技术和专业的工具,对单个产品或同1批次产品的生产、仓储、分销、物流运输、市场巡检及消费等环节进行数据采集跟踪,实现产品生产环节、仓储环节、销售环节、流通环节和服务环节的全程记录和监管,发现任1环节上不合格产品,进而判定产品不合格的原因,并有助于必要时做出撤销或召回产品的决定。

二、追溯制度

(一)水产品追溯制度的法律依据

《食品安全法》规定,食品生产企业应当建立食品原料、食品添加剂、食品相关产品进货查验记录制度,如实记录食品原料、食品添加剂、食品相关产品的名称、规格、数量、供货者名称及联系方式、进货日期等内容。食品原料、食品添加剂、食品相关产品进货查验记录应当真实,保存期限不得少于2年。食品生产企业应当建立食品出厂检验记录制度,查验出厂食品的检验合格证和安全状况,并如实记录食品的名称、规格、数量、生产日

---

① GB/T 20014.1—2005 对产品追溯作此定义时做了两个注,即：注(1)从使用者的角度,产品的可追溯性可以定义为在一定时间和空间内对产品的质量和数量的追踪。注(2)从信息管理的角度看,在供应链中实行产品可追溯系统包括将信息流与实体流联系起来目的是能够获得关于1批或1组产品在给定时间使用1个或更多的标识符的预先确定信息。

② GB/T 19000—2008 对产品可追溯性作此定义时作了个注,即：当考虑产品(过程的结果)时,可追溯性可涉及到：原材料和零部件的来源;加工的历史;产品交付后的发送和所处位置。

③ GB/T 22005—2009 对产品可追溯性作此定义时作了个注,即：流动会涉及饲料和食品原料的来源、加工历史或分销。

期、生产批号、检验合格证号、购货者名称及联系方式、销售日期等内容。食品出厂检验记录应当真实,保存期限不得少于 2 年。食品经营企业应当建立食品进货查验记录制度,如实记录食品的名称、规格、数量、生产批号、保质期、供货者名称及联系方式、进货日期等内容。食品进货查验记录应当真实,保存期限不得少于 2 年。

《食品安全法实施条例》规定,食品生产企业除依照食品安全法的规定进行进货查验记录和食品出厂检验记录外,还应当如实记录食品生产过程的安全管理情况。记录的保存期限不得少于 2 年。从事食品批发业务的经营企业销售食品,应当如实记录批发食品的名称、规格、数量、生产批号、保质期、购货者名称及联系方式、销售日期等内容,或者保留载有相关信息的销售票据。记录、票据的保存期限不得少于 2 年。并规定:"国家鼓励食品生产经营者采用先进技术手段,记录食品安全法和本条例要求记录的事项。"

《食品安全法》及其实施条例的这些规定为建立和实施水产食品追溯制度提供了法律依据。

（二）水产食品追溯制度的含义

水产品追溯制度是指为实现跟踪和溯源某水产食品追溯单元生产、加工和流通的各个环节的能力,采取适宜的软硬件技术手段持续实时记录其生产、加工和流通的各个环节上所期望获得信息的全部数据和作业的完整体系。

（三）水产食品追溯体系的要求

按照国家对食品生产、加工、销售、贮存、运输等各环节实施最严格的全过程管理,强化生产经营者主体责任,完善追溯制度的要求,水产食品追溯体系应按照从初级生产直至最终消费的各环节和操作的顺序,规定每一步的质量要求及其责任人,做到各环节的无缝衔接,使供应链节点信息互联互通,形成完整的产品信息链条和责任追溯链条,通过查询可随时跟踪和溯源某水产品追溯单元的状态和流向。

（四）水产食品追溯体系的原则和目标

按照 GB/T 22005—2009/ISO22005:2007《饲料和食品链的可追溯性体系设计与实施的通用原则和基本要求》的规定,水产食品追溯体系应能证明水产食品的来历和确定水产食品在供应链中的位置,并符合以下原则和目标:

1. 原则

（1）可验证;

（2）连贯合理应用;

（3）注重结果;

（4）成本经济;

（5）可实用;

（6）符合适用的法规政策;

（7）符合预期的准确度要求。[18]4.2段

2. 目标

（1）支持食品安全和（或）质量目标;

（2）满足顾客要求;

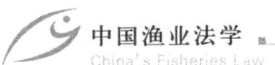

（3）确定产品的来历或来源；

（4）便于产品的撤回或召回；

（5）识别供应链中的责任组织^①；

（6）便于验证有关产品的特定信息；

（7）与利益相关方和消费者沟通信息；

（8）适用时满足地方、国家、区域或国际法规或政策；

（9）提高组织的效率、生产力和盈利能力。[18]4.3段

（五）水产食品供应链上组织间和组织内的协作

水产食品生产经营者应当按照相关法律、法规和标准的规定从事生产、加工、销售经营活动，对社会和公众负责，保证其生产经营的水产食品可全程追溯，接受社会监督，承担社会责任。

为严格落实水产食品生产经营者主体责任，确保水产食品追溯体系的有效性，实现整个供应链的可追溯性，所有追溯参与方应实现内部追溯和外部追溯，以建立和保持追溯单元的物流与信息流之间的关联。内部追溯是指1个组织在自身业务操作范围内对追溯单元进行追踪和（或）溯源的行为。内部追溯主要针对1个组织内部各环节间的联系。内部追溯应是组织管理体系的组成部分。外部追溯是指对追溯单元从1个组织转交到另1个组织时进行追踪和（或）溯源的行为。外部追溯是供应链上组织之间的协作行为。为此，GB/T 22005—2009/ISO22005:2007要求追溯管理者应确保对组织上下游之间实施的外部追溯和组织内部实施的内部追溯的各个设计要素进行沟通和协作。

三、追溯体系的功能和作用

（一）水产食品追溯体系的功能

民以食为天，食以安为先。近年来，国内外食品安全事件时有发生，引起人们担心某些食品生产方式不具有环境可持续性及社会公正性，担心食品不安全，这种情况受到国际社会高度重视，在提高食品安全标准的同时，国际贸易条款更为严格，一些国家和地区甚至将可追溯性作为产品市场准入的基本条件。

为确保食品安全，要求食品供应链主体执行良好操作规范（GMP）、ISO9000质量管理体系或HACCP管理体系。但是，这些手段尚无法对在流通过程中出现的问题进行监控，并准确、迅速地找出问题产品的根源及相应的责任主体，及时采取纠正措施，防止或减轻对消费者的危害，并以此为契机完善自身的管理机制。

水产食品追溯体系是以信息技术为手段，以法规标准为依据，以发展现代流通方式为基础，以水产食品生产环节、加工环节、批发环节、零售环节、消费环节及"产销对接"核心企业追溯子系统（内部追溯）为支撑，以追溯信息链条完整性管理为重点的水产食品追溯管理平台，要求运行快捷，行之有效，基本功能在于运用市场力量，监督供应链主体履

---

① 据 GB/T 19000—2008/ISO9000:2005《质量管理体系 基础和术语》，组织是指职责、权限和相互关系得到安排的1组人员及设施。示例：公司、集团、商行、企事业单位、研究机构、慈善机构、代理商、社团或上述组织的部分或组合。注1：安排通常是有序的。注2：组织可以是公有的或私有的。

行其作为水产食品安全第一责任人的法律义务,并强化政府公共服务、行业自律和消费者监督相结合的长效机制,提升水产食品供应链保障水产食品安全能力。

（二）水产食品追溯体系的作用

水产食品追溯体系是1种帮助水产食品供应链中的组织实现管理体系所确定目标及确保水产食品消费安全的有效工具,具有多方面的重要作用,例如:

（1）水产食品追溯体系可实现水产食品来源可追溯、去向可查证、责任可追究及整个供应链透明化,被置于全方位监督之下,促使供应链主体集中精力提高安全责任意识,强化防范措施,形成溯源追责机制,严格岗位责任制,创造放心品牌,提高组织的效率和生产力。特别是可促使生产者按照食品安全标准从事生产加工,从源头提升水产食品质量安全水平。

（2）水产食品追溯体系可提高供应链主体对信息的合理使用和信息的可靠性,实时掌握生产状况,及时发现产品质量问题,并可找到问题产品的来源及影响所及的客户,并及时采取纠正措施,包括必要时撤回或召回缺陷产品,以展现组织的负责精神,从而营造诚信文化,提高组织的社会声誉。通过信息共享使产品追溯延伸到供应链的上、下游组织,从而改善整个供应链在应对产品质量问题时的反应和处理速度。这有利于促进现代流通体系的不断完善,实现物流管理信息化和人员配备最优化,提高市场运行调控水平。

（3）消费者可通过在专卖店、超市、大卖场、批发市场等地方安装的可追溯系统,实现对水产食品的全程追溯查询,确保市场销售的产品"来源清楚、去向明白,消费者放心",促进合理消费。

（4）消费者通过追溯体系获得缺陷产品信息后可及时采取避免或减少损失的措施。消费者还可利用这个体系进行缺陷产品的举报、投诉和维权,改善消费预期,增强群众对维护食品安全的信心和决心。

（5）供应链各组织可以通过追溯体系上报政府相关监管部门所要采集的相关数据。政府监管部门可利用追溯体系及时准确地进行数据统计,提高水产食品物流信息采集识读的准确性,并可实现对水产食品供应链的监管和质量跟踪,增强政府部门对缺陷食品的发现和处理能力,提高食品安全监管和公共服务水平。

四、 追溯体系的建立

（一）水产食品追溯体系的设计

1. 水产食品追溯体系的设计原则

追溯体系的选择受法律法规、产品特性和消费者期望的影响。追溯体系的复杂性依产品特点和所要达到的目标而不同。GB/T 22005—2009/ISO22005:2007《饲料和食品链的可追溯性体系设计与实施的通用原则和基本要求》、GB/Z 25008—2010《饲料和食品链的可追溯性体系设计与实施指南》和 GB/T 29568-2013《农产品追溯要求水产品》等国家标准给出了设计水产食品追溯体系应遵循的一般原则和基本要求。

水产食品追溯体系应在更大的管理体系背景下设计,设计方案的选择取决于不同要求、技术可行性和经济可接受性相互之间的平衡,方案的内容应包括:

（1）目标；

（2）法律法规和政策要求；

（3）产品和成分；

（4）在供应链中所处的位置；

（5）物料流向；

（6）信息要求；

（7）程序；

（8）文件；

（9）供应链组织的衔接。

在水产食品追溯体系的策划和实施过程中，应按以下原则进行设计：

（1）考虑可操作性，采用"向前一步，向后一步"原则，即每个组织只需要向前溯源到产品的直接来源，向后跟踪到产品的直接去向；

（2）根据追溯目标、实施成本和产品特征，适度界定追溯单元、追溯范围和追溯信息。[20]5.1段

2. 水产食品追溯体系的设计步骤

（1）确定追溯单元。组织应明确可追溯体系目标中的产品和（或）成分，对产品和批次进行定义。

（2）明确组织在供应链中的位置。组织可通过识别上下游组织来确定其在供应链中的位置，明确交易产品和业务，理清组织与上下游组织之间的关系，以便于产品和信息的协调和沟通。

（3）明确物料流向，确定追溯范围。组织应明确物料流向，以确保能够充分表达组织与上下游组织以及本组织内部操作流程之间的关系。物料流向是指追溯体系所覆盖的全部物料的流向，包括：原料、辅料和中间产品投入点；组织内部操作中所有步骤的顺序和相互关系；终产品、中间产品和副产品放行点。

（4）确定追溯范围。当追溯单元由1个组织转移到另1个组织时，涉及的追溯是外部追溯，应按"向前一步，向后一步"的设计原则实施，以实现组织之间和追溯单元之间的关联为目的，需要上下游组织协商共同完成。若追溯单元仅在组织内部各部门之间流动，涉及的追溯是内部追溯。内部追溯与组织现有管理体系相结合，是组织管理体系的1部分，以实现内部管理为目标，可根据追溯单元特性及组织内部特点自行决定。

（5）确定追溯信息。组织应确定不同追溯范围内需要记录的追溯信息，以确保供应链的可追溯性。需要记录的信息包括：

① 接受信息。组织在接收追溯单元时，从上游组织获得的信息及交易本身产生的信息；

② 处理信息。组织接收追溯单元后到将追溯单元输出给下游组织之前，对追溯单元进行加工处理过程中产生的信息；

③ 输出信息。组织在输出追溯单元时，向下游组织输出的信息及交易本身产生的信

息。

为方便和规范信息的记录和数据管理,将追溯信息划分为基本追溯信息和扩展追溯信息两种,其划分原则见表 27-1。

表 27-1 追溯信息划分及其确定原则

追溯信息	追溯范围	
	外部追溯	内部追溯
基本追溯信息	以明确组织间关系和追溯单元来源与去向为基本原则,是能够"向前一步,向后一步"链接上下游组织的必需信息	以实现追溯单元在组织内部的可追溯性,快速定位物料流向为目的,是能够实现组织内各环节间有效链接的必需信息
扩展追溯信息	以辅助基本追溯信息进行追溯管理为目的,一般包含产品质量或商业信息	更多是为企业的内部管理、食品安全和商业贸易服务的信息
基本追溯信息必须记录,但以不涉及商业秘密为限 扩展追溯信息应供组织间供应链交流与共享		

利用先进的物联网技术、自动控制技术、自动识别技术、互联网技术和专业的工具,对产品的生产、仓储、分销、物流运输、市场巡检及消费等环节进行数据采集跟踪,实现产品生产环节、仓储环节、销售环节、流通环节和服务环节的全生命周期管理。

(6)确定产品条码。产品条码是指表示产品的特定信息,由 1 组规则排列的条、空及其对应代码组成的国际通用标识。代码是指根据"全球统一标识系统(GSI)"[①]的编码规则编制的,用于识别产品特定信息的 1 组数字代码,包括厂商识别代码、产品项目代码以及校验码,这种代码具有全球唯一性。用于自动识别代码的标识通常包括一维条码、二维码或电子标签等。通过条码符号或射频标签等方式,实现产品信息的自动识别和数据采集。

生产预包装水产品,生产者应当在其产品或者产品包装上使用产品条码,以便销售者或消费者实时跟踪和追溯。对非预包装水产品以及生产链追溯单元,生产者可使用印制标签或开发、应用电子标签等自动识别技术。

(7)确定记录信息和管理数据的要求。包括规定数据格式、记录信息的方式和频率等。

(8)明确追溯执行流程。

(9)文件要求。

(10)供应链组织的衔接。[20]5.2段

---

① 1988 年经国务院同意成立中国物品编码中心,隶属于国家质量监督检验检疫总局,负责在全国供应链推广 GSI 系统应用。生产者、销售者和服务提供者应当先申请注册厂商识别代码,经核准注册成为中国商品条码系统成员后,方可使用商品条码。

3. 水产食品追溯体系的文件要求

组织应决定为实现水产食品追溯体系目标的所需的文件。包括：

（1）水产食品供应链中相关步骤描述；

（2）追溯数据管理的职责描述；

（3）记录可追溯活动和制造工艺、流程、追溯验证和审核结果的书面或记录信息；

（4）用于对不符合可追溯体系的相关项的管理的文件等。[18]5.7段

（二）水产食品追溯体系的实施

组织应通过委派管理职责和提供资源证实其实施可追溯体系的承诺。组织为实施可追溯体系应采取下列步骤：

（1）制订可追溯计划。可追溯计划是针对某1特定追溯单元的追溯方资源和活动顺序的文件，内容包括：可追溯体系的目标；所适用的产品；追溯的范围和程度；如何标识追溯单元；记录信息及如何管理数据。

（2）明确人员职责。组织应成立追溯工作小组，明确各成员的职责。

（3）培训。

（4）监视。

（5）内部审核。

（6）评议与改进。

参考文献

[1]《当代中国》丛书编辑部. 当代中国的水产业[M]. 北京：当代中国出版社，1991.

[2] 中共中央关于加快农业发展若干问题的决定[S/OL]. (1979-09-28).[2014-12-10].

http://www. reformdata. org/content/19790928/7614. html

[3] 中共中央、国务院关于放宽政策，加速发展水产业的指示[S/OL]. (1958-03-11).[2014-12-10].

http://cpc. people. com. cn/GB/64184/64186/66701/4495399. html

[4] 联合国粮农组织渔业和水产养殖部. 世界渔业和水产养殖状况 2012[R/OL]. (2012).[2014-12-10].

http://www. fao. org/docrep/016/i2727c/i2727c. pdf

[5] 牛盾在水产品国际贸易工作座谈会上的讲话[R/OL]. (2008-03-23).[2014-120-12]

http://www. jsof. gov. cn/art/2008/4/3/art_128_19895. html

[6] 农业部召开水产品国际贸易发展工作座谈会[C/OL]. (2008-03-23).[2014-12-12]

http://www. gov. cn/gzdt/2008-03/23/content_926557. htm

[7] 农业部. 全国渔业发展第十二个五年规划(2011-2015 年)[S/OL]. (2011-10-17).[2014-12-12]

http://www. moa. gov. cn/zwllm/ghjh/201110/t20111017_2357716. htm

[8] 农业部办公厅关于为输欧海洋捕捞产品办理合法捕捞证明的通知[S/OL]. (2009-11-26).[2014-12-15].

http://www. moa. gov. cn/zwllm/tzgg/tfw/201006/t20100606_1538680. htm

[9] 农业部、海关总署联合公告 2010 年第 1389 号(关于对进口部分水产品启用《合法捕捞产品通关证明》)[S/OL]. (2010-06-01).[2014-12-15].

http://www.customs.gov.cn/publish/portal0/tab2752/info230537.htm

[10] 农业部,国家工商行政管理总局.水产品批发市场管理办法[S/OL].(1996-11-27 发布,2007-11-08 修订).[2014-12-20]

http://www.foodmate.net/law/qita/163506.html

[11] 国家质量监督检验检疫总局,国家标准化委员会.GB/T19575-2004 农产品批发市场管理技术规范[S/OL].(2004-08-10).[2014-12-22].

http://vip.chinalawinfo.com/newlaw2002/slc/slc.asp? gid=57754

[12] 国家质量监督检验检疫总局.GB/T19220-2003 农副产品绿色批发市场[S/OL].(2003-06-23).[2014-12-23].

http://www2.infoeach.com/item-10812.html

[13] 国家质量监督检验检疫总局.GBT19221-2003 农副产品绿色零售市场[S/OL].(2003-06-23).[2014-12-24].

http://biaozhun.infoeach.com/item-130347.html

[14] 国家认证认可监督管理委员会,商务部.绿色市场认证管理办法[S/OL].(2003-10-23).[2015-01-18].

http://www.law-lib.com/lawhtm/2003/81775

[15] 国家认证认可监督管理委员会,商务部.绿色市场认证实施规则[S/OL].(2004-05-31).[2015-01-19].

http://www.china.com.cn/chinese/PI-c/584663.htm

[16] GB/T20014.1-2005 良好农业规范第 1 部分:术语[S/OL].(2005-12-31;2.7.2,2.7.3 段).[2015-01-05].

http://www.gac.org.cn/uploadpic/GBT20014.1-2005％E6％9C％AF％E8％AF％AD.pdf

[17] GB/T19000-2008 idt ISO9000:2005 质量管理体系 基础和术语[S/OL].(2008-10-29;3.5.4 段).[2015-01-05].

http://down.foodmate.net/standard/sort/3/17379.html

[18] GB/T 22005-2009/ISO22005:2007 饲料和食品链的可追溯性体系设计与实施的通用原则和基本要求[S/OL].(2009-09-30).[2015-01-05-].

http://down.foodmate.net/standard/sort/3/21548.html

[19] 联合国粮农组织.水产养殖认证准则 [S/OL].(2011-01-31-02-04;12 段).[2015-01-05]

http://www.fao.org/docrep/015/i2296c/i2296c00.pdf

[20] GB/Z 25008-2010 饲料和食品链的可追溯性 体系设计与实施指南[S/OL].(2010-09-02).[2015-01-10]

http://down.foodmate.net/standard/sort/3/24422.html

第二十八章　渔业保险和补贴

渔业是高投入、高风险行业，渔民没有土地和其他生计来源，是社会弱势群体，如果不参加渔业保险，一旦遭遇自然灾害或意外事故，轻则财产受到损失，重则可能家破人亡，而且还会损害国家渔业的可持续发展。然而，渔业保险的保费如果全额由参保渔民承担，一些渔民可能承担不起，一些渔民可能不愿参保，这就要求国家对渔业保险实行财政补贴，实行政策性渔业保险。这种保险的政策性表现为：一是由国家财政对渔民参加渔业保险给予保费补贴；二是建立渔业巨灾风险转移分摊机制，遇巨灾年份保费收入不足以赔付时，由国家财政为承办政策性渔业保险的机构所受的损失托底。实行这两项政策的目的在于鼓励发展渔业互助保险。

为促进渔业特别是海洋捕捞渔业的健康持续发展，不仅要对渔业保险补贴，还要采取多种形式对渔业、渔民和渔业社区实施多方面的补贴。但实施渔业补贴，一不能导致捕捞能力过剩或过度捕捞，二不能造成鱼和渔产品国际贸易的扭曲。这就要求，国家的渔业补贴的政策和做法，必须符合WTO渔业补贴纪律规定。

有害的补贴可使捕捞渔业能力过剩，导致海洋渔业成为业绩不佳的全球资产，这些补贴，例如支持船只建造和燃料免税，降低了渔业活动的实际费用，使无利可图的捕鱼活动得以维系。如何为渔业补贴制定纪律，已纳入WTO规则多哈谈判进程，迄今十多年尚未达成协议。

在中国，渔业补贴包括政策性渔业互助保险是国家强农惠农富农政策的重要组成部分，旨在发展渔业生产，提高渔民的收入水平，帮助贫困渔民脱贫致富，防止渔民因灾致贫，因灾返贫。实施这项政策既要从现阶段国情出发，依法行政，又要不与我国缔结或加入的有关国际条约相抵触，履行负责任渔业大国养护和管理世界渔业资源及实行国际鱼和渔产品公平贸易的国际义务。2002年WTO多哈回合启动了关于渔业补贴纪律的谈判，一旦达成协议，我们现行的渔业补贴政策可能需作适当调整，以完善渔业补贴制度，进一步提高渔业补贴政策的指向性和精准性。

第一节　渔业保险

一、保险的概念

（一）保险的含义

保险是风险转移的机制，是为应付特定的自然灾害或意外事故造成的财产损失或人身伤亡，通过订立合同实现补偿或给付的 1 种经济补偿制度。其要义在于：以集中起来的保险费建立保险基金，用于补偿因自然灾害或意外事故所造成的经济损失，或对个人因死亡、伤残、疾病等给予保险金，使损害由少数人的重负担变成多数人的轻负担。从法学的观点来看，保险是 1 种法律关系，是经当事人约定，由 1 方当事人（投保人）交付保险费，由另 1 方当事人（保险人）负责赔偿因自然灾害或意外事故而引起的经济损失的 1 种法律行为。

保险的基本要素是：

（1）特定风险事故的存在；

（2）多数经济单位的结合；

（3）费率的合理计算；

（4）保险基金的建立。

保险的基本特征是：

（1）经济性；

（2）互助性；

（3）契约性；

（4）科学性。

保险从法律关系上说是 1 种合同行为，1 方当事人（投保人）通过合同约定，以支付保险费的方式，将自己可能遇到的风险带来的损失，转移给另 1 方（保险人）承担经济补偿的行为。

（二）保险的功能

保险具有分散风险、消化损害、资金融通和社会管理功能，是市场经济条件下风险管理的基本手段，是灾害事故防范救助体系和社会保障体系的重要组成部分，对保障社会稳定、促进经济、社会可持续发展具有重要作用，包括：

（1）帮助企业和群众对冲经营和生活中的风险、增强安全感，增加就业，激发社会创造创业动力；

（2）保证社会再生产的正常进行，助推经济发展；

（3）推进社会治理创新，助力民生改善；

（4）提升社会保险意识，强化风险管理；

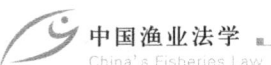

（5）防灾防损，减少灾害、事故；

（6）在事故发生后，尽可能缩小其造成的后果等。

对保险公司来说，聚集的保险费除用于经济补偿和日常开支外，可保持相当数额的保险基金，既可将其转存银行作信贷资金，也可直接投资于某些经济事业、社会产业，以促进经济发展和社会进步。

（三）保险的类别

1. 商业保险和互助保险

按照经营模式的不同，保险分为商业保险和互助保险两个类别。商业保险是指通过订立保险合同运营，以营利为目的的保险形式。互助保险是指对某种风险具有同 1 保障要求的个人或团体，采取合作互助的组织形式，满足所有成员对保险保障需求的保险形式。

商业保险和互助保险的共同点是：

（1）都以一定范围的群体为条件；

（2）均具有"人人为我，我为人人"的互助性质。

商业保险的基本特征是：

（1）经营主体是保险公司；

（2）经营要以盈利为目的，实行商品经济的原则；

（3）保险公司的设立及其经营活动由《保险法》来调整。

互助保险的基本特征是：

（1）经营主体是具有社团性质的保险组织；

（2）经营以共济为目的，属非商业活动；

（3）互助保险组织的经营活动受专门法规规范。

2. 商业保险和政策性保险

按保险性质的不同，保险分为商业性保险和政策性保险两个类别。前 1 类是指商业性保险公司经营的保险。后 1 类是指政府依据政策目标，运用商业保险的一般原理并给予扶持政策而建立的保险。包括社会政策保险和经济政策保险两类：社会政策保险，如社会养老保险、失业保险等；经济政策保险是指政府从宏观经济利益出发，对某些关系国计民生的行业实施保护政策而开办的保险，如出口信用保险、存款保险等。政策性保险由专门法律法规调整，其经营不能盈利；既可由政府成立的专门机构经营，或政府委托商业性保险公司代办，亦可在政府财政政策支持下由保险公司或互助保险机构经营。

二、 必要性和特殊性

（一）渔业保险的必要性

渔业是 1 个高风险产业。这是因为：

（1）渔船数量大、吨位小、设施装备条件较差、风险防范能力较弱；

（2）台风、寒潮、风暴潮、海啸、大风、洪涝、沙暴、霜冻等自然灾害频发；

（3）渔业水域污染事故及赤潮、浒苔、蓝藻、生物入侵、鱼类病害等生态灾害多发；

（4）渔业作业区与商船习惯航道多有交叉，经常造成渔船与商船碰撞事故；

（5）渔民是弱势群体，渔民生产作业条件差，生活条件苦，安全风险大；

（6）渔业、渔船、渔港安全基础设施和安全通信网络建设不完善及灾害预报、预警和搜救服务能力不适应渔船活动分散、养殖生产面广多样的需要；

（7）渔业安全监管体制、机制不健全，难以实现对渔业安全生产的动态监控和实时跟踪的无缝覆盖。

上述种种原因，使得广大渔民经常面临船毁、人亡、死鱼死虾、遭灾全赔光的严峻风险，因灾返贫、因灾致贫，甚至倾家荡产，家破人亡的情况屡有发生。据统计，每年中国仅因台风洪涝和旱灾损失水产品总量 100 万吨左右，损失养殖池塘 150 万亩左右，损失渔船 3 000 艘左右，直接经济损失 200 亿元左右。[1]此外，渔业生产投入多，生产效益不好，很容易引发金融风波；渔业资源衰退、生产空间不断受到挤压；渔业产品销售高度依赖市场，更增添了渔民风险的不确定性。为了提高抗风险能力，分散和降低渔业安全生产的风险，促进渔业持续健康发展，不论对国家或渔民，走保险之路应是必要的有益的选择。

《负责任渔业行为守则》第 8.2.8 条款规定："船旗国应促进渔船的船主和租船主参加保险。渔船主或租船主的保险应当足以保护渔船船员及其利益，对第三方的损失或破坏做出赔偿并保护他们自身的利益。"可见，促进和发展渔业保险应是各国管理和服务渔业和渔民的 1 项职能。为此，国务院明确要求："完善渔业安全风险保障机制。要充分发挥保险对分散和降低渔业安全生产风险的作用。鼓励渔船雇主购买船东责任保险，引导和鼓励渔民积极参加保险。"[2]

（二）渔业保险的特殊性

渔业是高投入、高科技的产业。渔业风险往往具有规模较大、损失惨重和保险赔付率高的特点。1951 年中国人民保险公司开始承办沿海渔船保险和渔民人身保险业务，1958 年停办。1981 年中国人民保险公司公布《国内渔业船舶保险条款》，1983 年农牧渔业部和中国人民保险公司联合发出《关于开展国内渔船保险工作的通知》，部分海洋机动渔船在中国人民保险公司办理了商业保险。1986 年中国人民保险公司公布《船舶保险条款》，从事远洋渔业的船舶照此条款进行商业保险。资料显示，1989～1995 年间，中国人民保险公司的养鱼赔付率平均为 172%，养虾赔付率平均为 1 440%，[3]使保险公司承受了巨大的经济负担。1992 年以后，随着市场化改革的不断深入，保险公司为适应独立经济核算制度，开始全面收缩长期处于亏损的渔业保险，使渔业商业保险逐渐萎缩并最终退出了渔业保险市场。

渔业保险的这种"风险高、灾害重、渔民死亡率高、财产损失大"的特殊性使得渔业的赔付率高，以盈利为目的商业保险经营渔业保险难以为继；巨灾风险的高度不确定性更使渔业保险的可持续发展面临严峻挑战；渔民的分散性和流动性造成渔业保险经营成本高；渔业保险跨渔业和保险业经营，专业性强，技术性要求高；以及道德风险和信息不对称可能导致逆选择等问题，都决定了渔业保险单纯按照市场原则或单纯依靠商业性保险公司是行不通的，渔业保险必须采取适应我国渔业发展实际的互助保险的发展模式。

三、 渔业互助保险

（一）渔业互助保险的产生和发展

在中小型渔船投保无门的情况下，为适应广大渔民群众进行互助共济保险的需求，建立渔业风险保障体系，巩固渔业经济体制改革成果，提高渔船船东的防灾抗灾能力，保障渔业生产稳定发展，1994 年 7 月 6 日民政部批准农业部成立"中国渔船船东互保协会"，其《章程》规定，中国渔船船东互保协会是经民政部批准，由农业部主管，由渔业船舶所有人、经营人和承租人参加的非营利性的船东互相保险组织。宗旨是：通过组织渔船船东互相保险，共同承担在生产过程中发生的意外风险所造成的损失，并向会员提供安全保障服务，增强会员的防灾抗灾能力，保障渔业生产顺利进行。业务范围包括：

（1）组织会员互助共济，为会员生命财产损失提供经济补偿；

（2）协助有关安全主管机关做好渔业船舶的安全管理工作；

（3）向会员和有关方面提供有关法律和技术咨询服务；

（4）根据有关主管机关和会员的委托，调查处理渔业海损事故；

（5）有关渔船安全生产技术和设备的开发、推广和应用；

（6）开展符合本会章程精神的渔民公益事业和投资事项；

（7）承办国外民间海事、保险机构委托的有关业务，开展与本会业务有关的国际交流与合作；

（8）承办业务主管部门交办的其他工作。

《章程》规定，依据章程规定的业务范围及与之相应的业务风险、工作成本和准备金积累等因素，科学合理地制定会费标准。会费标准按本会承担风险责任（承保金额）的百分比确定（即"费率"），按渔业财产（渔业船舶、码头陆上加工及养殖设施）和渔民人身两类，分险种确定会费标准上限：

渔业财产互保费率为 5.5%；

渔民人身互保费率为 0.95%。

《章程》还规定，协会的经费来源为：

（1）互保费；

（2）捐赠；

（3）政府资助；

（4）在核准的业务范围内开展活动或服务的收入；

（5）利息；

（6）其他合法收入。[4]

中国渔船船东互保协会的成立和运作，开创了中国渔业互助保险的探索之路。2006年协会第三次全国会员代表大会修改了章程，将协会名称更改为"中国渔业互助保险协会"，英文缩写名称为：CFMI，并将其定位为"全国范围内广大渔民以及其他从事渔业生产经营或为渔业生产经营服务的单位和个人自愿组成，实行互助保险的非营利性的社会团体"，其业务范围增添了"在受政府委托时，代办国家政策性渔业保险业务"1 项。[5]

（二）渔业互助保险的特征

渔业互助保险的基本特征是：渔业行政主管部门领导、协会运作、互助共济、财政补贴并实行 4 个坚持。

1. 坚持渔业行政主管部门的领导

渔业互保协会已在 20 多个省市区设立 600 多处办事机构，依托各级渔业行政管理队伍，开展渔业互保工作，将保险服务渔民的网络窗口前移到第一线的所有渔村、渔港和渔船，可最大限度实现广覆盖、低成本、高效率运作。

2. 坚持广大渔民群众的主动自愿参与

实行风险共担、利益共享，渔民会员主动参与决策、相互监督意识强烈，可有效降低道德风险和逆选择的发生；互保业务范围还涉及我国香港和澳门流动渔船渔民。

3. 坚持依靠既熟悉渔业管理又熟悉保险业务的工作队伍和专业优势

出险后遵循海难救助、海事处理和定损赔付并行的原则，可做到准确、及时、合理赔付。

4. 坚持保险业务与安全服务紧密结合

利用结余资金为渔民会员免费发放安全生产教材和补贴配备救生消防急救器材，开展安全生产宣传和技能培训，提高渔民安全生产意识和防灾自救能力，大大减少了渔业事故和渔民生命财产损失。还委托银行开展小额贷款试点，解决部分渔民生产性资金短缺问题。

渔业互助保险较之保险公司经营商业性渔业保险具有诸多优势，但也有一定的局限性，主要是政府对渔业互助保险的资助，没有纳入国家和地方财政预算，具有不确定性，这不仅不能从制度上有效地减轻渔民互保费的负担，而且也不能有效地分散渔业互保组织的渔业大灾风险。

四、政策性渔业保险

（一）政策性渔业保险的地位

按照《农业法》第二条关于"本法所称农业，是指种植业、林业、畜牧业和渔业等产业，包括与其直接相关的产前、产中、产后服务"的规定，"政策性渔业保险"是"政策性农业保险"的组成部分和体现形式之一。因此，有关"政策性农业保险"的政策、原则和规则都适用于"政策性渔业保险"。

（二）"政策性农业保险"概念的提出

农业保险，是指保险机构根据农业保险合同，对被保险人在种植业、林业、畜牧业和渔业生产中因保险标的遭受约定的自然灾害、意外事故、疫病、疾病等保险事故所造成的财产损失，承担赔偿保险金责任的保险活动。

政策性农业保险，是指将农业保险纳入经济政策保险范畴，对保费实行财政补贴政策的产业保险。其必要性在于：

（1）农业是国民经济的基础，承担确保国家粮食安全、农村和谐稳定和农民安康幸福的使命，是需要国家政策保障的战略性产业；

（2）建立农业保险制度，完善保险经济补偿机制，是国家的 1 项重要的产业政策，为"三农"提供保障适度、保费低廉、保单通俗的优质、丰富的保险产品和服务，对于保障农民的生

产和生活,增加农民收入,促进农业和农村经济的持续、稳定、健康发展具有重要作用;

(3) 农业保险作为财产保险的1个部门,国内外原都由商业性保险公司来经营,经过遭到经营失败,即所谓"市场失灵"之后,使人们认识到:农业保险具有不同于一般商业性保险的性质。

绝大部分农业保险产品的经营要想获得成功,必须得到政府的财政、税收政策支持和政府部门的配合与协助。有学者在总结国内外农业保险的理论和实践的基础上,于1986年提出了"政策性农业保险"的概念,并逐步在领导机关、政府部门、学术界和实务界达成共识,而且得到了2002年修订的《农业法》的确认。

(三)《农业法》和中央文件关于"政策性农业保险"的规定

(1)《农业法》第四十六条规定:"国家建立和完善农业保险制度。""国家逐步建立和完善政策性农业保险制度。鼓励和扶持农民和农业生产经营组织建立为农业生产经营活动服务的互助合作保险组织,鼓励商业性保险公司开展农业保险业务。""农业保险实行自愿原则。任何组织和个人不得强制农民和农业生产经营组织参加农业保险。"

(2) 从2004年开始,聚焦"三农"的中央"1号文件",陆续对发展政策性农业保险提出要求、做出部署:"加快建立政策性农业保险制度"(2004年),"扩大农业政策性保险的试点范围,鼓励商业性保险机构开展农业保险业务。"(2005年)"稳步推进农业政策性保险试点工作"(2006年),"积极发展农业保险,按照政府引导、政策支持、市场运作、农民自愿的原则,建立完善农业保险体系。扩大农业政策性保险试点范围,各级财政对农户参加农业保险给予保费补贴,完善探索建立中央、地方财政支持的农业再保险体系。鼓励龙头企业、中介组织帮助农户参加农业保险。"(2007年)"完善政策性农业保险经营机制和发展模式"(2008年),"扩大农业保险险种和覆盖面······鼓励地方开展优势农产品生产保险。健全农业再保险体系,逐步建立中央财政支持下的农业大灾风险转移分散机制"(2012年),"健全政策性农业保险制度,完善农业保险保费补贴政策······适当提高部分险种的保费补贴比例""推进建立财政支持的农业保险大灾风险分散机制"(2013年)。

上述规定表明,政策性农业保险作为1种制度已成为1项法律规范和国家的基本政策,将长期坚持实行;此项制度的核心是国家对保费给予财政补贴,以减轻投保农民的经济负担,鼓励农民参保;推进农业政策性保险既要积极,又要稳妥,要通过试点不断完善经营机制和发展模式,包括通过健全农业再保险体系,建立农业大灾风险转移分散机制,实现多层次分散政策性农业保险大灾风险。[①]

政策性农业保险是国家强农惠农政策的重要组成部分,是灾后补偿的1个机制,是

---

① 上海市《农业保险大灾(巨灾)风险分散机制暂行办法》规定,因遭受台风、特大暴雨、重大病虫害(疫病)等不可抗拒灾害,造成经营享受财政保费补贴的政策性农业保险业务的保险机构某1年度政策性农业保险业务赔付率超过90%的为农业保险大灾风险,赔付率超过150%的为农业保险巨灾风险。农业保险机构应按照规定,每年从农业保险保费收入和超额承保利润中,分别按照一定比例,计提大灾准备金,逐年滚存,专户管理,独立核算。在年度内政策性农业保险业务赔付率在90%以下的损失部分,由保险机构自行承担。赔付率在90%~150%的损失部分,由保险机构通过购买相关再保险的方式,分散风险。赔付率超过150%以上的损失部分,由农业保险机构使用对应区间的再保险赔款摊回部分和农业保险大灾(巨灾)风险准备金承担。如仍不能弥补其损失,差额部分由市、区县财政通过1事1议方式,予以安排解决。市级财政对保险机构购买有关政策性农业保险业务赔付率在90%~150%损失部分的再保险,给予保费补贴。年度补贴标准为上年度农业保险机构购买相关再保险保费支出的60%,最高不超过800万元。本暂行办法所称赔付率=(已决赔款+已发生已报告赔案的估损金额)/已赚保费×100%。[6]。

政府公共管理和公共服务的具体体现,是维护和促进社会稳定、和谐、进步和经济发展的推进器,具有公益性服务的性质。

（四）《农业保险条例》的规定

《保险法》第一百八十六条规定:"国家支持发展为农业生产服务的保险事业。农业保险由法律、行政法规另行规定。"

《农业保险条例》根据《农业法》和《保险法》规定:"国家支持发展多种形式的农业保险,健全政策性农业保险制度",并对政策性农业保险的实施原则、监督管理、保险合同、经营规则和法律责任等作了具体规定。

按照《农业保险条例》的规定:

（1）渔业保险是指保险机构根据渔业保险合同,对被保险人在渔业生产中因保险标的遭受约定的自然灾害、意外事故、疫病、疾病等保险事故所造成的财产损失,承担赔偿保险金责任的保险活动。

（2）渔业保险机构是指保险公司以及依法设立的渔业互助保险等保险组织。保险机构经营渔业保险业务,应当符合规定的条件,并经国务院保险监督管理机构依法批准。未经依法批准,任何单位和个人不得经营渔业保险业务。

（3）渔业保险实行政府引导、市场运作、自主自愿和协同推进的原则。

（4）任何单位和个人不得利用行政权力、职务或者职业便利以及其他方式强迫、限制渔民或者渔业生产经营组织参加渔业保险。

（5）渔民或者渔业生产经营组织投保的渔业保险标的属于财政给予保险费补贴范围的,由财政部门按照规定给予保险费补贴。国家鼓励地方人民政府采取由地方财政给予保险费补贴等措施,支持发展渔业保险。

（6）国家建立财政支持的渔业保险大灾风险分散机制,具体办法由国务院财政部门会同农业部制定。国家鼓励地方人民政府建立地方财政支持的渔业保险大灾风险分散机制。

（7）渔业保险可以由渔民、渔业生产经营组织自行投保,也可以由渔业生产经营组织、村民委员会等单位组织渔民投保。

（8）在渔业保险合同有效期内,合同当事人不得因保险标的的危险程度发生变化增加保险费或者解除渔业保险合同。

（9）保险机构接到发生保险事故的通知后,应当及时进行现场查勘,会同被保险人核定保险标的的受损情况。保险机构按照渔业保险合同约定,可以采取抽样方式或者其他方式核定保险标的的损失程度。保险机构应当按照渔业保险合同约定,根据核定的保险标的的损失程度足额支付应赔偿的保险金。

（10）保险机构应当公平、合理地拟订渔业保险条款和保险费率。属于财政给予保险费补贴的险种的保险条款和保险费率,保险机构应当在充分听取省级人民政府财政、渔业部门和渔民代表意见的基础上拟订。渔业保险条款和保险费率应当依法报保险监督管理机构审批或者备案。[7]

五、 政策性渔业互助保险

（一）政策性渔业互助保险的概念

政策性渔业互助保险是指由渔业互助保险组织按照《农业法》和《农业保险条例》经营的政策性渔业保险，是渔业互助保险和政策性渔业保险两种保险制度的有机结合，是在保持渔业互助保险优势的基础上，以政策性渔业保险的优势弥补其不足的完美融合。为适应开展政策性渔业互助保险的需要，《中国渔业互保协会章程》规定，"接受政府委托，代办国家政策性渔业保险业务"。中国渔业互保协会属于《农业法》鼓励和扶持建立的为农业生产经营活动服务的互助合作保险组织。《农业保险条例》明确规定："本条例所称保险机构，是指保险公司以及依法设立的农业互助保险等保险组织。"这都为中国渔业互助保险协会经营政策性渔业互助保险提供了坚实的法律地位。

（二）政策性渔业互助保险的运作模式

2012 年和 2013 年中央 1 号文件要求："扶持发展渔业互助保险"、"开展渔业保险保费补贴试点。"2013 年国务院《关于促进海洋渔业持续健康发展的若干意见》提出："完善渔业保险支持政策，积极开展海水养殖保险"。政策性渔业互助保险要在这些政策的指引和《农业法》《农业保险条例》的法律框架下进行。

多年来，渔业互助保险紧紧依托渔业行业，在农业部主导和各级渔业行政主管部门领导下，借助行业管理优势，健全了组织机构，发挥了互助保险优势，形成了"渔业行政主管部门领导、渔民互助、财政补贴、行业管理、协会运作"的互助保险运作模式，互助保险险种由渔船、渔民互助保险拓展至水产养殖、渔业基础设施和渔业单位团体意外伤害等险种，保障渔业范围不断扩大，并使渔业互助保险已成为渔业安全生产管理工作的重要内容，初步构建了以渔业互助保险组织为主体的政策性渔业互助保险体系，具备了承担政策性渔业保险的各项条件。

自 1994 年开展渔业互助保险工作以来，截止 2010 年，渔业互助保险全行业累计承保渔民 578 万人（次），承保渔船 36 万艘（次），提供风险保障 3 850 亿元，为 7 000 多名死亡（失踪）渔民、44 700 多名受伤渔民以及 44 000 多艘全损或部分受损的渔船支付经济补偿金 11.46 亿元，大大弥补了受灾渔民的经济损失，有力支持了渔民灾后恢复生产生活。[8] 20 年渔业互助保险的发展历程表明，渔业互助保险特别是政策性渔业互助保险模式符合我国基本国情和渔业发展实际，符合广大渔民群众的根本利益，是保证渔区社会和谐安定，推动渔业持续健康发展的最佳保险路径。

（三）建立、健全财政支持渔业互助保险发展的长效机制

确保财政补贴的到位是建立政策性渔业互助保险发展长效机制的关键。《农业保险条例》规定，农民或者农业生产经营组织投保的农业保险标的属于财政给予保险费补贴范围的，由财政部门按照规定给予保险费补贴。此前，2008 年、2009 年财政部制定了《中央财政种植业保险保费补贴管理办法》《中央财政养殖业保险保费补贴管理办法》和《财政部关于中央财政森林保险保费补贴试点工作有关事项的通知》。在国家大力扶持农业保险发展的背景下，从 2008 年起，农业部每年拨出 1 000 万元专项资金用于开展中央财

政保费补贴渔业互助保险试点工作,对沿海 7 省重点渔区的渔民渔船参加渔民人身平安互保和渔船全损互保给予 25％保费补贴。[9]

但政策性渔业互助保险,尚游离在国家农业保险保费补贴范畴之外。按照"扶持发展渔业互助保险"和"完善渔业保险支持政策"的政策要求,应当尽快改变这种状况,建立财政支持渔业互助保险发展的长效机制。当前首先要将渔船财产保险和渔民人身意外伤害保险纳入财政保费补贴范围,再拓宽范围至水产养殖保险、南沙生产作业渔民保险和港澳流动渔民渔船保险,并根据产业发展需要,逐步将深水网箱养殖、工厂化养殖、标准化池塘养殖、远洋渔船、渔业基础设施保险和渔用产品质量保险纳入财政保障范围。对政策性渔业互助保险的财政补贴费用,应由中央财政和地方财政共同负担。中央财政和地方各级财政,特别是渔业大省、渔业大县都要把渔业互助保险纳入法定补贴范围,适时提高对渔业互助保险的保费补贴金额和比例,并要健全渔业再保险体系,逐步建立中央财政支持下的渔业大灾风险转移分散机制,以实现使参保渔民减负,给渔业互保组织赔付托底的目标。

第二节　渔业补贴

一、概念

(一)渔业补贴的目的

渔业补贴主要是指公共实体向渔业部门进行直接或间接的财政转移支付,使之获得比以前更多的利益。这种转移支付往往旨在减少捕捞成本或增加渔民收入。此外,补贴还可能包括一些使渔民受益的间接支出。[10]83

渔业补贴是世界各国通行的做法,这主要是由渔业高投入、高风险及渔民属弱势群体需要扶持的特性决定的。这种对渔业的经济鼓励政策,是许多国家特别是沿海渔业国家的经济政策、社会政策和环境政策的组成部分。许多国家视补贴政策为其渔业存在和可持续发展的基本条件之一。这至少有以下 3 种潜在理由:

(1)如果国内渔业面临外国的竞争,政府必须提供原始资本;

(2)大型和重要的渔业公司可能遇到暂时的财政困难,如果该公司歇业,可影响其他行业和经济健康。通过提供临时补贴保护,政府可保护整个经济;

(3)补贴可鼓励渔民和渔业公司以有利环境的方式行事。[11]129

概括地说,设置渔业补贴,一是为了支持和发展当地的捕捞渔业;二是为了保护就业和改善渔业社区的收入分配;三是为了保护和管理海洋环境。对于发展中国家,他们更注重补贴将导致其渔业部门的可持续发展以及偏远沿海社区的社会福利,特别是补贴在小型渔业发展和一些渔业社区脱贫方面可能产生的效益

（二）渔业补贴的历史

渔业补贴已有几百年的历史。

　　早在 1620 年欧洲人为开发马萨诸塞殖民地的渔业,就通过免除兵役和一些税收对渔民进行补贴,持续了大约 20 年。到 17 世纪末,新斯科舍宪法下的第二法令,又规定马萨诸塞每出口 220 磅干鳕鱼补贴 5 美分,每出口一桶腌鱼也补贴 5 美分。1790 年这个补贴率提到 10 美分,1797 年又提过 1 次,再后来,就既按桶数又按船的吨位补贴了,一直补贴到 1854 年。[12] 1670 年英国占领纽芬兰岛宣布对哈德逊湾及其周围地区拥有主权后,给予渔民捕鱼垄断权,不准外国渔民分享新英格兰沿海的渔业资源。1893 年冰岛政府银行开始向渔民提供购船贷款,1905 年设立了 1 项特殊的政府渔业基金,支持渔民购买渔船和渔具。1933 年挪威设立国家渔业银行,以优惠利率和分期偿还的形式向购买或改造渔船和购买鱼类加工设备的渔民提供贷款。第二次世界大战之后,拉美国家兴起扩大海洋管辖权运动后,智利在 1960～1975 年利用收入税收补贴计划和免除进口税发展渔业。巴西在 1965～1990 年通过各种免税来发展渔业。秘鲁 20 世纪 70 年代通过实施渔业基础设施和设备投资的计划落实渔业发展计划。在 200 海里专属经济区制度建立后,渔业补贴越来越普遍。包括美国和加拿大在内的一些主张自由贸易的国家通过政府补贴政策鼓励发展国内渔船队,一些发展中国家也借补贴鼓励发展国内渔船队,以代替外国远洋渔船队。[11]128

（三）渔业补贴的形式

渔业补贴有多种形式。渔业补贴是在特定的经济政策环境下,政府对渔业部门的特殊行动或不行动。因此,不同经济政策环境下的渔业补贴形式可能不同。据粮农组织调查并经其评估过的渔业补贴,主要有以下 20 种形式:

（1）投资补助;

（2）渔船退役补偿;

（3）股权注入;

（4）收入支持和失业保险;

（5）价格支持;

（6）出口激励和其他市场干预;

（7）进口配额、关税和其他边境措施;

（8）减免燃料税;

（9）投资税信贷和税收延期;

（10）优惠贷款和贷款担保;

（11）渔船和设备的特殊保险;

（12）培训和推广;

（13）检查和认证服务;

（14）渔港设施和其他基础设施；

（15）为了确保捕捞场所给外国政府的支付；

（16）渔业研究与开发；

（17）渔业管理和环保项目；

（18）渔场免费使用或使用费低于市场价格；

（19）缺乏渔业行业污染控制；

（20）对现有规则执行不力（包括不执行卫生和质量控制，或应该收费却没有收等）。[13]

实际上渔业补贴的形式，远不限于所列的种类。粮农组织还有 1 个更详细的清单，经济合作与发展组织（OECD）、联合国环境规划署、亚太经合组织（APEC）、世界自然基金会等国际组织也都进行过调查和列表。

（四）渔业补贴的强度

渔业补贴的强度是指年渔业补贴总额与当年渔业总产值（上岸价）之比。进入 21 世纪，全球海洋捕捞上岸总值维持在 900 亿美元左右。[10]81 据加拿大不列颠哥伦比亚大学渔业中心 2006 年研究报告提供的数据，2000 年全球海洋捕捞渔业补贴总额介于 300～340 亿美元①，比世界银行估算的 140～200 亿美元约多 1 倍，[14] 2000 年该中心对全球海洋捕捞渔业补贴进行重新评估，确定 2003 年全球渔业补贴总额介于 250～290 亿美元②。[15] 联合国环境规划署 2011 年的报告亦认同 2003 年全球渔业补贴约为 270 亿美元。[10]83 全球海洋捕捞上岸总值若按 900 亿美元计，则 2003 年全球海洋捕捞渔业的补贴强度约为 30.0%。

二、问题的提出

渔业补贴是历史现象。50 年前，一般的看法是补贴对社会有益。随着岁月的流逝，政府在经济中的作用发生了变化，补贴不再经常被认为是对社会有益的了——尽管许多人认为补贴有环境方面的正当理由。不得不在社会背景下对补贴做出判断。[11]129

1992 年《21 世纪议程》第 17 章指出，过去 40 年来，海洋渔业产量增加了将近 5 倍，每年生产大约 8 000 万至 9 000 万吨鱼类和贝类，其中 95% 来自国家管辖范围内的海域（17.70）。由于资本过多、渔船规模太大等原因，许多国家管辖范围内地区内捕鱼过度，并面临着日益增多的问题（17.72）；在世界上的许多地区，珊瑚礁及其他沿海生境，例如红树林和港湾等海洋和沿海生态系统都因各种人为和自然原因而受到压力或威胁（17.73）。公海渔业大大扩展了，一些渔业资源已被过分地利用（17.45）；在此背景下，在《海洋渔业和海洋法：变革的十年》（《粮食及农业状况》的特别章节，1992 年）中，渔业补贴被粮农组织认为是激励捕捞能力过度和过度捕捞的因素。[11]128 这引起了有关全球性政府间组织，如世界银行、经济合作与发展组织、联合国环境规划署、世界贸易组织和区域性政

---

① 该数据是对 144 个国家 1995～2005 年补贴资料（有的国家资料不齐全）的统计分析结果。

② 该数据是对 148 个国家 1989～2010 年补贴资料的统计分析结果。

府间组织,如亚太经合组织(APEC)、东盟(ASEAN)、加勒比共同体(CARICOM)、南太平洋常设委员会(CPPS)及许多沿海国家对渔业补贴及其作用与影响的极大关注。

主要关注点是:什么是、什么不是渔业补贴?补贴对渔民和渔业公司有什么作用和影响?补贴在多大程度上实际影响过度捕捞和渔业资源的可持续性?渔业补贴对鱼和渔产品国际贸易是否有扭曲作用?于是,如何定义、识别和评估渔业补贴及如何用纪律约束渔业补贴,成为一些国际会议政治辩论的议题。

三、 定义

(一)没有可认同的单一渔业补贴定义

渔业补贴的定义有不少,如 FAO 渔业术语表援引的《大英百科全书》(2001 年)的定义:"补贴是 1 种直接或间接支付、经济让步、或 1 国政府为了促成某种公共目标给予私营企业、住户或其他政府单位的特权。"《世界渔业和水产养殖状况 2004》:"什么是渔业补贴?其可以被狭窄地定义为政府对产业的财政转移支付,以及被广泛地定义为任何导致公司短期、中期或长期潜在利润改变的政府行动。"[11]128经济合作与发展组织将渔业补贴定义为:"政府对渔业部门的财政转移(GFTs),即与渔业政策相关的政府干预货币价值",[16]12包括中央政府的干预和地方政府的干预。实际上,OECD 将渔业补贴视为政府给予渔业部门的经济援助。此外,联合国环境规划署和世界银行等国际组织都对渔业补贴有定义,但现有常用补贴定义中没有 1 个定义适用于全面分析补贴对渔业和水产养殖贸易和渔业资源可持续性的影响。

(二)现行具有法律地位适用于渔业补贴的定义

1.《补贴与反补贴措施协议》关于补贴的定义适用于渔业补贴

《补贴与反补贴措施协议》(SCM),是世界贸易组织管辖的 1 项多边贸易协议。它是 1994 年《关税与贸易总协定》乌拉圭回合对 1979 年东京回合达成的《解释和适用关税及贸易总协定第六条、第十六条和第二十三条①的协议》的基础上修改和补充的而成的,是对《关税与贸易总协定》第六条、第十六条规定的具体化。

《补贴与反补贴措施协议》主要适用于工业产品。农产品的补贴与反补贴措施由 WTO《农业协议》规定,但该协议却不适用于鱼及渔产品。所以,在现有 WTO 框架下,渔业补贴受《补贴与反补贴措施协议》的规制。因此,SCM 对补贴的定义可能是目前被引用得最多也是实践中用得最多的补贴定义,该协议目前管理渔业部门在这方面的贸易争端。

2.《补贴与反补贴措施协议》对补贴的定义

《补贴与反补贴措施协议》第一条"补贴的定义"规定:

"就本协议而言,如出现下列情况应视为存在补贴:

(1)在一成员领土内,存在由政府或任何公共机构提供的财政资助,即:

---

① 《关税与贸易总协定》第六条是关于"反倾销税和反补贴税"的规定;第十六条是关于"补贴"的规定;第二十三条是关于"利益的丧失或减损"的规定。

① 涉及资金的直接转移(如赠款、贷款和投股)、潜在的资金或债务的直接转移(如贷款担保)的政府做法；

② 放弃或未征收在其他情况下应征收的政府税收(如税收抵免之类的财政鼓励)；

③ 政府提供除一般基础设施外的货物或服务，或购买货物；

④ 政府向 1 筹资机构付款，或委托或指示 1 私营机构履行以上(i)至(iii)列举的 1 种或多种通常应属于政府的职能，且此种做法与政府通常采用的做法并无实质差别；或

(2) 存在 GATT1994 第十六条①意义上的任何形式的收入或价格支持；

(3) 则因此而授予 1 项利益。"[17]

该定义规定了 3 个要件：补贴的提供者是政府或任何公共机构；补贴的提供方式是财政资助和存在 GATT1994 第十六条意义上的任何形式的收入或价格支持；补贴提供的结果是 1 项利益。而此项利益的接收者，应构成定义的第四个要件，因为没有接收者就不可能有补贴的存在，但定义中并未指明接收者。

然而，按照 SCM 第二条规定，补贴应具有专向性：政府或该政府据以行动的立法将补贴的获得明确限定于其管辖范围内的某个企业、产业、企业集团或多个产业(简称"特定企业")。从而这说明了：补贴的接收者应是应"特定企业"。

综合上列 4 个要素，可将补贴的定义概括为：补贴是由政府或任何公共机构给予特定企业财政资助或 GATT1994 第十六条所指的任何形式的收入或价格支持，并对其授予利益。其中"GATT1994 第十六条所指的任何形式的收入或价格支持"，是指 1994 年《关税及贸易总协定》第十六条所指出的，补贴包括"任何形式的收入支持或价格支持"。《补贴与反补贴措施协议》附件 1《出口补贴例示清单》中所列的补贴形式，有的为"财政资助"，有的则为"收入支持"或"价格支持"。

3.《补贴与反补贴措施协议》未顾及补贴对渔业资源可持续性的影响

GATT1994 第十六条是以会造成出口增加或进口减少之补贴为规范对象，WTO 成员为其"特定企业"提供补贴的根本目的在于：保护本国产业不受外来冲击，并增强有关产品在国际市场上的竞争优势。而《补贴与反补贴措施协议》主要也是为了禁止出口补贴及进口替代补贴，用以解决由此产生的贸易扭曲行为，并维护国际贸易秩序和公平竞争。尽管当时已疑虑渔业补贴可能有刺激过度捕捞和减损资源可持续性的消极影响，而且，"扩大世界资源的充分利用"还属《关税与贸易总协定》的 1 项宗旨，但《补贴与反补贴措施协议》实际上并没有顾及这 1 方面。

补贴对资源可持续性的影响是通过引起费用或收入变化而产生的。费用可以包括各项投入物的费用、新技术投资费用或增加生产能力的投资费用。其主要补贴形式如表 28-1 所示。

---

① GATT1994 即 1994 年的《关税与贸易总协定》(General Agreement on Tariffs and Trade,GATT)。

表 28-1　对渔业资源可持续性产生影响的补贴形式一览表[18]10-11

补贴分类		补贴形式
费用减少	资本扩大	提供赠款购买新船或旧船,或者使渔船现代化;提供赠款建立国际联合企业;为私营部门投资提供相应捐款;不捕捞具体基础设施计划
	劳动成本减少	收入支持、失业保险和收入保证付款;政府资助关于渔业的健康计划;向渔民支付自然灾害救济款;为小型渔业提供捐款;为特定渔业参与者提供直接援助;假期支持计划
	杂项费用减少	向外国政府付款以保证进入渔场;有关捕捞基础设施;为减少会计费用付款;运输补贴;提供饵料服务;为安全设备赠款;渔具发展
	税收减免和延期	免除渔船燃料的燃料税;免除销售税;渔民特殊收入税减免;深海渔业免税;延期税收计划;投资税收减免
	贷款和保险	以优惠条件提供的贷款(利率和偿还期);银行贷款的政府担保;渔民保险计划或补贴保险;小企业贷款
	市场干预措施	政府机构减少收费;以低于市场价的价格向渔民出售商品
	科学和渔业管理	孵化场及鱼类生境计划;免费或以低于市场的价格获得资源;未能收回的渔业管理费用;技术转让;政府资助的研究与发展;信息收集、分析和传播;试捕和渔具发展;渔业加强,包括对人工鱼礁的支持;深海渔业研究;加强渔业社区环境
收入增加	价格支持	对渔民的价格支持付款
	补偿计划	对禁渔期或捕鱼期缩短的补偿;对鱼类种群破坏的补偿
	政府注入股金	
	促销市场宣传计划	渔业宣传及发展
	外交事务	关税及关税配额;进口配额;禁止卸鱼;禁止外国直接投资
费用增长	投入和产出规定	
	渔具、技术和渔船限制	
	环境规定	
	海洋保护	
	劳动立法	
未具体指明	生产要素减少	渔船退役付款;购买许可证和配额及退役赠款;为临时退役渔船赠款
	科学和渔业管理	支持社区管理;支持区域发展机构;支持生产者组织
	国际渔业合作	
	调整计划	对渔民进行再培训以便从事其他行业;区域发展计划
	影响渔业的一般计划	对影响渔业的其他行业的补贴计划;社会计划(国家卫生系统、公共教育)
	市场干预	汇率制度

补贴对鱼和渔产品贸易的影响主要表现为：补贴减少生产者费用或增加生产者收入，从而使他们能够增加其在出口市场或国内市场的市场份额或者以比没有政府干预情况下低的价格提供产品。其主要补贴形式如表 28-2 所示。

表 28-2　对鱼和渔产品贸易产生影响的补贴形式一览表[18]13

补贴分类	补贴形式
减少投资费用	为购买渔船提供赠款，提供优惠贷款投资于新技术等
降低投入物的相对价格	降低燃料税、入渔价格、就业变化付款等
提高产出价格	进口配额、价格支持系统等
减少捕捞努力量	渔船退役、对渔民的再培训等
涉及管理和调整措施	渔获量限制、环境管理等

表 28-1 所列影响资源可持续性的补贴形式与表 28-2 所列影响鱼和渔产品贸易的补贴形式相比，前者比后者多得多，多出的部分大都是《补贴与反补贴措施协议》的定义覆盖不了的。而且，根据该协议，渔业补贴必须具有"专向性"，并且引起了"损害"，才会受到该协议的管理，但有的渔业补贴本身的"专向性"并不好确定。由此可见，《补贴与反补贴措施协议》对补贴的定义不足以完全适用于渔业补贴。实际上就该协议对补贴的定义来说，也排除了政府对一般基础设施的投资和对非出口产品的价格补贴。

（三）粮农组织探索有用和可行的渔业补贴定义

1. 2000 年专家磋商会建议的渔业补贴定义

1999 年粮农组织《捕捞能力管理国际行动计划》要求：各国在拟定其国家捕捞能力管理计划时应评估造成能力过剩的各种因素（包括补贴）对其渔业可持续管理的影响，区分造成能力过剩和无法保持可持续性的因素（包括补贴）与产生积极效果或中性的因素。并提出：各国应减少并逐步消除直接或间接造成过剩捕捞能力，因而有碍海洋生物资源可持续性的各种因素（包括补贴、经济鼓励措施及其他因素），并充分考虑手工渔业的需要。至于什么是补贴及什么不是补贴的问题当时并没有达成共识。

为了探索渔业补贴的 1 个有用和可行的定义，粮农组织 2000 年 11 月举行"经济鼓励措施和负责任渔业专家磋商会"，要求该磋商会确定哪些是渔业补贴和哪些不是渔业补贴，并提出给出的渔业补贴定义应符合 3 项要求：

（1）适用于公共部门采取的可能列为补贴的所有干预措施；

（2）尽可能为参加关于渔业补贴的政治辩论的人们所接受；

（3）使补贴对贸易和渔业资源可持续性的影响可得到衡量、分析和讨论。[18]

专家磋商会认为，为促进对渔业和水产养殖补贴的衡量、分析和讨论，需要以下 4 组补贴定义：

第一组补贴：减少费用和/或增加生产者短期收入的政府资金转移。

第二组补贴：减少费用和/或增加生产者短期收入的任何政府干预措施，无论这些干预措施是否涉及资金转移。

第三组：第二组补贴加上因政府未采取干预措施来纠正可能潜在影响渔业资源和贸

易的生产和市场扭曲(不健全)而为生产者带来的短期利益。

第四组补贴:在短期、中期或长期内影响鱼和渔产品生产和销售的费用和/或收入的政府干预措施或未采取纠正干预措施。

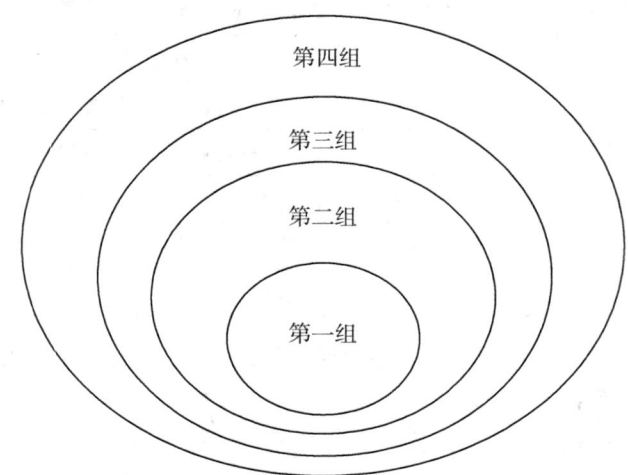

图 28-1　渔业补贴四组定义包容关系示意图

第一组补贴包括政府的直接付款或给予生产者的赠款以购买渔船或使渔船现代化、收入支持付款和其他形式的付款。

第二组补贴包括税收减免和延期及政府提供的保险、贷款和贷款保证、政府以低于市场价格的费用提供货物与服务。

第三组补贴包括生产者隐含的利益,这些隐含的利益与政府缺乏关于要求生产者承担他们对其他方造成的费用,包括环境和自然资源方面费用的规定有关。如政府不要求采取措施来减少海龟、海鸟或海洋哺乳动物的渔获量,政府没有开展足够的工作来防治鱼类资源的过度开发。

第四组补贴包括所有第三组补贴加上干预措施,如可能减少(增加)生产者短期利益、但导致生产者长期利益增加(减少)的管理措施,如禁渔等。[18]3-4

2. 2004 年《渔业补贴的识别、评估和报告指南》对渔业补贴的定义

粮农组织为研究渔业补贴提供 1 本工具书,在"经济鼓励措施和负责任渔业专家磋商会"形成的文献资料的基础上,于 2002 年年初提出了《渔业补贴的识别、评估和报告指南》草案初稿。然后在 4 个国家开展了研究试验对草案初稿进行检验。草案初稿几易其稿,经 2002 年 12 月召开的"渔业补贴的识别、评估和报告专家咨询会"和 2003 年专家的修改,粮农组织《渔业补贴的识别、评估和报告指南》于 2004 年面世。

《指南》没有对补贴进行严格地定义,而是提供了如何定义渔业补贴的框架,即以《大英百科全书》(2001 年)补贴定义的总体概念为基础,将广义渔业补贴定义为:"补贴从根本上是政府干预或缺少干预,且这种干预或缺少干预对渔业部门有影响并有经济价值。"这里所说的经济价值是指对渔业行业利润率的影响。《指南》认为,补贴应该是 1 种例外,换句话说,是常规习惯以外的行动或无行动。因此,《指南》又将渔业补贴表述为:"渔

业补贴是渔业行业特有的政府行动或无行动，而且政府的这种行动或无行动改变（增加或减少）了渔业行业的短期、中期或长期潜在利润。"

其中：

"政府"既包括存在该种补贴的国家，也包括别国政府和公共机构。包括国际开发援助合作机构及非渔业政府部门或机构的行动或无行动。但私营企业的赞助不构成补贴。

"渔业行业"指的是渔业和水产养殖业部门的所有生产性子部门，包括各种投入行业（包括运输和其他支持服务）、捕捞渔业、水产养殖业、加工业和市场营销业。

"潜在利润"指的是行业的总体利润率。虽然补贴对利润的影响有短期、中期和长期影响，但是《指南》将重点讨论更直接的短期财务影响。必须注意的是，补贴也有可能是负的，即降低利润。负补贴的例子包括税费和关税等。[19] para.4.1

《指南》所用的补贴定义比《补贴和补偿措施协议》对补贴的定义要广得多。这应是联合国粮农组织在深入了解渔业部门和渔业部门所在的整个经济的基础上对其所调查的渔业补贴多种形式的全面的科学概括。

四、　分　类

（一）《协议》对补贴的分类

《补贴和反补贴措施协议》将补贴分为禁止性补贴、可起诉补贴和不可起诉补贴。这3类补贴常被形象地比喻为红灯补贴、黄灯补贴和绿灯补贴。

1. 禁止性补贴

禁止性补贴是指扭曲进出口贸易、违背公平竞争原则的补贴，即以出口实绩或进口替代作为唯一或多种条件之一而提供的补贴。

《补贴和反补贴措施协议》附件一"出口补贴例示清单"所列的各项出口补贴均为被禁止的补贴：

（1）政府视出口实绩对1公司或1产业提供的直接补贴。

（2）涉及出口奖励的货币保留方案或任何类似做法。

（3）政府提供或授权的对出口装运货物征收的内部运输和货运费用，条件优于给予国内装运货物的条件。

（4）由政府或其代理机构直接或间接通过政府授权的方案提供在生产出口货物中使用的进口或国产品或服务，条款或条件优于给予为生产供国内消费货物所提供的同类或直接竞争产品或服务的条款或条件。

（5）全部或部分免除、减免或递延工业或商业企业已付或应付的、专门与出口产品有关的直接税或社会福利费用。

（6）在计算直接税的征税基础时，与出口产品或出口实绩直接相关的特殊扣除备抵超过给予供国内消费的生产的特殊扣除备抵。

（7）对于出口产品的生产和分销，间接税的免除或减免超过对于销售供国内消费的同类产品的生产和分销所征收的间接税。

（8）对用于生产出口产品的货物或服务所征收的前阶段累积间接税的免除、减免或

递延超过对用于生产国内消费的同类产品的货物或服务所征收的前阶段累积间接税的免除、减免或递延。

（9）对进口费用的减免或退还超过对生产出口产品过程中消耗的进口投入物所收取的进口费用（扣除正常损耗）。

（10）政府提供的出口信贷担保或保险计划、针对出口产品成本增加或外汇风险计划的保险或担保计划，保险费率不足以弥补长期营业成本和计划的亏损。

（11）政府给予的出口信贷，利率低于它们使用该项资金所实际应付的利率或它们支付的出口商或其他金融机构为获得信贷所产生的全部或部分费用，只要这些费用保证在出口信贷方面能获得实质性的优势。

（12）对构成 GATT 1994 第十六条意义上的出口补贴的官方账户收取的任何其他费用。

协议成员既不应授权、也不应维持上列所指的补贴。否则，受到损害的协议成员可以采取反补贴措施。

2. 可申诉的补贴

可申诉的补贴是指不绝对禁止但可以对其提出起诉的补贴，即协议成员以不对其他成员造成不利影响为条件得以实施的补贴。

其中，"不利影响"是指：

（1）损害另 1 成员的国内产业；

（2）使其他成员享受在 1994 年关贸总协定中直接或间接获得的利益取消或减少；

（3）严重损害另 1 成员的利益。

如存在以下 1 种或几种情况，即存在上列（3）所指的严重损害：

（1）补贴的结果是排斥或阻碍另 1 成员某 1 同类进口商品进入实施补贴的成员市场；

（2）补贴的结果是排斥或阻碍其他成员的同类产品进入第三国市场；

（3）补贴的结果是在同 1 市场上，与其他成员同类产品的价格相比获得补贴产品的价格明显下降，或对同 1 市场的同类产品造成了严重的价格抑制，跌价、销售量减少等后果；

（4）与以往 3 年的平均市场份额相比，补贴的结果造成了实施补贴成员的特定受补贴的初级产品或商品在世界市场上的份额增加，并且这 1 增加是自实施补贴后呈持续上升趋势。

受到不利影响或严重损害的成员可向实施补贴的成员提出反对意见或提起诉讼，但必须证明存在不利影响或严重损害。

3. 不可申诉补贴

不可申诉的补贴是指实施补贴过程中不会受到其他成员反对或采取反补贴措施的补贴。分为两类：

（1）不是具有专向性的补贴；

（2）符合特定要求的专向性补贴，包括对企业或高等教育、科研机构在与企业合同基础上进行研究的资助；根据地区发展总体规划在适当区域对不利地区提供的资助；改造现有设施使之适应由法律、法规所提出的新的环境要求而是提供的资助等。

4. 发展中国家的特殊与差别待遇

《补贴和反补贴措施协议》各成员承认，补贴可以在发展中国家成员的经济发展计划中发挥重要作用，因此，决定在禁止性和可申诉的两类补贴的执行规定上给予发展中国家成员特殊待遇；考虑到发展中国家的发展水平不尽相同，为更合理起见，对不同发展水平的发展中国家成员的特殊待遇亦应有所差别。为适应差别对待的需要，《补贴与反补贴措施协议》将发展中国家成员划分为 3 类：第一类是联合国指定的最不发达国家成员[①]；第二类是附件七列出的年人均国民生产总值低于 1 000 美元的发展中国家成员[②]；第三类是其他发展中成员。

按照《补贴和补偿措施协议》的规定，发展中国家成员可享有以下"特殊和差别待遇"：

（1）禁止性补贴方面

① 最不发达成员可以无限期使用出口补贴，并在 WTO 成立后 8 年内（即至 2002 年底），可使用进口替代补贴。

② 附件七所列的发展中国家成员，在其年人均国民生产总值达到 1 000 美元之前，有权使用出口补贴，并在 WTO 成立后 5 年内（即至 1999 年底），可保留进口替代补贴。

③ 其他发展中成员在 WTO 成立后 8 年内（即至 2002 年底），可以保留出口补贴，但应在这 8 年内逐步取消，且不得提高其出口补贴的水平。在 WTO 成立后 5 年内（即至 1999 年底），这些发展中成员可以保留进口替代补贴。

④ 对于发展国家中成员，若其某 1 具体产品已经具有"出口竞争力"，即该种产品的出口连续 2 年达到同类产品世界贸易至少 3.25% 的份额，则该成员应在 2 年内取消对这种产品的出口补贴。但附件七所列的发展中国家成员，即使其某 1 具体产品已经具有出口竞争力，仍可以在 WTO 成立后 8 年内逐步取消对该产品的出口补贴。

（2）可申诉的补贴方面

① 发展中国家成员的出口补贴凡符合上述禁止性补贴方面规定条件的，将不适用本协议第四条，而应适用本协议第七条，即其他成员不得援引有关禁止性补贴的争端解决

---

① 1991 年 3 月联合国发展计划委员会把最不发达国家定义为那些长期遭受发展障碍的低收入国家，特别是人力资源开发水平低和有严重结构性缺陷的国家，并将其衡量标准确定为：(1) 人均国内生产总值在 600 美元以下；(2) 人口不超过 7 500 万；(3) 扩大的实际生活质量指数（包括预期寿命、人均摄取热量、入学率、识字率等）不超过 47 点；(4) 经济多种经营指数（包括制造业、工业就业比重等）不超过 22 点。据联合国贸发会议发表新闻公报宣布，世界上最不发达国家现有 49 个。它们是亚洲 9 国：阿富汗、孟加拉国、不丹、柬埔寨、老挝、马尔代夫、缅甸、尼泊尔、也门；非洲 34 国：安哥拉、贝宁、布基纳法索、布隆迪、佛得角、中非、乍得、科摩罗、刚果（金）、吉布提、赤道几内亚、厄立特里亚、埃塞俄比亚、冈比亚、几内亚、几内亚比绍、莱索托、利比里亚、马达加斯加、马拉维、马里、毛里塔尼亚、莫桑比克、尼日尔、卢旺达、圣多美和普林西比、塞内加尔、塞拉利昂、索马里、苏丹、多哥、乌干达、坦桑尼亚、赞比亚；大洋洲 5 国：萨摩亚、瓦努阿图、图瓦卢、基里巴斯、所罗门群岛；拉丁美洲 1 国：海地。

②《补贴与反补贴措施协议》附件七所列的年人均国民生产总值低于 1 000 美元的发展中国家成员有 20 个。它们是：玻利维亚、喀麦隆、刚果（布）、科特迪瓦、多米尼加共和国、埃及、加纳、危地马拉、圭亚那、印度、印度尼西亚、肯尼亚、摩洛哥、尼加拉瓜、尼日利亚、巴基斯坦、菲律宾、塞内加尔、斯里兰卡和津巴布韦。

程序,只能援引可申诉补贴的程序。

② 由发展中国家给予的可申诉补贴,除非造成了对关税减让或其他利益丧失或损害,从而取代或阻止另1成员同类产品进入实施了该补贴发展中国家的市场,或造成在进口成员市场对国内产业的损害,才可根据本协议第七条授权或采取行动。

③ 不得推断发展中国家给予的补贴构成严重损害,当适用本协议第七条授权或采取行动时,应对这种严重损害,给予明确的证据加以证明。

（3）反补贴调查方面

① 如果发展中成员产品的补贴水平不足从价金额的2％（非发展成员为1％）,则针对其采取的反补贴调查应立即终止。对于以下3类成员,微量补贴的幅度为3％：

a. 最不发达国家成员;

b. 附件七所列的人均国民生产总值低于1 000美元的发展中国家成员;

c. 可在WTO成立后的8年内继续使用出口补贴,但提前取消该类补贴的发展中国家成员。

② 如果源自发展中国家成员的受补贴进口产品不足进口份额的4％,则反补贴调查也应立即终止。但如果低于4％份额的发展中国家成员的合计比例超过9％,反补贴调查仍可继续进行。

（二）《指南》对渔业补贴的分类

《渔业补贴的识别、评估和报告指南》建议将渔业补贴分成直接财政转移、服务和间接财政转移、具有短期和长期影响的干预和缺乏干预4大类：

1. 直接财政转移

包括政府对渔业行业的所有直接支付。这类补贴对行业的利润率有直接的短期影响,且可能是负的影响。补贴对政府的成本（收入）通常可以在公共预算中找到,而且补贴对行业的直接价值会直接显示在接受方的现金流中。这类补贴比较容易识别,例如：投资补助（如买渔船或渔船现代化）、安全设备补助、渔船退役计划、股本注入、收入保证计划、赈灾救济支付、价格支持、直接出口激励等。属于第一类补贴的负补贴包括各种税费、进口/出口关税。

2. 服务和间接财政转移

包括其他任何现行的、明确的、但不包括上述第一类直接财政转移的政府干预。这1类补贴同样对行业利润率有直接的短期影响,但是很少是负的影响。这类补贴的成本可能在公共预算中有反映（也可能没有）,对行业的价值通常不明确显示在接受方的会计帐户上。这类补贴大部分是公共部门提供的某种服务或间接财政转移。这类补贴可进一步分成以下4个亚类：

（1）非关税边境措施和其他市场干预,例如：进口配额、出口促进支持、外来直接投资限制等。

（2）减免税和关税,以及减免其他政府机构收费,例如：减免燃料税、投资税信贷、税金延期项目、减除特殊收入税等。

（3）由政府提供的服务,且私营部门通常也提供这些服务,但是政府提供的服务其条件对行业更有利,例如:投资优惠贷款、贷款担保、渔船和传动装置特殊保险计划、提供中途休息服务等。

（4）政府提供的服务,且这些服务通常不是由私营部门提供,且提供服务的成本没有全部收回,例如:出口检查和认证、专业培训、推广、港口和登陆站点设施、为了确保捕捞场所给外国政府的支付、政府资助的研究和开发项目、渔业管理、国际合作和谈判等。

3．有各种短期和长期影响的干预

包括在短期内对行业有负面经济影响但是最终将产生长期收益(如资源基数)以及/或对整个社会有益(如环境)的政府干预。这类补贴的成本(通常是管理费用)可能已经包括在其他管理和管制的公共支出中,很难识别。对行业的短期价值通常作为1种支出显示在行业的会计帐户中,但是正的长期影响没有明确显示。例如:环保项目、传动装置(如海龟驱赶装置)、化学制剂和药品管制等。

4．缺乏干预

包括政府无行动,这种无行动使得生产者可以在短期或长期将1部分生产成本强加给他人(包括环境和自然资源),在短期对行业的收入和/或成本有正面影响。这类补贴通常在短期是正的,但是从长期来看是负的。按照定义,这类补贴并不隐含对政府的成本,而且对行业的价值也是隐含的。例如:免费使用捕捞场所、缺乏污染控制、缺乏管理措施、不执行现有规则等。[19]para. 5.1-5.5

此外,渔业补贴还有多种分类方法,如 OECD 将渔业补贴分为直接支付、降低成本补贴、一般性服务和市场价格支持等 4 类,UNEP 将渔业補贴分为渔业基础设施、管理性服务、对到他国水域捕鱼的入渔费补贴、渔船报废和许可证买断、投资成本补贴、中间投入不补贴、收入支持、就业保险、价格支持补贴等类,APEC 将渔业补贴分为对渔业生产者的直接补贴、贷款支持计划、税收优惠和保险支持计划、资金和基础设施支持计划、市场和价格支持计划、渔政管理和环境保护计划等 6 类,世界银行以《补贴和反补贴措施协议》的分类为基础,在具体项目上,还包含休渔奖金、老旧渔船退役或维修奖金等奖励性补贴。

五、　WTO 框架下的渔业补贴规则谈判

（一）WTO 贸易与环境委员会主持渔业补贴早期谈判

1997 年 WTO 贸易与环境委员会启动关于解决渔业补贴对贸易与环境影响问题的谈判。由于各国的渔业政策及其对渔业补贴谈判的利益诉求不同,至 1998 年形成了美国、新西兰、澳大利亚、巴西、阿根廷、智利、秘鲁、厄瓜多尔、冰岛、菲律宾等的"鱼类之友"派和日本、韩国、欧盟、加拿大和中国台北等的"渔业之友"派。前 1 派认为渔业补贴造成的捕捞能力过剩导致了渔业资源锐减,呼吁在 WTO 内进行谈判,另立新的渔业补贴协定,以限制甚至取消渔业补贴。后 1 派认为有些补贴有利于渔业资源的养护管理,符合可持续发展的目标,反对就渔业补贴问题进行谈判;即使谈判的话,也反对单独谈判。

（二）WTO 多哈会议规定渔业补贴谈判的路径和原则

2001 年 WTO 第四届部长级多哈会议《部长宣言》宣布:"我们同意进行谈判,旨在澄清和改进《关于实施 1994 年关税与贸易总协定第六条的协定》和《补贴与反补贴措施协定》项下的纪律,同时保留这些协定及其手段和目标的基本概念、原则和有效性,并考虑发展中国家和最不发达国家参加方的需要……在这些谈判中,参加方还应力求澄清和改进 WTO 有关渔业补贴的纪律,同时考虑这一部门对发展中国家的重要性。"[20] 据此授权,WTO 总理事会决定设立贸易谈判委员会负责处理部长会议所决议之各项谈判议题事务,其所属的 WTO 规则谈判小组负责旨在"澄清和改进《关于实施 1994 年关税与贸易总协定第 6 条的协定》(即《反倾销协定》)和《补贴与反补贴措施协定》及"澄清和改进 WTO 有关渔业补贴的纪律"的谈判工作。在贸易与环境委员会的谈判中不再涉及渔业补贴问题。

2001 年 12 月 11 日中国正式加入世界贸易组织,成为其第 143 个成员。2002 年 1 月 31 日 WTO 启动新 1 轮多边贸易谈判,即多哈回合谈判。中国政府十分重视 WTO 规则谈判工作,以"澄清和改进规则、加严纪律、防止滥用"为总体立场和目标,通过会上积极发言、提交书面提案、开展双边磋商和协调等方式,全程深度参与了多哈回合规则谈判,并取得了积极成效。

(三)WTO 规则谈判小组主持渔业补贴谈判的两个阶段

1. 一般性辩论阶段

2002 年 1 月 31 日启动新 1 轮多边贸易谈判,即多哈回合谈判,至 2007 年 11 月为一般性辩论阶段。这一阶段也称"指明问题"的提案阶段,主要是各成员提案,表明对相关问题的立场和主张,并就是否需要对渔业补贴进行单独规范及对渔业补贴的定义、性质、范围、规范模式等广泛的问题进行一般性辩论。鉴于谈判结果将对将来各成员的渔业支持保护实践产生深远的影响,各成员均给予了高度重视。

对于渔业补贴的范围,固有的补贴规范制度着重于防范贸易扭曲,渔业补贴谈判将其扩大至贸易范畴之外的"为防止过度捕捞,应禁止渔业补贴"等议题上。然而,关于是否禁止渔业补贴便能避免"过度捕捞"及"渔捞能力过剩",参加 WTO 谈判之各成员意见仍莫衷一是。渔业补贴即使可视为导致"渔捞能力过剩"的原因之一,然若渔获限制等渔业管理措施发挥作用,则或许不会造成"过度捕捞"之结果。一般认为,当 1 成员未实施有效渔获规范,而存在近乎无约束的捕捞状态之渔业环境时,该成员若发放渔业补贴,则其渔捞能力与渔业生产量将因而增加;当 1 成员已实施有效渔获规范时,即使发放补贴,因其渔获限制已发挥作用,该成员之渔捞能力与渔业生产量将不会增加。在此情况下,发放补贴不会对渔业资源造成影响;当 1 成员未实施有效渔获规范时,补贴之发放将造成该成员之渔捞能力与渔业生产量增加,进口量减少;当 1 成员已实施有效渔获规范时,即使发放补贴,由于供给量并未增加,因此进口量亦不会减少。换言之,发放补贴并不会对渔业资源造成影响。总之,不能将导致"过度捕捞"的原因仅推咎给渔业补贴,此问题必须配合渔获限制等管理措施方得有效解决。

对于规范模式,"鱼类之友"派主张"自上而下",即广泛禁止大部分的渔业补贴,只有少数"禁止的例外",并列举例外项目,只要未被列入该例外项目的补贴便予以禁止。而"渔业之友"派则主张"自下而上",即大部分的渔业补贴应被允许,有少数可被禁止,且被禁止的补贴均须明文列出，未明列的补贴不受限制。两种模式的分歧主要在于：是以禁止渔业补贴为原则还是例外，是采取对禁止性补贴列正清单还是负清单的方法。对于这两种模式各有赞成或反对意见。对"自上而下"模式，赞成者认为规范方式较为简便，可涵盖的禁止范围广，可提高运用的透明度，若采用本模式，即便未来出现造成损害的补贴制度，亦无修改规范之必要；反对者认为各国并未达成扩大规范范围之共识，且该模式恐将波及渔业补贴外之其他补贴规范，应慎重为之。对"自下而上"模式，赞成者认为现行SCM协议为由下而上模式，其与提倡"维持SCM协议之原则及效果"的多哈宣言内容相符，香港部长宣言亦列举出禁止性补贴项目，而该等项目得弹性调整；反对者认为未来若出现带来负面影响之补贴，恐无法予以适当禁止，恐造成规范之漏洞。[21]

此外，以中国、印度和印度尼西为代表的国家主张，对发展中国家的"特殊和差别待遇"不应限于技术支持和过渡期，对发展中国家的小规模渔民提供的补贴应该都列入例外，包括基础设施、资本和运营成本补贴。安提瓜、巴布达、伯利兹、斐济、圭亚那、马尔代夫、巴布亚新几内亚、圣基茨和尼维斯等"小型最不发达沿海国"则要求，将针对发展中国家的"特殊和差别待遇"作为前置性问题解决。

在此期间，2002年《可持续发展世界首脑会议实施计划》要求，为实现可持续渔业，应"消除导致非法、未报告和无管制的捕捞和能力过剩的各种补贴，完成世界贸易组织所致力的澄清和改善渔业补贴纪律的工作，并考虑到这1行业对发展中国家的重要性"。[22] 2003年渔业委员会第二十五届会议认为，联合国粮农组织应注重实际授权，审议补贴对渔业资源的影响，如对非法、不报告和无管制捕鱼及能力过度的影响，同时考虑到补贴对可持续发展、鱼和渔产品贸易、粮食安全、社会保障及脱贫的影响，尤其是象国际文书中承认的那样承认发展中国家和小岛屿发展中国家的特殊需要。[23]

2004年联合国环境规划署举行的"关于渔业补贴和可持续渔业管理研讨会"，旨在全面分析渔业补贴和渔业可持续管理的关系及各种类型的渔业补贴对渔业资源的影响，并探索揭示按照多哈授权改革渔业补贴谈判进展中的共识和努力方向，一致认为在现阶段对渔业补贴的国际讨论，不再是是否要取消渔业补贴的问题，而是如何开展国际合作改革渔业补贴的问题，会议强调渔业补贴规则不仅要明确，还要有可能实现，并确保渔业补贴不对实现可持续渔业构成损害。[24] 2004年粮农组织召开"关于渔业领域使用补贴的技术磋商会"，认为粮农组织应主要研究补贴与能力过度及非法、不报告和无管制捕鱼之间的关系，研究补贴对渔业发展，尤其是对手工渔业和粮食安全及生计的影响，并认为补贴对可持续渔业的影响取决于现有的管理制度和鱼类种群的状况。因此需要评价渔业补贴对各种渔业管理制度的影响。[25]

2005年粮农组织渔业委员会第二十六届会议认为，需要明确区分两类补贴。应当逐步取消那些支持扩大船队，但可能因不可持续的方式而造成种群退化和船队能力过度的补贴、支持非法、不报告和无管制捕鱼的补贴及可能导致贸易扭曲的补贴，但有些补贴却可能通过改进科学信息和监测、控制和监视系统加强可持续利用，或使小型渔民受益，促进粮食安全和脱贫，并在某些情形下刺激可持续发展。[26]。2005年WTO第六届部长级香港会议的《部长宣言》指出，会员对于强化渔业补贴规范已有广泛之共识，包括禁止对

导致渔捞能力过剩和过度捕捞的补贴,呼吁参加方迅速开展更为细致的工作,特别包括确定这些纪律的性质和范围,包括透明度和可执行性。[27] 这些政府间活动有力地助推了渔业补贴的谈判进程,取得了在《补贴与反补贴措施协议》框架下规范渔业补贴的共识,而且明确了所规范的渔业补贴,仅限于海洋捕捞,不包括对内陆渔业和水产养殖业的补贴。

2. 实质性磋商阶段

2007 年 11 月 30 日 WTO 规则谈判小组主席以《补贴与反补贴措施议》附件八"渔业补贴"的形式并基本采取了"自下而上"的模式,公布了关于渔业补贴规则的案文草案(TN/RL/W/213),共 8 条,内容包括:

(1) 禁止性渔业补贴;

(2) 一般性例外;

(3) 发展中成员特殊和差别待遇;

(4) 使用补贴的一般纪律;

(5) 渔业管理;

(6) 通知和监管;

(7) 过渡期;

(8) 争端解决。

该案文草案第一条,除规定为自然灾害救济可实施的补贴外,列举了下列 8 种将被禁止的渔业补贴:

(1) 对购置、建造、更新、改造渔船,渔船现代化的补贴;

(2) 对渔船出口的补贴;

(3) 对渔船营运成本的补贴(燃料、水与保险等)及弥补在海上或近海从事加工活动之作业经费与作业损失的补贴;

(4) 对渔港或其他港口设施(卸鱼设施、储藏设备与加工设施)建设的补贴;

(5) 对渔民或渔业公司收入的补贴;

(6) 对捕捞产品的价格补贴;

(7) 对到外国水域捕鱼的入渔补贴;

(8) 对从事非法、不报告、无管制的捕捞活动(IUU 渔业)的补贴。

本条还特别强调,除所列的禁止性补贴,凡是用于从事捕捞那些已"明显处于过度捕捞状态种群"的渔船或捕捞活动的补贴均视为禁止性补贴捕捞。但对"明显过度捕捞"的概念未予明确。

第二条规定,在以实施有效渔业管理及不增加渔捞能力的条件下,作为"一般性例外",允许进行下列 4 种渔业补贴:

(1) 以提升渔船与船员安全为目的的补贴;

(2) 以引进避免混获及减轻对环境影响等技术为目的的补贴;

(3) 以辅导渔民转产为目的再教育、再培训及提前退休的补贴;

(4) 对减船及削减渔捞能力的补贴。

第三条规定,第一条的禁止性条款不适用于最不发达成员,在禁止性补贴中,允许所有发展中成员(即便是渔业大国)皆可发放下列补贴:

(1)对渔港或其他港口设施(卸鱼设施、储藏设备与加工设施)建设的补贴;

(2)对渔民或渔业公司收入的补贴;

(3)对捕捞产品的价格补贴。

对船长小于10米的渔船,还可发放下列补贴:

(1)对购置、建造、更新、改造渔船,渔船现代化的补贴;

(2)对渔船营运成本的补贴(燃料、水与保险等)及弥补在海上或近海从事加工活动之作业经费与作业损失的补贴。

若发展中成员的渔船仅在其领海以内只用手工渔网捕捞作业,对其进行第一条所列举的补贴不被视为禁止性的补贴。

第四条规定,任何成员对捕捞跨专属经济区和高度洄游种群及根据有限"入渔权"获得专属配额的种群补贴,不得形成过度捕捞能力或造成这些种群资源的衰竭或伤害。这种情况的确定,应考虑到现有的信息,包括其执行相关国际公约规定的渔业资源管理和养护措施的做法和情况。

第五条规定,实施一般性例外规定的成员或享受特殊和差别待遇的发展中成员应依照国际公认的渔业资源管理和养护的最佳做法制定管理制度以规范其管辖的海洋捕捞活动,防止过度捕捞,并进行国内立法,建立管理机构、行政或司法执法及向FAO通报信息的机制。[28]

该案文草案经过1年时间的6次会议磋商和几十轮谈判,渔业补贴的问题仍然是1个激烈辩论的主题,各方对草案文本(TN/RL/W/213)的意见大相径庭,WTO规则谈判小组主席眼看无法形成《补贴与反补贴措施议》附件八"渔业补贴"的修订案文,只得于2008年12月19日提出1份关于《补贴与反补贴措施协定》附件八"渔业补贴"被称为"路线图"的文件(TN/RL/W/236),对案文草案关于禁止、一般例外、特殊和差别待遇、一般纪律/诉讼、渔业管理的条件、透明度、争端解决、实施、过渡期规则等9个方面的规定阐述了主席的本意,并总共梳理出80多个问题,祈望通过对这些问题的讨论,找到修订附件八"渔业补贴"案文的途径。[29]

2011年4月21日规则谈判小组主席向WTO贸易谈判委员会提交了1份报告(TN/RL/W/254),对规则谈判的情况进行盘点。其中除说明渔业补贴背景、谈判面对之主要挑战外,为回答"为什么渔业补贴谈判进行了10年,在找到解决办法中只有点小的进展?"这个主题,详述了谈判成员针对案文草案有关禁止和一般例外、特殊与差别待遇、一般纪律(负面效果)、渔业管理、通知与监管、争端解决和过渡期等各项规则及相关问题所持意见存在的巨大差距。该报告指出,渔业补贴谈判成员们虽认同维护渔业资源的重要性,但在"是否确认相关渔业补贴措施将导致捕捞产能过剩或过度捕捞""渔业管理应否被视为渔业补贴规范的核心""渔业管理是否为发展中国家享有特殊与差别待遇的前提要件""如何兼顾渔业补贴规范、促进渔业可持续发展与维护弱势渔民群体福利"以及"渔业补贴规范架构"等问题的基本立场并不相同,在具体领域,差距依然很大。

渔业补贴谈判所以缺乏实质进展,主要由于各成员基于维护自身利益,而要求未来渔业补贴规范应仅适用于其他成员所致。例如,部分发达成员强调维护传统渔业、沿海小区及渔业部门就业之重要性;而多数发展中成员则认为渔业攸关其整体经济发展与社会就业,然而,各成员却未真正顾及在渔业资源日渐枯竭的情形下,渔业补贴如何兼顾渔业可持续发展、经济成长与粮食安全的解决方案。[30]

在 WTO 规则谈判中,中国代表团认真钻研规则,结合中国实践经验,拟定谈判方案、提出合理主张及修改建议,并就涉及中国重要利益和重大关注的议题,有理、有力、有节地阐明中国主张和观点;同时,积极开展双边磋商和协调,扩大与相关成员方的共识,约见规则谈判主席及关键人物,加强沟通交流。中国代表团表现出的谈判能力得到规则谈判主席和谈判各方的认可,中国不仅进入由美国、欧盟、加拿大、澳大利亚、日本、印度、巴西等核心成员组成的"诸边磋商组"、成为诸边磋商的"常任理事国",在 2010 年 12 月召开的谈判会议上,中国又成为谈判主席指定的 7 个核心谈判成员之一、担任"主席之友"协助主席起草新的文件。中国参与谈判既是行使 WTO 成员方的权利、承担中国作为贸易大国、渔业大国的责任的重要体现,也是维护中国整体经济利益的需要。[31]

六、 中国的渔业补贴

(一)有关渔业补贴的法律和政策

1.《农业法》第三十七条规定:"国家建立和完善农业支持保护体系,采取财政投入、税收优惠、金融支持等措施,从资金投入、科研与技术推广、教育培训、农业生产资料供应、市场信息、质量标准、检验检疫、社会化服务以及灾害救助等方面扶持农民和农业生产经营组织发展农业生产,提高农民的收入水平。"

2.《渔业法》第二十一条规定:"国家在财政、信贷和税收等方面采取措施,鼓励、扶持远洋捕捞业的发展"。

3.《海域使用管理法》第三十五条规定,公务船舶专用码头用海、非经营性的航道、锚地等交通基础设施用海和教学、科研、防灾减灾、海难搜救打捞等非经营性公益事业用海免缴海域使用金。第三十六条规定,养殖用海可以减缴或者免缴海域使用金。

4.《企业所得税法》第二十七条规定,从事渔业项目的所得,可以免征、减征企业所得税。

5.《企业所得税法实施条例》规定,企业所得税法第二十七条规定的可以免征、减征企业所得税的渔业项目是指远洋捕捞。企业从事海水养殖、内陆养殖项目的所得,减半征收企业所得税。

6.《农业保险条例》第七条规定,农民或者农业生产经营组织投保的农业保险标的属于财政给予保险费补贴范围的,由财政部门按照规定给予保险费补贴。国家鼓励地方人民政府采取由地方财政给予保险费补贴等措施,支持发展农业保险。按照第二条规定,农业保险包括种植业、林业、畜牧业和渔业保险。

7.《中共中央国务院关于促进农民增加收入若干政策的意见》(中发〔2004〕1 号)规定,按照统筹城乡经济社会发展的要求,坚持"多予、少取、放活"的方针,增加农业投入,强化对农业支持保护,对购置和更新大型农机具给予一定补贴,农产品的法定检验检测给予财政补贴,对符合条件的龙头企业的技改贷款可给予财政贴息,对龙头企业为农户提供培训、营销服务,以及研发引进新品种新技术、开展基地建设和污染治理等,可给予财政补助。

8.《中共中央 国务院关于积极发展现代农业扎实推进社会主义新农村建设的若干意见》(中发〔2007〕1 号)规定,要不断巩固、完善和加强,逐步形成目标清晰、受益直接、类型多样、操作简便的农业补贴制度。

9.《中国水生生物资源养护行动纲要》提出,要积极改革和探索在市场经济条件下的政府投入、银行贷款……等多元化投入机制,为水生生物资源养护提供资金保障。

10.《国务院关于促进海洋渔业持续健康发展的若干意见》规定:

(1)坚持市场调节与政策扶持相结合。将海洋渔业作为公共财政投入的重点领域。支持基础设施建设。加大国家固定资产投资对海洋渔业的支持,加快渔政、渔港、水生生物自然保护区和水产种质资源保护区等基础设施建设,继续支持海洋渔船升级改造、水产原良种工程和水生生物疫病防控体系建设。

(2)加大财政支持力度。统筹考虑并完善捕捞渔民转产转业补助与渔业油价补贴政策,研究提高转产转业补助标准,调整油价补贴方式,使之与渔业资源保护和产业结构调整相协调。继续实施渔业海难救助政策。保障渔政、资源调查、品种资源保护、疫病防控、质量安全监管等经费。继续实施增殖放流和水产养殖生态环境修复补助政策。加大对水产育种、病害防治、资源养护、渔业装备等科技创新和成果转化的支持力度。

(3)完善金融保险等扶持政策。研究完善渔业保险支持政策,积极开展海水养殖保险。调整完善渔业资源增殖保护费征收政策,专项用于渔业资源养护。将渔业纳入农业用水、用电、用地等方面的优惠政策范围。

11.《国务院办公厅转发农业部〈关于当前调整农业生产结构若干意见〉的通知》(国办发〔1999〕68 号)规定,继续执行对远洋渔业企业在公海或按照有关协议规定在国外海域捕获并运回国内销售的自捕水产品及其加工制品,不征收关税和进口环节增值税、免征农业特产税的政策。

12. 海关总署、农业部《远洋渔业企业运回自捕水产品不征税的暂行管理办法》(署税〔2000〕260 号)规定,远洋渔业企业在公海或按照有关协议规定,在国外海域捕获并运回国内销售的自捕水产品(及其加工制品),视同国内产品不征收进口关税和进口环节增值税。

13. 海关总署《关于"十五"期间发展远洋渔业有关税收政策问题的通知》(署税发〔2002〕87 号)规定,远洋渔业进口的船舶、船用关键设备和部件减征或免征进口关税、进口环节增值税。

14. 财政部办公厅、农业部办公厅《海洋捕捞渔民转产转业专项资金使用管理规定》(财办农〔2003〕116 号)规定,给予因中日、中韩及中越北部湾渔业协定生效影响而退出捕捞的海洋渔船的报废补助,及因吸纳和帮助转产渔民就业、带动渔区经济发展、改善海洋渔业生态环境的项目补助。

15. 财政部《关于远洋渔船进口税收问题的通知》(财关税〔2005〕6 号)规定,进口远洋渔船包括二手船进口关税减征,免征进口环节增值税。

16. 《国家农业综合开发资金和项目管理办法》(2005 年财政部令第 29 号)规定,采取补贴、贴息、有偿扶持等多种形式,扶持土地治理项目和产业化经营项目(包括水产养殖基地项目,水产品加工项目,储藏保鲜、产地批发市场等流通设施项目),扶持产业化龙头企业。

17. 农业部办公厅《关于报送 2007 年度海洋捕捞渔民转产转业项目的通知》(农办渔〔2007〕79 号)规定,中央为转产渔民培训项目和海洋牧场示范区项目给予补助。

18. 财政部、农业部《渔业成品油价格补助专项资金管理暂行办法》(财建〔2009〕1006 号)规定,对依法从事国内海洋捕捞、远洋渔业、内陆捕捞及水产养殖并使用机动渔船的渔民和渔业企业给予因成品油价格调整而增加的成品油消耗成本补助。

19. 农业部办公厅、财政部办公厅《关于印发 2009 年转产转业和渔业资源保护项目实施指导意见的通知》(农办财〔2009〕67 号)规定,以中央财政转移支付专项资金方式,对水生生物增殖放流、沿海渔民减船转业和海洋牧场示范区建设三项内容给予补助。

20. 《全国渔业发展十二五规划(2011~2015 年)》提出,加大对现代渔业建设的财政支持,争取财政投入增幅不低于大农业投入的增幅水平。扩大渔机补贴的产品种类和支持力度。推进将渔业保险纳入国家政策性农业保险范围,尽快建立稳定的渔业风险保障机制。促进渔业在税收和用水、用电、用地等全面享受农业优惠政策,将渔业基础设施建设纳入农业农村发展总体规划以及优质高效农产品基地的国土整治、农田水利设施改造等项目中统筹推进。积极推动以船为家渔民上岸定居和休渔禁渔期间困难渔民生活补助等工作,促进渔业领域社会事业发展。

21. 农业部《关于促进远洋渔业持续健康发展的意见》(农渔发〔2012〕30 号)规定,积极完善和落实远洋渔业补贴、税收等优惠政策,规范企业运作,强化执行监管,充分发挥扶持政策对远洋渔业发展的促进作用。进一步加大远洋渔业资源调查监测和探捕、渔船更新建造、基地建设、产品研发加工和市场开拓等方面的政策支持力度。各地要结合地区发展目标和重点,积极发挥各方面积极性,研究建立扶持远洋渔业发展的长效机制,加大对远洋渔业发展的扶持力度,要加强沟通协调,及时研究、解决远洋渔业发展中出现的困难和问题,共同支持远洋渔业持续健康发展。

(二)中国渔业补贴的类型和形式

中国现行渔业补贴的类型和形式见表 28-3。

表 28-3　中国现行渔业补贴的类型和形式一览表

补贴类型	补贴形式
非经营性基本建设基金拨款	渔业科研教育投资,渔政设施建设投资,一级渔港建设投资,水产原良种工程建设补贴,鱼类病害防治体系建设投资,水产技术推广设施建设投资,受灾渔业基础设施修复补贴

续表

补贴类型	补贴形式
中央财政预算内专项资金	渔政码头建设投资,群众渔港建设补贴,渔业水生动物保护工程建设投资,水产原良种工程建设补贴,渔业成品油价格补贴,渔业互助保险保费补贴,公海新渔场开发和探捕补贴,开拓水产品国际市场或"走出去办企业"的前期补贴
中央转移地方专项资金	"名优新特"水产品苗种引进繁育和病害防治补贴,"名优新特"水产品养殖基地建设补贴,水产原良种场设施建设补贴,水生生物增殖放流补助,沿海渔民减船转业补贴,海洋牧场示范区建设补助,转产渔民培训补贴,海洋渔船报废补贴
中央级专项事业费	200海里专属经济区渔政管理、渔业资源调查投资,渔业海难救助补贴,水产种质资源保护投资,海藻制碘补贴
农业综合开发专项资金	低洼涝地渔业开发投资,水产品繁育补贴,优质水产品种苗生产补贴,水产龙头企业固定资产贷款利息补贴,水产品收购流动资金贷款利息补贴,渔业企业技改贷款利息补贴,水产养殖贷款利息补贴,水产健康养殖示范场补贴,水产养殖机具购置补贴
税费减免	远洋渔业进口的船舶、船用关键设备和部件减征或免征进口关税、进口环节增值税,进口远洋渔船包括二手船进口关税减征和免征进口环节增值税,远洋渔业企业运回自捕水产品不征收进口关税和进口环节增值税、免征农业特产税,远洋捕捞免征、减征企业所得税,水产养殖减半征收企业所得税,养殖用海减缴或者免缴海域使用金
其他	以船为家渔民上岸定居补贴,休渔、禁渔期间困难渔民生活补贴,渔业用水、用电、用地补贴

（三）中国渔业补贴评析

1. 渔业补贴的方向

中国渔业补贴分布于:

（1）渔业捕捞生产(含远洋渔业);

（2）水产养殖生产;

（3）水产苗种生产;

（4）水产加工;

（5）市场流通;

（6）渔港;

（7）技术推广;

（8）病害防治;

（9）资源养护;

（10）科研教育；

（11）渔政管理；

（12）渔民救助等方向。

谈判中的《补贴与反补贴措施协议》附件八只规范海洋捕捞渔业和出口补贴，对中国来说，主要涉及：渔业成品油价格补贴，渔港建设补贴，渔民减船补贴，渔船报废补贴，转产渔民培训补贴，渔业互助保险保费补贴，休渔、禁渔渔民生活补贴，受灾渔业基础设施修复补贴，远洋捕捞企业补贴，远洋渔业进口船舶、船用关键设备和部件补贴，远洋渔业企业运回自捕水产品补贴，公海新渔场开发和探捕补贴，水生动物保护工程建设补贴，渔业资源调查投资，渔政管理投资。

2. 渔业补贴的分析

加拿大不列颠哥伦比亚大学渔业中心将渔业补贴分为非燃油补贴和燃油补贴两部分，并根据补贴对渔业资源的潜在影响，将非燃油补贴分为好的补贴、坏的补贴和不确定的补贴（Ugly subsidies）3 类。好的补贴能够随着时间的推移促进渔业资源的养护，坏的补贴可导致捕捞能力过剩和过度开发（实际上燃油补贴也是坏的补贴），不确定的补贴既可能保护渔业资源，也可能造成某些鱼类种群的过度捕捞。渔业非燃油补贴的类型及其主要形式见表 28-4。

表 28-4　渔业非燃油补贴的类型及其主要形式一览表[16]14-16

补贴类型		补贴形式
好的补贴	渔业管理和服务	监测、控制和监视计划；种群评估和资源调查；渔业生境改善计划；实施和维护海洋保护区；种群改善计划
	渔业研究与发展	渔业框架调查；海洋学研究；渔业社会经济研究；渔业规划和实施；制定渔业信息系统；创建数据库和统计公报支持渔业管理计划；设立海洋保护区（MPA）和自然保护区
坏的补贴（增加捕捞能力的补贴）	渔船建造、更新和现代化	低于市场利率的贷款；贷款担保；其他贷款、支持项目
	渔港建设和改造	卸鱼码头基础设施建设；码头、港湾的改进造、维护保养；防浪堤和登陆设施；减免渔船队靠泊费用
	营销支持、加工和存储基础设施	促进出口、增值和价格的支持；对加工、存储水产品和渔获物拍卖设施的基础建设的投资
	渔业开发和支持服务	提供制度和服务方面的支持；搜救项目的支持；给予政府发展补助，特殊贷款
	税收减免	渔业企业缓缴所得税；船员保险；渔需免进口税；船只保险；其他经济激励计划
	外资准入协议	货币转移；捕鱼技术的转让；提供另一捕鱼国家的市场准入

续表

补贴类型		补贴形式
不确定的补贴（对捕捞能力可能有正影响或负影响的补贴）	对渔民援助补贴	低收入补助计划；失业保险；工作调整；渔民再培训；其他给渔民的直接支付
	渔船回购	捕捞许可证回购；渔船报废补贴
	农村渔民社区发展计划	以渔民发展脱贫致富和满足食物需求为总体目标，促进当地社区的多方利益相关者参与合作社经营发展，运用捐助机构的援助和非政府组织的帮助，探寻和实施发展中国家渔民社区提高渔业生产能力的项目

该中心按其分类标准和所掌握的资料，测算出 2000 年中国海洋捕捞上岸总值为 114.59 亿美元，渔业补贴总额为 26.79 亿美元，补贴强度为 23.38%，其分类补贴数额见表 28-5。

表 28-5　2000 年中国海洋渔业分类补贴数额表[16]46,78

单位：亿美元

捕捞上岸总值	非燃油补贴			燃油补贴	补贴总额	补贴强度（%）
	好的补贴	坏的补贴	不确定的补贴			
114.59	0.12	3.66	4.85	18.16	26.79	23.38

注：2000 年享受补贴的燃油用量为 10 087 百万升，每升燃油补贴按 0.18 美元计算。

2000 年中国海洋捕捞产量占全球海洋捕捞总产的 19.1%，中国渔业补贴占全球渔业补贴总额的比重不足 10%，补贴强度比全球平均补贴强度低 10 个百分点左右，这表明中国渔业补贴率不高。但补贴结构不合理，好的补贴只占补贴总额的 0.045%，而燃油补贴占补贴总额的比例却高达 67.8%。

（四）渔业补贴的调整

渔业补贴是国家强农惠农富农政策的重要组成部分，是实现渔业可持续发展的重要举措，属既定法律和法规的调整范围，又是经实践证明行之有效的基本政策。为有效坚持实施渔业补贴政策，在 WTO 渔业补贴规范尚未达成协议并生效之前，应对国家和地方现行的渔业补贴项目进行全面排查、整理、分析和评估，按照《农业法》"在不与我国缔结或加入的有关国际条约相抵触的情况下，国家对农民实施收入支持政策"的规定，编制保留、取消、改造、增加、加强渔业补贴项目实施方案，并应按照依法行政的要求，进行渔业补贴专门立法，建立和完善具有中国特色的社会主义渔业补贴法律体系，坚持以人为本，通过科学合理地对渔民、渔业和渔业社区实施有序适度补贴，实现扶持渔业生产发展、提高渔民生活水平的目标。

参考文献

［1］牛盾.互助保险模式是我国渔业保险事业发展的必然选择［N］.中国渔业报，2011-11-21(6).

［2］国务院办公厅关于加强渔业安全生产工作的通知［S/OL］.(2008-10-12).［2015-02-01］.

http://www.china.com.cn/policy/txt/2008-10/20/content_16635543_2.htm

［3］葛光华，楼永.中国渔业保险的现状及发展前景［J］.中国渔业经济研究，1997(6)：22-24.

［4］中国渔船船东互保协会章程［S/OL］.(2004-11-19).［2015-02-03］.

http://www.cqyzc.com/info_show.php? id＝656

［5］中国渔业互保协会章程［S/OL］.(2007-07-16).［2015-02-05］.

http://www.cfmi.org.cn/index.php? m＝content&c＝index&a＝lists&catid＝12

［6］上海市农业保险大灾(巨灾)风险分散机制暂行办法［S/OL］.(2014-05-30).［2015-02-05］.

http://www.shanghai.gov.cn/shanghai/node2314/node2319/node12344/u26ai39315.html

［7］农业保险条例［S/OL］.(2012-11-12).［2015-02-06］.

http://www.gov.cn/zwgk/2012-11/16/content_2268392.htm

［8］全国渔业发展"十二五"规划(2011～2015年)［S/OL］.(2012-07-08).［2015-02-07］.

http://www.cfmi.org.cn/index.php? m＝content&c＝index&a＝show&catid＝27&id＝28

［9］农业部关于下达2008年渔业互助保险中央财政保费补贴试点项目资金的通知［S/OL］.(2008-07-10).［2015-02-08］.

http://www.moa.gov.cn/zwllm/tzgg/tz/201006/t20100606_1533369.htm

［10］联合国环境规划署.迈向绿色经济：实现可持续发展和消除贫困的各种途径［R/OL］.(2011-11-02).［2015-02-09］.

http://www.unep.org/pdf/GER_Chinese/Green_Economy_Full_report_ch.pdf

［11］联合国粮农组织.世界渔业哈水产养殖状况2004［R/OL］.(2004：129).［2015-02-09］.

ftp://ftp.fao.org/docrep/fao/007/y5600c/y5600c.zip

［12］G·J·曼贡.美国海洋政策［M］.张继先，译.北京：海洋出版社，1982：155.

［13］联合国粮农组织.渔业补贴的识别、评估和报告专家咨询报告［R/OL］.(2002-12-03-06：6.2段).［2015-02-09］.

http://www.fao.org/docrep/005/Y4446C/Y4446c04.htm#TopOfPage

［14］Ussif Rashid Sumaila and Daniel Pauly. Catching more bait：A bottom-up re-estimation of global fisheries subsidies.［R］. Fisheries Centre，University of British Columbia，Canada . Fisheries Centre Research Reports，2006，14(6)：2.

［15］U. Rashid Sumaila，Ahmed S. Khan，Andrew J. Dyck，Reg Watson，Gordon Munro，Peter Tydemers，Daniel Pauly. A bottom-up re-estimation of global fisheries subsidies［J］. Journal of Bioeconomics，2010，12(3)：201.

［16］Ussif Rashid Sumaila and Daniel Pauly. Catching more bait：A bottom-up re-estimation of global fisheries subsidies(2nd Version) .［R］. Fisheries Centre，University of British Columbia，Canada . Fisheries Centre Research Reports，2006，14(6).(2007年发表)

［17］WTO补贴与反补贴措施协议［S/OL］.(1994-04-15).［2015-02-10］.

http://www.china.com.cn/law/flfg/txt/2006-08/08/content_7057010.htm

［18］联合国粮农组织渔业报告第638号.经济鼓励措施和负责任渔业专家磋商会报告［R/OL］.

(2000-11-28—12-01).［2015-02-12］.

http：//www.fao.org/docrep/012/x9143c/x9143c00.pdf

［19］FAO Fisheries Technical Paper. No. 438. Guide for Identifying，Assessing and Reporting on Subsidies in the Fisheries Sector［R/OL］.（2004；para. 4. 1）.［2015-02-13］.

http：//www.fao.org/docrep/007/y5424e/y5424e06.htm♯bm06.1

［20］WTO 第四届部长级多哈会议《部长宣言》［S/OL］.（2001-11-14）.［2015-02-13］.

http：//gss.mof.gov.cn/zhuantilanmu/shijiemaoyizuzhixiangguanyiti/200806/t20080624_48068.html

［21］台湾国际渔业资讯第 208 期.WTO 与渔业补贴问题（上）［R/OL］.（2010-03）.［2015-02-13］.

http：//www.ofdc.org.tw/webs/fishinfoDetail.aspx? sn＝25303

［22］可持续发展世界首脑会议实施计划［S/OL］.（2002-09-04；第 31 条）.［2015-02-14］.

http：//www.chinaenvironment.com/view/viewnews.aspx? k＝20070517100133890

［23］联合国粮农组织渔业报告 702 号.渔业委员会第二十五届会议报告［R/OL］.（2003-02-24-28；第 71-75 段）.［2015-02-15］.

http：//www.fao.org/docrep/006/Y5025C/y5025c00.htm

［24］UNEP Workshop on Fisheries Subsidies and Sustainable Fisheries Management Geneva［R/OL］.（2004-04- 26-27）.［2015-02-15］.

http：//www.unep.ch /etu/Fisheries％20Meeting/FinalChairsSummary.doc

［25］联合国粮农组织渔业报告第 752 号.关于渔业领域使用补贴的技术磋商会报告［S/OL］.（2004-06-30—07-02 ）.［2015-02-18］.

http：//www.fao.org/3/a-y5689c.pdf

［26］联合国粮农组织渔业委员会第二十六届会议报告［R/OL］.（2005-03-07—11）.［2015-02-18］.

http：//www.fao.org/docrep/009/a0008c/a0008c02.htm

［27］WTO 第六届部长级香港会议《部长宣言》附件 D 规则"反倾销和补贴与反补贴措施，包括渔业补贴"［S/OL］.（2005-12-18）.［2015-02-19］.

http：//gpj.mofcom.gov.cn/aarticle/d/x/200604/20060401869707.html

［28］TN/RL/W/213. Negotiating Group on Rules. Draft Consolidated Chair Texts of the AD and SCM Agreements • Annex VIII Fisheries Subsidies［S/OL］.（2007-11-30；para. 87-93）.［2015-02-19］.

www.wto.org/english/news_e/news07_e/rules_nov07_e.doc

［29］TN/RL/W/236. Negotiating Group on Rules. New Draft Consolidated Chari Texts of the AD and SCM Agreements • Annex VIII Fisheries Subsidies［S/OL］.（2008-12-19； para. 84-94）.［2015-02-20］.

http：//www.wto.org/english/tratop_e/rulesneg_e/rules_dec08_e.doc

［30］TN/RL/W/254 . Negotiating Group on Rules . Communication from the Chairman • Negotiations on Fisheries Subsidies Report by the Chairman［S/OL］.（2011-04-21；46-67）.［2015-02-25］.

http：//www.wto.org/english/tratop_e/dda_e/chair_texts11_e/adp_subsidies_e.doc

［31］周晓燕.世贸组织多哈回合规则谈判综述［R/OL］.（2010-）.［2015-02-28］.

http：//article.chinalawinfo.com/Article_Detail.asp? ArticleId＝79479

第二十九章 渔业行政执法

渔业法的生命力在于实施,渔业法的权威也在于实施。主要通过认真守法、严格执法、公正司法和公众监督等途径得以实施。渔业行政机关履行职责,依法行使行政执法权,是实施渔业法的重要环节。渔业行政执法是指渔业行政机关为实施渔业法律、行政法规、地方性法规、规章和标准,直接对从事渔业生产或相关活动的特定行政相对人就特定的具体事项采取措施,影响相对人的权利义务,单方面做出的具有法律效力的具体渔业行政行为。渔业行政机关行使渔业行政执法权特别是渔业行政监督检查权和渔业行政处罚权,必须坚持权责法定、执法严明、公开公正、廉洁高效的原则;坚持法定职责必须为、法无授权不可为,勇于负责、敢于担当的原则;坚持程序正当、过程公开、责任明确的原则;坚持规范公正文明执法,依法惩处各类渔业行政违法行为的原则。

为此,应该实行执法权力清单制度,向社会全面公开政府职能、法律依据、实施主体、职责权限、管理流程、监督方式等事项,坚决消除权力设租寻租空间。实行综合执法制度,以减少执法层次、整合执法队伍,合理配置执法力量,并减少渔业行政相对人的负担。实行渔业行政执法人员持证上岗和资格管理制度,未经执法资格考试合格,不得授予执法资格,不得从事执法活动。建立和健全执法全过程记录制度,明确具体操作流程,重点规范行政许可、行政处罚、行政强制、行政征收、行政收费、行政检查等执法行为。建立健全行政裁量权基准制度,细化、量化行政裁量标准,规范裁量范围、种类、幅度,提高执法效率和规范化水平。建立和健全重大执法决策终身责任追究制度及责任倒查机制,对执法决策严重失误或者依法应该及时做出决策但久拖不决造成重大损失、恶劣影响的,严格追究行政首长、负有责任的其他领导人员和相关责任人员的法律责任。建立和健全对渔业行政权力的制约和监督机制,坚决纠正渔业行政机关及其工作人员不作为、乱作为,坚决惩处失职、渎职行为。坚决排除对渔业执法活动的干预,防止和克服地方和部门保护主义,惩治执法腐败现象。中国公民或者外国人违反《渔业法》构成犯罪的,依照《刑法》追究刑事责任。其司法管辖与法律适用,按照《最高人民法院关于审理发生在我国管辖海域相关案件若干问题的规定》执行。

第一节　渔业行政执法行为

一、概念

（一）渔业行政执法行为的广义概念

渔业行政执法是指渔业行政机关为实施渔业法律、行政法规、地方性法规、规章和标准,直接对从事渔业生产或相关活动的特定行政相对人就特定的具体事项采取措施,影响相对人的权利义务,单方面做出的具有法律效力的具体渔业行政行为。

最高人民法院在有关行政诉讼法的司法解释中,对具体行政行为作了如下界定:"'具体行政行为'是指国家行政机关和行政机关工作人员、法律法规授权的组织、行政机关委托的组织或者个人在行政管理活动中行使行政职权,针对特定的公民、法人或者其他组织,就特定的具体事项做出的有关该公民、法人或者其他组织权利义务的单方行为。"[1]

在渔业法律、行政法规、地方性法规和规章中,渔业行政机关做出的有关特定行政相对人权利义务的单方行为,包括行政命令、行政征收、行政许可、行政确认、行政监督检查、行政处罚、行政强制、行政给付、行政奖励、行政裁决,其含义分别是:

(1) 行政命令是指行政机关就某项事务依法要求行政相对人作为或不作为的行政行为。

(2) 行政征收是指行政机关根据国家和社会公共利益的需要,依法征收行政相对人一定财物的行政行为。

(3) 行政许可是指行政机关根据行政相对人的申请,经依法审查,准予其从事特定活动的行政行为。

(4) 行政确认是指行政机关依法对行政相对人的法律地位、法律关系、法律事实进行确定和认可的行政行为。

(5) 行政监督检查是指行政机关对行政相对人是否遵守、执行法律、法规和规章进行监视、督促和检查的行政行为。

(6) 行政处罚是指行政机关依法对违反行政管理法规尚未构成犯罪的行政相对人给予行政制裁的行政行为。

(7) 行政强制是指行政机关为制止违法行为、避免危害发生、控制危险扩大等情形,依法对行政相对人实施强制措施的行政行为。

(8) 行政给付是指行政机关依法向行政相对人提供物质利益或者赋予其与物质利益有关权益的行政行为。

(9) 行政奖励是指行政机关为更好地实现其行政管理的目的,依法对严格遵守法律或对国家和社会做出重大贡献的行政相对人在物质或精神上予以褒奖、鼓励的行政行

为。

（10）行政裁决是指行政机关依法对平等主体之间发生的、与行政管理活动密切相关的民事纠纷进行审查并做出裁决的行政行为。

（二）渔业行政执法行为的狭义概念

具体渔业行政行为是渔业行政行为的1类,与其相对的另1类渔业行政行为称为抽象渔业行政行为。抽象渔业行政行为是指渔业行政机关以不特定的人或事为管理对象而制定和发布具有普遍拘束力的渔业行为规范的行为。这种行为包括两类:1类是渔业行政立法行为,即有权渔业行政机关制定或拟订渔业规章、制定和发布渔业标准的行为;另1类是有权渔业行政机关进行渔业管理和发展战略顶层设计,制定和发布不具有法源性的规范性文件的行为,如编制渔业发展规划、渔业生态建设规划、渔业产业化经营的发展规划、养殖水域滩涂规划、水产品优势养殖区域发展规划、水产种质资源保护区规划,规定船网工具控制指标、重点保护的渔业资源品种及其可捕捞标准、禁渔区和禁渔期、禁止使用或者限制使用的渔具和捕捞方法、最小网目尺寸,建立水产种质资源保护区等。

《渔业法》第六条规定:"国务院渔业行政主管部门主管全国的渔业工作。县级以上地方人民政府渔业行政主管部门主管本行政区域内的渔业工作。县级以上人民政府渔业行政主管部门可以在重要渔业水域、渔港设渔政监督管理机构。县级以上人民政府渔业行政主管部门及其所属的渔政监督管理机构可以设渔政检查人员。渔政检查人员执行渔业行政主管部门及其所属的渔政监督管理机构交付的任务。"第七条规定:"国家对渔业的监督管理,实行统一领导、分级管理。"按照《渔业法》这两条规定,渔业行政机关是"渔业行政主管部门及其所属的渔政监督管理机构",前者作为政府的管理部门列入政府序列,后者作为前者的执行机构而独立存在,两者虽然都是从事渔业行政管理工作,但两者的地位、性质是完全不同的。

渔业行政主管部门既实施抽象渔业行政行为又实施1部分具体渔业行政行为,而且按照《渔业法》第四十八条"本法规定的行政处罚,由县级以上人民政府渔业行政主管部门或者其所属的渔政监督管理机构决定"的规定,渔业行政主管部门和渔政监督管理机构一样也行使渔业行政处罚权。这样的渔业执法体制设计不仅会造成渔业行政主管部门和渔政监督管理机构的职能交叉和权责不清,也是导致渔业监督管理工作掣肘扯皮、争权诿责、效率低下的重要原因。因此,需要进行渔业行政执法体制改革,理顺渔业行政主管部门和渔政监督管理机构的职能,取消渔业行政主管部门的渔业行政处罚权,并将渔政监督管理机构定位为专司渔业行政监督检查权和行政处罚权的渔业行政执法主体。在此意义上,可将渔业行政执法行为狭义地界定为:渔业行政执法主体依法实施渔业行政监督检查权和渔业行政处罚权直接或间接产生法律效果的行为。

二、 分类

（一）依申请和依职权的渔业行政执法行为

渔业行政执法行为是渔业行政执法主体直接实施渔业法律规范,即直接与从事渔业生产或相关活动的单位、个人发生法律关系的行为。渔业行政执法行为有多种分类方法。按照渔业行政执法主体是否可以主动采取执法行为来划分，可以分为依申请的渔业行政执法行为和依职权的渔业行政执法行为两类。这种分类方法的意义在于：对依申请的渔业行政执法行为，只要从事渔业生产和相关活动的单位、个人不提出申请，渔业行政执法主体并无责任，只有在其提出申请，渔业行政执法主体不予答复，才构成不履行或者拖延履行法定职责；而不依职权主动执法，则将构成行政失职。

1. 依申请的渔业行政执法行为

依申请的渔业行政执法行为是指渔业行政执法主体只有在从事渔业生产和相关活动的单位、个人提出申请之后才能实施的渔业执法行为。依申请渔业行政执法行为主要分为许可、确认、裁决、给付、奖励等种类。如申请领取养殖证、捕捞许可证、渔船国籍证书或者登记证书、船员职务证书，水产苗种的进口出口、水产苗种的生产，渔船的制造、更新改造、购置和进口，因养殖或者其他特殊需要捕捞有重要经济价值的苗种或者禁捕的怀卵亲体以及需要进入水产种质资源保护区内从事捕捞活动，调查处理渔业侵权赔偿纠纷案件以及解决养殖权属争议等。

依申请的渔业行政执法行为的基本特征是：

（1）依申请渔业行政执法行为是以从事渔业生产和相关活动的单位、个人的申请为前提的。

（2）依申请渔业行政执法行为是授益性的渔业行政执法行为。

（3）依申请渔业行政执法行为是要式渔业行政执法行为，即必须以法定的方式或遵循一定的程序才能正式生效的渔业行政执法行为。

依申请渔业行政执法行为的程序主要包括提出申请、审查申请要件、受理申请、审核、批准（或拒绝）申请、对不予批准的救济程序等。

2. 依职权的渔业行政执法行为

依职权的渔业行政执法行为是指渔业执法主体可以不待单位、个人的申请，而依照法定职权主动进行的渔业行政执法行为。其基本特征是它的法定性、强制性和主观能动性。依职权的渔业行政执法行为分为命令、征收、监督检查、强制执行和行政处罚等种类。包括对从事渔业生产和相关活动的单位、个人遵守、执行渔业法律法规的情况进行监督检查的行为，渔业污染事故和渔船海上交通事故的调查处理，针对渔业管理中的问题发布指令，征收渔业法律规定的费用（渔业资源增殖保护），对违反渔业法规的行为进行行政处罚等。

（二）羁束和自由裁量的渔业行政执法行为

按照渔业行政执法主体的执法行为是否有选择、裁量余地为标准来划分，可以分为羁束的渔业行政执法行为和自由裁量的渔业行政执法行为两类。羁束的渔业行政执法行为是指渔业行政执法主体严格根据渔业法律法规的具体规定实施执法行为，不得自行斟酌、选择、裁量。自由裁量的渔业行政执法行为是羁束的渔业行政执法行为的对称，在多数情况下，渔业行政执法主体需要根据行政相对人某种法律事实的具体因素自行裁量决定法律法规的适用。

三、 生效要件

渔业行政执法行为的生效要件,是指使渔业行政执法主体行使某1执法行为产生法律效力的必要条件。缺少其中的任何1个要件,该渔业行政执法行为就是无效的,可撤销的。正如《行政处罚法》所规定的,"没有法定依据或者不遵守法定程序的,行政处罚无效"。渔业行政执法行为生效的要件包括实体要件和程序要件两个方面。

1. 实体要件

(1) 执法行为的主体合法,即执法主体要具有法定资格;

(2) 执法行为的权限合法,即执法行为符合法定的权限(权力的限度和范围);

(3) 执法行为的内容合法,即执法主体所做出的行政处理决定(批准、不批准、许可、不许可、强制执行等)和行政处罚决定等应符合法律规定。

2. 程序要件

(1) 符合法定程序;

(2) 采用合法方式;

(3) 在法定期间完成。

四、 效力

（一）公定力

公定力是指渔业行政执法主体的行政执法行为一经做出,应推定其为合法有效,单位、个人都必须服从。公定力是具体行政行为被诉不停止执行的依据。其理论根据是渔业行政执法主体是代表国家和社会公共利益行使职权的,所以应该推定其执法行为是合法有效的,否则渔业行政执法主体就失去了行使渔业监督管理权的基础。单位、个人如果对于执法行为不服,可以依法提出申诉或者提起起诉。

（二）确定力

确定力是指渔业行政执法行为一经有效确定,非依法不得变更或者撤销。确定力表现在两个方面:对单位、个人的确定力表现为已确定的行政决定或者行政处罚无权自行变更;对渔业行政执法主体的确定力表现为已确定的渔业行政执法行为,非经法定程序,渔业行政执法主体也不得随意改变。

（三）拘束力

拘束力是指有效的渔业行政执法行为对单位、个人及对渔业行政执法主体具有相同的拘束力。单位、个人必须按行政决定的要求来履行义务,同样渔业行政执法主体也有义务维护原来的决定,除非经法定的程序予以变更或者撤销。

（四）执行力

执行力是指渔业行政执法主体决定单位、个人履行某种作为义务,单位、个人不履行时,渔业行政执法主体可以依法采取一定的手段,迫使单位、个人履行义务。这就是说,渔业行政执法主体在行使渔业执法权时,具有依法强制执行的权利。

第二节　渔业行政执法制度

一、执法责任制

（一）国务院关于行政执法责任制的规定

行政执法责任制是规范和监督行政机关行政执法活动的1项重要制度，对于推动建立权责明确、行为规范、监督有效、保障有力的行政执法体制，全面推进依法行政，都具有重要意义。

国务院根据党的十五大提出的"一切政府机关都必须依法行政，切实保障公民权利，实行执法责任制和评议考核制"的要求，就推行行政执法责任制有关工作多次做出具体规定。

《国务院关于全面推进依法行政的决定》（国发〔1999〕23号）要求严格行政执法，强化行政执法监督，积极推行行政执法责任制和评议考核制，不断总结实践经验，充分发挥这两项相互联系的制度在行政执法监督中的作用。[2]

国务院《全面推进依法行政实施纲要》（国发〔2004〕10号），将"权责统一"作为依法行政的1项基本要求，指出："行政机关依法履行经济、社会和文化事务管理职责，要由法律、法规赋予其相应的执法手段。行政机关违法或者不当行使职权，应当依法承担法律责任，实现权力和责任的统一。依法作到执法有保障、有权必有责、用权受监督、违法受追究、侵权须赔偿。"《纲要》并对推行行政执法责任制和健全行政执法案卷评查制度做出如下规定：依法界定执法职责，科学设定执法岗位，规范执法程序；建立公开、公平、公正的评议考核制和执法过错或者错案责任追究制，评议考核应当听取公众的意见；积极探索行政执法绩效评估和奖惩办法；行政机关应当建立有关行政处罚、行政许可、行政强制等行政执法的案卷，对公民、法人和其他组织的有关监督检查记录、证据材料、执法文书应当立卷归档。[3]

《国务院办公厅关于推行行政执法责任制的若干意见》（国办发〔2005〕37号）指出，行政执法是行政机关大量的经常性活动，直接面向社会和公众，行政执法水平和质量的高低直接关系政府的形象。推行行政执法责任制，就是要强化执法责任，明确执法程序和执法标准，进一步规范和监督行政执法活动，提高行政执法水平，确保依法行政各项要求落到实处。地方各级人民政府和国务院各部门要从执政为民、建设法治政府、加强依法执政能力建设的高度，采取有效措施，推行行政执法责任制。《意见》明确了行政执法责任制的基本内容，对推行这项制度特别是"依法界定执法职责"、"建立健全行政执法评议考核机制"和"落实行政执法责任"3方面提出了具体要求。[4]

《国务院关于加强法治政府建设的意见》（国发〔2010〕33号）围绕"规范行政执法行为"，要求各级行政机关都要根据法律法规规章立、改、废情况及时调整、梳理行政执法依据,明确执法职权、机构、岗位、人员和责任,并向社会公布。充分利用信息化手段开展执法案卷评查、质量考核、满意度测评等工作,加强执法评议考核,评议考核结果要作为执法人员奖励惩处、晋职晋级的重要依据。严格落实行政执法责任制。[5]

(二)建立和实施渔业行政执法责任制的措施

按照《农业部关于推行行政执法责任制的实施意见》的规定,建立和实施渔业行政执法责任制,应该采取的措施,主要有以下4项:

1. 依法界定渔业行政执法职责

依法界定渔业行政执法职责是推行渔业行政执法责任制的基础。为此需要:

(1)梳理执法依据。各级渔业行政主管部门要对渔业行政执法主体、执法依据和执法行为进行全面梳理。梳理完毕的执法依据,要分类排序,列明目录,形成各自的《渔业行政执法依据目录》和《渔业行政执法职权事项目录》,除下发相关执法机构外,并要以适当方式向社会公布。

(2)分解执法职权。要根据执法机构和执法岗位的配置,按照梳理完毕的执法依据,将其法定执法职权分解到具体执法机构和执法岗位。分解职权要科学合理,既要避免内部职权交叉,又要考虑不同层级执法岗位之间职权的衔接,做到执法流程清楚、要求具体、期限明确,有利于促进相互之间的协调配合。

(3)确定执法责任。执法依据赋予行政执法机构的每1项行政执法职权,既是法定权力,也是必须履行的法定义务。行政执法机构任何违反法定义务的不作为和乱作为的行为,都必须承担相应的法律责任。要根据有权必有责的原则,在分解执法职权的基础上,确定执法机构、内设处室及岗位执法人员的具体执法责任,且要根据行政执法机构和行政执法人员违反法定义务的不同情形,依法确定其应当承担责任的种类和内容。

2. 完善渔业行政执法制度

制度建设是推行行政执法责任制的保障。各级渔业行政主管部门要针对执法管理中存在的突出问题,建立健全渔业行政执法责任制相关配套制度,包括:

(1)执法主体管理制度。全面实行持证执法制度、行政执法人员录用制度和培训考核机制。结合任职岗位的具体职责对执法人员进行上岗培训,经培训考试合格的,发给渔业行政执法证件。

(2)执法程序制度。完善行政处罚、行政许可等主要行政执法行为的程序规范,严格履行告知程序和回避制度,建立健全听证、重大行政处罚集体讨论决定以及罚缴分离等规则制度,保障当事人的知情、陈述申辩、听证、申请复议和提起行政诉讼等一系列权利,规范执法行为。完善内部执法工作程序,实行逐级签报制度。建立案件督办制度,促进重大案件的查处等。

(3)执法案卷评查制度。规范渔业行政处罚文书的使用和制作,提高执法文书制作规范化水平。对渔业行政执法中的有关证据材料和执法文书等要及时进行立卷归档,健全案卷评查制度,不定期对有关行政处罚、行政许可、行政强制等行政执法案卷进行评查,提高执法案卷的质量。

(4)执法统计报告制度。加强对执法队伍、法律法规执行、行政处罚、行政许可、行政复议、行政应诉以及法制工作情况的收集、汇总和分析,定期向上级渔业行政主管部门报告。

(5)执法监督制度。全面加强行政复议和行政诉讼应诉工作。鼓励支持社会监督,完善举报和投诉制度,建立健全曝光案件的追查制度和查处结果发布制度。建立重大行政处罚案件等重大执法行为备案制度,加强对执法行为事后监督。建立健全行政执法内部监督制约制度,各有关单位依据职权加强对执法行为的日常监督检查。

3. 建立健全渔业行政执法评议考核机制

行政执法评议考核是评价行政执法工作情况、检验行政执法机构和行政执法人员是否正确行使执法职权和全面履行法定义务的重要机制,是推行行政执法责任制的重要环节。各级渔业行政主管部门要建立对所属执法机构和行政执法人员的评议考核制度。行政执法评议考核应当严格遵守公开、公平、公正原则。在评议考核中,要公正对待、客观评价行政执法人员的行政执法行为。评议考核的标准、过程和结果要以适当方式在一定范围内公开。要根据不同部门、不同岗位的具体情况和特点,制定评议考核方案,明确评议考核的具体标准。行政执法评议考核可以采取组织考评、个人自我考评、互查互评相结合的方法,作到日常评议考核与年度评议考核的有机衔接、内部评议与外部评议相结合。要高度重视通过案卷评查考核行政执法部门和行政执法人员的执法质量。要积极探索新的评议考核方法,利用现代信息管理手段,提高评议考核的公正性和准确性。

4. 建立和完善责任追究制度,落实渔业行政执法责任

推行渔业行政执法责任制的关键是要落实渔业行政执法责任。对有违法或者不当行政执法行为的渔业行政执法机构,可以根据造成后果的严重程度或者影响的恶劣程度等具体情况,给予限期整改、通报批评等处理;对有关行政执法人员,可以根据年度考核情况,或者根据过错形式、危害大小、情节轻重,给予批评教育、离岗培训、调离执法岗位、取消执法资格等处理。此外,对实施违法或者不当的行政执法行为依法依纪应采取组织处理措施的,按照干部管理权限和规定程序办理;依法依纪应当追究政纪责任的,由任免机关、监察机关依法给予行政处分;违法行政给当事人造成损失的应当依法承担赔偿责任;构成犯罪的,依法追究刑事责任。[6]

开展相对集中行政处罚权、综合行政执法试点的地区,要按照《国务院关于进一步推进相对集中行政处罚权工作的决定》(国发〔2002〕17号)和《国务院办公厅转发中央编办关于清理整顿行政执法队伍实行综合行政执法试点工作意见的通知》(国办发〔2002〕56号)的要求,结合本意见的规定,切实作好推行行政执法责任制的工作。

在推行行政执法责任制过程中,涉及行政执法主体、职权细化、确定行政执法责任等问题,按照《纲要》和《国务院办公厅关于贯彻落实全面推进依法行政实施纲要的实施意见》(国办发〔2004〕24号)的规定,应当由机构编制部门为主进行指导和协调的,由机构编制部门牵头办理。

二、统一综合执法

(一)实施渔业统一综合执法的背景和必要性

《行政处罚法》第十六条规定:"国务院或者经国务院授权的省、自治区、直辖市人民

政府可以决定一个行政机关行使有关行政机关的行政处罚权,但限制人身自由的行政处罚权只能由公安机关行使。"此条所指的"行政处罚权",被称为"相对集中行政处罚权",这是行政处罚法确立的1项重要制度。

由于多方面原因,现行行政执法工作中不同程度地存在政出多门、多层执法、多头执法、执法扰民、重权轻责、以权谋私等问题,影响了行政执法的公正性和统一性,干扰了正常的公共秩序和市场经济秩序,并导致了不正之风和腐败行为的发生。

相对集中行政处罚权是改变这种状况的1项重大举措。相对集中行政处罚权要求按照权力和利益彻底脱钩、权力和责任密切挂钩的原则调整有关部门之间的职能分工,实现政策制定职能与监督处罚职能相对分开,监督处罚职能与技术检验职能相对分开,实行综合行政执法;合理划分政府部门与行政执法机构的职责权限,明确综合行政执法机构的管辖范围,理顺各方面关系;清理整顿、调整归并行政执法机构,明确其性质、地位和职能,强化监督约束机制,提高人员素质和执法水平,实现权责一致、精简、统一、效能,最终目的是要建立符合社会主义市场经济发展要求的行政执法体制。

国务院关于贯彻实施《中华人民共和国行政处罚法》的通知(国发〔1996〕13号)中提出"积极探索建立有利于提高行政执法的权威和效率的行政执法体制"。为此要求:"各省、自治区、直辖市人民政府要认真作好相对集中行政处罚权的试点工作,结合本地方实际提出调整行政处罚权的意见,报国务院批准后施行;国务院各部门要认真研究适应社会主义市场经济要求的行政执法体制,支持省、自治区、直辖市人民政府作好相对集中行政处罚权工作。"各地方、各部门都要"改革行政执法机关经费管理体制,改变行政处罚与行政执法机关及其执法人员的利益直接挂钩的做法。"[7]

1999年中央机构编制委员会办公室在其草拟的1份文件中指出,海上执法监督队伍的经费管理上存在着极大弊端。由于历史的原因,目前部分海上执法监督队伍直接收取各种规费和罚没收入,并且在经费上实行自收自支。这不仅严重损害了执法队伍的形象,也是造成多头监督、重复查验和滋生腐败的1个重要原因。[8]

1999年农业部发出《关于加强渔业统一综合执法工作的通知》,分析了新时期渔业执法工作面临的形势和加强渔业综合执法工作的必要性和紧迫性。《通知》指出,进入20世纪90年代,随着我国渔业的迅猛发展和国际渔业立法与管理的变化,出现了一系列新情况、新问题。

(1)在渔业生产快速发展的同时,水产资源衰退和渔业水域环境污染的状况日益严重,加强资源和生态环境保护,实现渔业可持续发展显得越来越紧迫,而且工作难度很大;

(2)随着渔业经济发展,渔业活动范围不断扩大,渔业管理工作从过去以水产资源和渔船管理为主,逐步扩展到水域生态环境保护,水生野生动植物保护,渔业无线电管理,水产种苗、水产种质资源、水产品质量以及远洋渔业的监督管理等方面,依法管理和规范渔业活动的任务日益繁重。

(3)为适应世界新的海洋制度的建立,1996年我国颁布了《专属经济区和大陆架法》,开始实施200海里专属经济区制度。

《通知》,指出:"在这一背景下,近年我国先后与日本、韩国签署(或草签)了政府间渔业协定,不久将要实施。同时,周边国家与我争夺海洋渔业资源的斗争也日趋尖锐,形势非常严峻。与俄罗斯、蒙古等国的界江、界湖水产资源管理问题也越来越突出。加强协定水域和周边涉外渔业管理,对外维护国家渔业权益,保护广大渔民的正当利益,已成为中国渔业管理的一项十分艰巨和重要的任务。"

"但也必须看到,我国现行的渔业行政执法体制存在一些突出的问题和弊端,已越来越不适应新形势的要求,主要表现在:渔业资源的公有共享性与渔业行政执法分级管理的矛盾日益突出,统一管理过于薄弱,地方保护主义严重,加大了渔业资源和生态环境保护的难度,严重影响了渔业执法的效果;渔业行政执法机构设置不规范,名称混乱,渔政、渔监、船检等机构多头执法,监督管理职能分割,难以形成合力,削弱了执法管理的力度;一些渔业执法机构靠收费、罚没款维持运转,执法的严肃性和公正性受到严重影响,也限制了执法队伍自身素质的提高。广大渔民对这种状况反映非常强烈。总之,现行多头、分散的和"收支不分"的渔业行政执法体制存在很大弊端,必须进行改革。"[9]

(二) 实施渔业统一综合执法的指导思想和主要内容

农业部《关于加强渔业统一综合执法工作的通知》提出了实施渔业统一综合执法的指导思想和主要内容。

1. 指导思想

根据十五大提出的推进依法治国和国家对行政执法体制改革的总体要求,依照《渔业法》确定的"统一领导、分级管理"的原则,突出强化统一行政执法职能,建立1支高素质的、规范化的、统一的渔业综合执法队伍,以更有效地行使国家法律赋予的渔政渔港监督管理职能。

2. 主要内容

重点是强化统一管理职能,改多头、分散执法为统一、综合执法,规范机构名称,完善执法体系,尽快实现渔业行政执法机构"收支两条线"。

(1) 为强化渔业统一综合执法,在现有渔政、渔港监督执法队伍的基础上,组建1支处罚主体统一的渔业综合执法队伍,综合行使渔政、渔港监督、渔船检验,水产种苗及水产品质量管理的监督检查职能和法律法规赋予的行政处罚权。省、自治区、直辖市、市(地)、县渔业综合执法队伍分别称为渔业行政执法总队(渔政总队)、渔业行政执法支队(渔政支队)、渔业行政执法大队(渔政大队)。

(2) 要加强对省级以下渔业综合执法的业务领导。市(地)、县级渔业综合执法机构负责人的任免,应报经上一级渔业执法机构同意。要切实加强渔业综合执法队伍的建设,严把进人关,所有执法人员一律要经过培训取得相应的合格证书,凭证上岗。

(3) 根据中央对行政执法体制改革的要求以及《国务院批转农业部关于进一步加快渔业发展意见的通知》关于"地方各级渔政渔港监督管理机构的工作人员,可依照公务员制度管理"的规定、《行政事业性收费和罚没收入实行"收支两条线"管理的若干规定》(财综字〔1999〕87号)的有关精神,渔业行政主管部门要向各级人民政府作好汇报工作,争取将渔业综合执法队伍纳入公务员序列或参照公务员管理,尽快实行"收支两

条线"。

实行统一、综合执法,是现行渔业行政执法体制的 1 项重大改革,是在适应社会主义市场经济体制下,全面推进"依法治渔、以法兴渔",切实保障渔业可持续发展、有效维护国家渔业权益的重大措施,对我国渔业行政执法队伍的规范化、现代化建设具有重大的意义。

(三)渔业综合行政执法机构的职权范围

为划定渔业综合行政执法机构的职权范围,在实施统一、综合执法工作过程中要处理好 3 个关系:

(1)渔业行政主管部门与渔业行政执法机构职能划分的关系;

(2)统一、综合执法职能与渔政、渔港和船检 3 个部门原有职能的关系;

(3)渔业执法与执法支撑体系(包括种苗鉴定、环境监测、质量监督和病害防治等)的关系。

按照国家对渔业的监督管理,实行统一领导、分级管理的原则,专属经济区渔业维权执法工作,原由农业部渔政局主管,渔政指挥中心负责渔政巡航计划核定、组织协调和监督检查,海区渔政管理局具体实施。2013 年在国务院机构改革和政府职能转变中,渔业行政执法体制机制发生了重大变化,农业部专属经济区渔业维权执法职责划转给国家海洋局。从机构上,渔政指挥中心和 3 个海区渔政管理局与其他几支海上执法力量进行整合,以中国海警局名义统一开展专属经济区海上渔业维权执法。这是中共中央、国务院为完善国家治理体系、提高国家治理能力、实施海洋强国战略的 1 项重要举措。

国务院划定的"机动渔船底拖网禁渔区线"内侧海域、渔港水域、内陆及边境水域的渔业行政执法任务,依然由农业部及县级以上地方人民政府渔业行政主管部门的渔业综合行政执法机构承担。

渔业综合行政执法机构主要职能是:维护渔业水产正常秩序;保证渔业安全生产;保护渔业生态环境;维护国家渔业权益。主要宗旨是服务渔民、服务渔业企业、服务现代渔业建设,推进渔业持续健康发展、促进渔民增收、改善渔民民生、加强渔业生态环境保护,让人民群众吃上绿色、安全、放心的水产品。

(四)渔业行政执法协作办案工作制度

为规范跨区域渔业违法案件查处工作,及时有效打击重大渔业违法行为,提高渔业行政执法效率和水平,2007 年农业部制定了《渔业行政执法协作办案工作制度》(2013 年修订)。《制度》规定:

(1)渔业行政执法协作办案工作制度是指在渔业行政主管部门的领导下,由两个或两个以上的渔业行政执法机构相互配合,依法查处渔业违法案件的工作制度。

(2)渔业行政执法协作办案工作实行统一领导,分级管理原则。

农业部渔政局负责渔业行政执法协作办案工作的统一领导,监督、指导渔业违法案件协作办案工作,协调跨海区、跨省(区、市)渔业违法案件的协作办案工作。

黄河、长江、珠江流域渔业资源管理委员会①按职能分别负责监督、指导本流域渔业违法案件协作办案工作，协调本流域跨省（区、市）渔业违法案件的协作办案工作。

地方各级渔业行政主管部门及其渔业行政执法机构负责监督、指导和实施本辖区渔业违法案件的协作办案工作。

（3）依法负责办案的渔业行政执法机构（下称"主办单位"）在办理渔业违法案件时，可根据办案需要，向相关渔业行政执法机构（下称"协办单位"）提出协作办案要求。协办单位应积极配合，在规定的期限内将办理情况及时反馈主办单位。

凡属下列情形之一的渔业违法案件，主办单位可向协办单位提出协作办案要求：

① 已查获涉嫌渔业违法的渔船，并取得涉嫌违法行为的部分证据，需要涉案渔船船籍港所在地或当事人居住地、户籍所在地的协办单位协助查证涉案船舶相关证书或资料、查找当事人补充调查取证的；

② 查获公开通缉的涉嫌违法渔船后，需要发布通缉信息的渔业行政执法机构作为协办单位移交证据材料的；

③ 按照《农业行政处罚程序规定》第五十二条规定，直接送达《行政处罚决定书》有困难，需要委托涉案渔船船籍港、停泊港所在地或当事人居住地、户籍所在地协办单位代为送达的；

④ 依法做出的吊销捕捞许可证、职务船员证书等行政处罚决定，或提出扣减涉案渔船渔业成品油价格补助等建议，需要由协办单位协助执行的；

⑤ 查获非本船籍港违法渔船，已做出行政处罚，需要通报违法渔船船籍港所在地协办单位的；

⑥ 其他需要实行协作的案件和事项。

开展协作办案时，由主办单位向协办单位发出《涉嫌渔业违法案件协查通报函》。

（4）协办单位收到协查通报函后，应当按协查通报函和本制度规定的时限要求开展相应的协查工作：

① 协助查证船舶相关证书或资料的，协办单位应进行调查核实，尤其要验明证书真伪，并将调查核实结果及时反馈主办单位；

② 协助查找当事人的，协办单位应当在本辖区内寻访、查找当事人，发现当事人后要采取必要措施督促其到主办单位接受调查；

③ 协助调查取证或提供材料的，协办单位应当开展相关的调查取证工作，及时向主办单位函复工作情况或提供相关材料；

④ 协助送达法律文书的，协办单位应按照《农业行政处罚程序规定》第五十二条规定，将收到的法律文书及时送达当事人；

⑤ 协助执行行政处罚决定的，协办单位要积极配合落实；

⑥ 其他方面的协作办案应按协查通报函的有关要求开展。

---

① 按照2013年国务院机构改革方案，黄河、长江、珠江流域渔业资源管理委员会已不存在，2014年10月组建了农业部长江流域渔政监督管理办公室，负责黄河流域以南相关流域、重要水域和边境水域的渔政管理、水生生物资源养护等工作。

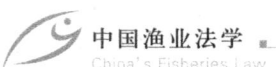

（5）对一般性渔业违法案件，协办单位应在收到协查通报函后5个工作日内函复协查结果。对涉外、安全、暴力抗拒执法等突发、紧急或严重渔业违法案件，应根据协查通报函的时限要求及时函复协查进展情况。

（6）协作办案的案件未结案前，涉案渔船船籍港所在地渔业行政执法机构应暂停办理涉案渔船和当事人相关证书的换发、年审以及项目申报等工作。协作办案的案件结案后，主办单位应向协办单位和共同的上一级渔业行政执法机构通报结果。协办单位应及时协助落实相应的处罚措施和决定，并上报归档。[10]

三、 执法资格

按照《国务院关于加强法治政府建设的意见》关于"加强行政执法队伍建设，严格执法人员持证上岗和资格管理制度，狠抓执法纪律和职业道德教育，全面提高执法人员素质"的要求，农业部渔业局制定了《渔业行政执法证管理办法》。《办法》规定：

（1）渔业行政执法证全称为"中华人民共和国渔业行政执法证"，是渔业行政执法人员履行渔业行政执法职责的资格凭证。

（2）渔业行政执法人员在法定职权范围内执行公务时应出示或佩戴渔业行政执法证，超出法定职权范围以及未持有渔业行政执法证的人员不得从事渔业行政执法活动。

（3）渔业行政执法证由中华人民共和国渔政局统一制作，并按照规定的编码办法编写证号。渔业行政执法证应加盖发证机关印鉴，并由发证机关负责对发证情况进行公示。

（4）申领渔业行政执法证的人员应当具备下列条件：

① 在岗专职从事渔业行政执法活动或分管相关工作；

② 掌握必要的法律和专业知识，具有相应工作经验；

③ 参加省级以上（含省级）渔业行政主管部门组织的行政执法培训并考试合格；

④ 初次申领应具备大专及以上文化程度。

（5）申领渔业行政执法证应由所在单位对申请人进行资格审查，并填写"中华人民共和国渔业行政执法证申领（换领）审批表"，经本级渔业行政主管部门审核同意后，逐级报发证机关审批办理。

（6）渔业行政执法证有效期为6年，每3年审验1次。到期未审验或审验不合格的，由所在单位收回其渔业行政执法证，交发证机关注销。

（7）持证人员申领渔业行政执法证时弄虚作假的，或涂改、买卖、出租、出借渔业行政执法证的，或滥用职权有违规违纪行为的，或发生执法过错造成不良后果的，由发证机关酌情暂扣或吊销其渔业行政执法证。渔业行政执法证暂扣期为6个月。渔业行政执法证被暂扣达两次者由发证机关吊销其证件，取消其执法资格，并调离执法岗位。

（8）各发证机关应当加强渔业行政执法证的发放管理，建立健全渔业行政执法证发放管理制度，并建立持证人员信息数据库。[11]

四、 执法船舶管理

为加强渔业行政执法船舶管理，2000年农业部发布了《渔业行政执法船舶管理办法》。《办法》规定：

（1）渔业行政执法船舶是指各级渔业行政执法机构执行渔业行政执法任务的专用公务船、艇（称为渔政船）。

（2）渔政船实行建造审批，注册登记，统一编号，统一规范。

（3）新建、改造、购置和报废渔政船，必须按照规定的程序履行报批手续，经批准后方可进行。未经批准，不得新建、改造、购置和报废渔政船。渔政船的设计、建造规范和安装的设备必须符合国家有关规定。

（4）所有渔政船必须向中华人民共和国渔政局申请注册登记，经核准后，方可执行渔业行政执法任务。中华人民共和国渔政局对服役的渔政船每3年重新注册1次。因船舶报废或船体老化、设施陈旧等原因不适合继续承担渔业行政执法任务的，应向中华人民共和国渔政局申请注销。中华人民共和国渔政局对所有核准注册登记的渔政船，采用合适的方式向社会公布。

（5）渔政船实行全国统一编号。流域渔政船的编号为"中国渔政××"。省级及省以下渔业行政主管部门所属渔政船的编号为"中国渔政×××××"，编号中的第一、二位数字为省级渔业行政主管部门的代码（见GB 2260—2002《中华人民共和国行政区划代码》），第三、四、五位数字为各级渔业行政主管部门所属渔政船的序号。省以下各级渔业行政主管部门所属渔政船的序号排列，由各省自行确定，报农业部渔业渔政管理局备案。

（6）渔政船实行统一外观颜色和标志。渔政船船体外部水线以上部分为白色，船首两侧用黑色宋体汉字标写船名号。有条件的渔政船应在驾驶室外两侧上方用红色宋体汉字标写船名号，夜间应有灯光照明或设夜间显示灯箱。烟囱两侧或驾驶楼两侧应刷制中国渔政徽标。

（7）各级渔业行政执法机构要按渔业船舶管理的有关规定，对所属的渔政船配齐职务船员，按执法任务需要配备渔业行政执法人员。还要按SC/T 6079—2014规定的标准对渔政船统一配备通讯导航设备。

（8）任何单位和个人不得利用渔政船从事生产、营运等以盈利为目的的经营活动。因渔业资源调查等活动或配合政府其他部门的公务活动需使用渔政船时，应报上一级渔业行政主管部门备案。

农业部要求省级渔业行政执法机构利用农业部渔政管理指挥系统的"渔业行政执法船舶注册登记管理系统"软件，认真作好渔政船注册登记的信息录入工作，实现所属渔政船的动态管理。[12]

五、 执法禁令

近年来，一些地方存在部分渔业行政执法人员违反有关行业管理规定、不文明执法和侵犯渔民合法权益的现象，造成了不良的社会影响。为严明纪律，树立渔业行政执法队伍的良好形象，2004年农业部制订了《渔业行政执法六条禁令》：

（1）严禁着渔业行政执法制服进入各类营业性娱乐场所消费。

（2）严禁无法定依据或不开具有效票据处罚、收费。

（3）严禁索要、收受管理相对人钱物。

（4）严禁私分罚没款和罚没物。

（5）严禁弄虚作假、滥用职权、不按规定条件和程序办理渔业管理相关证书及证件。

（6）严禁参与和从事渔业生产经营活动。

农业部要求各级渔业行政主管部门的主要领导要充分认识渔业行政执法人员违法违纪行为的严重危害性和实施《禁令》的重要意义，切实加强组织领导，狠抓贯彻落实，组织自查、整改，动员社会监督，对渔业行政执法队伍中的违法违纪行为，要从严治理，作到发现一起，严肃查处一起，决不姑息，并将其作为 1 项长期任务，坚持常抓不懈，不断巩固和深化整治成果。[13]

六、 执法督察

国务院《实施纲要》要求，建立权责明确、行为规范、监督有效、保障有力的行政执法体制。依法界定执法职责，科学设定执法岗位，规范执法程序。要建立公开、公平、公正的评议考核制和执法过错或者错案责任追究制。

为落实《实施纲要》完善行政执法机关的内部监督制约机制，推行行政执法责任制的要求，为建立渔业行政执法责任制，加强渔业行政执法队伍层级监督，规范渔业行政执法行为，2009 年农业部根据《农业部关于推行行政执法责任制的实施意见》制定了《渔业行政执法督察规定（试行）》。其主要规定为：

（1）农业部主管全国渔业行政执法督察工作。省、地市级渔业行政主管部门负责对辖区内渔业行政执法单位及其执法人员的渔业行政执法行为进行督察。

（2）渔业行政执法督察工作坚持依法督察、程序规范、制度保障、严格监督的原则，强调层级监督。

（3）渔业行政执法督察内容：

① 上级布置的重大渔业执法行动的贯彻执行情况；

②《渔业行政执法六条禁令》的执行情况；

③ 渔业行政执法单位及其执法人员履行法定职责情况；

④ 渔业行政执法责任制的建立和执行情况；

⑤ 渔业行政执法人员是否具备执法资格；

⑥ 按规定着装及佩戴标志的情况；

⑦ 渔政标志、执法装备的使用、管理及日常维护情况；

⑧ 渔业行政执法违法行为和执法过错的追究和纠正情况。

（4）渔业行政执法督察坚持日常监督与专项督察相结合，督察的主要方式有：

① 开展渔业行政执法检查；

② 监督重大渔业行政执法活动；

③ 开展渔业行政执法评议；

④ 听取渔业行政执法工作报告；

⑤ 调阅渔业行政执法案卷和文件资料；

⑥ 受理、处置信访举报事项；

⑦ 调查核实渔业行政执法违法行为和执法过错并督促有关机关处理；

⑧ 发布渔业行政执法督察通报。

（5）实施督察工作的单位需指定 1 名分管领导负责辖区内的渔业行政执法督察工作，并可根据工作需要设不少于 2 名督察员，由现职工作人员兼任。督察员根据渔业行政执法督察工作职责、辖区渔业行政执法工作实际和上级渔业行政执法督察工作安排，开展渔业行政执法督察工作。督察员应具备下列条件：

① 坚持原则，忠于职守，清正廉洁，不徇私情，严守纪律；

② 有大专以上学历和必要的法律知识；

③ 有 3 年以上行政管理或执法经历以及一定的组织能力；

④ 经过专门培训并经考核合格。

（6）执行一般督察任务时，应按照报告、审批、实施和处理等程序进行，由分管领导审核批准；执行重大督察任务时，还应报单位主要领导批准，并报上一级负责督察工作的单位备案。

（7）督察员执行督察任务时，不得少于 2 人。根据工作需要，可以采取明察和暗访等形式。督察员执行明察任务时，应着制服，佩戴督察标志，出示督察证件；进行暗访时，可着便装，依法开展督察工作。

（8）督察员发现渔业行政执法单位及其执法人员正在实施的执法行为不符合有关法律规定，如不及时制止将对国家、集体或他人合法权益造成严重损害的，应当场予以制止，并及时向分管领导报告。

（9）被督察单位存在下列情形之一的，负责督察工作的单位可根据其行为性质、情节、后果等严重程度，予以批评、通报批评：

① 未执行有关渔业法律法规规定或上级布置的重大渔业执法行动的；

② 安排不具备执法资格的人员从事渔业行政执法活动的；

③ 不按规定报告年度渔业行政执法执行情况的；

④ 拒绝接受或妨碍督察员依法进行督察的；

⑤ 拖延执行督察决定或督察建议的。

（10）被督察人员存在下列情形之一的，负责督察工作的单位可以根据其行为性质、情节、后果等严重程度予以处理，建议或决定给予其批评教育，责令纠正违法行为，暂停其执法资格 90 天；情节严重的省以下被督察人员，可由省级督察单位决定取消其执法资格，并可由其所在单位给予行政处分；情节严重的省级及省级以上被督察人员，由农业部渔政指挥中心决定取消其执法资格，并可由其所在单位给予行政处分；涉嫌犯罪的，移交司法机关处理：

① 执法过程中有违法行为或执法过错的；

② 不履行法定职责、玩忽职守的；

③ 违反职业道德、不文明执法的；

④ 拒绝接受督察的；

⑤ 拒不履行督察决定或无正当理由拒不采纳督察建议的；

⑥ 其他违法失职行为。

（11）被督察单位，应当自收到督察决定或建议之日起 30 日内，以书面形式向提出督察决定或建议的单位报告落实情况。

（12）被督察单位及人员对督察决定不服的，自接到督察决定书之日起 5 日内向做出督察决定的单位提出复核申请，做出督察决定的单位应当在 10 日内做出复核决定。对复核决定不服的，可以自收到复核决定书之日起 5 日内向上一级负责督察工作的单位提出申诉，上级负责督察工作的单位应在 1 个月内予以答复。[14][15]

第三节　渔业行政监督检查

一、 定义和目的

渔业行政监督检查是指渔业行政执法机关对渔业行政相对人是否遵守渔业法律、行政法规、地方性法规、规章和标准或是否执行渔业行政机关依法做出的行政处理决定行使的监督检查权。渔业行政监督检查是渔业行政执法的主要手段之一。渔业行政监督检查一般并不直接影响被检查人的实体权利和义务。如果通过检查发现被检查人不正当行使权利或不依法履行义务，渔业行政执法主体将另行做出相应的制裁性行政处理决定或采取某中强制执行措施。

实现依法治渔，不仅要有良好的渔业法律、法规、规章和标准，而且要保证使这些法律、法规、规章和标准得到有效实施。法的实施需要通过守法、执法、司法等途径实现。从事渔业生产经营或影响渔业资源养护和渔业生态保护活动的单位和个人，自觉地遵守相关的渔业法律、法规、规章和标准，严格依法行使权利和认真履行法定义务，这是最重要的。因为渔业法律、法规、规章和标准体现了人民的意志、国家整体利益和渔民的根本利益，而且各项规定符合实际、科学合理，具有得到渔业生产经营者以及其他利益攸关方广泛支持的深厚基础，理应得到自觉遵守。

但是，由于种种原因，总会有的单位或个人不自觉遵守甚至发生违法行为，因此实施渔业法仅靠人们的自觉性是不够的，更需要有外部力量包括公众和公权力对这些单位和个人施加影响。渔业行政机关对从事渔业生产经营或影响渔业资源养护和渔业生态保护活动的单位和个人行使监督检查权，便是施行这种公权力的重要环节。渔业行政监督检查的直接目的是了解情况、发现问题，主要作用在于引导、督促被检查者学法、懂法和守法。

二、 范围和重点

按照 2013 年国务院批准的"农业部内设渔业管理机构和职责"，渔业行政机关负责国务院划定的"机动渔船底拖网禁渔区线"内侧海域、长江流域、珠江流域、黄河流域及其以北内陆和边境水域的渔业行政执法检查。检查重点领域为：

（1）非法、不报告、无管制捕捞；

（2）"三无"船渔和套牌、冒牌渔船；

（3）破坏性捕捞做法；

（4）禁止、限制使用的渔具、渔法；

（5）海上伏季休渔期间的非法捕捞；

（6）不可持续的水产养殖做法；

（7）水产苗种质量安全；

（8）水产养殖投入品和水产品质量；

（9）渔业安全生产；

（10）渔业水域环境污染和生态破坏。

根据《渔业法》第六、七条规定的渔业监督管理职责划分，全国性、重大渔业行政监督检查，由农业部渔业渔政管理局组织协调，地区性渔业行政监督检查，由县级以上地方人民政府渔业综合行政执法机构进行。

三、 手段和方式

渔业行政监督检查常用手段主要有：

（1）运用渔业监测、控制和监视系统及船舶监测系统，对海上渔船实时跟踪；

（2）对海上渔场进行巡航监视，必要时登临渔船进行现场检查；

（3）对到港渔船登临检查；

（4）对到港外国籍渔船实行港口国监督；

（5）对从事渔业生产经营活动的单位和个人进行现场检查。

海上执法检查和现场检查一般由渔业行政执法机关进行，必要时可采取联合执法的方式。对此，《渔业法实施细则》第八条规定："渔业行政主管部门及其所属的渔政监督管理机构，应当与公安、海监、交通、环保、工商行政管理等有关部门相互协作，监督检查渔业法规的施行。"《海洋环境保护法》第十九条规定："依照本法规定行使海洋环境监督管理权的部门[①]可以在海上实行联合执法，在巡航监视中发现海上污染事故或者违反本法规定的行为时，应当予以制止并调查取证，必要时有权采取有效措施，防止污染事态的扩大，并报告有关主管部门处理。"本条规定体现了"海上一把抓，上岸再分家"的执法原则，在联合执法中发现违反渔业法规的行为时，亦应予以制止并调查取证。

四、 执法检查人员的权力和责任

按照《渔业法》《行政许可法》和《渔业法实施细则》的规定，县级以上渔业行政执法机构及其执法检查人员有权对管辖范围内的各种渔业船舶的证件、渔船、渔具和捕捞方法、

---

① 本条中，行使海洋环境监督管理权的部门是指环保、海洋、海事、渔业部门。

渔获物、水产养殖和其他渔业生产经营场所及相关活动,进行监督检查,并有权采取下列措施:

(1) 进入有关场所或者渔业船舶进行现场检查;

(2) 向有关人员调查、了解情况;

(3) 查阅、复制有关证件、资料;

(4) 对检查现场摄像、录像;

(5) 抽取产品(物品)检验检测样品;

(6) 查封、扣押有证据证明违反渔业法律法规的渔业船舶、渔具、渔获物等违法财物和证件、资料;

(7) 法律、行政法规规定的其他措施。

渔业行政执法检查人员履行监督检查职责时,应当按照规定着公务制服,出示渔业行政执法证件。执行渔业行政执法任务需使用船、艇时,必须使用按照规定标志或编号的渔业行政执法船舶。

为规范执法行为,推进渔业统一综合执法,经国务院批准,从 2002 年 5 月 1 日起决定统一渔业行政执法制服标志。

进行现场检查,渔业行政执法检查人员应当为被检查者保守业务秘密和技术秘密。

五、 被执法检查者的权利和义务

被检查者享有查对渔业执法检查人员执法证件,要求执法人员说明检查内容,对存在利害关系或者其他原因可能影响公正执法的执法人员申请回避,核对执法检查文书,陈述和申辩,以及对执法人员违法违纪行为进行投诉等项权利。同时应当履行支持、配合监督检查,如实提供相关文件资料并回答执法人员提出的问题,接收、签认监督检查文书,以及对违法违规行为进行及时、有效和全面整改等项义务。被检查者对渔业行政执法机构的监督检查,不得拒绝、妨碍渔业行政执法人员依法执行监督检查公务。

第四节　渔业行政处罚

一、 定义和目的

渔业行政处罚是指渔业行政机关依法对违反渔业行政管理法规、不依法行使权利或不依法履行义务尚未构成犯罪的当事人施加的行政制裁措施。对违反渔业法规定的当事人依法给予某种行政处罚,其目的是为了制止其不法行为,教育违法行为人本人和其他人,以保障渔业行政机关有效实施行政管理,维护社会公共利益和渔业秩序,保护公民、法人或者其他组织的合法权益。

二、 特征、对象和种类

（一）渔业行政处罚的特征

渔业行政处罚有以下几个特征：

（1）决定并实施处罚的机关是由法律和行政法规规定的国家渔业行政主管部门的渔业行政执法机构（包括法律、法规授权和受委托的其他机关或组织）；

（2）行政处罚只适用于违反渔业行政管理法律、法规和规章的行为；

（3）行政处罚的承受人可以是自然人，也可以是法人或非法人组织；

（4）行政处罚是1种严厉的行政行为，可以直接限制或剥夺违法行为人的财产权，因此对行政处罚要规定较为严格的限制条件。

（二）渔业行政处罚的对象

（1）违反渔业资源养护和管理行政管理法规的行为人；

（2）违反渔业生态保护行政管理法规的行为人；

（3）违反渔业生产经营行政管理法规的行为人；

（4）违反水产品质量安全行政管理法规的行为人；

（5）违反渔业安全生产行政管理法规的行为人；

（6）违反渔业船舶检验行政管理法规的行为人；

（7）违反渔业港航行政管理法规的行为人；

（8）违反渔业治安行政管理法规的行为人；

（9）违反中国渔业法律法规的外国人、外国渔船；

（10）渔业监督管理工作人员的失职、渎职行为。

（三）渔业行政处罚的种类

根据《渔业法》、《行政处罚法》、《渔业行政处罚规定》等法律、法规的规定，渔业行政处罚的种类为：

（1）警告；

（2）罚款；

（3）没收渔获物、违法所得、渔具、渔船；

（4）责令停产、停业；

（5）暂扣或吊销捕捞许可证、养殖证等渔业生产经营证照，暂扣或者吊销其他执照；

（6）法律、行政法规规定的其他行政处罚。

三、 原则

（一）处罚法定原则

《行政处罚法》规定："行政处罚由具有行政处罚权的行政机关在法定职权范围内实施。""公民、法人或者其他组织违反行政管理秩序的行为，应当给予行政处罚的，依照本法由法律、法规或者规章规定，并由行政机关依照本法规定的程序实施。""没有法定依据或者不遵守法定程序的，行政处罚无效。"后两款规定指明实施渔业行政处罚要有法定依

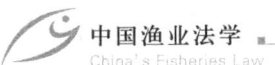

据,无法定依据不得处罚,其含义包含主要是:

(1) 只有法律、行政法规、地方性法规或者规章明确规定给予行政处罚的,才能依法给予行政处罚。

(2) 违反行政管理秩序的行为,并非全部都应给予行政处罚,应区分不同情况根据法律的规定给予不同的处理。违反行政管理秩序的行为十分严重,构成犯罪的,应根据刑法的规定惩处,不能"以罚代刑";违反行政管理秩序的行为轻微并及时纠正,没有造成危害后果的,则不应给予行政处罚。

(3) 实施行政处罚要依照《行政处罚法》和有关法规所规定的权限和程序实施,不能超越职权范围或违反法定的程序。

(二) 处罚公正、公开原则

《行政处罚法》规定:"行政处罚遵循公正、公开的原则。"公正是指行政处罚必须公平、合理,没有偏私,同样的情况应相同对待,不同情况应不同对待,要求"设定和实施行政处罚必须以事实为依据,与违法行为的事实、性质、情节以及社会危害程度相当。"公开是指行政处罚行为必须公开实施,要求"对违法行为给予行政处罚的规定必须公布;未经公布的,不得作为行政处罚的依据",并实行表明身份制度、告知制度、听取意见制度和听证制度等,严格遵守法定程序。

(三) 处罚与教育相结合原则

《行政处罚法》规定:"实施行政处罚,纠正违法行为,应当坚持处罚与教育相结合,教育公民、法人或者其他组织自觉守法。"这表明行政处罚不仅是制裁行政违法行为的手段,而且也起教育的作用,是教育人们遵守法律的 1 种形式。

(四) 宽严相济原则

《行政处罚法》规定:"实施行政处罚必须以事实为依据,与违法行为的事实、性质、情节以及社会危害程度相当。"这指明实施行政处罚应当适中,要宽与严结合,二者不能有所偏颇。依此精神,《渔业行政处罚规定》规定渔业违法行为轻微并及时纠正,没有造成危害后果的,不予行政处罚。

1. 有下列违法行为之一的,从轻处罚。

(1) 主动消除或减轻渔业违法行为后果的;

(2) 配合渔业执法部门查处渔业违法行为有立功表现的;

(3) 其他依法可以从轻或减轻渔业行政处罚的。

2. 有下列行为之一的,从重处罚。

(1) 1 年内渔业违法 3 次以上的;

(2) 对渔业资源破坏程度较重的;

(3) 渔业违法影响较大的;

(4) 同 1 个违法行为违反两项以上规定的;

(5) 逃避、抗拒检查的。

(五) 保障相对人权利原则

《行政处罚法》规定:"公民、法人或者其他组织对行政机关所给予的行政处罚,享有陈述权、申辩权；对行政处罚不服的,有权依法申请行政复议或者提起行政诉讼。""公民、法人或者其他组织因行政机关违法给予行政处罚受到损害的,有权依法提出赔偿要求。"《行政处罚法》的立法目的之一是"保护公民、法人或者其他组织的合法权益"。根据这 1 主旨,这两款规定了受到行政处罚相对人的各项权利,包括行政处罚行使之中和行政处罚之后的权利,同时也是为了从法律制度上防范行政机关的侵权行为,以避免有些行政执法人员用手中的处罚权作交易,以权谋私或"钓鱼执法""养鱼执法",保证公正、公开原则的实现。

四、 自由裁量权

行政自由裁量权是指法律法规对行政行为的方式、手段、范围等某事项未作具体明确规定时,国家行政机关根据具体情形进行评估、判断,确定适当的范围,选择适当的方式、手段处理具体行政事务的权力。行政行为所涉及的社会情况纷繁复杂,法律法规规定得再详细也无法穷尽,况且为保持法律法规的相对稳定性,其规定应备而不繁,因此,国家行政机关必须根据具体情况,灵活运用自由裁量的权力,才能有效地行使其行政职能。

渔业行政机关对渔业行政许可、确认和处罚均可行使处罚自由量裁权。对渔业行政处罚行使自由裁量权,有两种情形：

(1) 渔业法律法规规定了具体、明确的罚款幅度,允许渔业行政机关按当时的实际情况在法定范围内自行决定罚款数额；

(2) 渔业法律法规只作了笼统的规定,须由渔业行政机关根据具体情况做出处罚决定。

能否正确行使渔业行政处罚自由裁量权,直接影响渔业法律、法规和规章的有效实施,关系到渔业主管部门及工作人员的执法形象。行政处罚自由裁量权适用不当,会导致对待同类违法行为处罚结果相差较大,容易引起行政管理相对人的不满或抵触。随意适用行政处罚自由裁量权,也会在一定程度上助长执法人员的特权思想,容易发生徇私舞弊甚至滋生腐败。

为避免自由裁量使得处罚决定显失公允和消除权力寻租空间,促进行政机关依法处罚、合理处罚,维护公民、法人或者其他组织的合法权益,法律法规对行政处罚的规定存在裁量空间的,应当细化、量化,建立健全行政处罚裁量基准制度,统一行政处罚裁量标准,这是依法行政的必然要求。规范行政处罚自由裁量权,要遵守两条原则：

(1) 合法性原则。一定要在现行有效的法律法规规定的范围内进行,对渔业行政处罚的种类、幅度进行细化,不得超过法定种类和幅度。

(2) 处罚相当原则。建立行政处罚自由裁量基准,要与违法行为的事实、性质、情节及社会危害程度相当,防止行政处罚畸轻畸重,避免重责轻罚、轻责重罚。

1998 年农业部在《黄渤海区关于违反渔业法规行政处罚规定》《东海区关于违反渔业法规行政处罚规定》《南海区关于违反渔业法规行政处罚规定》的基础上制定了《渔业行政处罚规定》,对《渔业法》和《渔业法实施细则》的处罚规定作了统一的细化、量化。2000

年修订的《渔业法》根据渔业资源保护和管理工作中出现的一些新情况、新问题,为实现加大执法力度,切实保护和管理好渔业资源的目的,对原渔业法中"法律责任"1章作了全面修改。而且《渔业行政处罚规定》在实践过程中也存在诸多问题,已无法适应渔业行政处罚工作的新变化和新要求。因此,农业部为适应新形势下渔业行政处罚工作的新特点和新要求,完善渔业法律制度,规范渔业行政处罚,保障渔业生产者、渔产品经营者和使用者的合法权益,保护渔业资源和渔业水域生态环境,切实推进渔业依法行政,正在按照合法性、针对性、可操作性、合理性原则和综合性原则,对《渔业行政处罚规定》进行修订,期以完善对渔业行政处罚自由裁量的规范。[15]

五、程序

(一)渔业行政处罚程序规定

1992年农业部发布《渔业行政处罚程序规定》。1997年农业部发布《农业行政处罚程序规定》,2006年修订改版发布,并于2011年再修订。2007年11月农业部令第6号决定废止《渔业行政处罚程序规定》。由此,实施渔业行政处罚的程序按现行《农业行政处罚程序规定》执行。[16]

(二)渔业行政处罚一般规定

(1)渔业行政处罚应当遵守《行政处罚法》《渔业法》和《农业行政处罚程序规定》及有关法律、法规的规定。

(2)渔业行政处罚机关是指依法行使行政处罚权的县级以上人民政府的渔业行政主管部门和法律、法规授权的渔政监督管理机构。

(3)法律、法规授权的渔政监督管理机构在法定授权范围内实施行政处罚,并对该行为的后果承担法律责任。

(4)渔业行政主管部门依法设立的渔业行政综合执法机构具体承担渔业行政处罚工作。

(5)渔业行政综合执法机构应当以渔业行政主管部门的名义实施渔业行政处罚。

(6)上级渔业行政处罚机关应当加强对下级渔业行政处罚机关实施行政处罚的监督检查。

(三)渔业行政处罚的管辖

1. 地域管辖

渔业行政处罚机关管辖本辖区范围内发生的渔业行政违法案件。

2. 专属管辖

渔业行政处罚有下列情况之一的,适用"谁查获谁处理"的原则:

(1)违法行为发生在共管区、重叠区的;

(2)违法行为发生在管辖权不明确或者有争议的区域的;

(3)违法行为发生地与查获地不一致的。

3. 指定管辖

渔业行政处罚有下列情况之一的,适用指定管辖:

（1）上级渔业行政处罚机关指定下一级渔业行政处罚机关管辖的渔业行政违法案件；

（2）渔业行政处罚机关对管辖发生争议的，应当协商解决。协商不成的，报请共同上一级渔业行政处罚机关指定管辖；

（3）上级渔业行政处罚机关在必要时可以管辖下一级渔业行政处罚机关管辖的行政处罚案件；

（4）下级渔业行政处罚机关认为行政处罚案件重大复杂或者本地不宜管辖，可以报请上一级渔业行政处罚机关管辖。

4. 移送管辖

渔业行政处罚机关发现受理的行政处罚案件不属于自己管辖的，应当移送有管辖权的行政处罚机关处理。

违法行为涉嫌构成犯罪的，渔业行政处罚机关应当将案件移送司法机关，依法追究刑事责任，不得以行政处罚代替刑罚。

（四）渔业行政处罚案件的调查处理

（1）执法人员调查处理渔业行政处罚案件时，应当向当事人或者有关人员出示执法证件，并着执法服装、佩戴执法标志。

（2）公民、法人或者其他组织违反渔业行政管理秩序的行为，依法应当给予行政处罚的，渔业行政处罚机关必须查明事实；违法事实不清的，不得给予行政处罚。

（3）渔业行政处罚机关在做出渔业行政处罚决定前，应当告知当事人做出行政处罚的事实、理由及依据，并告知当事人依法享有的权利。

（4）渔业行政处罚机关必须充分听取当事人的意见，对当事人提出的事实、理由及证据，应当进行复核；当事人提出的事实、理由或者证据成立的，渔业行政处罚机关应当采纳。

（5）渔业行政处罚机关不得因当事人申辩而加重处罚。

（五）渔业行政处罚简易程序

（1）违法事实确凿并有法定依据，对公民处以××元以下、对法人或者其他组织处以××××元以下罚款或者警告的行政处罚的，可以当场做出渔业行政处罚决定。

（2）渔业执法人员应填写《当场处罚决定书》，当场交付当事人，并应告知当事人，如不服行政处罚决定，可以依法申请行政复议或者提起行政诉讼。

（3）渔业执法人员应当在做出当场处罚决定之日起、海上渔业执法人员应当自抵岸之日起 2 日内将《当场处罚决定书》报所属渔业行政执法机构备案。

（六）渔业行政处罚一般程序

（1）实施渔业行政处罚，除适用简易程序的以外，应当适用一般程序。

（2）除依法可以适用简易程序当场决定行政处罚的外，执法人员经初步调查，发现公民、法人或者其他组织涉嫌有违法行为依法应当给予行政处罚的，应当填写《渔业行政处罚立案审批表》，报本行政处罚机构负责人批准立案。

（3）渔业行政处罚机关应当对案件情况进行全面、客观、公正地调查，收集证据；必要

时,依照法律、法规的规定,可以进行检查。

执法人员调查收集证据时不得少于 2 人。证据包括书证、物证、视听资料、证人证言、当事人陈述、鉴定结论、勘验笔录和现场笔录。

（4）执法人员询问证人或当事人,应当制作《询问笔录》。笔录经被询问人阅核后,由询问人和被询问人签名或者盖章。被询问人拒绝签名或盖章的,由询问人在笔录上注明情况。

（5）渔业行政处罚机关为调查案件需要,有权要求当事人或者有关人员协助调查;有权依法进行现场检查或者勘验;有权要求当事人提供相应的证据资料;对重要的书证,有权进行复制。执法人员对与案件有关的物品或者场所进行现场检查或者勘验检查时,应当通知当事人到场,制作《现场检查（勘验）笔录》,当事人拒不到场或拒绝签名盖章的,应当在笔录中注明,并可以请在场的其他人员见证。

（6）渔业行政处罚机关在调查案件时,对需要鉴定的专门性问题,交由法定鉴定部门进行鉴定;没有法定鉴定部门的,可以提交有资质的专业机构进行鉴定。

（7）渔业行政处罚机关收集证据时,可以采取抽样取证的方法。在证据可能灭失或者以后难以取得的情况下,经渔业行政处罚机关负责人批准,可以先行登记保存。

（8）渔业行政处罚机关对先行登记保存的证据,应当在 7 日内做出下列处理决定并告知当事人:

① 需要进行技术检验或者鉴定的,送交有关部门检验或者鉴定;

② 对依法应予没收的物品,依照法定程序处理;

③ 对依法应当由有关部门处理的,移交有关部门;

④ 为防止损害公共利益,需要销毁或者无害化处理的,依法进行处理;

⑤ 不需要继续登记保存的,解除登记保存。

（9）执法人员在调查结束后,认为案件事实清楚,证据充分,应当制作《案件处理意见书》,报渔业行政处罚机关负责人审批。案情复杂或者有重大违法行为需要给予较重行政处罚的,应当由渔业行政处罚机关负责人集体讨论决定。

（10）在做出行政处罚决定之前,渔业行政处罚机关应当制作《渔业行政处罚事先告知书》,送达当事人,告知拟给予的行政处罚内容及其事实、理由和依据,并告知当事人可以在收到告知书之日起 3 日内,进行陈述、申辩。符合听证条件的,告知当事人可以要求听证。渔业行政处罚机关做出责令停产停业、吊销许可证或者证照、对公民罚款超过×××元、对法人或其他组织罚款超过×万元的行政处罚决定之前,应当告知当事人有要求举行听证的权利。当事人要求听证的,农业行政处罚机关应当组织听证。当事人无正当理由逾期未提出陈述、申辩或者要求听证的,视为放弃上述权利。

（11）渔业行政处罚机关应当及时对当事人的陈述、申辩或者听证情况进行审查,认为违法事实清楚,证据确凿,决定给予行政处罚的,应当制作《渔业行政处罚决定书》。

（12）《渔业行政处罚决定书》应当在宣告后当场交付当事人;当事人不在场的,应当在七日内送达当事人,并由当事人在《送达回证》上签名或者盖章;当事人不在的,可以交给其成年家属或者所在单位代收,并在送达回证上签名或者盖章。当事人或者代收人拒绝接收、签名、盖章的,送达人可以邀请有关基层组织或者其所在单位的有关人员到场,说明情况,把《渔业行政处罚决定书》留在其住处或者单位,并在送达回证上记明拒绝的事由、送达的日期,由送达人、见证人签名或者盖章,即视为送达。

(13) 渔业行政处罚案件自立案之日起,应当在 3 个月内做出处理决定;特殊情况下3 个月内不能做出处理的,报经上一级渔业行政处罚机关批准可以延长至 1 年。对专门性问题需要鉴定的,所需时间不计算在办案期限内。

(七) 渔业行政处罚决定的执行

(1) 适用简易程序当场做出渔业行政处罚决定,有下列情形之一的,执法人员可以当场收缴罚款:

① 依法给予××元以下罚款的;

② 不当场收缴事后难以执行的。

(2) 在边远、水上、交通不便地区,渔业行政处罚机关及其执法人员依照规定做出罚款决定后,当事人向指定的银行缴纳罚款确有困难,经当事人提出,渔业行政处罚机关及其执法人员可以当场收缴罚款。

(3) 除(1)(2)规定外,渔业行政处罚机关不得自行收缴罚款。决定罚款的渔业行政处罚机关或执法人员应当书面告知当事人向指定的银行缴纳罚款。

(4) 渔业行政处罚机关及其执法人员当场收缴罚款的,应当向当事人出具省级财政部门统一制发的罚款收据,不出具财政部门统一制发的罚款收据的,当事人有权拒绝缴纳罚款。

(5) 执法人员当场收缴的罚款,应当自返回行政处罚机构所在地之日起 2 日内,交至渔业行政处罚机关;在水上当场收缴的罚款,应当自抵岸之日起 2 日内交至渔业行政处罚机关;渔业行政处罚机关应当在 2 日内将罚款交至指定的银行。

(6) 渔业行政处罚决定依法做出后,当事人对行政处罚决定不服申请行政复议或者提起行政诉讼的,除法律另有规定外,行政处罚决定不停止执行。

(7) 对需要继续行驶的渔业船舶实施暂扣或者吊销证照的行政处罚,渔业行政处罚机关在实施行政处罚的同时,应当发给当事人相应的证明,允许渔业船舶驶往预定或指定的地点。

(8) 对生效的渔业行政处罚决定,当事人拒不履行的,做出渔业行政处罚决定的渔业行政处罚机关依法可以采取下列措施:

① 到期不缴纳罚款的,每日按罚款数额的 3% 加处罚款;

② 根据法律规定,将查封、扣押的财物拍卖抵缴罚款;

③ 申请人民法院强制执行。

(9) 当事人确有经济困难,需要延期或者分期缴纳罚款的,当事人应当书面申请,经做出行政处罚决定的机关批准,可以暂缓或者分期缴纳。

(10) 罚款、没收的违法所得或者拍卖非法财物的款项,必须全部上缴国库,渔业行政处罚机关或者个人不得以任何形式截留、私分或者变相私分。

(八) 渔业行政处罚案件的结案归档

(1) 渔业行政处罚案件终结后,案件调查人员应填写《渔业行政处罚结案报告》,经渔

业行政处罚机关负责人批准后结案。

（2）渔业行政处罚机关应当按照下列要求及时将案件材料立卷归档：

① 1 案 1 卷；

② 文书齐全，手续完备；

③ 案卷应当按顺序装订。

（3）案件立卷归档后，任何单位和个人不得私自增加或者抽取案卷材料，不得修改案卷内容。

六、 救济

（一）渔业行政处罚救济的概念

法律通常都涉及"公民、法人和其他组织的权利与义务和国家机关的权力与责任"。行政机关根据法律获得行政管理权力，并承担法律规定的违法行政的责任。行政机关行政管理权力的行使，直接关系着公民、法人和其他组织的权利义务，其具体行政行为特别是进行行政处罚，常常引起当事的公民、法人或者其他组织与之争议。在这种争议引起的法律关系中，主体地位不对等，行政机关占据管理者的优越地位，而行政相对人（公民、法人或者其他组织）总是处于被管理的地位。行政机关是以国家的名义参与法律关系并以国家强制力保证其权力的行使。当行政相对人不履行法律规定的义务时，行政机关可以采取强制措施，进行行政处罚。与此相反，对行政机关的具体行政行为，即使是不当或者违法的，行政相对人既不能否认其效力，也不能加以抵制，这就造成了巨大的反差。为了保护公民、法人和其他组织的合法权益，建立和实施行政处罚的法律救济制度是必要的。

法律上的救济，一般是指公民、法人或者其他组织因行政机关的违法行为对其造成的损害，要求纠正、改正违法行为并予以赔偿的制度。《行政处罚法》对行政处罚的法律救济作了原则规定，即："公民、法人或者其他组织对行政机关所给予的行政处罚，享有陈述权、申辩权；对行政处罚不服的，有权依法申请行政复议或者提起行政诉讼。公民、法人或者其他组织因行政机关违法给予行政处罚受到损害的，有权依法提出赔偿要求。"依照这个规定，对行政处罚的救济主要是赋予公民、法人或者其他组织 3 项权利，即：陈述权和申辩权；申请行政复议或者提起行政诉讼权；要求行政赔偿权。陈述权和申辩权赋予公民、法人或者其他组织在行政机关做出行政处罚决定的事前救济权；申请行政复议或者提起行政诉讼权及要求行政赔偿权，赋予公民、法人或者其他组织在行政机关做出行政处罚的事后救济权。

（二）陈述权和申辩权

行政机关任何权力必须公正行使，对当事人不利的决定必须听取他的意见，这是现代法制的 1 个重要原则。在行政机关实施行政处罚过程中当事人享有的陈述权和申辩权，就是这 1 原则的体现。

陈述权是指当事人对行政机关给予行政处罚所认定的事实及适用的法律是否正确，陈述自己的看法意见和提出自己的主张、要求的权利。

申辩权是指当事人对行政机关的指控、证据，提出不同的意见和质问，以正当手段驳斥行政机关的指控和行政机关提出的不利证据的权利。

行政机关在做出行政处罚之前，应当告知当事人做出行政处罚的事实、理由和依据，并告知当事人依法享有陈述和申辩的权利。行政机关必须充分听取当事人的意见，对当事人提出的事实、理由和证据，应当进行复核；当事人提出的事实、理由或者证据成立的，行政机关应当采纳。行政机关不得因当事人申辩而加重处罚。行政机关在做出行政处罚决定之前，不依照规定向当事人告知给予行政处罚的事实、理由和依据，或者拒绝听取当事人的陈述、申辩，行政处罚决定不能成立。

（三）行政复议权和行政诉讼权

行政复议是指公民、法人或者其他组织认为行政机关的具体行政行为侵犯其合法权益，依法向行政复议机关提出重新处理的申请，接受申请的行政复议机关据此对行政处理或者行政处罚决定进行审理并做出相应决定的行政救济活动。

行政诉讼是指公民、法人或者其他组织认为行政机关的具体行政行为侵犯其合法权益，依法请求人民法院对行政机关的具体行政行为进行审理并做出判决以维护自己的合法权益的司法救济活动。

行政诉讼与行政复议的区别在于：

（1）受理机关不同。行政诉讼由人民法院受理；行政复议由行政机关，一般是由专门设置的处理争议的机构或者上级行政机构受理；

（2）适用的程序不同。行政诉讼适用司法程序，其特征是严格、全面、公正；行政复议适用的是司法化的行政程序，行政复议要求在保证公正解决争议的前提下，力争及时、高效，讲究简便、迅速。

在行政复议和行政诉讼二者的关系中，实行行政复议并非必经程序的原则和司法最终解决的原则。前者是指除法律、法规有明确规定应当先向行政机关复议的外，当事人可以向行政机关申请复议，也可以不申请复议直接向人民法院提起行政诉讼。后者是指行政复议并非终局解决，当事人对复议决定不服的，仍然可以提起行政诉讼，由司法机关最终对所争议的具体行政行为是否合法做出裁决。

（四）索赔权

行政机关具有公法上的权力，以公法上的权力主体依法行使行政权力。由于违法行政，致使公民、法人或者其他组织的合法权益受到损害时，虽然经行政复议或者行政诉讼排除了违法的具体行政行为，但如果因侵害而受到的物质和精神上的损失没有得到补偿，公民、法人或者其他组织的合法权益也就依然没有得到切实的保障。宪法规定："由于国家机关和国家机关工作人员侵犯公民权利而受到损害的人，有依照法律规定取得赔偿的权利"。

行政机关及其工作人员在执行职务的过程中，侵犯公民、法人或者其他组织的合法权益造成损害的，应当承担赔偿责任。这种赔偿就是行政赔偿。行政赔偿的方式有金钱赔偿、恢复原状、返还原物、消除影响、恢复名誉、赔礼道歉等。行政赔偿产生的原因是行政侵权，实施行政侵权的主体是行政机关及其工作人员本身，也包括被授权实施某种行

政行为的组织或者个人。

（五）渔业行政处罚法律救济适用的法律法规

1986年《渔业法》规定，"本法规定的行政处罚，由渔业行政主管部门或者其所属的渔政监督管理机构决定。当事人对行政处罚决定不服的，可以在接到通知之日起30天内向人民法院起诉；期满不起诉又不履行的，由做出处罚决定的行政机关申请人民法院强制执行。但是，在海上作业的，必须先执行有关处罚决定。"修订后的《渔业法》将"在海上作业的，必须先执行有关处罚决定"修改为"在海上执法时，对违反禁渔区、禁渔期的规定或者使用禁用的渔具、捕捞方法进行捕捞，以及未取得捕捞许可证进行捕捞的，事实清楚，证据充分，但是当场不能按照法定程序做出和执行行政处罚决定的，可以先暂时扣押捕捞许可证、渔具或者渔船，回港后依法做出和执行行政处罚决定。"删除了"当事人对行政处罚决定不服的，可以在接到通知之日起30天内向人民法院起诉；期满不起诉又不履行的，由做出处罚决定的行政机关申请人民法院强制执行"。其用意在于涉及行政诉讼和行政复议问题可按《中华人民共和国行政诉讼法》和《中华人民共和国行政复议法》的规定执行。

参考文献

[1] 最高人民法院关于贯彻执行《中华人民共和国行政诉讼法》若干问题的意见（试行）[S/OL].（1991-05-29）.[2015-03-01].

http://www.docin.com/p-336012802.html

[2] 国务院关于全面推进依法行政的决定[S/OL].（1999-11-08）.[2015-03-05].

http://www.gov.cn/gongbao/content/2000/content_60201.htm

[3] 国务院全面推进依法行政实施纲要[S/OL].（2004-03-22）.[2015-03-05].

http://www.china.com.cn/law/flfg/txt/2006-08/08/content_7058744.htm

[4] 国务院办公厅关于推行行政执法责任制的若干意见[S/OL].（2005-07-09）.[2015-03-05].

http://www.china.com.cn/policy/txt/2005-07/27/content_5926113.htm

[5] 国务院关于加强法治政府建设的意见[S/OL].（2010-10-10）.[2015-03-05].

http://www.gov.cn/gongbao/content/2010/content_1745842.htm

[6] 农业部关于推行行政执法责任制的实施意见[J].农业部公报，2006(3):29-31.

[7] 国务院关于贯彻实施《中华人民共和国行政处罚法》的通知[S/OL].（1996-04-15）.[2015-03-10].

http://www.china.com.cn/law/flfg/txt/2006-08/08/content_7060279.htm

[8] 中央机构编制委员办公室.关于调整改革我国海上执法监督体制的意见（1999-01-25）。

[9] 农业部关于加强渔业统一综合执法工作的通知[S/OL].（1999-07-14）.[2015-03-15].

http://www.110.com/fagui/law_142851.html

[10] 农业部.渔业行政执法协作办案工作制度[S/OL].（2013-01-31）.[2015-03-20].

http://www.cnfm.gov.cn/bjwj/201302/t20130220_3222174.htm

[11] 农业部渔业局.渔业行政执法证管理办法[S/OL].（2011-05-10）.[2015-03-21].

http://www.110.com/fagui/law_381441.html

[12] 中华人民共和国渔业行政执法船舶管理办法[S/OL]. (2006-06-13). [2015-03-22].

http://www. gov. cn/gongbao/content/2001/content_61244. htm

[13] 农业部. 渔业行政执法六条禁令[S/OL]. (2004-07-14). [2015-03-24].

http://www. moa. gov. cn/govpublic/YYJ/201006/t20100606_1538460. htm

[14] 渔业行政执法督察规定(试行)[S/OL]. (2009-05-22). [2015-03-24].

http://www. farmer. com. cn/gd/zcfg/200905/t20090527_451986. htm

[15] 农业部办公厅关于征求《渔业行政处罚规定(征求意见稿)》意见的函[S/OL]. (2012-12-27). [2015-04-05].

http://www. moa. gov. cn/govpublic/YYJ/201212/t20121227_3117384. htm

[16] 农业部. 农业行政处罚程序规定[S/OL]. (2006-04-25). [2015-04-10].

http://www. gov. cn/ziliao/flfg/2006-05/15/content_280559. htm

第三十章　渔业侵权赔偿

保护渔业资源、渔业生态环境和保障渔业生产者的合法权益是渔业法的主要宗旨,是实现渔业可持续发展和促进渔民就业、收入和福祉的基本条件。国家和集体对渔业资源的所有权,渔业生产者使用渔业资源的用益物权,渔民的生命权和健康权受法律保护,任何单位和个人不得侵犯。此等财产、人身权益一旦受到侵权人的损害,造成国家、集体或渔业生产者财产损失的,被侵权人有权请求侵权人承担渔业侵权赔偿责任;侵权人则应当依法承担渔业侵权赔偿责任。

渔业侵权赔偿主要是由侵权行为污染渔业水域环境引起的。追究此类渔业侵权赔偿的责任,不以侵权人的过错为前提,而是实行无过错责任原则。任1渔业污染事故经济损失数额按《渔业污染事故经济损失计算方法》计算,原则上实行等价赔偿,但船舶污染事故的赔偿实行海事赔偿责任限制。渔业侵权赔偿另1常见类型是由侵权行为破坏渔业水域生态环境引起的。追究此类渔业侵权赔偿的责任,实行的是过错责任原则,以侵权人实施了违法行为为前提。造成多少经济损失,就应当赔偿多少。渔业财产、人身权益受到侵权人损害的,被侵权人和侵权人可以通过和解解决渔业侵权赔偿事宜,如当事人对赔偿责任和赔偿金额发生纠纷达不成和解,则可通过调解、仲裁、诉讼的途径解决。有关赔偿纠纷解决途径的规定,为渔业侵权赔偿的实现,提供了法律保障。

渔业侵权赔偿和渔业行政罚款不同。行政罚款是渔业行政主管部门对实施渔业行政违法行为的行为人的行政处罚方式,行政机关做出一定数额的罚款决定后,被处罚人必须执行,罚款全部上缴国库,归为国家所有。渔业侵权赔偿是国家对渔业民事侵权行为的法律制裁,允许当事人在不违背法律规定和社会主义道德准则的条件下,可以自行协商赔偿金额。经和解或调解、仲裁、诉讼途径决定的赔偿金额全部给付被侵权人,用于弥补国家、集体或渔业生产者遭受的财产损失。赔偿给国家的,可用于渔业资源修复和保护,赔偿给集体或渔业生产者的,可用渔业生产的恢复和发展。

第一节 渔业侵权赔偿责任

明确渔业侵权责任,实行渔业侵权赔偿,是保护渔业资源和渔业生态环境及保障渔业生产者的合法权益的 1 项重要法律制度。通过对渔业侵权行为的经济制裁,可维持渔业安全秩序,促进渔业社区和谐稳定,并可预防和减少渔业侵权行为对渔业可持续发展的干扰。

一、 渔业侵权赔偿的法律规定

(一)《渔业法》的规定

《渔业法》第三十九条规定:"偷捕、抢夺他人养殖的水产品的,或者破坏他人养殖水体、养殖设施……造成他人损失的,依法承担赔偿责任"。

《渔业法》第四十七条规定:"造成渔业水域生态环境破坏或者渔业污染事故的,依照《中华人民共和国海洋环境保护法》和《中华人民共和国水污染防治法》的规定追究法律责任。"

(二)《海洋环境保护法》的规定

《海洋环境保护法》第九十条规定:"造成海洋环境污染损害的责任者,应当排除危害,并赔偿损失;完全由于第三者的故意或者过失,造成海洋环境污染损害的,由第三者排除危害,并承担赔偿责任。""对破坏海洋生态、海洋水产资源、海洋保护区,给国家造成重大损失的,由依照本法规定行使海洋环境监督管理权的部门代表国家对责任者提出损害赔偿要求。"

(三)《水污染防治法》的规定

《水污染防治法》第八十五条规定:"因水污染受到损害的当事人,有权要求排污方排除危害和赔偿损失。"

(四)《水法》的规定

《水法》第七十二条规定:"有下列行为之一……给他人造成损失的,依法承担赔偿责任:

(一)侵占、毁坏水工程及堤防、护岸等有关设施,毁坏防汛、水文监测、水文地质监测设施的;

(二)在水工程保护范围内,从事影响水工程运行和危害水工程安全的爆破、打井、采石、取土等活动的。"

《水法》第七十六条规定:"引水、截(蓄)水、排水,损害公共利益或者他人合法权益的,依法承担民事责任。"

二、渔业侵权

（一）渔业侵权的概念

渔业侵权是指行为人对渔业资源、渔业生产设施、渔业养殖生物和水产品的所有权、用益物权或渔民生命权、健康权等财产、人身权益的侵害。

天然渔业资源属于全民或集体所有、为国家或集体经济组织财产，渔业生产设施、水产品包括渔业养殖生物属于渔业生产者所有、为法人、集体或个人财产，渔业生产者对所使用的水域、滩涂及其生物资源拥有用益物权或承包经营权。可见渔业侵权是对包括国家或者法人、集体、个人财产权益以及他人健康权乃至生命权在内的民事权益的侵害。

（二）渔业侵权的种类

1. 造成渔业水域环境污染的侵权

渔业水域环境污染源于渔业水域污染事故，这种事故分为突发性渔业水域污染事故和累积性渔业水域污染事故两类，前者是由突发环境事件造成的，后者是由污染物长期排放、日积月累超过环境容量造成的。可能造成渔业水域污染事故的污染源有以下8种：

（1）船舶发生海难事故；

（2）船舶非正常排放污染物或者发生具有污染危害性货物落水事故；

（3）陆地企业事业单位持续大量排放有毒有害污染物或发生意外排放事故；

（4）海洋石油勘探开发发生井喷或漏油事故；

（5）海底和水下管道渗漏或破裂；

（6）海洋和水上工程建设使用含超标准放射性物质或者易溶出有毒有害物质的材料；

（7）产生污染的海洋和水上建设工程发生意外排放事故；

（8）未经批准或者未按规定而向海洋倾倒废物。

2. 造成渔业水域生态环境破坏的侵权

可能造成渔业水域生态环境破坏的主要有以下6种情形：

（1）违反《渔业法》的规定，在水生动物苗种重点产区引水用水时，不采取保护苗种措施，损害水生动物苗种资源的；

（2）违反《渔业法》和《水法》的规定，在用于渔业并兼有调蓄、灌溉等功能的水体引水、截（蓄）水、排水，未能确保渔业生产所需的最低水位线，损害渔业利益的；

（3）违反《渔业法》的规定，擅自围湖造田、未经县级以上人民政府批准围垦沿海滩涂及擅自对重要的苗种基地和养殖场所进行围垦，造成天然渔业资源和渔业养殖生物损失的；

（4）违反《渔业法》的规定，进行水下爆破、勘探、施工作业，不采取防止或者减少损害渔业资源的措施，造成渔业资源损害的；

（5）违反《渔业法》和《水产种质资源保护区管理暂行办法》的规定，在水产种质资源保护区内从事围湖造田、围海造地或围填海工程造成水产种质资源损害的；

（6）违反《渔业法》和《水产种质资源保护区管理暂行办法》的规定，在水产种质资源保护区内从事修建水利工程、疏浚航道、建闸筑坝、勘探和开采矿产资源、港口建设等工程建设,或者在水产种质资源保护区外从事可能损害保护区功能的工程建设活动损害水产种质资源及其生存环境的。

3.造成他人渔业财产、人身权益损害的其他侵权

(1)偷捕、抢夺他人养殖的水产品;

(2)破坏他人养殖水体、养殖设施;

(3)偷窃、哄抢或者破坏渔具、渔船、渔获物;

(4)以虚假信息借媒体诋毁特定水产品的声誉。

(三)渔业侵权责任

《侵权责任法》第二条规定:"侵害民事权益,应当依照本法承担侵权责任。"

第三条规定:"被侵权人有权请求侵权人承担侵权责任。"第四条规定:"侵权人因同一行为应当承担行政责任或者刑事责任的,不影响依法承担侵权责任。"

《侵权责任法》第十五条规定:"承担侵权责任的方式主要有:(一)停止侵害;(二)排除妨碍;(三)消除危险;(四)返还财产;(五)恢复原状;(六)赔偿损失;(七)赔礼道歉;(八)消除影响、恢复名誉。以上承担侵权责任的方式,可以单独适用,也可以合并适用。"

按照这些规定,只要行为人的行为构成渔业侵权,就应当承担上述1种或几种方式的侵权责任。

三、 渔业侵权赔偿

(一)渔业侵权赔偿的概念

渔业侵权赔偿是指侵权人侵害渔业财产权益、渔民人身权益造成被侵权人的利益损害依法应承担的赔偿经济损失的民事责任。

《物权法》第三十七条规定:"侵害物权,造成权利人损害的,权利人可以请求损害赔偿,也可以请求承担其他民事责任。"

《环境保护法》第六十四条规定:"因污染环境和破坏生态造成损害的,应当依照《中华人民共和国侵权责任法》的有关规定承担侵权责任。"

依照《渔业法》和上列法律条款的规定,侵权人造成被侵权人的渔业财产、人身损害应当承担行政责任或者刑事责任的,不影响依法承担侵权赔偿责任,以自己的财产来对其渔业侵权行为所造成的损害后果负责。可见,渔业侵权赔偿既是渔业侵权人所应承担的1种侵权责任,也是国家对其侵权行为所采取的经济制裁,旨在保护被侵权人的合法权益,预防侵权行为,促进渔业持续健康发展和渔业社区和谐稳定。

渔业侵权赔偿以渔业损害为前提。渔业损害是指由一定的行为或者事件使受法律保护的天然渔业资源、渔业养殖生物、渔业生产者的合法权益等遭受某种不利的影响。损害包括财产损失、人身以及精神损害。

(二)渔业侵权赔偿的特征

按照渔业民事侵权行为表现形式的不同,大量的渔业侵权赔偿属于以下两种类型:一是由污染渔业水域环境引起的侵权赔偿;二是由破坏渔业水域生态引起的侵权赔偿。

1. 环境污染侵权赔偿的特征

(1) 污染渔业水域的侵权行为,是直接或者间接把物质或者能量引入海洋或水环境,通过"海洋或水环境"这个介质发生的,不像破坏海洋或江河生态那样直接对国家或者他人的财产权构成侵害。

(2) 污染渔业水域的侵权行为一般可分为两种。

　　1 种表现为发生事故或者其他突发性事件,使局部水域发生急性污染事故。这种事故持续时间一般较短(也有持续很长时间的,如 1979 年 6 月 3 日墨西哥湾 1 口油井发生井喷,历时 9 个月才控制住),其最大特点是造成局部海域灾难性的污染损害;另 1 种表现为持续排放污染物,污染物的排入量超过了水域环境承载能力,使局部水域水质状况逐渐恶化,而引发非急性污染事故。这种事故持续时间漫长,其最大特点是污染损害的发生通常要经历 1 个积累、叠加、隐蔽、潜伏的过程。如 1950 年开始日本熊本县 1 家化工厂向水俣湾排放含汞废水,使长期食用湾内富集甲基汞的鱼、贝类食物的渔民及其家属,到 1953 年陆续出现神经系统症状的"怪病",到发现病例时,该厂共排汞约 200 吨,到 1956 年病例数激增,集中分布在水俣湾沿岸。主要表现:① 肢端或口唇周围麻木感;② 运动、共济失调;③ 语言障碍、口齿不清;④ 向心性视野缩小;⑤ 神经性听力减退。重症患者表情痴呆、精神失常,儿童患者智力发育迟缓、痴呆。1964 年日本新泻也出现类似水俣病患者,集中分布在阿贺野川下游两岸。[2]

(3) 渔业水域污染的侵权行为,在排污单位正常作业的情况下也可能发生,而不一定是由于违法行为所导致。排污单位在符合国家或者地方规定的排放标准的情况下排放污染物,是正常作业情况下的合法行为,但在一定条件下,也有可能对渔业水域环境造成污染损害,从而侵害国家的财产权、他人的财产权或者人身权。

2. 生态破坏侵权赔偿的特征

(1) 破坏渔业水域生态环境的侵权行为,主要是破坏渔业自然资源的行为,通常直接作用于渔业自然资源的本体,其损害结果比较容易发现。

(2) 破坏渔业水域生态环境的侵权行为,是明显的违法行为;从行为人主观上看是 1 种有过错的行为,而且多是有牟利目的的故意行为。

(3) 破坏渔业水域生态环境的侵权行为,所侵害的民事权益,主要是国家的自然资源所有权,构成对国家财产权益的损害,也有可能侵犯他人的财产权和某些渔业权,但一般不涉及人身权。

(4) 破坏渔业水域生态环境的侵权行为引起的损害赔偿责任,除涉及他人民事权益的由当事人请求赔偿损失外,都是由行政机关依法追究。《海洋环境保护法》第九十条第二款就是这样规定的:"对破坏海洋生态、海洋水产资源、海洋保护区,给国家造成重大损失的,由依照本法规定行使海洋环境监督管理权的部门代表国家对责任者提出损害赔偿要求。"

四、 归责原则

（一）环境污染侵权赔偿的归责原则

追究因污染渔业水域侵权行为引起的渔业损害赔偿的责任，不以侵权人的过错为前提，而是实行无过错责任原则。无过错责任原则，以行为人"从事了致他人损害的行为"为前提，而不要求"行为的违法性"。按照这个原则，污染渔业水域的侵权行为引起的损害赔偿责任的构成要件有 3 个，即：

（1）行为人实施了排污行为；

（2）产生了污染损害后果；

（3）排污行为与损害后果之间有因果关系。

无过错责任也叫做严格责任或者结果责任，即使行为人主观上没有过错，也要对其所造成的损害承担赔偿责任。

落实无过错责任原则的关键在于第三个要件的实现，即确定"排污行为与损害后果之间有因果关系"。查证因果关系是 1 个事实判断过程，在发生污染事故特别是在发生非急性污染事故时，查证的难度相当大。这是因为：

（1）污染渔业水域的侵权行为往往不是即时完成的，而是持续渐进的，要判断损害事实是否由某侵权行为造成的，往往比较困难；

（2）污染物进入渔业水域以后，与各环境要素相结合会发生一系列物理、化学、生物的反应，使侵权行为的实施与损害后果的发生在时间上往往有较长的间隔，二者之间的因果关系表现得十分隐蔽和不紧密；

（3）由于污染损害的潜伏期较长，所以一旦产生损害，又往往因历时久远、时过境迁，使得现场证据灭失；

（4）查证污染渔业水域的侵权行为与损害后果之间的因果关系，需要具备专门的科学技术知识和仪器设备，行政机关和司法部门在这方面有一定的局限性，一般受害人更不具备这种条件。

正因为如此，如果在处理污染渔业水域的侵权行为引起的损害赔偿案件过程中，要求严格的科学因果关系证明，并按照通常的法定方式去查证因果关系，就会使受害人得不到及时救济，国家损失得不到及时赔偿，对污染渔业水域的侵权行为也不能及时予以制止。所以，在污染损害民事责任中，在实体法上实行无过错责任原则的同时，在程序法上必须相应地实行举证责任倒置原则和因果关系的推定原则。美国密执安州 1970 年《环境保护法》规定，"原告只要举出简单的证据，证明被告已经或可能污染水、空气等自然资源和公共委托在其中的财产，请求便可成立，而被告若要不承担责任，则要举出相反的证明。"最高人民法院 1992 年 7 月 14 日发布的《关于适用〈中华人民共和国民事诉讼法〉若干问题的意见》第七十四条规定："因环境污染引起的损害赔偿诉讼"，"对原告提出的侵权事实，被告否认的，由被告负责举证"。[3]

《最高人民法院关于民事诉讼证据的若干规定》第四条规定："因环境污染引起的损害赔偿诉讼，由加害人就法律规定的免责事由及其行为与损害结果之间不存在因果关系承担举证责任"。[4]举证责任倒置得到法律承认之后,对侵权行为和损害结果之间的因果关系就应当实行推定的原则。但在实践上也不要求严格的因果关系的证明。也就是说,当受害人举出损害事实,而加害人又无法证明污染损害不是由于自己的行为所造成的,法院就可以推定损害事实与加害行为之间存在因果关系。这也正是举证责任倒置的具体表现。

《侵权责任法》第六十六条规定:"因污染环境发生纠纷,污染者应当就法律规定的不承担责任或者减轻责任的情形及其行为与损害之间不存在因果关系承担举证责任。"最高人民法院对本条作了如下司法解释:"依照侵权责任法第六十六条规定,由污染者承担举证责任的因果关系要件,被侵权人应当首先承担因果关系具有可能性的初步证明,未证明具有存在因果关系可能性的,不得进行因果关系推定。"[5]

天津海事法院判决河北省乐亭县水产养殖损害赔偿案,就是适用无过错责任和举证责任倒置原则的1个案例。

> 2000年大量未达标的工业污水排入滦河,并通过乐亭河系,经乐亭县沿海各排水闸流入大海,严重污染了乐亭县近岸的养殖海域。而孙有礼等18只名渔民集资开办的6个海水养殖场就建于此。就在海产品即将成熟上市的6月份,孙有礼等渔民养殖的1 882亩滩涂贝类和300亩鱼类开始出现大量死亡,孙有礼等渔民遭受了重大经济损失。2001年5月,孙有礼等将"涉嫌制造污染"的河北省迁安第一造纸厂、迁安化工有限责任公司等9家企业告上法庭,要求赔偿巨额经济损失,并停止污染侵害。天津海事法院受理此案后,委托农业部专门机关做出鉴定及损失评估报告,总损失额合计为1 365.97万元。2002年4月12日天津海事法院做出一审判决,法院认定河北省迁安化工有限责任公司属达标排放,可以不受行政处罚,但并不意味着其行为不会造成污染环境的损害结果;污染物排放标准不是确定排污者是否承担民事赔偿责任的界限。法院还认定,原告已就各被告存在排污行为,原告存在受污染损害的事实,被告排污行为与原告的损害事实之间具有因果关系,完成了初步的举证责任,被告应就法律规定的免责事由及其行为与损害结果之间不存在因果关系承担举证责任。但被告不能证明其未排放污水或者所排放的污水未进入原告的养殖区域,也不能证明其排放的污水中不含有相关有害污染物或者含有污染物的污水不能造成原告养殖生物死亡的后果。而且,经农业部环境监测中心黄渤海监测站监测各被告排放的污水中有COD、悬浮物等对养殖生物有害的物质,被告排放的污水在滦河下游积聚,使原告养殖水域的水质严重超标。天津海事法院在审理此案中查明,9家被告企业中有8家企业超标排放,而迁安化工有限责任公司属于达标排放。9名被告的排污行为与原告的损害结果之间具有直接必然的因果关系,9被告构成共同侵权,应承担连带赔偿责任。因此,判决9家被告企业赔偿孙有礼等18名原告1 365.97万元并立即停止侵害,不得再排放污水入海,避免继续污染原告养殖区域。[6]一审判决后,迁安第一造纸厂等8家企业不服,向天津市高级人民法院提起上诉。天津高院经审理认为,原鉴定机关对污染事故认定的结论是正确的。但孙有礼等养殖户承包的养殖

场的水产品不可能以市场零售价出售,况且文蛤的价格是以出口的价格确定的。考虑到零售价与批量出售的价格应有所区别,应对原评估报告计算损失的数额进行适当的调整,在原数额 1 365.97 万元的基础上减去 30%,即 409.791 万元,实际损失为 956.179 万元。迁安第一造纸厂等 8 家企业存在超标排污的损害事实,是造成孙有礼等养殖户水产品死亡的直接原因,应承担主要责任。但孙有礼等养殖户在签订承包合同时,应考虑到上述企业多年来生产排污的历史原因,特别是华丰纸厂系国有大型企业,具有百年历史。在靠近排污的河道及入海口从事养殖业,具有一定的风险。孙有礼等养殖户应自行承担由于对养殖环境风险估计不足的相应损失 286.854 万元,其余损失 669.325 万元由造成污染的企业承担。天津高院认为,迁安化工有限责任公司被当地环保部门确定为达标排放企业,属于国家许可的正常经营活动。虽然其不能提供排放工业废水入海的行为与孙有礼养殖水产品死亡不存在因果关系的相关证据,但在承担民事责任上应与超标企业有所区别。根据国际通行做法,判令其单独承担赔偿责任人民币 14 万元,不承担连带责任。综上,孙有礼等 18 人获赔 669.325 万元。[7]

《侵权责任法》第六条规定:"根据法律规定推定行为人有过错,行为人不能证明自己没有过错的,应当承担侵权责任。"第七条规定:"行为人损害他人民事权益,不论行为人有无过错,法律规定应当承担侵权责任的,依照其规定。"第六十五条规定:"因污染环境造成损害的,污染者应当承担侵权责任。"这几条规定,为追究因污染渔业水域侵权行为引起的渔业损害赔偿的责任,提供了有力的法律保障。

为了公平实施无过错责任原则,《侵权责任法》第二十九条规定:"因不可抗力造成他人损害的,不承担责任。法律另有规定的,依照其规定。"《海洋环境保护法》对污染海洋环境的侵权行为引起的损害赔偿的免责条件作了明确规定,即:"完全属于下列情形之一,经过及时采取合理措施,仍然不能避免对海洋环境造成污染损害的,造成污染损害的有关责任者免予承担责任:(一)战争;(二)不可抗拒的自然灾害;(三)负责灯塔或者其他助航设备的主管部门,在执行职责时的疏忽,或者其他过失行为。"

(二)生态破坏损害赔偿的归责原则

追究因破坏渔业水域生态环境侵权行为引起的渔业损害赔偿的责任,实行的是过错责任原则。按照《侵权责任法》第六条"行为人因过错侵害他人民事权益,应当承担侵权责任"的规定,过错责任原则以行为人实施了违法行为为前提,其责任构成要件有 4 个,即:

(1)行为的违法性;

(2)损害结果;

(3)违法行为与损害结果之间的因果关系;

(4)行为人的过错。

如果不具备这 4 个要件,就不追究其损害赔偿责任。对破坏渔业水域生态环境的侵权行为引起的损害赔偿责任,在实体法上实行过错责任原则,同时,在程序法上实行"谁主张、谁举证"的举证原则。

正如《民事诉讼法》第六十四条规定的:"当事人对自己提出的主张,有责任提供证

据。"《最高人民法院关于民事诉讼证据的若干规定》第二条也规定:"当事人对自己提出的诉讼请求所依据的事实或者反驳对方诉讼请求所依据的事实有责任提供证据加以证明。""没有证据或者证据不足以证明当事人的事实主张的,由负有举证责任的当事人承担不利后果。"

第二节　渔业侵权赔偿范围

一、概念

(一)渔业侵权赔偿范围的内涵

1.财产损失的赔偿范围

《侵权责任法》第十九条规定:"侵害他人财产的,财产损失按照损失发生时的市场价格或者其他方式计算。"按照 GB/T 21678—2008《渔业污染事故经济损失计算方法》的规定,财产损失的赔偿范围包括:

(1)渔业捕捞和水产养殖的直接经济损失;

(2)天然渔业资源恢复费用;

(3)渔业生产设施损失、渔具损失以及清除污染费用;

(4)国家和地方重点水生野生保护动物资源量损失的价值;

(5)事故调查、鉴定、评估等费用。

直接经济损失包括财产的灭失、减少和失去的"可得利益"。所谓"可得利益"是指当事人已经预见或能够预见的能偶期待和必然得到的利益,而不是主观臆想或推断而非必然得到的利益。例如,工厂排污毒死了鱼塘的鱼苗,除应赔偿鱼苗的成本(包括鱼苗费、鱼苗运输费、鱼苗死亡之前的饵料费、鱼塘租金、养鱼劳务费等)之外,还应赔偿鱼苗长大成鱼后渔民通常可以得到的实际收入。

据《中国渔业生态环境状况公报》提供的资料,2001～2012 年全国共发生渔业污染事故 12 835 起,造成捕捞和养殖直接经济损失 49.76 亿元,见表 30-1。

表 30-1　2001～2012 年全国渔业污染事故及所造成的渔业经济损失一览表

年份	渔业污染事故(起)			直接经济损失(亿元)			测算天然渔业资源损失(亿元)		
	海洋	内陆	合计	海洋	内陆	合计	海洋	内陆	合计
2001	35	1207	1242	1.9	1.6	3.5	30.0		
2002			1255			3.88			
2003	80	1194	1274	5.8	1.33	7.13	27.4	8.96	36.36
2004	79	941	1020	8.9	1.9	10.8	27.9	8.6	36.5

续表

年份	渔业污染事故（起）			直接经济损失（亿元）			测算天然渔业资源损失（亿元）		
	海洋	内陆	合计	海洋	内陆	合计	海洋	内陆	合计
2005	91	937	1028	4.03	2.37	6.4	37.8	8.1	45.9
2006	87	1376	1463	1.27	1.16	2.43			
2007	73	1369	1442	1.31	1.67	2.98			
2008	88	937	1025	0.368	1.28	1.65			
2009	50	999	1049	0.879	0.996	1.87			
2010	21	912	933	2.0	1.82	3.82			
2011			680			3.68			
2012			424			1.62	70.64	12.54	83.18

注：2001 至 2012 年全国共发生渔业污染事故 12 835 起，共造成捕捞和养殖直接经济损失 49.76 亿元，对造成天然渔业资源的损失未作逐年统计，给出数据的 5 年，不完全统计共 231.94 亿元

2001 至 2012 年全国共发生经济损失 100 万元以上的重大渔业污染事故 111 起，经济损失 1 000 万元以上的特大渔业污染事故 45 起

资料来源：农业部，环境保护部.中国渔业生态环境状况公报[J].

2. 人身损害造成财产损失的赔偿范围

侵害他人造成人身损害的有 3 种情况：

（1）健康损害；

（2）人身伤残；

（3）死亡。

对此，《侵权责任法》第十六条规定："侵害他人造成人身损害的，应当赔偿医疗费、护理费、交通费等为治疗和康复支出的合理费用，以及因误工减少的收入。造成残疾的，还应当赔偿残疾生活辅助具费和残疾赔偿金。造成死亡的，还应当赔偿丧葬费和死亡赔偿金。"

3. 侵害人身权益造成精神损害的赔偿范围

《侵权责任法》第二十二条规定："侵害他人人身权益，造成他人严重精神损害的，被侵权人可以请求精神损害赔偿。"为正确确定精神损害赔偿责任，应按 2001 年《最高人民法院关于确定民事侵权精神损害赔偿责任若干问题的解释》执行。

（二）渔业侵权赔偿实施的类型

1. 渔业损害的全额赔偿

渔业侵权赔偿具有明显的补偿性质。基本上应当坚持赔偿实际损失的原则和全部赔偿的原则。

赔偿实际损失的原则是指赔偿损失的范围以实际造成的损失为限，当事人不能借赔

偿损失而得到额外的收益。全部赔偿的原则是指侵权人应当赔偿由其侵权行为而造成的一切财产损失,当事人不能因为侵权人的侵权行为而遭到经济损失。

实行全额赔偿的渔业损害包括:

(1)除海洋运输船舶污染事故以外的污染事故造成的渔业损害;

(2)破坏渔业生态环境造成的渔业损害;

(3)侵害他人财产、人身权益造成的渔业损害。

2.渔业损害的限额赔偿

海船在营运中因船长或其他船员在执行职务中疏忽过失造成的事故,可能导致第三者财产重大损失或人员伤亡的严重后果,由此可能引起的惊人的损害赔偿金额,有时甚至会超过船舶本身的价值,这是船舶所有人难以承受的。为了保护船舶所有人的利益,特别是保护海运业、促进商品流通和全球经济发展的公共利益,几百年来,海运国家就对发生重大海难,给他人带来重大损失的船舶所有人的赔偿责任限制在一定限度之内。

在1次事故中,当索赔额不超过船舶所有人责任限额时可获得全额赔偿,当索赔额超过责任限额时,索赔额超过责任限额的部分就得不到赔偿。但如果此次事故是由船舶所有人的重大过失所造成的,则该船舶所有人就不能享受责任限制的利益,在这种情况下,索赔人应可获得全额赔偿。

为了统一各国船舶所有人的责任限制制度,1924年各海运国家签订了《关于统一船舶所有人责任限制若干规则的国际公约》,在此基础上,形成了1951年《船舶所有人责任限制的国际公约》,并经国际海事组织修订为《1976年国际海事索赔责任限制公约》。《公约》按船舶总吨位的吨数,分为几个等级,对于人员伤亡的索赔和任何其他索赔的责任限额作了规定。[8]《〈1976年国际海事索赔责任限制公约〉1996年议定书》提高了赔偿限额,并调整了不超过2 000吨的分级。《1996年议定书》于2004年5月13日对中国生效。[9]《1976年公约》和《1996年议定书》的规定不适用于装载散装持久性油类货物的油船造成的油污损害的索赔。

《1976年公约》和《1996年议定书》对于人身伤亡的索赔责任限额,见表30-2。

表 30-2　人身伤亡的海事索赔责任限额表 单位:计算单位①

船舶吨位	1976 年公约	1996 年议定书
不超过 500 吨	333 000	

---

① 计算单位是指国际货币基金组织规定的特别提款权(SDR)。SDR也称纸黄金(Paper Gold),是国际货币基金组织1969年建立的1种储备资产和记账单位,原与美元等值,含金量为0.888671克。因美元不断贬值,1974年7月1日起,与美元脱钩,改用16种货币的加权平均数定值,其中美元占的比重为33%。1981年1月1日起改用美元、德国马克、英镑、法国法郎和日元5种货币的加权平均数定值,其中美元占42%,德国马克占19%,英镑、法国法郎和日元各占13%。21世纪初以美元、欧元、日元和英镑4种货币综合成为一个"一篮子"计价单位,其中美元占44%,欧元占34%,日元和英镑各占11%。特别提款权(SDR)与本国货币的价值,可由外汇牌价折算。2015年9月30日国际货币基金组织决定将中国人民币纳入SDR货币篮子,并议定在该篮子中美元占41.73%,欧元占30.93%,人民币占10.92%,日元占8.33%,英镑占8.09%,这1决定于2016年10月1日生效,有效期5年。

续表

船舶吨位	1976 年公约	1996 年议定书
501～3 000 吨	在 500 吨基础上,每吨增加 500	
不超过 2 000 吨		2 000 000
2001～30 000 吨		在 2 000 吨基础上,每吨增加 800
3001～30 000 吨	在 3 000 吨基础上,每吨增加 333	
30 001～70 000 吨	在 30 000 吨基础上,每吨增加 250	在 30 000 吨基础上,每吨增加 600
超过 70 000 吨	在 70 000 吨基础上,每吨增加 167	在 70 000 吨基础上,每吨增加 400

《1976 年公约》和《1996 年议定书》对于任何其他索赔责任限额,见表 30-3。

表 30-3　任何其他海事索赔责任限额表　　　　单位:计算单位

船舶吨位	1976 年公约	1996 年议定书
不超过 500 吨	167 000	
501～30 000 吨	在 500 吨基础上,每吨增加 167	
不超过 2 000 吨		1 000 000
2001～30 000 吨		在 2 000 吨基础上,每吨增加 400
30 001～70 000 吨	在 30 000 吨基础上,每吨增加 125	在 30 000 吨基础上,每吨增加 300
超过 70 000 吨	在 70 000 吨基础上,每吨增加 83	在 70 000 吨基础上,每吨增加 200

二、经济损失的计算

（一）渔业污染事故经济损失的计算

1994 年农业部发布《水域污染事故渔业资源损失计算方法》,1996 年修订为《水域污染事故渔业损失计算方法规定》,在总结《规定》实施经验的基础上,2008 年国家质量监督检验检疫总局和国家标准化管理委员会联合发布了 GB/T 21678—2008《渔业污染事故经济损失计算方法》。该标准适用于渔业水域受外源污染导致天然渔业资源、渔业养殖生物和渔业生产受损害造成的经济损失评估。

1. 渔业资源损失量评估方法

渔业损失量计算方法包括直接计算法、比较法、定点采捕法、围捕统计法、统计推算法、调查统计法、模拟实验法、生产效应法、生产统计法、专家评估法和鱼卵仔稚鱼评估法等 11 种方法。在应用中可根据水域类型、污染情况、历史资料、本底资料和受损生物等综合情况,选择适用的计算方法。

2. 渔业污染事故经济损失评估

渔业污染事故经济损失包括直接经济损失和天然渔业资源恢复费用。

(1)直接经济损失计算方法。直接经济损失公式计算:

直接经济损失金额＝每种渔业资源渔业生物损失量×每种水产品当地的平均价格

式中单位:损失金额为元;损失量为千克、尾或个;平均价格为元/千克、元/尾或元/个。

(2)天然渔业资源损失恢复费用的估算。由于渔业水域环境污染、破坏造成天然渔业资源损害,在计算经济损失时,应考虑天然渔业资源的恢复费用,原则上不低于直接经济损失额的3倍。

3. 其他规定

(1)由于渔业污染事故对养殖生物造成损害,在计算经济损失时只计算直接经济损失。

(2)由于渔业污染事故对国家天然渔业资源造成损失,在计算经济损失时应将直接经济损失与天然渔业资源恢复费用相加。

(3)由于各种类水产品价格差异很大,因此在计算经济损失时应按种类分别计算。

(4)鱼卵、仔稚鱼的经济损失,应折算为商品苗种的平均价格进行计算,折算比例由评估单位确定。

(5)凡造成国家和地方重点水生野生保护动物损失,资源量的损失可参照本标准的方法进行评估,其价值由省级以上渔业行政主管部门组织专家评估确定。[10]

(二)渔业水域生态破坏事故经济损失的计算

《水域污染事故渔业损失计算方法规定》指出,因爆破、勘探、倾废、围垦等工程造成的渔业损失计算原则上也适用于本规定。[11]依此推论,GB/T 21678—2008《渔业污染事故经济损失计算方法》亦可用于渔业水域生态破坏事故造成的经济损失的计算。

三、 船舶污染损害的赔偿责任限制

(一)船舶污染事故造成渔业损害赔偿的法律规定

《防治船舶污染海洋环境管理条例》第五十二条规定:"船舶污染事故的赔偿限额依照《中华人民共和国海商法》关于海事赔偿责任限制的规定执行。但是,船舶载运的散装持久性油类物质造成中华人民共和国管辖海域污染的,赔偿限额依照中华人民共和国缔结或者参加的有关国际条约的规定执行。""前款所称持久性油类物质,是指任何持久性烃类矿物油。"[12]依此规定,除载运散装持久性油类物质的船舶之外的船海,包括货船、客船、渔业船舶等污染事故造成的渔业损害,实行《海商法》规定的赔偿责任限制。

(二)《海商法》关于海船损害赔偿责任限制的规定

《海商法》第十一章"海事赔偿责任限制"第二一○条规定,"对300总吨以上船舶的海事赔偿责任限额的确定按船舶吨位分级计算,(一)人身伤亡的赔偿请求分5个等级,(二)关于非人身伤亡的赔偿请求分4个等级。对于单纯的人身伤亡赔偿请求,按第(一)项规定确定该请求的责任限额;对于单纯的非人身伤亡赔偿请求,按第(二)项规定确定该请求的责任限额;当人身伤亡赔偿请求与非人身伤亡赔偿请求同时发生时,如果按照第(一)项规定的限额不足以支付全部人身伤亡赔偿请求的,其差额部分应当与非人身伤亡的赔偿请求并列,从第(二)项规定的非人身伤亡赔偿责任限额中与非人身伤亡赔偿请求按比例受偿。"[13]

《海商法》第二一〇条授权:"总吨位不满 300 吨的船舶,从事中华人民共和国港口之间的运输的船舶,以及从事沿海作业的船舶,其赔偿限额由国务院交通主管部门制定,报国务院批准后施行。"据此,交通部发布了《关于不满 300 总吨船舶及沿海运输、沿海作业船舶海事赔偿限额的规定》。[14]

综合《海商法》和交通部规定,船舶海事责任限制的赔偿限额计算标准,如表 30-4 所示。

表 30-4　船舶海事责任限制的赔偿限额计算标准表　　　　单位:计算单位

	船舶总吨位	(一) 人身伤亡的赔偿限额	(二) 非人身伤亡的赔偿限额
交规通部定	超过 20 吨、21 吨以下	54 000	27 500
	超过 21 吨、不足 300 吨	在 54 000 基础上,每吨增加 1 000	在 27 500 基础上,每吨增加 500
海商法第210条	300 吨至 500 吨	333 000	167 000
	501 吨至 3 000 吨	在 500 吨基础上,每吨增加 500	
	3001 吨至 30 000 吨	在 3 000 吨基础上,每吨增加 333	
	501 吨至 30 000 吨		在 500 吨基础上,每吨增加 167
	30 001 吨至 70 000 吨	在 30 000 吨基础上,每吨增加 250	在 30 000 吨基础上,每吨增加 125
	超过 70 000 吨	在 70 000 吨基础上,每吨增加 167	在 70 000 吨基础上,每吨增加 83

注:

1. 本表所列《海商法》第 210 条规定的赔偿限额与《1976 年国际海事索赔责任限制公约》的规定相同

2. 从事中华人民共和国港口之间货物运输或者沿海作业的船舶,不满 300 总吨的,其海事赔偿限额依照超过 20 吨、21 吨以下和超过 21 吨、不足 300 吨规定的赔偿限额的 50% 计算;300 总吨以上的,其海事赔偿限额依照 300 吨至 500 吨规定的赔偿限额的 50% 计算

3. 本表不适用于:军事船舶、政府公务船舶和不足 20 总吨的船舶

举例:30 000 总吨船舶的海事赔偿责任限额

人身伤亡赔偿限额 $=333\ 000+(3\ 000-500)\times500+(30\ 000-3\ 000)\times333$

$\qquad\qquad\qquad=10\ 574\ 000$ 计算单位

$$非人身伤亡赔偿限额＝167\,000＋(30\,000－500)×167$$
$$＝5\,093\,000\ 计算单位$$

《海商法》第二〇九条规定："经证明,引起赔偿请求的损失是由于责任人的故意或者明知可能造成损失而轻率地作为或者不作为造成的,责任人无权依照本章规定限制赔偿责任。"

四、油船污染损害的赔偿和补偿

（一）最高人民法院关于船舶油污损害赔偿的规定

1．船舶油污损害赔偿范围

《最高人民法院关于审理船舶油污损害赔偿纠纷案件若干问题的规定》第九条规定："船舶油污损害赔偿范围包括：（一）为防止或者减轻船舶油污损害采取预防措施所发生的费用,以及预防措施造成的进一步灭失或者损害；（二）船舶油污事故造成该船舶之外的财产损害以及由此引起的收入损失；（三）因油污造成环境损害所引起的收入损失；（四）对受污染的环境已采取或将要采取合理恢复措施的费用。"

《规定》并就船舶油污损害赔偿范围做出进一步规定：

（1）对预防措施费用以及预防措施造成的进一步灭失或者损害,应当结合污染范围、污染程度、油类泄漏量、预防措施的合理性、参与清除油污人员及投入使用设备的费用等因素合理认定。

（2）船舶泄漏油类污染其他船舶、渔具、养殖设施等财产,受损害人可请求油污责任人赔偿因清洗、修复受污染财产支付的合理费用。

（3）受污染财产无法清洗、修复,或者清洗、修复成本超过其价值的,受损害人可请求油污责任人赔偿合理的更换费用,但应参照受污染财产实际使用年限与预期使用年限的比例作合理扣除。

（4）受损害人因其财产遭受船舶油污,不能正常生产经营的,其收入损失应以财产清洗、修复或者更换所需合理期间为限进行计算。

（5）受损害人采取合理措施避免收入损失,请求赔偿合理措施的费用亦应属赔偿范围,但以其避免发生的收入损失数额为限。

2．请求船舶油污损害赔偿的条件

《规定》第十四条规定："海洋渔业、滨海旅游业及其他用海、临海经营单位或者个人请求因环境污染所遭受的收入损失,具备下列全部条件,由此证明收入损失与环境污染之间具有直接因果关系的,人民法院应予支持：（一）请求人的生产经营活动位于或者接近污染区域；（二）请求人的生产经营活动主要依赖受污染资源或者海岸线；（三）请求人难以找到其他替代资源或者商业机会；（四）请求人的生产经营业务属于当地相对稳定的产业。"但"未经相关行政主管部门许可,受损害人从事海上养殖、海洋捕捞,主张收入损失的,人民法院不予支持；但请求赔偿清洗、修复、更换养殖或者捕捞设施的合理费用,人民法院应予支持。"

3. 船舶油污损害造成财产损失的确定

《规定》第十六条规定:"受损害人主张因其财产受污染或者因环境污染造成的收入损失,应以其前3年同期平均净收入扣减受损期间的实际净收入计算,并适当考虑影响收入的其他相关因素予以合理确定。""按照前款规定无法认定收入损失的,可以参考政府部门的相关统计数据和信息,或者同区域同类生产经营者的同期平均收入合理认定。"

4. 油船污染损害造成渔业损失赔偿限额的确定

《规定》第五条规定:"油轮装载的持久性油类造成油污损害的,应依照《防治船舶污染海洋环境管理条例》《1992 年国际油污损害民事责任公约》的规定确定赔偿限额。"[15]

(二)油船污染事故造成渔业损害的赔偿责任限制

1967 年"托雷·卡尼翁"号事件发生后,使世人看到 1957 年《船舶所有人责任限制公约》规定的责任限额,远远不能满足重大油污事故所造成的损害赔偿的需要。为此,国际海事组织主持制定了《1969 年国际油损害民事责任公约》。《公约》于 1975 年 6 月 19 日对中国生效,后经 1976、1984 和 1992 年 3 次修改,形成了《1992 年国际油污损害民事责任公约》,并于 2000 年 1 月 5 日对中国生效。其主要规定是:

(1)公约适用于在缔约国的领土、领海和专属经济区实际装运散装持久性油类,包括原油、燃料油、重柴油、润滑油及鲸油货物的海船发生的油污损害事故。

(2)油污损害是指由于船舶溢出或者排放油类在船舶本身以外因污染而产生的灭失或者损害,包括渔民收入的减少,直接依靠海岸或者有关海上活动牟利而遭受的经济损失,海滨旅馆饭店收入的损失,海滨别墅、船只、滑道的修理费,恢复被污染的个人财产的经费等。

(3)油污损害赔偿采用严格责任制,除非符合免责条件,船舶所有人应当对船舶溢油造成的污染损害负赔偿责任。符合下列情形之一的,船舶所有人可以向法院提出免予承担赔偿责任的申请:

① 由于战争行为、敌对行为、内战或者武装暴动,或者特殊的、不可避免的和不可抗拒的自然现象所引起的;

② 完全是由于第三者有意造成损害的行为或者由于第三者的失职所引起的;

③ 完全是由于负责灯塔或者其他助航设备的政府或者其他主管当局在执行其职责时,疏忽或者其他过失行为所造成的。

(4)油污损害赔偿的范围包括以下 3 个部分:

① 在缔约国领土、领海或专属经济区海域上发生的油污损害;

② 采取预防措施的费用和由此措施所造成的损害;

③ 船舶所有人防止损害扩大而支出的费用和由此造成的其他损害。

(5)预防措施是指油污事件发生后,为防止或者减轻污染损害而由任何人所采取的任何合理措施,包括为清除海上溢油、防护敏感资源及清理海岸线和沿海岸设施而采取的合理措施所花费的费用等。所谓"由此措施所造成的损害",包括清污措施造成道路、码头、防波堤受损,对其进行必要维修的费用等。

(6)船舶所有人的赔偿责任限额,按船舶吨位分级计算:

　　总吨不超过 5 000 的责任限额为 300 万计算单位;

　　总吨在 5 000～140 000 吨之间的,在 300 万计算单位的基础上,每增加 1 吨增加 420 计算单位;

　　总吨超过 140 000 吨的,责任限额为 5 970 万计算单位。

　　(7) 为取得规定的责任限度的权利,油污事故发生后,船舶所有人应在提起赔偿诉讼的法院或其他主管当局设立相当其责任限度总额的基金。设立该基金可采用照数存入银行的方法或经法院或其他主管当局认可的担保方法。

　　(8) 如果索赔者能够证明油污事故的发生是由于船舶所有人的过失(实际过失或者暗中参与)所引起的,则船舶所有人就无权享受责任限制的利益。[16]

　　2000 年 10 月国际海事组织法律委员会第八十二届会议通过《1992 年责任公约》的修正案,决定将船舶所有人的油污损害责任限额提高 50.37%,即:将上列 300 万、420 万和 5 970 万计算单位修改为 451 万、631 万和 8 977 万计算单位。这项修正案于 2003 年 11 月 1 日生效。2003 年 11 月 11 日交通部发布公告:该修正案对我国也具有拘束力。[17]

　　(三) 油污损害赔偿基金对船舶油污损害的赔偿、补偿

　　《海洋环境保护法》第六十六条规定:“国家完善并实施船舶油污损害民事赔偿责任制度;按照船舶油污损害赔偿责任由船东和货主共同承担风险的原则,建立船舶油污保险、油污损害赔偿基金制度。”《防治船舶污染海洋环境管理条例》第五十六条规定:“在中华人民共和国管辖水域接收海上运输的持久性油类物质货物的货物所有人或者代理人应当缴纳船舶油污损害赔偿基金。”据此,2012 年财政部和交通运输部联合制定了《船舶油污损害赔偿基金征收使用管理办法》。

　　《办法》规定:

　　(1) 凡在中华人民共和国管辖水域内接收从海上运输持久性油类物质(包括原油、燃料油、重柴油、润滑油等持久性烃类矿物油)的货物所有人或其代理人,应当按照每吨持久性油类物质 0.3 元的征收标准缴纳船舶油污损害赔偿基金。

　　(2) 船舶油污损害赔偿基金用于以下油污损害及相关费用的赔偿、补偿:

　　① 同 1 事故造成的船舶油污损害赔偿总额超过法定船舶所有人油污损害赔偿责任限额的;

　　② 船舶所有人依法免除赔偿责任的;

　　③ 船舶所有人及其油污责任保险人或者财务保证人在财力上不能履行其部分或全部义务,或船舶所有人及其油污责任保险人或者财务保证人被视为不具备履行其部分或全部义务的偿付能力;

　　④ 无法找到造成污染船舶的。

　　(3) 下列情况,不得从船舶油污损害赔偿基金中提供赔偿或者补偿:

　　① 油污损害由战争、敌对行为造成或者由政府用于非商业目的的船舶、军事船舶、渔船排放油类物质造成的;

　　② 索赔人不能证明油污损害由船舶造成的;

　　③ 因油污受害人过错造成的全部或部分油污损害的。

（4）船舶油污损害赔偿基金按照申请时间顺序依次受理。其中，对同 1 事故的索赔按照下列范围和顺序赔偿或补偿：

① 为减少油污损害而采取的应急处置费用；

② 控制或清除污染所产生的费用；

③ 对渔业、旅游业等造成的直接经济损失；

④ 已采取的恢复海洋生态和天然渔业资源等措施所产生的费用；

⑤ 船舶油污损害赔偿基金管理委员会实施监视监测发生的费用；

⑥ 经国务院批准的其他费用。

（5）船舶油污损害赔偿基金对任 1 船舶油污事故的赔偿或补偿金额不超过 3 000 万元人民币。

（6）油污受害人申请从船舶油污损害赔偿基金中获得赔偿或者补偿的，应当在油污损害发生之日起 3 年内提出；在任何情况下，均应当在船舶油污事故发生之日起 6 年内提出。逾期申请的，船舶油污损害赔偿基金管理委员会不予受理。[18]

依此规定，当船舶油污损害造成渔业的直接经济损失及已采取的恢复天然渔业资源的措施所产生的费用得不到全部赔偿时，可按照《船舶油污损害赔偿基金征收使用管理办法》规定的程序和条件向国家船舶油污损害赔偿基金管理委员会秘书处提出油污损害补偿申请。

第三节 渔业侵权赔偿纠纷解决

一、解决途径

（一）《海洋环境保护法》等法律的规定

1982 年《海洋环境保护法》第四十二条规定："因海洋环境污染受到损害的单位和个人，有权要求造成污染损害的一方赔偿损失。赔偿责任和赔偿金额纠纷，可以由有关主管部门处理，当事人不服的，依照《中华人民共和国民事诉讼法（试行）》规定的程序解决；也可以直接向人民法院起诉。"1989 年《环境保护法》第四十一条第二款规定："赔偿责任和赔偿金额的纠纷，可以根据当事人的请求，由环境保护行政主管部门或者其他依照法律规定行使环境监督管理权的部门处理；当事人对处理决定不服的，可以向人民法院起诉。当事人也可以直接向人民法院起诉。"

《民事诉讼法》第二百七十一条规定："涉外经济贸易、运输和海事中发生的纠纷，当事人在合同中订有仲裁条款或者事后达成书面仲裁协议，提交中华人民共和国涉外仲裁机构或者其他仲裁机构仲裁的，当事人不得向人民法院起诉。当事人在合同中没有订有仲裁条款或者事后没有达成书面仲裁协议的，可以向人民法院起诉。"

（二）有关行政法规和规章的规定

《防治船舶污染海洋环境管理条例》第五十七条规定："对船舶污染事故损害赔偿的争议,当事人可以请求海事管理机构调解,也可以向仲裁机构申请仲裁或者向人民法院提起民事诉讼。"

农业部《渔业水域污染事故调查处理程序规定》第十六条规定："因渔业水域污染事故发生的赔偿责任和赔偿金额的纠纷,当事人可以向事故发生地的主管机构申请调解处理,当事人也可以直接向人民法院起诉。"

综合以上规定,解决渔业侵权赔偿责任和赔偿金额纠纷的途径有行政调解、提交仲裁和民事诉讼 3 种,可分为以下 4 种情形:

（1）根据当事人的请求,由渔业行政主管部门或者其他依照法律规定对污染、破坏渔业水域事故具有调查管理权的部门调解处理。

（2）当事人不接受调解或对行政部门调解处理决定不服的,可以提交仲裁或向人民法院起诉。

（3）当事人可以直接提交仲裁或向人民法院起诉。

（4）涉外海事中发生的纠纷,当事人在合同中订有仲裁条款或者事后达成书面仲裁协议,提交中华人民共和国涉外仲裁机构或者其他仲裁机构仲裁的,当事人不得向人民法院起诉。

二、 行政调解

（一）渔业侵权赔偿纠纷行政调解的概念和特征

侵权损害赔偿纠纷的行政调解是指国家行政机关根据法律、行政法规的规定,对当事人之间发生的与其行政管理活动密切相关的赔偿责任和赔偿金额的纠纷进行审查,在查明事实、分清是非、明确责任的基础上,说服当事人互谅互让,依照法律、法规及规章的规定,确认赔偿责任和赔偿金额,并做出调解协议的行政行为。

行政调解是国家行政机关处理平等主体之间民事争议的 1 种方法,其特征是:

1. 自愿性

行政调解以自愿为原则,需要争议双方当事人向具有管辖权的行政机关提出调解申请。申请调解通常要递交申请书,载明调解事项。

2. 权威性

行政机关拥有专门人才、技术手段、信息资料,熟悉相关的法律、法规和情况,具有较快地查明事实做出妥善处理的条件和能力,作为侵权损害赔偿纠纷的调解人,主持调解活动,具有比较强的权威性。

3. 简便性

行政调解应尊重当事人的意思自治,以当事人参与为其必要条件,不需要烦琐的手续,即时性较强,效率比较高。而且,当事人无需聘请律师和缴纳费用,相对民事诉讼,解决纠纷的成本低廉。

4. 无强制性

行政调解作为政府服务职能的 1 种体现,允许当事人中断调解进程,对于调解决定也并不强制当事人执行。经行政机关调解达成协议的,行政机关应当制作调解书;调解不能达成协议的,行政机关应当及时告知当事人救济权利和渠道。

渔业侵权损害案件量大、面广,由行政机关出面对当事人之间的赔偿纠纷依法进行调解处理,可以防止大量的较小的民事纠纷涌入人民法院,可以减轻人民法院的审判负担,节省国家的司法成本。因此,当今世界各国为充分发挥行政调解在解决社会矛盾中的作用,都把行政调解作为解决侵权损害赔偿纠纷的 1 种主要方式。《海洋环境保护法》和《环境保护法》等法律、法规对解决环境损害纠纷,虽然不实行"行政处理在先"原则,但都把行政处理方式作为当事人的首选,写在"向人民法院起诉"之前,表明了国家提倡行政处理的立法倾向,当然行政处理也有它的局限性,可能有结果,也可能无结果;当事人可能接受处理,也可能不接受处理。所以行政处理不是唯一的、最终的方式。

(二)渔业侵权赔偿纠纷行政调解的程序

按照农业部《渔业水域污染事故调查处理程序规定》,因渔业水域污染事故发生的赔偿责任和赔偿金额的纠纷,当事人向渔业行政主管部门(简称主管机构)申请调解处理应经过申请、受理和处理等 3 个程序。

1. 申请

请求主管机构调解处理的纠纷,当事人必须提交申请书,申请书应写明如下事实:

(1)申请人与被申请人的姓名、性别、年龄、职业、住址、邮政编码等(单位的名称、地址、法定代表人的姓名);

(2)申请事项,事实和理由;

(3)与事故纠纷有关的证据和其他资料;

(4)请求解决的问题。

如属当事人 1 方申请调解的,主管机构有责任通知另 1 方接受调解,如另 1 方拒绝接受调解,当事人可直接向人民法院起诉。

2. 受理

主管机构受理当事人事故纠纷调解处理申请应符合下列条件:

(1)必须是双方当事人同意调解处理;

(2)申请人必须是与渔业损失事故纠纷有直接利害关系的单位或个人

(3)有明确的被申请人和具体的事实依据与请求;

(4)不超越主管机构受理范围。

主管机构应在收到申请书 10 日内将申请书副本送达被申请人。被申请人在收到申请书副本之日起 15 日内提交答辩书和有关证据。被申请人不按期或不提出答辩书的,视为拒绝调解处理,主管机构应告知申请人向人民法院起诉。

3. 处理

(1)主管机构受理污染事故赔偿纠纷后,可根据需要邀请有关部门的人员参加调解处理工作。

（2）负责和参加处理纠纷的人员与纠纷当事人有利害关系时，应当自行回避，当事人也可提出回避请求。

（3）调解处理过程中，应召集双方座谈协商。经协商可达成调解协议。

（4）调解协议书须经当事人双方和主管机构3方签字盖章。

（5）当事人拒不履行调解协议的，主管机构应督促履行，同时当事人可向人民法院起诉。

（6）当事人对主管机构调解污染事故赔偿纠纷处理决定不服的，可以向人民法院起诉。

（7）调解处理过程中，当事人1方向人民法院起诉，调解处理终止。[19]

三、 仲裁

（一）仲裁的特点及仲裁庭组成

仲裁是指争议双方在争议发生前或者争议发生后达成书面协议，自愿将争议交给仲裁机构做出裁决，双方有义务执行的1种解决争议的方法。仲裁机构和法院不同。法院行使国家所赋予的审判权，向法院起诉不需要双方当事人在起诉前达成协议，只要1方当事人向有管辖权的法院起诉，经法院受理后，另1方当事人必须应诉。仲裁机构通常是民间团体的性质，其受理案件的管辖权来自双方书面协议。没有书面仲裁协议，1方当事人申请仲裁的，仲裁机构不予受理。当事人达成仲裁协议，1方当事人向人民法院起诉的，人民法院不予受理。

仲裁庭可以由3名仲裁员或者1名仲裁员组成。由3名仲裁员组成的，设首席仲裁员。当事人约定由3名仲裁员组成仲裁庭的，应当各自在仲裁机构仲裁员名单中选定或者各自委托仲裁机构负责人指定1名仲裁员，第三名仲裁员由当事人共同选定或者共同委托仲裁机构负责人指定。第三名仲裁员是首席仲裁员。当事人约定由1名仲裁员成立仲裁庭的，应当由当事人共同选定或者共同委托仲裁机构负责人指定仲裁员。当事人没有在仲裁规则规定的限期内约定仲裁庭的组成的方式或者选定仲裁员的，由仲裁机构负责人指定。仲裁庭组成后，仲裁机构应当将仲裁庭的组成情况书面通知当事人。

当事人应当对自己的主张提供证据。仲裁庭认为有必要收集的证据，可以自行收集。仲裁庭对专门性问题认为需要鉴定的，可以交由当事人约定的鉴定部门鉴定，也可以由仲裁庭指定的鉴定部门鉴定。根据当事人的请求或者仲裁庭的要求，鉴定部门应当派鉴定人参加开庭。当事人经仲裁庭许可，可以向鉴定人提问。

仲裁应当根据事实，符合法律规定，公平合理地裁决，并实行一裁终局的制度。当事人应当履行裁决。1方当事人不履行的，另1方当事人可以依照民事诉讼法的有关规定向人民法院申请执行。受申请的人民法院应当执行。

（二）渔业侵权赔偿纠纷仲裁的管辖

依照《民事诉讼法》和《防治船舶污染海洋环境管理条例》的规定，涉外的海事和船舶的侵权赔偿案件可以按仲裁程序解决。1994年全国人大常委会制定的《仲裁法》规定，不是涉外案件，也可以依照《仲裁法》申请有关仲裁机构仲裁。

《中国海事仲裁委员会仲裁规则》规定,海事仲裁委员会受理产生于远洋、近洋、沿海和与海相通的可航水域的运输、生产和航行等有关过程中所发生的海事争议,包括渔业生产及捕捞等所发生的争议和海洋资源开发利用及海洋环境污染损害所发生的争议。[20]

按照《仲裁法》和《中国海事仲裁委员会仲裁规则》规定,渔业侵权赔偿纠纷需要以仲裁的方式解决的,涉外案件应提交海事仲裁委员会仲裁解决;非涉外案件既可提交由当事人协议选定仲裁机构仲裁解决,也可提交海事仲裁委员会仲裁解决。

四、民事诉讼

（一）渔业侵权赔偿纠纷的诉讼管辖权

1. 内陆渔业侵权赔偿纠纷的诉讼管辖权

依照《民事诉讼法》第二十九、三十条和第十七、十八条的规定:

（1）因侵权行为提起的诉讼,由侵权行为地或者被告住所地人民法院管辖。

（2）因水上事故请求损害赔偿提起的诉讼,由事故发生地或者船舶最先到达地或者被告住所地人民法院管辖。

基层人民法院管辖第一审民事案件,中级人民法院管辖下列第一审民事案件:

（1）重大涉外案件;

（2）在本辖区有重大影响的案件;

（3）最高人民法院确定由中级人民法院管辖的案件。

2. 海洋渔业侵权赔偿纠纷的诉讼管辖权

《海事诉讼特别程序法》第四条规定:"海事法院受理当事人因海事侵权纠纷……以及法律规定的其他海事纠纷提起的诉讼。"2001年8月9日《最高人民法院关于海事法院受理案件范围的若干规定》在海事侵权纠纷案件中,包括了船舶排放、泄漏、倾倒油类、污水或者其他有害物质,造成水域污染或者他船、货物及其他财产损失的损害赔偿纠纷案件,海上或者通海水域的航运、生产、作业或者船舶建造、修理、拆解或者港口作业、建设造成水域污染、滩涂污染或者他船、货物及其他财产损失的损害赔偿纠纷案件,还包括了其他海事侵权纠纷案件。依照这个规定,破坏海洋渔业水域生态环境的侵权行为引起的损害赔偿纠纷案件和污染海洋渔业水域的侵权行为引起的损害赔偿纠纷案件,都应向提交海事法院起诉。[21]

《海事诉讼特别程序法》第六条规定,因海事侵权行为提起的诉讼,除依照《民事诉讼法》第二十九、三十条的规定以外,还可以由船籍港所在地海事法院管辖。

（二）渔业侵权赔偿纠纷的司法鉴定

渔业侵权造成的直接经济损失和天然渔业资源损失的计算和认定,具有很强的科学技术性,在诉讼活动中通常需要具备资格的鉴定人进行渔业侵权损害的司法鉴定。

渔业侵权赔偿纠纷司法鉴定是指在诉讼活动中鉴定人运用科学技术或者专门知识,采用监测、检测、现场勘察、实验模拟或者综合分析等技术方法,对渔业水域污染或者生态破坏造成渔业生产损失或天然渔业资源损失讼诉涉及的专门性问题进行鉴别和判断并提供鉴定意见的活动。渔业侵权赔偿纠纷诉讼中需要解决的专门性问题包括:确定污染物的性质;确定渔业生产、天然渔业资源和渔业生态环境遭受损害的性质、范围和程度;评定因果关系;评定污染治理与运行成本以及防止损害扩大、修复生态环境的措施或方案等。

对于民事诉讼案件的司法鉴定,现行《民事诉讼法》第七十六条至第七十九条规定:

(1)当事人可以就查明事实的专门性问题向人民法院申请鉴定。当事人申请鉴定的,由双方当事人协商确定具备资格的鉴定人;协商不成的,由人民法院指定。

(2)当事人未申请鉴定,人民法院对专门性问题认为需要鉴定的,应当委托具备资格的鉴定人进行鉴定。

(3)鉴定人有权了解进行鉴定所需要的案件材料,必要时可以询问当事人、证人。

(4)鉴定人应当提出书面鉴定意见,在鉴定书上签名或者盖章。

(5)当事人对鉴定意见有异议或者人民法院认为鉴定人有必要出庭的,鉴定人应当出庭作证。经人民法院通知,鉴定人拒不出庭作证的,鉴定意见不得作为认定事实的根据;支付鉴定费用的当事人可以要求返还鉴定费用。

(6)当事人可以申请人民法院通知有专门知识的人出庭,就鉴定人做出的鉴定意见或者专业问题提出意见。

《最高人民法院关于民事诉讼证据的若干规定》(2002年4月1日起施行)第二十八条规定:"一方当事人自行委托有关部门做出的鉴定结论,另一方当事人有证据足以反驳并申请重新鉴定的,人民法院应予准许。"这条规定实际上赋予了自行委托鉴定应有的法律地位,弥补了现行法中的不足。

按照《全国人大常委会关于司法鉴定管理问题的决定》(2005年10月1日起施行)的规定,司法鉴定人须在1个司法鉴定机构内执业。

司法鉴定人是指运用科学技术或者专门知识对诉讼涉及的专门性问题进行鉴别和判断并提出鉴定意见的人员。

司法鉴定机构是指从事《全国人民代表大会常务委员会关于司法鉴定管理问题的决定》第二条规定的司法鉴定业务的法人或者其他组织。

司法鉴定人从事司法鉴定业务,由所在的司法鉴定机构统一接受委托。全国实行统一的司法鉴定机构及司法鉴定人审核登记、名册编制和名册公告制度。按照司法部的规定,司法鉴定机构必须持有省级司法行政机关准予登记的决定及《司法鉴定许可证》,司法鉴定人必须持有省级司法行政机关准予执业的决定及《司法鉴定人执业证》,方可依法开展司法鉴定活动。[22-23]

(三)设立海事赔偿责任限制基金程序

在发生海事事故后,船舶所有人为享受责任限制的权利并保障其履行限额赔偿的义务,防止索赔人胜诉后拿不到赔偿金,要求船舶所有人设立相当于其责任限额总数的基金。对此,《1976年海事索赔责任限制公约》第十条规定:"缔约国可在其国内法中规定,当在其法院审理须受责任限制的索赔时,只有在责任人已按本公约规定设立责任限制基金,或在援用责任限制权利时设立该项基金,才能援用责任限制的权利。"《1992年国际油污损害民事责任公约》第五条第三款规定:"为取得本条第一款规定的责任限制权利,船舶所有人应在按第九条提起诉讼的任何 1 个缔约国的法院或其他主管当局设立相当于其责任限额总数的基金；如未提起诉讼，则应在可以按第九条提起诉讼的任何 1 个缔约国的任何 1 个法院或其他主管当局设立此项基金。设立此项基金时可将其总数存入银行，或提供基金设立国的法律可以接受的、并法院或其他主管当局认为合适的银行担保或其他担保。"

就此，《海事诉讼特别程序法》第九章则作了以下具体规定：

（1）船舶所有人、承租人、经营人、保险人在发生海事事故后，依法申请责任限制的，可以向海事法院申请设立海事赔偿责任限制基金。

（2）船舶造成油污损害的，船舶所有人及其责任保险人或者提供财务保证的其他人为取得法律规定的责任限制的权利，应当向海事法院设立油污损害的海事赔偿责任限制基金。

（3）设立责任限制基金的申请可以在起诉前或者诉讼中提出，但最迟应当在一审判决做出前提出。

（4）当事人在起诉前申请设立海事赔偿责任限制基金的，应当向事故发生地或者船舶扣押地海事法院提出。

（5）申请人向海事法院申请设立海事赔偿责任限制基金，应当提交书面申请。申请书应当载明申请设立海事赔偿责任限制基金的数额、理由，以及已知的利害关系人的名称、地址和通讯方法，并附有关证据。

（6）海事法院受理设立海事赔偿责任限制基金申请后，应当在 7 日内向已知的利害关系人发出通知，同时通过报纸或者其他新闻媒体发布公告。

（7）利害关系人对申请人申请设立海事赔偿责任限制基金有异议的，应当在收到通知之日起 7 日内或者未收到通知的在公告之日起 30 日内，以书面形式向海事法院提出。海事法院收到利害关系人提出的书面异议后，应当进行审查，在 15 日内做出裁定。异议成立的，裁定驳回申请人的申请；异议不成立的，裁定准予申请人设立海事赔偿责任限制基金。

（8）利害关系人在规定的期间内没有提出异议的，海事法院裁定准予申请人设立海事赔偿责任限制基金。

（9）准予申请人设立海事赔偿责任限制基金的裁定生效后，申请人应当在海事法院设立海事赔偿责任限制基金。设立海事赔偿责任限制基金可以提供现金，也可以提供经海事法院认可的担保。

（10）海事赔偿责任限制基金的数额，为海事赔偿责任限额和自事故发生之日起至基金设立之日止的利息。以担保方式设立基金的，担保数额为基金数额及其在基金设立期间的利息。

（四）渔业侵权赔偿纠纷的诉讼时效

《民法通则》第一百三十五条和第一百三十七条规定："向人民法院请求保护民事权利的诉讼时效期间为 2 年，法律另有规定的除外。""诉讼时效期间从知道或者应当知道权利被侵害时起计算。"诉讼时效是指民事权利受到侵害的权利人请求法院依诉讼程序

保护其民事权益的法定期间。在法定的期间内权利人提起诉讼要求法院保护其合法权益,法院应予保护,超过了诉讼时效期间法院不再予以保护。

《环境保护法》第六十六条规定:"提起环境损害赔偿诉讼的时效期间为3年,从当事人知道或者应当知道其受到损害时起计算。"这比《民法通则》规定的一般诉讼时效期间长1年,这是因为很多环境污染、破坏,并不是马上就能显示出危害后果,往往有一个潜伏、积累的过程,而且确定因果关系从而找寻致害人,确定财产和人身损害的确切程度及提供有关证据,都可能比一般损害赔偿的诉讼要复杂得多。值得注意的是,3年诉讼时效的规定,是从当事人知道或者应当知道其受到损害时起计算,也就是从损害已经出现,受害当事人已经发现和知道收到了侵害之时起计算。而不是从侵害行为发生开始。《民法通则》还规定,对特殊的环境污染损害案件,从权利被侵害之日起,诉讼时效期间可达20年,如日本的水俣病的诉讼就适用这样的特殊诉讼时效规定。

(五)"塔斯曼海"号渔业侵权赔偿诉讼案

2002年11月23日英费尼特航运公司所属马耳他籍"塔斯曼海"号油轮与大连"顺凯1号"货轮在天津大沽口东部海域发生碰撞,"塔斯曼海"号右舷第三舱破损,所载205.924吨文莱轻质原油入海,受污染海水水质下降到Ⅲ、Ⅳ类的海域面积达733平方千米,使渤海湾北部沿岸渔业资源、生态环境和水产养殖业遭受严重破坏。河北省滦南县渔民协会、天津市塘沽区大沽渔民协会、北塘渔民协会和汉沽地区等共计1517位捕捞渔民和37个养殖户以英费尼特航运公司和"塔斯曼海"号参保的伦敦汽船互保协会为被告,分8个案件向天津海事法院提起损害赔偿诉讼,请求赔偿因"塔斯曼海"号油污造成的渔业捕捞停产损失、网具损失和滩涂贝类养殖损失合计6793.58万元。农业部授权天津市渔政处代表国家就渔业资源损失提起索赔,请求赔偿金额为1782.8万元。国家海洋局授权天津市海洋局代表国家就海洋环境容量损失、海洋服务功能损失和海洋生态修复等提起索赔,请求赔偿金额为9836.9万元。2004年12月24日天津海事法院对渔民和养殖户提起的8个索赔案件做出初审判决,驳回其中1个案件的诉讼请求,判令2被告连带赔偿另7个案件的1425位渔民和15个养殖户渔业捕捞损失、网具损失和滩涂贝类养殖损失共计1841.4万元,不支持其中4个案件中的养殖索赔请求。[24] 2004年12月25日天津海事法院做出初审判决,判令2被告连带赔偿天津市海洋局海洋环境容量损失750.58万元,调查、监测、评估及生物修复研究费245.23万元,合计995.81万元;[25]同日天津海事法院做出初审判决,判令2被告连带赔偿天津市渔政处渔业资源损失费1465.42万元和调查评估费48万,共计1513.42万元。[26]

2被告和10个案件所有原告对初审判决不服,依法向天津市高级人民法院提起上诉。2006年后天津市高级人民法院陆续对10个上诉案件分别做出终审判决,除将初审法院对河北省滦南县渔民协会诉英费尼特航运公司1案判决第一项的赔偿金额由1513.437万元调整为1453.9698万元外,认为其他案件原判决查明事实清楚,适用法律正确,应予维持,判决:驳回上诉,维持原判。[27]

1994 年《国际海事委员会油污损害指南》第十一条规定:"环境损害的赔偿(除利润损失外),应限于已实际或行将采取恢复原状的合理措施的费用。在对根据理论模式计算出来的损害做出抽象定量的基础上所提出的索赔,不予赔偿。"在"塔斯曼海"号索赔诉讼中,被告曾以按照农业部《水域污染事故渔业损失计算方法规定》得出的天然渔业资源经济损失索赔金额"是理论推倒的结果,不是实际损失的主张"为由,请求法院对天津渔政管理处代表国家对油污造成天然渔业资源经济损失提出的索赔诉求不予支持。

初审法院驳斥了被告的观点,认为农业部《水域污染事故渔业损失计算方法规定》对天然渔业资源经济损失金额的计算,不应低于直接经济损失中水产品损失额的 3 倍,是经过多年的实际调查,依据大量案例,由专家反复检验论证,并以国家规章的形式予以确定的方法,在国内已实施多年,是我国目前计算污染造成渔业资源损失的唯一规范性文件。依据该规定计算的渔业资源损失不是纯理论计算,而是采用专家评估法,以现场调查和天然渔业资源动态监测资料为依据,对污染造成的天然渔业资源经济损失做出的客观评估。其结论既有事实依据,又有法律依据。

再者,《92 责任公约》第一条第六款(a)规定,"污染损害"系指油类从船上的溢出或排放引起的污染在该船之外所造成的灭失或损害,不论此种溢出或排放发生于何处;但是,对环境造成的损害(不包括此种损害的利润损失)的赔偿,应限于已实际采取或将要采取的合理恢复措施的费用。很显然,该条款没有规定污染造成所谓渔业资源中、长期损失不应赔偿。而《民法通则》第一百二十四条规定,违反国家保护环境防止污染的规定,污染造成他人损害的,应当依法承担民事责任。第一百一十八条第二款规定:损害国家的、集体的财产或者他人财产的,应当恢复原状或折价赔偿。

因此,对于天然渔业资源损失如何计算和是否赔偿,在《92 责任公约》中没有做出明确规定的情况下,按照农业部《水域污染事故渔业损失计算方法规定》所得出的天然渔业资源经济损失属于客观存在的事实,其既符合我国现有法律规定,也不违反《92 责任公约》的规定。

终审法院支持初审法院的上述论断,同样驳回了被告的诉求,从而在涉外渔业资源经济损失索赔诉讼实践中,有效维护了农业部《水域污染事故渔业损失计算方法规定》的权威和尊严。[26]

(六)蓬莱 19-3 油田溢油污染损害栾树海等海参养殖赔偿责任纠纷案

2011 年 6 月,由中海油公司与康菲公司合作开发的蓬莱 19—3 油田发生溢油事故后,在河北省唐山市乐亭县古河乡、马头营镇、汤家河镇和姜各庄镇近岸海域从事海参养殖的栾树海等 21 名养殖户于 2011 年 12 月 7 日向天津海事法院提起诉讼,请求康菲公司与中海油公司连带赔偿其养殖损失 141 504 717 元和鉴定费用 7 037 200 元,并承担本案诉讼费用。

天津海事法院于 2011 年 12 月 30 日立案受理该案,于 2014 年 12 月 9、10

两日进行了公开开庭审理。经审理查明：

（1）栾树海等21名原告，自2008年开始在承包海域内开始养殖海参。实际养殖面积为池塘养殖2 905.99亩，工厂化养殖5 727立方米。

（2）2011年6月4日和6月17日，蓬莱19—3油田发生两次溢油事故，导致该油田周边及其西北部面积约6 200平方千米的海域海水污染。2012年6月21日由国家海洋局、国土资源部、环境保护部、交通运输部、农业部、安全生产监督管理总局、能源局组成的联合调查组发布的《蓬莱19-3油田溢油事故联合调查组关于事故调查处理报告》，认定：① 蓬莱19—3油田溢油事故是造成重大海洋溢油污染的责任事故；② 康菲公司在作业过程中违反了油田总体开发方案，在制度和管理上存在缺失，对应当预见到的风险没有采取必要的防范措施，最终导致溢油；③ 康菲公司作为该油田的作业者承担溢油事故的全部责任。

（3）经过行政调解，农业部、中海油、康菲公司以及有关省人民政府就解决蓬莱19—3油田溢油事故渔业损失赔偿和补偿问题，达成一致意见。康菲公司出资10亿元人民币，用于解决河北、辽宁省部分区县养殖生物和渤海天然渔业资源损害赔偿补偿问题；由农业部负责协调河北省、辽宁省有关政府部门将康菲公司出资的10亿元之中的7.315亿元，通过行政调解的方式赔偿补偿给从河北省乐亭县至辽宁省绥中县连续岸段"四县三区"（包括乐亭县、昌黎县、抚宁县、绥中县、海港区、山海关区、北戴河区）的养殖渔业索赔者。

（4）2012年1月乐亭县开展了优化沿海环境、整治开发建设秩序的集中行动，各沿海乡、镇人民政府对包括海参在内的养殖海域进行了核实确认和规范治理。同年9月22日，乐亭县人民政府印发《乐亭县2011年蓬莱19—3油田溢油污染事故海水养殖业损失赔偿补偿款发放工作实施方案》，在组织水产专家进行评估论证的基础上，确定了赔偿补偿标准为海参池塘养殖540元/亩，工厂化养殖30元/立方米。此后，有关乡、镇人民政府根据核实结果及赔偿补偿标准对养殖权利人进行行政调解，并向接受调解的权利人发放了养殖损失赔偿补偿款。当地大多数养殖权利人均按上述标准接受行政调解并领取了赔偿补偿款。栾树海等21名原告的养殖海域均在赔偿补偿范围内，但不接受行政调解。其中，原告颜晓霞仅就其养殖海域中的106.63亩养殖损失接受行政调解，但对其余54.39亩的养殖损失不接受行政调解。

天津海事法院2015年10月30日依法对此案做出判决。法院认定：

（1）栾树海等21名原告具有合法的养殖权利。根据现有证据，栾树海等21名原告养殖海域受到此次溢油事故的污染并遭受损失，因此，对污染事故而遭受的损失享有合法的索赔权利。

（2）经质证、认证，栾树海等21名原告对于养殖损失程度和数额的证据没有达到充分、确定的程度，因此不应依据其提交的证据进行认定。栾树海等21名原告并不能证明其养殖海域受污染程度较其他养殖权利人更为严重。栾树海等21名原告提交的委托"河北××科技事务有限公司"（简称"××公司"）进行鉴定，其出具的《技术咨询报告》的鉴定结论为池塘养殖海参的损失为4.83

万元/亩;"××科技事务司法鉴定中心"出具的《鉴定意见书》的鉴定结论为工厂化养殖海参的损失为 200 万元/立方米。

（3）栾树海等 21 名原告委托的"××公司"未取得《渔业污染事故调查鉴定资格证书》,不具备鉴定资质,其出具的《技术咨询报告》不能作为确定栾树海等 21 名原告损失的依据。对栾树海等 21 名原告主张的"××公司"鉴定费用的诉请不予支持。

（4）"××科技事务司法鉴定中心"的《鉴定意见书》是该中心于 2009 年底对其他非涉诉工厂化养殖车间的年生产能力进行评估、鉴定时出具的,与本案不具有关联性。

（5）事故发生时,中海油公司不是油田的作业者,也不控制污染源,不应承担赔偿责任。

天津海事法院认为栾树海等 21 名原告具有合法的养殖权利和索赔权利,涉案溢油事故对其养殖海域造成了污染,康菲公司应当承担相应的赔偿责任。因此判决:

（1）被告康菲公司于本判决生效之日起 10 日内,赔偿原告栾树海等 21 人 1 683 464.4 元。

（2）驳回原告栾树海等 21 人的其他诉讼请求。[28]

栾树海等 21 人不服天津海事法院对该案的一审判决,向天津市高级人民法院提起上诉,请求:（1）对一审判决依法改判,判令康菲公司赔偿因污染环境对栾树海等 21 人造成的损失共计 123 477 000 元;（2）判令康菲公司支付栾树海等 21 人预先垫付的鉴定费共计 7 037 200 元;（3）本案上诉费用由康菲公司负担。天津市高级人民法院于 2016 年 1 月 27 日立案,于 2016 年 7 月 14 日公开开庭进行了审理。

在二审期间,法院组织当事人进行了证据交换和质证。法院根据各方当事人的诉辩主张,确定本案二审的争议焦点为:栾树海等 21 人因溢油事故所遭受的污染程度及损失数额,并就此认定:

（1）"××公司"出具的《技术咨询报告》,不具有鉴定意见的证明力,不能作为栾树海等 21 人遭受污染程度及损失数额的依据。主要因为:"××公司"虽依照《最高人民法院关于人民法院对外委托司法鉴定管理规定》被列入人民法院鉴定人名册,但登记的专业类别为"科技咨询",企业法人营业执照记载的经营范围包括养殖的技术开发、技术咨询、技术服务等事项,且特别注明"以上涉及资质管理的项目除外"。对栾树海等 21 人养殖的水生生物死亡原因的鉴定及渔业损失程度的评估属于渔业污染事故调查鉴定事项。按照《渔业污染事故调查鉴定资格管理办法》的规定,承担渔业污染事故调查鉴定的单位必须取得《渔业污染事故调查鉴定资格证书》。本案中,出具《技术咨询报告》的"××公司"并未取得《渔业污染事故调查鉴定资格证书》,故一审判决对"××公司"不具备渔业污染事故调查鉴定资格的认定并无不当。而且,从《技术咨询报告》内容来看,"××公司"接受委托的事项为"因水污染所造成的预期产量及产值给予技术分析",且"××公司"在其《技术咨询报告》中亦明确"我机构本次仅对养殖物的预期产量及产值进行技术分析,出具理论性咨询意见"。

(2)栾树海等21人主张其养殖海域海水石油类浓度高于《近岸调查报告》记载的监测数据,遭受污染程度更为严重没有充分证据。这是因为:国家海洋局在涉案溢油事故发生后,组织相关单位对环渤海岸滩及近岸海域溢油进行监视监测,就蓬莱19—3油田溢油对岸滩的影响范围和程度进行评估,由北海监测中心出具《近岸调查报告》。该报告能够反映监测区域内的海洋环境情况,亦经当事人质证。依照《最高人民法院关于审理环境侵权责任纠纷案件适用法律若干问题的解释》第十条"负有环境保护监督管理职责的部门或者其委托的机构出具的环境污染事件调查报告、检验报告、检测报告、评估报告或者监测数据等,经当事人质证,可以作为认定案件事实的根据"的规定,一审判决将《近岸调查报告》作为认定污染程度的依据,并无不当。

(3)鉴于栾树海等21人提交的证据不能证明其具体损失数额,一审判决根据《近岸调查报告》,并参照乐亭县人民政府确定的赔偿补偿标准,对污染程度进行综合认定,并酌情确定栾树海等21人的损失数额,并无不当。栾树海等21人主张即使不采纳"××公司"的鉴定意见,也应依照最高人民法院《关于审理船舶油污损害赔偿纠纷案件若干问题的规定》认定其损失数额,因该司法解释仅适用于船舶油污损害赔偿纠纷,故对其上述主张,本院不予支持。

(4)栾树海等21人主张由康菲公司向其支付"××公司"鉴定费,因"××公司"出具的《技术咨询报告》在本案中不具有证明力,故一审判决对该项诉请不予支持,符合法律规定。

天津市高级人民法院于2016年9月29日对该海上污染损害责任纠纷上诉案进行了宣判。法院认为栾树海等21人的养殖海域因蓬莱19—3油田溢油事故遭受污染,康菲公司应当承担相应的赔偿责任。但栾树海等21人的上诉请求不能成立,应予驳回;一审判决认定事实清楚,适用法律正确,应予维持。因此,做出了驳回上诉,维持原判的终审判决。[29]

在该案的一审判决中,以"××公司"没有取得《渔业污染事故调查鉴定资格证书》为理由,认定该公司无鉴定资格。在二审判决中,认为一审判决对"××公司"因未取得《渔业污染事故调查鉴定资格证书》而不具备渔业污染事故鉴定资格的认定并无不当。实际上,《渔业污染事故调查鉴定资格证书》制度原是为渔业行政主管部门有效实施《渔业水域污染事故调查处理程序规定》,保证调查鉴定和损失评估的科学性和公正性,及时、公正地调查处理渔业水域污染事故而建立的,并不适用于进行诉讼的需要。该制度源于2000年4月12日农业部发布的《渔业污染事故调查鉴定资格管理办法》,2013年12月31日公布的2013年农业部令第六号已将该部门规章予以废止。但这并不影响二审法院对"××公司"无渔业污染事故鉴定资格的认定。按照《全国人大常委会关于司法鉴定管理问题的决定》关于"申请从事司法鉴定业务的个人、法人或者其他组织,由省级人民政府司法行政部门审核,对符合条件的予以登记,编入鉴定人和鉴定机构名册并公告"和

"鉴定人和鉴定机构应当在鉴定人和鉴定机构名册注明的业务范围内从事司法鉴定业务"的规定,判断"××公司"是否具备渔业污染损害赔偿的鉴定资格,一要看该公司是否已经省级人民政府司法行政部门审核,予以登记,编入鉴定人和鉴定机构名册并公布;二要看省级人民政府司法行政部门审核并登记的业务范围内是否涵盖渔业污染损害鉴定事项。正如二审判决指明的"××公司"虽依照《最高人民法院关于人民法院对外委托司法鉴定管理规定》被列入人民法院鉴定人名册,但登记的专业类别为"科技咨询",企业法人营业执照记载的经营范围包括养殖的技术开发、技术咨询、技术服务等事项,且特别注明"以上涉及资质管理的项目除外",由此认定"××公司"的业务范围并不包括渔业污染损害鉴定事项。不仅如此,为确保《全国人大常委会关于司法鉴定管理问题的决定》第九条"在诉讼中,对本决定第二条所规定的鉴定事项发生争议,需要鉴定的,应当委托列入鉴定人名册的鉴定人进行鉴定。鉴定人从事司法鉴定业务,由所在的鉴定机构统一接受委托"的规定顺利于 2005 年 10 月 1 日起施行,司法部决定对现有的司法鉴定机构和司法鉴定人进行重新审核、统一登记、名册编制和公告工作。但"××公司"并未向所在地的省人民政府司法行政主管部门提出重新申请登记,并取得《司法鉴定许可证》和《司法鉴定人执业证》。这意味着,它依照《最高人民法院关于人民法院对外委托司法鉴定管理规定》取得的鉴定人资格在接受委托进行栾树海等 21 人的索赔鉴定之前早已丧失。因此,"××公司"在该案中的鉴定行为属于违法行为。当事人可以要求它返还鉴定费用。

参考文献

［1］法律辞典［M］.北京:法律出版社,2003:1368.

［2］辞海(第六版 缩印本)［M］.上海:上海辞书出版社,2010:1762.

［3］最高人民法院印发《关于适用〈中华人民共和国民事诉讼法〉若干问题的意见》的通知［S/OL］.(1992-07-14).［2015-05-02］.

http://fgk.chinalaw.gov.cn/article/sfjs/199207/19920700274921.shtml

［4］最高人民法院关于民事诉讼证据的若干规定［S/OL］.(2001-12-21).［2015-05-02］.

http://www.court.gov.cn/bsfw/sszn/xgft/201004/t20100426_4533.htm

［5］最高人民法院关于适用《中华人民共和国侵权责任法》若干问题的解释［S/OL］.(2010-6-30).［2015-05-03］.

http://blog.sina.com.cn/s/blog_540752bd0102uzp8.html

［6］河北省乐亭县特大渔业污染赔偿案［S/OL］.(2002-04-12).［2015-05-05］.

http://www.148com.com/html/7/414451.html

［7］天津高院审结乐亭重大渔业污染案［S/OL］.(2003-03-24).［2015-05-05］.

http://old.chinacourt.org/public/detail.php?id=54314

［8］1976 年国际海事索赔责任限制公约［S/OL］.(1976-11-19).［2015-05-10］.

http://www.doc88.com/p-770875519918.html

［9］1976 海事赔偿责任限制公约 1996 年议定书［S/OL］.(1996-05-02).［2015-05-10］.

http://law.shmsa.gov.cn/smls/WebPages/Law/LawDetail.aspx?CatalogId=2999

［10］GB/T21678-2008 渔业污染事故经济损失计算方法［S/OL］.(2008-06-01).［2015-05-15］.

http://www.docin.com/p-635993670.html

［11］农业部.水域污染事故渔业损失计算方法规定［S/OL］.（1996-10-8）.［2015-05-15］.

http://www.law-lib.com/law/law_view.asp?id＝12796

［12］防治船舶污染海洋环境管理条例［S/OL］.（2009-09-09）.［2015-05-18］.

http://www.gov.cn/flfg/2009-09/16/content_1418985.htm

［13］中华人民共和国海商法［S/OL］.（1992-11-07）.［2015-05-18］.

http://www.law-lib.com/law/law_view.asp?id＝236

［14］交通部关于不满300总吨船舶及沿海运输、沿海作业船舶海事赔偿限额的规定［S/OL］.（1993-11-15）.［2015-05-18］.

http://www.people.com.cn/zixun/flfgk/item/dwjjf/falv/8/8-1-27.html

［15］最高人民法院关于审理船舶油污损害赔偿纠纷案件若干问题的规定［N］.人民法院报，2011-06-15（2）.

［16］1992年国际油污损害民事责任公约［S/OL］.（1992-11-27）.［2015-05-21］.

http://www.cnshipping.com/zhrsg/hxbs/gjgy/27347.shtml

［17］交通部关于《1992年国际油污损害民事责任公约议定书》2000年修正案生效的公告［S/OL］.（2003-11-11）.［2015-05-21］.

http://www.moc.gov.cn/zhuzhan/zhengwugonggao/jiaotongbu/haishijiulao/200710/t20071016_434239.html

［18］财政部，交通运输部.船舶油污损害赔偿基金征收使用管理办法［S/OL］.（2012-05-11）.［2015-05-24］.

http://www.gov.cn/zwgk/2012-05/28/content_2147033.htm

［19］渔业水域污染事故调查处理程序规定［S/OL］.（1997-03-26）.［2015-05-25］.

http://www.moa.gov.cn/zwllm/zcfg/nybgz/200806/t20080606_1057118.htm

［20］中国海事仲裁委员会仲裁规则［S/OL］.（1995-09-04）.［2015-05-30］.

http://www.law-lib.com/lawhtm/1995/11798.htm

［21］最高人民法院关于海事法院受理案件范围的若干规定［S/OL］.（2001-09-11）.［2015-05-26］.

http://www.law-lib.com/lawhtm/2001/16275.htm

［22］司法部.司法鉴定人登记管理办法［S/OL］.（2005-09-29）.［2015-05-28］.

http://www.gov.cn/ziliao/flfg/2005-10/10/content_75594.htm

［23］司法部.司法鉴定机构登记管理办法［S/OL］.（2005-09-29）.［2015-05-28］.

http://www.gov.cn/flfg/2005-10/10/content_75591.htm

［24］中华人民共和国天津海事法院民事判决书（2003）津海法事初字第185、186、187、189、190、191、192、193号.

［25］中华人民共和国天津海事法院民事判决书（2003）津海法事初字第183号.

［26］中华人民共和国天津海事法院民事判决书（2003）津海法事初字第184号.

［27］中华人民共和国天津市高级人民法院民事判决书（2005）津高民四终字第047号.

［28］中华人民共和国天津海事法院民事判决书（2012）津海法事初字第1号.

［29］中华人民共和国天津市高级人民法院民事判决书（2016）津民终69号.

附　录

缩略语（英文）中英文对照表

Abbreviations（English）Chinese and English

ACAP	保护信天翁和海燕协定	
	Agreement on the Conservation of Albatrosses and Petrels	
ACFR	渔业研究咨询委员会	
	Advisory Committee on Fisherles Research	
AGI	农产品地理标志	
	Agro-product Geographical Indications	
AIS	船舶自动识别系统	
	Automatic Identification System	
APEC	亚太经济合作组织	
	Asia-Pacific Economic Cooperation	
APFIC	亚洲及太平洋渔业委员会	
	Asia-Pacific Fishery Commission	
ASEAN	东南亚国家联盟	
	Association of Southeast Asian Nations	
BOBP-IGO	孟加拉湾计划政府间组织	
	Bay of Bengal Programme Inter-Governmental Organization	
CA	遵守措施协定	
	Compliance Agreement	
CAC	国际食品法典委员会	
	Codex Alimentarius Commission	
CACFish	中亚和高加索区域渔业及水产养殖委员会	
	Central Asian and Caucasus Regional Fisheries and Aquaculture Commission	
CBA	以捕捞为基础的水产养殖	
	Capture-based Aquaculture	
CBD	生物多样性公约	
	Convention on Biological Diversity	
CBF	以养殖为基础的渔业	
	Culture-based Fisheries	
CCAMLR	南极海洋生物资源养护委员会	
	Commission for the Conservation of Antarctic Marine Living Resources	
CCBSP	中白令海狭鳕资源养护和管理国际机制	
	Convention on the Conservation and Management of Pollock Resources in the Central Bering Sea	
CCFFP	鱼和渔产品法典委员会	
	Codex Committee on Fish and Fishery Products	
CCP	关键控制点	
	Critical Control Point	

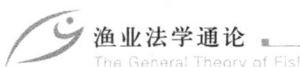
CCRF　　　负责任渔业行为守则
　　　　　Code of Conduct for Responsible Fisheries

CCSBT　　南方蓝鳍金枪鱼养护委员会
　　　　　Commission for the Conservation of Southern Bluefin Tuna

CDS　　　渔获登记制度
　　　　　Catch Documentation Schemes

CECAF　　中东部大西洋渔业委员会（西非）
　　　　　Fishery Committee for the Eastern Central Atlantic

CFMI　　　中国渔业互保协会
　　　　　China Fishery Mutual Insurance Association

CFS　　　世界粮食安全委员会
　　　　　Committee on World Food Security

CIFAA　　非洲内陆渔业和水产养殖委员会
　　　　　Committee for Inland Fisheries and Aquaculture of Africa

CITES　　濒危野生动植物种贸易公约
　　　　　Convention on International Trade in Endangered Species of Wild Fauna
　　　　　and Flora

CNAS　　中国合格评定国家认可委员会
　　　　　China National Accreditation Service for Conformity Assessment

COFI　　　渔业委员会
　　　　　Committee on Fisheries

COMHAFAT　大西洋沿岸非洲国家间渔业合作部长级会议
　　　　　Ministerial Conference on Fisheries Cooperation among African States
　　　　　Bordering the Atlantic

COPESCAALC　拉丁美洲及加勒比内陆渔业和水产养殖委员会
　　　　　Commission for Inland Fisheries and Aquaculture of Latin America
　　　　　and the Caribbean

COREP　　几内亚湾区域渔业委员会
　　　　　Regional Commission of Fisheries of Gulf of Guinea

CPPS　　　南太平洋常设委员会
　　　　　Permanent Commission for the South Pacific

CRFM　　　加勒比区域渔业机制
　　　　　Caribbean Regional Fisheries Mechanism

CSD　　　可持续发展委员会
　　　　　Commission on Sustainable Development

CTMFM　　海事领域联合技术委员会
　　　　　Joint Technical Commission of the Maritime Front

CWP　　　　渔业统计协调工作组
　　　　　　Coordinating Working Party on Fishery Statistics

DSB　　　　争端解决机构
　　　　　　Dispute Settlement Body

DSU　　　　争端解决谅解
　　　　　　Understanding on Rules and Procedures Governing the Settlement of Disputes

EAA　　　　水产养殖的生态系统方法
　　　　　　Ecosystem Approach to Aquaculture

EAF　　　　渔业的生态系统办法
　　　　　　Ecosystem Approach to Fisheries

EBM　　　　基于生态系统的管理法
　　　　　　Ecosystem-Based Management

EIFAAC　　欧洲内陆渔业和水产养殖咨询委员会
　　　　　　European Inland Fisheries and Aquaculture Advisory Commission

EU　　　　　欧洲联盟
　　　　　　European Union

FAO　　　　联合国粮食及农业组织
　　　　　　Food and Agriculture Organization of the United Nations

FCWC　　　几内亚湾中西部渔业委员会
　　　　　　Fishery Committee of the West Central Gulf of Guinea

FDA　　　　美国食品和药物管理局
　　　　　　U. S. Food and Drug Administration

FFA　　　　太平洋岛国论坛渔业局
　　　　　　Pacific Islands Forum Fisheries Agency

FSIS/USDA　美国农业部食品安全检验局
　　　　　　Food Safety and Inspection Service，U. S. Department of Agriculture

GAP　　　　良好农业规范
　　　　　　Good Agricultural Practice

GFCM　　　地中海渔业总委员会
　　　　　　General Fisheries Commission for the Mediterranean

GLOBAL RECORD　全球渔船、冷藏运输船和补给船综合记录
　　　　　　Comprehensive Global Record of Fishing Vessels，Refrigerated Transport Vessels and Supply Vessels

GMDSS　　全球海上遇险和安全系统
　　　　　　Global Maritime Distress and Safety System

GPS　　　　全球定位系统

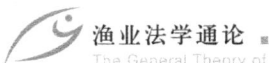
	Global Positioning System
GSI	全球统一标识系统
	Global Uniform Identification System
HACCP	危害性分析和关键控制点
	Hazard Analysis and Critical Control Point
HSFCA	公海捕鱼遵守协定
	High Seas Fishing Compliance Agreement
HSVAR	公渔海船授权记录
	High Seas Vessels Authorization Record
IATTC	美洲间热带金枪鱼委员会
	Inter-American Tropical Tuna Commission
ICCAT	养护大西洋金枪鱼国际委员会
	International Commission for the Conservation of Atlantic Tunas
ICES	国际海洋考察理事会
	International Council for the Exploration of the Sea
ICJ	国际法院
	International Court of Justice
ICSF	国际渔工援助合作社
	International Collective in Support of Fishworkers
IHS-F	(美国)信息咨询公司船舶查找服务
	Information Handling Servisces－hipfinder
IOTC	印度洋金枪鱼委员会
	Indian Ocean Tuna Commission
ILO	国际劳工组织
	International Labour Organization
IMO	国际海事组织
	International Maritime Organization
INMARSAT	国际海事卫星组织
	International Maritime Satellite Organization
IOC	政府间海洋学委员会
	Intergovernmental Oceanographic Commission
IPHC	国际太平洋大比目鱼委员会
	International Pacific Halibut Commission
IPOA－IUU	预防、制止和消除非法、不报告和无管制捕捞行为国际行动计划
	FAO International Plan of Action to Prevent, Deter and Eliminate Illegal, Unreported and Unregulated Fishing
IRCS	国际无线电呼号

Institute for Research in Cognitive Science

ISC　　　北太平洋金枪鱼类和类金枪鱼类科学委员会

International Scientific Committee for Tuna and Tuna-like Species in the North Pacific Ocean

ISO　　　国际标准化组织

International Organization for Standardization

ITF　　　国际运输工人联合会

International Transport Workers' Federation

ITLOS　　国际海洋法法庭

International Tribunal for the Law of the Sea

ITU　　　国际电信联盟

International Telecommunication Union

IUCN　　世界自然保护联盟

International Union for Conservation of Nature

IUU　　　非法、不报告和无管制捕捞

Illegal, Unreported and Unregulated Fishing

JointFish　挪威—俄罗斯渔业联合委员会

Joint Norwegian-Russian Fisheries Commission

LIFDC　　低收入缺粮国

Low-Income Food-Deficit Countries

LTA　　　坦噶尼喀湖管理局

Lake Tanganyika Authority

LVFO　　维多利亚湖渔业组织

Lake Victoria Fisheries Organization

MCS　　　监测、控制和监视

Monitoring, Control and Surveillance

MMSI　　海上移动通信业务标识

Maritime Mobile Service Identity

MPA　　　海洋保护区

Marine Protected Areas

MRC　　　湄公河委员会

Mekong River Commission

MSC　　　海洋管理委员会

Marine Stewardship Council

MSY　　　最大可持续产量

Maximum Sustainable Yield

NACA　　亚洲—太平洋水产养殖中心网

        Network of Aquaculture Centres in Asia-Pacific

NAFO   西北大西洋渔业组织

        Northwest Atlantic Fisheries Organization

NAMMCO 北大西洋海洋哺乳动物委员会

        North Atlantic Marine Mammal Commission

NASCO   北大西洋鲑鱼养护组织

        North Atlantic Salmon Conservation Organization

NATO   北大西洋公约组织

        North Atlantic Treaty Organization

NEAFC   东北大西洋渔业委员会

        North East Atlantic Fisheries Commission

NMFS   美国海洋渔业局

        National Marine Fisheries Service

NPAFC   北太平洋溯河性鱼类委员会

        North Pacific Anadromous Fish Commission

NPFC   北太平洋渔业委员会

        North Pacific Fisheries Commission

ODLEPESCA   拉丁美洲渔业发展组织

        Latin American Organization for Fisheries Development

OECD   经济合作与发展组织

        Organisation for Economic Co-operation and Development

OIE   世界动物卫生组织

        World Organisation for Animal Health

OSPESCA   中美洲渔业和水产养殖组织

        Central America Fisheries and Aquaculture Organization

PCA   常设仲裁法院

        Permanent Court of Arbitration

PERSGA   保护红海和亚丁湾环境区域组织

        Regional Organization for the Conservation of the Environment of the Red
Sea and Gulf of Aden

PICES   北太平洋海洋科学组织

        The North Pacific Marine Science Organization

POPs   持久性有机污染物

        Persistent Organic Pollutants

PSC   太平洋鲑鱼委员会

        Pacific Salmon Commission

PSMA   港口国措施协定

Port State Measures Agreement

RECOFI　区域渔业委员会

Regional Commission for Fisheries

RFA　区域渔业安排

Regional Fishery Arrangement

RFO　区域渔业组织

Regional Fisheries Organizations

RFMO　区域渔业管理组织

Regional Fisheries Management Organizations

SCM　补贴与反补贴措施协议

Agreement on Subsidies and Countervailing Measures

SCTB　金枪鱼、剑旗鱼常设委员会

The Standing Committee Tuna and Billfish

SDR　特别提款权

Special Drawing Right

SEAFDEC　东南亚渔业发展中心

Southeast Asian Fisheries Development Center

SEAFO　东南大西洋渔业组织

South East Atlantic Fisheries Organization

SIOFA　南印度洋渔业协定

South Indian Ocean Fisheries Agreement

SOFIA　世界渔业和水产养殖状况

The State of World Fisheries and Aquaculture

SOLAS　国际海上人命安全公约

International Convention for the Safety of Life at Sea

SPC　太平洋共同体秘书处

Secretariat of the Pacific Community

SPRFMO　南太平洋区域渔业管理组织

South Pacific Regional Fisheries Management Organisation

SPS　卫生和植物检疫措施实施协定

Agreement on the Application of Sanitary and Phytosanitary Measures

SRFC　分区域渔业委员会

Sub-regional Fisheries Commission

SSC　物种生存委员会

Species Survival Commission

SWIOFC　西南印度洋渔业委员会

South West Indian Ocean Fisheries Commission

TAC	总许可捕捞量
	Total Allowable Catch
TBT	技术性贸易壁垒协定
	Agreement on Technical Barriers to Trade
UN	联合国
	United Nations
UNCLOS	联合国海洋法公约
	The United Nations Convention on the Law of the Sea
UNEP	联合国环境规划署
	United Nations Environment Programme
UNFSA	联合国鱼类种群协定
	United Nations Fish Stocks Agreement
UVI	唯一船舶识别符
	Unique Vessel Identifier
VME	脆弱海洋生态系统
	Vulnerable Marine Ecosystem
VMS	船舶监测系统
	Vessel Monitoring System
WCED	世界环境与发展委员会
	World Commission on Environment and Development
WCPA	世界保护区委员会
	World Commission on Protected Areas
WCPFC	中西太平洋金枪鱼委员会
	Western and Central Pacific Fisheries Commission
WECAFC	中西部大西洋渔业委员会
	Western Central Atlantic Fishery Commission
WHO	世界卫生组织
	World Health Organization
WMO	世界气象组织
	World Meteorological Organization
WSSD	可持续发展世界首脑会议
	World Summit on Sustainable Development
WTO	世界贸易组织
	World Trade Organization
WWF	世界自然基金会或世界野生动物基金会
	World Wide Fund for Nature or World Wildlife Fund